Arnold Joseph Toynbee

A Study of History

历史研究

【上 卷】

［英］阿诺德·汤因比 著

［英］D.C.萨默维尔 编

郭小凌 杜庭广 吕厚量 梁洁 译

上海人民出版社

总　序

阿诺德·汤因比(Arnold Joseph Toynbee, 1889—1975)是 20 世纪英国标志性的历史学家之一，也是 20 世纪西方思辨的历史哲学的杰出代表。

20 世纪在人类编年史上是个较为特殊的世纪。科技突飞猛进，物质生活条件持续改善，全球化的趋势不可阻挡。但人类不同利益集团在自身发展道路上的选择冲突也空前激烈：风起云涌的革命与反革命，周而复始的经济危机，此起彼伏的大规模战争，特别是空前惨烈的两次世界大战，似乎预示资本主义文明末日的来临。如何概括这一尖锐对立的二元时代(英国马克思主义史家霍布斯鲍姆称之为"极端的年代")，狄更斯的文学描述用到这里颇为贴切："这是最好的时代，这是最坏的时代；这是智慧的时代，这是愚蠢的时代；这是信仰的时期，这是怀疑的时期；这是光明的季节，这是黑暗的季节；这是希望之春，这是失望之冬。"面对巨大的乱象，处于涡旋中心的欧洲人一度迷茫困惑、不知所措甚至绝望，比任何时候都更急切地需要有人给出合理的解释和希望，汤因比正是因应时代需求和期待而出现的思考者之一。

除了时代需求，个人因素对汤因比历史观的理解也不可忽视。他曾经谈到过这一点，认为欲了解他的思想，不只需考虑社会历史条件，还需考虑他的个人背景。他对课题的选择、论证的切入角度、论据的收集与取舍、讨论的角度和深度以及史实陈述和价值陈述所用的话语，具有与个人成长环境密切相关的鲜明个性。因此，阅读汤因比，既不能忽略他所处时代的政治、经济和文化语境，也不能忽略其生活经验、师承关系等个人条件。

汤因比生在伦敦一个知识分子家族。其祖父是医生，毕生致力于利他主义的慈善事业。汤因比悲天悯人的慈悲之心与此或许有一定关联。汤因比的父亲在茶叶进出口公司和慈善机构作职员，患有精神疾病。 汤因比自陈他几次受到忧郁症的折磨，认为是从父亲那里遗传下来的。 他的叔父是 19 世纪英国著名经济学家。 但对他的学术旨趣具有直接甚至决定性影响的人是他的叔祖父哈利·汤因比和他的母亲萨拉·E.马歇尔。

汤因比的叔祖父哈利·汤因比担任过东印度公司一条商船的船长，有关他去印度和中国航行的传奇故事曾使小汤因比激动不已，他关于异域民族的豁达认识对汤因比后来破除西方中心论和形成文化平等观念具有启示意义。 汤因比的母亲萨拉·E.马歇尔是剑桥大学纽纳姆学院历史专业的学生，后来成为英国小有名气的历史学家。 她每天晚上在小汤因比临睡前都要给他讲历史故事，引起他对历史的浓厚兴趣，使他产生出要当一位历史家的理想。 汤因比曾反思道："为什么我是一个历史学家，而不是一个哲学家或物理学家呢？ 这同我喝茶和喝咖啡不加糖是同样的道理。 这两种习惯的形成都是幼年时从我母亲那里学来的。"①

19 世纪末和 20 世纪初的欧洲孩子，古典文字和文学是普通教育的必修课，所以他 7 岁开始学拉丁文，8 岁学希腊文，古典文字识读是他的童子功。 加之他聪慧好学、接受能力强，学习成绩和道德表现优异，于 1902 年入英国名校温彻斯特公学。 五年后获得奖学金，入牛津大学巴利奥学院深造，主修古典文献学和希腊罗马历史。 大学毕业后他留学院任教(1912 年)，担任古希腊罗马史教师。 他的治学能力和潜力显然得到了院方认可。

对于古典历史和文化素养与个人学术思想与成就的关系，汤因比有自己的解释。 他说："这种传统教育颇为有益，接受过这种教育的人不会有文化沙文主义的弊端。 一个受过希腊文化熏陶的西方人容易避免把西方基督教世界视为尽善尽美的错误，他在分析当代西方社会背景提出的历史问题时会求助于作为他的精神家园的希腊圣贤。"②所以他认为："对于任何一个想成为历史学家的人，尤其是对于出生在现代的人

① 汤因比著，王毅译：《文明经受考验》，第 1 页。
② 汤因比著，郭小凌、王皖强等译：《历史研究》，第 937 页。

来说，古典教育都是一种无价的恩惠。"①这无疑是经验之谈。遍数 19 世纪与 20 世纪前半叶的西方出色思想家，他们无不具有深厚的古典文化素养，这不是偶然的，因为古典教育的精华在于培养良好的伦理与智慧、批判与审美精神以及逻辑的思维方法。正是古典历史与文化素养赋予汤因比博大的胸襟和广阔的视域。在他构建整个人类文明发展进程的宏观框架时，他熟悉的古希腊罗马文明作为一种基本模式就在情在理了。

在牛津大学正式任教之前，汤因比曾去英国设在希腊雅典的考古学院进修两年。②此间他走访了希腊和意大利的许多古代遗址，深化了他对古典历史与文化的认识，促使他产生了古代与现代不仅相通而且共时的思想。例如 1912 年 5 月 23 日，他身处米斯特拉城堡的顶端，向东眺望古代斯巴达谷地，远眺爱琴文明时期的迈锡尼遗址。他油然而生了这样一种联想："虽然梅尼莱昂的迈锡尼宫殿早在公元前 12 世纪就被摧毁，米斯特拉城堡是在公元 1249 年建造的，二者间隔了 24 个世纪，但中世纪米斯特拉城堡的法国领土与迈锡尼时代梅尼莱昂的希腊贵族却有相通之处。"③他因此首次生出对古今历史进行比较研究的冲动。

两年后第一次世界大战爆发，汤因比在讲授古希腊史家修昔底德的《伯罗奔尼撒战争史》一书时，顿悟到历史事件的共同性，即第一次世界大战的爆发带给他的感受，在公元前 431 年伯罗奔尼撒战争爆发时修昔底德早已感受过了。尽管这两个事件距离两千多年之远，但却具有相似的意义，标志西方历史和希腊历史的转折点。他说："这使我确信了维科的直觉：这两个文明的历史虽然不处在一个时代，但它们是平行的，是可以比较的。这种信念促使我从维科的两个文明的比较扩展到所有文明的比较研究。"④这种历史比较的想法基于历史事物具有共性，这也是历史规律论的理论基础。维科在《新科学》一书中早已论证过它的合理性，这就是世界各民族不约而同地形成一些相同的文化范

---

① 汤因比著，王毅译：《文明经受考验》，第 2 页。
② 19 世纪以来，西方十多个国家在雅典陆续设立了自己的雅典学院，作为本国古典学教学、研究与图书资料中心。最著名的有雅典美国学院、英国学院、法国学院。
③④ 汤因比著，刘北成、郭小凌译：《历史研究》(插图本)，上海人民出版社 2005 年版，第 436 页。

畴，如宗教崇拜、婚丧礼仪。 这种历史比较方法一旦产生，便成为汤因比史学研究的基本方法，贯穿他的一生。

但第一次世界大战的战火使年轻的汤因比不能安于坐大学的冷板凳。 他不顾妻子的反对，积极报名参战。 并于 1915 年进入英国外交部政治情报司工作，参与战争宣传活动。 他的学术方向也从古代转移到当代国际政治，曾撰文谴责土耳其和德国的战争罪行。 之后汤因比任外交部研究处主任，撰写过有关中东和中亚地区的政策分析报告。 1919 年第一次世界大战终结，他以英国代表团团员身份出席列强坐地分赃的巴黎和会，拓展了他的国际政治视野。 随后他返回大学任教，在伦敦大学国王学院捡起了老本行，讲授近现代希腊语言文学和历史及拜占庭史。 然而 1921 年希腊土耳其战争爆发，他再次从大学出走，成为《曼彻斯特卫报》记者，赴战争前线采访。 战争结束后他撰述的《希腊和土耳其的西方问题》(The Western Question in Greece and Turkey)一书问世，广受好评。 他在书中采用同代人记写同代事和夹叙夹议的传统西方史学写法，把希腊与土耳其的战争看作是西方外交政策和西方思想尤其是民族观念作用的结果。 1924 年，汤因比任职于英国皇家国际事务研究所(通常称作查塔姆研究所)，负责每年一期的《国际事务概览》的组稿与编辑工作。 1925 年，他还受聘担任伦敦政治经济学院国际关系史教授，第三次在大学执教，并一直到 1955 年以功勋教授名衔退休。这是一段勤于笔耕、著述甚丰的时期，也是他功成名就的时期。

退休后的汤因比作为和平主义者和世界主义者，继续活跃在国际政治舞台。 他思想偏向欧洲左翼，反对美国的侵越战争，谴责以色列的中东政策，抨击南非的种族歧视。 晚年他仍致力于宣传世界和平，思考人类的命运。 他于 1975 年 10 月 22 日病逝，享年 86 岁。

英国哲学家罗素高度评价汤因比的思想成就，认为 20 世纪人们对史书的兴趣大为衰减，原因之一是伟大的历史著作不多，但汤因比是个例外，"他的作品的规模之宏伟，堪与前人的天才作品媲美"①。 罗素是智者，比汤因比年长十多岁，大体可看作是汤因比的同代人。 他赞

---

① 罗素著，何兆武等译：《论历史》，广西师范大学出版社 2001 年版，第 68 页。

赏汤因比似有惺惺相惜的意思。 但他说 20 世纪缺乏伟大的历史家却未免言之过甚。 江山代有才人出，美国史家迈克尔·朗于 2011 年论及汤因比时曾列举比尔德、布罗代尔、柯林伍德等一批大史家。 但汤因比无疑在 20 世纪西方史学史的巨匠中属于给人留下最深印记的人之列。他著作等身，粗略统计，他已出版的大小书籍至少有 80 部(本)，可列一个长长的书单。 在病逝前(1975 年)，他还完成了另一部终极关怀的力作《人类与大地母亲》。 除了书籍和小册子，他著有大量论文、评述，仅他的著作的外文译本的语种便多达三十余种。 这套中译本汤因比著作集收录了其中六部，在数量上仅及他的全部著述的百分之一二。 所以迈克尔·朗指出：汤因比"大概是世界上读者最多、译本最多且被议论最多的学者"①。

当然，我们知道，一个人著述众多并不意味每本书或每篇文章都是珠玑，只是意味作者的勤奋。 一个人一生能有一两部经得起时光检验的代表作，一部著作中有一两章写得颇为精彩，一篇文章中有几行字耐人咀嚼，就已经很了不起了。 对汤因比的作品亦应作如是观。 尽管他著作等身，但真正给他带来国际声誉并载入史学史和思想史的是他的 12卷本大作《历史研究》(1934—1961)。

这部著作的写作初始于 1921 年(拟出大纲)，1954 年第 10 卷杀青，全书的文化形态史观已成完整系统。 1959 和 1961 年，汤因比又分别增补了第 11 卷《历史地图集和地名汇编》、第 12 卷《重新评估》，可谓四十年磨一剑。 由于篇幅过大，普及不易，汤因比于 1972 年亲自删繁就简，把《历史研究》缩编成一册插图本。 这样算起来，这部代表作倾注了他大半生的心血。②但他的这一成果得到广泛承认却要早得多。1947 年，在《历史研究》仅出版了前 6 卷的情况下，美国《时代》杂志便选择汤因比作为封面人物，证明这部著作的影响已经越出了国界。当时媒体给出评论的十分高，赞誉汤因比是未来的先知，在学界一时无二。 也因此，汤因比不时出现在欧美大学的讲台、广播电台和电视

---

① 迈克尔·朗："汤因比的全球化与全球史"(Michael Lang, "Globalization and Global History in Toynbee")，《世界史期刊》(Journal of World History)第 22 卷第 4 期，2011年 12 月，第 747—783 页。

② 另有萨默维尔的缩编本，这部著作集收入的是萨默维尔的缩编本。

台，并在美国普林斯顿高级研究院完成了《历史研究》后几卷的写作。

当评析汤因比的思想成就时，虽然应承认他的先天聪慧、后天努力与经历波动的综合作用，但也不可忽略他个人的痛苦经验。汤因比经历过两次婚姻。他与第一位妻子有三个孩子，但两人最终分手。他一个儿子自杀，为此痛苦不堪的汤因比开始祈求上帝的仁慈和宽恕。他在自己的著作里对宗教的作用有那么多论述就是可以理解的了。从史学史的角度看，人生多苦并非坏事，因为杰出的史家有很多经历过肉体和心灵的痛苦，譬如欧洲的希罗多德、修昔底德、波里比乌斯、吉本、布洛赫等，中国的左丘明、司马迁、班固、范晔等。汤因比思想中始终具有一种深沉的宗教情怀和心灵深思，与个人经历的不幸不能说全无干系。

关于汤因比在《历史研究》中讨论的文化形态史观，中外史学界已有很多评述，包括一些批评。这里仅做一简要的介绍。研究历史选择以何种方法入手，也就是以何种理论来带动自己的历史研究很重要。比如史学研究的基本方法论——实证主义或客观主义，再如在实证方法基础上的从社会经济和社会存在入手的历史唯物主义，从文化形态切入的文明史观，从社会体系入手的世界体系理论，从思想观念入手的历史唯心主义，不一而足。

汤因比选择了文明史观，他认为研究历史应首先明确可以入手的历史单位，用他的话说就是一个"可加以认识的历史研究领域"，一个"可以自行说明问题的研究范围"，在他看来这样的单位就是"文明"。他把文明定义为社会形态，并非如一般人所认为的"文化形态"。这样的社会形态不只包括文化，还包括政治和经济，只是文化在这种社会形态中具有特殊功能，它是区分或辨识不同文明形态的基本标记。为什么文化是而政治和经济不是？汤因比有他的解释，即政治和经济易变化不定，而文化则相对稳定。

用文化作文明的标记也有麻烦，因为文化范畴过于宽泛。汤因比认为宗教在文化中所起的作用最大，所以他把宗教挑出来作为分辨文明差异的尺度。这种做法与他先前的历史哲学家斯宾格勒的做法是相似的，表明他与斯宾格勒的继承关系。但汤因比也有自己的"变异"。

不仅他明确定义他笔下的文明形态是政治、经济和文化的共同体，而且他的文明是开放式的，文明的交流可以产生积极或消极的历史后果，甚至产生新的文明。　再者，他和斯宾格勒一样彻底否定启蒙时代以来流行的文明统一论和西方中心论。　他解释西方中心论不过是西方人因自己的文明在物质方面取得的暂时优势所产生的错觉罢了。　博丹、黑格尔等人的东方不变论和人类进步是单一直线发展的认识也都是西方的错觉。

在确定了自己的切入点之后，汤因比便展开了有关文明各种样本的系统论证。　他首先归纳出 26 个文明样本，其中 21 个被他定为正常文明，5 个定为停滞不前的文明。　正常的文明之间多有亲缘关系，亦即他所说的"母体"和"子体"纽带。　他特别申明，所有文明样本都是等值的，没有孰优孰劣。　如果从短暂的文明史与数十万年的人类史(实际是数百万年)相比，所有文明其实都处于同一时代，他用英文词 contemporary 来指代这一历史分期。　比照任何理想的标准，任何文明都没有资格看不起其他文明。

在这一基本解释的基础上，汤因比系统地阐释各个文明均需服从的历史规律，即起源、成长、衰落和解体四个阶段。　四阶段衔接的因果关系是"挑战"和"应战"的对立统一关系。　挑战一方和应战一方实际上是客观因素与主观因素这个对子在修辞上的一种表述。　汤因比借用《圣经》中亚当、夏娃受到毒蛇挑战来比喻外部因素的刺激改变了主体原有完美状态的例子，说明挑战与迎战之间的关系。　文明的起源正是这种内外因素交互作用的产物。　汤因比归纳了五类挑战或刺激的形式：(1)困难地方的刺激；(2)新地方的刺激；(3)打击的刺激；(4)压力的刺激；(5)遭遇不幸的刺激。　一种文明起源可能出自对一种或数种刺激的成功反应，迎战成功则文明生，否则就不幸夭折，或流产或停滞不前。一种挑战要激起成功的应战，还有个限度，就是必须"适度"，强度太大或太小了都不适宜。　总之，文明的起源并不简单。　起源之后的成长也同样艰难，成长本身就是挑战。　上述五类停滞的文明就是对起源的挑战成功回应，却因耗尽了所有精神力量，被迫通过发展专业化的某种技能和等级制永恒地对付同一种挑战，结果造成文明的停滞。　因此，文明的成长是不断回应新挑战并取得成功的过程。 如果在过程中的某个环节发生迎战失败的断裂，文明随时有可能转入衰落的轨道。 这也许可以用来解释许多发展中国家面临的现代化的陷阱。

这就需要回答一个问题：一种文明在成长的旅途上为何有可能中道而废？ 汤因比的解释是能否遇到具有非凡天赋的"超人"或天才是关键。 换言之，汤因比同众多西方思想家一样是英雄史观的拥趸。 汤因比认为，挑战尽管是对一个文明社会的全体成员而言，但应战者却不是每个社会成员，因为不是所有社会成员都能意识到这种挑战。 只有社会中的杰出人物才具有这样的自觉和自决。 他们通过一种"退隐和复出"的过程，获得灵感和启示，实现思想的升华，然后通过社会性的军事训练方式，把广大缺乏创造力的普通群众变成自己的追随者，率领他们不断战胜挑战，实现文明的成长。 他认为佛陀等就是这样的"超人"。 但这样的"超人"的基因和染色体不能传给后人。 少数具有创造力的精英在成为领袖和统治者以后，可能腐化变质，沉醉于享乐，丧失原有的进取心，陶醉于自己以往取得的功业，陶醉于自己创造的组织、技能，崇拜自己的军事行为等，用汤因比的比喻就是"依着桨叶歇息"。 于是"超人"便丧失了创造活力，失去了民众的信任。 事情还有另一方面：缺乏创造力的平民只限于机械模仿，他们做不到主动和自决，始终达不到"超人"的境界。 他们受统治者用习俗和惯例的束缚，他们的模仿行为不能推动文明的发展，反而成了发展的绊脚石。 当统治精英因失去创造能力、不再被广大民众当作模仿对象，反而因强制和压迫站在民众的对立面时，民众就和统治者离心离德，原有的社会因而开始解体，再也不能对不断袭来的挑战进行适当的回应，文明便进入衰落阶段。

但汤因比认为业已沦入衰落阶段的文明未必一定或立即解体，它可能陷入衰落后的停滞，即他所称的"僵化"。 倘若僵化文明状态下的少数统治者仍然不能对接踵而来的挑战进行成功的应战，那么它就面临一个必然命运，亦即已经积聚起巨大能量的挑战索性把这个无能的文明彻底毁灭，这就是文明的解体。 解体的基本表现是社会分裂为三种成员：(1)少数统治者，从原先具有创造力的少数人转化而来，现在已经丧失了对群众的感召力，但又不愿放弃既得利益；(2)内部无产者，广大与少数统治者离心离德的群众，他们身处这一文明，心却不属于它，这些人创造了统一教会与统治者的国家相抗衡；(3)外部无产者，生活在该文明社会周边并曾接受其影响的各民族，同样不满少数统治者的政权，他们形成一个外部军事集团。这三大社会分裂意味社会躯体的分裂，但更加严重的是躯体内部的灵魂分裂，这是所有分裂的依据。面对末世，人们采取不同的应对态度，或自暴自弃、自我克制，或逃避责任、自愿殉道，或迷恋过去、幻想未来之类。这种社会分裂的危机对大多数人而言是无法克服的挑战，但也会激起另一些具有远见卓识和精神勇气的杰出人物来积极应战。他们尽自己所能全力参与到更伟大的创造活动当中，其创造的成果就是旧文明解体、新文明诞生。

他归纳的 26 个文明样本，大多数已经成为历史的陈迹，剩余部分也面临着解体的威胁，其中包括西方文明。这并不奇怪。汤因比以及给了他很大启示的斯宾格勒的时代，西方资本主义文明经历着前所未有的危机，斯宾格勒也因此对西方文明的未来很不看好。但汤因比与斯宾格勒的宿命观有所区别，他认为那些灭亡的文明并非注定要死亡，任何文明在衰落过程中都有凤凰涅槃、浴火再生的机会。这就是如果有人能重新点燃创造性的火焰，比如不断改良，就能够获得新生。他把激活衰败的文明或促使文明重生的希望寄托于宗教。他相信宗教对维持文明的关键作用，认为是文明生机的源泉。在他看来，没有对宗教的信仰，就会带来文明的崩溃和更替。

汤因比晚年的忧患意识进一步加深。两大阵营对峙所带来的核战争危险，生态环境的恶化，方兴未艾的能源危机，西方社会内部的各种隐患等文明衰败现象，深深地困扰着他，使他更强烈地关注人类的未来命运。然而，他仍然坚定地认为，虽然政治和经济领域的应战是必要的，但摆脱困境的最终出路还是在于宗教。

从史学思想史的角度看，可以把汤因比看作是西方思辨的历史哲学的最后一位卓越代表。汤因比在世时，西方史学理论的中心已经转移，从对史学客体的普遍概括(规律、形态、阶段、进步、演化等)向与史学主体认识有关的命题(史学的本质、历史的客观性、可认识性、史学与科学的关系、历史解释的性质与方式等)转变。 思辨的历史哲学如同汤因比对文明历程的描述一样，在经历了二百五十多年的起源、成长甚至繁荣之后，在 20 世纪后半叶走向衰落。 是否在不远的将来还会重生？ 让我们拭目以待。 但在目前阶段，西方史家与西方自然科学对客观规律的理解保持一致，汲取了一个世纪以来规律崇拜所带来的负面经验和教训，不再力求把史实镶嵌到一个定理式的模型里，不再对自己的研究对象进行包罗万象的终极性解释，而把注意力转移到所谓批判或分析的历史哲学的研究对象上来。

这就提出了一个问题：在宛若万花筒般令人眼花缭乱的当代史学风景画中，在一个整体上快速变化并因而普遍尚新厌旧的时代，集中出版一位几十年前的英国人的著作，还有什么阅读的意义呢？ 我想唯一的答案就是鉴往识今。 因为在我们经历和即将经历的过去、现在和将来的三个维度之间，现在稍纵即逝，将来难以预知，唯一不变的、稳定的就是过去。 这里的过去自然是指客观的、一次性过去的过去，也就是客观的历史。 过去的创造者和我们属于同一物种——智人，他们是我们的父老乡亲，具有同样的人性和智力。 因此他们的历史实践与我们的历史实践从根本上来说是一致的，他们对于社会人生、世界历史的思考不管有多大差异，有多少漏洞，都是我们认识现在和未来的思想来源和基本依据。 这正是汤因比的著作在世界各地依然拥有不少读者，即使在英语世界之外也受到广泛欢迎的原因。

我们看到，今天世界面临的挑战并不比过去少，汤因比对文明解体提出的警告并没有过时，他的挑战和应战的术语也已融入西方的语言王国之中，成为人们的常用词汇。 他的理论仍旧为人类反思自身的历史提供着一种具有参考价值的解释，我们不难在他的理论框架中找到自己的位置。 这恐怕是汤因比最重大的史学贡献，也是我们今天仍需要他的著作的原因所在。

郭小凌
2016 年 3 月,京师园

目录

1

本 书 布 局

(本卷是第一至第五部的节略本)

作 者 序

　　萨默维尔先生在下文里的说明中，解释了他为拙作前卷编写这个节略本的来龙去脉。 我在获悉此事之前，曾受到不少询问，尤其是来自美国的询问，问及在我出版其余各卷之前——由于战争的缘故，目前这一工作不可避免地推迟了，这大大出乎人们的意料——是否有可能先出一个业已出版的几卷的节略本。 我虽然感受到这种要求的分量，但却对此无能为力(原因是我正全力以赴战时的工作)，直到萨默维尔先生来信说他已经编就了一个节略本，这个问题才以最适当的方式得到了解决。 萨默维尔先生将他的手稿寄给我时，原著的第四至第六卷已面世四年有余，第一至第三卷则出版了九年多。 我觉得对一位作者而言，作品的发表始终具有这样一种效果，就是将作者在写作时作为其生命一部分的作品转化为他的身外之物。 比如在我的这本书和我本人之间，间隔着 1939 至 1945 年的那场战争，其间伴随着我个人境遇和工作上的变动(第四至六卷是在大战爆发前 41 天出版的)。 因此当我翻阅萨默维尔先生的节略本手稿时，尽管他很高明地保存了我的原文，但我几乎就像是在读一本出自他人之手的新书。 由于萨默维尔先生的善意默许，我在阅读的时候，已对书里的文字做了纯属我个人的改动。 但我并没有把这个节略本同我的原著逐行加以比较，也没有把萨默维尔先生删去的任何一个段落重新放回原处，因为我认为(也是这样做的)作者本人未必是对自己作品内容进行取舍的最适当的判断者。

　　一部高明的节略本的编者会对作者提供非常宝贵的服务，而这种服务是作者自己力所不能及的。 熟悉我的原著的本书读者肯定会同意我的看法，即萨默维尔先生的文字功夫的确炉火纯青。 他设法保留了原著的论述，基本使用的是原著的文字，同时又将六卷缩成了一卷。 倘若由我来做这项工作，我怀疑我能否做到这个程度。

　　虽然萨默维尔先生在编写这个节略本时，尽可能考虑到减少作者的负担，但我在着手审阅它以来，还是用了两年的时间。有那么几周或几个月期间，我虽然把稿子带在身边却只字未动，这种拖延系因战时工作的紧迫性。但这部著作尚未写完的那部分的笔记倒是完好无损，安然无恙地收存于纽约对外关系委员会(我在慕尼黑的那个星期里，将它们寄给该委员会的执行秘书马洛里先生，他热诚地帮我保管)。只要人一息尚存，就有希望完成自己的工作。我还有一个应该感谢萨默维尔先生的重要理由，就是校阅他为已出版各卷所作的节略本，有助于我重新开始思考我还要写的内容。

本书同我的原著一样，将由牛津大学出版社出版。V·M·波尔彭小姐为本书编制索引，原著的读者已得益于她的工作，因为第一至第三卷和第四至第六卷的两个索引便出自她手。这亦是令我高兴的事。

阿诺德·汤因比

1946 年

节录本编者的说明

汤因比先生的《历史研究》一书，围绕人们称之为文明的社会类型首次出现以来人类历史经验的性质与范式问题，展开了一以贯之的论述。 这种论述在史料的属性所允许的范围内，从当代历史家们所知晓的人类历史的各个方面广泛抽取例证，并在每个阶段上予以"证明"。在这些举例说明中，有一些非常详尽的论述。 由于《历史研究》一书的这种特性，节略本编者的任务一般而言就很简单了，即原封不动地保留这些论证，只是对陈述加以简化，对例证的数量做某种程度的压缩，对说明的细节进行较多的删节。

我认为这个节略本对汤因比先生在已出版的那部未完成著作的前六卷中提出的历史哲学做了充分说明。 倘若本书没有做到这一点，汤因比先生显然不会同意它的出版。 但如果有人以为它是原著的无可挑剔的替代品，我会感到非常遗憾。 对于"商业目的"而言，这个节略本也许是个恰如其分的替代之物；但对于愉悦而言，它就无疑不是什么替代了，因为原著的迷人之处主要在于书中大量挥洒自如的举证说明上。人们会觉得只有这样一部鸿篇巨制才在审美意义上堪与它的宏大题目相提并论。 我已在极大程度上利用了原作的段落和句子，所以我并不担心这个节略本会单调乏味，但我也同样确信原著更加出神入化。

我编写这个节略本是为了自娱自乐，汤因比先生并不知道此事，我也没有任何出版它的念头。 我觉得这是打发时光的一种适宜的方法。只是在编就它之后，我才告诉汤因比先生，并且将书稿交付于他，由他随时随意加以处理。 这个节略本的缘起便是如此，我自己在其中也偶尔加了点原著所没有的、属于我个人的解说。 毕竟俗话说："你不应给那头为主人脱谷而踩踏的牛戴上口套。"我添加的这类"私货"为数很少，微不足道。 由于我的整个手稿都经过汤因比先生的悉心审校，我的"私货"同其他部分一样得到了他的首肯，因此也就无需在书中标明它们，也无需通过给文本加注的形式来简要说明它们了。 我之所以提到这一点，仅仅是因为一个仔细的读者在对本书与原著加以比较时会发现它们，他也许会感到这个缩编的"游戏"没有遵循最严格的规则。本书也有一两处地方的字句由汤因比先生和我做了些改动，因为自从原著问世以来，发生了一些新的事件。 但总的来说，尽管该书的前三卷出版于 1933 年、其余几卷出版于 1939 年，所需更改的地方却如此之少，这一点着实令人惊异。

作为本书附录的"论点摘要"实际上是节略本的节略本。 读这样的一种"本体"恐怕极难消化，但在整个阅读过程中把它作为参考还是有用的。 其实这是一种"目录"，之所以没有将它放在书的开头，唯一的理由是放在前面未免篇幅太大而不好看。

对于希望查阅原著的本书读者，下面的提示会有所助益：

第 1—79 页(中译本为第 3—84 页)是原著第一卷的节略

第 80—163 页(中译本为第 85—157 页)是原著第二卷的节略

第 164—243 页(中译本为第 161—242 页)是原著第三卷的节略

第 244—359 页(中译本为第 245—359 页)是原著第四卷的节略

第 360—494 页(中译本为第 363—486 页)是原著第五卷的节略

第 495—558 页(中译本为第 487—550 页)是原著第六卷的节略

D·C·萨默维尔

第一部　导　　论

第一章

历史研究的单位

历史家通常只是说明而非纠正他们在其中生活与工作着的那个社会的思想。在最近几个世纪，尤其是在近几代人的时间里，由于致力于自给自足的民族主权国家的发展，使得历史家们把民族国家挑选出来，作为历史研究的一般范围。但并没有哪一个欧洲的单一民族或民族国家显示出它拥有一种可以自身得到说明的历史。倘若有一个这样的国家的话，恐怕这个国家就是大不列颠了。事实上，如果我们发现大不列颠(或者说早期的英格兰)自身也不能构成一个可以得到解释的历史研究范围，我们便有把握地推论，其他现代欧洲民族国家都不适合这个条件。

那么英国的历史能否单从其自身得到解释呢？我们能否将英国的内部史与它的外部关系割裂开来呢？如果我们可以这样做的话，我们是否觉得那些被撇开的外部关系仅处于次要地位呢？在对此进行分析的时候，我们是否会发现外部对英国的影响较之英国对世界其他地区的影响要小得多呢？如果对所有这些问题的答复都是肯定的话，那么我们可以得出合理的结论：虽然理解其他国家的历史不能不参考英国史，但理解英国史却或多或少地可以不必参考世界其他国家的历史。要解答这些问题，最好的方法就是反思一下英国史的过程，以及对它的主要

3

章节作一番回顾。 我们可以按照相反的顺序将这些章节排列如下：

1. 工业经济的建立(始于 18 世纪最后 25 年)

2. 责任代议制政府的建立(始于 17 世纪最后 25 年)

3. 海外扩张(始于 1650—1675 年间,初起于海盗劫掠,逐渐发展为世界范围内的对外贸易,获得热带地区的属地,在海外温带国家中建立新的英语社区)

4. 宗教改革(始于 1625—1650 年间)

5. 文艺复兴,包括政治、经济以及艺术、思想文化方面的运动(始于 15 世纪最后 25 年)

6. 封建化的完成(始于 11 世纪)

7. 英格兰人从所谓"英雄时代"的宗教信仰皈依西方的基督教(始于 6 世纪末叶)

这份由近至远、覆盖了英国历史一般进程的概略,显示出我们越往前追溯,我们所能找到的有关自给自足或与世隔绝的证据就越少。 宗教的改变,实在是英国史上一切事务的开端,与自给自足或与世隔绝的说法截然对立。 它是这样一种举动:一系列孤立的蛮族社会,为了一个新的西方社会的共同福祉而融合成了一体。 至于封建制,维诺格拉多夫已有过出色的证明:封建制的种子在诺曼人征服之前,就已经在英国的土壤里发芽了。 但尽管如此,它的萌发还是受到了外部因素——丹麦人入侵的推动。 这些入侵是斯堪的纳维亚人大迁徙的组成部分,迁徙浪潮也同时促进了法国封建制的成长,而诺曼人的征服无疑使之迅速成熟。 至于文艺复兴,无论在文化方面还是在政治方面,人们普遍认为是来自意大利北部的一种生活气息。 假如在意大利北部,在大约两个世纪期间,即 1275—1475 年之间,没有培植出人文主义、绝对主义和权力制衡的思想雏形,如同在温床上没有培植出幼苗的话,那么它们绝不可能在大约 1475 年以后被移植到阿尔卑斯山以北的地方。 宗教改革也不是英格兰特有的现象,而是西北欧要求摆脱南方的一场普遍的解放运动,因为南部西地中海地区的人们仍盯着那个已经死亡与过时的世界不放。 在宗教改革中，英国并未采取主动，它甚至未参与大西洋沿岸欧洲诸国为争取获得海外新大陆的"奖赏"而进行的竞争。 比较而言，它是作为后来者，在同先于它在场的那些列强们进行了一系列斗争之后，才赢得那份"奖赏"的。

我们还需考虑两个最近的篇章：议会制与工业体制的形成。 一般认为，这两种制度是先在英国土生土长出来，然后才从英格兰扩展到世界其他地区的。 但是有些权威却完全不支持这一观点。 阿克顿勋爵*在论及议会制时说："一般历史自然要依赖于各种力量的作用，但这些力量不是国内的力量，它们有着更为广泛的来源。 近代法国王权的兴起是在英国发生的一场类似运动的组成部分，波旁王朝和斯图亚特王朝的结果尽管有所不同，但它们却遵循同样的法则。" 换句话说，作为英国土产的议会制，乃是一种力量的产物，这种力量并非为英国所特有，它在英国和法国同时发挥了作用。

关于英国工业革命的起源问题，没有比哈蒙德夫妇更为权威的人物了，我们援引他们在自己的著作《近代工业的兴起》的绪言中所持的观点，用来解释工业革命起源于英国而非其他地方的最深远因素，乃是英国在 18 世纪的世界中所处的一般地位——它的地理位置与大西洋的关系以及它在欧洲势力均衡中所处的政治位置。 所以不列颠民族的历史看来过去不是、现在不是、将来也几乎肯定不是一种可以孤立地得到说明的"可以认识的历史研究领域"。 如果这样说对于大不列颠是正确的，那么它无疑对其他任何民族国家也肯定是适用的。

尽管我们对英国历史所做的简略考察的结果是否定的，但它给我们提供了一条线索。 我们在对英国历史的过程进行回顾时所看到的各个章节乃是某个故事中的一些真实的章节，而这个故事又是某个社会的历史，大不列颠只是该社会的一个组成部分而已。 除了大不列颠之外，其他国家也具有同样的经历。 事实上，"可以认识的研究领域"看来是一个社会，它包含着以大不列颠为代表的一些共同体类型，其中不仅

---

* 阿克顿勋爵(Lord Acton, 全名 John Emerich Edward Dalberg-Acton, 1st Baron Acton, 1834—1902)是英国近代史家中最渊博的学者，主编了《剑桥现代史》第一版。 ——译者注

包括大不列颠本身，还包括法国、西班牙、尼德兰、斯堪的纳维亚诸国等等。那段引自阿克顿的话指出了这些局部与全局的关系。

发挥作用的力量并非来自一个国家，而是有着更广泛的动因。这些力量对每个局部都发生了作用，除非对作用于整个社会的这些力量加以全面考察，否则就无法认识在各个局部发挥作用的力量。一种同一的、总的动因会对不同的局部产生不同的影响，因为每个局部都会以不同的方式，对同样动因所驱使的各种力量做出反应并起到自己的作用。我们可以说一个社会在其存在的过程中会遇到一系列问题，该社会的每个成员都不得不采取最好的方式自行加以解决。每个问题的出现，都是一种需要经受考验的挑战。经过一系列考验，这个社会的各个成员逐步使自身与其他成员区别开来。在整个过程中，如果不在某种程度上考虑其他成员的类似或不同行为，如果没有把接二连三的考验看作是整个社会生命中的连续事件，那么要把握在一种特定的考验之下任何一个特定成员的行为具有什么重要意义是不可能的。

这种解释历史事实的方法，借助一个具体的例证，或许可以说得更清楚一些。这个例子引自公元前725—前325年间，也就是在4个世纪期间的古希腊城邦的历史。

这一时期开始后不久，由这些为数众多的国家构成的社会便面临着人口对生活资料的压力问题。当时的希腊人显然几乎完全靠他们本土的各种农业生产来获取生活资料，满足自身的消费。当危机来临的时候，各个国家采取了不同的方式与危机进行抗争。某些城邦，如科林斯与哈尔基斯，依靠夺取并移民海外农业区域——在西西里岛、意大利南部、色雷斯和其他地区——来安置自己的过剩人口。这种希腊的殖民地只是扩大了希腊社会的地理范围，没有改变它的特征。另一方面，某些国家谋求使自己的生活方式发生变异的解决方案。

例如，斯巴达通过攻击和征服它的希腊近邻，满足了该国公民对土地的渴求。结果，斯巴达仅仅获得了必要的附加土地，代价是同自己治下的邻人进行顽强、不断的战争。为了适应这种形势，斯巴达的政治家被迫将斯巴达人的生活彻底军事化。为此，他们恢复和改造了一些希腊社会所共有的某些原始的社会制度，而当其时，在斯巴达，如同在别的地方一样，这些制度正处于行将消亡的状态之中。

雅典以不同的方式对人口问题做出了反应。为了出口，它使自己的农业生产专门化，并开始制作供外销的手工业产品。随后它又改进了自己的政治制度，赋予因经济更新而滋生的新阶级以公平的政治权力。换句话说，雅典的国务活动家通过成功地推行一场经济和政治革命，得以避免了一场社会革命。他们由影响他们自身的问题而发现了解决共同问题的方法，顺便为整个希腊社会开辟了一条新的发展道路。当伯利克里在他自己的城邦发生物质财富危机、宣称雅典是"希腊的学校"的时候，他指的正是这个意思。

从这个观察角度出发，把整个希腊社会而非雅典、斯巴达、科林斯或哈尔基斯*作为研究的领域，我们便能够理解在公元前725—前325年期间这些社会的历史所具有的重要意义，也能理解由这一时期向下个时期过渡的重要意义。倘若我们孤立地在哈尔基斯史、科林斯史、斯巴达史或雅典史中寻求能够加以理解的研究领域，那么问题的答案就是不可能找到答案。从这一点出发，唯一可能的解释就是：哈尔基斯的历史和科林斯的历史在某种意义上是正常的历史，斯巴达和雅典的历史则是因采取了不同的方向而脱离了常规的历史。我们无法解释发生这种脱离的原因，历史学家们倾向于认为，斯巴达人和雅典人由于在希腊历史的初始时期便具有一些先天的特殊品质，因此与其他希腊人有所不同。这无异于说斯巴达和雅典的发展是因为它们压根儿就完全没有发展；这两支特殊的希腊人从故事的开头到结尾都与众不同。然而，这一假设却与现成的历史事实相矛盾。以斯巴达为例，设在雅典的英国考古学院所进行的考古发掘已出土了惊人的证据表明，直至大约公元前6世纪中叶，斯巴达人的生活与其他希腊社会并没有什么明显不同之处。在所谓的希腊化时代，雅典传输到整个希腊世界的特点(与斯巴达相对立的那些特点，其特殊的转变证明是走进了一条死胡同)同样是后来通过努力获得的，这些特点的起源从一般角度观察才能得到理解。

---

* 古希腊的一些代表性城邦。其中哈尔基斯是与雅典隔海相望的大岛优卑亚的一座城邦。——译者注

所谓中世纪北意大利的威尼斯、米兰、热那亚及其他城市国家间的差异，近代法国、西班牙、尼德兰、英国及其他西方民族国家之间的差异，也应作如是观。为了了解各个局部，我们必须首先把目光集中在整体，因为这个整体才是可以认识的研究领域。

但是，这些构成可以认识的研究领域的整体又是什么呢？我们如何发现它们在空间和时间方面的边界呢？让我们再次对英国史的主要阶段加以扼要的考察，看一看构成可以认识的研究领域(英国史是其中的组成部分)的那个更大的整体是什么。

如果我们从最近的一章(工业体系的确立)开始，我们就会发现这个可以认识的研究领域在地理上的延展，是世界范围内的。为了解释英国的工业革命，我们不仅必须考虑西欧的经济条件，而且要考虑热带非洲、美洲、俄国、印度和远东的经济条件。然而，当我们追本溯源议会制度并且在这样做当中由经济方面转移到政治方面的时候，我们的眼界就缩小了。用阿克顿勋爵的话说：法国和英国的"波旁王朝和斯图亚特王朝所遵循"的"那种法则"，对于俄罗斯的罗曼诺夫王朝、土耳其的"奥斯曼王朝"、印度的帖木儿王朝、中国的清朝、日本的德川幕府就没有效力，这些国家的政治史用同样的术语是不可能得到说明的。在这里我们便遇到了一道界限。"波旁王朝和斯图亚特王朝所遵循"的"那种法则"的作用，可以延及西欧的其他国家以及由西欧殖民者在海外建立的新社会，但是它的效用却没有越过俄罗斯和土耳其的西部边界。在那条界线的东方，当时遵循的是一些具有另外结果的其他政治法则。

如果我们回溯到我们列表上的早期英国史的几个阶段，我们便发现海外的扩张并不仅仅局限于西欧，而且也几乎包括所有大西洋的沿岸国家。在研究宗教改革和文艺复兴运动的历史时，我们可以对俄罗斯和土耳其的宗教及文化发展忽略不计。西欧的封建制和人们所看到的与之同时代的拜占庭和伊斯兰社会的封建制现象没有什么关联。

最后，英格兰人皈依西方基督教一事，使我们加入了一个社会，但代价却是排除了我们成为另外一些社会成员的可能性。直至 664 年召开的惠特比宗教会议的时候，英格兰人也许还有可能改变信仰为"凯尔特人边区"的"远西部基督教社会"的一员。倘若奥古斯丁的使命最终证明遭到失败的话，英格兰人或许会同威尔士人、爱尔兰人一道，脱离罗马教派，建立一个新的基督教会——如同位于基督教世界远东边缘地区的景教一样，这的确是有可能的。 后来，当信仰伊斯兰教的阿拉伯人出现在大西洋沿岸时，这些居住在不列颠诸岛上的西方远端的基督徒很可能如同阿比西尼亚或中亚的基督徒一样，同欧洲大陆上的教友完全失去了联系。 他们或许改信了伊斯兰教，许多基督一性论者和景教徒在中东处于阿拉伯人统治之下时就是这样做的。 这些假设可能被视为奇谈怪论，但它们却可以提醒我们：597 年的宗教皈依一方面使我们成为西方基督教世界的一员，另一方面却又使我们成为有别于其他人类的一员，同时在作为西方基督徒的我们与其他宗教信徒之间，划出了一条鲜明的界线。

对我们英国史的各个阶段进行这样的二次回顾，赋予我们一种在不同时间里对包括大不列颠在内的那个社会加以空间剖析的方法，这个社会是与大不列颠相关的可以得到认识的历史研究领域。 在进行这些剖析时，我们不得不对社会生活的某些不同方面——经济的、政治的、文化的——加以区分，因为有一点很清楚，就是这个社会在空间上的延伸程度是随着我们关注的对象的不同而有明显差别的。 当前，就经济方面而言，这个包括大不列颠在内的社会无疑可以扩展到整个地球表面可供人类居住和航行的空间。 就政治方面而论，目前这个社会所具有的世界性也几乎同样显而易见。 然而，当我们转到文化方面的时候，英国所从属的这个社会现在的地理范围就小多了。 具体地说，它局限于西欧、美洲和南洋的那些天主教和新教教徒占据的国家。 尽管这个社会也受到某些外来影响，如俄罗斯文学、中国绘画和印度宗教等文化成分的影响，尽管我们自己的社会对其他社会的文化影响要强烈得多，如对东正教和东方的基督徒、穆斯林、印度教徒以及远东人民的影响，但有一点是始终明确的，就是所有这些人都处于我们所隶属的文化世界之外。

当我们对较早的阶段做进一步剖析的时候，我们发现我们正在考察的社会在所有这三个方面的地域范围都在逐步缩小。 以 1675 年左右为例，虽然在经济方面这种缩小恐怕并不是很大(起码就贸易的范围来看，对贸易额与内容忽略不计)，但就政治范围而言，它缩小到同今天的文化范围大体相符的程度。 再以 1475 年左右为例，在所有这三个方面，海外地域都消失殆尽了。 即使在经济方面，边界也缩减到与今天的文化范围大体相等的地步，仅限于现在的西欧和中欧，除了位于地中海东岸的一系列正在消亡的前沿据点之外。 再以最初的大约 775 年为剖析对象，所有三方面的边界都在进一步缩小。 当时，我们这个社会的范围几乎只限于查理的领地，以及在不列颠接替罗马帝国的那些英人国家。 在这一范围之外，几乎整个伊比利亚半岛在此时都属于阿拉伯穆斯林的哈里发版图；北欧和东北欧处于尚未皈依基督教的蛮族手中，不列颠群岛的西北边缘处于"远西"基督徒的掌控之下，意大利南部则受拜占庭人的统治。

让我们称这个社会(迄今我们一直在研究它的空间范围)为西方基督教社会。 一旦我们对我们心目中的这个社会的形象给出一个名称，从而使它浓缩成一点，与它同时处在一个世界上的、对应它的那些社会形象和名称也就浓缩成与之并存的焦点了，特别是如果我们把注意力集中在文化方面时更是如此。 在这方面，我们在当今世界可以明白无误地区分出至少四个与我们属于同一类型的社会：

1. 东南欧和俄罗斯的东正教社会；

2. 自大西洋到中国长城以外，穿越北非和中东，呈对角状延伸，其中心在荒漠地带的伊斯兰社会；

3. 位于热带的印度次大陆的印度社会；

4. 处于荒漠地带和太平洋之间的亚热带和温带的远东社会。

在更仔细观察的基础上，我们还能看到两个现已灭亡、看似化石碎块的类似社会，即由亚美尼亚、美索不达米亚、埃及、阿比西尼亚的基督一性论者和库尔德斯坦的景教徒、马拉巴尔的前景教徒以及犹太人和袄教徒组成的社会；再一个是由西藏、蒙古的大乘佛教的喇嘛教徒和锡兰、缅甸、柬埔寨的小乘佛教徒以及印度的耆那教徒组成的社会。

提到这一点很有趣，即在我们回溯至 775 年那段时间时，我们发现世界地图上的这些社会的数量和特征同今天相差无几。 实际上这类社会在世界上的分布图自我们的西方社会问世以来就始终没有什么变动。在为生存进行的斗争中，西方把与之同时代的各个社会驱至墙角，并把它们束缚在西方经济和政治发展的蛛网当中，但它还没有解除它们各自特色鲜明的文化的武装。尽管它们受到沉重的压迫，但它们仍然可以称它们的灵魂是属于自己的。

这种迄今所作的论证得出的结论是，我们应当在两种关系之间划分出一道清晰的界线：一种是同一社会内部的各个社区之间的关系，一种是不同社会彼此之间的关系。我们在空间方面探讨了西方社会的范围之后，我们现在不得不考虑它的时间范围。我们立即遇到了一个事实，即我们不可能预知它的未来，这在很大程度上限制了对这个特定社会或任何其他延续下来的社会所进行的研究，使我们难以揭示这些社会所具有的属性。我们必须满足于对我们西方社会各个开端的探索。

843 年，当查理的领土根据凡尔登条约在他的三个孙子之间分割的时候，长孙罗退尔要求拥有他祖父的两个都城亚琛和罗马。为了使这两个地方由一条连贯的地带接连起来，罗退尔分得了一份从台伯河与波河河口到莱茵河口、横穿西欧地表的土地。罗退尔的这份土地通常被看作是历史地理学中令人感到惊异的东西之一。不管怎样，加洛林王朝三兄弟认为这是西欧世界特别重要的一个地区，这一点是正确的。无论它的未来怎样，它毕竟有一个伟大的过去。

罗退尔和他的祖父是在罗马皇帝的头衔下统治亚琛至罗马这个地区的。这条线从罗马穿过阿尔卑斯山到亚琛(从亚琛横越海峡，延伸到罗马人的城垣)，曾一度是当时已经灭亡的罗马帝国的主要防线之一。借助于从罗马穿过阿尔卑斯山、伸向西北的一条交通线，并通过在莱茵河左岸建起一道军事防线，吞并不列颠南部以掩护这条防线的左翼，罗马人把位于阿尔卑斯山以北的欧洲大陆西端分割开来，并入了帝国的版图，如果没有这块地方，帝国就完全被限制在地中海水盆之内了。因而，嵌入罗退林加的这条线在罗退尔时代之前就已纳入了罗马的地盘，后来也是西方社会的属地。但是，这条线在结构上的作用对于罗马帝国和后来的西方社会却是不一样的。在罗马帝国，它是一条边界线；在我们的西方社会，它是一条向两侧扩展乃至向四面八方扩展的主干线。 在罗马帝国崩溃和我们西方社会从混乱中逐渐出现之间有一段"沉睡的中间期"(约在公元375—675年间),原本是那个旧社会躯体一侧的肋条却变成了同一物种的新生物的脊梁骨。

现在有一点很清楚,就是如果西方社会的生活倒退回775年以前,我们会发现它呈现给我们的不是它现在的样子,而是另外的罗马帝国的样子,以及该帝国所从属的那个社会的样子。 再有一点也很明显,即我们如果把西方历史中的任何因素追溯到那个较早的社会历史中的话,那么这些因素在这两个不同的结合体当中可以有不同的功能。

罗退尔分得的部分之所以成为西方社会的基本划线,是因为教会在向罗马边界推进的时候,在那里遇到了从边界之外的无人地带向罗马边界压过来的蛮族人,结果产生了一个新的社会。 西方社会的历史学家因而从这一点出发,到古代去寻根究底的时候,会把自己的注意力集中到教会史和蛮族史上,他发现对于这两段历史,可能要追寻到公元前1、2世纪所发生的经济、社会和政治革命那里去,汉尼拔战争的巨大冲击把希腊罗马社会抛入了那场革命。 为什么罗马向西北方伸出一条长臂,并把位于阿尔卑斯山以北、欧洲西边的角落也纳入帝国版图? 因为它被那场与迦太基进行的生死存亡的斗争吸引到这一方向上来。 为什么它在越过阿尔卑斯山之后,却在莱茵河边止步不前呢? 因为在经历了两个世纪令人精疲力竭的战争与革命之后,到了奥古斯都时代,它的活力已经消耗殆尽。 为什么蛮族人最终取得了突破? 因为在较高的和较低的文明社会之间的边界不再变动的时候,这种平衡并不会稳定地持续,而是随着时间的推移,逐渐有利于较为落后的那个社会。为什么当蛮族人突破边界之后却在边界那一边遇到了教会呢? 从物质上讲,这是因为继汉尼拔战争而来的经济与社会革命把大量东方世界的奴隶带到西方遭受战火蹂躏的地区从事劳动,随着这种对东方劳动力的强制迁徙而来的是东方的宗教和平地侵入希腊罗马社会。 就精神而言,是因为这些宗教带有一种个人在"彼岸世界"可以得到救赎的承诺,所以在占统治地位的少数人的头脑中找到了扎下根来的土壤,而这些人在此岸世界里已经无法拯救希腊罗马社会的命运了。

另一方面,对于希腊罗马史的研究者来说,无论是基督徒还是蛮族人本身都属于外来下层社会的成员，他也许可以称之为希腊罗马社会(或者使用一个更适当的字眼"希腊"社会)在其最后阶段的内部和外部的无产者[1]。 他或许会指出，直到马可·奥里略(Marcus Aurelius)为止，包括马可·奥里略在内，希腊文化的大师们几乎都忽略了无产者的存在。他或许把基督教会与蛮族武装集团看作是令人毛骨悚然的疾病，是在希腊社会的躯体被汉尼拔战争一劳永逸地摧毁之后出现的病症。

　　这样的考察使我们能够在从时间上回溯我们西方社会的历史时得出一个确切的结论，即该社会的寿命尽管较任何从属于它的单个国家的寿命要长一些，但却并不比它所代表的社会类型存在的时间长。 在追溯它的历史根源时，我们会遇到另外一个社会的最后阶段，而那个社会显然起源于更为遥远的过去。 历史的连续性是一个被人接受的用语，但这种连续性并不像个人生命所表现的那样，它毋宁说是由连续的若干代人的生命构成的连续性。 我们西方社会与希腊社会的关系，在某种意义上堪与一个孩子与其父母的关系相比(为说明的方便，虽然这并非是个完美的比喻)。

　　如果本章的论点可以接受的话，我们就应该同意这一观点，即能够予以认识的历史研究单位既不是一个民族国家，也不是(在大小规模上处于另一端点的)人类整体，而是我们称之为一个社会的人们的某个群体。 我们发现目前存在着五个这样的社会，与之共存的还有业已灭亡的社会的各种化石证据。 在探究这样的现存社会之一、也就是有关我们自身社会的降生情况时，我们意外地发现了另外一个著名社会的坟堆，我们自己的社会同它的关系有点像是子嗣关系，简言之就是"隶属"关系。 在下一章里，我们试图列出一个已知在这个星球上存在和曾经存在过的这类社会的全部名单，并指出它们彼此之间的关系。

注　释：

　　[1]　"无产者"一词在这里以及在此之后是指在任何一个社会历史时期，以某种方式处于一种特定社会之中却又属于该社会的社会成分或社会集团。

第二章

诸文明的比较研究

我们已经发现我们自己的西方社会(或西方文明)同一个先前的社会有着源流关系。 我们进而研究各个同类社会的明显方法就是列举一些其他现存的例证，比如东正教社会、伊斯兰社会、印度教社会和远东社会，看看我们是否也能发现它们的"双亲"。 但我们在进行这项研究之前，必须弄清我们正在寻找的对象。 换句话说,必须弄清这种传承关系的象征是什么，可以作为有效的证据被我们所采纳。 我们在我们自身社会的母体——希腊社会的例子中，能找到哪些这类关系的象征呢？

第一个象征就是大一统国家[1](罗马帝国)，它把整个希腊社会都并入了一个单一的政治共同体。 这种现象之所以显而易见，是因为它与罗马帝国兴起之前、希腊社会分为众多地方性国家这一点形成鲜明的对比，也同我们西方社会迄今一直分裂为众多地方性国家形成同样强烈的对比。 我们进一步发现，罗马帝国之前有过一段混乱时期，至少可以回溯到汉尼拔战争之时。 在此期间，希腊社会失去了创造力，并且毫无疑义地处在衰退状态，罗马帝国的建立阻滞了这种颓势一段时间，但其最终证明这只是一种无药可医的病症，既毁灭了希腊社会又连带着毁掉了罗马帝国。 随着罗马帝国的倾覆，在希腊社会的消失与西方社会的出现之间还有过一个间歇时期。

在这个间歇期间存在着两个组织的活动：一个是在罗马帝国内建立并幸存下来的基督教会，一个是出自帝国边界之外无人地区的所谓蛮族大迁徙而在帝国原有土地上兴起的一些短命的继承国家。我们已经把这两种力量称作希腊社会的内部无产者和外部无产者。虽然它们在别的方面大相径庭，但它们都同希腊社会的少数统治者(旧社会的领导阶级，已经失去了方向和丧失领导作用)处于分离状态。实际上帝国的垮台与教会幸免于难只是由于教会提供了领导并赢得了忠诚，而帝国则对这两者早就无能为力了。因此，作为这个垂死社会残存物的教会就变成了一个子宫，一个新的社会将在适当的时机从那里脱胎而生。

间歇期的另一个特点是民族大迁徙，它在我们这个社会的传承关系中起了什么作用呢？外部无产者在民族大迁徙当中越过旧社会的边境，如洪水般冲了进来——有自欧洲北部森林来的日耳曼人和斯拉夫人，从欧亚草原地带来的萨尔马提亚人和匈奴人，由阿拉伯半岛来的撒拉逊人，从阿特拉斯和撒哈拉沙漠来的柏柏尔人，他们短命的继承国家同教会一道分享了间歇期间或英雄时代的历史舞台。与教会相比，他们的作用是负面的，没有什么可资一提的贡献。他们在间歇时期结束之前就几乎全部被暴力所摧毁。汪达尔人与东哥特人毁于罗马帝国本身的反击，摇曳不定的罗马火焰还是足以把这些可怜的飞蛾化为灰烬的。其他人则自相仇杀而亡。例如西哥特人先是受到法兰克人的打击，后来又被阿拉伯人予以致命一击。这场游荡民族生存斗争的极少数幸存者也很快退化，随后就像懒汉一样无所事事，直到被那些拥有不可缺少的创造力的新兴政治力量所消灭殆尽。因而墨洛温王朝和伦巴德王朝被查理曼帝国的创立者们扫除干净。在罗马帝国的所有蛮族"继承国家"中，只有两个还能在近代欧洲民族国家中见到它们的后裔，这就是查理大帝的法兰克人的奥斯特拉西亚和阿尔弗雷德的西塞克斯。

这样一来，民族大迁徙及其暂时的产品如同教会和帝国一样，是西方社会和希腊社会之间承继关系的标志，但它们如同帝国却不像教会，除了是标志之外什么都不是。当我们从研究表象转而研究原因时，我们发现教会既属于未来也属于过去，而蛮族继承国家以及罗马帝国却完

15

全属于过去。它们的崛起仅仅是帝国崩溃的替换物，帝国的崩溃无情地预示着它们的结局。

这种将蛮族对我们西方社会的贡献低估的做法也许会使我们上一代的历史学家(比如弗里曼)感到震惊。他们认为责任制议会政府是某些自治政府机构的发展，假定是由来自无人地带的条顿部落带过来的。但这些原始条顿人的制度即使全都存在过，也是在几乎所有时代和所有地区的原始人都有的很初步的制度。即便如此，它们在民族大迁徙之后也没有保存下来。蛮族武装集团的首领们都是军事冒险家，那些继承国家的体制在当时同罗马帝国本身的体制一样，是受到革命锻造的专制政体。在逐渐产生出我们称之为议会制度的新过程真正开始之前，这些蛮族专制政体中的最后一个已经灭亡许多个世纪了。

流行的说法则夸大了蛮族对我们西方社会生活作出的贡献，这种说法也许可以部分追溯到一种虚假的认识，即认为社会进步可以解释为有些种族具有某些先天的素质。我们前一代的西方历史学家根据自然科学揭示的诸种现象进行错误的类推，把种族描述成化学"元素"，把种族间的融合视为释放潜在能量并引起沸腾和变化的化学"反应"，而此前存在的却是僵化与停滞。历史学家们自欺欺人地假定这是"注入了新鲜血液"，他们就是这样比喻蛮族入侵造成的种族效果，用它们来解释那些构成西方社会历史长期延续的生命与成长现象。有人提出这些蛮族人是"纯粹的种族"征服者，他们的血液仍在激励和荣耀着那些据说是他们后人的躯体。

蛮族人实际上并不是我们精神的创造者。他们恰好是在希腊社会灭亡的时候出现的，他们甚至都不能自诩曾经给予希腊社会致命的一击。当他们到达现场的时候，希腊社会已经在先前几个世纪的动乱中自我伤害、命若游丝了。他们仅仅是啄食腐肉的秃鹰或是在死尸上爬来爬去的蛆虫。他们的英雄时代是希腊历史的尾声而不是我们的历史序幕。

因此，有三个因素标志着从旧社会向新社会的过渡：作为旧社会最后阶段的一个大一统国家；在旧社会发展起来并转而推动了新社会的一个教会；一个蛮族英雄时代的混乱入侵。在这些因素当中，第二个因素的意义最为重大，第三个的意义最小。

在我们试图进一步寻找其他的隶属社会之前，可以从希腊社会与西方社会的这种"传承关系"中看到另外一种现象，即摇篮地的转移，或者说从先前社会的原生地脱胎而来的新社会的最初家园。我们已在上面考察的例证中发现，那个旧社会的一处边缘地区变成了新社会的中心，我们必须对其他案例中的类似转移有所准备。

东正教社会 对这个社会的起源加以研究不会增加有关类型的样本数量，因为很明显，它同我们西方社会是希腊社会的双生子，它在地理上转移到了东北部，而非转向西北方。它的摇篮和最初的家园在拜占庭的安纳托利亚，在许多世纪里受到竞争对手伊斯兰社会扩张的严重挤压，最终向北部和东部扩展，穿越俄罗斯和西伯利亚，绕过了伊斯兰世界，抵达远东。西方的基督教社会与东正教社会分裂为两个社会可以追溯到它们共同的"蛹体"天主教会的分裂，蜕变成两个实体，即罗马的天主教会和东正教会。这一分裂足足持续了三个多世纪才告完成，从8世纪的圣像破坏运动开始，至1054年因神学问题最终分裂为止。此间，这个急剧分化的社会的教会呈现出截然不同的政治特征。西部的天主教会统一在中世纪教皇的独立神权之下，而东正教会却成了拜占庭国家的一个俯首帖耳的部门。

伊朗社会、阿拉伯社会与叙利亚社会 我们必须考察的下一个现存社会是伊斯兰社会。当我们浏览伊斯兰社会的背景时，我们在那里看到一个大一统国家、一个大一统教会，以及一种与西方基督教社会、东正教社会的相同背景并不吻合，却毋庸置疑可以与之进行类比的民族大迁徙运动。伊斯兰大一统国家是巴格达的阿拔斯哈里发王朝[2]。其大一统教会当然是伊斯兰教会本身。在哈里发国家败落时期横扫其领地的民族大迁徙运动是由来自欧亚草原的突厥和蒙古游牧部族、来自北非的柏柏尔游牧部族与来自阿拉伯半岛的阿拉伯游牧部族进行的。这次民族大迁徙占据的间歇时间大概是在975到1275年约三个世纪，下限1275年可以视为今天我们看到的世界上所有伊斯兰社会的开端。

至此为止一切都很明白，但进一步的探究却使我们遇到了难题。头一个难题是伊斯兰社会的前身(还不是很清楚)已证明不是只有一个后代的父母亲，它有一对双生子。 然而，这对双生子的行为却大相径庭，因为西方社会和东正教社会一千多年来相安无事，而我们正在探寻的那个父母辈社会的后裔之一却吞噬、兼并了另一个兄弟。 我们将这两个双生的伊斯兰社会称为伊朗社会和阿拉伯社会。

在这个尚未识别出来的社会的后裔之间的分化与古希腊社会的后裔之间的分裂有所不同，不是因为宗教事务。 虽然伊斯兰教同基督教会分成天主教会和东正教会一样，分化为逊尼派和什叶派，但伊斯兰教的这种宗教分裂在任何阶段都与伊朗伊斯兰社会和阿拉伯伊斯兰社会之间的分裂不相一致，即便是 16 世纪最初 25 年伊斯兰什叶派在波斯占统治地位时，宗教分裂最终导致伊朗伊斯兰社会的土崩瓦解。 因而什叶派在伊朗伊斯兰社会(东自阿富汗，西至安纳托利亚)主轴的中心地带确立了自己的统治，把它的两边留给逊尼派支配，包括伊朗世界的两端地带以及南部与西部的阿拉伯国家。

当我们将这一对伊斯兰社会同我们的那对基督教社会进行比较的时候，我们看到出现在我们可以称之为波斯—土耳其或伊朗地区的伊斯兰社会与我们的西方社会具有某种相似之处，而另一个我们可以称之为阿拉伯地区的社会则与东正教社会存在着某种相近之点。 例如，开罗的马穆鲁克在 13 世纪呼唤出了巴格达哈里发王朝的魂灵，这使我们想起叙利亚的利奥于 8 世纪在君士坦丁堡召唤罗马帝国鬼魂的事。

马穆鲁克的政治结构同利奥的政治结构一样，相对适度、有效和持久，与比邻伊朗地区的那个幅员辽阔、模糊不清和短暂不定模样的帖木儿帝国成为对照。 后者如同西方的查理曼帝国那样出现了又消失了。再者，在阿拉伯地区作为文化载体的古典语言是阿拉伯语本身，它在巴格达的阿巴斯哈里发王朝统治时期一直是文化的语言。 在伊朗地区，新文化却为自己找到了一种新载体波斯语，这是一种嫁接在阿拉伯语上的语言，就像拉丁语与希腊语的关系一样。 最后，伊朗地区的伊斯兰社会在 16 世纪征服、并吞阿拉伯地区的伊斯兰社会一事，堪与西方的基督教社会在十字军东征期间反对东正教社会相比。 1204 年，当这种侵略在第四次十字军东征转而攻打君士坦丁堡时达到顶峰， 一时看起来东正教社会要被它的姊妹社会永远征服和吞并似的——阿拉伯社会在大约 300 年之后也遇到同样的命运，当时马穆鲁克政权被推翻，开罗的阿巴斯哈里发王朝在 1517 年被奥斯曼国王赛利姆一世所灭。

我们现在必须回答这个问题，即那个尚未识别清楚的、由巴格达的阿巴斯哈里发王朝标志其最后阶段的社会——类似由罗马帝国标志其最后阶段的希腊社会——究竟是什么社会呢？如果我们从阿拔斯哈里发王朝回溯历史，我们会发现类似于希腊社会倒数第二个阶段那样的混乱时期吗？

答案是我们无法发现。在巴格达的阿拔斯哈里发王朝之前我们发现的是大马士革的倭马亚哈里发王朝，在此之前则是一千年之久的希腊人的入侵，自公元前 4 世纪后半叶马其顿王亚历山大的业绩开始，随后是希腊人在叙利亚的塞琉古王国，庞培指挥的战役和罗马人的征服，只是在 7 世纪早期伊斯兰勇士的东方式的复仇才告终结。原始阿拉伯穆斯林洪水猛兽般的征服似乎就像是踏着历史的节拍，呼应着亚历山大那摧枯拉朽般的征服。他们在六年时间里就如此改变了世界的面目。但并没有把它改变得面目全非，而是更像是马其顿式的，把它变回到类似从前曾一度有过的模样。如同马其顿征服粉碎了阿契美尼帝国(即居鲁士和他的继承人们的帝国)，这就为希腊化的种子准备了土壤。所以阿拉伯人的征服为倭马亚王朝开辟了道路，在倭马亚王朝之后，阿巴斯王朝又重新建立起来一个可与阿契美尼帝国相提并论的大一统帝国。如果我们把这两个帝国的地图相互比较，我们会惊异它们疆界的轮廓是如此接近。我们将发现这种相似性不仅表现在地理方面，而且延伸至行政管理的方法，甚至扩展至社会生活和精神生活的更为隐秘的现象。我们可以把阿巴斯哈里发王朝的历史作用看作是阿契美尼帝国的重组与再现，这是被一种外力冲击所击碎的政治结构的重组，是被外来入侵所打断的一种社会生活阶段的再现。可以把阿巴斯哈里发王朝视为大一统国家的复生，这个大一统国家乃是我们至今还没识别出来的社会的最后阶段。有鉴于此，对这个社会的寻找又该上溯 1000 年了。

我们未能在阿拔斯哈里发王朝的前身那里发现我们要找的现象，现在我们必须审视一下阿契美尼帝国的直接前身，也就是一个混乱的时期，类似于希腊历史上直接与罗马帝国建立相接的一个时期。阿契美尼帝国的起源与罗马帝国起源之间的一般相似性是毋庸置疑的。 二者的细微差别在于希腊的大一统国家是在先前的混乱时期制造破坏的那个主犯国家生长出来的，而在阿契美尼帝国的起源当中，却是由不同的国家扮演着罗马一国所扮演的持续破坏和建设的角色。 亚述所起的是破坏的作用。 但恰值亚述即将完成自己的工作、在被它蹂躏的社会中建起大一统国家的时候，它却由于过分黩武而自我毁灭了。 在这出戏终场之前，这位主角却戏剧性地被打垮了(在公元前 610 年)。 它的角色意外地被一个迄今为止一直扮演配角的演员所代替。 阿契美尼家族收割了亚述播下的果实，但这种演员的替换并没有改变剧情的本质。

既然已经看到了我们寻找的混乱时期，我们现在大概可以最终发现我们正在寻找的社会了。 从反面看，我们能够理解它与亚述人从属的那个社会不是一回事。 亚述人就像是在一个长期混乱不已的历史末期的马其顿人，扮演的只是一些来去不定的入侵者角色。 在阿契美尼帝国统一起来的、我们尚未识别清楚的社会中，我们能够追踪到因亚述入侵而发生的、和平的排斥文化成分的过程，阿卡德语和楔形文字逐渐被阿拉米语和字母表所取代。

亚述人本身在他们的晚期用阿拉米字母在羊皮纸上书写，以便弥补他们传统按压在泥板或刻写在石头上的楔形文字书写的不足。 当他们使用阿拉米字母的时候，他们也许已经使用了阿拉米语言。 无论如何，在亚述国家以及短命的新巴比伦帝国(也就是尼布甲尼撒的帝国)灭亡之后，阿拉米字母和语言继续得到巩固，直到公元前的最后一个世纪，阿卡德语和楔形文字在整个美索不达米亚(它们的家园)荡然无存。

在伊朗语的历史中也可以找到相应的变化，它突然间从晦暗不清的迷雾中脱颖而出，成为阿契美尼帝国的统治民族"米底人和波斯人"的语言。 波斯人面对着以一种尚未形成自己文字的语言(伊朗语或古波斯语)进行记载的问题，于是他们采用了楔形文字，用作刻写在石头上的铭文；采用了阿拉米文字，用来在羊皮纸上书写。 但正是阿拉米文字幸存了下来，成为波斯语言的载体。

事实上，两种文化因素(一个来自叙利亚，另一个来自伊朗)同时强调它们自己，并在同一时间彼此更密切地结合在了一起。 从阿契美尼帝国建立前的那段混乱时期的末叶起，即当那些被征服的阿拉米人开始擒获他们的亚述征服者的时候，这一过程一直在继续。 如果我们想要了解这一过程的较早期阶段，我们可以审视一下宗教这面镜子，看看同样的混乱时期是如何给了伊朗人的先知查拉图斯特拉(Zarathustra)以及同时代的以色列和犹大*的先知以相同的灵感的。总的说来，我们可以把阿拉米因素和叙利亚因素而非伊朗因素看作更具影响力。 如果我们追寻至混乱时期之前，伊朗因素就黯然淡出了，我们一眼看到的是位于叙利亚的一个社会，是国王所罗门(Solomon)这一代人及其同时代的国王希律(Hiram)的社会。 这个社会刚好发现了大西洋和印度洋，并且已经发现了字母表。 在这个地方，我们最终看到了那一对双生的伊斯兰社会(后来合二而一)所隶属的社会，我们称之为叙利亚社会。

在阐明了这个身份特征后，让我们再来观察一下伊斯兰教的大一统教会，我们的叙利亚社会就是经由它才最终与伊朗社会和阿拉伯社会形成源流关系的。 现在，我们可以来考察伊斯兰教和基督教的发展之间所存在的一个有趣差别。 我们已经看到基督教创造力的胚芽并不是来自希腊而是源自外乡(事实上源于叙利亚，目前我们能够对此加以识别)。 两相对照，我们能够看到伊斯兰的创造胚芽不是出自叙利亚社会之外而是叙利亚社会的土产。 创始人穆罕默德首先从道地的叙利亚宗教——犹太教、其次从基督教的一种形式——景教汲取灵感。 在景教当中，叙利亚成分得到复原，超过了基督教成分。** 当然，诸如大一统教会这样的庞大组织从来都不是纯由一个单一的社会脱胎而来。 我们知道基督教有来自希腊秘仪和希腊哲学的希腊成分。 同样，我们能够察觉希腊对伊斯兰的影响，虽然这种影响要小得多。 无论怎么说，就广义而言，基督教这个大一统教会的基因并非来自它在其中扮演角色的

---

　　* 古代犹太人的两个国家，后一个常常被译作"犹太"，这是不对的，原文是 Judah，因此应译作犹大。 ——译者注
　　** 此处按汤因比的逻辑，基督教源自叙利亚社会的宗教之一犹太教，耶稣基督发展的新教义为主，景教则使原来的叙利亚成分即犹太教成分多过了基督教成分。 ——译者注

那个社会，而伊斯兰教却是土生土长的。

最后，我们可以对从叙利亚这个母体社会脱胎而来的伊朗和阿拉伯社会的家乡发生变迁的程度进行一番度量。 位于安纳托利亚至印度一带的伊朗—伊斯兰社会的基准线显示出很大的变换。 另一方面，位于叙利亚和埃及的阿拉伯—伊斯兰社会的故乡包括整个叙利亚社会所在的区域，其变迁则相对较小。

印度社会 我们必须考察的下一个现存社会是印度，在这里我们再次发现在地平线之外存在着一个早期社会的标准征象。 这里的大一统国家是笈多帝国(约 375—475 年)，统一教会是在笈多王朝时代的印度获得优势的印度教。 它排挤并推翻了在这个次大陆占据统治地位约 7 个世纪之久的佛教，该大陆是这两个宗教共同的摇篮。 民族大迁徙横扫处于衰落时期的笈多帝国，他们是从欧亚草原过来的匈奴人，还同时对罗马帝国进行了攻击。 在这个间歇时期，也就是大约 475—775 年，唱主角的是匈奴人以及承接笈多帝国的一些国家。 之后在这里开始出现迄今依然存在的印度社会，印度哲学之父商羯罗即活跃在公元 800 年左右。

当我们进一步向前追寻印度社会所从属的那个更古老的亲本社会时，我们发现了与我们在探寻叙利亚社会时所遇到的同样复杂的现象，只是在规模上要小一些，这就是希腊人的入侵。 这场希腊人的入侵在印度并非始于亚历山大远征那么早，那场远征对印度文化并没有深远的影响。 希腊人对印度的真正入侵始于巴克特里亚王国的希腊人国王德米特里奥斯(Demetrius)的侵略，终结于 390 年最后一批具有部分希腊成分的入侵者的毁灭。 该事件有可能发生在笈多帝国建立之时。 如果我们依循在追寻叙利亚社会时所采用的路线，那么我们必须像考察西南亚一样去考察印度，以便发现一个前希腊的大一统国家，笈多帝国可以视为这种国家在后希腊的一种再现。 我们在这里发现了由旃陀罗笈多于公元前 323 年建立的孔雀帝国。 阿育王的统治使该国在接下来的一个世纪名声大振，并且在公元前 185 年因普西亚米陀的篡权而灭亡。 我们在这个帝国之前发现一个混乱时期，其间充斥着地方诸国间的破坏性战争，这个时期也正是佛陀乔答摩·悉达多在世的时期。 乔答摩的一生及其对生命的态度是他身处其间的那个社会不怎么样的最佳证据。佛陀的同代人、耆那教的创始人摩珂毗罗的生平思想佐证了这个证据，印度的其他同代人的生平也证实了这一点，他们采取避世的态度，通过苦修来寻求到达彼岸世界的途径。 我们再进一步向前追溯，追溯到这场混乱期之前，便会发现一个成长的时期，这个时期已在《吠陀》中留下了记载。 于是我们就识别出了印度社会的母体社会，我们称之为古印度社会。 古印度社会的故乡在印度河流域与恒河流域的上游地区，从那里它扩展到整个次大陆。 它的地理位置因此同它的后继者的位置事实上是一致的。

中国社会　我们持续探究的对象是唯一延续至今的社会的背景，其家园位于东亚。 在这里，大一统帝国是在公元前221年建立起来的前后呈递的秦汉王朝；大一统教会则是佛教的变种大乘佛教，它传入了汉帝国并成为当今远东社会的蛹体。 在这个大一统国家崩溃之后，从欧亚大草原袭来的游牧民族大迁徙大约在公元300年左右侵入汉帝国的领土，尽管汉帝国本身早在100多年前就实际上已经进入了间歇期。 当我们转向汉帝国出现之前，我们发现了一个清晰的混乱时期，在中国史中称之为"战国"即列国争斗(时期)，涵盖自孔子于公元前479年去世后的250年时间。 这一时代有两个标志：自杀性的权术和智识的活跃，这种实用生活的哲学令人想起斯多葛学派的创始人芝诺所处的时代与终结希腊混乱的亚克兴战役之间的那段希腊历史时期。 此外，这个案例如同希腊案例一样，最后几个世纪的混乱时期只是早些时候开始的动乱的顶点而已。 在后孔子时代熄灭的战火是在孔子对人事加以考量之前便点燃了。 这位哲学家的现世智慧与他的同代人老子的出世无为的思想，是两个人都认识到他们所处社会的历史中上升时代已然过去的证明。 我们将如何称呼这个社会呢？ 孔子对这个社会的过去充满敬意，而老子却如同基督徒离开毁灭之城一样转身弃它而去。 我们大概可以方便地称这个社会为中国社会。

大乘佛教——这个中国社会借以连接今天远东社会的亲缘关系的教会，类似基督教会，却不同于伊斯兰教和印度教，因为它赖以产生的生命基因并不是它在其中发挥作用的社会自有的，而是出自别的地方。

大乘佛教看上去是在属于巴克特里亚的希腊国王及其半希腊化的继承者贵霜人的印度领土上成长起来的，它毋庸置疑在位于塔里木盆地的贵霜帝国诸行省扎下根来。 在这里的贵霜人是前汉王朝的继承人，这些行省后来被后汉王朝重新征服和并吞。 通过这道门，大乘佛教进入了中国世界，然后被中国无产者加以改造，以适应自己的需要。

中国社会的原始家园在黄河流域，从那里扩展到长江流域。 这两个流域是远东社会的源头，该社会沿着中国海岸向西南扩展，也扩及东北方，进入朝鲜和日本。

"化石" （见第 10 页）迄今为止，通过对各个现存社会亲缘关系的调查所获得的信息，可以对"化石"加以分类，把它们归类到最初所属的那些绝灭社会。 犹太人和祆教徒是希腊人入侵叙利亚世界之前的叙利亚社会的化石。 基督一性论者与景教徒是反抗希腊入侵的叙利亚社会所作反应的遗迹，是世代延续的抗议者，旨在反对起源于一种叙利亚宗教的希腊化。 印度的耆那教徒与锡兰、缅甸、泰国以及柬埔寨的小乘佛教徒，乃是在希腊人入侵印度世界之前、孔雀帝国时期的印度社会的化石。 属于大乘佛教的西藏和蒙古的喇嘛教徒，则相当于景教徒，他们代表一种失败的回应，即对大乘佛教从原生的印度形式向后来的形式——因希腊和叙利亚的影响而成形，最终被中国所接受的形式——转化的回应。

这些化石中没有一个能给我们提供进一步补充我们的社会名单的线索，但我们的资料还没有用完。 我们可以再回溯到过去，寻找一些社会的"双亲"，我们已经识别出这些社会本身是现存一些社会样本的母体。

米诺斯社会 在希腊社会的背景上有一个较早期社会存在的某些相当清晰的迹象。 这个大一统国家是以克里特岛为基地、掌控着爱琴海域的海上帝国。 它在希腊传统中遗留下来一个名字，就是米诺斯 (Minos)的海上霸权(thalassocracy)，这是最近在克诺索斯和法斯特斯*出土的宫殿遗址顶层**地表上的一个标记。 在我们能够观察的这个大一

---

　　* 爱琴海第一大岛克里特岛上的考古遗址，两地在 20 世纪初以来相继发掘出古代宫殿遗址。 其中在克诺索斯的宫殿废墟据推测是传说中的米诺斯王的王宫遗址。 ——译者注
　　** 考古家将考古遗址按形成时间的先后划分成若干文化层。 ——译者注

统国家之前，存在着一次民族大迁徙，虽然因为传统史诗、最古老的希腊文学作品《伊利亚特》和《奥德修记》的口耳相传而使它发生了很大的变形。 我们也能够在同时代的古埃及十八、十九、二十王朝的官方记录中看到有关这次大迁徙的些许情况，这无疑向我们显示出某些很像是史实的东西。 这次大迁徙似乎肇始于一支蛮族——亚该亚人以及诸如此类的人们的冲击，他们来自爱琴海域的欧洲内陆，进入海洋后，在克里特称霸的海上打败了这个霸主。 有关他们所作所为的考古证据是米诺斯宫殿在考古学家称作"晚后米诺斯文化二期"的末叶被毁一事。这场运动汇成了一股人口迁徙的大洪流，爱琴人、胜利者与失败者集合其中，冲垮了位于安纳托利亚的哈梯(赫梯人)帝国，又攻打埃及"新帝国"，但没能摧毁它。 学者们把克诺索斯毁灭的时间设在大约公元前1400年，埃及的记载则使我们能够把这股"人口迁徙的大洪流"定年在公元前1230和前1190年之间。 我们因而可以取公元前1425—前1125年作为这个间歇期的年代。

当我们追寻这个更为古老的社会的历史时，我们因为无法释读克里特文字而遇到了困难。 但考古证据告诉我们，在克里特岛有一个物质文明，在公元前17世纪突然越过爱琴海，传入阿哥利德(Argolid)。* 之后200年间，它又从那里逐步传布到大陆希腊的其他地区。 也有证据表明存在着可以上溯到新石器时代的克里特文明。 我们把这个社会称作米诺斯社会。

但是，我们是否可以把米诺斯社会和希腊社会之间的关系类同于希腊社会同西方社会或其他我们已经识别出来的母体与子体的关系呢？在此类的其他案例当中，两个社会之间的社会联系是一个由旧社会的内部无产者创建的大一统教会，后来它成为一种孕育着新社会形态的蛹体。 但是米诺斯社会却基本上没有表现出任何涉及泛希腊主义即奥林匹亚众神的东西。 这组众神在荷马史诗中形成了他们的古典形态。 我们在这里看到了按照蛮族形象塑造的神灵，这些蛮族人在民族大迁徙当中进入并摧毁了米诺斯世界。 宙斯是亚该亚人的战神，以篡位者的身

---

* 位于南希腊，是后来希腊名邦阿哥斯的所在地。 ——译者注

份统治着奥林匹斯山，以武力推翻了先辈克洛诺斯，瓜分了战利品——宇宙。 他把水和土分给他的兄弟波塞冬和哈得斯，把天空留给了自己。 这些神祇是道地的亚该亚神和后米诺斯时期的神。 我们甚至在被废黜的神祇中也看不到米诺斯宗教的迹象，因为克洛诺斯和泰坦诸神同宙斯及其战神队伍具有相同的谱系。 我们想起被大多数蛮族条顿人在他们入侵罗马帝国之前所抛弃的宗教，但他们的斯堪的纳维亚同胞却把这一宗教保存了下来并予以改善。 只是在五六百年之后，这些同胞才在他们自己的民族大迁徙("诺曼人"的掳掠)过程中将它放弃。 如果说在蛮族洪流涌入的时候，米诺斯社会中曾经存在过某种大一统教会之类的东西的话，这个教会一定是与奥林匹斯众神崇拜有所不同，这种情况与基督教和奥丁神、雷神崇拜不尽相同一样。

这样的事情存在过么？ 据有关这个题目的最伟大权威的判断，还是有一些若隐若现的提示可资借鉴：

> 就可能读到的有关古代克里特崇拜的证据而论,我们似乎看到不仅有一种流行的精神要素,而且在它的信徒当中还有某种类似于最近两千年来感动着一系列东方宗教(伊朗宗教、基督教和伊斯兰教)信徒的信仰。它使自己的崇拜者浸透着一种教义精神,但这种精神却与希腊的观点相去甚远……与古希腊人的宗教进行广泛的比较,可以说它具有更多的精神要素。另一方面,它有更多的个人成分。在"聂斯托尔之环"上,可以看到女神的头上方有蛹和蝴蝶的形状,这是复活的象征。她(女神)明显拥有赋予她的信徒死而复生的权力。她与信徒的关系非常密切……她甚至在自己的孩子死后依旧佑护着他们……希腊宗教自有它的神秘之处,但希腊人的男神与女神或多或少都一样,绝不像有关米诺斯崇拜的证据所暗示的那样,具有如此密切的个人关系。他们因家族与氏族纠纷而出现的不合,如同他们多重的形式与特征一样显而易见。与此相反,在整个米诺斯世界看上去只有一位至高无上的女神反复出现……总的结论是:大体说来我们遇到的是一神教崇拜,女性神祇具有最高的地位。[3]

在希腊传统中也有一些关于这个题目的证据。 希腊人保存了一个有关克里特岛的宙斯的传说，但他肯定与奥林匹斯山的宙斯不是同一神祇。 这个克里特的宙斯不是一支战争队伍的首领，* 他不是以全副武装的形式出现，也不是靠武力夺取了他的王国。 他看上去像是一个新生儿。 他也许就是米诺斯艺术作品中所表现的那个被圣母抱着供人礼拜的孩子。 他不仅出生，而且死亡！ 他的生死是否在狄奥尼修斯神的生死当中被复制出来？ 后者是色雷斯神祇，是否与厄琉西斯秘仪之神是一回事呢？** 是否古典希腊的秘仪如同近代欧洲的巫术一样是一个已经灭亡的社会的幸存物呢？

如果说基督教世界屈服于北欧海盗——陷入他们的统治、未能使他们皈依基督教的话，那么我们便可以想象在一个新社会的底部、历时几个世纪秘密举行的布道活动。 在这个新社会中，流行的宗教是对埃西尔(Aesir)神的崇拜。 我们也能够想象这个新社会在成熟之后便对斯堪的纳维亚蛮族人的宗教不再满足，于是就在这个新社会已赖以为继的土壤上寻求精神食粮。 在这样一种精神饥荒当中，一个更为古老宗教的残余，没有受到像我们西方社会的教会在遇到巫术后便将它消灭那样的命运，相反，它也许被当成隐藏的宝物而得以重新发现。 某些宗教天才或许把潜在的基督教仪式同来自芬兰人或马扎尔人的那些晚后的蛮族秘仪奇异地组合起来，以适应自己时代的需要。

根据这样的类比，我们也许可以重建希腊世界真实的宗教史。 古老和传统的厄琉西斯秘仪的复生与俄耳甫斯教——按照尼尔森的说法，这是"由一个宗教天才创造的一种思辨的宗教"——的发明，源自色雷斯的狄奥尼修斯秘仪和米诺斯秘仪(有关克里特人宙斯的生死问题)的汇合。 毋庸置疑，无论是厄琉西斯秘仪还是俄耳甫斯教会都为古典时代的希腊社会提供了它需要的一种精神食粮，但是在奥林匹亚诸神崇拜中，却无法找到我们指望在一个混乱的时期中所需的彼岸世界的精神。我们把这种精神看作是该社会内部的无产者在他们的衰落期间创立的大

---

* 显然指奥林匹斯众神家族，因为这个家族中的每个神灵都有军事职能。 ——译者注
** 厄琉西斯秘仪是古希腊人的原始宗教，在一些地区的民间流行。 ——译者注

一统教会的特征。

根据这些比较，在秘仪和俄耳甫斯秘教中看到米诺斯大一统教会的幽灵是毫不奇怪的。 然而，即使这种推论是真实的话(这个问题在本书后面讨论俄耳甫斯秘教起源的段落中将予以解析[4])，恐怕也很难使我们把希腊社会视为其先前社会的真正的后代。 因为除非这个教会被杀死了，否则为什么它要死而复生呢？ 如果不是蛮族人蹂躏了米诺斯世界的话，那谁会是凶手呢？ 在把这些残忍的"城镇洗劫者"亚该亚人的诸神当作自己的神祇时，希腊社会宣布他们就是它的义父。 但若希腊社会没有承担起亚该亚人的杀人行径并宣称自己是弑亲者的话，它仍不可能与米诺斯社会有子代关系。

如果我们现在转过来考察叙利亚社会的背景，我们将会发现我们曾在希腊社会的背景中看到的东西，即一个大一统国家和一次民族大迁徙运动，它们与米诺斯历史的最后几章中出现的情况雷同。 后米诺斯时期民族大迁徙运动的那场最后的震撼，乃是无傍无依、寻找新家园的流浪者们受到北方最后一批蛮族浪潮即多利安人的驱赶。 这些逃难者中的一些人被埃及阻退，于是定居在埃及帝国的东北沿岸地带，他们就是为我们所熟悉的《旧约全书》所说的非利士人。 从米诺斯世界出逃的这些非利士难民在这里遭遇到希伯来游牧民族，他们自阿拉伯无人地带而来，进入埃及的属地叙利亚。 黎巴嫩山脉在更北部挡住了阿拉美亚游牧民族在同时期的渗入，保护了沿岸的腓尼基人，他们设法顶住了非利士人的冲击而幸免于难。 一个新的社会，即叙利亚社会正是在这场震荡平息的时候从这些因素当中浮现出来。

就这个叙利亚社会与任何一个更古老的社会成员的关系而言，它与米诺斯社会相关联。 这种关系完全和希腊社会同米诺斯社会的关系一模一样。* 叙利亚社会从米诺斯社会继承的一份遗产是字母表(但这一点并未得到确认)，再一份遗产或许是对远航的嗜好。

叙利亚社会从米诺斯社会脱胎而来一说初看起来着实令人吃惊。

---

* 这是汤因比的假设，实际上没有什么可靠的证据能够证实叙利亚社会与米诺斯社会存在亲缘关系。 ——译者注

人们也许更希望发现在叙利亚社会背景中的大一统国家是埃及的"新帝国"，并且犹太人的一神教是埃赫纳吞(Ikhnaton)＊一神教的复活。 但是现有证据却与此相悖。 没有证据表明叙利亚社会与位于安纳托利亚的哈梯(赫梯人)帝国、乌尔的苏美尔人王朝及其继承者巴比伦的阿摩利人王朝中的任何一个有着亲缘联系。 我们现在就来考察这些社会。

苏美尔社会　当我们转过头来审视印度社会的背景时，我们首先注意的是《吠陀》所代表的宗教，如同对奥林匹亚诸神的崇拜一样，它表明这是在民族大迁徙的过程中出自蛮族的证据，丝毫没有在一个衰败社会的混乱时期由内部无产者所创造出来的那种宗教的明显标记。

在这个案例中的蛮族人是雅利安人，他们在印度历史的黎明时期出现于印度的西北部地区，就像亚该亚人在希腊历史的黎明时期出现于爱琴海域一样。 比照我们已经知晓的希腊社会与米诺斯社会的关系，我们应该在印度社会的背景中发现某个大一统国家，在它的边境之外有一片无主的土地，在那里生活着雅利安人的祖先，他们是外部的无产者，直到那个大一统国家的崩溃，才让他们进来。 那个大一统国家和那些无主的土地能否被识别出来呢？ 我们或许可以通过先提两个另外的问题来获得对这些问题的答案：雅利安人是在什么地方找到了进入印度之路的？ 他们当中是否有一部分人从同一个中心地点出发却抵达了不同的地方？

雅利安人操印欧语言，这一语言系属的历史分布——一个语族在欧洲，另一个在印度和伊朗——表明雅利安人一定是从欧亚大草原进入印度的。 许多后来者也依循了这条路线，比如11世纪的突厥入侵者——伽色尼(Ghaznah)的马赫穆德与16世纪莫卧儿(蒙古人)帝国的奠基人巴布尔。 当我们现在来研究土耳其人的分布状况时，我们发现他们中的一些人取道东南方向进入了印度；另一些人则向西南进发，进入安纳托利亚和叙利亚。 例如，与伽色尼的马赫穆德同期，还有塞尔柱突厥人的入侵，引起了我们西方社会的十字军反攻。 古代埃及的历史记录证

＊ 埃赫纳吞(公元前1352—前1336年在位)是埃及新王国时期十八王朝的法老，当政时为摆脱阿蒙神庙僧侣集团对权力的掣肘等目的，实行迁都和废除传统阿蒙神崇拜的重大改革措施，但遭到世俗保守贵族以及僧侣贵族的强烈反对，最终改革失败。 ——译者注

明，在公元前 2000—前 1500 年间雅利安人越出了欧亚大草原，三千年后突厥人在那里有同样的越出行动，同样的分散迁徙。正像我们从印度史料所获悉的那样，在有些人进入印度的同时，另一些人占据了伊朗、伊拉克、叙利亚，最终占领了埃及。他们于公元前 17 世纪在那里建立了蛮族军阀的统治，在埃及史上他们被称作喜克索斯人(Hyksos)。

引起雅利安人大迁徙的原因是什么呢？我们可以用提问的方式来加以回答：引起突厥人大迁徙的原因又是什么呢？历史记录对这个问题提供了答案，这就是阿拔斯哈里发王朝的崩溃，突厥人才向两个方向流散，因为奄奄一息的阿拔斯帝国的躯体为他们在其本土以及在印度河流域偏远的属地上提供了掠夺的对象。这一解释是否给了我们有关雅利安人类似迁徙的线索呢？答案是肯定的，因为当我们观察大约公元前 2000—前 1900 年间的西南亚政治地图时，我们发现这个地区被一个类似于巴格达的哈里发王朝的大一统国家所占据，其统治中心位于伊拉克，其领土从这个中心向四方延展。

这个大一统国家就是建立于公元前 2298 年左右的苏美尔和阿卡德帝国，创建者是乌尔城的苏美尔人乌尔-恩格(Ur-Engur)。大约在公元前 1947 年，该帝国被阿摩列依人汉谟拉比加以复兴。汉谟拉比去世后，帝国的崩溃引起了雅利安人民族大迁徙时期的到来。* 没有直接的证据表明苏美尔—阿卡德帝国曾扩及到印度，但最近在印度河流域出土的文化遗存(最先发掘的两处遗址的年代在公元前 3250—前 2750 年左右)与伊拉克的苏美尔人文化密切相连，暗示着存在这种可能性。

我们能否辨识出这样一个社会，苏美尔和阿卡德帝国不过是这个社会历史中的大一统国家呢？在考察这个帝国的前身时，我们发现一个混乱时期的证据，其中有一位阿卡德人军事家，即阿伽德的萨尔贡(Sargon of Agade)，他是一位显赫的人物。再向前追溯，我们发现了一个成长与创造的时代，最近在乌尔的考古发掘已揭示了这一点。这个时代是否延伸到公元前 4000 年代或还要向前延伸，我们还不知晓。但

----

* 这里是汤因比的猜测，印度雅利安人于何时、从何地进入印度河流域依然是个未解的问题，目前只能说有可能在公元前 2000 年代中叶。——译者注

现在已经识别出来的这个社会可以称作苏美尔社会。

赫梯社会与巴比伦社会 在识别出苏美尔社会之后，我们可以进一步辨识另外两个社会，但这次的顺序不是从后到前，而是反向而为。

苏美尔文明延伸到安纳托利亚半岛的东部，后来这个地方被称为卡帕多客亚。考古学家在卡帕多客亚发现的压写在泥板上的商务文书证明了这一事实。在汉谟拉比去世之后，苏美尔人的大一统国家分崩离析的时候，来自西北部的蛮族占据了该统一国家的卡帕多客亚诸省。大约在公元前 1750 年，该地区的主要继承国家的统治者——哈梯的国王摩西尔(Mursil)一世洗劫、袭掠了巴比伦。袭击者携带着战利品撤退了。其他蛮族人，亦即出自伊朗的加喜特人在伊拉克建立了统治，持续 6 个世纪之久。*哈梯帝国成了赫梯社会的核心，我们对此只有一些支零破碎的认识，且这些认识主要根据出自埃及的史料。在图特摩斯三世(公元前 1480—前 1450 年)**把埃及人的统治扩及叙利亚之后，赫梯人便同埃及不断进行战争。赫梯帝国的毁灭是由业已提到的推翻克里特帝国的同一次民族大迁徙造成的。赫梯人似乎接受了苏美尔人的神祇体系，但他们也有一种自己的宗教以及一种象形文字，至少有 5 种不同的赫梯语言用这种文字来书写的。

根据公元前 15 世纪的埃及记载，在苏美尔社会的本土地带，还有另外一个与苏美尔社会有所关联的社会，这就是巴比伦尼亚社会。***加喜特人的统治在那里持续到公元前 12 世纪的亚述和埃兰时期。在苏美尔土地上出现的这个晚后社会的各种制度，与先前的苏美尔社会本身的制度，在许多地方非常相似，以致很难确定它抑或是一个单独的社会呢，还是苏美尔社会的尾声。无论如何，我们不妨为方便起见，就称它为巴比伦社会。公元前 7 世纪期间，在该社会的最后阶段，这个社会内部遭受了百年战争的摧残，战争发生在巴比伦尼亚和亚述人的军事力量之间。巴比伦社会在亚述的破坏下幸存了 70 年，最终被居鲁士的

---

* 加喜特人在两河流域的统治长达 600 年，但现代人对其历史脉络所知不甚了了，更不要说一些具体细节了。——译者注

** 埃及新王国时期的法老，曾把埃及帝国的边界扩展到叙利亚。——译者注

*** 两河流域南部称巴比伦尼亚，北部称亚述。巴比伦尼亚南部通常称苏美尔，北部称阿卡德。——译者注

阿契美尼帝国的大一统国家所吞并。 这70年中包括尼布甲尼撒＊统治时期和犹太人的"巴比伦之囚"时期。 对犹太人而言，居鲁士看上去就像是上天派来的拯救者。

埃及社会 这个非常著名的社会于公元前4000年代出现在尼罗河流域下游，在公元5世纪灭亡。 它前后存在的时间至少是我们西方社会迄今存在时间的三倍。 它没有"父母"也没有"后代"，没有一个现存社会可以宣称它是自己的祖先。 它的不朽的成就是在石头上寻找到的。＊＊金字塔似乎是默默无言的证人，证明它们的建造者已经存在了近五千年，并且还将要存在几十万年。 它们存在的时间超过人类本身也并非妄想。 也许世界上不再有人类的思维存在，可以读懂它们的信息，但它们仍将继续证明"在亚伯拉罕之前，我就存在了"。

然而，这些巨大的金字塔陵墓在许多方面代表了埃及社会的历史。我们谈到的这个社会已经存在了4 000年左右，但是埃及社会有一半时间并非是一个鲜活的有机体，而是一个尚未掩埋的、已经死亡了的有机物。 在埃及的历史中，一多半时间都是漫长的结束期。

如果我们追寻一下埃及史，我们发现有四分之一多一点的时间是成长时期。 它的生命力首先体现在它制服了非常可怕的自然环境——把布满尼罗河下游和三角洲地带的、不适于人们居住的丛林沼泽清理、疏浚和加以垦殖——随后在所谓的前王朝时代的末期，埃及世界显示出了不断增长的能量，即早熟的政治统一，＊＊＊并在第四王朝惊人的物质表现上达到了鼎盛。 该王朝标志着埃及社会特有成就的顶点：＊＊＊＊在巨大的工程事业——从改造沼泽到建造金字塔——当中协调人们的劳动。

＊ 尼布甲尼撒是新巴比伦或加勒底巴比伦王国的著名国王，基督教《圣经》记载他将犹太人强制带离故土巴勒斯坦、移居巴比伦，史称"巴比伦之囚"。 后波斯开国国王居鲁士一世在夺取巴比伦后将犹太人放回故里。 ——译者注

＊＊ 19世纪以前，由于古埃及象形文字的失传，世界上无人能够释读古埃及文献。19世纪初，法国古文字学家商坡良破解了象形文，打开了古埃及历史之门，而赖以破解的文本正是刻写在一块石板(罗塞达石碑)上的铭文。 ——译者注

＊＊＊ 指大约公元前4000年代末或3000年代初叶上下埃及的统一，按照传统，这是古埃及的前王朝时期。 ——译者注

＊＊＊＊ 第四王朝属传统分期的古王国时期，是大金字塔的兴建高潮期，目前矗立在尼罗河西岸基泽的金字塔群是该时期的遗物。 汤因比说此期是古埃及的鼎盛期显然有误，实际上新王国时期以及托勒密埃及时期才是古埃及的两个最盛期，虽然托勒密时期是希腊人统治期。 ——译者注

它还是政治管理与艺术的鼎盛期。 即使是在宗教领域，在人们一般所认为的睿智出自苦痛的领域，所谓的"金字塔文本"也证实这个时代同样存在着创造，能看到在两种宗教运动——太阳崇拜与奥西里斯崇拜——的交互作用中出现的冲突与它们的初始阶段。 在埃及社会已经衰落之后这两个宗教才进入了成熟期。

从第五王朝向第六王朝的过渡(约公元前 2424 年)期是从顶点走向衰落的时期，在这个时期，我们开始看到其他社会的历史已经呈现给我们的那种熟悉的衰落征象。 埃及统一王国分裂成许多彼此征战不已的小国，这毋庸置疑是混乱时期的标记。 在大约公元前 2070 年，埃及的混乱时期之后紧跟着是一个大一统国家，由底比斯的地方王朝所建立，至大约公元前 2000—前 1788 年的十二王朝得到巩固。 第十二王朝之后，这个大一统国家崩溃了，随后的间歇期出现了喜克索斯人入侵引起的民族大迁徙。

这个社会走到这里似乎要寿终正寝了。 假如我们依循我们通常采用的考察程序，自公元 5 世纪向前追溯，我们多半会在这一点止步并说："我们现在已从公元 5 世纪开始，循着正在消失的最后一些足迹上溯埃及的历史达 21 个世纪，已经触到大一统国家之后的一次民族大迁徙。 我们已追踪到埃及社会的源头，并且越过该社会的开端，发现了一个我们称之为'尼罗河社会'的更早期社会的尾声。"

我们不采用这一方法，因为如果我们现在继续向前追索，我们发现的将不是一个新的社会，而是迥然有别的某种东西。 蛮族人的"继承国家"被推翻，喜克索斯人被赶走，大一统国家与它的首都底比斯一道，有意或无意地得以恢复。

从我们目前的立场出发，这种恢复在埃及历史上是仅有的一次具有重大意义的事件(除了埃赫纳吞那次流产的革命之外)。 这个大一统国家被反复颠覆和重建，持续时间足有整整两千年。 没有什么新社会。如果我们研究埃及社会的宗教史，我们发现在这里，在间歇期之后，还流行着一种从先前衰落时代的少数统治者那里承继下来的宗教。 但它的流行并非没有斗争，它首先通过与一个大一统教会达成一致而保证了自己的地位，这个大一统教会是在先前衰落时代由埃及的内部无产者从奥西里斯宗教创造出来的。

奥西里斯宗教出自尼罗河三角洲地区，而非来自缔造了埃及政治史的上埃及。* 埃及宗教史的主流是这种地上和地下之神——轮流出现在地上又消失在地下的植物之神——与上天的太阳神之间的竞争，这种神学冲突同两种崇拜所由产生的那个社会的两个派别之间的政治与社会冲突密切联系在一起，并且实际上是这种政治与社会冲突的神学体现。对太阳神拉(Re)** 的崇拜受到赫里奥波利斯的僧侣操控，拉神被想象成法老的形象，而奥西里斯崇拜则是一种百姓的宗教。 这是一种既定的国家教会与诉求于个人信仰的平民宗教之间的冲突。

这两种原生形式的宗教的重大区别在于它们对信徒提供的死后出路有所不同。 奥西里斯在冥世统治着大量逝者，拉神则自有一套理由救赎它的信徒脱离死亡、复活到天堂。 但这种神化是对那些能够付出代价的人而言的，这是一种不断提高价码的代价，直到升天之后的永生实际上变成了法老及其宫廷成员们的专利，而那些宫廷成员的不朽是由法老赐予的。 大金字塔正是这种依靠奢华的建筑来保证个人不朽的标志。

同时，奥西里斯宗教也很有基础。 它提供的永生与居住在拉神的天堂里相比也许显得寒酸，但这却是人民群众有可能指望得到的一种慰藉，他们此生受到残暴的压迫，为的却是保障他们主人的福祉。 埃及社会分成少数统治者和内部无产者两部分。 面对这一危险，赫里奥波利斯的僧侣把奥西里斯神当作合伙的神灵而使它变为无害，但奥西里斯在这个交易中却占了大便宜。 当它进入法老的太阳神崇拜之后，它就为人类大众赢得了被尊为神的太阳神仪式。 这种宗教融合的证据就是所谓的《死者之书》，即一种"每个人得以永生的指南"，它在整整两千年之久的埃及社会的"尾声"中，支配着埃及社会的宗教生活。 有关拉神要求正义而非金字塔的思想流行开来，奥西里斯作为冥世的法官出现，按照死者在人间的生活表现来安排他们的命运。

---

　　* 埃及学传统把尼罗河三角洲地区称作下埃及，尼罗河三角洲以南、最盛时远至第四瀑布的尼罗河流域称作上埃及。 ——译者注
　　** 古埃及是多神教的世界，主神是太阳神，中文通常译作"拉"神。 ——译者注

在这里，在埃及大一统国家的统治之下，我们发现了由内部无产者创立的大一统教会的线索。倘若埃及大一统国家没有卷土重来的话，这个奥西里斯教会的未来又会怎样呢？它会成为一个新社会的茧蛹吗？首先，我们也许希望它能同化喜克索斯人，如同基督教会"俘虏"了蛮族人一样。但它并没有这样做，对喜克索斯人的仇恨使它和已经寿终正寝的少数统治者的宗教结成了非自然的同盟。在这个过程当中，奥西里斯宗教变质退化，不朽的命运被再度拿来出售，尽管所付出的代价不再是金字塔而是一卷纸草纸上的一些文本。我们可以推测这种交易同其他交易一样，大量生产薄利多销的产品会给制造商带来最大的回报。因此在公元前16世纪的"恢复"不只是这个大一统国家的一次重生，而更多的是奥西里斯教会鲜活的组织与垂死的古埃及社会业已死亡的组织的合二而一，成为历时两千年才干透的一种社会混凝土。

有关这个恢复了的埃及社会只是生命躯壳的最好证据，就是试图使之复活的举措的彻底破产。这一次是单枪匹马的法老埃赫纳吞，在重复昙花一现的宗教创新举动，而在过去漫长的动乱年代，内部无产者们的奥西里斯教会曾经徒劳无功地进行过这类举动。埃赫纳吞凭借纯粹的天赋，创造出有关神与人、生命与自然的新观念，并在新的艺术作品与诗歌中加以表现。但死亡的社会却并不能因此得到新生。他的失败证明，我们应把公元前16世纪以来埃及史的社会现象看作是一出戏剧的尾声，而非一个新的社会从摇篮到坟墓的历史。

安第斯社会、尤卡坦社会、墨西哥社会与玛雅社会　美洲在西班牙征服者到来之前有上面四个开列的社会。皮萨罗在1530年摧毁印加帝国的时候，安第斯社会已经具备了大一统国家的条件。墨西哥社会也具备了同样的条件，其命定的大一统国家是阿兹特克帝国。在科尔特斯远征的时代，特拉克斯卡拉这个城邦是唯一保持着颇为重要的独立力量的国家，他们最终支持了科尔特斯。尤卡坦半岛上的尤卡坦社会，在大约四百年前被墨西哥社会所同化。无论是墨西哥社会还是尤卡坦社会，都与一个更早的社会——玛雅社会存在亲本关系。玛雅社会似乎比它的继承者拥有更高级和更人道的文明。公元7世纪，它令人吃惊地迅速灭亡，只留下了曾经存在过的记录，即那些残留在雨林中的大城市废墟。 这个在天文学方面出类拔萃的社会，曾转向一种实用的编年体系的记载，其年代计算非常精确。 科尔特斯在墨西哥发现了可怕的宗教仪式，看来是旧有玛雅宗教的极其野蛮的翻版。

这样一来，我们的研究已经给我们提供了 19 个社会，其中大多数彼此间有着某种亲子关系。 它们是西方社会、东正教社会、伊朗社会、阿拉伯社会（后两个现在统一成伊斯兰社会）、古印度社会、远东社会、希腊社会、叙利亚社会、印度社会、中国社会、米诺斯社会、苏美尔社会、赫梯社会、巴比伦社会、埃及社会、安第斯社会、墨西哥社会、尤卡坦社会与玛雅社会。 我们已对将巴比伦社会与苏美尔社会分离开来的做法表示怀疑。 在与埃及社会类比的情况下，也许可以把其他成双成对社会中的某一些看作是处于尾声阶段的单个社会。 但我们在发现合适的理由之前仍尊重它们的个性。 这一点或许是值得一试的，即把东正教社会分为东正教—拜占庭社会与东正教—俄罗斯社会，远东社会分作中国社会和朝鲜—日本社会。 这将会使我们的数量增至21 个。 我们对自己做法的进一步诠释和辩解保留在下一章中。

注 释:

　[1] 这里的斜体用词及惯用语作为本研究的技术性术语，将在此后的论述中不断使用。

　[2] 随后的"埃及阿拔斯哈里发王朝"乃是巴格达的哈里发王朝"鬼魂"的再现，意即与东罗马帝国和神圣罗马帝国同类的现象。 在这三个案例中，一个子体社会产生出或保存了它的母体社会的那个大一统国家的"幽灵"。

　[3] Evans, Sir Arthur, *The Earlier Religion of Greek in the Light of Cretan Discoveries*, pp.37—41.

　[4] 参见第 384 页。

第三章

各个社会的可比性

第一节　诸文明与原始社会

本书的目的在于系统比较我们的 21 个社会，在进行此项工作之前，我们必会遇到某些可能的异议。 反对我们所提出的这种做法的头一种最为简单的论点也许会认为"这些社会除了这样一个事实即它们全都是'可被认识的研究领域'之外，并没有共同的特征'，这个特征是如此模糊不清和空泛一般，以致不可能得到实际的说明"。

对此的答案是"可被认识的研究领域"的各个社会乃是一个"属"，我们的 21 个样本则构成了其中的一个特殊的"种"。* 属于这个种的诸社会一般被称作诸文明，以便使它们与同样是可被认识的研究领域的原始社会区别开来。 而这种原始社会事实上是这个属里的另外一个种。 因此，我们的 21 个社会必须具有一个共同的特点，就是它们都无一例外地处于文明状态。

于是在这两个种之间就立即出现了另一种区别，即已经知道的文明为数很小，而已知的原始社会的数量却大得多。 1915 年，西方的三位人类学家着手对各个原始社会进行过一次比较研究，尽管他们仅限于研

---

* 汤因比和德国历史哲学家施本格勒一样，非常喜欢将人类社会比喻成生物社会，所以他经常应用生物学的术语。 ——译者注

究那些拥有充分资料的社会，却仍然记录在案了 650 个左右，其中大多数迄今依旧存在。 自从大约 30 万年前人类诞生之时起，* 到底有多少原始社会曾经出现又灭亡了，其数量是不可能知晓的，但原始社会的数量与文明社会的数量相比，肯定占压倒优势。

　　但是就它们每个个体的规模而言，文明社会与原始社会相比也几乎同样占据着压倒的优势。 大多数的原始社会是相对短命的，局限在相对狭小的地域之上，包括的人口也相对很少。 倘若我们对迄今依然存在的五个文明中的任何一个(在其经历过的几个世纪里)的人口做一次普查，我们也许会发现，我们的这些庞然大物中的每一个的人口数量，都要比人类形成以来的所有原始社会人口的总和还要多。 但是我们现在研究的不是个人而是社会，对我们的目的来说，具有重要意义的事实是处于文明进程中的已知社会的数量是比较小的。

第二节　对文明统一性的误解

　　反对我们所说的 21 个文明社会具有可比性的第二种论点与第一种相反，认为不存在一个社会种类会有 21 个明确代表的现象，而仅仅有一个文明，即我们自己的文明社会。

　　这种文明统一性的观点是现代西方历史学家受其社会环境的影响而产生的一种误解。 造成这种误解的原因在于这样一个事实，即我们自己的西方文明在近代已经把它的经济体系网络笼罩到了整个世界。这种在西方基础上的经济统一之后紧跟着的是在西方基础上的政治统一，其范围也相差无几。 因为尽管西方军队和政府的征服并不像西方的制造商和技术人员的征服那样广泛和彻底，但这一点也是事实，就是当今世界的所有国家都构成了源自西方的单一政治制度的组成部分。

　　---

　　* 汤因比写这部著作的时候，人类对自己起源时间的认识还很有限，所以作者在这里把人类形成的时间定在 30 万年前。 到 20 世纪末叶，古人类学界普遍认识到人类起源的时间至少在二三百万年前，甚至更早。 ——译者注

这是令人震惊的事实，但就此认为它们是文明统一性的证据的话也未免浅薄。虽然现在经济和政治地图已经西方化了，但文化地图仍然是我们西方社会在开始进行经济和政治征服之前的老样子。就文化方面而言，对于那些能够用眼睛观察的人来说，四个现存的非西方文明的轮廓还是清晰可辨的。但许多人没有这样的目光，它们的观点可以用英语单词"土著"来加以说明，在其他西方语言中也有与它对应的词汇。

当我们西方人称呼一些人是"土著"的时候，我们就在我们对他们的看法中暗中剔除了文化的色彩。我们把他们看作是在当地大量孳生的野兽，我们只是在那里恰好碰到了他们，如同碰到了当地的部分动植物一样，而没有把他们看成与我们一样具有各种情感的人。只要我们将他们视为"土著"，我们就可以消灭他们，或者更有可能像今天这样驯化他们，并真诚地(大概并非全然错误地)认为，我们正在改良品种，但我们却从一开始就没有理解他们。

除了由于西方文明在物质领域所取得的世界性成功而产生的错觉之外，对历史统一性的误解——包括这样一种假设，即只有我们自己的西方文明一条河流，所有其他河流要么是它的支流，要么就是消失在沙漠中的内陆河——还可以追溯到三个来源：自我中心的错觉，"东方不变"的错觉，进步是直线运动的错觉。

自我中心的错觉是很自然的，需要指出的是我们西方人并不是它的唯一牺牲品。犹太人也患有这种错觉，认为他们不是上帝的"选民"之一，而是上帝的唯一"选民"。我们称作"土著"的人，他们称之为"异教徒"，希腊人称之为"蛮族"。* 但是这种自我中心论的最好例证也许是中国贤明的皇帝乾隆在 1793 年让一个英国使臣转交给英王乔治三世的信件：

---

* 古希腊人作为一个民族整体的"希腊人"(Hellas)的自我意识以及对异族通称为"蛮族"(barbarous)的他者意识并不是从成文史开始的。在荷马时代，希腊人尚未将自己和外部世界区分开来。希腊文中的蛮族一词直到希波战争才有了"蛮"的意味，到公元前 4 世纪的大哲亚里士多德眼里，才有希腊民族优越论的全面论述。古希腊、罗马人的民族优越论与近代西方民族和种族的优越论并没有直接的历史联系。汤因比在这里指出各民族都有自我中心论是完全正确的，古代中国人也把域外居民带有贬义地称作蛮夷。——译者注

咨尔国王,远在重洋,倾心向化,特遣使恭赍表章……朕披阅表文,词义肫恳,具见尔国王恭顺之诚,深为嘉许……

至尔国王表内,恳请派一尔国之人,住居天朝,照管尔国买卖一节,此则与天朝体制不合,断不可行……若云仰慕天朝,欲其观习教化,则天朝自有天朝礼法,与尔国各不相同,尔国所留之人,即能习学,尔国自有风俗制度,亦断不能效法中国,即学会亦属无用。

天朝抚有四海,惟励精图治,办理政务,奇珍异宝,并无贵重。尔国王此次赍进各物,念其诚心远献,特谕该管衙门收纳。其实天朝德威远被,万国来王,种种贵重之物,梯航毕集,无所不有。尔之正使等所亲见,然从不贵奇巧,并无更需尔国制办物件。[1]

就是在这封写好的信发出之后的那个世纪里,乾隆的国民们的骄傲便蒙受了一系列挫败,这是众所周知的骄傲的后果。

有关"不变的东方"的错觉也是一种明显流行的、只要经过认真研究便知毫无根据的错觉。对它的起因探究引不起人们多少兴趣,其意义也不大。大概是因为这样一个事实,即"东方"在这里是指从埃及到中国的地区,曾经有一个时期远远地走在西方的前头,现在又似乎远远落在西方的后面,因此当我们前行的时候,它必定是在那里停滞不动的。我们特别应该记住,一般西方人所熟悉的有关古代"东方"史的篇章仅仅是《旧约全书》包含的内容。当现代西方游客怀着惊喜交加的心情,看到今天在阿拉伯沙漠的外约旦边界地带的人们的生活相当于"创世记"卷中描述的家族首领们的生活时,这种东方不变的特征便似乎得到了证明。但是,这些游客遇到的并不是"不变的东方",而是不变的阿拉伯大草原。在草原上,自然环境是人类的恶劣监工,人们适应的能力被局限在很小的范围之内。它把一种僵化不变的生活方式强加于所有敢于居住在那里的人们,无分老幼。以这样的证据作为"不变的东方"的证明是幼稚的。例如,在西方世界的阿尔卑斯山谷,在现代旅游者未曾涉足的地方,当地居民的生活就像是在亚伯拉罕时代生活的他们的前人一样。由此得出一个"不变的西方"的结论,也似乎是合情合理的。

关于进步为直线运动的错觉是把人类多样的思想过分简单化的一个例证。我们的历史学家们在他们的"分期"当中,把各个时期处理成首尾相接的简单系列,如同竹干一节跟着一节一样;或者就像现代清扫烟筒工手中的那个可以捅到烟道里的、一节节延长的特殊刷把。在我们的现代历史家继承下来的刷把手上,起初只有"古代"和"现代"两个节点,* 大体上接近于《旧约全书》和《新约全书》的时间,以及约略相当于按公元前纪年和公元纪年的时间。这种对历史时代的两分法乃是希腊社会内部无产者的看法的遗迹,它通过把旧的希腊教规教法同基督教会的教规教法绝对地对立起来,来表达他们对希腊少数统治者的疏离感,因而导致自我中心的错觉(他们与我们相比知识有限,因此有这种想法可以原谅),将我们 21 个社会中的一个向另一个的过渡看作是整个人类历史的转折点。[2]

随着时间推移,我们的历史学家发现在他们那个可以伸缩的刷把手上再增加一节更加方便,他们称这一节为"中世纪",因为他们把它加在了另外两节之间。但是,这种"古代"和"现代"的分法体现的是希腊历史与西方历史之间的区别,而"中世纪"和"现代"的分法则仅仅代表西方历史的两个章节的转换。因此"古代+中世纪+现代"的公式便是错误的,应该是"希腊+西方(中世纪+现代)"。然而,即使是这样仍然不行,因为如果我们把西方历史上的一个章节抬高成一个单独的"时期",我们为什么不能对其他章节予以同等待遇呢? 我们实际上没有什么理由认为 1475 年左右比 1075 年左右作为一个分期节点更为重要,但我们有充分的理由假定我们大约在 1875 年前后进入了一个新阶段,所以我们可以做下列分期:

西方历史第一期("黑暗时代"),675—1075 年

西方历史第二期("中世纪"),1075—1475 年

---

* 英文形容词 modern 已被我国学界约定俗成为"近代的",但这并不符合该词原义,因为 modern 本义是现代的、时髦的意思,时间上属于最近甚至现在。因此译为"近代"易生误解,特别是无法衔接 post-modern 这个词。为此,这里译成"现代",说明这里的"现代"包含着中文表述中的"近代"。——译者注

西方历史第三期("现代"),1475—1875 年

西方历史第四期("后现代"),1875—? 年

但我们已经走错了路,因为把希腊历史与西方历史等同于历史本身——"古代和现代"乃是褊狭和武断的做法。 这就好像一位地理学家写了一本名为《世界地理》的书,书内却说的全是地中海区域和欧洲的事。

还有一种与流行的传统错觉相吻合的、相当不同的有关历史统一性的观念,一直讨论到现在,本书的论点与之相异。 我们在这里面对的不是市场的偶像,而是现代人类学理论推导的产物,我们所指的是传播理论,由 G·厄利奥特·史密斯(G.Elliot Smith)* 在其《古代埃及人与文明的起源》一书以及 W·H·佩里(W. H. Perry)** 在其《太阳的孩子们:早期文明史研究》一书中提出。 这些作者相信的"文明统一性"具有特殊的含义,即不是指仅仅由西方文明一家于昨天或明天在世界范围内实现的传播,而是指几千年前由埃及文明——它正好已被我们归类于极少数没有任何后代的、业已死亡的文明之一——完成的传播。 他们认为埃及社会是没有外力帮助、独立创建起来的文明的唯一例证,所有其他文明都出自埃及,包括美洲诸文明。 他们假设埃及文明的影响必定是通过夏威夷群岛和复活节岛传播到美洲的。

当然,传播在现在的确是一种方法,许多技术、能力、制度和思想,从字母表到胜家牌缝纫机,*** 都是通过这种方法从一个社会扩散到另一个社会的。 远东人的普遍饮茶,阿拉伯人的普遍饮咖啡,中美洲人的普遍饮可可,亚马逊人的橡胶材料,中美洲人的吸烟习惯,苏美尔人的十二进制计算法(如同我们的先令进制),所谓的阿拉伯数字(也许起源于印度次大陆),都是这样传播的。 然而,尽管事实上步枪通过传

---

　* G·E·史密斯(1871—1937),英国解剖学家和埃及学家,新南威尔士的格拉夫敦生人,在解剖学与生物组织学领域颇有建树,一度兼顾古埃及文明研究,在古埃及文化、尤其是木乃伊问题研究方面论述很多。 1907 当选为英国皇家学会会员。 ——译者注

　** 生平不详。 ——译者注

　*** 原义应为辛格牌(Singer)缝纫机,由美国辛格公司生产,最盛时占有全球缝纫机市场的三分之二(20 世纪 40 年代)份额。 20 世纪 80 年代以前流行于我国的家用缝纫机曾经是该品牌的仿制品。 胜家缝纫机公司目前主产品是电动缝纫机。 ——译者注

播从一个单一的发明中心扩散到各个地区，但这并不能证明弓箭是以同样的方式流行于早期世界的。　之所以如此，是因为机器织机虽然是从曼彻斯特传播到整个世界的，但不能说冶金术也一定起源于一个地点。这个案例的证据完全是另外一种样子。

虽然现代唯物主义有一些错误的观念，但是无论如何，文明却不是由这样一些砖块堆砌而成的。　它们并非由缝纫机、烟草和步枪构建而成，甚至也不是由字母表和数字所构成。　为商业输出一种西方新技术是世界上最简易的事情，但是要让一位西方的诗人或圣人在一个非西方人的灵魂中点燃一束精神火焰，就像他在自己灵魂中点燃一样，那会何等之难。　在承认传播论有它的合理性的同时，有必要强调原创在人类历史当中所起的作用。　我们要提醒自己，由于天性一致的原则，原创的火花或种子可以迸溅出任何生命的火焰或花朵。　凡是在传播论对任何特定的人类成就有所贡献的说法存在悬疑的地方，我们至少可以让传播论者承担作证的责任。

> 弗里曼在 1873 年写道:"几乎不可能怀疑,在不同的国家抵达了特定的发展阶段而需要某些发明的时候,文明生活中的许多最基本的发明就在遥远的时代和遥远的国度,被一而再、再而三地发明出来。因此,印刷术就是在中国以及在中世纪的欧洲分别被独立地发明出来。人们清楚知道,在古罗马有一种与此大体相同的方法被人们用于不同的目的,却没有一个人采取重大步骤把这一服务于各种低俗目的的方法用来印刷书籍。我们可以认为印刷术的情况也可能出现在书写方面。我们也可在相当迥异的艺术领域举出另外一个例证。毫无疑问,如果比较埃及、希腊、意大利、不列颠诸岛最古老的建筑遗存以及中美洲的城市废墟,就会发现拱门和圆顶这类伟大的发明在人类艺术史中不只一次被创造出来……我们无需怀疑许多最简单、最基本的文明生活的技艺——磨的使用,弓的利用,马的驯化,独木舟的挖制——在距离遥远的时代和不同的地方被一再发现……政治制度亦如此。相同的制度经常在彼此相距很远的地方出现,仅仅是因为在相距很远的时代和地方出现了需要这些制度的形势。"[3]

一位现代人类学家表达了同样的想法：

> 人类思想和实践具有共性的原因在于各地人脑结构的相似性，由此也造成人类思想具有共性。在所有已知人类史的各个阶段中，由于生理器官在构造和神经活动方面基本相同，所以思想人的心理也具有某些普遍的特征、动力和行动的方法……这种大脑活动的共性可以在 19 世纪的知识分子达尔文(Darwin)和卢塞尔·华莱士(Russell Wallace)＊身上看到。他们研究同样的资料，同时得出了进化的理论；这也可以解释在同一时代众多人宣称对同一些发明或发现具有优先权的原因。人们的共同思想产生相似的活动——他们拥有的资料更不完整，他们拥有的力量更加有限，他们取得的结果更加模糊不清——说明为什么在地球上分隔遥远的民族和地方都会出现诸如图腾崇拜习俗、族外婚制与许多涤罪净化的仪式。[4]

第三节　关于诸文明可比性的案例

我们现在已对我们的比较研究计划所持的两种反对意见进行了讨论。一种意见认为我们的 21 个社会除了作为"可以认识的历史研究领域"之外，没有什么共有的特征。另一种意见认为"文明的统一性"致使文明明显由多归一。但我们的批评家即使接受我们对这些反对意见的解答，他们也可以坚持说我们的 21 种文明并非是同时代的，比较研究在此基础上是行不通的。它们中的 7 个仍旧存活着，14 个则已灭亡，其中至少有 3 个——埃及文明、苏美尔文明和米诺斯文明——要回溯到"历史的黎明时期"。这 3 个文明，大概还有其他的文明，与现存文明在年代上被整个的"有史时代"区隔开来。

我们的解答是：时间是相对的，从已知最早的文明出现起到我们今

＊ 华莱士(1823—1913)，英国博物学家、地理学家、人类学家和社会批评家、理论家，进化论的捍卫者。 ——译者注

天为止，这段时间充其量不到六千年。 就我们的研究目的而言，对它的度量必须根据与之相关的时间刻度，意即根据诸文明本身存在的时间长短来加以度量。 在从时间上考量诸文明的关系时，我们看到任何一个文明先后传承的次数最多只有三代，而每个案例中的三代加在一起的时间比我们的六千年还要多，因为每个这样的文明系列中的最后一代都是一个现在仍然存在的文明。

在我们审视诸文明社会当中，我们已发现没有一个超过三代传承的例子，这一事实表明，这个品种按照它自己的时间标准来衡量，还是很年轻的。 此外，迄今为止，它的绝对年龄同它的姊妹品种——原始社会相比则是非常短暂的，因为原始社会与人类本身同代，因而即便取平均估计，它存在的时间也有三十万年之久。 人们常说有些文明上溯到"历史的黎明"时期，这是因为我们所说的历史是"文明社会"的人类史，但如果我们所说的历史是指地球上的人类各个时期史的话，我们就会发现产生文明的时期远不能与人类的历史相提并论，仅仅是整个人类史的百分之二、人类生存时间的五十分之一。* 由此可见，我们的文明对我们的研究目的而言，可以有把握说是彼此同时代的。

假定我们的批评家再次放弃了他们关于时间长短的论点，他们依然可以否定诸文明的可比性，理由是各个文明的价值有所不同。 在他们看来，大多数所谓的文明几乎毫无价值可言，事实上是"非文明"，把它们的经验同"真正"文明(当然是指我们自己的文明)的经验加以比较，简直是在浪费脑力？ 就这一点来说，不妨要求读者先不要下结论，直到看见这种智力活动的结果再做出判断。 同时请读者记住，价值如同时间一样，是一个相对的概念，我们的全部21个社会，如果与原始社会相比，其成就是颇为客观的。 但如果用任何一个理想的标准对它们全体加以衡量，就会发现它们做得远远不够，它们之中没有一个比其他社会更为高明。

事实上我们认为，我们的21个社会可以在哲学上假定是共时与等值的。

---

* 根据目前的古人类学史料，文明史的时间不及人类史的百分之一。 ——译者注

最后，即使假设我们的批评家同意了我们的解释，他们仍然可以说文明的历史不过是一些历史事实的线索，每个历史事实在本质上都是独一无二的，历史并不会重演。

我们的解答是：虽然每个事实如同每个人一样，是独一无二的，因而在某些方面是无法比较的；但在其他方面，它却可以是它所处的类别的一个成员，因而可以与该类别所涵盖的其他成员进行比较。没有两个生命个体，无论是动物还是植物，可以达到纹丝不差的地步，但这并不能说生理学、生物学、植物学、动物学和人种学失去了效用。人的心理变化甚至更是难以捉摸，但我们也承认，无论我们在对心理学迄今取得的成果评价上存在多大的分歧，心理学却有权存在并具有发挥自己职能的权利。我们同样承认在人类学名目下对原始社会所进行的比较研究。我们所建议的是试图研究"文明"社会这个品种，就像人类学正在对原始品种所做的那样。

但是，我们的立场将在本章的最后一节才能得到更为清晰的说明。

第四节　历史、科学与虚构

对于我们思考的对象，其中包括人类的生活现象，存在着三种不同的观察和呈现方法。第一种是验证和记录"事实"，第二种是通过对已确认的事实予以比较研究来阐明"一般规律"，第三种是以"虚构"的形式对这些事实加以艺术再创作。一般认为，验证与记录事实是历史学的方法，在这种方法范围内的现象是诸文明的社会现象。阐释一般规律是科学的方法，在人类生活的研究方面，科学学科是人类学。在科学方法的范畴内，现象是原始社会的社会现象。虚构是戏剧和小说的方法，现象在这种方法的领域当中是指人类个人之间的关系。所有这一切，在业里士多德的著作中基本上均可找到。

然而，在这三个研究部门之间，三种方法的分布状况并不像设想的那样合适。例如，历史学并不关心记载人类生活的全部事实，它把有关原始社会的社会生活的事实弃之不顾，由人类学从中阐发该学科的"规律"。*它把有关个人生平的事实交给传记学——尽管几乎所有个人的生平都令人非常感兴趣和具有重要意义，似乎值得一一记载，但这些生平却始终不属于原始社会，而属于处在文明进程中的某个社会，这些社会则一向被认为是历史学的领地。因此，历史学涉及人类生活的部分事实而非全部事实。另一方面，除了记录事实之外，历史学也求助于虚构，也利用规律。

历史学同戏剧和小说一样，都是来自神话。神话是一种原始的理解与表现形式——它就像儿童听到的童话故事或成年人的梦境一样——在虚构和事实之间没有划出界线。比如，有人说如果你一开始把《伊利亚特》当作历史来读，你将会发现它充满了虚构；同样，你一开始把它当作虚构来读，你将会发现它充满了历史。所有历史与《伊利亚特》都相似到如此程度，它们不可能完全避免虚构成分。仅仅对事实加以选择、安排和呈现属于虚构领域的方法。流行的看法坚持认为，如果一个历史家不是一个伟大的艺术家，他也不可能是一个"伟大的"史家，这种看法是正确的。吉本(Gibbons)和麦考莱(Macaulays)**较之"枯燥乏味的学者"(drysdusts，由沃尔特·斯科特发明的一个名词，他本人的某些小说比他的任何历史著作都显得他是一位更伟大的历史家)来说，是更伟大的历史家，虽然后者避开了前者因较多的灵机一动而引起的事实不确。无论如何，要想连续写两行历史叙述而不使用诸如"英国""法国""保守党""教会""新闻""舆论"之类虚拟词汇，几乎是不可能的。修昔底德(Thucydides)[5]把虚构的演讲和对话置于历史人物的口中，从而将这些人戏剧化，***但他的直白

---

*　在我国，历史学的研究对象包括原始社会或史前社会。在欧美大学当中，人类学与历史学的学科界限也不是泾渭分明。在那里除了古人类学分支学科之外，人类学还包括体质人类学、文化人类学、民族学与考古学，其研究对象远不限于史前社会与文化，也涵盖现代人与现代民族。——译者注

**　吉本是启蒙时代英国乃至西欧最杰出的历史家，他的代表作《罗马帝国衰亡史》至今仍是有关罗马帝国没落的基本读物。麦考莱是19世纪英国著名史家，他的《法国大革命史》生动晓畅，是该时代引人入胜的有关法国大革命史的著作。两人均是传统叙述史表述方式的典型代表。——译者注

***　汤因比和科恩福德在这里对修昔底德的评析不尽准确。修昔底德的确像文学家一样编写了一些政治家的演说，但他在著作中对此做了诚实的交代，指出他这样做的原因是他不在讲话的现场，为了叙述的完整，他只好按照历史人物当时可能说的话进行了虚构。这种杜撰非现场的演说词或对话的做法是古代史家普遍的做法，因为古代史家不能容忍空白。但这不能否定修昔底德著作高度求真求实的主流。就这一点来说，他比现代许多史家还要真诚和认真。——译者注

尽管较为生动，却并不比现代人在表现驳杂的舆论景象时那种处心积虑的"隐喻说法"要多一些虚构成分。

另一方面，历史学还利用一些辅助学科的方法为自己服务，用它们来阐释关于文明社会而非原始社会的一般规律，这些学科就是经济学、政治学和社会学。

我们想说明(虽然这对我们的论点并非必需)，如同历史学不能不使用科学和虚构的方法一样，科学和虚构也绝不可能仅仅局限于使用它们自己的方法。所有科学学科都要经过这样一个阶段，即唯一的活动在于确认和记录事实。人类学正是从这个阶段脱胎而来的。最后，戏剧和小说除却有关人与人关系的虚构之外，并不表现为完全的虚构。倘若它们果然如此的话，它们的作品就与亚里士多德的称赞——"比历史更真实、更智慧"——大相径庭，而变成一堆荒诞无稽、令人无法忍受的胡思乱想。当我们称一个文学作品为虚构作品时，我们的意思是说不能与现实生活中的任何人对号入座，也不能与事实上发生过的任何特定的事件划等号。实际上，我们是指这个作品里有一种虚构的人物场景。如果说我们没有指出这个场景是由可信的社会事实构成的话，那只是因为它似乎是自明的，以致我们认为它是不言而喻的。我们事实上认识到我们所赋予一部优秀小说的最高赞语是说它"忠实于生活之真"，"作者显示出对人性的深刻理解"。更具体一点说，如果一部小说涉及一个虚构的约克郡羊毛制品厂主的家庭，我们可能会称赞作者，说他显然对他的西区纺城了解得一清二楚。

无论如何，关于历史学、科学和虚构方法之间的这种亚里士多德式的区分，总的说来还是有效的。如果我们再次审视这些方法，我们恐怕就会明白为何要这样说，因为我们将发现在处理数量不等的"资料"时，这几种方法就适用性而言可谓各有千秋。在一个恰好是资料稀缺的研究领域，核查与记录特定的事实便可能是一切。在资料众多而无法一一列举、同时又没有多到不能加以考察的研究领域，阐明与制定规律就既可行，也有必要。在资料无以数计的领域，被称作虚构的艺术创造和表现形式是唯一可以利用或值得利用的方法。在这里，正像在三种方法之间一样，我们遇到了数量上的实质区别。这几种方法在处理数量不等的资料方面效用是不同的。 我们能否在三个研究领域发现资料的数量实际存在着相应的不同么？

我们从对个人关系的研究开始，这是一个虚构的领地，我们立即可以看到，只有极少数人，他们的个人关系具有适合于记录特定的个人事实——我们称之为"传记"——的题材。 除了这些极少的例外，在个人关系领域研究人们生活的学者面对的是无数普遍熟悉的人生经验，要想无一例外地把它们全都记录下来的想法不过是无稽之谈，对于这方面规律的任何阐释都是令人无法容忍的迂腐与粗浅。 在这种情况下，资料不可能得到富有意义的体现，除非在某种符号系统中才能够如此，这种符号系统提供了一种有限条件下的有关无限的直觉知识，这种符号系统就是虚构。

在涉及数量时，我们现在已发现，至少可以部分地解释这样一个事实，即虚构的方法通常用在对个人关系的研究当中。 让我们再来察看一下，对于研究原始社会一般采用的制定规律的方法以及研究文明社会所采用的发现事实的方法，我们能否找到类似的解释。

首先我们看到的是：这两种研究涉及的是人的关系，但不是我们熟悉的那种每个男女、孩童个人直接经验范围内的关系。 人类的社会关系是超出了个人可能接触的最大范围之外的关系，这种非个人的关系是通过被称作"制度"的社会机制来加以保持的。 没有各种制度，社会就不可能存在。 社会本身实际上就是最高级的制度，研究社会和研究制度之间的关系不过是同一回事。

我们立刻就能看到，研究人们之间建立的制度关系的学者们所面对的资料数量，要大大少于研究人们之间个人关系的学者们所面对的资料数量。 我们还可以进一步看到，与研究原始社会相关联的、记载着制度关系的资料数量，远比研究"文明"社会的资料数量多得多，因为已知原始社会的数目超过 650 个，而我们对那些处在文明进程中的各个社会的考察，使我们能够辨识出的数目最多也不会超过 21 个。 目前的650 个例证，足够我们的学者开始有关规律的制定之用了，远没有必要采用虚构的方法。 另一方面，仅仅知道 12 个或 24 个例证的学者，除了罗列史实便什么也做不了了。 正像我们已经看到的那样，这正是"历史学"迄今为止所处的阶段。

乍看起来，说研究文明的学者掌握的资料为数过少，而我们研究现代史的史家又抱怨他们的史料多如汗牛充栋因此无所适从，这似乎是自相矛盾的。但是，有一点始终是毋庸置疑的，这就是最高级别的史实，有关"可以认识的研究领域"以及历史可比较单位的史实，对于科学方法、阐明和制定规律的需要而言，始终是微不足道的。但无论如何，我们还是要冒险尝试一下，其结果就体现在这部节略本当中。

注 释：

　[1] Whyte, A. F., *China and Foreign Powers*, p.41(中译文自王先谦编：《九朝东华录》，卷 47，15—16。 ——译者注)。

　[2] 法国革命共和国的奠基人以为他们正在开启一个新的历史时代，在此之前的所有一切都是旧的，所以他们以同样的方式把 1792 年 9 月 21 日视为一个新纪年的起始日。 12 年后，一般意见和拿破仑的保守主义废止了这种纪年，但这种纪年幸存下来，用于那 12 年时间，给学生造成了认识果月和热月的麻烦。

　[3] Freeman, E. A., *Comparative Politics*，pp.31—32.

　[4] Murphy, J., *Primitive Man: His Essential Quest*，pp.8—9.

　[5] 一般认为修昔底德是第一位严谨求实的历史家，也是几个最伟大的严格尊重事实的历史家之一。 但是 F·M·科恩福德在《编故事的修昔底德》一书中证明，他对整个主题的表现都受到他所处时代的希腊悲剧套路的支配。

第二部　文明的起源

第四章

问题的提出以及为何无法解决

第一节　问题的提出

　　一旦我们着手解决有关处在文明进程中的社会为什么会产生以及如何产生的问题时，我们便认识到我们的 21 个文明社会实际上分成了两类，其中 15 个社会与先前的同类社会有着亲缘关系。在这些社会当中，有些亲缘关系非常紧密，以致要把它们彼此区分开来是一件颇费气力的事。同时也有一些社会的亲缘关系似是而非、若即若离，用亲缘关系这样的术语来比喻的话似乎又离题甚远。但我们不必在意这一点。这 15 个或多或少有着亲缘关系的社会与另外 6 个社会分属不同的类别，正像我们所看到的，后 6 个社会直接由原始社会脱胎而来。我们建议把我们的注意力现在集中于这 6 个社会，它们是埃及社会、苏美尔社会、米诺斯社会、中国社会、玛雅社会和安第斯社会。

　　原始社会和较高级的社会之间存在哪些基本区别呢？答案并不在于有没有制度，因为制度是人们之间非个人关系的载体，它们存在于一切社会，哪怕是最小的原始社会也建筑在较为宽阔的基础之上，超过了由直接的个人纽带连接的狭小范围。制度是整个"社会"这一属性的特征，因而也是它的两个种的共同特征。* 原始社会具有自己的制度——

---

　　* 属(genus)、种(species)都是生物学的分类单位概念，属在种之上，属上有科、目、纲、门。——译者注

53

体现一年一度农业周期的宗教；* 图腾崇拜和外婚制；各种禁忌；人族仪式和年龄级别；按一定年龄实行的两性隔离，分居在公社的居民点。这些制度中有一些无疑是经过精心设计的，也许就像文明的特征一样微妙复杂。

文明社会与原始社会并非是由分工区别开来的，因为我们也能在原始社会的生活当中发现至少是初步的分工。国王、巫师、工匠和游吟诗人都是专门人才——尽管希腊传说中的工匠赫菲斯托斯是瘸子、希腊传奇诗人荷马是瞎子之类事实表明，在原始社会中，专业化是反常的，局限于那些不能全面发展的残疾人或无所不能的人。

文明社会与原始社会的基本区别如我们所知(人们将会看到这里的"如我们所知"是很重要的)，在于模拟或模仿所采取的方向。模仿是一切社会生活的一般特征，无论在原始社会还是文明社会中，乃至在每一种社会活动中，从较谦卑的女演员对电影明星风格的模仿起，都能看到这种行为。不过，在这两种社会物种当中，模仿的方向却有所不同。我们知道，原始社会当中的模仿对象是较老的一代人和逝去的祖先，他们人虽已消失，却站立在活着的长辈们的身后，令人感受到他们的存在，增强了他们的威望。在一个模仿对象是过去的社会里，风俗习惯占有统治地位，社会便始终是停滞不前的。另一方面，在文明社会当中，模仿对象是具有创造力的个人，他们之所以被人追随是因为他们是先锋人物。在这样的社会里，如瓦尔特·巴格霍特(Walter Bagehot)在其《物理学与政治学》一书中所称的那块"习惯的蛋糕"是被切开，社会沿着变化与成长的路径不断前行。

但是，如果我们问自己，原始社会和更高级社会之间的这种差别是否是永久性的或根本性的呢？我们一定会给予否定的答案，因为如果说我们只知道原始社会处于停滞状态的话，那是由于我们仅仅直接观察到原始社会历史的最后几个阶段。但我们虽然做不到直接观察，却可以采用推理的方法获悉这些原始社会的历史一定具有较早的阶段，其运

---

　　* 原始社会的绝大部分时间都处于前农业状态，农业只是在约一万年前才首先出现于西亚，因此汤因比所说不确，因为他不是史前史家。——译者注

行的动力较任何"文明"社会的动力都大。 我们说过原始社会的历史
与人类的历史一样古老，但我们也许应当更贴切地说原始社会更年长一
些。 社会生活和体制生活在某些高级哺乳动物那里也可以见到，并非
只限于人类。 有一点很清楚，这就是如果没有社会环境，人类不可能成
其为人。 这种从正在形成中的人到人的转变是在原始社会的氛围中完成
的，我们对此没有相关的记载可寻，但这一转变比文明条件下的人类所
取得的任何一种进步都更为深刻，是成长过程中所迈出的更大一步。

正像我们根据直接观察所了解的那样，原始社会就像是一群昏睡在
山腰部的一块突出岩石上的人们，它的上面和下面都是悬崖峭壁。 文
明则像是这些昏睡者的伴侣，他们正抬起脚来，开始攀登上面的绝壁。
而此时的我们这一方，可能更像是一批旁观者，视野仅限于那块突出的
山岩和上面那块峭壁的底部。 在观察者到达现场的时候，正值被观察
者的不同成员摆好了彼此的姿势和位置。 我们第一眼看到的可能是两
组人之间出现的显著差异，我们可能会称那些攀登者为运动健儿，称那
些昏睡不动的人为瘫痪病人。 但随后一想，我们发现还是谨慎一些为
好，不要妄加判断。

无论如何，那些静卧的人并没有真正瘫痪，因为他们不可能出生在
那块支出来的岩石之上。 除了依赖他们自身肌肉的力量，没有谁能将
他们拖上那个濒临万丈深谷的地方。 另一方面，他们的那些此刻正在
攀登的伙伴刚好离开那块岩石，开始攀援上头的峭壁。 由于下一个歇
脚的山崖在我们的视线之外，所以我们不知道下一个攀援高度是多少，
要花费多少气力。 我们只知道在到达下一个可以躺卧的山崖之前，没
有停留或歇脚的可能。 因此，即使我们能够估量出每个攀岩者的气
力、技巧、胆量和勇气，我们却无法判断他们中的任何一个成员有希望
抵达上面那块看不见的岩石——那是他现在正竭尽全力要达到的目
标。 不过，我们能够肯定他们中的某些人将始终爬不上去。 我们能够
看到，对于每一个现在正奋力攀登的人来说，两倍数目的人(我们已灭
绝了的文明)掉到下面的岩石上，成了失败者。

我们想寻找一个直接的目标，即找到原始社会与文明社会之间的永
久的、根本的区别这一点，已经失败了。 但我们却意外地得到了有关

我们目前所要探讨的最终目标——文明起源的本质的某种启示。 自原始社会开始转变为文明社会，我们发现这是一种从静止状态向活动状态的过渡。 我们还将要发现，这同一个公式也很好地适用于文明的形成，即文明是通过内部无产者与现存文明以前的、丧失了创造力的少数统治者分道扬镳才形成的。 这些少数的统治者就其定义而言是静止的，因为说一个处于文明成长期的、具有创造力的少数人退化或衰竭为一个处于文明解体期的少数统治者，这只是在用另外一种方式说，这个出了问题的社会从活动状态回到了静止状态。 对于这种静止状态而言，无产者的脱离运动是一种动态的反应。 我们从这一点能够看到，在无产者与少数统治者分道扬镳的过程中，一个社会从静止状态向活动状态过渡，一个新的文明于是在这种过程中产生出来，这就像一个文明从一个原始社会脱胎而来一样。 所有文明的起源，无论是否有亲缘关系，都可以用司马兹将军(General Smuts)的话来加以描述："人类再次动了起来。"

这种动与静、运动与休止与再运动的轮换韵律，被不同时代的许多观察者看作是宇宙的某种基本性质。 中国社会的贤人用充满智慧的比喻，把这些变化称作"阴"与"阳"——"阴"表示静，"阳"表示动。 中国字符中代表"阴"的基本符号似乎是一团遮盖了太阳的乌云；而代表"阳"的基本字符则似乎是没有云彩遮拦的、光芒四射的太阳。 按照中国人的规则，"阴"总是首先被提到。 在我们的视域之内，我们可以看到，在 30 万年以前，我们的祖先已经到达了原始人性的那块"岩石"，在那里歇息了 30 万年的 98% 的时间之后，才进入文明的"阳"活动时期。 我们现在必须寻找推动人类生活再次运动的实际因素，无论它可能是什么。 不过，我们还是先来探测一下两条走不通的道路。

第二节　种族

有一点似乎是显而易见的，就是在过去六千年里，把人类从原始社会的"阴"状态唤醒，使之进入"悬崖"上的文明社会"阳"状态的积极因素，一定要在促成这一转变的人类的某些特性或产生了这一转变的环境的某些特点或在这两者之间的某种相互作用中去寻找。我们先来分头考察这些因素中的每一个，看它是否有可能是我们正在寻找的那个因素。我们能否把文明的起源归结于某个特殊的种族或某些特殊种族的特性呢？

种族这个术语通常是指具有某些明显遗传特征的特定的人类集团。我们这里所关心的种族特征是某些人类社会中可能固有的一些显而易见的心理素质或精神素质。然而心理学，尤其是社会心理学还是处在幼年阶段的学科，当人们把种族当作文明产生的因素时，迄今所有关于种族的讨论都依赖于一种假定，即认为在有价值的心理素质与某些明显的心理特征之间存在着一种相互作用。

西方种族理论的拥戴者们最经常强调的心理特征就是肤色。精神和心理的优越感以某种方式与皮肤相对缺少色素沉着联系在一起，也因而导致二者的交互作用，尽管这一点从生物学角度看似乎是说不通的，但却是可以理解的。然而，这种最为流行的、被供奉在一个基座上的有关文明的种族理论却是黄头发、灰眼睛、长头型的白人 [1](某些北欧人和尼采称之为"金发畜生")的理论。看来值得对条顿市场上的这个偶像的"证书"进行一番查询。

法国贵族孔德·德·戈宾诺＊(Comte de Gobineau)是第一个把北欧人安放到基座上的人，早在 19 世纪初，他对"金发畜生"的偶像崇拜是法国大革命期间冒出来的争论事件。当法国贵族被剥夺了自己的地产，受到放逐或被送上断头台的时候，那些总是把当代的事件罩上"古典"外衣的革命党人的学究们，宣称高卢人＊＊在被征服了 14 个世纪以后，现在把征服他们的法兰克人＊＊＊驱赶回莱茵河之外的黑暗地带——法兰

　　＊ 戈宾诺(1816—1882)，19 世纪法国著名学者，种族主义作家，其代表作为《论人类种族的不平等性》。他的极端民族主义思想对后来法国的德雷弗斯事件和德国的纳粹主义运动产生了很大影响。——译者注

　　＊＊ 古代居住在阿尔卑斯山南北的居民，公元前 1 世纪，罗马统帅恺撒大规模征服山北高卢人并撰写了著名的回忆录《高卢战记》一书，高卢人才被后人熟知。他们与公元 5 世纪的日耳曼新征服者一道被认为是今天法兰西人的祖先。——译者注

　　＊＊＊ 古代日耳曼人中最强大的一支，3 世纪时进入高卢东北部。其首领克洛维于 5 世纪末占领高卢大部分地区，建立墨洛温王朝，定都巴黎。6 世纪后成为西欧最强大的国家。8 世纪宫相丕平(矮子)篡位，灭墨洛温王朝，开始加洛林王朝统治。丕平之子查理继续扩张领土，成为西欧最大王国，称查理曼帝国。843 年查理大帝的三个儿子瓜分父亲的遗产，形成今天法国、意大利和德国的雏形。——译者注

克人本来是在民族大迁徙期间从那里过来的，夺回了他们的高卢故土，尽管蛮族人的长期非法统治，但高卢人从来就没有忘记这是他们自己的领土。

戈宾诺对于这一胡言乱语的回应则是某种更加荒唐的话语。他回应道："我接受你们的看法，让我们对法兰西平民源自高卢人、法兰西贵族源自法兰克人的说法表示认同。两个民族都是纯种，而且两者的生理和心理特征之间存在着一种明确的、永久的相互作用。你们是否真以为高卢人代表文明而法兰克人代表野蛮呢？你们的高卢人的文明是从哪里来的呢？是从罗马来的。那么使罗马伟大的东西又是什么？噢！在我的法兰克人的血管中流动着同样的北欧人的血液，原封不动地输入了罗马。第一批罗马人——第一批希腊人，即荷马史诗中的亚该亚人也同样——乃是金黄头发的征服者，他们源自生机勃勃的北方，在地中海沿岸的那些较虚弱的土著人中确立了统治。不过，年深日久之后，他们的血液淡化了，他们的民族弱化了，他们的势力和荣誉衰落了。另一批来自北方的金发征服者的拯救时机到来了，他们使文明的脉搏再次跳动起来，而这些人当中就有法兰克人。"

这就是戈宾诺对一系列事实的有趣陈述，而我们已经在关于希腊文明以及之后的西方文明的起源问题上，以相当不同的方式对这些事实进行了处理。他的这些政治方面的戏言佳句，从一个与之同时代的发现来看似乎是有道理的，戈宾诺迅速抓住了这个有利的论据。当时人们发现，几乎所有欧洲现存的语言，无论是希腊语还是拉丁语，以及现存的波斯语和北印度语、古典伊朗语和古典梵语，作为一个更大的语系的成员，彼此联结在一起。由此可以正确推断，必定存在着一种原初的"雅利安"语或"印欧"语，*所有已知的这个系属的成员都是由之而来。但如果说属于这个语系的不同语族的人们，同语言本身一样，存在着同等程度的天然联系，全都源自一个原始的"雅利安"或"印欧"

---

* 雅利安人(Aryan)出自古代印度的梵文经书《梨俱吠陀》，其语言是最早的有文字记载的印欧语。——译者注

种族，从他们的原生地向西面八方扩散征伐，并从这个种族产生出查拉图斯特拉＊(Zarathustra)和佛陀这样的宗教天才，产生出希腊的艺术天才以及罗马的政治天才，最后又产生了我们自身这样尊贵的顶级人才，那这种推测就说不过去了，因为照此说法，这个种族实际上岂不成了人类文明的所有成就的缔造者！

这位颇具活力的法兰西人放出的野兔，受到穿着大皮靴的德国语言学家的追逐。他们把印欧这个词改成"印度—日耳曼"，把这个虚构的种族的故乡放到普鲁士的领地之内。在1914—1918年的战争爆发前不久，一个爱上德国的英国人休斯顿·斯图尔特·张伯伦(Houston Stewart Chamberlain)写了一本书，名为《19世纪的基础》，他把但丁和耶稣基督归入印度—日耳曼人之列。

美国人也有自己的利用"北欧人"的方法。在1914年以前的25年时间里，大量南欧移民迁入引起恐慌，麦迪逊·格兰特(Madison Grant)和劳特罗普·斯托达德(Lothrop Stoddard)这样的作家要求对移民加以限制，作为唯一的保护方式——不是保护美国的社会水准，而是保护北欧种族在美国的分支的纯洁性。

英国人关于以色列人的学说是同一类型的理论，只不过使用不同的术语，是依靠莫明其妙的神学来支撑的虚构历史。

还有一种值得一提的怪论，即我们自身文明的种族主义鼓吹者们坚持认为白皙的皮肤是精神优越的标记，他们把欧洲人列在其他种族之上，把北欧人列在其他欧洲人之上。日本人则运用了一种不同的生理评测标准，认为日本人的身体明显缺少毛发，而居住在北部岛屿上的他们的邻人，是在类型上很不同的处于原始社会的人，其生理形态类似一般欧洲人，被称作多毛的虾夷人。因此，日本人很自然地把没有毛与精神上的优越性结合在一起。尽管他们的这种说法和我们关于白皮肤的优越性的说法一样毫无根据，但这一点看起来似乎很有道理，这就是

＊ 古代伊朗高原拜火教(祆教)的创始人，又称琐罗亚斯德(Zoroaster)，故其所创宗教亦称琐罗亚斯德教(Zoroastranism)。其生卒年代不详，传说年代在公元前600年左右。拜火教提倡二元论，认为存在光明和黑暗、善与恶两元的斗争，这种斗争的最终结局就是救世主来临，战胜邪恶，引领人类进入光明正义的世界。后来的基督教、伊斯兰教显然从中汲取了思想营养。　——译者注

无毛的人由于无毛，可能和他的堂兄弟——类人猿相去更远。

人种学家是根据体质形态，比如长头形和圆头形，白皮肤和黑皮肤以及其他各种形态对白人加以分类的，他们挑选出三种主要的白"种"类型，把他们称之为北欧型、阿尔卑斯型和地中海型。 为了名至实归，我们来计算一下这些种族分别对哪些文明作出了明确贡献的数量。北欧人对四个、也可能五个文明作出了贡献：印度文明、希腊文明、西方文明、俄罗斯东正教文明，也可能有赫梯文明。 阿尔卑斯人对七个、也可能九个文明作出了贡献：苏美尔文明、赫梯文明、希腊文明、西方文明、东正教的俄罗斯分支文明和主体文明、伊朗文明，可能还有埃及文明和米诺斯文明。 地中海人对十个文明作出了贡献：埃及文明、苏美尔文明、米诺斯文明、叙利亚文明、希腊文明、西方文明、东正教主体文明、伊朗文明、阿拉伯文明和巴比伦文明。 在人类的其他分支当中，棕色人种(这里指的是印度的达罗毗荼人和印度尼西亚的马来人)对两个文明作出了贡献：古代印度文明和印度文明。 黄种人对三个文明作出了贡献：中华文明和两个远东文明，即中国主体文明和日本分支文明。 美洲的红种人*当然是四个美洲文明的唯一贡献者。 只有黑种人可以确定无疑地说没有对任何文明作出过贡献，现在依然没有。**白种人占据着领先地位，但要记住，有许多白种人就像黑种人本身一样，对文明没有作出任何贡献。 如果说从这个分类当中能够得出什么明确结论来的话，那就是我们的一半文明是建筑在不止一个种族的贡献基础上的。 西方文明和希腊文明各自有三个贡献者。 如果黄种人、棕种人和红种人也像白种人分出北欧人、阿尔卑斯人和地中海人那样，进一步分类出亚种的话，那么我们大概能够得出这样一个结果，即我们的所有文明都是由多个人种的贡献者创造的。 这种亚种分类的价

---

* 印第安人的肤色并非红色，红色不过是印第安人涂在皮肤上的染料，起装饰作用。 现代人种学家按照共同的遗传体质特征将印第安人列入蒙古利亚人种，也就是人们常说的黄种人。 目前世界人种分为三大类：蒙古利亚人种、尼格罗—澳大利亚人种、印度—欧罗巴人种。 实际上，肤色远不是划分人种类型的基本条件，以印欧人种为例，其肤色可以包括基本无色到皮肤黝黑的人类成员。 白种是一种过时的说法。 ——译者注

** 此说已过时。 现代史学已经确认非洲曾经出现过加纳、马里、桑海、刚果、安哥拉等早期文明。 如果把处于黑黄之间的亚种——古代印度的达罗毗荼人看作尼格罗—澳大利亚人种，那么黑人也创造过辉煌的文明。 ——译者注

值以及是否在任何时代的历史上、社会上代表了一些确定的人群，那都是另外的事情，整个这类问题还是非常混沌不清的。

但是前述理由已经足够使我们得出这样的判断，就是否定优越的种族乃是六千年前以来世界逐地从阴到阳、从静态到动态转变的原因和始作俑者的理论了。

第三节　环境

由于我们西方社会于最近四个世纪期间在世界上的扩张，导致近代西方人的思想强调甚至过分强调历史中的种族因素。这种扩张使西方人接触到、往往是不友好地接触到与之不仅文化不同、而且体质形态不同的民族，有关优越或低劣的生物形态的观念便油然而生，尤其是在19世纪的时候，当时因查理·达尔文和其他科学考察者的著作，西方人的头脑中满是生物学的意识。

古希腊人也对其周边的世界进行贸易和殖民扩张，但其世界小得多，虽然包含着广泛的多样性的文化，但在体质形态方面却差别不大。埃及人和西徐亚人* 可能彼此相去甚远，在生活方式上也迥异于他们的希腊观察者(例如希罗多德)，但他们与希罗多德在体质上的区别却不像西非的尼格罗人和美洲的红种人与欧洲人的区别那么明显。因而这一点就是自然而然的了，即希腊人对于他们所观察到的周边文化差异的解释，便不是体质特征方面的生物遗传即种族了，而是去发现某些其他因素。他们发现自己的解释在于地理环境、土壤和气候的差异。[2]

有一篇公元前5世纪的名为《空气、水和环境的影响》的论文，收存在希波克拉底** 医学学派的文集里，说明了希腊人对这个题目的观

_____

* 古代黑海北岸的游牧民族。——译者注
** 古希腊医学家，生卒年代约在公元前460—前377年，被称作西方的医学之父。他制定的医生道德守则，包括救死扶伤、人道主义、不收"红包"等，成为现代医生的基本职业守则，人称希波克拉底的誓言。——译者注

点。我们在这里读一下它:

> 人类的相貌可以分为树木茂密和水源丰盛的山岳型、土壤贫瘠的缺水型、草场沼地型、开阔且排水良好的低地型几种……在地势很高、季节气候多样、多山多石、水源充裕的乡间生活的居民,倾向于硕大的身躯,适合于勇毅和坚韧……在水草遍布的闷热洼地里的居民通常更习惯热风而不是冷风,他们饮用温水,相对应地,体格既不硕大也不细长,而是结实、鲜活与黑发,面色浅黑而不白,体质多胆汁而少黏液。在他们的性格中,勇敢和坚韧并非天生就不相上下,而是通过各个组织构成的共同作用才在他们身上产生出来……在起伏不定、烈风常袭和雨量充足的高地生活的居民,身躯很大,彼此相似,性格则懦弱温顺……在大多数例子中,你将发现人的身体和性格随着自然条件的不同而多种多样。

但是,古希腊人对这种"环境论"所喜欢做的解释是把尼罗河下游的生活对埃及人体质、性格和组织结构的影响同欧亚大草原的生活对西徐亚人体质、性格和组织结构的影响加以对照,从而得出来的。

无论是种族论还是环境论都试图对观察到的心理(智力的和思想的)活动的多样性以及不同人类成员行为的多样性加以解释,认为这种心理的多样性在因果关系上,与在没有心理活动的自然界所观察到的某些多样性成分存在着永恒的固定联系。种族论者发现人类体质的多样性乃是这种差别的原因。环境论者则认为原因在于不同社会所处的不同气候和地理条件。两种理论的核心是两组可变因素之间的相互作用。一种是性格和体质,另一种是性格和环境。如果说这种理论是可以成立的话,那就必须证明这种相互作用是固定不变的,是永恒的。我们已经看到种族论在我们的检验下不堪一击,我们现在再来看看环境理论。这个理论虽然还不算太荒谬,但也好不到哪里去。我们要做的就是把古希腊的这个理论所偏爱的两个例证即欧亚大草原和尼罗河流域拿来检验一下。我们必须在地球表面找出与这两个地区的地理和气候条件分别类似的其他地区。如果这些地区能够证明其居民在性格和组织方面同西徐亚人或埃及人相似的话，环境论就可以成立，否则便不能成立。

让我们先来看一下欧亚大草原。对于这样一片广袤的地方，古希腊人仅仅知道其西南的一个角落。我们可以拿出自阿拉伯半岛延伸到北非的亚非大草原来与之相比。欧亚大草原和亚非大草原之间的相似之处是否相当于在这两个区域分别出现的人类社会之间的相似之处呢？答案是肯定的。两个区域都产生了游牧社会形态，一种恰好展现出了相似和不同之处的游牧状态——比如驯养的动物有所不同。我们从两地的这种相似性和差异出发，应该发现这是一种相似的形态。但如果进一步审查的话，这种相互作用的说法就无法成立了。因为我们发现，在这个世界上其他具备游牧社会环境的地区——北美大草原、委内瑞拉大草原、阿根廷大草原以及澳大利亚草原——却没有产生自身的游牧社会。这些地方的潜能不成问题，因为我们西方社会的企业在近代已经认识到了这一点，西方的牧人先驱们——北美的牛仔、南美的高卓人＊以及澳大利亚的牧场主——在先进的犁铧、磨粉机之前就赢得并占据了这些无主的土地达几代人之久，他们如同西徐亚人、鞑靼人、阿拉伯人一样成就了人类辉煌的想象。如果说美洲大草原和澳大利亚大草原能够在仅仅一代人时间里把一个没有游牧传统的社会、一个自产生时便依靠农业和手工业过活的先行者转变为牧民的话，那么这些大草原的潜能的确是够强大的了。更加引人注目的是，第一批西方探险家们所看到的那些人，从来没有因环境的驱使而变成游牧民。他们发现对这些人而言，这里与其说是游牧的天堂，不如说是狩猎的场地。

如果我们接着考察一下类似于尼罗河下游的地区，用来校验上面的理论，我们的体验将是相同的。

可以这样说，尼罗河下游地区是亚非大草原地貌的一个"变体"。埃及及其周边广大地区具有同样的干燥气候，但它有一个例外条件，就是由一条大河所提供的源源不断的供水和一个冲击地带。这条河流在涨水时会在雨量重组的地区越过亚非草原的边界。埃及文明的创造者利用这个条件，创造出一个与地处他们两侧的游牧社会形成鲜明对照的

＊ 指南美彭巴斯草原上的牧民。 ——译者注

社会。 那么，这种由尼罗河在埃及提供的特殊环境是否是埃及文明所由产生的确定因素呢？ 要使这一论题得到确认，我们需证明在每一个具有尼罗河环境类型的其他地区已经独立地出现过类似的文明。

这个理论在一个可以满足其要求的条件的邻区得到了验证，这就是幼发拉底河与底格里斯河的下游地区。 我们在这里既发现了相似的自然条件，也发现了相似的社会，即苏美尔社会。 但它在用到面积小得多且条件相似的约旦河流域时就不灵验了，这里始终就没有产生过文明。 这个理论在印度河流域或许也可以说无效，这即是说，如果我们的猜测——印度文化是苏美尔移民把现成的文化带进来的——是正确的话，那么恒河流域下游就可以被排除于验证之外了，因为那里太潮湿、太闷热了。 长江下游地区和密西西比河下游地区也太潮湿、太温暖了*，但那些最挑剔的批评者也不能否认埃及和美索不达米亚提供的环境条件与格兰德河流域、** 美国的科罗拉多河流域的环境条件一般无二。 从大西洋的另一边带着各种资源过来的近代欧洲殖民者，用双手把这些河流演变成了奇迹，就像埃及和苏美尔的工程师创造的奇迹一样。 但是科罗拉多河或格兰德河却没有使两岸的原住民学会他们已经在别的地方学到的奇迹。

根据这一论据说明，环境因素不能成为引起"冲积"文明产生的确定因素。 如果我们看一下某些其他环境，这些环境在一个地方产生了文明，在另一个地方则没有产生文明，我们就会相信这个结论了。

安第斯文明产生在高原地带，它的成就与它下方隐匿在亚马逊森林中的野蛮状态形成尖锐的对比。 那么，安第斯社会比它的野蛮邻人先进的原因是否在于所处的高原呢？ 我们在认可这一想法之前，应该看一眼同样处在赤道上的非洲的情况，在那里，东非高原连接着刚果盆地的森林地带。 我们发现非洲的高原与大河流域的热带森林相比，在产生文明社会方面并没有多少优势。

---

* 恒河下游、长江下游都有与苏美尔文明不同的早期农业的遗迹。 以中华文明的发源地而言，现有考古发现足以证明两河流域（黄河、长江）是中华文明的摇篮。 汤因比的判断基于 20 世纪初的材料，因此出错可以理解。 ——译者注

** 位于巴西。 ——译者注

同样，我们看到米诺斯文明出现于内陆海的一串岛屿之上，得益于地中海的气候，但同样的环境却未能在环日本内陆海的群岛中引生出另一个文明。 日本从来没有产生过一个独立的文明，占据日本的是来自产生于中国内地的大陆文明的一个分支。

中国文明有时被称作黄河的子嗣，因为它恰好出现在黄河流域。而具有许多相同气候、土壤、平原和山岭的多瑙河流域，却未能产生一种相似的文明。

玛雅文明出现在危地马拉和英属洪都拉斯的热带雨林中间，但是在亚马逊河流域与刚果河流域具有类似条件的地区，却没有从野蛮状态中兴起这样的文明。 这两条河流的盆地实际上横跨赤道，文明的故乡则在北纬15度。 如果我们顺着15度这条纬线走到世界的另一边，我们会在柬埔寨的热带雨林中碰见吴哥窟的巨大废墟。 毫无疑问，这一切难道不是可以同科潘和伊克斯昆的玛雅城市废墟相比较吗？ 但考古证据表明，吴哥窟代表的文明不是柬埔寨土生土长的，而是产生于南亚大陆的印度文明的分支。

我们也许可以进一步探究整个题目，但我们大概已经足以使读者信服，无论种族还是环境本身，都不可能是在近六千年里刺激人类走出原始社会的静止状态、开始对文明进行充满风险的追求的确定因素。 无论如何，正如迄今为止我们所想象的，种族和环境均不能提供、也显而易见不可能提供有关人类历史上的这一伟大转型(不仅发生在特定的地区，而且发生在特定的时间)的任何线索。

注 释：

　[1] 霍拉提奥问：“是否有可能有另外一种理解呢？”这即是聪慧、“黄发、灰眼、长头的白人”。 ——节录者注
　[2] 萧伯纳先生在这个问题上站在希腊人一边。 读者记得在他的《约翰牛的别岛》一书前言中，轻蔑地否定了“凯尔特种族”的概念，把英格兰人和爱尔兰人的所有差异归结于他们各自所居岛屿在气候上的差异。

第五章

挑战与迎战

第一节　神话线索

在我们迄今为止探寻引起文明起源的确切因素的过程中，我们已经运用了现代自然科学古典学派的方法。我们一直在用抽象的词语进行思考，用无生命的力——种族和环境进行实验。现在这些做法都没有结果，我们就该停下来考虑一下，我们的失败是否因为方法错误。或许受到一种即将逝去的时代精神的不知不觉的影响，我们已成为我们称之为"无情感的谬误"的牺牲品。卢斯金*警告他的读者不要"情感谬误"，凭想象把无生命的事物当成有生命。但我们同样有必要防止相反的错误，把为了研究无生命的自然界而设计的科学方法应用于研究生命的历史思想。在我们最后一次尝试解决这个谜团时，让我们依循柏拉图的导引，试试这条可供选择的路线。让我们此刻闭眼不看科学的法则，以便洗耳恭听神话的语言。

很清楚，如果说文明的起源不是生物因素或地理环境单独作用的结果，那么必定是它们之间某种相互作用的结果。换句话说，我们正在寻求的因素不是某种简单的事物而是复杂的事物，不是一种统一的实

---

* 约翰·卢斯金(John Ruskin，1819—1900)，英国著名作家、诗人、艺术评论和社会评论家。——译者注

体，而是一种关系。　我们可以这样选择，可以把这种关系设想为两种非人力因素之间的相互作用，也可以把这种关系设想为两位超人个性之间的不期而遇。　让我们的思想接受第二种设想，也许它将指引我们走向光明。

两位超人个性的不期而遇正是人类的想象所构思出来的一些最伟大戏剧的情节。　耶和华与蛇的遭遇是"创世记"中关于人堕落的故事情节。　这两个同样的对立者之间的第二次遭遇被心智不断提高的叙利亚人所修改，成为《新约全书》中的赎罪故事的情节。　上帝和撒旦之间的一次不期而遇是"约伯书"的情节。　上帝和墨菲斯托菲里斯*的一次遭遇是歌德《浮士德》的情节。　上帝与魔鬼间的一次遭遇是斯堪的纳维亚人的《瓦拉预言》**的情节。　阿尔忒米斯与阿佛洛狄忒的一次遭遇是欧里庇得斯的《希波吕托斯》的情节。***

我们发现另一个版本的相同情节，可谓无处不在和一再重现的神话——如果说曾经有过一种"原初的形象"的话——也就是圣母与她的孩子爹之间的那次相遇。　这一神话中的人物曾经以无数的名字(达奈和金雨，欧罗巴和公牛，受伤的大地之神塞默勒和发出霹雳的天空之神宙斯，欧里庇得斯的悲剧《爱昂》中的克鲁莎与阿波罗，普赛克与丘庇特，葛莱琴与浮士德。****在我们今天的西方世界，这一变幻不定的神话通过我们的天文学家关于行星体系起源的结论再次表达了出来，下列"教条"可以为证：

　　　我们认为……大约 20 亿年以前……有另外一颗星球在空间无目的地漫游，正好运行到与太阳呼应的一定距离之内。如同太阳与月亮引起地球上的潮汐一样，这个星球也一定引起太阳表面的潮汐。

---

　　* 墨菲斯托菲里斯(Mephistopheles)，德国诗人歌德的长诗剧《浮士德》中的魔鬼，浮士德为了获取知识和权力，将自己的灵魂出卖给了这个魔鬼。　——译者注
　　** 《瓦拉预言》(Voluspa)，基于北欧神话传说的诗歌，讲述世界的起源和毁灭的故事。　主人公是女预言家瓦拉，她通晓现在和未来的事情。　——译者注
　　*** 古希腊以宙斯为首的奥林匹亚众神家族的成员，均为女神。　阿耳忒米斯为月亮神和狩猎女神，阿佛洛狄忒是爱神，即后来的罗马人的爱神维纳斯。　欧里庇得斯是古希腊三大悲剧家之一。　——译者注
　　**** 所举大多为希腊神话中的神灵，只有普赛克与丘庇特以及葛莱琴与浮士德分别为古罗马以及中世纪德国传说中的神灵和人物。　——译者注

但是它们也许与质量很小的月亮在我们的海洋中引起的小潮汐有很大不同,一场巨大的浪潮一定掠过太阳的表面,最终形成了一种巨大的潮峰。随着引起这一混乱的造因者越来越近,潮峰也越来越高。在这颗星球开始离去之前,它的吸力变得如此之大,以至潮峰本身竟然被撕裂,抛射出一些小碎片,很大程度上像是喷溅的浪花一样。这些小碎片从此环绕它们的太阳母体运行,它们是大大小小的行星,我们的地球乃是其中之一。[1]

这位精准的天文学家在做完了他个人的全部复杂计算之后,再次说到太阳女神和对她的冒犯者之间不期而遇的神话,这类神话不过是我们熟知的无知孩童讲的故事而已。

一位现代西方的考古学家也承认,我们正在研究的文明起源的原因在于这种二元的存在及其作用。他的研究先是集中于环境,终止于对生命神秘性的一种直觉认识:

> 环境……并非文化形成的全部原因……它无疑是一个显著的因素……但是,还有一个难以确定的因素,也许最好是老实地把它称作"x",一种未知的量,显然是心理上的量……如果说 x 在这件事上不是最明显的因素,那它无疑也是最重要的、最能决定命运的因素。[2]

在我们目前的历史研究中,这种习见的超人之间不期而遇的题材本身已得到了强调。我们在先前曾说到"一个社会……在其一生的过程中要遇到一系列问题","每个问题的出现都是一种需要经受磨难的挑战"。

让我们试着分析一下这个具有如此不同背景条件和多种形式的故事或戏剧的题材。

我们可以从两个一般特点说起:这种不期而遇被设想成一种罕见的、有时是独一无二的事件,其结果影响巨大,在既定的自然进程中造成了巨大的变迁。

即使在希腊神话这样的悠闲从容的世界里，神灵看见娇美可爱的人类的女儿们，就会染指她们，这样的牺牲品如此之多，以致她们能够在诗句编目中排列成很长的名单。 这种事始终被当作好事而加以渲染，总是引起英雄人物的降生。 在这种题材的版本中，如果不期而遇的双方都是超人，事情的少见与重大意义就更要被刻画一番了。 在《约伯记》中，"那天，神的儿子们过来，出现在上帝面前，撒旦也在他们中间"。 那天显然被设想成一个非比寻常的日子。 在开启了歌德《浮士德》情节的"天上序曲"中，上帝和墨菲斯托菲里斯之间的遭遇(当然，这受到《约伯记》开头的启发)也是如此。 在这两出戏当中，天上的遭遇在大地上产生了巨大的后果。 约伯与浮士德受到的个人磨难，用小说的直觉语言而论，代表着人类所要经受的无止境的磨难。 用神学的语言来说，《创世记》和《新约全书》中描述的超人之间的相遇所体现的巨大后果也是如此。 亚当和夏娃被逐出伊甸园是在耶和华与蛇的不期而遇之后，这正是"人类的堕落"。 耶稣基督在《新约全书》中的蒙难与死亡也正是"人类的赎罪"。 甚至被我们的那位现代天文学家所描绘的，即因两个太阳不期而遇而使我们这个星系降临于世的说法，也被同一位权威宣布为"一件几乎令人难以想象的罕事"。

在每个范例中，故事都是从一种尽善尽美的阴状态开始。 浮士德在知识上是完美无缺的，约伯的仁慈和功业是完美无缺的，亚当和夏娃纯真和闲适是完美无缺的，贞女们——葛莱卿、达奈*和其他女子在贞节和美貌方面是完美无缺的。 在天文学家的宇宙中，太阳这一完美无缺的天体，丝毫未受干扰地沿着它的轨道运行。 当阴的状态如此完美的时候，它就即将转化为阳了。 但又是什么引起了它的这种转化呢? 按理来说，一种处于完美的状态发生变化，只能是在受到来自外部的刺激或推动才会产生。 如果我们认为这种状态是一种物理平衡，那么我们必须引入另一颗星球。 如果我们认为这种状态是一种心理上的完美境界或涅槃，**那么我们就必须让另一个演员上台，让一位批评家提出

---

* 葛莱卿，《浮士德》中的女主人公；达奈是希腊神话中的女英雄。 ——译者注
** 佛教追求的最高境界，一种心灵静寂、无欲无求的极乐世界。 ——译者注

若干疑问而使思想再度思考起来，由一个对手逐步注入痛苦、不满、恐惧或憎恶。这就是《创世记》里的蛇、《约伯书》中的撒旦、《浮士德》中的墨菲斯托菲里斯、斯堪的纳维亚神话中的罗基、圣母神话中的圣爱者所扮演的角色。

在上帝业已创造的完美境界中，首要的局限是他不再可能找到进一步进行创造活动的机会了。如果上帝被设想成超凡脱俗的话，那么他的这些创造工作便一以贯之地光辉灿烂，而且无法更加光辉灿烂了。对上帝能力的第二个局限是如果外界给他提供了新的创造机会，他除了接受这个机会之外，不可能予以拒绝。当魔鬼向他挑战时，他不可能拒绝这一挑战。上帝不得不接受这样的困境，是因为他只有在牺牲自己的本性、不再是上帝的情况下才能予以拒绝。

如果从逻辑上讲，上帝并不是万能的，那么他在神学里是否也是不可战胜的呢？如果他必须接受魔鬼的挑战，那么他是否一定能赢得随之而来的战斗呢？在欧里庇得斯的悲剧《希波吕托斯》中，阿尔忒米斯扮演了上帝的角色，而阿佛洛狄忒代表魔鬼；结果阿尔忒米斯不仅无法避免战斗，而且注定要遭遇失败。奥林匹斯诸神间的关系十分混乱，尾幕中的阿尔忒米斯只好进行自我安慰，决心有朝一日要取代阿佛洛狄忒的魔鬼身份。这样下去的结果不是创造，而是毁灭。在斯堪的纳维亚神话中，世界末日——"众神与群魔相互杀戮之时"——的结果正是毁灭。尽管《沃尔娃的预言》*的作者以其卓越的天才取得了突破，让他的西比尔透过阴霾看到了另一个黎明的曙光。然而，在这一情节的另一版本中，被迫应战后的斗争并不表现为魔鬼先发制人且弹无虚发的火的冲突，而变成了魔鬼必然输掉的一场赌博。表达"赌博主题"的经典作品是《约伯书》与歌德的《浮士德》。

这一点在歌德的诗剧中得到了最为清晰的反映。当上帝在天国接受与墨菲斯托菲里斯的赌博后，墨菲斯托菲里斯与浮士德在尘世建立了

＊ 《沃尔娃的预言》(Prophecy of the Völva)，约公元 1200 年问世的北欧诗集之一，亦可称《瓦拉预言》，瓦拉是一位女祭司。——译者注

如下约定：

浮士德

> 我假如会要死懒地瘫在床上，
> 那我的一生便已经真正下场！
> 你能够谄媚着把我引诱，
> 诱引我生出满足的念头，
> 你能够用享乐来把我欺骗，
> 我的一生便已经真正罢休！
> 我来打赌吧！

墨菲斯托菲里斯

> 好的！

浮士德

> 没讲人情！
> 你尽可以把我枷锁，我算绝命，
> 我假如有得那样的一刹那，
> 我对它说;你真美呀;停留一下！
> 那时候我的葬钟便算响了，……
> 那时候我的寿命便算完了！*

　　这种神秘约定对我们的文明起源问题具有启示意义，这一点从对浮士德的定位可以看出。立下赌注时，他如同一个从岩石上起身的"苏醒的沉睡者"，开始向高处的山岩攀登。如果使用我们的比喻语言，浮士德就会说："我已决心离开这块岩石，爬上绝壁去寻找上面的另一块山岩。我很清楚，这样的尝试意味着牺牲当前的安全。然而，为了

---

　　* 歌德：《浮士德》(郭沫若译)，第 1 卷，新文艺出版社 1953 年版，第 79—80 页。——译者注

成功的可能，我甘冒坠落深渊粉身碎骨的危险。”

在歌德叙述的故事里，这个无畏的登山者在经历许多致命危险和严重绝望挫折的磨难后，最终胜利地登上山巅。《新约全书》中的结果同样如此，同一组对手的再度相遇发展出了《创世记》原始版本中耶和华与蛇的战斗，其结果竟然与《希波吕托斯》里阿尔忒米斯与阿佛洛狄忒的战斗十分相似。

《约伯书》、《浮士德》和《新约全书》都暗示(或不如说是明确宣称)，魔鬼是不可能赌赢的；在干预上帝的工作时，魔鬼实际上只能服务于上帝的意志，上帝始终控制全局，迫使魔鬼去作茧自缚。那么，魔鬼是被玩弄了吗？上帝接受的是一场自知必胜无疑的赌博吗？这恐怕很难说，因为如果是那样，整场交易都不过是一次骗局。名不副实的遭遇不能产生出遭遇的后果——从阴到阳的宏观变局。也许我们可以这样解释：魔鬼提出而上帝接受的赌博存在着真正的悬念，其中包含着上帝的创造力，但并不是全部。剩下的那部分确实是真正的赌注；这样，尽管不能涵盖总体，局部产生的变化与危机也注定会对总体产生影响。用神话语言来表述，当上帝的某个造物受到魔鬼的引诱时，上帝便有了重塑世界的机会。魔鬼的干预无论成败与否(两者都是可能的)，都可以完成上帝所期待的从阴到阳的转化。

至于作为主角的人类，无论他扮演的是耶稣、约伯、浮士德还是亚当、夏娃，他的任务都无非是忍受苦难。亚当、夏娃在伊甸园里的生活图景是“阴”的状态，意味着原始人类在确立对大地上动植物的优势后所进入的食物采集经济阶段。偷吃善恶树果实的诱惑所引发的堕落，则象征接受挑战而放弃既成状态，转而尝试一种全新的变化，这种变化，或许能，或许无法导致新的完美境界。乐园的放逐，进入陌生的世界，妇女要忍受分娩的胎痛，男子要付出汗流满面的代价去挣得口粮——这一切都是接受毒蛇挑战后必然要承受的苦难。而亚当与夏娃随后的结合，则标志着构建社会的起点。它的结果是孕育了两种新生的文明——它们人格化的代表是牧羊人亚伯和耕种者该隐。

当代一位研究人类生存环境的最富洞见的著名学者用自己的方式讲述了一个同样的故事：

多年以前，一群没有衣服、房屋和取火技术的野蛮人离开热带的温暖家园，在春夏两季逐步向北迁徙。他们并未意识到自己已告别了终年温暖的土地，直到9月，人们才感受到夜间那难以忍受的料峭寒风。情况一天天恶化下去。由于不晓个中原因，他们漫无目的地东奔西走。有些人向南走，但只有一小撮回到了故乡。他们在那里恢复了古老的生活方式，它们的后裔至今仍是不开化的蛮族。在那些向其他方向迁徙的人中，仅有少数幸存下来。这一小群人发现无法逃避凛冽的寒风，便动用了人类最高的才具——自觉进行发明的能力。有人尝试挖洞建造住所，有人收集枝叶建造茅屋和暖和的床，有人披上自己杀死动物的兽皮。这些野蛮人很快迈出了通向文明的关键几步。赤裸的人有了衣服，露宿的人有了住所，惯于挥霍的人学会了制作肉干并将它和干果储存起来以便过冬，最后他们发明了取火来保持温暖。这样，他们在原本无望生存的地方活了下来。在适应艰苦环境的过程中，他们大步前进，将热带地区的居民远远抛在身后。[3]

一位古典学者也用当代的学术语言转译了相同的故事：

这是一种关于进步的悖论：如果说"需求"是发明之母，那么"执著"就是发明之父。执著是在逆境中坚持下来，不甘失败，不去追求安逸环境的信念。众所周知，文明始于气候、动植物不断变迁的时期，这是第四纪冰期的特征。这一切并非出自偶然。作为自然的奴仆，那些在森林面积锐减条件下坚持下来的灵长类动物保留了其原始性，却放弃了征服自然的机会。而那些战胜自然的灵长类却变成了真正的人。他们没有树木栖居，便下地直立行走；他们没有熟果子吃，便靠食肉谋生；他们生火、穿衣而不去追逐阳光；他们守卫自己的洞穴，训练自己的子女，去探求这个貌似毫无理性的世界的内在理性。[4]

因此，人类主角苦难的第一阶段就是通过剧中惊心动魄的一幕——那是上帝的造物在魔鬼的诱惑下主演的——去完成从阴到阳的转换。

它使上帝得以恢复自身的创造力。 但这种进步要用代价换来，付出代价的不是上帝，而是上帝的仆人——在地上弯腰播种的人类。 最后，经历了无数变迁，承受苦难的胜利者变成了先锋。 在这出圣剧里，人类主角不仅帮助上帝重获创造力，也为他的同胞指出了应当遵循的道路。

第二节　相关的神话

不可预知因素

我们借助神话之光看到了挑战与应战的些许本质。 我们已认识到，创造是遭遇的结果，起源是互动的产物。 让我们回到当前亟待解决的问题上来。 我们要探讨，究竟是何种积极因素，在过去的六千年内刺激了人类的一部分，使他们从"传统风俗下的划一状态"过渡到"文明的多样性"。 我们业已评价过种族说与环境说，并发现它们存在缺陷。 让我们从历史经验的角度出发去回顾 21 种文明的起源，看看"挑战—应战"的概念能否更好地回答我们研究的问题。

在这种全新的探讨方式中，我们仍将关注种族与环境，但要从一个新角度去审视它们。 我们将不再去刻意寻找那种无论何时何地都能产生相同效果的，决定文明起源的某个简单原因。 如果发现同一种族或环境因素在一个例子中作用明显，在另一个例子中却毫无影响的话，我们将不再感到惊异。 我们不会做预设一个先验地具有统一性的假设，这种假设仅在使用表述无生命力量作用的自然科学术语研究问题时才是有用的。 我们现在需要认清这一点，即使精确掌握了所有适合进行科学研究的种族、环境与其他数据，我们也无从预测这些数据代表的那些力量的互动结果。 这就好比军事家无法根据交战双方参谋部兵力部署与资源补给的"内部信息"预测战果，桥牌高手也无从根据四家发到的牌预测最后得分一样。

在上述两个类比中，"内部信息"并不是以帮助其拥有者准确、肯定地预言结局，因为它不等于全部信息。 有一件事是连掌握信息最全面的观察者也无从了解的，因为战士、玩家自己也不知道；而这个量却是对想做推算的人来说最为重要的。 这个未知数是当事人真正面对苦难时的反应。 这种心理状态无法加以测定衡量，因此不能在事先进行科学评估，但它却是遭遇发生时影响结局的决定力量。 因此，最伟大的军事天才也承认在自己的胜利中存在不可知的因素。 克伦威尔式的虔诚信徒将他们的胜利归因于上帝；拿破仑式的迷信者则认为是自己福星高照的结果。

古埃及文明的起源

在前一章讨论环境时，我们跟提出环境理论的希腊作家一样，先验地假定环境是一个静止因素；特别是在"历史时期"的范围内，人们觉得亚非草原和尼罗河谷在今天和24个世纪之前希腊人提出其理论时的自然条件是一样的。 但我们知道，事实并非如此：

> 在南至哈茨山的北部欧洲都被冰雪覆盖，阿尔卑斯山和比利牛斯山也盖满冰川的时代，北极高压将大西洋雨带推到南方。今天刮过中欧的气旋那时跨过了地中海盆地和北撒哈拉——干旱的黎巴嫩没有吸尽它的全部水分——又穿过美索不达米亚和阿拉伯到了波斯和印度。今天十分干旱的撒哈拉当时拥有稳定的降雨量，而在撒哈拉东部那里的降雨不仅比今日更充足，而且全年分配平均，没有集中在冬季……
>
> 我们应当设想，当时北非、阿拉伯、波斯与印度河流域拥有跟今天地中海一样的林地与稀树草原。……当法国和英格兰南部遍布猛犸、毛犀和驯鹿时，北非地区的动物群却和今天罗得西亚赞比西河流域处的相同……
>
> 北非、南亚的肥沃草原自然会至少拥有同欧洲冰冻草原一样的人口密度，人们有理由猜想，在这种舒适与令人鼓舞的环境中，人类能够取得比在冰封的北方更大的进步。[5]

然而，冰河时代结束后，亚非草原经历了深刻的地理环境变化，变得干旱起来；与此同时，在一个从前同其他人类聚居区一样住着旧石器时代的原始部落的地方，两个或更多的文明诞生了。 考古学家们倾向于认为亚非草原的干旱是一种挑战，而这些文明则是应战的表现：

> 我们现在已来到这场伟大变革的边缘，很快就能见到那些通过拥有家养动物和谷物种植技术而得以自给食物的人。这场变革几乎肯定与气候变迁引起的危机相关——北方冰川融化，欧洲上空的极地高压收缩，大西洋雨带从南地中海转移到它们现今所在的中欧地区。
>
> 这一变局无疑将对从前草原区居民的才智构成严峻考验……
>
> 由于欧洲冰川退却，大西洋气旋重新北上并引发了逐渐干旱，受到威胁的狩猎聚落面临着三种选择。他们可以同自己的猎物一起，追着熟悉的气候带南北奔走；他们也可留下，靠猎取耐旱动物勉强糊口；或者，在不远走的前提下，他们通过驯化动物和从事农业来摆脱对环境的依赖。[6]

在这个例子中，在干旱的挑战面前，没有改变住处与生活方式的原始人因无法应战而付出了种族灭绝的代价。 那些不离开家园而改变其生活方式，从猎手变为牧者的原始人成了亚非草原上的游牧民族。 至于他们的成就与命运，我们将在本书的另一部分加以探讨，至于那些宁愿告别故土而不愿改变生活方式的聚落，他们紧跟北上的低压带以躲避干旱，却在无意中遭遇了一种新的挑战——北方季节性的严寒，它在那些没有屈服的人身上产生了新的应战能力；而那些南下进入信风带以逃避干旱的族群则受到了热带单一气候产生的令人昏睡影响的控制。 最后，还有一群人在干旱的挑战面前同时改变了居住地和生活方式，这种少有的"双重回应"是一种富于活力的行为，正是它使得埃及与苏美尔文明在行将灭亡的亚非草原上的诸多原始部族里脱颖而出。

对这些富于创造性的人们而言，生活方式的改变意味着从食物采集者和猎人向耕种者的全方位转变。 从距离上看，他们居住地的变动并不大；但从其放弃的草原与占据的新环境之间的差异性看，这一变化是十分巨大的。 当尼罗河下游河谷上方的草原变成了利比亚沙漠，两河下游河谷上方的草原成为鲁卜-哈利沙漠和达什-卢特沙漠时，这些无畏的人类先驱出于大胆或绝望，一头钻进此前无人涉足的谷底林泽。他们充满活力的行为缔造了古埃及和示拿王国。在选择其他道路的邻人看来，他们的冒险显然是无望的努力，因为当时正在变为亚非草原的地区在往昔岁月里曾是人间乐园，而尼罗河与美索不达米亚的丛林沼泽却是无法生存与无法涉足的蛮荒之地。然而，冒险的成就超过了先驱们所能抱有的最乐观期望。人类的辛勤征服了自然的桀骜，杂乱的林泽让位于齐整的沟壑、高堤与阡陌。埃及与示拿的土地告别了蛮荒状态，而古埃及与苏美尔社会也开始了自身事业的伟大进程。

当我们的先辈下到尼罗河下游谷地时，那里的情况非但和我们今天所能看见的，留有六千年来精耕细作痕迹的河谷迥异，而且，即使人类不加改造，全靠自然力塑造的话，当时的状况也会是与现在区别很大的。即使到了较晚的古王国和中王国时期——就是说，距离那些先驱者的年代已过去了几千年——根据当时留下的雕刻品与图画来看，现在在第一瀑布下游从未发现的河马、鳄鱼和多种野鸟，在当时的尼罗河下游区域还是很常见的。鸟类和走兽是这样，植被状况也是如此。尽管干旱已很严重，埃及仍旧降水充足，而三角洲一带仍是一片汪洋沼泽。很可能，三角洲以南的尼罗河下游区就如同今天苏丹赤道的加扎勒河一带的尼罗河上游，而三角洲则很像诺湖附近的杰贝勒河与加扎勒河汇合的地区。下面一段就是对这个荒凉地区今天景色的描述：

> 杰贝勒河流域沼泽区的景色极为单调。除了几个孤立的点外，它根本没有河岸——就是说河水的边缘不存在隆起的土地。河道两侧是一望无际的芦苇荡，例外的只有偶尔出现的开阔湖面。水位最低时，湖的水位仅高出河面几厘米，半米高的河水上涨会立刻使此地变为一片汪洋。这些沼泽地上密密麻麻地长满了水草，向四面八方延展，直至天边。……
>
> 整个地区，尤其是波尔与诺湖一带，都是人迹罕至之地……那里的孤寂景象根本无法用言辞形容，见过的人才能真正理解。[7]

那里之所以荒无人烟，是因为周边居民不曾遭遇古埃及文明缔造者

们六千年前在尼罗河下游谷地遇到的挑战，他们无须面对这样的艰难抉
择：是钻进难以通行的沼泽区，还是继续留恋那正从尘世乐园变为严酷
荒漠的故土？ 如果我们学者的假想正确，那么，今天住在苏丹沼泽区
边缘居民的祖先，正是六千年前在利比亚沙漠为回应干旱的挑战而作出
历史性选择的古埃及文明先驱者的邻人。 似乎在那时，现代丁卡人和
施鲁克人的祖先告别了他们英勇的邻居，选择了一条最容易的道路，即
南下前往一个自然条件对他们而言十分熟悉，不需改变生活方式也能继
续活下去的地方安居下来。 他们住在热带苏丹的赤道雨区，同古老的
祖先相比，这些人今天的生活依然如故。 这些惰怠苟且的移民对自己
的新居感到心满意足：

> 在今天的尼罗河流域居住着这样一群人，他们同古埃及人在外
> 表、身材、脑容量、语言和服饰上都非常相似。他们的统治者是祈雨
> 巫师或直到最近还要在仪式中被杀死的神王，这些部落以图腾氏族
> 为单位组织起来……这些上尼罗河部落的社会发展水平很像古埃及
> 人在其历史开始的前夜跨过的阶段。我们在此见到了一座活的博物
> 馆，它为我们收集到的史前事例提供了生动展示与补充。[8]

尼罗河流域某部分的早期状况与另一部分当前自然条件如此相似，
这一点是值得特别关注的。 如果假设，当年居住在今赤道雨带区之外
的尼罗河流域的居民从未遇到过干旱的挑战，那么三角洲与尼罗河下游
谷地是否会保持自然的原始状况呢？ 古埃及文明是否就永远不会产生
呢？ 他们是否会仍然住在不开化的尼罗河下游谷地边缘，如同今天住
在杰贝勒河边上的施鲁克人和丁卡人那样呢？ 这里还有一种推论，不
是关于过去，而是关于未来的。 我们要明白，在宇宙、地球乃至人类
的时间尺度里，六千年不过是弹指一瞬。 如果跟冰河时代末期的尼罗
河下游谷地居民一样，将来尼罗河上游的居民遭遇了同样猛烈的另一次
挑战，那么人们真的有理由相信，他们再也无法通过某种有力回应创造
同样的革命性结果吗？
施鲁克人和丁卡人将遇到的这种假想挑战，未必要同古埃及文明的

祖先们遭遇的完全一致。 我们不妨想象，这一挑战不是来自自然环境，而是来自社会环境，它不是气候的变化，而是产生于异族文明的入侵。 事实上，我们已经目睹了这种挑战——我们西方文明对热带非洲原始居民的影响。 在我们的时代，它不是正对地球上每个现存文明和现存原始社会产生墨菲斯托菲里斯式的神话作用吗？ 挑战发生的时间还太短，我们无从预测受到挑战的社会对它的最终回应。 我只能说，他们的祖先没能应付一次挑战，但这并不注定他们的子孙就无法在适当时候回应另一次挑战。

苏美尔文明的起源

我们可以略谈这个问题，因为这里的挑战和应战都与古埃及文明祖先遇到的一样。 亚非草原的干旱化同样迫使苏美尔文明的祖先去同两河下游的林泽殊死搏斗，将之改造为示拿国。 两个文明起源的物质方面几乎是完全相同的。 但随之产生的两种文明在宗教、艺术甚至社会生活方面的相似性却要少得多——这再次说明，在我们的研究中，同样的原因不一定就能产生相同的结果。 苏美尔文明建立者们所忍受的苦难在苏美尔的传说里还受到赞颂。 马尔都克神杀死恶龙提亚玛特，并用它的尸体创造世界的故事象征着征服蛮荒，疏通河道和排泄积水以建立示拿国的过程。 洪水的故事则记录了大自然对人类大胆制服她的猛烈反抗。 通过《旧约全书》——一部犹太人在"巴比伦之囚"期间留下的文学遗产，"大洪水"成了我们西方社会里家喻户晓的名词。 当代的考古学家仍要去寻找这一传说的原始版本，并找到一次极其猛烈的大洪水的直接证据——证据可能会存在于苏美尔文化某一历史遗址最早和最晚人类遗址地层间的某个厚厚的冲积层里。

同尼罗河流域一样，两河流域也为我们提供了进行观察的"博物馆"。 我们可以在此研究人类改造前无机自然界的正常状态，以及最早苏美尔人迁居这片荒野时此地的动植物状况。 然而，跟尼罗河流域不同，美索不达米亚的"博物馆"不在上游，而在波斯湾新三角洲一带。 这个地区是两河汇集的产物，其形成时间不仅晚于苏美尔文明的诞生，而且是在它及其巴比伦继承者灭亡之后。 这片沼泽地是在近两千年里逐渐形成的，时至今日，它仍是一片处女地，因为从来没有哪个人类社会下定决心去降服它。 在当地生活的人只是消极地去适应环境，一战期间遇到他们的英国士兵称之为"蹼足人"。 他们从未想过去完成苏美尔文明的祖先们于五六千年前在相似环境里做过的事情——把沼泽改造为河渠与良田交织的农耕地带。

古代中国文明的起源

如果我们再考察一下黄河下游古代中国文明的起源，就会看到人类面对一种可能比两河与尼罗河更猛烈的自然环境挑战时作出的回应。在这片日后被改造成中华文明摇篮的荒野上，除了有沼泽、丛林和洪水的灾难外，还有酷夏与寒冬交替带来的气温骤变。 从种族角度看，古代中国文明的始祖同南方和西南方广大地区——从黄河到雅鲁藏布江，从青藏高原到太平洋西岸的居民似乎没有区别。 如果一个广泛分布的民族中的一部分创造了一种文明，而其他人在文化上却极为贫乏，那么合理的解释就是他们本共同拥有创造的才能，但其潜质却仅在一部分人身上由于一种局部的挑战而得到激发。 就现在掌握的知识而言，我们尚无法断定这种挑战的真正本质。 我们能肯定的是黄河沿岸的中华文明始祖没有像邻人那样享受安逸闲适的生活环境。 事实上，在没能产生文明的南方居民(例如：长江流域的居民)中，没有哪个地方经历过如此艰苦的生存斗争。*

玛雅文明和安第斯文明的起源

孕育玛雅文明的挑战是广袤的热带森林：

> 玛雅文化产生的前提是农业征服了肥沃的低地,在那里,只有系统的劳作才能驾驭草木繁茂的自然。高地上的土地经营相对便易,因为那里自然植被稀疏且灌溉条件好。然而,在低地上,人民必须费力砍倒巨树,抑制四处蔓延的灌木。但自然一旦被驯服,她也会慷慨地给予农民丰厚的回报。此外,有理由相信,对于那些在蔽日密林中惨淡经营的人们来说,清除大片森林将对他们的生活产生非常有利的影响。[9]

---

　　* 该说法业已过时。 根据近几十年内国内出土的大量考古资料来看,长江流域的良渚文化、东北地区的红山文化都曾发展出不亚于黄河流域、且具有明显特点的文明。 ——译者注

　　这一挑战在巴拿马地峡以北造就了玛雅文明，但在地峡另一侧却没有产生回应。南美兴起的诸文明是另外两种迥异的挑战——安第斯高原和毗邻的太平洋海岸产生的结果。高原上的安第斯文明祖先面对着酷寒的气候与贫瘠的土地；海岸上的居民则要应付与海平面等高、降水极少的赤道沙漠区的干热气候，那里想使一株玫瑰开花都得全靠人工劳动。海岸上的先驱者们依靠节约从两侧高原上流下的少量水进行灌溉，才使平原获得了生机。高原上的开荒者则通过一种分布广泛的护土墙工程积累珍贵的土壤，终于将荒山化为良田。

米诺斯文明的起源

　　我们已经从自然环境的挑战与应战角度说明了六个独立文明中五个的起源。第六个文明则产生于对一种我们尚未遇到的自然挑战——大海的回应。

　　"米诺斯海上霸权"的先驱者来自何方？是欧洲、亚洲抑或非洲？看一眼地图，我们就会猜想他们来自欧洲或亚洲，因为这些岛屿距离欧亚大陆比距离北非近得多——事实上，要不是在史前时期发生过塌陷而被海水吞没的话，这些岛屿本该是安纳托利亚到希腊之间一系列山峰的顶端。不过，我们从考古学家那里得到了令人吃惊但又不容置疑的证据，说明这里最古的人类遗址位于克里特——一个距离希腊半岛和安纳托利亚都相对较远的岛屿，尽管它离非洲还是更远一点。民族学的研究支持考古学提出的观点，因为人们似乎可以断定，已知最早住在面向爱琴岛海一侧的居民明显表现出独特的体态特征。安纳托利亚和希腊已知的最早的居民属于"宽颅人"，而非洲草原上已知最早的居民是"长颅人"；对克里特古人类体态的分析表明该岛最早全部(或几乎全部)由长颅人占据，日后成为主导的"宽颅人"在当时的克里特要么是还未出现，要么就是只占少数。从人种学证据得出的结论是：最早定居爱琴诸岛的人们是由于亚非草原的干旱而迁来的移民。

　　因此，我们可以在讲过的五种对干旱的回应之外补充第六种。第一种固守家园，终致灭亡；第二种也留在乡土，以游牧为生；第三种以丁卡人和施鲁克人为代表，他们南下而保留了古老的生活方式；第四种北上，变成了欧洲新石器时代的农耕者；第五种钻入林泽，缔造了古埃及和苏美尔文明。 除此之外,我们还要补充第六种人,他们在北上时没有选择当时还存在的地峡或现在的海峡这两条相对易行的道路,而选择了令人胆寒的横渡宽阔的地中海之路。 他们接受了这种进一步的挑战,越过宽广的大海,创建了米诺斯文明。

如果这种分析不谬,它就可以为上述事实提供一个全新的解释:在诸文明的起源问题上,挑战与应战间的互动是超出其他因素(本例中是临近因素)的决定性原因。 如果距离的接近可以成为占据爱琴诸岛的决定因素的话,那么欧洲和亚洲——距离最近的两个大陆上的人就恐怕是爱琴诸岛上的最早居民。 许多岛屿距大陆只有咫尺之遥,而克里特同非洲大陆的直线距离却足有二百英里。 然而,距离欧亚大陆最近的那些岛屿——它们有人定居的年代无疑比克里特岛晚得多 *——似乎是同时由“长颅人”和“宽颅人”居住着的;这说明,当亚非草原居民奠定了米诺斯文明的基础后,另外一些人加入了他们的队伍。 后者或是出于对拓荒者的简单模仿,或是出现了某种我们无法精确断定的压力和挑战,迫使他们在某个时刻作出了与克里特的早期亚非草原移民们在更艰苦条件下作出的回应相同的反应。

诸多子文明的起源

上述那些“彼此无关”的文明产生于原始社会的阴极状态,但当我们转而研究那些同其“文明的”前辈有着千丝万缕联系的晚近文明时,我们就会清楚看到,尽管它们也在某种程度上受到自然挑战的刺激,对它们最主要、最根本的挑战却来自与它们产生亲属关系的社会的人为因素。 这种挑战暗含于社会关系内部,以分异开始,以分离告终。 分异产生于开始丧失创造力的母体文明内部,这种创造力曾于文明的成长期在那些文明内部或外部的人民心中唤起一种自愿的归属感。 但当活力丧失后,病入膏肓的文明便要为其致命弱点支付沉重代价。 因为这个文明已发生解体,少数的统治者无力进行领导,只有加重压迫,而无产者(内部的和外部的)却对这种挑战作出回应,他们认识到自己的精神,

---

* 20世纪以来的考古发现表明爱琴海诸岛上生活着新石器时代的居民,比克里特岛上的米诺斯文明的创造者早得多。 ——译者注

决心使这种精神觉醒。少数统治者的压迫意志，激发了无产者的抗拒意志；在这两种意志的冲击下，日渐式微的文明走向灭亡，直到末日来临之际，无产者终于摆脱了他们从前的精神家园，因为那里已经变成一座囚室，成为"毁灭之城"。在无产者与少数当权者的冲突中，我们目睹了一种精神层面的戏剧性遭遇，它将宇宙的生命从秋的停滞引过冬的苦痛，达到春的欢腾，从而更新了创造的工作。无产者的脱离正是面临挑战时实现从阴到阳变化的那种富有活力的应战；子文明正是在这种富于活力的分离中诞生的。

我们是否也能在子文明诞生的过程中分辨出自然的挑战呢？我们在第二章中看到，子文明在不同程度上同其前辈在地理位置上相关。举个极端例子来说，巴比伦文明完全是在之前的苏美尔文明区内部发展起来的。在这种情况下，自然环境的挑战几乎不可能对新文明的诞生发挥任何影响。唯一的例外是，在两个文明的中间期，它们共同的家园可能在某种程度上退化到了原始的自然状况，从而要求后来文明的建立者们去重复前辈的创造性劳动。

然而，当子文明开拓了一片新天地，部分或完全地在长辈文明生存区域外建立了自己的家园时，它将面临一个尚未被人类驯服的新自然环境的挑战。因此，我们西方文明在诞生时面对着欧洲阿尔卑斯山以北的森林、暴雨和酷寒的挑战，那是先前的希腊文明所不曾遇到的。古印度文明诞生时面对着恒河流域潮湿的热带雨林的挑战，那同样是其先辈——苏美尔文明在印度河流域的边疆省份或相应行政单位所不曾遇过的。[10]赫梯文明诞生时也要应对长辈苏美尔文明没有碰到的安那托利亚高原的挑战。希腊文明诞生时面临的海洋挑战虽与长辈米诺斯文明完全相同，但对于"米诺斯海上霸权"在欧洲大陆的疆界之外的人们来说，这一挑战却是全新的；大陆上的亚该亚人等未开化民族在后米诺斯时代的民族大迁徙中面对海洋时，他们所面对与克服的艰辛同米诺斯文明的开创者们不相上下。

美洲的尤卡坦文明起源时遇到了尤卡坦半岛无水、无树和几乎无土壤的石灰岩地层的挑战，而墨西哥古代文明则面对着墨西哥高原的挑战，这两种挑战都是此前的玛雅文明不曾遭遇过的。

我们还没有讨论古印度文明、东亚文明、东正教文明、阿拉伯和波斯文明。它们似乎不曾接受过自然环境的有力挑战；虽然它们的起源地没有像巴比伦文明那样，同长辈文明完全重合，但这些地方已被某种文明征服过了。然而，我们有理由把东正教文明和东亚文明再细分一下。东正教文明的俄罗斯分支较我们西方文明遇到了更为严峻的森林、降水和酷寒的挑战；而东亚文明在朝鲜和日本的分支面对着海洋的挑战——那是同古代中国文明祖先们遇到的任何挑战都不同的。

我们业已说明，子文明一方面必然要面对它们继承的先驱文明解体时的人为挑战，另一方面也在某些情况下同独立文明一样，要应付自然环境的挑战。为了使这一阶段的研究得以完善，我们还应追问，除自然环境的挑战外，独立文明是否在从原始社会分化出来时遇到过人为的挑战？在这一点上，我们只能承认完全没有历史资料——这也是很自然的。很可能，我们那六个独立的文明在其诞生的"史前"时代遭遇到的人为挑战，足以同那些后来的子体社会在少数人暴政下所遇到的挑战相提并论。但谁想在这个问题上大做文章，就无异于在玩弄捕风捉影的游戏。

注　释：

[1] Jeans, Sir James, *The Mysterious Universe*, pp.1—2.

[2] Means, P. A., *Ancient Civilizations of the Andes*, pp.25—26.

[3] Huntington, Ellsworth, *Civilization and Climate*, pp.405—406.

[4] Myres, J. L., *Who Were the Greeks？* pp.277—278.

[5] Childe, V. G., *The Most Ancient East*, ch.2.

[6] 同上，第 3 章。

[7] Garstin, Sir William, *Report upon the Basin of the Upper Nile*, 1904, pp.98—99.

[8] Childe, V. G., *The Most Ancient East*, pp.10—11.

[9] Spinden, H. J., *Ancient Civilizations of Mexico and Central America*, p.65.

[10] 我们暂时抛开了作者前文中的讨论，即印度河流域文明是独立文明还是苏美尔文明的子体。他没有作出肯定回答，在这里我们把"印度河流域文明"视为苏美尔社会的一个子体。——节录者注

第六章

抵抗逆境的美德[1]

更严格的考察

我们已经驳斥了那种认为文明发生于优越生活环境的流行假说，并提出了完全相反的见解。 流行的观点其实产生于这样的事实：埃及文明的现代观察家们——相对而言古希腊人和我们一样都是"现代"的——目睹了人类缔造的埃及文明环境，并假定它在当初拓荒者到来时就已经是这个样子了。 通过展示今天尼罗河上游某段的图景，我们试图复原当年尼罗河下游的真实面貌。 但地理位置的差别或许会使我们的例证无法让人完全信服。 在本章中，我要列举那些在同一地点开始取得成功，但却没有像埃及那样发展，反而走向失败回到原始状态的文明实例，以便把上述问题说得更为透彻。

中美洲

一个醒目的例子是玛雅文明诞生地今天的状况。 在热带密林的深处，在远离人烟的地方，我们看到了巍峨壮观、富丽堂皇的公共建筑遗址。 森林犹如一条巨蟒，已将这座建筑吞噬，正在慢慢消化它，用蜷曲的树根和细长的须藤一点点撕扯它那加工精细、严丝合缝的石块。当前此地的荒凉同玛雅文明的盛期相比，其差别大得超乎人们的想象。从前必定有过一个时期，这些大型公共建筑就坐落于庞大的，人烟稠密

85

的城市中心，而城市周围则是广袤的耕地。森林的回归令人哀伤地暴露了人类功业的短暂与人类追求的虚幻，这还不是科潘、提卡尔或帕冷克的现状带给我们的最重要的启示。这些废墟有力地说明，当年玛雅文明的创始者们一定同自然进行过激烈斗争。热带自然环境的报复展示了它的残酷力量，但也证明人类曾经有过战胜自然，迫使自然俯首的勇气与力量，尽管这种胜利可能为时不久。

锡兰

将锡兰的灼热平原改造为农业区同样是一件伟大业绩，现在那里山区的迎雨坡上还广布着颓圮的堤岸和野草丛生的废弃蓄水池，它们是当年印度小乘佛教的僧伽罗信徒们修筑的。

为了理解这些蓄水池是怎样出现的，我们必须知道一点兰卡的历史。建立这些工程的设想虽然简单，却十分伟大。修建蓄水池的国王们本意是让山区的丰沛降水在奔流入海前一定要对人们作出贡献。

锡兰南半部的中心是一片宽广的山区，但在东部和北部却有几千平方英里的干旱平原，当时人烟稀少。雨季最明显的时候，大团云块日复一日被推送到山边，但这里有条雨水无法越过的自然界线……在某些点上，旱区和雨区的界限极为接近，似乎走出一英里就进入了另一个世界……这条雨线从一侧海岸划到另一侧海岸，它似乎十分稳定，全然不受人类活动(如采伐森林)的影响。[2]

然而，锡兰的古印度布道僧们一度迫使受暴雨肆虐的山地向天然灼热贫瘠的平原提供水源、生命和财富，从而完成了一件杰作：

山上的溪流得到了利用，人们将溪水引导至下面巨大的蓄水池中，有些水池足有四千英亩大小；山水从这里又被引到更远更大的水池中，如此接力式地送到远方。每个大水箱和水槽下面有上百个小水箱，它们成为各个乡村的核心组成部分，使村庄得到山区丰沛雨量的补给。就这样，古僧伽罗人逐渐征服了今天渺无人烟的全部(或几乎全部)平原地区。[3]

今天的锡兰地貌具有两个突出特点：一是当年人口稠密的灌溉区退化成了原始的不毛之地；二是现代的茶、咖啡和橡胶种植园全部集中在岛上有降雨的那一半地区。这充分证明了人类当年在这片贫瘠平原上创造文明所付出的艰苦劳动。

阿拉伯北部沙漠

关于这个题目，一个著名的、甚至已被用滥的例子是今天的皮特拉和巴尔米拉。自1791年沃尔涅创作《废墟》以来，这里的景观已激发人们创作了一系列历史哲学作品。今日，叙利亚文明的故乡同玛雅文明故乡的情况完全相同。尽管对它们进行报复的环境敌人是亚非草原而非热带森林。这里的遗址说明，这些精美的庙宇、门廊和墓穴在当年完好无损时必定是大城市的点缀。而对于古叙利亚文明，我们不仅得到了描绘玛雅文明图景时仅有的考古证据，而且也拥有历史资料的文字记录。我们知道，缔造古叙利亚文明的拓荒者们神奇地在沙漠里建起了这些城市，当地的传说把这些工程归功于摩西。

这些魔法师懂得如何从干石头巴里挤出水，如何在没有足迹的荒野中找寻道路。在鼎盛期，皮特拉和巴尔米拉都同今天的大马士革一样，位于用灌溉技术维持的花园中间。但是皮特拉和巴尔米拉也同今天的大马士革一样，并非完全或主要依靠其狭小绿洲的果实过活。那里的富人不是面向市场的园艺家，而是商人。他们忙碌的商队穿越草原和沙漠，将绿洲和绿洲，大陆和大陆连接起来。那里的现状不仅说明沙漠最终战胜了人，也说明了人先前战胜沙漠的程度。

复活节岛

从复活节岛现在的情况推想波利尼西亚文明[4]的起源，我们可以从一个不同的场景中得出相同的结论。当被现代人发现时，这个太平洋南部的孤岛上住着两个民族：一种是血肉之躯，一种是石人；前者是显然十分原始的波利尼西亚种居民，后者是代表高度文明的雕像。现在当地的居民既没有雕刻此类人像的技艺，又没有跨越复活节岛和波利尼西亚群岛中最近一个岛屿间上千海里距离的航海知识。在欧洲航海家发现它之前，这个海岛已与世隔绝了不知多少个年头。然而，同巴尔米拉或科潘的废墟一样，活人和石人的并存清楚无疑地证明这里曾有过一段与现状迥异的，业已消亡的历史。

那些人必定是波利尼西亚航海家的子孙，他们的祖先当年驾着脆弱无帆的小舟，在没有海图和罗盘的情况下渡过太平洋，刻成了这些雕像。同时，这种航海绝非某种不可复制的偶然机缘把一船拓荒者带到复活节岛的结果。岛上的石像如此众多，显然是经过许多代的努力才建立起来的。每一个细节都表明，在很长一段时间内，这种跨越千里重洋的航海活动是接连不断地进行的。最终，出于某种不为人知的原因，一度被人类成功跨越的大海封锁了复活节岛，就如同沙漠封锁巴尔米拉，森林封锁科潘一样。刻石像的那一代人消失了，仿佛隐没于他们的雕像内，如同豪斯曼诗中描写的那样；而血肉之躯的活人却代代相传，留下越来越粗野无能的后裔。

很显然，复活节岛上的证据同西方人对南太平洋群岛的印象是相互矛盾的。在西方人看来，那里是尘世的乐园，那里的居民是亚当夏娃犯原罪之前的自然之子。这种错误观念的来源是把波利尼西亚的局部自然环境当成了整体。事实上，自然环境是由水陆两方面组成的，对于任何没有掌握比波利尼西亚人更好的航海手段的人来说，跨越海洋都是一种可怕的挑战。只有大胆而成功地面对了"苦涩、宽广的大海"的挑战，在岛屿之间巧妙建立了稳定的海上交通线，拓荒者们才能在太平洋寥若晨星的点点岛礁上觅得立足之地。

新英格兰 *

在结束对倒退回自然状态现象的研究之前，请允许作者举出两个例证——一个稍嫌离题，另一个却极为明显——都是他亲眼看到的。

有一次，当在新英格兰康涅狄格州乡间旅行时，我[5]遇到了一个荒村——人们告诉我，这种景观在当地十分常见，但一个欧洲人却会对此感到惊讶和不安。大概有二百年的光景，希尔镇(那是这个荒村的名字)拥有一座木板搭起来的乔治风格教堂，教堂周围遍布着绿茵、茅屋、果园和耕地。那个教堂现今还在，并作为古迹受到保护；但那里的房

---

* 新英格兰地区是英国人在美国东北部最早殖民的地区，包括现在的马萨诸塞州、康涅狄格州、纽约州等东北 6 个州。——译者注

屋已经消失，果园变成荒野，耕地也不见了。

在过去的一百年里，新英格兰人在与自然的角力中完成了看似与其人数不相符的艰巨任务，他们征服了从大西洋到太平洋的整个美洲大陆。然而，与此同时，他们却让自然从自己祖先或许生活过二百年的故土的中心地带重新夺走了这个村庄。人类稍一松手，自然就立刻迅速、彻底和放肆地重新控制了希尔镇，这一点足以证明当年人们驯服这块荒地付出了多大代价。只有通过和占领希尔镇同样艰巨的努力才能"征服西部"。这个荒凉遗址正好解释了俄亥俄、伊利诺伊、科罗拉多和加利福尼亚的城市群如雨后春笋般涌现的奇迹。

罗马平原

希尔镇留给我的印象跟罗马平原留给李维的印象相同。像我们今天一样，[6]他当年感到非常惊讶，不明白从前那么多自耕农出身的战士如何在这片荒凉灰暗的山丘和潮湿绿色的沼泽间生存下来。日后的荒凉其实是重现了这片不适居住的地方的原始状况，而这片荒野却曾一度由拉丁人和沃尔斯奇人组成的拓荒者们改造成了人口众多的肥沃原野；正是凭借开辟这片狭小的意大利恶劣土地的精力，罗马人日后征服了从埃及到不列颠的广大土地。

变节的加普亚

我们业已考察过人类创造文明或取得其他显著成就时的某些环境特征，发现这些环境条件不是十分舒适，而是极其艰难的，让我们再来做些补充性研究。我们要看看那些相对安逸的环境，研究一下它们对人类生活产生的影响。在进行这种研究时，我们必须区分两种情况。一种是从艰苦到舒适的环境改变，另一种是那些从祖先进化成人以来一直未接触其他状态的居民们的舒适生活环境。换言之，我们必须区分有利的环境对文明进程中的人和原始人的不同影响。

在古代意大利、罗马和加普亚的环境截然相反。加普亚平原对人类极为仁厚，而罗马平原却残酷无情；然而，当罗马人从环境恶劣的故土出征去制服一个又一个邻邦时，加普亚人却留在家里，听凭一个个邻邦来征服自己。其实，正是罗马在加普亚人恳请下进行的干预才使他们摆脱了最后一个征服者——萨谟奈人的统治。后来，在罗马历史上最重要战争的紧要关头，坎尼战后的第二天，加普亚以大开城门迎接汉尼拔的方式"酬谢"了罗马。罗马和汉尼拔方面都认为加普亚的变节是这场战役的最重要结果，或许是整个战局的决定性事件。汉尼拔进驻加普亚并在此地过冬——然而随后发生了出人意料的事件。加普亚过冬使汉尼拔的军队变得士气涣散，再也无法恢复成从前那支常胜之师了。

阿登巴莱斯的劝告

希罗多德讲过一个用在这里十分切题的故事。有个叫阿登巴莱斯的人和朋友一起去见居鲁士，提出了下面的忠告：

> "现在宙斯已把阿斯提亚奇逐下王位,将其国土交给了波斯人和陛下,为什么我们不迁出这个崎岖多石的地方,去占据一块更好的土地呢？附近就有不少好地方,远一点还要多,我们只要挑选一下,就会使自己在世界上的影响力大大增强。这是统治帝国的民族的当然政策,现在的机会再好没有,因为我们已拥有一个人口众多、包容整个亚洲的大帝国。"

> 居鲁士无动于衷地听完了他们的话,吩咐他们按自己的想法去做,但他同时又说,他们得准备好在换地方的同时也换一种臣民。居鲁士指出,安逸的国家养育的毫无例外是柔弱的人民。[7]

《奥德修记》和《出埃及记》

翻阅一下比希罗多德《历史》更著名的古籍，我们看到奥德赛面临的最大威胁不是塞克洛普斯和别的凶险敌手，而是那些引诱他尽情享乐的妖精。基尔克在把他们赶入猪圈前的殷勤款待；以及"食忘忧果者"，根据后来的说法，"只在下午出来"；还有塞壬们，奥德赛为抵制她们的动人歌唱，用蜡堵住了水手们的耳朵，又命令他们把自己绑在桅杆上；还有卡利普索，她的美貌胜似佩涅洛佩，但其冷酷却使之无法成为凡夫俗子的贤内助。

至于《出埃及记》里的以色列人，《摩西五经》的严肃作者没有安排塞壬或基尔克去诱使他们误入歧途，但我们在书中读到，他们不时怀念起"埃及的肉锅"。 如果他们真的回去的话，相信他们是创作不出《旧约全书》的。 幸运的是，摩西同居鲁士抱有相同的见解。

逍遥自在者

有的批评家会认为我们列举的证据还无法令人信服。 他会说：诚然，一个生活条件从艰苦到安逸的民族会变得"娇气"，如同一个饿坏的人见到盛宴会暴饮暴食一样；但那些始终生活舒适的人是会好好利用这种环境的。 这样，我们必须转而研究上述情况中的第二种——那些据我们所知仅在安逸环境中生活的人。 在这种情况下，转变环境的艰苦因素消失了，我们可以研究绝对安逸环境的影响。 下面是半个世纪前一位西方观察家在尼萨兰目睹的真实图景：

> 在这些无边的丛林里，小小的土著村落如林间鸟巢一般，因为彼此防备和惧怕他们共同的敌人——奴隶贩子深深隐藏起来。原始人类居住在朴素的处女地环境中，他们没有衣物，没有文明，没有知识，没有信仰——那是真正的自然之子，无忧无虑，无牵无挂，怡然自得。这些人无疑是快乐的，他们其实本无需求……人们往往指责非洲人懒惰，但那其实是用词不当。他本无需工作；他身旁的自然供给如此丰富，以至工作成为多余。因此，他所谓的怠惰。就如同他的扁鼻子一样，不过是他自身的一个组成部分，跟乌龟的行动迟缓一样是不应受指责的。[8]

主张有压力生活的维多利亚作家查尔斯·金斯莱宁愿吹东北风而不愿吹西南风，他写过一部篇幅很短的小说，题目叫《伟大而闻名的逍遥自在民族的历史，他们为了整天弹奏犹太人竖琴而离开艰苦劳作的国土》。 这些人最后得到的下场是都变成了猩猩。

古希腊诗人和现代西方道德家对"食忘忧果者"的不同态度颇有趣味。 对古希腊诗人来说，食忘忧果者和盛产忘忧果*的土地具有巨大

---

* 古希腊神话中有一种使人忘忧的果实，人食后感到梦幻般的快乐轻松，英文译作 lotus，故汤因比这里所用 lotus-eater 亦可译作食莲者。 ——译者注

的诱惑力，是文明的希腊人前进之路上的魔鬼陷阱。相反，金斯莱却表现了现代英国人的态度，他完全不受逍遥自在者的吸引，对他们的生活嗤之以鼻；他坚决认为有必要把这里并入大英帝国的版图，那当然不是为了我们的利益，而是为了使当地的人们有裤子穿和有《圣经》读。

对这些观点进行评判并不重要，重要的是理解事实。这种教训同样出现在《创世记》的前几章中，只有在亚当、夏娃被逐出伊甸园之后，他们的子孙才去发明了农业技术、冶金技术和乐器。

注　释：

[1]　在汤因比先生的原著里，本章名为 χαλεπὰτὰ καλά，意为"美好的事物是难于造就的"，或"优秀需要艰苦的努力"。——节录者注

[2]　Still, John, *The Jungle Tide*, pp.74—75.

[3]　同上，第76—77页。

[4]　这是几个"停滞的文明"之一，相关讨论见英文版161页以下。

[5]　本书中的"我"均指汤因比先生本人，而非节录者。——节录者注

[6]　不完全如此，为了使这块地方重归人类所有，墨索里尼政府付出了巨大而卓有成效的努力，留下了一个光荣而经久的纪念物。——节录者注

[7]　Herodotus, Bk. IX, ch.122.

[8]　Drummond, H, *Tropical Africa*, pp.55—56.

第七章

环境的挑战

第一节　艰苦地区的刺激

研究线索

我们或许已经证明了这样一个事实：安逸对于文明来说是有害的。我们能否更进一步呢？ 我们能不能说，环境越艰苦，刺激文明生长的力量相应就越强呢？ 让我们依次回顾正反两方面的例子，然后看看从中能得出什么结论。 能够支撑环境的艰苦与刺激平行增长的例子不难找到，反倒是闪现在我们脑海中的例子多得令人不好取舍。 这些例子大多以比较的方式出现。 我们先把证据分为自然环境和人为环境两大类；首先看看自然环境。 自然环境又分为两类，一是剧烈程度不同的自然环境困难刺激效果的比较；二是抛开土地性质因素，仅就新旧地方的刺激效果进行比较。

黄河与长江

第一个例子是中国两条大河下游地区环境艰苦程度的区别。 当人类最先遇到黄河下游的澎湃波涛时，这条河可能终年都无法通航；冬季的河道要么完全封冻，要么塞满浮冰，每年春季的凌汛则不断使黄河改道，新河道被冲刷出来，旧河道则成了林木丛生的沼泽。 即便到了今天，在人类通过三四千年的努力排干了沼泽，修筑了大堤之后，洪灾的隐患仍未完全消除。 直到 1852 年，黄河下游的河道还发生过一次大的变动，其入海口从山东省的南部转移到北部，两个地方之间足足相距一百多英里。 另一方面，长江却一直是能够通航的，它的水患虽偶尔能带来灾害性后果，却不像黄河那么频繁。 此外，长江流域的冬天也不算严厉。 然而，孕育古代中华文明的却是黄河，不是长江。

阿提卡和彼奥提亚

如果一个游客不走海路，从北部陆路出入希腊的话，他一定会注意到，同从来自发产生文明的北方相比，古希腊文明的家园其实要硗薄、"嶙峋"和"艰苦"得多。 同样的对比在爱琴地区内部也能看到。

例如，一个旅客从雅典乘火车经萨洛尼卡进入中欧，他会在旅途的第一阶段预先看到一片自己熟悉的西欧或中欧乡村风光。 当火车花几个小时缓缓爬上帕尔纳斯山东麓，穿过萎靡的松林、丑陋的石灰岩组成的典型爱琴地区景观后，他惊奇地看到一片土壤肥沃，山丘缓缓起伏的平原地形。 当然，这种风景不过是个"点缀"；他直到过了尼什，从摩拉瓦下行至多瑙河中游时才能再次见到这种景观。 这个得天独厚的地方在古希腊文明繁荣的年代叫什么呢？ 它叫彼奥提亚，在希腊人心目中，"彼奥提亚"一词的含义是很特殊的。 它代表一种粗野、顽固、呆板、残忍的民族性格——它与古希腊文化的天资是完全不能相容的。下列事实使这种不协调性更加突出；因为过了西萨隆山脉，绕过今天铺有铁路的帕尔奈斯山就是人称"希腊的希腊"的阿提卡。 这个代表希腊文化安详柔美特征的地区竟然同那个跟普遍希腊精神无法协调的地方比邻而居。 有句俏皮话可总结两个地方的对比特征："彼奥提亚猪猡"和"阿提卡晶盐"。

使我们最感兴趣的是，这种希腊人意识中的文化对比同两地自然环境的对比是完全契合的。 因为阿提卡在精神和地貌上都是"希腊的希腊"。 她代表爱琴地区的特点，就像爱琴地区代表周围地区的特点一样。 如果你从西部进入希腊，穿过科林斯湾的通道的话，你就可以自诩目睹了希腊的风光了——美丽但难以接近。 然后，科林斯运河陡峭的两岸将遮住你的视线。 但如果你的轮船驶入了萨罗斯湾，你就会再次为眼前的庄严景色所震撼，觉得地峡另一侧的风景实在不算什么；这种庄严感在你绕过萨拉米斯湾，看到阿提卡时达到了顶点。 阿提卡的土壤十分硗薄，所谓的剥蚀过程将土壤从山上冲入海中，使得到处岩石裸露。 这种现象在柏拉图的时代已经存在，他在《克利提亚》中的地貌描写便是证明。 但彼奥提亚直至今日却一直免于此劫。

雅典人如何对待他们的贫瘠国土呢？ 我们知道他们做了哪些事，使雅典成为"全希腊的学校"。 当阿提卡的牧场缺水，农田荒芜的时候，它的人民放弃了畜牧业和谷物种植业*——当时希腊的主要生活来源——转而发展出本地的特有生产方式——橄榄种植业和利用陶土。 雅典娜慷慨赐予的树种不仅在秃岩上成活而且长得十分茂盛。 然而，人类单凭橄榄油是无法为生的。 为了从橄榄林中获得口粮，雅典人必须用他的阿提卡橄榄油去交换西徐亚的粮食。 为了将橄榄油送至西徐亚市场，雅典人必须将它封罐，用船运到海外——这些活动刺激阿提卡建立了制陶业和贸易船队；同时，由于贸易需要货币，阿提卡的银矿也得到开采。

然而，这些收获不过是雅典政治、艺术、学术文化的经济基础，而后者才使雅典成为同彼奥提亚的粗犷截然对立的"全希腊的学校"和"阿提卡晶盐"。 政治方面的成果是雅典帝国。 艺术方面，制陶业的兴盛使得陶瓶画家有机会创造一种新形式的美，它在两千年后还使得英国诗人济慈为之心醉神往；阿提卡森林消失后，雅典的建筑师被迫放弃木料而改用石料，最终创作了帕特嫩神庙那样的艺术珍品。

拜占庭和卡尔西敦

希腊世界的扩张，为我们提供了另一个例证：卡尔西敦和拜占庭之间的对比。 两个地方位于马尔马拉海靠博斯普鲁斯海峡的入口两侧，卡尔西敦在亚洲，而拜占庭在欧洲。

希罗多德告诉我们，两个城邦建立一百年后，波斯总督墨伽巴索斯"说过一句令他在赫勒斯滂特地区希腊人中声名不朽的名言。 他在拜占庭听说卡尔西敦人建城早于拜占庭17年；他立刻评论道：那卡尔西

---

* 汤因比因时代的局限，对雅典的经济仍持20世纪前半叶的主流思想，即工商业是经济的主导部门，这是对古希腊及雅典史料的误读。 20世纪后半叶西方史学已经普遍认为雅典是农业为主、手工业商业为辅的共生型经济。 ——译者注

敦人当时肯定是瞎了眼。 他的意思是说他们在可挑选时盲目选择了个差地方"。[1]

但当事后诸葛亮是很容易的，在墨伽巴索斯的时代(希波战争期间)，两个城邦迥异的命运已经凸显。 卡尔西敦一如既往仍是个普通的农业殖民地，而从农业角度看，它的区位明显优于拜占庭。 拜占庭是迟到者，捡起了别人剩下的东西。 作为农业区它是失败的，这也许主要是由于色雷斯蛮族的不断劫掠。 但他们的港口金角湾却相当于偶然占得的一座金矿；因为博斯普鲁斯的海流对从两个方向驶入金角湾的船只都非常有利。 公元前 2 世纪，在这个希腊殖民地建立五百年后，它作为君士坦丁堡成为基督教中心五百年前，波利比阿写道：

> 从安全和发展两方面看，在整个希腊世界中，拜占庭人占据的位置是面向海洋的最佳点，却是面向大陆的最差地点。在海洋之上，拜占庭紧扼通向黑海的咽喉要地，任何一艘商船都不可能违反拜占庭的意志出入此地。[2]

然而，或许墨伽巴索斯并不配因其名言而享有富于洞见的美誉。 毫无疑问，如果占领拜占庭的殖民者早到 20 年，他们也必定会选择当时无人居住的卡尔西敦；而且，如果他们的农业没有受到色雷斯强盗的祸害，他们也可能不去发展当地的商业。

以色列人、腓尼基人和非利士人

如果我们现在从古希腊史转到古叙利亚的历史，我们会发现，在后米诺斯时代的民族大迁徙中进入或留居叙利亚的各民族，由于偶遇的物质环境难易不同而取得了不同程度的成就。 在古叙利亚文明发展中独占鳌头的并不是在"大马士革诸河上"的亚罗拿和法珥法等地的阿拉米人；也不是在日后塞琉古首都安条克所在的欧朗提斯河上定居的阿拉米人，也不是止步于约旦河东岸，留在基列的丰美草原上牧放他们的"巴珊公牛"的以色列部族。 更值得注意的是，那些并非野蛮人，而是作为米诺斯文明继承者，从爱琴地区来到叙利亚并占领迦密以南港口和低地的非利士人也没有取得古叙利亚的领导权。 这个民族同希腊人眼中的彼奥提亚人一样臭名昭著；即使我们承认彼奥提亚人和非利士人并不那么糟糕，而我们对他们的知识却几乎完全来自其对手，那么人们不是也只能说他们的敌手确实压倒了他们，并通过贬低他们而为自己取得了后世的尊敬吗？

古叙利亚文明有三个伟大贡献。它发明了字母表；它发现了大西洋；它形成了一种对上帝的特殊观念，这种观念为犹太教、祆教、基督教、伊斯兰教共有，却有别于古代埃及、苏美尔、古印度和古希腊宗教思想。这些成就究竟是由哪个古叙利亚社会贡献的呢？

关于字母表的来源，我们实际并不清楚。尽管传统认为是腓尼基人发明了它，它的原始形式也很有可能是非利士人从米诺斯文明世界带来的；所以根据我们现有的知识，字母表的发明问题只能存疑。让我们看看另外两个贡献。

是谁最早冒险横渡地中海，到了赫克里斯石柱还继续前行？不是非利士人，尽管他们身上流着米诺斯人的血液；非利士人当年远离大海，为厄斯德累伦和谢非拉的肥沃平原同比自己更坚强的敌人——以法莲和犹大山区里的以色列人战斗，结果遭到失败。大西洋的发现者是推罗和西顿的腓尼基人。

这些腓尼基人是迦南人的遗族，早在非利士人和希伯来人到来之前便居于此地——这件事在《创世记》里靠前的一章中有过系谱方面的记载，说迦南(含之子，挪亚之孙)，"生长子西顿"。他们能够生存下来，是因为其家乡位于叙利亚海岸中部，不足以引起侵略者的野心。非利士人弃之不顾的腓尼基与他们居住的谢非拉构成鲜明的对比。海岸这一侧没有肥沃的平原；黎巴嫩山脉拔海而起——连修一条公路或铁路的地方都没有。除了借助海洋外，腓尼基诸城市连彼此间相互交流也是十分不便的。其中最有名的城市推罗，如同海鸥的巢穴，高踞在石岛之上。因此，当非利士人如羊群吃着三叶草一般悠闲时，从前仅在比布勒斯和埃及之间短程航行的腓尼基人却效仿米诺斯人，进入深海，在地中海西部的非洲和西班牙海岸复制了古叙利亚文明。迦太基这个腓尼基人在海外殖民中建立的最辉煌城市，即使在非利士人最擅长的陆战中也远远胜过了对方。非利士人最著名的英雄是迦特的歌利亚；但他在腓尼基人汉尼拔面前却实在相形见绌。

但从人类业绩的角度看，大西洋的地理发现却不及一神教的精神发现；那一成就却是由另一个古叙利亚社会完成的，它的居民住在一个还不如腓尼基海岸的自然环境——以法莲和犹大山区里。 显然，这片土质硗薄，森林广布的山地直到公元前14世纪甚至更晚都荒无人烟；直至埃及新王国衰落后的中间期，希伯来牧民的前哨才逐渐从阿拉伯的北部草原进入叙利亚边境，在此地定居下来。 他们到了这里就从游牧民变成了瘠薄土地的垦荒者，默默无闻地代代相传，直到古叙利亚文明已过了全盛期。 到了公元前5世纪，当众先知的时代都过去了以后，希罗多德还不知道以色列的名字，在他描写的古代叙利亚地区的全景里，以色列仍被埋没在非利士范围内。 他写道："非利士人之土"[3]——即非拉斯坦或巴勒斯坦，这个名称保留至今。

叙利亚地区的传说中有个故事，以色列的上帝曾向以色列王进行了神明可能向凡人提出的最大考验：

> 夜间梦中，耶和华向所罗门显现，对他说："你愿我赐你什么，你可以求。"所罗门说："……求你赐我智慧……"所罗门因为求这事，就蒙主喜悦。神对他说："你既然求这事，不为自己求寿、求富，也不求灭绝你仇敌的性命，单求智慧可以听讼，我就应允你所求的，赐你聪明智慧，甚至在你以前没有像你的，在你以后也没有像你的。你所没有求的我也赐给你，就是富足、尊荣，使你在世的日子，列王中没有一个能比你的。"[4]

"所罗门的选择"这一传说是选民历史的比喻。 以色列人在理解能力方面超过了非利士人的军事实力和腓尼基人的航海壮举。 他们的追求迥异于外邦人，首先渴望的是上帝的天国；其他的一切都随天国而来。 在索取仇敌性命方面，非利士人落入了以色列人之手。 在积累财富方面，犹太人成了推罗和迦太基的继承者，在腓尼基人一无所知的大陆上，从事腓尼基人梦想不到的大规模交易。 在持久性方面，犹太人至今仍是一个独特民族，而腓尼基人和非利士人早已被同化。 犹太人的古叙利亚邻居们已进入熔炉，被重新锻造出新的民族形象和特征，而以色列人却不为这种炼金术——历史上出现的无数次国家统一、教会统一和民族迁徙——所磨灭，而我们这些异邦人则早已逐一屈服。

勃兰登堡和莱茵地区

从阿提卡和以色列跳到勃兰登堡看似突兀离题，实际上却提供了对同一法则的例证。 如果你在腓特烈大帝原来的领土上——勃兰登堡、波美拉尼亚和东普鲁士——旅行，看到那里发育不良的松树和多沙的田地，你会误以为来到了欧亚草原的某个边缘地带。 无论你从哪个方向离开这里，去往丹麦的牧场和山毛榉林，去往立陶宛的黑土地，去往莱茵地区的葡萄园，你都可以找到更为安乐和令人愉快的地方。 然而，占有这样一块"破地方"的中世纪殖民者的后裔却在我们西方社会的历史上发挥了重要影响。 他们不仅在19世纪主宰了德国，而且在20世纪率领德国人认真地打算一统西方。 普鲁士人还教给邻居如何给沙地人工施肥，使之生产出谷物；如何用强制教育体系使全民达到空前的社会工作效率水平，如何用强制卫生和失业保险体系实现空前的社会安全。我们或许并不喜欢它，但我们无法否认，自己从它那里学到了重要而有价值的东西。

苏格兰和英格兰

苏格兰是个比英格兰更艰苦的地方，这一点无须证明；我们也无须费力去详述典型的苏格兰人和典型的英格兰人之间人所共知的差别。苏格兰人严肃、吝啬、精确、执著、谨慎、自觉而富有教养；而英格兰人则诙谐、铺张、马虎、冲动、粗心、随便、出手大方、文化修养差。英格兰人会认为这样传统的比较不过是开玩笑；他们差不多看什么都像笑话；但苏格兰人并非如此。 约翰逊常用一句俏皮话调侃保斯韦尔，说一个苏格兰人最光明的前途是前往英格兰；在约翰逊出生前的安娜女王时代也有个笑话，说如果该隐是苏格兰人，他受的惩罚一定不是在大地上到处流浪反而是被判留守在家里。 一般人的看法不错，苏格兰人在缔造大英帝国与占据教会和政府高位方面的突出表现是与他们的人口不成比例的。 维多利亚时期英国国会的典型斗争是纯血统苏格兰人和纯血统犹太人的矛盾，从格莱斯顿的时代直至今日，联合王国的首相几乎有一半是苏格兰人。[5]

争夺北美

对我们的题目而言,在西方历史中最有力的证据是五六个殖民集团争夺北美霸权的结果。 斗争的胜利者是新英格兰人,但我们在前一章已经看到,这个大陆的最后主人早先遇到的自然环境是何等不利。 让我们比较一下新英格兰的自然环境(希尔镇是个很好的标本)和那些失败的竞争者早期占有的环境比较一下:那些荷兰人、法国人、西班牙人和别的英国殖民者都住在大西洋南部沿岸,弗吉尼亚一带。

17 世纪中叶,当这些人都在美洲大陆的边缘站稳脚跟时,人们很容易预言将发生一场争夺内地的斗争,但在 1650 年,最有远见的观察家也很难猜中谁将最后获胜。 他也许足够敏锐,可以排除西班牙人,尽管他们有两个明显优势,他们占有墨西哥,那是个北美洲唯一从前就有文明传统的地方;还有西班牙在欧洲列强中久享的但早已名不副实的声望。 他或许会因墨西哥的偏远而对它不加考虑,并因西班牙在不久前结束的欧洲战争(三十年战争)中的失败而轻视她的威名。 他会说:“法国将继承西班牙在欧洲的陆军霸权,荷兰和英国继承她在海上的军事和贸易霸权。 北美的争夺将在荷、法、英三方间展开。 短期来看荷兰机会最大。 她的海上势力超过英国和法国,并且在北美控制了一条通往内地的重要水道——哈得逊河。 但从长远来看,法国却更有希望。 她占有更重要的水道圣劳伦斯河,而且其无敌的陆军只要剑指荷兰本土,就会立刻让敌手精疲力竭,陷于瘫痪。”他接着会说:“至于两个英国殖民点,我可以放心地把它们排除。 南部的英国殖民者也许能凭借相对有利的土壤和气候,在北美抢得一块飞地,但只要法、荷中的一家控制了密西西比河流域,他们通向内地的道路就被切断了。 然而,有一件事是肯定的。 住在荒凉而贫瘠的新英格兰的那一小群人注定要被消灭,因为哈得逊河流域的荷兰人切断了他们与自己亲戚的联系,而法国人又从圣劳伦斯不断向他们施加压力。”

假定这位想象中的观察家活到了世纪之交。 他在 1701 年一定会暗自庆幸自己把法国的前景估计得高于荷兰;因为后者已于 1664 年乖乖地把哈得逊河交给对手英国人了。 与此同时,法国人已沿圣劳伦斯河北上，推进到了五大湖一带，并且跨越式发展到了密西西比河流域。拉萨尔沿河而下直到河口，在那里建立了一个新的法属殖民地路易斯安那，其港口新奥尔良的发展前景显然不可限量。在英法之间，我们的观察家想必不会有理由要改变其预言的。新英格兰人可能因占领了纽约而免于灭亡，但他们的前途仍和南方同胞们一样黯淡。大陆的前途看似已经决定，胜利者将是法国人。

我们是否应该赐予这位观察家异常的高寿，以便他能在1803年把局面再审视一番呢？如果让他活到这个时候，他将被迫承认自己的才智并不高明，不值得活得这么长久。到1803年底，法国国旗已从北美的政治版图上消失。加拿大此时已臣属英王四十年，路易斯安那则在被法国让给西班牙再还回来后，又被拿破仑卖给美利坚合众国了——后者是从十三个英国殖民地中发展出来的一个新的大国。

1803年，美国已牢牢控制了大陆，可预言的东西已不多了。现在只需要预言美国的哪一部分将在这一大国中占据优势。这次是再不会出错了。南方诸州无疑将成为联邦的主宰。看看他们在西进竞赛这一最后回合的较量中如何领先吧。建立肯塔基州的是弗吉尼亚州的边疆居民——那是在长期以来联法抗英的阿巴拉契亚山脉以西建立的第一个新州。肯塔基位于俄亥俄河流域，后者是密西西比河的支流。同时，兰开郡的新棉纺厂正为适应南方土壤和气候的棉花作物提供了无限广阔的市场。

一个南方人在1807年说："我们的北佬兄弟刚发明了一种汽船，可以在我们的密西西比河里逆流而上，还发明了一种机器，用以梳洗我们的棉花。'北佬的点子'对我们比对那些聪慧的发明家更有好处。"

如果我们年迈而不幸的预言家采纳了这种当时和稍后南方人自己的观点，那他可是昏聩至极了。因为在这最后一个回合里，南方人也同荷兰人、法国人一样，转瞬间便输得一干二净。

1865年，形势已然发生逆转，1807年的格局现在已面目全非。在西进竞赛中，南方奴隶主被北方的敌手打得一败涂地。当他们通过印第安纳几乎到了五大湖区，并在密苏里的谈判中占尽先机后(1821)，他们在堪萨斯遭到决定性失败(1854—1860)，并且从未到达太平洋沿岸。

此时，新英格兰人已成为从西雅图到洛杉矶的太平洋海岸主人。 南方人的如意算盘是用密西西比河的汽船把整个西部纳入南方的经济政治体系。 但"北佬的点子"没有到此为止。 铁路机车压倒了汽船，汽船给了南方人少许好处，但铁路机车拿走的要更多；因为哈得逊河与纽约作为大西洋通向西部的要道的价值，是在铁路时代才最终实现的。 从芝加哥到纽约的铁路交通正在超越从圣路易到新奥尔良的水路运输。 大陆上的主要交通线从南北走向变成了东西走向。 整个西北部都脱离了南方，在利益和情感上同东北部融合起来了。

曾经向南方馈赠过内河汽船和轧花机的东部居民，现在用两样礼物收买了西北部的居民；他们去时一手拿着机车，一手拿着收割扎结机，这就解决了西北部的两大难题——运输和劳动力。 凭着这两个"北佬的点子"，西北部的归属业已确定，南方在南北战争开始前就已经失败了。 南方人想通过武力扭转经济上的颓势，不过是提前接受了一个不可避免的惨败而已。

也许可以说，北美的所有殖民者都遇到过严重的自然挑战。 法国人在加拿大要面对近于北极气候的严冬，在路易斯安那要制服我们在第一部分比较中见过的中国黄河式的桀骜难驯的河流改道。 然而综合土壤、气候、运输条件和其他因素考虑，新英格兰人的居住环境无疑是最困难的。 因此，北美的历史支持这样一种看法，困难越大刺激就越大。

第二节　新地方的刺激

关于难易程度不同的自然环境产生刺激作用的比较先说到这里。我们现在从另一个角度来看同一个问题，在不考虑地质条件的情况下，比较一下老地方和新地方刺激效果的差别。

开拓新区域的活动本身是否就是一种刺激呢？ 在逐出伊甸园和出埃及的神话里确是如此。 由于被从神奇的伊甸园赶到了凡俗世界，亚当和夏娃改造了原始人的采食经济，发展出了农业和畜牧业文明。 以色列的子孙们在出走埃及后，才养育了帮助奠定古叙利亚文明基础的一代人。 当离开神话转而观察宗教史时，我们发现这种直觉得到了进一步的证实。 例如，我们发现，令那些质疑"从拿撒勒能出来什么好东西吗？"的人吃惊的是，犹太人的弥赛亚确实出现在"外邦人的加利利"那个平凡的小村子里，那是距耶稣降生不到百年以前才由马加比家族为犹太人征服的一个偏僻的新领土。 当加利利的这颗芥菜籽不可遏制的生命力将犹太人(不仅是犹太本地人，还有散居外地的犹太人团体)的惊异变成公开的敌意时，新信仰的传播者们便自觉地"转向外邦人"，不断地为基督教征服远在马加比王国之外的新世界。 佛教的历史也是一样，这个古印度宗教并没有在原来的印度世界里取得决定性胜利。 小乘佛教最先在印度文明的一个殖民子体锡兰找到了突破口。 大乘佛教则通过控制近东化和希腊化的印度旁遮普省去绕路占领自己未来在远东的广大领土。 古叙利亚和古印度的宗教天才都在国外的新地方得到了充分发展。 并最终开花结果——这证明了"先知只在本乡本土才不受尊重"这条真理。

对这条社会法则的最好检验材料来自那类"亲属"文明，它控制的区域部分属于前代文明的老地方，部分属于自己开拓的新地方。 我们可以检查这些"亲属"文明的发展轨迹，找到它最辉煌的那些成就，看看这些成就是产生在老地方还是新地方，从而验证老地方和新地方分别产生了什么刺激作用。

先看印度文明，让我们记下印度人生活中的创造性因素是在哪里发源的——尤其是在印度社会中居于核心与至高地位的宗教方面。 我们在南方找到了这些起源。 印度教的所有特征都是起源于此：以庙宇为载体的拜物教或偶像崇拜支派；信徒与专奉神明间的个人情感关系；严密神学体系和偶像崇拜与情感宣泄所引发的形而上学式升华(印度神学的奠基人于公元788年生于马拉巴尔)。 南印度是老地方还是新地方呢？ 是新地方。 那里直至古印度社会发展的最后一个阶段，实现"一统"的孔雀王朝时期(约公元前327—前185年)才被并入印度社会。

古叙利亚社会产生了两个子体社会，阿拉伯和波斯，我们看到，后者更为成功，最终吞并了她的"姊妹"。 波斯文明在哪里最为发达呢？ 它在军事、政治、建筑和文学方面的伟大成就几乎全部出现在波斯世界的两端，印度斯坦或安纳托利亚，分别在莫卧儿帝国和奥斯曼帝国达于极盛。 这些成就都出现在新地方，位于长辈的古叙利亚文明范围之外，两个地方一个得之于印度，另一个从东正教社会夺来。 波斯文明在其核心地区，如伊朗——从古地中海文明夺来的老地方——取得的成就不免相形见绌。

东正教文明在哪里表现出最强的活力呢？ 翻阅一下历史就知道，它在不同时期有着不同的社会活动中心。 在古希腊文明结束后的中间期里，东正教在安纳托利亚高原的中心和东北部最为活跃。 9 世纪中叶以后，它的中心从亚洲转移到海峡靠欧洲的一侧。 此后，东正教的正宗一直留在巴尔干半岛。 然而，到了近代，正统东正教的历史重要性已被它在俄罗斯的分支远远超越了。

这三个地区算是老地方还是新地方呢？ 对俄罗斯而言，这个问题不言自明。 安纳托利亚的中部和东北部在两千年前曾孕育了赫梯文明，但对东正教来说，这里无疑是个新地方。 这个地区的希腊化相对迟缓且一直不彻底，它对古希腊文化的第一个或许也是唯一的贡献，就是在古希腊社会发展的最后一个阶段里，由 4 世纪的卡帕多克亚教父们完成的。

剩下那个东正教社会中心——巴尔干半岛内地同样是个新地方，因为，在罗马帝国崩溃后的中间期，这个地方在帝国时期由拉丁人涂上的一层淡淡的希腊文明色彩早已被不留痕迹地抹掉了。 这里的破坏比帝国西部的任何省份(不列颠除外)都更为彻底。 在异教蛮族入侵者手中，基督教化的罗马诸省不仅被征服了，而且被完全消灭了。 这些蛮族成功消灭了所有地方文化因素，以致在三百年后，当他们的后代痛悔祖先的罪行时，他们不得不向外界寻求生发文明的新种子。 因此，这里土地的荒芜程度要两倍于奥古斯丁传教时不列颠的荒芜程度。 东正教文明建立自己第二个中心的地方，仍是一块不久前刚从荒野里重新开辟的新地。

因此，东正教社会影响力最大的三个地区都是新地方。 尤其值得注意的是，曾是前辈文明中心的希腊在东正教的发展史中一直默默无闻。直到 18 世纪，它才成为西方势力强行进入东正教世界的水上通路。

现在再转到古希腊史，看看在古希腊早期历史里相继占据首要地位的两个地区——爱琴海亚洲沿岸和欧洲的希腊半岛的情况。 从前一时期的米诺斯文明的角度看，这些繁荣地区是新地方还是老地方呢？ 仍是新地方。 即使在其全盛期，米诺斯文明在欧洲的希腊半岛上也不过建立了东部、南部海岸上的几个据点；在安纳托利亚，现代考古学家一直未能找到米诺斯文明存在甚至发生影响的痕迹，这一现象十分突出，很难归咎于运气使然，而是似乎表明，出于某种原因，这处海岸没有进入米诺斯文明的势力范围。 相反，基克拉迪群岛本是米诺斯文化的一个中心，却只在日后的古希腊史中扮演配角，犹如投靠相继称雄的海上霸主的谦卑仆人。 而作为米诺斯文化最早和一直是最重要的中心，克里特在古希腊史里扮演的角色尤为令人惊异。

克里特本应保持其重要地位，这不仅是由于历史原因——米诺斯文化在那里臻于极盛，也是由于地理的原因。 克里特岛是爱琴诸岛中最大的(比别的岛都大得多)，它位于古希腊世界最重要的两条海路交通线上。 从派里奥斯港*前往西西里的船只必须通过克里特岛西端和拉科尼亚之间；从派里奥斯前往埃及的船则必须通过克里特岛东端和罗得岛之间。 然而，拉科尼亚和罗得岛都在古希腊史上占有重要地位，克里特却一直袖手旁观，默默无闻。 当全希腊涌现了众多政治家、艺术家和哲学家时，克里特却不曾产生过比江湖郎中、雇佣兵和海盗名声更好的人物。 到后来，"克里特的"在希腊语中却成了跟"彼奥提亚的"一样的笑柄了。 《圣经》中记载着克里特人自己说过的一句话："他们自己的一个先知说：'克里特人永远是骗子、禽兽和饕餮之徒。'"[6]

最后，我们来考察一下继承古代中国社会的远东社会。 远东社会在哪些地方最具活力呢？ 今天，日本人和广东人无疑是它最具活力的代表，从远东社会的观点看，这些人都是出现在新地方的。 直到中国史的一个较晚阶段，**东南沿海一带才被纳入"业已出现的"中国社会的版图，并且在那个时候，它也不过是汉帝国薄弱行政体系中的边疆省份。 那里的居民一直是蛮夷。 日本列岛是远东文明的分支，大约在6

---

* 古代雅典的海港。 ——译者注
** 原文为 until a late phase of Sinic history。 其表达不太准确。 ——译者注

至 7 世纪期间，远东文明从朝鲜半岛传播过去，在没有任何先前文化痕迹的地方发展起来。 远东文明在日本这块处女地上的兴盛同东正教文明从安纳托利亚高原移植到俄罗斯处女地时的情形十分相像。

如果像我们的证据显示的那样，新地方比旧地方更具刺激力，那么人们还会发现，在新旧地方之间有一海之隔的情况下，这种刺激力就更为突出。 远洋殖民的特殊刺激作用在公元前 1000 至公元前 500 年的地中海历史表现得极为清楚，那时黎凡特地区的三种文明来到地中海西部，开始了殖民竞赛。 例如，两个最大的殖民点，古叙利亚文明的迦太基和希腊的叙拉古在发展程度上远胜于母邦推罗和科林斯。 大希腊(南意大利和西西里)的亚该亚殖民城邦成为了繁忙的商业区和辉煌的思想文化中心，而伯罗奔尼撒本部海岸的亚该亚母邦直到古希腊文明盛极而衰时仍处于止水状态。 同样，意大利的西罗克里斯人远胜于留居希腊的罗克里斯人。*

最惊人的例子是伊特鲁里亚人——西地中海殖民活动中同腓尼基人和希腊人竞争的第三支力量。 西迁的伊特鲁里亚人与希腊人、腓尼基人不同，他们不满足逗留在沿海。 他们从意大利西海岸向内地推进，经过亚平宁山和波河到了阿尔卑斯山麓。 然而，留在家乡的伊特鲁里亚人却默默无闻到了极点，历史文献里查不到他们的事迹，不知道他们原来住在何方；只有埃及的材料表明，早期的伊特鲁里亚人在米诺斯时代后的民族迁徙中曾跟亚该亚人在一起，并在黎凡特亚洲海岸建立过据点。

或许，民族大迁徙期间跨海的刺激作用最为突出。 这种现象并不常见。 作者仅能想到的例子包括：在米诺斯时代后的民族迁徙里，透克里亚、埃奥利亚人，爱奥尼亚人和多利安人跨过爱琴海来到安纳托利亚西海岸；透克里亚人和非利士人到了叙利亚海岸；古希腊时代后的民族迁徙中，盎格鲁人和朱特人到了不列颠；布立吞人又越过海峡到了因他们得名的布列塔尼；与此同时，爱尔兰的苏格兰人迁往阿盖尔；加洛林王朝复活罗马帝国的企图失败后，斯堪的纳维亚人的迁徙。 统共是六个例子。 诚然，我们说过，非利士人的迁徙没有产生巨大影响，而

---

　　* 古代希腊北部的一个部族。 ——译者注

迁徙后布立吞人的历史也默默无闻。但另外四次跨海迁徙都伴随着某些惊人现象，那是为数更多的陆上迁徙所不具备的。

跨海迁徙有个简单的共同点：在海上迁徙时，移民的社会用具必须打包上船才能带离家乡，到了旅途终点还得取出行囊。各种用具——人、财物、技术、制度或思想——都势必服从这一法则。所有无法海运的东西都必须留下来，而许多东西——不只是物质的——只要被带走，就必须拆散，而且可能再也无法组装成原来的样子。当航程结束打开包裹时，它们已"因海上颠簸而变成另一种丰富新奇的玩意儿了"。如果这种跨海移民发生在民族大迁徙的过程中，那么这种挑战一定更为严重，刺激也一定更为猛烈，因为那时应战的不是业已发达的社会(如上文说过的希腊和腓尼基殖民者)，而是处于原始社会末期的静止状态。在民族迁徙中，这种从静止到急风暴雨式剧变的陡然转化对任何社会都将产生巨大影响，这种影响对航海者显然比对陆上迁徙者更为剧烈，因为后者可以随身携带的许多社会用具在航海时必须丢下。

> 跨海航行后，眼界的改变产生了关于神和人的一种新观念。原来各自拥有一批崇拜者的地方神被一组统治世界的天神取代。原来的圣地不过是一间作为大杂院中心的小破屋，现在却被提升为一座庄严的神殿。那些彼此无关的神祇们的古老神话，现在按照早期斯堪的纳维亚人与荷马时代希腊人那样的方式被合并成诗歌形式的神话、神圣的英雄故事。这个宗教创造了一位新神：奥丁，人类的领袖，战争之神。[7]

从爱尔兰跨海迁往不列颠北部的苏格兰人以某种类似的方式为一种新宗教的到来铺平了道路。以爱奥那岛* 为中心的达里阿达海城** 成了圣哥伦巴*** 传教运动的大本营，这并非偶然。

---

* 位于苏格兰西部赫布里底群岛中的一个小岛。——译者注
** 位于苏格兰西海岸的一片较大区域，包括现在苏格兰与爱尔兰的部分陆地与岛屿。——译者注
*** 圣哥伦巴(521—597)，又称爱奥那的哥伦巴，是在达里阿达地区传播基督教的著名教士。——译者注

越海迁徙的一个独特现象是不同种族的大融合，因为社会组织中首先要抛弃的便是原始的血缘群体。一艘船的载人量有限，而如果数条船为了安全而一起前往异乡，就很可能要同时拉上不同地方的人——这与陆上迁徙的一般方式恰成对比，进行陆上迁徙的整个部族可以把妻子儿女和家具全装上牛车，大队人马以蜗牛速度在大地上缓缓前行。

越海迁徙的另一个独具特点是原始社会制度的萎缩，这种制度可能是一种未分化的社会生活的最高表现，它当时还没有因为明确的社会意识而在经济、政治、宗教和艺术等不同方面分别折射出来——那是"不死的天神"和他那个圈子的组织形式。如果想了解这种仪式在其全盛期如何在斯堪的纳维亚世界里举行，我们一定要了解它在留守家乡的斯堪的纳维亚人那里的发展状况。相形之下——

> 在冰岛，五月节的狂欢，婚礼和求爱的仪式似乎在移民时代后就失传了。毫无疑问，这部分是由于外来定居者主要是那些见多识广和有文化的人，部分是因为这些风俗习惯跟农业密不可分，而农业却没有条件在冰岛成为主要活动。[8]

既然冰岛多少还是有些农业的，我们自然应更重视前一个原因。

上面援引的那部著作的内容出自叫作《老埃达》的成文于冰岛的斯堪的纳维亚诗歌集，它的母版来自原始斯堪的纳维亚丰富的口传戏剧文学——那是移民们唯一能从其眷恋的故土中起出并带上甲板的一种宗教仪式的组成部分。这样说来，把原始仪式发展成戏剧的活动是不能由那些迁居海外的斯堪的纳维亚人完成的；这个理论在古希腊史里也有个类似的例子。人所共知的是，古代希腊文明起源于海外的爱奥尼亚，但以原始宗教仪式为基础的希腊戏剧却成长于希腊半岛的土壤。在古希腊相当于挪威乌普萨拉神殿的是雅典的狄奥尼索斯剧场。另一方面，在爱奥尼亚、冰岛和不列颠，跨海的移民——希腊人、斯堪的纳维亚人和盎格鲁—撒克逊人——分别创作了"荷马"史诗、《埃达》和《贝奥武夫》。

英雄故事和史诗的兴起是为了满足一种新的精神需求，因为人们此时意识到鲜明个性和非常功业的重要性。荷马说："这支歌只有在人们听来最感新鲜的时候，才是对人的最高赞美。"然而，史诗中还有一个比新颖更受欢迎的要素，那就是人类对故事的真正爱好。 当英雄时代的暴风骤雨仍在继续时，人们主要关注的是现实；但社会的动荡毕竟短促，风暴平息后，爱好史诗和英雄故事的人便会觉得，他们的生活正日益变得乏味。 这样，他们在听故事时逐渐变得厚古薄今，后来的说唱艺人为了适应听众情绪的变化，只好重复和渲染老一辈的故事。 正是到了这个后期，史诗和英雄故事才达到文学上的顶峰；然而，没有渡海迁徙的艰辛带来的刺激，这些宏伟之作根本不会出现。 我们由此得出公式："乡土孕育了戏剧，而移民创造了史诗。"[9]

在民族大迁徙中，跨海迁徙的苦难还产生了另一个积极成果，它不是文学的，而是政治的。 这种新的政治不再以血缘为基础，而以契约为基础。

最著名的例子或许是跨海的希腊人在安纳托利亚沿海建立的城邦，这些地方日后被称为埃奥利斯、爱奥尼亚和多利斯。 根据古希腊政制史的断简残篇来看，以法律和地域组织原则取代习惯和血缘组织原则的变化最早出现于这些希腊海外殖民地，后来才被欧洲的希腊人效法。在如此建立起的海外城邦中，新的政治组织"细胞"是船队，不是血族。 由于在海上建立了"同舟共济"的合作关系，当他们在怀有敌意的大陆上努力维持来之不易的一块沿海领土时，他们会继续保持原来的思维和行动方式。 在岸边和海上，伙伴关系要胜过亲缘关系，一个被推举并深孚众望的领袖的命令也会压倒习惯的召唤。 事实上，组织一支船队去征服海外殖民地的做法很自然会建立一个城邦，它由地域性"部落"组成，由选举的行政机构统治。

如果看看斯堪的纳维亚的民族迁徙，我们可以辨认出相似的政治制度发展痕迹。 假若流产的斯堪的纳维亚文明真的形成，而没有被西欧文明吞没的话，爱尔兰海岸上的五个斯堪的纳维亚城市，或丹麦人组织起来保卫其征服的墨西亚内陆边疆的五个城市(林肯、斯坦福德、累斯特、德比和诺丁汉)就会重演埃奥利斯和爱奥尼亚城邦的角色。 但斯堪的纳维亚政治制度在海外开出的最美丽花朵却是冰岛共和国，那是离最近的斯堪的纳维亚文明据点也有五百英里的一个土壤恶劣的北冰洋岛屿。

至于盎格鲁人和朱特人跨海迁居不列颠的政治后果，也许不仅仅是巧合而已。在西方历史的破晓时分，一群通过跨海挣脱了原始血缘纽带的移民占据了不列颠岛，而这个岛屿日后在西方社会的政治演进中完成了最关键的几步。步盎格鲁人后尘而来的丹麦人和诺曼征服者分享了英国后来的政治成果，取得了同样的政治经验。这样一种民族融合为政治发展提供了极适宜的土壤。我们西方社会的"王政和平"与议会政府相继诞生于英格兰，这一点其实不足为奇。而在大陆上，法兰克人和伦巴第人保留的血缘组织残余妨碍了我们西方的政治发展，他们没有海洋来摆脱这个社会魔影的钳制。

第三节　打击的刺激

检查过自然环境的刺激后，我们再用同样方式研究一下人为环境，以结束这部分的研究。首先，我们可以从地理角度，把人为环境分成社会外部的和社会内部的。前者指那些开始就完全占据某些特定区域的毗邻社会或国家之间的互动作用。从被动接受这种社会交往的那些组织的角度看，它们遭遇的人为环境是"外部的"或"外来的"。后者指同处一地的两个"阶级"(这里的"阶级"是指其最广泛的含义)间的相互作用。这时它们的关系是"内部的"或"本地的"。我们稍后再谈内部的人为刺激。外部影响又可分为两种：突然打击的形式和持续施压的形式。这样我们就有了三个研究课题：外部打击、外部压力和内部缺失。

突然打击的后果是什么呢？我们"挑战越大刺激越大"的命题在此是否靠得住呢？我们自然会想到这样一些例子：一支军事力量先是不断受到边境战事的刺激，随后被一个自己对其实力一无所知的对手突然压倒。这些中道遇挫的帝国开创者们的命运通常如何呢？他们是像西西拉(Sisera)那样一蹶不振，还是如希腊神话里的巨人安泰一般愈挫愈勇？历史上的一般情况是后者。

例如，"异族之祸"对罗马命运的影响如何呢？罗马人经过长期搏斗战胜了伊特鲁里亚族的维爱人，最终取得了拉丁姆的霸权，但它在五年之后便遭遇了突如其来的大灾难。罗马军队在阿里亚全军覆没，从远后方袭来的蛮族占领了罗马城本身。罗马刚刚赢得的权力与地位很可能在这一击之下灰飞烟灭。然而，罗马迅速从这场高卢浩劫中恢复过来，不到半个世纪之后，她就能够在同意大利邻邦更漫长、更艰苦的周旋中取得最终胜利，从而控制了意大利全境。

此外，帖木儿(塔麦尔兰)＊在安卡拉战场俘获闪电王巴耶塞特(苏丹巴耶塞特)＊＊又对奥斯曼人的命运产生了何种影响呢？灾难降临之际，正是奥斯曼人行将完成对巴尔干半岛的东正教大本营征服的时候。在这个紧要关头，来自乌浒—药杀河畔的晴天霹雳使他们在海峡的亚洲一侧被彻底压倒。人们本该预期他们这座未竣工的帝国大厦土崩瓦解。但事实并非如此；半个世纪后，征服者穆罕默德攻陷君士坦丁堡，为巴耶塞特的大厦献上了最后一块宝石。

被罗马打败的那些国家的历史证明，一个社会在惨败后会更具针对性地组织其活动，尽管有时更为顽强的抵抗还是以失败告终。迦太基在第一次布匿战争中的失败刺激了哈米尔卡·巴卡为他的祖国在西班牙开辟一块新领地，这个地方比迦太基在西西里丧失的殖民地还要大。甚至在第二次布匿战争汉尼拔失败后，在他们最后亡国前的半个世纪里，迦太基人仍有两次让世人震惊。第一次是他们迅速交付战争赔款，恢复了商业繁荣，第二次是他们全体男女老幼在最后决战中宁为玉碎的英雄主义气概。同样，从前的庸君，马其顿的腓力五世在齐诺斯凯法莱的惨败后，也曾致力于富国强兵，使他的儿子珀尔修斯足以单独挑战罗马，并在其于皮特纳进行的顽抗被粉碎前，竟几乎打败罗马人。

＊　帖木儿(1336—1405)又称塔麦尔兰，是在中亚与西亚建立的蒙古帖木儿帝国的奠基人。他的军队主要由突厥人组成，骁勇善战，残酷无情，在征服波斯、伊拉克和叙利亚等地时大肆杀戮、掳掠平民百姓，用暴力迫使被征服者皈依伊斯兰教。史料记载，在占领波斯伊斯法罕城后，他下令用7万具头骨堆砌成一座金字塔；在巴格达，他杀死了9万人。据可能夸大的数字，惨死于他的征服战争中的人多达1700万。但在他统治期间提倡突厥文化与突厥语言，促进了突厥文学的复兴。——译者注

＊＊　奥斯曼帝国的苏丹(1354—1403)。1402年在安卡拉会战中被帖木儿俘获。史载帖木儿将其锁入笼中，并视其若奴仆，让他当脚凳，令其妻裸舞等。但也有记载说情况并非如此。——译者注

　　另外还有一个相似的例子，但结果不尽相同，那就是奥地利对法国大革命和拿破仑战争的五次干涉。前三次使她不仅损兵折将而且颜面尽失。但在奥斯特里茨战役后，* 她开始重振威风。如果奥斯特里茨是她的齐诺斯凯法莱，瓦格拉姆就是她的皮特纳；但她的运气好于马其顿，终于在1813年的再次干涉中取得了胜利。

　　更惊人的是普鲁士在这一系列战争中的表现。该国在14年里一直奉行无用且可耻的政策，结果导致了耶拿惨败和随后的投降。然而，后来却出现了英勇的爱劳冬季战役，而提尔西特条约的苛刻也加深了从耶拿战役开始的刺激力。这个刺激在普鲁士唤起了巨大的力量。它复活的不仅是普鲁士军队，而且还有普鲁士的行政体系和教育制度。事实上，它把普鲁士变成了装满日耳曼民族主义新酒的圣瓶。它牵引着普鲁士经过施泰因、哈尔茨堡、洪堡时代直至俾斯麦时代。

　　这种循环在我们的时代也发生过，这个经历过于痛苦，令人不忍追忆。德国在1914—1918年的战败，法国在1923—1924年占领鲁尔区的火上浇油，最终导致了恶魔式的纳粹复仇，尽管它以失败告终。[10]

　　但是打击式刺激最经典的例子当属希腊(尤其是雅典)在公元前480年至前479年对古代近东一统国家波斯帝国的进攻所作出的反应。雅典遭受的苦难特别深重，她作出的反应也极其突出。彼奥提亚和拉栖第蒙的富饶原野分别因主人出卖全希腊利益和雅典海军的英勇而幸免于难，但阿提卡的贫瘠土地却连遭两次彻底的浩劫，雅典城陷落，她的神庙被摧毁。阿提卡的全体居民被迫告别故土，越海至伯罗奔尼撒避难；雅典舰队正是在这种局面下打赢了萨拉米斯海战。这次打击在雅典人民心中唤起的那种不屈精神，无疑是他们在人类历史上取得的丰富多彩的突出成就的前奏。神庙是雅典复兴的最重要象征，在重建神庙的过程中，伯里克利的雅典比1918年后的法国表现出了更为卓越的活力。当法国人修缮兰斯大教堂被毁的外部时，他们怀着虔敬之心复原了每尊碎像和每块断石。但当雅典人发现众神之殿已被烧毁时，他们

---

　　* 奥斯特里茨战役爆发于1805年12月，是役，法皇拿破仑大败奥地利皇帝与俄国皇帝统率的反法联军。——译者注

就在新址建起了帕特嫩神庙。[11]

打击的刺激作用在对失败的反应中最能得到体现，但并不仅限于此。 我们还可举出一个最重要的，宗教方面的例子——《使徒行传》。使徒们的努力活动最终为基督教赢得了整个希腊世界，但这些努力却是在使徒们精神颓丧之际做出的——他们的主在神奇复活后又突然升天了。 第二次的失去比第一次的十字架处决更令人伤心。 然而，沉重的打击在他们的灵魂里引发了同样强烈的心理回应，其神奇结果便是出现了两个白衣人，并在圣灵降临日射下了火舌。 借着圣灵的力量，他们向犹太百姓乃至公会宣讲上十字架死去的耶稣的神性，不到三个世纪之内，连罗马当局也皈依了这个由众使徒在精神最低点创立的教会。

第四节 压力的刺激

我们再来研究一下各种形式的持续外部压力产生的后果。 从政治地理角度看，受到这种压力的人民、国家或城市大部分处于"边区"或边疆省份。 研究这种压力的最好实验办法，就是对同一个社会中易受攻击的边区和较安全的内地进行比较。

在古埃及世界

在古埃及文明史中，至少有三次重大事件是由来自上埃及南部的力量发动的：约公元前 3200 年建立联合王国，约公元前 2070 年建立统一国家，以及公元前 1580 年左右的复国，都发起于这个狭小地区。 这个埃及帝国的摇篮其实是埃及世界的南部边区，时常受到来自努比亚部落的压力。 然而，到了埃及历史后期——新王国衰落至公元 5 世纪古埃及社会灭亡这个 1600 年的迟暮时期——政治力量转移到了河口三角洲，这里是面对非洲北部和亚洲西南部的边区，同此前两千年中的南部边区地位相似。 可见，埃及世界的政治史自始至终处于两极政治力量的拉锯状态中，它的重心在不同时代或在南部边区，或在北部边区。在内陆地区从未发生过重大政治事件。

我们能否说明，南、北边区为何在古代埃及历史的前后半段各领风骚呢？ 原因似乎在于，当图特摩斯一世(约公元前 1557—前 1505 年)在位时征服努比亚并将之在文化上同化后，南部边区的压力减弱或消失了；而与此同时或稍晚，利比亚蛮族和亚洲西南部对河口三角洲的压力显著增加。 可见，在古埃及政治史中，不仅边区的影响大于内地，而且以各个时代最受威胁的边区影响最巨。

在伊朗世界

两个突厥民族——奥斯曼人和卡拉曼人的历史虽然恰成对照，却反映了作用于不同场合的同样一条规律。 它们在 14 世纪分别占有安纳托利亚一部，那是古代伊朗世界西进的前哨。

这两个突厥社会都是安纳托利亚塞尔柱苏丹国的"继承国家"，那是在 11 世纪，十字军东征前夕，由一群塞尔柱突厥冒险家建于安纳托利亚的一个穆斯林突厥强国。 他们为伊斯兰世界夺取了东正教的领土，从而给自己今生和后代的福祉提供了条件。 当苏丹国在 13 世纪分裂之时，在塞尔柱人诸多继承者的前途中，卡拉曼人似乎最光明，而奥斯曼人最黯淡。 卡拉曼人继承了塞尔柱人原有领土的核心部分，包括它的都城喀尼雅(康尼亚、伊利尼姆)，而奥斯曼人只得到了一点残羹冷炙。

事实上，奥斯曼人由于来得最晚，地位又最卑微，所以只能捡到塞尔柱人剩下的东西。 他们的先祖奥斯曼的父亲叫伊托格鲁尔，这个人是一群无名流窜鼠辈的头目，当年蒙古人从欧亚草原中心冲杀出来，闯入了伊朗社会的东北部边区，将无力抵挡的他们赶到了伊斯兰教的边境。 安纳托利亚塞尔柱王国的末代苏丹指定这些奥斯曼人的难民祖先住在安纳托利亚高原北缘的狭长地带，塞尔柱王国的疆土在此处和拜占庭帝国仍然占据的马尔马拉海亚洲沿线接壤。 这是个易受攻击的地方，被很恰当地称为"鄂努苏丹"(苏丹的战线)。 这些奥斯曼人或许很忌妒卡拉曼人的好运，可乞丐是没有挑三拣四的份儿的。 奥斯曼接受了他的命运，开始侵占东正教邻居的疆土来发展自己，并以拜占庭的布鲁萨为首个目标。 他足足用了九年才拿下了布鲁萨(1317—1326 年)，但奥斯曼人以他的名字来称呼自己是十分公正的，因为奥斯曼是奥斯曼帝国的真正奠基人。

在攻克布鲁萨三十年后，奥斯曼人已在达达尼尔海峡的欧洲一侧取得了立足点，然后就在欧洲发展起来了。在这个世纪里，他们两面出击，一手制服了卡拉曼人和安纳托利亚的其他突厥社会，一手控制着塞尔维亚人、希腊人和保加利亚人。

这是政治疆界的刺激作用，因为此前的历史表明，同安分守己，理应被人遗忘的卡拉曼人相比，奥斯曼人在安纳托利亚的大本营并没有什么产生英雄的独特地理要素，鄂努苏丹并不具备本章第一节中所说的条件。如果回溯到公元 1051—1075 年间，安纳托利亚还未遭到塞尔柱突厥人入侵，仍属于东罗马帝国的时候，我们会发现日后卡拉曼人占有的领土在当时碰巧全由安纳托利亚军团驻防。这个军团在东正教社会的早期一直是东罗马军团中的翘楚。换言之，在卡拉曼人之前进驻喀尼雅的东罗马人和日后占据鄂努苏丹的奥斯曼人在安纳托利亚享有同样的崇高声望；个中的原因十分明显。因为喀尼雅最初是东罗马帝国对抗阿拉伯哈里发国家的边缘省份，而日后奥斯曼人占领的鄂努苏丹在当时正享受着内地生活的恬静。

在俄罗斯东正教世界

这里和别处一样，社会的活力随着不同外部压力对各边区施加强度的变化而轮流集中在这个或那个边区。当东正教文明从君士坦丁堡跨越黑海和欧亚草原进入俄罗斯时，它最先在第聂伯河上游扎根。12 世纪时，当地居民占领了东北部森林中信奉异教的原始芬兰人聚居区，把东正教传播至伏尔加河上游，以应对欧亚草原游牧民族的强大压力。这种压力是由 1237 年蒙古拔都可汗的征服带来的，它剧烈异常，而且旷日持久；值得注意的是，这里和别处一样，挑战越严峻，回应就越新颖和富于创造性。

这种回应创造了全新的生活方式和社会组织，它们使得一个涣散的社会拥有了一种史无前例的力量；她不仅顶住了欧亚草原民族的入侵，接连发动惩罚性的远征，而且永久地占领了游牧民族的土地，将他们的牧场变为农田，把流动幕帐变成定居村庄。完成这件空前伟业的是哥萨克——在其后二百年间不断同欧亚游牧民族(拔都可汗的金帐汗国)鏖战并经受锤炼的俄罗斯东正教社会的边疆居民。他们富于传奇色彩的名字——哥萨克得之于他们的敌人；它原本是突厥文"qazaq"，意为拒绝承认"合法"牧民领袖权威的不法之徒。[12]广布的哥萨克社会散居于顿河至乌苏里江间的亚洲大陆，直至 1917 年十月革命时才被取消，但它们都起源于同一个母体社会——第聂伯河畔的哥萨克。

这些哥萨克原本是半修会式的军事组织，在许多方面类似于希腊的斯巴达组织和十字军中的骑士团。在同游牧民族永无休止的战争中，他们认识到，文明若想战胜蛮族，就必须动用蛮族所没有的武器和资源。像现代西方的帝国建设者们用工业化的先进资源压倒了他们原始经济的对手一样，哥萨克也用农业的先进资源压倒了游牧民族。现代西方的将领们发挥铁路、汽车和飞机等工具的机动性，使游牧民族在自己的领土上毫无招架之功，哥萨克则占领了河道——草原游牧民族未能征服的一种自然地形，它对他们有害无益——以使敌人没有还手之力。对马上民族而言，河流是令人生畏的障碍，对于运输毫无用处；而俄罗斯的农夫和伐木人却是内河驾船的好手。于是，哥萨克们一方面同敌人在马背上争雄，另一方面也不忘施展驾船的本事，他们最后凭借小船而非战马赢得了欧亚草原的大片领土。他们从第聂伯河推进到顿河，又前进到伏尔加河。1586 年，他们翻越了伏尔加河与鄂毕河水系的分水岭；1638 年他们在探寻西伯利亚水道的工作中来到了鄂霍茨克海的太平洋沿岸。

在同一个世纪里，当哥萨克成功地对东南方的游牧民族压力作出回应之时，另一处边疆正成为外部压力的主要对象和俄罗斯活力的焦点。俄罗斯在 17 世纪遭受了历史上第一次来自西方世界的可怕压力。一支波兰军队占领莫斯科达两年之久(1610—1612 年)，紧接着，古斯塔夫·阿道尔夫统治的瑞典占领了从芬兰到波兰北部边境(距里加仅数英里)的波罗的海东岸地区，从而截断了俄罗斯通往波罗的海的道路。但下个世纪伊始，彼得大帝就对西方的压力进行了报复。他于 1703 年在从瑞典人手中夺回的土地上建立了彼得堡，俄国海军从此效法西方习惯，让自己的旗帜在波罗的海的洋面上高高飘扬。

在对抗大陆蛮族的西方世界

当转而注意我们西方文明自己的历史时，我们一眼即知，最大的外部压力来自我们的东方，即面对中欧蛮族的陆上边疆。 我们不仅成功地保卫了这条边界，而且将它不断向前推进，直至蛮族们被完全消灭。此后我们西方文明在东边接触到的不再是什么蛮族，而是和我们竞争的文明了。 现在我们仅从这段历史的第一个时期里寻找外部压力刺激效果的佐证。

在西方历史的第一阶段，大陆蛮族压力的刺激表现为一种新的社会结构的出现——仍处于半野蛮状态的法兰克王国。 第一个法兰克王国墨洛温王朝面向着往昔的罗马，但其后的加洛林王朝却面向未来；因为尽管它偶尔唤起罗马帝国的阴魂，喊道："死人们都起来吧！"——但它只是通过招魂来帮助活人完成他们自己的事业。 那么，究竟在法兰克王国的哪些地方，生气勃勃的加洛林人代替了衰朽慵懒的墨洛温人呢？ 不是在内地而是在边区，不是在古罗马文化发达，不受蛮族侵扰的纽斯特利亚(大致相当于法国北部)，而是在位于罗马帝国边境，常遭北欧森林中的萨克森人和欧亚草原上的阿瓦尔人攻击的奥斯特拉西亚(莱茵兰)。 外部压力的刺激强度可用查理大帝的功业加以衡量：他 18 次远征萨克森，消灭了阿瓦尔人，在他治下完成了"加洛林文艺复兴"——那是我们西方世界第一次表现出文化和知识上的力量。

在奥斯特拉西亚对这次压力刺激的反应后是一段倒退期。 不到二百年后，我们又在奥托的事业中发现了萨克森人的反应。 查理大帝的一项不朽成就是把萨克森蛮族的领土并入西方基督教的版图；但这次胜利却使边区和它的刺激能力从战胜的奥斯特拉西亚转移到被征服的萨克森。 在奥托大帝的时代，曾经在查理大帝时刺激过奥斯特拉西亚的萨克森也在同样的刺激下作出了反应。 奥托大帝效法征服萨克森人的查理曼，打败了温德人，西方基督教世界的边境从此稳步东进。

到了 13、14 世纪，将剩下的大陆蛮族西方化的任务不再是在拥有罗马皇帝头衔的查理曼、奥托等世袭君主的领导下实现的，而是通过两种新工具——自治市和宗教骑士团来完成。 汉萨同盟和条顿骑士合力把西方基督教的边界从奥得河推到德维纳河一线。 这是此次冲突的最后一个回合；14 世纪结束前，大陆上的这些蛮族曾在三千年中向前后相承的三个文明(米诺斯、古希腊和西方)施加压力，现在却被从地球表面消灭了。 到了公元 1400 年，原本被许多蛮族集团彻底切断联系的西方基督教世界和东正教世界，已沿着亚得里亚海至北冰洋的纵贯大陆一线接壤了。

注意研究前进的文明和后退的野蛮之间的移动边界，观察压力方向的改变是极为有趣的。 自从奥托一世继承了查理大帝的事业后，压力的方向就开始发生变化；而当西方大举反攻时，刺激的方向更是不断转变。 例如，奥托战胜温德人后，萨克森公国遭受了同二百年前奥斯特拉西亚在查理大帝战胜萨克森人后同样的厄运。 萨克森公国于 1024 年失去霸权，六十年后陷于分裂。 然而，跟萨克森王朝出现在加洛林王朝东边不同，继承它的王朝并没有出现在前进的东方边界上。 相反，法兰克尼亚王朝和后来一切拥有皇帝头衔的王朝——霍亨斯陶芬、卢森堡、哈布斯堡——都兴起于莱茵河的某条支流上。 遥远的边界对这些后继王朝已无法产生刺激力，因此我们发现，尽管红胡子腓特烈等个别皇帝还有些名气，皇权却从 11 世纪中叶起不断走向没落。

然而，被查理大帝复活的帝国毕竟幸存了下来，当然不过是个"既不神圣，又无罗马，更非帝国"的鬼中游魂，可它却再次在西方社会的政治生活中扮演了重要角色。 它的生命力之所以再现，是因为中世纪后期出现了一系列王朝继承安排和偶然变故，使莱茵的哈布斯堡家族在奥地利登上王座，从而承担了新边界的责任，对其受到的新刺激作出了回应。 这个问题我们暂时就不多谈了。

在对抗奥斯曼帝国的西方世界

奥斯曼土耳其人对西方世界的影响始于奥斯曼人和匈牙利人的百年鏖战，这场战争在 1526 年消灭中世纪匈牙利王国的摩哈赤战役中达到顶点。 匈牙利在约翰·匈雅提及其儿子马提亚·科尔温领导下拼死抵抗，成为奥斯曼人有史以来最强劲的对手。 然而，匈牙利虽在 1490 年后同波希米亚结盟，得到了些许支援，但实力上的巨大差距仍使匈牙利人力不从心。 最后的结局是摩哈赤战役；只有如此惨重的失败才能产生足够的心理作用，使匈牙利的残余部分同波希米亚、奥地利在自 1440 年起统治奥地利的哈布斯堡王朝统治下结成持久的联盟。 这个联盟持续了近四百年——直至 1918 年解散，而曾在四个世纪前的摩哈赤重创它们的奥斯曼帝国也是在 1918 年解体的。

事实上，自从多瑙河上的哈布斯堡王朝在敌国压力下诞生之日起，它的国运就一直追随着对手的命运。 这个多瑙河流域王朝的英雄时代恰好也是西奥斯曼帝国对西方世界压力最盛之日。 该英雄时代可以说是始于 1529 年奥斯曼首次围攻维也纳失败，而终于 1682—1683 年再度围攻维也纳。 在这两次劫难里，奥地利首都在西方世界对奥斯曼攻势的绝望抵抗中的地位有如 1914—1918 年法国抗德战争中的凡尔登。 这两次围攻维也纳都是奥斯曼军事史中的转折点。 第一次失败遏止了奥斯曼在过去百年间溯多瑙河而上的高歌猛进——地图令人难以置信地表明，在从君士坦丁堡到多佛尔海峡的路上，他们走到维也纳时路程已经过半。 二度围攻失败后，奥斯曼帝国的命运虽仍有间歇沉浮，但总体上却是每况愈下；1529—1683 年间它的边界已达到维也纳东南郊，到后来却被推回到阿德里亚堡的西北郊了。

然而，奥斯曼帝国的损失不等于多瑙河流域哈布斯堡王朝的所得，因为在奥斯曼帝国衰落后，这个王国的英雄时代也就完结了。 奥斯曼帝国的瓦解使东南欧对其他势力门户洞开，同时也使刺激多瑙河哈布斯堡王朝的压力不复存在。 这个王朝跟那个促使它出现的打击力量一道衰落，最终和奥斯曼帝国一同走向灭亡。

如果看一眼 19 世纪的奥匈帝国(曾经不可一世的奥斯曼人当时已沦为"欧洲病夫")，我们会看到它正患着两种残疾。 它已不再是一个边区国家；它的多民族性在 16、17 世纪曾是应对奥斯曼的有效办法，但在 19 世纪民族主义崭露头角时却已成为绊脚石。 哈布斯堡王朝在它生命的最后一个世纪中曾竭力阻止它的版图按民族的界限重新划分，结果却以失败告终。 这个王朝放弃了在德意志的霸权和意大利的疆土，成功地同新生的德国和意大利比邻而居。 它接受了 1867 年的奥匈协定和加里西亚奥籍波兰人的既得地位，成功地调和了自身地位与境内马扎尔人、波兰人和日耳曼人的民族利益之间的矛盾。 但它不愿，或许也是无力同境内的罗马尼亚人、捷克斯洛伐克人和南斯拉夫人和解。 随着萨拉热窝的枪声响起，奥匈帝国被从地图上抹掉了。

最后让我们略述一下两次大战期间奥地利和土耳其迥异的命运。

1914—1918 年战争结束后，它们都摆脱了从前使两国相邻为敌的帝国状态，成为共和国，但二者的相似点仅此而已。 在五个战败国中，奥地利所受打击最甚，态度也最为顺服。 奥地利人以最大的宽容和最深的悔恨接受了新秩序。 相反，土耳其人却是五个民族中仅有的一个在签约一年之内就与战胜国兵戎相见，迫使他们对强加于己的和约作出重大修改的。 土耳其人由此恢复了其活力，改变了他们的命运。 他们不再处于老迈的奥斯曼王朝领导下，为保全垂死帝国的某一省份而战。 在被其王朝抛弃后，他们追随一位推举的领袖——跟他们最早的苏丹奥斯曼一样是根据才德选出的——领导下进行了一场边防战争，不是为了开疆拓土，而是为了保家卫国。 1919—1922 年希土战争的决定性战役打响于印鄂努，那正是六百年前末代塞尔柱苏丹分给第一位奥斯曼领袖的土地。 历史至此走过了一个轮回。

在西方世界的西部边疆

我们西方社会早年受到的压力不仅来自大陆东部边疆，也来自西方的三股力量：不列颠群岛和布列塔尼的"凯尔特边疆"，不列颠群岛及欧陆大西洋沿岸的斯堪的纳维亚北欧海盗，以及伊比利亚半岛上以早期穆斯林征服者为代表的古代叙利亚文明。 我们先来研究"凯尔特边疆"的压力。

在"七国时代"(Heptarchy)原始而不稳定的蛮族王国间你死我活的混战中，如何产生了我们西方政治体系中的两个进步而稳定的国家呢？看看英格兰王国和苏格兰王国取代"七国"的全过程，我们会发现每一阶段的决定因素都是对外部压力的某种应战。 苏格兰王国的起源可追溯到皮克特人和苏格兰人对诺森布里亚的盎格鲁—撒克逊王国提出的挑战。 今天苏格兰的首都是诺森布里亚的爱德温建立的(至今仍以其名字命名)，用来作为抵御福斯湾外的皮克特人和斯特拉斯克莱德的布立吞人的边界前哨。 皮克特人和苏格兰人于 954 年攻占爱丁堡，随后迫使诺森布里亚人割让给他们罗新安全境，从而提出了挑战。 这次割让引出的问题是：西方基督教世界沦丧的这个边区是在政权易手后仍保留其西方基督教文化，还是屈服于凯尔特征服者的异教"远西方"文化？罗新安毫不含糊地应对了这次挑战，俘虏了它的征服者，如同过去战败的希腊在文化上征服了罗马一样。

这块被征服土地上的文化深深吸引了苏格兰诸王，是他们把爱丁堡定为首都，并开始把罗新安视为家乡，反而把苏格兰高地看成领土中的异乡。 结果，苏格兰东海岸直至默里湾都住满了人，而"高地界线"却在凯尔特统治者们的支持下，由罗新安的英格兰人后代推回到了北边，反而让本属苏格兰君主自家人的凯尔特人丧失了地盘。 随着一场阴差阳错的名称变换，"苏格兰语"竟不再指苏格兰本地用的盖尔方言，而成了罗新安一带用的英格兰方言了。 苏格兰人和皮克特人占领罗新安的结果没有使西方基督教的世界的西北边境从福斯河退到特威德河，反而使它向前推进，直至囊括大不列颠全境。

这样，英格兰"七国"之一的一小块被征服领土实际成了现今苏格兰王国的核心，值得注意的是，完成这一业绩的诺森布里亚地区是特威德河与福思河之间的地区，而非特威德河与恒比尔河间的内地。 设若哪个有眼力的旅行家在罗新安跨入苏格兰人和皮克特人之手前夕的 10 世纪来到诺森布里亚的话，他一定会认为爱丁堡没什么大前途，而如果诺森布里亚能出现一个成为"文明"国家的永久首都的城市的话，那也应该是约克。 约克位于不列颠北部最大的可耕平原中央，曾是罗马行省的军事中心和教会的教区主教驻节地，不久前还是斯堪的纳维亚人短命政权中"丹麦法区"的首府。 但丹麦法区在公元 920 年向韦塞克斯国王投降了；约克此后便降格为英格兰的外省城市；到了今天，约克郡除在英国各郡中面积特别大外，再也没有什么特点能让人追忆起她当年似乎拥有的伟大前途了。

在恒比尔河以南的"七国"中，哪个能独占鳌头，成为未来英格兰王国的核心呢？ 我们看到，8 世纪时的逐鹿者并非靠近大陆的王国，而是墨西亚和韦塞克斯王国，它们都受到过威尔士和康沃尔桀骜的凯尔特人的边境刺激，我们也注意到，在争夺的第一回合中，墨西亚占了上风。 墨西亚的奥发王当时的权力大于任何一个韦塞克斯国王，因为威尔士人对墨西亚的压力大于康沃尔对韦塞克斯的压力。 尽管"西威尔士人"在康沃尔的反抗事迹借着亚瑟王的传奇而得以不朽，西撒克逊人却似乎轻而易举地粉碎了他们抵抗。 相反，墨西亚承受压力的巨大在字源学上就很明显(Mercia 意指"非常边区"),考古学上的证据则有从迪河口延伸到塞汶河口的伟大土筑工事,名为奥发大堤。 然而,到了 9 世纪,斯堪的纳维亚人发起了新一轮更为可怕的挑战,远远超过了"凯尔特边疆"的挑战,于是上述的前景完全改变了。 这次墨西亚未能作出回应,而韦塞克斯却在阿尔弗雷德大帝领导下胜利地经受了考验,从此成为古英格兰王国的核心。

斯堪的纳维亚人对西方基督教世界沿海地区的压力,不但使得刻提克家族统一了英格兰王国,结束了七国时代,而且促使卡佩王朝结束了查理曼帝国西部的割据,缔造了法兰西王国。 在压力面前,英格兰没有定都靠近西威尔士且远离斯堪的纳维亚人威胁的韦塞克斯故都温契斯特,而是把首都设在伦敦,那里是当时的战略要冲,或许正是那里公元895 年打败丹麦舰队溯泰晤士河进犯企图的战役,成为扭转总战局的胜负手。 同样,法兰西也没有定都加洛林王朝最后几个君主的首都朗城,而是定都巴黎,那里曾在卡佩王朝开国君主之父的领导下顽强坚守,扼住了北欧海盗溯塞纳河的进攻。

因此,西方基督教文明在回应斯堪的纳维亚人的海上挑战时产生了英格兰和法兰西两个新王国。 此外,法兰西和英格兰人民在打败敌手的过程中,形成了一套有力的封建军事、社会制度。 英格兰人也用艺术手法表现了他们苦难之中的感受,他们创造了新的史诗,部分残留在《马尔东战役之歌》里。

我们还必须指出,法兰西人在诺曼底重复了英格兰人在罗新安做过的事情,他们将斯堪的纳维亚来的征服者变成了传播被征服者文明的雇佣兵。 公元 912 年,罗伦及其同伴与加洛林王朝的傻子查理签下协定,取得了在法兰西的大西洋沿岸永久居留的权利。 此后一百多年间,他们的后代在地中海地区侵占了东正教和伊斯兰教的领土,扩大了西方基督教世界的领土;与此同时,他们使此前处于文明史上的半黑暗状态的英格兰、苏格兰岛国和法兰西一样沐浴在西方文明的光辉之中。 表面看来,诺曼征服英格兰是北欧海盗们此前多次未遂企图的最终胜利,但这样的解释在文化上却根本无法成立。 诺曼人入主英格兰时已抛弃了斯堪的纳维亚的异教传统,他们没有摧毁西方基督教世界的规范，而是将它进一步推行。　在黑斯廷斯的战场上，当诺曼战士歌手泰里弗先于诺曼骑士们策马冲向阵前时，他讲的是法语而不是北欧语言；唱的是《罗兰之歌》，而不是西古尔德的英雄故事。　西方基督教文明既能如此俘虏自己疆域内的斯堪的纳维亚入侵者，它当然也能在对方境内取代流产的斯堪的纳维亚文明来巩固自己的胜利。　这个问题我们到了比较"流产的文明"时还会提及。

　　我们最后来谈发生最早的那次边境压力，它强度最烈，我们当时尚处于褴褓的文明似乎是无法与之抗衡的；在吉本看来，它确实差点使我们西方社会成为"流产的文明"。[13]阿拉伯人对幼小的西方文明的大举进攻乃是古代叙利亚文明对希腊人长期侵犯其领土的最后应战；因为当阿拉伯人在伊斯兰教的支持下力图完成这个使命时，他们不恢复古代叙利亚社会全盛时代的版图是不甘罢休的。　叙利亚文明的统一国家原本体现为阿契美尼王朝统治时的波斯帝国，但他们不满足于重建这样一个阿拉伯帝国，而是进一步去再征服非洲和西班牙的腓尼基人的迦太基故土。　713 年，他们踏着哈米尔卡和汉尼拔的足迹，渡过直布罗陀海峡，翻越比利牛斯山脉；此后，他们虽没有效法汉尼拔渡过罗讷河，翻越阿尔卑斯山，却带着武器闯进了汉尼拔从未涉足的地方——卢瓦尔河畔。

　　公元 732 年，查理曼的祖父率领法兰克人在图尔战役中大败阿拉伯人，这无疑是历史上一次具有决定性意义的事件；因为此后西方对叙利亚压力的反应在这个边境上日益增强，七八百年后，它的力量将西方基督教世界的两个先锋——葡萄牙人和卡斯提尔人推出伊比利亚半岛，葡萄牙人远航海外，绕过非洲到了果阿、马六甲和澳门，卡斯提尔人横渡大西洋到了墨西哥，并继续前进，渡过太平洋到了马尼拉。　这些伊比利亚的先锋们为西方基督教世界建立了不朽功勋。　他们扩大了自身代表的社会的视野，从而潜在地扩大了其疆域，直至它囊括了一切有人居住的陆地和有人通航的海洋。　正是由于这种伊比利亚活力树立的榜样，西方基督教世界才如同寓言中变成参天大树的芥菜籽一样，变为一个"大社会"；全世界的各个民族都在这棵树的枝干上搭巢住下来。

　　伊比利亚基督教活力产生于摩尔人压力的刺激，因为当摩尔人的压力停止发生作用时，这种活力就立刻衰竭了。 17世纪时，葡萄牙人和卡斯提尔人在其开辟的新世界里被一群不速之客所取代——来自比利牛斯山北面的西方基督教世界的荷兰人、英国人和法国人。 他们于海外蒙难之日，也正是在国内安乐之时，他们通过屠戮、驱逐或强制改宗，彻底清除了国内的"摩尔异教徒"及其带来的历史性刺激。

这样看来，伊比利亚边区同摩尔人的关系似乎同多瑙河流域哈布斯堡王朝与奥斯曼人的关系很相像。 它们都在压力巨大时活力充沛，等到压力一旦减轻，无论是西班牙、葡萄牙和奥地利都松懈下来，在西方世界的大国争雄中丧失了执牛耳的地位。

第五节　缺失的刺激

跛铁匠与盲诗人

如果一个生物失去了某种特点器官或官能，相对同类生物来说成了残废，那么它对这一挑战的反应可能是：使自己的另一种官能特别发达，超过同类以补救自身原来的缺陷。 例如，盲人的触觉较视觉正常者发达得多。 我们同样发现，在社会体内，某个群体或阶层若发生了社会性缺陷——或出于意外，或出于自己的行为，或出于社会中其他成员的行为——也会产生同样的反应：他们受到在某些方面受阻或完全丧失能力的挑战，结果便集中力量在其他方面占得优势。

可以先从最简单的例子举起：生理缺陷会妨碍某些人从事正常工作。 不妨设想一下蛮族社会中盲人或跛子的处境，在那里，正常的男人在需要时应当成为战士。 蛮族中的跛子怎么办呢？ 他尽管无法亲赴战场，却可以用双手替伙伴铸造铠甲和兵器，从而成为社会里不可或缺的工匠。 他就是神话世界中跛子赫菲斯托斯(伏尔甘)或威兰(维兰铁匠)在人间的原型。 蛮族中的盲人又怎么办？ 他的境况更糟，因为他空有两手却无法打铁；但他可以用手弹拨弦琴去歌唱，用才智去构思诗篇，以吟咏自己无法完成的功业，尽管他的素材得自那些毫无艺术才能的士兵。 他成了蛮族战士们渴求的不朽声名的传播者。

一族勇敢而坚强的英雄

在阿特莱兹面前奋战而牺牲:

没有荷马;没有神圣的歌唱,

　　把他们的伟绩加以赞扬。

他们倒下了,暗淡,无声,凄凉,

　　上面压着漫长黑夜的乌云;

没有诗人出世,去把他们的声名

　　用光辉的诗篇加以颂扬。[14]

奴隶状态

在人类自己造成的非自然缺陷中,最明显、最普遍和最严重的乃是奴隶状态。 例如,在汉尼拔战争到奥古斯都和平期间的那两个可怕的世纪中,地中海地区各国不计其数的人被带到意大利当奴隶。 这些开始新生活的外来奴隶们遇到的困苦是难以想象的。 其中有些人是希腊文化遗产的继承者,当他们的城市被攻陷,自己和同胞们一起被贩卖为奴时,他们见证了自身拥有的整个精神和物质文明世界的瓦解。 另一些人是希腊社会在东方的"内部无产者",他们已丧失了社会地位,但没有丧失感知奴役之苦的个人本能。 一句古希腊谚语说道:"人当了奴隶那天就丧失了一半男人气概";这话对于罗马那些出身奴隶的城市无产者的堕落状态尤为贴切,从公元前 2 世纪到公元 6 世纪,他们都不仅靠面包为生,而且依赖"面包和竞技"(panem et circenses),后来好日子到头了,他们也就从大地上被消灭了。 这种醉生梦死的生活是一种无力应对奴隶状态挑战而受到的惩罚,毫无疑问,在古希腊史道德沦丧臻于极致的年代里,祖先不同、来源各异的大部分奴隶都走上了这条宽广的灭亡之路。 但也有些人对这种挑战作出了回应,通过某些方式取得了成就。

有些人因服侍主人有功,逐渐升为巨大产业的管理者;恺撒的产业便是如此,当它扩大为古希腊世界的统一国家时,它仍由恺撒的被释奴管理。 另一些人奉主人之命经营小买卖,便用主人允许他们保留的积蓄赎了身,最后成为罗马商界的显赫人物。 另外一些人在世时终身为奴，死后却被奉为哲学家之王或教会先驱。一个"真正的罗马人"也许有理由鄙视某个那喀索斯的僭得权威，或一个特里玛尔齐奥暴发户式的炫耀，但他会乐于推崇跛足奴隶埃庇克泰图斯宁静的睿智，赞美那些无名奴隶和释奴大众坚定不移的虔诚信仰。从汉尼拔战争到君士坦丁皈依基督教的五百年中，罗马帝国的当权者不止一次目睹了这种奴隶信仰的奇迹——他们试图用暴力干涉，但毫无效果，最终被迫屈服。因为这些家破人亡的外来奴隶依然保留着其宗教。希腊人带来了酒神祭，安纳托利亚人带来了西布莉崇拜（"以弗所人的狄安娜"，一位赫梯女神，孕育她的社会已不复存在了），埃及人带来了伊西斯崇拜，巴比伦人带来了星宿崇拜，波斯人带来了米斯拉崇拜，叙利亚人带来了基督教。2世纪时，约维安写道："叙利亚的欧朗提斯河注入了台伯河"；两条河的汇流提出了一个关于奴隶服从主人界限的问题。

这个问题是：内部无产者引入的宗教是否会淹没希腊社会少数统治者的原有宗教。两条河流一旦交汇，混合就在所难免；当混合发生时，除非使用非常手段或暴力，否则便无法预料其胜负。因为古希腊世界的守护诸神已远离了曾和其信徒同呼吸共命运的亲密状态，而无产者侍奉的神却被证明是信徒的"庇护所和力量之源，患难之际的援手"。面对这种情况，罗马当局在两难处境中踌躇了五百年。他们是打击外来宗教呢，还是接受它们？每个外来神都受到罗马统治阶级里某一类人的欢迎：米斯拉吸引了士兵，伊西斯吸引了妇女，星宿吸引了知识分子，狄奥尼索斯吸引了亲希腊派，西布莉吸引了拜物教徒。公元前205年，正当汉尼拔战争进行到紧要关头时，罗马元老院便先于君士坦丁接受基督教五百年，以官方礼仪接受了一块魔法石——那是块从天而降的陨石，赋有西布莉的神性，罗马把它当作祥瑞，从安纳托利亚的帕细努斯运来。二十年后，他们又先于戴克里先对基督徒的迫害，镇压了希腊的酒神祭。这种天神间的长期斗争是人间外来奴隶和罗马奴隶主斗争的反映；决斗的结果是奴隶和他们的神赢得了胜利。

缺失的刺激力也表现在种族歧视方面，如印度社会的种姓制度。我们看到，某些种族或种姓不能从事某种生意或职业，而在另一个行业里大显身手。　然而，现代北美的外来黑奴却受到种族歧视和法律奴役的双重压迫。　时至今日，在法律上的不平等待遇废除了八十年后，种族歧视依旧压在获得自由的黑人身上。　这里无须详述我们西方世界的欧美奴隶贩子和奴隶主强加给黑人的伤害；我们只注意到——在看过了古希腊世界的类似情况后我们感到不足为奇——美国的黑人发现今生的一切苦难是如此牢不可破和不容抗拒，便转向彼岸世界另寻慰藉。

目前看来，黑人对于我们这种强大的挑战也在采取宗教的应战办法，等到未来能看出端倪的时候，很可能会与古代东方对罗马主人的应战方法相似。　的确，黑人没有从非洲带来什么古老宗教去打动美洲白人"同胞"的心。　他原始的社会遗产如同一件薄衣，除了几缕断线外，都被西方文明的狂风刮走了。　因此，他在来到美洲时精神和肉体都是赤裸的；他们借以蔽体的不过是奴隶主扔掉的衣物。　但黑人却设法适应了新的社会环境，他在基督教里重新发现了若干固有的意义和价值，而那些东西是西方基督教世界早已忘却的。　他用一颗淳朴而富有理解力的心去感悟福音书，他们发现，耶稣作为降临人间的先知，不是为了巩固权贵的地位，而是来鼓舞卑微和善良的人们。　将基督教带到罗马帝国意大利的叙利亚奴隶们实现了一个奇迹，他们建立了一个新宗教来取代死去的旧宗教。　在美洲重新发现基督教的黑人可能会创造更大的奇迹，让死去的宗教复活。　他们有童真般的精神直觉，有自发的表现宗教情感经验的艺术天分，有可能借此重新点燃我们传给他们的基督教的余烬，使之在他们心里燃起圣洁的熊熊烈焰。　也许正是出于这个原因(虽然未必是全部)，基督教才可能再度成为复活一个垂死文明的信仰泉源。　如果这个奇迹由一个美国黑人教会完成，那么这可以说是人类在社会缺陷挑战面前所能表现出的最富活力的应战方式。

法纳尔人、喀山人和黎凡特人

在一个普遍信奉一种宗教的社会里，信仰另一种宗教的少数派的社会弱势地位已经是人所共知的事了。　人人都知道，17世纪的英国清教徒对这样一种挑战有过多么强烈的反应；其中留在国内的人如何先利用国会下院，后利用克伦威尔的铁骑军彻底修改了英国的宪章，确保了我们议会政府试验的最后胜利，而那些移居海外的人又如何打下了美国的基础。研究一下较冷僻的例子会更有趣味。有些特权教派和受迫害的教派属于不同的文明，只是由于统治集团的强力压迫才同处一个政治体中。

在奥斯曼帝国里，东正教世界的主体由不同信仰、不同文化的外来者组成了一个统一国家，东正教会不能不建立这样一种统一国家，但自身又没有能力建立；东正教徒为无能支付的代价就是无法在自己的国土上当家作主。穆斯林征服者在东正教世界建立并维持了奥斯曼统治下的和平，他们因替基督教臣民立下功劳而索取的报酬便是实行宗教歧视；在这里，和在别处一样，那个弱势教派的信徒们也作出了反应，他们变成了被严格限制其中的那些活动的专家。

在旧奥斯曼帝国时期，非奥斯曼人不得做官或当兵，在国内很多地区，基督徒臣民的土地所有权和耕种权也被穆斯林主子夺去。在这种情况下，几个信奉东正教的不同民族——那是他们历史上绝无仅有的一次——达成了未公布甚至是不自觉的、但却完全有效的相互谅解。他们再不能沉溺于自相残杀的游戏，也不被允许从事自由职业，只好心照不宣地分配了那些下贱的商业，后来他们便以商人身份在皇城里重新立足，当年征服者穆罕默德曾把他们全部轰出首都。鲁米利亚高地的瓦拉克人成了市镇里的杂货商，群岛上操希腊语的希腊人和安纳托利亚的卡拉曼内地操土耳其语的希腊人经营更大规模的商业；阿尔巴尼亚人成了石匠；门的内哥罗人成了门房和邮差；甚至久居乡村的保加利亚人也在市郊当起了马夫和园农。

在重返君士坦丁堡的东正教徒中有一群希腊人，名为法纳尔人，他们被缺失的挑战刺激到了这样一种程度，以致成为奥斯曼人管理和统治帝国的实际帮手和潜在颠覆者。这群善于钻营的希腊人得名于法纳尔地方，那是伊斯坦布尔的西北角，本是奥斯曼政府废弃不用的荒地，扔给首都里原来的东正教徒作为栖居地的。当圣索菲亚教堂被改建成清真寺后，大主教区也迁到了这个地方。在这种显然毫无前途的退却中，这个教区却成了靠买卖飞黄腾达的希腊东正教徒的集合地与工具。这些法纳尔人有两项突出优势。作为大范围经营的商人，他们同西方世界建立了商业联系，了解了西方的礼节、习俗和语言。 作为教区事务的管理者，他们又对奥斯曼帝国的行政状况有了切身体会和深入了解，因为在旧的奥斯曼体制下，教区是奥斯曼政府和诸省操各种语言的东正教臣民间的官方政治媒介。 这两个优势使得法纳尔人得以发迹，因为在 1682—1683 年奥斯曼人二度围攻维也纳失败后，奥斯曼帝国在同西方世界的斗争中开始处于明显的不利地位。

战场上时运的转折使得奥斯曼帝国的政治局势复杂化了。 在 1683 年的败退前，奥斯曼在和西方国家打交道时总能用简单的武力手段解决问题。 他们军事上的失败遇到了两个新问题。 他们必须在谈判桌上同自己无法在战场上打败的西方列强讨价还价，同时还要考虑他们已不好控制的基督徒臣民的感情。 换言之，他们已离不开富有经验的外交家和管理人员了；奥斯曼人自己缺乏这种经验，在其臣民中也只有法纳尔人具备这个条件。 结果，奥斯曼人被迫破例修改其统治原则，将帝国新政治局面下的四种要职委诸应运而生的、富于才干的法纳尔人。 因此，在 18 世纪，法纳尔人的政治权力稳步增加，似乎是西方的压力迫使这个帝国从它在种族、宗教方面处于弱势地位的被压迫者中拣选了一个新的统治阶级。

然而，法纳尔人最终没能完成其"天定使命"，因为在 18 世纪末，西方对奥斯曼社会的压力陡增，这是因为它的性质发生了剧变。 作为奥斯曼帝国里最先和西方发生密切接触的臣民，希腊人首先受到了西方民族主义——法国大革命激荡下的副产品——的感染。 从法国大革命爆发到希腊独立战争爆发，希腊人一直徘徊于两种愿望之间。 他们没有放弃法纳尔人的野心，很想全盘继承奥斯曼人的产业，使希腊人成为奥斯曼帝国这家"兴旺的公司"的经理；同时他们也有野心去建立自己的独立主权民族国家——希腊人的希腊，一如法兰西人的法国。 到了1821 年，当希腊人打算同时实现二者的时候，它们之间不可调和的矛盾就暴露出来了。

当法纳尔亲王易普息兰梯从他在俄罗斯的据点越过普鲁特河，打算自立为奥斯曼帝国主人时，当曼尼奥首领马弗洛米卡里斯从摩里亚深山里出来想建立一个独立的希腊时，最后的结局已经显而易见了。 诉诸武力的举动毁掉了法纳尔人的愿望。 奥斯曼人被这根挂了一百多年的拐杖扎破了手，他们对这种出卖感到愤慨，不顾一切地折断了这根靠不住的木棍，决心自己走路。 奥斯曼人报复了易普息兰梯亲王的战争行为，一击便摧毁了法纳尔人自1683年不声不响建立起的权势；这不过是他们从奥斯曼遗产的残余中清除非土耳其因素的第一步——整个过程在1922年将信奉东正教的少数民族全体逐出安纳托利亚的行动中达到极致。 事实上，希腊民族起义的第一次爆发也首度点燃了土耳其的民族主义火种。

这样，法纳尔人还是没有保住奥斯曼帝国里看似十拿九稳的"大股东"地位。 然而，几乎取得成功这一点就足以说明其对缺陷的挑战作出回应的巨大活力。 其实，他们与奥斯曼人的关系史充分证明了"挑战—应战"的社会"法则"；希腊人和土耳其人的对立引起了人们极大的兴趣和敌意，这一现象只能用上述理论解释，而不能用流行的种族、宗教术语说明。 土耳其派和希腊派都认为希腊基督徒和土耳其穆斯林间存在着民族精神的历史差异，这种区别是由种族上某些不可磨灭的特征或宗教上的某些无法洗刷的痕迹造成的。 他们的分歧仅在于两者无法量化的社会品质各有多少。 希腊派相信希腊血统和东正教具有天生的美德，而土耳其派的见解则恰好相反。 实际上，这两种见解的一般前提都被不容置疑的事实证明是荒谬的。

例如，毫无疑问，从种族成分看，现代土耳其人拥有的伊托格鲁尔中亚突厥部下的血统可谓微乎其微。 在过去六百年的杂居生活中，奥斯曼土耳其人已吸收了大量东正教徒成分。 这两个民族在种族上已很少再有区别了。

如果这足以否定关于希土对立的"种族论"，那么只要看看另一支突厥穆斯林的情况，就可以否定"宗教论"——他们的生活长期以来倒不像奥斯曼土耳其人，而像他们从前的东正教希腊臣民。 伏尔加河流域有一个突厥穆斯林聚居区，那里的人是喀山人；他们数百年来一直臣服于东正教俄国政府，他们同奥斯曼人治下的东正教徒一样，在异族统治下受到种族和宗教歧视。 这些喀山人是什么样的呢？ 我们在书上读到，他们以严肃、诚实、俭朴、勤劳著称。……喀山突厥人主要从事贸易。……他们主要的工业是制皂和纺织。……他们是好鞋匠和好车夫。……直到 16 世纪末，喀山是不许建清真寺的，鞑靼人被迫单独聚居，但穆斯林的势力渐渐占了上风。[15]

这些突厥人受沙俄压迫的情况，跟东正教徒在奥斯曼帝国全盛期受土耳其人压迫的情况在本质上是一样的。这两个民族在发展过程中都由于宗教原因而处于弱势地位。在几百年后，对共同经验的相同反应使他们产生了某种"同类相似"，在相当程度上抹掉了东正教和伊斯兰教的不同烙印。

这种"同类相似"也存在于其他一些教派的信徒中，凡因宗教信仰而处于不利地位的都会产生同样的反应，例如，旧奥斯曼帝国境内信奉罗马天主教的"黎凡特人"。跟法纳尔人一样，这些黎凡特人只要改宗就可免受迫害。然而，很少有人肯这样做；相反，他们跟法纳尔人一样，利用强权下有限的活动范围，发展了一种独具而令人反感的性格——内心倔强与外表谄媚的混合体，这好像是一切处于这种特殊处境的社会群体的共同点。诚然，黎凡特人的祖先是西方基督教世界里最英勇善战、高傲不屈的民族——中世纪的威尼斯、热那亚人或近代的法国人、荷兰人和英国人，但那是无济于事的。身处奥斯曼聚居区的污浊空气里，他们要么像其他教徒一样应对这种宗教上的挑战，要么走向灭亡。

奥斯曼人在其帝国统治的前几个世纪里，都是通过这些黎凡特的代表(他们称为法兰克人)来认识西方基督教世界的人民的，认为在西欧居住的都是这类"无法无天的贱种"。随着接触的增加，他们修正了自己的看法，区分了"淡水法兰克人"和"咸水法兰克人"。"淡水法兰克人"是成长于土耳其黎凡特环境中的基督徒，他们形成了黎凡特人性格。"咸水法兰克人"是那些生长在法兰克故乡的人，他们在来到土耳其时已是性格形成了的成年人。土耳其人吃惊地发现，自己同身边的"淡水法兰克人"间有着巨大的心理鸿沟，而这并不影响他们同海外的法兰克人打交道。作为地理上的近邻与"同胞"的法兰克人本是心理上的异乡人，而远道而来的法兰克人却和他们有相似的感情。 其实，这个问题的答案十分简单。 土耳其人和"咸水法兰克人"能相互了解，是因为他们的社会背景存在很大的相似之处。 他们都是在自己当家作主的环境里长大的。 另一方面，土耳其人却很难理解或尊重淡水法兰克人，因为后者的社会背景和他们大相径庭。 淡水法兰克人不是家中的儿子，而是特划区里的野孩；他们在这种有缺陷的环境中发展出了一种心理状态，那是在自己故乡成长的法兰克人和土耳其人都不具备的。

犹太人

我们已看到(虽未加详述)，被压迫者和压迫者同处一个社会中时，宗教歧视会产生怎样的后果，英国的清教徒就是我们熟知的几个例子之一；我们也用较长篇幅讨论了奥斯曼帝国史上宗教歧视的例子，那是被压迫者和压迫者不属同一社会的例子。 但还存在一种情况有待讨论，就是受宗教歧视者代表了一种业已毁灭的，仅以化石形式存在的社会。 前文(第10页)列举过这些"化石"的名字，其中每一个都可提供这种缺陷的例证；但其中最著名的却是古代叙利亚社会的化石遗物——犹太人。 在研究这幕旷日持久，结局至今未定的悲剧之前[16]，我们应当注意到，古代叙利亚社会的另一件遗物——袄教徒在印度社会里的地位跟犹太人在别处的地位一样，变成了经商理财的高手；另外一个古代叙利亚社会的残余，亚美尼亚的格列高利一性论派教徒，在伊斯兰世界里的地位也大体相当。

受压迫的犹太人的典型特征是广为人知的。 我们要关注的是，这些特点是来自人们通常认为的犹太人种族或宗教上的犹太性，还是仅仅是遭受不幸的结果。 其他例子中得出的结论会使我们倾向于后一种看法，但我们应该不杂成见地去搜寻证据。 证据可以用两种方法加以检验：一是比较犹太人受宗教迫害时和这种迫害减轻或完全消除时的民族精神；二是比较受过和未受过迫害的犹太人的民族精神。

当下，最能体现著名的"犹太性"(在异邦人眼中是无时无处不成为犹太教标志的特征)的犹太人群体是东欧的亚实基拿犹太人，他们住在罗马尼亚及周边的俄罗斯帝国"犹太区"里，他们受法律限制，起码是受风化的限制，被迫住在命运替自己选择的落后基督教国家的犹太人聚居区里。而在荷、英、法、美的自由犹太人那里，犹太性已不很明显；如果考虑到那些西方开明国家给予犹太人法律自由为时尚短，他们风化上的自由还很不彻底，我们就不能低估这种民族精神显著变化的意义。[17]

我们还看到，在西方获得自由的犹太人中，来自亚实基拿"犹太区"的犹太人，比我们中间来自伊斯兰地区，人数较少的西法丁人，在民族精神上明显有更多的"犹太性"；这种区别使我们想到这两个犹太人社会以往历史背景的不同。

亚实基拿犹太人的祖先利用罗马人开辟欧洲疆界的机会，在同半野蛮的阿尔卑斯山以北诸省做生意时小获利润。当罗马帝国改宗和分裂之后，这些亚实基拿人由于基督教会的狂热和蛮族的仇恨而忍受了双重劫难。蛮族人不能容忍外地人住在他们那里，靠他们自己无力经营的商业牟利。出于这种情感，只要他们还依赖于犹太人，西方的基督徒就压迫他们；一旦觉得自己不再依赖于犹太人，基督徒们便把犹太人扫地出门。因此，当西方基督教世界兴起和扩张的时候，亚实基拿犹太人便向东迁徙，从罗马帝国在莱茵兰德*的古代边境流亡到基督教世界现代的犹太区边境。在不断扩张的基督教世界内部，犹太人随着西方国家的人民一批批实现一定程度的经济自给，而从一个个国家被逐出——例如，他们在公元 1272—1307 年被爱德华一世逐出英格兰。与此同时，在不断前移的陆上边界处，内地来的犹太难民在西方化的最初几个阶段里，作为商业先锋被一些国家接纳，甚至邀请进来；但当犹太人的临时避难所在经济生活中不再需要他们时，犹太人再度受到压迫，最后被驱逐。

到了犹太区，这些亚实基拿犹太人自西向东的长途流亡就被迫停止了，而他们的苦难也随之达到了顶点；这里乃是西方基督教世界和俄罗斯东正教世界的毗邻处，犹太人在夹缝中进退不得。到了这个阶段，当他们打算继续东进时，"神圣俄罗斯"拦住了去路。幸而，中世纪

* Rhineland，德国西部莱茵河两边土地的统名。——译者注

时最早排犹的西方主要国家如今已充分掌握了自己的经济，不再惧怕犹太人的经济竞争——以英国为例，在共和国时期，克伦威尔(1653—1658年执政)重新准许犹太人入境。当犹太区的亚实基拿犹太人长期东迁的潮流被"神圣俄罗斯"的西疆高墙阻拦时，西方对犹太人的解禁恰逢其时，为他们开放了一条重回西方的通道。在过去一百年里，亚实基拿人的移民浪潮又从东方折回西方，从犹太区到了英国和美国。有了这样的先例，那些在退潮中来到我们中间的亚实基拿犹太人便较生活更如意的西法丁犹太人有更多的"犹太性"，这一点本不足为奇。

我们看到，从西班牙和葡萄牙迁来的西法丁犹太人的"犹太性"并不明显，其原因可由西法丁人过去在伊斯兰教地区的遭遇加以说明。在大流散时期落户波斯和罗马帝国行省，并最终落入阿拉伯人之手的犹太人，同其他犹太人相比是幸运的。他们在阿拔斯王朝治下的地位肯定不比今天西方世界里已获自由的犹太人差。西法丁人的历史灾难发生于15世纪末，当时伊比利亚半岛的统治权逐渐从摩尔人那里转移到西方基督徒手中。基督徒征服者向他们指出了三条道路：被消灭、被驱逐和改宗。我们来看看那些选择其中一条活命道路，使其后代人至今得以幸存的半岛西法丁人。那些选择流亡的人在天主教西班牙和葡萄牙的敌人那里找到了避难所——荷兰、土耳其和托斯卡纳。[18]逃到土耳其的人被奥斯曼庇护者安置在君士坦丁堡、萨洛尼卡，以及鲁米利亚的一些较小城镇，以便填补希腊的城市中产阶级被驱逐或消灭后的空缺。在这样有利的环境下，奥斯曼帝国里的西法丁难民们致力于经商致富，没有形成亚实基拿式的"犹太性"。

至于伊比利亚半岛上的另一些犹太人——马拉诺人，他们在四五个世纪前皈依了基督教，其犹太性至今已差不多完全消失了。有种种理由可以相信，在今天西班牙、葡萄牙伊比利亚人的血管中(中上阶层尤其如此)，渗流着大量改宗犹太人的血液。然而，当遇到一些中上层西班牙和葡萄牙人时，最精明的心理分析家也难以判断其中哪些有过犹太祖先。

在现代西方一些获得自由的犹太人中，有一派打算效法现代西方建立一个民族国家，来完成自身社会的最终解放。锡安主义的最终目标是消除犹太人民在多少个世纪的压迫下形成的特殊心理状态；锡安主义者和他们的对立派别，归化派的终极目标是一致的。他们都赞成改变犹太人的"特殊民族"身份。然而，锡安主义者不同意归化派采取的手段，认为那样还远远不够。

归化派主张，荷兰、英国和美国的犹太人就应该变成"信仰犹太教"的荷兰人、英国人或美国人。他们指出，在任何一个开明国家里，一个犹太公民不会因为周六去犹太教堂，而周日不去基督教堂，从而无法成为那个国家完全满意的归化公民。锡安主义者对这个看法提出了两点意见。第一，他们指出，即便归化派的办法如他们声称的那样有效，它也只适用于开明国家里那些幸运的犹太人，而他们在全世界的犹太人民中只占极少数。第二，他们认为，即使在最有利的条件下，犹太人的问题也不能如此得到解决，因为犹太人并不只是"信仰犹太教"的人。在锡安主义者眼中，一个打算变成荷兰人、英国人或美国人的犹太人，不仅破坏了其犹太人格，而且毫无希望成为人格完整的荷兰人或他挑选的任何一种非犹太人。锡安主义者还认为，如果犹太人真想融入"世界民族大家庭"，这个同化过程也应该在民族而非个人的基础上进行。个别的犹太人试图成为个体的英国人或荷兰人的努力是徒劳的，应该是整个犹太民族通过获得(或重新获得)民族家园而趋同于英国人或荷兰人那样的民族，犹太人应像英国的英国人那样，成为自己民族国家的主人。

尽管犹太复国主义运动作为一种实际行动仅有半个世纪的时间，但它的社会哲学已被结果证明是合理的。在巴勒斯坦的犹太人农业定居点，犹太人居住区的孩子们已经无可否认地转变成了垦荒的农民，他们显示出了非犹太人殖民类型的许多特点。这种实验的悲剧般的不幸在于未能同先前已经居住在这个地区的阿拉伯人和谐共处。

还应补充的是，有些不大知名的犹太人，他们躲进了遥远的"深山"，从而避免了受到压迫。他们在那里表现出了坚强农民甚至粗野山民的全部特征。他们是住在阿拉伯半岛西南角的也门犹太人、阿比西尼亚的法拉沙人、高加索山区的高地犹太居民和克里米亚讲土耳其语的克里姆恰克犹太人。

注 释:

[1] Herodotus, Bk. IV, ch.144.

[2] Polybius, Bk. IV, ch.38.

[3] Herodotus, Bk. II, ch.104 and Bk.VII, ch.89.

[4] Kings, iii, 5—13.

[5] 罗兹伯利、巴尔福、坎贝尔-班纳曼和麦克唐纳;人们还可算上波纳尔·罗——他出身于苏格兰—爱尔兰家庭,生在加拿大,但他的母亲是地道的苏格兰人,他后来居住在格拉斯哥。 这样总共是五个苏格兰人。 非苏格兰裔的首相共七人。 ——节录者注

[6] The Epistle to Titus, i.12.相传这句话是艾比美尼德说的。

[7] Grönbech, V., The Culture of the Teutons, pt. II, pp.306—307.

[8] Phillpotts, B.S, The Elder Edda and Ancient Scandinavian Drama, p.204.

[9] Phillpotts, B.S, The Elder Edda, p.207.

[10] 汤因比先生的这一段写于1931年夏,当时德国总理还是布吕宁博士,但此时纳粹已在1930年9月的国会选举里取得了惊人而不祥的胜利,他们在议会中的席位由491席中的12席增至577席中的107席。 汤因比写道:"这一点已很明显,1918年停战以来德国所受的打击正在产生一个世纪前(1806—1807年)对普鲁士的打击同样的刺激作用。"——节录者注

[11] 1666年大火后的伦敦也显示了坚信当代建筑水平的勇气,没有去恢复哥特风格,而建造了伦式圣保罗教堂。 如果德国人的炸弹毁掉了威敏寺或伦式圣保罗教堂的话,我们今天的伦敦人又会做些什么呢? ——节录者注

[12] 事实上,突厥文的"哥萨克"(Cossack)和爱尔兰语的"托利党"(Tory)意义近似。但"qazaq"的字面意思不过是"掘土人",指草原边境上的种地人,他们自然不愿接受游牧民族的统治。 换言之,从游牧民族的角度看,"qazaq"是该隐和亚伯故事里的该隐。 ——节录者注

[13] "撒拉森人从直布罗陀海角到卢瓦尔河畔一路凯歌的旅程足有一千多英里长;再走同样长的路就到波兰边境和苏格兰高地了……假使那样,今天牛津大学的各学院就会讲解《古兰经》,其讲坛就会向一群受过割礼的人讲解穆罕默德圣训的神圣性与真理性了。"Gibbon, E.: The History of the Decline and Fall of the Roman Empire, ch.lii.

[14] Horace, Odes, 4.4 (Vixere Fortes, & c.), De Vere 英译。

[15] The British Admiralty, Manual on the Turanians and Pan-Turanianism, pp.181—184.

[16] 纳粹对犹太人的迫害,掀开了这段历史的更加恐怖的新一页,汤因比先生是在此之前写这一部分的,因此没有提到后来的这些事。 ——节录者注

[17] 作为一所公立学校的校长,我(节录者)想指出,我好几次看到公立学校里的犹太孩子成为优秀的运动员,他们很容易就得到了同学们的尊敬,而他们身上的"犹太性"则远少于那些不够幸运的犹太孩子。 一般的非犹太孩子并不把他们看成犹太人,无论他们的相貌和绰号如何。 ——节录者注

[18] 狄士累利自称是托斯卡纳犹太人的后裔,这或许有根据,但他叙述的家族史明显有想象成分。

第八章

"中庸之道"

第一节　足够与过量

我们已经可以对目前的讨论做一个小结。我们业已证明，孕育文明的环境是异常艰苦的，并非十分安逸，这一事实引发我们讨论这样一个问题，是否有某种社会法则可表述为下面这个公式："挑战越强，刺激越大"。我们逐一考察了对五种刺激类型——艰苦环境、新地方、打击、压力和缺失——在这五个方面，我们的研究结果都证明了法则的有效性。然而，我们尚须证明这个有效性是否绝对。当挑战无限增强时，刺激是否也无限增加？成功应对挑战时的应战效果是否也能无限增强呢？还是说，压力的增强有个限度，超过了便会适得其反呢？并且，假设存在这个限度，那么继续强化的挑战能否达到另外一点，以至于完全不可能引起成功的应战呢？如果是后者，那么法则就应当改为："挑战刺激力的最高值出现在挑战不足和挑战过度间的临界点上。"

挑战过度是否存在？我们尚未遇到过这种例子，况且还有些"挑战—应战"的极端例子我们尚未提及。我们还没有引证过威尼斯的例子——这座城市建在一片盐湖泥岸的木桩之上，但她的财富、力量和荣耀却超过了波河流域肥沃平原上任何一个建在坚实陆地上的城市；还有荷兰——这个国家其实是从大海口中抢救下来的，可它却比北欧平原上

137

任何一片同等面积的地方得到过更大的历史声名；还有瑞士，她背负着群山的重荷。很可能，正是西欧这三块最艰苦的地方刺激了那里的人民，使他们通过不同道路达到了社会成就的顶峰，那些成就至今尚未被西方基督教社会的其他民族超越。

但是还有另外一些考虑。上述三种挑战虽然程度极为严重，但其作用范围仅限于社会环境的两种条件之一。它们无疑构成困难地理环境的挑战，可是在人为条件——打击、压力和遭遇不幸——方面，物质环境的严酷并非挑战，反而是缓冲；这种环境保护了它们免受邻国遭遇的人祸。许多湖泊将泥岸上的威尼斯同大陆隔开，使她在近千年内(810—1797年)免受外来军事占领。荷兰亦是如此，她不止一次暂时毁掉了维系自身生存的工程，通过"决堤"来保卫她的中心地区。这种情况同其邻近地区，欧洲著名战场伦巴第和佛兰德斯形成了鲜明对照。

当然，列举几个无力应对某一挑战的社会的例子极其容易。但这说明不了什么，因为深入研究一下就会知道，几乎每个最终引起一次胜利应战的挑战，都曾在此前打败过成百上千的对手，最后才被一个胜利者击败。这就是那种臭名昭著的"大自然的挥霍"，这方面的例子不胜枚举。

例如，欧洲北部的自然环境曾有效地为难过原始人类。他们没有伐木工具，即便能够清除树林，也不懂得耕种林下的肥沃土壤。因此，欧洲北部的原始人干脆躲开了森林，转而栖居沙岗和白垩丘原，并留下了石室、采石场等遗迹；后人伐尽森林时，便指责先人找到的是不宜居住的"劣地"。但对于原始人而言，温和森林的确比滴水成冰的苔藓地带更为可怕；在北美这个最难抵抗的地方，他们终于向极地挺进，走出了森林带北缘，并为回应北极圈的挑战而创造了爱斯基摩文化。然而，原始人的经济并未证明欧洲北部森林的挑战是人类无法战胜的；因为接踵而来的蛮族可能从接触到的文明那里得来了工具和技术，已能够对森林进行一定程度的改造，最后到了机会成熟的时候，西方和俄罗斯东正教文明的拓荒者在对付森林时已达到恺撒"来了，见了，胜了"般的得心应手程度。

欧洲北部森林不知阻挡了罗马人多少个年头，但到了公元前2世纪，它的南部边缘一带已被罗马的先驱者征服了。希腊史学家波里比乌斯在这个地方刚被开辟时到过此处，他生动描述了先于罗马到来的高卢人的赤贫且无效率的生活——他们残存的后代当时仍住在阿尔卑斯山脚的密林里，同罗马占领的毗邻地区的经济富庶形成鲜明对照。相似的对照也出现在 19 世纪初，肯塔基或俄亥俄原始森林中庸碌无为的红种人同精力充沛的英属北美洲殖民者之间形成了强烈对比。

当撇开自然环境来看人为环境时，我们会看到同样的情况。曾经挫败一个应战者的挑战总会被后来的应战者们证明并非是不可战胜的。

例如，让我们看看古希腊社会与欧洲北部蛮族的关系。这里的压力是双向的，但我们现在关注的是希腊社会对蛮族的压力。当希腊文明日益深入大陆腹地时，一批又一批蛮族遇到了生死攸关的问题。他们是屈服于这种强大外力，接受自身社会组织的瓦解，成为古希腊社会机体吸收同化的营养呢？还是抵制同化，从而成为希腊社会顽强的外部无产者，并在那个社会垂死之际分得一块残骸呢？简言之，是做尸体还是当秃鹰？凯尔特人和条顿人先后迎接了这个挑战。凯尔特人在长期斗争后失败，而条顿人则成功了。

凯尔特人的失败令人难忘，因为他们开始时地位非常有利，并曾充分发挥其优势。伊特鲁里亚人的战略失误给了他们机会。在开辟西地中海的竞赛中，那些接受了竞争对手希腊人文化的赫梯人不满足于保住意大利西海岸的据点，他们中的拓荒者轻率地翻越亚平宁山挺进内地，散居于波河平原。这样他们便过早耗尽了精力，并刺激了凯尔特人去消灭他们。结果发生了一场历时约二百年的"凯尔特人之祸"，它不仅使凯尔特人的破坏活动越过亚平宁山到了罗马(公元前 390 年的"异族之祸")，并且进入了马其顿(公元前 279—前 276 年)、希腊，还东进至安纳托利亚，并在那里留下了痕迹，得名"该雷喜亚人"。汉尼拔曾利用波河流域的凯尔特人当同盟者，但他们失败了，这次"凯尔特人之祸"刺激了罗马的帝国主义反应。他们西方的"生存空间"，从里米尼到莱茵河、泰恩河，以及他们东部在多瑙河、哈里斯河的前哨，都被罗马帝国击溃、吞并和最终消化了。

当欧洲蛮族中的凯尔特人崩溃后，接下来便轮到他们身后的条顿人面对相同的挑战。 一位奥古斯都时代的史学家会如何看待条顿民族的前景呢？ 他会想到马略曾彻底摧毁过一次流产的条顿人之祸，见到过恺撒如何将条顿人阿利奥维斯图斯逐出高卢。 他可能会预测条顿人将重蹈凯尔特人的覆辙，甚至认为他们更不堪一击；但他错了。 罗马的边疆只短暂到达过易北河，旋即退回莱茵—多瑙河一线并停止不动；当文明和野蛮的边界固定下来后，时间永远是有利于蛮族的。 条顿人与凯尔特人不同，他们坚决抵制军队、商人和传教士等形式的希腊文明的渗透。 到了公元 5 世纪，当哥特人和汪达尔人骚扰伯罗奔尼撒，控制罗马索取赎金，占领高卢、西班牙和北非的时候，很明显条顿人已在凯尔特人失败的地方取得了胜利；这一点足兹证明，希腊文明的压力并没有强大到不能对之进行成功应战的程度。

同样，在亚历山大大帝之后，古希腊文明的入侵也向古代叙利亚社会提出了严峻挑战。 它是否要起来反抗入侵的文明，把它赶出自己的地盘呢？ 面对着这一挑战，古代叙利亚社会多次尝试过应战，所有这些应战都有个共同特点。 每个反希腊的活动都采取了宗教运动的形式。 然而，前四次应战和第五次之间却有一个根本区别：祆教徒、犹太人、聂斯托利教徒和基督教一性论派教徒的应战都失败了；而伊斯兰教的应战却获得了成功。

祆教徒和犹太人的应战都试图借助希腊入侵前已在古代叙利亚世界里成熟的宗教力量，去对抗希腊文明的上升势头。 古叙利亚文明东部的伊朗人借助祆教的力量奋起反抗希腊文明，在亚历山大死后的二百年内，将希腊文明的势力赶出了幼发拉底河以东地区。 然而，祆教徒的应战至此也到了尽头，罗马为希腊文明拯救了亚历山大远征的残余成果。 犹太人在马加比家族领导下，打算通过内部起义解放地中海沿岸的古叙利亚文明西部家乡。 犹太人暂时战胜了塞琉古人，但罗马替后者报复了他们。 在公元 66—70 年的罗马—犹太战争，巴勒斯坦的犹太人社会被夷为平地，当哈德良在耶路撒冷的废墟上建起罗马殖民地埃里亚·卡庇托里纳时，那些曾被马加比家族逐出圣所的"亵渎圣地的可恶之徒"又卷土重来。

至于聂斯托利教徒和一性论派教徒，他们轮流使用一种武器来应对希腊文明，这件武器本是入侵的文明混合了希腊和叙利亚原料铸造出来的。 在原始基督教的混合教义中，古叙利亚的宗教精神已被希腊化到了相当程度，以至于它更适于希腊而非叙利亚的灵魂。 聂斯托利派和一性论派等"异端"都是力图建立去希腊化的基督教，但二者作为对希腊文明入侵的应战都是失败的。 聂斯托利派大丢脸面，被赶到了幼发拉底河以东。 一性论派在一些从未希腊化过的农民心中赢得了信仰，从而在叙利亚、埃及和亚美尼亚站稳了脚跟；但在城里，它相对正统基督教和希腊文明来说却始终是少数派。

一个希拉克略时代的希腊人，如果亲眼目睹了东罗马帝国在同萨珊波斯的决战中获胜，看到了正统基督教信仰在同聂斯托利和一性论派等异端的决战中获胜，他在公元 630 年时或许会感谢上苍使罗马、天主教和希腊文明成为尘世间坚不可摧的三位一体。 但在此时，对希腊文明的第五次应战却已出现。 甚至希拉克略大帝都不能安享余年，他还要眼睁睁看着先知穆罕默德的政治继承人乌玛闯入他的王国，彻底且永久地消除亚历山大以来强加给叙利亚地区的一切希腊化痕迹。 伊斯兰教在前人失败的地方取得了成功。 它把希腊文明最终逐出了叙利亚世界。当年，亚历山大无情地中断了叙利亚统一国家的进程，在其使命尚未完成时便推翻了波斯的阿契美尼王朝，但它又在阿拉伯哈里发手下重新统一了。 最后，伊斯兰教终于给了叙利亚社会一个土生土长的统一教会，并使它在持续了几百年后，到最终消逝时又能确保它留下了后代；因为伊斯兰教会已成为将在未来适时出现的阿拉伯、伊朗文明的母体。

我们本想找到证明存在挑战过度的例子，但前面的例证表明我们尚未找到解决这个问题的正确方法。 我们必须另辟蹊径。

第二节　三方面的比较

解决问题的一种新途径

是否存在另一种研究办法，可以得到更好的结果？ 让我们试着从另一头开始我们的研究。 此前，我们都是从一个击败了应战者的挑战开始。 现在我们试着从一个既有刺激效果，又引起了成功应战的挑战谈起。 在前章诸节里，我们讨论过许多这类例证，并比较过各种相同或相似的应战者或统治的情况，应战者成败各异，挑战的严厉程度亦有所不同。 我们现在再来回顾一下这些两分比较的例子，看看能否把两分法变成三分法。

我们可以寻找第三种历史情况，那里的挑战不比我们的出发点更温和，而是更为严厉。 如果我们能找到这第三种状况，那么我们选择的出发点——成功的应战——就会变成两极之间的中点。 对这个中点而言，两端的挑战要么过于温和，要么过于严厉。 假使确实如此的话，那么应战的成功又表现为什么情况呢？ 我们已经发现，挑战不足时反应较弱，当挑战最为严重时，反应是否也最为成功呢？ 假若并非如此，当挑战的严重性超过中点时，应战的成功程度不升反降。 那么我们就可以说，挑战和应战之间的关系服从"报酬递减原则"；我们会发现，刺激在这个中点处达到最强，与挑战的最高点不同，这个中点应称为挑战的"最适点"。

挪威—冰岛—格陵兰

我们已经知道，流产的斯堪的纳维亚文明在文学、政治上的最高成就不是出现在挪威、瑞典或丹麦，而是出现在冰岛。 这种成就得之于对双重刺激的应战，一是海外移民，二是地理环境，因为冰岛的土地比斯堪的纳维亚航海家们离开的故国更为荒凉贫瘠。 我们不妨假设，把这个挑战的严重程度加倍，让这些北欧人再航行五百英里，到一个荒凉程度之于冰岛犹如冰岛之于挪威的地方。 那么，这个极北地区能否孕育一个斯堪的纳维亚社会，使它在文学和政治上两倍辉煌于冰岛呢？这个问题并非异想天开，因为我们的假设恰好符合斯堪的纳维亚航海家继续前行到格陵兰的事实。 这个问题的答案无可置疑。 在格陵兰的定居失败了；在将近五百年的时间里，格陵兰人面对着对他们来说也过于严酷的自然环境，一步步走向悲剧性的失败。

狄克西—马萨诸塞—缅因

我们已经比较过，新英格兰的酷寒和硬土的自然挑战和弗吉尼亚、南北卡罗来纳较温和的挑战，对英美殖民者产生了不同作用，并且看到，正是新英格兰人在争夺大陆控制权的斗争中脱颖而出。 很明显，挑战"最适区间"的南部界线大体相当于梅逊—狄克西分界线。 我们现在要问，气候刺激的最适区间有没有北部界线？ 我们一提出这个问题就会立刻想到，答案显然是肯定的。

最适气候区的北方界线其实就在新英格兰之内；因为，当我们提及新英格兰和它在美国历史上的作用时，我们想到的只是它六个小州中的三个——马萨诸塞、康涅狄格和罗得岛，而不包括新罕布什尔、佛蒙特和缅因。 马萨诸塞一直是北美大陆英语社会中的发达地区。 它在 18 世纪反抗英国殖民统治的运动中发挥了领导作用。 此后，虽然整个美国发展迅速，但马萨诸塞依旧维持了它在思想文化界的地位，并大体保住了在工商业中的优势。 相反，缅因尽管在 1820 年成为独立州前一直隶属于马萨诸塞，但它始终是不重要的，时至今日还像是博物馆里的展品——是一件表现 17 世纪住着伐木人、渔民和猎手的新英格兰的遗物。 这块艰苦地方的人民只有靠当导游来弥补一点生活的困窘，当北美的许多城市还未兴建时，缅因已是如此了，现在那些大城市的居民到这个幽静之地来度假，它却依然如故。 今天的缅因既是联邦里历史最悠久的地区，也是城市化水平最低，变化最少的地区。

如何解释缅因和马萨诸塞之间的反差呢？ 看起来似乎是新英格兰的艰苦环境在马萨诸塞达到最适点，而在缅因就大到了引起人类应战效果减退的程度了。 如果我们继续向北看，这种假设就显得更为正确。新不伦瑞克、新斯科舍和爱德华王子岛是加拿大最萧条落后的地区。在更北的地方，纽芬兰近年来被迫放弃了自己为争取独立地位而付出的不懈努力，甘愿成为事实上的英国殖民地，以争取大不列颠的援助。再向北走，拉布拉多半岛的情况和北欧人定居的格陵兰一样——那是最严酷的挑战，与其说是"最适的"，还不如说是"最不适的"呢。

巴西—拉普拉塔—巴塔哥尼亚

南美洲大西洋沿岸的情况显然一样。 例如，在巴西，国民财富、设施、人口和能量都集中于南纬二十度以南——广袤国土中的弹丸之地。 此外，巴西南部在文明程度上又不如更靠南的地区，如拉普拉塔河两旁的乌拉圭共和国与阿根廷的布宜诺斯艾利斯。 显然，在南美洲大西洋沿岸，赤道地区并不产生刺激，而是使人安逸的地区；但也有证据说明更具刺激性的拉普拉塔河口温带气候是最适点；因为如果沿海岸再往南走，我们会发现"压力"无疑渐强，但应战在越过巴塔哥尼亚的贫瘠高原后就逐渐变弱了。继续走下去，我们目睹的情况就更糟；我们将看到一群饥寒交迫的野人，在火地岛的冰天雪地里苟延残喘。

加罗威—阿尔斯特—阿巴拉契亚

我们再举一例，这里的挑战不完全是自然环境，而是自然与人为因素并存。

现今，关于阿尔斯特和爱尔兰其余部分流传一种人所共知的对比。爱尔兰南部是古老的农业区，阿尔斯特却是现代西方最繁忙的工业区之一。贝尔法斯特跟格拉斯哥、纽卡斯尔、汉堡或底特律是同一级别的城市，而现代阿尔斯特人也以能干和不喜交际闻名于世。

阿尔斯特人在面对何种挑战时才变成了今天的样子？他们遭遇了两种挑战：一是从苏格兰渡海移居至爱尔兰，二是他们到阿尔斯特后同爱尔兰本地居民的竞争，那些爱尔兰人本很富有，却逐步受到他们的排挤。这两种困难产生的刺激作用可由下面的事实证明：阿尔斯特今天的力量、财富远胜过阿尔斯特人的老家，他们本是在 17 世纪初从靠近英格兰边界的苏格兰地区和沿着"高地界限"的低地边缘一带迁来的。[1]

不过，现代阿尔斯特人并非这个族群在海外的唯一后裔；因为苏格兰拓荒者们移居阿尔斯特后生下的"苏格兰—爱尔兰人"又在 18 世纪从阿尔斯特向北美迁徙，他们的后代至今还住在阿巴拉契亚山区的密林里，这片高地从宾夕法尼亚直到佐治亚，跨越了美国的五六个州。这第二次迁移的结果又如何呢？17 世纪时，詹姆斯国王的臣民越过圣乔治海峡，他们不再去对抗野蛮的高地人，而去对抗野蛮的爱尔兰人。到了 18 世纪，这些人的后代越过大西洋，到美洲森林里去对抗印第安人。无论从自然还是从人为角度看，美洲的挑战显然都比爱尔兰更严重。更严重的挑战能否引起更强烈的应战呢？比较一下今天那些已分手二百年的阿尔斯特人和阿巴拉契亚人就知道，这个答案又是否定的。现代的阿巴拉契亚人不仅没有比阿尔斯特人进步；而且没能保持原来水平，变得每况愈下。 事实上，今天的阿巴拉契亚"山民"不比野蛮人强多少。 他们又倒退回文盲和巫术的年代去了。 他们贫穷、肮脏、多病。 在美洲，他们的地位如同旧大陆后来的白种蛮族——里夫人、阿尔巴尼亚人、库尔德人、帕里人和虾夷人；但后者还不过是古代蛮荒状态的残余，阿巴拉契亚人却代表了一个民族的悲剧，他们曾经拥有文明，但又把它丢掉了。

对战争破坏的反应

在阿尔斯特—阿巴拉契亚的例子中，挑战包括自然和人为两方面，但在另一些仅属人为的挑战中，"报酬递减原则"的作用也十分明显。战争破坏的挑战效果就存在这样的例子。 我们已经举过两个例子，在那里战争的严峻挑战得到了胜利的应战；面对波斯侵略的破坏，雅典成为了"全希腊的学校"，面对拿破仑侵略的破坏，普鲁士变成了俾斯麦的德国。 我们能否找到一种过于严重的战争挑战，它造成的创伤会溃烂，以致最后致命呢? 我们能发现。

汉尼拔对意大利的蹂躏，就不像其他一些较轻的刺激那样，没有产生因祸得福的效果。 意大利南部的耕地被破坏后，一部分变成牧场，一部分成了葡萄园和橄榄园，这种新的农业经济(种植和畜牧都不例外)都靠奴隶劳动，奴隶取代了汉尼拔部下焚毁茅舍、野草荆棘盖满荒村之前劳动的那些自由农民。 这是一次从自给农业向商品农业，从自耕到奴隶劳动的巨大转折。 它无疑会暂时增加农产品的货币价值，但与其产生的罪恶相比可谓得不偿失——它降低了农村人口，使大批无地农民涌入城市，沦为赤贫无产者。 到了汉尼拔撤出意大利后的第三代人，格拉古兄弟试图用立法手段阻止这种罪恶的蔓延，结果不但没能制止经济变革，反而引发了政治动乱，使得罗马共和国的失衡局势更加严重。政治纷争发展为内战，在提比略·格拉古任保民官的一百年后，罗马人接受了奥古斯都的永久性独裁统治，作为治愈当时政治痼疾的猛药。因此，汉尼拔对意大利的破坏，并未像薛西斯对阿提卡的破坏刺激雅典人那样刺激罗马人，而是给他们造成了致命伤。 军事破坏的不幸达到波斯人的强度便会具有刺激性，但在达到布匿人的强度时就是致命的了。

中国人对迁移挑战的反应

我们已比较过不同程度的自然环境挑战对不同英国移民的影响。现在让我们来考察中国移民对不同程度的人为挑战的反应。当中国"苦力"移居英属马来或荷属东印度群岛时，他很可能因此得到好处。他离开了自己熟悉的故土，进入异邦的社会环境。由于承担了这种苦难，他得以改变身边的经济环境，摆脱了古老社会传统对自己的压制，而被刺激着去改善自身的处境，并有了许多致富的机会。然而，假使我们加大他们作为经济机会代价而承受的社会苦难，不送他们去马来亚或印度尼西亚，而送他们去澳大利亚或加利福尼亚。那么，我们这位有进取心的"苦力"即便获准进入"白人的家乡"，也要承担严重得多的苦难。他将不仅发现自己处于"独在异乡为异客"的地位，而且还会受到恣意的压迫，因为当地法律本身就歧视他们，不像马来亚那样，有一个宽厚的殖民当局替他们设一位"中国人的保护官"。这种更严酷的社会苦难能否引起更具活力的经济应战呢？不会的。只要比较一下中国人这个富有才智的民族在马来亚、印度尼西亚和在澳大利亚、加利福尼亚达到富裕地位程度的不同，这一点就很清楚了。

斯拉夫人—亚该亚人—条顿人—凯尔特人

我们再来回顾一下文明对野蛮的挑战：在欧洲，随着各种文明的光辉相继射入这块曾是黑暗大陆的腹地，一批批的蛮族接受了这一挑战。

当在研究这个戏剧性事件时，我们注意到了一次异常辉煌的应战。希腊文明或许是人类有史以来开出的最灿烂的文明之花，它的诞生是欧洲蛮族回应米诺斯文明挑战的结果。当海上的米诺斯文明势力进入希腊半岛立足时，内地的亚该亚蛮族并未被消灭，征服或同化。相反，他们设法维持了自己作为"米诺斯海上霸权"外部无产者的身份，同时又学会了他们抵抗的那种文明的种种技艺。后来，他们也来到海上，推翻了海上霸主的地位，从而成为古希腊文明的真正祖先。我们已经知道，亚该亚人是古希腊文明的祖先，这一点可以从宗教方面看出来，因此奥林匹亚万神殿里诸神的特征明显表明，他们出自亚该亚蛮族那里，而在古希腊神殿里，来自米诺斯世界的遗迹不是一点没有，就是仅仅出现在古希腊神庙的旁边小庙或地下圣堂里——也就意味着包含在某些地方崇拜，非主流神话和秘仪信条里。

古希腊文明的灿烂足以证明这次刺激的强度；但我们还可以用另一种办法加以衡量，就是比较亚该亚蛮族和另一批蛮族的命运，后者由于位置遥远和交通受阻，在亚该亚人遭遇米诺斯文明挑战并进行卓越应战的两千年里，都还没有接受任何文明的影响。这些人是斯拉夫人，当大陆雪线后退时，他们占据了普里彼特沼泽这块劣质土地以栖身。他们长期在此过着欧洲蛮族的原始生活，当由亚该亚人民族大迁徙拉开序幕的漫长古希腊戏剧已在条顿人的民族大迁徙中结束时，这些斯拉夫人的生活依然如故。

到了这个欧洲蛮族时代的晚期，斯拉夫人终于被游牧的阿瓦尔人轰出老窝，阿瓦尔人在诱惑下离开了故乡欧亚草原，想在条顿人破坏打劫罗马帝国的活动中分一杯羹。面对陌生的农耕世界，这些草原来的流浪者们打算改变旧的生活方式以适应新环境。阿瓦尔人在草原上本是放牧牛群的；他们到了耕地上，便发现最适合放牧的牲畜乃是农人，因此他们很自然地成了人群的牧者。他们过去曾掠夺邻近牧民的畜群来充实新占的牧场，现在他们也四下寻找人群去填充落入自己手中的那些人口不足的罗马帝国行省。阿瓦尔人选中了斯拉夫人，将他们成群地赶出来，让他们住在自己安营扎寨的匈牙利平原周边的广大地区，看起来，斯拉夫人的西方边境各族——现代捷克人、斯洛伐克人和南斯拉夫人的祖先——就是这样走上了历史舞台，并且是不光彩地姗姗来迟。

亚该亚人和斯拉夫人之间的对比说明，对一个原始社会而言，完全避免同文明接触的挑战乃是一种巨大的不幸。事实上，这种挑战在一定的严重程度内是有刺激作用的。但假使我们加强这种挑战，让米诺斯文明放射出更强的光芒，那么我们是会得到超出古希腊文明亚该亚祖先的回应，还是会再度看到"报酬递减原则"的作用呢？在这一点上我们也无需虚构，因为在亚该亚人和斯拉夫人之间还有另外几批蛮族，他们在不同程度上受到不同文明光辉的照耀。他们的情况又是如何？

我们已经注意到了一个受到过强光芒照耀而失败的欧洲蛮族例子。我们已知道，凯尔特人如何通过伊特鲁里亚人的媒介受到刺激，并在应战中暂时爆发出了活力，终于被消灭、征服或同化。我们也比较过，在抵挡希腊文明的影响时，凯尔特人最终失败，而条顿人则取得了相对成功。 我们还注意到，在欧洲蛮族中，条顿人跟凯尔特人不同，他们抵挡了希腊文明的破坏，得以保住其希腊世界外部无产者的地位，并在希腊社会行将就木时将它一击了结。 同凯尔特人的惨败相比，条顿人的应战是成功的；但当我们比较条顿人和亚该亚人的成就时，我们立刻会认识到条顿人赢得的不过是皮洛士式的胜利。 他们出现在古希腊社会垂死之际，但他们当场就遭受了这个死去社会的敌对无产者子嗣的致命一击。 这个战场上的胜利者不是条顿军事集团，而是罗马天主教会——希腊社会的内部无产者已融入其中。 到了7世纪末，但凡敢于闯进罗马帝国的阿里乌派或异教条顿军事集团，不是皈依了天主教，就是已被消灭殆尽。 新生文明同古希腊文明的子体关系是通过内部而非外部的无产者充当媒介的。 跟基本由亚该亚蛮族创造的古希腊文明不同，西方基督教文明基本是天主教会创造的。

我们现在把这一系列挑战按严重程度的递增顺序排个队。 斯拉夫人长期未受挑战，因此缺乏刺激，处于很糟糕的地位。 从应战效果看，亚该亚人受到的挑战最为适中。 条顿人顶住了希腊文明的挑战，但后来却败于天主教之手。 凯尔特人遭遇了古希腊社会的全盛时代——这与遭遇其衰退时代的条顿人不同——因而遭致覆灭。 斯拉夫人和凯尔特人遇到的是两个极端——一边是寂寞的隔绝，一边是过于猛烈的炮火。 亚该亚人和条顿人居于相对的"中间位置"，这里的情况是四种而非三种；但最适中的却是亚该亚人的经历。

第三节　两种流产的文明

条顿民族大迁徙的"后备军"

我们能否将璀璨文明和欧洲蛮族间发生挑战关系时报酬递减原则起作用的临界点确定得更准呢？ 这是可能的；因为有两个例子我们还没举过。 一是作为我们西方社会母体的罗马天主教会和流产的"凯尔特边疆"的远西方基督教世界间的冲突；二是西方社会在早期同远北方社会(北欧海盗的斯堪的纳维亚社会)之间的冲突。 在这两个冲突中，对手是蛮族的"后备军"，它们一直处于罗马势力范围之外，直到先锋条顿人把宝剑刺入古希腊社会的垂死之躯时——他们毁灭了希腊，自己旋即遭到毁灭——它们仍旧按兵不动。 此外，这两支后备军都取得了一定成就，虽不及亚该亚人，却远胜于条顿人；而按我们刚才进行的四者比较，条顿人的成就是仅次于亚该亚人的。 亚该亚人成功创造了一种伟大的文明，它取代了其敌手米诺斯文明。 条顿先锋们在破坏的狂欢中暂时享受了一段"好时光"，但他们没有或很少有积极成就。 与此不同的是，远西方基督徒和北欧海盗都创造了文明，但它们都在襁褓时期就遇上了过于强大的挑战。 我们已不止一次提及，世界上存在一种流产的文明——这种文明没有列在我们的文明表里，因为文明的实质体现于它成熟时的成就，而这些文明都"夭折"了。 现在的论题使我们有机会谈谈其中的两个。[2]

流产的远西方基督教文明

凯尔特边疆对基督教的反应十分独特。 同皈依阿里乌派的哥特人与皈依天主教的盎格鲁-撒克逊人不同，这些凯尔特人没有原封不动地接受外来宗教。 他们不许基督教破坏其民族传统，便将之改造为适合自己蛮族社会遗产的形式，勒南说："没有别的民族在接受基督教时表现出他们那样的创造性。"* 也许我们在罗马治下不列颠中基督教化的凯尔特人的反应中也能看到这种现象。 对于那些人我们所知甚少，但我们知道他们中间出了个异端首领贝拉基，在当时的基督教世界里引发了混乱。 然而，从长远看，比贝拉基派更重要的是贝拉基同时代的同胞帕特里克的业绩，他把基督教带到了罗马世界境外的爱尔兰。

英吉利人的跨海大迁徙(盎格鲁-撒克逊人入侵不列颠)给了不列颠的凯尔特人一次沉重打击，却给了爱尔兰的凯尔特人以机会。 当时基督教的种子刚在爱尔兰入土，这次迁徙使爱尔兰远离了罗马帝国在西欧的旧行省，而那些地方正发展着一种倾向于罗马的新基督教文明。 正

---

* 勒南(Ernest Renan, 1823—1892)，法国哲学与历史家，撰写过早期基督教的历史。——译者注

是在文明生长早期的定型阶段，这种隔离才使得以爱尔兰为核心的，独立且与众不同的"远西方基督教社会"胚胎有可能同大陆上新生的西方基督教社会同时出现。 远西方基督教文明的独创性在基督教会组织、宗教仪式、圣徒传记和文学艺术方面都有所体现。

在圣帕特里克传道(约公元432—461年)后的一百年内，爱尔兰教会不仅发展了它的显著特点，还在很多方面领先于大陆上的天主教。 这一点有下列事实为证：当隔绝结束后，爱尔兰的传教士和学者们在不列颠和大陆受到了热烈欢迎，而那些地方的学者们也急切地想研究爱尔兰的这个教派。 爱尔兰文化上的优势时期大约始于公元548年爱尔兰的克隆玛克瑙埃兹修道学院成立，终于1090年拉第斯的圣詹姆斯爱尔兰修道院建立。 但文化交流并非岛上和大陆基督教社会重新接触的唯一社会结果，另一个结果是对权力的角逐。 其中的核心问题在于：未来的西欧文明应当产生于爱尔兰的还是罗马的胚胎；在这一点上，爱尔兰人早在失掉文化霸权之前很久时就已经失败了。

斗争在7世纪达到高潮，那时坎特伯雷的圣奥古斯丁信徒们和爱奥那的圣哥伦巴信徒们竞相争取诺森布里亚的盎格鲁人皈依——这导致了他们的代表在惠特比宗教会议(公元664年)上进行了戏剧性的会见，诺森布里亚国王的决定倾向于罗马代言人圣威尔弗雷德。 随着塔苏斯的提奥多尔从大陆过来担任坎特伯雷大主教，按照罗马制度组织了英格兰教会，并以坎特伯雷和约克作为主教驻节地，罗马的胜利可谓大局已定。 其后五十年间，所有爱尔兰边疆的社会——皮克特人、爱尔兰人、威尔士人和布立呑人，最后是爱奥那本身——相继接受了在惠特比本引起过争议的罗马剃发仪式和罗马计算复活节的办法。 但另外一些差异直到12世纪才得到消除。

从惠特比宗教会议时起，远西方文明便处于孤立和必败的境地。 9世纪的爱尔兰遭受了北欧海盗的严重破坏，没有一座爱尔兰修院免遭洗劫。 据我们目前所知，9世纪爱尔兰境内没有写出过一篇拉丁文作品，尽管此时前往欧洲大陆避难的爱尔兰人正在学术上达到鼎盛。 斯堪的纳维亚的挑战本来是对英格兰和法兰西的最适挑战，成为塑造英、法两国的动力，但它对于重新陷于孤立的爱尔兰却是远远过度了的挑战，使得她费尽九牛二虎之力才赢得一次皮洛士式的胜利——布立安·波鲁在克伦塔夫打败了来犯之敌。 最后一击来自安茹王朝国王亨利二世，他带着教皇的祝愿，开始了盎格鲁-诺曼人对爱尔兰的征服。 凯尔特边疆的这些精神拓荒者没能创造自己的新文明，反而屈居对手篱下，被剥夺了独立创造的自然权利。 但爱尔兰的学术界注定要服务于大陆上西方文明的进步，躲避斯堪的纳维亚人进攻的爱尔兰学者们为加洛林文艺复兴作出了贡献，哲学家兼神学家埃里金纳无疑是其中最伟大的人物。

流产的斯堪的纳维亚文明

我们可以看到，在同爱尔兰争夺新生西方文明创造者地位的斗争中，罗马仅稍占上风。 而当新生的基督教文明仍处于婴儿期时，它就不得不在短暂喘息后，为了同一目的进入第二场斗争——这次是同那些长期在斯堪的纳维亚半岛上按兵不动的北欧蛮族中的条顿后备队进行争夺。 这次的情形更加危殆。 竞争在军事和文化两个方面展开，同二百年前争夺未来西方基督教主体地位的爱尔兰、罗马胚胎相比，这次对抗的双方强大得多，彼此间也陌生得多。

斯堪的纳维亚人和爱尔兰人的历史有个共同点，他们在没有接触到未来的敌人——西方基督教世界前都经过了一段孤立期。 爱尔兰的基督徒因盎格鲁-撒克逊异教徒涌入英格兰而受到孤立。 斯堪的纳维亚人的陷入孤立则是由于在 6 世纪末，斯拉夫异教徒插了进来，沿着波罗的海南岸从涅曼河推进到易北河一线，填补了那些卷入古希腊社会之后民族大迁徙的条顿人撤离后(当时斯堪的纳维亚人仍留守故乡)留下的空间。 这样一来，爱尔兰人同基督徒教友们隔离了，斯堪的纳维亚人也同条顿同胞隔离了，他们之间都插进了更野蛮的蛮族。 然而，二者有个根本差别。 罗马帝国早先的光芒在盎格鲁-撒克逊人入侵前已在爱尔兰人中间点燃了基督教的火花，它在孤立时期燃起了熊熊烈焰，而斯堪的纳维亚人却始终是异教徒。

同其他民族大迁徙一样，斯堪的纳维亚人的迁徙也是蛮族对文明压力的反应，这里的文明来自查理曼的帝国。 这个帝国不过是个假象，因为它不仅华而不实而且过于早熟。 它在极原始的社会、经济基础上胡乱堆砌了一些雄心勃勃的政治上层建筑；它不安分的最明显例子便是查理曼对萨克森的征服。 当查理曼于公元 772 年出发，试图通过军事征服将萨克森并入罗马基督教的版图时，他背离了爱尔兰和英格兰传教士们过去一百年里采取的和平渗透方式，结果遗祸无穷，那些传教士本曾有效地扩张了基督教世界的版图，使巴伐利亚人、图林根人、黑森人和弗里吉安人皈依了基督教。 法兰克与萨克森长达三十年的战争苦难损害了新生西方社会的脆弱组织，也引发了斯堪的纳维亚人灵魂深处的"野蛮狂热"，当伊特鲁里亚人野心勃勃的扩张止步于阿尔卑斯山麓时，凯尔特人的灵魂深处也曾涌起过同样的热望。

无论从广度还是强度上说，8 到 11 世纪发生的斯堪的纳维亚人扩张都超过了公元前 5 世纪至公元前 3 世纪期间的凯尔特人扩张。 没能包围古希腊世界的凯尔特人右翼到了西班牙腹地，左翼进入小亚腹地，但同北欧海盗的活动比起来却不免相形见绌。 后者左翼伸入俄罗斯，右翼深入北美，同时威胁着东正教和西方基督教世界。 况且，同凯尔特人暂时控制罗马和马其顿时的古希腊文明相比，北欧海盗试图沿泰晤士河、塞纳河与博斯普鲁斯海峡攻占伦敦、巴黎和君士坦丁堡时的两个基督教文明形势更加危险。 此外，当这个流产的斯堪的纳维亚文明冰花般的美丽还没有消融于基督教的暖风时，它在冰岛上的成就与前途便早已远远超越了粗糙的凯尔特文化，那里的遗址已被考古学家发现了。[3]

由于本书研究方法的性质，有些历史事件不得不在不同章节里重复出现。 我们已经讲过，斯堪的纳维亚人的入侵对英格兰人和法兰西人构成了挑战，这两个民族成功应对了这次挑战，不仅实现了内部统一，还使斯堪的纳维亚的移民改信了基督教，被纳入他们的文明范围(见 122 页)。 如同凯尔特基督教文化死亡后，它的子孙都丰富了罗马基督教文明一样，诺曼人也在两百年后成为拉丁民族扩张的急先锋。 事实上，确已有位历史学家用一种生动的"矛盾形容法"，将第一次十字军东征描写为基督教化了的北欧海盗的一次远征。 我们也写过冰岛在流产的斯堪的纳维亚文明中的重要地位，并估计过，假使斯堪的纳维亚的异教徒们取得了亚该亚人那样的成就，将基督教赶入地下，在全西欧建立了自己的异教文化，成为当地古希腊文明唯一的继承人的话，那又会产生何种新奇结果。 我们还须看看斯堪的纳维亚文明是如何在本土被征服和消灭的。

这次征服的原因是西方恢复了被查理大帝抛弃的策略。 西方基督教世界在自卫时的确采取了军事路线，但当西方的军事防御已阻止了斯堪的纳维亚人的军事入侵时，西方人就恢复了和平渗透的策略。 西方基督教世界首先改变了境内斯堪的纳维亚移民的宗教，使他们放弃了原来的信仰，随后又对那些留在家乡的斯堪的纳维亚人采用了同样的策略。 此时，斯堪的纳维亚人的一种突出品质加速了他们的失败——他们具有惊人的接受能力。 同时代一位西方基督教学者注意到了这点，并用两句蹩脚诗发表过这个意见：[4]他们总是接受加入自己行列者的语言和风俗，结果总是合并成一个民族。

例如，很奇怪的是，斯堪的纳维亚的国王们早在皈依基督教前，就视查理曼(Charlemagne)为英雄，常替自己的儿子起个"卡鲁斯"(Karlus)或"玛格努斯"(Magnus)的名字。 如果那时西方基督教世界的统治者们也爱用穆罕默德或乌玛作为名字的话，我们就得承认，此风一开，西方基督教对抗伊斯兰教的前途就要黯淡多了。

10世纪末，同时在位的俄罗斯、丹麦和挪威这三个斯堪的纳维亚国家的君主，以独断专制手段强迫人民正式、公开地皈依了基督教。 挪威起初发生过坚决抵抗，但丹麦和俄罗斯都顺从地接受了这一变化。这样一来，斯堪的纳维亚社会不仅被征服了，还被分割了，因为东正教不仅分担了北欧海盗的攻击性，而且还分担了它日后在宗教和文化上的反攻性。

> 俄罗斯(斯堪的纳维亚小国)的使臣或商人比较了自己的森林崇拜和君士坦丁堡的雅致信仰。他们以赞赏的目光盯着圣索菲亚教堂的圆顶：圣人和殉道者栩栩如生的画像，祭坛上的财宝，神职人员的众多和他们身着的教衣，仪式的富丽和规范；他们身处虔诚的肃穆与柔和的颂歌交替出现的氛围之中，感到精神境界得到了提升；这时，想说服他们相信每天都有天使唱诗班降临人间，同基督徒们一同礼拜也并非难事。[5]

冰岛的皈依在公元1000年后差不多就开始了，这是冰岛文化没落的开始。 不错，后来那些将英雄故事整理成文，收集冰岛古诗，为斯堪的纳维亚神话、族谱和法典撰写经典摘要的冰岛学者的确同时继承了基督教和北方的文化传统；他们进行这些工作时已到了改宗后的 150 年至 250 年间。 但这种整理国故的学术活动乃是冰岛天才创造的最后伟业。 我们可以拿荷马史诗在古希腊史中的作用来比较一下。 这些史诗也是"整理国故的学术活动"，因为它们是在感人的英雄时代过去之后，才由"荷马"以文学形式创作出来的。 但古希腊的天才在创造了这些史诗后，又在其他领域达到了同样辉煌的成就，而冰岛的成就在公元 1150—1250 年左右达到荷马式的高峰后，就从此销声匿迹了。

第四节　伊斯兰教对基督教的影响

为了结束这段研究，让我们观察一下伊斯兰教对基督教的影响，看看它能否再提供一个读者已熟知的"三分法比较"的例子。 我们在前文中已看到，伊斯兰教的一次挑战如何引起了一次"最适"反应。 它在 8 世纪对法兰克人提出的挑战引起了一场历时数百年的反攻，结果不仅把穆斯林逐出了伊比利亚半岛，还超过了既定目标，把西班牙人和葡萄牙人送往海外各大洲。 在这方面，我们也可注意到一个现象，它在远西方基督教和斯堪的纳维亚的失败中也出现过。 伊比利亚半岛的穆斯林在被彻底清除摧毁之前，他们的文化已服务于其胜利的对手了。西班牙的穆斯林学者们无意间为中世纪西方基督教学者建筑的哲学大厦贡献了力量，古希腊哲学家亚里士多德的若干作品也是首先靠阿拉伯译本传到西方基督教世界的。 此外，西方文化受到的许多"东方"影响，本来被人们认为是十字军进入叙利亚造成的，其实也得之于伊比利亚半岛的穆斯林。

穆斯林从伊比利亚跨越比利牛斯山对西方基督教世界的进攻并不像看起来那样可怕，因为这个前线距伊斯兰教在西南亚洲的大本营太远，而找到一条较短的交通线并不困难，那里发动穆斯林进攻的后果也严重得多。 这个地方便是安纳托利亚，当时东正教文明的堡垒。 在进攻的第一阶段，阿拉伯侵略者们试图让"罗姆"(他们这样称呼罗马)无法干预，好让自己穿过安纳托利亚直捣皇城，彻底推翻东正教世界。 公元673—677 年和 717—718 年，穆斯林两度发动对君士坦丁堡并不成功的围攻。 甚至在第二次围攻失败，两个大国的疆界稳定在托罗斯山一线后，穆斯林每年还是要定期两次劫掠东正教在安纳托利亚残存的领土。

东正教徒对压力的反应是采取了一种政治上的权宜之计；这种反应短期看来是成功的，因为它遏制了阿拉伯人。 但从长远看它却是不幸的，因为它对东正教社会的内部生活和成长产生了有害作用。 这种权宜之计是由叙利亚人利奥为东正教世界招回了罗马帝国的"阴魂"，差不多两代人前，查理大帝在西方也干了同样的事，不过没有成功(因此几乎是无害的)。 叙利亚人利奥这一做法的最大祸患在于不顾东正教会的利益而扩张了拜占庭国家的领土，从而引发了一场两败俱伤的百年战争，一方是东罗马帝国和大主教区，另一方是保加利亚王国和大主教区。 这种自戕导致东正教会原封不动地死在自己的地盘上。 这些事实足以说明，同它对西方基督教世界的挑战不同，伊斯兰教压力对东正教世界的挑战是过度的。

我们能否再找个例子，说明不够剧烈的伊斯兰教影响就产生不了刺激作用呢？ 能够的；因为这个结果到今天还可以在阿比西尼亚见到。一性论派基督教社会至今仍幸存在这片非洲荒野上。 这可以说是世界上一大社会奇迹。 第一，自从 1300 年前阿拉伯穆斯林征服埃及时起，它就几乎与其他基督教社会完全隔绝，却能生存至今；第二，它的文化水平极低。 尽管国联经过犹豫后还是吸纳了信奉基督教的阿比西尼亚，这个国家却不过是动荡和野蛮的代名词——而且是封建状态下的混乱和奴隶贸易的野蛮。 真的，除利比里亚外，这个唯一保持完全独立的非洲国家的景象恰恰是解释非洲其他地区遭欧洲列强瓜分原因的最好注脚。

人们思考一下就会明白，阿比西尼亚的特点——残存下来的独立状况和文化停滞——都出于同一原因，这块"化石"的所在地是一片几乎无法入侵的高原荒野。 无论是伊斯兰教的波涛，还是我们近代西方文明更有力的浪潮都只能冲刷高地的脚下，偶尔把浪花溅到上面，却无法长期将它淹没。冲刷高地的危险波浪其实也不多，并且来去匆匆。16世纪上半叶，阿比西尼亚曾有被穆斯林征服之虞，因为当时红海沿岸低地的穆斯林先于阿比西尼亚人得到了火器，但索马里人从奥斯曼人那里得来的火器很快也由葡萄牙人交给了阿比西尼亚人，这及时地使他们免于毁灭。此后，葡萄牙人在那里已无余热可取，反而成了憎恶的对象——因为他们试图让阿比西尼亚人由一性论派变成天主教徒，于是到了17世纪30年代，西方基督教在阿比西尼亚受到了镇压，来自西方的人全被驱逐——与此同时，日本也采取着相似的政策。

1868年，英国人远征阿比西尼亚的活动取得了完全成功，但却无果而终——不像15年前美国海军在日本的"叩关"那样。然而，在19世纪末"瓜分非洲"时期，总要有某个欧洲强国试图染指阿比西尼亚，于是意大利人就动手了。这一次，法国人扮演了250年前葡萄牙人的角色，他们向曼涅里克皇帝出售后膛枪，帮助他在1896年的阿杜华大败意大利侵略者。到了1935年，意大利人怀着更坚定的决心卷土重来时(他们这时有了一种新式的野蛮教条的武装 *)，一时间他们看似成功终结了阿比西尼亚不可侵入的历史，同时也结束了命途多舛的西方世界里刚建立起来的集体安全。

但意属埃塞俄比亚帝国成立还不到四年，由于墨索里尼参加了1939—1945年的大战，在1935—1936年为挽救国联而不去支援阿比西尼亚的英国，为了自救被迫在1941—1942年替阿比西尼亚出一份力，如同法国人和葡萄牙人在从前危急关头的援手一样。

自从1600年前阿比西尼亚接受基督教以来，它一共只受过四次外来攻击。其中至少前三次迅速被击退，没有产生什么刺激作用。如果连这些攻击都没有，它的经验就是一片空白。这个事实或可说明，认为没有历史的民族才能获得幸福的说法是错误的。这个国家的经历不过是苍白背景中单调而毫无意义的暴力，用古希腊语的说法，就是处于不受经验痛苦伤害的境界，也就是不为刺激所动的境界。1946年，海

---

* 显然指法西斯主义。——译者注

尔·塞拉西皇帝及其富于自由思想的助手们进行了大胆的改革，但对于阿比西尼亚的第四次外来进攻能否较以往产生更大的刺激作用，还有待时间的检验。[6]

注　释:

[1]　我们用作本节小标题的"加罗威"尚不足以涵盖阿尔斯特殖民者家乡的全部地区。——节录者注

[2]　在下一章中，我们还要遇到另一种不同性质的文明:"停滞的文明"。这些文明没有"夭折"，却患了"小儿麻痹症"。这些文明出生了，但却像童话里的某些孩子(如彼得·潘)那样，无法长大。

[3]　已被发现的第一个遗址是"拉泰恩文化"，它得名于其发现地，纳沙泰尔湖的出水口处。

[4]　"他们挟着习惯和语言来了，把整个部族像样地统一起来"。 William of Apulia, *De Gestis Normanorum*, in Muratori, *Scriptores Rerum Italicarum*.

[5]　Gibbon, E.: *The History of the Decline and Fall of the Roman Empire*, ch.lv.

[6]　关于不受经验痛苦伤害的境界或不为外界所动境界的哲学理想，见本书第 435 页以下。

第三部　文明的成长

第九章

停滞的文明

第一节　波利尼西亚文明、爱斯基摩文明与游牧民族文明

我们在本书的前面部分一直努力解决的文明起源问题是一个公认的难题，可是现在我们面临的这个问题可能会被认为过于简单而不值得加以研究了。这一问题指的是，一个文明一旦诞生，而且没有遭到我们称之为"流产的文明"那样的命运，也就是说没有"被扼杀在摇篮里"，那么，这个文明的成长不就是一个自然而然的事情吗？要圆满回答这个问题，我们最好先来看另外一个问题：即使不是按照严格意义上的历史事实标准，我们也能发现连续不断地战胜诞生和幼年的种种危险而成长到"壮年"的文明吗？——换句话说，这些文明能够一直在预定的过程中顺利成长直至主宰它们周围的环境和生活方式吗？能把它们纳入我们在本书第二章里所列举的文明名单中吗？有些恐怕是不能的。因此，除了我们已经注意到的发展的文明和流产的文明之外，还存在第三种文明，我们称之为停滞的文明。这是一种仍然存在但不再成长的文明，它迫使我们必须研究文明的成长问题。我们第一步工作就是收集和研究可以获得的有关这类文明的样本。

我们能够很容易地收集到五六个停滞文明的样本。由于对大自然

的挑战所展开的应战而产生的文明中有波利尼西亚文明、爱斯基摩文明和游牧民族文明；由于对人类的挑战所进行的应战而诞生的文明中间，具有确定的特殊共同体，如东正教世界的奥斯曼文明和希腊世界的斯巴达文明，它们的诞生源自当时普遍存在的人类挑战在当地独特的环境中增强到了一种非同寻常的程度。这些都是停滞文明的例子，接下来我们立刻就会看到它们都展示了一种处在普遍困境的同样前景。

所有这些停滞的文明之所以停止下来不再成长是由于它们获得了某种"绝技"(tour de force)的结果。这些"绝技"指的就是对于挑战的过度反应，其强度恰好越过了能够刺激文明的进一步发展和被击败两者之间强度的临界点。拿我们前面虚构的攀登者的比喻来说(见第49—50页)，它们就像那些突然被拽到半山腰的攀登者，既不能前进也不能后退，完全处于一种高度紧张的无法动弹的危险境地。我们上面提到的五个文明中的四个最后都被迫接受了失败，仅有一种文明即爱斯基摩文明仍然勉强维持着生命。

举例来说，波利尼西亚人过去就是凭借他们的大胆的海洋航行技术这一"绝技"到处冒险。他们的"绝技"就是驾驶脆弱无帆的独木小舟完成令人惊奇的海上航行。然而他们为这一应战过于用强的"绝技"所受到的惩罚就是在无人知晓但无疑是漫长的岁月里，竭力维持与太平洋的一种恰当的均衡——仅仅能在浩渺无边的海洋上航行，但生命安全始终无法保证——直到他们无法忍受的高度紧张状态自行松弛下来。结果这些曾经堪与米诺斯人、斯堪的纳维亚人媲美的先驱者逐渐退化，慢慢变成了贪图安逸和享乐生活的"肉体凡胎"，失去了对于海洋的控制能力，进而把自己放逐到孤零零的小岛上，生活在与世隔绝的海岛天堂里，直到西方的水手突然"拜访"了他们为止。既然我们已经知晓了复活节岛上的人类文明，就不必再进一步追问这些波利尼西亚人后来的结局了(见第87页)。

至于爱斯基摩人，他们的文化本来就是北美印第安人生活方式的发展，这种生活方式专门适应北冰洋沿岸的生活环境。爱斯基摩人反应过度的"绝技"是冬天里居住在冰上猎获海豹。无论历史动机是什么，显而易见，在爱斯基摩人历史的某个时期，他们的祖先曾经勇敢地与北冰洋的严寒进行过殊死搏斗，并且逐渐能够利用他们近乎完美的技术应付突发事件。 为了证明这一点，仅仅举出爱斯基摩人精心发明的器具就足够了："皮船、木架蒙皮船(妇女用的小船)、渔叉、带有投掷木板的鸟枪、三叉头的蛙鱼枪、装有动力装置的复合弓箭、狗橇、雪鞋、过冬的房子和点着鲸油灯的雪屋，还有平台、夏天的帐篷以及皮衣。"[1]

这些器具都表现出爱斯基摩人的睿智和坚强意志，是一种令人惊叹的技艺外在可见的表征。 然而，"在某些确切的方面，譬如社会组织，爱斯基摩人在某种程度上表现出了低等的发展，但是令人困惑的是，这种低等的社会发展上的差别应该归因于他们的原始性，还是归因于爱斯基摩人从远古时代起就一直生活在其中的自然条件的结果呢？无须深入了解爱斯基摩人的文化就会明白：这种文化已经被迫把几乎全部能量用在发展维持生计的方法上了"。[2]

爱斯基摩人勇敢地与北冰洋的严寒进行搏斗而不得不付出的代价就是，他们的生活必须严格地适应这种寒冷气候年复一年的更迭。 这个部落能够维持生计的幸存者被迫在一年中不同的季节里从事不同的职业，北冰洋的暴虐强加给爱斯基摩人的严格时间表就像人类冷酷无情的"科学式管理"强加给任何一个工厂工人一样。 事实上，我们可能会反问自己：爱斯基摩人究竟是北冰洋的主人还是它的奴隶？ 当我们考察斯巴达人和奥斯曼人的生活时，我们将会遇到相同的问题，而且我们也会发现这个问题同样难以回答。 但是我们必须首先思考的是另一个停滞的文明，如同爱斯基摩人的文明一样，它同样是由大自然的挑战而产生的。

当爱斯基摩人与冰天雪地进行搏斗，波利尼西亚人与波涛汹涌的海洋搏斗的时候，那些受到西伯利亚大草原挑战的游牧民族也曾经勇敢地与同样难以驾驭的恶劣环境进行了顽强的抗争。 事实上，就与人类的关系来说，表面是草地和砂砾的草原与"未曾开垦的海洋"(荷马常常这样称呼它)要比可以耕种的陆地(terra firma)具有更多的相似性。 草原的表面和海洋的表面在这一点上是共同的，即它们只可作为人类的朝圣地和短暂的旅居地。 除了岛屿和绿洲，它们的表面再也不能为人类提供任何长久居住之所，与人类共同体所习惯永久定居的地球表面相比，它们更便利于旅游和运输，然而，这也正是它们对于非法入侵者的惩罚，迫使这些非法入侵者不停地迁徙，否则，就彻底从它们的表面搬离到他们周围的大陆沿岸。 这样，在每年都要遵循冬夏牧场不断变换的固定轨道的游牧民族和随季节变换不停地从在海洋上搜寻鱼群的渔民之间；在大海两岸进行贸易的商船和相连的两个草原的边界上进行贸易的骆驼商队之间；在海盗和沙漠劫匪之间；在那些迫使米诺斯人和挪威人冲上船去如巨浪一般涌向欧洲和黎凡特海岸的大规模人口迁徙以及迫使阿拉伯人、西徐亚人、土耳其人、蒙古人等游牧民族如虎狼般突袭了埃及、伊拉克、俄罗斯、印度和中国的定居地的那些其他运动之间，就有了一种真正的相似之处。

我们知道游牧民族像波利尼西亚人和爱斯基摩人一样，对于大自然的挑战进行应战同样是一种过于用强的"绝技"，在这点上，不像其他的文明，他们的历史动机不完全是一种主观臆测。 我们有理由推测游牧民族文明受到了与埃及文明、苏美尔文明、米诺斯文明相同性质挑战的刺激，这种挑战同样曾逼迫丁卡人和希鲁克人＊的祖先迁徙到干旱的赤道地区。 庞佩里＊＊探险队对外高加索的安纳乌绿洲进行的研究为我们提供了迄今为止关于游牧民族起源的最为确凿的证据。

在这里，我们发现干旱对于游牧民族的第一次挑战就是刺激原本以狩猎为生的一些共同体在更为不利的条件下求助于未曾发展起来的农业生产方式竭力维持他们的生存。 这个证据表明农耕阶段的确早于游牧阶段。

农业同样对这些以前的狩猎共同体的历史造成另一种间接的但并不重要的影响。 农业为他们提供了一个与野生动物建立一种崭新关系的机会。 狩猎者受他们的职业所限，无法超越他们狭隘的局限性，因而不能掌握驯化野生动物的技术，而农业生产者掌握这门技术则具有巨

＊ 丁卡(Dingka)是苏丹南部的部族之一。 希鲁克人也是苏丹南部的部族，居住在尼罗河西岸，约50万人左右。 ——译者注

＊＊ 拉斐尔·庞佩里(Raphael Pumpelly，1837—1923)，美国著名地理学家与探险家。 ——译者注

大的可能性。 狩猎者可能想象过要把与他竞争和分享猎物的豺狼等野兽驯化成他的同伴，可是他真的要这么做则是令人难以置信的。 事实上完成了牧羊人和牧羊犬这一转变过程的不是牵着猎犬的狩猎者而是领着看门犬的农业生产者。 正是农业生产者提供了足够的食物，才吸引了牛羊这样的反刍动物，使它们不会像狗一样再被猎人的食肉所吸引了。

安纳乌的考古证据表明当大自然强加给这一地区第二次干旱挑战的时候，这一地区的人类社会又一步进化就完成了。 通过成功地驯化反刍动物，这些欧亚大陆人潜在地发现他们已经丧失了原始的活动能力，由狩猎者转变成了农耕者，为了再次应对干旱的挑战，他们利用了两种新发现的与前迥异的活动方式。 一些外高加索绿洲的耕种者开始迁徙，远离日益加剧的干旱气候，从而保持着与客观环境的一致性，使他们能够继续实践他们不变的生活方式，他们改变居住地是为了不改变他们的生活习惯。 为了用一种更为大胆的方式应对干旱的挑战，其他人和同伴分手了。 这部分人同样放弃了现在无法生存的绿洲，把自己、家庭、羊群和牧群安置在冷酷无情的大草原表面。 然而，这些人没有像一个逃亡者那样寻找较远的海岸，而是犹如他们的祖先抛弃先前主要的狩猎活动一样，他们抛弃了从前主要的农业生产活动，把他们的生存牢牢维系在最新获得的技术上，如同专门以股票为生的炒股者一样。他们冲向草原但没有冲出草原而是在草原上安居下来。 于是，他们便成了游牧民族。

当我们比较那些放弃农业而在草原上定居的游牧民族和那些通过改变居住地从而得以继续从事农业生产的其同胞的文明的时候，我们就会发现游牧文明在许多方面显示出了优越性。 最重要的一点就是驯化动物比种植植物显而易见是一门更为高超的技术，因之，它是人类智慧的一个胜利并将超越难以控制的物质世界。 牧羊人是比农夫更为伟大的艺术品鉴赏家，这个真理已被一段著名的古叙利亚神话表达出来。

有一次，亚当和他的妻子夏娃同房，夏娃怀孕了，生下了该隐……又一次怀孕生下了该隐的兄弟亚伯。亚伯成了一个牧羊人，该隐成了一个农夫。有一次，该隐把收获的农作物贡献给上帝——

耶和华。亚伯也贡献出了初产的羔羊和其中的肥肉。耶和华称赞了
亚伯和他的贡品,却没有称赞该隐和他的贡品。[3]

　　游牧民族的生活确是人类在技能上的一个胜利。 他们成功地设法
依靠自身不能食用的粗草为生,把这些粗草变成驯服动物的乳品和肉
类。 为了在任何时候都能从光秃秃的、杳蔼的大草原的植物中间找到
他们的牧牛栖地,他们不得不调整生活方式,随着精确的季节时间表
不断迁徙。 事实上,游牧民族的"绝技"要求他们的性格和行为遵循
一种非常严格的标准。 游牧人付出的代价在本质上是和爱斯基摩人一
样的。 虽然游牧人成功地战胜了可怕的自然环境,可是自然环境却阴
险地把他们变成了奴隶。 像爱斯基摩人一样,游牧人成了每年气候和
植物生长周期的囚徒。 为了获得对大草原的主动权,他们丧失了对大
部分世界的主动权。 事实上,在游牧民族穿越的人类文明史的任何阶
段上他们并不是没有留下痕迹。 他们不时地会越过他们的领地进入邻
近的定居文明的领地,偶尔他们会立刻把眼前的一切洗劫一空,但是,
这些突发的事件从来不是自发的。 当游牧人离开大草原侵入到农耕者
的花园,他们并不是有意识地要离开他们已经习惯的生活圈,只是对于
他们无法控制的力量作出的机械反应。

　　游牧民族遭遇到的外部力量有两种:一种是推力,另一种是拉力。
有时,游牧民族被日益严重的干旱所推动离开草原,因为这种干旱已经
使他们的居住地超出了他们的力量所能忍耐的限度。 他们偶尔也会被
一个社会真空形成的吸力拉出草原,这种社会真空出现在一些毗邻的定
居社会的领地,是由于历史进程中的诸如定居文明的衰落和民族大迁徙
的结果——这些原因对于游牧民族来说是相当陌生的。 研究一下游牧
民族对于定居社会历史的重大侵扰事件似乎就可以说明所有这些侵扰都
能追溯到这些原因中的一个或者另一个。[4]

　　这样,尽管游牧民族偶尔也参与这些历史事件的发生,然而游牧民
族在本质上是没有历史的,因为他们一旦踏上每年的固定轨道,就会随
之受到严格束缚,并且有可能永远无法摆脱,除非有一种它无法抗拒的
外部力量最终使它停止下来或者终止它的生命。 这种外部力量就是周

围定居文明的压力；因为，尽管耶和华有可能称赞亚伯和他的贡品，不称赞该隐和他的贡品，但是耶和华没有力量阻止亚伯被该隐杀害。

最近气象学的研究表明世界范围内可能存在一种相对干旱和相对潮湿气候有规律性地交替出现的现象，导致了农耕民族和游牧民族轮流侵入彼此的领地。当干旱达到这样一种程度，即草原不能再为游牧民族饲养的家畜提供足够牧场的时候，这些牧人就会抛弃已被打破的每年固定的迁徙轨道，侵入到周围农耕地区为他们自己和家畜寻找食物。另一方面，当气候转到另一边，湿度达到一定程度，使得草原变成能够种植块根植物和谷物的地方时，农耕民族就向游牧民族的牧场发起了反攻。他们各自的侵犯方式是很不相同的。游牧民族的侵袭如同骑兵突袭迅雷不及掩耳，农耕民族的侵袭却像步兵一样缓缓向前推进，每前进一步，他们就用鹤嘴锄或锅驼机犁为自己构筑工事，并通过修建道路或铁路来保障交通畅达。历史上游牧民族侵扰最为突出的例证可能是发生在倒数第二个干旱时期的土耳其人和蒙古人的侵扰，农耕民族侵犯最为突出的事件是俄罗斯人其后向东部的大规模扩张。这两种类型的侵入活动都是非正常的，对于双方都是极端痛苦的，并且彼此都付出了沉重的代价。但是它们发生的原因是相同的，都应该归因于一种无法控制的大自然的力量。

农耕民族施加的无情压力终究要比游牧民族的突袭施加的压力更为痛苦，假如某个游牧民族碰巧成为这种无情压力牺牲品的话。蒙古人的奇袭在两三代人以后就停止了，但是俄罗斯报复性的殖民活动却持续了四百多年——第一次是沿哥萨克一线，从北面包围缩小牧地，然后沿着外高加索铁路，把触角一直延伸到南部边界。从游牧民族的视角来看，一个像俄罗斯那样的农业强国类似于西方工业社会中的靠压力铸炼熟钢的旋转不停的轧钢机，在它们严酷的压榨下，游牧民族或者被碾碎或者被压制成定居文明的模型。这个渗透过程并不总是和平的。为了修建外高加索铁路，大批土库曼人在哥提比被屠杀就是明证。但是，游牧民族死亡的呻吟声是很少听得到的。在欧洲战争期间，当英国人重提奥斯曼土耳其人的游牧祖先杀害 600 000 亚美尼亚人的时候,吉尔斯坦哈萨克联盟中 500 000 讲土耳其语的中亚游牧人正在被"最公正的人类"——俄罗斯农夫遵照上级的命令予以消灭。[5]

欧亚大陆游牧民族的命运从 17 世纪两个定居文明帝国——莫斯科大公国和清帝国伸出两个相对的触角把欧亚大陆的草原包围起来的那一刻起就注定了。 今天,我们西方文明的触角已经遍及地球的各个表面,正在彻底根除其他所有古老领地的游牧生活。 在肯尼亚,马塞人的牧地已经被践碎、减少以便给欧洲的农民让路。 在撒哈拉沙漠,伊摩沙人正在亲眼目睹飞机和八轮汽车迅速侵入他们迄今为止从未进入过的沙漠地带。 甚至在阿拉伯半岛,这个亚非游牧民族的古老家乡,巴都人也正在被迫转变成"法拉辛"*。 这个转变过程不是外部力量而是由一个阿拉伯族人阿卜杜·阿齐兹·萨特的政策有意识地推动的,他是内志(Najd)和汉志(Hijāz)的国王,同时还是穆斯林的狂热信徒瓦哈比社会的世俗首领。 当阿拉伯半岛腹地的一个瓦哈比统治者利用装甲车巩固其统治的时候,当他利用输油管道和油井解决其经济问题的时候,当他向美国的石油利益集团让步的时候,很显然,游牧民族的最后时刻就已经到来了。

这样,亚伯就被该隐杀害了,留给我们的问题就是进一步追问亚伯受到的惩罚是否再一次降临到该隐身上。

现在你将受到大地的诅咒,它已经张开大口从你双手里接过你兄弟的鲜血;当你耕种的时候,它将不再为你效力;你必将成为大地上一个逃亡者,一个流浪汉。[6]

该隐受到的第一条诅咒显然没有应验,因为绿洲农耕者发现他们虽然再也不能从干旱的草地收获作物了,但是他们迁徙到了那些气候条件更为适宜的地区;随后借助于工业文明的推动力,他们就回来了,也同

---

* 意为农耕者。 ——译者注

时把亚伯的草地据为己有了。该隐究竟是工业文明的主人还是牺牲品还有待于将来予以证明。1933 年，世界经济新秩序受到了崩溃瓦解的威胁，并非不可能是亚伯的第一次报复行为，似乎是要那些牧人在弥留之际(inticulo moris)还能够看到杀害他的那些工匠们慢慢倒下、发狂、最后堕入地狱的一幕。[7]

第二节 奥斯曼文明

由于对大自然的挑战反应过于猛烈受到了惩罚，从而导致文明停滞的探讨到此为止。现在我们开始研究那些受到最高层次的挑战而停滞的文明，即这种挑战不是来自于大自然而是人类本身。

奥斯曼帝国体制对于最高层次的挑战作出的应战就是游牧社会地理上的大转移，即离开天然的草原到达一个新环境里，在这里他们遇到了新问题——他们要统治那些异族的人类社会。我们已经看到[8]，当阿瓦尔游牧人发现他们被逐出草原牧场，置身于农耕地区时，是如何打算把他们征服的定居人口变成"人类畜群"，进而把自己从一个牧羊人变成一个放牧人类的牧人的。阿瓦尔人*不再依靠草原上的野生植物来喂养驯化动物为生了，他们(就像其他许多游牧民族所做的一样)转而企图改变人类活动而不是动物的消化能力来依赖在耕地上收获的谷物为生了。这个类比运用起来是很诱人的，而且在实践中达到了一定的效果；但是运用到奥斯曼帝国身上，结果却发现这里面有一个几乎致命的缺陷。

在草原上，这个由游牧人和非人类畜群共同构建的复合性社会是为对付那种大自然环境而设想出的最为适合的工具。严格地说，游牧人并不是他们非人类同伴的寄生虫，因为这之间存在着一种合理的利益交换：如果这些非人类畜群不仅为游牧人供应乳品，而且供应肉类的话，游牧人就必须首先保证他们的生活方式，离开了对方的帮助，彼此都不能生存。然而从另一方面来看，在乡村和城市中间，这个由

---

* 阿瓦尔人，曾在公元 4—5 世纪活跃于中亚草原的游牧部落。——译者注

被放逐的游牧人和土著的"人类畜群"组成的复合性社会在经济上是不合理的，因为这些"放牧人类的牧人"在经济上总是——尽管在政治上并不总是——多余的，因此，他们就成了寄生虫。从经济学的角度看，他们已经不再放牧了，而是看守着他们的人类畜群，已经变成了剥削工蜂的雄蜂，成了一个不劳而获的统治阶级，依靠生产人口的劳动维持生活，而这些生产人口如果离开了他们在经济上反而可能更好。

因此游牧民族征服者建立的帝国一般都迅速衰落下去，没有生长成熟就灭亡了。伟大的马格里布历史学家伊本·哈尔顿(1332—1406)就游牧民族帝国的问题进行过研究，他估计这类帝国的持续时间不会超过三代人或者120年。一旦完成了征服，游牧民族就会颓废，因为他们离开了适合自身的自然环境，在经济上成为多余的了，然而，他们的"人类畜群"因为一直生活在他们自己的土地上，没有停止经济活动，就重新恢复了生命力。这些"人类畜群"通过驱逐和同化他们的牧主而长到了成年。阿瓦尔人对斯拉夫人的统治大概持续了不到五十五年，其结果就是斯拉夫人的成长和阿瓦尔人的毁灭。西匈奴帝国的生命期没有超过一个阿提拉的寿命。统治伊朗和伊拉克的伊尔可汗帝国持续了不到八十年的时间，忽必烈大汗在中国南部建立的帝国的寿命也不比他的寿命更长。喜克索斯人(牧人王)＊在埃及建立的帝国仅仅勉强维持了一个世纪。蒙古人和它当地的前辈女真族人对中国北部的连续统治超过了两个世纪(约1142—1368年)以及帕提亚人对伊朗和伊拉克的统治超过了三个半世纪(约公元前140—公元226和232年之间)，显而易见是个特例。

按照这些标准衡量，奥斯曼帝国对于东正教世界的统治时期就显得太长了。如果我们把奥斯曼人1372年征服马其顿作为帝国的开始，把1774年俄土签订《库楚克·凯纳吉条约》作为帝国结束，那么它的统治时期就达到了四个世纪，这还没有把它的兴起和其后的衰亡时期计算在内。这样相对较长的持续时期该如何解释呢？毫无疑问，部分解释很容易找到——"奥斯曼人，尽管经济上是一个沉重负担，但是它完成了

＊ 入侵古埃及的亚洲游牧民族，给埃及带去了马匹。——译者注

一个积极的政治目标，为东正教世界提供了一个它自己无法建立的统一国家。"但是我们还可以提出更为深刻全面的见解。

我们已经看到阿瓦尔人和他们的同类人离开荒原侵入到农耕地区的时候，曾试图——当然最后失败了——以"放牧人类的牧人"的身份处理他们遇到的新情况。当我们注意到这些置身于农耕地区未曾成功的游牧帝国建立者们，根本没有打算在定居人类中间寻找他们的同伴——这些同伴在草原的复合型社会里是至关重要的——的时候，他们的失败就不足为奇了，因为草原社会不仅仅是由牧羊人和他们的畜群构成的，除了那些他们饲养的靠其提供产品为生的动物外，他们还豢养着其他的动物——狗、骆驼、马——它们的作用就是在工作中协助他们。这些辅助性动物是游牧民族文明的杰作，也是他们成功的关键。牛羊只有加以驯化才能服务于人类，尽管这是相当困难的。狗、骆驼、马不仅仅要被驯服而且要加以专门的训练才能完成更为复杂的工作，对这些非人类的辅助性动物的专门训练是游牧民族的最高成就。奥斯曼帝国不同于阿瓦尔帝国之处正是把游牧民族这种高超的技艺加以改造，运用到定居文明的环境中，并因此获得了长久的生存能力。奥斯曼帝国的巴迪沙们(即统治者)的做法就是把一部分奴隶训练成人类助手，维护着"人类畜群"的秩序，从而维持了帝国的统治。

这种从奴隶中挑选士兵和管理者的非同寻常的体制——这种观念对于游牧民族的天才来说是很自然的，对于我们来说却相当陌生——不是奥斯曼帝国的发明。我们在其他的统治定居人群的游牧民族帝国中也可以找到，正是这种体制使他们获得了持久的生命力。

我们在帕提亚帝国中，看到了军事奴隶制的踪迹。据说在那支挫败马克·安东尼*妄想超越亚历山大大帝的企图的军队中，有一支军队只有四百名自由人，但他们的战斗力却胜过 50 000 名普通士兵。一千年以后，阿拔斯王朝的哈里发**利用了同样的方式统治其帝国，他从草

---

* 马克·安东尼(Mark Antony，公元前 83—前 30 年)是罗马共和末期的军事统帅，起初在恺撒麾下服务，恺撒被暗杀后，成为统治罗马的后三巨头之一。与另一巨头屋大维的同盟破裂并爆发激烈内战后，失败自杀。——译者注
** 阿拔斯王朝自 750 年起统治阿拉伯帝国约两个世纪之久，首都巴格达。后因土耳其人组成的军队(马穆鲁克)势力的崛起而衰落。——译者注

原上购买土耳其奴隶，把他们训练成为士兵和管理者。 科尔多瓦帝国倭马亚王朝的哈里发维持着一支由他们的近邻法兰克人招募来的奴隶卫队。 法兰克人在他们的边境上不断袭击，抓获奴隶，为科尔多瓦帝国提供了一个奴隶市场。 被抓获的野蛮人就成了斯拉夫人，英语里"奴隶"一词的来源就在于此。

但是，最为突出的例子是"马穆鲁克"在埃及的统治。 "马穆鲁克"在阿拉伯语中是拥有或占有某种东西之意，马穆鲁克来源于阿尤布王国萨拉丁王朝的奴隶武士。 然而，1250年，这些奴隶驱逐了他们的主人，独自接管了阿尤布王国的奴隶体制，不过他们并不是从他们的后代中招募军队而是从国外购买他们的接替者。 在1250年到1517年间，帝国哈里发就像傀儡，这些自我管理的奴隶集团实际上统治着埃及和叙利亚，在幼发拉底河一带抵抗着可怕的蒙古人，直到他们遭遇到人数更多的奥斯曼帝国奴隶集团。 即使这样，这也不是他们的末日，因为统治埃及的奥斯曼统治者允许他们采用同样的方式招募和训练军队，可以继续像从前一样统治下去。 随着奥斯曼帝国的衰落，马穆鲁克帝国重新振作起来，到18世纪，统治埃及的奥斯曼巴沙事实上最后变成了马穆鲁克的国家囚徒，就像过去在土耳其人的征服面前开罗阿拔斯王朝的哈里发的命运一样。 18世纪末19世纪初，奥斯曼帝国在埃及的继承人究竟是屈服于马穆鲁克还是匍匐在一些欧洲强国——拿破仑帝国或英国的脚下似乎是有很大疑问的。 实际上，尽管这两种结局最后都被阿尔巴尼亚穆斯林冒险家穆罕默德·阿里的天才所终结，可是他却发现，与马穆鲁克和解远比抵抗英国和法国的入侵更为困难。

然而，在纪律性和组织性上，马穆鲁克奴隶集团远远比不上统治东正教世界的奥斯曼帝国创建的尚显年轻但更具活力的奴隶集团。 控制一个异族文明的全部社会躯体无疑是游牧民族为自己设定的最困难的事情。 这项艰苦而勇敢的事业在奥斯曼和他的继承人苏里曼大帝身上达到了顶峰，显示了一个游牧社会所拥有的最大能力。

下面这段话摘自一个美国学者的深入研究，它概括了奥斯曼帝国奴隶集团的一般特征：[9]

奥斯曼帝国的统治机构包括苏丹和他的家庭、他的家族官吏、政府的行政官员、骑兵和步兵组成的常备军以及其后在常备军、法庭和政府中服务的接受教育的一大群青年。这些人控制着武器、文化权力和王权。除了宗教法规对轻微的司法诉讼案件的处理权以及非穆斯林的臣民和外国集团所掌握的有限的权利之外，他们操纵着整个政府权力。这个官僚机构至关重要的最突出的特征就是：其一，除少数例外，全部成员都由基督徒和他们的子孙组成；其二，几乎每一个成员都是作为苏丹的奴隶进入统治集团的，而且终生就是苏丹的奴隶——不管他获得多少财富，多大权力，多高成就……

王室成员正确地说可能就是属于奴隶家庭，因为苏丹子女的母亲是奴隶，苏丹本人也是奴隶的儿子……在苏里曼时代很久以前，苏丹事实上已经不能从王室阶层中迎娶新娘，也不能把妻子的名号赠与孩子的母亲……奥斯曼帝国体制就是有意地吸收奴隶，让他们成为国家的重臣。它从牧羊和耕地的人群中间挑选男孩子，让他们成为朝臣，和公主们结婚；挑选那些祖先是基督徒的青年男子，让他们担任最伟大的穆罕默德国家的统治者，充当无敌军队的士兵和将军，把击碎"十字架"举起"新月"当作他们主要的乐趣……完全不考虑被称为"人性"的最基本的习俗，那些被灌输的宗教和社会偏见几乎像生活本身一样根深蒂固，奥斯曼帝国体制把孩子和他们的父母永远分开，不鼓励在孩子们最活跃的年龄段给予家庭关怀，禁止孩子继承财产，不向父母做任何承诺——比如他们的子女将会由于他们的成功和失败而得到奖赏等，提升和罢黜根本不考虑其血统和以前的声望，灌输他们一种奇怪的法律、道德和宗教观念，时刻提醒他们在他们的头上悬着一把利剑，在他们追求无与伦比的人类荣耀的道路上，这把利剑随时都可能结束他们辉煌的生涯。

生而自由的奥斯曼贵族被排斥在政府之外，在我们看来似乎是这个体制最为奇怪的地方，但是结果证明它是正确的，因为当自由的穆斯林教徒在苏里曼统治末期最终完全进入统治集团时，这个体制就开始崩溃了，奥斯曼帝国也就进入到它的衰退期了。

只要帝国体系完好无损，兵源就能从各种异教徒中不断得到补充：在越境战争中俘获，在奴隶市场上购买，或者通过国外自愿应征；在帝国境内定期征召儿童等等，然后这些被征募者通过层层筛选并加以专门训练，接受一种精心设计的教育。虽然有严格的纪律和野蛮的惩罚，但是从另一方面看，他们也有一个精心设计的永远充满诱惑的美好前途。每一个进入到奥斯曼巴迪沙奴隶集团的男孩子都意识到他是一个潜在的大维齐尔(Grand Vizier)，*他的光明未来依赖于他在训练中表现出来的非凡的勇气。

有一位佛兰德学者和外交家布斯贝克 (他当时是哈布斯堡宫廷驻苏里曼帝国的大使)亲眼目睹了奥斯曼帝国鼎盛时期的教育体制，并对此作了生动而详细的描述，他的结论好像是要恭维奥斯曼人，批评当时西方基督教世界的统治方式。

他写道：

> 我很羡慕土耳其人的体制。无论什么时候，只要土耳其人发现了一个天才，他们都是兴奋异常，惊喜不止，好像找到一串价值不菲的珍珠。为了充分发挥他的才能，土耳其人几乎耗尽了他们的体力和脑力——特别是发现一个军事天才的时候。我们西方社会的确与此大不相同。在西方，如果我们发现一条好狗、一只鹰或一匹好马，我们也非常欢喜，不遗余力地训练它们，把这些宠物训练得近乎完美。然而对于人——即使我们发现他极具天赋——我们也丝毫不心疼他，根本没有考虑到教育他正是我们义不容辞的任务。我们西方人从宠爱有加的马、狗和鹰当中得到了许多乐趣和服务，然而土耳其人却从经过教育培养出来的独具特色的人类中获得了更为丰厚的回报，这种回报得自于动物王国的其他动物无可比拟的人性。[10]

但是，奥斯曼帝国体制最终还是瓦解了，这是因为每一个人都要求分享它的特权的缘故。到 16 世纪末期，除了黑人以外，所有自由的穆

---

* 近似于古代中国的宰相。——译者注

斯林教徒都被允许加入禁卫军，尽管禁卫军人数增加了，它的纪律却松散了，战斗力也削弱了。 到17世纪中叶，这些人类的看门犬恢复了本性，变成了一群饿狼，开始折磨巴迪沙的"人类畜群"而不是看护他们，维持帝国秩序。 东正教世界的臣民现在感觉受到了被奉为和平之神的奥斯曼人的欺骗，而他们原本以为套上了奥斯曼人的枷锁就可以换来和平的。 在1682—1699年奥斯曼帝国与西方基督教列强的大战中——这场战争以奥斯曼帝国第一次割让土地而结束，从此开始了奥斯曼帝国一系列割让领土的历史，直到1922年止——纪律性和效率性的优势无疑从奥斯曼帝国转移到了西方阵营。

奥斯曼帝国奴隶集团的最后衰败表明它本身有一种无法克服的僵化性，这是它的致命缺陷。 一旦运转发生了脱节，既不能修复，也不能重新加以改造。 不仅如此，这个体制反而变成了一种累赘，使得后来的土耳其统治者被迫仿效他们的西方敌人的方法，可是这种模仿行为长期也都是半信半疑的，缺乏足够的热情，并没有取得多大效果，直到今天才由穆斯塔法·凯末尔最后彻底完成。 这一转变如同早期奥斯曼政治家创建奴隶集团一样，也是一项了不起的"绝技"。 然而如果把这两种成就的结果比较一下，第二个成就就显得微不足道了。 奥斯曼奴隶集团的创建者建立的体制，不仅使极小一部分被逐出祖居草原的游牧人牢牢占据着一个陌生的世界，而且给一个趋向瓦解的伟大的基督教社会带来了和平和秩序，同时威胁着一个曾使全人类黯淡无光的更伟大的基督教社会的生存。 我们现在的土耳其政治家仅仅是填补了随着旧的奥斯曼帝国无可替代的体制的消失而在近东留下的真空，他们只不过是在荒凉的土地上建立了一个严格按照遗传下来的西方模式定做的土耳其国家的模型而已。 不过在这个普通的"乡村居住地"，这些停滞的奥斯曼文明的土耳其继承者们现在已经感到很满足了——就像近邻已消亡的西徐亚文明的复国主义后继者和已经流产的远西方文明的爱尔兰后继者一样——因为自此以后，他们将会愉快地摆脱作为"一个特殊的人"难以忍受的困境，过上一种舒适安逸的平凡生活。

至于奴隶集团本身，它已经在1826年希土战争中期被马赫穆德二世残酷地消灭了——这是一个已经变得凶残开始撕咬羊群的看门犬应得的下场——而在 15 年之后，类似的组织马穆鲁克同样被马赫穆德名义上的臣民——有时作为一个同盟者有时作为一个对手——埃及的穆罕默德·阿里摧毁了。

第三节　斯巴达文明

奥斯曼人的制度在现实生活中可能更接近柏拉图《理想国》中的理想，但是可以肯定，当柏拉图设想他的乌托邦时，他自己头脑中已经有了斯巴达*制度的真实模型。尽管奥斯曼人和斯巴达人在实现柏拉图的理想的程度有所不同，在这两个特殊的制度中存在着很强的相似性，利用这种"特殊制度"，他们的国民都获得了一项"绝技"，从而把自己很好地装备起来。

我们在本书第一个例子中(见本书第 6 页)已经注意到公元前 8 世纪，所有的希腊城邦都遭遇到了人口增长速度超过食物供应速度的困难，而且面对这样一个普遍存在的挑战，斯巴达人选择了一种独特的应战方式。解决这个普遍问题的常规方法就是殖民：到海外寻找新的土地，征服占领当地"蛮族人"的领土以此来拓宽希腊的版图，当然这是以牺牲"蛮族人"利益为代价的。由于蛮族人没有抵抗力，所以这种办法很奏效。然而，在希腊所有重要的城邦中唯一不生活在海边的斯巴达人，却选择了征服他们的近邻美塞尼亚人来应对这一挑战。他们的行为遇到了极大的阻力。第一次斯巴达—美塞尼亚战争(大约公元前 736—前 720 年)还算顺利，在第二次战争中，经过逆境锤炼的美塞尼亚人，就开始拿起武器，奋力反击斯巴达人了。尽管没有赢得自由，但是美塞尼亚人却成功地改变了斯巴达正常的发展方向。美塞尼亚人的反抗是一次可怕的经历，使得斯巴达社会"迅速被套上痛苦的枷锁"。从此以后，斯巴达人

---

　　* 古希腊城邦，位于南希腊即伯罗奔尼撒半岛。为了维持对被征服的多数居民的统治，斯巴达实行军国主义国策，整个公民社会形同一座军营，因此一度成为希腊的霸主。但现代也有人(如英国当代史家霍德金森)对古代的记载，特别是柏拉图、亚里士多德、普鲁塔克等人的记载表示怀疑，认为斯巴达并非军国主义国家。译者认为此论不足为凭。——译者注

再也不能有丝毫松懈，始终无法摆脱战后的可怕后果。征服者变成了被征服者的奴隶，就像爱斯基摩人征服了北冰洋的严寒却被北冰洋变成了奴隶一样。爱斯基摩人被束缚在每年严格的生活周期中，同样，斯巴达人的任务就是时刻不停地监管他们的美塞尼亚希洛人。*

斯巴达人装备自己的"绝技"像奥斯曼人一样，都是把现行的体制加以改造以应付新的需要。但是，奥斯曼人可以继承游牧民族丰富的社会遗产，斯巴达人却只能对米诺斯人大移民后期侵入希腊的多利安蛮族人非常原始的社会制度加以调整。希腊人传统上把这一成就归因于来库古，但是来库古不是一个人——只是一个神灵，因此这一制度的真正原创者可能是生活在公元前6世纪的一系列政治家。

与奥斯曼帝国体制一样——既有较高的效率又有致命的僵化性——最终崩溃的斯巴达人的体制显著的特征也是不考虑人性。但是斯巴达的教育在不考虑出身和遗传性方面不及奥斯曼奴隶集团走得那么远，斯巴达占有土地的自由民所处的境地正好和奥斯曼帝国自由的穆斯林土地贵族相反。事实上，斯巴达人统治美塞尼亚人的全部责任是由斯巴达人独自承担的。同时，在斯巴达公民社会内部，是严格遵守平等原则的。每一个斯巴达公民都从城邦分配面积相等或产量相等的土地，然后交给美塞尼亚农奴耕种，每一份土地足够维持斯巴达人和他的家庭生活了，这样就使他能够以全部精力来谋划战争的艺术了。每一个斯巴达孩子，除非被认定是"孱弱者"抛到荒郊野外任其死掉外，其余的孩子从七岁起就要强迫灌输斯巴达的军事教育课程。无一例外，女孩子也必须与男孩子一样接受体育训练。女孩子像男孩子一样，在男性观众面前裸体进行竞争，在这些事情上，斯巴达人似乎与现代的日本人类似，对性欲能够自我克制或淡漠。斯巴达人孩子的生育严格按照优生学原理，鼓励体质较差的丈夫选择一个比自己优秀的男子做孩子的父亲。

根据普鲁塔克的记载，斯巴达人认为"其他人类的两性传统是庸俗的无益的，因为他们只是关心他们的母狗和母马，为它们借来或租来最

---

* 因征服而形成的斯巴达耕奴，是斯巴达国家的奴隶，学界亦有不少人为之定性为农奴。——译者注

好的种狗和种马，却把他们的妻子关在家里，严密看管起来，以确保她们只能为她们的丈夫生儿育女——好像这是一个丈夫的神圣权力，即使他碰巧身体虚弱，衰老或者有疾病。"[11]读者们也许会注意到，在普鲁塔克对于斯巴达制度的评论与前面引述的布斯贝克对于奥斯曼奴隶集团的评述中有一些奇特的相似性。

斯巴达体制和奥斯曼帝国体制的主要特征是一样的：监控、筛选、专业化分工以及竞争精神等等，而且它们并不是局限于教育阶段。斯巴达人要服役 53 年。在某些方面，对斯巴达人的要求比对土耳其禁卫军的要求更为苛刻。土耳其禁卫军不鼓励结婚，但是，如果他们结婚了，就允许他们居住在已婚地区；斯巴达人不是这样，尽管强制他们结婚，但是不引导他们过家庭生活，甚至在结婚以后，都要在军营里吃住。这个后果就是培养了一种难以相信的、无坚不摧的公众精神。这种精神对于一个英国人来说，即使在战争的压力下，也是感到很困难、令人厌恶的，在其他时候，则更是难以忍受，简言之，从那以后，就出现了"斯巴达"这个词。"温泉关三百壮士"＊的故事和男孩与狐狸的故事＊＊都阐释了这种公众精神。从另一个侧面看，我们也应该知道斯巴达孩子接受军事教育的最后两年通常是从事一种"秘密"工作，即官方的暗杀帮凶，每到夜间，就在乡间巡逻，杀死那些有不忠倾向的希洛人，可是实际上杀死的是一些外表令人厌恶和不安分守己的人。＊＊＊

一走进现在的斯巴达博物馆，任何参观者立刻就会感受到斯巴达体制"单线"发展的僵化特征，因为这个博物馆完全不像其他的收藏希腊艺术品的博物馆。在那些博物馆里，参观者可以发现大概产生于公元前 5 世纪和前 4 世纪的古典时代的艺术珍品，并深深被它们所吸引并产生无限遐思，然而，在斯巴达博物馆里，古典时代的艺术品是很难找到的。前古典时代的作品明显预示着良好的发展前景，可是进一步寻找

＊ 公元前 480 年希腊联军在中希腊温泉关阻击波斯人侵军，斯巴达国王李奥尼达斯率 300 名斯巴达士兵死守阵地，全部战死，成为英雄主义的楷模。——译者注
＊＊ 史载斯巴达一男孩偷走一只狐狸藏在怀里，狐狸在公共场合野性大发，撕咬男孩的皮肉。男孩不愿暴露偷窃的劣行，强忍痛苦，直至内脏被狐狸抓出而倒地身亡。——译者注
＊＊＊ 史载斯巴达人自儿童时代便开始军训，军训内容包括每年定期参与杀害潜在的威胁斯巴达人统治的耕奴希洛人。——译者注

它们的发展结果时，却是徒劳的，两者之间的联系完全中断了，所有后来的艺术品是一大堆统一定制的毫无生气的希腊化时期和罗马时期的作品。 早期斯巴达艺术中断的时间大约是在公元前 6 世纪中叶基伦当政时期，因此这位政治家通常被认为是斯巴达体制的创建者之一。 到公元前 189—前 188 年的晚些时候，斯巴达体制被一位外来的征服者强制废止之后，斯巴达的艺术创作经过一段低迷突然又焕发了活力。 这是极其严格的斯巴达体制丧失了其生存理由——彻底失去了对于美塞尼亚人的统治之后——仍然延续了两个世纪的令人惊奇的明证。 在此之前，亚里士多德就概括性地写下了斯巴达的墓志铭：

> 人们不应该指望着通过征服那些不值得征服的近邻(这里指希腊人的同伴，即那些希腊人称之为蛮族人的没有法律但并非低等的民族)的战争来训练自身……任何社会体制的终极目标都应当是建立一种军事制度，像其他的制度一样，目的都是在士兵不能尽职的情况下维持一个和平环境。[12]

第四节　一般特征

所有这些停滞的文明社会共同呈现出两个显著的特征——等级制和专业化分工，这两个特征都可以浓缩成一个单一的公式：这些社会包含的个体不完全是一种单一的类型，而是被分割成具有明显差别的两类或三类。 爱斯基摩社会有两个等级：猎人和猎犬。 游牧社会有三个：牧羊人，辅助动物和牧牛。 在奥斯曼社会，我们可以找到与游牧社会对等的三个等级，只不过人类代替了动物。 游牧民族复杂的社会躯体是由离开其同伴就无法在草原生存的人类和动物构成的单一社会聚合而成的，而奥斯曼帝国复杂社会躯体的构建正好与之相反，它把本性相同的人类划分成许多等级，似乎把他们视为不同种类的动物(就我们目前的研究目的而言，这些"动物"之间的差别是可以忽略的)。 爱斯基摩人的猎犬和游牧民族的马、骆驼是半人性化的，可以视为人类的同伴。

然而，奥斯曼帝国的臣民——莱亚(Raiyeh，意指"畜群")和拉哥尼亚的希洛人*却是半动物性的，被当作牲畜看待。在这样的社会里，其他的人类同伴则转变成了独特的"怪物"。完美的斯巴达人是一个火星人，完美的土耳其禁卫兵是一个教徒，完美的游牧人是一个人首马身的怪物，完美的爱斯基摩人则是一个人鱼。伯里克利在《葬礼演说辞》中，对雅典人和它的敌人作了对照，其要点就是雅典人是一个按神的模样造出来的人，斯巴达人却是一架战争机器。至于爱斯基摩人和游牧民族，所有的观察者都一致认为这些"专家们"已经把他们的技术完善到这样一种程度，即在各自不同的环境中，他们是把人和船以及把人和马结合成一个不可分离的有机体进行活动的。

这样，爱斯基摩人、游牧民族、奥斯曼人、斯巴达人都通过尽可能地抛弃无限多样化的人性而坚持一种僵硬的动物性完成了他们所要完成的使命，由此他们就走上了倒退的道路。生物学家告诉我们，使自身严格适应高度特殊环境的那类动物已经处于死亡的边缘，在进化过程中是没有前途的，而这恰好是这些停滞文明的命运。

人类虚构的所谓"乌托邦"社会和现实中的昆虫社会都呈现出与这样的命运极为相似的命运。如果对它们加以比较的话，那么在蚁群、蜂群以及柏拉图的《理想国》、奥尔多斯·赫胥黎的《美丽新世界》**中，我们都可以找到我们在所有停滞的文明中已经确认的相同的显著特征——等级制和专业化分工。

在智人***脱离低等的脊椎动物界几百万年之前，这些社会昆虫就进化到了它们现在的社会形态，并且在这样的形态上永远停止下来。至于乌托邦社会，根据假说，它们同样是不能再发展的，因为这些假说都是一些行动纲要，只不过带上了善于进行虚构性描写的社会学面具伪

---

* 拉哥尼亚为古希腊城邦斯巴达的兴起之地，与后来占领的美塞尼亚构成全盛时期斯巴达的基本领土。希洛人是被斯巴达人征服并沦为耕奴的地方居民。——译者注
** 20世纪著名的科幻小说和讽刺小说之一，其主题是讽刺工业化社会中的过度标准化、等级化、机械化和科学化现象，呼唤人的天性和主观能动性。——译者注
*** 学名Homo Sopiens，生物学分类中的一个概念，指完全形成的现代人，意即智慧之人。在生物学分类中系属脊椎动物门、哺乳动物纲、人科、人属、智人种。其形成年代根据化石材料大概在5万年前。近年来古人类学界依据新发现的化石也有把智人出现时间推前的趋向，如划分出早期和晚期智人两个阶段，早期智人出现在大约15万年前，但同我们现代人还有一些体质形态上的差异。——译者注

装起来罢了，它们想要激起的行为几乎总是瞄准发展到一定阶段开始趋向衰败的、除非这种衰败过程被人为地停止下来，否则终将消亡的现实社会。　拯救这个衰败过程是大多数乌托邦的最高期望，因为在其社会成员已经失去进一步前进的希望之后，乌托邦的幻想是很少被任何社会虚构出来的。　因此，在几乎所有的乌托邦著作中——给这种文学体裁冠之以"乌托邦"名称的英国人的天才著作显然可以排除在外——一种不可更改的超稳定平衡状态就成为一个社会所有其他目标必须屈从的目标，甚至如果有必要的话，其他的目标也可以牺牲掉。

希腊的乌托邦正是这样。　希波战争爆发不久产生的各个哲学派别构思出了雅典的乌托邦社会。　这些构想的消极方面对雅典的民主充满着很深的敌意，因为，在伯里克利死后，民主就和它曾经辉煌过的同伴——雅典文化分道扬镳了，民主发展成为一种疯狂的军国主义，几乎摧毁了曾经孕育出无比灿烂的雅典文化的整个世界，直到最后以苏格拉底的被审判谋杀结束了这场战争。

战后雅典的哲学家关心的首要问题就是批判过去两个多世纪曾经使雅典无比繁荣伟大的一切事物。　他们坚持认为只有把雅典的哲学和斯巴达的社会制度结合起来才能拯救希腊。　为了使斯巴达的体制适合他们自己的观念，他们在两方面加以改进：首先把他们观念的逻辑性发展到极致，其次把一个拥有至上权力的类似于雅典哲学家的知识分子等级(柏拉图的保护人)强加到斯巴达军人等级之上，在此过程中斯巴达的军人被训练成在乌托邦这个"管弦乐合奏队"中只能充当演奏小提琴的次要角色。

在他们极力补救等级制的过程方面，在他们对专业化分工的偏爱方面以及在他们不惜一切要建立一种平衡状态的热情方面，公元前4世纪的雅典哲学家只是公元前6世纪斯巴达政治家温顺的学生。　在等级制问题上，柏拉图和亚里士多德的思想受到了种族主义偏见的影响，这种种族主义到近代已经成为我们西方社会无法摆脱的罪恶之一。　柏拉图"高贵谎言"的幻想是一种精细的设想，因为它暗示在一个人和另一个人之间存在着深刻的不同以至于可以划分为不同的种类，就像一类动物和另一类动物之间一样。　亚里士多德关于奴隶的辩护也是顺着相同的思路。 他坚持认为一些人本性上就是奴隶，尽管他承认在现实中许多应该是自由的人却成为了奴隶，而一些应该成为奴隶的人却是自由的。

在柏拉图的乌托邦和亚里士多德的类似幻想中(参见柏拉图的《理想国》、《法律篇》和亚里士多德《政治学》的最后两章)，他们的目标不是个人的幸福而是共同体的稳定。 柏拉图声称禁止吟诗，其口吻好像出于一个斯巴达统治者之口，他主张对"危险思想"进行普遍审查，这种类似的审查制度后来在共产党的俄罗斯、国社党的德国、法西斯的意大利以及神道的日本的规章制度中同样可以找到。

乌托邦计划对于拯救希腊是一个毫无希望的幻想，这一点在实践中得到了证明。 在希腊历史未走完它的路程之前，出现了众多的人为造就的共和国，在这些共和国中，乌托邦的主要设想都适时地付诸实践了。 根据柏拉图《法律篇》的构想，在克里特一片荒凉的土地上建立起来的这个单一的共和国，事实上在随后四个世纪中，在亚历山大和塞琉古建立的东方城邦和罗马人建立的蛮族城邦中，发展到上千个。 在这些"乌托邦的真实生活中"，为数不多的有幸成为殖民者的希腊人和罗马人被解放了出来，他们文化上的任务就是把希腊主义的阳光普降给外部的黑暗世界，而把既累又脏的工作留给那些分配给他们的足够的"土著"劳动力去做，比如高卢地区的一个罗马殖民地就可以管辖一个蛮族部落的全部土地和人口。

公元 2 世纪，希腊世界享受的是小阳春(Indian Summer)* 般的和平宁静生活，当时的人，甚至后来的人长时间内误认为这是一个黄金时代，仿佛柏拉图最大胆的理想已经实现而且被超越了。 从公元 96 至 180 年间，一系列哲学权威统治着整个希腊世界，在这些哲学权威的庇护下，上千个城邦相安无事，享受着一种和平和谐的日子。 但是邪恶的中止仅仅是一种暂时的现象，因为在表层下面，并非一切都那么美好。 一种由社会环境引发的、远比国王强制的法令更为有效的不易察觉的审查制度正在报复性地消灭智慧和艺术的活力。 如果柏拉图再次看到他天才的设想就这样被实践了，他一定会大吃一惊的。 公元 2 世

---

* 源于印第安人的说法，指秋天气候转凉后突然出现短暂的温暖天气。 ——译者注

纪是一个繁荣的时代，但那是受人尊崇而毫无灵感的时代，公元 3 世纪则是一个令人痛苦的混乱时代，当时法拉辛翻了身，并和它们的主人脱离了。 到公元 4 世纪整个局面彻底扭转了，因为一度拥有特权的罗马统治阶级，只要活下来，就被套上了锁链。 陷入绝望的罗马帝国各行政区的元老们都被锁在了狗窝里，夹紧了尾巴，一点也看不出他们是柏拉图设想的出色的"人类看门犬"在意识形态上的继承者了。

总之，如果我们浏览大量的现代乌托邦著作的一部分，我们也会发现同样的柏拉图式的特征。 奥尔德斯·赫胥黎先生的《美丽新世界》一书，是用一种讽刺的语气写的，他宁愿采用批判的方式也不愿迎合人们的兴趣。 他首先假定现代工业制度只有按照"自然等级"的严格划分才能勉强建立起来，而它的最后完成有赖于生物科学的巨大发展再加上心理学的多种技术，这样就产生了 α、β、γ、δ、ε 五个等级的分层社会。 分层社会只不过是柏拉图的发明，奥斯曼人曾把它发展到了极致，赫胥黎提出的字母等级制分层社会与之有所不同。 事实上在赫胥黎那里，这种字母等级制变成了许多不同的"动物"种类，就像游牧社会里的分工合作的人、犬以及反刍动物一样。 在这种等级制中，ε 等级，即第五等级，做着脏乱差的工作，并且他们是真正喜欢这份工作，而且没有其他要求，他们是在实验室里被预先制造出来的。 威尔斯* 先生的《月亮上的第一批人》描绘了这样一种社会："每一个公民都清楚自己的岗位。 他生下来就是为了干这个的，他所受到的复杂的训练、教育和手术最后使他彻底适合了这个岗位，以至于他既没有产生其他想法的思想，也没有这样的器官了。"

同样典型、同样有趣的是塞缪尔·巴特勒在《埃瑞璜》** 一书中表达的稍有不同的观点。 在这位叙述者访问埃瑞璜四百年之前，埃瑞璜人就已经意识到他们正在成为他们发明的机器的奴隶。 这种人机结合体正在变成像爱斯基摩人的人船结合体和游牧民族的人马结合体一样的

---

* 赫伯特·威尔斯(Herbert George Wells，1866—1946),英国小说家，1901 年发表科幻小说《月亮上的第一批人》。 ——译者注

** 塞缪尔·巴特勒(Samuel Butler，1835—1902)，英国著名小说家。 《埃瑞璜》(Erewhon)是一个虚构国家的名字，书名也有"越界"或"超限"的意思。 ——译者注

低等人类实体，因此，他们打碎了他们的机器，把他们的社会固定在工业时代开始之前的发展水平上。

注：作为语言传播载体的海洋和草原

在我们开始描述游牧民族文明的时候，我们提到草原像"未曾开垦的海洋"一样，不能为定居人类提供任何居住之所，然而却比耕地更能为旅游和交通运输提供更大的便利。海洋和草原的这种相似性也可以通过它们作为语言传播载体的功能得以阐释。我们清楚地知道从事航海的人们非常易于把他们自己的语言传播到已经在沿岸建立了家园的海洋四周。古代希腊的航海家一度把希腊语变成整个地中海地区的通行语言。勇敢的马来亚水手已经把他们的马来语传播到遥远的马达加斯加和菲律宾。尽管波利尼西亚人的独木舟在许多小岛隔离开的浩瀚海洋上定期穿梭的时代已经过去许多代了，可是在太平洋上，从斐济到复活节岛，从新西兰到夏威夷，至今仍然无一例外地讲着波利尼西亚语。再有，正是由于"大不列颠人统治了海洋"才使英语后来成为全世界范围内的通行语言了。

在草原四周的农耕地带，由于游牧民族"草原水手"的不停巡游，语言也在广泛传播，这种现象可以通过现存的四种语言：柏柏尔语、阿拉伯语、土耳其语和印欧语在地理上的分布得以证实。

柏柏尔语今天仍在撒哈拉的游牧民族以及撒哈拉北部和南部边缘的定居人们中间流行。人们自然会认定这种语言的北部分支和南部分支是经由讲伯伯尔语的游牧民族在过去的时代里从草原侵入到这两个农耕地区传播而来的。

阿拉伯语今天也呈现出类似的现象，它不仅通行在阿拉伯草原的北部一带、叙利亚、伊朗，而且通行在阿拉伯草原的南部一带、哈德拉毛地区、也门以及尼罗河流域西岸。它继续向西传播从尼罗河流域继续进入到伯伯尔地区，今天在大西洋的北非沿岸和乍得湖的北岸同样在讲阿拉伯语。

土耳其语被传播到欧亚大草原的四周地带，今天，它以多种方言的形式,遍及中亚地区这一心脏地带,从里海的东岸延伸到罗布泊,从伊朗高原的北面陡坡延伸到阿尔泰山脉的西麓。

土耳其语现在的分布为了解印欧语系现在的分布提供了线索,今天印欧语系(像它名称暗示的那样)被奇怪地分离成地理上互相隔绝的两支,一支进入了欧洲,另一支进入了伊朗和印度。如果我们假定土耳其语的传播者在欧亚大草原安家之前,印欧语系最初是由这个草原上的过客游牧民族传播开来的话,那么现在的印欧语谱系就很好理解了。欧洲和伊朗都是欧亚大草原的"海岸",这个巨大的无水海洋就是两者之间交流的天然媒介。这种情景和我们前面提到的三种情景之间唯一的不同就是:在这种情景中,这种语言已经失去它曾经传播过的居于其间的草原地区的控制力。

注 释:

[1] Steensby, H. P., *An Anthropological Study of the Origin of the Eskimo Culture*, p.43.

[2] 同上书,第 42 页。

[3] Genesis iv.1—5.

[4] 汤因比先生对于这个问题进行了详尽的研究并在这一章后面列出了一个长长的附录,这里无法加以复述。 ——节录者注

[5] Toynbee, A. J., *The Western Question in Greece and Turkey*, pp.339—342.

[6] Genesis iv.1—5.

[7] 如果汤因比先生一直写到 1945 年,就像目前节录者一样,那么他就需要对这一页稍加修改。 ——节录者注

[8] 见本书第 152 页。

[9] Lybyer. A. H., *The Government of the Ottoman Empire in the Time of Suleiman the Magnificent*, pp.36, 45—46, 57—58.

[10] Busbecq, O.G., *Exclamatio, sive de Re Militari contra Turcam inslituenda Consilium* (Leyden, 1633), p.439.

[11] Plutarch, *Lycurgus*, ch. xv.

[12] Aristotle, *Politics*, 1333B—1334A.

第十章

文明成长的本质

第一节　　两条虚假的路径

通过观察我们已经发现最富有刺激性的挑战是介于强度过足和强度不足的中间点上，因为强度不足根本不能刺激挑战的对象起来应战，反之，强度过足又会摧毁其应战精神。 那么它所能承载的挑战是什么呢？ 从短期来看，最富有刺激力的挑战是可以想象到的。 波利尼西亚人、爱斯基摩人、游牧民族、奥斯曼人和斯巴达人的实例使我们观察到这样的挑战易于激起过强的应战，随后我们同样看到了这些文明使用的"绝技"是一种致命的惩罚，致使其文明进程停滞下来。 所以，从长远来看，从最强烈的应战在整体上和最后的结果来看，我们必须承认最直接的应战并不是任何既定挑战是否是最适度的最终检验标准。 真正最适度的挑战不仅能够刺激挑战的对象完成一次成功的应战，而且能够刺激它获得进一步发展的动力：从一次成功到一个新的挑战，从解决一个问题到面临另一个问题，从阴到阳。 如果文明不断生长，仅有一次从动荡到平衡的有限运动是不够的。 要把这种运动转变成周而复始的节律，必须有一种"生命冲动"(柏格森*的术语)，以便将挑战的对象

---

　　* 亨利-路易斯·伯格森(Henri-Louis Bergson, 1859—1941), 20 世纪上半叶的法国著名哲学家。 ——译者注

再度从平衡状态推入动荡之中，再次面对新的挑战，再度刺激它以一种新的平衡状态结束动荡继而作出新的应战，如此交替，不断前进以至无穷。

这种始终活跃在一系列动荡之中的"生命冲动"，清晰地贯穿于希腊文明从诞生至公元前5世纪达到全盛时期的整个过程之中。

新生的希腊文明遭遇的第一个挑战是古代的黑暗和混乱。亲体米诺斯社会的解体留下了一个残缺不全的肢体——放逐在孤岛的米诺斯人、置于边缘地区的亚该亚人和多利安人。这个古老文明的残存者会埋葬在新近出现的蛮族人如急流一般冲垮的碎石之下吗？亚该亚人占据的极小块低地会被四周高地的蛮族人主宰吗？平地上性情温和的农耕者会被高山上的牧羊人和强盗任意摆布吗？

希腊人战胜了第一个挑战。他们认为希腊应该是城市的世界而非乡村的世界，应该发展农业而非畜牧业，应该有秩序而非无政府状态。然而对第一个挑战的成功应战使这些胜利者遭遇了第二个挑战。因为确保低地农业平稳发展的胜利推动了人口的增长，而且当人口增长达到希腊的本土农业所能供应的食物的最大限度时，这种推动力仍然没有中止，这样，对第一个挑战非常成功的应战导致幼年的希腊社会再次面临另一个挑战，希腊人对这个马尔萨斯式的挑战与对混乱的挑战而应战一样，都取得了胜利。

希腊人应对人口过剩的挑战交替使用两种不同的试验方式。首先他们采用的是一种最容易、最明显的方式，并且一直运用到它失去效力为止，然后用一种较为困难的隐蔽方式代替了第一种方式，直到问题得到解决。

第一个方法是运用低地的希腊人在征服新地区以开拓海外领地从而把他们的意志强加给高地邻居的过程中创造的技术和制度。借助于步兵方阵的军事工具和城邦的政治工具，一群希腊的先驱者征服了意大利南端的意大利蛮族人和孔恩蛮族人，建立了大希腊＊；征服了西西里的

＊来自拉丁文 Magna Graecia，指意大利半岛南端与西西里岛上的希腊人殖民地。欧洲文字中的希腊(Greece)一词就从 Graecia 演化而来。——译者注

西开尔蛮族人，建立新伯罗奔尼撒；征服了昔兰尼加的利比亚蛮族人，建立了一个新的希腊联邦；征服了爱琴海北岸的色雷斯蛮族人，建立了卡尔西迪斯城邦。 然而，过去的事情再次发生了，这次非常成功的应战又一次给胜利者带来了新的挑战，因为他们所做的一切，本身就是对地中海其他人们的挑战。 最后，非希腊人被刺激起来应战，中止了希腊人的扩张活动，部分原因是借助希腊人的计谋和武器反抗希腊人的入侵，部分原因是他们把自己的力量联合了起来，其规模比希腊人的还要大。这样，希腊人开始于公元前 8 世纪的扩张活动，到公元前 6 世纪就被迫停止了。 但是，希腊社会人口过多的难题仍然没有得到很好的解决。

面对希腊历史上这个新的危机，雅典人找到了必需的解决途径，由此它成了"希腊的学校"，不但学会了而且教会了希腊人如何把这种扩张活动由广度转变成深度——这种意义重大的转变在这一章的后面我们还要谈到更多。 雅典人的应战我们已经描述过了，在这里就不必再重复了。

沃尔特·惠特曼*这样理解生长的节律："在本质上，无论何种成功的果实里都会孕育出种子，促使它必须接受更大的挑战"，和他同生活在维多利亚时代的威廉·莫里斯的观点稍有悲观："我曾深思……人们是怎样争斗的，又是如何休战的，他们争斗的东西即使他们失败也会产生，而当它产生出来，又不是他们想要的了，可是其他人还要以其他的名义继续为之争斗。"

文明似乎就是这样，通过"生命冲动"不断生长，生命冲动推动挑战通过应战到达另一个挑战。 这种生长表现在内外两个方面：宏观上，生长本身呈现出一个逐步控制外部环境的进步过程，微观上则是一个逐步自决和自我表达的进步过程。 无论在何种意义上，我们都可以为生命冲动的进步确定一个可能的标准。 让我们从这一视角依次研究一下这两种表现形式。

在研究第一种征服外部环境的进步过程时，我们发现把外部环境加

---

* 沃尔特·惠特曼(Walt Whitman, 1819—1892)，美国记者、诗人、评论家，被称作自由体诗歌之父。 ——译者注

以进一步细分更有利于我们的研究。 我们可以把外部环境细分为与之密切相关的其他人组成的人为环境和非人类物质构成的自然环境。 在正常情况下，对人为环境的逐渐征服表现为社会在地理上的不断扩张，对自然环境的征服表现为技术上的进步。 我们首先研究前者，即地理上的扩张，看看把它视为文明真正成长的充分标准，究竟有多大价值。

如果我们觉得麻烦而不愿意举出大量的确凿证据，就断言地理扩张或者说"把地图涂红"*不是衡量一个文明真正成长的标准，读者们也不可能反对。 我们发现有些时候文明的成长在时间上与一个文明本质上的进步相吻合，是文明本质进步的部分外在表现——就像上面提到过的希腊社会早期的扩张一样，然而更多的时候，地理扩张伴随着文明的真正衰落，是与"动乱时代"或者统一国家时期紧密联系在一起的——这两个时期均是文明衰落和解体的阶段。 个中原因是不难找到的。 动乱时代产生军国主义，它把人类精神扭曲到一个相互毁灭的轨道中，很多情况下最成功的军国主义者通常会成为统一国家的缔造者。 当强大的统治者把攻击对手从国内转向邻近社会的时候，地理扩张遂成为这一间歇期内军国主义的副产品了。

到目前为止，军国主义，就像我们在本书后面看到的一样，已经成为文明解体的最为普遍的原因。 在过去四五千年里，已经有二十几个文明先后解体了，直到今天还在持续。 军国主义摧毁文明的方式就是使整个社会已经联结成一体的当地国家陷入到毁灭性的自相残杀之中，在这种自杀式的进步过程中，整个社会结构变成了点燃厚颜无耻的摩洛神**心中愤怒之火的燃料。 单一的战争艺术取得了进步，却牺牲了许多和平艺术。 在这种致命的恶习没有完全摧毁其信徒之前，这些信徒们可能已成为使用屠杀工具的专家了，以至于如果他们暂时放弃自相残杀，转而拿起武器对准陌生人胸口的话，他们就会轻而易举地把武器刺进对手的胸膛。

事实上，研究一下希腊历史，就会得出一个我们所反对的恰好相反

　＊　Painting the map red，意即地域扩张、同一化。 ——译者注
　＊＊　Moloch，古代腓尼基人信奉的火神。 ——译者注

的结论。 我们已经注意到，在希腊历史的某个时期，希腊社会通过地理扩张来解决人口过多的挑战，大约两个世纪(约公元前770—前550年)之后，这种扩张被周围非希腊强邻中止了。 由此，希腊社会转入了防御，在本土受到东方波斯人的进攻，在新近得到的领土上受到西方迦太基人的进攻，就像修昔底德见证的那样，"希腊在很长时间内感受到了来自各方的压力"，也像希罗多德提及的那样，希腊"遭受到了比过去二十多代里更多的灾难"。[1]现在的读者很难理解这两位最伟大的希腊历史学家为何用如此忧郁的语句描述一个辉煌的时代，因为在后人看来，这一时代标志着希腊文明发展的顶峰：在这个时代，希腊的天才们在社会生活的每个领域都完成了许多伟大的创造，使希腊文明长久不衰。 希罗多德和修昔底德之所以对这个时代产生这样的感觉是因为，与以前相比，在这个时代里，希腊的地理扩张被遏制了。 然而，毋庸置疑的是在这一个世纪里，希腊文明生长的生命冲动力是空前绝后的。如果这些历史学家被赋予超人的寿命能够看到这个故事的结局的话，他们一定会惊讶地看到以希波战争为标志的这个衰落以后紧接着就是地理扩张的再度爆发——亚历山大开创的希腊文明在陆地上的扩张——在实际规模上远远超过了早期希腊人在海洋中的扩张。 在亚历山大的铁蹄踏过赫勒斯滂海峡两个世纪里，希腊文明就扩张到亚洲和尼罗河流域，征服了它所遇到的一切其他文明——西徐亚文明、埃及文明、巴比伦文明和印度文明。 此后大约两百多年里，在罗马帝国的庇护下，一直继续扩张到欧洲和北非蛮族人的心腹地带。 可是这些扩张正是发生在希腊文明明显处于解体的过程之中。

几乎所有的文明史都能证明地理扩张是与文明本质上的解体相吻合的。 我们可以再举一两个例子。

米诺斯文化辐射范围达到极限的时期出现在现在的考古学家称之为"后米诺斯第三时期"，它开始于大约公元前1425年克诺索斯*被洗劫

---

* 古希腊最早的文明爱琴文明在时间顺序上先有克里特文明，后有迈锡尼文明，此处指克里特文明的中心克诺索斯被摧毁。 传说统治克诺索斯的国王是米诺斯，但没有足够的证据证明他是真实的历史人物。 根据他的名字国外考古与历史学界把克里特文明划分成几个米诺斯时期。 ——译者注

以后：就是说，开始于米诺斯统一国家，"米诺斯海上霸权"遭到大灾难以后，此时，它的发展步入了间歇期，米诺斯社会已经分裂。从后米诺斯第三时期开始，米诺斯文化创造的所有物质成果都被盖上了颓废的印记，这一突出特征就如同米诺斯人在这一时期创造的遍及各处的物质成果远超过以前的成果一样突出。看起来好像技术含量的降低就是产品扩大不得不付出的代价。

在远东社会的前身，即古代中国社会的历史中，情况也大体如此。在其生长时期，古代中国的统治没有越出黄河流域。在古代中国的动乱时代——中国人称为"战国时期"——古代中国才把南部的长江流域和北部白河*的平原地区统一起来。秦始皇，这位古代中国的缔造者把他的政治边界推进到长城一线，汉朝继承了秦始皇的事业，把疆界进一步向南部推进。这样看来，在古代中国的历史中，地理扩张和社会解体时期也是同时出现的。

最后，如果我们转向我们自己尚未终结的西方文明历史，考察一下征服流产的远西方和斯堪的纳维亚文明的早期扩张活动，征服北欧的蛮族从莱茵河到维斯杜拉河、征服欧亚大陆游牧民族的先驱匈牙利人从阿尔卑斯山脉到喀尔巴阡山脉的扩张活动，以及随后从直布罗陀海峡到尼罗河河口和顿河河口进入地中海流域的每一个角落的海洋扩张——这是一次广泛但是短暂的征服和贸易，最简便的名称叫"十字军东征"，我们可能会同意这些都是地理扩张的例证，像早期希腊人的海洋扩张一样，并未伴随、以后也没有发生扩张期文明本身生长的任何停滞现象。但是当我们回头审视一下最近几个世纪世界范围内的广泛扩张活动的时候，我们只能踟蹰不前，满怀狐疑了。此时，与我们密切相关的问题是在我们这一代中，一个谨慎的人是否能够对此做出自信的回答。

现在我们转向我们主题的另外一个部分，探讨一下技术改进导致的对自然环境的进步征服过程是否可以为我们提供衡量文明真正生长的充分标准。在技术改进和社会成长过程中间存在着一种正向相关性吗？

---

　　* Peiho，汤因比可能指发源于河南伏牛山的白河，流经今洛阳、南阳等地，汇入汉水。——译者注

在现代考古学家发明的分类法中，这种相关性被视为当然之事，他们为物质技术改进假想了一系列阶段并把它作为与之对应的文明进步连续阶段的标志。在这种思想框架下，人类进步被划分为一系列时代，并用技术标签加以区别：旧石器时代、新石器时代、铜石并用时代、铜器时代、青铜时代、铁器时代，可能再加上只有我们现代人才有权利生存于其间的机器时代等等。尽管这种分类法被广泛应用，但是我们最好还是批判地研究一下它划分文明进步的分期观念，因为即使对于这种经验性的试验毫无偏见，我们甚至不加分析也能够指出它假想的几个依据。

首先，正是由于它太过流行，所以它才是假想，这是因为它对迷恋近代技术胜利的社会先入为主的偏见极具吸引力。它的流行说明了一个毋庸置疑的事实——就像本书第一章开头人为的那样——每一代人都倾向于根据他们瞬息万变的思想框架构思他们过去的历史。

用技术假想划分社会进步发展阶段的第二个依据很显然是一个学者企图要成为他偶然研究的专门材料的奴隶。从科学的角度看，史前人制造的工具应该保存下来，而其精神产品，制度和观念的毁灭纯粹是一个意外。事实上在人类生活中，当精神工具仍发挥作用的时候，它要比物质工具占据更为至关重要的地位，然而，由于废弃的精神工具没有遗留下来，废弃的物质工具遗留了下来，变成了有形的遗迹，同时由于考古学家研究人类遗迹只是希望从中获得人类历史的知识，因此考古学家是倾向于把智人当作工匠人*的附属物来描绘智人的。当我们转向这个证据的时候，就会发现许多文明停滞下来甚或走向衰落而技术仍然进步的实例，同样我们也可以找到相反的例子，即当技术停滞不前时，文明仍在变动的情况——或者前进或者倒退。

举例来说，每一个停滞的文明都创造过一项高超的技术。波利尼西亚人是航海能手，爱斯基摩人是出色的捕鱼高手，斯巴达人是出类拔萃的勇士，游牧民族是杰出的驯马人，奥斯曼人则是驯服人类的大师。这些都是文明停滞不前而技术不断提高的实例。

---

* Homo Faber，拉丁文原意是工匠人，指能够制造工具的人。这一技能其实是人与其他动物的根本区别。——译者注

如果我们把欧洲旧石器时代早期和作为其技术直接继承者的新石器晚期加以对比的话，文明衰落技术进步的情况就很清楚了。尽管旧石器时代早期的人类满足于简单粗糙的工具，但是这一时期也出现了高雅的审美意识，并通过简单的绘画手段表达出来。灵巧生动的动物木炭画，至今仍保存在旧石器时代人类穴居的洞壁上，令我们叹为观止。新石器晚期的人类花费了无穷的精力，运用精巧的种植工具装备自己，并且他们很可能用这些工具与旧石器时代的人类进行生存斗争，结果绘画的人倒下了，工匠们成了土地的主人。在这个变化过程中，技术获得了巨大的进步，文明却明显地倒退了，因为旧石器时代早期的人类艺术随他们一同消亡了。

再者，玛雅文明在技术上的进步始终未能超越石器时代，它的子体墨西哥文明和尤卡坦*文明却在西班牙征服之前的五百年间，在使用多种金属方面取得了引人瞩目的成就，可是玛雅社会达到的文明程度要比附属于它的两个二级社会高得多，这一点是不容置疑的。

希腊历史上最后一位伟大的历史学家恺撒里亚的普罗科匹乌斯**，在他所写的查士丁尼大帝战争史的序言中——这场战争实际上敲响了希腊历史的丧钟——宣称他的题目比其前辈选择的题目意义重大，因为他那个时代的军事技术比以前任何战争使用的技术都要先进。事实上，如果我们把战争技术史和希腊其他方面的历史割裂开来的话，我们应该发现从始至终存在一个连续性的技术进步过程，不但要经过文明的生长期，而且随后还要经过文明的衰退期，同时我们也应该发现技术发展的任何一步都是在文明的灾难刺激下产生的。

斯巴达方阵的发明——希腊军事技术进步的第一个标志——本来就是第二次斯巴达与美塞尼亚战争的产物，它导致了希腊文明在斯巴达没有发育成熟就停滞不前了。第二个技术进步的标志是希腊步兵被分割成两个极端的类型：马其顿长矛步兵和雅典轻盾步兵。马其顿步兵方

---

　　* Yucatan，墨西哥东南部的一个半岛，古老的印第安文明之一玛雅文明的重要遗址的发现地。——译者注
　　** 拜占庭帝国早期的杰出史家，代表作为《查士丁尼战争史》与《秘史》。——译者注

阵由双手持长矛的步兵组成，替代了过去单手持短矛的步兵，比起斯巴达方阵，在对阵中威力更大，但是一旦它的阵型被冲垮同样会缺乏机动性，显得笨拙和脆弱，除非它的两翼有轻盾步兵保护，否则它不能安全地投入战斗。 这种新型的轻盾步兵是从正规步兵中挑选出来的，被训练成了散轻步兵。 第二次技术改进是一个世纪生死大战的产物，从希波战争爆发到马其顿在科罗尼亚击败底比斯人和雅典人为止(公元前431—前338年)，＊这是希腊文明第一次解体时期。 接下来技术的改进是由罗马人完成的，他们成功地在罗马军团的战术和装备方面糅合了轻盾步兵和长矛步兵的优点，克服了两者的缺陷。 罗马军团的士兵都配备两支投掷长矛和一柄短剑，作战时先以展开的队列发起两次进攻，然后辅以按传统方阵装备和训练的第三次进攻。 第三次技术改进是另一场生死较量的产物，从公元前220年汉尼拔战争开始到公元前168年第三次马其顿战争结束。 第四次也是最后一次技术改进是对罗马军团的进一步完善，这个过程始于马略，终由恺撒完成，它是一百年罗马改革和内战的共同产物，最终建立了古代希腊文明的统一国家——罗马帝国。 查士丁尼的铁甲骑兵——骑着全身披甲的战马上的全身披甲的骑兵，普罗科匹乌斯曾向他的读者把这描绘成希腊军事技术的杰作——不是本土希腊人军事技术的进一步发展。 铁甲骑兵只是希腊社会日渐衰败的最后一代人对同时代的伊朗近邻和对手军事装备的一种改进。 公元前55年，他们在卡莱战役中击败克拉苏＊＊，第一次让罗马人见识了他们的威力。

战争艺术不是与社会躯体的一般进步正好相反的唯一进步技术。现在让我们考察一下与战争技术相距最远的另一项技术：农业技术，它一般被认为是至高无上的和平艺术的杰出成就。 如果我们回溯希腊历史，我们就会发现农业技术的改进也是文明衰退的相伴物。

＊ 公元前338年，后来崛起的马其顿军在国王腓力二世统帅下，于中希腊的科罗尼亚彻底粉碎底比斯与雅典等国反马其顿联军，随后征服整个希腊半岛，确立了马其顿的霸权，为其子亚历山大东征奠定了实力基础。 ——译者注
＊＊ 克拉苏是罗马共和国解体时期一度统治罗马的三个军阀之一，曾残酷镇压过斯巴达克斯奴隶大起义。 约公元前53年，他率军东征位于两河流域和伊朗高原的帕提亚帝国，在卡莱会战中被帕提亚军击败，其本人在与围敌谈判中被杀。 ——译者注

在开始阶段，我们似乎正在看到一个完全不同的景象。希腊战争艺术的第一次改进是以发明它的独特共同体生长的停滞作为代价的，但是与之可比的希腊农业技术的第一次改进却结出了幸福的硕果。当阿提卡人在梭伦的倡议下，从混合农业体制走向专业化的出口农业体制的时候，这种技术进步的后果就是阿提卡人生活的每个角落活力的爆发和迅速生长。然而，这个故事的下一章出现了相反的灾难性的转向。这种技术进步的下一阶段就是依靠奴隶劳动组织大规模的生产扩大出口规模。这一步似乎是在西西里的希腊殖民地共同体中采用的，第一次可能是在阿格里琴托(Agrigentum)，因为西西里的希腊人在临近蛮族人那里找到了不断扩大的葡萄酒和石油的市场。在这里，技术进步被社会的严重退步抵消了，因为新的种植园奴隶制比起旧的家庭奴隶制是一个更为严重的社会毒瘤。在统计数字上和道德上它都是更坏的。它没有感情，毫无人性的，并且遍及范围很大。最后它从西西里的希腊共同体遍布到由于汉尼拔战争的破坏早已是一片荒凉的南意大利的广大地区。凡是建立了种植园奴隶制的地方，明显提高了土地生产率和资本家的利润，但是在社会方面它却成为不毛之地，因为种植园奴隶制遍及到哪里，他们就会像劣质货币取代优质货币一样冷酷地取代自耕农，使自耕农沦落到赤贫的境地。社会后果是乡村人口数量的减少，无所事事的城市寄生虫增加，罗马尤其如此。从格拉古兄弟以后，连续几代罗马改革者的努力都未能根除最后一次农业技术改进带来的这颗社会毒瘤。这种种植园奴隶制一直持续到它赖以谋利的货币经济崩溃，才自发地瓦解了。这种财政制度的崩溃是公元3世纪社会总崩溃的一部分，毫无疑问它部分是过去四个世纪里一直侵蚀着罗马社会躯体血管的农业弊端的产物。这样，这颗社会毒瘤的消除最终导致了与它休戚相关的社会的死亡。

美国诸产棉州种植园奴隶制度的发展是由于英国棉纺品工业技术改进的结果，它是另一个我们非常熟悉的同样情况的例子。美国内战割除了种植园奴隶制这颗毒瘤，但是它无法根除社会毒瘤，美国社会遗留下大量获得自由的黑人，不然的话，美国就全是欧洲白人的后裔了。

在所有这些实例中，技术进步和社会进步之间缺乏相关性是显然的，技术改进了，然而文明出现了停滞或者倒退。在接下来我们考察的实例中，这种情况也是很明显的，技术停滞不前，然而文明却一直在变动，或者前进或者后退。

例如，在旧石器时代早期和晚期之间，欧洲完成了人类进步史的一大步。

> 旧石器时代晚期文化是和第四冰川时代晚期联系在一起的。在尼安德特人*的废墟上继起的是好些类型的人类遗迹，但它们没有表现出与尼安德特人有任何亲缘关系，相反，它们多多少少和现代人有紧密的相似性。在一定限度内，当我们面对这个时代欧洲的人类化石遗迹时，我们似乎已经进入到人类身体结构的现代时期。[2]

人类形体在旧石器时代中期发生的变化很可能是人类历史上迄今为止划时代的巨大事件，因为在这一时期，低能人成功地把自己变成了人，然而，人在低能人完成转变成人的了不起的成就以后的时间中，却始终未能使自己达到超人的水平。这种对比使我们能够测量当尼安德特人被超越，智人出现的时候，人类精神进步达到何种程度。但是这种巨大的精神革命并没有伴随任何相应的技术革命。结果从技术分类的角度看，旧石器时代晚期居住在洞穴中的那些创造出至今令我们钦佩不已的壁画的聪明艺术家们不得不对这种断裂的链条疑惑不解了，但是事实上如果通过智力、身材和人类每一个显著特征来衡量的话，旧石器时代高级智人和旧石器时代低级智人之间都是可以区分开的，他们的差别就像与我们后来的机器人之间的差别那样大。

在技术停滞文明倒退的实例中也可以找到一个相反的命题，即技术停滞文明发展的命题。例如，铁器制作技术最初是在米诺斯社会即将解体的一次巨大的社会倒退时期传入爱琴海世界的，在希腊文明步米诺斯先驱的后尘进入另一场巨大的社会衰退时，这项技术并没有再发

---

* 19世纪在德国杜塞尔多夫附近尼安德特河谷发现的古人类化石，定年在10万年前左右。——译者注

展——既没有改进也没有倒退。 我们西方世界原封不动从罗马世界继承了铁器制作技术，以及拉丁字母和希腊的数学成就，然而社会出现了灾难，希腊文明已经瓦解，继之是一个间歇时期，直到新的西方文明最终从中诞生。 可是这三项技术的连续性没有被相应地割断。

第二节 迈向自决之路

技术发展史像地理扩张史一样不能提供给我们衡量文明成长的标准，但是它确实揭示了一个支配技术进步的原则，即技术发展可以通过一个进步性的简化法则来进行描述。 举例来说，庞大笨重的蒸汽机，看似拥有精心设计的"永恒前途"，最终还是被简洁便利的内燃机取代了，因为内燃机具有列车的速度和步行者行动自如的几乎全部灵活性，更适合于在道路上行驶。 有线电报被无线电报取代了。 难以理解的复杂的古代中国和古埃及文字被简单易用的拉丁字母取代了。 *语言本身也呈现出相同的简化趋势，它抛弃了词形变化代之以辅助词，这种情况可以通过印欧语系的语言发展史的比较研究得到证实。 梵语是现存最早的印欧语系语种，一方面它由数量惊人的变形词构成，另一方面它的无变化词极其贫乏。 现代英语则走向另一个极端，几乎抛弃了所有的词形变化而通过前置词和助动词的发展弥补了自己，而古希腊语正好处于两个极端中间。 现代西方世界的服饰也由伊丽莎白时期粗俗复杂的装束简化成了今天的简朴式样。 哥白尼的天文学已经取代了托勒密体系，用简单得多的几何术语对更为宏大范围内的天体运动作出了同样一致的解释。

简化可能不是一个相当准确，或者至少不是很充分的描述这些变化的术语。 简化是一个消极的词语，暗含着忽略和消除的含义，然而上述实例中发生的事情不是一种缩减而是实践效果、审美观念和知性领悟

---

　　* 中国文字并未被字母文字所取代，尽管 20 世纪前期曾有不少中国学者提倡实行字母文字，但实践证明汉字在计算机时代的应用丝毫不比字母文字差。 但汤因比所说语言在简化的趋势却是事实。 ——译者注

等方面的提高，因此这种简化结果不是受损而是获益，而且这种获益是简化过程本身的产物，因为它释放了被许多物质媒介禁锢的能量，由此使这些能量具有了更大的潜能得以在更为宽松的媒介中自由地发挥作用。简化不仅仅包含工具手段的简单化，而且还是能量和重心从行为和生命的低级阶段到高级阶段的不断转移和改变。也许我们应该用一个更为准确的方式来描述这个过程,可以称之为灵妙化，而不是简化。

一位现代人类学家用富有想象力的笔调描绘了人类控制自然的发展过程：

> 我们正在脱离地面,我们正在失控,我们的路径正在变得模糊不清。燧石永远存在,铜器持续一个文明时期,铁器延续了好几代,钢只能存在人的短暂的一生时间。当运动时代结束以后,谁还能勾画出伦敦至北京的航空路线呢？或者今天谁能说出信息以太发射和接收的路径呢？但是爱西尼(Iceni)一个消失的小小王国的防御边界仍然掠过东盎格里亚(East Anglia)的南部边界,从干涸的沼泽地延伸到毁灭的森林地区。[3]

因此我们的研究表明我们一直寻找的文明生长标准，不能从对外部环境的征服中找寻，无论是人为环境还是自然环境，它只能存在于重心的进步变化和挑战应战行为从这个领域到另外一个领域的转换之中。在另外一个领域中，挑战不是由外部侵入而是来自于内部，成功的应战也不是采取克服外部障碍的形式或者战胜了内部敌手，而是表现为内部的自我表达和自决。当我们观察一个单独的个体或者一个单独的社会成功地对连续的挑战进行连续的应战时，当我们反问自己这种独特的连续挑战—应战是否表明了文明的生长时，我们就可以通过观察随着这种连续行为的依次进行，这种行为是趋向还是不趋向从前述两个领域的第一个领域转移到第二个领域找到我们问题的答案。

在那些试图仅从外部描述文明生长从开始到终结的历史叙述中，这个真理更加一目了然了。让我们举两个这样描述文明生长的代表性叙述，每一个都是个人的天才作品：M·埃德蒙·德莫兰的《典型社会道路评论》(Comment la Route cree le Type Social)和威尔斯的《世界史纲》。

德莫兰在序言中以无可争辩的精练语言提出了环境论题：

> 地球表面存在着无以计数的人口种类，创造这些人种的原因是什么呢？……人种多样性的首要的决定性的原因是人类遵循的活动路线，正是这些活动路线创造出种族和社会类型。

这种挑衅式的宣言目的就是刺激我们阅读这本书，了解作者阐释的观点，结果我们发现他在阐释原始社会生活方面是相当成功的。 在原始社会的背景下，社会特征可以仅仅依据挑战应战说从外部给予近似完整的解释，当然这不是对于文明生长的解释，因为这些社会现在已经静止不动了。 德莫兰对于停滞社会国家的解释也是相当成功的。 但是当作者把他的解释图式运用到家族式的乡村共同体时，读者们就会感到窘迫了。 在论述迦太基和威尼斯的一章里，人们确实感到他遗漏了某种东西，但是还说不出来忽略了什么东西。 当他试图依据意大利南端的水陆联运贸易学说解释毕达哥拉斯哲学的时候，人们就会感到这种做法很滑稽了。 到"高原道路——阿尔巴尼亚型和希腊型"这一章的时候，简直是降低我们的智力。 阿尔巴尼亚人的蛮人状态和希腊的文明被分为一类，仅仅因为在历史的某一时刻它们曾经碰巧经由同一个地点到达了各自地理上的目的地！ 我们熟知的伟大的人类事业——希腊文明竟然被降低成巴尔干高原的附属品！ 在这令人失望的一章里，这本书由于荒谬而自我否定了。 当一种文明达到希腊文明那样的发展高度时，企图仅仅依据挑战应战说从外部描述它的生长肯定是荒谬可笑的。

当威尔斯先生考察成熟的社会而不是原始社会时，似乎同样失去了控制力。 当他发挥想象力重构遥远的远古地质时代中某些生动的事件时，没有超出他的能力，尚能自圆其说。 他关于庞大的爬行动物无法生存下来而"这些小小的兽形动物，这些远古的哺乳动物"如何生存的故事几乎比得上圣经里大卫和歌利亚的传奇。 当这些小小的兽形动物进化到旧石器时代的狩猎者或欧亚大陆游牧民族的时候，威尔斯先生像德莫兰一样仍然能够满足我们的期望，但是当他置身于我们西方社会历史之中不得不评价独特的"高等动物"威廉·爱德华·格莱斯顿*的时候，他就失败了。他的失败只不过是因为他未能把他的精神财富随着叙述的进展从宏观领域转移到微观领域，同时他的失败揭示出《世界史纲》一书中表达的意义重大的知性成就的局限性。

威尔斯的失败可以通过莎士比亚解决同一问题上的成功衡量一下。如果我们按照灵化的上升次序把莎士比亚伟大作品的主要人物排列出来，并且牢记这位剧作家的技巧是通过展示行为中的个性表现这些人物的，那么我们就会看到随着莎士比亚让这些人物从低级向高级的发展，他不断地变换每部戏中英雄人物的活动场所，给予微观领域越来越大的空间，而让宏观领域逐渐远离戏的背景。如果我们把亨利五世、麦克白、哈姆雷特排成一列，我们就能够证实这一点。亨利五世相对原始的个性几乎完全体现在他对周围人为环境挑战的应战中：处理与他的好友和父亲的关系，在阿金库尔的清晨以其胆识感染战斗伙伴以及冲动地向凯特公主求婚。当我们再看麦克白时，活动场所发生了改变。麦克白面对的是与马尔科姆、麦克特夫，甚至麦克白夫人的关系，这些关系和这位英雄与自身的关系的重要性是同等的。最后，我们再转向哈姆雷特，我们看到宏观领域几乎不见了，他与暗杀他父亲的凶手之间的关系、他对奥菲莉亚的热情以及失去好友霍雷西亚的悲痛变成了这位英雄内心灵魂解决的冲突。在《哈姆雷特》中，行为场所几乎完全由宏观领域转向了微观领域。在莎士比亚这部艺术杰作中，就像埃斯库罗斯**的《普罗米修斯》和勃朗宁***的独幕戏一样，单个演员实际上占据了整个舞台就是为了给人性本身具有的汹涌的精神力量留下更大的活动空间。

当我们按照精神进步的上升次序排列莎士比亚作品中的英雄人物时，我们从中目睹了行为场景的不断转换，这种转换同样可以在人类文明史中识别出来。当一系列挑战应战刺激文明生长时，我们会发现，

---

* 威廉·爱德华·格莱斯顿(William Ewart Gladstone, 1809—1898)，曾担任英国首相，自由主义政治家。——译者注

** 埃斯库罗斯(Aeschylus, 约公元前 524—前 456 年)是古希腊戏剧家，被誉为悲剧之父，代表作有《被缚的普罗米修斯》等。——译者注

*** 勃朗宁 (Robert Browning, 1812—1889)，英国诗人兼戏剧家。——译者注

随着文明的生长，行为场所总是从外部环境转向社会自身躯体内部的。

例如，我们已经注意到，当我们西方的祖先成功地击退斯堪的纳维亚人的猛烈冲击时，他们取得对这次人为环境胜利的方式是铸造强有力的封建主义的军事和社会工具，但是在西方历史的下一个阶段，封建主义导致的社会、经济和政治的等级差别却形成了某种压力和紧张局面，反过来又给生长中的社会带来了另一个必须面对的挑战。西方基督教世界击退斯堪的纳维亚人喘息未定，又要面临下一个难题——消除等级间的封建关系，代之以主权国家和市民之间的新型关系。在这连续两次的挑战中，可以清晰地看到行为场所从外部转向了内部。

在不同的场合考察过的其他历史进程中，我们也能够看到同样的趋势。例如，在希腊历史上，我们已经看到早期出现的挑战源于外部环境：希腊境内高地蛮族的挑战和马尔萨斯式的挑战，它们都通过海外扩张得以解决了，随后而来的是土著蛮族人和敌对文明的挑战，后来的这次挑战在公元前5世纪的最初25年里迦太基和波斯的同时反攻时达到了顶点。尽管这样，在亚历山大跨过赫勒斯滂海峡以及接下来罗马一路凯歌的四个世纪里，这次可怕的人为环境的挑战也被胜利地克服了。由于这些胜利，希腊文明进入了大约五到六个世纪的间歇时期，在这期间几乎没有受到任何来自外部环境的严重挑战，但这并不是意味着在这期间希腊社会完全没有遇到挑战，相反，像我们已经注意到的那样，这些世纪是希腊文明的衰落时期，也就是说，在这一时期，希腊文明面对的是一个无法成功应战的挑战。我们已经知道这些挑战是什么，如果我们现在再回顾一下它们，就会看到它们都是来自于对以前的外部挑战成功应战所产生的内部挑战，就像封建主义带给我们西方社会的挑战正是来自于以前作为对斯堪的纳维亚人的外部压力进行应战手段的封建主义的发展一样。

比如，波斯和迦太基的军事压力刺激了希腊社会在自卫中铸成了两种强有力的社会和军事武器——雅典海军和叙拉古的僭主政治。在下一代中，这两种武器给希腊社会躯体带来了内部的压力和紧张，结果导致了希波战争的爆发，激起了叙拉古的蛮族臣民和希腊盟邦对自己的反抗。这些动荡最终带来了希腊社会的第一次衰落。

在希腊历史的随后几个阶段里，在亚历山大和西庇阿*的远征中对外作战的军队不久就转向对内，投入到对敌手马其顿的继承者和罗马独裁者的内战之中了。 同样地，叙利亚人失败以后，原来希腊和叙利亚之间为争夺西地中海霸权的经济竞争，再次在希腊社会内部出现，并演变成东方的种植园奴隶制度与西西里的希腊移民和罗马奴隶主之间的更具毁坏性的斗争。 另外，希腊文明和东方文明——叙利亚、埃及、古巴比伦和印度文明——之间的文化冲突在希腊社会内部重现为希腊社会灵魂和希腊化世界灵魂的一种内部危机：这种危机就是伊西斯崇拜、占星术、密特拉教、基督教和其他许多混合宗教的出现：**

> 他们无休止地战争，从东方到西方，
> 好像在我的心中行军。[4]

在我们自己的西方历史中，就今天而言，我们同样能够找到一种相对应的趋势。 它早期遭到的最激烈的挑战来自人为环境，开始是阿拉伯人在西班牙的挑战和斯堪的纳维亚人的挑战，最后是奥斯曼人的挑战。 可是自此以后，事实上我们西方文明的扩张已达世界范围了，至少在短期内，这种扩张完全使我们摆脱了原来异族的人类社会挑战强加的被占领地位。 [5]

自从奥斯曼人第二次攻打维也纳失败以后，我们西方社会遇到的唯一一次挑战，就是列宁和他的政党在1917年成为俄罗斯帝国主人以后西方世界面临的布尔什维克主义的挑战。 然而布尔什维克主义远没有越出苏联的国界，因而没有给我们西方文明的进步造成威胁，即使有一天共产主义的扩张实践了俄国共产主义的期望，遍布到这个行星的表

* 这里不知汤因比是指老西庇阿还是小西庇阿。 老西庇阿(Scipio Africanus，公元前236—前183年)是罗马共和国后期的杰出政治家与军事家，常胜将军。 在最艰苦的第二次布匿战争中，他率军直捣迦太基在北非的巢穴并取得决定性胜利，故获得了"征服非洲的"称号。 小西庇阿(Scipio Africanus the Younger，公元前185—前129年)，第三次布匿战争的罗马统帅，毁灭了迦太基。 若根据汤因比说西庇阿的军团不久投入罗马内战一事所看，似乎是指小西庇阿，因为第三次布匿战争之后不久，罗马便陷入百年内战的漩涡。 ——译者注
** 伊西斯女神是古埃及女神，密特拉教是古罗马的一种神秘宗教。 ——译者注

面，世界范围内共产主义对资本主义的胜利也并不意味着一种异族文化的胜利，因为共产主义不像伊斯兰教，它本身起源于西方背景之中，是对它所反对的西方资本主义的一种反动和批判。把这种奇异的西方教条奉为 20 世纪俄国的革命信念，不足以说明西方文化处于危险之中，实际上它表明了西方文化的生命力是何等强大。

布尔什维克主义的本质中有一个非常模糊不清之处，这体现在列宁的职业生涯中。他是想完成还是想毁坏彼得大帝的事业呢？俄罗斯的首都从远离中心的要塞圣彼得堡迁至内部中心地区，列宁似乎要宣称自己是阿瓦库姆大主教、老信徒派和亲斯拉夫派的继承者。在这里我们可能感觉到他是神圣俄罗斯的一位先知，体现了俄罗斯灵魂深处对西方文明的一种反动。然而，当列宁焦急地寻找一种信念时，他却求助于西方德国的卡尔·马克思的理论。事实上，比起 20 世纪俄罗斯先知可能采纳的其他任何西方原创理论来，马克思的理论更接近于对西方社会秩序的彻底批判。正是马克思的理论中的否定因素而不是肯定因素才使得它更加适合俄罗斯人的革命思想，这就可以解释为什么在俄罗斯系属外来的西方资本主义制度在 1917 年会被同是外来的西方反资本主义学说所推翻。这一解释可以通过马克思主义在俄罗斯社会的变体得以解释，在那里，我们看到马克思主义哲学已经被改造成东正教的一种感情上和理性上的替代品，马克思被奉为摩西，列宁被奉为弥赛亚，他们的全部著作被信奉为这个新的无神论派至高无上的经典。但是当我们把注意力从信仰转向实际工作，考察列宁及其继任者实际上对俄罗斯人民做了什么的时候，情况就不是这样了。

当我们反问自己斯大林的五年计划有什么意义时，我们只能回答它是为了力图实现农业、工业、交通运输业的机械化，力图把一个农民国家改造成一个工人国家，把一个旧的俄罗斯改造成一个新的美国。换句话说，它是现代俄罗斯实现西方化的一次尝试。但是它过于野心勃勃、过于激进和过于粗暴了，以至于把彼得大帝的伟业都遮蔽了。当前俄罗斯的统治者正以魔鬼般的精力工作着，以确保他们一直在谴责的世界广大范围内的其他文明在俄罗斯能够取得胜利。毫无疑问，他们幻想创造一个美国装备式的、俄罗斯灵魂式的新社会——尽管这是一个把唯物主义对历史的解释视为他们信仰的唯一宗旨的政治家们所幻想的闻所未闻的梦想！ 按照马克思主义理论，我们一定认为如果一个俄罗斯农民过上一个美国工人的生活，那么他将学会像工人那样思其所思，感其所感，可是我们在俄罗斯看到的这场列宁的理想和福特的方法之间的拉锯战中，却是西方社会相反地确立了对于俄罗斯文明的优势。

在甘地的职业生涯中，也体现了这种模糊性，他对无处不在的西方化进程的不情愿推动，具有更强的讽刺意味。 这位印度先知提出要切断使印度卷入西方世界大网中的棉线。 他宣称：“用我们印度人的双手纺织我们印度的棉花”；“不要穿西方电动织布机的产品。 我恳求你们，不要通过在印度的土地上的、按照西方模式新安装的电动织布机，来驱逐那些异族的产品”这种思想是甘地的真实思想，但并没有被他的同胞所接受。 他们尊他为圣徒，但是听从他的只是他辞职后领导他们走西方化道路的主张。 因此，今天我们看到甘地实际上推动了一个西方式的政治道路——印度转变成一个独立的议会制主权国家——建立了各种会议、选举、辩论、报纸、宣传等西方式的政治机构。 在这个运动中，这位先知最有效的——但不是最强大的——支持者正是那些极力破坏他的真实使命的真正的印度工业家，因为他们把西方的工业技术移植到了印度。[6]

西方文明战胜自然环境以后，继之而来的是由外部挑战向内部挑战的相应转移。 所谓的工业革命在技术方面取得了胜利，却令人遗憾地带来了大量的经济和社会问题，这个题目非常复杂并为人熟知，我们在这里就不必详述了，我们只需记住机器出现之前的道路图景现在迅速地褪色了就足够了。 那条古老的道路上充斥着各式各样的带轮子的原始交通工具：独轮车、人力车、可以称得上畜力牵引杰作的牛车、狗力车和公共马车以及各处出现的预示着未来发展趋势的脚蹬车。 由于道路相当拥挤，所以交通事故也经常发生，可是当时的人并没在意，因为很少有人受到严重伤害，交通也几乎没有受到妨碍。 事实上这些冲撞情况并不严重，这应该归因于当时交通工具的速度非常缓慢，推动力如此之小的缘故。 这种“交通问题”不是避免碰撞的问题而是改善道路条件的问题，过去的道路就是这个样子，因而那个时候没有任何交通管理：没有警察值勤，也没有交通信号灯。

可是今天充斥着机械化交通工具的嘈杂声和一片混乱的路况就大不一样了。 在这种道路上，速度和动力问题已经得到解决，比如既有推动力远超过运输大象，笨重行驶的、长长的载重货车，又有像蜜蜂和子弹一样飞速而过的跑车。 在这样的情况下，冲撞问题就成了最突出的交通问题，它不再是技术问题而是一个心理问题了。 过去自然距离的挑战已经转变成司机之间的人与人关系的新挑战，致使他们陷入到经常会彼此消灭的危险之中，尽管他们学会了如何消除空间距离，但面对如此困境却束手无策了。

当然，交通问题性质的改变既有象征意义，也有实际意义。 它代表着这一时代两种主要的社会动力——工业主义和民主主义——出现以来，我们整个西方现代社会生活中发生的一般变化。 我们今天的发明者控制着大自然的能量，组织起成千上万人的联合行动，制造了这个非凡的进步过程，因而现在我们所做的每一件事情，无论好坏，都成为一种巨大的推动力，使这些行为的物质结果和代理人的道义责任比以前更为严重、更为艰巨了。 可能在每个社会的每个阶段，总有一些道德问题会成为关系到社会未来的致命挑战，但是不管怎样，我们的社会今天面对的挑战，毫无疑问是道义挑战而非物质挑战：

> 在今天的思想家对于所谓的机械化进步的态度里，我们觉察到了一种变化。赞美中开始掺杂着批判，沾沾自喜已经让位于怀疑，怀疑正在变成惊恐，出现了一种茫然困惑的情绪，就像一个人走了很长的路猛然发现走错了方向似的。回头不可能，但他应该怎样前进呢？如果他继续沿着这条路或别的路一直走下去，他将走向哪里呢？因此，可以原谅的是，一个老应用机械发明者站在旁边，正在以无法控制的喜悦之情欣赏着那些发现和发明席卷一切的壮观场面的时候，突然感到某种理想破灭了，但是人们仍然还会继续询问：这种巨大的进步将走向何方？它的目标究竟是什么？它可能会给人类的未来带来怎样的影响？[7]

这些震撼的话语提出了我们心中一直想表达的问题。它们具有很强的权威性，因为出自英国科学促进协会主席之口，他是在纪念这一历史悠久的协会成立 101 周年的开幕词中谈到这一点的。这种新的工业主义和民主主义社会推动力，在整合西方世界成为一个经济社会的伟大建设性任务中会发挥作用吗？或者我们会把这种新的推动力量变成我们自己的毁灭力量吗？

同样的进退两难过去在古埃及的统治者身上也许以一种更为简单的形式体现出来。当埃及祖先对于第一次自然挑战加以成功应战时，当尼罗河流域下游的河水、土壤和植物满足了人类的意愿时，随之而来的问题就是埃及的统治者和奴隶主以及埃及人如何使用这种现成的受其控制的了不起的人类组织，如何对他自己的意志进行应战。这是一个道义上的挑战。他愿意运用已经控制的人力和物力改善大多数臣民的处境吗？他愿意带领他们提高国王和少数贵族已经达到的福利水平吗？他愿意扮演埃斯库罗斯戏剧中的那个慷慨的普罗米修斯的角色呢，还是扮演暴虐的宙斯的角色呢？其实我们已经知道了答案。他建造了金字塔。金字塔使这些专制者永垂不朽，但是他们不像那些不朽的神灵，倒像是戴着穷人面具的磨工。他们罪恶的名声流传到民间直到变成希罗多德的不朽篇章。作为他们选择错误的死亡方式的一种报应，当其文明生长刺激的挑战从外部转向内部的那一刻时，这种正在成长的文明的命运就注定要消亡了。今天我们的世界面临的情况与之有点类似，工业主义挑战正在从技术方面转移到道义方面，可是其结果仍然不得而知，因为我们对于这种新情势的反应依旧悬而未决。

尽管如此，我们对于这一章的研究已经达到了终点。我们得出的结论是：对连续挑战既定的一系列成功的应战，如果随着这个过程的不断推进，这种行为趋向于从外部环境——自然环境或者人为环境——转移到成长中的人格和文明内部，那么这一系列挑战和应战就可以被解释为一种成长现象。就成长和持续生长而论，它面对的是越来越少的来自外部力量的挑战和对于外部战场的强制性应战，不得不面对的是越来越多的来自内部的自身挑战。生长意味着成长中的人格或文明趋向于成为自己的环境，自己的挑战者，自己的行为场所。换句话说，文明衡量的标准是一个趋向自决的过程，尽管这个进步过程对于描述"生命"进入其王国的这个奇迹来说，不是一个非常严谨的图式。

注　释：

[1] Thucydides, Bk. Ⅰ, ch.17；Herodotus, Bk.Ⅵ, ch.98(这里指希腊杰出史家修昔底德的著作《伯罗奔尼撒战争史》与历史之父希罗多德的《历史》。 在国际学界，援引古代典籍的某个段落的出处均以卷、章、节的数字注明，如前引修昔底德书，Ⅰ, 17意指修昔底德：《伯罗奔尼撒战争史》第1卷第17章。 ——译者注)。

[2] Carr-Saunders, A.M., The Population Problem, pp.116—117.

[3] Gerald Heard, The Ascent of Humannity, pp.277—278(赫德的生卒年代是1889—1971年，英国反传统主义理论家。 ——译者注)。

[4] Housman, A.E., A Shropshire Lad, xxviii.

[5] 如果汤因比先生晚几年再写这一点，他可能把日本的挑战排除在外。 ——节录者注

[6] 1942年9月10日，丘吉尔先生在下院关于印度的谈话中曾经关注过这一情况。他的谈话受到印度民族主义报纸的猛烈抨击。 ——节录者注

[7] 阿尔弗雷德·尤因爵士于1932年9月1日《泰晤士报》的报道。

第十一章

成长的分析

第一节　社会与个体

如果正像我们研究的那样，自决是衡量文明成长的标准，而且自决意味着自我表现，那么我们探讨这个进步性的自我表现方式，应该就是分析成长的文明实际成长的自决过程。很明显，一般情况下，一个文明社会是通过从属于它的个体或者它从属的个体表现自我的。我们能够通过两种图式来描述社会和个体的关系，尽管这两种图式是自相矛盾的。这种矛盾性似乎表明这两种图式都是不充分的，因而在开始我们的新探讨之前，我们不得不研究一下社会和个体彼此的从属关系究竟是什么样的。

当然，这个问题是社会学的普遍问题之一，一般来说有两种答案。一种为个体是一个能够存在的、可以被自身理解的现实，社会只不过是一个原子式个体的集合。另一种答案是，现实就是社会，一个社会是一个完美的可以认识的整体，个体仅仅是这个整体的一分子，在其他任何情况下它不能作为一种存在而独立存在或被理解。我们发现哪一种观点都经不起推敲。

对于虚构的原子式个体的经典描述是荷马对于凯克罗普斯族人＊的

＊ 凯克罗普斯(Cyclops)，希腊传说中的独眼巨人家族。——译者注

描述，柏拉图曾经出于同一目的像我们现在这样转引过：

> 他们没有群议，没有法律。
>
> 居住在高山之巅，山谷洞穴。
>
> 每一个体法律针对妻儿
>
> 完全漠视所有同伴。[1]

这种原子式生活方式的意义在于它不属于普通的人类，事实上没有任何人永远生活在凯克罗普斯族人的生活方式之中，因为人类本质上是一种社会性动物，因之，社会生活是假想中的低等人进化为人的条件，没有它，这种进化的完成是无法想象的。那么与之相反，把人仅仅看成是社会整体的一分子的情况又怎么样呢？

有些社会，比如蜜蜂和蚂蚁，尽管成员之间没有物质上的连续性存在，但是所有的工作都是为了整体，不是为了个体，每一个体如果和社会的其他成员分开，注定会立即死亡。

有些动物群体，像珊瑚和水螅虫，它们单独来看毫无疑问可以称作个体，但是它们却有机地连接在一起，每个生命体都与其余生命体无法分离……个体现在又是哪一个呢？

于是组织学开始研究这个问题，它指出绝大多数动物，包括人类——个体最初的典型，都是由所谓的细胞单元构成的。其中一些动物具有很大的独立性，但是很快我们就会发现在很大程度上它们与群体的一般关系，如同珊瑚水螅虫个体与整体，更多的是管水母个体与整体的关系。这个结论后来得到进一步证实，因为我们发现存在着许多自由生存的原生动物，包括已知的所有最简单的生命形式，尽管它们保留了独立的存在，但是在本质上，它们与构成人类身体的那些细胞单元还是一致的。

在某种意义上，整个有机界组成了一个单一的大的个体，尽管模糊不清，杂乱无序，但是事实上没有一个个体不是由相互依存的部分组成的连续性整体：如果某种意外变故毁灭了全部绿色植物，或者全部微生物,那么整个生命界的其余部分也必然不可能生存。[2]

对于有机界的这种考察对于人类是否有益呢? 人类个体具备凯克罗普斯人的独立性吗? 或者说他实际只是社会躯体的一个细胞吗? 抑或从更宽泛的观点看, 他是整个有机界构成的更大的单一的社会躯体的一个小小的细胞吗? 为人熟知的霍布斯的《利维坦》的扉页上把人类社会躯体描绘成由许多阿纳克萨哥拉*式的相同性质的人类个体构成的一个有机体——就好像社会契约有一个魔力可以把凯克罗普斯人降低为一个细胞。 19世纪的斯宾塞和20世纪的斯本格勒都曾热情并严肃认真地把人类社会描绘成一个社会有机体。 下面仅转引的是后者的一段话:

> 当一种长久处于蒙昧之中的原始精神,一个具有强大生命力的灵魂觉醒过来,开始解放自己的时候:从无形到有形,从无限和永恒到有限和短暂,一种文明(Kulture)就诞生了。这个灵魂在界限分明的一个国家的土壤里开花生长,直至长成一株植物。相反地,一旦这个灵魂的潜力在民族、语言、信仰、艺术、国家和科学的诸多形式中衰竭,然后又回到它最初来自的原始精神状态,文明就死亡了。[3]

斯本格勒的书出版的同一年,一位英国作家恰好也出版了一部著作,在他的著作中,对于上述这段文字中的观点进行了有力的批评。

> 社会理论家一次又一次不是去寻找和固定地运用适合他们自己学科的方法和术语,而是试图运用其他的理论和科学术语表达社会现实和价值。通过与自然科学类比,他们极力把社会分析解释成机器,通过与生物学的类比,他们坚持把社会看作一个有机体,通过精神学和哲学的类比,他们坚持把社会当作一个人,还有的时候通过宗教的类比,他们几乎把社会和上帝混为一谈了。[4]

---

* 约公元前5世纪古希腊自然哲学家。 ——译者注

生物学和心理学的类比运用到原始社会和停滞文明当中或许是最无害、最没有误导性的，但是他们明显不适合表达生长中的文明个体成员之间的关系。倾向于借用这种类比只能是举例说明我们提到的人类历史思想善于制造神话或者虚构的弱点：倾向人格化和给许多群体和机构贴上标签——"英国"、"法国"、"庙宇"、"新闻界"、"跑马场"等等——把这些抽象性作为人来看待。这充分证明把社会人格化和有机化的表达方式不能充分表现社会与其个体成员之间的关系。

那么，描述人类社会和个体关系的正确方式又是什么呢？真理似乎是：一种人类社会本身就是一种关系系统，人类不仅是个体而且是社会动物，在这个意义上，他们脱离了与其余部分的关系是无法存在的。我们可以说，一个社会就是个体之间关系的产物，他们的关系来源于个体行为场所的一致性，这种一致性把个体场所结合成一个共同场所，这个共同场所就是我们所说的社会。

假如可以接受这个定义，那么就产生了一个虽然浅显却很重要的必然结论。社会是一个行为场所，而所有场所的来源在于构成它的个体之中。柏格森雄辩地陈述过这个真理：

> 我们不相信历史中的"无意识"(因素)即伟大的思想潜流(关于这一点谈论过许多)，这股潜流只在大多数人被一个或多个成员带动起来之后才能流动……谈论社会进步是借助于历史上的某一确定时期社会的精神条件才逐渐发生的，这简直毫无意义。事实上，它只是在社会下定决心要做一次试验的时候才突然前进的，这意味着社会必须相信自己，或者至少受到些震撼，而这个震撼总是某个人赋予的。[5]

促使"所属"社会进步的那些人不是一般人。他们能够做的似乎是人类的奇迹，因为他们事实上而不只是在隐喻意义上是一个超人。

> 在赋予人类成为社会动物所需的道德形态方面，大自然可能已经做到了它能为人类所做的一切。但是，正像人类天才不断打破人

类智力界限一样……所以出现了一些异质的灵魂,它们感到与所有的灵魂都有关系,它们不会局限在所属群体的界限之内,不会局限在大自然建立的有限固定性之内,而是以一种爱的冲动致力于全体人类事业。这种灵魂的每次出现都是创造一个独特个体构成的新种类。[6]

这些罕见的超人灵魂的独特的新特征,打破了原始的人类社会生活的恶性循环,恢复了创造性活动,这种特征或许可以描述为人格。 正是通过人格内部的发展,人类个体才能在外部场所完成创造性行为,造成人类社会的生长。 在柏格森看来,只有神秘家才是完美的超人创造者,他能够在神秘经历的最重要的时刻发现创造性行为的本质。 他用自己的话进行了分析:

> 这个伟大的神秘灵魂不会中止(神秘的)躁动,好像到达一段旅程的终点。这种躁动的确可以称为沉睡状态,然而它是在蒸汽压力下停靠在车站的机车的沉睡,它像脉搏规律性的跳动,等待着向前冲出的一刹那……这个伟大的神秘家感到真理从其源头流进他的身体,涌出一股行动力量。神秘家的方向正是生命冲动力的方向。生命冲动本身与那些具备超常异质的人类紧密相连,他们渴望在全人类身上留下印记,渴望通过他们觉察到了的矛盾性,把一种本质上是被创造的事物改变成具有创造性的事物,准确地讲,是从确定为停滞的事物中制造出一种运动来。[7]

这种矛盾性是社会动态关系无法解开的死结,它源自人类中间具备神秘灵感人格的出现本身。 这种创造性的人格激励他的同伴转变成创造者,依据他的形象重塑这些同伴。 发生在神秘家微观世界的创造性转变在其完成或巩固之前,需要宏观世界进行适应性的调整;但是依据这种假说,转变了的人格的宏观世界同样是未曾转变的同伴的宏观世界,当他努力改变宏观世界以期和自身的改变相一致的时候,将会遇到他们惰性的抵制,这种惰性趋向于保持宏观世界和未曾改变的自我相协调，仍然保持原来的样子。

这种社会状态代表了一种两难。 如果创造性天才不能在他的周围实现他自身完成的转变，那么他的创造性对他来说就是毁灭性的。 他将与他的行为场所不再协调，即使他以前的同伴没有把他折磨致死，在失去了行动动力后，他也将失去生命的意志，就像蜂群和兽群中的异类在群居的动物和昆虫社会生活中被通过排斥和隔离折磨致死一样。 另一方面，如果我们的天才的确成功地战胜了其周围的环境和以前同伴的敌意，的确胜利地把周围的社会环境改造成与他转变了的自我相协调的新秩序，那么他又因此制造了一种男男女女的普通肉体无法忍受的生活，除非他们能够成功地调整自我，使之适应新的胜利的天才主导性的创造意志强加的社会环境。

耶稣在福音书里说的一段话表达了这个意思：

> 不要以为我来到地上送来了和平：我送来的不是和平而是利剑。因为我来是让儿子疏远父亲，女儿疏远母亲，儿媳疏远婆婆。人的敌人就是他自己的家庭。[8]

当天才的破坏性爆发一旦打乱社会平衡的时候，社会平衡如何复原呢？

最简单的解决办法可能就是每一个社会成员都应该独立地完成统一爆发——力量统一，方向统一。 在这种情况下，成长就不会带有强制和紧张的痕迹。 但是，几乎可以肯定地说，对于创造性天才的感召作出百分之百的反应事实上是不会发生的。 毫无疑问，历史充满着这样的事实：当一种观念——宗教的或者科学的——处于未定之时，它只会单独地、几乎同时地在一些有灵感的人们的思想里酝酿而成。 即使在极其异常的情况下，这些启示性的思想也只能被个别人注意，成千上万的人对此是反应迟钝的。 事实似乎是这种内在的独特性和任何创造性的个性会受到某种趋向统一的倾向微不足道的抵制，因为这种统一源自这样一个事实，即每一个个体都是一个潜在的创造者，这些个体生活在相同的环境之中，结果当这个创造者出现的时候，甚至当他有幸得到一些家族同伴的时候，他总会发现自己处于人数众多的毫无创造性的惰性群体的压制之下。 所有社会的创造性行为或者是个别创造者的工作，或者至多是少数创造性群体的工作，在任何一个连续的进步过程中，绝大多数社会成员落在了后面。 如果我们看一看今天世界上尚存的许多伟大的宗教组织如基督教、伊斯兰教、印度教等，我们就会发现大多数名义上的信教者，尽管口头上宣称信仰那些教义，赞美它们多么崇高，事实上就宗教方面来说，他们仍然生活在没有脱离简单异教的精神环境中。 我们近代物质文明成就的情况同样如此。 我们西方的科学知识和利用的技术都局限在危险的狭小范围内。 民主主义和工业主义这伟大的新社会力量是极具创造力的少数创造性群体发明的，大多数人仍然停留在这种巨大的新社会力量出现之前达到的智力水平和道德水平上。事实上正是由于大多数西方社会躯体未受到触动，我们西方社会今天才处于失去自身特色的危险之中。

文明的成长是个别创造者或少数创造性群体的工作这样的一个事实暗示着没有创造性的大多数人将会落在后面，除非这些先驱能够设想出一些办法在他们的急切前进中带动这个反应迟缓的后卫部队和他们一道前进。 这个考虑要求我们给迄今为止我们一直在研究的文明和原始社会之间的差异下一个定义。 在这本书的前面部分里，我们发现原始社会，就像我们了解的那样，处于一种静止状态中，然而文明——除了停滞的文明——处于一种动态的运动之中。 现在我们应该说成长中的文明与静态的原始社会的不同在于它们的社会躯体内部创造性个体人格的动态运动，此外我们还应该指出这些创造性人格，即使按最大量计算，总计也是一个小数目。 在每一个成长中的文明中，大多数参与个体都处在与静止的原始社会成员一样的停滞不前、沉寂无声的状态中。 更多的情况是，成长文明中的绝大多数参与者都是具有原始人类似的热情的人，只不过添加了一个教育的外表而已。 在这里我们发现真理的要素即人类的本性没有改变。 超常的人格、天才们、神秘家或者超人——无论你称呼他们什么——都仅仅是普通人面团中的一个酵母。

现在我们不得不探讨一下那些在自己的内心深处成功地冲破了白芝

浩*所说的"习俗的蛋饼"的动态性人格，如何通过不断地打破社会环境的"习俗的蛋饼"，居然能够巩固个体的胜利，使它避免转变成一个社会性的失败。为了解决这个问题，

> 需要两方面努力：一部分人努力创造新发明以及其余的人努力接受并逐渐适应它。只要这些创新行为和这种愿意接受新事物的态度在其中都能找到，一个社会就可以称为一种文明。事实上，第二个条件比第一个更加难以保证。抑制一个社会文明化不可或缺的因素很可能不是超常人格(大自然似乎没有理由在任何时候任何地点恰好不具有这些奇异的思想)。缺少的因素很可能是少数个体展示他们优越性的机会，以及其他个体追随他们领导者的秉性。[9]

事实上，要确保毫无创造性的大多数人跟随那些具有创造性的少数领导者显然有两个解决办法，一个是实践上的，另一个是观念上的：

> 一个是教化的方法……另一个是神秘主义的方法……第一个方法就是反复灌输一种不掺杂个人因素的习俗构成的道德；第二个方法劝诱一个人模仿另一个人，然后达到精神的结合，或多或少形成一种认同感。[10]

创造能力从一个灵魂到另一个灵魂的直接传递无疑是理想的方法，但是完全依赖这种方法是一个无法实现的空想。要想在整个社会规模上把那些没有创造能力的普通人提高到创造性的先驱者的水平上，依靠实践的方法是无法解决的，只有运用纯粹的模仿能力——这是人性的较低能力之一，其中教化要多于启发。

运用模仿能力对于要达到的目的是必不可少的，因为模仿能力无论怎样，也是原始人的普通本领之一。我们已经注意到[11]，模仿是社会

---

* 白芝浩(Walter Bagehot，1826—1877)，英国著名评论家、新闻记者与精明的商人，写过题材广泛的作品，涉及文学、政治与经济。——译者注

生活的一般特征，原始社会和文明社会都是如此，但是在这两种社会里，它运用的方式却不同。 在静止的原始社会中，模仿行为直接面对活着的老一代人以及死去的人，当时这些人是"习俗的蛋饼"的代表，然而在走向文明的社会里，模仿行为直接面对的是开拓新天地的创造性人格。 本领是一样的，但是它转向了相反的方向。

这种经过改进的原始社会的教化方法，这种敷衍性的几乎是机械式的"左右转向"，真的可以作为一种有效的替代方法，替代柏拉图断言的"费力的智力交流和亲密的人际交往"是个体之间传播哲学的唯一方法吗？ 答案只能是大多数人的惰性事实上仅仅依赖柏拉图的方法是不能克服的。 为了推动大多数懒惰的人追上充满活力的少数人，这种理想的个体间直接启发式的方法不得不辅之以大规模的社会教化实践——这是原始人惯用的方法，但是现在它可以服务于新的领导者出现，发出新的前进命令后开始的社会进步过程。

模仿可以收获许多社会"资产"——才智、情感、观念等等——这些"资产"不是获得者创造出来的，而且如果他们没有遇到过并且没有模仿那些拥有"资产"的人，他们也不会具备这些"资产"的。 事实上，它是一条捷径。 在这部书的后面章节里，我们将会看到这条捷径尽管是通向必然目标不可避免的一条途径，但是它同样是一个可疑的权宜之计，它不可避免地会把一个成长中的文明置于解体的危险境地。但是在这里讨论这个危险还是早了一些。

第二节　个体的归隐和复出

在上一章里，我们已经研究了创造性人格引发的进步过程，可是他们正在走向神秘主义的道路，这是他们精神达到的最高水平。 我们已经看到他们先是从行动中退出，然后陷入狂想之中，再从狂想中出来开始一个新的更高层次的行动。 使用这样的语言，我们是依据个体的精神经历描述创造性运动。 如果我们依据个体与所属社会的外部关系来描述这个运动的两重性，我们就应该把它称为归隐和复出。 归隐使个体有可能意识到自身的能量，如果他暂时没有挣脱社会的束缚，这种能量可能一直处于休眠状态。这种归隐可能是他本人的自愿行为，也可能是他无法控制的环境强加于他的，无论哪种情况，对于隐者的蜕变来说，归隐都是一种机遇，也许是一个必要条件。在古希腊语中，"隐者"字面上的意义就是"自身的分裂"，但是除非在完成个体的蜕变以后作为一个先知重新在其出生的社会环境复出，否则这种隐居中的蜕变可能毫无目的，甚至可能毫无意义。如果不抛弃他的本性，用亚里士多德的话说，"或者变成野兽或者变成神灵"，那么社会性的人类动物自身是不可能永久地和土著环境分离的。复出是整个运动过程的本质和终极目的。

叙利亚神话里摩西单独攀登西奈山的故事就说明了这个道理。摩西攀登西奈山是在耶和华的召唤下，聆听耶和华的教诲，这个召唤是对摩西一个人发出的，其余的犹太人被命令站在远处。然而耶和华召唤摩西的真正目的是把他作为一个新法令的使者再次派到人间，摩西要向其他人传授新法令，因为他们是不能上山与耶和华直接交流的：

> 摩西到神那里,耶和华从山上呼唤他说:"你要这样告诉雅各家,晓谕以色列人说"……耶和华在西奈山和摩西说完了话,就把两块法版交给他,是神用指头写的石版。[12]

公元14世纪基督教时代的阿拉伯哲学家伊本·哈尔顿用预言式的经验和使命同样强调了复出的意义：

> 人类灵魂具有一种天生的秉性,常常脱离人性用天使的本性装扮自己,并在一瞬间变成现实中的天使,这个过程转瞬即逝。结果在天使的世界里,接到了必须传给人类的信息后,灵魂再次恢复了人性。[13]

这种对于伊斯兰教预言式教义的哲学解读使我们似乎听到了古典希腊哲学中著名的一段话的回响：柏拉图的洞穴人比喻。在这段话中，柏拉图把人类的一般倾向比喻成洞穴里的囚犯，背对光线站着，紧盯着在他背后不断变换的现实投下的阴影。 这些囚犯想当然地认为他们看到的洞穴壁上的阴影就是真正的现实，因为这些是他们所能看到的唯一东西。 然后，柏拉图设想一个囚犯突然被释放，转过身来，面对光线，走出洞穴。 此时视觉重新定向的第一个结果就是这个自由的囚犯感到眩晕和慌乱。 但是这种情况不会太久，因为他总是具有视觉能力，他的眼睛逐渐使他看清了一个真实的世界。 然后他再次被送进洞穴中，现在他就会像以前看到阳光一样，被黑暗弄得更加眩晕和慌乱了。 他本来就后悔来到阳光中，现在又后悔再次来到黑暗之中了，这样说是更有道理的，因为重又回到从未见过阳光的同伴中间时，他将会遭到同伴充满敌意对待的危险。

　　他的代价肯定是受到嘲笑,他越轨行为的唯一恶果就是他带着被毁坏的视力重又回来了。这个比喻的寓意即是:努力向上爬是蠢人的行为。"至于那些教唆追求自由和极力向上爬的好事者,如果我们有机会抓住他,处死他,我们一定会这么做的。"

　　读过罗伯特·勃朗宁诗歌的人在这一点上，也许在这一点上会想起诗人关于拉撒路的狂想。 他想象拉撒路死后四年又复活了，必定返回了"洞穴"，只不过他已经是与离开之前颇为不同的一个人了。 在卡尔希什的一封书信里，他描写了这位贝瑟尼的拉撒路，在独特的经历之后又活了40年的老年境况，卡尔希什是定期向他的主人提供信息的阿拉伯游医。 根据卡尔希什的说法，贝瑟尼的村民对这位可怜的拉撒路不以为然，渐渐地把他当作村子里毫无伤害性的白痴。 卡尔希什听了拉撒路的故事后，不是那么相信。

　　勃朗宁幻想的拉撒路的复出在任何方面并没有造成影响。 既没有成为一个先知也没有成为一个殉道者，这位复出的柏拉图式的哲学家遭遇到的是不被人宽容也无人理睬的命运。 柏拉图本人描绘过默无声息的复出者所受的折磨，但是他冷酷地把它强加给他所选的哲学家还是令人吃惊。 如果在柏拉图的思想体系中，至关重要的是这些哲学家应该具备哲学知识，那么他们不应该仅仅是哲学家也是同等重要的，因为启发他们的目的和意义在于使他们成为哲学家君主。 柏拉图为这些哲学家铺就的道路与基督教神秘家所走的道路确实是一样的。

　　然而，尽管道路是一样的，但是希腊和基督教的灵魂所要跨越的精神是不一样的。 柏拉图想当然地认为那些得到启示的自由哲学家的个人兴趣和个人的欲望一定不会和仍然"处于黑暗和死亡的阴影下……牢牢陷于痛苦和枷锁中的"[14]大多数同类相同。 在柏拉图看来，无论囚徒的兴趣是什么，哲学家都不会牺牲自己的幸福和理想满足他们的需要。 因为一旦他获得了启示，对他而言，最好的事情就是呆在洞外的光明中，从此过着幸福的生活。 事实上希腊哲学的基本原则就是：生活的最佳状态是沉思状态(contemplation)——希腊语中的这个词已经变成英语中的"理论"(theory)一词，我们习惯性地把它当作"实践"(practice)的对立面来使用。 毕达哥拉斯把冥想生活置于行动生活更高的层次上，这种观念贯穿于整个希腊哲学传统，一直持续到生活在希腊社会解体的最后时期的新柏拉图主义为止。 柏拉图倾向于相信他的哲学家愿意参与世界性的工作，仅仅出于一种纯粹的责任感，但是他们不愿意这样。 他们的拒绝可以部分地解释为什么柏拉图之前的希腊文明遇到的衰竭从来不能复苏，他们 "强烈地拒绝"的原因也是很清楚的。 他们道德的局限性根源于信仰的错误。 由于相信狂想而不是复出就是已经踏上的精神上的奥德赛(即长途跋涉)的全部和终点，因此他们只看到从狂想到复出这一痛苦旅程中的责任祭坛上的牺牲，而事实上这是他们所从事的运动的目的和顶点。 他们神秘的经历缺乏基督教最重要的博爱美德，而正是这种博爱美德激励着基督教的神秘家直接从与上帝交流的最高处回到精神和肉体都不可救赎的世俗世界。

　　归隐和复出过程不是只能在人类之间的关系中观察到的人类生命的特殊现象，它是人类生命的一般特征，一旦人类从事农业生产，培育出他所关心的农作物，在人类身上体现的这一现象同时就体现在农作物的生命中——这种现象导致人类想象出用一些农业术语来表达人类的希望和恐慌。 谷物每年的归隐和复出在宗教仪式和神话中已经转化为神人一体了，比如一个哥列或者珀尔塞福涅的劫持和获救，狄奥尼索斯、阿多尼斯、奥西里斯或无论在当地叫什么名字的普遍存在的谷物神、收获神的死亡和复活。*这些习俗和神话，虽然名字不同，但是都是在上演同样的悲剧，而且性质也相同，他们像农业实践一样广为传播。

同样地，人类的寓言也是对于农作物生命归隐和复出现象的想象，在寓言中，归隐和复出现象和死亡问题纠缠在一起，在成长中的文明中，稍高等的人开始与大多数人脱离的那一刻起，死亡问题就开始折磨人类的思想。

> 或有人问："死人怎样复活，带着什么身体来呢？"
>
> 无知的人哪，你所种的若不死就不能生。
>
> 并且你所种的不是那将来的形体，不过是子粒，即如麦子，或是别样的谷。
>
> 但神随自己的意思给他一个形体，并叫各等子粒各有自己的形体。
>
> 死人复活也是这样：所种的是必朽坏的，复活的是不朽坏的；
>
> 所种的是羞辱的，复活的是荣耀的；所种的是软弱的，复活的是强壮的；
>
> 所种的是血气的身体，复活的是灵性的身体。若有血气的身体，也必有灵性的身体。
>
> 经上也是这样记着说："首先的亚当成了有灵的活人"，末后的亚当成了叫人活的灵。……
>
> 头一个人是出于地，乃属土；第二个人是出于天。[15]

在保罗写给哥林多的第一封书信中连续表达了四种思想，四种思想的语气是逐渐加强的。第一个思想告诉我们当我们注视着谷物在秋天归隐在春天复出的时候，我们正在看到一个复活过程。第二个思想告诉我们谷物的复活是死者复活的先兆：这个观念很早在许多希腊神秘教

---

　　* 哥列(korê)即希腊词少女之意；珀尔塞福涅(Persephonê)是希腊传说中的冥后，春天之神；狄奥尼索斯(Dionysus)为古希腊的酒神；阿多尼斯(Adonis)是在希腊化时代进入希腊神话系统的西亚神祇；奥西里斯(Osiris)是古埃及神，为伊西斯的丈夫，系冥世之神。　——译者注

派中传播过，这里再次加以肯定。 第三个思想告诉我们凭借着某些蜕变，人类的复活是可以想象的，也是可以实现的，只不过他们的本性要忍受来自上帝行为的折磨，在这期间，上帝必须要干涉他们的死亡和复活。 死者复活的先兆表现为种子的开花结果。 人性的这种转变是向更加坚韧，更加完美，更加强大，更加聪慧方向上的转变。 第四个思想是最终的升华。 在第一个人和第二个人的观念中，是不考虑死亡问题的，人类个体的复活瞬间就完成了。 在保罗的召唤下，第二个人从天国降临到人间，这个新创造的人类是上帝的助手，具有独一无二的个性，他的使命就是把其余的人类教化到超人的水平，用来自上帝的灵感启示他的同类。

这样，在神秘主义的精神体验中，在植物界的物质生命中，在人类对于死亡和永生的沉思冥想中，在低级种类向高级种类转化的创造性活动中，归隐、蜕变，然后在荣耀中强大的复出现象都可以看到了。 这显然是宇宙的一个主题，导致了原始神话形象的产生，成为人类理解和表达普遍真理的直觉形式。

关于这一主题的另外一个不同的神话形式就是有关弃婴的故事。一个出生在王室家族的婴儿在襁褓时期就被遗弃了——有时候(像俄狄甫斯和珀尔修斯*的故事一样)被父亲和祖父遗弃，因为他们受到了一个噩梦和神谕的惊吓，说这个孩子注定会取代他们；有时候(像罗慕洛**的故事一样)是被篡位者遗弃的，他篡夺了这个婴儿父亲的王位，害怕这个婴儿长大后会报复他；有时候(像伊阿宋、俄瑞忒斯、宙斯、荷鲁斯、摩西、居鲁士***的故事一样)是被只关心把这个婴儿从恶人的暗杀阴谋中救出他们的好心人遗弃的，随后这些弃婴奇迹般地生存了下来，然后在遭受了种种磨难后，铸就了一种英雄气质，最后光荣强大地复出并重新夺回了属于自己的王国。

---

* 俄狄甫斯(Oedipus)是古希腊神话中的底比斯的国王，其人生力求避免杀父娶母的预言，却不幸应验。 珀尔修斯(Perseus)则是希腊神话中的第一位大英雄，迈锡尼城的创建者，曾杀死蛇发女妖美杜莎。 ——译者注

** 相传罗马城的创建人，弃儿，曾被母狼哺乳过，后与弟弟共建罗马城，罗马之名亦出自他的名字。 ——译者注

*** 前三人为古希腊传说人物或神灵，荷鲁斯是古埃及神，居鲁士是波斯帝国奠基人，亦有传奇般的弃儿和复出的经历。 ——译者注

耶稣的故事同样重复着归隐和复出的主题。耶稣是出生在帝王家族的一个婴儿——大卫的幼子或者说是上帝自己的儿子——在襁褓中就被遗弃了。他从天国降临到大地，出生在大卫自己的城市伯利恒，然而找不到旅舍，只好在马厩里降生了，如同摩西降生在船舱里，珀尔修斯降生在柜橱里。他在马厩里被友好的动物们看护着，就像罗慕洛被狼保护，居鲁士被猎犬保护一样。他也受到牧羊人的服侍，被一个出身卑贱的养父抚养，像罗慕洛、居鲁士和俄狄甫斯的命运一样。后来他被秘密地送到埃及从而逃脱了希律王*的谋杀，就像摩西被藏在芦苇丛中逃脱了法老的杀害，伊阿宋被藏在皮立翁山的偏僻之处没有被珀利阿斯国王捉住一样，最后耶稣像其他的英雄一样凯旋，回到了他的王国。当他走进了犹太王国，穿行在耶路撒冷时，他被众人欢呼成大卫的儿子。最后他升入天国。

耶稣的这些经历完全符合弃婴传说的一般模式，但是在福音书里归隐和复出的根本主题还有其他的一些表达形式。在耶稣的神性逐渐展示的一系列精神经历中，都可以看到归隐和复出现象。当耶稣接受约翰的洗礼，开始意识到自己的使命时，他就归隐到荒野中四十天，在那里获得了精神的力量，战胜了内心的诱惑复出了。然后当耶稣觉察到自己的使命就是他的死亡，就再次归隐到荒山之中，在那里完成了自身的变容，听从了上帝的旨意再次复出，决心献身。后来，当他在十字架上忍受死亡的折磨时，就是首先进入坟墓，然后再次复活达到了永生。最后，在升天中，他从地上归隐到天国，目的是再次荣耀地判决生死问题，证明他的王国将会永存。

在耶稣身上发生的连续的归隐和复出现象在其他故事中也可以找到。只不过耶稣归隐到荒野变成摩西逃到米甸，在荒山中完成转变一事变成了摩西在西奈山上的转变；在希腊神秘派中预言了超人的死亡和复活；在琐罗亚斯德的神话里这些了不起的人物变成了救世主，在犹太教那里变成了弥赛亚和耶稣基督，他们都是要拯救世俗世界并忍受毁灭

---

* 犹太国王(公元前40—前4年)，《新约全书》在述说耶稣出生时的故事时，强调希律试图借处决伯利恒所有两岁以下的孩子来杀死襁褓中的耶稣。——译者注

灾难的折磨，然后主宰这个世界的。但是，在基督教的教义中似乎没有这种说法，它把基督和弥赛亚在未来的出现解释成他们都是作为一个人在大地上生活过，现在只不过是作为一个历史人物在大地的再次复活。在这种灵光一闪的直觉中，遥远的弃婴神话和漫长无期的农业祭祀仪式，变成了人类要极力实现其目标而在历史上进行的斗争。通过耶稣的再度降世，归隐和复出表达了最为深刻的精神意义。

基督将会再次降临的直觉显然是对特殊的空间和时间挑战的一种应战，可是那些批评家却错误地认为这种直觉仅仅具有起源上的意义，因而贬低基督教的教义，认为它是对于一种失望情绪的反应：最初是对于基督教世界的失望，当时他们意识到他们的救世主没有从苦难中把他们拯救出来，就离开了他们，就像看到的那样，最终他被处死了，从而使他的信徒失去了希望。假如他们决心继续完成救世主的使命，就必须构想出一个从过去到未来的长远计划，从中抹去救世主事业失败的伤痛，因此就必须宣称救世主将会在荣耀中以更加强大的姿态再度降世。

事实上，这种再度降临的学说也曾经在处于同样失望或遇到挫折的其他共同体中利用过。例如，在亚瑟再度降临的神话里，被征服的不列颠人把伟大的亚瑟王的失败变成了击败英格兰野蛮人侵者的最终胜利，借此使他们获得了慰藉。在巴巴罗萨·腓特烈皇帝(1152—1190年)*会再度出现的神话里，中世纪晚期的德意志人通过把他们的失败幻想成他们已经建立了西方基督教世界的霸权来安慰自己：

> 在环绕萨尔茨堡山地的绿色平原的西南面，巨大的翁特山矗立在一条道路的两旁，这条道路经由一条很长的小路进入峡谷，直达贝希特斯加登湖边。在那些悬崖峭壁的高处，在人类的足迹几乎无法达到的地方，山谷里的农民会指着一个黑黑的洞口，告诉旅行者在那里面，巴巴罗萨皇帝正躺在士兵中间安静地沉睡，等待着乌鸦不在山顶上盘旋，山谷里梨花绽放的那一刻，他就会带领他的士兵们冲下山来，再次把德国带进和平、强盛和统一的黄金时代。[16]

---

* 德国神圣罗马帝国皇帝。——译者注

在穆斯林世界的什叶派社会里也有类似的情况。当战争失败，成为一个被迫害的教派时，他们就幻想着第十二代伊玛目(先知的女婿，阿里的第十二代嫡孙)并没有死，而是隐居在一个山洞里，继续为他的臣民提供精神和世俗生活的指导，将来某一天还会像给人以应许的马赫迪一样再次出现，结束长久以来统治他们的暴政。

但是如果回顾一下古典的基督教展示出来的再度降临的教义，我们就会发现它实际上是一个关于未来的神话式幻想，用物质的形象表达了精神的复出，使徒们失败的主人再次保证他将在他们的心中出现，这就使得使徒们鼓起勇气决定完成主人遗留给他们的勇敢使命，尽管主人在肉体上离开了他们。经过了一段时间的绝望和醒悟后，使徒们的勇气和信仰再度创造性地复活了，《使徒行传》再次使用了神话语言对此作了描述，在降临节圣灵降临的形象再度出现了。

在努力理解归隐和复出的真正涵义之后，我们现在就能够接受一种经验的方法，通过创造性的个体和具备创造力的少数群体在他们同类之间的相互影响和相互作用对人类历史上的归隐和复出现象进行考察。在各行各业中都有关于这一活动的著名的历史实例。在神秘家、圣徒、政治家、士兵、历史学家、哲学家以及诗人的生活中，在民族、国家和教会的历史中，我们都会看到它。沃尔特·白芝浩说出了我们一直努力建构的真理，他写道："所有伟大的民族都是悄无声息地已经被准备好，整装待发了。他们都是在远离喧嚣，无人打扰的环境中产出的。"[17]

现在我们将迅速地考察这些多样化的例子，首先来看创造性个体的归隐和复出。

圣保罗

保罗出生在塔苏斯的犹太人居住区，到他这一代，希腊文明对于叙利亚社会的影响正在遇到一个无法逃避的挑战。在他生命的早期，他迫害耶稣的犹太信徒，因为在犹太教狂热者眼里，这些人是有罪的，他们要打破犹太社会的常规秩序。后来他的精力完全改变了方向，开始宣扬一种新的神谕："在那里，既没有希腊人也没有犹太人，既有割礼的也有不割礼的，蛮族人和叙利亚人既有自由的也有不自由的。"[18]

并且以他曾经迫害过的教派的名义宣扬这种和谐。 第一个时期是一个错误的开始，中间时期出现了一个巨大的中断，而这一时期可以说是保罗生命中的创造时期。 在保罗前往大马士革的途中突然受到了启示后，他"没有同任何圣灵商议"就径直独自一人走进了阿拉伯的沙漠之中，直到三年之后，他再次返回耶路撒冷，找到了最初的使徒，决心重新开始他的传教事业。[19]

圣本笃

努尔西亚的本笃生活的年代(约 480—543 年)正是希腊社会遭受毁灭的剧痛时期。 孩童时期，他就离开了翁布里亚的家，被送到罗马接受上层阶级传统的古典文学教育，但是在很小的时候他就厌恶首都的生活，隐居到了荒野。 在隐居的三年里他都是在极度孤独中度过的。 他一生的转折点是成年后再次返回社会生活中，同意担任修道院的院长：先是在苏比雅各布的山谷中，然后是在卡西诺山上。 在他的生命最具创造性的时期，这位圣徒发明了一种新式教育替代了孩提时期他就一直反对的过时的教育制度，卡西诺山上的本笃修道院成为许多修道院的母体，不断扩大繁殖，直到把本笃教的教规传播到西方世界最远的地方。事实上本笃派的教规是在古希腊社会秩序的废墟上兴起的西方基督教世界新社会结构的主要基础之一。

本笃派教规最重要的特征之一是对于体力劳动的阐述，其中最重要的是农业劳动。 从经济发展方面看，本笃派的行为就是一种农业的复兴——在汉尼拔战争中遭到毁坏的意大利农业经济的第一次成功复兴。本笃派教规取得了格拉古兄弟的耕地法和罗马帝国粮食制度从未达到的成就，因为它不是自上而下的国家行为，而是自下而上，通过传播其宗教热情激发个体的积极性和主动性来完成的。 借助于这种精神冲动，本笃派不仅大规模地复兴了意大利的经济生活，同样在中世纪的阿尔卑斯山北部的欧洲地区完成了许多艰巨的开拓性工作——砍伐森林、排干沼泽、开垦耕地牧场等，如同边远地区的法国人和英国人在北美洲做的那样。

圣格列高利

在本笃死亡大约 30 年之后，担任罗马城市长官的格列高利发现自已面临着一个无力解决的任务——罗马城公元 573 年遭遇了维也纳在 1920 年的相同困境。 这座伟大的城市几个世纪以来都是一个伟大帝国的首都，现在突然发现自己与以前的行省隔离了，失去了历史上的功能，必须重新依靠它自己的资源。 格列高利当政时期，古老的罗马城的管辖范围大概倒退到它与萨谟奈人开始争夺意大利半岛领导权的九个世纪以前的范围，但是那时候只能支撑一个小小城市国家的领土现在不得不支撑一个庞大的寄生性首都。 旧秩序无力应付新国家事务的窘境一定牢牢扎根在那时统治这个庞大城市的罗马当政者头脑中，这种痛苦的经历完全可以解释格列高利为什么两年之后彻底从这个世俗世界中归隐。

像保罗一样，格列高利的归隐也是三年，在即将结束的时候，他正在计划亲自承担一项使命——使英国异教徒皈依基督教，由于他当时被教皇召回了罗马，这一使命后来便由他的信徒成功完成了。 在罗马他担任过各种教会职务，最终继承了教皇职位(公元 590—604 年)，在此期间，他完成了三项伟大的事业。 他整顿了罗马教会在意大利和海外地产的管理机构,使意大利的帝国统治者与伦巴第人侵者之间达成了和解，奠定了罗马新帝国的基础，取代了现在已经倾覆的旧帝国——依靠传教士的热情而不是军事力量建立的新罗马帝国，它最后征服了许多罗马军团铁蹄从未踏上过、西庇阿和恺撒甚至从未想到过的新领土。

佛陀

佛陀乔答摩·悉达多出生在处于动荡不安时期的古代印度世界。 亲眼目睹了出生地伽毗罗卫城被洗劫一空，他的释迦族同胞被屠杀。 释迦族共同体只是古代印度早期众多小贵族共和国当中的一个，在乔答摩的时代它们已经衰败，独裁君主正在大规模地兴起。 乔答摩出生在释迦族一个贵族家庭，当时贵族统治秩序正在受到新的社会力量的挑战。 乔答摩对于这个挑战的反击就是放弃这个对其祖先的贵族天性充满敌意的世界。 在七年之中，他都是通过越来越痛苦的禁欲生活冥思苦想寻求启示，直到他放弃绝食迈出重返这个世界的第一步，他才开始顿悟，此后终生致力于向他的人类同伴宣扬他的教义了。 为了更加有效地完成他的事业，他把许多信徒聚集在他的身边，于是他就成为这个彼此平等相待的教派的中心和首领了。

穆罕默德

穆罕默德出生在罗马帝国疆域以外的阿拉伯下层家庭，他出生的时代正值罗马帝国和阿拉伯的关系已经陷入危机的时候。公元6世纪和7世纪之交的基督教时代，罗马文化渗透到阿拉伯的影响已经达到饱和，阿拉伯社会注定要以相反的方式卸载加在它身上的重负。穆罕默德(约公元570—632年)的使命就是要完成这项事业。归隐和复出就是穆罕默德一生两次至关重要的转折点的前奏。

在穆罕默德生活的时代，罗马帝国有两个特征给当时的阿拉伯观察者留下了特别深刻的印象，因为他们不具备这两个特征。一个是宗教中的一神论，另一个是罗马的政府法律和制度。穆罕默德一生的事业就是把罗马社会结构的这两个特征改造成阿拉伯的本土形式，把阿拉伯化的一神论和阿拉伯化的统治权力糅合成一个单一的政教合一的体制——无所不包的伊斯兰体制——他赋予它巨大的推动力以至于本是穆罕默德创造出来满足阿拉伯蛮族人需要的这一新体制，迅速冲出了阿拉伯半岛，征服了从大西洋沿岸到欧亚草原边缘的整个叙利亚世界。

大约在四十岁的时候(约公元609年)，穆罕默德才真正开始他的事业，可以分为两个阶段。在第一个阶段，穆罕默德考虑的只是他的宗教使命，在第二个阶段，宗教使命被掩盖了，也可以说是差不多被政治事业吞没了。穆罕默德是在他重归阿拉伯宗教生活之后才从事纯粹的宗教事业的，而在此之前，他度过了十五年的半归隐生活，跟随一支沙漠商队往返于阿拉伯半岛的绿洲和阿拉伯草原的北部边缘罗马人建立的叙利亚沙漠城堡之间。穆罕默德事业的第二个阶段——政教合一的阶段开始于这位先知的再次归隐，或者说开始于他从出生地麦加绿洲逃亡到其敌对的雅特里布绿洲，后来这个地方被人们尊称为神圣的麦地那——"先知之城"。这次逃亡，穆罕默德是作为一个被追逐的避难者，但是穆斯林教徒却把它当成一次极其重要的事件，看作是伊斯兰教的纪元之始。度过了七年的归隐生活(公元622—629年)之后，穆罕默德再次返回麦加城，不过这次不是作为一个特赦的放逐者，而是成为了半个阿拉伯世界的领袖。

马基雅维里

马基雅维里(1469—1527 年)是佛罗伦萨的一个平民，1494 年在他 25 岁的时候，法国的查理八世率领一支法国军队越过阿尔卑斯山，攻占了意大利。因此，他属于能够看到没有遭到"蛮族入侵"时代的意大利的一代人，由于他活得够长，所以同样看到了意大利半岛变成了强大力量较量的国际舞台，阿尔卑斯山北面和海外的列强都从对手手里攫取曾经独立的意大利城市国家的霸权中找到了胜利的酬劳和标志。强加给没有意大利人强国的意大利的这种灾难就是马基雅维里这一代人必须遭遇的挑战，也是他们不得不经历的体验，这种经历对于这一代意大利人更加痛苦，因为长达两个半世纪以来意大利从未品尝过，他们这一代人没有，他们的祖辈同样没有。

马基雅维里具有极高的政治天赋，同时具有一种急欲表现其天才的欲望。当时的佛罗伦萨是最重要的意大利城市国家之一，马基雅维里有幸成了一名佛罗伦萨公民，在他 29 岁的时候，出色的才能帮助他获得了一个政府秘书职务。这次任命是在 1498 年，法国第一次入侵四年之后，因此在他任职期间，他得到了有关这个新"蛮族"强国的第一手资料。有了十四年的政治生涯，马基雅维里也许比任何活着的意大利人更有资格参与拯救意大利政治命运的迫切任务，就在那时，佛罗伦萨的政治风云突然改变了方向，把他驱逐出政治舞台。1512 年，他被解除了政府秘书职务，第二年又被监禁，受到了酷刑，尽管他幸运地再次活了下来，但是他为获得释放不得不付出的代价是：从此在佛罗伦萨乡下的农场里永远过着乡村生活。他的政治生涯彻底结束了，然而，尽管他经历了个体的巨大挑战的考验，命运并没有使他丧失作出有力应战的力量。

在隐居乡间不久写给朋友和同事的信中，马基雅维里用一种幽默的超然口吻详细描述了他现在已经为自己制定好的生活方式。日出而起，白天从事单调乏味的集体和体力活动，而且这些活动现在正适合于强加给他的生活方式，可是这不是他一天的结束。

夜幕降临,我就回到屋子里,走进书房,脱掉所有沾满泥土的乡下衣服,穿上我的官服。当我这样打扮一新,感到很体面时,就走到古老人家的古老庄园里。在那里,我享受到主人的无限关爱,幸福地品味这种单独为我准备的真正滋补品,我似乎就是为此而生的。

在这段学究式的研究和深思冥想时期,马基雅维里构思并写出了他的《君主论》,这篇专题论文的结尾一章的题目是"从蛮族统治下拯救意大利的宣言",它表露了马基雅维里决定拿起笔开始写作的动机。他过去一直在思考,甚至现在他被驱逐出实际政治舞台,他还希望把所有的精力化为创造性的思想,试图解决那个时代意大利政治家关心的一个至关重要的问题。

当然,激励写作《君主论》的政治希望实际上完全破灭了。 这部著作没有达到作者的直接目的,但是并不能说《君主论》本身是一个彻底的失败,因为当马基雅维里归隐在乡下,每天晚上走进那些古老人家的家里时,通过文字实践政治的追求不是他的工作的本质,通过写作他能够以一种更高的境界重新回到这个世界对于他来说是最重要的,在这一方面,他对于世界的影响远远大于他担任佛罗伦萨的政府秘书整天淹没在琐碎的政治事务中所产生的影响。 在这段魔幻般的净化时期,马基雅维里精神上的苦恼得以解脱,他成功地把无穷的精力升华为一系列伟大的著作——《君主论》、《论李维》、《战争艺术》和《佛罗伦萨史》等等——它们都成了我们西方现代政治哲学的种子。

但丁

二百年以前在这个城市的历史上,也曾出现过一个非常相同的人物,即诗人但丁。 但丁是在被驱逐出他的家乡以后,才完成了他一生的事业。 在佛罗伦萨,但丁深爱着贝雅特丽齐(Beatrice),亲眼看着她在他面前死去,尽管那时贝雅特丽齐仍是别人的妻子。 在佛罗伦萨,但丁一度短暂地从政,然后就被放逐了,从此再没有返回故土。 然而,在佛罗伦萨失去生存权以后,但丁却赢得了全世界的敬仰,因为在放逐中,这位失意于爱情又遭到政治打击的天才在创作《神曲》这部伟大的著作中找到了人生的支点。

第三节　少数创造性群体的归隐和复出

希腊文明成长第二个阶段中的雅典

在其他章节里，我们已经看到一个非常突出的归隐和复出的例子，就是公元前 8 世纪马尔萨斯式的挑战致使希腊社会陷入了危机时雅典人的所作所为。

我们已经注意到雅典人对于人口过多问题的第一个应战表面上是消极的。 她没有像大多数近邻一样到海外去建立殖民地，也不像斯巴达人那样掠夺临近希腊城邦的领土，把他们变成奴隶。 在那个时期，只要她的近邻允许她独立，雅典就一直在表面上扮演着一个消极角色。只是在斯巴达国王克利奥蒙斯一世企图把雅典置于拉凯戴梦人(即斯巴达人)的霸权之下，雅典奋起抗击的时候，她强大的潜在力量才第一次爆发。 通过武力击败拉凯戴梦人的入侵后，雅典避免了被殖民的命运，在随后长达两个多世纪里，雅典或多或少地就倾向于和希腊世界的其他城邦隔离开了。 但是在这两个世纪里，雅典并不是毫无作为，相反，她一直充分利用这个隔离状态，集中力量解决希腊普遍存在的问题。 她使用的方法是雅典最原始的方法——当殖民的方法和斯巴达的方法正在走向末路时，她要继续努力证明雅典方法的优越性。 正是在这段和平安宁的时期里，她完成了自己的蜕变，把传统制度改造成了适合新生活方式的制度，最后重新出现在希腊世界的舞台上。 当她再度复出时，她具有的巨大推动力量在希腊历史上已经是绝无仅有了。

雅典以摧毁波斯帝国入侵的强大姿态宣告了自己的复出。 公元前499 年，正是雅典对亚洲的希腊人起义给予了支援——而此时的斯巴达选择了退却，从那一天开始，雅典就在随后爆发的希腊和叙利亚统一国家之间长达 50 年的战争中充当着领导者。 在公元前 5 世纪以后长达两个多世纪的时期内，雅典一直扮演着与以前二百多年里完全相反的角色。 在这个时期，雅典始终处在希腊内部政治纷争的中心，直到她发现无法阻止一个新的巨人亚历山大向东方冒险的时候，她才勉强地放弃了一个希腊强国的地位和责任。但是，公元前262年她被马其顿彻底征服之后的退出并不是她积极参与希腊历史进程的结束，因为在她感到军事和政治落后很久之前，她已经在所有其他方面成为"希腊的学校"了。她已经给希腊文化打上了永久的雅典印记，甚至在今天的希腊后裔身上仍然可以看到它。

西方文明生长第二个阶段中的意大利

在对马基雅维里的简要叙述中，我们已经注意到意大利在两个多世纪里——从13世纪中叶霍亨斯陶芬王朝到15世纪末法国的入侵——成功地从阿尔卑斯山北部的欧洲封建的混乱半野蛮状态中归隐了。在这一时期，意大利的天才们取得的成就不是外在的而是内在的，不是物质的而是精神的。在建筑、雕塑、绘画、文学以及其他几乎每一个美学和文化领域中，意大利都完成了许多颇具创造性的伟大作品，它们完全可以与古代希腊在公元前5—前4世纪取得的成就相媲美。事实上，这些意大利人是从古代希腊天才那里汲取灵感的，他们唤醒了已经死亡的希腊文化的灵魂，追忆古代希腊的成就，把它们视为独一无二的、标准的、古典的，只能加以模仿而不能超越。我们也步他们的后尘，创建了一套"古典式的"的教育模式，直到最近随着近代技术的出现才被取代。总之，这些意大利人利用他们来之不易的没有异族统治的时期，在时时刻刻就会遭到危机的意大利半岛，创造了一个意大利世界，在这个世界里，西方文明的发展水平已经与古代希腊文明没有程度上的差别，只是性质有所不同。到15世纪末，当他们意识到优越于其他西方民族的时候——半是自负半是认真——他们重又使用"蛮族人"这个术语来称呼阿尔卑斯山以北和伊特里亚海对面的人们了，但是后来的这些所谓"蛮族人"却在政治上、军事上比那些文明的意大利孩子表现得更为聪明。

随着新的意大利文化在各个方面向半岛辐射，迅速刺激了周围地区的文化发展，首先是文化较为明显的要素的发展——比如政治机构和军事技术——在这些方面辐射的效果总是最先感觉到的。当那些"蛮族人"掌握意大利这些技艺后，他们便在比意大利城邦更大的范围内加以运用了。

"蛮族人"成功地建立了更大规模的组织而意大利人却感到无能为力，原因就在于"蛮族人"能够在远为有利的环境中运用他们从意大利人身上学到的经验，而意大利人不具备这一条件。 意大利政治家受制于众多常规法则之一的"势力均衡"法则，而"蛮族"政治家却能够从中受益。

势力均衡是一种政治动力系统，只要一个社会表现为许多相互独立的地方政权，它必然发挥作用。 意大利社会与其他西方基督教社会的差异就在于它正是通过这种方式组成的社会。 把意大利从神圣罗马帝国的统治下拯救出来的事业是在某一个城邦的领导下完成的，无论是哪一个城邦都会极力确保自己的地方自决权力，这样对意大利世界局部权力的追求同时导致了意大利的众邦林立。 在这样的一个世界里，势力均衡法则就以一般的方式发挥作用，即按照政治权力的每一个衡量标准：领土、人口、财富，把众多城邦的平均权力限制在一个较低的水平上。 任何城邦如果企图把自身的权力提高到普遍存在的平均水平以上，立即就会成为一个受攻击的目标，必然受到来自整体内部其他所有城邦的压力。 势力均衡法则的特征之一就是在众多政权的中心压力最为强大，在边缘地带最为弱小。

在中心地带，任何政权试图扩张它的势力立刻就会招致周围政权的猜忌和迅速回击，为了方圆不过几里的领土主权拼个你死我活。 相比之下，在边缘地带，竞争就不会那么激烈，较小的努力就会确保较大的效果。 美国能够毫无费力把它的势力从大西洋扩张到太平洋，俄国能够从波罗的海扩张到太平洋，然而法国和德国竭尽全力也不能完全占有阿尔萨斯和波兹南。

今天，俄国、美国与紧密相连的古老西欧国家之间的情景，就如同四百年前那些国家——政治上被路易十一意大利化的法国，被阿拉贡的菲迪南德*意大利化的西班牙，被早期的都铎王朝**意大利化的英

---

* 阿拉贡位于西班牙东北部，11—15 世纪形成独立封建王国，曾征服意大利那不勒斯，成为西地中海强国。 菲迪南德为 15 世纪王国的国王，为西班牙统一奠定了基础。 ——译者注

** 1485—1603 年由都铎家族统治的英国封建王朝。 ——译者注

国——与那个时代的佛罗伦萨、威尼斯和米兰等意大利城邦之间的情景。

通过比较,我们可以看出公元前 8 世纪、前 7 世纪、前 6 世纪雅典的归隐与公元 13 世纪、14 世纪、15 世纪意大利的归隐之间显示出很强的相似性。 在这两个实例中,归隐从政治方面来讲,都是彻底的和持久的,自我隔离都是把所有的精力投入到努力解决整个社会遭遇的难题,具有创造力的群体都是在圆满完成了创造性的工作后重新返回到他们一度抛弃掉的社会,并在整个社会躯体上留下了它们的印记。 此外,雅典和意大利在归隐期间所要解决的实际问题也是相同的。 像希腊的阿提卡一样,西方基督教世界的伦巴第和托斯卡纳地区也被当作了一个隔离的社会实验室,在这个实验室里,它们成功地把地方性的自给自足的农业社会改造成了国际性的相互依存的工商业社会。 意大利像雅典一样,对传统制度进行了激烈的改革,目的是使之适应新的生活方式。 商业化和工业化的雅典在政治方面,从注重出身的贵族政体转变成了建立在财产基础之上的中产阶级政体。 商业化和工业化的米兰、博洛尼亚、佛罗伦萨、锡耶纳从基督教世界普遍存在的封建制转变成了个体与个体生存之中的地方独立政府之间直接发生关系的新体制。 在 15 世纪以后,这些具体的经济政治发明连同意大利的天才们高不可测、无法估量的创造能力,由意大利传播到了阿尔卑斯山以北的欧洲地区。

然而,这一时期西方和希腊各自的历史进程出现了差异,这是由于意大利城邦在西方基督教世界中的地位与雅典在古代希腊世界中的地位有着本质上的不同。 雅典是一个重新回到城邦世界中的城邦,但是在整个中世纪时代,逐渐成为意大利世界构成基础的这种城邦模式并不是西方基督教社会构成的原始基础,它的原始基础是封建制度。 当 15 世纪末期意大利城邦被重新吸收进西方社会主体中的时候,西方基督教世界绝大部分的构成基础仍然是封建制度。

这种情况提出了一个问题,从理论上讲,它可以通过两种方式解决。 为了在另一个地区采用意大利不得不提供的新的社会发明,阿尔卑斯山以北的欧洲地区或者破坏自己的封建基础,完全建立一个以城邦为基础的社会;或者把意大利的发明加以改造使它在封建基础上和相应的封建王国中同样可行。 城邦体制在汉萨同盟的许多城市控制的陆路和水路航道的关键地区——瑞士、斯瓦比亚、弗兰科尼亚、荷兰以及德意志北部的平原地区取得了相当程度的成功，但是在阿尔卑斯山以北地区一般并没有采用城邦体制的解决办法。 这就把我们带到了西方历史的下一个阶段和另一个引人注目的更加成熟的归隐和复出活动。

西方社会成长第三阶段中的英格兰

我们西方社会现在面临的问题就是如何从一个农业贵族的生活方式转变成一种工业民主生活方式而且不采用城邦体制。 瑞士、荷兰、英国都遇到了这种挑战，最终采取了英国式的解决方式。 这三个国家从欧洲的普通生活中归隐以后都得益于它们的地理环境：瑞士得益于高山，荷兰得益于堤坝，英国得益于海峡。 瑞士成功地克服了中世纪晚期城邦统一政体的危机，建立了联邦政体，在先是抗击哈布斯堡王朝，后又抗击勃艮第强国以后，维持了自己的独立地位。 荷兰在击退西班牙的进攻后获得了独立，建立了由七个统一行省组成的联邦国家。 英国在百年战争中失败以后被迫收敛了企图征服欧洲大陆的野心，像荷兰一样，在伊丽莎白的统治下击败了西班牙天主教的入侵。 从那以后直到1914—1918年战争，始终奉行的是避免介入大陆事务的政策，毫无疑问，这项政策一直是英国外交政策基本的、永久的目标之一。

但是，这三个局部的少数创造性群体在他们普通的归隐政策产生效果方面并不具备同等的有利条件。 瑞士的高山和荷兰的堤坝比起英吉利海峡来并不是一个更为有效的屏障。 荷兰始终没有彻底从路易十六的战争中恢复过来，并且瑞士和荷兰在一段时间里被置于拿破仑帝国的卵翼之下，除此之外，它们都没有形成一个完全集中的统一国家，只是一些行政区和城市的松散的联合。 这样历史的重任就落在了英国以及1707年统一以后建立的大不列颠盎格鲁—苏格兰联合王国身上，在西方基督教历史的第三阶段它扮演了意大利在第二阶段扮演的角色。

应该看到意大利已经开始找到了克服城邦局限性的方法，因为在它归隐结束的时候，大约七八十个独立的城邦由于多次征服战争已经被合并到大约八到十个更大的联合体中了，可是这个结果在两个方面表现并不是很充分，一是这些新的意大利政治联合体，尽管与以前相比规模更大，但是仍然太小，不足以与开始入侵他们时的"蛮族"相提并论，二是这些新的更大规模的联合体政府形式是一种专制政体，城邦体制政治上的优点在这个过程中丢失了。后来的这种意大利专制政体在整个阿尔卑斯山以北地区都轻易地被运用到更大的政治联合体之中了——西班牙哈布斯堡王朝、法国瓦洛亚王朝和波旁王朝、奥地利哈布斯堡王朝，最后是普鲁士霍亨索伦王朝。这种表面上的进步证明是一种盲目的道路，没有某种政治民主的成就，对于阿尔卑斯山以北的国家来说，要达到以前意大利从农业发展到工商业的经济成就是非常困难的，因为这些成就是意大利在城邦的分裂状态下完成的。

与法国和西班牙不同，英格兰君主专制制度的发展是一种能够激起有效应战的挑战。英国的这一应战给阿尔卑斯山以北地区的传统政治体制注入了新的活力，赋予了新的功能，它是过去西方基督教世界留给英格兰、法兰西和西班牙的共同遗产。阿尔卑斯山以北地区传统政治体制的特征之一是国王和王国的各个社会阶层之间定期举行国会和其他协商会议，这样做有双重目的，一是可以申诉冤情，二是国王郑重承诺有根有据的冤情应该予以纠正，作为一种回报，国王获得了社会各个阶层的支持。在这个体制的逐渐发展中，阿尔卑斯山以北的许多王国找到了如何克服地域方面的限制问题——难以控制的人口问题和难以治理的边远地区问题——发明了或者说发现了"代议制"的法律虚拟制度。就参加国会的每一个人在国会中所有承担的角色来说，每一个人的义务和权利——这种义务和权利在城邦中是显而易见——在这个难以控制的封建王国里都被削弱成代理人所代表的权利以及代理人角色必须承担的义务，即要负担从城邦到国会召开地点的路途费用。

这种定期的代议和咨询集会的封建机构更适合于作为国王和臣民之间的一个联络机构，但是从另一个方面看，最初它并不很适合 17 世纪英格兰所要完成的任务——接管国王的权力，逐步代之以一个超越王权的政治权威机构。

那么为什么英格兰能够应付而且成功地战胜了这个挑战，而当时阿尔卑斯山以北的其他国家却没有一个能够应对呢？原因就在于英格兰的面积远小于大陆性的封建王国，而且拥有比较清晰的疆界，因此能够比它的近邻更早地形成一个非封建的真正的民族国家。 如果说在西方基督教历史的第二阶段即中世纪，英格兰君主政体自身的力量就有可能使它被第三阶段的议会政府取代，也不是自相矛盾，因为其他处于第二阶段的国家，没有一个经历过像征服者威廉、亨利一世、亨利二世、爱德华一世、爱德华三世那样的专制独裁统治。 在这些强大的统治者手中，英格兰很早就结合成一个统一国家，而法兰西、西班牙和德意志则晚了许多。 另一个原因是伦敦的优势地位。 阿尔卑斯山以北没有任何一个国家拥有一个处于绝对优势的城市。 17 世纪末，英格兰的人口比起法兰西和德意志来微不足道，甚至比西班牙和意大利还要少，然而伦敦在各方面却成为当时欧洲最大的城市。 事实上，人们可以相信英格兰已经成功地把意大利的城市制度运用到全国的公共生活之中，因为比起阿尔卑斯山以北的其他更多的国家来，她已经具有了——由于它的国土较小、国界分明、国王强大、一个占据优势的大城市——一个规模更大的城邦应该具有的紧凑感和自觉意识。

　　然而，即使完全承认这些有利条件，英格兰的成就也只是把文艺复兴时期意大利行政管理效率的新琼浆装进了中世纪阿尔卑斯山以北地区的议会制旧瓶子里，而没有打碎这个瓶子，仅仅是一场宪法的胜利，只能看作是令人惊异的"绝技"。 英国的宪法"绝技"克服了议会制在政府批评和政府治理方面的鸿沟，在伊丽莎白时代和 17 世纪的绝大部分时间里，也就是英国第一次从大陆漩涡中归隐期间，英国这个具有创造力的"少数群体"，为西方社会完成了这一创举。 当时为了对路易十六的挑战进行应战，在马尔伯勒的卓越领导下，英国部分地暂时重返了欧洲大陆舞台，这时欧洲大陆的人们才开始注意到这个岛国所做的事情。 正像法国人有时称呼的那样，英国崇拜时代到来了。 孟德斯鸠称赞过——或者说误读了——英国的成就。 英国崇拜指的是崇拜君主立宪制度，当时它成了点燃法国大革命的导火索之一，现在人们都知道，在 19 世纪 20 世纪之交，地球的所有人都开始怀着一种野心，即要用议会制这片无花果树叶为他们的政治穿上一层外衣。 在西方历史的第三阶段晚期对于英国政治制度的崇拜显然相当于第二阶段末期对意大利文化的崇拜，15世纪末16世纪初，英国人对于意大利的崇拜最好的证明就是莎士比亚虚构的超过四分之三的戏剧是以意大利传说为蓝本的。事实上，莎士比亚在《理查二世》中就影射讥讽过他自己在选择故事体裁方面表现出来的这种意大利崇拜。那位约克公爵就说过愚蠢的年轻国王步入了歧途，由于

　　自豪的意大利时尚的报告
　　我们迟缓盲目模仿的行为举止
　　模仿以后仍是无知 [20]

这位戏剧大师，用他那非同寻常的不合时宜的方式，讥讽了乔叟的时代具有更多的模仿特征——尽管乔叟和他的时代只不过是个开始。

英国议会制政府的政治发明为后来英国工业制度的发明创造了一个有利的社会环境。"民主"在政府体制的意义上就是行政首脑要对代表人民的议会负责，工业制度则是一种机器生产体系，要由集中在工厂里的工人完成，它们都是我们这个时代主导性的制度。它们之所以逐渐流行是因为它们提供了最好的方法，解决了我们西方社会面临的难题，即如何把意大利城邦文化的政治和经济成就从城邦移植到整个王国，在后来的政治家称之为"光荣孤立"时代，英国就发明设计出了这两种方法。

俄罗斯在西方历史中的作用

在我们西方基督教社会已经扩张成一个伟大社会的当代历史中，我们能够再次发现进入下一个阶段的迹象吗？能够再次找到一个社会的一部分在孤立地解决将来的问题而其他部分仍然埋头于寻找过去的意义的征兆吗？这是否意味着这个成长过程仍然会继续呢？既然用意大利人的方法解决了早期问题以后我们又遇到的问题再次用英国的方法解决了，那么英国的方法会不会再次带来新的问题呢？我们这一代由于民主和工业主义的胜利再次遭遇到两个挑战。尤其是工业经济制度，尽管在为世界市场提供昂贵的技术含量较高的产品中要求区域性的专业化生产，但是它却需要建立某种世界性的秩序作为它的活动舞台。一般

来说，工业主义和民主都需要人类具备更强的个体自控能力、相互容忍以及公共合作精神，相比之下，那些人类社会动物更倾向于争斗，因为这两种制度都给人类社会行为注入了一种前所未有的强大的推动力。举例来说，人们一般都会同意，在我们现在创造的社会和技术环境里，我们文明社会的继续存在要依赖于把消弭战争作为解决我们之间分歧的手段。 在这里我们关心的只是这些挑战是否能够引起一个新的归隐，随后再度复出。

现在就对显然处于刚刚起步阶段的历史进程作出判断的确为时过早，但是我们不妨冒险猜测一下我们是否能够对俄罗斯东正教世界的当前情势加以解释。 在俄罗斯共产主义运动中，我们已经看到一个戴着西方面具的"狂热教派"企图中断二百多年前彼得大帝强加给俄罗斯的西方化进程，同时看到这种面具已经受到冷落，变得强制，成为某种预兆。 我们已经得出结论：这种以反西方化的姿态出现，由并非自愿西方化的俄罗斯人发动起来的西方式的革命运动，现在已经成为俄罗斯西方化的有效力量，甚至比利用任何传统的西方社会教义更加有效。 我们曾经试着用一个关系图式来表达俄罗斯和西方世界之间的社会交往的最终结果，指出两个独立社会之间过去的外部联系现在变成了俄罗斯也并入其中的这个伟大社会的内部关系。 我们能够进一步说由于现在并入到这个伟大的社会，俄罗斯正在同时从公共生活中归隐，以便将来充当具有创造力的少数群体，设法解决这个伟大社会当前的诸多问题吗？这至少是可以想象的，许多欣赏俄罗斯当前经历的人都相信俄罗斯将会以一个创造者的角色重新回到这个伟大社会之中。

注 释：

[1] Odyssey, Bk. IX, ll. 112—115. 引自 Plato：Laws, Bk. Ⅱ, 640B。

[2] Huxley, J. S., *The Individual in the Animal kingdom*, pp.36—38, 125.

[3] Spengler, O., *Der Untergang des Abendlandes*, vol. i. 15th—22nd, ed., p.153.

[4] Cole, G.D.H., *Socia theory*, p.13.

[5] Bergson, H., *Les Deux Sources de la Morale et de la Religion*, pp.333, 373.

[6] 同上书，第 96 页。

[7] 同上书，第 246—251 页。 读者们可能注意到柏格森的历史哲学和卡莱尔历史哲学很接近。 ——节录者注

[8] Mattew, x. 34—36; cF. Luke xii. 51—53.

[9] Bergson, 前引书，第 181 页。

[10] 同上书，第 98—99 页。

[11] 参见前文第 54 页。

[12] Exodus, xix. 3 and xxxi. 18. 见 ch.xix 多处。

[13] Ibn Khaldn, *Muqaddamat*, Baron M.de Slane 法译本，vol. ii, p.437。

[14] Psalm, cvii. 10. 译文译者有所调整。

[15] Corinthians, xv. 35—38, 42—45, 47.

[16] Bryce, James, *The Holy Roman Empire*, ch. xi 至结束。

[17] Bagehot, W., *Physics and Politcs*, 10th ed., p.214.

[18] Colossians, iii, 22.

[19] Galatians, i. 15—18.

[20] Shakespeare, *Richard the Second*, Act Ⅰ, sc ii, ll. 2—3.

第十二章

成长过程的差异

　　现在我们已经结束了对于文明生长过程的考察，在我们已经研究过的许多实例中，这个过程似乎是相同的一个过程。生长的完成依赖于个体、少数群体或者整个社会通过应战对于一个挑战作出回应，这个应战不仅能够解决挑战而且能够给应战者提出新的挑战，然后需要再一次应战。尽管成长过程也许是统一的，但是各个部分对于遇到的挑战的反应却不是一样的。当我们比较一下任何单一社会分裂出来的许多不同的共同体的经验时，面对同一系列的挑战而作出的各异的反应就会一目了然了。有一些共同体死亡了，另外一些却通过创造性的归隐和复出运动进行了成功的应战，还有一些共同体既没有死亡也未能成功地应战，但是却设法生存了下来，其方法就是：当那些成功的成员给它们指出了一条新的前进道路时，它们在先驱者的后面亦步亦趋地跟随。这样，任何连续的挑战在社会内部就产生了差异，而且这一系列挑战持续的时间越长，这种差异就会越来越大。此外，如果生长过程在遭遇到同一个挑战的生长中的社会中产生了差别，那么毋庸赘言，同一个生长过程一定与另一个遭遇到性质不同挑战的生长中的社会的生长有所不同。

　　在艺术领域里可以找到突出的例证说明这个问题，因为人们一般都承认每一个文明都创造出了自己的艺术风格。 如果我们设法确认每个独特文明在时间和空间上的界限，我们就会发现这个美学标准就是最可靠的，也是最为精确的。 举一个例子来说，考察埃及流行的艺术风格就会看到前王朝时代的艺术还不是典型的埃及艺术风格，科普特的艺术已经在风格上抛弃了埃及艺术的特征，依据这个证据，我们可以确定埃及文明发展的时间跨度。 按照同样的标准，我们也能够确定古希腊文明从米诺斯社会破土而出的时期，以及它最后解体被东正教社会取代的时代。 再有，米诺斯艺术品的风格能够使我们确认米诺斯文明在它发展的不同历史阶段中的空间影响范围。

如果我们承认每一个文明在艺术领域都形成了自己的风格，那么我们必然会问：这种性质上的独特性(这是它风格的本质)能够出现在艺术领域而不会出现在每个独立文明的所有其他部分、机构、制度和行为之中吗？ 无需在这方面进一步追问，我们也能够确认一个显然的事实即不同的文明对各自特殊的行为强调的侧重点有所不同。 比如，古希腊文明从总体上看显然倾向于强调生活中的审美观念，古希腊语中的形容词 καλός 证明了这一点，它不仅恰好表示审美感上美的方面，而且它还不加区别地用来表示道德上善的方面。 相反地，古代印度文明以及它的子体现代印度文明显然主要倾向于强调宗教观念。

当我们转向我们自己的西方文明时，我们毫无费力就会觉察到我们自己的倾向和偏见。 它当然是一种偏爱机器的倾向：集中一切兴趣、努力、能力，利用独创的物质和社会机器，让自然科学的发现服务于物质目的——物质机器比如汽车、手表、炸弹，社会机器比如议会制、国家保险制度、军事行动时间表。 这种偏好的历史要比我们正常设想的更为长久。 在所谓的"机器时代"很久以前的其他文明社会里培育出来的精英们曾经厌恶地把西方人看作物质至上主义者。 安娜·科穆宁娜，拜占庭公主出身的历史学家，就是用这样的眼光看待我们 11 世纪的祖先们的，她对于十字军使用的十字弩的反应既厌恶又不屑一顾，十字弩是她那个时代西方人的新奇事物——带有早熟特征的有害发明——领先于手表的发明几个世纪，手表是中世纪的西方人把它的机械运用到并不喜欢的和平艺术过程中出现的杰作。

近代一些西方作者，特别是斯本格勒，对于不同文明的"个性"问题的研究已经不再是冷静地作出判断而是武断的幻想了。 或许我们说过一些文明的差异确实已经出现，而且如果我们看不到一个非常肯定和更加重要的事实，即人类生活和制度中出现的差异是一种表面现象，只是掩盖了潜在的统一性而并没有削弱它，那么我们将会处于失去对于形势的正常判断的危险之中。

我们已经把我们的文明比作岩石攀登者，在这个比喻中，那些攀登人，尽管都是独自在攀登，但是所有的人都是从事同一项事业。 他们都是顺着同一个悬崖从底层的同一个起点向高处同一个目标攀登。 这种潜在的统一性在这里是很明显的。 如果我们换一个比喻，依照播种者的寓言思考文明的生长问题，这种统一性也再次显示出来。 播下的种子都是一颗颗单独的种子，每一颗种子都有自己独特的命运。 然而，所有的种子都属于同一类种子，都是一个播种者播种的，都是希望有所收获。

第四部　文 明 的 衰 落

第十三章

问题的性质

　　文明衰落问题要比文明生长问题浅显一些，事实上它几乎和文明起源问题一样浅显易懂。 文明的起源只是对于文明的诞生以及我们所列举的 26 个代表性的文明加以解释——包括五个停滞文明，但排除已经流产的文明。 现在我们可以看到 26 个文明中，至少 16 个文明已经死亡，10 个幸存者指的是我们自己的西方社会，近东的东正教主体社会及其分支俄罗斯社会，伊斯兰教社会，印度社会，以中国为主体的远东社会及其分支日本社会以及三个停滞文明——波利尼西亚文明、爱斯基摩文明、游牧民族文明等。 如果我们进一步考察这十个幸存者，就会看到波利尼西亚社会和游牧民族社会现在正处于最后的苦苦挣扎阶段，其他八个文明社会中有七个在不同程度上处于第八个文明，也就是我们自己的西方文明的消灭和同化的威胁之下。 此外，七个文明中至少有六个文明(不包括爱斯基摩文明，它在幼年时期就已经停滞了)呈现出衰落和解体的迹象。

　　就像我们已经注意到的那样，文明出现解体的突出征兆之一就是文明发展的最后一个阶段出现衰落现象，这个时候，处于解体的文明总是屈服于一个强有力的统一国家政权从而暂时得以缓解。 对于一个西方学者来说，典型的例子就是古代希腊社会在倒数第二个发展阶段被强制性地并入罗马帝国。现在如果我们审视一下任何幸存的文明——我们自己的文明除外——我们就会发现相同的现象，比如东正教社会的近东主体已经统一在奥斯曼帝国之下；东正教的分支俄罗斯，在15世纪末莫斯科大公国和诺夫哥罗德公国政治上统一以后，形成了一个统一国家；印度文明在莫卧儿帝国和它的继任者英国的统治之下，组成了统一国家；远东文明的主体部分先是统一在蒙古帝国，后来在满族帝国的统治下再度统一；远东文明的分支日本由德川幕府完成了统一；至于伊斯兰教社会，我们可以注意到泛伊斯兰运动其实就是在意识形态上出现了统一国家的先兆。

如果我们承认统一国家出现这一现象是文明衰落的标志，那么我们就可以说，现存的六个非西方文明被西方文明从外部摧毁以前，内部就已经衰落了。在这部书的后面一章我们将会找出一些理由证明已经成为胜利的入侵者牺牲品的文明事实上从内部早就衰败，不再生长了。但是，在这里我们只需要了解每一个活着的文明，除了我们自己的西方文明之外，已经衰败并处于解体的过程之中就足够了。

我们西方文明的命运如何？显然它还没有达到一个统一国家的阶段。在前面章节里，我们看到统一国家既不是文明解体的第一个阶段也不是最后一个阶段。在它之后的阶段我们称之为"间歇时代"，之前的阶段我们称之为"动荡时代"，这一时期要持续几个世纪。如果我们这一代人允许自己纯粹凭借我们自己的感觉这一主观标准判断我们这个时代，那么最恰当的判断可能是宣布"动荡时代"毫无疑问已经降临到我们身上，但是，现在还是让我们暂时抛开这个问题。

我们已经说过文明衰落指的是未能勇敢地超越原始人类的水平进而达到现在超人的水平上，而且我们用各种比喻描述过这项伟大事业中的失败现象。比如，我们把它们比作攀援者，还没有爬完斜坡，达到高处的休憩处之前，就已经死在了低处的出发点上，或者说虽生犹死。我们同样用抽象的术语把衰落的性质描述成个体创造者和少数创造性群体的灵魂中丧失了创造能力，因而也使他们丧失了影响大多数没有创造性群体的魔幻般的能力。没有了创造能力自然无所谓模仿能力。吹奏手失去了吹奏能力，就再也不能让观众跟着翩翩起舞了，在惊恐和狂怒之中，他立刻就会变成残酷的军士训练员和奴隶监工，用武力控制再也不能凭借自己原来的魅力领导的民族了，结果他就很快把自己送上了绝路，因为那些以他为旗帜，突然又不知所措的追随者，当优美的音乐渐渐停息，受到一顿鞭笞后，马上就会起来反抗的。

我们已经看到，事实上，在任何社会历史中，一旦少数创造性群体堕化成统治者，试图依靠武力维持已经变质的统治地位的话，那么统治者这种特征上的变化在另一方面就会激起无产者的叛离，他们不再钦佩也不会再模仿统治者，并且会起来反抗的。我们同样看到当这个最下层阶级维护自己的权力时，从一开始就分为了两个不同的部分：一个是忍受屈从又稍加抗争的内部无产者，另一部分是境外用暴力极力反抗被吞并的外部无产者。

从这方面看，文明衰落的本质可以概括为三点：少数创造性群体丧失了创造能力，大多数人不再进行相应的模仿，随后整个社会出现分裂。只要我们头脑中拥有对于衰落性质的这种印象，我们现在就可以进而探讨衰落的原因了。这一部分将占据我们这本著作所有剩余的篇幅。

第十四章

决定论者的解决方案

究竟什么原因导致文明的衰落呢？ 在我们运用列举相关具体事实的方法分析这个问题之前，我们最好先审视一下另外一些方法，这些方法或者是列举一些更高层次的证据，或者依据某些无法证明的教条，抑或依据历史领域以外的某种事物。

人类有一个无法改变的弱点，往往把自己的失败归因于某种自己完全无力控制的力量。 在文明衰落的过程中，这种心理状态对于敏感的思想尤其具有吸引力。 在古希腊文明衰落时，各种各样的哲学流派的一个共同特征就是把他们既感到痛惜又无力阻止的社会衰败解释为普遍开始的"宇宙衰老"过程偶然造成的不可避免的结果。 在古希腊社会动荡不安的最后一个时期出现的卢克莱修哲学（《物性论》，Bk, II, LL.II44—47）就是持这种看法的，当三百年以后古希腊统一国家走向瓦解的时候，西方教会的一个神父圣西普瑞安所写的一部论战性著作中再次重申了这种观点。 他写道：

> 你应该觉察到这个时代正在衰老。现在,它既没有力量像过去那样站立起来,也失去了过去使自己更为强壮的精力和体力……冬季雨量减少已经不能够再滋养地上的种子,夏季热量降低再也不能

有任何收成……这是对于整个世界的宣判,这是上帝的法则,有生必定有死,有生长必定有衰老。

至少就现存的任何文明而言,现代物理学已经摧毁了这种理论的根基。现代物理学预言在无法想象的遥远的未来,由于物质不可避免地要转化成放射性元素,宇宙这个"钟摆"会"逐渐停止下来",但是正像我们说过的那样,那个未来是如此遥远,难以想象。詹姆斯·金斯*先生写道:

> 即使我们对于人类的未来极其悲观,我们也可以假定人类能够再生存 20 亿年,大约相当于地球过去的生命。然后,假定一个人注定能生存 70 年,那么在人类只有 70 年的生命中,它只不过才出生三天……作为一个完全没有经验的生物,我们正站在文明诞生的第一道霞光之中……最终这抹清晨灿烂的朝阳必定会褪色成正午的白光,在一个遥远的未来,它将会变成傍晚的余晖,预示着漫漫长夜的降临。但是我们这些黎明时期的孩童不必考虑那个遥远的日落。[1]

然而,曾经推崇对于文明的衰落作出命定论和决定论解释的现代西方人,现在不再企图把这些人类制度的命运和整个物质宇宙的命运联系在一起了。他们在更为狭小的范围内探讨衰老和死亡的法则,因为他们宣称可以对这个星球上的整个生命王国作出解释。斯宾格勒的方法就是设立一个比喻,然后从中引出论断。他好像是以观察到的现象作为基础,宣称每一个文明都像人类一样,要依次经过同样的连续时段,但是他的雄才大论在任何方面都缺乏根据,因为我们已经注意到社会在任何意义上都不是生命有机体。从主观方面看,社会是一个能够被认知的历史研究领域。从客观方面看,它是众多人类个体各自活动的共同场所,人类本身是生命有机体,但是它不能把他的影子组合成一个像

---

* 詹姆斯·金斯(James Jeans, 1877—1946),英国数学家,物理学家,天文学家。——译者注

自己一样的人，然后赋予这个抽象的躯体一个充满活力的生命。构成所谓的一个社会"成员"的人类个体的能量是形成社会历史，包括它的时间跨度的关键力量。教条式地声称每一个社会都有一个命定的时间跨度是愚蠢的，如同声称每一部剧本都注定要包括这么多幕一样。

我们可以拒绝当任何文明接近它的生物体的时间跨度行将结束时衰落必然发生的理论，因为文明是完全不服从生物体法则的实体；但是也有另外的一种理论认为，由于一些无法解释的原因，通过彼此之间的相互联系构成一个文明的个体的生物本质在一代或者几代以后会神秘地衰老，因而文明的这种衰老从长期来看实际是一种本质上无可挽回的退化。

> Aetas parentum, peror avis, tulit
>
> Nos nequiores, mox daturos
>
> Progeniem vitiosiorem.[2]

然而这是个本末倒置的说法，它误把社会衰落的结果当成了原因。尽管在社会衰落时期，与那些社会生长时代拥有高贵的身份和充满无限活力的祖先相比，处于衰落中的社会成员似乎变成了侏儒，或者说僵化成了跛子，但是把这一缺点归因于种族的衰退也是一个错误的论断。后继者的生物禀赋与其祖先没有什么两样，祖先所有的进取心和成就都潜藏在他们的子孙身上。潜伏在颓废子孙身上的病因并不是自然禀赋的丧失而是社会遗产的衰败，使他们再也不能在有效的创造性的社会行为中找到施展他们丝毫未损的才能的空间。

这种主张种族衰败是社会衰落原因的毫无根据的假说，有时候却得到了研究者的支持。他们认为，在衰落社会最终解体和与之有子体关系的新社会出现之前的间歇期内，经常会出现民族大迁徙的现象，在迁徙过程中，两个连续社会的同一个发源地的人口就出现了注入"新鲜血液"的现象。依据"在它以后，必定因它而发生"的逻辑，可以假定新诞生的文明在生长过程中所展现的新的创造力正是"纯种"的"原始蛮族""新鲜血液"的赠品。反过来也可以推断先前文明生命创造力的消失一定是由于某种种族患了贫血症或者脓血症的缘故，因而只有注入新鲜的健康血液才能得以治愈。

为了支持这种观点，有人武断地引述了意大利的历史为例，指出在公元前最后四百年和从公元 11 世纪到 16 世纪大约六百年里，意大利的居民展示了非凡的创造力，而这两个时期却被另一个千年之久的衰落、崩溃继而复兴时期隔开了，在这个时期，意大利人好像失去了一切优点。 在种族主义者看来，如果不是因为在两个伟大时代之间的间歇期入侵的哥特人和伦巴第人给意大利注入了新鲜血液的话，意大利历史上这种突出的兴衰变迁现象是令人费解的。 这颗生命的灵种产生了必然的效果，在经过几个世纪的孵化期后，意大利再度重生了(或称为文艺复兴)。 在经过了罗马共和国时期充满魔力的光辉岁月之后，意大利的生命之花在罗马帝国的统治下渐渐凋谢了，但是随着罗马共和国的出现突然爆发的生命力，毫无疑问是古希腊文明诞生之前的民族大迁徙时期早期蛮族人的新鲜血液注入的结果。

只要我们同意把时间定格在 16 世纪之前，对于意大利历史的这种种族主义解释表面上就有一定程度的合理性。 但是如果我们把研究的时间跨度从 16 世纪延伸到现在，我们就会发现经过了 17 和 18 世纪的衰落时期之后，到了 19 世纪，意大利再度复兴了，这次复兴是如此强烈以至于现在把"统一时代"这个名称独一无二地赋予了中世纪意大利经验在近代的再次复兴。 在这次意大利的生命力最后一次爆发以前，又注入了何种纯正的蛮族人的新鲜血液呢？ 答案当然是"没有"。 历史学家似乎都同意，19 世纪意大利出现"统一时代"的最为直接原因是革命后的拿破仑帝国暂时的征服给意大利带来了普遍的动荡和挑战。

对于在公元第二个千年初期意大利的兴起以及公元前最后两个世纪里意大利的早期衰落，找到一些非种族方面的解释并不怎么困难。 最后一次衰落显然是对于罗马军国主义的报应，因为它给意大利带来了一连串骇人的社会恶果，随之而来的就是灾难性的汉尼拔战争。 在后希腊化时代的间歇期内，意大利社会复兴的兴起完全可以追溯到了古老的意大利民族中那些创造性个体的功绩，特别是圣本笃和教皇大格列高利，他不仅是中世纪意大利复兴之父，而且是中世纪的意大利人也参与其中的西方新文明的缔造者。 相反地，当我们考察那些被"纯种"的伦巴第人蹂躏的意大利地区时，我们发现这些地区并不包括威尼斯、罗马格纳以及那些在意大利文艺复兴中扮演同等角色的、较伦巴第统治的中心城市巴维亚、贝尼凡托和斯波累托重要得多的著名地区。如果我们要对意大利的历史作出种族方面的解释，我们很容易地就会举出伦巴第的例子，但是伦巴第人的血液已经证明是一副毒化剂而不是灵丹妙药。

其实，通过对于罗马共和国兴起的非种族论的解释，我们就能够把种族论者从他们依然固守的意大利历史的堡垒中驱逐出去。罗马共和国的兴起可以被解释成对于希腊人和埃特鲁里亚人殖民地挑战的应战。意大利半岛的本土居民是选择希腊人强加给他们的西西里同胞、埃特鲁里亚人强加给土著的翁布里亚人的被灭亡、被征服或者被同化的命运呢？还是在他们自己的历史中，按照自己的方式采用希腊文明抵抗这些入侵者(像日本采用西欧文明一样)，从而把自己提高到希腊人和埃特鲁里亚人的发展水平呢？罗马人决定选择第二条道路，由此他们成为了后来伟大帝国的缔造者。

到目前为止，我们已经讨论了对于文明衰落的三种决定论解说：第一种理论把文明衰落归因于宇宙"钟摆"的"逐渐停止"或者地球的渐趋衰老；第二种理论认为文明像生命有机体一样，有一个受生物自然法则支配的时间跨度；第三种理论认为由于那些"文明化的"祖先们沉积在他们身上的世系太长了，致使参与文明进程的后代个体的本质发生了退化，从而导致了文明的衰落。但是我们仍然必须研究另外一种被人称为历史循环论的假说。

人类历史中循环论的出现是天文学上重大发现的自然结果，似乎出现在大约公元前 8 世纪和前 6 世纪中间某个时候的巴比伦社会，当时人们发现在天体运动中的周期循环现象不只是三个相似的显而易见的循环现象——昼夜的更迭、月亮的圆缺和太阳的一年四季的变换；还有包括所有行星以及地球、月亮、太阳在内的更大范围的天体运动，由这个和谐的天体乐队演奏的"天体音乐"响彻在整个循环过程中。在这样一个更大的循环中，太阳在一年四季中的变换就显得微不足道了，因此人们推断，既然受太阳的周期循环支配的植物有一年四季的生死循环周期，那么处于宇宙循环之中的万物都必然出现一个生死循环的现象。

用循环论解释人类历史的学说显然迷住了柏拉图(《蒂迈欧篇》，21E—23C；《理想国》，269C—273E)。 在维吉尔最著名的一首诗篇中，也出现了这种解说，下面这段引文摘自《牧歌》第四首：

> Ultima Cumaei venit iam carminis aetas;
>
> Magnus ab integro saeclorum nascitur ordo.
>
> Iam redit et virgo,redeunt Saturnia regna,
>
> Iam nova progenies caelo demittitur alto……
>
> Alter erit tum Tiphys et altera quae vehat Argo
>
> Delectos heroas;erunt etiam altera bella
>
> Atque iterum ad Troiam magnus mittetur Achilles.[3]

奥古斯都对于希腊世界的征服赋予了维吉尔以灵感，因而他用循环论乐观地赞美那个时代。 但是，"古老的战争将再度爆发"有什么值得赞美的呢？ 大多数人一旦成功并且生活幸福，就会自信地宣称他们不再喜欢过去的生活，历史难道比普通人的一生更值得"重演"吗？ 对于这个问题，维吉尔没有作出回答，但是雪莱在最后一部抒情诗剧《希腊》中给出了答案，序幕采用了维吉尔式的回忆，落幕时就完全是雪莱自己的憧憬了：

> 世界的伟大时代重又降临，
>
> 黄金岁月再度起航，
>
> 大地像一条蛇,焕然一新
>
> 陈旧的冬装已经脱掉；
>
> 天空展露微笑,信念和帝国
>
> 像破碎的梦的碎片闪着微光……
>
> 一艘高高的阿戈舟劈风斩浪，
>
> 满载着后来捕获的战利品；
>
> 又一个俄耳甫斯在低吟浅唱，

爱情,悲伤和死亡;

新的尤利西斯(Ulysses)再次离开卡里普索(Calypso)

回到他的家乡。

何必再描绘特洛伊的忧伤,

如果人类的命运注定是这样——

不要在欢乐中掺杂莱亚的愤怒,

那欢乐来自自由,

即使更为狡黠的斯芬克斯再次提出

底比斯无法知晓的谜一样的死亡……

哦,停下吧! 仇恨和死亡必定要再现?

停下吧! 人类一定要互相杀戮和死亡?

停下吧! 不要饮尽

这杯苦涩的预言的沉渣!

哦,这个世界已经厌倦了过去——

但愿它可能死去,或者最终安息。

　　如果宇宙的法则真的是讽刺性的"万变不离其宗"(Plus ça change plus c'est la même chose)的法则的话,这位诗人怀着佛教徒的虔诚祈求摆脱生命的宿命也就不足为奇了。 只要这一法则仅仅支配天体的运动,那也是一件美好的事情,但是对于人类来说,则是无比痛苦的魔咒。

　　除去天体的直接影响,理性是不是也促使我们相信人类历史的循环运动呢? 在这部书中,难道我们不是在鼓励这样的一种假说吗? 我们阐释过的阴和阳、挑战和应战、归隐和复出、亲体和子体的运动等,又如何解释呢? 它们不是"历史重复自身"这种陈词滥调的各种变体吗? 诚然,在编织人类历史之网的所有这些力量的运动中,显而易见有一种重复的现象。 然而,在永久的时间织机上来回穿行的梭子为生命描绘了一幅图案,显然这幅图案是经过精心设计,不断发展变化的图案,不是同一种样式的永无休止的重复。 这一点,我们已经屡见不鲜了。 车轮比喻本身就说明循环中同时伴随着进步。 应该承认，车轮对于车轴来说是不断重复的，但是车轮制造出来并且与车轴搭配是为了能够使车辆运动，车轮不过是车辆的一个组成部分，事实上，车辆是车轮存在的目的，它通过车轮围绕车轴不停地转动才能移动，但是车轮并不能推动车辆本身像旋转木马一样作圆周运动。

这两种相异运动的相互协调——一种主要的不可逆的运动产生于次要的重复性运动——可能就是我们所说的节律的本质。 我们能够看到这些力量不仅在交通工具和现代机器中，而且在生命有机体的节律中都发挥着作用。 年复一年的四季变换，带来植物年复一年的花开花落，致使植物王国的长期进化成为可能。 出生、再生和死亡的严格循环使高等动物进化为人成为可能。 两条腿的交替使用使徒步者能够"到达预定的区域"；心肺的活塞式运动使动物得以延续；音乐的小节和诗歌的格律、诗节使作曲家和诗人能够表达出他们的主题。 行星中的"大年"现象*可能是整个循环论哲学的源泉，但是它再也不能被误认为是宇宙终极的无所不包的运动现象了，因为在我们现代西方天文学巨大的望远镜下，我们的太阳系已经缩小为微不足道的一个斑点了。 不断重复的"天体音乐"在无限膨胀的宇宙星团中渐趋减弱成一种伴奏音，一种"阿尔贝蒂低音"，[4]而这些星团显然以一种无法想象的速度彼此分离着，因而由于时空参照系的相对性，以有生命的个体为演员的剧本的一个戏剧场景就在庞大星系队列中的每一个连续的位置中，具有了一种无法割除的历史独特性。

因此，尽管我们在对于文明进程的分析中发现了周期性的重复运动，但这并不意味着这个过程本身是同样具有循环性的。 相反，如果我们能够从这些次要的周期性运动中得出任何合理的推论，毋宁说我们可以推断这些次要的周期性运动体现出来的主要的运动不是一种重复而是进步。 人类不是永远把自己绑在车轮上的伊克西翁，**也不是西绪弗斯，***不停地

---

* Great year，天文学上的春分点岁差绕行天球一周为一个大年。 ——译者注
** Ixion，希腊神话中的拉庇泰王，他因莽撞地追求天后赫拉的爱，而被宙斯缚在地狱永不停转的车轮上受罚。 ——译者注
*** Sisyphus，希腊神话中的科林斯王。 他异常残暴，后被判以永远将一块巨石推上海蒂斯的一座小山，而每当接近山顶时，石头又会滚下来。 ——译者注

把石头向山顶上滚动，然后绝望地看着它再次滚落下来。

对于处于西方文明幼年时期的我们这一代人来说，这是一个令人鼓舞的好消息，因为我们现在是独自航行，只有一些垂死的文明围绕在我们周围。或许死亡这个恶魔同样会把它冰冷的手放在我们的文明的躯体上，但是我们面对的不是任何残酷的必然(Saeva Necessitas)。那些死亡的文明并不是命运使然，也不是"自然而然的过程"，因此，我们这个仍然活着的文明不是预先注定要残酷地"加入到大多数死亡的文明之中"。尽管就我们所知，16个文明已经死亡了，另外9个文明现在可能处于死亡的边缘，但是我们第26个文明并不是非要让我们的命运服从统计学上的盲目计算。我们身上依然具有非凡的创造力火花，只要我们得到上帝的眷顾把它点燃，那么一切星辰都不能阻止我们到达人类孜孜以求的目标。

注　释：

[1] Jeans, Sir J., Eos：or the Wider Aspects of Cosmogony, pp. 12—13, 83—84.

[2] Horace, Odes, Bk. III, Ode vi, 最后一节，尽管其表述并不是很有诗意，但毕竟整齐明白：

　虚弱的祖辈必定生出虚弱的子孙，

　我们不久会生出第四等后代。

[3] 现在到了库马艾恩(Cumaean)谶语预言的最后一个时代；一个伟大秩序再次复生。处女星已经到来，黄金时代已经开始；新的一代已经从高高的天堂降临……还会有提菲斯(Tiphys)，还会有阿戈(Argo)的巨舟，载去英雄的精锐。古老的战争将再度爆发，伟大的阿咯琉斯(Achilles)将再现特洛伊。

[4] Alberti bass, 18世纪键盘音的一种低音术语。后来的英国音乐家托维爵士是这方面的权威。——节录者注

第十五章

对环境控制力的丧失

第一节 自然环境

如果我们已经同意文明的衰落不是人力无法控制的宇宙力量的作用引起的，那么我们不得不继续寻找这些灾难的真正原因。首先我们研究一下文明衰落归因于失去了社会环境控制力的可能性。为了试图解决这个问题，我们还是像以前一样区分出两类环境：自然环境和人为环境。

是由于失去了对于自然环境的控制力才导致文明的衰落吗？正像我们已经指出的那样，任何社会控制自然的程度能够通过技术标准给予测量，而且当我们研究"成长"问题的时候，我们已经证明了，如果我们划分两条曲线的话——一条代表文明的兴衰变迁，一条代表技术的变化——那么这两条曲线不仅不能相吻合，而且呈现出相当大的分离。我们已经找到了许多实例证明了技术改进而文明停滞不前或衰落的现象，同时证明了技术静止不动而文明仍在变动，或者前进或者后退的情况(就像实例表现的那样)。[1]因此，我们已经在很大程度了证明了失去对于环境的控制能力不是文明衰落的衡量标准。然而，为了更充分地说明我们的观点，我们不得不举出技术衰退文明随之衰落的例子，证明前者不是后者的原因。事实上，我们发现技术衰退非但不是原因，相反却是一个结果和先兆。

当一个文明处于衰落之中时，有时候会发生这样的情况，在生长阶段既可行又适用的特殊技术，现在突然遇到了社会障碍，带来的经济收益逐渐减少了；一旦它变得无利可图，它可能就会被人们有意识地抛弃。这种情况显然是彻底颠倒了真正的因果关系，因为它认为技术在这种社会环境被废置不用应该归结于技术存在的缺陷，而这种技术缺陷是文明衰落的原因。

在这方面一个显而易见的实例是西欧社会之所以废弃了罗马官道，显然不是罗马帝国衰落的原因，而是它的结果。这些道路成为废弃物不是由于技术上的失败，而是因为需要它们的社会，为了军事和商业目的才修建了它们，但是这些社会已经解体了。同样也不能把古希腊文明衰落的原因归结于技术的倒退，即便是我们把视线从单纯的修建道路的技术放宽到经济生活的全部技术条件。

> 对于古代世界衰落经济上的解释必须彻底抛弃……古代社会生活中经济简单化不是我们所谓的古代世界衰落的原因，而是更为普遍的衰落现象的一个方面。[2]

这个更为普遍的现象就是"管理上的失败和中产阶级的颓废"。

差不多与废弃罗马官道的同一时期，底格里斯河—幼发拉底河盆地的冲积三角洲地区出现了部分废弃更为古老的灌溉系统的现象。公元7世纪的时候，伊拉克西南部大部分地区出现了水利设施不负责任的失修现象，当时发生了一次洪水，冲毁了这些水利设施，使它们失去了效力，可是这次洪水并不比之前四千年间的多次洪水破坏性更大。因此，到了13世纪，伊拉克的灌溉系统都被毁掉了。从这些情况来看，伊拉克人为什么要废弃他们的先辈成功地保护了几千年而未受破坏的灌溉系统呢？这些灌溉系统曾经促进了农业生产率的提高，维持了这个国家稠密人口的生存。事实上，技术上的退步不是造成人口下降，繁荣不再的原因而是结果，这种情况本身应该归结于社会原因。在公元7世纪和后来的13世纪，叙利亚文明在伊拉克几近瓦解，造成了普遍的不安全感，以至于没有人在河流保护和灌溉工作方面具有投资的财力和动机了。公元7世纪灌溉技术失败的真正原因是公元603年—628年间大规模的罗马—波斯战争以及最初的阿拉伯穆斯林随后对于伊拉克的全面毁坏，到13世纪，蒙古人1258年的入侵又给了叙利亚社会以致命一击。

当我们顺着这条思路对锡兰进行考察的时候，得到的惊人发现也使我们得出相同的结论。[3]锡兰今天仍然保存着遭到毁坏的古代印度文明历史遗迹的地区不仅是长年的干旱地区，而且现在还是一个滋生疟疾的地区。这一地区的水量能够滋生疟蚊，却不能满足庄稼生长的需要，这种反常现象乍看起来好像对于古代文明来说是个奇怪的情景，当锡兰地区的古代印度文明的先辈们建造令人惊奇的灌溉系统的时候，疟疾已经在这个时候流行是根本不可能的现象。事实上，它表明了疟疾是灌溉系统毁坏的结果，因此要晚于灌溉系统的修建。锡兰之所以成为疟疾流行的地区是因为灌溉系统的废弃把人工河道变成了死水潭，毁灭了生长在河道里的鱼类，使得它们不得不给疟蚊的幼虫"让路"。

但是，古代印度的灌溉系统为什么会被废弃呢？这些堤岸遭到毁坏，这些河道被填塞都是一系列灾难性战争的结果。这些工程都是被入侵者故意毁坏掉，作为达到他们军事目标的捷径。经受战争蹂躏的人们已经无心再去修复已经折磨他们很多次，似乎还要折磨他们的被毁坏的工程了。在这个例子中，技术因素在社会因果关系的链条中再次成为偶然的次要的一环。

古代印度文明史在锡兰发生的一幕，在古代希腊文明的历史上也有十分类似的情况。在这里我们发现曾经是逝去的文明富有活力、壮丽辉煌之地，后来却变成水草丛生的沼泽地了，只是到了近代才被清理。哥帕伊沼泽地带成为瘟疫蔓延之地至少两千年之久，直到1887年一家英国公司才把它排淤清污，而它曾经是养育俄耳克墨诺斯人的富饶地区；彭普坦沼泽地曾经是许多沃尔西人的城邦和拉丁人殖民地的聚集地，后来同样经过了两千年之久的荒凉岁月，才在墨索里尼的统治下被排淤治理，重新有了移民居住。的确可以认为，"胆量的丧失"（吉尔伯特·墨雷教授之语）是希腊文明衰落的关键所在，而它又应该归因于疟疾进入希腊本土的结果。 但是仍有理由相信在每一个地区(锡兰同样如此),疟疾开始蔓延的时候都在这一地区的文明已经趋向衰败以后。一个现代权威[4]对于这个问题得出了自己的结论,认为在希腊,疟疾的广泛流行发生在伯罗奔尼撒战争之后,在拉丁姆,这个疾病似乎是在汉尼拔战争之后,才开始占据优势。 认为后亚历山大时代的希腊人以及西庇阿和恺撒时代的罗马人受制于某些技术的退步,再也无力继续解决技术上更非专家的先辈们已经解决的哥帕伊、彭普坦沼泽地淤水的问题了,显然是很荒谬的。 对于这个问题可以找到相反的解释,但不是在技术方面而是在社会方面。 汉尼拔战争以及随后两个世纪里的掠夺战争和罗马内战给意大利社会生活造成了极为深远的破坏性影响。 在一系列破坏性力量的共同作用下,农民文化和经济生活首先被损坏,最后是被彻底摧毁:汉尼拔带来的灾难;农民为服兵役长期的流动;用使用奴隶劳动的大规模农场代替小规模的自耕农制的农业革命;从乡村迁到寄生性的城市的大量移民。 这些社会灾难的结合可以充分解释意大利在汉尼拔时期和圣本笃时期之间的七个世纪里人口的减少和疟蚊的增多现象。

希腊也有类似的社会灾难的结合现象,从伯罗奔尼撒战争开始到波里比乌斯时代(公元前 206—前 128 年),希腊人口减少的程度比后来意大利人口减少的程度剧烈得多。 在一段著名的话里,波里比乌斯强调通过堕胎和杀死婴儿限制家庭的规模正是他那个时代希腊社会和政治衰落的主要原因。 那么,显然不需要使用工程技术的倒退来解释为什么哥帕伊平原,像彭普坦一样,会把自己从一个谷仓变成了蚊子窝。

如果我们把目光从实践性的工程技术转到建筑、雕刻、绘画、书法和文学艺术等领域,我们也会得出一致的结论。 比如,为什么希腊的建筑风格在公元 4 世纪和 7 世纪失去了用途呢? 为什么奥斯曼土耳其人 1928 年抛弃了阿拉伯字母呢? 为什么世界上几乎每一个非西方社会在服装和艺术方面抛弃了传统的风格呢? 同时,我们可以就这个问题反问我们自己,为什么我们自己传统的音乐、舞蹈、绘画和雕刻风格正在被大部分新兴的一代人抛弃呢?

在我们自己的例子中，是否可以解释为一种艺术技巧的丧失呢？对于意大利人和其他创造性群体在我们历史发展的第二阶段和第三阶段中创造的韵律规则、对位法、透视法以及比例概念，我们忘记了吗？显然我们并没有忘记。抛弃我们艺术传统的流行倾向不是技术无能的结果。有意抛弃对新兴的一代人不再具有吸引力的风格是因为这一代人无法在西方传统的风格中培育出任何审美感了。我们固执地把已经成为先辈们所熟悉的精神的艺术大师从我们的灵魂中驱逐出去，而且当我们陶醉在自己创造出来的精神真空中的时候，一种热带的非洲音乐、舞蹈和雕塑精神已经邪恶地与一种假冒的拜占庭绘画和浅浮雕精神结成了联盟，进入了它找到的我们已经粉刷一新的房屋里并居住了下来。这种艺术上的衰退不是技巧上的而是精神上的衰落。我们抛弃了我们自己的西方艺术传统，由此把我们的才能降低到空洞浅薄、思想贫乏的水平上，抓住了达荷美和贝宁原始的充满异国情调的艺术，好像这就是荒野中的甘露，其实这样做就等于我们在所有人面前承认了我们已经丧失了精神的生存权。对我们传统的艺术技巧的抛弃显然是我们西方文明中某种精神颓废的结果，因而衰落的原因很明显不能在它导致的某种现象中寻找。

土耳其人在现代抛弃阿拉伯字母而偏爱拉丁字母方面也是基于同样的理由。穆斯塔法·凯末尔及其信徒已经成为伊斯兰教世界里彻底的西方化者。他们对自己的传统文明丧失了信心，接着又抛弃了作为文明传播工具的字母媒介。类似的解释也可以说明其他早期的文明为什么抛弃了其他一些传统遗产：比如，埃及废弃了象形文字，巴比伦废弃了楔形文字等等。现在，在中国和日本也可以看到倾向废弃中国古代文字的运动。

还有一个技术被替代的有趣例子——古希腊的建筑风格被抛弃而代之以新奇的拜占庭风格。在这个例子中，这个垂死挣扎的社会的建筑师们正在抛弃比较简单的用圆柱支撑屋顶框架的设计风格，而试验一种非常复杂的在十字架形的建筑物上面加盖一个圆形屋顶的建筑式样，因此这里没有出现什么技术的倒退。这些为查士丁尼皇帝成功解决了海吉亚·索菲亚大教堂建筑难题的爱奥尼亚的建筑大师，难道不能按照这位独裁者和他们自己的意愿建造一座具有希腊古典风格的庙宇吗？查士丁尼和他的建筑师采用一种新的建筑风格是因为旧的风格使他们感到厌倦，因为它们与腐朽的过去和死亡联系在一起。

我们研究的结果似乎是传统艺术风格的废弃是一个信号，它表明与那种风格相连的文明很早就衰落了，现在正处于解体之中。像发明的技术废弃不用，只是文明衰落的一个结果而不是它的原因。

第二节　人为环境

我们以前研究有关文明成长问题的时候，已经发现对于任何社会在其历史发展的任何阶段所占据的人为环境的控制程度，能够粗略地依据地理的扩张加以测量，并且从研究的实例中，同样发现地理扩张通常伴随着文明的解体。如果事实果真这样，那么同一个文明衰落和解体的原因就根本不可能在一个正好相反的趋势中找到——也就是说，不可能在逐步丧失对于人为环境控制的趋势中找到，这种趋势可以通过境外的人类力量不断地蚕食他们的领土加以衡量。然而，还有一种被人们广泛接受的观点，认为许多文明都像原始社会一样，由于成功地击退了外来力量的入侵而丧失了生命力。这种观点的典型代表就是吉本及其《罗马帝国衰亡史》。吉本在这部著作中用一个简洁的句子概括了他的观点："我已经描述过蛮族和宗教的胜利"。吉本认为，并入安东尼时代罗马帝国鼎盛时期的希腊社会，其实是在两个境外的敌人从两个不同的方向同时攻击下毁灭的：来自多瑙河和莱茵河对岸荒无人烟地区的北欧蛮族，以及来自被征服但未被同化的东方诸省的基督教会。

吉本没有看到安东尼时代不是古希腊历史的成熟期而是"晚期"。他的全部幻想都暴露在这部伟大著作的题目中了——《罗马帝国衰亡史》！作者给这段历史如此命名而且从公元 2 世纪开始叙述，表明作者的确是从实际历史的晚期写起的，因为吉本关注的"可以认知的历史研究领域"不是罗马帝国而是希腊文明，在这个曾经高度发达的文明正在瓦解的过程中，罗马帝国只不过是一个"里程碑式"的标志而已。

当从这个历史的整个过程来考虑的时候，罗马帝国在安东尼时代以后的衰亡就不值得大惊小怪了。相反，如果罗马帝国继续生存下来，倒是令人惊奇的。[5]因为这个帝国在创立之前，它的衰亡命运就已经注定了。它的命运注定衰亡是因为这个统一国家的建立只不过是重整旗鼓来延缓，而不是永远阻止希腊社会已经无可救药的灭顶之灾。

如果吉本把这个故事的起点再往前延长一点，他就会发现"蛮族和教会的胜利"不是这段故事的高潮而是它的尾声——不是衰落的原因而是长期的解体过程注定要走到尽头的不可避免的伴生物。此外，他还会发现，胜利的蛮族和教会终究不是外部力量，实际上是古代希腊家族的子孙，只是在伯里克利时代衰落时期和奥古斯都时代回光返照时期之间的动荡不安的岁月里，他们早已经在道德上与少数统治者分离了。事实上，如果吉本把他的研究追溯到这个悲剧的真实起点，他必定会作出不同的判断。他一定会断言古希腊社会是一个自杀者。当它的生命无可救药的时候，试图逃避被攻击带来的致命后果，当奥古斯都重整旗鼓极力拯救公元3世纪这个旧伤复发的病人的时候，当这个病人受尽自杀创伤被折磨得奄奄一息的时候，它自己的受到虐待与它离心离德的子孙最后给了它致命一击。

在这种情况下，历史的验尸官——历史学家不会把注意力集中在故事的尾声，而是试图确定自杀者恰好是什么时候，是怎样用自己残暴的双手结束自己的生命的。为了确定这个时期，他很可能会指出公元前431年爆发的伯罗奔尼撒战争——这是一个社会灾难，是修昔底德通过他的悲剧人物之口说出的，他还把这一时期谴责为"希腊人巨大灾难的起点"。为了说明希腊社会的成员是如何开始自我毁灭的罪行的，他也许会再次强调两种罪恶——城邦之间的战争和阶级之间的战争。沿着修昔底德的思路，他或许会把雅典人强加给被征服的麦洛斯人令人惊骇的惩罚和科塞拉*发生的令人惊骇的派别斗争挑选出来，作为所有罪

---

* 麦洛斯原为雅典盟邦，在伯罗奔尼撒战争期间与雅典脱离盟约，致使雅典予以坚决镇压。科塞拉是中希腊西部与雅典隔海相望的一座美丽岛屿，岛上的城邦亦同名。修昔底德记载在伯罗奔尼撒战争期间城邦内爆发激烈派争，并演化为惨烈的内战。——译者注

恶中尤其臭名昭著的例证。 无论怎么样，他都会宣称这种致命的打击比吉本设想的时期提前了六百年，并且会断言凶手正是牺牲者自己的双手。

如果我们把研究视野从这个例子转向现在或者毫无疑问地已经死亡，或者明显处于垂死状态的其他文明的例子，我们也会作出同样的判断。

例如，在苏美尔社会的衰亡过程中，"汉谟拉比黄金时代"(《剑桥古代史》一书中这样称呼)所代表的这个"小阳春"时代要比安东尼时代更晚一些，因为汉谟拉比不是苏美尔历史上的"图拉真"而是"戴克里先"。 所以，我们不能确认毁灭苏美尔文明的凶手就是公元前 18 世纪越境侵入 "第一王国"的蛮族人。 我们应该看到致命的打击早在大约九百年之前就已经出现了：拉格什的乌鲁卡吉纳和当地教徒之间的阶级斗争，以及杀害乌鲁卡吉纳的卢加尔扎吉西穷兵黩武的政策。*这些很久以前的灾难才是苏美尔开始动荡不安时期的真正起点。

在古代中国社会的衰落过程中，"蛮族和宗教胜利"的标志就是欧亚游牧社会的后继者古代中国统一国家大约公元 300 年左右在黄河盆地上的建立，以及佛教中的大乘佛教——古代中国西北地区内部下层群众信仰的宗教之一——同时期侵入到古代中国世界。 但是这些胜利，就像那些"蛮族和宗教"在罗马帝国的胜利一样，仅仅是一个垂死社会外部和内部下层群众的胜利，他们只是占据了整个故事的最后一章。 中国古代统一国家的形成只是动乱时代之后的又一次社会振作，很早以前，古代中国社会曾经一度分裂成许多地方政权，它们之间长期自相残杀的战争造成了古代中国社会躯体的四分五裂和社会的动荡不安。 在中国传统里，这一时期是在公元前 479 年，在古代希腊则是公元前 431 年，它标志着传统上所谓"战国时代"的开始。 这个时期可能比实际时间晚了大约 250 年，之所以把它当成中国古代社会动乱时代的开始，

---

　　* 苏美尔人在公元前 4000 年代末创造了两河流域南部最早的文明，当时兴起的众多小国之一是拉格什，其国王乌鲁卡吉纳当政时曾施行了成文史上最早的政治经济改革。汉谟拉比是公元前 18 世纪古巴比伦王国的君主，曾统一两河流域，以制定古代相对最为完善的法典而闻名于世。 ——译者注

仅仅是因为这一年在传统说法中是孔子去世之年。

至于叙利亚社会，在巴格达的阿拔斯哈里发的统治下，享受到了"小阳春"的幸福时期，在土耳其游牧民族的入侵中和他们皈依伊斯兰教的过程中，经历了"蛮族和宗教的胜利"，但是我们必须记住我们在这本书中稍前形成的观点——叙利亚的衰落要早于希腊人的入侵一千年，阿拔斯哈里发只是捡起了被阿契美尼帝国在公元前4世纪一度剪断的叙利亚历史坠下的丝线。因此，我们不得不把我们的考察范围追溯到居鲁士开创的阿契美尼帝国以前叙利亚的动乱时代。

那么是什么原因导致这个文明的衰落呢？这个文明曾经在为期不长的成长时代里，以一神教、字母表、大西洋三个巨大的发现证明了他们的天才，展示了他们旺盛的生命力。猛一看，我们在这里似乎终于偶遇了由于外部人力的冲击而使文明衰落的真正例证。难道叙利亚文明真的是在公元前9世纪、前8世纪、前7世纪亚述军国主义政策的痛击下衰落的吗？乍看起来是这样，但是进一步研究表明，当"亚述人如饿狼般猛扑羊群"的时候，叙利亚世界早已经不再是被一个牧羊人放牧的羊群了。公元前10世纪的时候，叙利亚社会曾经在犹太人的霸权下企图在政治上把位于巴比伦和埃及帝国之间的通道上的希伯来、腓尼基、阿拉米和赫梯地区统一起来，但是最后失败了，其结果就是叙利亚世界自相残杀战争的爆发，这就给了亚述人以机会。因此，叙利亚文明的衰落不是始于公元前876年亚述人在亚淑尔-纳西尔帕的率领下第一次渡过幼发拉底河，而是始于公元前937年帝国的创始人所罗门死亡之后，所罗门帝国解体之时。

再有，人们经常说以"拜占庭"为政治化身的东正教文明，也就是"东罗马帝国"——它长期的苦难历程是吉本冗长结尾的主题——是被奥斯曼土耳其人摧毁的。人们通常还提到穆斯林土耳其人只不过是给了这个早就遭到入侵东方的西方文明重创的社会以致命一击，西方文明的不虔诚地假冒第四次十字军名义的东征，使得拜占庭帝国在半个世纪里没有出现皇帝(公元1204—1261年)。拉丁人的这次打击，像他的土耳其后继者的打击一样，来自与成为他们牺牲品的社会完全不同的异族社会。假如我们的分析到此为止，那么我们将不得不把一直认为"自杀"死亡的真正原因定为"谋杀"了。 然而，就像我们看到的那样，东正教历史致命的转折点既不是 14 世纪和 15 世纪土耳其人的攻击，也不是 13 世纪拉丁人的入侵，甚至不是 11 世纪土耳其人侵者(塞尔柱人)较早时期对于安纳托利亚心脏地带的征服，而是比所有这些都早的纯粹的国内事件：公元 977—1019 年的罗马—保加利亚大战。 这一时期东正教世界两大强国之间的自相残杀，直到一方被剥夺了政治生命，另一方遭到重创再也无法复原的时候，才宣告结束。

当公元 1453 年奥斯曼的巴迪沙·穆罕默德二世攻占了君士坦丁堡的时候，东正教文明的历史并没有终结，这个异族征服者令人惊异地赋予所征服的社会一个统一国家。 尽管基督教的海吉尔·索菲亚大教堂变成了穆斯林清真寺，但是东正教文明延续了它的余生，就像一百年后印度文明在另一个由莫卧儿·阿克巴创立的土耳其人的统一国家生存下来，后来又在与它更无血缘关系的英国的外来统治下继续生存一样。正是在这个时候，属于奥斯曼土耳其帝国一部分的东正教社会主体才逐渐感觉到了文明瓦解的迹象和民族大迁徙的涌动。 18 世纪末，希腊人、塞尔维亚人和阿尔巴尼亚人显然开始迁徙了，可是这些运动为什么没有成为我们在古代希腊社会、古代中国社会及其他社会末期已经发现的那些"蛮族和宗教的胜利"呢？

原因在于西方文明以不可抗拒的扩张之势正在向这些东正教社会夭折的蛮族子孙步步紧逼。 西方文明而不是蛮族和宗教的胜利过程才是奥斯曼帝国实际走过的衰落过程。 在放弃了"英雄时代"的蛮族公国的自然形式后，这些奥斯曼帝国的后继国家在西方的压力下，迅速地开始仿效西方大家庭中统一国家的形式，建立了自己的民族国家，就像它们兴起时一样迅速，而在这时，西方国家也在民族主义的基础上进行了重组。 在某些情况下，最初的蛮族后继国家也按照西方模式直接转变成了某种新型的民族国家——比如塞尔维亚和希腊。 另一方面，那些几乎没有受到西方文明影响的蛮族国家，没有能力走上西方民族国家的轨道，因此受到了"未能搭上末班车"的惩罚。 阿尔巴尼亚在 19 世纪落在了希腊、塞尔维亚和保加利亚的后面，而在 18 世纪它似乎要比它们辉煌得多。 到了 20 世纪它才带着微不足道的家产跌跌撞撞地走进了西方的大家庭。

因此，在东正教社会的历史上，最后的一幕不是"蛮族和宗教的胜利"，而是异族文明的胜利，它整个吞没了这个垂死的社会，并且把它的结构合并到自己的社会结构中。

我们在这里遇到了文明衰落的另外一种情况。"蛮族和宗教的胜利"意味着这个行将死亡的社会被来自外部和内部下层群众的破坏偶像的反抗运动扔进垃圾堆里了，这些反抗力量的任何一方都企图为新社会的诞生赢得一个自由的空间。在这种情况下，旧社会虽然衰亡了，但是在某种意义上它们通过我们曾经提到的"亲体和子体"的关系，仍然活在更为年轻文明的生命里。可是文明衰落的另外一种情况是，旧文明没有被扔进垃圾堆里以便给它的子孙让路，而是被另一种同时代文明吞没和同化了，这个时候，旧文明显然变得面目全非了，虽然在前一种情况下不是这样。这个垂死的社会并入其中的那个社会可以避免社会解体的剧烈阵痛，同时可以不经过历史连续性的绝对中断直接从旧社会进入到一个新的社会，比如近代希腊民族就是这样。在经历了四百年的奥斯曼米列特*生活之后，它再次成为西方世界国家中的一员。然而从另外一个角度看，旧社会的衰亡不是不明显，而是更为彻底了，因为并入到新社会之中的旧社会尽管保留了物质结构的某些连续性，但是它却完全失去了创造一个子体文明的机会，而这个子体文明是它在下一代的代表，像我们自己的社会，在真正的意义上就是古代希腊社会的代表，还有，现代印度是古代印度文明的代表，远东文明是中华文明的代表等等。

我们可以见到的通过同化走向毁灭之路的实例就是东正教社会的主体并入我们自己的西方社会躯体之中，同时我们可以看到其他所有现存的文明正在沿着同样的道路走向毁灭。东正教俄罗斯分支、伊斯兰社会、印度社会以及远东社会的两个分支的趋势现在就是这样；现存的三个停滞的社会——爱斯基摩社会、游牧民族、波利尼西亚社会同样如此。只要西方文明的社会辐射力没有直接地摧毁它们，它们就会一直

---

* 帝国内合法的非穆斯林宗教自治团体。 ——译者注

处于被同化的过程中。我们也看到现在消亡的许多文明同样是以这样的方式失去它本来的面目的。17 世纪末期开始超越东正教社会的西方化进程，在将近两百年以前就传播给了新世界的墨西哥和安第斯社会，现在他们的西方化进程好像彻底完成了。古巴比伦社会在公元前最后一个世纪里并入了叙利亚社会；几个世纪以后，埃及社会也被吸收到同一个叙利亚社会躯体之中。这个同化埃及社会的叙利亚社会是人们见过的生存时间最长、结合最为紧密的统一社会，可能是迄今所知的社会同化最为成功的例子。

假如我们现在浏览一下正处于被我们自己的西方文明同化过程中的众多现存的文明，我们就会发现这个过程正在以不同的速度在不同的领域进行着。

在经济领域，每一个文明都陷入了我们现代西方资本主义遍及所有人类居住的世界的关系网中。

> 那些自作聪明的人们已经见到了西方的电灯，并且开始崇拜它了。[6]

在政治领域，这些行将死亡的文明的子孙们正在通过各种途径力图成为西方大家庭的一员，然而在文化领域，却没有出现相应的统一趋势。在东正教的主体社会里，奥斯曼帝国从前的"人类畜群"——希腊人、塞尔维亚人、罗马人、保加利亚人——敞开双臂热情欢迎西方文化、政治和经济的到来；现在幸存的他们以前的主人和统治者——土耳其人也紧随其后。但是有些情况似乎是个例外。阿拉伯人、波斯人、印度人、中国人甚至日本人在接受西方化的时候，只是接受我们西方的文化，而有意识地保留了他们自己的精神和道德。至于俄罗斯人，他们对于来自西方挑战进行应战的模棱两可的特征，我们已经在前面的章节里考察过了。(参见第 237—238 页)

如此看来，目前世界在西方的框架下将会完成经济、政治和文化统一的趋势也许既不会走得太远，也不会像乍看起来那样取得最终的成功。相反的，墨西哥、安第斯、古巴比伦、埃及四个社会的情况充分说明经由同化作用的消亡也会如同消亡于瓦解过程一样彻底，希腊、印度、中国、苏美尔、米诺斯等古代诸社会就是这样结束自己的生命的。因此，我们不得不最终把我们的注意力转向目前这一章的目标，不得不研究一下这些社会曾经遭受过、现在正在遭受的命运——也就是被邻近的社会吞并和同化的命运——是否是它们衰落的真正原因，或者说，就像我们在已经考察过的其他社会里发现的情况一样，在吞并和同化过程开始之前，衰落事实上是否已经发生了。如果我们得出后一种结论，我们就已经完成了我们当前的考察，就可以宣布失去对于社会环境的控制，无论是自然环境还是人为环境，并不是我们一直在寻找的文明衰落的主要原因。

比如，我们已经看到，东正教的主体在它的统一国家尚未进入到间歇期之前，也没有被同化而衰落，它真正的衰落期开始于西方化征兆出现以前已经延续了八百年之久的罗马—保加利亚战争。埃及社会从衰落时期到被同化时期经历的时间更长，我们已经有充分理由把埃及社会衰落的起点定在十五王朝向十六王朝的转型期间，大约在公元前2424年，那个时候，金字塔建造者的罪孽降临到其后继者身上，"古王国"头重脚轻的政治结构已经崩溃了。在远东社会中，衰落和开始被同化相隔的时间不是像埃及那么长，但是它比东正教历史上的这一时期要长，因为远东社会的衰落可以说是开始于唐王朝在公元9世纪最后25年中的衰落，然后就开始了随着蛮族众多统一帝国的相继建立而来的动乱时代。第一个统一帝国是忽必烈汗建立的蒙古帝国，只不过它不像阿克巴为印度社会建立的游牧民族帝国以及征服者穆罕默德为东正教社会建立的游牧民族帝国那样幸运。汉人按照"即使当希腊人送礼时，我也惧怕他们"(timeo danaos et dona ferentes)的原则，把蒙古统治者驱逐了出去，就像埃及人驱逐喜克索斯人一样。满族人在西方化开始之前也曾经来过，但最后也不得不以失败告终。

西方文明对于俄罗斯和日本社会的冲击发生在这两个文明衰落的更早阶段，现在它们已经发展成为两个西方化的强国了，但是那个时期，它们的衰落的确已经开始了，因为罗曼诺夫王朝和德川幕府在彼得大帝和日本"明治维新"的发起者手里，各自转变成了西方大家庭里的民族国家，可是在此之前，它们都作为统一的国家分别在俄罗斯存在了二百多年，在日本存在了三百多年。 在这种情况下，没有任何理由可以认为彼得大帝和日本统治者的成就是一种衰落，相反他们的事业是如此成功，以至于许多观察家倾向于把它们视为有意地经历一场激烈的变革，然后又毫无损伤地脱险——至少是暂时的脱险——的社会一定充满生长活力的证据。 无论如何，俄罗斯和日本的应战与奥斯曼、印度、中国、阿兹特克、印加等社会在面对同样挑战时的束手无策形成了强烈的对比。 在拒绝了它们的西方近邻——波兰、瑞士、德国、美国——强制性的西方化运动之后，俄罗斯和日本通过自己的双手战胜了社会灾难，从而能够以一个平等强国的身份，而不是殖民地附庸或者"穷亲戚"的身份，加入到西方的大家庭之中了。

值得注意的是在 17 世纪早期，也就是在彼得大帝之前将近一百年的时候，"明治维新"之前将近两个半世纪的时候，俄罗斯和日本都经历过并挫败了西方按照在别处相似的方式对其进行吞并的企图。 在俄罗斯，这种冲击采取了常规的野蛮的军事侵略形式，在假装支持俄罗斯王储的冒充者"假德米特里"的借口下，它的西方近邻波兰—立陶宛联合王国的军事力量还曾经一度占领了莫斯科。 在日本，这种冲击采取了较为温和的精神方式，西班牙和葡萄牙传教士们改变了几十万日本人的灵魂，使他们皈依了天主教。 在这种情况下，借助于停靠在菲律宾基地中的西班牙舰队，这个狂热的天主教团体想成为日本的主人是很有可能的。 但是俄罗斯赶走了波兰人，日本同样摆脱了"这个白色的幽灵"，把所有居住在日本的西方传教士和商人赶出了国境，并且禁止西方人以后再次踏上日本的国土——只有在屈辱的条件下得到特许的一小撮荷兰人除外，而且它还用极其残暴的屠杀消灭了国内的天主教团体。通过这样的方式解决了"西方问题"之后，俄罗斯和日本就设想他们必须退回到自己的硬壳之中，从此过一种平安无事的生活。 后来当发现这个时代已经不是他们过去想象的样子时，他们就立刻作出了我们已经描述过的那种独特的主动应战了。

然而有一些确凿无误的迹象显示，在第一艘葡萄牙船只驶入长崎，第一艘英国船只到达阿尔罕戈尔斯克之前(这是西方在波兰之前入侵莫斯科的先兆)，远东文明中的日本和东正教世界中的俄罗斯就已经开始衰落了。

在俄罗斯的历史上，真正的"动乱时代"(这是本书使用这个术语时的意思)指的不是17世纪早期的无政府状态时期(这个说法是俄罗斯人自己杜撰出来的)，它只是俄罗斯统一国家第一个时期和第二个时期之间的极短暂的插曲，相当于13世纪安东尼时代和戴克里先就任之间希腊世界的无政府状态时期。 与伯罗奔尼撒战争和奥古斯都盛世之间的希腊历史的这一章相对应的俄罗斯历史的这一时期，在我们看来，自然代表着俄罗斯的动乱时代，是公元1478年通过莫斯科大公国和诺夫哥罗德公国联合而形成的俄罗斯统一国家创建之前的一个动乱时代。 这样看来，日本历史上的动乱时代就是镰仓幕府和足利幕府封建时代的无政府状态时期，它早于织田信长、丰臣秀吉和德川幕府平定叛乱，彻底统一全国的时期。 根据传统日期，这两个时代所跨越的时间是从公元1184年到1597年。

如果俄罗斯和日本的动乱时代真是如此，那么我们就不得不研究一下它们是由于某种自杀行为造成的呢，还是由于外部敌人的行为。 对于俄罗斯与西方中世纪同时发生的公认的衰落现象，人们普遍的解释是由于来自欧亚草原的蒙古游牧民族的入侵。 然而，在其他的一些例子中，比如东正教社会更早的分支，我们已经遇到过并且否定了欧亚游牧民族是他们参与其中的各个文明的罪魁祸首的辩解。 在蒙古人公元1238年越过乌拉尔山脉之前，俄罗斯的东正教社会是不是可能由于自己的行为走向衰落呢？ 公元12世纪最初的俄罗斯基辅公国分裂为众多敌对的后继国家本身就已经对这个问题给予了肯定的回答。

日本的情况就更加清楚了。 在这里，衰落肯定不会是蒙古入侵的原因，因为日本人在公元1281年就成功地从海岸边击退了蒙古人。 当我们探究这场马拉松式战役胜利的原因时，我们发现，毫无疑问，有利的岛国地形只是取胜的部分原因，很大程度上胜利归功于他们在一百多年的动乱时代的派别斗争中发展起来的军事战斗力。

在印度、巴比伦和安第斯等社会的历史上，都发生了被异族社会同化的现象，而且像俄罗斯和日本一样，都是发生在衰落过程已经发展到统一国家的阶段。 但是这三个社会都有一个灾难性的转折点，即这些衰落中的社会都遭受了异族军事征服的打击。 在印度历史上，英国人的征服之前，还有比"伟大的莫卧儿"还要早，发生在公元 1191—1204 年间的穆斯林土耳其的入侵，这次入侵像后来的莫卧儿和英国人的入侵一样，无一例外都是因为印度社会到那时已经经历了很长时期的政治分裂状态了。

古巴比伦社会并入叙利亚发生在它的统一国家尼布甲尼撒帝国被波斯居鲁士征服之后。 从那以后，古代巴比伦文化就逐渐在叙利亚社会第一个统一国家阿契美尼王朝面前萎缩了，但是古巴比伦衰落的原因却可以从以前亚述人过多的军事活动中找到。

至于安第斯社会，如果说印加帝国是在西班牙征服者的进攻下被毁灭的，当然是正确的，而且如果西方世界的人们从来没有越过大西洋的话，印加帝国将会延续几个世纪也是可能的，但是印加帝国的毁灭和安第斯文明的衰落不是一回事，现在我们对于安第斯的历史了解得足够多了，已经能够确认安第斯文明的衰落很早就开始了，在西班牙人征服之前的一个世纪里，印加人在军事和政治上的兴起与安第斯文明的兴起完全不是同步的，事实上它已经是处于衰落过程的末期了。

墨西哥文明在征服之前更早的时期就已经衰落了，当时，尽管阿兹特克帝国已经显示出注定要发展成为一个统一国家的迹象，但是它并没有彻底完成它的征服。 我们可以区别出安第斯社会在安东尼时代被征服与墨西哥社会在西庇阿时代被征服之间的不同。 "西庇阿时代"是一个动荡不安的时代，因此可以肯定地说，它就等于一个早期的衰落时代。

另一方面，在伊斯兰教世界还没有真正形成任何一个统一的伊斯兰教国家之前，西方化运动就已经蔓延开来，它的每一个成员国——波斯、伊拉克、沙特阿拉伯、埃及、叙利亚、黎巴嫩等正在使出浑身解数，像"穷亲戚"一样，努力挤进西方社会的大家庭之中。 泛伊斯兰运动这时好像中途夭折了。

其他一些文明，包括一些成熟的文明、停滞的文明，甚至还有流产的文明，都可以据此得到说明。 但是有一些成长到壮年的文明，比如米诺斯文明、赫梯文明和玛雅文明，它们的历史还有许多谜团没有被现代的学者解读出来，因此现在对他们下结论就显得太轻率了；一些停滞的文明对于研究也不会产生什么结果，因为它们的确是诞生了，但随后没有再继续生长；而流产的文明更没有什么启发性的研究价值了。

第三节　否定的结论

从上面的研究中，我们可以相当清楚地得出结论，文明衰落的原因不会在失去对于人为环境的控制方面找到，也就是说不可能在作为失去对于人为环境控制衡量标准的、异族力量对于我们考察的衰落中的任何社会生活的侵犯中找到。回顾一下前面所有的例证就会看到，外来敌人起到的最大作用就是给予奄奄一息的自杀者以最后的致命一击。在那些侵犯行为采取暴力攻击方式的地方，无论在文明发展史的什么阶段——最后一个阶段除外，因为此时它已经是处于弥留之际了——它对于所攻击的社会生活造成的正常的影响不是破坏性的而是积极的刺激性。古代希腊社会在波斯人公元前5世纪初攻击的刺激下，把它的天才发挥到了极致。西方社会在北欧人和马扎尔人公元9世纪进攻的刺激下，完成了军事和政治上的壮举，建立了英格兰王国和法兰西王国，以及由撒克逊人重建了神圣罗马帝国。此外，中世纪北意大利城邦在霍亨斯陶芬王朝的侵犯下振作了起来，现在英国和荷兰由于西班牙的打击很快发展成强国，同样幼年时期的古印度社会也是在第一批穆斯林阿拉伯人公元8世纪的猛烈冲击下迅速成长起来的。

上面这些例子都是在文明的成长阶段受到攻击的情况。我们也可以举出同样多的一个社会通过自杀行为衰落之后，外部攻击给它带来暂时刺激的例子。典型的例子就是埃及社会对于这种刺激长达两千年之久的反复应战。埃及社会进入漫长尾声的时期是埃及社会已经建立了统一国家的时候，这是它已经进入到预示着解体时期快要到来的间歇期了。正是在这个晚期，埃及社会击退了喜克索斯入侵者，随后长时期连续迸发出巨大的能量，接连击败了海上入侵者，亚述人和阿契美尼帝

273

国，最后顽强地、成功地抵御了统治它的托勒密王朝强加给它的希腊化进程。

在中国远东文明的历史上，也曾经出现了一系列类似的对于外部灾祸和压力的应战。蒙古统治者被明朝人驱逐的现象使人们联想到"新帝国"的创建者底比斯人驱逐喜克索斯人的历史，埃及人抵制希腊化的斗争在中国反西方化的运动中也可以找到类似的事实，这次反西方化运动以 1900 年爆发的义和团运动为起点，到 1925—1927 年的时候，又试图借助俄国共产主义武器继续进行战斗。

这些例子可能够多了，或许可以充分证明我们的观点了，也就是来自外部的灾难和压力带来的正常结果是刺激性的而不是破坏性的。假如这种观点可以接受的话，那么就证实了我们的结论，即丧失对于人为环境的控制力不是文明衰落的原因。

节录者注：

有些读者可能感觉到，在前面这章里作者为了论证的目的，不只一次地把"衰落"的时期推前到一些文明史不太合理的早期。这种感觉——如果感觉到的话，可能是由于"衰落"这个术语的意义模棱两可而误解了。当我们说一个人的健康"衰老"了，意思就是说，除非这种衰老以后不可治愈了，他的生命就结束了。事实上，我们是在一般的意义上使用"衰落"这个词，其意义更多接近汤因比先生所说的"解体"的意思。但是，在这部书里，"衰落"这个词不是这种意义，它意味着生长期的终止。在关于社会的讨论中，用生命有机体作类比总是危险的，但是读者们也许能回忆起在有机体的生命中，生长的终止都是相对较早的。对于有机体和社会之间的区别，作者在前面一章里已经不厌其烦地解释过了，这种区别就是，有机体的生命期是由它的自然特性决定的——"我们的生命是 70 年"，然而，历史表明一个社会的生命期可能是无限的。换句话说，一个社会不会自然而然的死亡，总是死于自杀或谋杀——并且几乎都是死于前者，就像这部书论述的那样。同样，生长期的终止，对于一个生命有机体来说，是一个自然而然的事情，但是对于一个社会来说，就是一种"非自然"的现象，是由于犯罪和错误。对于这种犯罪和错误，汤因比先生为了这部书的研究目的，使用了"衰落"这个术语。人们将会看到，当在这个意义上使用这个术语的时候，一个文明史上的某些最绚丽、最灿烂、最著名的成就可以出现在衰落以后，事实上，也正是出现在衰落之后。

注　释：

[1]　见本书第 186—197 页。

[2]　Rostovtzeff, M., *The Social and Economic History of the Rome Empire*, pp. 302—305, 482—485.

[3]　关于这个题目其他方面的讨论，参见本书第 86—87 页。

[4]　Jones, W.H.S., *Malaria and Greek History*.

[5]　在应该灭亡以后又延续了几个世纪的埃及帝国的独特例子，从整体上在本书第 32—35 页已经讨论过了。

[6]　Bridges, R., *The Testament of Beauty*, Book I, ll. 594—595.

第十六章

自决的失败

第一节　模仿的机械性

迄今为止，我们关于文明衰落原因的研究使我们得出了一系列否定性的结论。　我们已经发现这些衰落不是上帝的行为——至少命定论者是这么认为的；也不是自然法则毫无意义的徒然重复。　我们同样发现也不能把原因归结于失去对于自然和人为环境的控制，既不是由于工业和艺术技术的失败，也不是来自异族敌人毁灭性的攻击。　在连续否定了这些根本站不住脚的解释以后，我们仍然没有达到我们的目标，但是最后一种谬论却给我们提供了一个思路。　在证明了衰落的文明不是死于谋杀者之手之后，我们再没有理由为它们是暴力牺牲品的断言进行争辩了，在几乎每一个例子中，我们经过严密详尽的逻辑论证后，最后还是得出了自杀的判断。　对于我们的研究来说，取得进一步发展的最好方法就是沿着这条思路继续前进，这样我们的论断立即就出现了一线希望，然而这不是什么有新意的论断。

对于我们费尽心思得出的结论，一位近代西方诗人早就以确切的直觉领悟到了：

> 上帝知道，生命的悲剧，

根本不需要恶棍！激情编织阴谋，

我们被我们内心的虚伪出卖。

这种灵光的闪现(出自梅勒迪斯*的《爱的怜悯》)也不是什么新发现。 在更早的更伟大的权威人物那里，我们也可以找到它。 莎士比亚在《约翰王》的最后一行里，就表达了这种看法：

英格兰从来不曾,永远也不会,

屈服在征服者骄傲的足下,

除非她首先把自己伤害。

……永远不会让我们懊悔悲伤

只要英格兰对自己忠诚,永远正确。

另外，它也通过耶稣之口说了出来（《圣经·马太福音》，第十五章，第18—20节）。

惟独出口的,是从心里发出的,这才污秽人。因为从心里发出来的,有恶念、凶杀、奸淫、苟合、偷盗、妄证、谤讟,这都是污秽人的。

那么，一个成长中的文明中途突然跌倒衰落，并且失去了普罗米修斯式的生命活力，是什么弱点导致的呢？ 这个弱点必定是致命的，因为，尽管衰落的灾难是一种危险，而不是一个必然的趋势。 可是这个危险未免太大了。 我们面对的事实是，在已经存活下来而且曾经成长过的 21 个文明中，3 个已经消亡了，幸存下来的 8 个文明中有 7 个明显处于衰落过程之中，第 8 个文明，也就是我们自己的西方文明，也许同样在走下坡路了，尽管我们对此还不是很清楚。 根据经验证明，一个文明的成长过程中都将充满着危险。 如果回顾我们对于成长的分析，就会看到这种危险本身就存在于成长文明注定要经历的过程之中。

---

　　* 梅勒迪斯(George Meredith, 1828—1909), 英国诗人。 ——译者注

　　成长是创造性个体和少数创造性群体的工作。 除非他们能够设法让同类跟着他们一道前进，否则他们是不能继续向前迈步的。 那些无创造性的人类总是绝大多数，他们不可能一起被改变，瞬间就达到他们的领导者那样的道德和灵魂境界。 在实践上这是无法完成的，因为只有通过与圣人的交流才能被唤醒的愚钝灵魂所具有的内在的精神魅力是非常罕见的，就像圣人出世一样是一种奇迹。 领导者的任务就是让他的同类成为他的追随者，而绝大多数人要想在行动中超越自己，所能使用的唯一的方法就是发挥他们原始的、普遍具有的模仿能力。 这种模仿是一种社会训练。 愚钝的耳朵是听不见俄耳甫斯的里拉演奏的天堂里的音乐的，却听得懂操练军官含糊不清的命令。 当哈默林的风笛吹出了普鲁士国王弗雷德里克·威廉的声音时，那些麻木的站着不动的士兵才机械地开步前进了，他让他们前进，让他们紧跟在后面，但是他们只能走捷径才能追赶上他，可是他们又只能在宽阔的道路上摆开队形前进，而这样的一条道路却是毁灭之路。 当他们为了生存不得不踏上这条不归之路时，毫无疑问他们的求生经常以灾难而告终。

　　此外，在实际的模仿行为中还有一种缺陷，它完全与模仿能力本身没有关系，那就是正是由于模仿是一种训练，所以它是人类生命运动的一种机械行为。

　　当我们谈到"一种天才的机械发明"或者"一种高超的技巧"的时候，这些词让人想起人类生命对于物质的胜利，想起人类技术对于物质障碍的胜利。 有一些具体的例子就表达了同样的意思，比如留声机、飞机、第一个车轮、第一个独木舟等等。 这样的发明把人类的力量延伸到他周围的环境，使他能够操纵非生命的物体实现人类的目的，就像操练军官的命令被他的机械的人类执行一样。 在操练他的下属的过程中，这些操练军官变成了百只手和腿都能迅速遵从他的意旨的布里亚柔斯*，好像它们天生就是他自己的一样。 同样地，望远镜就是人的眼睛的延伸，喇叭是人类声音的扩大，高跷是人腿的延长，刀剑是手臂的延长等等。

---

　　* 希腊神话中的百手巨人。 ——译者注

大自然早就暗中恭维过人类的天才，预见到人类会使用他们的机械装置。大自然充分利用这些完成了她的杰作——人体。她创造出了两个自我调节的"机械装置"，心肺就是其中的两个典范。大自然先把这两个"装置"和其他的身体器官调整好，让它们能够自动运转，然后使它们能够在自动地重复性的运转中，释放出剩余的人类能量，让它们可以自由地行走和交谈，一句话，大自然创造了 21 个文明！就是说，大自然的安排是这样的：任何既定的器官 90%的功能都是自动完成的，利用的是最小的能量，而最大部分的能量用在了另外 10%的工作上面，大自然就是这样不断进步的。事实上，自然机体像人类社会一样，也是由创造性的少数人和绝大多数没有创造性的"成员"构成的。在生长中的健康的自然机体中，像在一个成长中的健康的人类社会中一样，大多数人都将被训练成少数领导者的机械的追随者。

但是，当我们忘情地赞赏这些自然和社会机械成就的时候，提起其他的一些词语——"机械产品""机械行为"等——是令人不快的，在这样的一些词语中，"机械"这个词实际上还暗含着相反的意思，它指的并不是生命对于物质的胜利而是物质对于生命的征服。尽管机器被设计成人类的奴隶，但是人类同样可能成为机器的奴隶。一个 90%由机械构成的生命体要比一个 50%由机械构成的生命体更具创造力和有更多的创造机会，就像苏格拉底，如果他自己不烧火做饭，他就会有更多的时间和机会发现宇宙的秘密，但是 100%由机械构成的生命有机体却是一个机器人。

这样，灾难的危险就隐藏在成为人类关系机械化载体的模仿能力的运用过程之中，而且当模仿能力在一个处于动态运动的社会中被使用的时候，它的危险性很显然要大于在停滞社会使用的时候。模仿的缺陷就在于它是对于外部启示的机械反应，因此它就不是模仿者自愿的行为。这样，模仿行为就不是一种自决行为，而模仿的完成最安全的保证就是把这种模仿能力固化为一种惯性和习俗——实际上在原始社会"阴"的状态下就是这样的。但是当"习俗的蛋饼"被打破的时候，迄今为止人们都是回溯从前，把成为停滞社会化身的先辈们当成模仿的对象，而现在却要把那些能够带领同伴向一个光明的前途一道前进的创造性个体作为模仿的对象了。 因而自此以后，这个成长中的社会将被迫面对无数的危险，而且这个危险时时刻刻都在逼近，因为维持成长需要的条件永远是多变的、自发性的，由此有效的模仿需要的条件——它本身就是成长的先决条件——在很大程度上就是像机器一样的机械机制。第二个条件就是沃尔特·白芝特提到的，他的说法很古怪，他告诉英国读者他们国家的相对成功很大程度上归因于他们的愚钝。 好的领袖当然是需要的，但是如果大多数追随者都自行其是的话，出色的领袖是不会有出色的追随者的。 然而，如果所有人都愚钝，那么出色的领袖又在哪里呢？

事实上，成为文明社会领袖的创造性个体，在依赖机械的模仿行为的时候，正在冒着双重失败的危险——消极的和积极的。

这种可能出现的消极失败就是这些领袖也许受到了向他们的追随者灌输的催眠术的感染。 在这种情况下，要想买到追随者的顺从，就需要付出沉重的代价，失去他们作为长官的主动性。 这种事情在停滞的社会中，在其他文明停滞不前的历史时期中都会发生。 然而，这种消极的失败通常不是故事的结束。 当这些领袖们失去领导能力时，他们对于权力的占有就会变成滥用权力。 这些追随者就会叛变，而这些长官们就会利用激烈的行为力图恢复原有秩序。 失去了里拉或者忘记了如何演奏的俄耳甫斯现在举起薛西斯的鞭子了，结果造成了骇人听闻的混战，在混战中，这支纪律严明的军队堕化成无政府组织。 然而这种现象却成为一种积极的失败。 我们曾经不止一次地使用另外一个名字描述过它。 这是衰落文明的"解体"现象，它表明这些"无产者"已经脱离了那些堕落成"少数统治者"的曾经的领袖们。

这种脱离可以被看作构成社会整体的各个部分之间失去了和谐。 在任何整体中，局部之间和谐的丧失都会使整体相应地付出丧失自决能力的代价。 自决能力的丧失是文明衰落最终的衡量标准，这种结论应该不会使我们感到惊奇，因为在这本书稍前的章节里，我们看到了相反的结论，自决能力的进步是衡量文明成长的标准。现在我们不得不考察由于和谐的丧失而表现出的自决能力丧失的其他一些形式了。

第二节 旧瓶装新酒

调整、革命和畸形

社会各个机构之间不和谐的一个根源就是新的社会力量的介入——才智、情感和观念——对于这些力量，现存的一套机构最初是没有准备的。 新旧事物之间的不和谐造成的破坏性后果在耶稣说过的最著名的一段话中表达了出来：

> 没有人把一块新布缝在旧衣服上，因为补上的新布会扯坏旧衣服，破得就更大了。也没有人把新酒装在旧皮袋里——那样，皮袋就会裂开，酒会洒出来，皮袋也毁坏了；唯有把新酒装在新皮袋里，它们都能保存下来。[1]

从家庭生活中得出的这些规则当然是能够严格遵守的，但是在社会经济生活中，人们按照合理的计划任意安排他们的事务却要受到很大的限制，因为一个社会不像一个酒囊或者一件衣服，不是单个人的财产而是许多人活动的共同场所，因此这个规则在家庭经济生活中是一个普通的常识，在精神生活方面是一种可以利用的才智，但在社会事务中却成为一个完美的理想了。

从理论上讲，毫无疑问，新的社会动力的加入应该伴随着现存的整套机构的重构，实际上在任何成长的社会中，那些不合时宜的机构的不断调整是时刻都在发生的。 但是惰性总是倾向于固守大部分原有的社会结构，尽管和新的社会力量的失调越来越严重。 在这种情况下，新的社会力量正好以两种相反的方式同时发挥作用。 一方面，他们通过建立新的机构或者利用旧的机构不断调整他们的目标，从而完成创造性的工作。 在他们融合到新的和谐轨道中的过程中，同时提高了社会福利。 与此同时，他们也会不加区别地突然闯入恰好遇到的机构之中——就像某个进入火车站的强力蒸汽机头猛然冲进恰好停靠在那里的一辆旧机车之中。

在这种情况下，两种灾难就容易交替出现了。或者这种新蒸汽机头的压力把旧机车撞成碎片，或者旧机车在某种程度上成功地保住了并且以新的方式重新运转，但是新方式很可能是令人担忧的，也可能是毁灭性的。

把这种比喻翻译成社会生活术语就是，不能承受新压力的旧机车的破碎——或者说承受不了新酒发酵的旧皮袋的破裂——就是革命，有些时候它要毁坏那些不合时宜的机构。另一方面，即使承受住了它们根本未曾预料的运转方式所带来的巨大压力，那些旧机车的破坏性改装就成了"顽固的"不合时宜的旧机构导致的社会畸形现象。

革命可以被定义为一种延缓的模仿行为，相应地它的暴力程度也有所增强。革命在本质上就是模仿行为的组成部分，因为每一种革命都是参照其他地方已经发生的某种事情的，当革命被置于历史背景之中时，就可以清楚地看到，如果没有从前的外部力量刺激的话，它是永远不可能自行爆发的。明显的例子是1789年爆发的法国大革命，它受到的刺激部分来自于不久之前英属美洲发生的事件——法国的旧政权也曾自杀性地参与其事——部分来自英国一百多年取得的巨大成就，从孟德斯鸠以后的两代哲学家都曾在法国宣扬和赞美过它。

延缓也是革命的本质，它同时也说明暴力是革命最显著的特征。革命之所以是一种暴力是因为它是强大的新社会力量对于暂时阻碍和破坏新的生命现象出现的顽固旧机构的迟来的胜利。阻碍的时间越长，受到阻碍的力量的压力就越大，压力越大，被禁锢的力量最终爆发的时候，暴力程度就越强。

至于社会畸形现象，它是革命的另一种替代方式，可以被看作是社会不得不受到的惩罚，因为模仿行为不仅仅被延缓了，并且完全被摧毁了，而它本来是应该让一种旧机构和一种新社会力量协调一致起来的。

很显然，当现存的社会结构受到一种新的社会力量挑战的时候，可能会出现三种结果：或者是调整社会结构以期与新的力量相协调；或者是革命(这是一种延误的不和谐的调整)；或者出现一种社会畸形现象。这三种交替出现的方式在同一个社会的不同组成部分中都可以清楚地看到——比如，如果一个社会分裂成许多国家的话，就会出现这些情况。假如和谐的调整占据主导地位，那么这个社会将会继续生长；假如发生了革命，生长就会陷入重重困难；假如发生了社会畸形现象，我们就可以判断这个社会走向衰落了。下面的一系列实例都将会验证我们刚刚提到的论断。

工业主义对于奴隶制度的冲击

过去两个世纪里出现了两种新的社会动力——工业主义和民主制度，它们冲击到的旧制度之一就是奴隶制度。这种罪恶的制度，在很大程度上促使了古代希腊社会的衰亡，它从来没有在我们自己的西方社会的土地上找到立足点，但是从 16 世纪以后，当西方基督教向海外传播的时候，它却在一些新的海外领土上建立起来了。然而在很长时间内，这种再度出现的种植园奴隶制度的规模并不是很可怕的。当 18 世纪末期，这两种新的力量——民主和工业主义开始从大英帝国向西方世界的其他地区扩散的时候，奴隶制度实际上仍然局限在殖民地的边缘地区，甚至在这些地区它的规模也在不断缩小。那些出身奴隶主的政治家，比如华盛顿和杰弗逊，不仅谴责这种制度，而且还相当乐观地认为在随后的一个世纪里，它会和平地消失。

然而，随着工业革命在英国的爆发，这种可能性就被排除了，因为工业革命极大地刺激了对于种植园奴隶制度生产的原材料的需求。工业革命的冲击给奄奄一息、不合时宜的奴隶制度注入了新的生命活力。现在西方社会面对着两种选择，或者采取主动的措施立刻结束奴隶制度，或者眼睁睁看着这种罪恶的制度在工业主义新的推动力量冲击下，转变成一种致命的社会威胁。

在这种情况下，西方世界许多国家里出现了一种反奴隶制运动，并且取得了许多和平的胜利，但是还有一个重要地区，反奴隶制运动没有什么进展，这就是北美联邦南部诸州的"产棉区"。在这里，奴隶制度的拥护者掌握政权达一代人之久，在这短短的三十年中——从 1833 年英国宣布废除奴隶制到 1863 年美国废除奴隶制——南部诸州这种"独特制度"在工业主义的推动下得到了惊人的发展，然而从那以后，这个怪物便走到尽头，被消灭了。美国这种奴隶制迟来的根除使它不得不付出巨大的代价，爆发了破坏性极强的革命，这种灾难性的影响至今仍然可以见到。 这就是延缓模仿行为所付出的代价。

尽管付出了高昂的代价，我们的西方社会仍然是值得庆幸的，因为奴隶制度这颗社会毒瘤已经从西方最后一个堡垒中被彻底拔掉了。 为此，我们必须感谢要比工业主义稍早一点在西方世界出现的民主力量。林肯成为把奴隶制度逐出西方世界最后一个堡垒的主要人物，被公认为最伟大的民主政治家，不是一种偶然的巧合现象。 既然民主是人道主义的政治表达形式，既然人道主义和奴隶制度显然又是誓不两立的死敌，那么当工业主义推动奴隶制度发展的同时，民主精神必然要推动反奴隶制度运动的发展。 我们可以确切地说，在反对奴隶制度的斗争中，如果不是民主力量在很大程度上压制住了工业主义的力量，西方世界消灭奴隶制度也不是一件轻而易举的事情。

民主和工业主义对于战争的冲击

人们通常都说工业主义明显加剧了战争的恐惧，就像加剧了奴隶制度的恐惧一样。 战争是另一种古老的不合时宜的制度，像奴隶制度一样，受到了道义上的普遍谴责。 在严格的学术圈里，广泛流行着一种思想，认为战争像奴隶制度一样，是不能弥补战争的收益的。 正像美国内战前夕，一位南方人 H·R 赫尔伯写的《南方即将来临的危机》一书中所证明的那样，奴隶制度不能补偿奴隶主的损失。 由于其观点古怪同时又轻易地对混乱的思想加以解释，他最后被奴隶主判了刑，而他本来是想教导他们了解真正的利益所在的；无独有偶，在 1914—1918 年第一次世界大战前夕，诺曼·安格尔* 写了一本书——《欧洲的幻觉》，他想证明战争给胜利者和失败者带来的都是致命的损失，尽管这位异端人物像大多数人一样都希望维持和平，但仍然受到了他们的指责。 那么为什么到目前为止我们的社会在消除战争方面要比废除奴隶制度方面更难以取得成功呢？ 答案很清楚。 与奴隶制度的废除不同，在消除战争方面，民主和工业主义两种推动力量造成的冲击均是同时朝

---

* 诺曼·安格尔爵士(Sir Ralph Norman Angell, 1872—1967)，英国作家、政治家，工党党员。 其反战思想在 1909 年发表的作品《欧洲的幻觉》中得到充分体现。——译者注

着同一个方向。

如果我们回想一下工业主义和民主出现前夕西方世界的状况，我们将会看到在 18 世纪中叶那个时候，战争所处的情形与奴隶制所处的情形很相似：战争明显在减弱，并不是因为战争发生的频率降低了——虽然统计学上的数字可以证明这一点，[2] 而是战争似乎变得温和了。 18 世纪的唯理主义者对于刚过去不久的时期表现出了极大的厌恶，因为在那个时期，在狂热的宗教力量推动下，战争加剧到了令人惊骇的程度。然而在 17 世纪后期，这个恶魔已经被消灭了，直接的结果就是把罪恶的战争降低到了此前此后我们西方文明历史上任何时期都未能达到的最低点。 这种相对"文明的战争"时代到 18 世纪末就结束了。 此时由于工业主义和民主的冲击，战争再度加剧了。 如果我们自问一下过去 150 年的时间里，在加剧战争方面哪一种力量所起的作用更大，我们第一个冲动很可能认为是工业主义，但是我们可能错了。 这种意义上的第一批现代战争开始于法国大革命，在这些战争中，工业主义的影响是微不足道的，而民主，法国大革命的民主的冲击起到了至关重要的作用。拿破仑的军事天才远远比不上法国新军的革命激情，他们轻而易举地摧毁了没有革命的大陆强国 18 世纪过时的防御工事，使法国军队横扫欧洲大陆。 如果要为这种论断寻找证据的话，我们可以看到这样的事实：在拿破仑登上历史舞台之前，法国为路易十四的职业军队招募的士兵是非常出色的。 我们或许同样会记起罗马帝国、亚述帝国以及过去其他强大的军事帝国并不是在任何工业机械的帮助下摧毁了许多文明，事实上它们利用的武器与 16 世纪的火绳枪相比似乎太原始了。

战争在 18 世纪比任何时候都不是那么残酷的根本原因就在于，它不再是宗教狂热的武器，也没有成为民族狂热的工具。 在这一时期里，它只不过是"国王的游戏"。 虽然为了这种无关紧要的目的而进行战争更加令人厌恶，但是它减轻了战争带来的物质破坏程度却也是不可否认的。 这些国王们清楚地知道他们的臣民允许他们放纵到何种程度，他们也把这种战争游戏控制在许可的限度内。 他们的军队不是招募来的，而且不像宗教战争中的军队一样依赖被占领的国家而生活，也不像 20 世纪的军队一样摧毁现存的和平成果。 他们懂得这种军事游戏的规则，总是制定许多温和的目标，对于被打败的对手的要求也不是很苛刻。只有极少的情况下，这种习惯才被破坏，比如路易十四在 1674 年和 1689 年毁灭了巴列丁地区，但是这种残暴行为不仅遭到受害者而且遭到中立的公众舆论的强烈谴责。

吉本对于这种情况作了经典的描绘：

> 在战争中,欧洲的各种力量从事的是温和的无关痛痒的争斗。势力均衡不断地被打破,我们自己和邻国的强盛不断地交替轮换,但是这些局部的事件并不能从根本上损害我们一般的幸福心境,毁坏我们的艺术、法律和礼仪制度,这样就有利于我们欧洲人和殖民地超越其余人类。[3]

这位沾沾自喜的作者恰好活到新一轮战争爆发的时候，然而这些战争推翻了他的早已过时的论断。

正像奴隶制度的泛滥是出于工业主义的冲击，进而导致反奴隶制运动的兴起一样，战争的加剧是由于民主的冲击，当然随后也是由于工业主义的冲击，最终导致了反战运动的兴起。它的第一次体现就是 1914—1918 年第一次世界大战后国际联盟的成立，然而国际联盟没有能拯救这个世界，随后又爆发了 1939—1945 年第二次世界大战。

民主和工业主义对于区域政权的冲击

人们通常认为对于民主的称颂是基督教发展的必然结果，从对于奴隶制度的态度看，它的确值得享有崇高的地位，但是为什么民主会加重罪恶战争的剧烈程度呢？这是因为民主和战争接触之前，它早就和区域性的(或地方性的)政权发生了冲突。民主和工业主义这两种新的推动力量注入到旧的区域性政权中之后，就产生了两种非正常的力量：政治上的民族主义和经济上的民族主义。正是以这种派生的形式，民主的精灵作为一种外部的力量加剧了而不是缓和了战争的破坏性。

在 18 世纪即前民族主义时代，我们西方社会的状况一般来说是幸福安详的，除了一两个例外——西方世界里的地方性政权不是平民意志的表达工具，而是王室的私人财产。王室战争和王室联姻是这种私人财产或者其中一部分财产在王室之间转移的两种主要方法，更多的情况下是偏爱后者。有一句家喻户晓的谚语称颂哈布斯堡王朝的外交政策：让其他人去打仗吧，你们，幸福的奥地利人，去结婚吧！从 18 世纪后半叶爆发的三次战争——西班牙王位继承战争，波兰王位继承战争，奥地利王位继承战争——的名字中，就可以看出只是在联姻政策陷入无法挽回的僵局时，才被迫付诸战争。

毫无疑问，这种联姻政策也有卑鄙和肮脏之处。仅仅通过一纸协定，所属的领地和臣民就从一个所有者手中转移到另一个所有者手中，这样做法必定不会被我们这些民主时代的人们所接受。但是 18 世纪的体系自有它的补偿方式。它不鼓励爱国主义，而是尽量消除它。斯特恩*在《伤心之旅》中讲述的一段著名的经历可以说明这一点，当他在法国旅行的时候，他竟然忘记了英国和法国正在进行七年战争(1756—1763 年)。在与法国警察发生一点小小的争执后，他遇到了一位他从未见到过的法国贵族的仆人，这位仆人居然帮助他顺利地完成了这次旅行。然而当四十年后亚眠条约破裂，拿破仑下令把所有在法国的十六到十八岁的英国人都拘留起来的时候，他的行为就被认为是典型的科西嘉人的野蛮行径，正像后来惠灵顿所说，拿破仑不是一个"绅士"，尽管当时拿破仑的确为这种行为找过借口。这种借口对于今天的最具人道主义和自由的政府来说，也被认为是一种理所应当的行为。战争现在变成了"全民战争"，之所以这样，是因为区域政府成了民族主义的民主政府的缘故。

我们所说的"全民战争"指的是战争不仅仅是作为"棋子"的陆军和海军的战争，而是全体国民都要参与的战争。这种新思想最初从哪里来的呢？也许在北美革命战争结束以后，胜利了的英属美洲人对待曾经支持母国的英国人的态度上可以找到。在战争结束以后，这些联合王国的贵族们无论男女，都被从他们的北美居住地彻底驱逐出去了。这种处理方式和二十年前英国人处理被征服的法属加拿大人的方式完全不同，当时这些人不仅可以居住在原来的地方，而且允许保留他们的司

＊　Laurence Sterne(1713—1768)，英国著名作家。——译者注

法制度和宗教制度。 第一个"极权主义"的例子意义是非常重大的，因为胜利的北美殖民地是我们西方社会第一个民主国家。[4]

由于工业主义的到处泛滥，经济民族主义也像政治民族主义一样迅速发展起来，并在同样狭小的区域性政权中发挥着重要作用。

当然，在前工业主义时代的国际政治中，经济冲突和竞争并不是不为人所知的。 事实上，经济民族主义在18世纪的典型表达形式就是"重商主义"。 18世纪战争的战利品中包括市场和垄断权的分配，比如在乌特勒支条约中，有一些著名的条款就规定了英国单独享有从事西班牙到美洲贩奴贸易的垄断权。 在农业占主导地位的时代，不仅每一个国家，而且每一个农村共同体都自己生产几乎全部生活必需品，那时候，英国人争夺市场的战争都可以称为"商人的游戏"，就像大陆国家之间争夺行省的战争被称为"国王的游戏"一样。

这种小范围的低度的经济均衡状态由于工业主义的出现而被粗暴地破坏了，因为工业主义像民主一样，要求在世界范围内发挥作用。 如果民主在本质上像法国大革命宣称的那样是一种博爱精神，那么工业主义如果要充分发挥出它的全部潜力的话，它在本质上就要求世界范围内的通力合作。 工业主义所要求的社会分配制度实际上早就由18世纪新技术的先驱者提出来了，当时他们的口号就是"Laissez faize, Laissez passer! "——自由生产，自由交换。 150年前，当工业主义发现世界被分割成许多小的经济单元时，它就通过两种方式着手改变整个世界的经济结构了，这两种方式都引导着世界各个经济单元的发展方向。 一个就是减少经济单元的数目，扩大每一个经济单元的规模，另一个方式就是消除各个经济单元之间的贸易壁垒。

如果我们浏览一下它的历史，我们就会发现在19世纪60年代和70年代曾经有一个转折点。 在此之前，工业主义在民主的协助下一直都是在努力减少经济单元的数目，消除它们之间的障碍。 在此之后，工业主义和民主都改变了它们的政策，各自向相反的方向发展了。

如果首先考察经济单元的规模，我们发现到18世纪末，大不列颠已经是西方世界最大的自由贸易区，这个事实可以充分解释为什么是英国而不是其他地区成为工业革命的策源地。 但是，1788年，北美洲的英国殖民地由于采用了费城宪法，彻底废除了各州之间的所有贸易壁垒，再加上自然的扩张，迅速形成了当时最大的自由贸易区，它的直接后果就是发展成为今天世界上最强大的工业共同体。　几年之后，法国大革命彻底打破了各省之间的贸易界限，消除了到那时为止一直阻碍法国经济统一的障碍。　1825—1850 年间，德国经济上建立了关税同盟，成为政治统一的先声。　1850—1875 年间，意大利完成了政治上的统一，从而实现了经济上的统一。　如果我们考察一下国际贸易方面关税的降低和地区间障碍的消除情况，就会发现那位自称是亚当·斯密信徒的皮特，正在实施一项由庇尔、科布顿、格莱斯顿在 19 世纪中叶完成的自由进口运动；同时我们发现美国经历过一段时间的高关税阶段后，在 1832—1860 年间稳步走上了自由贸易道路，路易·菲利普和拿破仑三世的法国和前俾斯麦时代的德国也经历了同样的过程。

　　但是，此后这种趋势却发生了逆转。　民主民族主义虽然使德意志和意大利完成了统一，但是却使多民族的哈布斯堡王朝、奥斯曼帝国和俄罗斯帝国解体了。　1914—1918 年第一次世界大战以后，多瑙河流域奉行自由贸易的君主国分裂成许多各自追求经济上自给自足的后继国家，这时另一个新兴国家组成的卫星国，由于新的经济区域的划分，被插入了被割地的德国和被割地的俄罗斯之间．与此同时，大约一代人之前，追求自由贸易的运动开始衰退，首先在一个国家，继而在另一个国家，直到最后 1931 年"重商主义"的潮流再次在大不列颠兴起。

　　自由贸易被放弃的原因是很容易找到的。　当英国成为"世界工厂"的时候，自由贸易非常适合它；当棉花出口诸州 1832—1860 年间在很大程度上控制美国政府的时候，自由贸易同样非常适合它。　由于各种其他的原因，法国和德国在同一时期似乎也非常适合自由贸易。　但是，随着这些国家一个接着一个实现工业化，从短期来看，和它们的近邻进行你死我活的工业竞争更加适合它们的局部利益，因此，在区域性政权普遍存在的情况下，谁又能拒绝竞争政策呢？

　　科布顿及其同伴犯了一个很大的错误，他们本来希望世界各个民族和国家通过新的前所未有的、紧密的世界范围内的经济关系网连接成一个社会统一体，然而这个经济关系网是在充满活力的工业主义力量的推动下，由英国作为结点盲目编制而成的。但是如果说科布顿等人把维多利亚时代英国的自由贸易运动仅仅当作追逐个人利益的杰作也是不公正的。这个自由贸易运动同样表达了一种道德观念和一种建设性的国际政策，它最有价值的地方并不仅仅在于使大不列颠成为世界市场的主人，他们同样希望逐步促进世界政治秩序的进步，从而能够建立世界新经济秩序，并且创造一个世界范围内的商品和服务都能够安全和平交换的政治环境——不断改善这个国际环境，力争在每一个阶段，都能够提高整个人类的生活水平。

科布顿的错误在于他没有预见到民主和工业主义对于区域性政权之间的竞争的影响，他认为这些力量在 19 世纪也会像 18 世纪一样安静地等着那些编制世界范围内的工业网络的人类蜘蛛，再次把他们编制在薄弱的网中。他依赖于联合和消除民主和工业主义自然的不可抗拒的影响——民主代表博爱，工业主义代表合作。他没有想到把这些新的"蒸汽机头"强制安装在旧的区域性政权机车上以后，这些力量将会导致社会瓦解和世界的无政府状态。他同样没有想到法国大革命的宣传者宣称的博爱福音会导致现代第一次大规模民族主义战争，或者说他认为这是第一次也是最后一次民族主义战争，他并没有意识到如果 18 世纪狭隘的商业寡头，能够为了构成当时国际贸易的那些不甚重要的奢侈品贸易发动战争的话，这些民主国家在工业革命已经把国际贸易从奢侈品交换变成生活必需品交换的时代，同样会为了另一个经济目标而发动战争。

总之，曼彻斯特学派曲解了人性。他们不能理解即使一种纯粹经济方面的世界秩序也不能仅仅建立在经济基础之上。尽管他们有真实的理想，但是他们没有意识到"人类不能仅仅依靠面包而生活"。虽然大格列高利和西方基督教的其他创始人没有犯这种致命的错误，但是维多利亚时代的英国人却最终发展了它。这些全身心致力于超世俗事业的伟大人物，并没有有意识地建立一种世界秩序。他们的世界目标局限在低级的物质层面，只不过是想让那些不幸的沉船幸存者能够生存下来。大格列高利和他的同僚建造的经济大厦就像一件繁杂的徒劳的必需品，坦率的说是一种权宜之计，然而在建造的过程中，他们把它置于了宗教的磐石之上而不是经济的散沙之上。幸亏他们的艰辛劳动，西方社会才能够建立在牢固的宗教基础之上成长壮大，在不到十四个世纪的时间内从一个偏处一隅的小小社会成长为今天无处不在的伟大社会。 如果大格列高利并不起眼的经济建筑要求牢固的宗教基础的话，那么我们今天所要构建的世界秩序的宏伟大厦似乎也不能安置在单一的经济利益并不稳固的基础之上。

工业主义对于私有财产制度的冲击

私有财产制度在一些单个家庭或家族是正常的经济活动单位的社会中非常容易形成。 在这样的社会中，它可能是管理物质财富分配的最令人满意的制度，但是这种自然的经济单位，现在不再是单个的家庭、单个的村庄或者单个的民族国家,而是现存的整个人类，因为随着工业主义的出现，我们现代的西方经济事实上已经超出了家庭经济单位，因此从逻辑上说它已经超越了家庭经济制度，然而这种旧的经济制度仍具有强大的生命力。 在这些情况下工业主义就有力地冲击了私有财产制度，提高了有产者的社会权力，降低了他们的社会责任，直至这种前工业时代有益的制度，现在暴露出许多弊端。

在这种情况下，今天我们的社会就面临着调整这种私有财产制度的艰巨任务，以期使它与这种新的工业主义力量相协调。 非暴力的调整方式就是消除工业主义必然引起的私人财产的分配不公，通过国家这个代理人有意地、合理地、均衡地控制和重新分配私人财产。 通过控制关键的工业，国家就能够削弱私有企业主具有的凌驾于其他人之上的过多权力，并且能够减缓私有财产制度带来的负面效果，尽管通过对其征收高额的财产税增加了社会福利。 这种方式还具有附带性的社会益处，它倾向于把这个国家从一个战争机器——这是它在过去历史中最引人注目的功能——转变成一个社会福利机构。

如果这种非暴力的政策不能充分奏效的话，我们或许会走上革命的道路，采取某种共产主义的形式消灭私有财产制度。 这似乎是唯一的可行的调整方式，因为在工业主义的冲击下私有财产的分配不公，假如它不能通过社会福利和高税收得到有效的缓和，它将成为一种令人无法容忍的社会毒瘤。 然而正像俄罗斯的经历所表明的那样，共产主义的革命治疗手段也不比这个疾病本身好多少，因为这种私有财产制度和前工业社会最好的遗产结合的如此紧密，以至于它被完全抛弃必然会造成我们西方社会传统的灾难性脱节。

民主对于教育的冲击

民主的出现带来的最大的社会变革之一就是教育的普及。在一些进步性国家中，普及的免费义务教育制度已经把受教育变成了每一个孩子与生俱来的权利——这与前民主时代教育是少数人专利的状况形成鲜明的对比，这种新的教育制度已经成为每一个想在现代国际舞台上占据一席之地的国家的基本理想之一。

当这种义务教育制度首次出现的时候，受到了自由派的欢呼，把它视为公正和启蒙思想的胜利，希望它能把人类带进一个幸福美好的新时代。但是这些希望现在看来已经破灭了，因为在通往千年福祉的广阔道路上，横亘着一些绊脚石。就像通常发生的那样，这种情况的出现，最重要的原因同样是一些无法预料的因素。

第一块绊脚石就是，一旦教育惠及"大众"，就和传统的文化背景脱离了，不可避免地导致教育的乏力。民主的善意并不具备创造物质利益的魔力。我们大量生产的智力产品既没有味道也没有营养。第二块绊脚石就是教育普及以后易于转化成的功利主义思想。无论是在只有社会特权阶层才能继承教育特权的社会体制下，还是在教育只是那些勤奋和天才人物的额外礼物的社会体制下，教育不是蠢猪面前的珍珠，就是一个人倾其所有才能购买到的昂贵的奢侈品。在那种情况下，教育都不是实现目的的手段：既不是实现其野心的工具，也不是无所事事的娱乐手段。教育有可能变成大众的娱乐工具——或者提供娱乐的企业家获得利润的手段——只是在基础教育普及之后才出现的。这种可能性产生了第三块也是最大的一块绊脚石。这块教育普及的面包刚一放入水里，立刻从深水里冒出一大群鲨鱼，在教育家的眼皮底下，吞噬了孩子们的面包。在英国的教育史上，有几个时期就是这样。英国的初等教育普及制度大概是在 1870 年福斯特法案颁布以后建立起来的，然而大约 20 年之后，也就是第一代公立学校的儿童刚刚具有购买力的时候，一位不负责任的天才就发明了黄色报刊，在他看来，教育慈善家的爱心可以为他这位出版商带来丰厚的利润。

民主对于教育的冲击激起的这些令人惊惶的反应吸引了现代即将成为极权主义民族国家统治者的注意力。 如果出版商们通过提供给半受教育人群无聊的消遣能够成为百万富翁的话，那么严肃的政治家从中得到的不是金钱而是权力。 现代的独裁者已经取缔了出版商粗俗的、下流的私人娱乐活动，而取而代之同样粗俗的、下流的国家宣传机器。这种精心设计的真正的国家机器是为了奴化半受教育大众的思想，最初是在英国和美国自由放任的体制下为了个人利益而发明的，现在它被那些利用这些精神工具的国家统治者简单地照搬过来，并且为了他们个人的罪恶目的，利用电影和无线电加以强化。 在诺斯克利夫之后又出现了希特勒——尽管希特勒不是这一行业的始作俑者。

这样在那些引入民主教育的国家，人们始终处在私人或者公共权威制造的精神暴行压制的危险中。 如果这些人们的灵魂得以拯救，唯一的方法就是提高大众的受教育水平，使他们能够对任何剥削和宣传形式都具有免疫力，不用说这是非常困难的任务。 所幸的是我们西方世界出现了一些密切关注此事的公正的、有效的教育机构——如工人教育联合会、大不列颠英国广播公司，以及许多国家的众多大学的校外活动等等。

意大利效能对阿尔卑斯山以北地区政权的冲击

迄今为止我们的例子都是取自我们西方最近的历史时期。 我们只是需要提醒关注这个问题的读者们，注意一下新力量在西方历史更早时期对于旧制度的冲击就可以了，因为我们已经在其他的背景下考察过这种情况。 这里的问题就是阿尔卑斯山以北的封建君主政权，在文艺复兴时期意大利城邦高效政治的冲击下，如何进行和谐地调整的。 一种较容易和比较低级的调整方式就是依照许多意大利城邦已经失效的专制模式，把他们自己的君主制转变成暴政或专制政权。 一种较为困难然而比较好的办法就是把阿尔卑斯山以北各个王国的中世纪领主会议制度，转变成为代议制机构。 这种代议制机构像后来的意大利专制制度一样富有效率，同时为国家提供了一种公正开明的自治政府，如同意大利城邦政治上的黄金时期的自治机构一样。

在英国，由于我们在别处提到的理由，这些调整完成得最为成功和和谐，英国也相应的成为西方历史下一个阶段的先驱和少数创造性群体，就像早期的意大利一样。 在灵活和富有民族精神的都铎王朝统治下，英国的君主制发展成了专制制度，然而，在命运多舛的斯图亚特王朝统治时期，国会取得了与王权平起平坐的权力，最后又凌驾于王权之上。 即使这样，这次调整也经历了两次革命，但是与大多数革命比较起来，这两次革命也是较为克制的。 法国的专制政权延续的时间较长，因而更为顽固，结果导致了剧烈的暴力革命，使法国陷入了至今仍无法预测其终点的政治动荡时期。 西班牙和德国建立专制政权的努力一直持续到今天，因此，相反的民主运动也被拖延了很久，最后出现了在前面章节已经被勾勒出的种种复杂现象。

梭伦改革对于古希腊城邦的冲击

意大利政治的高效性在西方历史的第二阶段向第三阶段的过渡时期对于阿尔卑斯山以北地区的国家造成的冲击，与希腊历史上公元前 7 世纪和前 6 世纪，在马尔萨斯式的压力下，一些城邦中出现的经济效率提高造成的情况非常相似。 因为这种新的经济效率并不局限在雅典和其他最初兴起的城邦，而是不断向外扩散，对当时整个希腊世界的国内和国际政治都造成了冲击。

我们已经描述过这种新经济开始的情况，或许可以把它称为梭伦改革。 从本质上讲，这种经济变革是从自给自足的农业生产转变成了以交换为目的的农业生产，同时伴随着商业和工业的发展。 这种解决经济问题和缓解人口压力的办法带来了两个政治问题。 一方面，经济革命产生了新的社会阶层，城市商人和工业工人，技工和海员，他们都需要享有某种政治地位。 另一方面，各个城邦之间的相互隔绝被经济上的相互依存取代了。 一旦城邦之间在经济上相互联结在一起，政治上原始的隔绝状态就不可能再维持下去了。 对于第一个类似的问题，后来的英国是通过一系列国会改革解决的；对于第二个类似的问题，英国政府本是希望通过自由贸易运动加以克服的。 下面我们打算依次考察这些问题。

在希腊城邦内部的政治生活中，新阶层的兴起引起了政治关系基础的激烈变革。 传统的血缘关系被以财产为基础的新的关系所取代。

在雅典，这种变革进行得较为有效和顺利，一系列宪法改革在梭伦时代和伯里克利时代之间就完成了。雅典历史上很少出现暴君就可以证明这次转型进行得相对顺利和富有成效，因为在这些城邦的宪法史上有一个普遍的规律：一旦追随先驱者的步伐受到不应有的阻碍，立刻就会出现一个停滞时期(革命的阶级战争时期)，此时，只有一个"暴君"的出现——用我们现代从罗马那里借用的一个术语来说，就是一个独裁者——才能摆脱这一困境。雅典和其他地区一样，独裁者的统治是调整过程中不可逾越的一个阶段，但是庇西特拉图和他儿子的暴政只不过是梭伦改革和克里斯提尼改革之间的一个短暂的小插曲。*

其他希腊城邦的调整没有这么顺利，科林斯经历了长时间的独裁时期，叙拉古则重复性地经历多次独裁阶段。科塞拉在停滞阶段的暴行已经被修昔底德永远写进了他的著作之中了。

最后，我们可以来看一看罗马的情况。这是一个随着公元前725—前525年希腊文明的地理扩张并入到希腊世界中的非希腊社会。只是在经过了这次文化变革之后，罗马才像希腊的或希腊化的城邦一样，进入正常的经济政治发展进程，因此罗马在这一时期所经历的每一个阶段，都比雅典历史上的相应阶段晚一百五十年左右。因为这个时间差，罗马为拥有天生特权的贵族与人数众多、拥有巨大财富的平民之间的矛盾造成的激烈而痛苦的停滞状态付出了代价。罗马的这种停滞状态从公元前5世纪延续到公元前3世纪，以至于最后许多平民好几次脱离了罗马帝国的管辖，拒绝参加公民大会，同时在自己的合法共和国内建立了永久性的对抗政权——创建了自己的政治体制、议会和办公机构。正是由于这些外部压力，罗马政治家才能够在公元前287年成功结束了这种体制上的非正常状态，把自己的政权和对抗政权统一在一个正常运转的政治统一体之下。然而在经过了一个半世纪胜利的帝国体制之后，罗马帝国在公元前287年实行的权宜之计的缺陷很快暴露出

---

* 庇西特拉图是公元前5世纪的雅典政治家，发动政变夺权，建立个人家族的统治，史称庇西特拉图僭主政治，后被雅典人推翻。梭伦改革发生在公元前592年，它奠定了雅典民主制的基础。克里斯提尼改革发生在公元前509年，确立了雅典民主制。庇西特拉图僭主政治存在于两次重要改革之间。——译者注

来。虽然罗马人接受了这种未经考验的贵族机构与平民机构混合而成的摇摇欲坠的体制，但是事实证明它是完成新的社会调整无能为力的政治工具，以至于格拉古残暴和失败的行为再次造成了比第一次更为糟糕的停滞状态(公元前131—前31年)。在经过了一个世纪的分裂状态之后，罗马政治体制永久屈服在了独裁者脚下。从此之后，罗马军队完成了对于希腊世界的征服，进而罗马的独裁者奥古斯都和他的后继者最终赋予了希腊世界一个统一国家。

罗马在处理国内问题上的无能为力与他们征服、占领和管理国外殖民地的非凡才能形成了鲜明的对比；同时，我们还可以看到雅典人成功地摆脱了国内政治的停滞状态，可是在公元前5世纪却不能创建一个急需的国际秩序，这一国际秩序在四百年之后由罗马人成功地建立起来了。

雅典人无力解决的国际事务是梭伦改革带来的第二个调整问题，建立希腊世界的国际贸易需要的国际政治安全机制的障碍是希腊城邦继承下来的政治体制。从公元前5世纪以后，古代希腊的整个历史：一方面是竭力突破城邦主权的构成形式；另一方面就是反对这种改变。公元前5世纪结束之前，对于这种变革的顽强抵制引起了古代希腊文明的衰落。尽管这一问题在罗马的统治下得以解决，但是由于它未能及时地阻止，古代希腊社会最终走向了解体。当时解决这个问题理想的方式是通过城邦之间自愿地签订协议，从而对各个城邦的权利永久性地加以限制。不幸的是雅典和爱琴海同盟在成功地抵制波斯的入侵过程中建立的提洛同盟，却在更为古老的希腊传统的霸权侵蚀下削弱了原有的作用，变成了同盟的领导者压迫其他成员的工具。提洛同盟造就了一个雅典帝国，雅典帝国导致了伯罗奔尼撒战争的爆发。四百年以后，在雅典被战败的废墟上建立了罗马帝国。但是雅典帝国用鞭子强加给它的弱小盟友的惩罚与在罗马帝国在汉尼拔战争之后，奥古斯都和平时期到来之前的两个世纪里强加给更为广大的希腊和希腊化社会的暴行没有什么两样。

区域制度对于西方基督教会的冲击

古代希腊社会未能及时地超越传统的区域政治体制从而衰亡了，可是我们西方社会也未能——其后果隐藏在未来——继续维持社会的稳定局面，这也许是西方社会最为宝贵的原始禀赋。 在我们西方历史从中世纪到现代的转型时期，最有意义的社会变化之一就是区域政治的兴起。 在我们这一代当它已经成为历史的陈迹时，冷静地看待这种变化是非常困难的，因为它给今天的我们带来了无数的罪恶。 然而我们仍然可以看到 5 世纪以前，抛弃中世纪基督教会体制也是有许多理由的。虽然在道德上它有许多伟大之处，但是它毕竟是来自过去的幽灵，是古代希腊社会统一国家的遗产，而且理论上居于至高地位的全基督教会观念与实际的中世纪无政府状态之间总是存在着巨大的鸿沟。 无论如何，这种新的区域政治也成功地实现了它的较低目标，或者说不管怎样新的力量取得了胜利，政治上推动了众多主权国家的建立；在文字上出现了新的本土文字形式；在宗教领域，它冲击了中世纪的西方教会。

区域制度与基督教会发生暴力冲突是由于在教会制度的严密控制下，教会成为了中世纪主要的宗教制度。 随着教皇权力达到顶峰它觉察到了一个很可能要进行调整的问题。 比如，在面对克罗地亚人打算采用本国语言而不是拉丁语做礼拜的时候，罗马教廷对他们就作出了让步，允许他们将祈祷文翻译成自己的语言，之所以这样做，或许是因为在边境地区，罗马人发现自己面对着东正教的竞争。 东正教不但不要求它的非希腊皈依者把希腊语作为他们祈祷的语言，而且表现出政治宽容性，允许将祈祷文翻译成多种语言。 还有，在对待现代主权国家的中世纪"先辈"方面，罗马教皇，就像他们已经做的那样，强烈地反对过神圣的罗马皇帝们的全基督教教义。 而对于英格兰、法兰西、卡斯蒂利亚以及其他地方性国家的国王们在他们自己的国境内要求实行区域性宗教的主张，却较为宽容。

因而，当"新恺撒主义"羽翼丰满的时候，神圣的罗马教会并不是不懂得把恺撒的东西交还给恺撒。 在所谓的教会改革之前的一个世纪中，教皇在同那些帝王制定教会行政管理权的长期协商过程中，实际上已经做出很大的让步。 这个协商制度是 15 世纪前半叶举行的两次失败的宗教会议(公元 1414—1418 年的康士坦茨会议和公元 1431—1449 年的巴塞尔会议)并没有预料的结果。

　　这个议会运动是一种建设性的努力，力图通过引进一套宗教议会制度的宗教规则来压制那些不负责任的、臭名昭著的、滥用职权的、自称权威的教区牧师，这种办法如同封建时代压制中世纪国王们所采用的区域性标准一样被证明具有同样的有效性。遇到议会运动的教皇们这次却下了狠心，然而尽管他们毫不妥协的态度取得了胜利，却产生了灾难性的后果。他们使议会运动毫无意义，并且由于拒绝最后一次调解的机会，因而遭到责难，同时也注定了西方基督教社会内部在它的古代宗教遗产与新区域性倾向之间无法协调。

　　结果就出现了令人沮丧的革命和社会畸形现象。由于前者，教会发生了严重的分裂，分裂成了众多敌对的小教会，彼此指责对方是反基督教者，并开始了周期性的战争和迫害运动。由于后者，那些"君权神授"的世俗君主取代了教皇，据说，这种神权本应属于教皇的。直至今日，在西方世界那些主权国家中，"神权"仍然以一种异教崇拜的形式制造着罪恶。对于爱国主义，约翰松博士曾经古怪地称之为"恶棍的最后避难所"，而努斯·卡维尔认为这样还远远不够，然而现在它却在很大程度上取代了基督教，成为了西方世界的宗教。无论怎样，人们也很难设想还有比区域政治对于西方基督教社会的冲击产生的这个怪物与基督教的基本教义——历史上的其他更为高级的宗教也是如此——更为抵触的了。

统一感对于宗教的冲击

　　这些"高级宗教"形式作为一个全人类的使命，只是在人类历史的晚近时期才开始出现。不仅仅是在原始社会不为人所知，而且直到某些文明社会已经衰败并走向解体时，他们才在文明进程中兴起。这些高级宗教的出现是对于文明解体挑战的一种应战。这些无阶级之分的文明宗教形式，像原始社会的其他宗教形式一样，与世俗社会组织有密切的关系，没有超越世俗社会的范围。从一个更为高级的精神立场来看，这种宗教形式显然也不是非常完美，但是它有一个重要的负面优势：滋生了一种各种宗教之间共生共存的精神。在这种情况下，世界上的这种多神、多宗教现象就被理所当然地认为是多民族、多文明自然而然的伴生物了。

在这样的社会条件下，人类灵魂对普遍存在的万能的上帝是缺乏判断力的，但是他们在处理那些以其他形式崇拜上帝的民族的关系的时候，并没有受到这些褊狭罪恶思想的蛊惑。 这是对于人类历史发展的一种讽刺。 一方面人类的智慧把世界统一于上帝和人类友爱的感知发展成宗教；另一方面促进了人类彼此无法容忍和残害行为的发展。 这当然是因为把这种统一感运用到宗教中的时候，那些自以为超越一般人的精神先知们很容易把它当成一条捷径，匆忙地把他们的理想变成现实。 无疑地，当某种较高级的宗教在任何地方布道的时候，这种彼此无法容忍和残害行为都暴露出了可怕的一面。 当埃赫纳吞国王在公元前 14 世纪把一神教的教义强加给埃及世界的时候，虽然没有成功，可是却煽起了这种狂热的情绪。 这种狂热在犹太教兴起和发展的过程中也曾经出现过。 对于崇拜拥有血缘关系的古代叙利亚社会的参与者野蛮的迫害，正是把对于耶和华的崇拜变成一神教的狂热的一面，这种一神教在当时是希伯来人进步的、辉煌的精神成就。 在基督教的历史上，无论是内部的派系斗争还是与异教的斗争中，我们都可以见到这种狂热精神一次又一次的爆发。

根据这种观点，统一感对于宗教的冲击往往导致一种精神的反常，为解决这个问题进行道德上的调整就是宽容美德的实践。 宽容的正确动机是认识到所有的宗教都是寻求一种共同的精神目标，尽管有些要求更为进步，更为正确，但是那些自称是"正确的"宗教对于"错误"宗教的迫害行为实际上也违背了"正确"这个词的真正涵义，因为沉湎于迫害行为，"正确的"宗教也会变成"错误的"宗教从而否定了自己存在的前提。

至少在一个著名的实例中，一位先知曾经在这种高级的层次上，对他的信徒要求过宽容。 穆罕默德认为对那些在政治上归顺伊斯兰教统治的犹太教徒和基督教徒应该有宗教的宽容精神。 他的理由很明确，因为这两个非穆斯林宗教社会，像穆斯林自己一样，都是"圣书之人"。* 在充满活力的原始伊斯兰教的教义中，这种宽容精神意义重大，因为即使

---

* 意指受过教育的人。 ——译者注

得不到穆罕默德的同意，一种类似的宽容精神后来也延续到穆斯林控制之下的琐罗亚斯德教徒(即祆教徒)身上。

西方基督教世界在 17 世纪下半叶出现宗教上的宽容源自一种对现实不满的情绪。宗教宽容仅仅指的是对于宗教的宽容。如果我们研究一下它的动机的话，恐怕还不如称之为非宗教性的宽容。在这半个世纪里，天主教和新教之间争斗的突然终止，并不是因为它们都认识到了不宽容的罪恶，而是因为双方已经意识到每一方都不能取得对另一方的胜利；同时它们似乎意识到过分关注神学上的斗争就意味着牺牲了它们的目的。于是它们就抛弃了传统的"狂热性"(从起源上说这种狂热弥漫着上帝精神)，从此以后把它视为一种罪恶。18 世纪一位英国主教把当时的一个传教士描述为"一个不幸的狂热分子"说的就是这种精神。

无论动机如何，宽容精神都是对于统一感、对于在宗教的冲击下引起的狂热情绪的一种彻底矫正。如果没有这种宽容精神，社会就必须在反对宗教的迫害行为和革命剧变之间做出选择。卢克莱修最著名的一句话表达了这种反宗教的剧变思想：宗教能引发如此的罪恶。伏尔泰说要"砸碎这些可耻的东西"。甘比大*也说"教士们，他们才是敌人"。

宗教对于等级制度的冲击

卢克莱修和伏尔泰关于宗教本身就是一种罪恶的观点——它也可能是人类生活中的基本罪恶——可以通过一些事实得以证实。从古代印度到今天印度的历史中，可以看到宗教带来的可怕影响毫无疑问促进了种姓制度在这些文明中的产生和发展。

等级制度指的是在地理上混居在一起的两个或两个以上的人类群体在社会中被隔离开来。当一个群体成为另一个群体的统治者的时候，它既没有能力也不打算消灭下属群体或者把它们同化到自己的社会躯体之中的时候，等级制度往往就会产生。比如，美国占多数的白人统治者和少数受统治的黑人之间等级差别的出现，以及南非白人和黑人之间的等级差别的出现都是属于这种情况。在印度次大陆，等级制度的出现似乎是在公元前 2000 年到公元前 1500 年之间，欧亚大陆的游牧民族

---

* 19 世纪法国共和派政治人物。——译者注

雅利安人突然入侵昔日的所谓印度文化区域的结果。

我们可以看到，等级制度和宗教没有什么本质的联系。在美国和南非，黑人们在放弃了祖传的宗教后，改信了主导欧洲的基督教。尽管在宗教礼拜仪式中，黑人和白人也像在其他社会里一样被隔离开，但是这种宗教上的差别的确淡化了种族上的差别。另一方面，在印度的情况下，我们或许可以认为等级最初是根据宗教信仰的不同而划分的。然而很显然，这种宗教上的分歧一定是在古代印度文明发展了强烈的宗教倾向并遗传给其后人的时候才得到加深的。更为明显的是宗教对于等级制度的冲击一定加重了这种制度的有害性。等级总是处于一种社会畸形的边缘，一旦得到宗教上的激励和许可，它注定会发展到无法控制的地步。

实际情况是，宗教对于等级制度的冲击导致了一种前所未闻的社会恶习的产生——"贱民制度"，并且作为整个种姓制度最高等级的婆罗门从未打算废弃或者减轻这种"贱民制度"。因此这种社会畸形状态到现在仍然存在，只是在受到革命冲击的时候才得以些许缓和。

人们所知的最早的对于等级制度的反抗是公元前 500 年左右耆那教的创始人大雄与佛陀的反抗。如果佛教或者耆那教能够成功地统治古代印度世界的话，等级制度说不定已经被废除了。然而就像已经被证明的那样，在古代印度衰亡历史的最后一章中，统一宗教的扮演者是印度教，它是像暴发户一样的过时的新旧事物的混合体，它给再次延续的生命中注入的旧事物之一就是种姓制度。它不仅不满足于维系这种社会恶习，而且还发展了它，因此印度文明的发展从最初就比它的前身受到了远为沉重的种姓制度的阻碍。

在印度文明的历史中，对于等级制度的反抗曾经表现为在某些外来宗教的吸引下与印度教的分离。这些分离运动是由印度的一些改革者领导的，他们创立了新的教派，剔除了印度教的一些成分，吸收了外来宗教的部分因素。比如，锡克教的创始人那纳克(1469—1538 年)就借用了伊斯兰教的成分，罗姆·摩罕·罗伊(1772—1833 年)创立的梵社就是伊斯兰教和基督教的混合物。这两种宗教都是反对等级制度的。另外一种情况就是这种分离运动彻底放弃了印度教，加入了伊斯兰教和基督教，这种现象在下层被压迫等级占很大比例的地区往往会发生。

这是反抗"贱民制度"恶习的革命，是宗教冲击等级制度而激起的。随着印度大部分地区不断受到进步的西方化经济、思想和道德的刺激，被压迫等级中涌出的变革细流很可能会汇集成滔滔巨浪，除非印度社会里有一些尊重甘地的政治理想同时又尊重宗教的人们，不顾婆罗门的反对，能够把他们的社会宗教制度和谐地加以调整。

文明对劳动分工的冲击

我们已经考察过即使在原始社会也不是完全没有劳动分工的，例如存在着专门化的铁匠、吟游诗人、牧师、巫师等等。但是一般来说，文明对劳动分工的冲击不仅仅倾向于消除它的社会收益，实际上成为了一种反社会收益的现象，这种影响在创造性的少数人和没有创造性的多数人的生活当中都可以产生。于是，那些创造者变成了密教崇拜者，而一般大众变成了畸形发展的人。

密教的出现标志着创造性个体事业的失败，同时还表明原始的"归隐和复出"运动的强化，但其结果并没有成功。古代希腊人指责这些失败的人为"自私之人"(ἰδιώτης)。5 世纪的希腊，"自私之人"指的是那些违反社会公德，只顾自己生活，而不是用自己的才智创造大众福利的超人。在伯里克利时代的雅典社会，这种行为的确切含义可以通过我们现代的一些术语的起源得到说明。在我们的现代术语里，古代希腊"idiot"(白痴)这个词已经演化成"imbecile"(痴呆)。但是在我们现代西方社会里，真正的"自私之人"在收容所里是找不到的。其中一部分"智人"专业化了，堕落成了"经济人"，就像狄更斯讽刺小说里的格雷戈莱德和庞德贝。另一部分人走向了另一个极端，自认为是"光明之子"，然而，他们也受到了同样的指责，因为，这些都是一些自以为是为了艺术而艺术的才智上和美学上的假内行和无教养之人，如同吉尔伯特讽刺小说里的彭特霍恩斯。或许狄更斯和吉尔伯特生活的时代不同，但这正好说明了前者更明显地属于维多利亚时代早期的英国，而后者属于维多利亚时代晚期的英国。他们属于两个极端，就像位于我们这个星球的南极和北极，可是它们的气候条件都是同样恶劣的。

接下来，我们再来研究由于文明对于大多数没有创造能力的人的生活中出现的劳动分工的冲击而导致的畸形发展问题。

当创造者从归隐中复出，重新和他的大多数同伴生活在一起的时候，他面临的社会问题就是如何把一般水平的普通人的灵魂提升到创造者的更高水平上。一旦他着手处理这个问题，他立刻就会遇到的事实是，普通大众即使竭尽他们全部的心智、意志、灵魂和力量，也不能在这个更高的水平上生活下去。在这种情况下，他就会寻找一个捷径，片面把某种单一的能力提高到较高的水平上，而忽视整个人格的发展。这就意味着人的能力将会走向畸形发展的道路。这种结果在机械技术方面最容易达到，因为在一种文化的所有因素中，只有机械能力最容易被分离出来加以传授。把一个人训练成熟练的技术人员而使灵魂的其他方面仍旧保持在原始的野蛮的状态，并不是非常困难。但是，其他能力也可以利用同样的方法加以特殊训练从而得到发展。马修·阿诺德*在《文化与无政府状态》里批评了那些陷入"希伯来逆流"中的不信奉英国国教的虔诚的中产阶级，认为他们过分专注于发展被曲解的基督教教义，而忽视了古希腊的那种人格均衡发展所需要的美德。

在我们考察被惩罚的少数群体对于惩罚的挑战进行应战的过程中，已经碰到过这种发展不均衡的问题。我们已经注意到如果这些少数群体被粗暴地剥夺了所有的公民权，必然刺激他们在剩余的其他方面的繁荣。我们曾大为惊异地赞赏过这些少数群体表现出来的"绝技"，视他们为人性无敌的化身。同时，我们不能忽视这样的事实，有一些少数群体的名声——如黎凡特人、法纳尔人、亚美尼亚人和犹太人——不像其他的人类那么坏，但也不是怎么好。犹太人和非犹太人之间不愉快的关系就是一个典型的例子。从他们的关系中可以看出，那些对于同胞的反犹太行径感到厌恶和羞耻的非犹太人，同样尴尬地发现不得不承认，那些迫害犹太人的暴徒们为他们的野蛮行为找出的理由似乎也有一定的正当性。这的确是一个巨大的讽刺。这个悲剧引起的最严重的后果就是刺激一个被迫害民族的英勇应战行为，而这种行为往往会扭曲人性。这些受到迫害的少数群体的情景，显然就是我们现在讨论的那

---

* 马修·阿诺德(Matthew Arnold, 1869—1888)，英国诗人与文化评论家。 ——译者注

些在技术上片面发展的大多数人的写照。当我们观察到越来越多的技术研究渗入到过去那种不切实际的自由教育课程中的时候，这一点给我们的印象就更加深刻了。

5世纪的希腊人对于这种畸形发展的人有一个专门的词语：技艺者(βάναυσος)。它的意思是指这些人的活动过于专业化，把精力完全集中在一个特殊的技能上，而忽视了作为一个社会动物的全面发展。当人们使用这个词的时候，这种技能在他们的心目中只是满足一己之利而发展起来的某种手艺和机械技能。古希腊人非但歧视这种人，对于各种职业分工也都是瞧不起的。斯巴达人过分专注于军事技术就是一种"技艺者"的体现。那时，就是一位伟大的政治家或国家的救世主都不免要受到责备，如果他不具备全面的生活艺术欣赏能力的话。

> 在有教养的上等社会里，地米斯托克利斯常常被那些所谓的受过自由教育的人们嘲笑(因为他缺少某种技艺)，并且经常作些无力的辩解，承认对音乐和乐器一无所知，可是如果人们把一个不起眼的弱小国家交给他，他却知道如何使它强大起来。[5]

对此，我们还可以举出一个不是那么沉重的例子，譬如，在同时涌现出海顿、莫扎特、贝多芬等三位音乐大师的黄金时代的维也纳，哈布斯堡王朝的皇帝和大臣们在他们休憩的时候，都习惯于与这些大师们合奏一曲管弦四重奏。

希腊人对"技艺者"的危害性是很敏感的，在其他社会制度中也有类似的现象。例如，犹太人的安息日和基督教的礼拜日的社会作用即在于此，从七天中抽出一天，目的是确保一个为生计奔波了六天的、目光短浅的专业劳动者，可以在第七天想起他的造物主来，过一天完整灵魂应该过的生活。还有，在英国，随着工业化的推进，工会活动和其他体育运动逐渐增多并不是一种偶然现象，因为这样的体育活动是对于工业主义中的劳动分工所带来的毁灭人类灵魂的专业劳动的一种有意识的尝试性调节。

不幸的是，这种尝试并没有完全成功，因为工业主义的精神和节奏已经传染并渗入了体育运动本身。 在今天的西方世界里，职业运动员成为极端可怕的"技艺者"，因为他们的专业训练比起那些工业技术人员来更为狭窄，而且几乎付出了全部的精力和体力。 这些使本书著者回想起曾参观过的美国两所大学校园里的两个足球场，其中一个装有照明装置，以便足球运动员可以不分昼夜地训练；另一个是室内的，不管天气怎样都可以保证他们的正常比赛。 据说这个足球场的屋顶是全世界跨度最大的，所花的经费大得惊人。 在球场的四周放满了床铺，供那些筋疲力尽的或受伤的球员使用。 可是在这里，运动员只占全体学生的极少数，有人告诉我这些小伙子们都渴望一场比赛的考验，可是他们的心里是很忧惧的，就像他们的兄长们在 1918 年上前线时的心情一样。 事实上，这种盎格鲁—撒克逊式的足球根本不是体育运动。

在希腊化世界﹡的历史上也有类似的情况，那些业余的贵族运动员(品达曾在自己的《颂歌》里颂扬过他们的成就)被专业的运动队所取代，而在后亚历山大时代，"艺术家联合体"自帕提亚到西班牙巡回演出，与雅典的狄奥尼索斯剧场里的演出已经不同了，就像今天在音乐厅里演出的时俗讽刺剧与中世纪的宗教剧的区别一样。

其实，当社会畸形现象不愿意依据这种令人困惑的方式进行调整的时候，哲学家们梦想用一种革命方式来消除这种现象，也是不足为奇的。 柏拉图在希腊衰败后的最初时期就主张要根除"技艺者"，计划在内地的一小块儿土地上建立他的乌托邦，除了维持生存必需的农业外，没有任何海外贸易及任何诱人的经济活动。 托马斯·杰斐逊，这位美国理想主义——这种理想已经破灭——的创造者，在 19 世纪初期也有过同样的梦想。 他写道："假如让我彻底实践我的理论，我希望各洲既不要商业也不要航海业，而是按照中国的方式处理与欧洲的关系。"[6](中国在 1840 年被英国用武力打开国门之前，对欧洲贸易一直采取闭关自守的政策)还有巴特勒想象出的埃瑞璜人，故意地有组织地

﹡ 希腊化世界的概念出自 19 世纪德国史家德罗伊森，指公元前 4 世纪后半叶马其顿王亚历山大东侵后在亚非地区建立了希腊人统治的国家，希腊文化得以在这些地区广泛传播。 公元前 1 世纪末，罗马灭掉最后一个希腊化国家托勒密王国，标志希腊化时代的终结。 ——译者注

毁坏他们的机器，以此作为摆脱被机器奴役的唯一方式。

文明对于模仿行为的冲击

正像我们看到的那样，模仿能力从祖先转移到先驱者的重新定向，是伴随着原始社会转变到文明社会而来的现象，其目的就是把这些没有创造力的大众提高到先驱者所达到的新水平上。 但是由于借助于模仿是一条捷径，是真实情况的一种"廉价替代品"，因此对于要实现的目标来说，往往是靠不住的。 事实上，这些大众并不能真正达到直接"与圣人交流"的境界。 经常见到的情况是那些自然的原始人虽然改头换面，但不过是以次充好的"普通人"。 在这种情况下，文明对于模仿行为的冲击只是造成了这些品质低下的假装老于世故的城市平民，在很多方面还比不上他们的原始祖先。 尽管阿里斯托芬在阿提卡的舞台上，可以用一种荒唐可笑的武器同克里昂*作战，但是在舞台以外却是克里昂获胜了。 克里昂式的"普通人"在公元前 5 世纪末期登上希腊历史舞台，是希腊社会走向衰落的一个确凿无疑的征兆，为了拯救他的灵魂，他最终彻底抛弃了那个不能满足其精神饥渴的文化，因为他只能靠它的外壳果腹。 作为在精神上苏醒过来的心怀不满的最下层阶级的孩子，他最后找到了一个较为高级的宗教拯救了自己。

也许这些例子已经充分证明，在文明衰落的过程中，旧制度难以驾驭新的社会力量——或者，用圣经上的话说，旧瓶已经装不下那么多的新酒了。

第三节　对创造性的报复：一种短暂的自我崇拜

角色的转换

现在我们已经初步研究了造成文明必然衰败的自决能力丧失的两个方面。 我们已经考察过了模仿行为的机械性和组织的难驾驭性。 现在

＊ 公元前 5 世纪后半叶的雅典政治家，善于演说，蛊惑群众。 在伯罗奔尼撒战争中阵亡。 ——译者注

我们可以结束这一部分的考察而进一步考察创造能力的报复问题了。

看来某个创造性个体或者少数创造性群体，对于人类文明史上连续出现的两个或两个以上的挑战能作出创造性的应战似乎是不正常的。的确如此，某些人刚刚在一次挑战中取得一些成功，却往往会在试图对付另一次挑战时惨败。 这种令人惶恐不安的人类命运的无常状态是阿提卡戏剧中重要的主题之一，亚里士多德在他的《诗学》中以"角色的转换"为名讨论过这个问题。 这也是《新约全书》的主题之一。

在《新约全书》戏剧般的情节里，耶稣基督在这个世界上的出现，应该是真正实现了犹太民族向往救世主的愿望，但是这些书吏和法利赛教派*教徒却坚决不肯接受他，而在几代人之前，正是这些人在一次紧要关头，由于领导了犹太民族抵抗希腊化的英勇反抗而跃居前列。 可是现在，在这次更为严重的危机关头，理解和接受这次挑战的犹太人却变成了"税吏和妓女"。 弥赛亚(犹太人盼望的救世主)来自"非犹太地区的加利利"，而他的一位最伟大的门徒保罗却是来自塔苏斯的一个犹太人，那是一个传统的圣地范围以外的异教的希腊化城市。 如果从一个不同的更为广阔的范围来看这个戏剧性情节，那么法利赛派的教徒们所扮演的角色，可以像在第四福音书里那样，由全体犹太人来扮演，而"税吏和妓女"的角色，则由那些当犹太人拒绝圣保罗教义的时候仍然接受它的非犹太人来扮演。

在福音书的故事里，有许多寓言和不甚重要的事件都是以同样的"角色的转换"为主题的。 财主和拉撒路斯、法利赛人和税吏的故事就是这样，善良的撒马里亚人同僧人和利未人的对比，浪子同他可敬的哥哥的对比的主题同样是如此。 此外这个同样的主题也出现在耶稣和罗马的百夫长以及叙利腓尼基妇人相遇的情节里。 如果我们把《旧约全书》和《新约全书》合在一起，就会发现，在《旧约全书》里，以扫把长子继承权转给了雅各，而在《新约全书》里，通过"角色的转换"，雅各的后代因拒绝接受耶稣基督而又把长子继承权交还给了以扫。 这个主题

---

* 犹太教的一个派别，与希律派、撒都该派、埃赛尼派等大小派别并立。 基督教脱胎自一个犹太教非主流的穷人小教派，首领是洗礼约翰。 ——译者注

在耶稣的话语里时常出现"凡自高者必自贬身份"；"在最后的将走到前头，在前头的将落后"；"你们若不改变信仰，就会变得小孩子一样，断不得进天国"。耶稣还将这种精神应用于他的使命中，他从《诗篇》第一百十八首里引用了这样一句："建筑师所弃用的石头，却变成房角的头块石头"。

这种同样的道理也贯穿于古希腊的全部伟大的文学著作里，归纳为一个谚语就是"骄兵必败"。希罗多德在薛西斯、克洛伊索斯*和玻里克拉特**的生平中强调了这个教训，事实上，他的《历史》一书的主题可能就来自于阿契美尼帝国的兴旺和衰落。修昔底德在一个世纪以后写作时，由于他抛弃了这位"历史之父"明显的偏袒性，他就显然能够以更为客观和更科学的精神来书写雅典的兴亡。完全没必要再引证阿提卡悲剧所钟爱的题材了，比如埃斯库罗斯的阿伽门农、索福克勒斯的俄狄浦斯和埃阿斯或欧里庇得斯的彭透斯等等。在古代中国的衰亡时期，一位诗人也表达出了同样的观念：

> 企者不立；
> 跨者不行；……
> 自伐者无助；
> 自矜者不长。[7]

创造能力报复的情况就是这样。如果这个悲剧情节的确是个正常现象的话——如果在某一个历史阶段非常成功的创造者，到了下一个阶段，他的成功正是再继续承担创造性角色的严重障碍的话，也就是说如果命运常常是舍弃"宠儿"而喜爱"黑马"的话——那么我们在这里就可以很清楚地找到导致文明衰落的一个至关重要的原因。我们可以看到这种衰竭将社会衰败带进了两条截然不同的道路。一条是，在它面对任何一次可能的挑战时，使可能扮演创造者的候选人的数目越来

---

* 希腊史家希罗多德《历史》中的小亚细亚米底亚王国的国王，自恃富有与强大，被后起的波斯王国所灭，自己沦为波斯国王居鲁士的阶下囚。——译者注
** 古希腊萨莫斯岛的僭主。——译者注

少，因为它会把那些上一次挑战的胜利者排除在外。另一条是，这些被剥夺资格的在上一个世代取得胜利的创造者们，不管是谁在新的挑战中充当新的创造者，他们都是站在反对者队伍的最前头。这些曾经的创造者，因为他们前期的创造行为，从而使他们现在正处于这个社会的最有权利和最有影响力的地位。正是因为他们处于这样的地位，他们将不会继续帮助社会有任何前进，而只是采取"靠着船桨休息"的态度。

这种"靠着船桨休息"的态度或许可以被视作是对创造能力报复表示屈从的一种消极态度，但是这种消极的精神状态并不能保证一个人不犯道德上的错误。这种对待现实的消极愚昧态度，源自对于过去的迷恋，而这种迷恋是偶像崇拜的罪过。这种偶像崇拜可以被定义成在理智和道德上对于创造物的盲目崇拜，而不是对于造物主的崇拜。它可以在永无休止的挑战、应战、再挑战的运动中——这是生命的本质——短暂地崇拜某些被崇拜者的人格和社会，也可以局限在对于那些曾对崇拜者有利的独特的组织或技术。为了方便起见，我们将这些不同形式的崇拜分别进行叙述，我们将从崇拜本身出发，因为这样才能最清楚地说明我们现在正在研究的这个罪行。如果事实果真如此，那么

> 人们可以踏着由他们死亡的自我
> 堆积的石阶迈上更高的境界。[8]

然后崇拜者若是犯了不把死亡的自我当作上升的石阶而是当作一个基座的错误的话，那么他就很容易远离现实生活，就像那个远离了他的伙伴的生活而把自己隔离在一根独木上的苦行者一样。

我们现在也许有足够的理由来引用几个历史事例来证明我们当前的主题了。

犹太人

《新约全书》所揭露的犹太民族所犯的错误，是短暂崇拜的最臭名昭著的历史事例。从古代叙利亚文明的幼年时期，到先知时代达到顶峰的那一历史时期，以色列人和犹太人因发展了宗教的一神论观念，而使他们比邻邦的古代叙利亚人高明许多。他们对精神财富的敏锐知觉

足以使他们自豪，因而随着他们精神的成长，他们坠入了对于这段著名而短暂历史时期的崇拜之中。 他们的确具有无可比拟的精神上的洞察力，但是当他们获得了神的启示、得到了一条绝对而永恒的真理之后，却被一个相对而短暂的片面的真理所迷惑。 他们自以为以色列人对于唯一真理的发现充分证明了以色列人是上帝的选民，在这条片面真理的诱骗下他们犯下了致命的错误，误认为这种用了大量的劳动和辛苦而得到的瞬间的精神上的显赫，正是上帝在永恒的承诺中赋予他们的特权。他们倔强地把这个天赋掩藏在地下，使它不能生长，以至于当上帝赐给他们拿撒勒的耶稣降世这件更大的财富时，他们拒绝了它。

雅典

如果说以色列人由于自我崇拜为"上帝的选民"，从而甘心屈从于创造能力的报复之下，那么雅典因为崇拜自己是"希腊的学校"，同样屈服在创造力的报复女神的脚下。 虽然我们已经看到了从梭伦到伯里克利这一时期雅典是如何取得了短暂的辉煌的，但是这一辉煌的成就也是不完美的，这一说法只是它的后代子孙赋予的。 它来自伯里克利的丧礼演说，按照修昔底德的说法，伯里克利是在伯罗奔尼撒战争的第一年为纪念阵亡的雅典将士而发表这一演说的，这场战争，一般来说是古代希腊社会特别是雅典社会内在精神衰败的明显的外部标志。 这次毁灭性的战争之所以爆发，是因为梭伦的经济革命引发的一个问题——创造古代希腊世界的政治秩序——被证明是超越了公元前5世纪雅典的道德所能应对的范围之外。 雅典在公元前404年遭到了军事上的惨败，但是五年以后，一度恢复民主秩序的雅典遭到了更大的失败——谋杀了苏格拉底，这使得下一代的柏拉图拒绝接受伯里克利时代的雅典及其几乎全部的功业。 但是柏拉图略带怒气和做作的姿态并没有在当时的市民中引起多大反响，倒是雅典的子孙后代们把他们的城市当成了"希腊的学校"，并且通过他们拒绝接受其他人的教化的荒谬方式来极力征实他们这一早已过时的称号——从马其顿的崛起到雅典历史的悲惨结束为止，他们采用的都是矛盾多变、徒劳无用的政策来证明自己，结果雅典沦落成附属于罗马帝国的一个毫无生机的偏僻之地。

从那以后，当一种新的文化开始降临到古希腊世界的自由城邦时，种子落生的沃土却不是雅典。《圣经·新约全书·使徒行传》记载的雅典人与圣保罗会面时的情景，表明那个非犹太人使徒并不是没有察觉到这个城市的"学院"气氛，事实上，在那个时代它相当于当时的牛津，因此当他在"战神山"上对那些"学究们"做演讲时，他尽其所能从适宜这群特殊听众的角度来接近主题。然而，书中的记载显示他在雅典的布道是失败的，尽管后来他找机会给希腊城里的教堂写过许多书信，然而据我们所知，他却从来没有试图用那支笔去劝说这些雅典人改变宗教信仰，他知道他所说的那些话是毫无影响力的。

意大利

如果公元前 5 世纪的雅典能够声称是"希腊的学校"，那些现在的西方世界也可以公正地把相应的称号赋予在文艺复兴时期取得巨大成就的意大利北部城邦。当我们考察从公元 5 世纪后半叶到 9 世纪后半叶四百年的西方社会历史的时候，我们发现它在近代经济和政治的效能方面，以及在近代技术和学术文化方面，无一不打上鲜明的意大利起源的痕迹。在西方历史协奏曲中的近代化运动是在意大利的推动下兴起的，这个推动力是更早时期意大利文化四处扩散的结果。事实上，这一时期的西方历史可以称为"意大利时代"，类似于希腊历史中的所谓希腊时代，当时，公元 5 世纪的雅典文化随着亚历山大的铁蹄从地中海沿岸传播到已经消失的阿契美尼帝国的遥远的边陲。[9]可是我们在这里遇到了同样的难题。正像雅典在希腊时代扮演的角色越来越无足轻重一样，意大利对于近代西方社会整个生活的贡献显然不及阿尔卑斯山以北的那些学生们。

在整个近代，意大利文化的相对贫瘠是显而易见的，在中世纪意大利所有的文化中心和发源地都出现了这种情况，如佛罗伦萨、威尼斯、米兰、锡耶纳、博洛尼亚和帕多瓦等等；到近代末期，这种情况尤为明显。到这一历史时期即将结束的时候，阿尔卑斯山以北的王国已经有能力偿还他们从中世纪意大利那里所欠的债务。18 世纪和 19 世纪之交，一种新的文化开始越过阿尔卑斯山向外传播，不过这一次是向相反的方向传播。这次来自阿尔卑斯山以北地区对于意大利的影响成为了意大利"统一运动"兴起的首要原因。

意大利从阿尔卑斯山以北地区受到的第一个强烈的政治刺激，是她暂时并入拿破仑帝国。第一个强烈的经济刺激是经由地中海到印度贸易航线的再次开通，随后就是苏伊士运河的开凿，它间接地源自拿破仑远征埃及的需要。当然，这些来自阿尔卑斯山以北的刺激只有传给他们的意大利代理人时，才会充分发挥作用，尽管如此，促成意大利"统一运动"成功的创造力，却不是来自于孕育出了中世纪意大利灿烂文化的意大利本土。

例如，在经济领域，为自己在近代西方航海贸易中赢得一席之位的意大利港口既不是威尼斯，也不是热那亚和比萨，而是利沃诺。利沃诺是文艺复兴运动后期由托斯卡纳大公所建。他让一些来自西班牙和葡萄牙的秘密结社的犹太人在这里安家落户。尽管利沃诺距离比萨只有几英里远，但是它的财富却是西地中海对岸那些不畏艰险的难民们，而不是那些中世纪比萨水手慵懒的后代们创造出来的。

在政治领域，意大利的统一最初是由阿尔卑斯山以北的一个撒丁王国完成的，然而，在 11 世纪之前，这一王国并没有在阿尔卑斯山南部讲法语的阿奥斯塔以南的意大利地区站稳脚跟。萨伏伊家族*的统治重心直到意大利城邦丧失自由，意大利文艺复兴的才智消失殆尽之后，才转移到阿尔卑斯山以南的意大利地区。在以前那个伟大时代最为重要的意大利城邦中，没有一个屈从于撒丁王国的统治，只是当拿破仑战争结束，撒丁国王占领热那亚以后，萨伏伊家族的统治才被接受了。可是此时萨伏伊人的民族特质仍然与意大利城邦的传统格格不入，以至于热那亚一直到 1848 年仍对撒丁国王的统治愤懑不满，但是当撒丁王国开始成为意大利民族主义运动领导者的时候，它却赢得了意大利半岛所有城邦的拥护。

1848 年，统治伦巴第和威尼斯的奥地利政权同时受到了两个方面的威胁，一方面是皮埃蒙特人的入侵，另一方面是威尼斯、米兰以及其他奥地利行省中意大利城邦的起义。回顾一下这两次反奥地利运动的历史

---

　　* 11 世纪早期在萨伏伊地区形成的统治家族，逐渐发展为意大利的统治王族，1946年被意大利人民所废黜，是欧洲存续时间最久的王族。——译者注

意义有哪些差异是饶有趣味的，它们同时发生，又都是为了意大利的自由这一共同目标而发动的有力行动。 威尼斯和米兰的起义，毫无疑问是为了争取自由，但是激励他们的自由观念却是对于业已逝去的中世纪的怀念。 这些城市只不过是在精神上力图恢复中世纪反抗霍亨斯陶芬家族的斗争。 与他们毫无疑问是英雄主义的失败相比，皮埃蒙特人在1848—1849 年间的军事成就远非那么令人信服了。 由于它不负责任地破坏了一次谨慎达成的休战而受到了惩罚，在诺瓦拉遭到了屈辱的惨败。但是对于意大利来说，皮埃蒙特人遭到的耻辱要比威尼斯和米兰的光荣的失败更有意义。 皮埃蒙特军队在遭到惨败的耻辱后仍旧幸存了下来，并且 10 年之后，(在法国的强有力的支援下)在马根塔报了一箭之仇。1848 年查理·阿尔伯特颁布了一部崭新的英国式宪法，到 1860 年这部宪法成为了统一的意大利宪法。 相反，威尼斯和米兰 1848 年英雄般的斗争却没有什么结果，这些古老的城邦只能消极地忍受着奥地利再次强加的武力统治，把他们最后的解放托付给皮埃蒙特人的军队及其外交政策。

对于这些差别似乎只能解释为，威尼斯和米兰 1848 年的行为注定要失败，因为在他们后面的精神推动力不是近代的民族主义，而是对于他们业已逝去的中世纪城邦的盲目崇拜。 19 世纪的威尼斯人，1848 年响应马志尼*的号召，只是为了威尼斯自身而战，他们力求恢复一个过时的威尼斯共和国，而不是创建一个统一的意大利民族国家。 相反皮埃蒙特人不是企图崇拜一个过时的转瞬即逝的自我，是因为他们的过去并没有提供给他们足以崇拜的偶像。

这种差别也集中体现在马志尼和加富尔**两个人身上。 马志尼是一个睿智的威尼斯人，假如在 14 世纪，他会发现他是非常适合那个时代的。 加富尔的母语是法语，长着一副维多利亚时代的外形，他的气质像阿尔卑斯山以北的同代人庇尔和梯也尔一样，与 14 世纪的意大利完全格格不入，如果命运有幸让他成为 19 世纪英国或法国，而不是意

---

　　* 马志尼(Giuseppe Mazzini, 1805—1872)，是意大利民族解放运动的伟大领袖。 ——译者注
　　** 加富尔(Camillo Benso Cavour，1810—1861)，意大利资产阶级代表人物，促成了意大利王国的统一，并担任统一后的第一任首相。 ——译者注

大利的地主的话，他可能会把他的才智转向议会政治、外交以及他感兴趣的农业科学和铁路建设方面来，而且会取得不错的业绩。

由此看来，1848—1849 年的起义在意大利统一运动中起到的作用本质上是消极的，然而它的失败对于后来的 1859—1870 年的复兴来说，虽然代价昂贵，事实上却是必不可少的一次尝试。1848 年中世纪米兰和威尼斯这些旧的偶像都被无情地丑化和打碎了，最终它们在崇拜者的心灵中失去了影响力；因而对于那些致力于意大利统一的领导者来说，这种姗姗来迟的过去偶像的破灭就扫清了由于醉心于中世纪辉煌的回忆而形成的复兴道路上的障碍。

南卡罗来纳

如果把考察的范围从这个旧世界转向新大陆，我们将会看到，在美国的历史上也出现过相似的创造力报复的现象。假如我们把在 1861—1865 年内战期间失败的南部联邦诸州战后的历史加以比较的话，我们就会发现在经过了同样的灾难后，它们之间的元气恢复出现了明显的差别，而这种差别恰好与内战以前各州之间的差别形成强烈的反差。

20 世纪 50 年代访问"这个老南方"的外国参观者肯定会认为弗吉尼亚和南卡罗来纳是最没有希望实现复兴的两个州。他会惊奇地发现过去的社会灾难带来的伤害如此之大，以至于很长时间内人们仍旧对它记忆犹新。即使到了今天，他们仍然觉得那次灾难似乎是昨天刚刚发生的。一提到战争似乎就意味着那次内战，尽管从那以后，接连爆发了两次可怕的世界大战。事实上，20 世纪的弗吉尼亚和南卡罗来纳始终在一道魔咒下，过着一种痛苦的乡村生活，对于他们来说，时间已经停止了。如果我们再到位于两州之间的北卡罗来纳看一看，这种印象就会更加深刻了。在北卡罗来纳，参观者会看到现代化的工业，快速成长的大学以及像"北方佬"那样的充沛的精力和饱满的工作热情。他同样会发现，北卡罗来纳除了涌现出许多战后独树一帜、精力充沛、成功的工业家，还培养出了以沃尔特·佩基*为代表的 20 世纪的政

---

* 沃尔特·佩基(Walter Page, 1855—1918)，美国外交家，驻英国大使，同时是著名出版家与记者。——译者注

治家。

那么内战以后，北卡罗来纳显露出旺盛的生命力，而它的近邻念念不忘他们痛苦的经历，依旧毫无生机的原因是什么呢？ 假如原因在于过去，当我们观察到内战之前，北卡罗来纳仍旧是不毛之地，而弗吉尼亚和南卡罗来纳却已经是生机勃勃的时候，我们立刻就会更加困惑。在美国建国后的最初四十年里，弗吉尼亚一直是居于领导地位的一个州，在最初的五位总统中，有四位来自该州，同样还有约翰·马歇尔，这是一个非同一般的人物，他把费城会议拟定的含混不清的宪法草案成功地运用到了美国的现实生活之中。 如果说 1825 年以后，弗吉尼亚落后了，随后南卡罗来纳在凯尔豪恩的领导下就接过了领导南部诸州的责任，可是在内战中它最终把南部诸州带上了毁灭之路。 在这期间，很少人听说过北卡罗来纳。 她是一块贫瘠之地，也没有港口。 她的贫困农民大多数是在弗吉尼亚和南卡罗来纳混不下去才入境而来的移民后裔。 这些人是无法与弗吉尼亚的地主乡绅和南卡罗来纳的棉花种植园主相提并论的。

与近邻相比，北卡罗来纳早期的落后是很容易解释的，可是其近邻后来的失败以及她后来的成功又如何解释呢？ 答案就是北卡罗来纳像皮埃蒙特一样，没有辉煌的历史可以崇拜。 在内战中，她并没有由于失败而损失多少，她也没有多少东西可以失去，正因如此从惨败之中复苏就较为容易了。

老问题，新思路

这些创造能力报复的例子用一种新的思路，说明了我们在这部书的前面已经注意到的一种现象，我们称之为"新环境的刺激"。 这种现象在随后的实例中不断重复出现：比如加利利人、非犹太人与犹太人的比较，皮埃蒙特人与米兰人、威尼斯人的比较，北卡罗来纳与它的南北近邻的比较等等。 如果我们依据同样的思路考察雅典的话，我们就会发现公元前 3 世纪到公元前 2 世纪的亚该亚希腊人而不是阿提卡的希腊人几乎解决了棘手的城邦联盟的难题，它企图在希腊世界广袤的边缘突然崛起的那个庞大帝国的逼迫下保持独立，但结果没有成功。 现在我们能够看到新环境的繁荣并不是总能由开垦处女地的艰辛得以解释。

新环境之所以易于结出丰硕的果实，既有消极的原因也有积极的原因，也就是说它没有梦魇式的根深蒂固、失去用途的旧传统和记忆的束缚。

同样，我们能够看到了另一种社会现象——一个创造性的群体逐渐堕化成一个统治集团——出现的原因。在这部书的前面部分，我们指出，它是一个社会衰落和解体的显著标志。尽管这个创造性群体不一定非要经历这种糟糕的转变，但是创造者本人注定会依据创造能力的大小渐次走向这条道路。创造能力最初发挥作用时，对一次挑战产生了一次成功的应战，但是对于耗尽才智的应战者来说，它又会反过来变成一次非常可怕的新挑战。

第四节　对创造性的报复：对一种
短命制度的崇拜

古希腊城邦

当考察这种短暂制度崇拜在希腊社会的衰落和解体过程中扮演何种角色的时候——这种制度在适意的时空内一度极度辉煌，但是也像其他的人类创造物一样寿命不长——我们必须区分偶像崇拜在解决社会问题方面作为一种绊脚石的两种不同情况。

第一种较为重要的情况，我们在另一个地方已经讨论过了，因此可以粗略地带过。它指的是我们称之为梭伦经济革命的运动要求希腊世界建立某种政治联盟，这也是后来的必然结果之一。雅典试图做这样的努力，但是没有成功，结果却导致了希腊社会的衰落。显然，失败原因在于各个城邦在克服城邦主权这块绊脚石方面无能为力。这个不可避免的中心问题还没有解决，随之出现了第二个问题，这个问题是希腊的少数统治者自找的，当公元前 4 世纪和公元前 3 世纪之交，希腊历史从第二阶段进入到第三阶段的时候，它就接踵而至了。

这次转变突出的外部特征就是希腊人生活的空间突然扩大了。这个原本以地中海沿岸为界的海上世界，从达达尼尔海峡(Dardanelles)扩张到印度，从奥林匹斯山和亚平宁山脉扩张到多瑙河和莱茵河。一个社会膨胀到如此程度，却还未解决维系各城邦之间关系的法律和秩序问题就远远不够了，实际上在这样的情况下，一个君主制城邦的力量就显得微乎其微了，已经不能再作为一种政治生活中有实际意义的单位了。这件事本身倒不能算作是一件不幸的事。事实上，古代希腊传统的区域性城邦制度的消亡，很可能是彻底摆脱区域性城邦主权的天赐良机。如果亚历山大能活到足以同芝诺和伊壁鸠鲁联手的时候，可以想象，古代希腊或许能从城邦制度直接发展成国际都市，果真如此的话，希腊社会也许能够延续一段新的创造性生活。但是亚历山大过早死亡了，结果把世界留给他的后继者任意摆布，马其顿军阀之间的你争我夺使得亚历山大开辟的区域性城邦制度在新的时期延续下来。如果想在希腊人新的生活空间内，拯救区域性城邦制度，那只能在一种情况下可以成功，即主权城邦必须让位于更高层次的新型国家政权。

这些新型的国家政权已经出现，但是由于罗马在公元前 220—前 168 年对它的所有对手进行的连续毁灭性打击，结果使这些国家的数目锐减到一个。古代希腊社会错过了一个自愿联盟的良机，不得不禁锢于一个统一的国家之内。现在我们感兴趣的是，无论罗马人对于击败伯里克利统治时期的雅典这个挑战的应战，还是为了完成这次应战而在其他方面所做的初步努力，都应该归功于那些没有被城邦君主制的偶像冲昏头脑的古代希腊社会城邦。

罗马的国家结构原则同这种偶像崇拜是格格不入的。这种结构原则实行的是一种"双重公民权制"，公民一方面要对所出生的城邦效忠，同时还要对罗马创造出来的更大政体效忠。这种创造性的妥协办法，只有在那些偶像崇拜还没有牢牢扼住公民的心灵和思想的城邦里，才有可能被人们从心理上接受。

古代希腊世界的区域性城邦制度的问题与我们今天世界上对应的问题之间的相似性，我们在这里不必再强调了。但是有一点还需要说明。根据古代希腊的历史，我们也许希望我们西方社会今天面临的问题能够在那些民族主权国家还没有成为崇拜偶像的地方找到解决办法——至少要找到一种。我们不希望这些解决办法来自西欧历史上的某些民族国家，因为在那里，每一种政治思想和感情都与区域性政权紧密联系在一起，它们被当作辉煌的过去难以忘怀的标志。 在这种厄庇墨修斯＊心理情结中，不可能指望我们的社会可以产生某种必需的新型国际联合形式，把区域性政权置于一种更高层次的法律原则之下，由此阻止一场毁灭性灾难的爆发。 如果将来这种解决办法真的找到了，也许我们希望看到的是这种政治活动的试验室或者将成为类似于英联邦这样的国家，把海外许多可塑性很强的新国家整合到某个古老的欧洲国家之中；或者将成为类似于苏联这样的国家，正企图依据一种西方革命观念，把许多非西方国家的人们组织成一个崭新的社会。 或许我们会发现苏联与塞琉古帝国相类似，大英帝国与罗马共和国相类似，但是位于我们现代西方社会边缘的这些或者类似这些的国家，最终能够产生某种新的政治组织吗？ 它能够使我们在不久的将来，完善和巩固取代了两次世界大战期间建立的国际联盟，我们正在进一步努力建立的尚未成熟的国际组织吗？ 对此我们还难以回答；但是我们几乎可以肯定的是，即使这些先驱者失败了，这项事业也决不会由那些盲目崇拜主权国家的、僵化的崇拜者来完成。

东罗马帝国

由于对于制度的盲目崇拜从而把一个社会带进可悲境地的典型例子就是东正教社会对于罗马帝国这个幽灵的疯狂迷恋，这个古老的制度其实已经完成了它的历史使命，而且作为古代希腊社会统一国家的外在形式，也走完了自己的生命历程。

从表面上看，东罗马帝国作为一个统一的社会，是同一种制度的延续，开始于君士坦丁堡的建立，直到 1453 年被奥斯曼土耳其帝国征服为止，大约一千多年的时间——或者说至少延续到 1204 年拉丁民族的十字军占领君士坦丁堡暂时把它驱逐出去为止。 但是把在时间上被一个间歇期隔离开来的两种不同的制度加以区分也许更符合事实。 作为希腊式统一国家的最初的罗马帝国，在黑暗时代，事实上是在四、五世纪之交，确切地说是在公元 476 年，毫无疑问在西方已经灭亡了，这一

＊ 希腊神话中的普罗米修斯神的兄弟，他眼睛向后看，普罗米修斯则向前看，均为人类的代表。 前者表示愚蠢，后者表示聪慧。 ——译者注

年意大利最后一个傀儡皇帝被一个蛮族人的军事头领废黜了，从那以后，他就以君士坦丁堡的那个皇帝的名义发号施令。 人们也许不容易觉察到在黑暗时代结束之前，东罗马帝国也遭到了同样的厄运。 在公元565年查士丁尼多劫多难的统治结束时，它就瓦解了。 随后出现了150年左右的间歇期，这并不是说在这期间，没有出现某些自称罗马皇帝的人，从君士坦丁堡发号施令或者企图发号施令，而是说这是一个逐步瓦解和停滞的时代。 在这期间，已经死亡的旧社会的残骸被一扫而光，新社会的基础已经确立。 到了8世纪上半叶，已经死亡的罗马帝国的幽灵又被天才的叙利亚人利奥复活了。 在东正教历史的第一章中，利奥是不幸的、成功的查理曼；或者反过来说，查理曼是幸运的、失败的利奥。 查理曼的失败不仅为西方基督教会提供了机会，而且为一系列西方区域性国家在中世纪沿着我们所熟悉的道路发展提供了机会。 在东正教社会这个幼嫩的躯体还没有学会利用它的羽翼之前，利奥就直接成功地把一个复活的统一国家的外衣套在了它的身上。 但是这种结果的差异并不能反映出目的的任何差别，因为查理曼和利奥都是同一种短命与过时制度的厄庇墨修斯式的崇拜者。

　　那么我们应该如何解释东正教教会在政治结构方面比当初的西方社会具有这种不幸早熟的优越性呢？ 毫无疑问，穆斯林阿拉伯人的入侵给这些基督教社会施加的压力强度有所不同。 阿拉伯人入侵远方的西方社会是为叙利亚人恢复在北非和西班牙的殖民统治。 当他们越过比利牛斯山，侵入到幼年的西方社会的心腹地带时，他们的攻击力已经丧失殆尽了；当他们的铁蹄在地中海的西岸和南岸一路狂奔，在图尔遭遇到奥斯特拉西亚*盾牌式的防守时，他们就成了强弩之末，他们的利刃只能在坚固的盾牌上轻轻滑过。 然而即使对于疲惫入侵者的一场被动的胜利足以给奥斯特拉西亚带来好运了。 正是公元732年在图尔的胜利才使得奥斯特拉西亚一跃成为残存的西方基督教诸强国的领袖。 假

---

　　* 存在于公元6至8世纪法兰克王国东部的一个地区，包括现法国东部、德国西部及荷兰一部分。 最终成为加洛林帝国的一部分。 ——译者注

如阿拉伯铁蹄造成的这种相对软弱无力的冲击就能在加洛林帝国境内激起反抗，那么为了抵御来自东正教教会下属臣民的更加猛烈，更加持久的暴力攻击，因此就产生了东罗马帝国这种坚固的国家结构，也就不令人感到惊奇了。

因为这个以及其他的原因，[10]利奥和他的后继者完成了西方查理曼大帝、奥托一世、亨利三世，甚至在教皇的默许下仍然无法达到的目标，后来那些遭到教皇反对的皇帝们就更不用说了。那些东方的皇帝们在他们自己的疆域里，把教会变成国家的一个部门，把大主教变成管理教会事务的次级大臣，由此就恢复了君士坦丁所建立的一直维持到查士丁尼时期的教会同国家之间的关系。这个成就造成了两个方面的影响，一种是一般性的，另一种是特殊性的。

一般性影响指的是它阻止和扼杀了东正教教会生活中出现的向多样化和弹性发展的倾向，以及探索能力和创造能力。如果我们注意到了东正教教会在西方的姊妹文明取得的而它自己并没有取得的一些显著成就的话，我们大概就可以估测到这种危害有多大了。在东正教的历史中，我们不仅看不到希尔德布兰德教皇式的人物，而且看不到自治大学和自治城邦的兴起和扩散现象。

特殊性影响指的是这个灵魂传世的帝国政府丝毫不能容忍那些独立的"野蛮"国家的存在，然而这个"野蛮"文明还是在帝国境内蔓延开了。这种政治上的不宽容直接导致了10世纪的罗马—保加利亚战争。尽管从表面上看，东罗马帝国似乎是这场战争的胜利者，但是它受到的损害却是无可挽回的，正像我们在其他章节提到的一样，这些战争最终导致了东正教社会的衰亡。

君主、议会和官僚机构

各种民族国家、城邦或帝国并不是引起人们盲目崇拜的唯一的政治制度。人们曾经把类似的结果和光环赋予一个国家至高无上的权力化身——"神圣的"国王或"全权的"议会——或者赋予某些社会等级、阶层以及其技能和力量已经成为国家生存基础的某些行业。

"古王国"时代的埃及社会提供了一个盲目崇拜政治权力化身的典型例子。在其他章节里，我们已经注意到古代埃及统一王国的君主们接受或者说是苛求一个神圣的光环，其实就是坚决拒绝一种更高的使命，这是对于埃及历史上的第二次挑战进行应战的惨败，结果导致了古代埃及社会的衰落，致使早期的埃及文明夭折了。一系列人类盲目崇拜的偶像涌进埃及人的生活中，成为他们的噩梦，金字塔的修建充分说明了这一点。金字塔是由他们的臣民被迫的艰辛劳动修建起来的，目的是让这些企图建造金字塔的统治者永垂不朽。技术、资金和劳动本来应该用来改善物质环境，造福于整个社会，不料却被错误地用到偶像崇拜方面来了。

对于政治权力化身的偶像崇拜是一种畸形现象，这一点在其他地方也可以加以说明。如果我们在近代西方社会里寻找类似现象的话，很容易就找到高贵的太阳之子在法国的化身，即路易十四。这位西方太阳王在凡尔赛的宫殿深重地压在法国的土地上，就像基萨的金字塔深重地压在埃及的土地上一样。"朕即国家"(L'Etat, c'est moi)好像出自基奥普斯之口*，"在我死后，何管洪水滔天"(Après moi le déluge)似是出自佩皮二世之口。** 但是，对于近代西方世界盲目崇拜至高无上的权力这一最令人感兴趣的现象，或许现在还不能作出历史性的判断。

在对于威斯敏斯特"议会之母"的崇拜中，崇拜的对象不再是某一个人而变成了一个委员会了。委员会无法克服的单调无聊与近代英国社会传统中固执的实际性格紧密结合在一起，终于把议会崇拜置于一个合理的限度内。1938年，一个了解世界形势的英国人可能会认为，他献身其政治偶像的态度正在得到体面地回报。这个忠诚于"议会之母"的国家不是比那些崇拜其他神灵的近邻幸福得多吗？欧洲大陆上"消亡的十个民族"在狂热地崇拜他们古怪的领袖、元首和委员长中找到安宁和繁荣了吗？可是同时他也不得不承认，这个岛国古老的议会制度在大陆的近代后裔已经证明是一种病态的制度，无力在政治上拯救英国人以外的大多数人类，也无力阻止他们自己陷入独裁制度这个战争瘟疫之中。

---

* 埃及第四王朝的国王，因修建基萨的金字塔而闻名于世。——译者注
** 埃及第六王朝第五代国王。——译者注

也许正是由于威斯敏斯特议会制度凝结着英国人的尊严和情感，因而在把英国这种古老的议会制度变成全世界的万灵药时，这一特征就成了绊脚石。也许根据我们提到过的一项法则——对于一次挑战成功应战后，在面对再一次挑战时，就无能为力了，威斯敏斯特议会制度尽管在漫长的中世纪里取得了成功，并且在面对已经过去的"近代"(或者前现代)的突发事件时，也能够通过调整自己来应对，但是面对今天在我们面前的后现代的挑战时，它却不能完成另一个创造性的改变了。

如果我们考察一下议会制度的组织结构的话，会发现它在本质上是各个地区选民的代表构成的集合。从它产生的时间和地点来看，这是很自然的现象；因为中世纪的王国都是村社组成的，中间零星点缀着一些小城镇。在这样的政治结构中，重要的群体就是为了社会和经济目的而结合在一起的近邻；在这样构建的社会里，地理上的群体自然也就成为了政治组织的单位，但是中世纪议会代议制的基础在工业主义的冲击下被摧毁了。今天各个地区之间的联系已经失去了政治意义，同样也没有其他的目的。如果我们询问一个现代英国选民的邻居是谁，他可能会回答说"我的铁路工人同伴，或者我的矿工朋友，无论他来自天涯还是海角"。真正的选民不再是地区性的，而成为行业性的了。但是代议制的行业基础却是"议会之母"在最适合它的时代并没有打算探明的宪法上的一个盲点。

毫无疑问，对于这一点，20世纪英国的议会崇拜者会回应说，只要做就可以解决。在抽象的意义上，他可能承认13世纪的代议制并不适合于20世纪的社会，但是他还会说这种理论上的不适合在实际运用时还是足够好的。"我们英国人"，他解释说，"是非常适合我们创建的这种制度的，在我们自己的国家和民众中间，无论什么情况，我们都会运用得很好。当然，对于外国人……"——然后他会耸耸肩膀。

英国人对于自己政治遗产的自信也许是有理由的，可是那些"没有法律的次要民族"却感到非常惊愕，他们把政治制度当成灵丹妙药急切地吞了下去，结果在遭受到严重的消化不良症以后又粗暴地抛弃了它。出于同样的原因，英国人也不可能完成17世纪的伟业，第二次成为一个新的时代需要的新政治制度的创造者。 一种新事物的出现只有两种方式——创造和模仿。 然而只有某个人为他的同伴完成一项创造行为的时候，模仿行为才可以实现。 在我们已经开始的西方历史的第四阶段中，谁会成为新政治制度的创造者呢？ 目前我们还没有足够的证据确认谁将享有这份殊荣，但是我们可以稍带自信地预言，这个新制度的创造者不会是任何"议会之母"的盲目崇拜者。

最后我们再来考察一下由于等级、阶层和行业的偶像崇拜而形成的制度崇拜，其实我们对此已经谈到过一些了。 在研究停滞文明的时候，我们遇到过两种这样的社会——斯巴达社会和奥斯曼社会——这两个社会实际上是建立在一种成为集体偶像或者被神化了的利维坦*的等级基础之上的。 如果这种畸形的等级崇拜能够导致文明成长的停滞，那么它同样能引起文明的衰落。 如果按照同一思路考察埃及社会衰落情况的话，我们将会看到这个"神化的"王权不只是压在"古王国"时期埃及农民身上的被崇拜的恶魔。 这些农民还要承受文官构成的官僚机构的压迫。

事实上，神化王权的存在首先需要一个受过教育的文官群体。 没有他们的支持，国王们几乎不可能坐稳自己的宝座。 因此，古代埃及文官是王权幕后的实权派，实际上，在某个时候他们同样会走到前台。这些文官是必不可少的，他们也清楚这一点，因此他们利用这一点变本加厉地把沉重的负担和苦痛加在下层民众的身上，而且他们自己根本不打算"轻轻动一下自己的手指"减轻这些负担。 这些文官拥有的不从事繁重的辛苦劳作的豁免特权，在埃及历史的任何时期，都是官僚机构对于自己的秩序称颂的主题。 《都亚夫的教谕》**深刻揭露了这种现象：这部作品完成于古代埃及的动乱时代，我们在一千年以后见到的只是副本，是"新王国时期"的学童们的写作练习。 都亚夫是开第的儿子，这部书是都亚夫写给他的儿子佩皮的，当时都亚夫准备渡海去官邸，为了把佩皮送进经院学校，和文官的孩子们一起学习，这位野心勃

---

* 《圣经》中象征邪恶的海中怪物。 ——译者注
** 古埃及纸莎草文献之一。 ——译者注

勃的父亲临别时劝诫有抱负的儿子：

> 我见过被打的人,挨打的人:你们一定要专心读书。我见过被免于劳役之苦的人:你们记着,任何事情都比不上读书。任何挥舞斧凿的人都比其他的人感到疲倦。石匠在各种坚硬的石头上完成各种工作。当他干完的时候,他的手臂也被毁掉了,他感到疲惫。……在田地里耕作的人永远在不停地计算……他比任何人都劳累……工场的纺织工的命运比任何女人都悲惨。他的腿要长久地蜷曲着抵着腹部,几乎不能呼吸……让我再告诉你渔夫的命运怎样。他的工作不就是在河里,经常和凶狠的鳄鱼打交道吗?……记着,除了文官以外,没有任何官吏能够使唤你,文官才是领导者……

在远东世界，也有类似于埃及"文官制度"的可怕的官僚机构，这是远东社会从他们久远的先辈那里继承下来的。这些儒家文官丝毫不肯动一下指头减轻成千上万贫困人们的负担。他们任由自己的手指甲长得长长的，除了写写画画以外便毫无用途，就足以证明了这一点。从所有这些现象以及远东历史的变迁中，可以看出，他们在维护自己残酷统治的过程中已经学会了埃及同行的顽固，即使西方文化的冲击也没有使他们动摇过。科举考试现在被废除了，但是那些文官们照样可以骑在农民身上耀武扬威，凭借的只不过是一张芝加哥大学或者伦敦经济政治学院的文凭。

在埃及的历史上，下层民众遭受的苦痛由于王权的逐渐人性化也有所减轻——尽管太晚了一些，可是由于阶层这个恶魔的不断增加，这种苦难又加重了。官僚制度带来的痛苦似乎还没有消除多少，在"新王国"时期，他们又被僧侣阶层套上了鞍具。僧侣阶层是图特摩斯三世(Thothmes Ⅲ，约公元前1480—前1450年)在底比斯建立的强大的泛埃及组织，领导者为阿蒙·拉神的大祭司。从那以后，埃及的官僚机构又多了一个婆罗门似的同伴，埃及这个被压垮了的跛马被迫在马戏场中跟跄地来回转圈，直到后来又来了一个小丑式的骑手，在官僚制度和僧侣阶层的后面再一次加了一个马鞍，两个骑手变成了三个骑手。

古代埃及社会本来在历史上没有军国主义传统，如同东正教社会在生长过程中的情况一样，可是遭遇到喜克索斯人以后被迫走上了军国主义道路，就像东罗马帝国在保加利亚人的刺激下走上了军国主义道路一样。 十八王朝的帝王们把喜克索斯人驱逐出埃及国境以后仍不满足，随即从一个自卫者变成侵略者，在亚洲开辟了一个埃及帝国。 这种肆意的冒险行为开始容易收手难。 当后来局势越发不利的时候，十九王朝的帝王被迫动员埃及社会日渐衰落的力量才得以保持住帝国的统一和完整。 到了二十王朝的时候，这个古老的受尽折磨的躯体又受到了一次沉重的打击，在抵御了由于后米诺斯时代民族大迁徙的压迫，欧洲人、非洲人和亚洲人的联合入侵之后，耗尽了全部的力量。 等到这个贫弱无力的庞大躯体最后怦然倒地的时候，不仅本国的文官和僧侣集团没有受到伤害，仍然稳坐在权力宝座之上，而且利比亚入侵者的孙子们还加入了他们的行列。 这些利比亚人的确是一个幸运儿，他们从祖辈们被埃及军队的最后一战击退的边境悠闲地来到埃及世界。 这个军事阶层是 11 世纪利比亚雇佣军的后代，后来继续统治了埃及社会达一千年之久，尽管在战场上他们无法与土耳其禁卫军和斯巴达军队相比，可是对于匍匐在它脚下的埃及农民来说，毫无疑问他们是非常可怕的。

第五节　对创造性的报复：对一种 短命技术的崇拜

鱼类、爬行类和哺乳类动物

现在我们转而思考技术崇拜问题，首先回顾一下我们已经研究过的、最后都受到严重惩罚的那些实例。 在奥斯曼和斯巴达的社会制度中，牧人的放牧技术和猎人的狩猎技术连同它们置于其中的制度都是一道被崇拜的。 无论是人为挑战造成的文明停滞，还是大自然的挑战造成的文明停滞，我们从中都发现正是对于一种技术的盲目崇拜才导致了他们的悲剧。 游牧民族和爱斯基摩文明之所以停滞，正是由于他们把聪明才智全部用在了放牧技术和狩猎技术的发展上。 他们单一性的生活使他们退化到动物的水平，阻碍了人类多种技能的发展。如果我们再追溯地球上人类的史前生活，也会发现其他物种具有同样的规律性。

近代一位西方学者对于人类和非人类活动的范围作了比较研究，详细地阐释了这个规律：

> 生命起源于海洋。在那里，生命异常富有效率。鱼类的形态如此成功(比如鲨鱼的形态)，以至于到今天都没有改变。然而生命的进化却不是朝向这个方向。对于进化问题，英格博士的名言可能是永远正确的："没有一件事情像成功那样失败"。一种完全适应于其生存环境的生物，一种把所有精力都集中消耗在眼前的动物，是不可能留下一点力量对突如其来的挑战作出应战的。年复一年，它变得越来越经济，它的全部资源恰好只能满足于当前习惯性的环境了。最后它所能做的就是，即使不作任何有意识的努力和不适应的改变，也能生存下来。因此，在特定的环境下，它能够击败所有的对手；但是从另一方面看，如果环境变化了，它就一定会绝种。这样看来，这种高效的成功似乎正好可以解释为什么大量物种会逐渐灭绝。气候条件发生了变化。它们却为了自己能够适应于所生存的环境，耗尽了所有的生命资源。它们就像那些蠢笨的处女，没有为以后的调适留下一点能量。犯了错误，却又无力改正，所以它们就灭绝了。[11]

作者在同一部书中还详细讨论了陆地生活出现以前，鱼类为了适应海洋生活充分完善自身技术的现象：

> 当生命还处于海洋阶段，鱼类正在发展的时候，鱼类的形态发生了变化，长出了一根脊椎，进化到了脊椎动物这种高级形态。然后脊椎向两端扩展，支撑起了头部，随后触角扇变成了鱼的前鳍，在鲨鱼的身上——几乎所有的鱼都是这样——这些触角发生了特化，不再是触角，而变成了划桨：当它捕食时，这是令人诧异的向前迅速出击的有效工具。反应迅速能得到一切，慢条斯理什么也得不到，因此这些工具不再是"实验仪"、"探测器"和"检查仪"了，变成了水中运动越

来越有效的工具,并且没有其他的用途了。看起来尽管脊椎动物和鱼类之前的生命一定生活在温暖的浅水里,并且可能与水底经常接触。就像今天的鲟鱼的触须保持与泥床的接触一样。然而,一旦这种快速而突发的运动能力变得重于一切,这种特化作用就会促使鱼类游向那些不再触及水底和所有固体物的地方……水……成了他们唯一的生存环境。这就意味着他们接受新环境刺激的能力受到很大限制……

因此,能发展到下一个高级阶段的鱼类类型,必然是那种没有将鱼鳍极端特化的生物。因为,这种生物首先必须要保持与水底的接触,才能比那些无法触及固体环境的鱼类,受到更多不同的刺激。其次,这种生物的前肢一定要经常触及水底,这样前肢就不会特化为专门的划水工具,由此前肢才保留着更多的一般性的由于多种用途造成的"效率不高"的探测性和尝试性特征。人们已经发现了这种生物的骨骼——它的前肢与其说是完善的鳍,还不如说是笨拙的手。如此看来,或许正是通过前肢,它们才完成了从浅水到泥滩的过渡,远离了深海,登上了陆地,接着两栖动物就出现了。[12]

处于摸索阶段的两栖动物对于动作敏捷而关键性的鱼类竞争的胜利,使我们看到了一部戏剧的早期一幕,这一幕在以后的生物进化中又多次重演了。 在引人注目的下一幕中,我们看到鱼类被两栖类动物的后代——爬行动物取代了,而代替了前一阶段的两栖动物是哺乳动物的祖先,它们已经具有人的精神了。 最初的哺乳动物是虚弱无力的,可是它们却出人意料地出现在地球上,这是因为以前的造物主——高级的爬行动物荒废了地球这份遗产;而中生代的爬行动物,像爱斯基摩人和游牧民族一样,由于走进了过分专业化的死胡同而丧失了它们的征服能力。

显然,爬行类动物的突然灭绝,毫无疑问是人类出现之前,整个地球的历史上最为显著的一次变动。这一时期持续很长时间的温暖气候突然结束,一个更加严峻的时代来临了,冬季漫长而寒冷,夏季短暂而炎热。中生代的生命——动物和植物已经适应了温暖的气候，只是能够抵御短暂的寒冷。可是新生命的最大优势就是能够抵御气候的巨大变化……

　　至于那些与不适应新环境的爬行动物竞争并取而代之的哺乳动物……没有一丁点证据可以证明这一点……中生代生物的许多小颚骨现在已经被发现了，可是它们完全具有哺乳动物的特征。没有一块骨骼化石，甚至没有任何遗迹可以证明中生代的任何哺乳动物在形态上像一个恐龙……它们似乎都是如老鼠般大小的小动物。[13]

到目前为止，韦尔斯先生提出的理论，一般来说还是可以接受的。爬行动物被哺乳动物取代是因为这种笨拙的庞然大物丧失了适应新环境的能力。可是，爬行动物无法适应的环境，就能恰好适合哺乳动物生存吗？对于这个颇有趣的问题，我们提到的这两位学者是有分歧的。根据威尔斯先生的说法，早期哺乳动物之所以能够生存下来是因为它们具有可以抵御漫长严寒气候的皮毛。如果情况果真如此，我们知道的只是在某种环境下，皮毛是一种比鳞片更为有效的"盔甲"。然而，赫尔德先生却认为保护哺乳动物生命的这副"盔甲"并非是肉体上的而是心理上的，这种心灵防卫的力量在于一种无助的精神状态。事实上在这里我们也发现了称之为灵化现象的史前人类成长规律的实例：

　　哺乳动物出现之前，庞大的爬行动物已经退化到不可救药的地步了……，当初它们曾经是一些体形较小、灵活、富有生命力的生物。后来躯体却变得如此庞大，以至于这个陆地上的笨重物几乎无法行动了……它们的大脑没有再发展甚至萎缩了……它们的头仅仅起到望远镜、呼吸通道和钳子的作用。

　　与此同时，它们的躯体慢慢膨胀，最后笨拙地走向它的末日……，那个时候一种新生物已经出现，它要超越当时生命的界限，开始生命的新阶段。最能生动地描述生命进化规律的是感官的灵敏性和知觉能力；这种能力是外在的，而不是内在的；是脆弱的，而不是强有力的；是微弱的，而不是巨大的。哺乳动物的祖先……是像老鼠般微小的生物。尽管这样,在这个庞然大物统治的世界里,一种时刻要提防和躲避其他生物的生物却要成为世界的主宰。它没有有效的防卫武器,只有一层薄薄的皮毛而没有厚厚的盔甲;它没有特化的器官,只有感觉灵敏的前肢;毫无疑问,那些触须——脸上和头上长长的毛——时刻不停地使它感受到刺激。耳朵和眼睛得到了高度发展。它变成了恒温动物,因此对寒冷气候非常敏感,而此时爬行动物对寒冷已经失去了知觉……这样它的知觉能力有了很大的发展。各种不同的连续刺激可以激起不同的反应,因为这种新生的生物,不只是拥有解决一种问题的能力,而是拥有解决多种问题的能力,没有一种能力是可以解决所有问题的。[14]

如果我们的祖先果真是这样,我们既可以为他们感到自豪,也可以认为他们并不那么值得获得我们的尊重。

工业技术的报复

一百年前,英国不仅自称是,事实上也是"世界工厂"。然而今天它却变成了世界上几个激烈竞争的工厂之一,在过去很长的时间内,它所占的商业份额相对来说是越来越少了。"英国时代结束了吗?"这个主题促使人们作了许多研究,得出了各种各样的结论。如果所有因素都被考虑在内,我们可能要比过去七十年中预期的做得更好,尽管这个题目给那些悲观的爱挑刺的先知们提供了许多口实。塞缪尔·巴特勒曾经在那句最著名的反语里描述过这些先知们的预言。[15]假如有人打算挑出我们所犯的最大错误的话,他一定会指向我们的工业家的保守主义,因为他们一直盲目崇拜为他们的父辈们创造过巨大财富的早已过时的技术。

或许美国的例子更具有指导意义,因为它较少一般化。谁都不会否认,到 19 世纪中叶,无论是在工业发明的多样性和创新性方面,还是在这些发明的实际应用方面,美国都走在了其他国家的前面。缝纫机、打字机、制鞋工艺机和麦克密克收割机在"美国人的观念"中,都占据着首要地位。但是有一项发明,与英国相比,美国显然落后了一大截儿,它造成的影响也非常大。这项被忽略的发明其实是对美国 19

世纪初发明的一种机器——汽船的改进。美国的"明轮翼蒸汽船"是急速扩张的共和国沿着北美几千里内河航道航行的极其重要的运输工具。毫无疑问，正是这项成功使美国后来在发明海洋航行的更为先进的螺旋桨轮船方面，落在了英国的后面。这是美国人强烈地倾向于崇拜一种短暂技术造成的恶果。

军事技术的报复

在军事史上，大卫和歌利亚之间决斗的传奇故事类似于微小的软毛的哺乳动物和庞大的带有坚硬外壳的爬行动物之间的竞争现象。

在歌利亚挑战以色列军队而丧命的那一天之前，他已经利用手中的长矛赢得过多次辉煌的胜利。他的长矛像一根长梁，矛头重达六百谢克尔。* 他把全身套在一个几乎密不透风的铠甲里，相信凭借自己的装备就能无敌于天下，因而丝毫没有考虑过更换装备的事情。他猜测任何接受他的挑战的勇敢的以色列人一定是手持长矛，全身披挂，而这样的挑战者必定会成为自己的牺牲品。歌利亚的脑海里固执地坚持着这两种想法，以至于当他看到大卫跑上前来，身上没有披着铠甲，手里除了一根木棍以外什么也没有拿的时候，他不仅没有惊慌反而非常恼怒，大声喝道："我是一条狗吗？你竟然拿着一根木棍来对付我？"歌利亚没有想到这位年轻人的傲慢其实是一种精心设计的伪装。大卫像歌利亚一样清醒地认识到，如果装备得像歌利亚一样，他根本不是歌利亚的对手，因此他拒绝了扫罗非要给他的铠甲。歌利亚没有注意到弹弓，也没有想到要他命的正是这位牧羊人藏在口袋里的武器。结果这位不幸的非利士的"三角龙"傲慢地迎了上去，然后丧了命。

从历史上来看，后米诺斯时代民族大迁徙时期的单个重装步兵——比如迦特的歌利亚和特洛伊的赫克托尔**——并不是倒在大卫的弹弓和菲洛克忒忒斯***的弓箭之下，而是败给了迈密登****的方阵，这种方阵就好像许多重装步兵肩并着肩，盾挨着盾构成的利维坦。[16]尽管

---

* 谢克尔(shekel)古希伯来人的重量单位。——译者注
** 荷马史诗中的特洛伊城英雄。——译者注
*** 特洛伊战争中用弓箭杀死特洛伊王子的英雄。——译者注
**** 阿伽门农领导的远征特洛伊联军中的一个希腊勇士。——译者注

任何单个的重装步兵就是身披铠甲的赫克托尔或歌利亚，可是他们的作战精神与荷马时代的重装步兵方阵相比还差得相当远。这种方阵的威力就在于它的军事纪律，它把一盘散沙的单个勇士训练成了纪律严明的军事组织，其战斗力可能十倍于一支数目相等装备相同，然而是单兵作战的队伍。

这种新的军事技术，我们在《伊利亚特》中已经预见了一些。毋庸置疑，后来它又以斯巴达方阵的形式出现在历史舞台上，这种方阵按照提尔泰奥斯*的诗歌的节奏缓慢地移动。虽然在第二次斯巴达—美塞尼亚战争中取得了胜利，但是造成了严重的社会后果。这次胜利并不是故事的结束。在击败所有的对手后，斯巴达方阵开始"靠着船桨休息了"。公元前4世纪，它遭受了一系列羞辱：首先被雅典的轻装步兵击败了——这是斯巴达的歌利亚们无法再复制的大卫式的步兵，随后又被底比斯军队发明的新战术击溃了。雅典和底比斯的军事技术很快成了过眼云烟，公元前338年它们败给了马其顿方阵。马其顿方阵把各不相同的轻装步兵、重装步兵和骑兵巧妙地组合在一起，成了战斗力极强的部队。

亚历山大征服阿契美尼帝国就充分说明了马其顿军事方阵新的威力。从切罗尼埃战役开始——这次战役终止了希腊城邦民兵队伍的发展，一直到皮德纳战役结束——在这场战役中，马其顿方阵被罗马军团击败了，在这170年的时间内，这种方阵始终是最具战斗力的军队形式。马其顿军事力量发生逆转的原因是对于一种短命技术的过分依赖。当马其顿成为除希腊西部以外所有地方无敌的主宰之后，倚着船桨休息的时候，罗马人却通过与汉尼拔的艰苦战争中积累起来的经验，对战争艺术进行了革命性的改造。

罗马军团能够战胜马其顿方阵是因为它把轻装步兵和重装步兵的结合又提升到了一个更高的水平上。罗马人发明了一种新型的队列形式和新的作战装备，使得任何士兵和任何作战单位在作战中，既能充当轻装步兵，也能够充当重装步兵，还能从一种战术瞬间转变成另一种

---

*　公元前7世纪希腊诗人。——译者注

战术。

罗马在皮特纳战役中使用的高效战术到那时只不过才一代人的时间。 在希腊世界的意大利半岛上，前马其顿方阵在不久之前的坎尼战役(公元前214年)中还曾经出现过。 当时罗马的重装步兵按照斯巴达的方阵形式摆开了阵形，结果汉尼拔的西班牙和高卢重装骑兵从后面包抄过来，非洲重装步兵从两翼发起了猛攻，对罗马军士展开了大屠杀。这次惨败大大震动了那些遭到特拉西米诺湖战役的失败而坚决拒绝对军事技术进行任何改革的罗马高级将领(这是他们最严重的失误)。 罗马人认为坎尼战役是罗马历史上最大的失败，从此以后，罗马人就全身心地投入了步兵技术的改进之中，最终把罗马军团改造成希腊世界最具战斗力的部队，不久取得了扎马、齐诺斯凯法莱和皮特纳战役的胜利；然后在罗马人对蛮族和罗马人之间的一系列战争中，在马略到恺撒众多伟大统帅的指挥下，把罗马军团于火器发明之前的步兵战斗力发展到极致。 正当罗马军团的作战技术趋进完美的时候，却遭遇了第一次失败，这只是此后一系列失败的肇始。 这一次它败在了两个骑兵手下。公元前53年爆发的卡莱战役是骑兵获得的第一个胜利，这次战役是在法萨卢斯爆发的经典步兵战役五年之前，当时罗马步兵作战技术可能达到了顶峰。 卡莱战役骑兵的胜利只是在四个世纪后的阿德里亚堡战役中(公元378年)，罗马步兵被身披铠甲、手拿长矛的重甲骑兵彻底击败的前兆。 当时一位罗马历史学家同时也是一位军官的阿米亚努斯·马尔凯里乌斯曾证实在这次战役中，罗马将士的伤亡人数达到参战人数的三分之二，是坎尼战役以来罗马军队遭受的最为惨重的军事失败。

在这两次战役中间的六个多世纪里，罗马人至少在后四个世纪是一直靠着桨叶歇息的。 尽管卡莱战役敲响了警钟，随后又遭遇了公元260年瓦勒良惨败和公元363年朱里安惨败——这次是败在了波斯的哥特铁骑原型骑兵手里，他们正是在公元378年消灭了瓦伦斯及其军团。

经过了阿德里亚堡的惨败之后，狄奥多西皇帝反而奖赏了那些歼灭罗马步兵的蛮族骑兵，雇用他们来补充罗马人自己造成的兵士空缺；甚至当帝国政府不得不为自己目光短浅的政策付出沉重代价，眼睁睁地看着蛮族雇佣军把西部诸省瓜分成蛮族的"后继国家"的时候，这支新型的本土军队仍然按照蛮族的式样武装起来，这样做至少在最后关头，阻止了东部各省也走上同样的道路。这种全身武装起来的轻骑兵的优势维持了一千年之久。它的分布相当广泛，其形象清晰可见。在公元1世纪以后克里米亚墓葬的一些壁画上，在3到6世纪萨珊王在法尔斯的峭壁上雕刻的浅浮雕上，在描绘远东唐王朝(618—907年)骑兵武士的泥制塑像上，以及在11世纪描绘征服者威廉击败英格兰步兵场面的贝叶挂毯上，我们都可以看到这种骑兵的形象。

如果这种骑兵如此长盛不衰和遍及各处令人惊讶的话，那么其命运多舛同样是令人吃惊的。有位目击者讲述了它的不幸经历：

> 当回历656年*发生大灾难的时候，副秘书大臣率军在"和平之城"巴格达西城外迎击鞑靼人。那时我正在他的军中。双方在杜耶勒的一个属地之一——巴锡尔河边列开阵形。从我们阵营中走出来一名武士，要去和敌人进行一对一的决斗，他骑在一匹阿拉伯战马上，全身披挂，人和马几乎合为一体了，看起来他和他的战马就像是一座无法跨越的高山。从蒙古人的阵营中出来应战的是骑着像驴一样的战马的武士，既没有穿着战袍，也没有披着铠甲，引得我们哈哈大笑起来。然而这一天的胜利是属于蒙古人的，他们一举击溃了我们，但这只是我们噩梦的开始，从此以后，灾难接二连三地降临到我们头上。[17]

这样看来，在叙利亚历史的黎明时期出现的大卫和歌利亚之间的传奇决斗，到了2300年后叙利亚历史的黄昏时分或许再次出现了，尽管这次巨人和侏儒之间的决斗是在马背上，但是结局都是一样的。

战胜伊拉克重装骑兵、洗劫巴格达、把阿拔斯哈里发活活饿死的所向披靡的鞑靼哈萨克人其实是具有稳定游牧民族特征的轻骑兵射手。他们第一次为人所知、令人感到恐怖是在公元前8世纪和前7世纪之交，经由西米里和西徐亚侵入到亚洲西南部的时候。如果在鞑靼人入

* 即公元1258年。——译者注

侵欧亚大草原的早期，骑马的大卫们就战胜了骑马的歌利亚们的话，这个后来不断重复的故事的结局也应该和当初一样。可是我们已经看到了，那个被大卫弹弓打倒的全身披挂铠甲的步行巨人，后来并不是被大卫自己而是被训练有素的歌利亚们组成的方阵取代了。可汗旭烈兀的蒙古轻骑兵在巴格达城下战胜了阿拔斯哈里发的重骑兵，但是后来它却一次又一次被埃及的马穆鲁克统治者击败。马穆鲁克在装备上并不比那些在巴格达城下惨败的穆斯林同伴好多少，但是在战术方面，他们训练有素纪律严明，使得他们接连战胜了蒙古轻骑兵射手和法兰克人的十字军。圣路易(1214—1270，即路易九世)的法兰克骑兵在曼苏拉会战中遭到失败十年之后，蒙古人也被同一个对手第一次击败了。

到了 13 世纪末，马穆鲁克取得了对法兰克人和蒙古人的优势后，就已经在自己的领土内形成了无人能敌的军事地位，就像罗马军团在皮特纳战役结束以后的情景一样。在这种虽然显赫但并不牢固的地位上，马穆鲁克像罗马军团一样，靠着船桨休息了。这是一种惊人的巧合：它停下来休息的时间几乎正好等于它突然被采用新战术的老对手击败以前的时间。皮德纳战役与阿德里亚堡战役相隔 546 年，马穆鲁克击败圣路易与它被圣路易的后继者拿破仑击败相隔 548 年。在这大约 550 年的时间里，步兵的威力再一次发挥出来了。在第一个一百年末期，英国的长弓使得大卫式的步兵在克雷西击败了歌利亚式的骑兵，于是促成了两种结果——火器的发明和模仿土耳其近卫军的军事训练制度的出现。

至于马穆鲁克最终的命运，可以说这些被拿破仑歼灭的幸存者三十年以后，又受到了穆罕默德·阿里军团的打击，随后退到上尼罗河流域，把它的装备和技术遗留给了一个苏丹的救世主——哈里发控制的重骑兵团，这些兵团又在 1898 年奥姆杜尔曼战役中倒在了英国步兵的火器之下。

击败马穆鲁克的法国军队已经与最早模仿土耳其近卫军的西方军队有所不同了。它是最近法国全国征召(levée en masse)的产物，由于成功地吸收了一些新的东西，因此取代了那些规模较小、训练有素的新型西方军队，这种军队曾经被腓特烈大帝发展到近乎完美的地步。旧式的普鲁士军队在耶拿被拿破仑的新式军队所击败的惨剧强烈地刺激了普鲁士的一批军事和政治天才，他们采用老式纪律训练新军的绝技以便战胜法国。 其结果在 1813 年就初露端倪，在 1870 年则显露无遗。 ＊可是在下一个阶段，普鲁士采用了一种空前规模的围攻形式，未曾预料引起了大规模抵抗，致使包括德国及其盟国在内的整个普鲁士战争机器遭到了惨败。 到了 1918 年的时候，1870 年的军事作战技术在掘壕据守和经济封锁等新的技术面前好像失去了往日的威力。 到 1945 年，历史再次证明 1914—1918 年取得胜利的军事技术同样不是这条长链条中的最后一环。 每一环都是一个发明、胜利、遗忘和灾难的循环周期；正是有了三千年军事史上的先例——从歌利亚和大卫的决斗到机械化的装甲部队和定位精确的空军突破马奇诺防线和西部防线，我们才可以预料到，只要人类执拗地致力于战争艺术的发展，那么这个单调的主题就会不断地重复。

第六节　军国主义的自杀

放纵、骄横、毁灭

考察完"靠着桨叶休息"这一屈从于创造力的报复的消极行为之后，我们现在可以继续研究一种积极的反常行为，我们用三个古希腊单词来描述它——Κόρος、″Υβρις、″Ατη。 这些词既有主观上的含义也有客观上的含义。 从客观上讲，Κόρος 意味着"放纵自己"， ″Υβρις 的意思是"骄横"， ″Ατη 的含义是指"毁灭"。 [18]从主观上讲，Κόρος 指的是成功带来的骄横的心理状态； ″Υβρις 指的是随后产生的精神和道德失衡；而 ″Ατη 意味着固执得难以控制的盲目冲动，它促使失衡的灵魂去尝试一件不可能的事情。 分为三幕出现的这种积极的心理灾难一直是公元前 5 世纪雅典悲剧中最为常见的主题，如果我们根据流传至今的一些古希腊杰作来判断的话。 埃斯库罗斯《阿伽门农》里的阿伽门

＊ 指普法战争中普鲁士军的所向披靡。 ——译者注

农，《波斯人》里的薛西斯是这样；索福克勒斯《埃阿斯》里的埃阿斯，《俄狄甫斯王》里的俄狄甫斯，《安提戈涅》里的克瑞翁也是这样；欧里庇得斯《酒神的伴侣》里的彭透斯同样如此。 柏拉图也写道：

> 如果一个人破坏了比例法则，把较大的东西放进较小的容器内，把一个很大的船帆挂在很小的船身上，身体瘦小却吃得很多，心灵虚弱却要承受过于沉重的压力，结果注定会适得其反。一个饮食过量的人在一次狂暴发作之后，必定会很快患病；一个自命不凡的小官吏的骄横必定会引起不义之举。[19]

为了说明招致毁灭的积极方式和消极方式之间的区别，我们应该考察一下放纵—骄横—毁灭在军事方面的情况，我们首先来看刚刚讨论过的"靠着船桨休息"的现象。

两种方式都可以通过歌利亚的行为得到说明。 一方面，我们看到，歌利亚是在过去无敌的重装步兵单兵作战的战术环境中长大的，没有预料到大卫向他攻击时，使用的是一种高明的新战术，最终导致了他的失败。 与此同时，我们可能也注意到，如果他的冒险主义之中再相应地加入一些消极因素的话，他也许不会死于大卫的手中。 可是不幸的是，歌利亚这位自负的巨人并没有对他的战术中的保守主义作任何策略上的改变；相反他却自寻烦恼地进行挑战。 结果，他的挑战立刻就成为一种冒险的挑衅行为。 这样的一个军事冒险者显然对于自己的能力过于自信了，他认为无论在什么样的社会制度里，所有的争斗都可以用他的利刃加以解决。 当形势正好对他有利的时候，胜利使他更加相信他的利刃就是万能的。 然而，到了下一个历史阶段，他已经无法把他个人偏好的理论运用到另一个使他颇感兴趣的特殊情况中了，因为这一次他被比他更强的对手击败了。 他证明了在他身上从未发生过的一个主题："持宝剑者将死于宝剑之下。"

有了这个引言，我们就可以越过叙利亚传奇决斗的故事，转而研究一些具体的历史实例了。

亚述

亚述的军事力量在公元前614－前610年间的覆灭是历史上已知的最为惨重的灾难之一。 这场灾难不仅摧毁了亚述的战争机器，而且导致了亚述帝国的灭亡和亚述民族历史的终结，致使这个曾经存在了两千年之久，并且在大约两个半世纪里，在西南亚越来越占据统治地位的社会几乎彻底消失了。 210年以后，小居鲁士的一万希腊雇佣军沿着底格里斯河，从库那克萨战场到黑海之畔，开始了一路退却，当他们相继经过迦拉和尼尼微遗址*的时候，让他们感到吃惊的与其说是这些古城遗址的规模如此之大，分布如此之广，还不如说是如此壮观的人类杰作竟然坐落在荒芜人迹的地方。 这些历经岁月的侵蚀仍遗留下来的断壁残垣见证了那些消失了的人类的早期生活，这支希腊远征军的一位成员用文字生动地描绘了他当时的所见所闻。 然而，令读过色诺芬**著作的现代读者更为惊讶的是——他们已经通过近代考古学家的发现了解了亚述的命运——色诺芬居然对这些古城遗址早期的真实历史毫无所知。 尽管这些城市的主人对于整个西南亚地区——从耶路撒冷到亚拉腊，从埃兰到吕底亚——的统治发生在色诺芬经过这些遗址之前不到二百年的时间内，但是他的记述与真实历史全无联系，甚至对于亚述这个名字也毫无知晓。

乍看起来，亚述的命运似乎是难以理解的，因为它的军事家们不可能像马其顿人、罗马人和马穆鲁克一样，靠着船桨休息。 其他的战争机器在被击溃的时候已经是过时的、不可救药的了，可是亚述的战争机器却处于不断地检修、革新、强化的过程中直至毁灭的那一天。 公元前14世纪，亚述人在开始控制西南亚的前夕就创建了重装步兵的雏形，到公元前7世纪亚述人被毁灭的前夕，他们又初步创建了重甲骑兵射手。 可见在间歇的七个世纪里，亚述的军事天才也是在不断发展的。 亚述人充满活力的创新精神以及不断改进技术的满腔热情，后来成为亚述人在运用战争艺术方面的民族特征，这一点毫无疑问已经被官

---

* 古代亚述帝国的一个古城，曾为亚述首都，公元前612年被迦勒底巴比伦及其盟国毁灭。 ——译者注
** 公元前5—前4世纪之交的古希腊历史学家。 他最好的史作是《长征记》，记述他参加波斯王子小居鲁士的希腊雇佣军从巴比伦向黑海撤退的经过。 其时在尼尼微毁灭之后二百余年。 ——译者注

殿废墟中发现的一系列浅浮雕所证明。这些浅浮雕以绘画的形式准确详尽地记述了在亚述历史的最后三百年里，亚述的军事装备和技术的连续发展阶段。在这里，我们找到了被记录下来的亚述人在身体装备、战车设计、攻击机械以及用于特殊的目的而发明的独具特色的专业化部队等方面，连续不断地试验和改进的情况。那么，亚述人遭到毁灭的原因又是什么呢？

首先，持续不断的进攻政策和强有力的军事武器促使亚述的军事领袖们在第四次和最后一次军事行动中，把他们的势力远远扩张到他们祖先的疆土之外。亚述人有一个永久不变的目标，就是依仗着自己强大的军事资源，一直觊觎巴比伦世界。为此一方面它要与扎格罗斯山脉和托罗斯山脉一带的高山蛮族作战，另一方面它还要与叙利亚文明社会里的阿拉米先驱们作战。在前三次军事行动中，亚述人在两条战线上都是先守后攻，而不是一味进攻，同时也没有把兵力分散在其他方面。即使这样，在公元前9世纪中间五十年的第三次战争中，还是激起了叙利亚一些国家的暂时联合，并于公元前853年，在卡尔卡尔战役中阻止了亚述军队的前进步伐，同时在阿美尼亚，亚述人也遭到了乌拉尔图王国建立带来的更为可怕的打击。尽管有了这些预兆，提格拉·帕拉萨三世(公元前746—前727年)在发动最后一次也是规模最大的一次进攻时，还是抱有极大的政治野心，瞄准了远大的军事目标，结果使亚述遭遇到了三个强劲的对手——巴比伦、埃兰和埃及——其中任何一个都是像亚述一样的潜在的军事强国。

当提格拉·帕拉萨完全占领了叙利亚世界诸多小国的时候，就给他的后继者埋下了与埃及冲突的祸根。埃及不可能对亚述帝国的触角伸到自己的边境无动于衷，并且她能够摧毁亚述帝国的缔造者开创的功业，除非亚述人下定决心采取更加可怕的军事行动，征服埃及本土。公元前734年提格拉·帕拉萨大胆地占领非利士可能是一个战略上的杰作，很快他就得到了回报。撒马里亚*于公元前733年暂时臣服了亚

---

　　* 既指古代巴勒斯坦与约旦河间一个地区，又指古代巴勒斯坦的城市，曾是以色列王国的首都。——译者注

述，大马士革(叙利亚首都)在公元前 732 年也被攻陷了。 可是随后却发生了萨尔贡在公元前 720 年，辛那赫里布在公元前 700 年与埃及的两次冲突，这些并无结果的小规模冲突最终促成了埃撒尔哈东在公元前 675年、前 674 年和前 671 年三次战争中击败并占领了埃及。 因此很明显，当亚述军队足够强大的时候，它可以一次又一次地击溃埃及军队，并占领埃及的领土，可是在这个过程中，它的力量也会变得越来越弱小，根本无法继续控制埃及了。 埃撒尔哈东本人就死在公元前 669 年进军埃及的途中。 尽管亚述尔巴尼拔*在公元前 667 镇压了埃及的起义，但是他也不得不在前 663 年对埃及再进行一次征服。 到这个时候，亚述统治者已经意识到他们在埃及从事的是一种灵魂的工作，因此，当普萨米提克在公元前 658—前 651 年"客气"地把亚述驻军驱逐出境的时候，亚述尔巴尼拔也只有睁一只眼闭一只眼了。 放弃埃及无疑是明智之举，可是这种态度也说明亚述帝国承认经过与埃及的五次战争，它的力量也差不多消耗殆尽了。 此外，失去埃及也成为后来失去叙利亚的前兆。

提格拉·帕拉萨入侵巴比伦的最终后果比他以前在叙利亚实行的政策造成的后果严重得多，引起了一连串因果反应，最后导致了公元前614—前 610 年的大灾难。

亚述的军事力量入侵巴比伦的早期阶段在政治上还是温和的。 这个征服者希望建立一个当地傀儡皇帝统治下的保护国而不是直接吞并它。 只是在公元前 694—前 689 年迦勒底人大起义之后，辛那赫里布才正式结束了巴比伦的独立，指派他的儿子和继承人埃撒尔哈东担任了巴比伦总督。 这种温和的政策并没有能够安抚迦勒底人，反而鼓励他们汇集更大的力量反抗亚述人的军事威胁。 在亚述军事主义的锤打之下，巴比伦人逐渐学会了整顿国内秩序，结束无政府状态，并与近邻埃兰王国结成了联盟。 后来，亚述帝国一改昔日的温和政策，于公元前689 年洗劫了巴比伦，但其结果适得其反。 亚述人疯狂的恐怖行为无论在古老的城市居民间，还是在入侵过来的迦勒底游牧民族中间，都激

---

* 提格拉·帕拉萨、埃撒尔哈东、亚述尔巴尼拔均为亚述国王。 ——译者注

起了无比的仇恨，他们抛弃前嫌，组成了新巴比伦王国。 他们不肯忘掉和宽恕那些压迫者，直到把那些压迫者打倒在地，绝不罢手。 然而由于亚述军事机器效能的不断提高，那场不可避免的大灾难被推迟了将近一个世纪之久。

公元前 639 年，埃兰遭到了毁灭性的打击，一度被东部边境的波斯高山族蹂躏的领土后又变成了一个世纪后阿契美尼王朝称雄西南亚的跳板。 公元前 626 年亚述尔巴尼拔死后不久，巴比伦王国在纳波勃来萨的领导下，再次发动了起义，不过这一次他联合的不是埃兰，而是比埃兰更为强大的新国家米底亚。 16 年以后，亚述帝国从地图上消失了。

从公元前 745 年提格拉·帕尔萨登上王位，一直到公元前 605 年巴比伦王国尼布甲尼撒在卡赫美士战胜法老尼科为止的一个半世纪里，发生了无数次惨烈的战争。 当我们回顾这段历史时，首先看到具有划时代意义的里程碑都是亚述人一系列毁灭许多社会的破坏性事件——把许多城市夷为平地，把所有被征服人口贬为奴隶：公元前 732 年的大马士革，前 722 年的撒马里亚，前 714 年的穆沙希尔，前 689 年的巴比伦，前 677 年的西顿，前 671 年的孟斐斯，前 663 年的底比斯，前 639 年左右的苏萨等等的情景均是如此。 在亚述大军到达的列国的所有中心城市中，直到公元前 612 年尼尼微城被洗劫的时候，只有提尔和耶路撒冷没有遭到侵犯。 亚述对其近邻所造成的损失和痛苦是无法估量的。 鞭笞学生的伪善教师们有一句名言："打你总比打我好"，这句话也许是对于亚述人军事行为的更为中肯的批评。 这要比那些不知羞耻的自我陶醉的亚述军官们吹嘘建立了多少丰功伟绩中肯多了。 上面列举的这些遭到亚述人洗劫的国家后来都恢复了生机，其中有些国家的前途还相当不错，只有尼尼微在倒下以后再没有站起来。

这些不同命运出现的原因不难找到。 亚述帝国军事胜利的背后实际是一种慢性自杀行为。 我们回顾的这段历史已经充分说明，亚述的历史是一段政治动荡、经济崩溃、文化衰落和人口锐减的历史。 在亚述帝国存在的最后一个半世纪里，她的本土语言阿卡德语不断遭到损害，而阿拉米语明显在发展，这表明亚述帝国的军事力量达到顶峰时，曾经臣服在她的弓剑之下的那些俘虏们，正在静悄悄地取代她。公元前612年在尼尼微城墙上殊死抵抗的勇士已经成了"一具身披铠甲的僵尸"，他们的骨架只是由窒息他们呼吸的重重的军事装备支撑着。当米底亚和巴比伦的军队蜂拥而至，把这些令人恐惧的僵尸从毁坏的城墙上扔到护城河里去的时候，他们也许根本没有怀疑这些可怕的对手已经不再是一个随时就可以发出勇敢的致命一击的活人了。

亚述帝国的命运很有典型意义。"身披铠甲的僵尸"的情景让人联想到公元前371年斯巴达方阵在留克特拉战场上的场景以及1683年土耳其近卫军在维也纳壕沟的一幕。具有讽刺意味的是，那些军事家们不顾一切地对他们的近邻发动了毁灭性的罪恶战争，结果却是引火烧身，自己也未能逃脱被消灭的命运。这同样让人们回想起加洛林帝国和帖木儿帝国自加于身的厄运，他们建立了庞大的帝国，却丝毫没有理会他们的近邻撒克逊人和波斯人的痛苦。他们穷兵黩武的帝国主义政策致使他们在仅仅一代人的时间里就无力维护自己的统治了，等待他们的只不过是给那些等待时机的斯堪的那维亚和乌兹别克的冒险家们提供战利品。亚述的例子让人想起另一种自杀方式，也就是那些侵入和摧毁统一国家，或者侵入和摧毁那些已经把和平赋予其庇护下的人民和土地的其他大帝国的军事家的自我毁灭，不管这些人是蛮族的还是具有较高文化水平的。胜利者粗暴地把帝国的外衣撕成碎片，把成千上万的被庇护者暴露在黑暗和死亡的阴影之下，但是这个阴影却无情地把胜利者和失败者都吞没了。在丰厚战利品的刺激下，这些被洗劫一空的世界的新主人很像那些克肯尼猫*一样自相残杀，直到没有一个强盗留下来享用那些战利品了。

我们可以观察到，马其顿人毁灭了阿契美尼帝国，又自不量力地侵入到印度以后，从公元前323年亚历山大死去一直到公元前281年利希马库斯**在库鲁佩地(Corupedium)溃败期间，他们是如何用同样残暴的手段对付自己人的。这种残暴的行为一千年之后再次出现了，这次是

---

　*　克肯尼猫(Kilkenny cats)，意指打起架来不顾死活的动物或人。——译者注
　**　马其顿王亚历山大的部将，公元前306年在亚历山大帝国崩溃后成为统治小亚细亚、马其顿等地的国王。——译者注

341

原始的穆斯林阿拉伯人仿效了——因而也是毁掉了——马其顿人的行为。 在其后的 12 年中，他们侵占并蹂躏了亚洲西南部的罗马和萨珊王朝国土，这块国土差不多与亚历山大在以前 11 年中征服的领土一样大。 阿拉伯人 12 年强盗式的征服之后紧接着就是他们的自相残杀。一旦这些征服者自己兵戎相见，重建叙利亚统一国家的荣誉和益处就落在了贪婪的倭马亚王朝和乘虚而入的阿拔斯王朝的身上了，而那些闪电般地完成征服为统一铺平道路的阿拉伯先知们的同伴和子孙却一无所得。 蛮族人也重演了亚述式的军事力量自杀悲剧，他们在罗马帝国衰落时期蹂躏了那些荒凉贫瘠的行省，这一情况，在这本书的前面章节里已经描述过了。

还有另一种军事反常行为，如果把亚述看成是古巴比伦社会的一个不可分割的组成部分的话，在亚述的军事行为同样可以找到这种军事行为的原型。 在这样的社会里，亚述作为一个边境地区，它的特殊作用不仅是保卫自己，而且要保卫它位于其中的那个社会的其余部分，使它既能免于北部和东部的高山民族的掠夺，也能免于南部和西部的叙利亚社会的先驱们的蹂躏。 作为一个利益并无二致的社会组织的边境地区就要为全体社会成员着想。 只有边境地区对于外部压力的挑战能够成功地应战，社会内部受到的压力才能被释放出来，游刃有余地面对其他的挑战，完成其他方面的任务。 如果边境地区掉转枪口，把抗击外部敌人的军队对准这个社会内部成员的话，这种分工就遭到毁坏了。 随之而来的就是内战，这就解释了当提格拉·帕拉萨三世于公元前 745 年把亚述军队的枪口对准巴比伦的时候，他的这一行为最终造成的后果是多么严重了。 边境地区这种掉转枪口的错误行为从性质上看，对于整个社会是一场灾难，对于它自己就是一种自杀行为。 它的行为就像那些剑客把利剑刺进自己的身体里；或者说就像那些伐木工，锯断了正坐于其上的树枝，结果自己摔倒了地上，而那棵被毁坏的树木却依然矗立着。

查理曼

也许正是出于对军事力量步入歧途的本能疑虑，才使得奥斯特拉西亚的法兰克人在 754 年激烈抗议他们的领袖丕平，响应斯蒂芬教皇的召唤，决意用武力去对付他们的同胞伦巴第人。 教皇之所以把目光转向阿尔卑斯山以北的这个强国，通过支持丕平于 749 年登上王位，承认他的王位合法化等手段刺激他的野心，是因为在这个时候，奥斯特拉西亚在两个前线上作为一个边境地区的地位更为突出了：一是对付莱茵河对岸的萨克森异教徒，二是对付正在越过比利牛斯山侵入到伊比利亚半岛的穆斯林阿拉伯征服者。 为了消灭那些阻碍教皇实现其政治野心的伦巴第人，754 年，奥斯特拉西亚人最终接受了教皇的邀请，放弃了他们已经找到的真正使命。 奥斯特拉西亚各个阶层对于这项事业的疑虑结果证明要比他们领袖的野心更富有远见，因为丕平丝毫不顾人们的反对，就第一次贸然把奥斯特达尼亚的政治命运、军事前途与意大利紧紧拴在了一起。 丕平在 755—756 年的出兵迫使查理曼也不得不于 773—774 年再次出兵，这次出兵严重破坏了查理曼刚刚开始的远征萨克森的事业。 在此之后的三十年中，他在萨克森的事业至少四次由于意大利危机的干扰而中断，因为，虽然每次危机的时间长短不一，但都要求他必须亲自到场处理。 正是由于查理曼相互矛盾的野心，他的臣民承受的负担日益加重，直到最后把奥斯特拉西亚人压垮了。

帖木儿

帖木儿利用同样的方式毁灭了乌浒河—药杀河流域*，把这一地区贫乏的资源挥霍在漫无目的的远征伊朗、伊拉克、印度、安纳托利亚和叙利亚的军事行动中，而这些资源本来是应该用于帖木儿的正当使命，给游牧民族带来和平的。 乌浒河—药杀河流域是伊朗定居社会的一个边境地区，本是防范欧亚游牧民族入侵的前哨地带。 在帖木儿统治的前 19 年里(1362—1380 年)，他一心一意固守着这一边界。 起初是防御，后来才开始进攻察合台游牧民族。 当他把乌浒河—药杀河流域的花剌子模绿洲从游牧民族术赤的封地中解放出来以后，他的统治已经完美了。 可是 1380 年完成了这一壮举之后，帖木儿又有了一个获得更大荣誉的机会——可以成为成吉思汗欧亚大帝国的继承者，因为这一时期，游牧民族已经开始沿着沙漠和耕地之间长长的分界线全面退却了。

---

* 今阿姆河—锡尔河流域。 ——译者注

欧亚历史的下一阶段就是那些复兴的定居民族反过来竞相瓜分成吉思汗遗留下来的战利品。 在这一次竞赛中，摩尔达维亚人和立陶宛人离得太远，无法再参与了；莫斯科人无法离开他们的森林，中国人也不愿意离开他们的耕地；这样哥萨克人和乌浒河—药杀河流域的人们就成了唯一的竞争对手，因为他们早已适应了草原生活而又没有完全根除定居生活方式的根基，而两者之中，后者的机会似乎更多一些，这是因为除了他们较为强大，更接近草原的中心之外，他们也是第一个到场的；与此同时，作为逊尼派中出类拔萃的人物，他们在草原对岸伊斯兰世界的边缘地区定居的穆斯林社会中，还有许多潜在的同盟者。

片刻之间，帖木儿好像先是欣赏了一下这个机会，随即决定紧紧抓住它，但是在经过了最初几次大胆的辉煌的胜利后，突然回过身来，率领军队杀进了伊朗世界的内部。 此后，在他生命的最后24年当中，几乎都是在这一地区致力于一系列一无所获的毁灭性战争。 他取得的胜利像自杀一样结果都是耸人听闻的。

帖木儿这种愚蠢无效的行为是一种最典型的军事自杀行为。 他的帝国不仅没有能够拯救他，而且没有产生任何积极的效果。 唯一可追溯的后果完全是消极的。 在扫清了前进道路上的一切事物后，它自己也径直走向了死亡，结果只不过是在亚洲的西南部制造了一个政治和社会真空，最终引起奥斯曼社会和萨法维王朝*的一场混战，从而把这个遭到毁灭性打击的古代伊朗社会推进了死亡的深渊。

古代伊朗社会首先在宗教方面丧失了游牧民族传统。 在止于帖木儿时代的前四个世纪里，伊斯兰教不仅逐渐建立起对于欧亚大草原四周定居人口的统治，而且在他们穿越沙漠地带进入农耕社会的时候，也始终控制着游牧民族。 到14世纪的时候，似乎没有力量能够阻止伊斯兰教成为整个欧亚地区的宗教了。 但是，帖木儿的事业结束之后，伊斯兰教的前进步伐就终止了。 两个世纪以后，蒙古人和额鲁特人(Calmucks)都皈依了大乘佛教中的喇嘛教了。 这个早已成为消亡许久的古代印度文明宗教生活化石遗迹的突然胜利，正好说明了帖木儿时代

---

* 在1501/1502—1722年统治波斯的王朝。 ——译者注

以后两个世纪里，伊斯兰教的声望在游牧民族的心目中下降到何种程度。

在政治方面，帖木儿起初拥护然后又背叛的古代伊朗文化同样衰败了。 最终在政治上完成驯服欧亚游牧民族伟业的定居社会是俄罗斯人和中国人。 游牧民族这出单调重复性的历史戏剧的最终结局其实是可以预料的。 17世纪中叶，当莫斯科公国的哥萨克属民和中国的满族统治者在欧亚草原的北部边缘附近从东西两个方向摸索前进的时候，他们狭路相逢了，并且为了争夺位于阿穆尔河*上游地区的成吉思汗的古老牧场的控制权，发生了第一次战斗。 一个世纪以后，欧亚草原就在这两个竞争对手中间瓜分完了。

人们可以好奇地设想一下，假如帖木儿在1381年没有从欧亚草原上转过身来，侵入伊朗社会的话，今天乌浒河—药杀河流域一带与俄罗斯之间的关系也许是相反的情景。 俄罗斯就会发现它被包含在一个与今天的苏联几乎一样大的帝国境内了，只是这个帝国的重心有所不同——它将是一个伊朗帝国，是撒马尔罕统治莫斯科而不是莫斯科统治撒马尔罕。 这个想象的情景也许是不会到来的，因为五个半世纪历史的实际过程并不是这样。 但是如果我们设想查理曼并不怎么凶暴、并不怎么致命的军事进攻也能给西方社会带来巨大灾难的话——就像帖木儿给伊朗带来巨大的灾难一样，那么西方的历史过程也许会是一个非常奇怪的情景。 在黑暗的10世纪，奥斯特拉西亚将会被马扎尔人吞没，纽斯特里亚**将被北欧海盗征服，加洛林帝国的心脏地带从此以后将会一直在蛮族的统治之下，直到14世纪奥斯曼人来到后，把稍为温和的异族统治强加给西方基督教社会这些荒凉的边境地区。

帖木儿最严重的毁灭行为却是对于他自己。 他的名字虽然流芳千古，但是他那些本应该被人们牢记的丰功伟绩却永远从后人的记忆中抹去了。 在基督教和伊斯兰教世界里，帖木儿这个名字能让多少人回忆起这个曾经抵抗蛮族的文明社会的勇士，在领导了长达19年争取独立

---

　　*　Amur 即黑龙江——译者注
　　**　纽斯特里亚(Neustria)意即"新的西部土地"，系法兰克王国的西部领地，包括现今法国北部大部分地区。 ——译者注

的战争以后，为祖国人民和僧侣们赢得了一场来之不易的胜利呢？ 对于绝大多数多少还对帖木儿这个名字有些印象的人们来说，能够记住的只是他在24年的时间里犯下的无数的骇人听闻的罪行，就像最后五个亚述国王在120年的时间内所做的一样。 我们能够想到的只不过是这样的一个怪物：1381年把伊斯伐拉*夷为平地；1383年在萨布扎瓦尔**用两千个囚徒的身体建造了一座活人堆，然后用砖把他们砌在里面；在吉里用五千颗人头堆成一座塔；1386年把鲁里的囚犯从悬崖上推下去摔死；1387年在伊斯扎罕***屠杀了七万人，然后把他们的人头堆成一座塔；1389年在德里把十万囚犯全部杀死了；1400年把锡瓦斯****已经投降的四千基督教驻军全部活埋；1400年和1401年在叙利亚用人头建造了二十座高塔。 人们正是通过这样的暴行才记住了帖木儿，因而在人们的记忆中，他就像草原上的食人恶魔——成吉思汗、匈奴王阿提拉之类的人物，可是耗费了他大半生最美好的岁月发动的这场神圣的战争却要把他置于死地。 这个杀人狂的每一个想法都是想要通过凶残地滥用武力向人们炫耀自己的军事力量。 一位英国诗人马洛用夸张的手法，通过帖木儿之口，清楚地表达了这种疯狂的想法：

> 战争之神给我让出住所，
> 为的使我成为世界的将军；
> 朱庇特主神，见我身披铠甲，会吓得面色苍白，
> 害怕把他逐下宝座。
> 无论我到那里，命运之神都会满身大汗，
> 死神来回奔跑，
> 只是为了向我的宝剑表示敬意……
> 成千上万个灵魂坐在冥河岸边，
> 等待卡戎的船返回，

---

* 伊斯伐拉(Isfarā)，位于塔吉克斯坦北部。 ——译者注
** 萨布扎瓦尔(Sabzawār)，位于今阿富汗境内城市。 ——译者注
*** 伊斯扎罕(Isfahan)，伊朗城市。 ——译者注
*** 锡瓦斯(Sivas)，土耳其的城市。 ——译者注

地狱和天堂挤满了人类的幽灵，

都是我从各种战场上送来的牺牲品，

为的是把我的英名从地狱传递到天堂。[20]

从边境长官到流寇

在分析帖木儿、查理曼和稍后的几个亚述国王生涯的时候，可以发现在三者之中有一个共同的现象——为了防御外来敌人而在边境地区发展起来的军事力量，一旦在边境以外的荒无人烟地区脱离了正常的发展轨道，转过身来对付境内的同胞，它就会变成一种军事灾难。在我们的记忆中很快就浮现出许多这样的例子。

我们首先想到的是作为抵抗威尔士王国的英国边境地区麦西亚，利用在以前的战争中磨砺得异常锋利的武器，对付罗马帝国在不列颠遗留下来的其他"后继国家"；然后想到金雀花王朝企图在百年战争中征服它的姊妹国家法兰西，而不去干它的正当营生，进攻凯尔特边境地区来扩大他们共同的母国——拉丁基督教世界的疆界；还想到西西里的诺曼王罗哲尔利用他的军事力量在意大利扩张版图，而不是去进攻东正教世界和伊斯兰世界，继承祖先的未竟事业，在地中海扩大西方基督教世界的疆土。同样，欧洲大陆上米诺斯文明的边远地区迈锡尼在成功地抵御了大陆蛮族以后，不惜滥用武力却是为了转过身来分裂它的母国克里特。

埃及社会在对于第一瀑布下游的尼罗河流域的古老的南部远征中锻炼了自己的军队。在完成对于上游地区的努比亚蛮族的抗击任务后，突然回过头来进攻埃及社会内部，通过残酷的武力建立了拥有双王冠的统一王国。当时的一位参与者用洋洋自得的坦白口吻，把这次军事行动记录在迄今为止发现的最早的一个埃及文物——纳尔迈石板上。* 纳尔迈石板展示了上埃及国王征服下埃及以后胜利凯旋的场景。这位征服者，庞大得像一个超人，跟在一队昂首阔步的旗手后面，得意洋洋地

---

* 纳尔迈石板又称纳尔迈调色板，上面有浅雕形象，刻画了古埃及国王纳尔迈征服敌人的情景。——译者注

向前走着；再前面是两排被斩首的敌人尸体；石板的下面，他被描绘成了一个公牛的形象，踏上一个倒下的敌人尸体，击倒了敌人的防御城墙。 上面附着的文字清楚地记载了这次的战利品：12 万名战俘，40 万头牛，1 422 000 只绵羊和山羊。

从这个埃及古老的带有恐怖色彩的艺术作品中，我们看到了纳尔迈时代以后往复重演的军事惨剧的整个过程。 其中最惨烈的一幕也许是雅典人上演的，她由一个"全希腊的解放者"转变成了一个"残暴的城邦"。 雅典的悲剧不仅给整个希腊而且给自己带来了毁灭性的伯罗奔尼撒战争。 我们在这一章里考察的军事方面的情况正好给放纵——骄横——毁灭的致命链条作了注脚，因为军事技术和力量是两把锋利的武器，可以给那些滥用它的人以致命的伤害。 或许军事行为的真实情况同样是上述链条引起的火力并不怎么猛烈的较少暴力的其他领域中人类行为的真实情况。 这种现象出现的原因就在于人类的能力都有一定的适用范围。 在特定的范围内完成特定的任务时，人类的能力才能正确地发挥作用，反之，就会导致一个非正常的结果，因此，这不仅仅是人类智力和道德的失误问题，人类的能力也不是必然会引起某种灾难。这样我们就需要继续考察这种因果关系在非军事领域的情况了。

第七节　对胜利的陶醉

罗马教廷

放纵—骄横—毁灭这一悲剧链条的更为普遍的一种表现形式是对于胜利的陶醉，无论这种致命的胜利是通过武力战争还是各种精神力量的冲突。 这出戏剧的两种不同形式在罗马历史中都可以见到：在公元 2世纪罗马共和国的衰落中可以见到对于军事胜利的陶醉，在公元 13 世纪教皇制度的衰落中可以见到对于精神胜利的陶醉。 我们已经在其他章节里讨论过罗马共和国的衰亡问题，所以在这里我们集中讨论后者。罗马教廷——西方最伟大的制度——的历史始于 1046 年 12 月 20 日，即亨利三世主持召开苏特里宗教会议；止于 1870 年 9 月 20 日国王维克多·伊曼努埃尔*的军队攻占了罗马城。

这种教皇制的基督教共和国是独一无二的人类制度。如果试图通过与其他社会制度的对比来概括它的特征，人们将会发现两者之间存在着根本的差别，会感到作这样的对比简直毫无意义。最好的方法是从相反的一面，即把它看作恺撒式教皇制度的对立面，是一种社会的反动，一种精神的抗议。比起其他描述，这种描述也许更恰当地评价了希尔德布兰德的成就。

当托斯卡纳人希尔德布兰德于11世纪三四十年代在罗马定居下来的时候，他发现自己正处于拜占庭社会一个退化的旁支占领下的东罗马帝国一个被遗弃的偏僻小镇。这些罗马人的后代在军事上毫无防御能力，社会动荡不安，财政和精神已经崩溃。他们已经不能够对付伦巴第邻居；而且丧失了教皇在国内和海外的所有地产；当这一切成为一个影响到教士生活水平提高的问题时，他们不得不求助于阿尔卑斯山以北的克吕尼修道院。最初重建教皇权威的尝试是抛开罗马人而直接任命阿尔卑斯山以北的人们担任各种官职。就在这个被遗弃的异族的罗马城，希尔德布兰德和他的后继者成功地创建了西方基督教世界的统治制度。他为罗马教廷赢得了一个人类心灵中的帝国，这个帝国要比安东尼的帝国伟大得多，仅就地域而言，它就囊括了莱茵河和多瑙河以外的广大西欧地区，这些地区，就是奥古斯都和马可·奥里略**的军团也从未踏足过。

教皇的这些胜利部分应该归因于疆界不断扩大的基督教共和国的组织形式。它激励友爱和信赖而不是鼓励敌意和对抗。它的基础是教会的中央集权、一致性与政治的多样性、授权制的结合。正是由于它的首要原则是强调精神的力量高于世俗的力量，因此突出了统一性的主导地位，而又没有抛弃处于成长期的西方社会成长所必须的自由和富有弹性的要素。即使在12世纪教皇拥有世俗和宗教权威的意大利中部地

---

　　* 维克多·伊曼努埃尔(Victor Emmanuel，1820—1878)，意大利统一之后的第一位国王。——译者注
　　** 奥古斯都与奥里略都是罗马皇帝。前者生活在公元元年前后，是埋葬罗马共和国的关键人物之一。后者活动年代在2世纪晚期，是著名的哲学皇帝，撰写了名著《沉思录》。——译者注

区，它同样鼓励城邦的自治。 12 世纪和 13 世纪之交，意大利城市自治运动在整个意大利蓬勃发展起来，教皇的权威此时在西方基督教世界也达到了顶峰。 一位威尔士诗人却写道："多么奇怪，教皇的指责和干预，在意大利几乎不起什么作用，但是却吓得其他地方的王国们瑟瑟发抖。"[21] 吉拉德斯·康布拉恩西斯*感觉到了这种矛盾的现象，并把它作为讽刺的主题。 西方基督教世界的大多数国王和城市国家之所以接受教皇至高无上的权威，而不怎么反对，就是因为当时人们并不怀疑教皇具有插手世俗权力的企图。

在教皇制度的全盛时期，这种远离世俗权力和领土野心的颇具政治家风度的超然态度，与拜占庭帝国遗留给罗马教廷的充满活力、具有进取精神的行政管理才能巧妙地结合在一起，但是在东正教社会，这种才能不幸地被用来复活罗马帝国的幽灵，因而把处于成长期的东正教社会置于一个难以承受的噩梦般的体制之下了。 这个基督教共和国在罗马的建筑师们根据新的计划，在更广泛的基础上建立了一种轻巧灵活的体制，从而把他们的行政管理才能派上了更好的用场。 教皇制这张薄若蚕丝的大网最初织成的时候，就使中世纪西方基督教世界自发地合成一体了，这对于局部和整体都是有利的，只是到后来，这些纤细的网丝在不断冲突的压力下，才变得越发僵硬，成了一个铁箍，重重地套在当地国王和人民的身上，最后，他们不顾一切地撕碎了它，只是未想到在解放自己的同时，正在摧毁教皇建立并保存下来的全基督教会的统一。

在教皇的这项创造性事业中，无论是行政管理能力还是对于领土野心的远离，当然都不是至关重要的创造力量。 他们之所以成为创造性人物，是因为当一个成长中的社会渴望更好的生活，向更高的阶段发展的时候，他们能够毫不犹豫地全身心地担负起领导责任，把自己的信念和组织注入这个社会当中；并且赋予这些想法以具体的形式和名声，从而把这些各自为战、零散的个体和少数人的白日梦转变成了一些共同的目标，于是当他们听到教皇们鼓吹的、与教会命运紧密相连的远大目标

---

    * 吉拉德斯·康布拉恩西斯(Giraldus Cambrensis，约 1146—1223)，又称威尔士杰拉德，基督教牧师与编年纪作家。 ——译者注

时，便坚决地站起身来，满怀信心地为之奋斗了。由于清除了神职阶层的两种道德罪恶——淫乱和贪污，由于使教会生活免除了世俗权力的干涉，由于把东正教社会和宗教圣地从伊斯兰教的土耳其勇士的魔爪中拯救了出来，基督教共和国获得了由教皇发动的这场战争的胜利。但是，这还不是教皇希尔德布兰德的全部工作；因为即使面对最严重的压力，领导"圣战"的这些教皇们也会有一些别的想法，希望能做一些和平工作。正是如此，教会才展示了它的杰出之处，完成了最具创造性的工作：创建大学、建立新的宗教生活形式以及托钵僧秩序。

希尔德布兰德教皇统治的衰落像它的兴起一样，是一个极其特别的现象。把它推至顶峰的所有美德，在滑向深渊的过程中，似乎逐渐转化成了对立面。这个为了争取自由而反抗物质力量并取得暂时胜利的神圣制度，现在沾染上了它曾经要消除的恶习；这个曾经领导过反对买卖圣职斗争的教廷，现在却规定神职人员得到教会的肥缺必须向罗马教廷交纳钱款，而它本身是禁止神职人员向任何当地的世俗权力购买职位的；这个曾经是道德和智力进步旗手的罗马教廷现在却成了精神保守主义的温床。教会的权威本身现在也被地方世俗下属——新兴的地方小国的君主——所削弱，它们要求分享财政和行政制度带来的巨大收益，而这些制度原本是教皇们精心设计出来用于维护自己的有效权威的。最后，这个消失的共和国分裂成许多地方性小国，教皇也不得不像那些地方小国一样，从仅能控制一个最小的"后继国家"中得到些许微不足道的慰藉了。什么制度能给予它的敌人如此大的机会而任由它们对其糟蹋亵渎呢？这的确是我们在这部书里研究创造力的报复问题时遇到的最为极端的例子。那么，它是如何发生呢？又为什么会发生呢？

其实，在记录下来的希尔德布兰德的公共事业发生第一次转变时就先有预兆了。

罗马教会在11世纪决意通过创建一个基督教共和国，把我们的西方社会从封建的无政府状态中拯救出来，结果却发现，这种创造精神陷入了一种两难境地，就像今天他们的精神后裔企图建立一个世界秩序来取代国际的无政府状态一样。他们的基本目的是想用精神权威取代物质力量。精神之剑确是一把利刃，利用它，他们取得了这场高级战争的胜利，但是在一些情况下，已经建立起来的物质力量的统治却能够承受精神之剑的打击，自己并未受到什么伤害。在这种情况下，罗马教会的武士们就遭遇到了挑战，需要对斯芬克斯之谜作出自己的回答。这些上帝的士兵除了自己的精神武器外，就不能使用其他的武器，以至于眼睁睁地看着自己的前进步伐停滞不前吗？或者说他们可以使用敌人的武器来进行一场反对邪恶的圣战吗？当希尔德布兰德被格列高利六世任命为教皇的司库，发现强盗经常来抢劫的时候，他作出了肯定的回答，招募了一支军队，用武力击溃了那些强盗。

希尔德布兰德采取这种行动的那一刻，他的行为的内在道德基础也很难说是圣洁的。可是40年以后，在他生命的最后时刻，问题的性质已经不是那么模糊不清了，因为1085年，当他作为一个被放逐的教皇在萨勒诺奄奄一息的时候，罗马城遭遇到了难以承受的灾难，这场灾难正是他一年前采取的政策造成的。1085年，罗马城被诺曼人洗劫一空，而这些人原本是他招募过来助战的。这场战争迅速从圣彼得的祭坛台阶上蔓延开来——这里是教皇的财宝存放地——直到席卷整个西方基督教世界。希尔德布兰德和亨利四世之间物质利益的冲突激化到极点，就预示了一个半世纪之后，英诺森四世与腓特烈二世之间将要爆发更加猛烈、更具破坏性的战争。到英诺森四世担任教皇职位，从一个律师变成了一个军事家的时候，我们对于这种行为性质的怀疑就可以结束了。希尔德布兰德把他的教会带进了这样的道路——以敌人的胜利而告终，也就是说，世俗世界、肉欲和魔鬼最终要击败他试图在地球上建立的"上帝之城"：

> 政治过去不允许,以后也不会允许
> 教师们成为值得信赖的人;
> 等级森严的教会密谋
> 让圣彼得登上恺撒的宝座,由他为人类
> 获得所喜爱所崇拜的救世主的承诺
> 放松了他的天职来延续世俗统治。[22]

如果我们清楚地解释了教皇如何成为它原本要驱逐出去的军事暴力这个魔鬼的奴隶的话，那么我们明白了教皇的其他美德为何变成了与之对立的罪恶，因为物质力量被精神之剑所取代是根本的变化，所有其他的变化则是自然的结果。比如，教皇在11世纪主要关心的是根除神职人员中买卖圣职的恶习，可是到了13世纪，他为何极力参与神职人员任命中的利益分配呢？到了14世纪，他又为何要从各级教会买卖圣职的收益中征税呢？答案很简单，教皇变成了军事家，而进行战争是需要金钱的。

13世纪教皇和霍亨斯陶芬王朝之间爆发的那场大战的结局是一切战争的通常结局，没有什么两样。表面上胜利者把敌人置于了死地，可是自己同样受到了致命的伤害，真正的胜利属于保持中立的第三者。腓特烈二世死后50年，教皇卜尼法八世突然进攻并摧毁了法兰西王国，但其结果就像1227—1228年那场惨烈的战争一样，教皇的势力被大大削弱了，下降到了与法兰西王国一个水平上，可是法兰西王国却很快变得与战前一样强大。美男子国王腓力在教士和人们的一片欢呼声中，在巴黎圣母院前烧毁了教皇的训令，把教皇囚禁了起来。在他死后，教皇的统治中心就从罗马移到了阿维侬。于是就发生了上述的"囚禁事件"(1305—1378年)和后来的"宗教大分裂事件"(1379—1415年)。

现在可以肯定的是各地世俗君主，在各自的国土内，迟早都会继承教皇逐渐建立的行政和财政制度以及权力。这个转变过程只是一个时间问题。我们也许注意到了一些这样的实例，如《英国圣职授职法》(1351年)和《王权侵害法》(1353年)的颁布。一个世纪后，罗马教廷被迫向德意志和法国的世俗权力让步，只是希望他们能够从巴塞尔宗教会议中撤出他们的支持力量；1516年法兰西—教皇协定的签订，以及1534年英国最高权力法案的通过等等。教皇的至高权力向世俗政权的转移开始于宗教改革之前的二百年，此后，无论天主教国家还是新教国家都开始了这一过程，到16世纪，这个过程基本完成了。当然这一时期同样建构了现代西方社会极权国家的基础，这也并非是偶然的现象。我们已经指出了这一现象最重要的一个外在特征：人们逐渐与教会分离，主要致力于区域性世俗国家的构建了。

这种对于人类灵魂的控制是后继国家从那种伟大高贵的制度中，掠夺来的最为宝贵的战利品。它是通过忠诚，而不是通过后继国家赖以生存的增加福利和加强军事力量的方法，建立和巩固自己的统治。同样，这种从希尔德布兰德教皇那里继承的精神遗产，把曾经无害的有用的区域性国家制度变成了文明的一种威胁，这一点在今天已经清楚地表现出来了。这种精神崇拜如果沿着圣坛通向上帝的正确道路前进的话，它就是一种有益的创造力量，相反当它背离了原来的目标，被人类制造成一种偶像的时候，就会退化成一种破坏性力量。区域性国家，就像我们中世纪的先知了解的一样，是人类制造出来的一种制度，它是有用的，也是必要的，值得我们自觉但并不怎么热心地承担起小小的社会责任，不过今天我们已经把这种责任交给市政当局和议会了。因此，如果对于这些零散的社会机器盲目崇拜，必然导致灾难性的后果。

我们现在也许知道了教皇是如何完成这个极端痛苦的角色转换的了，可是我们只是描述了这个过程，并没有解释它之所以发生的原因。那么中世纪的教皇们为什么会成为自己工具的奴隶呢？为什么由于使用物质手段而背离了自己的精神手段想要达到的目标呢？答案也许在于最初的胜利产生的不幸后果中。武力对抗武力在一定限度内可以说是正当的，或许这是出于人的本能，很难说得清楚为什么，或许正是它的随意性，使得诉诸武力的危险性必定会产生致命的后果。由于陶醉在与神圣罗马帝国斗争的早期阶段采用武力手段所取得的成功之中，格列高利七世(希尔德布兰德)和他的后继者们便坚持使用武力，直到把非精神手段的胜利当成了目的本身。如果说格列高利七世与帝国作战是为了清除帝国为教会改革所设置的种种障碍，那么英诺森四世与帝国作战就完全是要摧毁帝国的世俗权力了。

我们能够确定希尔德布兰德的政策从哪里"偏离轨道"吗？或者按照传统的说法，它从何时背离了原来那条狭窄的道路呢？我们试着找到这个错误之处吧。

1075 年，反对神职人员淫乱和财务腐化行为的双重宗教斗争已经在整个西方世界获得了胜利。这场标志性的胜利要归功于罗马教廷的道德力量，而仅仅在半个世纪之前，教会中最丑恶的行为还出自肆意挥霍、荒淫无耻的罗马教廷身上。 这场胜利是希尔德布兰德个人的功劳。 他利用手中掌握的所有武器，精神的、物质的，在阿尔卑斯山以北地区和教皇宝座后面进行了艰苦的斗争，直到他登上梦寐以求的教皇宝座为止。 在胜利的那一刻，在他担任教皇职务的第三年，他采取了一个步骤——尽管是不可避免的，但是在责难者看来，毫无疑问是灾难性的步骤，即他把战场从有把握的反淫乱和买卖圣职领域扩大到易受非议的主教授职权方面。

或许从逻辑上讲，授职权的斗争可以说就是反淫乱和买卖圣职斗争的一个必然结果，假如这三者都被视为分别从三个方面力图拯救教会的话。 对于希尔德布兰德来说，在其事业的这一危机时刻，如果继续让教会受到世俗权力的政治束缚，那么他致力于使教会摆脱情欲之神和贪欲之神的努力肯定会前功尽弃。 倘若第三种镣铐重重地套在教会的身上，教会要完成复兴人类的神圣工作能够不受到阻碍吗？ 对于这种争论，人们不禁会问：在1075年的时候，任何眼光敏锐颇有主见的教皇是否必然认为，在以罗马教廷为代表的教会改革派与以神圣罗马帝国为代表的基督教国家的世俗政权之间，还存在真诚和富有成效的合作可能性吗？ 对于这个问题，其实希尔德布兰德的责难者更有资格回答，即使他们无法从本质上找到问题的真正答案。 尽管如此，至少有两个理由证明希尔德布兰德应负主要责任。

其一，希尔德布兰德和他的同伴们——无论是在1075年的禁止世俗授职法颁布之前或者之后——并没有否认从教皇到各级神职人员的选举程序中，世俗权威所扮演的角色的合法性。 其二，在1075年之前的三十年当中，罗马教廷和神圣罗马帝国一直紧密合作，共同致力于反淫乱和买卖圣职的斗争。 必须承认，亨利三世死后，他的儿子年龄还小的时候，帝国和教皇在这些斗争中的合作关系已经不那么牢固了。 1069年亨利四世成年之后，他的行为就更加不能令人满意了。 在这种情况下，教皇就逐渐开始限制或者禁止世俗权力干预教会职位的任命了。 虽然这种做法是正当合理的，但也不得不承认，这其中带有一点革命的特征。 不管有什么挑衅，假如希尔德布兰德在1075年都没有选择两面出击的话，可以想象，良好的合作关系还是能够恢复的。 令人难以想象的是，希尔德布兰德竟然变得如此暴躁——这是骄横行为的主要特征之；更难以想象的是，他高贵的动机之中掺杂着一些对于帝国权力的报复性情绪，仅仅因为 1046 年苏里特宗教会议使衰老的教皇蒙受了耻辱。为此，希尔德布兰德登上教皇宝座之后，采用了格列高利的称号，而这正是以前那位被废黜的教皇的名号。

使用军事手段解决授职权问题必然造成教皇和帝国的决裂，同时带来更大的破坏性，因为双方对于授职权问题的分歧还不是那么大，而在其他的诸多问题上往往还是意见一致的。

授职权问题分歧的模糊性源自这样的一个事实，即在希尔德布兰德的时代，关于主教职位的任命制度已经建立起来，它的任命需要征得各种不同派别的一致同意。根据这条古老的教规，主教必须从他所在的辖区内的神职人员和人们中选出，并且由所在区域内的主教组成的法定委员会授予圣职。这种做法起源于君士坦丁的宗教改革，从那以后，世俗政权在任何时候都没有尝试去侵犯主教的这个特权，在理论上也没有尝试去挑战神职人员和人们的选举权。世俗政权在法律上对于这个问题并无偏见，实际上，他们所起的作用只是提名候选人，对选举结果行使否决权。对于这项权力，希尔德布兰德也曾经不止一次地明确承认过。

到了 11 世纪，出于对实际情况的考虑，世俗权力对于神职人员任命权的控制有了某种程度的加强，这是因为神职人员长期地而且越来越多地既担任教会职位，也担任世俗职位。到 1075 年，西方基督教世界中的很大一部分公共行政管理权力被掌握在通过控制封建领地从而控制了世俗权威的教士们手中，这些不受世俗授职权限制的教士们，逐步废除了世俗权力对于自己大部分领地的管辖权，把教会变成了世俗的和宗教的最高权力机构。在此情况下，这些公共管理权能够转移到世俗的行政管理者手中是无法想象的，也是毫无意义的，因为冲突双方都清楚地意识到能够接管这些事务的世俗人物不可能生存下来。

1075 年希尔德布兰德行为的严重性，可以通过它引起的灾难的广泛性中看出来。在授职权问题上，希尔德布兰德把以前三十年间为教皇赢得的所有道德上的威信全部作为赌注押了上去。凭借着他在亨利四世控制的阿尔卑斯山以北地区的贫困的基督教徒中的威望，再配合萨克森人的武力，终于把皇帝带到了卡诺萨(Canossa)。 尽管这次事件使皇帝的尊严受到了沉重的打击，从此再没有恢复过来，但是这并不是事情的最终结局，而是一场争斗的重新开始。 五十年的冲突在教皇和皇帝之间造成了的裂痕如此之大，以至于即使在引起这场冲突的问题上达到了政治上的妥协，也难以弥补。 1122 年宗教协定签署之后，双方在授职权问题上的争斗也许彻底结束了，但是它产生的敌意却在继续发展，因为它在人类残酷无情的心灵中，在人类反复无常的野心中，不断造成了新的冲突。

我们之所以相对详尽地考察了希尔德布兰德在 1075 年作出的决定，是因为我们相信这个至关重要的决定是后来发生的一切事情的前提条件。 在对胜利的陶醉中，希尔德布兰德复活了一种罪恶的制度并置于它至高的地位，可是这种制度同时又把他送上了一条不归路，他的后继者也未能及时纠正这个错误。 我们无须再进一步追问这个故事的详情了。 英诺森三世担任教皇的时期(1198—1216)正值安东尼时代，或者说是希尔德布兰德教皇制兴旺的"小阳春时期"，但是这位教皇至高的地位却应该归因于一些偶然的因素，比如霍亨斯陶芬王朝长期是年幼的君主当政。 他的事业只不过说明了这样的一个事实，即优秀的行政管理人员也可能是一个愚钝的政治家。 因而随后就发生了一连串极端的事件。 教皇与腓特烈二世及其子孙的战争；粗暴抗议卡诺萨事件的阿那尼[*]悲剧；囚禁事件和宗教大分裂事件；宗教会议运动中议会制度的流产；意大利文艺复兴时期梵蒂冈的异教化；宗教改革中天主教会的动荡不安；反宗教改革派发起的无关痛痒的但是异常残忍的斗争；18 世纪教皇制在精神上的无力挣扎以及 19 世纪非常活跃的反自由主义思潮等等。

不管怎样，这种独一无二的制度还是生存下来了。[23] 在今天我们生活的这个具有决定意义的时刻，它同样是适合的、正确的。 西方世界的所有男男女女，不论是"依照应许，承受产业"的"受洗归入基督

---

[*] 阿那尼(Anagni)，意大利中部城市。 ——译者注

的人",还是"同蒙应许"的人,以及"同为后嗣,同为一体"的异教徒,都应该号召基督教的牧师们继续宣扬他们的崇高使命。 彼得的主人不是对彼得说过:"多给谁,就要谁多取,多托给谁,就向谁多要"的话吗? 我们的祖先已经把他们的所有财富——西方基督教世界的命运托付给了罗马的使徒们。 当这些"仆人了解主人的旨意,却不准备,按照他的旨意行事",因而受到"多受责打"的惩罚的时候,这些惩罚就重重地落在了那些把灵魂委托给"众仆之仆"的"仆人和使女"的身上。 今天我们已经遭遇到仆人这种骄横行为的惩罚,无论我们是天主教徒还是新教徒,无论是教徒还是非教徒,那些把我们带进歧途的人,就应该把我们再带出去。 假如在这个生死攸关的时刻,出现了第二个希尔德布兰德,那么我们这位被委托人这一次能不能从过去的灾难中获得某种智慧,进而提前采取措施,对于那种毁灭教皇格列高利七世伟大事业的胜利不再过分陶醉呢?

注　释:

[1] Matt. ix.16—17.

[2] 尽管 P·A·索罗金从他搜集的统计数字上,发现从整体上看,西方世界的战争次数在 19 世纪要比 18 世纪高,见 *Social and Culture Dynamics*,　vol. iii(New York 1937, American Book Co.), pp. 342, 345—346。

[3] Gibbon, E., *The History of the Decline and Fall of the Roman Empire*,　ch. xxxviii, 最后部分。

[4] 事实上,还有更早的例子:在七年战争的初期,英国人就曾经把法国的阿卡第亚人驱逐出新斯克舍,但是那是一次规模较小的事件,尽管按照 18 世纪的标准来说,可以称得上一个暴力事件,然而据说这样做也是出于战略考虑的。

[5] Plutarch, *Life of Themistocles*, ch. ii(地米斯托克利斯是公元前 5 世纪前期的雅典著名政治家。 ——译者注)。

[6] Wardward, W. E., *A New American History* 所引, p. 260。

[7] 老子:《道德经》,第 24 章。

[8] Tennyson, In Memoriam.

[9] 对于从亚历山大大帝击溃阿契美尼帝国到奥古斯都建立罗马盛世为止的三百年,用"阿提卡时代"要比用"古希腊时代"称呼它更为确切。 正如比万(Edwyn Bevan)指出的那样,"古代希腊"这个词,严格来说,指的应该不是古代希腊文明史上的任何一个时期,而是指同古代希腊社会有子体关系的两个文明的整体特征,这两个文明就是我在这部著作中提到的西方文明和东正教文明。

[10] 在汤因比先生的原著中,关于东罗马帝国的情况篇幅很长,比以前所有的历史著作讨论得都详尽。 见原著第 4 卷,第 320—408 页。 ——节录者注

[11] Heard, Gerald, *The Source of civilization*, pp.66—67.

[12] 同上书,第 67—69 页。

[13] Wells, H. G., *The Outline of History*, pp.22—24.

[14] Heard, Gerald, *The Source of Civilization*,　pp.71—72.

[15] 一个国家在先知的预言中是不可能获得任何荣誉的。

[16] Iliad, xvi, ll. 211—217.

[17]　Brown, E. G., *A Literary History of Persia*, vol. ii, p. 462, quoting Falakad—Din Mu‐hammad b. Aydimir as quoted by Ibn-at-Tiqtaqi in Kitab-al-Fakhri.

[18]　一位希伯来诗人的一句诗"耶书伦(描述以色列人的理想特质时，用来象征以色列的名字——译者注)肥胖后逐渐就变得骄横了"，清楚地说明了放纵和骄横之间的因果关系。《申命记》，第 32 章，第 15 节。他变得骄横($\gamma\beta\rho\alpha s$)是因为他变得肥胖了($K\acute{o}\rho os$)，后面的诗句说明他受到的灾难($A\tau\eta$)，耶书伦就是以色列，当时正值耶罗波安二世的盛世，他遗弃了耶和华。导致"十族"灭亡的囚禁故事就发生在此前的五十年里。

[19]　Plato, *Laws*, 691 c.

[20]　Marlowe, Christopher, *Tamburlaine the great*, ll.2232—2238, 2245—2249.

[21]　Mann, the Right Rev. Monsignor H.K., *The Lives of the Pope in the Middle Ages*, vol. xi, p.72.

[22]　Bridges, Robert, *The Testament of Beauty*, iv, ll.259—264.

[23]　一个著名的罗马天主教作家曾经私下里讲道：(他的名字就不说了)"我相信天主教是神圣的，因为，没有任何如此邪恶愚蠢的人类制度在一夜之间不会毁灭的。"——节录者注

第五部　文明的解体

第十七章

解体的性质

第一节　概述

在研究文明的衰落到解体的过程中，我们不得不面对的问题同我们在研究文明的产生到成长时遇到的问题是一样的。解体是一个有其自身原因的新问题呢，还是我们可以理所当然地把它看作是衰落的无可避免的自然结果呢？当我们考虑起源与成长的问题时，不管成长是否是与起源问题明显不同的新问题，我们都会对这个问题给以肯定的回答，因为我们发现事实上存在着许多"停滞的"文明，它们解决了起源问题，却没有解决成长问题。现在，在我们研究的后期，我们遇到了具有同样肯定答案的类似问题，因为存在这样一个事实，即有些文明在衰落之后，经受了类似的停滞，进入一种长期僵化的时期。

僵化文明的典型例子在我们业已考察过的埃及社会历史的一个阶段呈现出来。埃及社会由于金字塔的建造者施加在它身上的无法容忍的重压而被摧毁。从那以后，埃及社会经历了解体的三个阶段——一个"动乱年代"，一个大一统国家和一个中间期——的第一和第二阶段，进入第三阶段。*随后，这个显而易见的垂死社会，却出乎意料地突然

---

* 古埃及历史上有两次比较明显的治乱交替的中间期。——译者注

在它结束自己生命历程的那一刻，偏离了我们可以暂且认为的标准模式，如果我们把希腊范例(我们在其中最先看到了这三个阶段)看成是标准模式的话。埃及社会拒绝在这个时候灭亡而继续延续自己的生命。如果我们从时间上衡量埃及社会，即从公元前 16 世纪前 25 年，埃及人令人振奋地反对喜克索斯人入侵的时刻起，再到公元前 5 世纪埃及文化的最后遗迹消失为止，我们发现这两千年的时间跨度同埃及社会的产生、成长、衰落和几乎完全解体的过程一样长；或从公元前 16 世纪埃及社会热切地致力于复兴开始，前溯到公元前 4000 年代某个未知的年份，也就是到它初次超越原始阶段为止。*但埃及社会的生命在其存续的后半段，已经死气沉沉。在这额外的两千年时间里，先前曾经充满活力和内涵的文明处在奄奄一息与停滞不前的拖延中。实际上，它之所以幸存下来正是由于它是在逐步僵化。

这样的例子并非独一无二。如果我们转向远东社会的主体——中国的历史，它解体的时间可能开始于 9 世纪最后 25 年唐帝国的崩溃。我们在追溯这一接踵而来的解体过程时，跟随的是正常的过程，即经过一个"动乱时代"进入一个大一统国家；只是在这个阶段的进程中，被阻止在与埃及反对喜克索斯人侵者一样突然而且强烈的反应状态中。在明朝建立者洪武领导下的南方中国人的起义，反对由野蛮的蒙古军队建立的远东统一国家，这使人强烈地联想到由 18 王朝的建立者阿摩西斯领导的底比斯人的反抗，反对由野蛮的喜克索斯人在已经灭亡的埃及统一国家(被称之为"中王国")的部分被遗弃的领土上建立的"后继国家"。而且相应的，二者在结局上也有相似的地方。这个远东社会以僵化的形式拖延它的存在，经由大一统国家进入间歇期，并没有迅即从解体到死亡。

除了这两个例子外，我们可以加上其他引起我们注意的、业已绝灭了的不同文明的石化残片：印度的耆那教徒、锡兰、缅甸、遏罗、柬埔寨的小乘佛教徒，以及西藏和蒙古的大乘喇嘛教教徒，这些都是印度文明的化石残片；还有犹太教徒、印度的拜火教徒、基督教徒和基督教一

---

* 古埃及从史前社会进入文明社会的时间约在公元前 4000 年代末。——译者注

性论者，他们都是叙利亚文明的化石残片。

如果我们不能进一步地扩充这个名单，我们至少可以注意到按照麦考莱的判断，希腊文明在公元3—4世纪这段时间里也有相似的经历：

> 古代最著名的两个国家的精神很明显是排外的…事实似乎是希腊人只倾慕他们自己，而罗马人只倾慕他们自己和希腊人……其结果就是思想上的狭窄和单一。如果我们可以表达自己的观点，他们的思想是同种繁殖并且相应地受到不孕症和退化的牵连……皇帝们的高度专制逐渐抹去了所有民族的特征并使帝国最偏远的行省都彼此同质化，这加深了罪恶。在3世纪结束时，人类的前景处在可怕的沉闷之中……那个伟大的社会正经历比国家容易遭受的任何急剧的、有煽动性的、破坏性的混乱更为可怕的不幸——摇摇欲坠、愚蠢和长期的瘫痪，这是斯特鲁尔布鲁格人*式的不朽，是中国式的文明。**它很容易显示出在戴克里先***的臣民和天朝帝国人民之间存在的许多相似之点。在几百年的时间里，那儿谈不上什么有学识或无教养，那里的政府、教育、生活的全部体系都成了一种仪式。在那里忘记了提高认识和增加知识，就好像把天才埋藏在泥土中或把钱财包藏在餐巾里，既不消耗也不增加经验。这样的休眠被两次伟大的革命打破，一次是道德上的，一次是政治上的，一次从内而起，一次由外而来。[1]

在麦考莱看来，帝国时期的希腊社会得益于教会和蛮族的这种仁慈的解脱，是一种不应被视为理所当然的相对幸福的结局。只要生命还在延续，没有被克洛索****的那把无情的剪刀剪断，就有可能在不知不

---

* 英国文学家乔纳森·斯威福特的小说《格列弗游记》对主人公遇到的一种特殊人的称谓。斯特鲁尔布鲁格人(Struldbrugs)虽然长生不死，但他们80岁时可在法律上认定死亡，其财产被后人继承，其本人此后便只是毫无意义地延续生存。——译者注
** 麦考莱在这里继承了黑格尔对中华文明的误解，认为中华文明是停滞的文明。——译者注
*** 公元284—312年的罗马帝国的皇帝。——译者注
**** 希腊神话中的命运三女神之一，是司夜女神尼克丝的女儿，用卷线杆纺织人的生命之线。若用剪刀剪断纺线，便意味夺去一个生命的活力。——译者注

觉中逐渐僵化为死气沉沉的瘫痪状态，而且这样的状态可能是我们西方社会的宿命，至少它时常出现在当代一位著名史家的头脑中：

> 我不认为我们面临的危险是无政府状态，而是专制主义，是精神自由的丧失，是极权主义国家，大概是一个世界范围的极权主义国家。国家或者各个阶级间的斗争结果也许是地区的和暂时的无政府状态，但这是一种短暂的阶段。无政府主义在本质上是软弱的，在一个无政府的世界中，具有合理组织与科学知识的任何牢固结合在一起的团体，都可以把它的领地扩展到其他的地方。而且，作为对无政府主义的一种替代选择，世界可能会欢迎专制主义国家。然后世界也许会进入一个精神"僵化"的时期，一种可怕的秩序，它可能使人类精神的高级活动死亡。罗马帝国的僵化和中国的僵化或许看上去还不太僵硬，因为(以我们的例子)这个统治集团可能拥有更强大的科学力量。(你知道麦考莱《关于"历史"的评论》吗？他认为从长远来看蛮族入侵是一件幸事，因为他们打破了僵化状态。"欧洲渡过了一千多年的野蛮时间来逃避中国的命运。"而未来世界性的集权国家就不会有蛮族来打破了。)
>
> 在我看来，在这样一个集权国家里，哲学和诗歌将会凋萎，科学研究却会不断随着新的发现而发展。希腊科学没有在托勒密王国发现不适宜的环境，而且我认为，一般说来自然科学在专制统治下也会繁荣。为了统治集团的利益，它会鼓励增加他们权力的手段。如果我们没有找到一个结束我们目前互相仇杀的办法的话，对我来说，正是这一点，而不是无政府状态，将是前面的梦魇。但是在那里还有一个基督教会，这是一个需要认真考虑的因素。它可能在将来的世界国家中经历苦难，但正像它迫使罗马这个世界国家最终臣服于耶稣一样，它也可能再次借助于殉难的办法，征服未来的科学理性的世界国家。[2]

这些反应表明文明的解体是一个需要我们加以研究的问题。

在研究文明的成长时，我们发现它们能够被分解为一连串挑战和应战的戏剧性事件，而且接二连三的演出原因是因为每次应战不仅仅成功地回应了被激起的特定挑战，而且它还有助于激起一次新的挑战，每次挑战都会促成新环境出现进而出现新的成功应战。 这样，文明成长的精髓证明是一种活力，这种活力带着受到挑战的一方，途经一种成功应战所形成的均衡状态，进入到失衡状态，表明其自身正处在一种新的挑战之中。 这种重复或者循环的挑战同样隐含在解体的观念中，但在这里，应战失败了。 结果，不是一系列挑战中的每一次在特点上都不同于先前的挑战，且这些挑战都得到成功的应战并移交给历史，而是我们一再遇到了相同的挑战。 例如，在希腊世界的国际政治史中，自梭伦的经济革命起，第一次使希腊社会面临建立世界政治秩序的任务，我们可以看到雅典试图通过提洛同盟来解决这个问题，但未能取得成功。马其顿的腓力试图通过科林斯同盟的办法来解决这一问题，也归于失败。 奥古斯都则试图通过元首统治支撑的"罗马和平"来解决这个问题。 这种同样挑战的重复再现就是当时形势的本质体现。 当每一次对抗的结局不是胜利而是失败的时候，这种未能解决的挑战始终没有得到解决，于是便一再出现，直到它获得某种迟滞的、不完善的回应，或者导致那些对这种挑战根本不能有效回应的社会的毁灭。

那么我们能说除了石化的选择之外，就是完全和绝对的绝灭吗？在做肯定的回答之前，我们想到本书先前部分提到的亲体与子体的关系。 目前我们最明智的做法就是梭伦式的注重最终结果 (Respice finem)* 和悬置判断。

在我们对文明成长过程的研究中，我们从寻找成长的标准开始，然后再试图分析这一过程。 我们在有关解体的研究中仍然遵循同样的计划。 然而，我们可以忽略论证中的一个步骤。 由于这一点已经明确，即我们在逐步提高的对人类或是自然环境的支配中没有找到成长的标准，所以我们完全可以设想这种支配的丧失也不存在于解体的原因之列。 实际上，只要证据存在，它就会显示不断提高的对环境的支配应

---

* 梭伦是公元前 6 世纪初叶的雅典政治家，在雅典实行了政治、经济改革，奠定了雅典民主制的基础。 他崇尚中庸之道，强调对任何事的价值判断要看最终结果，只有在临终时仍然幸福的人才可以说自己是幸福的人。 ——译者注

该是解体而非成长的伴侣。 而军国主义则是崩溃和解体的共同特征，它对增强一个社会对其他现存的社会以及无生命的自然力的支配上，通常是有效的。 在文明解体的沉沦过程中，确实如爱奥尼亚的哲学家赫拉克利特所说："战争是一切之父"。 而且，因为对人类繁荣的那种庸俗估价是根据权势和财富，所以会经常发生这样的事情，即社会悲剧性衰落的开始阶段被当成辉煌发展的顶峰而被众人称赞。 然而，觉醒迟早是要发生的，因为一个无法避免的分裂的社会，会毫无疑问地把战争带来的额外人力和物力资源的大部分"重新投入到战争中去"。 例如，我们看到亚历山大的征服赢得的财力和人力被注入到亚历山大后继者们的内战中，公元前 2 世纪罗马征服获得的人力和财力也注入到了公元前 1 世纪的罗马内战中。

我们不得不在别的地方寻找衡量解体过程的标准，而我们获得的线索来自社会内部的分裂和冲突的环境。 在这里，我们经常可以看到社会对环境控制能力的提高。 这是我们所期待的，因为我们已经发现解体前的衰落过程的最根本标准和原因，是由于社会丧失了自决权而导致内部冲突的爆发。

这种不协调部分表现为社会分裂，它把这个衰败的社会同时割裂为两个不同的范畴：一些纵向的分裂处于不同地域出现的分裂社会之间，一些横向的分裂处于地域上结合但社会各阶级分裂的状态中。

就纵向的分裂而言，我们已看到经常不计后果地沉溺于内战的罪行成了自杀行为的主线。 但这种纵向分裂并不是不和谐的最具特点的表现，它是由文明的衰落带来的，因为毕竟一个社会分裂为诸地方社会乃是所有人类社会(无分文明社会还是非文明社会)的共同特征，内战仅仅是对自我毁灭的一种潜在工具加以滥用而已，这种自我毁灭存在于任何时间的任何社会之中。 另一方面，根据阶级分野而产生的横向社会的分裂，就不仅为文明所特有，而且也是在文明衰落时刻出现的一种现象，是衰落和解体时期的一种显著标志，与它在起源和成长阶段的缺失形成了对比。

我们已经遇到这种横向的分裂。 我们用时间尺度来探究西方社会倒退的范围时遇到了这个问题。 我们发现自己被带回到基督教会时期，一些蛮族战争集团在罗马帝国的北部边界线内同西欧的教会发生了冲突。我们观察到这两种社会中的每一方——战争集团和教会——都是被一个社会集团创造出来的，这个社会集团本身并不是我们西方社会主体的一部分，而只能说成是先于我们的另一个社会的产物，也就是希腊文明的产物。我们把基督教会的创造者看作是希腊社会内部的无产者，把蛮族战争集团的创造者看作是希腊社会外部的无产者。

我们在进一步探讨这个问题时，我们发现这两种无产者都是在"动乱时期"通过脱离希腊社会的举动而兴起的，那时的希腊社会显然已丧失了创造力，已经处于衰落之中。我们再进一步探讨时，会发现这些脱离的举动是由先前希腊社会机体的统治者的特征变化所引起的。"有创造力的少数人"曾借助创造力所特有的天赋魅力，一度引起没有创造力的多数人的自愿效忠。现在他们为缺乏创造魅力的"少数统治者"所取代。这些少数统治者通过武力维持他们的特权地位，由军事集团和基督教会的创立引起的脱离则是对这种专制所作出的反应。但这种少数统治者的意向——试图通过不正当的手段把分裂的社会结合在一起——却落空了。这并不是引起我们关注的少数统治者的唯一成就。他们为自己留下了一座以罗马帝国为形式的纪念碑，这个帝国比教会和那些军事集团形成的时间都早。它在世界上的强大体现——在这个世界中，无产者组织已经成长起来——正是教会和军事集团得以发展的一个不能忽视的因素。这个大一统的国家——希腊的少数统治者*把自己局限于其中——就像一个巨大乌龟的甲壳，当教会在它的庇护下成长时，蛮族也利用龟壳的外表磨快了他们的武器，训练了他们的军事集团。

最后，在本书的后面，我们在少数统治者创造力的丧失和利用魅力而非武力来吸引多数人能力的丧失之间，试图获得一个更为清晰的具有因果关系的观点。我们在这里要指出的是，具有创造力的少数人进行社会训练——作为带领那些没有创造力的多数人进入状态的捷径——的

＊汤因比在这里所说的希腊少数统治者系指罗马帝国的统治者，他把希腊和罗马文明通列为希腊文明。——译者注

权宜之计，我们已在其中已经发现了处于成长阶段的少数人和多数人关系之间的薄弱环节。 少数人和多数人之间显露出来的疏远(它最终成为无产者退出举动的先声)是这一环节破裂的结果，这个环节即使在成长阶段也仅仅是靠有效地训练模仿能力而维持着。 当领导者的创造力枯竭时，我们如果发现模仿力的消失应不必感到惊讶，因为我们要考虑到即使在成长阶段，这种模仿的环节由于难以捉摸的两重性——被压迫奴隶的报复——始终是不稳定的，这不过是任何机械装置本质的一部分。

这些就是我们已经掌握的横向分裂类型的调查线索，也许推动我们的调查更进一步的最佳途径便是把这些线索组合在一起，然后再把它们纺成线。

我们的第一步是对这三个方面——占支配地位的少数、外部无产者和内部无产者——进行更为广泛细致的考察。 我们在希腊的例子中以及本书的较早部分所涉及的其他范例中看到，当横向的分裂使一个衰落的社会四分五裂时，这个社会也就分崩离析了。 之后，如同我们在研究成长问题时所做的一样，我们将从宏观世界转向微观世界，在那里我们会发现解体现象的一个补充：灵魂的日益分裂。 这两条探究的路线乍一看来将把我们引入一种是而非的境地，即解体的过程至少部分地导致一个在逻辑上同它的本质相反的结果，也就是说，导致一个"重生"或"再生"的结果。

当我们结束自己的分析之后，我们将会发现由解体带来的实质性变化恰好与成长的结果适得其反。 我们看到，在成长的过程中，几个成长的文明之间的差异变得越来越大。 相反，我们现在发现，解体的本质后果却是标准化。

当我们考虑到多样化的程度，而标准化又必须克服多样化时，这种标准化的倾向便越发值得注意了。 衰落的文明在进入自身的解体阶段时，伴随着极端多样化的倾向——倾向于艺术的或倾向于机械的或是其他任何倾向——这些都是它们在其成长阶段分别获得的。 而且它们还会通过这些事情来区分彼此，即他们的衰落发生在完全不同的时代。例如，叙利亚文明在所罗门死后就衰落了，时间大约在公元前 937 年，距离这一文明在后米诺文明中断后的产生大概还不到 200 年。 另一方面，它的姊妹文明希腊文明，同时出现在这个中断期，直到500年之后的伯罗奔尼撒战争时才开始衰落。 此外，巨大的罗马—保加利亚战争在977年爆发时，东正教文明就衰落了，而它的姊妹文明也就是我们自己的文明毫无疑问已发展了几个世纪的时间，就我们的一切所知，至今还没有衰落。 如果说姊妹文明有如此不同长度的成长时间，那么很显然，文明的成长不能预设成任何整齐划一的模式；而且我们也确实没有发现任何可资演绎的原因，即一个文明为什么一旦进入这个阶段就不能无休止地发展下去了。 这些考量清楚地说明正在成长的诸文明之间的差异是广泛而深刻的。 然而，我们将会发现解体的过程往往趋向于在所有方面都符合一种标准的模式——一种横向的分裂把社会分划成前面提到的三部分，其中每一部分都有其特有的组织形式：大一统国家，统一教会和蛮族军事集团。

如果我们全面研究文明的解体问题，我们就必须注意这些社会团体以及它们各自的创造者。 但我们将发现在本书的单独章节里，为了它们自身的缘故来研究这些社会团体是方便的，只要证明它们是可能的；因为这三种组织形式不仅仅是解体过程的产物。 它们可能在一个文明同另一个文明之间的关系中产生了一定的作用；当我们研究统一教会时，我们会发现我们不得不提出这个问题：教会是否可以真正地被全部包括进文明历史的框架之中，在这一文明中它们创造了自己的历史面貌，或者是否我们不能够把它们看成是其他类型社会的代表，这一社会至少不同于这些“文明” 类型，如同这些文明类型不同于原始社会一样。

历史研究告诉我们，这可能是最重要的问题之一，但是这个问题距离我们概略叙述的问题的结果更近了。

第二节　分裂与轮回

德国犹太人卡尔·马克思(1818—1883 年)借用已被否定的宗教传统中的那些启示性的色彩，描绘出一幅有关无产者的退出和随之发生的阶级战争的巨大画卷。 马克思主义的唯物主义预言之所以能在数以百万计的人们心中留下深刻印象，在一定程度上是由于马克思主义纲领中的政治斗争性。 因为这一蓝图即是一般历史哲学的精髓，又是呼吁战斗的革命口号。 当我们观察西方文明的前景时，马克思的阶级斗争原则的发明和流行是否被看作是西方社会已经开始走向解体的征兆，我们在此书的后面将要讨论这个问题。[3] 由于其他原因，我们在这里引用马克思的话。 首先，由于他是我们这个时代为我们这个世界主张阶级斗争的典型代表；其次，由于他的原则符合传统的琐罗亚斯德教、犹太教和基督教的预言形式，在一次激烈的高潮后，出现和缓的末日景象。

按照这位共产主义先知所熟悉的精神——历史唯物主义或决定论——而得到的行动直觉，阶级斗争的结果注定是无产阶级革命的胜利。 但这一斗争血腥的高潮也将是它的结束，因为无产阶级的胜利将是决定性的最后胜利，革命后收获的胜利果实——无产阶级专政不是恒久不变的制度，当一个新的、从降生时起便没有阶级的社会足够成熟并足够强壮的时候，就可以摈弃无产阶级专政了。 实际上，在马克思太平盛世的新社会里，最后的和永久幸福的完美境界将不仅能够摈弃无产阶级专政，而且还能摈弃其他的每一种支撑机构，包括国家本身。

马克思主义的末世论对我们现在研究的意义在于这样一个惊人的事实，即业已消失的宗教信仰残存的政治阴影，准确地勾画出了真实的过程：在一个衰败社会中，阶级战争或横向分裂往往被看成是历史的实质。 历史适时地为我们揭示了解体现象中的一种运动，从战争到和平；从阳到阴、从显而易见的堕落和珍贵事物的无情毁灭到新鲜事物的创造。 看来应把它们的特殊品质归功于铸造它们的吞噬一切的熊熊火焰。

分裂本身是两种否定运动的产物，每一种运动都是由一种邪恶的激情所驱使。 首先，占统治地位的少数人试图通过暴力来维持他们不应再享有的特权。 随后，无产阶级以愤恨恐惧对憎恨、暴力对暴力来回击不公正。 但是，整个运动以明确的创造行动作为结束：大一统国家、大一统教会和蛮族军事组织。

这样社会分裂就不仅仅只是分裂而没有其他了。 当我们从整体上来把握这一运动的时候，我们发现我们必须把这一运动看作是分裂与再生。 由于考虑到退出行为显然是归隐的一种特殊形式，所以我们可以把这种分裂与再生的双重运动看成是这种现象的一个例证，我们已经在"归隐和复出"为题的篇章中对这种现象做了较为全面的研究。

归隐和复出这种新类型乍看起来有一个方面似乎与我们在前面已经研究过的例子有所不同。 它们难道不是具有创造性的少数人或个人的成就吗？ 正在退出的无产者难道不是与占支配地位的少数人对立的多数人吗？ 然而转念再想一下，就会发现——什么是明白无误的真实画面——虽然退出是多数人的事，但建立一个统一教会的创造性举动却是多数无产者中有创造性的少数个人或团体的工作。 在这里，没有创造性的多数人由占统治地位的少数人和其余的无产者构成。 我们还发现，这一点应该被记住，就是在创造性成就的发展阶段，我们所说的有创造性的少数人从来不是指整个少数人群体，而始终是指一个群体的部分或其中的另一部分人。 这两种情况之间的差别在于：在成长时期，没有创造性的多数人组成了易受影响的队列，他们通过模仿尾随着领袖的足迹。 在解体阶段，没有创造性的多数人由部分易受影响的队伍(其余的无产者)和部分少数统治者组成，这些人中除了误入歧途的个人有所反应外，其余的人都顽固而傲慢地作壁上观。

注 释：

[1] Macaulay, Lord, Essay on "History".
[2] 爱德文·贝文博士(Dr. Edwyn Bevan)在致作者的一封信中所述。
[3] 在汤因比先生还未出版的著作中。 ——节录者注

第十八章

社会机体的分裂

第一节　少数统治者

虽然少数统治者的特定标志是其在气质上具有某种稳定性和一致性，但即使在他们中间也不能避免多样化的因素。尽管可以创造出"不毛之地"的奇迹，不断地把新的成员补充到自己日益不足的队伍中来，并使这些新人具有与自己一样的毫无生气的团队精神，但他们本身不可能阻止创造力的出现。这种创造力不仅体现在统一国家的创立上，而且也体现在出现了哲学派别。相应地，我们发现它包括许多成员，这些人同他们所属的封闭集团的特征可谓格格不入。

这些特征就是军人和跟随着他们的更加卑微的开发者。几乎没有必要援引希腊史的例子。我们看到处在最佳状态的军事家亚历山大和处于最糟状态的开拓者维列斯。* 西塞罗在他的卷数众多的演说及小册子中，揭露了他在西西里治理无方。但罗马大一统国家之所以持续那么长久应归因于这样一个事实：在奥古斯都时期的移民之后，无数的且多数不知姓名的士兵和公职人员追随着这些军人和开发者，他们在一定

---

　　* 罗马共和末期的政治家，生卒年代为公元前 120—前 43 年，曾任西西里总督，因贪污受贿、敲诈勒索，把西西里治理得十室九空，后来受到罗马法庭的审判与放逐。——译者注

程度上替他们祖先的掠夺行径赎了罪，这个垂死的社会才能沐浴着黯淡的"小阳春"的阳光而又苟延残喘了不少代。

而且，罗马公职人员既不是唯一的也不是最早出现的希腊少数统治者扮演的亲民角色的代表者。 在塞维鲁时代，* 当笃信斯多葛主义的皇帝马可·奥里略的统治成为罗马历史的既成事实时，并且当斯多葛派的法学家正在把斯多葛主义的基本精神转变为罗马法律时，显而易见，把罗马这匹狼**变成柏拉图主义的看门狗的奇迹就成为希腊哲学的成就。 如果说罗马的这位管理者是希腊少数统治者们具有利他才能的代表的话，那么这位希腊哲学家则是希腊智力的更为高贵的阐释人。***具有创造力的希腊哲学家们组成的金链条，结束于普罗提诺(Plotinus, 约203—262年)一代，****这代人目睹了罗马文官制度的解体；而这根链条的起点是苏格拉底(约公元前479—前399年)一代，那代人已在希腊文明衰落时成长了起来。 希腊哲学家和罗马行政官员毕生的工作就是挽救或无论如何减轻这种衰落带来的悲惨后果。 与行政官员的努力相比，哲学家的劳动创造出具有更多有价值和更为持久的成果，因为他们较少卷入正在解体的社会生活的物质结构之中。 当罗马行政官员建立希腊化的大一统国家时，*****哲学家却给他们的子孙留下了这样一些遗产：学园派、逍遥学派(Peripatus)、拱廊、花园、犬儒学派大路和障碍的自由、新柏拉图派哲学家们超凡脱俗的理想世界。

如果把调查延伸到其他解体文明的历史中的话，我们会发现高贵的利他主义现象同样和军人、开发者们残酷污秽的劣迹并行不悖。 例如，管理汉代中国统一国家(公元前202—公元221年)的儒家学者们在他们活动的后半期所达到的服务水准和获得的团结精神，与罗马文官处在一个道德水平上，而后者恰好在世界的另一端跟东汉人同时生活着。 甚至连从彼得大帝时代开始管理俄罗斯东正教统一国家达两个世

---

* 指塞维鲁王朝(Severi)，罗马晚期帝国由军事将领塞维鲁(Septimius Severus)建立的一个王朝(193—235)，在3世纪危机的乱世中被推翻。 ——译者注
** 传说罗马的奠基人罗慕洛兄弟曾受到母狼的喂养，因此罗马的标志是母狼。 ——译者注
*** 指贤明的哲学皇帝奥里略。 ——译者注
**** 普罗提诺(Plotinus)，罗马著名哲学家，新柏拉图主义的奠基人。 ——译者注
***** 指亚历山大帝国的建立以及之后希腊化诸王国的形成。 ——译者注

375

纪之久的沙俄官僚，虽然因腐败无能而在国内和西方同样沦为笑柄，却也并非全然像人们通常认为的那样一无是处，而是常常为完成巨大的双重任务——保持莫斯科帝国的繁荣昌盛，同时把它变成一个符合西方模式的新政权——而付出了艰苦努力。 在东正教世界的主体中，奥斯曼帝国苏丹的奴役同样因其对非伊斯兰教居民的镇压而臭名昭著，它至少能作为一个制度而被人们怀念，这一制度为这个东正教社会作出了重要贡献：即实现了奥斯曼帝国统治下的和平，它在两个令人厌倦的无政府时期之间给了这个苦难世界一段平静的时光。 在远东社会的日本，德川幕府建立后的四个多世纪里，封建大名和他们忠实的追随者武士阶层掠夺社会、互相残杀，之后他们便通过建设性的工作来弥补自己的过去：协助德川家康(ieyasu)把封建的无政府状态转变为有秩序的封建社会；在日本历史下一发展阶段的开始，他们达到了自我牺牲的顶点，这几乎是令人崇敬的，他们自愿废除自己的特权，因为他们深信，这样的牺牲是为了使日本在不复孤立的西化环境中得以自存。

在另外两个少数统治集团中也可以找到日本武士阶层所体现的这种高贵，那种美德是连他们的敌人也承认的：一个是安第斯的印加统一王国，另一个是统一的叙利亚王国中作为阿契美尼万王之王副手的波斯贵族们。 西班牙的征服者证明了印加人的这种美德。 在希腊对波斯人的描述中，希罗多德著名的关于波斯男孩教育的总结——"这些男孩在5岁至20岁期间接受训练去做三件事情，即骑马、射箭和说真话"——是不容置疑的，因为这与我们知道的对波斯成年人的描述是一样的。 希罗多德叙述了薛西斯随从们的故事——他们遇到海上风暴时，服从他们的陛下跳入大海，以便减轻船的重量。 但是留给希腊人印象最深的波斯美德是同亚历山大大帝相关的，在了解波斯人之后，他通过实实在在行动而不是简简单单的语言，对波斯作出了较高评价。 亚历山大考查了波斯人在巨大灾难面前的反应后作出了决定：这个决定不仅会使马其顿人不快，而且如果这是他出自本心的打算的话，这个办法必然会伤害他们的感情。 因为他决定吸收波斯人参与帝国行政事务，而这个帝国是他手下的马其顿人刚刚拼死拼活夺来的；他以贯彻到底的独有作风来推行其政策。 他娶了波斯贵族的女儿为妻；他还贿赂或恫吓马其顿官员们去效法他的例子；他招募波斯人进入马其顿的军队。 一个民族如果能从世仇的领袖那里得到这些特别的犒赏——并且还是在他们彻底的失败之后——那么这个民族一定被赋予了"统治民族"的传统美德。

我们现在来收集一下少数统治者有能力孕育一个令人敬佩的统治阶级的大量证据，他们所创造的统一国家的数目就可以提供这样的证据。 在20个业已衰落的文明中，至少有15个文明在解体的道路上经历过这个阶段。 我们可以在罗马帝国中辨认出一个希腊统一国家；在印加帝国中认出安第斯统一国家；在秦汉王朝中认出一个统一的中国；在"米诺斯的海上霸权"中认出一个米诺斯人的国家；在苏美尔和阿卡德帝国中认出一个苏美尔国家、在尼布甲尼撒的新巴比伦帝国中认出一个巴比伦国家；在玛雅的"古老帝国"中认出玛雅国家；在11—12王朝的中王国中认出埃及国家；在阿契美尼帝国中确认叙利亚国家；在孔雀王朝中认出印度国家；在莫卧儿帝国中认出印度教国家；在俄罗斯帝国中认出俄罗斯东正教国家；在奥斯曼帝国中确认东正教世界统一国家的主体、在远东世界里认出中国的蒙古帝国和日本的德川幕府。

这种政治能力不是少数统治者共同特征中唯一的创造力。 我们已经看到，希腊少数统治者不仅创造了罗马的行政机构，而且还创造了希腊哲学，而且我们至少还可以举出由少数统治者设想出一种哲学体系中的其他三个例子。

例如，在巴比伦社会历史上可怕的公元前8世纪里，我们见证了巴比伦尼亚和亚述之间百年战争的开始，也看到了天文学方面突飞猛进的发展。 在这个时代，巴比伦科学家们发现了周期性循环的规律：从远古时代就有的日夜更替、月亮的阴晴圆缺、太阳的周期，这种周期性的循环还可以在行星运动这一更广阔的范围内辨认出来。 这些星辰传统上被叫做"漫游者"，以形容它们飘忽不定的运动，现在人们证明，这些星辰同太阳、月亮一样受严格规律的限制，太空中一些"固定"的星辰则受更大的宇宙周期的限制；巴比伦人这个令人激动的发现和近来西方的科学发现对学者们的宇宙观念有相同的作用。

这种从不停止或变化的秩序统治着已知宇宙恒星的所有运动，现在已被视为统治着整个宇宙——物质的和精神的、无生命的和有生命的——的规律。如果可以推定几百年前的日食或是金星凌日的准确日期，或是对遥远未来发生的日食和凌日做出同样确定的预测，那么人们是不是有理由去设想人类的事情可以被严格地限定和被精确地预测？既然宇宙的规律表明如此和谐运动的宇宙中所有成员处于相互间的"和谐"之中，难道没有理由去设想最近显示的这些星辰的运行模式是解开人类命运之谜的关键所在？那些拥有天文学线索的观察者一旦知道他邻居出生的生辰八字后就将能够预测他的命运？不管有没有道理，这样的推测还是不断出现，一个极好的科学发现却导致了荒谬的哲学宿命论的产生，这种宿命论迷惑了一个又一个社会的想象力，而且这种宿命论在近 2 700 年后仍长盛不衰。

占星术的诱人之处在于它自称能够把一种可以解释整个"机械世界"(machina mundi)的理论和一种使汤姆、迪克和哈瑞可以随时发现德比赛马会上的优胜者的实践能力结合起来。多亏这种双重吸引力，在巴比伦社会在公元前最后一个世纪消失后，巴比伦的哲学体系仍能幸存下来；迦勒底数学家把这种哲学体系强加于被征服的希腊社会，不久以前，他们的同道还在北京扮演着宫廷占星家的角色，在伊斯坦布尔扮演着穆内金帕夏(Munejjim Bāshÿ)的角色。

我们生活在巴比伦哲学体系的宿命论中，因为与任何希腊哲学体系相比，它同我们西方目前笛卡儿哲学时代还不成熟的哲学推论有更密切的关系。另一方面，几乎所有希腊哲学学派的思想都可以在印度和中国的哲学家那里找到对应的东西。正在解体的印度文明的少数统治者带来了大雄(mahavira)追随者们的耆那教、原始佛教乔答摩·悉达多的早期弟子、佛教的变形大乘佛教(它与公认的原始佛教的差别不下于新柏拉图哲学派别与公元前 4 世纪苏格拉底学派的差别)，形形色色的佛教哲学流派也成为佛教后印度教的精神组成。解体时中国文明中的少数统治者带来了儒家的道德礼仪和教化道德，也带来了来源于传说中的人物老子的道家貌似荒谬的知识。

第二节　内部无产者

一种希腊的原型

当我们离开少数统治者转到无产者方面时，对事实更密切的调查将再次证实我们的最初印象：正在解体的社会中，每一组成部分都有不同的类型。我们还会发现，在这种精神差异的范围方面，内部和外部的无产者处在两个极端。外部无产者的全部范围比少数统治者的范围要窄，而内部无产者的全部范围更广泛。让我们首先来调查这个更广泛的范围。

如果我们希望从萌芽状态阶段起去了解希腊内部无产者的起源，我们最好引用修昔底德有关希腊社会解体的篇章，修昔底德的史书描述了在最初阶段发生的社会分裂，首先出现在科西拉。

> 科西拉的阶级斗争(静止状态)发展到了骇人的程度，因为这是第一次发生，所以给人留下了更深的印象——虽然这场动乱最终席卷了几乎整个希腊世界。每个城邦在它们各自努力去争取希腊和斯巴达的支援时，都存在无产者的领袖和反动分子之间的斗争。在和平时期，它们可能既没有机会也没有愿望去邀请外来者，但现在这里爆发了战争，对任何阵营中的革命热情来说，争取联盟以确保它们对手的失败并相应地增援自己这一方都是容易的。阶级战争的出现为希腊城邦带来了接二连三的灾难——只要人类的本性不变，灾难就会一再发生，尽管这些灾难可能由于环境的不断变化而增减或改变。在和平时期的有利条件下，城邦和个人都显示着较为可亲的合理态度，因为它们的双手没有受到事件的影响，但战争侵蚀了从容的正常生活，而且对多数人来说，要通过这种野蛮的训练来使性格适应新的环境。所以希腊的城邦感染了阶级斗争，而且接连战争的爆发而引起的骚动也累积起来影响了下一次战争的爆发。[1]

　　这种城邦事件的第一个社会影响就是造就了越来越多的"无国籍"、背井离乡的流动人口。在希腊历史的发展阶段，这样的情况是很少见的，而且被认为是可怕的反常，亚历山大试图宽大为怀，促使这一时期每个城邦的统治者允许被流亡的反对者平安地返回他们的家乡，但不幸没有被这种努力压制，火焰反而由于新的燃料而越烧越旺，那些被流亡的人发现他们可以去做的事情只有一件：成为雇佣军；军人权力的泛滥给战争注入了新的动力，而新的流亡者——因而有更多的雇佣军——就不断出现了。

　　在希腊，当它的人民被赶出家园时，战争精神对道德的直接破坏作用由于战争本身破坏经济力量的作用而得到强大的支持。例如，亚历山大和他的后继者在西南亚洲的战争使得成群无家可归的希腊人成为军事雇佣军，其代价就是使其他的人无家可归。这些雇佣军的报酬是用在阿契美尼王朝的金库中堆积了两个世纪的金银支付的，从而使他们被卷入金银的流通之中；而流通货币的激增在农民和工匠中造成了严重的混乱。物价飞涨，财政革命使从前还相对安全的社会主体陷入赤贫。一百年后，由于汉尼拔战争所产生的经济后果，贫穷化的作用再次出现：先是汉尼拔的军队直接破坏，接着是长期不断的罗马兵役，致使意大利的农民与土地相分离。在这种磨难中，这些被赶出家园的意大利贫穷农民后代除了像他们的祖先一样被迫从事军人职业外，没有什么是可以依靠的了。

　　毋庸置疑，我们看到的这种残酷无情的"连根拔"过程就是希腊内部无产者的诞生——尽管不容否认，至少在更早的时期，这一过程的受害者往往是旧贵族。因为无产状况更多的是一种感情状态，而不是外在的物质环境。当我们首先使用"无产者"这个术语时，为了自己的目的，我们把它定义为一种社会元素或是团体，在某种意义说，在社会历史的任何特定阶段它既"处于"社会之内而又"不属于"任何特定的社会，这个定义也适应于背井离乡的斯巴达科里阿库斯(Clearchus)以及小居鲁士的希腊雇佣军中的贵族首领们(色诺芬已向我们描述了他们祖先的面貌)，还有那些在托勒密或是马略等人的旗帜下充当雇佣军的，社会地位最低的失业者。无产者真正的标记既不是贫穷，也不是卑微的出身，而是一种自觉——以及由这种自觉引起的愤怒——他们认为在社会中被剥夺了世袭祖先地位的权力。

因而，希腊内部无产者首先都是从自由市民中吸收而来的，甚至在贵族中得到补充，他们的被排挤首先表现为被剥夺了继承生来就有的精神权利；当然，经常与精神清贫为伴，并几乎永远继之而来的是物质层面上的贫穷，他们不久就会把其他阶层的新成员作为增援，这些新成员从一开始在物质上和精神上就同无产者是一样的。希腊内部无产者的数量在马其顿征服战争期间大大增加，这些战争席卷了整个叙利亚、埃及和巴比伦社会并把它们收入希腊少数统治者的网中，随后罗马的征服者又横扫了欧洲和北非半数的蛮族人。

这些外国的非自愿的增援希腊内部无产者起初可能在某一方面会比希腊本土的无产者更加幸运。尽管他们在精神上被剥夺了继承权，在物质上遭到掠夺，但他们在肉体上还没有被灭绝。但是在征服者之后出现了奴隶贸易，公元前最后的 200 年的时间目睹了地中海海岸范围内的所有人口——西部的野蛮人和东方文明人——都被迫来满足贪得无厌的意大利奴隶市场的需求。

现在我们看到分裂时期希腊社会内部的无产者由三个独立部分组成：社会主体中被剥夺了继承权和背井离乡的成员；外来文明中部分的被剥夺了继承权的成员和已经被征服、被剥削的原始社会中那些没有被"连根拔"的成员；这些臣服的人口中被完全剥夺了继承权的人，他们不仅被赶出家园而且沦为奴隶，他们还被驱逐到遥远的殖民地一直劳作到死。这三类受害者所遭受的苦难同他们的出身一样是多种多样的，但是这些差别却由于他们被掠夺了社会继承权和变为被剥削的流浪者这样的共同遭遇而掩盖了。

当我们检查一下这些受害者是如何同他们不公正的命运抗争时，我们毫不惊奇地发现他们的反应之一就是野蛮行为的激增，在暴力上超过了他们压迫者和剥削者无情的残酷。相同的愤怒声音自始至终贯穿于混乱中，这就是绝望的无产者暴动。我们在一连串反对托勒密剥削统治的埃及暴动中、在众多的反对塞琉古和希腊化的罗马政策的犹太人的起义中、在从公元前166年的犹大·马加比起义到132—135年在巴尔·

科卡巴领导下最后微乎其微的希望中、在那些使得西亚米诺斯半希腊化和高度发展的诸国两次遭受罗马报复的不计后果的愤怒中——一次是公元前132年的阿里斯托尼库斯时，一次是公元前88年本都国王米特拉达梯时，都可以捕捉到这种声音。同样，西西里和意大利南部也有一连串的奴隶起义，在色雷斯角斗士斯巴达克斯绝望的逃亡行动中达到了高潮，从公元前73—前71年，斯巴达克斯在意大利半岛东奔西突，在罗马的狼窝前公然寻衅。

愤怒的爆发并不仅限于无产者的外来成员中。在内战中，尤其在公元前91—前82年间，罗马城市无产者对罗马富豪所表现的野蛮行为足可以同犹大·马加比或是斯巴达克斯的野蛮行为相媲美；在世界火焰光芒的衬托下而显现出来的险恶轮廓中，所有邪恶人物中最残忍的是罗马革命的领导者，他们由于命运车轮某种不寻常的猛烈翻转而被劈头抛出了元老院：一个是塞托里乌斯，一个是塞克都斯·庞培，一个是马略，还有一个是喀提林。

但是自杀性的暴力行为并不是希腊内部无产者的唯一反应。他们还有另一种类型的反应，可以在基督教的信仰中找到它最高的表现形式。作为退出愿望的一种表达，这种温和或者说非暴力的反应同暴力的反应是同样真实的，因为那些在《马加比》下卷中值得纪念的温和的殉教者——老抄写员以利亚撒、七兄弟和他们的母亲——都是法利赛人精神的鼻祖，法利赛教派的教徒是"离俗的人"——一个自封的头衔，在罗马语的词源上这个头衔可以被解释为"脱离论者"。从公元前2世纪开始，在希腊世界东方内部的无产者的历史中，我们看到暴力和温顺正争取对精神的控制权，直到暴力自行消灭了自己，并把温顺单独留在这一战场。

从一开始就有这样一个问题，公元前167年第一批殉教者们所采用的温顺办法很快就被鲁莽的犹大放弃，紧接着无产者这位"武装起来的强有力的人"在物质上的成功——虽然浮华且短暂——使他的后代感到目眩，耶稣最亲近的伙伴也因为他们的主人预知了他们的命运而感到震惊，当这些预言变为现实的时候，他们都只有顶礼膜拜的份儿。尽管耶稣受难在十字架上以后的几个月的时间里，加玛列已经注意到这位受难者奇迹般集合起来的信徒可以证明上帝是在他们这一边的，而且几年之后，加玛列自己的门徒保罗也在宣扬十字架上受难的救世主了。

第一代基督徒从暴力到温顺方法的转变必须以粉碎他们物质希望作为代价，对耶稣信徒来说，耶稣被钉在十字架上就同 70 年耶路撒冷的毁灭之于正统犹太人一样。 新的犹太教教派出现了，它否认这样一种观点："天国是事物的外在状况，它就要出现"。[2]除了这个重要且仅有的《但以理书》外，描述犹太人暴力手段的启示性著作都已被从律法书、先知书中删除了，相反的原则是放弃以任何人为手段在人世间实现上帝旨意的努力，这样的法则在犹太人的传统中已经变得如此根深蒂固，严格遵守正统的以色列联盟时至今日仍以不信任的眼光看待犹太复国主义运动，并且避免参与任何有关建立 20 世纪巴勒斯坦地区的犹太人"家园"的工作。

如果说正统犹太人的这种心理改变使犹太人作为化石幸存下来，那么耶稣同伴类似的心态变化也为基督教会铺平了通往更大胜利的道路。面对迫害挑战，基督教会采取了以利亚撒和七兄弟的温和方式作为回应，它的回报就是希腊少数统治者和以后外部无产者蛮族战争集团的皈依。

在基督教成长时期的最初几个世纪里，它的直接对手就是以最晚近形式出现的希腊社会原始部落宗教——希腊统一国家对神圣的恺撒的人格化偶像崇拜。 正是教会温和但毫不妥协的禁止其成员哪怕在形式上或以变通方式参与偶像崇拜的行为，导致了一连串的官方迫害，但最终迫使罗马帝国政府屈服于它不能够压制的精神力量。 但是尽管帝国这种原始国家的宗教利用政府对它的全部支持力量而维持了下来，但它对人们的心灵却没有什么影响。 罗马的行政长官们命令基督徒通过宗教仪式活动来显示他们对原始国家宗教刻板的敬意，这就是国家宗教的所有了。 对非基督徒来说，除此之外，别无其他，他们不明白基督徒何以宁肯牺牲也不愿意服从这些微不足道的习惯。 基督徒的对手本身是强大的——他们不需要依靠政治压制而天然具有吸引力——但它们既非国家崇拜，也不是其他形式的原始宗教，而是许多"高级宗教"，它们像基督教一样，是从希腊内部无产者中产生的。

只要回顾一下希腊内部无产者的东方代表从中衍生的不同源头，我们就能一目了然地看到起这些敌对的"高级宗教"。基督教起源于古叙利亚人的后裔。在古叙利亚世界中占半数的伊朗人贡献了密特拉教。伊希斯崇拜来自业已泯灭的埃及世界北部。安纳托利亚的大母神崇拜可谓是赫梯社会的贡献，到了那个时候，这个社会除宗教外，其他的社会活动都已消失——尽管如果我们沿着大母神西伯莉的足迹回溯她的起源，我们会发现她原本住在苏美尔世界里，最初的名字是伊斯塔：在安纳托利亚的帕希努斯时，她是西伯莉，或是希拉波利斯的狄爱·希拉；或是住在遥远的北海或是波罗的海中神圣小岛上的树林中，操着条顿语的居民所崇拜的大地母亲。

米诺斯文明的空白和若干赫梯残余

在其他解体的社会中追寻内部无产者的历史时，我们不得不承认，在一些例子中，证据十分缺乏，甚至根本不存在。例如，我们对玛雅社会内部无产者的情况一无所知。在米诺斯社会中，我们的注意力被耐人寻味的一线可能所吸引，某些被称为米诺斯统一教会的东西可能保留在从公元前6世纪开始出现在希腊历史中的俄耳甫斯秘仪的不同成分中。然而我们不能确定俄耳甫斯教的哪些准则和信仰是源于米诺斯宗教的。再者，我们对赫梯文明内部无产者的情况几乎一无所知，赫梯文明在其幼年就已经衰亡了。我们只能说希腊和叙利亚社会似乎是逐渐地、部分地吸收了赫梯社会的残余。因此，我们应该在那两个外部社会的历史中去找寻赫梯社会主体的一些残余。

赫梯社会是许多解体了的社会之一，这些社会在解体过程完成之前已被它们的近邻吞没。在这样的例子中，内部无产者以冷淡甚至是满意的姿态看待降临于少数统治者的命运，这是很自然的事情。一个典型例子是当西班牙征服者突然闯入时，安第斯统一国家中的内部无产者所采取的行动。这些特权贵族可能是所有解体社会曾产生过的最仁慈的少数统治者，但在受磨难的日子里，他们的仁慈一无是处。受着他们静心照料的民众和牧群同接受印加帝国统治下的和平一样毫无反应地接受了西班牙的征服。

我们还可以注意到另外一些例子，内部无产者会用积极的热情接受征服他们的少数统治者。 在把犹太人囚禁起来的新巴比伦尼亚帝国的波斯征服者那里，"再世的以赛亚"用流利的演说表示了欢迎。 200年以后，巴比伦人自己又在欢迎希腊的亚历山大把他们从阿契美尼王朝的束缚中拯救了出来。

日本内部的无产者

我们可以在远东社会日本的历史中辨别出一些清晰的日本内部无产者退出社会的特征，这些特征贯穿了其动乱时期，并持续到它在被西方社会吞并之前进入统一国家阶段的时期为止。 举例来说，假使我们想为古希腊城邦的公民——他们在公元前431年爆发的一连串的战争和革命中被迫背井离乡充当雇佣军——找一批同病相怜的伙伴的话，我们会在日本发现一模一样的浪人们。 他们是无主无业的武士，在日本动乱时期封建的无政府状态下被抛弃了。 还有直到今天日本社会中作为流浪者而幸存下来的流氓或贱民，他们可以说是日本本土迄今未被同化的虾夷蛮族残余，他们被强制并入日本的内部无产者，就像是欧洲和北非的蛮族在罗马武力的强制下被并入古希腊内部无产者一样。 第三，我们可以在日本看到同古希腊"高级宗教"相同的东西，在其中希腊内部无产者找寻并发现了对他们所受苦难最有力的反应。

这些宗教是净土宗、净土真宗(shinshu)、法华宗(hokke)和禅宗(zen)，这些宗教都是在1175年以后的一个世纪里出现的。 这些宗教同与它们对应的希腊宗教一样都是外来的，这四个宗教都是大乘佛教的变种。 其中三个在一定程度上同基督教相似，他们都主张男女精神上的平等。 面对那些单纯的民众，这些宗教的信徒放弃了古代汉字，在他们书写时，就使用拼写相对简单的本国文字。 作为宗教的建立者，他们主要的弱点就在于尽可能地想超度更多的民众，他们把自己的要求定得太低。 一些人仅仅背诵宗教仪式中的规则，而另一些人对他们信徒的道德则很少或是没有什么要求。 但要记住的是，基督教的基本教义赎罪说已在不同的时间和地点被那些自命的基督教领袖们滥用和误解了，因而他们也受到各方面的指责。 例如，路德抨击罗马教会采取的出卖赎罪券的行为，认为这是在宗教形式伪装下把基督教的忏悔作为变相的商业活动，同时，他在解释保罗的因信称义说和辩罪说时，他自己也因冷漠地对待道德问题而受到公开的攻击。

在异族统一国家中的内部无产者

在一些解体文明中出现了奇怪的现象，在本地少数统治者被消灭或是被推翻之后，外部的事态仍然按照正常的路线发展着。三种社会——印度、远东的中国、近东的东正教社会——在它们由衰弱走向解体的过程中，经历了统一国家阶段这个阶段，它们都从异族手中把统一国家作为一种礼物或是一种负担接受了下来，而不是为了自己而去建立国家。伊朗人的双手为东正教主体提供了奥斯曼帝国形式的统一国家，另外一些人为印度世界提供了帖木儿(莫卧儿)帝国。英国人的双手又在这个基础上把几近瘫痪的莫卧儿帝国重建起来。在中国则是蒙古扮演了奥斯曼帝国或莫卧儿帝国的角色，而英国人在印度进行的坚固基础上的重建工作，在中国则是由满族完成的。

当一个解体社会被迫接受某些外来的设计者来为自己建立一个统一国家时，这就说明，本地少数统治者已没有任何能力和创造力了，对这种过早的衰老不可避免的惩罚是令人耻辱的被剥夺公民权。那些来执行少数统治者职责的异族自然会滥用少数统治者的特权，在任何由异族建立的统一国家中，所有本地的少数统治者都降格到内部无产者这个等级。蒙古或满洲的可汗、奥斯曼的君主、莫卧儿或是英国的奎沙伊汗德会发现酌情雇佣中国的文人、希腊的法纳尔人、印度的婆罗门为他们服务是很方便的，但这件事掩饰不了这些代理人业已失去灵魂和地位的事实。在这种情况下，从前的少数统治者同他们曾经蔑视的内部无产者一起沦落，我们很难设想解体的过程会仍旧按照正常的路线进行。

在现代印度社会的内部无产者中，我们可以看到无产者暴力与温和的两种不同反应，一种是在孟加拉革命者中好战派进行的屠杀，另一种是由圣雄甘地倡导的非暴力运动；我们还可以推断出更为古老的一些历史：在许多宗教运动开始出现时，这两种相反的趋势会同时出现。在锡克教中，我们看到了好战的印度教和伊斯兰教无产者的融合，在梵社中，则可以看到印度教和基督教新教中自由派非暴力的融合。

在远东满族统治下的中国内部无产者中，我们可以看到，在19世纪中期曾支配社会发展的太平天国运动时期，内部无产者同梵社是类似的，它一方面受基督教新教的影响，同时又在好战方面受锡克教的影响。

在东正教主体里的内部无产者中，14 世纪 50 年代萨洛尼卡"狂热分子"的革命可以使我们大致看到无产者在东正教最黑暗的动乱年代——在东正教社会被奥斯曼征服者严厉规定强制组成统一国家之前的最后一代——中的暴力反应。 相应的温和反应并没有多大的发展，但如果在 18、19 世纪之交，西化的过程没有紧跟在奥斯曼帝国解体之后的话，我们可以推测在当今时代，拜克塔什(baktashi)运动可能会像在阿尔巴尼亚一样，在近东为自己成功地赢得有利的地位。

古代巴比伦和古代叙利亚的内部无产者

如果我们转到古代巴比伦世界，我们会发现在历经苦难的内部无产者的心灵中，宗教经历和发现的骚动在公元前 8—前 7 世纪亚述恐怖统治下的西南亚同在 6 个世纪之后的罗马恐怖统治下的地中海希腊沿岸是一样活跃的。

通过亚述的武装力量，巴比伦社会的解体在地理上向两个方向发展，正如希腊社会解体的发展是通过马其顿和罗马的征服。 亚述在东面的伊朗越过了扎格罗斯山脉，征服了许多原始社会，犹如罗马跨过亚平宁山脉开拓欧洲一样；在西面，他们渡过幼发拉底河，抢在马其顿人之前开拓了达达尼尔海峡的亚洲一边，征服了叙利亚和埃及两个异族文明；这两个文明与在亚历山大远征后并入希腊内部无产者四个文明中的两个实际上是一样的。 被古代巴比伦武力征服的这些异族受害者还被赶出家园。 放逐被征服人口的典型代表是被亚述军事首领萨尔贡所征服的以色列人的迁移——"丢失的十族"，还有被新巴比伦尼亚的军事首领尼布甲尼撒迁移的犹太人，他们被囚于巴比伦的中心巴比伦尼亚。

人口的强制迁徙是巴比伦帝国为了分裂被征服群众的精神而采取的统治措施，这种暴行不只施加于异族和蛮族。 在他们自己的内部冲突中，巴比伦世界的统治者互相之间也会毫不犹豫地采用同样的办法，撒玛利亚国家——至今仍有几百人居住在基瑞泽姆山脚下——就是在亚述的支配下从巴比伦尼亚的几个城市(包括巴比伦)中被驱逐而迁移到叙利亚去的证明。

在巴比伦内部无产者产生之前，亚述的淫威并没有消失，巴比伦的无产者同希腊内部无产者在起源、组成和经历上是十分相似的，这两棵树结出了相似的果实。 后来叙利亚社会并入希腊内部无产者时，基督教从犹太教中产生，而在更早的时候，还是这个叙利亚社会并入巴比伦内部无产者时，犹太教就脱离了与其有关联的叙利亚社会的地方性原始宗教而产生了。

可以看到，在它们被简单看做是在两个异族社会历史中相似阶段的产物时，犹太教和基督教的出现就成为"在哲学上同时且对等的"了；从另外一个角度看，它们在精神启蒙过程中表现为连续的阶段。 根据这种看法，当它们都高耸于以色列的原始宗教之上时，基督教并没有同犹太教比肩而立，而是站在了犹太教的肩上。 以色列和犹太先知们在公元前 8 世纪和之后的启蒙运动，并不是我们在基督教和耶和华原始崇拜之间年代和宗教间隔中已经记录的或是得到暗示的仅有的中间期。在先知之前，《圣经》的教义中还有摩西这个人物，在摩西之前又有亚伯拉罕。 无论对这些人物的历史真实性持怎样的怀疑态度，我们都可以看到，传统赋予亚伯拉罕和摩西同先知和耶稣一样的历史地位。 因为摩西的出现同埃及新王国的衰落是同步的；在汉谟拉比短暂的重建后，亚伯拉罕的出现与苏美尔统一国家的最后岁月也是同步的。 这样，由亚伯拉罕、摩西、先知和耶稣为代表的所有的四个阶段揭示了文明解体和宗教新生之间的关系。

更高级的犹太教的起源在被放逐前的以色列和犹太先知的书中留下了完整而清晰的记录，在这些大量的关于精神苦难的生动记录中，我们看到了在别处已经遇到并激烈争论过的问题：面对这种折磨时，怎样在暴力和温和的方式之间作出选择。 在这个例子中，温和逐渐压倒暴力而占据了上风；因为在动乱时期到达并越过了高潮时，它遇到了一连串沉重的打击，这些打击甚至使犹太顽固分子都知道，以暴易暴终究是无效的。 在古代叙利亚社会不断在家门口遭受亚述人的打击时，8 世纪产生于叙利亚的新的"更高级的宗教"在 6 世纪和 5 世纪巴比伦尼亚被灭绝和被逐出家园的那些受虐待的人们中间成熟了。

就像在意大利罗马被放逐的东方奴隶一样，被放逐在尼布甲尼撒巴比伦尼亚的犹太人面对征服者民族特性的影响也毫不妥协：

> 如果我忘了你，啊，耶路撒冷，让我的右手失去灵巧。
> 如果我不记得你，愿我的舌根就此烂掉。[3]

然而那些异乡的放逐者们珍藏的对家乡的记忆不仅仅是消极的印象：它有刺激富于想象的创造性的积极作用。 他们从泪眼模糊中看到了神秘的景象：倒塌的要塞美化为修建在岩石上的圣城，压住了地狱的大门。 这些被征服的人通过歌唱锡安的歌曲来拒绝满足征服者的心血来潮，他们把竖琴倔强地悬挂在幼发拉底河边的柳树上，就在那一时刻，在他们的心中看不见的乐器上谱写了一个听不见的新的悦耳旋律：

> 当我坐在巴比伦河边想起你的时候，啊！锡安山，我泪流满面。[4]

在哭泣声中，犹太民族的启蒙完成了。

显然，在叙利亚从外来的内部无产者这一阶层中征募成员的一连串宗教反应中看，巴比伦尼亚和古希腊的历史是非常相似的，但在巴比伦尼亚的挑战引起的应战中，受害者不仅包括这些外来文明的成员，同样也来自蛮族。 被罗马军队征服的欧洲和北非蛮族没有自己的宗教，他们简单地接受了来自东方的无产者同伴播撒在他们之中的种子，经过亚述人劫掠的伊朗蛮族产生了自己的先知：查拉图斯特拉，他是拜火教的创始人。 查拉图斯特拉生卒年代是个争论的问题，我们不能确定他的宗教发现是对亚述挑战独立的应战，抑或他的声音不过是那些已被遗忘的放逐在"米底城市中"犹太无产者哭泣的回声。 然而，明显的是，无论两种"高级宗教"最初的关系如何，祆教和犹太教都同样是在它们成熟之际相遇的。

无论如何，当巴比伦的混乱时期由于亚述的灭亡而结束，而巴比伦世界以新巴比伦帝国的形式进入了一个统一国家时，似乎犹太教和拜火教开始为了在这种政治体制中建立一个统一教会的特权而展开了竞争，这与基督教和密特拉教在罗马帝国的体制中为了同样的特权而竞争是一样的。

然而，事实并非如此，新巴比伦统一国家同罗马比起来是非常短命的。尼布甲尼撒，巴比伦的奥古斯都，在身后几百年里都没有图拉真、塞维鲁和君士坦丁那样有才干的继任者。他的直接继承者，纳波尼德(Nabonidus)和波沙萨(Belshazzar)也就是朱利安、瓦伦斯之流的水平。在不到一个世纪的时间中，新巴比伦帝国就"落入米底和波斯之手"，阿契美尼帝国在政治上属于伊朗，在文化上属于叙利亚。这样一来，少数统治者和内部无产者就彼此交换了位置。

在这样的环境中，犹太教和祆教可能希望更可靠和更快的胜利；但两百年后，命运女神再次插手，使事件的进程发生了无法预料的转变。现在她把米底和波斯王国移交到马其顿征服者的手中。希腊社会对叙利亚世界的猛烈入侵使得叙利亚统一国家四分五裂，让它无法完成自己的历史使命；此外，在阿契美尼保护下平静传播的两个高级宗教(正如我们有些不充分的证据所显示的)也不得不用它们固有的宗教职能去换取政治职能。在各自的范围内，它们成为叙利亚文明抗击入侵的希腊文明的排头兵。犹太教更靠西边，几乎位于地中海范围之内，其处境必然是绝望的，它果然在66—70、115—117、132—135年罗马—犹太战争中被罗马的物质力量摧毁了。3世纪，在偏远的扎格罗斯山脉的西部，祆教在不那么绝望的情形中开始了斗争。在萨珊王朝的支持下，它在面对希腊文明东侵时比犹太教有更多有效的武器，犹太教在马加比家族的分散小国里难成大器，而萨珊王朝却在四百多年时间的斗争中逐渐磨损了罗马帝国的力量，这些斗争在572—591年、603—628年的罗马—波斯互相残杀的战争中达到了高潮。虽然如此，萨珊王朝的势力还是无力完成把希腊文明从亚洲和非洲驱逐出去这一任务。最终祆教为自己插手政治事务而付出了同犹太教一样沉重的代价。在今天，同犹太人一样，祆教徒仅仅以"散居"的方式幸存下来，僵化的宗教仍然有效地把这两个社会散居成员团结在一起，但对全人类而言已失去了它们的影响力，它们早已变成了灭绝的古代叙利亚社会的化石。

外来文化的压力不仅把这些"高级宗教"引向政治道路，它还把它们分割成碎片。犹太教和祆教变成了政治上的反抗手段后，古代叙利亚的宗教天才便在叙利亚人中找到了避难所，这些人以温和而非暴力的手段来回应希腊的挑战，他们把基督教和密特拉教贡献给了正处于精神苦难中的希腊内部无产者，叙利亚的宗教为精神和观点发现了新的表达方式，这种新的表达方式在犹太教和拜火教中已经被拒绝了。基督教通过这种温和的手段俘虏了叙利亚世界的希腊征服者；它随后又分裂为三个宗教团体：同希腊文明形成联盟的天主教会和两个彼此背道而驰的异端：景教和基督教一性派，它们继承了祆教和犹太教好战的政治传统，但在把希腊文明赶出叙利亚土地方面一事无成。

然而，接连两次失败没有使好战的希腊文明反对者叙利亚变得麻木绝望。它紧接着又做了第三次尝试，并取得了圆满胜利，叙利亚社会对希腊文明的最终的政治胜利得益于另一种起源于叙利亚的宗教。最后，伊斯兰教推翻了罗马帝国在亚洲西南部和北非的统治，并为重建的叙利亚——阿拔斯哈里发统一国家建立了一个统一教会。

古代印度和古代中国的内部无产者

跟古代叙利亚一样，古代印度社会的解体过程受到希腊的入侵的强烈干扰，有意思的是，我们在这个例子中可以看到：相似的挑战可以引起多么相似的应战。

当古代印度和古代希腊社会第一次发生接触时——当时亚历山大侵入了印度河流域——印度社会正处在行将进入统一国家的时期，长期以来，当地的少数统治者一直试图通过创造两种哲学流派——耆那教和佛教来回应分裂的痛苦经历，但是没有证据证明印度内部的无产者已经创造出任何"高级宗教"。信仰佛教的哲学家国王阿育王，在公元前273—前232年时是古代印度统一国家的国王，他设法使他的希腊邻居转而信仰这种哲学，但没有获得成功。只有到了更晚的时候，佛教才突然传播到后亚历山大时期希腊世界这个偏远、辽阔但十分重要的地区——希腊化的大夏王国。

但佛教是在经历了一次特别的质变后才获得这个精神胜利的，这次改变使乔答摩·悉达多[5]早期追随者的旧哲学转变为大乘佛教。

　　大乘佛教是一个真正的新宗教,在许多方面,它同早期的佛教截然不同,跟后来的婆罗门教也不一样……当长期潜伏的新精神在公元后最初几个世纪完全孵化出来时,从来都没有人完全地知道是怎样一场根本的革命改变了佛教。我们看到一个无神论的、否认灵魂的哲学教义成为通向个人最终解脱的途径,它主张完全消灭存在和对造物主的单纯崇拜;我们看到,它变成了宏伟的庙宇,庙里供奉着至高无上的神,旁边还侍立着许多天神和圣者:它成了一个非常虔诚的宗教,讲究仪式和教权,抱有普度众生的理想,靠众佛和菩萨的慈悲才能获得超度,这种超度不是灭绝,而是永生—— 我们完全有理由相信,在仍然宣称源自同一位宗教建立者的范围之内,宗教史上绝少出现新旧宗教间如此的突变。[6]

　　这种变异的佛教在扩大的希腊化社会的东北部到达巅峰,它实际上是印度的一种"高级宗教",可以跟同时代侵入希腊化社会内部的其他宗教相提并论。 这个既是大乘佛教与众不同的特点,又是其成功的秘诀的个人宗教究竟来自何方? 这种新的潜移默化的影响深远地改变了佛教的精神,它同印度本土的特色是背道而驰的,也与希腊哲学大相径庭。 它是印度内部无产者的经验成果,还是在已经点燃了琐罗亚斯德教和犹太教的叙利亚火焰中捕捉到的火花呢? 这两种观念都可以举出证据来加以支持,但我们已经处于不能在二者间进行选择的位置上。我们完全可以说,随着佛教这种"高级宗教"的到来,古代印度社会的宗教历史开始走上了同我们业已考察过的叙利亚社会一样的道路。

　　作为从产生它的社会内部出发,以在希腊化世界里传播福音的"高级宗教",大乘佛教同基督教和密特拉教是相似的;手中有了这把钥匙,我们就可以容易地根据古希腊的图骥,在印度识别出与叙利亚宗教相似的东西来。 如果找到那些残存于犹太人和袄教徒中,与前希腊时代叙利亚社会遗留下来的那些"化石"相似的印度东西的话,我们就会发现,可以在近代锡兰、缅甸、泰国和柬埔寨的小乘佛教中找到大乘佛教哲学的遗物;正如叙利亚社会不得不去等待伊斯兰教的出现,才能使自己利用这一宗教作为有效的手段来摆脱希腊文化一样,我们同样发现，把入侵的希腊精神完全、彻底地清除出印度社会的任务不是由大乘佛教完成的，而是由纯粹印度的、完全非希腊化的、后佛陀时代的宗教运动来完成的。

根据我们目前的理解，大乘佛教和天主教的历史是相似的。它们的活动范围都在古代希腊世界之中，而没有让产生它们的非希腊化社会改变信仰。但是大乘佛教历史中的一个发展阶段却是天主教历史所不具备的。因为天主教把它的住所建立在垂死的希腊化社会的领地之上，呆在那里并最终生存下来，它为两个新的文明，我们自己的和东正教的，提供了教会，东正教同古希腊文化又有着关联。另一方面，大乘佛教通过短命的希腊大夏王国，穿过亚洲中部的高地进入垂死的古代中国世界，它在从自己的出生地经过两次迁移之后，成为中国内部无产者的统一教会。

苏美尔内部无产者的遗产

巴比伦和赫梯这两个社会是苏美尔社会的子体，但是在这个例子中，我们没有发现任何统一的教会在苏美尔内部无产者中间产生并遗留给其子体文明。巴比伦社会看来已经接受了苏美尔少数统治者的宗教，赫梯的宗教似乎也部分地来自同一个源头。但我们对于苏美尔世界的宗教历史了解得很少。我们只能说，如果对塔木兹和伊师塔的崇拜实际上只是对苏美尔内部无产者经历的一种纪念，那么这种创造性的尝试活动就是在苏美尔社会中失败了，却在其他的社会中获得了成功。

实际上，起源于苏美尔的这对男女神有着一段漫长的发展历史。在后来的历史中，一个有意思的特征就是他们相对重要性的变化。赫梯崇拜这两个神的时候，女神的形象矮化和遮蔽了男神的形象，男神扮演着多个并且实际上相互矛盾的角色：儿子和情人，被保护人和牺牲者。与西伯莉—伊师塔相比较，阿提斯—塔木兹变得完全不重要了，而在她被大河环绕着的偏僻的西北岛屿的圣殿里，诺尔图斯—伊师塔甚至成了一个没有男性配偶的孤独女神。但是在向西南的叙利亚和埃及的传播过程中，塔木兹的重要性提高了，而伊师塔的地位却降低了。对阿塔加提斯的崇拜从班比斯一直延伸到阿斯卡隆，从她的名字中可以看出，她就是伊师塔，但对她的尊重只因为她是阿提斯的妻子。在腓尼基，阿多尼斯—塔木兹是"王"，每年在他忌日时，阿施塔特—伊师塔都要哀悼他。 在埃及世界，奥西里斯—塔木兹充分地支配了既是妹妹又是妻子的伊希斯，后来伊希斯又在希腊内部无产阶者的心中为自己赢得了最高的地位，反过来支配了奥里西斯。 苏美尔宗教信仰的这种形式——崇拜者的热爱集中在垂死的男神而不是哀悼的女神这样的人物身上——看来已经传播到遥远的斯堪的纳维亚野蛮人当中了；在那里，巴尔得—塔木兹被叫做"王"，他那乏味的配偶奈娜仍然保留着苏美尔神母的名字。

第三节　西方世界的内部无产者

为了完成我们对内部无产者的考查，我们必须去研究身边的情况。这种特有的现象还会不会出现在西方的历史中呢？ 在搜寻西方内部无产者存在的证据时，我们会发现自己遇到了材料过多的困难。

我们已经注意到了西方社会大规模地利用了经常补充内部无产者的一个来源。 在过去的 400 年里，有不少于 10 个解体文明的人力已经被征募进西方社会的主体，而且降低为我们西方内部无产者中的普通成员，标准程序一直在运转，曾区别不同种类群体的特征已经模糊了，在某些例子中已被完全抹去。 我们的社会不再满足于掠夺它自己"文明的"同类。 它还网罗几乎所有幸存的原始社会，其中的一些，包括塔斯马尼亚和多数北美印第安部落都在这样的打击中消失了，其他部落，如赤道非洲的黑人则设法幸存下来并使尼日尔河融入哈得逊河，刚果河融入密西西比河——就像这个西方怪物的其他行动使得长江汇入了马六甲海峡。[7]满载黑人奴隶的船开往美洲，泰米尔或中国的苦力和奴隶被运到赤道附近或地球上印度洋的背面，正如公元前最后两个世纪，奴隶从所有地中海的海岸被运送到意大利罗马的大农场和种植园中一样。

西方内部的无产者中还存在着另外一批被征募来的外来者，他们在物质上还没有，但在精神上已被驱逐出他们祖先的家园。 任何一个社会试图改变自己的生活以适应外来文明的节奏时，都需要一个特殊社会

阶层作为 "变压器"；为适应这样的需求，这个阶层——通常是非常突然地和人为地产生的——通常用一个特殊的俄罗斯名称加以称呼：知识分子。知识分子是一个联络阶层，他们学到了入侵文明的种种必要窍门，以便使自己称心如意地生活在新的社会环境中：这些异族人不再同本地传统保持和谐，而是要逐渐与侵入文明强加在他们身上的生活方式相适应。

首先被征募进这个知识分子阶层的是海陆军官们，这些人了解集权社会的战争艺术，这对于把彼得大帝的俄国从西方瑞典的征服中拯救出来，或是以后的土耳其和日本免遭充分西化并开始扩张的俄国的征服都是必要的。接下来的是外交官，他们知道如何同西方政府进行战争失败后不得不进行的谈判。我们看到奥斯曼人征募莱雅为他们的外交工作服务，直到后来情况发生了变化，奥斯曼人自己去管理这个令人生厌的职业。接下来就是商人：广州的行商和在奥斯曼帝国统治下的地中海东岸、希腊、亚美尼亚的商人。最后，西方文明潜移默化的影响和毒害深入到社会生活中，在这个过程中影响和毒害渗入并被吸收，形成了最具特色的几个知识分子类型：学习了传授西方学科技艺的教师、获得了按照西方模式管理公共行政经验的文官、学会了根据法国的审判程序应用拿破仑法典的律师。

无论什么情况下，只要我们发现知识分子，我们就可以推断出，两种文明发生了接触，并且其中的一个文明正被为另一个吸收为内部无产者。我们还可以在知识分子的生活中观察到另外一个事实，这一事实是所有人都赞同并理解的：知识分子天生就是不幸的。

这个联络的阶层忍受了杂交品种的先天不幸，他们不属于父母的任何一方。知识分子受本民族的憎恨和轻视，因为这一阶层的存在就是他们的耻辱。尽管它出现在人民中间，知识分子仍然是外来文明讨厌而又不可避免的活生生的暗示，既然没有办法不接近外来文明，就只好迎合它。当法利赛人碰到税吏时，奋锐党遇到犹太国王希律时，他们都会想到这件事。还有，知识分子不仅在本国得不到热爱，它费力所掌握的其他国家的风俗和诀窍也得不到那些国家的尊重。[8]在印度和英国交往的早期历史中，英国统治者为自己管理方便而培养的印度知识分子是英国人的共同笑柄。 这些"巴布"英语越是流利，那些"先生"就越是讽刺和嘲笑那些不可避免的语音瑕疵；这类嘲笑即便出自善意，也都是伤人的。 知识分子只好遵从我们对无产者定义的双重标准，他们"在"但是"不属于"两个社会，并且他们也不属于其中的任何一个社会，在他们历史的初期，他们可能会安慰自己，对这两个社会来说他们是不可缺少的，但随着时间的流逝，这种安慰甚至也被剥夺了。 在人力作为商品的社会里，对供求的调节差不多超出了人类的智慧，到了一定的时候，知识分子就要忍受生产过剩和失业的不幸了。

彼得大帝需要众多的俄罗斯官僚，东印度公司需要众多的职员，穆罕默德·阿里需要众多的埃及工厂雇员和造船工人。 这些角色可以随时随地的开始制造，但制造知识分子的过程却是开始容易停止难；联络阶层虽在雇主那里受到轻视，但在准备替补他们的人心目中还是很有地位的。 候选者的数量激增，大大超出了需要的数目，于是被雇用的知识分子的中心被受遗弃的知识分子无产者包围，他们就如同贱民一样游手好闲和一无是处。 一小撮沙俄文官身边包围着大量的"虚无主义者"，少量抄写员"巴布"周围有一大批"落第的学士"，后者的苦难绝对是高出前者的。 因此，我们可以概括出一条社会"法则"，即知识分子的不满情绪是以几何级数增长，而时间却以算术级数发展。1917 年破坏性的布尔什维克革命把俄罗斯知识分子从 17 世纪末期开始积累的敌意释放了出来。 18 世纪后期出现的孟加拉知识分子正在展示其革命暴力，这在英属印度的其他地方是看不到的，知识分子直到 50 年或者是 100 年之后才出现在那些地方。

这种茁壮生长的社会杂草不只生长在本地的土壤中。 后来它还出现在西方世界的中心和半西方化的边缘地带。 下层中产阶级已经接受了中等的甚至是大学教育，但却没人能为受过技能训练的他们指出任何相应的出路，这一阶层是 20 世纪意大利法西斯党和德国纳粹党的中坚力量。 这种把墨索里尼和希特勒推上权力中心的魔鬼般的力量就产生于这些无产者知识分子的愤怒中，他们发现自己自我完善的痛苦努力还是不能把自己从有组织的资产阶级和有组织的劳动者这上、下两层磨石中拯救出来。

　　事实上，我们不必等到 20 世纪才见到西方社会从自身的组织中补充内部无产者，因为西方和希腊化世界是一样的，被连根拔起的不单是被征服的外来人口。 16 世纪和 17 世纪的宗教战争所带来的后果是，在新教徒掌权的地方，天主教徒就受到惩处或被驱赶；在天主教徒掌权的地方，新教徒就会受到惩处或是被驱逐，所以法国胡格诺教徒的后裔分散在从俄罗斯到南部非洲的地方，爱尔兰天主教徒的后裔从奥地利遍布到智利。 甚至在宗教战争结束后，和平时代的懒散和愤世嫉俗都没有能够抑制这个灾难。 从法国大革命起，政治上的停滞开始受到持续不断的憎恨的影响，许多新的被流放者被赶出家园：1789 年法国贵族流亡者，1848 年欧洲自由主义流亡者，1917 年俄罗斯的"白色"流亡者，1922—1933 年意大利和德国的民主派流亡者，1938 年奥地利天主教和犹太教流亡者，1939—1945 年及战后成千上万的战争受害者都在其列。

　　在希腊动乱时代，我们再次看到西西里和意大利自由的人民如何由于农业中的经济变革而从他们的家园里被扫地出门，驱逐到城镇：用来谋生的小规模联合耕作被依靠种植园奴隶、大规模专门的农业商品生产所代替。 在现代西方的历史中也有几乎一样的，农业经济革命中的社会灾难：由黑人奴隶耕作的棉花种植园取代了自由白人在美国"产棉地带"的联合耕作。 这些"白色渣滓"被看作是无产者阶层，它同意大利罗马被逐出的、沦为贫民的"自由渣滓"有着同样的性质，北美这种农业经济革命连同随之而来的黑人奴隶制和白人的贫困这两个毒瘤的生长：不过是蔓延英国三百年历史的类似的异常迅速而无情的经济革命的实施。 英国人并没有引进奴隶劳动，但他们却模仿罗马人，为了寡头的经济利益比美国的种植园主和牧场主更早地驱逐自由农民，他们把耕地变为牧场，把公共土地圈占起来。 然而现代西方当今世界流动人口从农村进入城镇的主要原因并不是农业经济革命。 它的主要动力并非来自大农场主取代农民的农业革命，而来自蒸汽机代替手工业的城市工业革命。

　　大约 150 年前，当西方工业革命首先在英国土地上爆发时，它的利润似乎如此之大，以至于受到热衷于进步的人们的欢迎和祝福。 诚然，第一代工厂的工人，包括妇女和儿童劳动时间过长；他们新生活的环境，无论工厂还是家庭都是肮脏的。工业革命的赞扬者虽对这一切表示痛心，却坚信这些是暂时的不幸，而这些不幸是能够并一定会被清除的。讽刺性的结局是，这种乐观预言的大部分都实现了，但是人们信赖的尘世天堂的幸福预言正被另一个诅咒压制着，这个诅咒在一个世纪前是乐观主义者和悲观主义者都没有想到的。[9]一方面，童工制被废除了，妇女劳动缓和到妇女能适应的强度，劳动时间被缩短了，在家庭和工厂里，生活和工作的环境已经完全改变了模样。但当这个世界淹没在不可思议的工业机器创造出的财富中时，它也被失业的恐惧所支配。当城市无产者每次领取他的失业救济金时，他就不禁想到，他"在"社会中，但不"属于"这个社会。

关于内部无产者从现代西方社会得到的补充来源问题，我们已经谈了很多。现在我们的问题是，既然我们发现西方世界内部无产者对其所受苦难再次出现了暴力和温和两种情绪，那么如果两种情绪都表现出来的话，哪一种情绪会更占优势呢？

西方下层社会的好战情绪一望即知。把150年中的流血革命再复述一遍是没有必要的；很不幸地，当寻找温和的对抗性和建设性精神的证据时，我们却很难找到它们的踪迹。事实上，本章前面段落中提及的许多受害者——宗教或政治迫害中被放逐的受害者，被驱逐的美国奴隶，被流放的罪犯，被赶出家园的农民——在强加给他们的新的环境中，即使不在第一代，在第二代或是第三代也会取得成功。这也许能说明我们文明的恢复力量，但对我们的研究毫无用处。这些无产者通过摆脱自己生活环境，避免了在暴力和温和的回应中作出必要选择，这就是无产者解决问题的方法。在对现代西方关于温和反应拥护者的调查中，我们只能发现英国的"教友派"和德国摩拉维亚再浸礼派的流亡者以及荷兰的孟诺派教徒，甚至这些珍贵的样本也会被我们遗漏，因为我们发现他们已不再是无产者的成员了。

在第一代英国教友派的社会生活中，在赤裸裸的预言中，在有关教会礼仪仪式的喧闹的骚动中，也可以看到暴力的情绪，在英格兰和马萨诸塞，它为自己的成员招致了冷酷的惩罚。然而这种暴力迅速而持久地被温和所代替，并成为辉格派教徒生活的典型教规，教友派的社会一度看来似乎要在西方世界的精神和实践中——正如在《使徒行传》中阐释的——扮演原始基督教教会的典范作用，他们虔诚地模仿使徒的生活。 但是，辉格派教徒从来也没有背离温和的教规，他们很早完全离开了无产者的道路，在某种意义上，他们是自己美德的受害者。 甚至可以这样说，他们不情愿地实现了物质的繁荣，因为他们之中很多人在生意上的成功可以上溯到他们当年出于良心而非利益考虑而作出的艰难决定。 他们走向富裕的第一步完全出人意料：他们从农村迁入了城镇，但这并不是因为他们受到城市利益的引诱，而是因为他们既反对支付什一税给教会，也同样反对通过武力来反抗什一税的征收者，所以除迁居外别无他法。 从那时起，当教友派中的啤酒制造者因为不赞成生产酒类而开始生产可可粉，他们中的零售商店主因为反感"市场上讨价还价"而开始定价售货时，他们都为了自己的宗教信仰而有意冒着损失财产的危险。 但结果是他们不过证明了"诚实是最好的办法"这句谚语和"温柔者将拥有世界"这样的祝福；同样地，他们的宗教信仰也背离了无产者的宗教。 与其榜样使徒不同，他们从来都不是热心的传教士。 他们一直是一个精英团体。 教友派的教规是，如果一个人同团体之外的人结婚，就不再成为这个团体中的一员，这使得他们的人数虽然很少，但质量却很高。

再洗礼派两个团体的历史尽管在许多方面不同于教友派，在我们关心的某个方面却跟后者是相同的。 在开始的暴力后，他们接受了温和的教规，他们很快就不再是无产者了。

迄今为止，我们对足以反映西方内部无产者经历的新宗教的调查还是一无所获，我们会提醒自己，中国的内部无产者在大乘佛教中找到了一个宗教，它同以前的佛教哲学完全不同。 我们在已经改变的现代西方哲学中找到了马克思的共产主义这样一个著名的例子，只用了一代的时间，它就面目全非，成为无产者的宗教，走上了暴力的道路，并在俄罗斯大地上用剑刻出了一个新的耶路撒冷。

如果某些维多利亚时代的风俗习惯审查员向卡尔·马克思挑战，要他说出他的神的名称和地址的话，他会把自己描绘成哲学家黑格尔的信徒，把黑格尔的辩证法运用到他那个时代的经济和政治事件中去。 但使共产主义成为爆炸性暴力的因素并非黑格尔的发明，它们无疑源自源于西方古老的宗教信仰——基督教，到了笛卡儿发出哲学挑战的三百年后，每个西方婴儿依然在吮吸母乳时也吸收着基督教，西方的男男女女也把它随着空气一起吸入。 有些成分不能追溯到基督教，却可以追溯到犹太教，基督教"石化"了的起源已经被流散的犹太民族保存了下来，又在马克思的祖父那一辈时，通过开放的犹太人居住区和西方犹太民族的解放而得到传播。 马克思用"历史必然性"这个女神代替了耶和华神，西方世界内部的无产者代替了犹太选民，他那救星似的天国被想象成无产阶级专政，但犹太民族先知预言显而易见的特点却可以透过这种陈腐伪装而凸显出来。

然而，看起来在共产主义演变的过程中，宗教阶段好像是短暂的。斯大林保守的国家共产主义似乎彻底挫败了托洛茨基在俄罗斯范围内经济上的共产主义革命。 苏维埃联盟不再是一个叛逆者的社会，也不再是同世界其他地方脱离了联系的社会。 她重新成为彼得或尼古拉统治下的俄罗斯帝国：她是一个强国，可以按照国家的理由并且不考虑意识形态来选择她的同盟国和敌人。 如果俄罗斯移向了"左边"那么它的邻国就是在"右边"。 不但德国的国家社会主义和意大利的法西斯主义是虎头蛇尾的东西，连此前民主国家没有组织的经济制度显然也无法抗拒计划体制的侵犯，这使人觉得，所有国家社会结构的近似特征或许都会变成民族的和社会主义的。 不仅资本主义和共产主义的政权看来可能会继续并存，甚至资本主义和共产主义——如同塔列朗关于"干涉和不干涉"具有讽刺意味的格言一样——会变为相同事情的不同名称。如果是这样的话，我们必须作出这样的判断：共产主义已经丧失了作为无产阶级革命宗教的前途：首先，它从全人类革命的万能药贬值为一种地方性民族主义的变种，第二，它通过接近最新的标准类型使自己相似于同时代的其他国家，从而摆脱了曾奴役自己的那种特殊状态。

从我们目前的研究结果来看，在西方世界最近的历史中，补充内部无产者的证据至少同其他任何文明历史中的同样丰富。 但迄今为止，在西方历史中还很少有证据证明存在着无产者的统一教会的任何基础，甚至是出现任何强大的无产者性质的"高级宗教"。 这样的事实又如何去解释呢？

我们在自己的社会和希腊社会中总结出许多对应的东西，但二者存在着一个根本区别。 希腊社会没有从它的前身米诺斯文化那里接受任何统一的教会。 公元前5世纪区域性异教衰落的环境正是它产生的环境。 即使区域性的异教接近目前的状况，但它还不是我们称之为西方基督教世界文明的最初阶段。 而且即使现在我们终于成功地抛弃了基督教的传统，叛教的过程也将是缓慢和费力的，尽管竭尽全力，我们还是不可能完全获得我们所希望的，毕竟要摆脱生育和养育我们及我们祖先的传统不是那么容易的，12个世纪之前，西方的基督教世界从基督教母体身上呱呱坠地。 当笛卡儿、伏尔泰和马克思、马基雅维里、霍布斯、墨索里尼、希特勒尽他们最大的努力使我们西方的生活失去基督教的特征时，我们仍可能质疑他们的洗涤和熏陶是否在某种程度上有效。基督教的毒素或万灵药已渗入西方的血液之中——如果并非不可缺少的血液的别名的话——很难去设想西方社会的精神构造可以被净化到哪怕是希腊异教的纯度。

另外，存在于我们体系中的基督教因素不仅是无处不在的：它还是普罗提尼神，其避免绝灭的最好花招就是把自己的特性当作一种效力强大的酊剂，慢慢地注入力图消灭它的消毒剂里。 在现代西方哲学中，我们已经注意到以反基督教为目的的共产主义中的基督教因素。 现代反西方的温和预言者们，如托尔斯泰和甘地，从来没有隐瞒过他们的基督教色彩。

在众多被剥夺了权利而忍受痛苦的经历的西方内部无产者中，受害最深的是作为奴隶被运到美洲的早期非洲黑人。 我们发现，他们跟公元前最后200年的时间里从所有地中海岸来到意大利罗马的奴隶移民非常相似，我们还注意到，非洲裔美洲奴隶同意大利的东方人一样，都用宗教回应巨大的社会挑战。 在本书前面对两者的比较中，我们论述了他们的相似之处，但是他们也同样存在着明显的不同。 埃及的、叙利亚和安纳托利亚的移民奴隶在他们带来的宗教中寻求安慰，非洲人则转而在他们主人世代相传的宗教中找到安慰。

如何解释这样的不同呢？ 毫无疑问，这部分是由于这两种奴隶社会背景的不同。 意大利罗马的庄园奴隶较多地来自古代文明民族和富有教养的东方人，他们的孩子当然会坚持自己文化遗产，然而，非洲黑人奴隶祖先的宗教同他们文化中的其他因素一样，无法被用来支持自己去反对白人雇主具有压倒优势的文明。 这是关于这个区别的不完全解释，但是，完全的解释还要考虑到在两类主人之间的文化差别。

意大利罗马的东方奴隶除了他们自己本国的宗教遗产外，实际上没有什么可以作为宗教安慰的，因为他们的罗马主人正生活在精神的真空世界里。 在这种情况下，最大的珍宝是在奴隶们的遗产中，而不是在他们的主人那里；而在我们西方的例子中，精神财富同世间的财富和权力一样，都掌握在少数奴隶控制者的手中。

然而，拥有精神财富是一回事，分配它却是另一回事；而且我们考虑得越多，我们越会惊奇地发现，这些基督徒的奴隶主所拥有的精神食粮本来是可以传给那些原始的异教受害者的，可他们却拼命地奴役其同类，亵渎了上帝。 驱使奴隶的福音传道者犯下严重的错误，使奴隶离心离德，他们如何还能感动奴隶的心灵呢？ 如果基督教可以在这种情况中赢得皈依者，确实它就必须要有不可战胜的精神力量的推动。 在尘世中，一个宗教除了人类的心灵之外别无居所，因此，在我们新异教的世界上必然还有别的基督教善男信女们。 或许那个城里有 50 个正直的人。[10]再来看看美国的奴隶传教区，它让我们看到，确实有这样一些基督徒在坚持不懈地工作，美国的黑人之所以加入基督教，当然不是真的因为那些一手拿着《圣经》一手拿着鞭子的种植园工头们的帮助。这要归功于约翰·G·菲斯和彼得·克雷沃。

在奴隶改宗他们主人宗教的奇迹中，我们可以在西方社会主体中看到，被少数统治者拒绝接受的基督教弥补了内部无产者和少数统治者之间常见的分裂，美国黑人信仰的转变只是近代基督教众多的成功传教活动之一。 在我们这个充满战争的年代中，近来新异教徒少数统治者的光明前景很快就变得黯淡了，生命的体液又清晰可辨地通过西方基督教世界所有的支脉流动了，这种景象使人想到，毕竟西方历史的下一篇章可能不会追随希腊历史的最后篇章而行。 在内部无产者耕耘过的土地上，我们看不到新的教会从中冒出来，充当已经衰落并走向解体的文明的处决者和遗产继承人。 我们或许可以看到，一个备受磨炼却没有站立起来的文明不由自主地被祖先的教会从致命的失败中解救了出来，而这个文明曾徒劳地努力推开它的帮助并避免同它亲近。 在这个事件中，动摇的文明不体面地沉醉于物欲的诱惑中，它为自己抢夺并积累财富而不是把财富献给上帝，它最终可能会避免那个悲惨的道路：过度—粗暴的行为—灾难；如果我们把这句希腊语变成基督教的形象，那么可以说，一个背教的西方基督教世界可能受到了恩惠，从而以基督教共和国的身份获得再生，这是它本应争取到的更早和更好的理想。

这样的精神重生是可能的吗？ 如果我们提出一个尼哥底姆的问题——"一个人能否第二次进入他母亲的腹中并再次诞生？"——我们可能会接受他老师的答案："我实在告诉你，一个人除非诞生于水中和精神中，否则就不能进入天国。"[11]

第四节　外部无产者

同内部无产者一样，外部无产者是通过脱离已经解体的文明中的少数统治者而产生的，由于脱离而导致的分裂在这个例子中是明显的，因为，尽管在精神上他们被一道深渊隔开，但内部无产者仍然在地理上同少数统治者混合在一起，外部无产者不仅在精神上同他们疏远，而且双方还在身体上被地图上可以看见的国界线所分开。

的确，退出已经出现的可靠征兆就是出现这样一条边界；因为，当文明仍在发展时，它就没有牢固而永久的边界，除非它的前面碰巧遇到了同类文明。 我们还有机会在本书的后面来研究两种文明或是更多文明之间的碰撞所引起的现象，[12]但目前，我们将不考虑这种偶然性，而把注意力限制在这样一种状态上：即与一个文明的相邻的不是另一种文明而是原始社会。 在这样的环境中，我们会发现，只要文明在发展，它的边界就是不确定的。 如果我们置身于一个正在成长的文明的发展中心，向外走出去，我们就会发现自己迟早会处在确定无疑而且完全原始的状态之中。 在这个旅程当中，我们无法画出一条线并且说：
"这里是文明的终点，我们将进入原始世界。"

实际上，在一个正在发展的文明活动中，少数创造者能顺利地发挥自己的作用，而且它所燃起的火花"照亮了屋中所有的东西"，这种光亮向外放射，它不会因为墙而受到阻止，因为实际上，那里没有墙，这种光亮也照亮了外面的邻居。 这种光亮理所当然地往远处照耀，一直到自己消失的地方。 亮度的渐变是非常小的，我们无法划出一条线并且说：光明止于此，黑暗始于斯。 事实上，生长中的文明的辐射所传送的能量极其巨大，尽管文明是人类近来的成就，但它们至少在某种程度上早就渗透到大量现存的原始社会里。 无论在哪里，我们都不可能发现一个完全逃避了文明影响的原始社会。 例如，在 1935 年， 在巴布亚岛发现了一个闻所未闻的社会，[13] 这个社会拥有精耕细作的农业技术，这种技术必定是在某个未知时期从某个未知文明那里获得的。

让我们从原始社会的角度来考虑这种现象，在原始世界的残余中，文明无处不在的影响强烈地震撼着我们。 另一方面，如果我们从文明的观点来看它，我们会被这样的事实所打动，那就是文明影响的强度会随着范围的扩大而衰退。 一旦发现希腊艺术的影响渗透到公元前 1 世纪的不列颠钱币或是公元 1 世纪的阿富汗石棺这一事实，我们先会感到震惊，随即又会平静下来，因为我们注意到英国钱币看起来不过是马其顿原物拙劣的模仿，阿富汗的石棺也仅仅是"商业美术"的赝品。 在漫长的传播过程中，模仿也变成了滑稽的扭曲。

模仿产生于魅力；我们现在可以看到，在文明发展过程中，一连串的少数创造者所施展的魅力不仅保护了它免于自我分裂，而且还使它免遭邻居的侵害——至少在这些邻居还处在原始社会的时候。 无论在什么情况下，发展中的文明一旦与原始社会发生接触，少数创造者就会吸引那些原始社会和本社会中没有创造性的多数的模仿。 但是，在文明的发展过程中，只要这还是文明和原始社会之间的正常关系的话，那么一旦这个文明衰败并走向解体，意义深远的变化就会发生。 依靠施展创造性魅力而赢得了自愿效忠的少数创造者成了缺乏魅力、凭恃武力的少数统治者。 周围的原始民族不再受到吸引，而是感到厌恶，发展中的文明里谦卑的追随者们放弃了他们作为学徒的身份，成为我们所谓的外部无产者。 虽然"处在"这个新的衰败的文明中，但他们已不"属于"这个文明。

任何文明的辐射都可分解为三个部分——经济的、政治的和文化的——而且只要社会还在发展，这三个部分似乎就会以同样的动力辐射出去，或者用更有人情味的术语来说，就是发挥同样的魅力。 但是只要这个文明停止发展，它的文化魅力就会枯竭。 文明的经济和政治的辐射能力可能(实际上也往往如此)会比以前发展的更快，因为对一个成功的文明来说，财神、战神和摩洛神的伪宗教是其衰落的显著标志。但既然文化因素是文明的精髓，而经济和政治因素在文明中相对来说是不太重要的表现形式，那么经济和政治辐射中辉煌的胜利就是不完美和不稳定的。

如果我们从原始民族的角度来看这个变化，我们会得到相同的结论。 他们对衰落文明和平艺术的模仿到此结束，但是他们继续模仿它先进的技术发明——工业、战争和政治方面的技术，这不是为了能与它成为一体(而那是他们在受它吸引时必然渴望达到的目标)，而是为了更有效地保护自己免受该文明在这个阶段必然表现突出的暴力欺压。

在前述关于内部无产者经历和反应的调查中，我们已经看到，暴力这条道路是如何吸引他们的，而且只要他们屈服于这样的诱惑，又会给他们带来怎样的灾难。 丢大和犹大不可避免地在刀剑中毁灭，只有当内部无产者跟随着温和的先知时，他们才会有机会俘虏自己的征服者。但外部无产者如果(他们几乎一定会)选择以暴易暴的话，那就没有这样的不利。 因为根据假设，全部内部无产者都处于少数统治者的范围之内；而无论如何，外部无产者很可能至少有一部分处在少数统治者军事行为所及范围之外。 现在这个衰落文明虽能发出辐射势力，却不会吸引别人的模仿。 在这样的环境中，外部无产者中最近的成员们可能被征服而成为内部无产者，但总会有一条界线，在那里，少数统治者的军事优势会被其通讯网的长度全部抵消。

一旦到达这个阶段，我们讨论的这个文明和它蛮族邻居之间的关系就会发生质的改变。 正如我们看到的，只要一个文明还在发展，并在武力上占有完全的上风，宽阔的门槛或是缓冲地带便足以使它的国界避免接触到还未开化的野蛮状态的影响，文明带给野蛮之地的是一连串美好的渐进。 在另一方面，当一个文明衰落并走向解体，当少数统治者和外部无产者之间必然的对抗不再是遭遇战而成为阵地战时，我们发现这个缓冲地带消失了。 现在在地理上，从文明到野蛮的过渡不再是渐变而是突变。 使用恰当的拉丁词组，能显示出两种联系之间的亲密关系和差异，limen 或是门槛，它是一个地区被 limes 或是军事边界取代，它只有长度，没有宽度。 穿过这条界限，一个不知所措的少数统治者和一个未经征服的外部无产者在备战状态下对视着，这里的军事前线是所有社会辐射通道的障碍，除了军事技术。 对给予和接受的人来说，这样的社会交往手段只是为了战争而不是为了和平。

我们稍后会把注意力放在军事相持状态出现后，沿着边界线出现的社会现象。[14]在这里只要提到一个基本事实就够了，那就是这种暂时的和不稳定的武力平衡必然会随着时间的流逝而有利于蛮族。

一个希腊的实例

在希腊历史的发展阶段中，我们可以看到许多边界或缓冲地带的例子，那是在一个健康发展的文明周边常见的事物。 在欧洲大陆来说，希腊的精华发生着渐变，在温泉关的北部有半希腊化的塞萨利，在德尔斐的西部，有半希腊化的埃托利亚，而他们又被四分之一希腊化的马其顿和伊庇鲁斯同色雷斯和伊利里亚纯粹蛮族隔开。 此外，在小亚，希腊文化的影响也在卡里亚、吕底亚和弗里吉亚等典型沿亚洲海岸希腊城市的后方逐渐减小。 在亚洲这边，我们可以看到，希腊文化第一次用它耀眼的光芒俘虏了蛮族征服者。 希腊的吸引力是如此之大，以致在公元前 6 世纪 50 年代，亲希腊者和恐希腊者之间的冲突成为吕底亚政治生活的中心，反希腊派的领导者潘塔隆被同母异父的兄弟克罗伊斯击败，证明他无力逆亲希腊这股潮流而动，而即便是他也以希腊神殿慷慨的赞助人和希腊神谕的轻信者而闻名。

甚至在海外偏僻的地方，和平的关系和渐进的转变看来也成为规律。 希腊文化在意大利大希腊地区迅速传播，在现存的文学作品中最

早提到罗马的是一个公告，在柏拉图的学生，赫拉克勒斯之子庞提库斯
佚失著作的残篇中，他把这个拉丁国家称之为"希腊城市"。

因而，在处于发展阶段的希腊世界的所有周边地区，我们都可以看
到，俄耳甫斯的美妙形象正把他的魅力投射到周围的蛮族人那里，甚至
还鼓励用他们自己粗糙的乐器，为那些处在更遥远地方的更原始的民众
表演他的魔曲。然而，随着希腊文明的衰落，这幅田园诗般的图画刹
那间就消失了。不和取代了和谐，这些人神的聆听者猛然惊醒，又恢
复了他们本来的残暴，他们自己就冲向那些从温和先知的斗篷下出现的
凶恶士兵。

在大希腊世界，外部无产者对衰落的希腊文明的军事反应最猛烈也
最有效。在那里，布鲁蒂人和卢坎尼人开始对希腊城市施压，一个接
着一个地占领这些城市。公元前431年，一场战争成为"希腊巨大灾
难的开始"，在其后100年时间里，大希腊从前繁荣区域中不多的幸存
者都向他们的祖国寻求救兵，以免于被赶进海里。这些行动飘忽的援
军是如此之少，以至于不能阻止奥斯坎的冲击。在整个活动由于奥斯
坎希腊化罗马亲族的干涉而突然终止之前，这些涌入的蛮族人已经越过
了墨西拿海峡。罗马的政治手腕和军事力量不仅拯救了大希腊，而且
还为希腊文明保留了整个意大利半岛，他们从后面进攻奥斯坎人，迫使
意大利的蛮族和希腊人共同接受了罗马统治下的和平。

这样，希腊文明和蛮族在意大利南部的战线消失了。从那以后，
罗马的一连串胜利把希腊少数统治者的统治领域几乎扩展到欧洲大陆和
非洲的西北部，就像马其顿的亚历山大在亚洲的扩张一样。但是，这
种军事扩张没有消灭蛮族的抵抗战线，反而因为远离权力中心而延长了
防线。它们在几个世纪内保持了稳定，但是社会分裂的过程还在继
续，直到最后蛮族人破门而入。

现在我们必须追问：我们是否可以在外部无产者对希腊少数统治者
压迫的反应中分辨出温和的表现或是暴力的回应，我们是否能够相信外
部无产者做出了一些创造性活动。

乍一看来，至少在古希腊的例子中，这两个问题的答案都是否定
的。我们可以在不同的立场和位置上观察到反希腊的蛮族：被恺撒赶

出战场的阿瑞奥维斯图斯；坚持反对奥古斯都的阿米尼努斯；向罗慕努斯复仇的奥多亚克。但所有的战争都存在着三种选择：失败、平局和胜利，而且在任何一种选择中，暴力都同样居于主导，创造性是不受欢迎的。然而我们可以自我安慰说，内部无产者在更早的回应中也倾向于显示出同样的暴力和缺少创造性，同时温和最终表现为"高级宗教"和统一教会这样有创造性的巨大工程，它通常需要时间和艰苦的工作才能够实现自己。

例如，就温和而论，至少我们可以意识到不同蛮族军事集团暴力程度的不同。455年，汪达尔人和柏柏尔人对罗马的洗劫，或406年瑞达盖苏斯对罗马的洗劫比410年四分之一希腊化的西哥特人阿拉里克对罗马的洗劫要残忍的多。奥古斯丁仔细地研究过阿拉里克相对的温和政策：

> 蛮族人在这些事件中所表现的可怕暴行不是那么猛烈的，征服者指定教会提供了足够多的屋子作为收容所，他们下令说，在这些避难所中，没有人会受到武力的惩罚，也没有人作为俘虏而被带走。实际上，许多俘虏被那些仁慈的敌人带到了教堂并获得了他们的自由，没有人被残忍的敌人拖出去充当奴隶。[15]

关于阿拉里克的妻弟和继承者阿托沃夫的奇怪证据是由奥古斯丁的学生奥罗修斯根据权威人士的话记录下来的，这个人是"一个来自纳尔旁的绅士，他在皇帝狄奥多罗斯的手下曾有过显赫的军事生涯"。

> 这位绅士告诉我们，在纳尔旁他同阿托沃夫非常亲密，阿托沃夫经常告诉他——所有的这些都是真实的，都有人证和物证——有关自己身世的故事，关于这位蛮族人的足够的勇气、生命力和天才。按照阿托沃夫自己的故事，他开始时是渴望抹去所有关于罗马名字的记忆，把全部罗马领土纳入一个名副其实的哥特帝国。……然而事情的过程使他确信，一方面，哥特人不受约束的野蛮使他们没有资格生活在法律的统治下；另一方面，从国家生活中取消法治也是一种犯

罪,因为当不再受法律支配时,这个国家也就不再成其为国家了。当阿托沃夫得知这一事实后,他下定决心无论如何都要尽其所能,用哥特人的生命力来争取恢复罗马名字的光荣——更重要的罗马古代的伟大。[16]

这一段话经常被用来作为希腊外部无产者民族气质从暴力到温和转变的证据,根据这一转变,我们可以在蛮族人部分改造了的灵魂里辨别出伴随创造精神或是独创性而来的现象。

例如,阿托沃夫本人就像他的妻弟阿拉里克一样是基督徒。但是他的基督教不是圣奥古斯丁和天主教会的基督教。在欧洲,那时的蛮族入侵者虽然不是异教徒,但却是阿里乌斯派。异教入侵者最初皈依的是阿里乌斯派而不是天主教,那是异端短暂流行的偶然结果;但在基督教化的希腊世界中,他们对阿里乌斯教的忠诚则是经过慎重考虑的选择。从此以后,阿里乌斯教就成为征服者为表明自己的社会地位有别于被征服者而有意戴上的一种荣誉奖章,有时还自豪地显示一下。继承罗马帝国的大部分日耳曼国家都属于阿里乌斯派,阿里乌斯派贯穿了从375—675年过渡期的大部分时间。罗马教皇格利高里(590—604)可能比其他人更有资格被视为凭空建立新的西方基督教文明世界的奠基者。他令伦巴第王后狄奥戴林达皈依天主教,从而结束了蛮族历史上阿里乌斯派这一章。法兰克人从来就不信仰阿里乌斯派,但通过克洛维的皈依和496年在兰斯的洗礼,他们直接从异教徒转变为天主教徒,这个选择极大地帮助了他们在过渡时期幸存下来并建立了自己的国家,这个国家成为新文明的政治基石。

蛮族人发现并接受了阿里乌斯派,使之最终成为这些特殊蛮族集团的标志性徽章,但在帝国的其他边缘地带还有其他蛮族,他们在宗教生活中显示了其独创性,那里的动力比等级制度荣誉具有更为积极的作用。在不列颠群岛的边缘地带,"凯尔特边区"的蛮族皈依了天主教而非阿里乌斯派,他们重新铸造这个宗教,使之适应自身的蛮族传统,在面向亚非大草原的阿拉伯地区的边缘地带,跨国界的蛮族人则在更高的程度上显示了自己的独创性。在穆罕默德创造性的灵魂里,犹太教和基督教的光芒转变为一种精神动力，让自己以新的"高级宗教"——伊斯兰教的形式出现。

如果从更早的阶段开展研究，我们会发现，我们记录的这些还不是希腊文明光芒在这些原始人民中最早引起的宗教反应。所有真实和完整的原始宗教，无论以这种或是那种形式，都是对丰产的崇拜。原始社会主要崇拜自己的生产力，表现为婴儿的生育和食物的生产，对破坏性的崇拜或者没有，或者是次要的。但是，既然原始人类的宗教总是对他所处社会环境的一种真实反应，那么当他的社会生活被一个靠近它却又虎视眈眈的社会猛烈地破坏时，他的宗教注定会发生变革；这就可以说明为什么当一个原始社会逐渐地、和平地吸收一个正在发展文明的有益影响时，突然很不幸地再也看不到优雅的俄耳甫斯及其迷人的七弦琴，而发现自己面对的是已经衰落了的文明中少数统治者令人厌恶而且阴险的面容。

在这个事件中，这种原始社会就变为外部无产者的碎片，而且在这种情况下，蛮族社会生活里的创造性和破坏性活动的相对重要性发生了革命性的倒转。现在战争成为社会全神贯注的事情，当战争比获得粮食这样琐碎而平凡的事情变得更加获利、更加让人激动时，怎么能够希望谷物女神德米特尔甚至爱神阿佛洛狄忒在阿瑞斯面前保持优越地位呢？阿瑞斯神被改造成神圣战争集团的领袖。在米诺斯控制海上霸权时期，亚该亚外部无产者所崇拜的奥林匹亚万神殿里就有这种野蛮味道；我们又看到，和这些神化了的奥林匹斯山上的强盗对等的是阿斯加德的外来人，他们被加洛林帝国的斯堪的纳维亚外部无产者崇拜着。蛮族条顿人崇拜着另一个类似的万神殿，他们居住在罗马帝国的欧洲边界之外，还没有皈依阿里乌斯派或天主教，他们的军事崇拜居然制造了这些掠夺成性的众神形象，这可以看成是希腊世界条顿外部无产者的创造性工作。

在宗教领域收集了这些创造性的活动后，我们还可以用比较的方法来增加自己微薄的收获吗？作为内部无产者辉煌成就的"高级宗教"同在艺术领域里一些创造性的活动不光彩地联系在一起。那么外部无产者的"低级宗教"是否也有相应的艺术成果呢？

答案当然是肯定的，因为一旦我们试图去想象奥林匹亚众神，我们就可以在荷马史诗中看到他们。 这部史诗同宗教的关系如同格利高里圣歌和哥特式建筑同中世纪西方天主教的关系一样密不可分。 像希腊拥有爱奥尼亚史诗一样，在英格兰有条顿史诗、在爱尔兰有斯堪的纳维亚萨迦。 斯堪的纳维亚萨迦同阿斯加德关系密切，英格兰史诗——主要流传下来的著作是《贝奥武夫》——它同沃坦及其神圣随从联系在一起，正如荷马史诗同奥林匹亚众神密切联系在一起一样。 实际上，史诗是外部无产者反应中最有特点也最杰出的产物，这是他们的苦难留给人类的唯一恒产。 古往今来，没有哪个文明创造的诗篇可以同荷马史诗"永远引人入胜的精彩和无与伦比的深刻"[17]相媲美。

我们提到了史诗的三个例子，在这个名单中添加更多的史诗，并且说明每一个例子都是外部无产者与文明发生冲突时的反应也是毫不费力的。 例如，《罗兰之歌》是叙利亚统一国家欧洲这边外部无产者的作品。 11世纪时法兰西半蛮族的十字军突破了安达卢西亚的倭马亚哈里发的比利牛斯防线，这一事件造就了一件艺术作品，此后，这部作品成为所有用西方世界地方语言写作的诗作的祖先。 显然，从历史的重要性和文学价值上看，《罗兰之歌》胜过了《贝奥武夫》。[18]

第五节　西方世界的外部无产者

当进入到西方世界和它所遭遇的原始社会的关系史时，我们可以辨别出，正如希腊文化在它的发展阶段一样，西方基督教世界在其早期阶段依靠自己的魅力吸引了皈依者。 这些早期皈依者中最引人注目的就是那些流产的斯堪的纳维亚文明的成员，他们一直用武力对抗文明的精神力量，但最终在偏僻的北方家园，在遥远的冰岛殖民地，同样在丹麦律法施行的地区和诺曼底基督教领地上无一例外地屈服了。 当时，游牧的马扎尔人和在森林中波兰人的皈依同样是自然产生的，然而西方早期的扩张也烙上了暴力侵略的标记，它远远地超过了早期希腊人偶尔征服和驱逐原始邻居的行为。 查理大帝针对萨克森人发动了远征，两个世纪后，萨克森人对易北河和奥得河之间的斯拉夫人也发动了远征；在 13 和 14 世纪，这些暴行达到了一个顶峰，条顿骑士们索性把维斯瓦对岸的普鲁士人全部消灭了。

基督教世界的西北边境线上也在重复同样的故事。第一阶段是英格兰通过一些罗马传教士走向和平皈依，接下来的是远方西方基督教世界不断带来的高压，先是公元 664 年的惠特比宗教会议的决议，顶点是英格兰的亨利二世 1171 年在教皇的批准下以武力入侵爱尔兰，这还不是故事的结局。英格兰人对残存在苏格兰高地和爱尔兰沼泽里凯尔特边区的人口不断侵略时采用的"恐怖政策"传统也被带到大西洋另一边，应用于对北美印第安人的迫害。

最近几个世纪里，我们西方文明在全球的扩张过程中，扩张主体的动力如此强大，这种动力和它原始对手之间的实力差距极其悬殊，致使该运动在它所到之处简直如入无人之境，它最终达到的并非罗马那种不稳定的边界，而是自然疆界的终点。在世界范围内，西方对原始社会后方发动进攻时，消灭、驱逐与征服已成为惯例，而改变信仰则是例外。实际上，能够与现代西方社会结成合作关系的原始社会是屈指可数的。一些是苏格兰高地人，那是通过中世纪西方基督教世界遗留给现代西方世界的已被包围而未被驯服的稀少的野蛮人；一些是新西兰的毛利人；一些是安第斯统一国家智利行省还未开化的后方的阿劳干人，西班牙人征服印加帝国后，一直不停地和他们打交道。

最典型的例子是 1745 年白种野蛮人雅各比党人起义的最后挣扎失败后，苏格兰高地并入大不列颠的历史；约翰逊博士或贺拉斯·沃波尔同俘获查尔斯王子并把他带到德比的战争集团之间的社会鸿沟未必比新西兰或是智利的欧洲殖民者和毛利人、阿劳干人之间的社会鸿沟更难缩短。现在，查尔斯王子毛发杂乱的勇士们的后代同两百年前在最后斗争中获得胜利、戴着假发并涂油搽粉的苏格兰低地人和英格兰人的后代毫无疑问都已成为体面的上层人物，以至于这场斗争的性质也被流行的神话改变得无法辨认了。苏格兰人差不多已说服英格兰人和他们自己承认，高地的格子图案——要知道 1700 年时爱丁堡的市民们同它和当时波士顿市民们对印第安酋长头饰的看法是一致的——是苏格兰的民族服装；而低地的糖果商人现在也卖装在格子图案盒子里的"爱丁堡硬棒糖"。

在当今西方化世界中残存的蛮族界限是还没有完全被吸收进西方主体社会的非西方文明的遗产，其中，印度西北部边缘地带尤其有趣且重要，至少是对于那个特殊的西方区域性国家的市民来说，因为它为分裂的印度文明提供了一个统一国家。

在印度动乱时期(1175—1575年)，掠夺成性的土耳其和伊朗军事集团的领袖们一次又一次地突破这个边界。 由于印度世界统一国家莫卧儿王朝的建立，这个边界一度被封闭了。 到了18世纪，莫卧儿王朝统治下的和平过早消失，闯入的蛮族是东伊朗的罗尔拉人和阿富汗人，他们同好战的反对外来的统一国家的印度马拉地人领导者们争夺这个尸首；当阿克巴的工作由外来之手重新开始时，印度统一国家以英属联邦的形式重新建立起来，西北边界的防御就成为英帝国的建立者们在印度接手的所有责任中最沉重的一个。 他们尝试过的不同边界政策中，没有一个被证明是完全让人满意的。

英国的帝国建设者们尝试的第一个选择是把印度世界的东伊朗门槛一带完全征服和吞并，一直到莫卧尔王朝全盛期的最远到过的那条线，当年它曾同自己的乌兹别克继承国家在药杀水流域接壤，同萨法维王朝在西伊朗接壤。 从1831年起，亚历山大·博纳斯进行了充满冒险的勘查，紧接着，英国人迈出了更冒险的一步，在1838年派遣了一支英属印度军队到阿富汗；企图野心勃勃地以"极权主义"来解决西北边界问题，结果以损失惨重而宣告终结。 因为1799—1818年间首度征服了东南印度河流域的全部印度领土后，大英帝国的建设者们过高地估计了他们的力量，同时对于那些现在心存归诚之意，但尚未驯服的蛮族人，他们过低地估计了自己的入侵所导致的抵抗的气势和效力。 事实上，1841—1842年军事行动结束时的灾难比1896年在阿比西尼亚高地的意大利人的灾难还要严重。

在这次惨重失败后，英国想永久征服高地的野心只偶然复活过一次，因为自从1849年征服了旁遮普省后，边疆政策的变化与其说是战略性的，不如说是战术性的。 实际上，我们在这里的边界和公元后最

413

初几个世纪罗马帝国的莱茵河—多瑙河边界在政治体系上是一样的。如果英国在印度的少数统治者屈从于印度内部无产者的劝说，放弃了他们日益徒劳的努力的话，再看看解放了的内部无产者当家作主后会采用什么样的办法来解决西北部边界问题，那会是饶有兴味的。

我们现在问自己，西方社会在不同的历史阶段、世界上不同的地方创造的外部无产者是否会受到其痛苦经验的刺激，从而在诗歌和宗教领域内有什么创造性的表现呢？我们马上会想起凯尔特边区的蛮族后方队伍的创造性工作。在斯堪的纳维亚，他们试图为自己创造文明，但在同初生的西方基督教世界文明的斗争失败后，他们的文明流产了。这些冲突在本书的另一章中已讨论过了，我们可以转而去研究西方世界在近代扩张中创造的外部无产者。在考察这一广阔的前景时，我们只能满足于在调查的这两方面的中，每一类举出一个关于蛮族创造性的例子。

在诗歌领域，我们注意到了 16 和 17 世纪多瑙河哈布斯堡王朝东南边界外的波斯尼亚蛮族人创造的"英雄"诗歌。这个例子十分有趣，因为乍一看来，它好像是规则的一个例外，规则是解体文明中的外部无产者是不能够受到刺激而创作"英雄"诗歌的，除非正被讨论的文明由统一国家时期进入到为蛮族的大迁徙提供了条件的中间期。但是，从伦敦或巴黎的观点来看，在政治上分裂的西方世界中，多瑙河流域的哈布斯堡王朝只不过是区域性强国之一，但在它自己看来，在表面上和实质上它都是西方统一国家，在它的非西方化邻居和对手眼中也是如此，它为整个西方基督教世界主体提供了"甲壳"或盾牌，这些受到保护的成员却是这个王朝所有使命不知感恩的受益者。

波斯尼亚人是欧洲大陆蛮族人的后卫，之前他们一直不得不忍耐不寻常的痛苦经历——被夹在两个极富侵略性的文明，即西方的基督教文明和东正教文明之中。东正教文明的光芒首先照耀到波斯尼亚人，但他们拒绝了它的东正教形式，它只好在博果米尔分裂派的伪装下勉强维持着。这个异端受到了这两个基督教文明的敌视，在这样的环境中，它们欢迎穆斯林"奥斯曼"的到来，放弃了他们的博果米尔派，从宗教意义上说成为了"土耳其人"。从此，在奥斯曼的保护下，这些在奥斯曼—哈布斯堡边界奥斯曼一边，皈依了伊斯兰教的南斯拉夫人和在哈布斯堡另一边逃离了奥斯曼统治区域的南斯拉夫基督教难民扮演了同样的角色。　一边是奥斯曼帝国，另一边是哈布斯堡王朝，在这两边中，对立的南斯拉夫两派找到了相同的职业：掠夺；在同样一片进行着边境战争的沃土上，两个各自独立的"英雄"诗歌流派都使用塞尔维亚—克罗地亚语，并肩成长，一样的繁荣，但很明显彼此之间没有任何影响。

在宗教领域中，外部无产者创造性的例子来自一个截然不同的地方，就是 19 世纪美国边境的对手印第安红人。

值得注意的是，北美印第安人能够产生富于创造性的宗教来回应欧洲入侵者的挑战，这一事实本身便引人瞩目；从第一批英国定居者到来起，一直到 1890 年西乌战争中印第安人最后试图用武装反抗失败为止，他们几乎不停地处于"败退"中。　而印第安人的这种回应还能够具有温和特征，这更是不寻常的。　我们本应指望，印第安战争集团按照他们自己的意愿创造了一个异教——易洛魁的奥林匹斯或阿斯加德——或是接受他们入侵者加尔文教派里最好战的成分。　然而从 1762 年匿名的特拉华先知到 1885 年在内华达州出现的沃夫卡，一系列的先知都宣扬和平，极力主张他们的信徒放弃他们使用的所有从白人敌人那里获得的物质技术"进步"，[19]，从不使用火器开始。　他们宣称如果遵从他们的教义，印第安人注定会在现世天堂里拥有福佑的生活，在天堂里他们可以同自己祖先的灵魂汇合，而印第安红人救世主王国是不会被印第安战斧征服的，更不用说子弹了。　我们无法说出接受这种教义所带来的后果是什么；对这些蛮族武士来说，这些教义太难以理解也太高深，但是当微弱的光线照在黑暗而狰狞的世界里，我们在原始人们内心里捕捉到引人注目的天赋基督教精神的闪光。

对目前地图上残存的少数古老蛮族社会来说，幸存下来的机会看来好像就在于接受阿波德莱特和立陶宛人的策略，他们在西方扩张的历史中期就已预见到压力之大是他们无法抵抗的，于是自动地改信入侵文明的文化。　在古老蛮族世界后来的残余中还有两个固步自封得出奇的蛮族，他们中每一个有胆识的军事领袖都尽力通过一场强劲的文化上的以守为攻来拯救可能还没有完全丧失希望的局面。

在伊朗的东北部,看来或许印度西北边界的问题最终可以得到解决,不是在印度—阿富汗边界的印度方面通过任何极端的对付未驯化的蛮族的行动,而是通过阿富汗自愿的西化。 因为如果阿富汗人的努力获得了成功,它的结果之一就是把印度一方的好战分子包围起来,从而使他们处于完全无法防守的位置。 国王阿马努拉汗带着过分激进的热情发动了阿富汗的西化运动(1919—1929 年),这场神圣的革命使他失去了王位,但阿马努拉汗个人的惨败并不重要,事实证明,这次挫折对于这场运动来说并不是致命的。 到了 1929 年,西化运动已走得如此之远,以至于阿富汗人民再也无法忍受强盗叛徒巴沙侬·萨卡丝毫没有减轻的野蛮行径,在国王第纳尔和他的后继者的统治下,西化的进程又毫无阻碍地重新开始了。

但受困的蛮族阵地上最杰出的西化者乃是阿卜杜·阿齐兹·沙特,他是内志和汉志的国王:从 1901 年这位军人和政治家结束了从出生时就开始的政治流放生涯后,他逐步成为卢普—卡哈利沙漠以西和萨那的也门王国以北的整个阿拉伯的主人。 作为蛮族军事领袖,阿卜杜·阿齐兹·沙特在开明方面可以同西哥特的阿托沃夫媲美。 他领悟到现代西方科学技术的潜能,显示了对科技发明——钻井、汽车和飞机——有效地应用于阿拉伯中部大草原的洞察力。 但更重要的是,他看到了西方生活方式不可缺少的基础是法律和秩序。

无论以什么方式,如果有一天最终在西方世界的文化地图上消灭了顽固的死角时,我们会祝贺自己看到了野蛮的终结吗? 彻底消灭外部无产者的野蛮只不过会给我们带来片刻的得意,因为我们业已证明(如果这本书还有什么用途的话),以前对许多被征服文明的破坏从来就不是任何外来力量的作用,而一直是一种自杀性行为的结果。

"我们被内部的虚伪出卖了。"[20]我们熟知的古老类型的蛮族或许会被从现实中彻底消灭,因为当前自然疆界造成的所有反蛮族界线以外最后残余的无人居住区都被消除了。 但是如果蛮族人在即将被灭绝之际越过了这些界限,偷偷地进入我们中间获得再生,那么这种史无前例的胜利并不会带给我们任何好处。 现在我们同蛮族人的对阵不就在内部吗？ "古代文明是被入侵的蛮族人毁灭的；我们则喂养了自己的凶手。"[21]在我们这一代中，我们岂不是看到了众多新的蛮族战争集团就在我们眼皮底下，在一个接一个的国家里重新恢复吗？ ——迄今为止，他们都出现在基督教世界的中心地区，而不是在边区。 这些法西斯战斗队和纳粹冲锋队的好战分子不是蛮族精神的产物又能是什么呢？ 他们难道没有受到教育：他们是这个社会的继子，离开了他们出生的温暖的地方，作为受到侵害的一方他们要为自己报仇，在道义上他们有资格通过残忍的武力为自己征服"太阳底下的某个地方"吗？ 这不恰恰是外部无产者的军事领袖——根塞里克们和阿提拉们——在他们领导着自己的武士抢劫那些由于自身过失而失陷落的地方时，一直对他们的武士宣传的教条吗？ 在 1935—1936 年的意大利-阿比西尼亚战争中，野蛮的标志不是黑色的皮肤，而是黑衫；穿黑衫的野蛮人比被他们掠夺的黑皮肤的人更加可怕。 黑衫是一种不祥之兆，因为他故意对传统的光明犯罪；他还是一种威胁，因为为了犯罪，他自作主张，自行地把继承来的为上帝服务的技术变为为魔鬼服务。 即使得出这个结论，我们还是没有挖掘到这个问题的根本，因为我们还没有追问自己：意大利新式野蛮的根源究竟来自哪里？

墨索里尼有一次宣称，他"为意大利所思考的同建立大英帝国的伟大的英格兰人为英格兰，以及伟大的法国殖民者为法国所思考的是一样的"。[22]这个意大利人有意丑化我们祖先的事业，在对他表示轻视之前，我们应该考虑到，丑化也可能是一种具有启发性的生动描写。 在背离了文明道路的意大利新式野蛮人令人厌恶的表情中，我们还不得不承认，我们能够识别出让人仰慕的英国典型人物的某些特征——如克莱夫、德雷克和霍金斯。

但对于这个重要的问题，我们不能追究得更远些吗？ 根据这一章所提出的证据，难道我们不应当想到，在少数统治者与外来无产者的战争中，少数统治者其实是最初的侵略者吗？ 我们必须牢记，有关"文明"和"野蛮"之间的战争的记录毫无例外都是由"文明"阵营的书吏写的。 在这幅典型的图画中，外部无产者带着野蛮的狂热和屠杀冲进和平文明中的美丽国土，它可能并非对事实的客观描绘，而是"文明"一方在他自己挑起的反击中成为靶子后，表达自己怨恨的方式。 对蛮族的抱怨如果让它的死敌来解释，那恐怕就不过是：

> 这个畜生令人憎恶：
> 它想攻击别人，却说是自御！[23]

第六节　外来的与本地的灵感

视野的扩大

在本书的一开始，我们通过英国历史的例子证明：对于一个民族国家的历史，如果将其同类的行为弃之不顾，我们是难以理解它的；因此我们假设，只有一些类似的团体集合为社会——我们称之为文明社会——才构成"可以说明问题的研究领域"。 换言之，我们假设文明的生命过程是自决的，因而它也就是可以独立地被人研究和了解的，而不需要时时考虑外来社会力量的影响。 我们对文明起源和成长的研究已经证明了这种设想，迄今为止，我们对文明衰落和解体的研究还不能驳倒它。 因为尽管一个解体社会可能会分裂成碎片，每一个碎片反过来还是原来社会的一部分。 甚至外部无产者也是解体社会辐射领域之内的要素。 然而同时我们对解体社会几个部分的考察——不仅是外部无产者，内部无产者和少数统治者也是如此——经常都需要我们把本土的和外在的因素同时考虑进去。

事实上很清楚，只要社会还在发展，我们几乎不需要什么限制就可以接受把它定义为"一个可以了解的研究领域"的做法，当我们涉及解体阶段时，这个定义就只能有所保留了。 尽管文明的衰落确实是由于丢失了内在的自决能力，而不是因为任何外来的打击，可是当已经衰落的文明在解体过程中走向崩溃时，我们不考虑外来因素和活动的影响则是不可原谅的。 在研究文明历程中的解体阶段时，"可以说明问题的研究领域"显然要比观察下的单个社会的范围更加广泛。 这就意味着，在解体过程中，社会体的本体不仅分裂为我们一直在研究的三个部分，它还恢复了与外来成分一起进入新联合体的自由。 因而我们发现，本书开始时一直牢固的立足点正在从我们的脚下失落。 在开始，我们之所以选择文明作为我们研究的对象仅仅是因为它们表现出"可以说明问题的领域"的样子，这使得它们逐一地得到单独的研究。 当我们检验文明之间的关系时，我们现在发现在自己已经离开这一观点转向了我们将采取的不同观点。[24]

与此同时，立足于这一观点来辨别和比较外来的和本地灵感的各自作用将会是方便的，一个社会的社会体解体时，在分裂出来的几个部分的活动中可以识别出这些作用。 在少数统治者和外部无产者的工作中，我们会发现外来灵感的结果通常是冲突和毁灭，相反，内部无产者的工作则会产生截然不同的结果：协调和创造。

少数统治者和外部无产者

我们已经知道，这些统一国家通常是由本地的少数统治者建立的，他们为社会立下了这个汗马功劳。 这些本地的帝国建立者们可能是来自社会边缘地带的居民，他们通过强加的政治统一赋予了社会和平和幸福，但是这个来源自身并不能证明他们让自己的文化带上了任何外来色彩。 然而我们也注意到，在某些情况下，少数统治者的道德崩溃是如此之快，以至于当解体社会处在进入统一国家的成熟阶段时，已没有多少少数统治者还拥有帝国建立者的美德了。 在这种情况下，提供统一国家的任务通常还是势在必行的。 于是一些外来的帝国建立者就要乘虚而入，为这个境况不佳的社会履行本应由本地人完成的任务。

所有的统一国家，无论是外来人的还是本地人建立的，通常都被当地人怀着感谢和顺从(如果不是带着狂热的话)接受了；至少从物质意义上说，它们同先前的混乱时期相比是一种进步。 但过了一段时间就会出现"不知好歹的新王"，简言之，动乱时期和关于动乱时期恐怖的记忆就会变得模糊，成为过去而被遗忘了，而现状——统一国家的力量已遍及全社会时——却在不考虑它的历史联系的情况下被当作一件事情来加以判断。 在这个阶段，本地人和外来人的统一国家的命运便分道扬镳。 不管其真正的价值如何，本地人的统一国家越来越受到国民的欢迎，而且对他们的生活来说，越来越被认为是唯一可能的社会结构。另一方面，外来人的统一国家则变得越来越不受欢迎。它的国民越来越不喜欢外来人的特性，也越来越对那些已经完成的和可能仍在为他们履行的有益服务视而不见。

可以说明这一明显反差的统一国家一个是罗马帝国，它为希腊世界提供了本地的统一国家，另一个是大英帝国，它为印度文明提供了外来的统一国家。甚至在它不能以较好地效率来履行自己的职能时，在它处于明显的分裂时期时，我们都可以收集许多词句来说明，晚期罗马帝国的人民对它的制度是如何的爱戴和尊敬。也许其中最引人瞩目的颂词是公元 400 年时，亚历山大里亚的克劳狄安用拉丁六韵步诗行写作的一段诗歌：

> 她比其他的征服者更知道夸耀
> 轻轻地，她的俘虏都被吸引到她的身旁；
> 是母亲而不是情人，她把所有的奴隶都变成了亲属
> 所有的国家都汇集到她的羽翼之下。
> 要不是她慈母般的统治，
> 公民权怎能遍布人间的大部分土地？[25]

要证明大英帝国在许多方面拥有比罗马帝国更有善心、更仁慈的机构是很容易的事情，但是要在印度的任何一个亚历山大里亚找到克劳狄安却是很困难的。

再来看看其他外来统一国家的历史，我们会注意到，同英属印度的情况相仿，其他国民中间有着同样高涨的敌视潮流。居鲁士强加给巴比伦社会的外来叙利亚统一国家受到了极度痛恨，直到它存在了两个世纪之后的公元前 331 年。巴比伦的僧侣还准备把热情洋溢的欢迎送给另一个外来征服者：马其顿的亚历山大，正如今天印度某些极端的民族主义者准备欢迎来自日本的克莱武一样。在东正教世界中，在 14 世纪最初的 25 年里，奥斯曼统治下的和平受到在马尔马拉海的亚洲海岸边希腊归附者们的热烈欢迎，但它在 1821 年已变成了希腊民族主义者厌

恶的对象。 5个世纪的时间流逝使希腊人的感情发生了变化，这同高卢人的变化正好相反，后者的情感从维尔琴盖托里克斯的惧怕罗马变成了西顿努斯·阿波林纳瑞斯的亲近罗马。

外来文化的帝国建立者引起仇恨的另一个突出的例子是中国人对蒙古征服者的敌意，这些征服者为混乱的远东世界提供了急需的统一国家，这种敌意和250年后这个社会接受满族统治者时的宽容表现出不寻常的对比。 我们在下面的事实中可以找到解释，满族是远东世界里的边民，他们没有受到任何外来文化的污染，然而蒙古这个蛮族却受到了源于基督教传教士的叙利亚文化的轻微影响，它还毫无成见地愿意谋取有才能有经验的人的服务，而不考虑他的出身。 马可·波罗有关中国国民同蒙古可汗东正教士兵和穆斯林行政官员之间紧张关系的叙述清楚地解释了蒙古在中国的统治不受欢迎的原因。

苏美尔文化的气息可能使得埃及人无法忍受喜克索斯人，然而，他们随后却毫无怨恨地接受了完全是蛮族的利比亚人的入侵。 事实上，我们可以大胆地这样表述一条社会法则：免受任何外来文化影响的蛮族入侵者通常是有好运气的；那些在迁移之前就已经沾染了外来或是异教气息的侵略者则必须清除掉这些东西，如果他们要避免被驱逐出或被灭绝的厄运的话。

先来谈谈纯粹的蛮族：雅利安人、赫梯人和亚该亚人，在文明的门槛徘徊时，他们中的每一个都发明了自己的诸神；在入侵并成为征服者之后，他们仍会保持自己的蛮族信仰；他们虽然"无知到不可理喻"，但都成功地建立了新的文明——印度文明、赫梯文明和希腊文明。 此外，法兰克人、英格兰人、斯堪的纳维亚人、波兰人和马扎尔人都放弃了对本地宗教的信仰而皈依了西方的天主教，在参与建设西方基督教世界时，这保证它们能够有充分展示自我，甚至成为领导者的机会。 另一方面，崇拜塞特神的喜克索斯人则被驱逐出埃及世界，蒙古人被赶出了中国。

似乎成为这条规则的一个例外的是原始穆斯林阿拉伯人。 这一群蛮族人本来属于希腊社会的外部无产者，他们在伴随着该社会解体而来的民族大迁徙中成功地发展到了一个较高的水平，他们坚持着自己模仿叙利亚宗教而形成的蛮族信仰，而没有接受行省人民从罗马帝国那里获得的基督教一性教派。总而言之，原始穆斯林阿拉伯人的历史作用是一个例外。尽管他们在进攻罗马帝国东方行省的过程中附带着征服了整个萨珊王朝，但阿拉伯人在叙利亚土地上建立的罗马帝国的蛮族后继国家却使自己成为叙利亚统一国家的再世，那个国家早在 1 000 年前亚历山大征服阿契美尼王朝时就夭折了。穆斯林阿拉伯人意外地被赋予了一项新的巨大的政治使命：即为伊斯兰教自己开辟一个全新天地。

所以，看起来伊斯兰教的历史是一个特殊的例子，并不足以推翻我们的研究得出的一般结论。一般说来，我们可以判断：对外部无产者和少数统治者来说，外来的灵感是一种障碍，因为他们同在社会中分裂出来的其他两个部分打交道时，它是矛盾和挫折的无穷源泉。

内部无产者

与这些对少数统治者和外部无产者的判断相反，我们发现，对于内部无产者来说，外来的灵感非但不是灾难，反而是祝福；任何人一旦接受了它，明显就拥有了俘虏他们征服者的超常力量，并且能够达到他们与生俱来的目的。那些"高级宗教"和统一教会可以充分检验这一命题，他们是内部无产者特有的成果。我们的研究显示：他们的潜能依靠的是他们的势力，并随着外来精神中生命活力的变化而变化。

例如，我们已经看到，埃及无产者的"高级宗教"——奥西里斯崇拜的起源可以辗转地追溯到外来的苏美尔人的塔木兹崇拜，希腊内部无产者众多相互竞争的"高级宗教"无疑也都可以溯源到不同的外来根源。在对伊西斯的崇拜中，外来的灵感火花来自埃及；在对西伯莉的崇拜中，外来灵感的火花来自赫梯；基督教和密特拉教来自叙利亚；对大乘佛教的崇拜来自印度。这些"高级宗教"中的前四个是由埃及人、赫梯人、叙利亚人在被亚历山大征服后，变成希腊内部无产者时创造的，第五种"高级宗教"是在公元前 2 世纪时通过大夏希腊王子们在印度世界的征服，由印度人创造的。尽管在内在精神的本质上存在根本差异，但是所有五种"高级宗教"至少都有外来起源这一外在特征上是相同的。

有些时候，高级宗教试图征服社会，但没有获得成功，对这种情况的考虑不会动摇我们的结论。 例如，伊斯兰教的什叶派在奥斯曼统治时试图成为东正教世界统一教会的努力失败了，天主教要变成远东社会统一教会的努力也失败了——在中国是在明末清初，在日本是在从动乱时期向德川幕府过渡时期。 奥斯曼帝国时的什叶派和日本的天主教都被利用——或者至少怀疑被利用——以为非法的政治目的而欺骗他们未来的精神俘虏。 天主教在中国的失败是因为教皇不允许天主教传教士把外来天主教的用语翻译成远东哲学和礼仪的传统语言。

我们可能得出这样的结论，外来的火花在"高级宗教"赢得皈依者时是一种帮助而不是一种障碍，原因是显而易见的。 内部无产者疏远了它正在脱离的解体社会，它在寻找新的启示，那正是外来火花所提供的，它的新鲜使之富有吸引力。 但在此之前，这个新的真理必须为人们所了解；只有有人完成了必要的解释工作，这个真理才能发挥其影响力。 天主教之所以能在罗马帝国获得成功，是因为从圣保罗开始的四五百年里，教会神职人员努力地把天主教教义翻译成希腊哲学术语，按照罗马文官制度模式建立了天主教的教阶制，甚至还把异教的节日转变为天主教的节日，并用天主教对圣徒的崇拜取代了异教的英雄崇拜。相反，在中国的传教士执行了梵蒂冈的命令，导致了基督教在那里被扼杀在萌芽状态，如果圣保罗犹太化基督教的反对者真的如"使徒行传"和早期保罗使徒书中所描绘的那样，在会议和冲突中都取得了胜利的话，那么基督教传教士第一次远行踏上异教徒的土地时，希腊世界皈依基督教的事业也会变得遥遥无期。

在列举那些具有本土灵感的"高级宗教"时，我们还应把犹太教、祆教和伊斯兰教包括在内——这三种宗教的活动领域都在古代叙利亚世界，他们都吸收了来自同一地方的灵感——此外还有印度教，它的灵感和活动范围都在印度。 印度教和伊斯兰教应被视为我们"法规"的一个例外，但是犹太教和拜火教在检查后被证明是合乎这一"法规"的。因为在公元前8—前6世纪，古代叙利亚人民中间产生了犹太教和拜火教，他们是被征服的人民，他们被巴比伦少数统治者的亚述军队强行地划入巴比伦社会的内部无产者。 正是巴比伦的入侵在古代叙利亚人遭受苦难灵魂中唤起了犹太教和袄教的反应。 根据这一情况，我们无疑应把犹太教和拜火教划为是由叙利亚被征服者引入的巴比伦社会内部无产者的宗教。 犹太教实际上是"在巴比伦的河边"发展起来的，就像基督教是在希腊世界使徒保罗的集会上形成的一样。

如果巴比伦文明的解体像希腊文明拖得那样长，而且还经历了同样阶段的话，那么从历史的角度来看，犹太教和拜火教的产生和发展就是巴比伦历史的一部分——事实上，就跟基督教和密特拉教是希腊历史中的事件一样。 我们的推断之所以没有实现，是因为巴比伦历史过早地走向了终结。 迦勒底人建立巴比伦统一国家的努力失败了，叙利亚内部无产者中的被征服者不仅扔掉了他们的枷锁，而且还转败为胜，将巴比伦征服者从肉体上和精神上征服了。 伊朗人皈依了叙利亚的而非巴比伦的文化，居鲁士建立的阿契美尼帝国成为叙利亚统一国家。 正是在这样的情况下，犹太教和拜火教具有了叙利亚宗教的外表和本地的灵感。 从起源上说，它们是巴比伦内部无产者的宗教，其叙利亚灵感是外来的。

如果一个"高级宗教"带有外来的灵感——我们已经知道，抛开两个明显的例外，这是一个规则——很明显，至少在不考虑到这两种文明时，我们就不能理解宗教的本质：一种文明的内部无产者产生了新宗教，另一种文明(或是几个)是外来灵感的来源。 这一事实要求我们另辟蹊径，它要求我们放弃本书迄今为止的基点。 我们一直都在讨论文明，我们设想，任何一个文明都是一个社会整体，它能够提供一个可行的"研究领域"，无论这个特定社会的空间和时间界限之外出现了什么孤立的社会现象，那都是可以理解的。 但是现在我们遇到了困难。 我在开始的章节中曾批评过一些历史学家，说他们无法孤立地研究一个民族的历史，现在我们也像他们一样无法自圆其说了。 从此以后，我们将超越迄今为止一直在限制我们自己的这个范围了。

注 释:

[1] Thucydides, Bk. Ⅲ, ch.82.
[2] Burkitt, F.C., *Jewish and Christian Apocalypses*, p.12.

[3] Ps. cxxxvii.5—6.

[4] Ps. cxxxvii.1.

[5] 这一争论问题永远不会有最终的答案，佛教哲学是否——从俄罗斯学者著作里的描述中——大乘佛教所反对的，是乔达摩·悉达多个人教义的复制品或是误传。一些学者认为，只要看看在小乘佛教的经典中呈现给我们的系统哲学表面之下的佛陀自己的教义，我们就可以猜测佛教本身并没有怀疑灵魂的真实和永恒，作为精神修炼目的涅槃是一种绝对灭绝的状态，不是生活本身，而是激情中的凡事，只要依附生活，它就会阻止生活的完整。——A.J.T.

[6] Stcherbatsky, Th, The Conception of Buddhist Nirvana，p.36.

[7] 尤维纳利斯，描述了半希腊化的东方叙利亚人汇入他所生活时的罗马(公元 2 世纪)，写于 tiberim defluxit orontes(奥伦特斯河汇入了台伯河)。

[8] 这可能会使读者联想到汤因比先生对这一词组的使用，知识分子等同于社会中的政治动物，被描述成"1939—1945 年德国战争中的卖国贼"——节录者注。

[9] 关于乐观主义者和悲观主义者的最好说明同样可以在麦考莱的论笛对话的散文(1830)中看到。——节录者注

[10] 亚伯拉罕向耶和华请求宽恕所多玛：Genesis, xviii.24。

[11] John, iii.4—5.

[12] 在还未出版的分册中。

[13] 《泰晤士报》，1936 年 8 月 14 日；以及 Hides，J.G., Papuan Wonderland。

[14] 在还未出版的分册中。

[15] St. Augustine, De Civitate Dei，Bk.　I.,ch.7.

[16] Orosius, P., Adversum Paganos，Bk.Ⅶ，ch.43.

[17] Lewis, C.S., A Preface to Paradise Lost，p.22.

[18] 在汤因比先生的研究中，他尽可能的利用所有文明中的外部无产者的历史证据。我把其他的都删除了，径直进入到西方社会外部无产者的结论部分。我无需说明，也不必为了这个事实而道歉：我在别处也是采用了同样的方法，尽管没有这么彻底。例如，在他关于内部无产者的一章里，汤因比先生检查了所有的证据。我省略了其中的大概一半，保留下的是可以表现多数重要性特征的那一半。——节录者注

[19] 在印度的抵制英国货运动中同它有明显相似之处。——节录者注

[20] Meredith, G., Love′s Grave.

[21] Inge, W.R., The Idea of Progress，p.13.

[22] 墨索里尼在与法国政评作家克拉里的谈话，引自《泰晤士报》，1935 年 8 月 1 日。

[23] "Théodore P.K.", La Ménagerie.

[24] 在还未出版的分册中。

[25] 由 R.A.Knox 英译，见 The Making of Western Europe，by C.R.L.Fletcher, p.3。

第十九章

灵魂的分裂

第一节　行为、情感和生活的两种选择

迄今为止，我们所检验的社会主体的分裂是一种共同的经验，因而是表面的。它的意义在于，它是内在灵性裂痕公开而明显的标志。我们会发现，人类灵魂的分裂是任何社会分裂的基础，这个社会是人类参与者各自活动的领域，我们的注意力必须放在内在分裂所采取的几种形式上。

在解体中的社会里，成员灵魂的分裂可以表现为不同的形式，因为它源自不同的行为、情感和每一种不同的生活方式里，我们看到，这些不同的方式具有在文明的起源和发展中发挥作用的人类活动的特征。在解体阶段，每一条单个的活动线路都倾向于分裂成两个相互对立、格格不入的变种或是替代品，对挑战的回应也分化成两种选择——一种是被动的，一种是主动的，但是每一种都不具备创造性。由于在社会解体悲剧中扮演了角色，灵魂已失去创造性活动的机会(当然还没有失去这种能力)，它仅存的自由就是在主动和被动间作出抉择。当解体的过程结束时，二者之间的选择界限更加僵化，分歧更加极端，其后果也更为严重。这就是说，灵魂分裂的精神经历是一种动态的运动而不是静止状态。

首先，有两种互不相容的个人行为方式，它们是创造能力运用的替代品。二者都是自我表现的尝试。被动的尝试是自暴自弃，通过放任自发的欲望和厌恶让灵魂在信仰中放任自流，它想"按照本性来生活"，以便自动地从神秘女神那里收回珍贵的礼物——它意识到自己正在失去的创造力。主动的选择是自我克制的一种努力，灵魂"控制自己"并且努力训练自己"天赋的激情"，相反地，它相信自然是创造力的祸根而不是它的来源，"赢得对自然的控制"是重新获得失去的创造力的唯一途径。

其次，有两种不相容的社会行为方式，它们是创造性模仿可供选择的替代品，我们发现，它们尽管危险，但却是社会发展的捷径。这两种模仿的替代品试图离开"社会纪律"已不起作用的方阵行列。采取逃避的方式来打破这种社会僵局是被动的尝试。士兵现在沮丧地认识到，到目前为止军团失去了强化道德的纪律，在这种情况下，他自以为可以解除其军事职责了。在这种不名誉的精神状况中，逃跑者就会向后退出这个行列，徒劳地希望离开困境中的伙伴，从而拯救自己的生命。然而，面对考验还有一种可供选择的方式，我们称之为殉难。在本质上，殉道者是一个为超越职责的需要主动地向前走出行列的战士。在正常的情况下，职责只要求士兵冒最小程度的生命危险，这种冒险对执行上级军官的命令来说是必需的，但殉道者却为了拥护理想而挺身赴死。

当我们从行为层面过渡到情感时，我们首先会注意到个人情感的两种不相容方式，它们是对激进运动的逆反，在这一运动中，发展的本性似乎把自己显示了出来。这两种情感反映了从邪恶的势力中"逃跑"的痛苦意识，这股邪恶的势力已经采取了攻势，确立了自己的优势地位。不断发展的道德上失败意识的被动表现是一种游离感。这个被击败的灵魂感知到它不能控制自己的环境而屈服，它最终相信，包括自己灵魂在内的宇宙受到了某种权力的支配，这种权力既毫无理性也不能被征服：这个邪恶女神有两面性，世人或者以命运的名义获得她的恩佑，或者以必然性的名义忍受她的暴虐——她就是托马斯·哈代《统治者》合唱中被文学化了的两种神性。还有一种情况，道德的失败遗弃了溃败的灵魂，它可能感到不能去掌握和控制灵魂自身。 如果是那样的话，我们产生的不是游离感，而是罪恶感。

我们还注意到社会情感的两种不相容方式，它们都是风格感的替代品——这种感觉是对文明因发展而分化这一客观过程的主观对应物。这两种情感显示出，尽管它们以不同的方式回应了这种挑战，它们却都失去了对形式的敏感。 消极的回应是杂乱感，灵魂听任自己被投入熔炉。 在语言、文学、艺术这些媒介中，这种杂乱感表现为混合语言的流行，表现为文学、绘画、雕刻、建筑中相似的标准与合成的风格，在哲学和宗教领域里，它制造了折中主义。 积极的回应是把牺牲现存的风格作为一种机遇和召唤去采纳另一种风格，被抛弃的风格是局部的和短暂的，被采纳的风格则是统一的和永恒的：无所不在、永远长存、独一无二的风格。 这种积极的回应唤醒了统一的感觉，当视野通过宇宙的统一扩展到人类的统一从而拥抱上帝的统一时，这种划一感就得到了扩展和加深。

第三，如果转到生活层面，我们会再次遇到两种互不相容的反应，但在这一方面，这幅图景同先前的模式在三个方面有所不同。 第一，发展阶段的特征是单一运动，与之对应的是运动的变异，而非运动的替代物。 第二，两种反应都是同一单一运动的变异——我们将之描述为行动领域从宏观世界到微观世界的转移。 第三，这两种反应在值得我们一再重复的一点上差别迥异，从而使得相彼此有所区别。 其中一种反应的特征是暴力，另一种反应的特征是温和。 消极的暴力反应可被描述为复古主义，积极的暴力反应可被描述为未来主义，在温和的反应中，被动的反应会被描述为超然，主动的反应会被描述成神化。

复古主义和未来主义是互不相容的努力，它们用纯粹的时空转移来替代从一个精神层面到另一个精神层面的行为领域转移，而后者是发展特有的运动。 在二者中，为了追求乌托邦用微观世界代替宏观世界的努力被放弃了，这个乌托邦——假使的确存在的话——不必面对任何精神领域艰难变革的挑战。 人们把外在乌托邦想象为"来世"，但是在目前状况中，只有从否定宏观世界这一浮浅和不能令人满意的意义上说，这个乌托邦才是"来世"。 灵魂计划做它需要做的，它从现在社会的解体状态向同一个社会目标前进，这一目标可能在过去一度存在，也可能在未来的某一天会实现。

实际上，复古主义可被视为从模仿当代有创造性人物到模仿部落祖先的回归：也就是说是从文明动态的运动堕入到原始人类的静止状态。它可能再次被定义为强制中断变化的尝试，其结果是一旦成功就会导致社会"暴行"。 第三，它还可以被看成是试图"固定"因衰落而解体的社会的例子，在另一方面，我们还发现那是乌托邦创造者们的共同目标。 相应地，我们可以把未来主义定义为对任何模仿的否定，我们还可以把它作为强制实现变革的一种尝试，其结果是一旦它们从根本上成功地发动社会革命，这场革命就会跌落到它的对立面从而挫败自己的目的。

对那些相信这两种替代——从宏观世界到微观世界的行为领域替代——的人来说，等待他们的是共同的讽刺性命运。 在追求他们"轻松"的选择时，这些失败者实际上自己注定了要走向暴力结局，因为他们所尝试的事情是同自然秩序相违背的。 寻求内心社会可能是困难的，但并非不可能；但对生活在外部世界的灵魂来说，在"永远翻腾的河流"中，通过飞跃或是逆流而上使自己回到从前，或是顺流而下进入未来，以使自己从目前的处境中摆脱出来，那才是根本不可能的。 复古主义和未来主义的乌托邦在字面上同样是乌托邦：它们是"虚无之地"。 根据定义，这两处诱惑人的去处是无法到达的，它们唯一而确定的显著效果是以暴力把水搅浑，但这无济于事。

在悲剧的高潮，未来主义本身就表现为恶魔主义。

> 信仰的本质是：世界秩序是邪恶，是谎言；仁慈和真理是受到迫害的反抗者。……众多的基督教圣徒和殉道者，尤其是《启示录》的作者，都持有这种信仰。但我们应注意，这一信仰同几乎所有伟大的道德哲学家的教义截然不同。柏拉图、亚里士多德和斯多葛派、圣奥古斯丁和圣托马斯·阿奎那、康德、穆勒、孔德和格林，他们都论证或假设，在某种意义上，宇宙或是神圣的秩序存在着；与这个秩序协调的都是好的，与这个秩序不协调的就是坏的。我在希波里特斯教父

的书中注意到,诺斯替教派的一个信徒实际上把撒旦描述成"反对宇宙秩序的魔鬼":他是抵制全体意志的反抗者或是抗议者,他还试图反对他所属的社会。

在自己不是革命者的男女那里,精神的这种必然结果是公认的平常之事,我们不难举出这种精神法律作用的历史实例。

例如,在古代叙利亚社会,以救世主形式出现的未来主义首先表现为坚持温和方式的积极努力。 以色列人并未坚持不幸的努力以保持政治上的独立,反对当时亚述军国主义的进攻,而是屈服于政治奴役,甘心选择痛苦的顺从,把他们所有的政治理想都转移到能够在将来的未知的某个时候重建并复兴这个已经垮台的王国的救世主这个期待上。 当我们在犹太社会里回溯这种期待救世主的历史时,我们会发现这种期待为了支持温和而存在了四百多年——从公元前 568 年开始,那时犹太人被尼布甲尼撒掳掠到巴比伦的首都,直到公元前 168 年,那时的犹太人正忍受着安提柯·厄皮法涅斯的希腊化迫害。 然而安心期待的来世和极为痛苦的现世之间的不一致最终转化为暴力。 以利亚撒和七兄弟们殉教后的两年内,就有犹大马加比的武装起义,马加比就缔造了日益狂热的犹太好战分子队伍——加利利无数的丢大和犹大——他们的暴力在公元 66 年—70 年、115 年—117 年、132 年—135 年魔鬼般的犹太人起义里到达了令人震惊的高潮。

我们对古代犹太人例子所说明的未来主义的报复是不会感到陌生的,但可能会更加惊讶地发现,在明显相反的道路尽头,复古主义也被同样的报复所征服所压倒,因为,认为暴力的叫嚣是这种倒退运动同样而必然的结果的看法,非但不是一件平常的事情,反而可能看来有些让人费解。 然而历史的事实表示,一切的确如此。

在古希腊社会政治解体的历史上,最早采用复古主义的政治家是斯巴达国王阿吉斯和罗马的保民官提比略·格拉古。 他们两个人都是非常敏感而温和的人,两人都致力于纠正社会错误的任务,从而避免社会灾难,他们相信是回到了自己国家祖先的机制里,但实际上已处于解体之前半传说的"黄金时代"。 他们的目的是恢复和谐,然而因为他们的复古政策是在试图逆转社会生活的潮流，这就必然引导他们走上暴力的道路；而且温和精神使得他们宁愿牺牲自己的生命也不愿意在反暴力的战斗中走向极端，他们不愿挑起暴力的精神对抑制他们在运动中无意间激起的纷至沓来的暴力毫无作用。 他们的自我牺牲只不过激励了一个后继者继续他们的工作，无情地运用殉道者并不热心的暴力，努力完成这项事业。 温和的国王阿吉斯四世之后有残暴的克利奥米尼斯三世，温和的保民官提比略·格拉古之后有他强硬的兄弟盖约。 不过这两个例子并不是故事的结束。 这两个温和的复古主义者所释放的暴力洪流直到把他们努力拯救的国家机构一扫而光时才平息下来。

但是如果我们现在继续把希腊和叙利亚的例证放入它们所属的下一阶段的历史时，我们会发现，复古主义与未来主义所释放的混乱暴力最终由于让人惊讶的温和精神的复苏而减轻，而暴力的汹涌波涛曾一度压倒和湮没了这种温和精神。 在希腊少数统治者的历史中，正如我们所观察到的，在公元前最后的两个世纪里，继匪徒而起的是有意识、有能力组织并维持统一国家的公仆，同时，拥有暴力手腕的复古改革家的后继者们变成了贵族哲学家——阿里亚、凯辛纳·帕多、塞内加、赫尔维狄乌斯·帕里斯库乌斯——甚至在公共利益方面，他们也不满意于使用自己所承袭的优势，他们把放弃发展到了这样的程度：在专制君主的命令下，他们会顺从地自杀。 同样，希腊化世界内部无产者的叙利亚一支中，马加比通过武力建立一个现世的救世主王国的企图失败之后，继之而起的是犹太王国的胜利，这个王国不是现世的王国。 而在下一代中，在一个较窄的精神视野里，在被毁灭的时刻，高尚、英勇、不抵抗的拉比约翰纳·塞盖阿找回了犹太好战狂热分子野蛮、无畏而且无望的希望，为了可以安静地继续自己教学不受战争的侵扰，他自己从犹太狂热者中脱离了出来，当不可避免的灾难消息传到了他那里的时候，带回这个消息的信徒痛苦地呼喊："我们有祸了，因为为以色列赎罪和献祭的地方被毁灭了！"他回答道："我的孩子，不要悲伤，我们还有另一个赎罪的地方，那难道不就是仁慈的赠与吗？ ——正如所写的'我喜悦的是仁慈而不是牺牲'"。

在这两个例子中，似乎要冲掉在它道路上的所有障碍的暴力浪潮怎么就会这样停滞下来并倒退呢？ 在每一个例证中，奇迹般的逆转都可以上溯到生活方式的改变。 在古希腊社会罗马部分少数统治者的精神中，超然的理想排挤了复古主义的理想；在古希腊内部无产者犹太部分的精神中，神化的理想代替了未来主义的理想。

如果首先通过著名的信仰改变者的人格和生活史来接近他们，我们或许能够在历史起源的观点上领悟到这两种温和生活方式的性质，例如，小加图，他是罗马的复古主义者并成为斯多葛派哲学家；西蒙·巴-约拿，他是犹太的未来主义者并成为耶稣的信徒彼得。 这两个伟大的人物身上都有一种精神的盲目性，当他们追求各自最先想去献身的乌托邦时，这种盲目性误导了他们的精力从而削弱了他们的伟大。 由于转变到一种新的生活方式，他们受到长期阻碍和困惑的灵魂终于都能够实现自己最大的潜能。

作为一个浪漫地设想过去时代中从来没有在"现实生活中"存在过的罗马先辈国家的堂吉诃德式斗士，加图几乎是一个可笑的人物。 他拒绝接受他看到的政治时代，他在那里不停地追逐着阴影，也不停地失去物质，最后当他走入歧途在内战中扮演一个领导角色时，他对这场战争的爆发负有较大的、未被认识的责任，无论实际情况如何，他的政治伪装注定要遭受粉碎性的幻灭，因为他同伴胜利所带来的政权和最终获胜的恺撒独裁至少同样会同加图复古主义理想相矛盾。 在进退两难的局面中，这位堂吉诃德式的政治家被斯多葛派的哲学家从愚蠢中拯救了出来。 这个徒劳地作为复古主义者生活的人现在却作为斯多葛派的学者来面对死亡，竟然出现了如下的效果：他给恺撒——还有一个多世纪恺撒的继承者——带来比所有其余共和派的总和还多的麻烦。 直到今天，所有读过普鲁塔克传记的人都会再次体验到加图最后事迹给当时人留下的印象。 凭借着天赋的才能，恺撒领会到，他的反对者斯多葛派的灭亡沉重地打击了他的事业，而他从来没有想过在这个死亡的斯多葛派政治家生前有什么必要认真对待他，在重建世界的巨大的工作中，当他正在扑灭内战的余烬时，这位成功的军事独裁者才腾出时间，用自己的笔来回击加图的剑——这位多才多艺的天才完全知道，这是唯一的武器，它对于回应由于加图拔剑自戕的不和谐举动而招致的从军事到哲学各个层面的抨击是有用的。 然而恺撒不能征服这个临别一击的对手，因为加图的去世促成了恺撒主义反对者的哲学流派的诞生，这些反对者受到他们创建者榜样的激励，自己动手去摆脱既不能接受也不能改良形势，从而使新的专制得不到支持。

在普鲁塔克讲述和莎士比亚复述的关于马可·布鲁图斯的事迹可以生动地说明从复古主义到超然的转变。 布鲁图斯娶了加图的女儿，他同时也是那次有名而徒劳的复古主义暴力行动的参与者。 然而我们还知道，直到暗杀之前，他还在怀疑他的想法是否正确，在看到了暗杀结果之后，他就更怀疑了。 在腓力比战役之后，在莎士比亚假托他的最后几句话里，他接受了他以前谴责过的加图式的解决办法。 在他自杀时，他说道：

> 恺撒，现在你可以瞑目了：
> 我杀死你时还不及现在一半坚决。

至于彼得，他的未来主义最初看来同加图的复古主义一样无可救药。 他是第一个把耶稣欢呼为救世主的信徒，后来也是他最先抗议耶稣公认的启示：他的救世主王国不会是居鲁士皇帝的波斯世界的犹太翻版，因此，他冲动的宗教信仰得到了特别的祝福作为回报，而由于他愚蠢而好斗地坚持耶稣关于他王国的先见之明一定要符合信徒的固定观念，就马上招来了严厉指责：

> 撒旦，退到我后边去罢，你是我的绊脚石。因为你不体贴上帝的意思，只体贴人的意思。

甚至当耶稣用严厉的指责把彼得的过失列举在他的面前时，这个教训也几乎没有什么作用，以致他在下次的考验中再次失败。 在被选出来成为三名目击变容者之一时，他立即把摩西和以利亚站在耶稣旁边的景象当作是解放战争开始的信号，这表明他误解了这一景象实际的含

433

义，他建议建立营地的中心（"三个神龛"或是帐篷），这与加利利的丢大和犹大在罗马权力当局接到有关他们活动的消息并派出快速部队去驱散他们之前的短暂时间里，往往在荒野中建立营地的危险是一样的。在这种不和谐的声音中，异象消失在接受弥赛亚自己所启示的弥赛亚道路告诫的回声里。然而第二个教训还不足以让彼得清醒。即使在耶稣事业的高潮时——当耶稣预言的一切显然都成为现实时——无可救药的未来主义者在客西马尼的花园中拔剑而斗，就在这个晚上，他"出卖"耶稣这件事就成为他心灵混乱的结果，他最后丢掉了未来主义的信念，但他还没有安心地抓住任何的替代物。

即使在他一生中这一最重要的经历后，当钉死在十字架上、复活和升天最终教导他基督王国并不属于今世时，他仍相信在这个理想化的王国里，特权必须仅限于犹太人——仿佛在一个信奉上帝就像信奉国王的社会里，在上帝的土地上，有一条界限限制了它，除了上帝所创造的人类中的一个种族，其余的都被排除在这条界限之外。《使徒行传》向我们展示的彼得的最后事件里，我们看到，唯独他反对伴随着天降帷幕的景象而下达的这个明确命令。然而，在这个故事中，直到最后的叙述记录了他也领悟到了法利赛人保罗在一刹那间通过一次不可抗拒的精神体验所领会到的真理时，彼得才把主角的位子让给了保罗。当科尼利厄斯的使者跟随着屋顶上的幻象来到了门前时，彼得终于完成了长期的觉悟过程。当他在科尼利厄斯的家中表白自己的信仰时，当他返回了耶路撒冷，在犹太基督教社团面前为自己的行动辩护时，彼得口头上所宣扬的上帝的王国就不会招来救世主的责难了。

是哪两种生活方式分别取代了加图的复古主义和彼得的未来主义，并产生了如此巨大的精神影响？我们首先要注意到超然和神化一方、复古主义和未来主义另一方之间的共同区别，然后要看到超然和神化之间的区别。

在神化和超然跟未来主义、复古主义之间存在着一种共同的区别：以灵性气候的真正改变（并非仅是时间次元里的转移）来代替从宏观世界到微观世界的行动领域转移的特殊方式，我们曾看到，这种特殊方式是文明生长的规范。作为它们各自目标的王国都是"彼岸世界的"，都

不是此岸世界的一种幻想的过去或幻想的未来。 不过，这种共同的
"彼岸世界性"是它们唯一的相似点。 在所有其他方面，它们截然
相反。

我们称之为"超然"的生活方式，不同学派的大家赋予了它种种不
同的名字。 斯多葛派从分裂的希腊化世界退入到"不会受到伤害的地
方"，伊壁鸠鲁学派则退到了"沉着而冷静的世界"——就像诗人贺拉
斯有些自觉的伊壁鸠鲁式的宣称所阐明的一样，他告诉我们"被毁灭世
界的碎片不会打到我"(无畏)。 佛教从分裂的印度世界退回到"平静的
世界"(涅槃)。 这是引导我们走出现世的道路，它的目的就是避难所，
避难所处于现世之外这一事实使得它具有了吸引人的特征。 带动哲学
旅行者向前的这股推动力是厌恶的推动，不是期望的牵引。 它正从他
的脚下抖落掉毁灭之城的尘土，但他还没有看见"彼岸的光明之路"。
世俗之人会说："哦，可爱的刻克洛普斯之城"，你会说："哦，可爱
的宙斯之城"吗? [1]——但是马可的"宙斯之城"同奥古斯丁的上帝之
城是不一样的，上帝之城是"存在的上帝的城市"，这一旅程是有计划
的退却而不是信仰激励下的朝圣。 因为哲学家成功地从现世中逃离，
这本身就是一个结局，一旦当他跨过了避难所的门槛，哲学家如何对待
自己就无关紧要了。 希腊哲学家把解放了的圣人的状态描绘成一种幸
福的沉思，而佛教(如果它的教义如实地反映在小乘佛教的经文中)不加
掩饰地宣称，只要所有复出的可能都被排除掉，那么供如来休憩的另外
地方的性质大概就没有什么重要的了。

这种不可知和中立的涅槃或"宙斯之城"是超然的目标，正好是天
国的对比，经由神化的宗教经验这条道路进入天国。 哲学的"来世"
在本质上把我们尘世排除在外，神圣的"来世"则超越了现世人类的生
活并把它包括在内。

> 法利赛人问上帝的国几时来到，他回答说："上帝之国的来到，不
> 是眼所能见的，人们也不能说，看哪，在这里，看哪，在这里，因为上帝
> 的国就在你们心里。"[2]

可以看到，上帝之国在本质上是积极的，而"宙斯之城"在本质上是消极的，然而超然的方式是彻底的退隐运动，神化的方式则是我们已经有机会称呼的"退隐和复出"运动。

我们现在简单扼要地陈述了行为、情感和生活的六对选择方式，这些都出现在人类的灵魂中，人类的命运被安排在解体社会中。在我们一对接着一对更为详细地继续检查它们时，我们会暂停下来观察一下精神历史和社会历史间的联系以便明确我们的方向。

承认每一种精神体验都是属于某个人的，我们就会发现我们已经检查过的某些体验是解体社会某些碎片的组成所独有的吗？我们会发现行为和情感的全部四种个人方式——消极的放任和积极的自制，消极的流离感和积极的赎罪感——都可以在少数统治者和无产者的成员中同样看到。另一方面，当我们观察行为和情感的社会方式时，为了我们现在的目标，我们不得不将消极和积极区别开来。这两种消极的社会现象——堕入到逃避和向杂乱感投降——都倾向于首先出现在无产者的队伍中，并且从这里传播到少数统治者的行列里，少数统治者通常都屈从于"无产阶级化"这一弊病。相反地，两种积极的社会现象——对殉道的追求和统一感的苏醒——都倾向首先出现在少数统治者这个阶层中，并从这里蔓延到无产者。最后，相反地，当我们仔细考虑社会方式的四种选择时，我们会发现两种消极社会方式，复古主义和超然，起初都倾向同少数统治者发生联系，而两种积极的社会方式，未来主义和神化倾向与无产者发生联系。

第二节 "放任"与自制

要鉴定放任和自制在社会解体过程中特征的特殊表现形式可能是非常困难的，这仅仅因为两种个人行为方式都倾向于由人类在社会环境的每一个变化中表现出来。甚至在原始社会的社会中我们也可以辨别出放荡的和禁欲的情绪，而且还可以看出部落集体仪式中表达的情绪是部落成员的情感，这种情感按照季节每年周而复始地交替。但是，在解体文明生活里，作为创造性替代物的放任指的是比原始情感变迁更为精确的东西。我们所说的心境就是被唯信仰论接受——有意识地和无意识地，在理论上或是在实践中——作为创造的替代者。如果我们试图把这些例子同作为创造性替代物的自制的例子放在一起，用同样的观点来看的话，我们就可以很有把握地辨别出放任的例子。

例如，在古希腊的动乱时期，在衰落后的第一代时间里，放任和自制这两种形式表现在柏拉图在《会饮篇》中对亚西比德和苏格拉底的描述，以及在《理想国》中关于色拉叙马库斯和苏格拉底的描述里——亚西比德，激情的奴隶，是放任实践中的代表，而色拉叙马库斯这位"权力就是正义"的鼓吹者，在理论上也支持这一想法。

在希腊历史的下一个阶段中，我们发现这些代表人物都在尝试以自我表现来代替创造，他们宣称自己的行为方式是"按照自然而生活"从而为这些方式寻找一种权威的认可。庸俗的享乐主义者宣扬了放任的优点，他们徒劳地接受了伊壁鸠鲁的名字并使它变得声名狼藉，严格的伊壁鸠鲁学派的诗人卢克莱修就驳斥了这种冒犯。另一方面，我们看到犬儒学派主张禁欲生活是"自然"认可的，在浴盆中的第欧根尼就是一个榜样，斯多葛派以未经修饰的方式提出了同样的主张。

在这一动乱时代，如果我们从希腊世界转向叙利亚世界，我们会发现放任和自制间同样不协调的对立也表现在《传道书》中的镇定怀疑论和犹太苦修派修道士虔诚的苦行论之间的对比上。

还有另外一些文明——印度文明、巴比伦文明、赫梯文明和玛雅文明——在它们解体时，这些文明似乎又回归到原始人的精神特质，显然感觉不到他们宗教恣意放荡的性欲主义和他们哲学里夸张的禁欲主义之间鸿沟张开的广度。在印度这个例子中就存在男性生殖器崇拜和瑜伽这样的矛盾，乍看似乎是无法解决的，巴比伦解体社会里，神庙中的卖淫和相应的星象哲学间的对比、玛雅的人祭与赫梯西伯莉、阿提斯崇拜里禁欲苦修之间的对比，都使我们感到同样的震惊。或许正是过度的残酷成性这种共同的心境融入了放任和自制的实践之中，在四种解体文明成员的灵魂中，在实践中它们都维持着一种情绪化的协调，但当外来的旁观者以一种冷静分析的眼光来观察他们时，似乎又在违反着和谐。

在西方现代社会的历史阶段中，在这个广阔的舞台上，这两种冲突的行为方式是不是在重新发挥着作用呢？关于放任，我们并不缺乏证据，在理论领域，我们已经发现富于诱惑力的先知让-雅克·卢梭邀请人们"回归自然"了，"如果需要坟墓的话，再向周围看一看"，这就是如今的放任实践。另一方面，我们却找不到禁欲主义对手的复活，我们还可能会从这个事实中试着得出犬儒主义的结论：如果西方文明实际上已经中止了，它的解体仍然不能再向前发展。

第三节　逃避与殉道

从非专业化角度来说，逃避和殉道这两个术语都只不过是怯懦的恶行和勇敢的美德这些在所有阶段和所有类型的社会里人类行为共同现象的产物。然而我们现在正在考虑的逃避和殉道却是产生于特定生活态度的特殊形式。仅仅是怯懦的逃避和纯粹勇敢的殉道都不是我们所关心的。我们正在寻找的逃避者的灵魂是这样一种灵魂，这些逃避者的逃避受到虔诚情感的刺激，而他所从事的事业其实不值得这个事业要求的这样的服务。同样，我们正在探究的殉道者的灵魂，他们的殉道不单单或是主要是为了在实际的工作中去促进这个事业，而是为了从

　　　所有这个难以理解的世界的
　　　这个沉重而让人厌倦的负担[3]

中得到解脱从而满足自己灵魂的渴求。这样的殉道者可能是高尚的，在心理上，他更是一个自杀者。用现在的话来说，他是一个逃避现实的人，当然我们所说的逃避者是一类更不光彩的逃避现实者。皈依了超然的哲学的罗马复古主义者在这个意义上说是逃避者。通过他们最后的行动，他们感到他们并非剥夺自己的生命，而只要能不受生命的约束，而且在同样的历史阶段、同样的阶层中，如果人们要寻找一个逃避的例子，人们可以举出马可·安东尼，他从罗马和罗马理想的庄严中逃

离，来到了半东方化的克利奥帕特拉的怀抱中。

两个世纪后，在 2 世纪即将过去的几十年时间里，阴云密布，我们看到元首马可·奥里略授予殉道者头衔的荣誉没有失效，相反却因死神拒绝采用任何宽恕政策来缩短了殉道者严酷的考验而得到了加强，然而在马可的儿子和继承者康茂德身上，我们看到的是一个逃避者皇帝的形象，在道德上轻率地逃走，在他沿着无产者肮脏的煤渣路逃跑和离开之前，他几乎不做任何努力来承担他的责任。 生来就是一个皇帝，他却更愿意做一个业余的角斗士来消遣。

基督教会是古希腊少数统治者临别一击的主要目标，这些少数统治者在死亡的垂死挣扎中变得残忍了，这个垂死的异教统治阶层拒绝面对这些心碎的事实，它是它自己衰败和毁灭的创造者。 甚至在临死时它还试图挽救最后一点自尊，相信自己是作为在无产者一方卑鄙进攻下灭亡的受害者。 既然外部无产者现在正集合成为难以对付的战争集团，它们可以公然反抗或躲避帝国政府因为它们令人烦恼的袭击而策划的复仇，这个进攻就落在了基督教会身上，它是内部无产者主要的组织。在这样严峻的考验下，基督教羊圈里的绵羊和山羊就被挑战分开了，这种挑战是为了在放弃他们的信仰或是牺牲他们的生命之间作出艰难的选择而提出的。 背教者人数众多——在迫害结束时，他们的人数是如此之多，以至于如何安排他们这个问题成为教会政治活动中极为迫切的问题——但一小群殉道者的精神影响超过了他们在数字上的实力。 由于这些英雄的勇气，他们在紧急时刻走出了基督徒行列，用自己的生命作为见证的代价，教会胜利地扬眉吐气了，那些少数高尚的男人和女人们所获得的只不过是他们应得的名誉报酬，在历史上他们被铭记为卓越的"殉道者"，在他们的对立面中，他们被看成是在异教皇帝权力的命令下交出了基督教神圣的圣经或是圣器的"叛逆者"(叛教者)。

或许有人会反对说，在一方只有怯懦，而另一方是纯粹的勇敢，而且这个例子对我们现在的目的没有什么用处。 就这些逃避者而言，我们没有材料去回应这个指责，他们的动机隐藏在不光彩的忘却中，但关于殉道者的动机却有丰富的证据来证明更多——或是更少，如果读者喜欢的话——纯粹无私的勇气是他们灵感的主要推动力。 男人和女人狂热地把殉教看成是一种圣礼，一种"第二次洗礼"，一种对罪孽的宽恕和通往天堂的放心之路。 安条克城的圣伊戈纳修斯是 2 世纪时的一位著名的基督教殉教者，他把自己说成是"上帝的小麦"，渴望有一天会被"野兽的牙齿咬碎成为救世主的面饼"。

在现代西方世界，我们还能发现两种对立的社会行为方式的痕迹吗？ 确实，我们可以指出，"神父的背叛"是现代西方令人难以置信的逃避行为，这种背信的根源就连制造这个成语的天才的法国人可能也会犹豫是否要追溯它们的出处[4]——尽管他实际上承认这种挑选中世纪教会的名字来指示并控诉现代的"知识分子"的危害是如何的根深蒂固。 他们的背信不是开始于这两种背信的行为，这两种行为已在存在的记忆中开始了——冷笑着失去对最近建立的主义的信仰，无力交出最近赢得的自由主义收获。 最近表现出来的这种逃避在几个世纪之前就开始了，那时的"教士"试图把正在上升的西方基督教文明大厦的宗教基础转变到世俗的基础上来，以否定他们教士的起源。 这就是最初的暴力行为，以复利的方式积累了几个世纪后，在今天用祸害来回报。

如果我们把视线投向四百年前，并聚焦在西方基督教世界中英格兰这块小小的地方，我们会在那里看到托马斯·沃尔西——较早的具有现代思想的教士，在他政治失意的时候，他承认自己为国王服务胜过为上帝服务——他是一个逃避者，在他不光彩的死亡后，不到 5 年的时间，他所有逃避中的阴险就被他同时代的殉道者圣约翰·费希尔和圣托马斯·莫尔揭露了出来。

第四节　流离感与负罪感

流离感是情感的消极方式，是发展活力的丧失，是一种最痛苦的磨难，这种磨难折磨了那些生活在社会解体时期的男男女女的灵魂，这种痛苦或许是因为由崇拜创造物取代了崇拜创造者这种崇拜的罪恶而招来的惩罚，因为我们已经在这种罪恶中找到了衰落的一个原因，而文明的解体紧随着文明的衰落。

在这些受到流离感折磨的人心目中，看来支配世界的权力似乎有两种可选择的形式：偶然性和必然性，虽然乍看起来这两个概念看来好像是互相抵触的，如果调查起来，它们原来不过是同一个幻象的不同方面而已。

在古埃及动乱时期的文献里，偶然性这个概念是通过陶工的陶轮令人眩晕的旋转这个明喻来表达的，在希腊动乱时期的文献中，它是用一条没有舵手约束的、在狂风和暴雨袭击下的船来比喻。[5]希腊的神人同形同性把偶然性转变为一个女神，"我们的自动主义夫人"。 提摩利翁，这位叙利亚的解放者，为她建立了一个小寺庙，他在那里供奉祭品，贺拉斯也为她献上了一首颂诗。[6]当我们观察我们自己的内心时，我们发现这个希腊女神同样地被崇拜着，在费希尔的《欧洲历史》一书的前言中所看到的信仰表白可以得到证明：

> 我不曾感觉到⋯⋯一种理智的兴奋。比我更聪明和更有学问的人在历史中发现一种结构、一种节奏、一种预先决定的模式。我却看不到这些和谐。我只能看到一个意外接着另一个意外，就像一个波浪连着另一个波浪，只有一个伟大的事实因为它的独特而被谈到，它不能普遍化，历史学家只有一个标准：他应该在人类命运的发展中认识到偶然和无法预见的行动。

现代西方关于偶然性无限威力的信仰在19世纪时产生了放任主义政策，这时的形势看来还对西方人有利：一种实践生活的哲学体系正建立在奇迹般的对利己主义教化的信任上。 按照暂时的令人满意经验，19世纪的祖先宣称"所有的事情都为了那些热爱偶然女神的人们而在一起创造着美好的东西"。 甚至在20世纪，当这位女神开始发怒时，她仍然是英国外交政策的神使。 自1931年的秋天起决定大英帝国命运的时间里，那些流行于人民和内阁中的观点可以下面的句子准确地表达出来，这篇重要文章摘自一份有影响的英国自由党报纸：

> 几年的和平总是这几年得到的收获，而在这几年中本来的战争可能根本就没有出现过。[7]

我们不能断言，放任主义学说是西方对人类智慧储备的创造性贡献，因为这一学说在两千年之前的中国就是流通货币。 然而古代中国对偶然性的崇拜和我们的崇拜不同，它源自一个不那么肮脏的源头，18世纪法国中产阶级开始信任放任政策这个通行证，因为它嫉妒地注意到并分析了英国"对手"的繁荣，它还得出结论：如果国王路易能够受到引诱而追随国王乔治的例子，允许中产阶级生产他所选定的产品而不加以限制，把他的货物运到任何市场而没有通行税，那么法国的中产阶级也可以同英国的中产阶级一样繁荣起来。 另一方面，在公元前 2 世纪的最初几十年中，疲惫不堪的中国的发展捷径并没有被想象成一条被驮马踏平的从嗡嗡叫的磨坊到繁忙市场的道路，而是被想象成一条真理和生命之路：道，"它象征着宇宙运行之路"——从更抽象和更哲学这个意义上说，道在根本上同上帝非常相似。 [8]

> 大道氾兮，
> 其可左右。[9]

放任女神还有另外一副面孔，在这之下，她是被必然的崇拜着而不是偶然地崇拜着。 必然性和偶然性这两种概念只不过是看待同一事情的两种不同方式。 例如，在柏拉图看来，无舵船只的无序运动遭到上帝遗弃的宇宙的混乱，而一个具有必要的动力学和物理学知识的有才智的人则会认为这是在风和水的媒介之中，波涛和气流有秩序行为的最好说明。 当人类的灵魂在漂泊中领会到，阻碍的力量不仅仅是灵魂自身意志的否定，而且还是事情本身，这位看不见她面容的女神就从所谓偶然性的主观或客观表情转变为必然性的主观或是客观表情——但是这位女神的本性或是她受害者的处境却没有任何相应的变化。

德谟克利特把物理方面存在的万能的必然性信条介绍到了希腊——他是一位哲学家(公元前 460—前 360 年)，他的长寿使得他有时间在他成年后成为希腊文明衰落的目击者，从那以后七十年中他目睹了解体的过程，但是看来他忽视了帝国扩张时从物质到精神领域的决定论中所包含的问题。 物质决定论也是巴比伦世界少数统治者星象哲学的基础，迦勒底人没有停止把这一同样的原则延伸到人类生活和命运中去。 很有可能芝诺这位斯多葛派的创建者正是从巴比伦而不是从德谟克利特那里获得了彻底的宿命论并影响了他的学派，在芝诺最著名的信徒皇帝马可·奥里略的《沉思录》里，这种宿命论处处可以看到。

首先把必然疆界扩张到经济领域的似乎是现代西方世界——实际上，几乎所有指引其他社会思想的有才智的人都会忽视或是不理睬那个社会生活领域。 经济决定论的典型阐述当然是卡尔·马克思的哲学(或是宗教)，但在当今的西方世界通过自己的行动来证明是意识还是无意识地确信经济决定论的人数比公开承认马克思主义的要多得多，而且还可以发现这些人中包括一批主要的资本家。

至少，刚刚形成的现代西方心理学者学派中的一派宣布了必然性在精神方面的统治权，这些心理学者受到诱惑，从而否认灵魂的存在——从个性或是自决这一整体意义上来说——很显然他们还处于努力分析心理行为的灵魂作用时最初成功的兴奋中。 尽管心理分析学才刚刚发展起来，但是灵魂材料这个媒介对必然性的崇拜却可以在它短暂胜利的时刻宣称，这个时代最声名狼藉的政治家是它的皈依者。

> 我带着梦游者的自信出发，这条路是上帝指示给我的。

这些话摘自 1936 年 3 月 14 日阿道夫·希特勒在慕尼黑发表的演讲，它们使第三帝国边界以外(也有可能是边界之内)的千百万欧洲男女不寒而栗，这些人的神经还没有时间从 7 天前德国用军事力量重新占领莱茵兰的震惊中恢复过来。

心理决定论的信条还有另外一种观点，它打破了地球上单个人类生活的狭窄的时间跨度界限，把因果的连续在时间上向前和向后推展——向后推到人类首次出现在地球，向前推到人类最终退出地球。 这种学说有两种变体，它们的形成似乎都是相互独立的。 一种变体是基督教的原罪观，另一种变体是印度的"业"的观念，这种观念已经融入了佛教和印度教的哲学中。 同一种学说的两种变体在灵魂的因果链条从尘世的一个生命到另一个生命不断流逝这个基本观点上是一致的。 在基督徒和印度人看来，生活到现在的人类的特征和行为有条件和有原因地被过去的其他生活——或者是其他某种生活——所采取的行动控制着。在这一范围内，基督徒和印度人的观念是一致的，但是在这个范围之外，他们的观点就互不相同了。

基督教原罪说承认人类祖先特定个人的罪恶作为精神缺陷遗产而遗传给他所有的后代，如果亚当没有堕落的话，他们也就会避免这些精神缺陷，然而亚当的每一位子孙都注定要继承亚当的这份缺陷——不管每个人的心理隔离和个性如何，这是基督教基本的教义。根据这一教义，在以亚当为祖先的人类中，只有亚当拥有把已获得的精神特性遗传给他肉体的子孙的能力。

在业的观念里，我们就看不到原罪说最后的特点。根据古印度的这种教义，任何个人通过自己的行为而拥有的精神特性自始至终、不论好坏、没有例外都可以遗传下去，累积的精神遗产的持有者并不是一株宗谱树，代表着一群连续的但又分隔的个性，而是精神的统一体，它在感觉的世界里以一系列的轮回出现、再出现。根据佛教的哲学，业的连续性是"灵魂轮回"或是灵魂转生的原因，灵魂转生是佛教思想的一个原则。

最后我们还必须注意到决定论的有神论形式——这种形式可能是所有形式中最奇特和最有悖常理的，因为在这种有神论的决定论中，一个偶像假装真正的上帝而受到崇拜。沉溺于这种隐蔽的偶像崇拜的人还在理论上把所有神圣的个性品质都归于他们崇拜的对象，同时他们还过分强调坚持卓越这一单个品质，这就使得他们的上帝开始转变为一种无法解释、难以满足、没有感情的存在了。从古代叙利亚内部无产者中产生的"高级宗教"是精神领地，这里似乎更易于产生先验有神论盲目崇拜的曲解。其中两个典型的例子是伊斯兰教的命运观念和由加尔文阐明的宿命论教义，加尔文是好战的日内瓦新教的建立者。

提到加尔文主义，我们就会遇到一个让许多人困惑的问题，我们必须试图找到解决办法。我们想到，决定性教条是流离感的一种表达，而流离感是社会解体心理症状之一，但是不容否认的事实是，许多自称是决定论者的人，不论是个体的还是集团的，实际上都因非凡的能力、活动、坚定性和自信而闻名。

> 宗教伦理主要矛盾之处——只有那些确信自己能够在更高一层的意义上运用权力把这个世界安排地最好的人有足够的勇气把这个世界完全颠倒过来,但他们不过是权力卑微的工具——的一个特殊范例就是加尔文主义。[10]

然而加尔文主义只是宿命论教条几个著名例子之一,宿命论教条显然同信徒的行为是矛盾的。加尔文主义者(日内瓦的、胡格诺的、荷兰的、英格兰的和德国的)所显示的特征也同样可以在其他有神论宿命论者那里看到:例如,犹太教的狂热者、原始的阿拉伯穆斯林、其他时代和种族的穆斯林——比如说奥斯曼帝国的禁卫军和苏丹信仰马赫迪的人,在19世纪西方进步的自由主义的追随者和20世纪俄罗斯共产党的马克思主义者中,我们看到了无神论性情的两种宿命论派别,这种气质显然同必然偶像的有神论崇拜者的气质是类似的。共产主义者和加尔文主义者之间的相似之处被我们下面所引用的英国历史学家妙笔生花地描绘了出来:

> 加尔文在一个比较狭小的范围内用同等可怕的武器为16世纪的资产阶级所做的,也就是马克思为19世纪无产阶级所做的,换言之,宿命论教条满足了确保宇宙的力量是站在选民这一边的渴望,而在另一阶段则是历史唯物主义理论满足了这一渴望,这并不是完全的异想天开的说法。他……教导他们感到自己是上帝的选民,使他们意识到自己在这个幸运计划中的伟大使命并坚决地完成它。[11]

16世纪加尔文主义同20世纪共产主义之间的历史联系是19世纪的自由主义。

> 这时的宿命论非常流行:但是为什么宿命论是一个消沉的信条?我们不能逃脱的法则是天赐的进步法则——"可以用统计来测量的

进步"。我们只需感谢命运把我们安置在这样的环境中,并且积极地促进自然已经为我们提供的发展过程,而抗拒只会是不敬的和徒劳的。因而对进步的迷信就牢固地确立了下来。为了成为一种流行的宗教,就必须使哲学成为迷信的奴隶。进步的迷信有独特的好运,它至少有三种哲学体系成为自己的奴隶——黑格尔的、孔德的和达尔文的。奇怪的是没有一个哲学体系被认为对支持它的信仰是真正有利的。[12]

那么是不是我们就可以推断,接受宿命论哲学在本质上是自信和成功行为的一种激励? 不是这样的,因为沉溺于宿命论哲学的人的信仰都有强化和刺激作用,看来他们都做了大胆的设想,他们自己的意志都同上帝、必然法则或必然法令保持了一致,因此肯定要实现既定的愿望。 加尔文派的耶和华是能为自己的选民辩护的上帝;马克思主义的历史必然性是能够带来无产阶级专政的一种客观力量。 这样的一种设想孕育了对胜利的信心,就像战争史教导的一样,这种信心是道德的一种源泉,它倾向于通过到达预先认可的目的来证明自己是正确的。 "Possunt quia podde videntur"[13](因为相信,所以能够)是在维吉尔的赛船中获胜者取胜的秘密。 简而言之,必然性在它被假定为一个有效联盟时,可以起到相应的作用,但是这个假设当然是一种粗暴的行为——而且是极度的粗暴——事件无情的逻辑最终会导致它被驳斥。 歌利亚一长串的胜利因为与大卫的遭遇被打破并终止了,胜利的信心终于被证明是歌利亚的致命处。 马克思主义者依靠他们的假设已经生存了将近100年的时间,加尔文教徒则生存了4个世纪的时间,这个泡沫还没有被刺破。 但是穆斯林信徒在13个世纪之前就信奉了同样骄傲但不能得到证明的信仰,凭借着信仰中的力量,在他们早期的历史中作出了很伟大的事情,他们却终于落回到黑暗的岁月,对后来的磨难作出的微弱反应显示:正如道德在逆境中容易被逐渐侵蚀一样,只要遭遇到的挑战是在一个有效回应的范围之内的话,宿命论就会鼓舞道德。 觉醒了的宿命论者受到无情经验的教导,他的上帝毕竟不是站在他这一边的,他就被判定得到一个毁灭性的结论:他和他的同类弱小者只是

上帝所玩游戏中的无助的棋子

在这个棋盘上不分昼夜，

走东走西、将军或吃子，

一个接一个回到棋盒里。[14]

当流离感是一种消极的情感时，它的积极对应物和对立面是罪恶感，它是道德失败这种意识的另一种反应。 在本质上和在精神上，罪恶感和流离感形成了鲜明的对比，因为流落感暗中默许邪恶，从而使麻醉的作用逐渐渗透到灵魂中，它以为邪恶存在于外部环境之中，在受害者的控制之外，罪恶感的刺激作用在于它告诉罪人邪恶终究并不在于外部而存在于自身，所以要服从他的意志——如果他按照上帝的意志去做并且使自己更加接近上帝的恩惠。 基督徒一度陷入的绝境和促使他跑向"更远小门"的最初动力之间的全部区别就在于此。

印度"业"的观念含蓄地认为，在两种情绪的重叠部分依然还有"真空地带"，因为，一方面，同"原罪"一样，"业"也被想象为一种精神遗产，它必须承担，别无选择，在任何特定时刻，"业"这一重任的积累却可以通过个人有意的和自愿的行为来增加或是减少，在任何特定时候这人都能够同他的灵魂融合在一起。 从不可征服的命运到可征服的罪恶这条道路同样也是基督徒的社会之路，因为基督徒的灵魂有机会通过寻求和发现上帝的恩惠使自己从亚当那里继承的原罪污点得到净化，赢得的这种恩惠完全是对人类努力的神圣回应。

在埃及混乱时期死而复生观念的发展中可以发现罪恶感的觉悟，但是这个典型的例子却是叙利亚混乱时期以色列和犹太王国先知们的精神体验。 当这些先知们发现他们的真理，陈述他们的预言时，他们出现的社会，那些听他们演讲的人所处的社会都处在亚述虎爪控制下悲惨无助的境遇里。 对这些人来说，这是具有英雄精神的壮举：其社会主体处于令人担忧的困境中，他们拒绝把自己悲惨明显地解释为不可抗拒外部物质力量的作用，他们预言，不管表面现象如何，他们自己的罪恶正是他们苦难的原因，因此只有依靠自己才能赢得真正的解放。

在叙利亚社会衰落和解体时的严酷考验中所发现的拯救真理，是希腊世界叙利亚这边的内部无产者从以色列的先知那里继承下来并伪装成基督教来传播的。如果没有从外来的发起者那里得到这个原理的说明，而叙利亚人是用完全非希腊观点来理解这个说明的，那么希腊社会就不会成功地知道与自己的精神特质是如此不一致的这个教训。同时如果他们不主动地调整到同一个方向上来，希腊人就会发现理解这个叙利亚的原理比实际上更加困难。

我们可以在希腊的溪流同叙利亚小河汇集到基督教江河中以前几个世纪的希腊文化历史的精神中追溯到罪恶感的自然觉醒。

如果我们对俄耳甫斯的起源、本性和意图的解释是正确的话，很明显即使在希腊文明衰落之前，至少有少数希腊人已经痛苦地意识到他们本国文化传统的空虚，他们只好凭借绝技人为地创造出"高级宗教"，这显然不是米诺斯文明赋予给他们的。无论如何，可以确定的是，在公元前431年衰落后的第一代中，俄耳甫斯教的仪式就被使用着——甚至是滥用着——以满足那些已经定罪却还在盲目探索想要豁免的人。我们用柏拉图的话来证明这点，这些话几乎会被认为是出自路德之手。

> 骗子和占卜者向富人散布他们的货色，让他们相信这些小贩们通过献祭和咒语就可以拥有来自上帝的权力，用娱乐和庆典来禳除任何个人或祖先所犯下的罪恶……他们在哄骗中遵循着这些著作(缪西乌斯的和俄耳甫斯的)，他们甚至还像说服个人一样说服政府，可以通过献祭和容易做的事情来豁免和净化罪恶。他们还认为这些"仪式"(在这一联系中对它的称呼)对死人和活人都是很灵验的。"仪式"可以使我们摆脱地狱，从这个世界的磨难中解救出来，如果我们不立刻献祭的话，可怕的命运正等待着我们。[15]

最初的对希腊少数统治者灵魂中的与生俱来的罪恶感的看法是没有前途和让人厌恶的。然而在4个世纪之后，我们发现一种希腊本土的罪恶感在磨难的火焰中被锻炼得完全改变了模样，在奥古斯都时代的希腊少数统治者的声音中同在维吉尔的诗篇中一样可以听到基督教的调子。 第一首田园诗结尾最有名的一段是一首祈祷，希望能从流离感的磨难中解救出来，它采用的形式是对罪恶的忏悔。 此外，尽管诗人恳求上帝赦免的罪恶名义上是从传说的特洛伊祖先那里继承来的"原罪"，但这一诗篇的全部重点是要说服读者认识到这是一种象征，在维吉尔时代，罗马人真正要赎的罪恶是他们陷入汉尼拔战争后两个世纪的堕落过程中所犯下的罪恶。

在维吉尔的诗篇完成后的一个世纪的时间里，这些诗篇所表现出的精神在没有受到基督教影响的希腊社会阶层中占主导地位。 回顾往事，很清楚地看到塞内卡、普鲁塔克、埃皮克泰图斯和马可·奥里略的时代正不知不觉地准备着他们的心情，以迎接即将到来的源自无产者的启蒙，而那些练达的希腊智者从不会预测任何的好事会在无产者中间产生。 这两种心情无意识的准备——在选择的特殊例子中——和老练地拒绝无产者提供的启蒙都在罗伯特·伯朗宁的人物研究《克里昂》中用非凡的洞察力和得体的方式描绘了出来。 克里昂是想象的 1 世纪时希腊少数统治者的哲学家，因研究历史而被带入他所谓的"完全的失望"这样一种精神状态中。 不过当有人建议他应该把自己承认解决不了的问题询问"一个保罗"时，这就刺激了他的自尊心。

> 你不能想象一个纯粹而野蛮的犹太人
> 像保罗一样，一个行过割礼的，
> 知道隐藏在我们中间的秘密。[16]

希腊和叙利亚社会确实不是唯一因看到了古代社会结构崩溃为废墟而震惊从而从罪恶感中苏醒过来的文明，不用试图去编辑这样社会的目录，总之，我们可以探讨是否应该把自己的社会加入其中。

毫无疑问，罪恶感是我们现代西方弱小人士非常熟悉的一种情感。实际上对它的熟悉几乎是强加的，因为罪恶感是我们所继承的"高级宗教"的最重要特征。 然而在这样的情况下，熟悉所导致的与其说是轻视，不如说是积极的厌恶，现代西方世界的气质在与相反的公元前 6 世纪希腊世界气质的对比中显示了人类本性中的反常情绪。 以蛮族诸神那些空虚而不能让人满意的宗教遗产作为生活开始的希腊社会似乎意识到了自己精神的贫乏并且努力通过发明来填补自己的空虚，俄耳甫斯教是一种其他文明从自己祖先那里继承来的"高级宗教"，俄耳甫斯教仪式和教义的特点清楚地显示：罪恶感是被压抑的宗教情感，6 世纪时希腊人最希望的就是找到一个正当的发泄途径。 与希腊社会形成对比的西方社会是一个更丰富的文明，它在"高级宗教"的庇护下、在统一教会的蛹中成长，可能正是由于西方人总是将其基督徒与生俱来的权力视为理所当然，于是他经常地轻视甚至是否定它。 实际上从意大利文艺复兴起，对希腊文化的崇拜就成为非常有影响，并在许多方面富有成效的西方世俗文化的一个因素，对希腊文化的崇拜被当作一种生活方式，在一定程度上受到希腊文化传统观念的培养和维持，这种生活方式把所有现代西方的美德和成就与先天的毫不费力的脱离罪恶感的自由光荣地结合在一起，这种罪恶感正是现在西方人孜孜以求地从他的基督教精神遗产中净化出去的。 直到现在依然保留了天堂观念的各种各样的新教平静地抛弃了地狱的观念，并且把恶魔这个观念交给了我们的讽刺作家和喜剧演员，这并不是偶然的。

今天对自然科学的崇拜正把对希腊文化的崇拜挤进了一个角落，但是恢复罪恶感的希望并没有因此而增加。 我们社会的改革家和慈善家都很容易地把穷人的罪恶看做是外部环境所造成的不幸——"一个出生在贫民窟的人，你还能指望他什么？"心理分析学者同样把他们病人的罪恶看成是内部环境所造成的不幸，复杂状况和精神疾病：事实上，把罪恶当作疾病来解释，就是在为它辩护。 在哲学家塞缪尔的《埃瑞璜》中就已经预见到了这些思想。 读者可能会记得，可怜的诺斯尼伯尔先生因为他正忍受挪用公款的打击而不得不派人去请"矫正机"(医生)。

现代西方人在他发觉灾难报应之前，会不会后悔他的粗暴而从中退缩呢？ 我们还不能预见它的答案，但是我们可以切望地审视当代精神生活的情况，从而寻找出可以给我们任何希望的征兆，我们正在重新获得对精神能力的使用，我们曾尽力使之不发生作用。

第五节　混乱感

(1) 风俗中的庸俗和野蛮

混乱感是风格感的一种消极替代，而风格感的发展与文明的成长是同步的。 这种精神状态在投入民族融合的行为中产生了实际作用，在社会解体过程中，同样的状态出现在生活中的每一个领域：宗教、文学、语言和艺术，也同样出现在更为广阔和更不确定的"风俗和习惯"这一方面。 为方便起见，我们将从后面这一部分开始。

当我们寻找证据时，我们或许会倾向于以最大的期望来注视内部无产者，因为我们已经注意到内部无产者的共同的和典型的痛苦是连根拔起的痛苦，可以想象，在这些被迫忍受痛苦的人中，这种可怕的社会灭绝经历要比其他的经历更能制造出一种混乱感。 然而事实并不能证明这种无疑的设想，经常出现的情况是，内部无产者所遭受的残酷考验似乎达到了最适宜的严重程度，它产生了刺激作用，我们看到组成内部无产者的被根除的、被流放的和被奴役的人民不仅紧紧掌握着他们社会遗产的残余，而且实际上还把这些残余分给了少数统治者，想当然地以为这些少数统治者会把自己的文化模式强加于被他们网罗的并受到他们控制的零散的民众身上。

更令人惊奇的是看到——正如我们所看到的——少数统治者同样善于接受外部无产者的文化影响，考虑到把残暴的战争集团和少数统治者隔离开的是一条军事界限，他们野蛮的社会遗产被认为既缺乏魅力又缺乏威望，显然这种魅力和威望依然依附在这些成熟文明的碎片上，至少内部无产者中的一些非自愿的新成员是继承者。

然而事实上，我们发现一个解体文明通常分裂为三部分，少数统治者最容易屈从于混乱感，少数统治者无产者化的最根本结果就是社会主体的分裂，而分裂是社会崩溃的指标和惩罚。 终于，少数统治者封闭了自己造成的裂口来偿还罪恶，然后让自己融入到无产者里面。

在试图沿着无产阶级化进程的两条平行线——与内部无产者接触而

产生的卑俗化和与外部无产者发生联系而产生的野蛮化——行进之前，看看某些帝国缔造者接受能力的证据是有益的，因为这种倾向在一定程度上能够解释下面所说的。

帝国缔造者建立的统一国家在很大程度上是军事征服的结果，因此我们可以在军事技术方面来寻找接受能力的例子。例如，按照波利比乌斯的说法，罗马人抛弃了他们本国的骑兵装备，接受了他们正在征服的希腊人的骑兵装备。埃及"新王国"的底比斯缔造者从被他们打败的对手从前是游牧部落的喜克索斯人那里借来了马和战车作为武器。胜利的奥斯曼人借来了西方的发明火器，当这个特殊的战争趋势发生转变时，西方世界又从奥斯曼人那里借来了非常有效的武器：遵守纪律的、训练有素的、穿军装的职业步兵。

但这样的借用不仅局限于军事技术。希罗多德记载，当波斯人宣称他们自己比所有的邻国都要优越时，他们就从米底借用了便装和许多希腊的古怪嗜好，其中包括一些变态恶习；在 5 世纪的雅典，"老寡头"*辛辣的批评中谈及，由于拥有了领海权，他的同胞们比较少进取精神的希腊城邦市民更容易受到外国风俗大规模的改造。至于我们自己，我们抽烟来庆祝我们灭绝了北美红发土著人，我们喝咖啡、喝茶、打马球、穿睡衣裤、洗土耳其浴以此来纪念法兰克商人占据了奥斯曼奎沙伊罗姆和莫卧儿奎沙伊辛德的坐位，我们的爵士音乐是为了纪念对非洲黑人的奴役，而他们越过大西洋来到美洲种植园劳作的土地代替了消失了的印第安红人打猎的场所。

序言般叙述了一些解体社会中少数统治者接受能力的更著名的证据后，我们现在开始我们的调查，首先是少数统治者在与肉体上是受他们支配的内部无产者平静的交流后所产生的卑俗化，然后是在战争同逃避他们奴役的外部无产者的交往中开始了野蛮化。

少数统治者同内部无产者的交流是和平的，原因在于无产者已经被征服了，这样的情况经常发生，这两个阶层分别作为统治者和被统治者

---

　　* 伯罗奔尼撒战争期间雅典的一位无名作家，作品为《雅典政制》。他猛烈抨击雅典民主政治，代表旧贵族的立场。他的作品一度被后人伪托为色诺芬所作，后被西方学者称为"老寡头"（Old Oligarchy）。——译者注

第一次接触时所采取的形式是招募无产者进入帝国缔造者永久的卫戍部队和常备军中。例如，罗马帝国常备军的历史就是一种淡化的进程。由于奥古斯都的法令，罗马军队从特殊而业余的征兵制改变为永久而职业的自愿军制之后，紧接着就是这种淡化的过程。在几个世纪的时间里，最初几乎全部都是从少数统治者中招募的军队转而几乎全部在内部无产者中招募了，在最后阶段则大部分来自外部无产者。17世纪蒙古帝国的缔造者重建远东统一国家军队时，复制了罗马军队的历史，只在细节上有所不同，阿拉伯倭马亚王朝和阿拔斯王朝哈里发的常备军历史也再现了罗马军队的历史。

如果我们试图评价武装关系在少数统治者和内部无产者之间的障碍被打破时所起的重要作用。正如我们所估计的，我们会发现这个因素最能说明下述事实：代表少数统治者的帝国缔造者并不都是边境居民，而是来自边界那一边的人——蛮族血统的帝国缔造者。因为蛮族征服者可能比边境居民更容易感受到生活的愉快，而这种愉快是在他所征服的人们中间发现的。无论如何，满族人和他们的汉族臣民之间的武力关系就是这样的。满族人和汉族人完全同化了。在西南亚原始阿拉伯穆斯林征服者的历史中，在权力上，也可以看到为了互利关系而放弃种族隔离的同样趋势，这些阿拉伯穆斯林不自觉地恢复了叙利亚统一国家，并在阿契美尼帝国被推翻时就开始成形。

当我们转向从解体社会范围内兴起的少数统治者——按照少数统治者通常兴起那样——的历史时，我们不会不考虑到军事因素，但是我们会发现，武装的友谊关系易于被商业合作关系所取代。"老寡头"注意到，海上统治者雅典的外来奴隶在大街上同市民的下层已经是很难区分了。到后来，拥有大量人员和复杂机构的罗马共和国贵族族阀的管理已经成为名义上主人的最有能力的自由人得到的额外奖励，在罗马统一国家的管理上，当恺撒家族同元老院、公民大会结成伙伴关系时，恺撒的自由民就变成了内阁的大臣。早期罗马帝国的自由民所享受的充分的权力可以同奥斯曼苏丹的奴隶集团的那些成员相媲美，这些人获得了同样有势力的——然而也同样不稳定的——维齐尔这个官职。

在少数统治者和内部无产者之间所有的互利关系的例子中，两方面都受到了影响，每一方面所受到的影响都是要把他们置于与另一阶层同化的过程之中。 从"风俗"的表面看，内部无产者趋向于解放，而少数统治者则趋向于卑俗化。 这两种运动相互补充并一直都存在着，但是在早期阶段，无产者的解放更加显著；而在后期，少数统治者的卑俗化会更加吸引我们的注意力。 卑俗化的典型例子是"白银时代"罗马的统治阶层：一出可鄙的悲剧，它被独特地记录——或是被讽刺——在拉丁文学中，这种拉丁文学当它在其他方面失去了最后一息灵感时还保留着讽刺的特征。 这个罗马浪子的行进可以在一系列的贺加斯式的漫画中看到，其中的中心人物不仅有贵族还有皇帝：卡里古拉、尼禄、康茂德和卡拉卡拉。

我们可以在吉本的著作中读到最后一位皇帝的名字：

> 卡拉卡拉的举止是傲慢和充满着自豪,但是当他同军队在一起时,他甚至忘记了属于他这个等级的适当尊严,鼓励他们粗野的亲近,忽视将军必要的职责,喜欢模仿普通士兵的穿着和行为。

卡拉卡拉成为"无产者"的方式不像尼禄这个音乐家和康茂德这个角斗士那样动人和习以为常，但这可能是社会学中更有意义的征候。在否定其社会遗产最后阶段时，最能代表希腊少数统治者的人物是皇帝，他逃避了柏拉图学派和拱廊提供给的自由，而躲避在无产者棚屋的自由下，他无法忍受前者的自由，那仅仅是因为他知道这种自由是他与生俱来的权利。 实际上，就在奥古斯都中兴的间歇期后，在希腊社会下一次故态复萌的前夕，存在着容量、势头和速度都不同的两条反向河流，一条源自少数统治者，一条源自内部无产者，它们的影响向着有利于无产者的那边发生了改变，以致后来的观测者疑惑自己看到的是不是同一条河流，这条河流在某一特定时刻已完全地倒转了它的方向。

如果我们把视线转向远东世界，我们将会看到罗马统治阶层无产阶级化经历的第一个阶段会在今日重现。 下面现代西方学者笔下的记载就可以说明这一点，他告诉我们在一代的时间里，争取解放的斗争就让位给了无产阶级化的趋势，而一代的时间就使"满洲化"的汉族父亲同他无产阶级化的儿子隔开了：

> 在"满洲"，一个来自内地的中国人在他自己的一生时间里变为
> 彻头彻尾的"满洲人"是可能的。当我同一个中国的军事官员和他的
> 儿子成为熟人后，我亲眼看到了关于这种现象的一个例子。这位父
> 亲出生在河南，年轻时来到了"满洲"，游历了这三省大部分偏远的地
> 方，最终在齐齐哈尔定居下来。一天我对这位年轻人说："为什么你
> 出生在齐齐哈尔，说话和普通的'满洲'中国人是一样的，而你的父亲
> 出生在河南，为什么不仅他的说话，而且他的习惯甚至是他的姿态都
> 和'满洲'的老式满族人一模一样？"他笑道："在我父亲还是年轻人
> 时，在北方一个老百姓(非"旗人"中国人，一个平民，民众之一)要出
> 人头地是非常困难的。满人控制着一切……但是在我长大时，'旗
> 人'就不再有什么用了，因此我和其他同时代的年轻人一样了。"这个
> 事情说明了现在和过去的情况，"满洲"年轻的满族人同"满洲"出生
> 的汉族人越来越难以辨别了。[17]

但在 1946 年，英国人不必再去阅读吉本的著作或是在西伯利亚的
快车上预定座位以研究无产阶级化的过程，他可以在家里学习。在电
影院里，他可以看到各阶层的人们同样地欣赏有意迎合了多数无产者品
味的电影，在黑球俱乐部里，他会发现并没有人排斥黄色报刊。实际
上如果我们当代的尤维纳利斯是一个热心家务的人，他只需待在家里就
能看到和他一样的人。他只要听一听(听可能比不听还要容易些)他的
孩子们魔术般地从无线电里放出的爵士乐或是"杂耍"。而且在假期
结束时，当他看到自己的孩子去公立学校时——这种学校的壁垒森严正
是民主派人士憎恨的目标——他不要忘记问问他们并让他们给自己指出
集合在站台的学校同伴中的那些"花花公子"就行了。在这短暂的展
示中，我们好奇的家长谨慎地打量着康茂德，他会注意到这个放荡的无
产者的角形毡帽，他还会观察到他流氓式的围巾，看起来是不小心地围
着，实际上是在仔细地掩饰着不得不穿的白领。这个证据证明了无产
者的风格是流行的。既然一根稻草确实能显示风向，那么讽刺作家的

琐碎也可以用作历史学家更为沉重的石磨下的谷物。

当我们从少数统治者与内部无产者的平静交流中出生的卑俗化转而调查他们通过战争与范围之外的外部无产者交往中出生的野蛮化这一平行过程时，我们会发现在一般的体系上这两场演出的结构是一样的。在第二场演出中有一条人为的军事界限——统一国家的边界——穿过，当帷幕升起来的时候，在这条线的两边少数统治者和外部无产者用冷淡和敌视的姿势互相对视着。然而一旦演出继续下去，这种冷淡就转变为一种并不能带来和平的亲密，而当战争继续下去时，时间就逐渐有利于蛮族，直到他终于成功地冲破防线，侵占了少数统治者的军队一直都在保卫的领地。

在第一幕中，蛮族人不断地以人质和雇佣兵的角色闯入少数统治者的领地，他扮演的这两种角色多少都是温顺的学徒。在第二幕中，他的到来就像是一个殖民者，没有受到邀请也没有人需要，他们终于作为殖民者或是征服者而定居下来。因而，在第一幕和第二幕之间，军事优势已转移到蛮族人的手中，而王国、权力和荣誉从少数统治者那里异乎寻常地转移到蛮族人的旗帜下，这对少数统治者的前途产生了深远的影响。它现在努力地恢复自己迅速恶化的军事和政治形势，从蛮族的书中撕去了一页又一页，模仿确实是谄媚最真诚的形式。

我们大概地叙述了这出戏的结构，现在可以回到它的开始，去注视蛮族人作为少数统治者的学徒第一次出现在这个舞台上，再看看少数统治者开始"转变为土著"，瞥见这两个对手互相借用对方漂亮的衣服来装扮自己，转瞬之间，他们所表现出来的奇怪的相似是一种怪兽和另一种怪兽的相似，最后我们再来看一下以前的少数统治者，他们失去了最初形式的最后痕迹，堕落到十足野蛮的地步，同胜利的蛮族人会战。

我们关于蛮族好战者的名单包括一些著名的名字，他们初次登场时还只是"文明"权力手中的人质。西奥德利克在君士坦丁堡的罗马宫廷做过人质，斯坎德培在土耳其奥斯曼的朝廷里也当过人质。马其顿的腓力从底比斯伊巴密农达那里学习了战争与和平的艺术，1921 年摩洛哥的酋长阿卜德·卡利姆歼灭了安沃尔的远征军，四年后，又动摇了法国在摩洛哥的权力基础，他却在西班牙梅利亚的监狱里做了 11 个月的人质。

成为征服者之前，那些"到来"并"充当"雇佣兵的蛮族人的名单很长。 5—7 世纪时，罗马行省的条顿和阿拉伯蛮族征服者是那些在罗马军队中服役的条顿和阿拉伯人许多代后的子孙。 9 世纪时的阿拔斯王朝哈里发的土耳其护卫为土耳其的海盗开辟了道路，这些海盗把哈里发国家分割成 11 世纪时的继承国家。 还可以引用其他的例子，如果文明最后痛苦的历史记录不是像通常的那样支离破碎的话，我们的名单还会更长一些。 但我们至少可以推测，在海上飘泊，徘徊在米诺斯海岸的边缘的蛮族人，大约在公元前 1400 年时，洗劫过克诺索斯，在立志取代它之前，他们作为被雇佣者服务于米诺斯，据说，肯特国王沃廷根在被来路不明的掠夺者亨吉斯特和霍尔萨推翻之前，也雇佣了撒克逊雇佣兵。

我们也可以看到几个蛮族雇佣兵失去自己"天定命运"(manifest destiny)的例子。 例如，东罗马帝国如果没有被诺曼底人和塞尔柱人掠夺，也没有被法国和威尼斯人瓜分并最终整个被奥斯曼土耳其人所吞并，那么它也会成为瓦兰吉人的牺牲品。 如果法兰克的商人没有步阿尔巴尼亚军人的后尘给奥斯曼帝国最后阶段的历史一个意想不到的转变，让西方的政治观念和曼彻斯特的货物充斥着帝国的话，奥斯曼帝国无疑也会被波斯尼亚和阿尔巴尼亚雇佣军所瓜分，在 18 和 19 世纪之交时，这些人坚决维护自己对行省帕夏甚至是对土耳其的优势。 此外，在康帕尼亚、大希腊和西西里的希腊城邦里找到自己服务市场的奥斯坎雇佣军一旦找到了机会，就经常地驱逐或是根除他们的希腊雇主，而且在这个紧急时刻，如果罗马人没有在奥斯坎人的后方占领了他们国家的话，毫无疑问，他们会把这项运动进行下去，直到奥特朗托海峡以西不剩下一个希腊城邦。

这些先例使我们想起当代这种情况：我们不能够预见到雇佣军是否会变为掠夺者，或者如果他们转变为掠夺者，他们的计划是像奥斯坎人和阿尔巴尼亚人那样被扼杀在萌芽状态，还是像条顿人和土耳其人的计划那样成为现实。 如今的印度人可能会考虑这些蛮族人在印度未来命运中的作用——在印度政府管辖的范围之外，好战而自主地守卫着他们的要塞；而在 1930 年，印度常备军从这些人中招募的人数不少于七分之一。 当日的廓尔喀人雇佣军和帕坦入侵者是否注定要当成蛮族征服者(这些征服者们在印度平原上开创了英属联邦的后继国家)的祖先而被铭记在历史上?

在这个例子中,我们还不知道这出戏的第二幕。 为了看清这出戏在这一阶段的发展,我们必须返回到希腊统一国家和罗马帝国北部边界之外的欧洲蛮族之间的关系方面去。 在这个历史阶段中,我们可以自始至终看到两个平行的过程,少数统治者沉入野蛮之中,同时蛮族人则牺牲他们换取自己的成功。

这出戏是在开明自私的自由气氛中开始的。

> 这个帝国不是蛮族人憎恨的目标。实际上,他们常常渴望能够被雇佣,他们的许多头领,像阿拉里克或是阿陶尔弗除了被任命为高级军事指挥官之外,并没有更大的野心了。另一方面,在罗马方面也有在战争中雇佣蛮族的相应准备。[18]

似乎在 4 世纪中期时,罗马军队中的日耳曼人开始了保持他们原来名字的新习惯,这种礼节的改变看起来是突然的,在蛮族人的精神中指出了自信和自恃的迅速增长,而在以前他们是毫无保留地满足于"成为罗马人"。 对他们文化特性的坚持并没有引起罗马方面任何反蛮族排外的对立行动。 反而正是在这个时候,罗马军队中的蛮族人开始被指派为执政官,这是皇帝能够给予的最高荣誉。

当蛮族站在罗马社会的阶梯的最顶层时,罗马人自己正朝相反的方向移动。 例如,格拉提安皇帝(375—383 年)屈从于相反势力的新奇形式,一种不是对庸俗而是对野蛮的癖好,他穿上了蛮族风格的服装,醉心于蛮族人的野外运动。 一个世纪后,我们发现罗马人实际上加入了独立的蛮族首领的军事集团。 例如,507 年在维伏埃,当西哥特人和法兰克人正在为高卢的所有权而战时,西哥特人这边死伤者中的一个是西顿尼乌斯·阿波林纳瑞斯的孙子,在他那一代时,他还能过着有教养、高雅的文化人生活。 还没有证据可以证明在 6 世纪初罗马外省人的后代在跟随元首的战争之路上显得不如同时代蛮族人的后代那么敏捷,而在过去几个世纪的时间里战争游戏对于蛮族人的后代来说就是生命中的空气。 但是这一次双方在共同的野蛮上达到了文化上的势均力敌。 我们已经看到4世纪时，在罗马军中服役的蛮族军官开始保持他们蛮族的名字。 在下一个世纪的高卢可以看到相反进展的最早例证，真正的这部分罗马人采用日耳曼人的名字，在8世纪末之前，这种惯例变得很普遍。 到查理曼大帝时，不管他的祖先是谁，高卢的每一个居民都在炫耀他的日耳曼名字。

如果我们把罗马帝国衰落和垮台的这段历史同中国的蛮族化经历(后者垮台的关键年代要早上两个世纪)并列放在一起，我们会发现一个重要的区别。 中国统一国家的蛮族后继国家的建立者接受适当形式的中国名字并小心翼翼地掩饰他们裸露出来的野蛮，注意到似乎是微不足道事情方面惯例的不同和中国统一国家最终复兴之间的联系，这可能不会是完全的想象，中国统一国家复兴的形式比罗马帝国查理曼大帝类似的"招魂"更为有效。

在结束对少数统治者野蛮化的研究之前，我们不妨暂停一下，问问我们自己在现代西方世界这种社会现象的任何征兆是否还可以看得见。初一想，我们可能倾向于认为我们的问题已经有了一个结论性的答案，事实上，我们的社会把整个世界环绕在它的触须之中，不再留下大规模的外部无产者使我们野蛮化。 但是，我们不得不回想起有些令人不安的事实，在西方社会"新世界"北美的中心，现在还有大量分布广泛的英格兰和苏格兰低地血统的人，他们带来了西方基督教新教的社会遗产，这份遗产先是在欧洲"凯尔特边区"被流放一段时间后，又因放逐在阿巴拉契亚偏僻地带而明显地、深深地蛮族化了。

一位美国历史学家也是这一问题的专家描述过美洲边境蛮族化的结果：

在美洲的殖民地，我们不得不注意到欧洲人的生活是如何渗透到这个大陆的，美洲又是怎样改进和改良这种社会并反过来影响欧洲的。我们早期的历史是对欧洲萌芽在美洲环境中的发展的研究……边境是最迅速最有效美洲化的防线。荒野控制着殖民者。它发现在穿着上、行业上、工具上、旅行和思想的方式上他是欧洲人。

它把他从火车上接下来,再把他放到桦树的独木舟中去。它脱下了他文明社会绅士的服装,让他穿上打猎的衬衣和鹿皮靴。把他带到切罗基人和易洛魁人的小木屋中,并且用印第安人的栅栏把他围起来。不久以后,他就会种植印第安人的玉米,用锋利的木棒耕作,他发出战争的呐喊,用印第安人的传统方式剥去头皮。总而言之,边境的环境起先对他来说是太困难了……一点点地他改变了荒野,但是结果却不是古老的欧洲……事实是这里有了一个新的成果,这就是美国。[19]

如果这个论点是正确的,那么我们就不得不宣称,至少在北美,外部无产者一方对少数统治者一方施加了一股巨大的社会动力。按照这种美国的征兆来假定蛮族化这种精神疾病是现代西方少数统治者可以全然不理会的疾病,这未免太轻率了。这表明甚至被征服和被消灭的外部无产者也会实施报复的。

(2) 艺术中的庸俗与野蛮

如果我们离开风俗这一普通领域来到艺术这个特殊的领域,我们会发现这里也有混乱感的另外两种形式庸俗和野蛮。解体文明中的两种艺术形式中的任何一种都会因为倾向于反常广泛而迅速地传播而失去了优良品质特征的独特风格。

庸俗的两个典型例子是解体中的米诺斯和解体中的叙利亚文明,这两种文明在环地中海地区不断地传播着自己的艺术影响。米诺斯海上霸权被推翻之后的过渡期(公元前 1425—前 1125 年)的特征就是所谓"后期米诺斯Ⅲ"的庸俗形式,它在传播范围上超过了其他所有更早和更好的米诺斯风格。同样,继叙利亚文明崩溃而来的动乱时期(公元前925—前 525 年)的特征是腓尼基的艺术,它的主体是同样庸俗和同样流行的机械混杂。在希腊艺术史中,同样的庸俗找到了一种过度华美装饰的表现形式,这种表现形式随着科林斯式建筑风格流行开来——那是一种奢侈,正好同希腊天赋的特色风格背道而驰;它在罗马帝国时期达到了高潮,但当我们寻找这种风格的突出例子时,我们将会发现,它们不在希腊世界的中心,而在巴尔白克非希腊神庙的遗址中,或是在伊朗高原的最东面为了保存亲希腊的蛮族军事将领的遗体而由希腊非凡石匠制作的石棺里。

如果我们从有关希腊社会解体的考古学资料转向文学资料，我们发现，在公元前 431 年衰败后的前几代"自命不凡的人"就为希腊音乐的庸俗化而叹息，在另一个地方，我们已经注意到阿提卡戏剧在艺术家联合有限公司(United Aritists, Ltd)的手中庸俗化。 在现代西方世界，我们可以观察到，正是这种浮华、颓废的风格而不是严肃古典的希腊艺术风格影响了西方希腊化的风格，如巴洛克式和洛可可式。 在所谓的维多利亚"巧克力盒子"式的风格的商业艺术中，我们可以分辨出和"后期米诺斯Ⅲ"相似的东西，为了服务于商人商品视觉广告特殊的西方技巧，它有希望去征服整个地球。

"巧克力盒子"风格是如此的愚钝和凄凉，以至于驱使我们这代人试图不顾一切地去纠正它。 后面的一章将讨论复古主义从庸俗逃避到拉斐尔之前的拜占庭主义里去，但在这里我们不得不注意到同时代的和可选择的从庸俗到野蛮的逃避。 如今在拜占庭也没有发现合适避难所的自尊的西方雕刻家把他们的目光投向了贝宁，不仅在雕刻艺术领域，创造才智显然已经枯竭的西方世界正在西非蛮族人那里寻求新鲜的灵感。 西非的音乐和舞蹈同西非的雕刻一样经过美洲引入欧洲的中心地带。

在外行人看来，逃避到贝宁或拜占庭都不可能引导现代西方艺术家去找回他已失去的灵魂。 可是，即使他不能拯救他自己，他也可以令人信服地成为拯救别人的一种手段。 柏格森说得好：

> 一个普普通通的教师,用天才创造出来的科学来作机械的教育,他可能会在他某个学生那里唤醒他自己都从来没有感觉到的才能。

如果正在解体的希腊世界的"商业艺术"遇到印度大地上另一个正在解体的世界的宗教经验能够带来令人惊异的成果，创造出大乘佛教具有无上创造力的艺术，我们就不能以先验的方式断言：当现代西方的"巧克力盒子"风格在全球广告客户的广告牌和高空广告中招摇时，它没有能力创造出类似的奇迹。

(3) 混合语言

在语言领域，混乱感表现为从特殊的方言转变为一般的混合语言。

虽然语言这个东西是作为人类交流手段这个用途而存在的，但迄今为止，它在人类历史上的社会作用基本上是分裂人类，而不是团结他们，因为语言有多种多样的表现形式，甚至是流行最广的语言也只不过是人类的一部分熟悉它，而语言不通往往是"外国人"的标志。

在解体文明不断走向衰落的阶段，我们通常会看到语言——伴随着那些把它们当作母语的人的命运——同另外的语言发生冲突并得意洋洋，一旦胜利了就在对手那里扩大自己的地盘，如果传说中在新筑的巴别城里还未修完的神塔脚下的希纳尔地方的语言混乱有什么历史证据的话，这个故事可能会把我们带到苏美尔统一国家正在解体时的巴比伦了。 因为在苏美尔历史灾难性的最后一个阶段中，苏美尔语言在完成了苏美尔文化独特的语言传播媒介这一历史作用后成为一种死语言，甚至是阿卡德语言虽曾骤贵而与之势均力敌，但现在也不得不同由蛮族军事集团带到被遗弃领地上的众多外部无产者的语言进行斗争。 语言混乱使得巴别塔无法竣工，这样的传说在生活中是真实的。 因为它道破了持续的互不理解状态会成为协调社会行为的最大障碍这一事实，在全部历史中有许多突出的例子可以说明语言多样性同社会停滞之间的如影随形。

在我们这一代的西方世界中，这正是在1914—1918年第一次世界大战期间灭亡的多瑙河哈布斯堡王朝的致命弱点，即使在奥斯曼君主残忍而高效的奴隶统治的成熟时期，即1651年，我们也看到巴别突然袭击处在宫殿范围之内的年轻侍从身上，使得他们在宫廷革命的紧急时刻无能为力。 在这种兴奋中，这些年轻人忘记了他们有意学习的"奥斯曼方言，而且在听到不同口音和语言的骚动声——格鲁吉亚语、还有阿尔巴尼亚语、波斯尼亚语、明雷格尼亚语、土耳其语和意大利语时，这些惊讶的旁观者都不知所措"[20]，然而，奥斯曼历史中这些微不足道的事情正好同《使徒行传》第二章中记载的圣灵降临这个重要的事件相反。 在这一事件中，说话者所说的语言是陌生的：没有受过教育的加利利人除了阿拉米语之外，至今还没有说过并且很少听到其他的语言。他们突然说出其他的语言可以看成是来自上帝奇迹般的礼物。

这种谜一般的转变有多种解释，但是不会动摇涉及我们的这一点。这很明显，在《使徒行传》的作者看来，语言这种礼物首先提高了使徒所需要的自然能力，这些使徒承担着重大任务，就是要把所有人类的信仰改变为新出现的"高级宗教"。然而使徒诞生时代语言混乱的情况比我们今天的世界要好得多。说加利利人母语阿拉米语的人向北最远可达阿马努斯，向东可达扎格罗斯山，向西可达尼罗河，《使徒行传》所使用的希腊语被基督教传教士带到海外，最远到达罗马甚至更远的地方。

如果我们现在开始调查地方语言转变为普遍使用的混合语言的原因和结果，我们会发现，能够凌驾于其对手的赢得胜利的语言通常要把自己的成功归于它所拥有的社会优势，在社会解体时期，这种语言成为一些团体在战争中或是商业中强有力的工具。我们还会注意到，语言像人类一样，没有付出就不会赢得成功，成为混合语言的代价就是牺牲其固有的微妙，因为只有在那些从小就学会这种语言的人的口中，语言才会说得如此完美，成为自然的天赋和艺术的绝唱。调查的证据可以证明这种判断。

希腊社会解体的历史中，我们可以看到前后相继的两种语言——先是阿提卡希腊语，然而是拉丁语——分别是两个狭小区域——阿提卡和拉丁姆——的母语，一直都在向外传播；到了公元前夕，我们发现阿提卡希腊语使用于杰赫姆河畔的法庭，而拉丁语则被用在莱茵河畔的军营里。阿提卡希腊语使用范围的扩大开始于公元前5世纪雅典海上霸权的建立，后来马其顿的腓力接受了阿提卡方言，并把它作为法院的官方语言，从而进一步扩大了它的使用范围。拉丁语则跟随着罗马军团胜利的旗帜。然而如果在赞赏了这些语言的扩张后，我们从哲学和文学专家的角度来研究这些语言在当时的发展，我们同样会对它们的庸俗化留下印象。索福克勒斯和柏拉图典雅的地方性阿提卡语退化到《七十子本》、波里比乌斯和《新约圣经》的普通希腊语，与此同时，西塞罗和维吉尔的文学形式也成为"不正规的拉丁语"，直到18世纪初，这种不正规的拉丁语却在与西方基督教社会有关连的所有重要国际交往中使用。 例如弥尔顿是克伦威尔政府的"拉丁语秘书"。 直到 1840 年在匈牙利的议会，"不正规的拉丁语"依然是处理事务的工具，放弃"不正规的拉丁语"成为 1848 年爆发的聚集在一起的各民族自相残杀斗争的导火索之一。

在巴比伦和叙利亚文明的解体过程中，这两个同时崩溃的社会的残余混合在一起，越是不能分清，他们就更多的撒布在共同遗址上。 穿过混乱废墟破裂的表面，阿拉米语像茂盛的杂草一样蔓延，虽然不像希腊语和拉丁语，阿拉米语很少或是没有得到成功征服者的庇护。 但是在那时阿拉米语的流行很不寻常，同阿拉米语字母和符号比较起来，阿拉米语似乎是昙花一现，而且范围也要更加狭窄。 这种字母的一种变体传到了印度，佛教徒皇帝阿育王使用这种语言来传播我们所知道的14 种碑铭中的两种。 另一个被称之为索格代亚纳语的变种逐渐地向东北方向传播，从药杀河到黑龙江，到 1599 年时，它已为满族人提供了字母。 阿拉米的第三个变种成为阿拉伯语言的载体。

如果我们转向兴起于所谓的"中世纪"西方基督教世界而主要集中在意大利北部的统一城邦的瓦解，我们会看到意大利的托斯卡纳方言使其他的语言黯然失色，就像阿提卡语超越古代希腊其他的语言一样，同时托斯卡纳方言通过威尼斯、热那亚商人和帝国的缔造者传播到环地中海区域，意大利托斯卡纳语在地中海的传播直到意大利城邦的繁荣和独立之后还存在着。 在 16 世纪，奥斯曼海军把意大利人逐出了地中海东部沿岸海域，意大利语成为为奥斯曼海军服务的语言，在 19 世纪，还是这个意大利语又开始为哈布斯堡王朝的海军服务，这个帝国的统治者从 1814—1859 年成功地挫败了意大利民族的统一。 地中海东岸的这种意大利混合语言的意大利语基础几乎都被各种各样外来附加物所覆盖，是它所代表的种类的一个极好实例，它的历史名字只剩下种属的含义了。

然而后来这种庸俗的托斯卡纳语甚至在它最适应的地中海东岸也被庸俗的法语所代替了。 法语的运气来自这样的一个事实，在意大利、德国和佛兰德城邦解体的动乱时期——这是开始于 14 世纪一直持续到18 世纪末的次社会解体历史过程中的一个阶段——为了控制它正在衰亡的中心，法兰西在与环绕在仍在扩张的社会外围的其他强国的竞争中获得了胜利。 路易十四时代之后，法国文化努力使自己的吸引力同法国的武力并驾齐驱，拿破仑最后实现了波旁先驱的野心，把所有散布在法国门口从亚德里亚海到北海和波罗的海的欧洲表面上被打破的邦国碎片按照法国的式样拼接成一幅图画，拿破仑帝国证明了自身不仅是一个军事体，还是一种文化势力。

实际上，使拿破仑帝国毁灭的正是它的文化使命，因为它所支持的观点(从客观的意义上看)是正在发展的现代西方文化的表现。 拿破仑的使命就是要为处于西方基督教世界中心的城邦的次社会提供一个"次统一国家"。 而统一国家的作用就是要为受到长期侵扰的社会提供安宁。 受到不断变化的革命观念激发的统一国家在名称上就是一种矛盾，用长号来演奏催眠曲。 不能够把"法国革命的观念"的作用设想成镇静剂，可以使意大利人、佛兰芒人、莱茵兰人和汉萨同盟者接受它们，从而服从于法兰西帝国缔造者的支配。 恰恰相反，拿破仑法兰西革命的影响却带给了这些停滞不前的人们一种激励和震动，这一震动把人们从蛰伏状态中唤醒了，激励着他们起来推翻法兰西帝国，作为新生国家在现代西方世界中取得一席之地而迈出的第一步。 因而拿破仑帝国带着它自己必然失败的普罗米修斯种子，不能为衰落世界发挥统一国家的作用，而这个衰落的世界在早已过去的辉煌时代曾经产生了佛罗伦萨、威尼斯、布鲁日和吕贝克这些杰出的城市。

拿破仑帝国无意中完成的实际任务是把中世纪舰队抛弃的已经搁浅的帆船牵引到西方生活竞赛的潮流中来，同时刺激那些无精打采的水手，使得他们的船更易于航海，即使拿破仑在城市国家范围(我们认为这个范围是他合适的活动领域)之外没有挑起民族国家——英国、俄罗斯和西班牙——间无法压制的敌对状态，法兰西的这种实际行动也将是短暂的和不讨好的。 然而在今天的大社会中，法兰西在城邦世界最后阶段中所保持的长达两百年之久的统治和拿破仑短暂的辉煌，成为丰富的遗产。 法语成功地使自己成为西方世界中心部分的混合语言，法语甚至还把自己的领地扩展到更远的地方，直到从前西班牙和奥斯曼帝国的领域。 一位懂得法语的旅行者可以游历比利时、瑞士、伊比利亚半岛、拉丁美洲、罗马尼亚、希腊、叙利亚、土耳其和埃及而不会遇到语言障碍。 在整个英属埃及境内，法语从来都是埃及政府代表和英国顾问之间的官方交流的语言，1924 年 11 月 23 日，当英国高级专员洛德·艾伦比就司令官被暗杀而向埃及首相提交两份英文照会，告知其最后通牒时，采用英文这个不寻常的选择毫无疑问可以看成是不满意的标志。虽然如此，这些英文照会同时仍然附有法文副本。 从这一立场来看，拿破仑仿效意大利航海家在埃及的远征通常也被看做是这位欧洲征服者事业中不相关和徒劳的事情，但表面上看来却富有成效，尽力把法国文化的种子播撒在容易接受而又偏远的土地上。

如果说法兰西混合语言是中世纪西方社会主体中次要社会衰落和垮台的纪念碑，我们也可以在英国混合语言中看到庞大的杂种繁殖过程的结果，这一过程已经把现代西方世界展开并稀释成世界范围的"大社会"。 英语的胜利是大英帝国在东西方新的海外世界争夺军事、政治和商业控制权斗争胜利的必然结果。 英语成为北美的本地语言，也是印度次大陆占优势的混合语言。 在中国和日本，英语也很流行。 我们已经注意到意大利语曾经是那些与意大利城邦为敌的海军所使用的语言，同样我们看到 1923 年在中国俄罗斯共产党代表鲍罗廷把英语作为他同中国共产党代表在政治活动中交流的媒介，这些政治活动的目的就是要把英国从条约中的港口里赶出去。 英语也被当作交流媒介使用在不同的受过教育的中国人中间，这些人来自不同的省份，说着不同的方言。 这同外国人口语中对典型的托斯卡纳语和典型的阿提卡语的庸俗化也有相似之处，在印度有巴布英语，在中国有"洋泾浜"英语。

在非洲，我们可以追溯阿拉伯混合语言的发展，继阿拉伯或半阿拉伯化的畜牧业者、奴隶掠夺者和商人之后，它把自己向西从印度洋的西海岸一直推进到大湖，向南从撒哈拉沙漠的南边一直到苏丹。 这种趋势带来的语言上的后果时至今日仍能从现实生活中看出来，因为虽然阿拉伯入侵者带来的物质影响由于欧洲人的干涉而被阻止，但阿拉伯语言对当地语言的影响实际上由于非洲的"开放"而得到了新的推动力量，这些开放的地区是最近才从阿拉伯手中割让出来的。 于欧洲的旗帜之下，意味着这些地区要被迫接受西方的统治，但阿拉伯语言却可以比以前得到更好的发展。 也许欧洲殖民政府给予阿拉伯人的最大好处就是官方鼓励——为了满足他们自己的行政需要——已经出现在不同文化区域的混乱语言，在这些地方，阿拉伯语潮流是经过红树沼泽渗入的。正是法帝国主义在上尼日尔、英帝国主义在下尼日尔、英、德帝国主义在东非内地的桑给巴尔分别给富拉尼语、豪撒语和斯瓦希里语提供了机会，所有这些语言都是混合语言——非洲语作为基础再加上阿拉伯语——写作时都使用阿拉伯字母。

（4）宗教的融合

在宗教领域，教派、崇拜和信仰的融合或是合并是社会解体时期由于灵魂分裂而产生的内在混乱感的外在表现。 我们可以有把握地把这种现象看作社会解脱的征兆，因为在文明发展阶段的历史中，宗教融合往往是虚幻的。 例如，当我们注意到无数城邦的地方神话，由于赫西俄德和其他古代诗人的努力成为和谐一致的唯一的泛希腊体系，我们看到的不过是名称上的花招，并没有伴随着相应的不同教派的结合或是不同宗教情感的融合。 我们还可以看到拉丁守护神和奥林匹亚诸神被看做是一体的——朱比特同宙斯或是朱诺同赫拉——我们所看到的只是希腊神人同形同性的万神殿实际上取代了原始的拉丁泛神论。

众神不同的名称中还有不同种类的认定，这些文字上的等同产生于解体时期，并且还见证了混乱感。 然而还要再察看的话，就没有真正的宗教现象而只有宗教掩饰下的政治了。 不同地方众神名称所造成的等同产生于这样一个时期，在这个时期，由于不同区域国家间的征服战争，在政治上这个解体社会强制性地统一在一起，而这个社会事先在其发展阶段就已联系起来了。 例如，在苏美尔历史的最后阶段，尼普尔的恩伽神同巴比伦的马杜克融合在一起，巴比伦的马杜克也曾一度换成卡尔培这个名称，因而对融合的纪念纯粹是政治性的。 前一变化记录了苏美尔统一国家因巴比伦王朝的威力而复兴，后一变化则记录了这个统一国家被卡西特人的军事首领征服的史实。

在一个解体社会中，区域性的众神互相趋于一致，这是不同区域国家的统一或统一帝国的政治权力从一群军事首领转移到另一群军事首领的结果，这些神相互之间往往都有一定的渊源关系，因为在多数情况下，他们是相同少数统治者不同派别祖先的神灵。正是由于这个原因，神性的融合通常不会同宗教习惯和情感发生严重的冲突。要找到一个宗教融合的范例，并且这个融合的原因要比国家的原因更加深入，要触及宗教惯例和信仰的核心，我们就不仅要注意到少数统治者从比较幸福的过去继承的宗教，还要把注意力转到他们为了回应来自动乱时期的挑战而产生的哲学，还必须看到竞争的哲学流派不仅相互抵触、相互融合而且还同内部无产者创造的新的高级宗教相抵触、相融合。因为这些高级宗教除了同哲学流派相抵触外，它们之间也相互抵触，所以我们最好先来看看在最初分开的社会中，这些高级宗教同哲学流派之间的关系，然后再进一步考虑当哲学流派一方同高级宗教另一方发生关系时出现的更有活力的精神结果。

在古希腊社会解体过程中，波塞冬尼乌斯(公元前 135—前 51 年)那一代人似乎标志了一个时代的开始，当时几个哲学流派一直都喜欢踊跃而激烈的辩论，而当时除了唯一的例外——伊壁鸠鲁学派，其余的都一致倾向于注意并强调使他们联合起来的共同点，而不是把他们分裂开来的不同点；到了罗马帝国第一、第二个百年的时候，希腊世界里的每一个非伊壁鸠鲁学派的哲学家，无论他如何称呼自己，都同意差不多一样的折衷原则。在中国社会解体的历史过程中，有一个相应的阶段在哲学上也显示了相似的混乱倾向。在公元前 2 世纪，汉帝国的第一个世纪里折衷主义首先是帝国朝廷支持的道教的基调，而后代替道教的儒教也是这样。

互相竞争的哲学派别之间的融合在互相抗衡的高级宗教间也有相似的关系。例如，从所罗门时代开始的叙利亚世界中，我们在希伯来人对耶和华的崇拜和毗邻的叙利亚社会对当地巴力神的崇拜中发现了一种强烈的调和倾向，这个时期是很重要的，因为我们可以找到充分的原因来相信，所罗门的死亡预示着叙利亚社会的衰落。毫无疑问，在那个时代，以色列宗教史显著而重要的特征是先知们同混乱感斗争时取得的非凡成就，使希伯来宗教的发展潮流离开了易于流入的融合渠道，转入了以色列人特有的新的艰难的路线。然而当我们分析有关叙利亚宗教影响的记载时，不仅要考虑到借方，更要考虑到贷方，我们会想起，在叙利亚动乱时期，可能就是对耶和华的崇拜影响了伊朗西部人民的宗教意识，叙利亚军人已经在这些人中间安置了一个希伯来放逐者"团体"，至少可以确定的是在阿契美尼帝国以及以后的时间中，伊朗强有力的反作用影响了犹太人的宗教意识。到公元前2世纪，犹太教和袄教已彼此渗透到这样的程度，以至于现代西方学者发现，要确定并弄清汇合起来注入共同河流的这两股源头的各自贡献是什么竟是如此困难。

同样，在印度世界内部无产者高级宗教的发展过程中，我们了解到对黑天和毗湿奴崇拜的融合远比名称的等同深刻得多。

在社会解体时期，宗教或哲学之间的障碍中的裂缝为哲学和宗教之间的和睦开辟了道路，在哲学与宗教的融合中，我们发现引力是相互的，接近也是出于双方的需要。正如在统一国家的军事界限之外，我们观察到帝国驻军的士兵和蛮族军事集团中的勇士沿着他们生活的道路而逐渐接近，直到这两个社会不再有明显的区别，同样，在统一国家的内部，我们也注意到在哲学流派的追随者和流行宗教信徒间相应的趋同趋势。这种平行发展是真实的，因为这个例子同那个例子一样，尽管无产者的代表前进了一定的距离来靠近少数统治者的代表，但我们看到后者沿着自己无产阶级化的道路走得如此之远，以至于最后的融合几乎都发生在无产者的范围之内。因此，在研究双方的和睦时，在试图追溯少数统治者较长的精神历程之前，我们最好先调查一下无产者这一方较短的精神历程。

内部无产者的高级宗教同少数统治者面对面时，他们适应的进程有时停留在开始阶段，通过呈现少数统治者艺术风格的外在形式来吸引少数统治者对他们的注意。例如，在希腊世界的解体过程中，基督教所有不成功的竞争对手都希望在希腊的土地上成功地推动自己的传教事业，在外形上他们按照希腊人的审美标准重塑了神的形象。但是他们中的任何一个都未有意识地更进一步：希腊化不仅在外表而且是实质上的。只有基督教用希腊哲学的语言来阐述自己的教义。

在基督教的历史上，一种希腊化的理性宗教，它的创造性特征源自叙利亚，用阿提卡方言代替阿拉米作为《新约全书》的语言工具是它的预兆，因为这种复杂语言的词汇里有大量的哲学内涵。

在对观福音书中,耶稣被看做是上帝的儿子,这一信仰贯穿并深植于第四福音书中。但也就是在这本书的序言中又出现了这样的观点:这个世界的救世主是上帝创造性的道。这种表述不是那么明确,但很含蓄,人子和上帝的道是同样的:人子作为道就是把人子的创造性智慧与神的目标视为一体,把道看做人子,就可以把道人格化为圣父之外的另一个人。同时道的哲学一跃而为宗教了。[21]

用哲学的语言来宣传宗教的方法是基督教从犹太教那里继承来的传家宝。 正是亚历山大里亚的犹太哲学家斐洛(公元前 30—公元 45 年)播撒了种子,两百年后,斐洛的同胞基督徒克莱门特和奥利金却有了极为丰富的收获。 可能也在同样的方面,四福音书的作者获得了圣道的想象,他把这个想象同人格化的上帝合为一体了。 毫无疑问,这位亚历山大里亚的犹太教哲学家也是亚历山大里亚基督教教父们的先驱,他被引导着穿过希腊语言的大门,走上了希腊哲学之路,因为毫无疑问,在斐洛居住并进行哲学探讨的城市里,阿提卡方言变成了当地犹太居民的日常用语,他们已经完全失去了对希伯来文甚至是阿拉米语的掌握了,这些犹太人不惮把他们的《圣经》翻译成异教徒的语言,从而玷污了它。 然而就犹太教历史本身来说,这位基督教哲学的犹太长老却是一个孤立的人物,他从残余的摩西法典中推出柏拉图哲学的创造性成就,对犹太教来说却没有什么实际的结果。

现在我们撇开基督教转到米特拉教,米特拉教在竞争中希望成为希腊世界精神的征服者,我们观察到,在离开伊朗家乡向西开始自己的航程时,米特拉教这艘船装上了许多巴比伦的星象哲学。 同样,印度高级宗教印度教夺取了衰老的佛教哲学,以便为自己取得武器,这个武器能够把它的哲学对手赶出它们在印度世界的共同家园。 至少按照一位著名的现代埃及古物学者的看法,无产者对奥西里斯的崇拜之所以能够进入埃及少数统治者世袭神殿的根据地,是由于从拉神那里篡夺了伦理的职能——最初是同奥里西斯的宗教信仰完全不相关的——拉神揭示并维护了正义。 但是这种对"埃及人的掠夺"却让无产者的宗教付出了高昂的代价,因为奥西里斯宗教为了赔偿它借来的羽饰不得不使自己落入那些被迫借给它们的人的手中。 古代埃及僧侣的妙手在于对新兴宗教运动的处置——当它发现自己不能镇压或是控制这个猎物时，就自己站在这个运动的前列——这样它就把自己抬高到之前从没有到达的权力的顶峰。

同奥西里斯宗教被旧的埃及多神教捕获相似，婆罗门教被印度教捕获，琐罗亚斯德教被东方三贤士所捕获。 但是另外还有更加阴险的方式，使得无产者宗教通常落入少数统治者的手中，因为控制了无产者教会的僧侣会滥用这种支配以便按照少数统治者的精神和利益的需要来管理它，论血统这些僧侣不会是属于少数统治者，可能实际上他们就来自无产者教会的权威人物。

在早期罗马共和国政治历史中，平民和贵族之间的隔阂因贵族接受无产者的领导人成为合伙人这个约定而中止，这个约定有一个默契，就是这些没有特权的领导人必须背叛他们的责任，出卖他们处于困境中的阶层。 同样，在宗教方面，犹太民族在公元前就遭到了他们以前的领导者文士和法利赛人的背叛和抛弃。 这些犹太"分离主义者"配得上他们自己所选择的名字，在某种意义上，这个名称的含义同他们采用它时的意图是相反的。 原先的法利赛人是犹太人中的清教徒，当背教者加入了外来的少数统治者的阵营时，他们就从这些希腊化的犹太人中间分离了出来；然而在基督教时代，法利赛人显著的标志是他们脱离忠心而虔诚的犹太社会的人民这一阶层，但他们仍然虚伪地宣称自己树立了一个好的榜样。 这就是四福音书严厉谴责法利赛人的历史背景。 法利赛人变成了犹太民族罗马主人的教会帮凶。 在耶稣受难的悲剧中，我们看到他们站在罗马权力的一边，密谋处死曾使他们蒙羞的一位先知，这位先知和他们是同一个民族的。

如果我们现在来检查少数统治者的哲学移向内部无产者宗教的互补运动，我们会观察到少数统治者这边开始的更早而且走得也更远。 它开始于解体后的第一代，先由好奇出发，经过崇拜，最后到达迷信。

在古典希腊的例子中，在柏拉图《理想国》的背景中，都可以证明宗教色彩的第一次灌输为时甚早。 发生的地点在派里奥斯——是希腊世界中最古老的社会熔炉——在不幸的伯罗奔尼撒战争结束之前，假定这次对话发生在一位居住在本地的外邦人家里，假托的叙述者是苏格拉底，他首先告诉我们，他离开了雅典来到了这个港口，为的是"把自己的敬意献给色雷斯的女神本狄丝，出于好奇还要利用这个机会观察他们是如何庆祝这个向女神表示尊敬的节日"。 于是具有外来异国情调的宗教就弥漫在希腊哲学著作的背景之中。 这里的介绍确实是现代西方学者下面这段叙述的楔子：

> 最不同寻常的事情……就是尽管新神话出自异邦源头，希腊长老们的神学和哲学在本质问题的论证上却完全是柏拉图式的，或者更准确地说，是从柏拉图那里接受的，几乎没有做什么修改。这样的联合可以让我们推测，柏拉图寻找的要代替旧神话的东西同不那么完美的基督徒的基督教信仰就没有多少冲突……从所有的线索看，可以推测柏拉图自己隐约地察觉，显灵就要出现，他的寓言是一个预言。苏格拉底在"申辩"中警告雅典人在他之后还会有其他的精神证人为他的死复仇，在别的地方，他还承认基于哲学的推理和高度的想象，除非仁慈的上帝告诉我们否则我们是无法知道正确的真理。[22]

希腊的例证中有丰富的关于哲学蜕变成宗教的历史记录能够使我们追随各阶段的发展历程。

理想的苏格拉底对色雷斯本狄丝宗教的态度是冷静、理智的好奇，这种好奇也是历史上与苏格拉底同时代的希罗多德在他偶然关于宗教的比较研究论文中表现出来的情绪。 他的兴趣在本质上是科学的。 然而在阿契美尼帝国被亚历山大大帝推翻之后，神学问题就成为少数统治者关心的更实际的问题，后继国家的希腊统治者不得不制定一些宗教仪式，以满足他们不同种族混合的居民在宗教上的需要。 与此同时斯多葛派和伊壁鸠鲁学派的创建者和宣传者也给那些绝望的迷失在荒野中的人以精神上的安慰。 然而如果把我们柏拉图学派的风格和特征看做是这个时代希腊哲学流行趋势的标准，我们会发现在亚历山大之后的两个世纪时间里，他的追随者在怀疑主义这条道路上越走越远。

这个潮流决定性的转折点是伴随着叙利亚希腊斯多葛派哲学家阿巴

米亚的波塞冬尼乌斯(公元前135—前51年)一起到来的。 波塞冬尼乌斯打开了斯多葛派的大门以接受流行的宗教信仰。 不到两个世纪后，斯多葛派的领导地位就传到了塞内卡那里，他是加里奥的兄弟，也是圣保罗同时代的人。 塞内卡哲学著作中的某些章节特别让人联想起使徒保罗书中的某些章节，后来一些缺乏批评精神的基督教神学家甚至设想，这位罗马哲学家同这个基督教的传教士保持着通信联系。 这样的推测是不大可能的，因为这两部精神音乐之间的和谐音调并没有让我们感到奇怪，毕竟它们创作于同时代，受到同样的社会经历的启发。

当我们研究解体文明边境的军事保护人和边界以外的蛮族军事首领之间的关系时，我们已经注意到在第一阶段，双方如何彼此接近以致无法区分，在第二阶段中，他们又如何在沉闷的野蛮状态中汇合。 在同样的少数统治者的哲学家和无产者宗教信徒间的和解的故事中，塞内卡和使徒保罗在一个较高的层面上接近，这是第一阶段结束的标志。 在第二阶段中，哲学屈从于较少启发性宗教的影响，从虔诚下降到迷信。

这就是少数统治者哲学的悲惨结局，他们也曾为踏上无产者更加温暖的精神温床而竭尽全力，这个温床是高级宗教的发源地。 但对哲学却没有什么益处；尽管它最终还是开出了花朵，但迟缓而勉强的开花使它们自己受到了报应，退化到不健康的茂盛之中去了。 在文明瓦解的最后行动中，各种哲学都消失了，高级宗教却继续存在下去，并且把他们的希望寄予未来。 基督教幸存了下来，挤开了新柏拉图派哲学，这一派哲学在抛开理性时并没有找到生存的万应灵药。 实际上，在哲学遇到宗教时，宗教一定会繁荣，而哲学一定会衰落。 我们不能不研究这二者之间的相遇，也不能暂时停顿以观察为什么哲学的失败是可以预先知道的问题。

那么是怎样的弱点注定了哲学同宗教应战时总是失败呢？ 致命和根本的弱点，也是其他弱点源头的就是缺乏精神活力。 活力的缺乏使哲学在两个方面都有缺陷。 它降低了哲学对群众的吸引力，还阻止了那些感觉到哲学吸引力的人们投身到为了哲学的利益所宣称工作中去。 的确，哲学影响了对知识分子精英的偏爱，"少数适合的人"，正如自命不凡的诗人认为自己作品流传之少就是他诗歌优秀的证据。 在塞内卡之强大时代，贺拉斯并没有感到不合适，他在哲学爱国诗篇《罗马颂》的前言中写下了这样的话：

> 走开吧,你们这些世俗的人们!
> 安静吧,不要让亵渎的言语
> 打扰这神圣的歌曲,
> 而我,缪斯女神的最高祭司,
> 只为少男和少女编织新颖而高傲的旋律。[23]

这种呼喊同耶稣的格言差得很远：

> 你到大路和篱笆外面把那些人叫进来,填满我的屋子。

所以哲学在最佳的状态时，也比不上宗教的活力，它只能仿效或是模仿低级信徒的弱点。 在塞内卡那个时代，宗教气息时刻使希腊知识分子轮廓清晰的大理石雕像充满活力，到埃皮克泰图斯时代时，很快地失去了活力，在马可·奥里略之后，成为乏味的虔诚，哲学传统的继承者在两头落空。 他们放弃了对理性的追求，也没有找到精神之路。 当他们不再试图成为圣人时，他们不是圣人，而是古怪的人。 朱利安皇帝从苏格拉底转向了第欧根尼哲学模式——从传奇式的第欧根尼而不是从耶稣中产生了圣西缅苦行者及其他追随者的基督教禁欲主义。 的确，在这个悲喜剧的最后一幕，柏拉图和芝诺的追随者承认他们自己大师的不当之处和不足为训，放弃自己的立场，转而以内部无产者为榜样，这些无产者是排除在贺拉斯的听众之外的凡夫俗子们最真诚的恭维。 最后的新柏拉图主义者扬布利克乌斯和普洛克洛斯都算不上哲学家，而是虚构和不存在的宗教的教士了。 对教会事务和宗教仪式的充满热情的朱利安本来是他们计划的执行者，一旦他的死讯传来，他以国家名义支持的教会组织马上就瓦解了，这证明一个现代心理学派创建者的判断是正确的：

重大的改变从来不会自上而下,它们总是来自下面……(来自)这个国家中备受嘲弄而又默默无闻的人——这些人不像许多大人物,他们较少地受到学院式成见的影响。[24]

(5) 统治者决定宗教[25]

在上一章的结尾,我们注意到作为皇帝的朱利安并不能把沉溺其中的伪宗教强加在他的臣民身上。 这就出现了一个普遍的问题,在有利的环境中,少数统治者是否都能够运用他们的物质实力来弥补他们的精神弱点,依靠不合法但有效的政治压力把哲学和宗教强加于他的臣民? 尽管这个问题已经超出了我们研究部分讨论的主线,我们还是打算先寻找这个问题的答案,然后再作进一步的探讨。

关于这一点,如果我们检查一下历史证据,我们会发现,这样的企图通常都是失败的,至少从长远来看——这个结论同希腊动乱时期启蒙思潮中的一个社会学理论有直接的矛盾,因为根据这个理论,从上到下有意地强迫接受宗教的实践,非但不是不可能的,甚至不是反常的,这种实践实际上是社会文明进程中宗教组织的正常起源。 这个理论已经运用到罗马宗教社会中,下面是著名的波里比乌斯(约公元前 206 年—前 131 年)的文章:

在我看来,罗马制度明显优于其他制度之处就在于它对宗教的处理。我认为罗马从其他世界所憎恨的东西中(我的意思是从迷信中)设法形成了他们社会秩序的主要联系。罗马人把迷信戏剧化,并把它引入公共与私人生活中,他们已经走到了能够想到的最远处,对许多旁观者来说,这看来是特别的。然而按照我的观点,罗马人这样做还是着眼于多数人民。如果有可能组建一个选区,它毫无例外都是由贤人组成的,那么这样的手段可能是不必要的,但是事实上,这个多数群体总是不稳定的,而且往往充满无视法律的激情、失去理性的情绪和暴力的愤怒。没有什么别的办法,只好借助"莫名的恐惧"和演戏这类行为来控制他们。我认为这就是我们的祖先为什么要把神学信仰和现在已成为传统的地狱观念引入群众的原因,而且我还设想,在这样做的时候,我们的祖先不是在随便行动,而是完全知道他们在做什么。在我们竟然看到他们这样做的时候,指责我们同时代人在试图根除宗教时的理性缺失和责任的滑落是中肯的。[26]

关于宗教起源的理论同真理相差太多,就像关于国家起源的社会契约理论一样。 如果我们现在继续检查这些证据,我们会发现政治权力对精神生活还不是完全没有影响,它在这一领域的行动能力是由各种情况特别组合在一起而决定的,尽管在那时它的行动被局限在狭小的范围内。 成功是例外的,而失败则是惯例。

先从例外说起,我们可以注意到,政治统治者有时会建立一个教派,这个教派不是真正宗教感情的表现,而是伪装成宗教的某种政治观点:例如伪宗教的仪式表达了对政治统一的渴望,这个社会已经尝尽了动乱时期的困难。 在这样的境况中,已经赢得民心的并被他的臣民视为救星的统治者可能会成功地建立一个教派,而他本人、他的政府机关以及他的王朝都会成为崇拜的对象。

这种绝技的典型例子是罗马皇帝被奉为神灵。 然而对恺撒的崇拜证明是不可共患难的教派,同"救民于水火"的真正宗教背道而驰。在2—3世纪之交罗马帝国第一次崩溃时,它并没有幸存下来,随之而来的这些重整旗鼓的军人皇帝开始在他们自己声名狼藉的帝国神灵之外再想出某些超自然的影响力。 奥勒里安和君士坦丁乌斯·克劳路斯在抽象而又普遍性的太阳崇拜的旗帜下招募军队,一代人之后,君士坦丁大帝(306—337年)转而效忠内部无产者的上帝,这个上帝证明自己比太阳神或是恺撒更有影响。

如果我们从希腊社会转向苏美尔社会,我们可以观察到相类恺撒崇拜的个人崇拜的教派,它不是由苏美尔统一国家的缔造者乌尔—恩格创立的,而是由他的继承者东基(公元前2280—前2223年)建立的。 但是这个教派被证明也是一个只可共患难的教派。 无论如何,汉谟拉比这位在苏美尔历史上占有一席之地的人同罗马帝国历史上的君士坦丁是相似的,他们不仅被看成是神的化身,而且被看成是非同一般的太阳神的奴仆。

"恺撒崇拜"这样的蛛丝马迹还可以在其他的统一国家中找到，安第斯、埃及和中国。 这样的考察证实了我们的印象，即由政治统治者自上而下推行的教派具有天生的软弱性。 即使这样的教派在本质上是政治的而在形式上是宗教的，即使他们与群众的真实情感相一致，他们也没有在暴风雨后幸存下来的能力。

还有另一种类型的例子，政治统治者试图推行的宗教只不过是有宗教伪装的政治组织，但却具有真实的宗教特征，在这个领域，我们还可以举出一些已经取得一定程度成功的尝试的实例。 然而，在这些例子中成功都有一个条件，即按照这样的方式推行的宗教一定是一个"强者"——至少能触动这个政治统治者少数臣民的灵魂——而且正好具备这个条件才会获得成功，所付出的代价是昂贵的。 因为当一种宗教通过政治当权者的努力成功地强加在所有臣服于这个统治者的人民的灵魂中时，这个宗教虽然赢得了世界的一部分，但付出的代价却是失去了所有可能成为或是维持统一教会的希望。

例如，在公元前 2 世纪末叶，马加比家族本来是犹太教的军事拥护者，他们反对强制的希腊化，现在却转变为一个塞琉古王国后继国家的建立者和统治者，这些受迫害的暴力反抗者反过来成为迫害者，并且把犹太教强加到被他们征服的非犹太民族身上。 这个政策成功地把犹太民族的领地扩展到了以土买地区，扩展到"异教徒的加利利"地区，还扩展到外约旦狭窄的皮瑞阿地区。 虽然如此，武力的胜利还是彻底受到了限制，因为它没能征服撒马利坦会的特殊神宠论，也没有征服马加比家族统治区域两侧希腊化城邦中市民的自尊，其中一侧城邦沿着巴勒斯坦的地中海海岸，另一侧的城邦沿着沙漠的边缘一直到戴克波利斯。实际上通过武力获得的胜利是微不足道的，而且也证明它丧失了犹太教全部的精神未来。 因为这是犹太民族历史上最具讽刺意味的事情，不出一百年的时间，在亚历山大·詹尼阿斯(公元前 102 年—前 76 年)为犹太民族夺取的新土地上诞生了一位加利利的先知，他的教义是犹太教以前所有经验的总结，这位受到神灵启示强行改宗加利利异教的犹太子孙却受到他同时代朱迪亚犹太领袖的抵制。 因此犹太教不仅愚弄了自己的过去，还丧失了自己的未来。

如果我们现在将视线转向现代欧洲宗教地图，我们自然会问，现在天主教和新教领域之间的界限在多大程度上是由中世纪基督教国家的区域性后继国家的武力外交所决定的？ 毫无疑问，外部军事和政治因素对 16 和 17 世纪宗教冲突结果的影响不能被估计得过高；举两个极端的例子，难以想象任何世俗权力的行动能够使波罗的海诸国维持在天主教的范围之内，或是把地中海沿岸国家带入新教的阵营。 同时，也存在一个军事和政治势力的作用确实产生影响的有争议的中间地带，这个地带包括德国、低地国家、法国和英国。 正是在德国创造并应用了教随国定这个典型的规则，至少在中欧世俗诸侯成功地运用了他们的权力，强迫宗教的臣民接受当地统治者所偏爱的任何一种西方基督教派。 我们还可以估计西方基督教、天主教和新教世界后来受到的惩罚性损失，因为他们允许自己依靠政治上的保护并因此屈从于存在的理由。

第一次不得不偿付的代价是日本天主教教区的丧失，因为 16 世纪天主教传教士播撒的天主教的种子，在 17 世纪中期前就由于新建立的日本统一国家的统治者的蓄意行动而被连根拔除了，因为这些政治家得出了这样的结论：天主教是西班牙王国实现其野心的一个工具。 然而与教随国定这个政策给西方基督教世界造成的精神贫乏相比，丧失了这个有希望的传教区还是微不足道。 在宗教战争期间，相互竞争的西方基督教所有派别都愿意寻找捷径以期获得胜利，他们容忍甚至要求运用政治势力，以便把自己的教义强加于敌对教派的信徒身上，这种现象逐渐侵蚀了所有人精神信念的基础，而这也正是他们效忠的敌对教会所要争取的东西。 路易十四野蛮的办法就是把新教从法国的精神领地上清除出去，为另一种作物怀疑主义清理好场地。 南特赦令废除之后不到九年的时间，伏尔泰就出生了。 在英格兰，我们看到清教革命的宗教战争同样地引起了怀疑论情绪的反应。 新的启蒙运动的特征同我们在这一章开始时就引用的波里比乌斯的话相类似，一种学术思潮把宗教本身看成是嘲笑的对象，所以到了 1736 年，巴特勒主教在《自然宗教和启示宗教同自然的机构与过程的共同点》一书的前言中写道：

我不知道为什么许多人都认为基督教甚至都算不上是研究的课

题,而最终认为它只是虚构的。他们对待基督教的态度就像是现在所有有识之士已达成了一致,只要把它当作是欢笑和嘲笑的对象就行了,好像是为了报复它长久以来妨碍了这个世界的愉快一样。

这种以压制宗教信仰为代价来消除狂热主义的精神状态从 17 世纪一直延续到 20 世纪,并且已经到了这种程度,西方化"大社会"的所有部分终于开始看出它是什么。 也就是说,它被认为是精神健康甚至是西方社会物质主体存在的最大危险——到目前为止,是比任何激烈探讨和大声呼吁的政治和经济上的混乱还要致命的危险。 现在这个精神上的灾害是如此的明显,以至于我们不能再忽视它了,但是诊断出这种疾病要比开处方治疗这个疾病更容易些,因为宗教信仰不像通常的商品那样,可以根据需要来生产。 宗教信仰的逐渐衰退在西方人的心灵中造成空白,这个过程已经持续了两个半世纪之久的时间了,要填补这种精神真空的确是非常困难的。 我们仍然还在承受着宗教从属于政治——那是 16 和 17 世纪我们祖先的罪恶——带来的副作用。

如果我们大致观察一下目前西方基督教残存的几种形式并比较一下他们的生命力,我们会发现,生命力的变化同这些教派屈从于世俗控制的程度成反比。 毫无疑问,今天西方基督教表现得最有生命力特征的还是天主教,而且天主教会——尽管现代天主教诸侯在某些时候、某些国家在他们的领地内也会维护他们的世俗权力以扩展教会的存在——但他们从来没有失去一种极其宝贵的优势,就是在一个最高教会权力的控制之下统一为唯一的社会。 生命力仅次于天主教的也许就是以说服力为第一要义的新教"自由教会"诸派别,他们脱离了世俗政体的控制。我们当然要把新教的各种"国教"放在名单的最后,这些国教仍然同这个或那个世俗国家的政体保持着联系。 最后,如果我们在把新教作为国教,且其宗教分歧多如英国一样的国家里,打算就宗教思想和实践区别来划分他们的生命力,我们会毫不犹豫地认为英国国家高教会派最有生命力,它是英国国教的变种,从 1874 年旨在取下"伪装的面具"的法令之后,这个教派就对世俗的法律抱着轻蔑和漠不关心的态度。

这种道德上令人讨厌的比较似乎是简单的。 现代西方基督教的几个部分时运的差异看来完全可以成为我们主张的证据，最终，宗教祈求如果屈从于国内当权者的庇护，它失去的将比所希望获得的要多。 然而，这个明显的规则有一个引人注目的例外，我们在认可这个规则之前还不得不说明一下，这个例外就是伊斯兰教，尽管伊斯兰教在更早的时期就同政治达成妥协，而且采取了一种比我们在这里已经检查的其他任何宗教显然都更坚定的方式，但它仍成功地成为解体的叙利亚社会的统一教会，确实，伊斯兰教在它创立者的有生之年通过他自己的行动，而且也只有他自己的行动使得伊斯兰教同政治妥协。

先知穆罕默德众所周知的经历分成尖锐对立而且表面上矛盾的两个阶段。 在第一个阶段中，他通过和平的福音传道办法来宣扬宗教革命，在第二个阶段，他建立了政治与军事力量并且正是在这一方面使用这种力量，在其他的情况下，一种这样做的宗教将被证明是不幸的。在麦地那时期，穆罕默德运用他新建立的物质力量强迫别人至少要在表面形式上服从这个宗教，这个宗教是在他生涯的早期阶段从麦加退入到麦地那这个重要时刻建立的。 从这件事看来，这次迁徙标明了伊斯兰教衰败的日期，而不能被视为以后神圣的伊斯兰教建立的时间。 作为蛮族军事集团武力信仰而出现的宗教成功地成为统一宗教，尽管它在开始时有精神障碍，而在所有类似的情况下这种精神障碍本来是会造成不幸的，但我们该如何解释这个难以理解的事实呢？

既然我们在这里提出了这个问题，我们会发现几个不完整的解释，把它们放在一起就可能凑成一个答案。

第一，我们可以轻视曾流行于基督教世界的一个倾向——过高地估计伊斯兰教传播中所使用的武力程度。 先知的继承者们要求人们效忠于新的宗教的表现只不过是局限在履行少数而不是繁重的表面宗教仪式，就连这种效忠也没有试图越过产生伊斯兰教的阿拉伯无人地带的原始异教部落范围。 在罗马和萨珊帝国征服的行省中，提出的选择不是"伊斯兰教或是死亡"而是"伊斯兰教或是重税"——这个政策一直以来因为它的开明而受到称赞，后来在英国，对宗教漠不关心的伊丽莎白女王还执行这个政策。 对倭马亚统治下的阿拉伯新伊斯兰教国家的非穆斯林居民来说，这样的选择也不会招致不满，因为倭马亚王朝各代

(这个世系里只有一个典型是例外，他统治的时间只有三年)都是对宗教都不那么热心的人。 实际上倭马亚王朝各代就个人而言都是秘密的异教徒，他们都不关心，甚至敌视他们享有领导权的伊斯兰宗教信仰的传播。

在这种特殊的情况下，伊斯兰教要想在伊斯兰教国家的非阿拉伯居民中一路向前，只有依靠自己的宗教优点。 它的传播是缓慢的但却是稳当的。 而且在以前的基督徒和袄教徒的心目中，伊斯兰教变成了一种同以前戴在阿拉伯武士袖子上、在政治上享有特权地位的宗派徽章完全不同的宗教信仰，他们冷淡地接受新的宗教，如果他们不是不顾忌到自己名义上的穆斯林倭马亚主人的不快的话。 这些新的非阿拉伯皈依者把伊斯兰教变得适合他们的理性观点，把先知未修饰不经意的说法翻译为基督教理论或是希腊哲学精细而一致的词语，只有穿上这件衣服，伊斯兰教才能够成为叙利亚世界的统一宗教，之前叙利亚世界只不过通过阿拉伯军事征服的扫荡而在政治表明上重新统一在一起。

在摩阿维亚取得政治政权的不到一百年的时间中，哈里发统治下的非阿拉伯穆斯林居民变得十分强大，他们能够把对宗教不热心的倭马亚王朝赶下他们的宝座，并且在他们的位置上确立了一个反映大众宗教情绪的王朝。 在公元750年，穆斯林的支持使得阿拔斯获得了征服倭马亚王朝的胜利，很可能扭转局面的宗教派别占阿拉伯帝国总人口的比例还是很少的一部分，君士坦丁推翻马克森提乌斯时的罗马帝国时也一样，基督徒的人数也占少数，贝恩斯博士估计这个比例大约是10%。[27]哈里发臣民大规模地开始改宗伊斯兰教的时间可能不会早于9世纪或者直到13世纪阿拔斯王朝解体时，可以肯定地说，在伊斯兰教区的这些迟到的收获是自发的群众运动，而不是政治压力的结果，因为在伊斯兰教中相当于狄奥多西和查士丁尼那样滥用政治权力以支持他们的宗教利益的人物，在阿拔斯王朝统治长达500年历史的哈里发名单上是很少的。

这些事实可以令人满意地说明，伊斯兰教只在表面上看来对我们的规律是个例外，虽然世俗的政权在把一种强势宗教强加给自己的臣民时可以获得某种程度的成功，但从长远来看，这种政治支持所付出的代价远远超出了政治保护带给宗教的任何直接利益。

这种政治保护有时根本没有带来直接的回报，却招致了同样的惩罚。 在众多宗教同世俗武力妥协并获得它的支持，遭受的损失也没有减轻的著名例子中，我们可以想到查士丁尼把他的东正教强加在托罗斯山之外的基督教一性论臣民身上的失败；叙利亚的利奥和君士坦丁五世把破坏圣像运动强加在希腊和意大利的崇拜偶像者身上的失败；英国国王把新教强加在爱尔兰天主教臣民身上的失败；莫卧儿帝国的皇帝奥朗则布把自己的伊斯兰教强加在印度臣民身上的失败。 而且如果强加的宗教是强势的，结果尚且如此，那么少数统治者的哲学要依靠政治权力强加到别人身上就更不可能了。 我们已经提到朱利安皇帝的失败实际上可以作为我们这次研究的始点。 同样惨遭失败的还有阿育王，他把自己的小乘佛教强加于印度臣民身上，尽管那时的佛教哲学在理论上和道德上都处在全盛期，它可以同马可·奥里略的斯多葛派相比，而不能同朱利安皇帝的新柏拉图派哲学相比。

还有一种要考虑的情况，一个统治者或是统治阶层想要强制推行的不是一个强势宗教或少数统治者的哲学，而是他自己自作聪明想出来的"幻想的宗教"。 考虑到已经提到的那些失败，即使一个宗教或哲学已经具有内在的活力，但要以之强加于大众，也难免招致失败，那么我们用不着检查证据，马上可以断定，这里所谈的闭门造车的方法无论何时何地都会归于失败，而事实也证明了恰恰如此。 然而这些"幻想的宗教"在历史上很能满足我们的好奇心，只为了这个原因，现在我们也不妨快速地回顾一下。

记录下来的属于这一类的最极端的例子可能是与哈里发哈吉姆(996—1020 年)持不同政见的伊斯麦尔的什叶派，因为不管它从外部剽窃了什么，所谓的德鲁兹教派独特的神学教义就是要把哈吉姆自己奉为神明，把他看成是上帝连续十次化身中最后也是最完美的一个：神圣而永恒的救主，在第一次短暂的显灵之后神秘地消失，现在他又胜利地返回到这个世界了。 新的宗教信仰在传播中的唯一胜利就是在 1016 年时，通过使徒达拉吉的帮助使哈蒙峰山脚下泰姆河畔的一个叙利亚小社区改变了宗教信仰。 15 年之后，这个新的宗教明显放弃了改变整个世界宗教信仰的使命，从那以后，德鲁兹教派既没有再接纳一个皈依者，也没有容忍背教者，而是成为封闭的世袭的宗教团体，成员不是以他们所崇拜的神的化身作为名字，而是以把哈吉姆非同寻常教义介绍给他们的传教士的名字为名。 隐居在哈蒙和黎巴嫩高地的要普济众人的德鲁兹教派就成为"坚硬的化石"的最后典范，出于同样的原因，哈吉姆的"幻想的宗教"也证明是一个惨败。

最后哈吉姆的宗教作为一块"化石"幸存了下来，但是叙利亚堕落者巴西亚努斯几乎同样专横的尝试也没有得到任何的结果，他要给罗马帝国官方的万神殿安上一个最高神，这个神不是他自己，而是他自己的地方性神灵埃米萨的太阳神赫利奥盖巴勒斯，他是这个太阳神的一位世袭高僧，直到218年登上罗马帝国的宝座这个意外的运气落在他的身上时，他还继续选择这个名字。 四年后，他遭遇的暗杀使他的宗教试验半途而废，宣告结束。

也许我们看到赫利奥盖巴勒斯和哈吉姆企图用他们的政治权力来为他们的宗教幻想服务，但都以失败而告终时不会感到奇怪。 我们可能会更加清楚地意识到靠政治活动自上而下地传播教义和宗教仪式的困难，当我们来观察那些同样没有获得成功的其他统治者时，这些人也曾试图利用他们政治权力的优势去推动某些宗教理想，他们更关心的是严肃的动机，而不是希望为了满足自己一时的兴致。 那些统治者为了国家试图去传播"幻想的宗教"，但失败了，这也许是反宗教的，但无论如何，他们较高的政治才能并不是可耻的或是没有价值的。 还有其他的人努力地传播"幻想的宗教"也没有获得成功，但这是他们虔诚的宗教信仰，为了这个缘故，他们有资格，甚至是有责任通过他们可以使用的各种办法向他们的同伴传播，为的是使他们脱离黑暗走向光明，并带领他们踏上和平之路。

为了政治目的而有意的制造出一种新的宗教的典型例子是托勒密·索托所发明的塞拉皮斯崇拜，托勒密·索托是阿契美尼帝国在埃及的希腊后继国家的缔造者。 他的目的是要依靠共同的宗教在埃及和希腊臣民的隔阂之间架起一座桥梁，他征用了大批专家来执行他的计划。 这个新的综合宗教正如它所计划的，从希腊和埃及双方都赢得了大量的追随者，但是它却完全没有能够在双方之间架起一座桥梁。 双方都按照自己的方式来崇拜塞拉皮斯，在其他的事情上也是这样。 最终由另一种宗教在托勒密帝国两个社会的精神隔阂之间架起了桥梁，在托勒密王朝的权力完全消失整整一代时间后，这个宗教在从前托勒密凹地行省的无产者的心底里自然地产生了。

在托勒密·索托统治大约 1 000 多年之前，另一个埃及的统治者埃赫那吞就开始用天国的唯一神灵崇拜来代替正统的埃及众神，他让自己的神灵以阿吞神或是太阳圆盘的形象展现在人们的面前，而且正如我们所看到的，他的努力不像托勒密·索托受到权谋术的推动或哈吉姆和赫利奥盖巴勒斯半疯狂的妄自尊大那样，是出于任何权谋术的考虑。 他看来是受到一种崇高宗教信仰的鼓励，就像阿育王的哲学信念一样，把这种信念转化为狂热的工作。 激励埃赫那吞的宗教动机是无私和诚实。 可以说他本该成功，但是他还是完全的失败了。 他的失败的原因在于：他的计划是作为一个政治当权者，试图自上而下地传播一种"幻想的宗教"。 在王国的领域内，他招致了少数统治者充满敌意的反抗，同时他也没有博得无产者的同情。

如果这个理由看来真的是可以相信的话，俄耳甫斯教的失败就可以简单地解释为，俄耳甫斯教的传播是从雅典僭主庇西特拉图家族那里得到了最初的推动力。 希腊文明衰落之后，俄耳甫斯教最终取得了有限的成功，通过混乱感侵入了希腊人的精神，这种混乱感在损害外来社会的前提下与希腊世界物质上的扩张保持同步。

帖木儿的莫卧儿皇帝阿克巴(1554—1605 年)试图在他的帝国内建立"幻想的宗教"，也就是丁伊来希宗教的混合动机几乎是难以辨别的，我们很难知道是把这个动机分到托勒密·索托的权谋术这类呢，还是要把它与埃赫那吞的理想主义归为一类，因为这个特殊人物看来既是一位务实的政治家，又是一位先验的神秘主义者。 无论如何，他的宗教从来就没有生根，在它的创始人去世之后就马上被清除掉了。 实际上这位独裁者徒劳梦想的最后定论已经由阿克巴的先辈和榜样、苏丹阿劳丁·克尔吉的顾问说出来的，大概阿克巴是知道的。 在枢密院的一次会议上，苏丹阿劳丁·克尔吉宣布他想要做三百年后阿克巴所做的愚蠢事情，他回答说：

> "宗教、法律和教义"，国王的顾问在这次会议上说道，从来就不
> 应该成为陛下讨论的话题，因为这些东西是先知应该关心的，而不是
> 国王们的事情。宗教和法律是上天的启示；它们的存在从来就不是
> 由人来计划和设计的。从亚当的时代到现在，它们一直都是先知和
> 传教士的使命，正如统治和管理是国王的责任一样。先知的职责从
> 来就不属于国王——只要这个世界存在，以后也不会——尽管一些
> 先知们履行了某些王权的职责。我的建议是陛下应该再也不讨论这
> 些事情。[28]

我们还没有从现代西方社会的历史中选出任何这样的实例：政治上
的统治者把"幻想的宗教"强加给自己臣民的努力失败了，但法国革命
的历史提供了很多例子。　在18世纪末的狂热时期，法国革命者一浪接
着一浪的浪潮都不能使任何宗教幻想取代被认为过时的天主教的企图有
任何的进展——不管它是1791年国民宪法民主化的基督教的教阶；还
是1794年罗伯斯庇尔的主宰崇拜；或是执政官拉雷未利尔·勒伯的宗
教博爱。　我们知道这位执政官有一次对他的内阁同僚宣读了说明他宗
教理论体系的长篇文章。　他们中的大多数人表示了祝贺，外交大臣塔
列朗却评论到："我只有一个意见想说。　为了创立自己的宗教，基督
耶稣被钉死在十字架上并重新复活。　你也应该做这样的事情。"塔列
朗意味深长地嘲笑了那位著名的宗教博爱者，但他也不过是用直率的语
言重复了苏丹阿劳丁·克尔吉那位顾问的建议。　如果拉雷未利尔·勒
伯要成功地传播一个宗教，他必须离开他执政官的职位，开始无产者先
知这个新的职业才行。

只有"第一执政波拿巴"才发现法兰西毕竟是信仰天主教的，因此
更简单并更合乎政治目的的手段不是把新的宗教强加给法兰西，而是要
利用法兰西古老的宗教为新的统治者服务。

最后的这个例子不但可以完善我们的论证，说明统治者决定宗教只
不过是一个陷阱和骗局，而且它还可以引出包含更多真理的逆命题，我

们可以把它用这个公式来表达：被统治者的宗教即统治者的宗教。 统治者如果接受了多数民众支持的宗教，或是至少是最活跃的那部分人的宗教，他们通常都会成功，不管是出于宗教的虔诚还是出于政治上的犬儒主义(就像亨利四世和他的"巴黎就是为了群众")。 在墨守成规的统治者名单中还应包括信奉基督教的罗马皇帝君士坦丁、信奉儒教的中国皇帝汉武帝，包括克洛维、亨利·卡特和拿破仑，但是最值得注意的例子还是英国宪法中的一个奇怪条款，据此联合王国的君主在英国这边是主教派会员，在苏格兰一边则是长老教会员。 国王的教会地位是 1689年和 1707 年达成的政教协议的结果，从此以后国王的教会地位实际上成为联合王国宪法的保障，因为在法律上，两个王国各自教会组织形式上的平等就成为一种象征，这种形式可以被双方的"人民所理解"，显而易见的事实是，双方的国王都承认官方建立的宗教是国教，这个明显而确定的教会平等的意义，在一个世纪的时间(1603—1707 年)里是这两个王位和国会联合的王国中不存在的；教会平等的意义为两个王国间自由而平等的政治联合提供了心理基础，这两个王国以前由于长期的敌对而相互疏远，由于人口和财富的差距，它们从来就没有停止过冲突。

第六节　统一感

在我们开始调查人类精神对社会解体这种痛苦经历反应里行为、情感和生活的几种选择方式之间的关系时，我们观察到混乱感，我们一直在研究它的各种表现方式，是对成长中的文明所具有的明晰而独特轮廓模糊不清的心理反应，我们还观察到同样的经历可以引起另一种反应——和谐感的苏醒。 它不仅与混乱感截然不同，而且正好处在它的对立面。 各种熟悉的制度痛苦而令人不安的解体对软弱的人来说，最根本的事实只不过是混乱，对更坚定而且在精神上更有远见的人所展现的是：现象世界里摇曳不定的薄雾就是一种幻想，它不能模糊存在于它之后的永恒的和谐。

精神的真理就像其他种类的真理一样，通常先是从外表可见的标志，用类比的方法才能够领会的到，在外部世界中，最早暗示精神和最终统一的征兆是一个社会融合为一个统一国家。 实际上，如果一个统一国家不是受到渴望政治统一这股潮流的影响，无论是罗马帝国还是其他任何统一国家都不能建立或是维系下去，这股潮流是在动乱时期才到达自己的高潮的。 在希腊历史上，这种渴望——或是对迟来的满足的解脱感——反映在奥古斯都时代的拉丁诗歌上。 在目前这个阶段，我们这些西方社会的子孙从自身的经历中意识到当人类统一的努力还没有结果时，对"世界秩序"的渴望将会是多么强烈。

只要希腊文明的残余还在，亚历山大大帝的和谐理想就不会在希腊世界中消失，在亚历山大去世三百多年后，我们发现奥古斯都还把亚历山大的头像刻在罗马图章戒指上，作为他为了建立罗马帝国这个艰巨任务所追寻灵感的确定来源。 普鲁塔克记载，亚历山大这样说过："神是万民之父，但他尤其要选择最好的人做他自己的信徒"，如果这个名言可信的话，它告诉我们，亚历山大认识到，人类的手足情深是要以神的父权为前提条件——这个真理也包含了它的逆命题：如果我们不去考虑人类家庭的神圣之父，就不可能锻造出任何完全能够有助于它把人类联系在一起的纽带。 唯一能够包容全部人类的社会是超人的神之都，包含人类而且仅仅包含人类的社会概念是一个学院式的幻想。 斯多葛派的埃皮克泰图斯同基督教使徒保罗一样都较好地意识到这个最高真理。 但是埃皮克泰图斯把这个事实作为哲学的结论叙述出来，圣保罗则把它当做福音来宣讲，这个福音是上帝通过耶稣的生和死给予人们的新启示。

同样，在中国的动乱时期，对统一的渴望也从来就没有被限制在尘世这个范围。

在这个时期的中国，"一"这个字(统一、单一等等)包含着强烈的感情内涵，它同样也反映在政治理论和道家的形而上学中。而且实际上这种渴望——或者更准确地说，对确定信仰标准的心理寻求——比渴求政治上的统一要更迫切更持久。从长远来看，人类的存在离不开正统信仰，也离不开一个固定模式的根本信仰。[29]

假如中国追求统一的这种博大精深的道可以看作是标准，现代西方专横地隔离人性的宗教崇拜可以看成是特殊的甚至是病态的东西的话，那么我们就可以期待看到人类在实践中的统一和宇宙理想的统一将通过精神上的努力而同时实现，这种努力不会因为它同时出现在不同的领域而不再是一个整体或是不能再分割。事实上，我们已经注意到区域性社会融合成一个统一国家时还伴随着区域性的众神合并为一个神灵，一个合成的神灵——如底比斯阿蒙的拉神或是巴比伦的马杜克—贝尔——作为世俗的王中之王和霸主中的霸主的精神等价物而出现。

显而易见，在这类神灵中发现超常反映的人类事务的环境是紧接着统一国家起源之后的一种状态，而不是这一类型的国家体制最终稳定下来的构造，因为统一国家最后的体制不会是这样一种等级制度：它保护自己组成部分的完整，仅仅把它们从前作为主权国家的平等改变成一个国家对其他所有国家的霸权。随着时间的推移，终于联合成一个统一的帝国。事实上，一个完全成熟的统一国家中有两个突出的特点，它们共同支配了整个社会：一个至高的君主个人和一个至上的不具人格的法律。当人类世界以这种方式来统治时，整个宇宙可能就按相应的模式来描述。如果这个统一国家的统治者是如此的有势力，同时又如此的仁慈，那么他的臣民就很容易相信他是神的化身，然后他们会更易于把他看成是天国的统治者在尘世的形象，这个天上的统治者也同样是至高无尚的和无所不能的—这个神不仅仅是神中之神，就像阿蒙的拉神或是马杜克—贝尔，而且是独掌大权的唯一真神。此外，人间皇帝的意志转化为行动的法律是一种不可抗拒又无处不在的力量，它通过类比使人想起不受个人情感影响的自然法规：这个法规不仅支配着物质世界而且还支配着欢乐和悲伤、善良和丑恶、报答和惩罚这些不可思议而且神秘的东西的分配，这是人类生活的更深层次，即使是恺撒的命令也传播不到。

这两个概念——无处不在而又无法抗拒的法律和唯一的、无所不能的神灵——几乎可以在这个宇宙中的每一个人心中找到，这两个概念形成于统一国家这个社会环境里人们的心灵之中，但是对这种宇宙哲学的调查将会显示它们趋向于接近截然不同的两种类型中的一种或是另一种。 一种类型是抬高法律而压低了上帝，另一种是抬高了上帝而压低了法律，我们会看到强调法律是少数统治者哲学的特征，而内部无产者的宗教倾向让法律的最高权威隶属于全能的上帝。 然而区别仅仅是侧重点，在所有的宇宙哲学中会发现不管它们各自所占的比例是多少，这两种概念是共存的而且是互相交织在一起的。

把这种疑惑放置在我们正在寻求确定的区别上，现在我们可以按顺序调查统一世界中的这些例子，在这个世界中法律被抬高而上帝被压低，然后再来调查另外一些例子，在这些例子中上帝支配了他所传播的法律。

在"法律高于一切"[30]这一体系中，我们可以观察到，在上帝的个性变弱的同时，统治着宇宙的法律成为更明显的焦点。 例如在我们西方世界，达修信条的三位一体的上帝在越来越多的西方人心中逐渐地变得越来越模糊了，与此同时，自然科学把自己理性帝国的疆域扩展到一个又一个的存在领域——终于在今天，科学坚持了精神世界的所有权，也坚持了对物质世界的所有权，我们看到，数学家的上帝彻底地消失而成为真空的上帝。 现代西方逐出上帝并让位给法律的过程在公元前8世纪的巴比伦世界中就可以预见得到，当时星体运动周期性的发现使得占星数学家热衷于新的占星术，把他们对马杜克—伯尔的效忠转移到对七大行星上的效忠上。 在印度世界也是这样，佛教哲学做出了极端的结论，这个合乎逻辑的推论就是心理上的法律——业，吠陀经里众神所具有的神性就成为咄咄逼人的"极权主义"精神决定论体系最重要的牺牲品。 现在蛮族军事集团野蛮的诸神在他们平淡无奇的中年时为年轻时人类的轻狂放肆付出了昂贵的代价。 在佛教徒的世界中，所有的意识、愿望和目的可以归纳为一连串的原子心理学状态，按照定义是不可能合并为任何具有连续或是稳定个性的东西，诸神自动地把人类精神状态归结在一个不存在的共同层面上。 确实，佛教哲学体系中众神和人地位的不同对后者是有益的，因为如果人类可以忍受这种苦行的考验，他至少可以成为一个佛教徒，舍弃世俗的快乐可以得到这样的补偿：免除轮回并进入涅槃的解脱。

在希腊世界中，如果按照佛教的正义对吠陀诸神的惩罚来衡量的话，奥林匹亚众神所受的处罚比他们应得的要轻得多，因为那时的希腊哲学家把这个宇宙设想为一个超乎于尘世之上的"大社会"，社会中成员间的相互关系由法律来调整并且受到一致与和谐的影响，宙斯，这个奥林匹亚军事集团声名狼藉的军事首领在道义上有所改变，得到了他慷慨的补助，被选举为世界都市的领袖，这个地位很像后来某些"统而不治"的立宪君主——一个国王温顺地签署命运的法令，亲切地把自己的权力献给自然去运作了。[31]

我们的调查显示，遮蔽上帝的法律可以采取不同的形式。束缚了巴比伦占星家和现代西方科学家的是数学上的法规，心理学上的法规则迷惑了佛教的苦行者，社会法规赢得了希腊哲学家的效忠。在中国，法的概念从未得到偏爱，我们发现上帝依然被秩序所遮蔽，这个秩序在中国人的心中表现为人的行为和他所处环境间的一种不可思议的一致或是和谐。环境对人类的作用是公认的，并且可以运用到中国的地占术中，人类对环境的反作用受到仪式和礼节的控制和指挥，它们就像宇宙的结构一样精妙而重要，这些仪式也反映并改变着宇宙。推动这个世界前进的仪式的主人就是中国统一国家的君主，而且由于他超乎人间的作用，这个皇帝正式地被称呼为天子，然而在中国的体制中，这个天是"首席魔术师"的养父，但他也同中国北方寒冬的天空一样苍白而冷淡。的确，在中国人的心目中完全抹去了任何神有人格的概念，这使得耶稣会传教士在把上帝翻译成中文时遇到了难题。

现在我们转到关于宇宙其他表现所需要考虑的事情，在这里，统一表现为全能上帝的行为，而法律被看做是上帝意志的体现，而不是被想象为至高无上的能够控制众神和人类行为的统一力量。

我们已经观察到，万物统一于上帝的概念同万物统一于法这个概念一样，都是运用人类智慧，通过对体制的类比而构想出来的，而这个体制是一个统一国家逐渐形成自己最终的形态时才会被采用的。在这个过程中，人类的统治者最初是群雄之一，他清除了与之竞争的诸侯，从而成为一个严格意义上的"君主"。如果现在我们检查一下，这个统一国家在兼并了不同人民和国家的诸神时又发生了什么，我们会发现一个相似的变化。 在万神殿里有一个最高的神行使着对其他诸神的宗主权，这些诸神曾与他地位相等，他们在失去自己独立性时并没有失去自己的神性，而代替这一切的，我们看到出现了唯一神灵，他的独特性就是他的本质。

宗教革命通常都开始于众神和他们崇拜者之间关系的变化。 在统一国家的框架中，众神往往都给卸下了镣铐，这个镣铐一直都把他们束缚在某一特定的地方区域内。 当初作为某一特定部落、城市、山川、河流保护人而出现的神灵，现在一方面通过学会吸引每一个人的灵魂，另一方面也学会吸引整个人类的灵魂，从而进入了一个更为广阔的活动领域。 通过后面这个能力，原来一直在天国和地方首领对应的地方神灵具有了从统一国家统治者那里借用来的特征，而这个统一国家已吞并了地方社会。 例如，我们可以观察到在政治上统治着犹太的阿契美尼王朝影响了犹太民族关于以色列的上帝观念。 耶和华新观念的形成是在公元前166—前164年，也就是《但以理书》的启示录部分写作的大概时间。

> 我目睹着设置好的宝座，上帝坐在上面，他的衣服洁白如雪，头发就像纯净的羊毛，他的宝座像炽热的火焰，他的车轮像燃烧的火。一条火流从他前面流过，成千上万的仆人在他身边，还有更多的人在他面前，审判就要开始了，案卷已被打开。[32]

这样，许多先前地方性的神灵都戴上了新确立的世俗君主的权标，接着为了唯一的唯我独尊的统治权而相互竞争，这也正是这些权标所暗示的内容，直到最后一个竞争者消灭了他所有的对手，确立了自己的权力，使自己成为崇拜的唯一真神。 然而还有至关重要的一点，"诸神的较量"同"俗世诸侯"之间的对抗是不同的。

在统一国家体制的演变过程中，我们发现在故事的结尾，统一的君主成为唯一的君主，在连续不断的政体顺序中，他通常是国王或附庸诸侯中最高统治者的直接继承者。 奥古斯都曾满足于把他的权威覆盖到卡帕多西亚或是巴勒斯坦一带，在当地国王或小君主(相当于"印度各邦"的统治者)之上维持着最高的地位,在适当的时候,哈德良取代了他,哈德良掌管着以前的诸侯国,把这些行省置于他的直接控制之下,这个统治权的连续性没有被打破过。 但是在相应的宗教变革中,这种连续性就没有成为惯例,在理论上它可能成为一个例外,要用一个历史实例来说明也是很困难的。 本书的作者也想不起一个这样的实例:万神殿中的神灵还从来没有成为唯一而全能的主人、万物创造者上帝出现的媒介。 无论是底比斯阿蒙—拉神、巴比伦尼亚的马杜克—贝尔神或是奥林匹亚的宙斯神在各不相同的面具之下都从来没有露出唯一真神的面孔。 甚至在叙利亚统一国家,受到皇家王朝崇拜的神灵既不是合成的神灵,也不是出于存在的理由而创造的神灵,神灵的特征通过唯一真神的存在和本性而出现在人们的面前,它不是阿契美尼王朝祆教的阿胡拉马兹达,而是耶和华,是阿契美尼王朝治下无足重轻的犹太臣民的神灵。

敌对诸神的最后命运的和它们各自追随者瞬间运气的对比使人明白,在一个统一国家保护下形成并发展的几代人的宗教生活和宗教经历是历史研究的领域,它提供了许多引人注目的突变或是"角色逆转"的例子——这也是无数像灰姑娘这类民间传说的主题。 同时,地位低下和身份卑微的出身并非达到普遍性诸神特性里仅有的特征。

在我们调查《旧约全书》中描绘的耶和华的特征时,两个其他的特征很醒目。 一方面,耶和华在出身上说是地方性的神灵——按字面上的意义是本地的,如果我们相信这个神灵最初来到以色列境内,居住在阿拉伯西北的一座火山上,他使这座火山活跃。 无论如何,这个扎根于特殊教区土壤的神灵处于一个特殊地方社会的中心,在他被传播到以法莲和犹太的山区后,就成为蛮族军事集团的保护人,他们在公元前14世纪时侵入了埃及新王朝在巴勒斯坦的领地。 另一方面,耶和华又是一个"不容违背的上帝",给他崇拜者的最初戒律就是"除我之外不再有其他的神灵"。 当然我们同时发现耶和华所表现的这两个特征——地方性和独占性时,是不会有什么奇怪的,一个维护自己领地的神灵当然会警告其他的神灵离开自己的领地。 而让人惊讶的——初看起来甚至是让人厌恶的——是看到耶和华一直对他在冲突中的对手表示出毫不妥协的不容忍，在以色列和犹太王国被推翻、叙利亚统一国家建立之后，两个高地诸侯国从前的神灵进入了一个更广阔的世界，并且像它的邻居一样渴望为自己赢得所有人的崇拜。 在叙利亚历史大一统阶段，耶和华却保持了不容异己的态度，这是它过去狭隘的遗产，是一个与时代不合的事情，毫无疑问，它与同时代许多像耶和华这样的地方性神灵的普遍特征是不合拍的。 尽管如此，这个令人憎恶的时代错误却成为其特征中的一个因素，这个特征帮助它取得了令人惊讶成功。

更周到地考虑这些地方性和独占性特征可能是有益的，我们先从地方性说起。

乍看起来，选择一个地方性的神灵来作为无所不在的、唯一的神灵显现的载体可能是难以解释的矛盾，因为犹太教、基督教和伊斯兰教的上帝的观念无可争辩地都源于耶和华部落，这是历史事实，同样无可争辩的是这三种宗教共同的神学观念却同历史起源相反，而且上帝的观念同耶和华的原始观念相距甚远，它同与伊斯兰教—基督教—犹太教观念其他的许多观念却有更多的相似之处，这也是历史事实。 在普遍性这一点上，伊斯兰教—基督教—犹太教上帝的观念同原始的耶和华观念之间的共同之处，比它与万神殿重要神灵观念之间的共同之处还要少；在某种意义上说，这些神灵类似统治着整个宇宙的阿蒙—拉神或是马杜克—贝尔。 再者，如果我们把精神性做为标准，伊斯兰教—基督教—犹太教上帝观念就同哲学流派的抽象概念有了更多的共同点：如斯多葛派的宙斯或是新柏拉图派的赫利奥斯。 接下来的问题是，在这个神秘戏剧里上帝显现在人类面前的这个情节中，这个最重要的角色没有指派给虚无的赫利奥斯或是至尊的阿蒙—拉神，而是分配给了野蛮的、地方性的耶和华，而耶和华扮演这个重要角色的资格以我们现在的观点看来可能远远不如那些失败的竞争对手，其中的原因是什么呢？

问题的答案可以在我们突然想起犹太教—基督教—伊斯兰教观念中的一个因素时找到，直到现在我们还没有提到它。 我们已经详细描述了无所不再和唯一性这两种特性。 尽管因为它们的崇高，神性中的这些特性只不过是人类理解的结果，它们并不是人类精神的体验。 对人类来说，上帝的本质就在于他是一个有生命的上帝，人们可以像相互之

493

间建立精神关系一样，同上帝建立类似的关系。 对那些寻求同神交往的人类灵魂来说，这个存在的事实就是上帝本性的本质。 而一个人的本质，正如今天犹太人、基督徒和穆斯林们所崇拜的上帝的本质一样，也同样是耶和华在《旧约全书》中表现出来的本质。 "众生之中，有谁像我们一样听到永生的上帝发自火中的声音而依然活着呢？"[33]这是耶和华选民的自豪。 当以色列永生的上帝相继遇到哲学家各种各样的抽象概念时，他就变得很明显，用《奥德修记》中的话来说就是，"你独自生存，而其他的人都徒有其表"。 耶和华最初的形象再加上抽象概念里的理性特征发展成为基督教的上帝观念，而他却不愿意承认这笔账，或是有所顾忌而不提他们的名字。

如果这个持久不变的活力是耶和华地方性积极的一面，我们就会发现耶和华特征中持久而原始的独占性特性同样也有某些价值，它是以色列上帝在人类面前显现其神性这一历史作用必不可少的东西。

当我们考虑到这个"不容违背的上帝"最终的胜利和与它相邻的两个社会万神殿中最高神灵最后惨败，二者之间对比的重要性就变得明显了，这两个社会把叙利亚世界的政治体系磨成了碎片。 就根深蒂固和活力充沛两点而言，无论是阿蒙—拉神还是马杜克—贝尔神都与同耶和华不相上下，而且他们还具备一个有利的条件为后者所不及，那就是在一般信徒的心目中，他们各自有着在底比斯或巴比伦故乡的成就作后盾，可是耶和华的人民在屈辱和囚禁中，只有依靠自己的最大努力来保卫本部族神灵的威望，而这个神灵显然在族人最需要他的时刻遗弃了他们。 如果尽管阿蒙—拉和马杜克—贝尔具有这个显著的优势，而在"诸神角逐"之中最后仍不免劣败，我们就很难不以他们正是缺乏耶和华的嫉妒性情来作解释了。 至于这两个神没有排他性的事实，我们从下面这个例子中就可看出：他们原来的名称都由两个神的名字组成，中间加上一个连接符号"—"，表明他们都是两个神的混合体。 因此，难怪他们都能容忍超乎自身本来就很松弛的个性范围的多神共处，也能容许他们变幻无常的自我化整为零。 二者似乎生来——更确切一些应该说凑合起来——便是这样，愿意承认许多神性相同而力量较差的神的地位，只要自己能操一种原始意味的统率或宗主权便心满意足了；这种出于自然的缺乏野心注定了他们在独占神性的斗争中必将归于劣败，而像耶和华那样剑拔弩张不能容物，却反而可以确保他能一帆风顺，压倒群雄，赢得最后的胜利。

在以色列的上帝成为基督教的上帝之后，当罗马帝国发生新的"诸神角逐"时，也正是这一残暴恣肆，不能容忍任何竞争者的特性成为他再度打败所有竞争者的因素之一。 他的对手，如古代叙利亚的太阳神，古代埃及的伊西斯神和赫梯人的西伯莉神，都准备相互之间或对所碰到的任何其他教派进行妥协。 可是这种懒散的妥协精神，却正是德尔图良的上帝所遇的诸竞争者的致命因素，因为出现在他们面前的敌人一定要取得"完全彻底"的胜利才肯罢休，只要有了哪怕些微的欠缺，在他看来就是否定了他的本质。

耶和华品性中嫉妒脾性的意义，给人印象最深的也许是在古代印度世界里面可以找到的反面证明。 这里如同其他地方一样，社会解体的过程也是伴随着宗教方面的和谐感同时发展的，古代印度人对于神的统一之精神上的要求日益强烈，于是古代印度内部无产者原有的许多各不相同的神遂逐渐融合成两个最强有力的大神，湿婆和毗湿奴。 这个走向神或上帝统一的理解的道路，至少在去今一千五百年以前的印度教中便几乎达到它的最后阶段，也就是接近了发展的最高峰；然而从那时起，印度教却始终没有采取像古代叙利亚宗教中不允许任何匹敌者存在的耶和华竟把阿胡拉玛兹达完全吞没时所采取的那种最后步骤。 在印度教中，全能上帝的概念不是统一的，而是两极化，成为两个互相补充、相反相成、彼此对立的伙伴，谁也不想给对方以最后的清算。

在这么一种奇怪的情况面前，我们当然要问，为什么印度教在解决上帝统一性的问题上采取了这样不彻底的妥协办法，严格说来根本不能成为一种解答，因为毗湿奴和湿婆这两位尊神虽都自称为神通广大，但是既然两者同样都不是独一无二的，我们也就不可能把他们当中的任何一个想象为无所不在和全知全能。 答案是，毗湿奴和湿婆并不相互"忌邪"。 他们愿意和衷共济，我们可以推想而知，这两个神之所以能够继续残存下来，不像地位和他们相当的太阳神、伊西斯神和西伯莉神那样在古希腊世界中无处立足，唯一的原因就是他们有幸身处在古代印度的环境中，没有碰到耶和华那样的敌手。　最后，我们可以得出如下的结论：历史表明，一个神如果被他的信徒赋予了不可调解的排他精神，这个神就形成唯一的媒介，通过它才能使人们切实体会到上帝或神的统一性之博大精深而不可捉摸的真理。

第七节　复古主义

　　现在我们已经考察完了处于解体中的社会灵魂表现出来的不同行为方式和情感方式，接下来我们再来考察，在同样的挑战环境下，灵魂在生活方面表现出来的各种不同方式。　我们首先研究一下本章开头提到过的"复古主义"的生活方式，它指的是在社会动荡不安时期，人们往往幻想着回到过去的幸福岁月，而且社会越是动荡，那个非历史的理想距今越久远，它就越趋于完美。

　　　　哦，我多么渴望时光能倒流

　　　　让我再次踏上那条古老的小路

　　　　回到那个无边无际的原野

　　　　第一次给我带来无数荣耀的地方

　　　　我的精神得到启迪

　　　　看到了被棕榈树环绕的绿荫之城

　　　　许多人渴望前行

　　　　我却宁愿后退

　　17世纪的诗人亨利·沃恩(Henry Vaughan)*的诗句表达了人们对于童年美好时光的眷恋。　布尔提丢先生(Mr.Bultitudes)也曾经语重心长地告诉年轻一代"你们的学生时代是一生中最幸福的时期"。　这些话语同样可

---

　　* 亨利·沃恩（1622—1695），威尔士诗人。　——译者注

以用来描述复古主义者试图重温他那个社会早期阶段幸福生活的情感。

考察复古主义，我们还是像讨论混杂感(the sence of promiscuity)时做的那样，从行为、艺术、语言和宗教等四个方面逐一加以研究。 只是混杂感是一种自发的、无意识的感觉，而复古主义却是有意识地要与现实生活背道而驰，事实上，是一种"绝望之举"，因此在行为方面，复古主义往往通过正式的制度和公式化的观念表现出来，而不是通过一种无意识的方式，在语言方面，则表现为语言的某种风格和主题。

现在我们就从制度和观念方面入手，首先详细考察一些复古主义的制度实例，然后考察复古主义的心态在更大范围内的表现形式，最后是意识形态上的复古主义，它的渗透性很强，可以说是复古主义的一些基本原则。

普鲁塔克时代——古希腊统一国家的全盛时期，在阿尔忒米斯·奥绥亚神*祭坛前鞭笞斯巴达男孩的仪式以一种更加残酷的病态形式再次出现了——这种惩罚方式本是斯巴达在兴起的时候，从一种原始的生殖崇拜中借鉴过来的，后来被写进了来库古法典，这是一个很有特点的复古主义例证。 同样，在公元 248 年，正当罗马人在短暂的无政府时期喘息未定之时，腓力皇帝复活了奥古斯都创立的百年节庆祝制度，两年之后，检察官制度也重新建立起来了。 今天，意大利法西斯建立的"社团国家"也声称要用武力恢复中世纪意大利城邦的政治和经济制度。 公元前 2 世纪，格拉古兄弟自称要恢复平民保民官制度，但其形式与二百年前初创时没有什么两样。 在制度上，复古主义最为成功的例子是罗马帝国的缔造者奥古斯都给予了他名义上的同伴实际是他的先辈的元老院备受尊崇的地位。 这种情景正好与英国胜利的国会给予国王的待遇相反，两者都出现了一个真正权威的转移现象，在罗马帝国，是从寡头集团转移到君主手中，而在英国，则是从君主手中过渡给了寡头集团，只不过这两种现象都被复古主义的形式掩盖了。

我们把视线转向处于解体中的古代中国社会，发现从公共生活领域到私人生活领域，都弥漫着一种制度复古主义的情绪。 长期动荡不安

---

　　* Artemis orthia，古希腊狩猎女神和月神。 ——译者注

的挑战成为中国人思想的酵素，到公元前 5 世纪，诞生了孔子人文主义，随后又出现了"纵横家"、"诡辩家"、"法家"等更加激进的派别，然而这种精神上的爆发异常短暂，接着出现的是急剧的倒退。 孔子人文主义遭遇的命运清楚地说明了这一点，因为它很快就从研究人性退化到对于琐碎仪式礼节的研究；行政管理方面也形成了一个固定传统，任何行政管理法案都需要援引历史上的先例。

复古主义原则在另一个不同的环境中的表现就是对于虚幻性很强的条顿民族主义的崇拜，条顿民族主义是近代西方世界兴起的，弥漫着浓厚复古色彩的浪漫主义的边缘产物。 这些虚构出来的原始条顿人的种种美德带给了 19 世纪英国一些历史学家并无危险性的满足感，把一种种族观念灌输给了某些美国人种学家，可是在德意志帝国却掀起了一场腥风血雨式的国家社会党运动。 在这里我们看到，假如这种复古主义的展示不是如此邪恶的话，也许它还能博得人们一些同情。 然而不幸的是，一个伟大的西方国家就这样被这种现代精神病带入了一场无可挽回的民族灾难之中，为试图逃避近代历史进程引诱它的这个陷阱，在一番绝望的挣扎之后，最终退回到了过去那个虚构出来的辉煌的野蛮主义老路上去了。

西方向野蛮状态回归的另一种早期的形式是卢梭的"回归自然"和"高贵的野蛮人"观念。 尽管 18 世纪的西方复古主义者对于后来《我的奋斗》一书中不知羞耻地宣扬的残暴图景毫无所知，但是并不能证明他们是无辜的，就卢梭来说，他的思想就成为法国大革命和其后它所引发的战争的一个"诱因"。

近代西方人对复古主义在艺术方面的流行已经颇为熟悉了，甚至认为这种现象是理所当然的。 这是因为大多数艺术上的巨大成就都是建筑方面的。 我们西方 19 世纪建筑艺术的荒芜正是由于建筑方面的"哥特式的复兴"——这场运动起初是庄园主们古怪地仿照中世纪修道院的样式，在自己的庄园里建造一些仿制遗迹和庞大住所，不久在牛津运动的影响下开始建造和复原教堂，最后旅馆、工厂、医院、学校等建筑物中也开始狂热地追求这种复古之风。 建筑方面的复古主义并不是近代西方人的发明。 假如伦敦人旅行到君士坦丁堡的话，当他坐在伊斯坦布尔的城垛上观看落日的壮观景象时，就会看到余晖中一座座清真寺屋顶的轮廓，宛如大小海吉亚·索菲亚教堂，这是奥斯曼统治时期弥漫着浓厚复古主义情调的最好见证。 这两座教堂坚决地摈弃了古典希腊的基本建筑风格，声称东正教文明的嫩芽已经从死亡的古典希腊的残骸中孕育出来。 最后我们转向古典希腊社会的"小阳春"时期，将会发现颇有教养的哈德良皇帝的郊区别墅完全是公元前7—前6世纪希腊复古时代的雕刻杰作的精美复制品，因为哈德良时代的建筑师们都是属于"前拉斐尔时期"的人，过于追求高雅的艺术了，以至于对菲狄亚斯和普拉克特利斯*非凡的艺术成就也视而不见了。

当复古主义精神转向语言和文学领域的时候，它所达到的最高成就就是把一种消亡的语言重新复活，使它再次成为本国的通用语言。 这种尝试在今天我们西方世界的几个国家已经出现了。 这种反常行为的冲动根源于追求独特的文化满足的民族主义狂热。 这些寻求自我满足的国家发现本国的自然语言资源异常匮乏，就走上了复古主义的道路，把它视为获得语言的一条最简便的途径。 目前至少有五个国家正在从事着这种复活独特的民族语言的事业，正在努力把一些早已不再通用的，仅仅在学术领域使用的语言变成一种通用语言。 他们是挪威人、爱尔兰人、奥斯曼土耳其人、希腊人和犹太复古主义者，值得注意的是他们与原始西方基督教世界并无渊源。 挪威人和爱尔兰人分别是流产的斯堪的纳维亚文明和远东西方基督教文明的残余，奥斯曼土耳其人和希腊人更多地分别是伊斯兰社会和东正教社会近代西方化了的分支，而犹太复古主义者则是古代叙利亚社会的一小片"化石"，在其出现之前，就已经与西方基督教社会融为一体了。

今天挪威人感到有必要创造一种新的民族语言，是公元1397年以后挪威王国政治衰败的历史结果。 那一年它被并入了丹麦，一直到1905年从瑞典王国中分离出来。 当它成为一个真正的独立王国时，并没有采用近代西方使用的洗礼名查理，而是采用了带有复古色彩的君主名哈孔，这是早已流产的斯堪的纳维亚社会在公元10世纪到14世纪的四个挪威君主的名字。 在挪威长达五个世纪的衰败过程中，老的挪威

---

* 两人均是公元前500—前432年古希腊艺术全盛时期杰出的雕刻大师。 ——译者注

文学已经让位给了用丹麦语言创作的近代西方文学,虽然它的发音已经与挪威语言并无两样了。因此当挪威1814年从丹麦王国脱离出来又被并入瑞典王国不久,挪威人便准备用本民族文化武装自己了,然而此时他们却发现没有任何一种语言不被烙上外国的痕迹,除了一种早已停止使用的方言外,他们并没有任何一种母语。面对自己民族语言方面的如此窘境,他们不得不创造一种民族语言,以期服务于土著的、有教养的城乡居民。

爱尔兰民族主义者遇到的情景与此迥然不同。英国王室在爱尔兰扮演着丹麦王室在挪威相同的政治角色,在语言方面造成的后果也表现出同样的相似性。尽管英语成为了爱尔兰人的语言,但是,或许因为英国和爱尔兰在语言方面的鸿沟是不可跨越的,不像丹麦语和挪威语之间只是存在着相当细微的差别,因此,爱尔兰语言实际上已经灭绝了。爱尔兰人致力于语言复古的努力不是发展一种活的语言,而是重新复活一种濒于灭绝的语言,因而他们的努力并不为那些仍旧把盖尔语当作母语的散居在爱尔兰西部地区的农民们所理解。

奥斯曼土耳其人沉湎于语言复古的事业是从已故总统穆斯塔法·凯末尔·阿塔土尔克统治时期开始的,它具有不同的特征。近代土耳其人的祖先与近代英国人的祖先一样,都是某个衰落文明遗弃土地上的蛮族非法侵入者和定居者,他们的后裔都使用同一种语言来作为文明发展的手段。英国人借用了大量的法语、拉丁语和希腊语词汇和短语丰富了贫乏的日耳曼语,奥斯曼人同样吸收了波斯语和阿拉伯语的无数珍宝来镶饰粗俗的土耳其语言。土耳其民族主义者发起语言复古运动的目的是想剔除这些珍宝,然而现实是,吸收了太多外来语的土耳其语言已经像我们的英语一样广为流行了,因而完成这项事业就成为一件绝非轻而易举的事情。尽管这样,这位土耳其人的英雄还是采取了极为激烈的办法来着手完成这一事业,就像他以前把异族人从本国人口中排挤掉所作的那样。在那个更为严重的危机中,凯末尔残酷地把已经形成的、显然是不可或缺的希腊和亚美尼亚中产阶级从土耳其社会中驱逐了出去,根据他的设想,一旦这个社会真空出现,巨大的吸力必然会推动土耳其人填充进来,接过他们一直懒洋洋地留给外来人的社会工作的重担。从那以后，这位土耳其的最高领袖又按照同样的想法，开始剔除土耳其语言中的波斯语和阿拉伯语成分。结果证明这种激烈的方式在精神上给那些懒散的人们带来了令人吃惊的理性刺激，因为他们发现最简单的口头交流工具都被无情地剥夺了。在这种可怕的困境中，土耳其人迫不及待地到处搜寻库曼语词汇、鄂尔浑族铭文、维吾尔经文以及中国的王朝历史，打算找到——或者说是假造一种真正的土耳其语言的替代品，以代替各种各样被严厉禁止使用的波斯和阿拉伯民族语言。

对于一个英国的旁观者而言，这种近乎疯狂的词典编撰工作是令人恐惧的，因为它们暗示着一种折磨。假如我们社会中一些专横的救世主要求我们讲"纯正英语"的那一天也会到来的话，这种折磨也会落在我们的身上。事实上，一个有远见的业余语言学家大概已经为此开始作些准备了。大约三十年以前，一个自称叫"C.L.D"的人出版了一本《英语词典》，目的就是用于指导那些渴望摆脱强加在我们语言上的沉重的"诺曼人的束缚"。他写道："今天许多演讲者和写作者使用的英语根本不是英语而是纯正的法语。"依据"C.L.D"的观点，我们应该把"perambulator"(儿童车)称为"childwain"(婴儿车)，把"omnibus"(公共汽车)改称为"folkwain"(大众汽车)，这些词汇或许可以予以纠正，可是当他要抛弃更为古老的外来词汇时，就不是那么恰当的。比如，他建议用"hiss"(嘘嘘)、"boo"(呸)、"hoot"(哼)等词代替"dispprove"(不同意)，这显然是无法理解的，当他毫无根据地用"redecraft"(破解术)、"backjaw"(顶嘴)、"outganger"(游客)分别替代"logic"(逻辑)"retort"(反驳)、"emigrant"(移民)等词的时候，更是无稽之谈了。[34]

希腊人的情况显然与挪威人和爱尔兰人类似，奥斯曼土耳其帝国在其中所扮演的角色如同丹麦王国和英国王室各自在这两个地区所扮演的角色一样。当希腊人有了民族自觉意识的时候，他们才发现自己像挪威人一样，除了一种粗俗的方言外，并不具备更好的语言，于是他们像一百年后爱尔兰人所做的那样，首先着手进行艰巨的语言复原工作，借助古代语言形式来装点自己粗俗的方言。希腊人在这项事业中面对的困难与爱尔兰人形成了鲜明对照，古代盖尔语的语言材料极度贫乏，而古代希腊语的语言材料又过于丰富了。 正是由于在现代希腊语言复古主义中存在着这种可怕的诱惑，引诱着他们吸纳了太多的古代阿提卡因素，才激起了某种现代主义的"庸俗反应"，现代希腊语言变成了"纯正语言"(ήκαθαρεύοσα)和"大众语言"(ήδημοτική)之间争斗的战场。

我们要举出的第五个例子是最为引人注目的，就是希伯来语再一次成为散居各地的犹太复古主义者定居在巴勒斯坦地区之后的日常生活语言。 挪威语、希腊语甚至爱尔兰语从未真正中断过，至少是作为一种方言残留着，而希伯来语在尼希米 * 时代被阿拉米语代替之前，已经在巴勒斯坦地区消失达二三千年之久了。 在直至今天的漫长岁月中，它只是犹太人教堂里的祈祷文，是研究犹太法律的学者们关注的对象。现在犹太人又把这种"消亡的语言"从故纸堆里翻了出来，把它当作传播近代西方文化的一种工具——最早出现在东欧的一份名叫《犹太人园地》(the Jewish Pale)的报纸上，今天已经遍及到巴勒斯坦地区许多犹太学校和家庭中了。 来自欧洲的操依地语的移民，来自美洲的操英语的移民，来自也门的操阿拉伯语的移民，来自布哈拉地区的操波斯语的移民聚集在巴勒斯坦，他们的孩子们在这里一起长大，都把耶稣降世之前已经"死亡"了五百年之久的这种古老语言当作他们共同的语言了。

现在如果我们再次把目光转向希腊世界，就会看到那里的语言复古主义不仅仅是地方民族主义的附属物，而是相当普遍的一种现象了。假如检查一下保存到今天的、公元 7 世纪之前用古希腊语写成的著作，你立刻会注意到两件事情。 首先，绝大部分书籍使用的是阿提卡的古希腊语；其次，如果把这个阿提卡的图书按编年排列的话，它可以分成两个截然不同的部分：一部分可以称为是原创的阿提卡著作，由公元前 5 到公元前 4 世纪雅典人用他们的土著语言完成；另一部分可以看作是具有复古色彩的阿提卡著述，大概产生于公元前 1 世纪到公元 6 世纪的六七百年间，既不是由生活在雅典的、也不是把阿提卡方言作为母语的

---

* Nehemiah，公元前 5 世纪的希伯来领导者。 ——译者注

人们写成的。 事实上，这些讲新阿提卡方言的作者们在地理上的分布像古希腊统一国家的领土一样广泛，他们中间有耶路撒冷的约瑟福斯、普利内提斯的伊利安、罗马的马可·奥里略、萨莫萨特的琉善以及恺撒里亚的普罗科比乌斯等等。 尽管出生地各不相同，但是在词汇、句法和风格上他们均表现出了极强的一致性，每一个人都是"鼎盛时期"阿提卡语的最直接的、不知羞耻的、奴性十足的模仿者。

这些模仿者的复古性决定了他们的保守性。 在古希腊社会最后解体的前夜，这些古希腊的作者们面对的"生存还是毁灭"(to be or not to be)问题完全取决于当时流行的文体口味儿，他们关心的并不是"什么是伟大的作品？"而是"什么是纯正阿提卡语的作品？"。 结果我们见到的是大量的新阿提卡语的平庸作品，它们的价值还抵不上已经消亡的公元前3世纪到公元前2世纪一小部分非阿提卡语作品。

在古典希腊文学复古时代，阿提卡语的胜利不仅仅局限在文学的实践中。 这一时期同样出现了一些新荷马派诗歌，它们全部出自公元前2世纪罗德岛的阿波罗尼和公元5或者6世纪诺纳斯·潘诺波坦乌斯等复古主义者之手。 我们见到的现存的后亚历山大时代非复古主义的希腊作品只有两种：一是保存了珍贵的多利亚方言的公元前3世纪到公元前2世纪的田园诗歌，再有就是基督教和犹太教经文。

印度历史上梵语的复活现象与古阿提卡希腊语中出现的复古主义有类似之处。 梵语原本是亚洲游牧民族雅利安人的土著语。 公元前2世纪中叶，雅利安人冲出了草原，涌进了印度北部、亚洲西南部和埃及北部地区。 这种语言在印度保存在吠陀经中，吠陀经是一系列宗教文献，是古印度文明的文化基础之一。 然而，当古印度文明逐渐衰落并开始走上解体道路的时候，梵语丧失了它固有的用处，变成了一种"古典"语言，只是作为一系列神圣的宗教文献经久不息的遗产被加以研究了。 作为一种日常生活的交流工具，梵语这个时候被多种起源于梵语而又与之差别很大的许多独立发展的语言替代了。 在这些古印度语的方言中，其中有一种语言——锡兰的巴利语——被用来撰写和传播小乘佛教经文了，其余的则被阿育王作为颁布法令的工具了。 尽管这样，在阿育王死后不久——甚至在此之前，一种人造的梵语就复活了，而且一直持续到公元 6 世纪这种新梵语在印度本土取得了对于这些方言的胜利——只剩下巴利语在锡兰这个偏僻的岛屿幸存下来，成为一种语言珍品。 因此，我们见到的现存的梵语文献，也像现存的阿提卡希腊语著作一样，分为两个显著不同的部分：古老的原创文献和年轻的模仿、复古作品。

与语言、艺术和制度方面一样，现代西方学者可以在其所生活的社会环境中看到宗教方面的复古主义。 比如，英国国教高派教会运动(the British Anglo-Catholic movement)的信仰基础就是认为 16 世纪的"宗教改革运动"虽然只是部分改良了英国国教，可是还是过于激进了，因而他们的目的就是要复活中世纪的宗教观念和宗教仪式。 可是如果仔细考察一下的话，这些宗教观念和宗教仪式在四百年之前就已经被抛弃和废除了。

在希腊历史上，我们可以找到另外一个例子，即奥古斯都的宗教政策。

> 奥古斯都使罗马国教再度复活了,这不仅立刻成为罗马宗教史上非同寻常的事件,而且在宗教史上也具有特别的意义……有教养的人们已经对这种旧的宗教信仰和仪式失去了兴趣。嘲笑古老的圣灵,对于混杂在一起的城市居民来说,早已习以为常了。……宗教的外在功用已经被毁坏。对于我们而言,宗教仪式,在某种程度上连同宗教信仰在内,按照某一个人的意愿复活几乎是不可能想象了……然而对于这次复兴运动的真实性却是无法否认的,众神和平和神灵之律再次成为力量和意义的代名词……这种旧宗教在外在形式上,在某种程度上包括流行信仰在内,至少存活了三百年。[35]

我们把目光从希腊世界转向远东社会的日本旁支，在这里我们发现，日本在近代也曾试图复活一种叫做"神道教"(Shinto)的日本本土原始异教。 这是宗教复古主义的又一次尝试，与奥古斯都的宗教政策以及近代德国企图复兴条顿民族主义之举均有共同的地方。 日本的宗教复古运动与其说类似于罗马的"壮举"，倒不如说与德国的复古主义有更多的相似之处。 奥古斯都复活的罗马异教尽管日渐式微，但仍然继续具有一定的生命力，可是日本却像德国一样，它们的"异教"在一千年之前就被一种更加高级的宗教取代并吸收其中了——在日本是佛教中的大乘佛教。 神道教复古运动最早是从学术领域开始的，最早是由一位对语言学颇感兴趣的、名叫契冲(Keichū，1640—1701)的佛教僧人发起的。 后来的一些人比如平田笃胤(Hirata Atsutané，1776—1843)却把大乘佛教和儒家语言当成外来舶来品进行了大肆攻击。

显而易见，神道教的复兴就像奥古斯都恢复罗马国教一样，差不多肇始于日本由动乱时代进入统一国家阶段不久，而且到了日本统一国家在极具扩张性的西方文明的冲击下即将崩溃的时候，这种新神道运动发展到了军国主义阶段。 通过 1867—1868 年的革命，日本按照西方民族主义模式开始了现代化进程，把自己改造成了半西方化的"伟大社会"，新神道的复兴正好为日本提供了在新的国际环境中保持民族独立地位所必需的条件。 新政府采取的第一个宗教措施就是恢复神道教的国教地位，而佛教受到残酷迫害，几尽绝迹了。 然而，在历史上，某种高级宗教由于具有顽强的生命力已经不止一次地让它的敌手震惊不已了，于是佛教和神道教最后不得已也被迫彼此相互容忍了。

在我们考察的复古主义的所有例子中，实际上都包含着一种失败的气息，即使不是毋庸置疑的失败，那也是徒劳之举。 个中原因并不难发现。 复古主义者由于其事业的性质，常常被斥责为企图调和过去和现在的关系，而这种主张中的不可调和的矛盾性正是复古主义作为一种生活方式的弱点，因而复古主义者便陷入了一种不论如何努力都不可能摆脱的两难境地。 一方面，倘若他丝毫不顾现实，而试图复兴过去，一往无前的生命冲动就会把他的脆弱建筑打成碎片。 另一方面，如果他听任复古的热情屈从于改造现实的任务，那么他的复古主义将被证明是一场骗局。 因而，无论作何抉择，到头来复古主义者都会发现他其实是在无意地从事一项未来主义的游戏。 在沉湎于时代错误的困境中，复古主义实际上是为某些一直在等待机会，随时会破门而入的、冷酷无情的革新行为敞开了大门。

第八节　未来主义

　　未来主义和复古主义都是试图逃避令人厌恶的现实生活，打算一步跨过去进入另一个时间隧道，可是又不放弃尘世的生活。 这两种试图逃避现实，可是未能逃脱时间维度的方式有相似之处。 尽管它们都可以称为"绝望之举"，可事实证明，它们都是无法实现的幻想。 两者只不过在方向上有所区别——一个逆时间之流，一个顺时间之流，都是极力想冲破现实的困境。 未来主义要比复古主义更远离人性，因为人性为摆脱现实的苦难，很容易退回到熟悉的过去以寻求避难之所，宁愿固守现实的磨难也不愿冒险投身于遥不可知的未来。 因此，未来主义与复古主义相比，在心理上更是对于人性的扭曲。 未来主义的迸发常常是对于复古主义彻底失望之后，灵魂作出的再次反应。 无须多说，未来主义同样会令人失望，但是未来主义的失败有些时候却可以通过一个相反的结果得以补偿；有时可以自我超越，升华成一种崇高的形式。

　　如果我们可以把复古主义的灾难比作行驶在道路上的汽车突然急刹车，掉过头来向相反的方向直冲而去然后被撞得粉碎，那么未来主义的幸福经历或许可以被比作坐在汽车里的乘客的洋洋自得之情。 他自以为正在乘坐汽车旅行，可是他的心情越来越沮丧，因为所经过的陆地越来越崎岖不平，突然——这种事情似乎是不可避免地——汽车腾空而起，不停地飞越峭壁和裂谷。

　　像复古主义一样，这种试图逃离现实的未来主义在社会活动的其他各个领域同样可以看到。 在习俗方面，未来主义第一个表现就是抛弃传统服装式样，而代之于异族服饰。 在今天无处不在的西方化的世界里——尽管他们的西方化仍然流于表面，我们看到了众多的非西方社会把世代相传的有特色的民族服饰遗弃了，而疯狂追求单调的西方异族服装样式，以示他们情愿还是不情愿地也成为西方社会内部无产者的一员了。

最著名的、也许是最早的被迫开始外在西方化的例子是彼得大帝下令俄罗斯人剃掉胡须，禁穿俄罗斯长衫。 19 世纪六七十年代，俄罗斯服饰革命的相同一幕在日本又一次发生了，1914—1918 年第一次世界大战以后，相同的经历在许多非西方国家都激起了类似的暴行。 比如土耳其 1925 年颁布法令，强制所有土耳其男性公民必须戴有帽檐的帽子，1928 年，伊朗的列札·沙拉·巴列维国王和阿富汗的阿曼阿拉国王也都颁布了类似的法令。

但是 20 世纪的伊斯兰世界并不是以戴上有边的帽子作为好战的未来主义达到顶峰标志的唯一舞台。 在公元前 170—前 160 年的古代叙利亚世界，一位犹太希腊化组织的领导人、高级牧师约书亚就对于仅仅通过把他的名字改为"耶阿宋"来宣扬他的教义并不满足，继而要求他的年轻信徒们采取了一种激起马加比人反应的积极行动，戴上了一种阿契美尼帝国希腊化的后继国家中大多数异教徒佩戴的宽边毡帽。 然而，犹太人未来主义最终没有取得彼得大帝那样的胜利，反而像阿曼阿拉国王一样遭到了惨败，因为塞琉古王国对于犹太教的正面打击激起了犹太人的猛烈反抗，使得安提柯·埃庇法涅斯(Antiochus Ephiphanes，即安提柯四世)及其后继者无力抵挡了。 但是这个失败的未来主义实例不足以削弱它的指导性意义。 未来主义在本质上是极权主义，耶阿宋和他的信徒都认识到了这一点。 这些戴上希腊宽边帽的犹太人不久就步入了古希腊的竞技场，很快就开始厌恶这种遵守宗教仪式的因循守旧、愚昧无知的卑下行为了。

在政治领域，未来主义或者表现在地理空间上有意地消除各种界标和分界线，或者表现在社会中强制解散社团、政党、派系，直至消灭所有社会阶层。 系统地、有步骤地消除界标和分界线，以达到中断政治发展的连续性的目的的最典型的例子是，约公元前 507 年，克利斯提尼通过成功的革命，重新划分了阿提卡的版图。 克利斯提尼旨在把依靠血缘关系维系的松散政治联邦变成一个完全依赖公民的忠诚紧密结合在一起的统一国家。 他的激进政策取得了意料不到的成功，古代希腊的这一模式后来遂成为西方世界里法国大革命发起者所效法的对象——无论他们是古代希腊自觉的崇拜者还是独立地运用了相同的方法达到了同一个目标。 像克利斯提尼致力于阿提卡的统一那样，他们的目的也是完成法国的统一。 为此，他们废除了旧的封建行省制度，消除了旧的国内关税壁垒，把法国改造成一个财政统一体，并把管辖的领土重新划分为 83 个行政区，这种稳定的统一性和严格的管理制度大大冲淡了各种各样的狭隘的地区意识。 对于拿破仑时代被暂时并入法国的境外地区同样按照法国本土的方式消除了旧的边界，毫无疑问，这些为后来意大利和德国的统一事业铺平了道路。

在当代，斯大林通过对苏联国土在地理上极为剧烈的重新划分，对布尔什维克主义的本质进行了独特的诠释，这一点在这个世界的新版图与俄罗斯帝国旧的行政版图的对照中可以清楚地看出来。 但是，为了实现自己的目标，斯大林采用的政策更为精明，在这方面他可以算得上一个先驱者。 与他的前辈不同，斯大林并不是通过压制或者弱化狭隘的地方性忠诚，而是实行了相反的政策，尽量满足地方政权的愿望，甚至期望地方政权能够提出各种要求，因为饱食而不是饥饿更容易扼杀食欲。 在这一点上，我们不应该忘记斯大林本人是一个格鲁吉亚人。1919 年还曾经有一个参加巴黎和会的格鲁吉亚孟什维克代表团要求承认他们的非俄罗斯国家的代表地位。 他们依据的一个理由是格鲁吉亚语言与俄罗斯语言不是一回事。 他们带去了一个翻译，负责把他们偏僻的方言翻译成法语。 可巧的是有一位在场的英国记者对俄语颇为熟悉(他并不认识这些格鲁吉亚人)，碰巧看到这位翻译实际上是用俄语与他们交谈。 这件事使人想到，只要俄罗斯人不把他们的语言强加给格鲁吉亚人，格鲁吉亚人反而会自觉地无意识地使用俄语从事政治活动，而不管他们的政治信仰究竟怎样。

在世俗文化方面，未来主义的典型实例是秦始皇焚书这一标志性事件。 秦始皇是古代中国统一国家的第一个革命性的缔造者，据说他查收并烧掉了中国古代的动乱时代——春秋战国时代产生了诸子百家的著作，因为他担心那些"危险的思想"会威胁到他刚刚建立起来的社会新秩序。 在古代叙利亚社会，哈里发乌玛在叙利亚遭受到希腊入侵一千年之后，再次建立了统一国家，在他回复那位占领了亚历山大城的将军请求如何处理那座著名的图书馆的时候，他答复说：

　　如果这些希腊书籍与上帝的意旨相一致，它们就是无用的；如果
这些书籍与上帝的意旨不一致，那么它们就是有害的，就应该烧掉。

　　据称，这座图书馆保存了九百多年之久的所有书籍都被当作公共澡
堂的燃料化为灰烬了。

　　在我们生活的这个时代，希特勒在焚烧书籍方面也尽其所能了——
尽管印刷术的发展使得这位暴徒未能在全世界实现他的痴心妄想。　与
希特勒同时代的穆斯塔法·凯末尔·阿塔土尔克发明了一种更为精妙的
方法。　这位土耳其独裁者为了把遗留下来的伊朗文化印迹从他的国民
的记忆中彻底抹掉，强迫他们接受西方文化模式，没有采用焚书的方
式，而是满足于改变字母。　1929 年以后，所有的书籍报刊必须使用拉
丁字母编排印刷，所有合法有效的文件都必须使用拉丁字母签署。　这
样，对于这位土耳其领袖而言，在法律的内容和实施方面就没有必要效
法那位中国的皇帝和阿拉伯哈里发了。　古典的波斯、阿拉伯和土耳其
文学对于新兴的一代人来说，已经很难读懂了。　一旦作为打开书籍之
门的钥匙——字母被勒令禁止的时候，就毫无必要再去烧掉它们了。
它们尽可以安全地躺在书架上腐烂掉，因为除了一小撮无聊的文物工作
者之外，是没有人前去打扰它们的。

　　当然未来主义对于从古到今世俗文化遗产的攻击并不是仅仅限于思
想和文学方面。　在视听艺术领域同样有未来主义攻击的空间。　事实
上，正是那些从事视觉艺术的工作者创造出了"未来主义"这一名词，
用来描述他们具有革新精神的杰作。　在视觉艺术领域，也有一种介于
世俗文化和宗教中间的名声不好的未来主义形式，也就是圣像破坏运
动。　圣像破坏运动类似于批判传统艺术风格的近代立体派运动，但是
圣像破坏运动针对的是与宗教联系在一起的艺术形式，其动机不是美学
上的而是神学上的。　圣像破坏运动的本质是拒绝任何创造出来的上帝
和神灵的代表，认为它们的形象成为了盲目崇拜的对象。　但是严格来
讲，他们依据的原则与偶像崇拜者并无不多大分别。　最值得注意的圣
像破坏运动派别是以犹太教为代表，后来又被伊斯兰教所仿效的"极权
主义"派别。　摩西十戒第二条提到了它：

"你不可为自己雕刻偶像,也不可创造任何形象仿佛天上的、地下的和水中的百物。" [36]

另一方面, 圣像破坏者也承认, 兴起于基督教会内部的圣像破坏运动从最初起就带有基督教自身的特点。 尽管公元 8 世纪东正教内部爆发的以及 16 世纪西方基督教世界爆发的两次圣像破坏运动, 或许不管怎样, 都分别受到了 8 世纪伊斯兰教和 16 世纪犹太教的影响, 但是它们并没有完全禁止视觉艺术。 同时它们并不怎么干预世俗事务, 东正教的圣像破坏者甚至在宗教领域最后还与圣像崇拜者达成了奇怪的妥协。 对于表现宗教偶像的三维图像是被严厉禁止的, 可是他们可以默许二维图像的存在。

第九节　未来主义的升华

未来主义有时候或许在政治领域取得了部分成功, 可是作为一种生活方式, 未来主义提供给追随者的却是一种本质上无法实现的空洞幻想, 也许还是一个悲剧, 尽管如此, 它并不是毫无意义的, 至少它给那些陷入困境的迷茫者指出了一条和平之路。 未来主义本质上是一种绝望情绪的产物, 抑或是一种权宜之计, 这是因为, 一旦人类灵魂对现实生活感到绝望而又没有丧失对于世俗生活渴望的时候, 往往会试图跨越时间之流退回到过去, 而在这种逃避现实的复古主义被证明纯粹是徒劳之举并且是完全不可能之后, 人们才会鼓足勇气, 勇敢地踏上未来主义这条更加违背人性的道路。

对于这个纯粹的完全带有世俗特征的未来主义的性质, 我们可以举出一些典型实例加以阐明。

比如, 在公元前 2 世纪的古代希腊世界, 成千上万的叙利亚人和有较高教养的东方人被剥夺了自由, 背井离乡, 远渡重洋来到西西里和意大利, 充当了遭到汉尼拔战争毁坏的荒芜土地上那些种植园主和牧场主的奴隶。 这些逃亡奴隶逃避现实的方式是极端的, 因而再企图采用复古方式退回到过去已非可能了。 对于他们而言，不仅不可能重返家园，而且适于他们重返家园的一切都无可挽回地被毁掉了。 既然无法后退，便只有向前。 于是，当他们遭受的压迫无法忍受时，就起而反抗了。 这些绝望中的伟大的奴隶起义者的目的就是幻想重建已经消失的罗马共和国，因为在那里，他们就变成了主人，而现在的奴隶主则变成了奴隶。

在古代叙利亚社会的早期阶段，犹太人曾经利用类似的方式对于他们独立的犹大王国(Judah)的毁灭作出了反应。 当他们被新巴比伦王国和阿契美尼帝国瓜分之后，便流落他乡，散居在异教徒中间。 任何沉湎于过去回忆中的希望都是无法想像的，同时，他们失去了逃离早已不再适合他们的现实生活的希望，又无法活下去，于是这些被放逐的犹太人就只好渴望建立一个未来的大卫王国了，这个王国在犹大王国的历史上从未有先例，是只有在今天的世界上才可以构想出来的伟大帝国。如果这个新的大卫王国试图把所有的犹太人统一起来——这难道不是它唯一的使命吗？ ——那么它必须把帝国的霸权从今天的统治者手中夺过来，让明天的耶路撒冷成为今天的巴比伦和苏萨，成为世界的中心。为什么不能另有一个所罗巴伯像大流士那样？ 或者另有一个犹太马加比像安提奥科斯那样，另有一个巴尔·科凯巴像哈德良一样拥有称霸世界的好机会呢？

类似的梦想在俄罗斯的"老信徒派"心目中激发了同样的幻想。在这些老信徒派看来，被沙皇彼得定为国教的东正教根本就不是东正教，这种旧式宗教秩序完全不能与全能的、撒旦式的世俗秩序相抗衡。因此，老信徒派渴望某种前所未有的东西，幻想着一位新的救世主沙皇—弥赛亚的降临，不仅能够而且愿意恢复原始的纯正的东正教信仰。

这些未来主义例子有一个极其重要的共同特征，即未来主义者试图从中寻求避难之所的那些希望都试图借助于普通的世俗方式，建立一个尘世的纯粹王国。 这一点在犹太人的历史上表现得尤为明显，已经被遗留下来的犹太人的丰富史料充分证实。 他们的王国被尼布甲尼撒毁灭之后，犹太人便不止一次地寄希望于建立一个新的犹太王国，只要这种政治幻想能够带给他们一丝慰藉。 阿契美尼帝国在冈比西斯死亡之后，大流士出现之前经历了一个短暂的动乱时代，正是在这一动乱时代，所罗巴伯(大约公元前 522 年)曾经试图重建一个新大卫王国。 后来在塞琉古王国衰落以后，罗马军队未踏上黎凡特之前出现了一个很长的间歇期，这使得犹太人误认为是马加比的伟大胜利。 大多数巴勒斯坦犹太人都被这个虚幻的世俗奇迹所蒙蔽，竟然像四百年以前"以赛亚第二"一样，把新国家的缔造者必定是大卫的子孙这个延续很久的神圣的旧传统也彻底扔掉了。

无论犹太人对衰落的塞琉古王国实施什么可能的攻击，他们有希望建立一个像全盛时期的罗马那样强大的帝国吗？ 这个问题已经有以土买独裁者希律王在他那个时代作出了清楚的回答。 希律从未忘记他只不过是操纵在罗马人手中的巴勒斯坦的王者，因此在他统治期间，都是极力阻止他的臣民不要因为自己的愚蠢行为而受到报复。 然而，犹太人既没有对他的政治远见心存感激，也不肯宽恕他的正确行为。 等到他的统治一垮台，他们就迫不及待地踏上了将会给他们带来灾难的未来主义的道路。 在他们看来，即使无所不能的伟大罗马帝国，也不能使他们感到满足。 公元 66—67 年间的骇人听闻的惨痛经历并没有让犹太人醒悟，公元 115—117 年、132—135 年犹太人的反抗再次使他们遭到了毁灭性的打击。 巴尔·科凯巴在公元 132—135 年所追求的目标和所采取的方式与所罗巴伯在公元前 522 年所做的没有什么分别。 经过长达六个世纪的艰苦抗争和惨痛教训，犹太人才逐渐领悟到这种未来主义对于他们并无裨益。

如果这就是犹太人的全部历史，那么的确不怎么吸引人，但是，这当然只是故事的一半，而且是不甚重要的一半。 在犹太人的历史上，虽然有一些犹太人的灵魂像那些波旁分子一样仍然冥顽不化，没有从痛苦的经历中学到什么也没有忘掉什么，可是还是有一些犹太人——抑或他们在不同的心境中运用不同的感悟力——逐渐领悟到应该把他们的希望寄托于别处。 随着未来主义幻想的逐渐破灭，犹太人又有了一个惊人的发现，即上帝之国的存在。 从此这两个进步性的启示，一个消极的，一个积极的，同时在犹太人中间展现出来。 这个预期的新犹太世俗共和国的创立者被想象成了一个世袭王朝的有血有肉的缔造者形象，然而，这个预期中的创始者以及每一个后继者的称呼，从所罗巴伯到巴尔·科凯巴，都不再是一个麦勒克(国王)而是弥赛亚——"救世主"了。因此，即便如此，犹太人心目中的上帝形象从一开始还是和犹太人的希望联系在一起了，后来随着尘世希望的渐趋破灭，这个神圣人物的形象才渐渐高大起来，身形越来越清晰，直至充满了整个世界。

当然，祈求神灵帮助并不是什么特别的方式，它很可能和宗教本身一样久远。当一个民族开始致力于一些恐惧的事业时，就会本能地祈求神灵的保护。发生在"弥赛亚"这一称呼上的新变化的涵义并不在于人类活动的背后有神灵力量的支持，它的新的重要意义在于保护神的性质、作用和力量观念本身。当耶和华在某种意义上继续被犹太人奉为地方性神灵的同时，他还在另一个更广泛的范围内被描绘成了救世主的保护神。后囚徒时代的犹太未来主义者从事的是一项非比寻常的政治事业，然而，他们全身心投入的伟大事业是人类本身根本无法完成的。对于他们小小的王国的独立地位，他们尚且无力维护，怎会有希望征服全世界呢？因此要想完成这项伟业，他们不能仅仅拥有一个地方性的保护神，而应该有一个与他们的未来主义野心相称的"圣灵"。

一旦到了这种程度，宗教史上祈求圣灵的"普通形式"才转变成了一种更高级的精神力量，只是人类领袖此时退化到了附属的地位，神灵主宰了这个世界。一个人类的弥赛亚是不够的。上帝本人必须降临人间，成为救世主，同时地球上他的属民的领袖必须要上帝之子本人亲自担任。

今天，读到这些东西的现代西方心理分析学者必定会皱起眉头。他会插嘴说："你自称的了不起的精神发现证明只不过是对于幼稚欲望的一种屈从，仅仅是试图逃避不断引诱人类精神的现实。你只是说明了有些不健康的人们是如何愚蠢地致力于一种无望的目标，企图把承受的不可能完成的任务带来的无法忍受的重负卸载下来，交给一些幻想中的替代者。最初他们征召来的只是一个人类领袖，后来当证明这个人类领袖不再有用的时候，他就被强制赋予了神灵的形象，最后这些愚蠢的人们，在绝望之中，开始直接祈求幻想出来的神灵本人来拯救他们。对于这些心理分析学者来说，这种空想主义的被扭曲的精神进步是一种心理上很常见的忧郁状态。"

对于这样的批评，我们也可以欣然承认。的确，当我们要完成承担的但又无力完成的世俗任务时，求助于超自然的力量是一种幼稚的行为。祈祷文"我的意愿得以实现"(My will be done)只是自欺欺人的幻觉。从这一方面说，一些犹太未来主义派别确实幻想着耶和华会承担起他的崇拜者自己选择的世俗任务，而且我们已经看到，这些未来主义者的下场确实不怎么好。曾经有一些狂热分子在战场上看到毫无取胜的希望时，在梦想着救世主会成为战场上主宰的幻觉中，戏剧性地自杀了。有一些寂静主义者(Quietist)从同样错误的前提出发得出了全然相反，依旧是毫无前途的结论。他们认为人类不应该对于自己的尘事采取任何行动，而应该留待上帝来解决，因为那是上帝的事业。然而也有一些不同的反应，比如约翰兰·本·撒该派和基督教会的反应。两者在不主张暴力的消极方面与寂静主义有些相似，但是在重要的积极方面，他们与寂静主义和狂热主义并不相同。他们不再追求未来主义原来的世俗目的，不再把希望寄托于人类而是上帝，因而他们追求的仅仅是一种精神目标了，上帝于是也不再只是一个同盟者，而是行动的指挥者了。

这一点是至关重要的，因为这样，就回击了我们的心理分析家的批评，这些批评给这些狂热分子和寂静主义者带来了致命的影响。假如这个人类行为者已经失去了对于原来世俗目标的激情，祈求神灵不应该被指责为幼稚的逃避行为。相反，如果这种创新行为能够产生巨大的好的效果，就像在我们的灵魂感觉到的那样，那么毋宁说，它就奠定了一种信仰的基础，即它所激发出来的强大力量不再仅仅是人类幻觉虚构出来的了。我们可以承认这种精神转向发现了一个真正的上帝，我们对于这个世界的信仰已经让位给了对于另一个世界圣灵的启示，这个彼岸世界一直隐藏在狭小的人类舞台背后。由于对世俗希望的极度失望，天国的神秘面纱才被慢慢揭开了。

接下来我们还有必要继续探讨完成精神转向这一巨大成就所经历的几个重要阶段。精神转向的本质就是曾经作为无需超人背后支持的人类活动的世俗舞台现在被当成了实现天国之梦的活动场所了。但是，也许如人们预想的那样，这种新的精神观念从一开始就在很大程度上穿上了旧的未来主义外衣。 在此背景下，"以赛亚第二"大体勾勒出了这个超越同时包含着一个尘世王国——阿契美尼帝国的上帝之国的轮廓，只不过在这个天国里，他心目中的世俗英雄居鲁士选择了耶路撒冷而不是苏萨作为他的都城，选择了犹太人而不是波斯人作为他的臣民，因为耶和华曾经启示过他，正是耶和华而不是奥茂斯德*才让他能够征服世界。 以赛亚第二过分沉湎于自己的白日梦之中，因而受到了我们的心理分析家的责难。 这位先知的观念超越世俗未来主义观念之处仅在于它把人类和自然描绘成了正在享受一种不可思议的赐福。 实际上，他的上帝之城只不过是一个尘世天堂，是一个紧跟时代潮流的伊甸园。

精神转向的第二个阶段就是把这个尘世天国看作是一个过渡时期，大概要延续一千年，千年之后就是末日[37]，它会注定与这个世界一同消失。 假如这个尘世世界的消失是为了让位于另一个超越它的世界，那么在另一个世界中，必定有一个真正的上帝之国存在，因为统治这个世界千年之久的王者不是上帝本人而是他的代理人和弥赛亚。 然而，这个仍未被替代的神秘的千禧年显然在调和两种不同的彼此冲突的观念方面是软弱无力的。 一种是以赛亚第二的观念，他幻想建立一个经过神秘"改造"的尘世王国；另一种观念是，上帝之城不是存在于时间之中而在于一种不同的精神状态，正是由于精神境界的差异，它才能够渗入并且改变世俗生活。 要想从未来主义的幻觉中攀上虚幻变容的艰难的精神高峰，无限美好的千禧年末世论无疑是必不可少的精神阶梯，但是一旦登上了这座高峰，这个精神阶梯就能够随手扔掉了。

"法利赛虔信派教徒在哈斯蒙尼统治时期已经厌倦了尘世生活，开始向往天堂和未来了，现在在希律的统治之下，牢固扎根在几代人心目中的国家观念却四处碰壁，除了法利赛人为他们开辟的通道外，再也找不到任何出口。 法利赛人各个教派培育出来的超越现实和弥赛亚幻想

---

* Ahuramazda，波斯人的光神。 ——译者注

等信念，正是通过这些被牢牢束缚在铁笼之中的人们得以迅速传播和发展，成了一种新的生命力量的。我们见到的许多法利赛人诗歌——《以诺书》、《所罗门诗歌》、《摩西遗训》等等确实向我们证明了这些盘踞在作者头脑中的思想观念，但是它们并没有说明我们可以从福音书中学到什么：比如这些秩序观念是如何一次又一次地渗透到人们头脑之中的？'未来之王'，'救世主''大卫之子'应该是什么样子？如何定义'复活'、'彼岸'概念等等，这些都是信仰上帝的普通信徒精神方面的一部分……但是……基督徒崇拜的基督不是单一的先知先觉形象的化身，在他身上寄托了崇拜者所有过去的希望和理想。"[38]

第十节　遁世和变容

通过对于复古主义和未来主义的研究，我们可以下结论说两者终将失败，因为它们都是试图逃避现实，可是又无法超越尘世的时间局限。我们已经看到未来主义理想的幻灭如何导致——事实上，在极端的历史实例中它已经导致了——人们对于我们称之为变容这种神秘信仰的理解。复古主义的破灭同样在精神上结出了果实。能够认识到复古主义并非是完美无缺的就可以激起一个挑战，就如我们看到的那样，它可以把陷入困境的复古主义者推向相反的方向，踏上加大拉人的未来主义之路，可是他同样可以作出相反的选择，设想出某种新的精神信念来应对这个挑战，代价最小的应战方式就是把冲向灾难的急速跳越转变成腾空而起的飞行，永远地脱离地面。无须多说，这是一种遁世主义哲学，我们在犹太寂静主义者那里已经见到过它了。

西方学者对于这种哲学最为熟悉的形式是埃庇克泰图斯和马可·奥里略遗留给我们的《斯多葛派哲学家手册》一书中表达出来的哲学思想。但是如果我们要更进一步探究这种遁世主义的话，我们迟早会把视野从古代希腊的一位引路人转向印度社会的一位先知，因为，尽管芝诺的弟子近乎极端地发展了他的哲学，可是只有乔答摩的信徒才有勇气完成遁世主义的最高的逻辑目的——自我毁灭。作为一种理性成就，它是令人叹为观止的；作为一种道德成就，它是令人激动不已的；但是它也有一个令人惊恐的道德推论——完美的超脱拒绝怜悯，同样也拒绝了爱，如同冷酷无情地消灭了罪恶的激情一样。

> 一个人应该无欲无爱，所做一切将会经过知识之火的锤炼，大彻大悟才是"真知"。真知之人不会为离家哀伤，也不会为不离家哀伤。[39]

在这位印度先知的心目中，无欲无爱是其哲学的坚如磐石的核心所在。古希腊哲学家也独立地得出了相同的结论，埃皮泰克图斯告诫他的弟子：

> 如果你亲吻你的孩子……不要毫无保留地暴露你的想法，不要让你的情感自由宣泄……事实上，即使你亲吻孩子的同时悄悄告诉他"明天你将会死去"也不会有任何害处。[40]

塞涅卡*则毫不犹豫地宣称：

> 怜悯是别人的不幸引发的一种精神疾病，或者说当这位病人自信其他人不应该遭受那种不幸的时候，精神受到病态感染的结果。圣贤是不会向类似这样的精神病症屈服的。[41]

如果非要顺着这条思路得出一个结论的话，这一结论在逻辑上是必然的，然而在道德上却是无法容忍的，因为这种遁世哲学由于必然激起我们的反感因而终将失败。首先它并没有真正提供给我们一种解决问题的方法，仅仅求助于理性而忽略了心灵就把上帝原本放在一起的东西粗暴地加以分离。于是遁世哲学与神秘的变容主义相比不禁要黯然失色了。

---

    * Seneca，罗马斯多葛派哲学家，约公元前4—公元65年。 ——译者注

当我们选择第四条也是最后一条避免解体命运的道路的时候，立刻就会听到来自这些哲学家和未来主义者的叫嚣和嘲笑，然而，我们不必胆怯，这些人不过是一些所谓的"有教养的"的遁世主义者以及狂热的政治经济利益至上主义者，无论他们哪一个表面上可能是正确的，但归根到底他们是错误的。

> 上帝挑选了世上愚钝的东西，来羞愧聪慧的东西；上帝挑选了柔弱的东西，来羞愧强壮的东西。[42]

我们根据经验能够证明的这个真理同样可以通过直觉感受到。借助它带来的光明和力量，我们可以勇敢地面对来自哲学家和未来主义者的责难，毫无畏惧地沿着某位引路人的足迹前进，他既不是巴尔·科凯尔，也不是乔答摩·悉达多。

> 犹太人需要神祇(sign)，希腊人需要智慧，而我们宣扬钉在十字架上的基督——对于犹太人，它是绊脚石，对于希腊人它是愚钝。[43]

为什么钉在十字架上的基督对于那些祈求他们的世俗事业得到神灵眷顾而从未成功的未来主义者来说，却成为绊脚石了呢？对于那些一心追求智慧却失败了的哲学家们，它又为什么成为愚钝的呢？

十字架上的基督在那些哲学家看来是愚钝的，是因为他们的目标只是遁世逃避，他们不能理解已经实现了令人畏惧的目标的那个理性的人为何又违背常理，故意地放弃了几乎到手的胜利呢？归隐仅是为了复出的意义是什么呢？此外，他们更加困惑不解的必定是这个观念上的上帝为何不愿意卸下这些苦难，脱离这个不幸的世界呢？凭借他的神力，他完全可以置身事外，但是他却为了这些神性无法与他相比的尘世圣灵，自愿留了下来，甘愿忍受神灵和人类都要遭受的痛苦和磨难。难道"上帝是如此热爱这个世界，竟把他唯一的儿子留在尘世了吗"？在这些遁世主义的追求者看来，这当然是不可思议的愚蠢之举。

假如至高目的就是恬淡宁静,那么即使彻底斩断圣贤赖以为继的恐惧和欲望之情,从而让他的心灵远离烦扰,又怎么可能呢?因为他身上立刻就会开通一百个通口,通过这些与周围世界有千丝万缕联系的通口,爱欲和怜悯引起的种种尘世的苦痛和烦忧可以立即蜂拥而至。一百个通口?!——一个通口就足以在他的心中激起不幸的惊涛骇浪。船身留一小孔就会使它坠入海底。我想,斯多葛派十分清楚,假如你允许一丝的爱和怜悯之情侵入你的心田,你的情感之闸就再也无法关闭,也许你会立即放弃内心所有的清心寡欲……基督的完美形象是根本不为那些典型的斯多葛派的圣贤们理解和接受的。[44]

耶稣基督钉死在十字架上之所以对于未来主义者来说是一个巨大的绊脚石,是因为它证实了耶稣的圣言——他的王国不在此岸世界。 未来主义者追求的神祇,如果在尘世中不能建立的话,就等于宣布它们的王国是毫无意义的。 按照以塞亚第二的描绘,弥赛亚的任务交给了居鲁士,后来的犹太未来主义者又把它交给了当时的"犹大"或者"塞乌达斯"(Theudas,即丢大):所罗巴伯、西蒙·马加比、西蒙·科凯巴。

上帝紧拉着他的受膏者居鲁士的右手说:"……我必走在你的前面,修正崎岖之路,我必打开铜门,砍断铁闸,我必定将暗中的宝物和隐藏的财宝赐给你。"[45]

这种真正的救世主式的未来主义观念如何能与对彼拉多(Pilate)说"你说我是王",后来又狂乱地宣称上帝派他来是为了完成神圣的使命的那位囚徒的话联系在一起呢?

"我是为此而生,为此而来,我将见证真理。"

这些令人不安的话语或许可以置之不理,但是这位"囚徒"的死却不能小视,也无法解释,可是彼得所遭受的磨难说明了这个绊脚石是多么恐怖。

基督主宰的天国是弥赛亚创建的任何世俗王国无法比拟的,尽管他的形象由一位阿契美尼世界征服者变成了一位犹太征服者，而且还被赋予了未来救世主的形象。 只有这个神的国度(Civitas Dei)进入了时间长河中，它才不是一个未来的梦想，而是一个渗透到现实之中的精神实在。 实际上，如果我们要问上帝在尘世如何像在天国一样行事的，用这种理论的专业术语回答就是，在此岸世界的每一个人的心灵中上帝是无处不在的，同时又超越了世俗层面。 在基督教的神性观念中，上帝的神性既体现在他是一位超然的(或具有"人格")的圣父，也体现在他是一个无处不在的圣灵，但是基督教教义更为明确的、至关重要的特征是上帝不是二位一体的，而是三位一体的，即他还是集前两种神性为一身的圣子，正是由于这种神秘性，上帝可以进入人的心灵，但却不能被人真正理解。 耶稣基督既是上帝的化身也是凡人的体现，是神灵世界和世俗世界的一个共同成员，他在"此岸世界"生而是一个贫困的无产者，死而是一个囚犯，而在"彼岸世界"他却是一个王者，是天国的主宰。

但是我们不禁要问，这两种本性——神性和人性——在耶稣基督身上是如何统一于一体的？ 基督教的教父们已经运用希腊哲学家的专业语言对这个问题作了教条式的解答，然而，这种形而上学的回答并不是唯一的答案。 我们可以找到另外一个替代性的解答思路。 就神性易于被我们接受这一特点看，它必定与我们有共通之处。 如果试图寻找我们拥有，同时绝对相信上帝同样拥有——假如上帝身上不具备这种能力而我们反而具备的话，上帝在精神上就比人类低下了(quod est absurdum)，这是不可能的事情——的某种特殊的精神才能，那么我们首先想到的是这种共有能力必定是哲学家企图抑制的一种能力，即爱的能力。芝诺和乔答摩曾经异常坚决地拒绝了它，然而它却成为《新约全书》全部信条的基础和核心。

第十一节　新生

现在，我们已经考察了四种经验性的生活方式，它们都是试图寻找为成长中的社会所熟悉的习惯性生活方式的可行替代品。 然而当这条舒适的道路被社会解体的灾难无情关闭的时候，这四种方式都成了可能的过渡形式，其中前三种已肯定陷入了绝境(culs-de-sac)，只有第四种，即以基督教为表现形式、我们称之为变容论的方式，会有一个光明的前途。　回到这一部分开头我们提出的一个概念，我们也许会说变容和遁世与未来主义和复古主义相比，都是行为场所从宏观世界到微观世界的转移，是一种精神的灵化现象。　倘若我们认可这种转移和灵化就是文明成长的标志，承认任何人类文明的成长都既有社会性的一面也有个体性的一面；倘若我们假定这种趋向于遁世和变容的社会成长不是我们称之为文明社会的成长——这种处于解体中的社会实际上正是上述两种方式要极力避免的一种结果——那么我们就只能得出这样的结论，即遁世论和变容论只是另外一种或几种类型的社会成长的见证。

那么，对于作为遁世和变容两种方式载体的社会，应该用一种方式还是用两种方式来称呼它呢？　回答这个问题的最好方法就是我们自问一下：在社会成长方面，遁世论和变容论有什么不同。　答案是十分明确的，遁世是一种单向的纯粹归隐方式，而变容则是一种更为深刻的归隐方式，它的目的是为了复出。　这种深刻的方式已经由耶稣的经历得以阐明。　耶稣归隐荒野只是为了在加利利复出，开始他的布道使命。圣徒保罗的经历同样说明了这一点，在踏上大规模的传教旅途之前，他在阿拉伯旅居了三年，其后他把这种宗教从叙利亚的发源地带到了希腊世界的中心。　假如基督教的创始者及其使徒的使命只是沉迷于遁世哲学，那么他们将永远在荒野之中安度余生。　遁世哲学的局限性在于它不能看到涅槃并不是灵魂的终点而是行程的中间站。　它的终点应该是上帝之城，这个无处不在的天国要求尘世的子民随时随地为其服役。

用我们在这部书的开始提及的中国古代的一对术语来说，文明的解体就是在阴阳的不停转换的周期运动中使自身完成了超脱。　在节律的第一节，毁灭性的阳的运动(即解体运动)进入到了阴的阶段(遁世阶段)，这是一个精力逐渐衰竭的和平阶段；但是，这个节律运动并没有在这个死亡点上中止，而是再次转入了阳的运动(变容阶段)，阴阳交替的双重运动正是我们在这一部分开始提到的解体现象、后来称之为"分裂—重生"现象中出现的归隐—复出运动的特殊形式。

希腊语"palingenesia"的字面意思即使"重新出生"，这个词的含义有些模糊。我们说某种东西重生是否意味着它以前出现过呢？比如一个注定要衰亡的文明是否可以被另一个相同的文明所代替呢？我们的寓意不在于此，这不是变容的目的，而是局限在时间维度上的直线运动的目的，也不是我们到目前为止讨论过的复古主义和未来主义，而是另一种同一层次运动的目的。在这个意义上，重生就是现实的轮回，这是佛教哲学想当然的、并极力追求的通过归隐就可以达到的涅槃境界。但是新生的意思并不是涅槃，这种消极状态可以达到的境界，是不可能通过"出生"这种方式得以完成的。

如果新生并不意味着达到涅槃磐境界的话，它就只能意味着达到另一个超俗的状态了。它是比尘世生命稍高的一种精神状态，但是它可以通过"出生"这一比喻得以阐明，因为它是另一种积极的生命状态。耶稣对尼哥底母所讲的话就是新生：

除非新生，否则是看不到天国的。
在别处耶稣讲到了他新生的至高目的：
我来是为了让他们具有生命，而且是丰富多彩的生命。

缪斯女神曾经在生长中的希腊文明之花绚丽绽放的时候，对阿斯克拉(Ascra)的牧者赫西俄德(Hesiod)吟诵过神谱，到了希腊社会忍受解体的痛苦，陷入迷茫的统一国家的动乱时代的时候，它再一次由天使们对伯利恒的牧羊人吟唱了出来；但是天使们这次吟诵的谱系并不是原来希腊人谱系的再生，也不是希腊式的其他社会的新生，而是天国主宰的降世。

注　释：

[1] Marcus Aurelius Antorunus, *Meditations*, Bk.IV, ch.23.
[2] Luke, xvii.20—1.
[3] Wordsworth, W., *Tintern Abbey*.
[4] 参见 Julien Benda 以这一名称命名的书。
[5] 参见 Plato, *Politicus*, 272D6—273E4。
[6] Horace, *Odes*, Bk. I Ode 35.

[7]　《曼彻斯特卫报》，1936 年 7 月 13 日。

[8]　Waley, A., *The Way and its Power*, p.30.

[9]　老子：《道德经》，第 34 章(Waley 英译)

[10]　Tawney, R.H., *Religion and the Rise of Capitalism*, p.129.

[11]　同上，第 112 页。

[12]　Inge, W.R., *The Idea of Progress*, pp.8—9.

[13]　Virgil, *Aeneid*, Bk.V, l.231.

[14]　Fitzgerald, E., *Rubáiyat of Omar Khayyám*(fourth edition), lxix.

[15]　Plato, *Repulic*, 364B—365A.

[16]　由于国王普洛乌斯向克里昂提出的神学问题并没有涉及罪恶感而是涉及灵魂的不朽这个事实，伯朗宁把虚构的诗人克里昂作为前面文章中争论的例证是不恰当的，但没有作废。

[17]　Lattimore O., *Manchuria, Cradle of Conflict*(1932), pp.62—63.

[18]　Dill, S., *Society in the Last Century of the Western Empire*, p.291.

[19]　Turner, F.J., *The Frontier in American History*, pp.3—4.

[20]　Rycaut, P., *The Present State of the Ottoman Empire*(1668), p.18.

[21]　Moore, P.E., *Christ the Word. The Greek Tradition from the Death of Socrates to the Council of Chalcedon*, vol.iv, p.298.

[22]　Moore, P.E., *Christ the Word*, pp.6—7.

[23]　Horace, *Odes*, Bk.III, Odei, ll, 1—4, stephen de Vere 英译。

[24]　Jung.C.G., *Modern Man in Search of a Soul*, pp.243—244.

[25]　"统治者决定宗教"这一规则是 1555 年奥格斯堡协定主要规定的传统概括，德意志每一个区域国家的统治者有权自己选择天主教或是路德教派，如果他愿意，他可以坚持让他的臣民顺从他所建立的宗教。这个协定是在德意志宗教战争没有决定胜负的第一个回合之后签订的。

[26]　Polybius, *Historiae*, Bk.VI, ch.56.

[27]　Baynes, N.H., *Constantine the Great and the Christian Church*, p.4.

[28]　Smith, V.A., *Akbar, the Great Mogul*, p.210.

[29]　Waley, A, *The Way and its Power*, Introduction, pp.69—70.

[30]　Herodutus, Bk.III, ch.38.引自 Pindar。

[31]　但是宙斯就真的在那里吗？是不是这样说更接近事实：哲学家安置的客观的接受者代替了破产了的奥林匹亚秩序，这个秩序只是为了商业目的而利用一个去世的老伙伴在这方面的名义？无论如何，汤因比先生在他的其他著作中引用了马可·奥里略的一段话并且评论道："在这些悲惨的哭喊中，我们似乎听到这个世界国家忠实公民的声音，他突然地惊醒并发现宙斯从他首领的位置上潜逃了……但是马可的基督徒读者们不应该对马可的宙斯太苛刻，毕竟宙斯从来没有要求选举自己作为这个宇宙共和国的首领，他是以蛮族军事集团的一个声名狼藉的军事首领而起家的，我们所知道的关于他的一切都证明这样的生活才是他喜爱的。如果宙斯很晚才被哲学家们抓住并关进笼中，他就不可能作为斯多葛派教养院里的一位年长成员而忍受漫长的强迫的尊重，我们难道还能忍心去责备这位可怜的老人证明是不可救药吗？"但是可能像斯克路奇的伙伴马烈一样，他既不会受到责备也不会接受什么同情，"很久以前就死了"。——节录者注

[32]　Daniel, vii.9—10.

[33]　Deuteronomy, v.26.

[34]　Squire, J.C, *Books in General*, p.246, contains a review of 'C.L.D.' S' book.

[35]　Warde-Fowder, W., *The religions experience of the Roman people*, pp.428—429.

[36]　伊斯兰教艺术是禁止塑造任何自然物体形象的，因而艺术家们满足于创作非具像性的作品，这样我们才有了"阿拉伯式"这一术语。

[37]　由此千禧年这一说法就意味着未来的"黄金时代"。

[38]　Bevan, E., *Jerusalem under the high prests*, pp.118 and 162.

[39]　Baghavagitā, iv, 19, and ii, 11(barnett 英译本)。

[40]　Epictetus, *Dissertations*, Bk, iii, ch, 24, §§ 85—88.

[41]　Seneca, *De clementia*, Bk, ii, ch, 5, §§ 4—5.

[42]　I Cor., i.27.

[43]　I Cor., i.22—23.

[44]　Bevan, E.R., *Stoics and sceptics*, pp.69—70.

[45]　Isaiah, xlv.1—3.

第二十章

解体社会与个体之间的关系

第一节　作为救世主的创造性天才

对于文明与个体之间的关系问题，我们在本书的前面章节里已经展开过讨论，而且得出了结论，认为任何社会组织都是由许多个体灵魂各自的活动场所构成的一个共同舞台；行为者从来不是社会本身而总是每一个个体；在某种意义上，创造行为都是由超人完成的；超人也像其他的生灵一样，通过自己的行为来影响他的同伴；在任何社会里，具有创造能力的人总是少数人；天才们对于普通大众的影响偶尔通过直接的启示方式，但通常情况下是利用次优的社会训练方法，训练各个层次中不具备创造能力的个体灵魂的模仿能力，从而使他们能够完成单凭自己的直觉无法完成的机械性进化。这些正确的论断是在对于文明成长过程的分析中得出的，可是一般来讲，在社会历史的所有阶段的个体与社会的互动关系中同样可以清楚地看到。那么，在我们正在考察的处于衰落和解体中的社会里，个体与社会之间的互动关系与之相比有什么细节上的差异呢？

出现在成长阶段的创造性个体构成的创造性群体，到衰落和解体阶段已经丧失了创造能力，并且堕化成了"统治者"，可是在他们的领导下，无产者的分离已经完成，这是文明解体的本质特征。这些"统治者"除了在一个对立的社会组织中极力维护毫无创造性的"既得权力"之外，再不能有任何作为。 但是，从生长到解体的转变过程中并没有伴随着创造性火花的消失。 创造性个体继续出现并且担负起了领袖角色，只不过现在他们在新的位置上仍然要被迫从事旧的工作。 在生长的文明中，创造者需要扮演征服者的角色，要用一次胜利来应对挑战，然而在解体的文明中，他们却要扮演救世主的角色，要拯救已经无力应战的社会，因为挑战已经击垮了丧失了创造能力的少数群体。

如果根据拯救社会灾难的方式的性质来划分的话，这些救世主可以分为各种不同的类型。 有一些我们可以称之为解体社会的内部救世主，他们对现存的社会并没有感到绝望，仍然顽强地希望可以把这个病入膏肓的社会引向一条光明大道。 这些救世主显然是那些统治者，共同的特征就是终将归于失败。 还有一些救世主，我们可以称之为解体社会的外部救世主，他们都主张抛弃任何挽救现存社会的企图，他们拯救社会的方式是我们已经考察过的逃避现实的四种不同方式中的一种。复古主义的救世主试图重建幻想中的过去，未来主义的救世主试图跨越现实进入虚幻的未来，遁世论者描绘出的救世主是装扮成王者的哲学家，而变容论者心中的救世主则是化身为人的上帝。

第二节　持剑的救世主

企图拯救解体社会的内部救世主必定是一个手持利剑的救世主，但是他可以挥舞着利剑四处出击，也可以收起利剑安坐在宝座之上，像是一个"让敌人匍匐在脚下"的胜利者。 他可能是一个赫拉克勒斯和宙斯，抑或大卫和所罗门式的人物。 虽然与获得无上荣耀的所罗门和拥有至高权威的宙斯相比，从未放弃努力并最终死去的大卫和赫拉克勒斯更像是传奇式的人物，可是如果他们追求的不是宙斯的宁静和所罗门的荣耀的话，赫拉克勒斯的辛劳和大卫的战争将会是毫无目的的徒劳。因为挥舞利剑只不过是想实现一个看似美好的目标，以便将来不用再大动干戈，然而这终究是一种幻想。 "持剑者终将死于利剑之下"(All they that take the sword shall perish with the sword)，宣称其王国不在此岸世界的这位救世主所下的这个诫语，博得了 19 世纪西方政治家中一位最为愤世嫉俗的现实主义者的赞美，他把《福音书》视为自己忠贞不渝的信条，他说道："持剑者无法做到的唯一事情就是坐在利剑之上"。崇尚暴力的人决不会对暴力忏悔，可是他也不能永远从中获益。

典型的持剑救世主总是那些试图建立，或者成功地建立了，抑或成功地重建了统一国家的统帅们和王公贵族们。尽管结束了混乱状态，完成了国家统一很容易让人们把这些统一国家的缔造者当作神灵崇拜的，但是这样的统一国家是异常短暂的。如果顽固地崇尚暴力而且迟迟不肯放弃，那么他们必定要为这种非自然的寿命延期付出代价，将会退化到一种社会畸形状态，就像以前的动乱时代，或者像在其崩溃之后出现的漫长的间歇时期一样令人恐惧。

真理似乎是，一把沾上了鲜血的利剑是不可能永远再次远离鲜血的，就好比一只尝过人肉"美味"的老虎从此之后是无法阻止它不成为"食人兽"的。毫无疑问，食人的老虎注定要死去，即使它逃脱了子弹，也将死于兽疥癣，即便老虎预料到了自己的命运，也不会压制自己贪婪的食欲。一个挥舞利剑力图挽救自己命运的社会同样如此。也许它的统治者会为自己屠夫式的暴行感到羞愧，像恺撒一样，对他的敌人表现些许仁慈；像奥古斯都一样，解散他的军队。当他们悲伤地把宝剑还鞘的时候，或许确信再也不会让宝剑出鞘了，除非为了有益的合法目的，比如惩治境内罪犯以维护国内安定，以及镇压边缘落后地区仍负隅反抗的蛮族人。尽管他们看似和平的神圣帝国可以在收起利剑的基础上平稳度过一二百年，但是时间迟早会把他们所有的希望化为泡影。

那位统一国家的统治者朱利安能够成功地抵御给居鲁士带来毁灭性灾难的一次又一次征服的诱惑吗？如果他不能抗拒"对强者的征服"的诱惑，他还能听从维吉尔"给弱者以宽恕"的忠告吗？当从这两个方面考察他所作所为时，我们就会发现他很少能长时间地遵从他作出的正确决定。

假如要考察一个国家内外关系中的扩张政策与防御政策之间的矛盾，我们可以先从古代中国开始，因为再没有任何宝剑入鞘行为比秦始皇沿着欧亚草原边境修筑长城给人们留下的印象更为深刻的了。 然而，秦始皇避免与欧亚草原游牧民族接触的正确的防御政策在他死亡不到一百年之后，就被汉武帝的"扩张政策"破坏了。 在古代希腊统一国家时期，奥古斯都奉行的温和政策被图拉真企图征服帕提亚帝国的政策所替代。 图拉真从幼发拉底河到扎格罗斯山脚下，再到波斯湾的尽头的军事征服，几乎耗尽了罗马帝国的所有资源。 他的继任者哈德良竭尽全力才摆脱了他的利剑遗留下来的可怕的遗产。 哈德良迅速终止了前任者的征服，然而，他也只能在疆土上而不能在政治上恢复征服之前的帝国状态了。

在奥斯曼帝国的历史上，征服者穆罕默德(1451—1481 年)有意地压制了自己的野心，把神圣的奥斯曼帝国的疆土始终限制在历史上东正教社会的范围之内，但并不包括俄罗斯，而且抵御住了把其帝国扩张到毗邻的西方基督教世界和伊朗地区的各种诱惑。 可是他的继任者塞里姆一世(Selim the Grim, 1512—1520 年)却破坏了他在亚洲的自我克制政策。 到了塞里姆一世的继承者苏里曼大帝统治时期(1522—1566 年)，造成了更大的灾难，他完全破坏了穆罕穆德在欧洲的自我克制政策。 从此以后，奥斯曼帝国便深深陷入了长期两线作战的困境之中，它可以不停地在战场上击败它的对手，可是却无法彻底消灭他们。 这种反常的情况极大地影响到了奥斯曼宫廷的政策，甚至在苏里曼死后也没有任何恢复穆罕默德温和政策的迹象。 筋疲力尽的奥斯曼帝国刚一被科普琉留的政策恢复元气，立刻就被卡拉·穆斯塔法发动的一场入侵法国的新战争消耗掉了，他企图把奥斯曼帝国的边境推进到莱茵河一线。 尽管未能实现目的，可是他却仿效穆罕默德，围攻了维也纳。 1682—1683 年就像在 1529 年一样，西方基督世界在多瑙河畔建造的坚固堡垒成了奥斯曼军队无法击碎的硬壳。 在第二次围攻中，奥斯曼帝国在维也纳城下再也无法逃脱惩罚了。 这次围攻激起了西方人的反攻，这次反攻从 1683 年一直持续到 1922 年，而且没有遭遇到任何阻挡，最后奥斯曼人不仅丧失了整个帝国，而且不得不再次退缩到安纳托利亚狭小的故土上。

因此，在肆意刺激西方基督教世界近邻反功方面，卡拉·穆斯塔法像苏里曼一样，都犯了古代薛西斯式的同样错误，当时这位大流士的后继者发动了入侵欧洲大陆的希腊的战争，随即激起了希腊人的猛烈反攻，位于希腊亚洲边境阿契美尼帝国的领土立刻脱离了它的管辖，并最终导致了帝国的崩溃。 这项事业由雅典人地米斯托克利斯开始，最后由马其顿的亚历山大完成。 在古代印度的历史上，莫卧儿帝国也出现了一位薛西斯式的人物——奥朗则布。 他企图通过武力确保他在马哈拉斯特拉地区的统治权不仅没有成功，反而激起了马哈拉人的反攻，而且还最终摧毁了他的后继者在印度平原主要省份的统治。

这样看来，利剑入鞘作为一种考验统治者能力大小的方法，并没有给统一国家的统治者带来什么好的结果。 现在如果从防御境外敌人的方法转向宽容境内人民的方法，我们将会看到这样的统治者的结局也没有好到哪里去。

比如，罗马帝国政府曾经下决心对犹太教施以宽容，甚至面对犹太教严重的反复挑衅，也极力容忍，但是这种克制政策并不等于把这种非常困难的道德行为扩展到企图要改变整个希腊世界信仰的犹太教异端行为中。 帝国政府不能容忍基督教的一个原因是，基督教拒绝接受罗马政府有权力强迫它的臣民可以违背自己良心行事的法令。 基督徒则极力反抗罗马帝国利剑的至高权威。 最终基督教的殉道精神战胜了罗马统治者的利剑，这证实了德尔图良胜式的挑衅话语，即基督徒的血就是基督教撒下的种子。

阿契美尼帝国像罗马帝国一样，坚持一种取得被统治者同意后才统治他们的原则，然而在实践上仅取得部分成功。 它成功地赢得了腓尼基人和犹太人的忠诚，但是却长期无法与埃及、巴比伦和解。 奥斯曼在与莱亚*的和解中也没有取得什么成功，虽然他们拥有共同的文化，甚至文明背景，而且在民事制度方面还作出了让步，可以允许莱亚的自治，但是这种理论上的自由不久就被他实行的高压政策毁坏了。 一旦奥斯曼一系列倒行逆施政策提供了背叛的机会时，莱亚就乘机起而反叛了，这种危险的实践方式使得塞里姆一世的后继者多少觉得有些后悔，认为这位前辈的残暴行为也许不应该被大维齐尔和伊斯兰教长联合阻

---

* 帝国境内的非土耳其人。——译者注

止，使得他没有像消灭少数伊玛目十教徒那样，完成残酷消灭大多数所属东正教教徒的计划(假如这个传说是真实的话)。 在印度莫卧儿帝国的历史上，奥朗则布同样抛弃了对于印度教徒的宽容政策——这是阿克巴留给他的继任者最重要的统治密术，结果即刻受到了帝国崩溃的报复。

这些例子足以证明持剑的救世主无法避免失败的命运。

第三节　带有时间机器的救世主

《时间机器》是 H·G·威尔斯先生早年所著的一本类似科幻小说的著作之名。 时间作为第四种观念那是已经广为人知了。 威尔斯虚构出来的那位英雄发明了一种汽车——这在当时还是一种新鲜玩意儿——这位英雄驾驶着汽车可以在时空中任意穿梭遨游。 他游历了除最近一个时代以外的世界历史远古的各个时代，最后安全地返回，然后开始讲述他的旅行传奇。 威尔斯的传奇小说是复古主义和未来主义式的救世主在历史长河中最好的比喻，他把现实社会的状态和前途视为不可挽救的，试图回到美好的过去或者幻想一步跨入理想中的未来。 我们不必在这方面停留太久，因为我们前面已经分析并指出了两者的致命缺陷和危害性。 一句话，这些所谓的时间机器——不是单独当作探测器使用的威尔斯汽车，而是整个社会的"公共汽车"(这种说法比普通的说法更为精确)——不可避免地终归无法运行，这就刺激了这个自称的救世主把时间机器丢弃一边，转而捡起了自己的利剑，这样他就陷入了那些赤裸裸地持剑救世主同样的绝境，对此我们已经考察过了。 从理想主义者到暴徒的悲剧性转变，无论对于复古主义救世主还是未来主义救世主，都是望尘莫及的。

18 世纪西方世界复古主义的基本信念可以用卢梭《社会契约论》中的一句话概括："人是生而自由的，但是却到处受到奴役。"卢梭最著名的信徒是罗伯斯庇尔，他是极力主张 1793—1794 年法国实行"恐怖统治"的主要领导者。 19 世纪许多学者的狂热并非是有害的，可是他们极力美化"北欧人"原始的种族主义，这就不能说他们对于后来纳粹主义的兴起毫无责任。我们已经看到，复古主义和平运动的鼓吹者是如何改变了初衷，又是如何为侵略性的暴力后继者铺平了道路的，就像提比略·格拉古成了他的兄弟盖约的先驱，由此导致了长达一个世纪的革命运动。

复古主义和未来主义之间的区别可能像昨天和今天之间的区别一样清楚简单，可是要决定一种既定的运动或者既定的救世主究竟属于那一类型，通常也不是一件十分容易的事情，因为复古主义的本质也是追求"像你历史上的样子"等诸如此类的虚幻形象从而变成了一种未来主义，因而也就消灭了自身。当然这样的事情是不可能发生的。一个简单的事实是：你已经走过然后又回去的地方，如果你能够回去的话，当你再次回去的时候，它也变成一个不同的地方了。卢梭的学生主张革命，把"自然状态"理想化，崇尚"高贵的野蛮人"，谴责"艺术与科学"，可是自觉的未来主义革命者都是具有深邃的洞察力的，比如孔多塞就从"进步"观念中汲取了灵感。一般来说，复古主义运动的结果都将是一种新的转化。在这样的运动中，复古主义在本质上只不过是未来主义药丸外面的一层薄壳，无论它是被"渴望的思想者"天真地置于其上的，还是被狡猾的宣传家巧妙地加以粉饰的。经过如此的装扮，未来主义这颗药丸就容易吞咽了，因为裸露的未来主义向人们提供的是令人恐惧的未知的将来，而复古主义代表着一个失去许久的安逸的过去家园，不过一旦走出这个家园，解体中的社会就迷失在现在的荒野之中了。因此，在战争间歇期间一些英国人*像中世纪许多具有复古倾向的理想主义者一样，提出了一种基尔特社会主义(Guild Socialism)模式，认为现实需要的是复活像中世纪行会制度那样的社会制度。我们确信如果这样的计划得以实现的话，就是从 13 世纪西方基督教世界走出来的任何时间机器旅行者也会惊诧不止的。

可见，不论是复古主义还是未来主义式的救世主都如同手持利剑的救世主一样，避免不了失败的命运。在世俗的革命性的乌托邦中并没有出现比统一国家中出现的拯救方法更多的更有效的方法。

---

* 1919—1939 年。——译者注

第四节　戴着王者面具的哲学家

拯救的意义在于它既不需要"时间机器"也不需要利剑，这一点已经被古代希腊动乱时代最早的最伟大的希腊遁世论者认识到了。

> 希腊国家毫无终止罪恶的希望——在我看来，人类也莫不如此——除非经由政权和哲学的结合，并强行结束现在追求其中一个而排斥另一个的普通做法。这种结合可以通过两种方式完成。一是哲学家必须成为我们国家的国王，另一种是现在所谓的国王和君主必须真正彻底地成为哲学家。[1]

在提出这个方案时，柏拉图就极力想消除人们对于它的批评，可是他提出的建议是自相矛盾的，因而无法避免哲学无知者的讥讽。如果柏拉图开出的"处方"对于门外汉——那些国王和平民——还是一个难题的话，那么对于哲学家而言就更是一个难题了。难道哲学家的目标不正是要超脱现实吗？追求个人的超越与拯救社会难道不是相互排斥、无法调和的吗？一个极力想从毁灭之城中逃脱出来的人如何能够再去拯救它呢？

在哲学家看来，自我牺牲的化身——钉在十字架上的耶稣基督是愚蠢荒唐的化身，可是很少哲学家有勇气坦白承认这种信念，更没有哲学家身体力行。这些熟谙遁世艺术的哲学家首先要受到人类共有情感的拖累。比如他不能对其邻居的不幸无动于衷，因为他自己就如同身受，也不能假装自己赞同的拯救方式如果证明对于自己有效的话，对于他的邻居就不同样有效了。可是哲学家向他的近邻伸出援助之手是否会妨碍自己呢？这是一个道德上的两难，他既不能在视怜悯和爱为罪恶的印度教义中寻求避难所，也不能求助于普罗提诺的信条——行动是沉思冥想的一种弱化形式。他也不能忍受成为一个斯多葛式的理性和道德的矛盾统一体，这一点，斯多葛派的创始人就曾经受到普鲁塔克的批评。 普鲁塔克转引了克吕里西普斯指责安逸的学术生活的一句话，同时引述了一篇赞同它的短文。[2]柏拉图声称熟谙通世艺术的哲学家不应该再去享受他们曾经为之抗争过的光明。 他怀着沉重的心情告诫哲学家应该退回到"洞穴"，帮助那些仍旧"深陷悲惨和镣铐之中"的不幸同伴，后来这一戒律被伊壁鸠鲁派忠实地执行了。

这位伟大的希腊哲学家的理想就是追求平和宁静($\dot{\alpha}\tau\alpha\xi\dot{\iota}\alpha$)，很明显，拿撒勒的耶稣以救世主($\sigma\omega\tau\dot{\eta}\rho$)的名义征服希腊之前，他是希腊世界唯一有资格享受救世主称号的人。 这项荣誉通常是君主的专利，是政治上和军事上服务的奖赏。 伊壁鸠鲁派的一个史无前例的特征就是能够自然而然地使这些头脑冷静的哲学家们愉快地听从来自内心深处无法抗拒的呼唤。 对于伊壁鸠鲁派的拯救伟业深深的感激和钦佩之情深刻表达在卢克莱修的赞美诗篇里，这就清楚地表明，至少在这个例子中，救世主的称号不是一种空洞的形式而是包含着深厚的、真挚的情感，这种情感必定是通过了解他们、崇拜他们伊壁鸠鲁派同时代的人那里继承下来的，后来才传给了这位拉丁诗人。

伊壁鸠鲁派自相矛盾的历史表明，假如哲学家遵照柏拉图的设想行事，把自己改变成一个国王，那他们就不得不忍受烦扰不堪的重担的折磨。 这样一来，柏拉图的另一种方法——把国王变成哲学家——对每一个具备社会意识的哲学家，具有高度吸引力就不令人感到惊奇了。 柏拉图自己就曾经身先士卒。 在他的一生中，柏拉图曾经三次自愿地——尽管也有些勉强——从阿提卡的归隐处复出，横渡大海来到叙拉古，希望能够改变一位西西里的君主接受雅典哲学家所要求的君主承担责任的观念，但结果只是在希腊历史上留下了一段有趣的，但不甚重要的一章。 对此我们不得不遗憾地承认，如果不是严格地说的话，历史上确实出现了一些君主把他们的空暇时间用在了向哲学家请教上。 西方历史学家最为熟悉的例子就是18世纪西方世界所谓的"开明君主"，他们对于自伏尔泰以后的法国哲学的各种流派或者给以纵容，或者采用争辩的方法聊以自慰。 但是我们在普鲁士腓特烈二世和俄罗斯叶卡捷琳娜二世中间却难以找到一个令人满意的救世主。

历史上也确实出现过一些统治者从逝去多年的先师那里继承真正哲学思想的现象，比如马可·奥里略就声称受惠于老师卢斯提库斯和塞克斯图斯，但是这两位哲学家只不过继承了过去伟大的斯多葛派的衣钵，尤其是生活在三百年前即公元前 2 世纪的帕奈提乌斯*的哲学思想。 印度历史上的阿育王(Acoka)是佛陀的传人，可是在阿育王继位之前，这位佛陀已经圆寂二百年了。 阿育王统治下的印度世界和马可·奥里略统治下的希腊世界都一度信奉柏拉图的信条："只有当君主是一个由人们选举出来而根本不情愿却又不得不担任君主的人的时候，社会生活才是最幸福也是最和谐的。"但是，他们取得的成就又被他们自己毁掉了。 马可·奥里略由于选择自己的儿子作为继位者，破坏了前辈们忠实地遵守了将近一百年而且非常成功的王位继承法，从而把自己在哲学上的努力毁于一旦。 阿育王的个人圣德同样未能拯救他死后的孔雀帝国，在篡位者普西亚米特拉的一击之下就土崩瓦解了。

因此，这些哲学家君主并不能把他的同胞从社会解体的灾难中拯救出来。 这一点已经被事实证明了，可是我们仍然需要再进一步追问：他们的失败是否可以从他们自身找到某种解释呢？ 如果我们这么做的话，答案并非是不可能的。

实际上，在《理想国》中就暗示着这种答案。 在《理想国》里，柏拉图举出了一位生来就是哲学家王子的例子。 他假定这位哲学家王子在某个时候，某个地方一定会继承他父亲的王位，而且一定会把自己的哲学原则转变成政治实践，柏拉图急切地得出结论，"如果这位君主能够赢得臣民的信任，他就完全可以实现在现存条件下看似没有可行性的计划"。 接着这位论断者解释了他乐观主义的理由。 "假如这位君主制定了理想的法律，引入了理想的社会习俗，那么可以肯定地说，其臣民就会同意按照他们统治者的意愿行动。"[3]

---

* Panaetius(约公元前 180—前 110 年)，罗马斯多葛派哲学创始人。 ——译者注

最后这一点显然对于柏拉图的计划的成功至关重要，但是它明显有赖于模仿能力的支撑。 我们已经注意到求助于社会训练的方法是一条捷径，可是它易于使社会走向毁灭，而不能把社会引向胜利的彼岸。一般来说，哲学王的社会策略不外乎两种强制性方法——精神的和物质的，或许这种强制性就足以让他们无法完成拯救其臣民和社会的事业。单就这一方面来看，他们的强制性往往还是非常粗暴的。 柏拉图千方百计地让他的哲学家君主政府得到了被统治者拥护的好处，但是可以清楚地看出，这种哲学家与专制君主奇怪的结合并没有达到什么效果，除非君主们只是在必要的情况下才动用强制性的物质力量，其实这种情况显然是可以被预见到的。

> 人性是易变的，规劝他们很容易，劝服他们则是非常困难的。因之，权宜之计是当人们放弃了某种信仰时，就使用武力强迫他们接受。[4]

马基雅维里用如此深刻可怕的词句戳穿了柏拉图小心翼翼掩藏起来的哲学主实施的策略中暗含的险恶特征。 一旦哲学家君主不能再通过人格的魅力完成他的事业，他就会放弃他的哲学拿起利剑。 马可·奥里略不是也通过武力对付基督教吗？ 在这里，我们再次看到了俄耳甫斯变成了操练军官那可怕的一幕。 事实上，哲学家君主注定要失败的，因为它试图把两个本性上互相矛盾的人结合在一起。 哲学家闯进了君主的权力领地会变得无所适从，而君主想披上哲学家冥思苦想的外衣也是枉费心机。 哲学家君主像纯粹的政治理想主义"时间机器"救世主一样，准确地说由于他拿起了利剑就更像是伪装起来的"持剑救世主"，因而不得不宣告了自己的失败。

第五节　化身人形的神灵

现在我们已经考察过了解体社会中出现的三种不同的创造性天才，

他们全身心地致力于拯救社会解体的事业，同时我们也看到无论哪一种道路，不管现在还是最终的将来，都只能是一条不归途。从这一系列幻想当中，我们能够得出什么结论呢？难道它们只是证明了倘若这些救世主仅仅是一个凡人的话，所有拯救解体社会的企图都会注定失败吗？我们似乎不应该忘记我们已经凭经验完全可以证明的那条古老的真理——"持剑者必定死于利剑之下"。这是一位救世主说过的话，他曾经以此为理由，命令一位信徒收起刚刚举起的利剑。拿撒勒的耶稣就是这样，他先是抚平了彼得的利剑给人们留下的创伤，然后情愿忍受极端的羞辱和酷刑。他之所以拒绝拿起利剑并不是出于特殊情况的考虑——他的力量不足以对抗敌人。就像后来他对法官说的那样，假如利用武力的话，他可以用"十二个天使军团"(twelve legions of angels)赢得对于持剑者的胜利，可是他仍然拒绝使用武力。不愿意用利剑赢得胜利，结果他就被钉死在十字架上了。

在危机时刻作出了这种选择，耶稣就走上了一条与我们讨论过的那些自称是救世主的人们所走的道路完全不同的道路。到底是什么东西启示了这位拿撒勒的救世主选择这条与众不同的道路呢？我们要回答这个问题，就需要反过来问一下，他与那些变成了持剑者因而拒绝撕掉伪装的救世主究竟有什么不同。答案无非就是这些持剑者知道自己不过是一个凡人，而耶稣坚信自己是上帝之子。倘若按照赞美诗人的说法，我们可以说"拯救只能来自上帝"吗？或者说，如果不具备一些神性，人类的救世主注定就无法完成自己的使命吗？既然我们发现和了解了那些坦白承认自己是凡人的救世主的缺陷，那么我们就只有倾向于那些宣称是神灵的救世主了。

如果再次运用我们习惯的经验研究方法，评论神灵救世主的主张以及他们如何实现自己的主张，似乎过于牵强了；但是在实践中我们往往还会这么做，也许由于这并不是很困难的事情，因为在我们研究的人物中，除了一个人物是最值得怀疑的之外，其余的都是凡人，无论他们是否宣称神性。我们的研究对象是一种阴影，一种抽象，即贝克莱所说的存在就是被感知(esse is percipi)的非实在。对于这样的一种"人"，比如来库古，我们的祖先认定他是像雅典的梭伦一样的、历史上确实存在过的现实人物，是斯巴达的君主，而我们则必须像现代的研究者所作的那样，断定他不是一个人，而是一个神，仅是这样还不够，我们还应该继续前行。 我们可以先从最低级的解围之神*开始研究，然后试图超越这种低于人类的神性，达到至高的钉在十字架上的神性。 如果说蒙难于十字架就是人类所能证明的最高神性的话，那么出现在舞台上公认的神灵(即解围之神)声称自己就是救世主也许就成为一件最容易理解的事情了。

在古希腊文明衰落的一百年中阿提卡舞台上出现的"解围之神"，对于启蒙时代的陷入困境的戏剧家是一个天赐之物，他们的创作仍然受制于古典希腊神话的传统风格。 一旦戏剧结束之前，陷入到一种无法解开的道德难题或现实中不可能出现的情节之中时，这些戏剧家就会放弃深陷其中的难以解开的纠缠，寻求另一种方式来解脱自己。 他会创造一个"机器神"(即解围之神)，或者从天而降，或者用车子推上舞台，以此作为戏剧的结束。 阿提卡的戏剧家使用的伎俩毁坏了学者的名声，因为这些奥林匹斯解围之神所提出的解决人类难题的方法对于人的思维是无法想象的，对于人的心灵也是难以接受的。 欧里庇得斯就是这方面的最突出的代表，西方现代学者弗拉尔(Verrall)指出欧里庇得斯使用"解围之神"从来都是带着戏谑口吻的，他认为欧里庇得斯作为一个"理性主义者"，在利用传统习俗方面是有自己的目的的。他以此作为躲避嘲讽和责难的伪装，因为不是如此，他就不免要受到一定的指责和惩罚。 这种伪装的屏障是十分理想的，因为，尽管他那些同行的怀疑者可以心领神会，但是那些"愚钝"的对手则是无法被识破的。

> 毋庸多言，在欧里庇得斯的舞台上，无论神灵说的是什么，总是不可信的。在作者看来，也是要反对的，认为他说的几乎全是谎言。"神灵现身舞台就是为了使人们相信圣灵是根本不存在的"。[5]

---

* dues ex machine，解围之神，指的是古希腊和罗马戏剧中及时出现的一位天神，由他解开并解决戏中的危机。 ——译者注

　　距离高贵神秘的人性较近而又值得崇拜的人物是那些人类母亲与超人的父亲所生的半神人。在古典希腊就有很多这样的人物，如赫拉克勒斯，阿斯克勒比俄斯*，俄耳甫斯等。这些具有人的肉体的半神人，通过各种各样的方式极力减轻人类的负担，一同承受忌妒之神强加给人类的苦难和惩罚。他们像凡人一样也会死亡，这是他们的一种荣耀。在这些死去的半神人之后，总是隐现着一个伟大的真正的神，他们要在不同的名字下为不同的世界而献身，譬如米诺斯世界的扎格列欧斯，苏美尔世界的塔姆兹，赫梯世界的阿提斯，斯堪的纳维亚世界的巴尔德尔，埃及世界的阿多尼斯，什叶派世界的胡赛因，基督教世界的耶稣基督等等。

　　那么，这位显容众多而蒙难的救世主究竟是谁呢？尽管他以许多不同的面目现身到世俗世界中，可是他的命运注定是一场悲剧，要不停地忍受磨难，最终走向死亡。如果我们拿起人类学者手中的魔棒，我们就可以追溯到这场一成不变的悲剧的历史起源。"他在主面前，像嫩芽一样生长，像根出于干地。"[6]可见这位蒙难的神最古老的形式就是植物精灵(ἐνιαυτός δαίμων)，他在春天为人类而生，在秋天为人类而死。人类从这位自然神灵的死亡中受益，如果他不为人类而死，人类就会毁灭。[7]"他为我们的过错受到伤害，为我们的罪孽而受伤，我们的和平因他受到惩罚而保证，我们的疮疤因他受到鞭笞得以治愈。"[8]但是，尽管这样的神灵表面上取得了很大的成就，并为此付出了巨大的代价，却不能解开这场悲剧深处的秘密。如果我们打算解开这个谜团，我们必须超越所得的受益和神灵的死亡，因为神灵的死亡和人类的得救并不是故事的全部。不了解神灵所处的环境以及他的情感和动机，是不可能懂得他的行为的真正意义的。他的死亡究竟是被迫的还是自愿选择的？是慷慨赴义还是满腹心酸？是出于爱还是出于绝望？直到我们找到了关于神灵的精神这些问题的真正答案，我们才差不多可以断定神灵赴死的拯救方式对人类是一种福音呢还是一种人神之间的心灵交流，以使得人类领悟到神灵通过纯粹的自我毁灭启示给人类的爱与

---

　　* Asklepios，医药之神。——译者注

怜悯之情，"就像从飘曳的火焰中得到一丝光明"。[9]

受难的神是在什么精神下赴死的呢？ 如果我们带着这样的疑问，再一次审视这一系列悲剧现象，我们将会区分出完美的自我毁坏与不完美的牺牲之间的区别。 甚至在卡利俄珀*对于俄耳甫斯之死的沉痛哀伤中，仍然有一丝让基督徒感到震惊的刺耳的怨愤之声。

　　既然神灵自己也无力阻止死亡之神降临到他们的孩子身上，我们为什么还要为自己儿子的死而哀伤呢? [10]

这位神灵的故事里竟然包含这种道德观念！ 俄耳甫斯的母亲，这位神灵如果能阻止的话，也不会让他的儿子去死。 像乌云遮蔽了太阳，这首古典希腊诗歌的自白抹去了俄耳甫斯赴义的光彩。 然而，另一首更为伟大的作品回复了安提帕特的问题。

　　上帝如此钟爱这个世界，把他唯一的儿子派到尘世，无论是谁，只要信赖他就不会毁灭，就能使生命得以延续。

当福音书这样回答这首挽歌的时候，它宣告了一个圣谕。 "一个人得以永生，其他人注定改变和死去。"[11]。 事实上，这就是我们寻找的救世主的最终结果。 当我们开始讨论的时候，似乎置身于一群强者中间，然而随着我们进一步追问，这些所谓的强者一个接一个在竞赛中纷纷倒下。 第一个倒下的是持剑者，接着是复古主义者和未来主义者，随后是哲学家，只有神灵还在继续奔跑。 在最后的生死关头，几乎没有人，甚至那些自称是救世主的神灵，敢于投入冰冷的河水中接受考验。 现在，当我们站在岸边，凝视着远处的彼岸，一个伟大的人物正从水中缓缓升起，随即充满了整个地平线。 这就是救世主，"主的意愿将会在他的手中实现，他预见到了心灵的痛苦，他将得到满足"。[12]

---

　　* Calliope，古希腊神话中的女神，俄耳甫斯之母——译者注

注 释：

[1] Plato, *Repulic*， 473, D.

[2] Plutarch, De Stoicorum Repugnantiis， chas.2 and 20.

[3] Plato, *Republic*， 502, A—B.

[4] Machiavelli, *The prince*， ch.6.

[5] Verral, A.W., *Euripides the Rationalist*， p.138，末句引自 Aristophanes：*Thesmophoria-zusae*， ll， 450—451。

[6] Isa., liii.2.

[7] 事实上，人类确信这位神灵为了拯救人类必定会选择死亡。 这种异教的植物崇拜精神在 Robert Burns 的诗歌《John barbeycorn 》里表达得要比其他的英国文学更为清晰。

[8] Isa., liii.s.

[9] Plato's *letters*， Vll， 341c—d.

[10] Elegy on the Death of Orpheus by Antipater of Sidon， crica 90 B.C..

[11] Shelley, *Adonais* lii.

[12] Isa., liii.10—11.

第二十一章

解体的节律

在上一章里，我们考察并发现了处于生长社会中的创造性个体与处于解体社会中的创造性个体之间的异同点。现在我们将进一步考察另外一个不同的问题，找出可以称为生长节律与解体节律之间的异同。运用的模式是我们已经非常熟悉的、贯穿着这部书始终的挑战—应战模式。在成长的文明中，一个挑战遇到一个成功的应战后会产生另一个挑战，另一个不同的挑战再激起另一个不同的应战。这样成长过程就不会中止，除非出现一个文明社会无法成功应战的挑战——这个悲剧意味着文明成长的中断，我们称之为文明的衰落，这个时候一个相关的节律就开始了。尽管这个挑战不能被战胜了，可是它依然继续出现，经过第二个痉挛式的应战后，如果取得了成功，成长过程自然得以恢复。但是我们应该想到，即使取得了局部的短暂胜利，这种应战还是要失败。然后或者再次恢复原状，或者经过一段短暂的休整后，再度起来应战，企图取得对于同一个无情的挑战暂时的局部的成功，随后就是再一次的失败。这次失败证明了或许没有证明这就是最后的失败和社会的解体。用军事术语描述这个这个节律就是溃败—重整—溃败—重整—溃败……

回顾本书前面部分提出的、经常使用的那些术语，我们立刻就可以看出衰落之后的动乱时代就是一次溃败；统一国家的建立就是一次重整，统一国家崩溃后的间歇期就是又一次最后的溃败。 我们在统一国家的历史上，已经看到了古代希腊社会在公元 180 年马可·奥里略死后又退回到动乱时代，后在戴克里先的统治下再次复兴的情况。 这也许证明了任何一个特殊的统一国家都有可能出现不止一次的衰退和复兴的现象。 事实上，这种衰退和复兴的次数有赖于我们观察目标所使用的透镜的度数大小。 例如，在公元 69 年"四帝之年"曾经出现过一个短暂的令人吃惊的衰退，不过我们在这里关注的只是它的突出特征，动乱时代同样可以出现一个短暂的复兴时期。 假如我们既虑及到动乱时代的复兴现象又虑及到统一国家时期的衰退现象的话，我们就会得到这样的一个模式：溃败—重整—溃败—重整—溃败—重整—溃败，也许我们可以把它描述成溃败—重整的三拍半节律。 当然，这样的节拍并没有什么特别的意义，一个特殊的解体节律也可以呈现出两拍半，四拍半，或者五拍半，这在本质上也没有什么不与解体过程的一般节律不符合的情况。 但是，三拍半的节律似乎更适合许多解体社会的模式。 我们将迅速地回顾一下历史来阐明这个问题。

古代希腊社会的衰落可以准确地定格在公元前 431 年，奥古斯都建立统一国家的时期可以定格在公元前 31 年，即在衰落时期开始四百年之后。 在这四百年中，我们是否可以在希腊世界的任何地方找到重整—溃败这样的运动呢？ 毫无疑问是可以的。 第一个征兆就是提摩莱昂在叙拉古传播社会和谐的福音，后来被亚历山大大帝传播到更广泛的范围内，这两件事均发生在公元前 450—前 425 年。 第二个征兆是芝诺和伊壁鸠鲁与他们的弟子们传播世界共和国(World Commwealth)的观念。 第三个是一次体制改革的试验——塞琉古帝国、亚该亚和埃托利亚联邦(Achaean and Aetolian Confederacies)、罗马共和国等都试图超越传统的城邦主权体制。 其他的征兆还可以举一些，但是这些已经足够说明推测中的重整在时间上所处的大体位置了。 这个重整是失败的，主要由于这个扩大的政治联盟，尽管成功地超越了个体城邦的局限性，但是他们的相互关系则是彼此不能容忍，也是无法合作的，就像公元前 5世纪的希腊城邦所做的那样，最终爆发了导致希腊衰落的伯罗奔尼撒战争。 我们可以把第二次衰退或第一次重整时期(两者是一回事)定在公元前 218 年汉尼拔战争的爆发。 在罗马帝国的历史上,我们已经发现了长达一个世纪的衰退时期以后就是一个复兴时期,在这里我们就看到了一个三拍半节律的例子。

我们把目光投向古代中国,它的衰落时期应该在楚晋两国之间发生激烈冲突的公元前 634 年,统一国家的建立应该是秦灭掉齐国的公元前 221 年。 如果中间时期就是古代中国的动乱时代,那么在这一时期有没有出现重整和衰退的迹象呢? 答案是肯定的,因为动乱时代与孔子生活的年代(约公元前 551—前 479 年)大致相同,在此期间曾经召开过一次最终夭折的弭兵会议(公元前 546 年),显然就是一次很明显的重整现象。 如果我们再来看一看古代中国统一国家的历史,就会看到在这个间歇时期即公元 1 世纪的早期,前汉和后汉之间,出现了一个众所周知的倒退和复兴运动。 这里我们再次看到了一个三拍半的节律,可是古代中国规则地发生这一现象的时间要比希腊早二百年。

苏美尔社会的历史记载了同样的情况。 在苏美尔社会的动乱时代,出现过非常明显的重整和溃败现象,其统一国家的存在也不时被激烈的溃败和重整运动所中断。 如果我们把它的动乱时代从伊勒克军事家卢加尔扎吉西(约公元前 2677—前 2653 年)的事业开始算起,把乌尔的乌尔—恩戈(Ur-Engur,约公元前 2298—前 2281 年)建立统一国家作为其终点的话,在此期间至少介入了一次重整运动。 纳拉姆辛时代(Naram-sin,约公元前 2572—前 2517 年)视觉艺术的显著发展和突出成就就证明了这一点。 这个统一大帝国从乌尔—恩戈继位一直延续到汉谟拉比去世(约公元前 1905 年),但是这种表面上的和平只是帝国动荡不安局面外部的一层薄壳。 乌尔—恩戈继位一百年之后,他的"四方帝国"就土崩瓦解了,它的残余继续幸存了二百多年的时间,直到汉谟拉比在它最后解体之前再度恢复了国家统一。

这种类似的模式也出现在东正教主体社会解体的历史上。 我们已经确定这个文明的衰落起始于公元 977—1019 年罗马—保加利亚战争,而另一个教会国家的再度建立则是在 1371—1372 年奥斯曼完成对马其顿的征服。 在东正教世界的动乱时代,我们清楚地看到东罗马帝国皇帝阿历克塞·科穆宁(1081—1118 年)进行了长达一个世纪的重振帝国的尝试。 奥斯曼帝国由于在 1768—1774 年俄土战争中遭到了惨败，最终崩溃了，这次失败是奥斯曼帝国由盛而衰的转折点。 奥斯曼帝国的编年史清楚地记录了早期衰退然后被一次重整补救的情况。 这次衰退的标志是 1566 年苏里曼大帝死后，巴迪沙家庭奴隶制的迅速瓦解；后来的重整指的是巴迪沙的东正教莱亚试图与手握大权的自由穆斯林人结成联盟，而不再坚持莱亚们必须改变信仰才能分享政府权力的主张。 这次革命性的改革事业应该归功于科普琉留的努力，它使得奥斯曼帝国得到了暂时的喘息时间，以至后来的奥斯曼人回忆起这段岁月，仍然视为一个"郁金香时代"。

印度社会的解体历史上还没有出现我们所说的最后一个半拍，这是因为英国统治下的印度第二个统一国家的进程远没有结束，但是溃败—重整节律的前面三拍已经在印度社会的历史上留下了痕迹。 第三个溃败时期发生在莫卧儿帝国崩溃与英国建立的后继国家之间动荡不安的一百年中。 第二个显著的重整时期就是阿克巴(1566—1602 年)统治下的莫卧儿帝国时期。 即将到来的溃败虽然并不是很清晰，但是如果深入考察一下始于 12 世纪后半叶印度各个邦国爆发大规模自相残杀战争的动乱时代的历史，我们将会发现，在印度统治者和 12、13 世纪穆斯林人侵者造成的灾难时期，与穆斯林人侵者，也包括阿克巴的祖先，在 15 世纪、16 世纪造成的动荡不安时期之间，阿劳丁和腓鲁兹曾经在 14 世纪尝试过了短暂的复兴运动。

对于一些资料充足、具有研究价值的文明，我们都可以像上述解体文明一样，进行类似的分析。 但是，在有一些文明中，我们可以看到这个解体的节拍并没有最后打完，因为他们在未能走到自然死亡的"避难所"之前，就已经被它的近邻吞并了。 尽管如此，我们也拥有足够多的文明解体节律的证据了，可以对于我们西方文明历史的节律模式进行分析了。 我们将研究一下它是否能够解答我们多次询问、但没有能够回答的问题：我们的西方文明是否经历过衰落，如果经历过的话，它现在处于解体的哪个阶段。

有一个事实是一目了然的：我们还没有经历过统一国家阶段，尽管有过两次失败的努力，一次是德国在 20 世纪上半叶强加给我们的，一次是拿破仑在一百年之前进行的同样失败的尝试。 还有一个显然的事实是：我们真诚渴望的不是建立一个统一国家，而是某种世界秩序。这也许类似于古代希腊动乱时代那些政治家和哲学家宣扬建立社会和谐的徒劳之举，不过它将确保我们享受到统一国家的好处，而不是统一国家带来的灾难。 统一国家的灾难来自于在残酷的军事战争中最终击败所有对手的胜利者，是根本无法成功的持剑者拯救事业的产物。 我们寻求的是自由的人们自由地相处，是一种自愿的而不是强制性的和谐和宽容，离开了这些，我们的理想在实践上是无法实现的。 对于这个已经成为当代成千上万的人的常识题目，我们就不必多谈了。 1918 年巴黎和会召开的前后几个月里，美国总统威尔逊在自己的国家没有享受到却在欧洲享受的惊人威望，就反映了我们对于这个世界的渴望。 威尔逊总统是用散文的形式表达他的大部分主张的，而人们最为熟知的对于奥古斯都的赞美表达在维吉尔和贺拉斯的诗歌里。 不管是散文还是诗歌，其中倾注的信仰、希望和情感都是相同的，尽管结局并不相同。奥古斯都在他的世界里成功地建立了一个统一国家，然而威尔逊却没有取得更好的成就。

> 低矮的人总是一个个添加，
>
> 不久获得了一百。
>
> 高大的人，目标是一百万；
>
> 结果却错过了一个军团。[1]

上述这些对比研究表明了我们已经深陷于动荡之中。 我们不禁要问：在过去的几个世纪里最为令人恐惧的动乱是什么？ 很明显，就是在近代民主和工业主义释放出来的巨大能量的联合推动下愈演愈烈的民族主义战争，这些我们已经在本书的前面部分讨论过了。 我们可以认为，这场灾难肇始于 18 世纪末爆发的法国革命战争。可是在此之前，我们遇到的一个事实是：在近代西方世界，这种惨烈的战争不是第一次而是第二次。 更早的一次是 16 世纪中叶至 17 世纪中叶爆发的摧毁了整个西方基督教世界的所谓"宗教战争"。 我们发现在两次战争中间出现了长达一百年的相对温和的战争——"国王的游戏"，并没有因为宗教的狂热，也没有因为民主国家的情结所加剧。 这样，在我们的历史上，我们同样发现了动乱时代的典型模式：衰落、复兴、再度衰落。

现在我们可以解释 18 世纪西方动乱时代的复兴为什么会夭折和短暂的了，它是因为启蒙运动的宽容不是建立在基督教的信仰、希望和仁慈的道德基础上，它的基础是墨菲斯托菲里斯式的幻想、理智和愤世嫉俗。 它不是出于宗教的热情，而是冷漠无情的副产品。

对于 18 世纪启蒙运动的精神缺陷使得西方世界卷入其中的第二场惨烈战争的结果，我们是否可以预见到呢？ 假如我们的目光长远一些，我们就应该不断提醒自己：我们熟悉的其他文明尽管有一些消亡了，有一些正在消亡，但并不表示一个文明就像一个有机体，在跨过预定的生命历程后，必定不可避免地走向衰亡。 事实上，即使诞生很久的其他文明必然会走向这条道路，也没有任何历史决定论规律迫使我们逃离动乱时代的熊熊烈火，纵身于统一国家缓慢的温火之中，在那里我们会化为灰烬的。 其他文明的历史和大自然的发展过程向我们展示了一副可怕的前景。 经历过 1914—1918 年第一次世界大战的人们在 1939—1945 年第二次世界大战爆发的前夕见到了这一幕，可是随即它又再次上演了，第二次上演是在借助于原子弹的发明使用导致第二次世界大战迅速结束的次日。 原子弹释放的巨大破坏力以前所未有的规模毁灭了人类的生活和工作。 这些在陡峭的悬崖边上发生的一系列灾难性事件无可避免地给我们的未来蒙上了一层阴影，威胁着我们的信仰和希望。 然而在这个生死攸关的时刻，只有这些精神——信仰和希望能够拯救我们。 对于这样的挑战，我们无法回避，我们的命运只能依靠我们自己。

> 我曾经做过一个梦，看见一个衣着破旧的人站在某一个地方，背靠着自己的家门，手里捧着一本书，身上好像背着一个沉重的物件，他打开书开始阅读，一边读一边不停地啜泣和颤抖，后来终于无法控制了，痛苦地叫了出来："我该怎么办？ 我该怎么办？"

没有原因的话，班扬*的"基督徒"是不会如此悲伤的。

(他说),我敢肯定地断言我们的城市将毁于天堂之火,这场可怕的灾难,我和我的妻子,还有你们可爱的孩子都将无一幸免,除非能找到一条逃脱的道路,可惜这样的道路至今我还未能发现。

面对这样的挑战,救世主基督将如何抉择呢? 他是站在路边徘徊观望呢? 还是假装快跑,而实际上原地不动,只是不停地喊着"生命、生命,永恒的生命",眼望着前方的光明,自己却准备悄悄地从边门溜走。 对于这个问题,仅从基督身上寻找答案,凭借我们对于人性的了解,必定会认为基督的命运就是在毁灭之城中死亡。 可是在古典神话故事里,这位人类救世主的死亡也并非凭一己之力。 按照约翰·班扬的说法,基督是由于遇到一位天使才得救的。 因此,我们不能假设上帝的本性比人类更险恶易变,只要我们怀着一颗谦逊、忏悔的心祈求,而且必须祈求上帝,上帝必定不会把我们抛弃,并且终会把我们拯救到天堂的。

注 释:

[1] Browning, R., *A Grammarian's Funeral*.

---

* Bunyan(1628—1688),英国教士和作家,著有《天路历程》一书。 ——译者注

第二十二章

解体的趋同

对于文明解体过程的考察，现在我们差不多趋于尾声了，但在结束以前，还有一个重要的问题值得注意。回顾我们的研究，我们一定会问：我们是否可以确定一个主导性的趋势。事实上我们已经承认文明发展存在着一个与文明成长有关的，但是与文明成长的多样性相反的趋同和统一趋势。从表面上看，这种趋势指的就是我们已经提及的文明解体节律的三拍半模式。但是这种趋同性和统一性意义更为深远的标志是解体社会一致地分裂成三个泾渭分明的阶层，这种统一性是由各个阶层创造性完成的。这些占主导地位的阶层分别是一些致力于哲学研究并提出统一国家观念的统治者；创造出一种所有成员信奉的"高级宗教"的内部无产者以及组建军事集团试图在"英雄时代"寻求出路的外部无产者。统一国家、高级宗教、英雄时代等产生出来的统一性异常广泛，我们可以把它列成这一章后面的一张图表。然而更应该值得注意的趋同性是表现在灵魂分裂方面的行为、情感和生活方式的一致性。

对于文明成长的多样性和解体的趋同性之间的差异，其实我们可以作一个简单的类比。比如从佩涅洛佩的编织神话中就可以看到。奥德赛离开家以后，这位忠贞的妻子向无数个求婚者承诺，只要她织好老拉耳忒斯(Laertes)的寿衣，她就嫁给他们之中的一个。可是她白天织好后，又在晚上偷偷拆掉，如此日夜反复。每天早晨当她整理好纺线开始织布时，她可以自由地选择无数的式样，可是晚上是如此单调，这些不同的式样被拆毁后，就没有什么区别了。白天的工作尽管很复杂，晚上的工作只是把纺线抽出就可以了。

每天晚上都是如此枯燥单调的工作，佩涅洛佩的确令人同情，如果这种愚蠢的行为不会有什么结果，这份苦差事更是难以忍受。激励佩涅洛佩的是她心中的一首歌："我将会与他团聚"。她生活在一种希望之中，所幸的是她的希望没有落空，这位英雄终于回来了，而且发现他心爱的人仍然是属于他的。长篇史诗《奥德修记》正是用他们的团圆作为结尾的。

正如神话所讲的那样，佩涅洛佩枯燥乏味的抽线辛劳终于换来了回报，可是我们讨论的那些更为伟大的织布工的命运如何呢？歌德的诗篇表达了他们的人间命运。

> 在生命的急流中，在无尽的诱惑里，
> 在行动的热情中，在火里，在暴风雨里，
> 来来回回，
> 升升降降，
> 我徘徊，我彷徨，
> 出生和死亡，
> 浩瀚的海洋，
> 起起伏伏，
> 卷起巨浪，
> 火热的激情，
> 此起彼伏，
> 把生命点亮
> 我坐在时间的纺车旁，
> 为神灵纺织色彩斑斓的衣裳。[1]

尘世的精灵在时间的纺车上不停地来回穿梭就构成了人类社会短暂

的诞生、生长、衰落和解体的历史，在生命的急流和行动的暴风雨里，我们能够听到一种自然的节律，节律的不断变化就是挑战和应战，归隐和复出，溃败和重整，亲体和子体，分裂和重生。这种自然节律的实质就是阴阳的转化，在这个过程中，我们听到了第一诗节与第二诗节(strophe maybe answer by antisrphe)的转换，听到了胜利与失败，创造与毁灭，出生与死亡的轮换，但是这种节律运动既不是一场无关紧要的战争的反复，也不是脚踏车的循环转动。如果轮子的每一次转动都能够向目标接近一步的话，它的周而复始就不是徒劳的重复。如果轮回标志着新事物的产生，而不是曾经出现过，然后又死掉的事物再次出现，那么尘世的车轮就不能算作给该死的伊克西翁带来无尽折磨的残酷刑具。因此，阴阳合奏的乐曲是一首创造之歌，我们不应该被表面的假相所误导，这一首乐曲原本就是创造和毁灭的交响曲，这才是历史的真实。当我们仔细倾听时，两个音符的相撞不是混杂刺耳的噪音，而是优美和谐的合奏曲。新事物如果不消化吸收旧事物的成分，包括对立的因素，是不能够被创造出来的。

但是尘世的精灵编织出来的五彩缤纷的衣裳又如何呢？是飞速地被编织出来，瞬间回到了天堂，还是在尘世间留下一些我们可以见到的残破衣角呢？看着这个编织工拆毁的下脚料被丢弃在纺车旁，我们作何感想呢？尽管解体的社会是一种幻象，可还是留下了一些残骸碎片。事实上，我们已经看到了解体社会留下的诸多统一国家、统一教会以及蛮族军事集团，对于这些我们又如何看待呢？当我们把它们捡起来的时候，是把它们视为废弃的碎片呢？还是视为这位编织工在一种显然耗费了他全部精力的、比滚动的纺车更为精巧的器具中，用自己无形的灵巧的双手编织出来的艺术杰作呢？

带着这样的疑问，回顾以前我们所作的研究，我们有理由相信它们并非只是社会解体的副产品，在它们身上首先呈现出亲属关系的特征，这是一个文明与另一个文明之间的关系。统一国家、统一教会和蛮族军事集团很明显都无法在任何单一的文明中得到彻底地解释，它们的存在包含着一种文明与另一种文明之间的关系，正因为这样，它们才可以当作一个独立的研究单位。可是它们的独立性又能延续多久呢？在统一国家中，我们看到它带来的和平如同它一度的虚幻的壮丽辉煌一样短暂；蛮族军事集团只是在死亡文明的残骸上产生的一种狂想，它的寿命也不会比它试图毁灭的那个正在腐烂的肉体更长。这些蛮族军事集团注定要像阿喀琉斯一样过早地死亡，可是它们短暂的生命还是在英雄时代的赞歌中留下了回响。然而，每一种高级宗教试图建立的统一教会的命运又怎么样呢？

显然对于这个新问题，我们还不能即刻作出回答，可是我们也不可忽视它。这个问题关乎这位编织者工作的全部意义。我们的研究远远没有结束，但是我们已经站在了这一研究领域的最后边缘。

注　释：

[1] Goethe, Faust, ll, 501—509 (R.Anstell's 英译)。

编者说明和表格

编者说明

以下诸表的前四表是按汤因比先生原著的附表重新制作的，它们为作为社会解体副产品的重大后果提供了一个大纲。 第五表重印自《当今神学》第一卷第3期，得到编者约翰·A·麦凯博士与爱德华·D·梅耶尔斯博士的慷慨许可。 梅耶尔斯编纂这个附表是为了说明他的一篇发表在此期上的论文《论汤因比〈历史研究〉的若干主要思想》。 梅耶尔斯博士的图表对汤因比先生著作的头六卷的整个内容提供了概括性的观点。

本节录版的读者在这些附表中将发现事先未加介绍的许多名称和事实。 原因当然是这个节录版的编者(自然而然地和不可避免地)不得不舍去原著中的大量历史说明，不得不删去出自其他说明的大量细节，而这些说明只能以缩略的形式保存下来。 所以，这些附表在这里不仅服务于它们相应的目的，即对作者探究的某些结果予以概括，而且旨在提醒这个节录版的读者在选取这条捷径的时候会错失多少东西。

附表 1　大一统国家

文　明	"动乱时期"	大一统国家	普遍和平时期	帝国创立者的来源地
苏美尔文明	约公元前 2677—前 2298 年	苏美尔与阿卡德帝国（"天下四方之国"）	约公元前 2298—前 1905 年	创建者：城市人（来自乌尔），恢复者：边境居民（阿摩利人）
巴比伦文明	—前 610 年	新巴比伦帝国*	公元前 610—前 539 年	创立者：蛮族人[1]（迦勒底人），继承者：蛮族人（阿契美尼王朝），外来者：（塞琉古王朝）
印度文明	—前 322 年	孔雀帝国、笈多帝国	公元前 322—前 185 年，公元 390—约 475 年	创立者：城市人[2]（来自摩羯陀）
中国文明	公元前 634—前 221 年	秦汉帝国	公元前 221—约公元 172 年	创立者：边境居民（出自秦），继承者：城市人（前后汉）
希腊文明	公元前 431—前 31 年	罗马帝国	公元前 31—公元 378 年	创立者：边境居民（罗马人），恢复者：边境居民（来自伊利里亚人）
埃及文明	约公元前 2424—前 2070／2060 年	中帝国 新帝国**	约公元前 2070／2060—约前 1660 年 约公元前 1580—前 1175 年	边境居民（来自底比斯） 边境居民（来自底比斯）
东正教文明（俄国）	约公元 1075—1478 年	莫斯科帝国	公元 1478—1881 年	边境居民（来自莫斯科）
远东文明（日本）	1185—1597 年	丰臣秀吉独裁与德川幕府	1597—1868 年	边境居民（来自关东地区）
西方文明（中世纪的城市国家）	约 1378—1797 年	拿破仑帝国	1797—1814 年	边境居民（来自法国）

* 汤因比在帝国与王国概念的使用上并不严谨，脱离一般的释义。苏美尔人的国家以及阿卡德国家在历史上普遍被称作地域较小的王国，而非地域广袤的帝国。——译者注

** 汤因比对传统历史分期给以个人的命名，如此处汤因比对古埃及传统历史分期"古王国"、"新王国"一律称作帝国，对历史上的莫斯科大公国也称帝国。——译者注

（续表）

文　明	"动乱时期"	大一统国家	普遍和平时期	帝国创立者的来源地
西方文明(抗击古奥斯曼土耳其人攻古的堡垒)	约1128[3]—1526年	多瑙河流域的哈布斯堡君主制	1526—1918年	边境居民(来自奥地利)
安第斯文明	—约1430年	印加帝国("天下四方之国")	约1430—1533年	创立者：边境居民(来自库斯科)；继承者：外来人(西班牙人)
叙利亚文明	约公元937—前525年	阿契美尼帝国 阿拉伯哈里发	约公元前525—前332年 约公元640—969年[4]	边境蛮族(来自伊朗) 蛮族(来自阿拉伯)
远东文明(主体)	公元878—1280年	蒙古帝国 清帝国	1280—1351年 1644—1853年[4]	外来蛮族(蒙古人) 边境蛮族(满洲人)
中美洲文明	—1521年	新西班牙的西班牙总督政权	1521—1821年	先驱者是边境蛮族(阿兹特克人)；创立者：外来人(西班牙人)
东正教文明(主体)	977—1372年	奥斯曼土耳其帝国	1372—1768年	外来人(奥斯曼土耳其人)
印度教文明	约1175—1572年	莫卧儿土邦 不列颠土邦	约1572—1707年 约1818—	外来人(莫卧儿人) 外来人(英国人)
米诺斯文明	—约公元前1750年	米诺斯海上霸国	约公元前1750—前1400年*	无证据
玛雅文明	—约公元前300年	玛雅"第一帝国"	约公元前300—690年*	无证据

注　释：

[1] 巴比伦尼亚的迦勒底人既可列为都市人，也可列为边境居民。
[2] 摩羯陀也许可以视为孔雀王朝以前和孔雀王朝时期和孔雀王朝的印度世界的内地的一部分，或者做是这两个时期印度世界的东部边区。
[3] 这是匈牙利与"奥斯曼土耳其"的东罗马先驱马先驱科姆宁王朝之间的第一次战争爆发的时间。
[4] 太平天国占领南京的时间。

* 此年代的判断不过是纯粹的假设，没有任何可信的史料可资证明。 ——译者注

附表 2　哲学

文　明	哲　学
埃及文明	阿吞教(流产的哲学)
安第斯文明	维拉科契神教(流产的哲学)
中国文明	儒学
	墨学
	道教
叙利亚文明	无尽时光教(流产的哲学)
印度文明	小乘佛教
	耆那教
西方文明	笛卡儿哲学
	黑格尔哲学[1]
希腊文明	柏拉图主义
	斯多葛主义
	伊壁鸠鲁哲学
	庇罗怀疑主义
巴比伦文明	占星学

注　释:

　　[1]　限定于社会事物领域的黑格尔主义等于马克思主义，从西方世界移植到俄罗斯的马克思主义等于列宁主义。

附表3　高级宗教

文　　明	高级宗教	灵感来源
苏美尔文明	塔木兹崇拜	当地
埃及文明	奥西里斯崇拜	外来[?](苏美尔[?])
中国文明	大乘佛教	外来(印度—希腊—叙利亚)
	新道教	当地，但是对(大乘佛教)的模仿
印度文明	印度教	当地
叙利亚文明	伊斯兰教	当地
希腊文明	基督教	外来(叙利亚)
	太阳神教	外来(叙利亚)
	摩尼教	外来(叙利亚)
	大乘佛教	外来(印度)
	伊西斯崇拜	外来(埃及)
	西布利崇拜	外来(赫梯)
	新柏拉图主义	当地(先前是哲学)
巴比伦文明	犹太教	外来(叙利亚)
	袄教	外来(叙利亚)
西方文明	大同教	外来(伊朗)
	艾罕默德教派	外来(伊朗)
东正教文明(主体)	伊玛目什叶派	外来(伊朗)
	拜德莱丁主义	半外来(具伊朗气息)
东正教文明(俄罗斯)	宗派主义	当地
	复古主义的新教	外来(西方)
远东文明(主体)	天主教	外来(西方)
	太平教派	半外来（西方气息）
远东文明(日本)	净土宗	半外来(来自远东主体)
	净土真宗	当地（来自净土宗）
	日莲宗	当地
	禅宗	半外来（来自远东主体）
印度文明	迦比尔教与锡克教	半外来(具伊斯兰气息)
	梵社	半外来(具西方气息)

附表 4　蛮族军队

文　明	大一统国家	边　界	蛮　族	诗　歌	宗　教
苏美尔文明	苏美尔与阿卡德帝国	东北	古提人 欧亚草原游牧民(雅利安人) 加喜特人 赫梯人	梵文史诗	吠陀众神 赫梯众神
巴比伦文明	新巴比伦帝国	西北 东北	欧亚草原游牧民(西徐亚人) 米底人和波斯人		祆教
印度文明	孔雀帝国 笈多帝国	西北 西北	萨克人* 匈奴人* 古尔雅拉人	梵文史诗(又作)	
中国文明	秦汉帝国	西北	欧亚草原游牧民{(匈奴)(拓跋)(柔然) 鲜卑		
希腊文明	罗马帝国	东北 西北 北方	欧亚草原游牧民 海岛凯尔特人 大陆条顿人{(撒马特人)(匈人)	爱尔兰史诗 条顿史诗	远西方的基督教先是雅典众神，然后是雅利安教
		东北 东南	欧亚草原游牧民 阿拉伯人	前(伊斯兰教)阿拉伯诗歌	伊斯兰教

　———

* 古罗马时代的希腊史家马塞里努斯记载的凶悍蛮族 Huns(古希腊语为 Ovvoι 或 Ouvoι，拉丁文为 Huni)与中国史书中的匈奴是否是同一个民族，目前并没有可信的证据。18 世纪法国东方学家德奎尼首提中国史书记载的匈奴入西迁越过顿河，成为欧洲的匈奴人 Huns。德奎尼说曾在 19 世纪和 20 世纪较为流行，但反对声也不断，主要理由是缺乏任何可靠证据。自 20 世纪后半叶以来，否认 Huns 与匈奴同一性的说法占了上风。故此处译作匈人。——译者注

（续表）

文明	大一统国家	边界	蛮族	诗歌	宗教
埃及文明	中帝国 新帝国	西南 南方 东北 北方 西北 东方	柏柏尔人 努比亚人 喜克索斯人 亚该亚人 利比亚人 希伯来人与阿拉米人	荷马史诗	塞特崇拜 奥林匹亚众神
东正教文明（俄罗斯）	莫斯科帝国	东南	欧亚草原游牧民 {點鞑人 （土尔扈特·额鲁特人）}		耶和华崇拜 伊斯兰教 大乘佛教
远东文明	德川幕府	东北	虾夷人 大陆撒克逊人 文德人		
西方文明	在欧洲	北方 西北 东方 东南	立陶宛人 斯堪的纳维亚特人 海岛的凯尔特人 欧亚草原游牧民（马扎尔人） 波斯尼亚人	冰岛英雄传奇 爱尔兰史诗	斯堪的纳维亚的众神 远西方基督教
安第斯文明	北美印加帝国	西方 东北 南方	红印度人 亚马逊人 阿劳干人	穆斯林南斯拉夫"英雄"民谣	先是波斯米尔教，后是波斯拜兰教 非暴力的"狂热教派"
叙利亚文明	阿契美尼帝国 阿拉伯哈里发	西北 东北 西北 西南	马其顿人 帕提亚人 萨卡人 法兰克人 东罗马"边民" 柏柏尔人	亚历山大传奇 伊朗史诗 法兰西史诗 拜占庭希腊史诗	天主教 东正教 伊斯玛希仪的什叶派

（续表）

文 明	大一统国家	边 界	蛮 族	诗 歌	宗 教
		东南	阿拉伯人		伊斯玛仪的什叶派
		北方	欧亚草原游牧民(哈扎尔人)		犹太教
		东北	突厥人 / 蒙古人 / 契丹人（蒙古人）		摩尼教 / 景教
远东文明(主体)	[动乱时期]	东北	欧亚草原原游牧民 金人（蒙古人）		大乘佛教喇嘛教
	清帝国	东北	欧亚草原原游牧民(蒙古人)		
		西北	欧亚草原原游牧民(准噶尔·额鲁特人)		
中美洲文明	新西班牙的西班牙总督统治	北方	齐奇迈克人		
东正教文明(主体)	奥斯曼土耳其帝国	西北	塞尔维亚人	东正教南斯拉夫"英雄"民谣	贝克塔什逊尼派
			阿尔巴尼亚人 / 鲁美利奥特希腊人	阿尔巴尼亚"英雄"诗歌 / 鲁美利奥特希腊阿尔马特与克莱夫特民谣	
		东北	拉泽人 / 库尔德人 / 阿拉伯人		
		东南 / 南方	阿拉伯人		内志的瓦哈比教派 / 科尔多瓦法尼马赫迪教派

（续表）

文　明	大一统国家	边　界	蛮　族	诗　歌	宗　教
印度文明	莫卧儿土邦	西北	乌兹别克人 阿富汗人		
米诺斯文明	英属土邦 米诺斯的海上霸国	西北 北方 东方	阿富汗人 亚该亚人 希伯来人与阿拉米人	荷马史诗	奥林匹亚众神 耶和华崇拜
伊朗文明	[动乱时期]	东北	乌兹别克人 阿富汗人		
赫梯文明		东北 西北	嘎斯嘎人 弗里吉亚人		
亚欧游牧文明	西徐亚游牧王国	西南 西北 东方	亚该亚人 巴斯塔奈人 萨马特人	荷马史诗	奥林匹亚众神
	哈扎尔游牧部落	西北 东方	瓦兰基人 派克赤克人	俄罗斯"英雄"民谣	东正教
	金帐游牧部落	西北 东北	哥萨克人 吉尔吉斯哈萨克人	吉尔吉斯哈萨克"英雄"民谣	

附表 5

文　明	关　系	起源的时间与地点
1. 埃及文明	完全无关系	尼罗河流域，公元前 4000 年以前
2. 安第斯文明	完全无关系	安第斯沿海地带与高原地带，约公元前 1500 年
3. 中国文明	牧早期无关系，后来明显与近东有关联	黄河流域下游，约公元前 1500 年
4. 米诺斯文明	牧早期无关系，后来显然与希腊文明有(松散)联系	公元前 3000 年以前的爱琴诸岛
5. 苏美尔文明	牧早期无关系，后来显然与巴比伦文明(?)与赫梯文明有关联(?)	底格里斯河与幼发拉底河下游，约公元前 3500 年以前
6. 玛雅文明	牧早期无关系，后来显然与尤卡坦文明和墨西哥文明有关	中美洲热带雨林，约公元前 500 年以前
7. 尤卡坦文明 } 融合成中 8. 墨西哥文明 } 美洲文明	二者附属玛雅文明	尤卡坦半岛北水，无树木的石灰岩地带，629 年以后
9. 赫梯文明	可能若即若离地附属苏美尔文明，但接受亚尔美尔宗教	越过苏美尔边界不远的卡帕多嘉亚，公元前 1600 年以前
10. 叙利亚文明	若即若离地附属米诺斯文明，明显与伊朗文明与阿拉伯文明有关	叙利亚，公元前 1100 年以前
11. 巴比伦文明	若即若离地附属苏美尔文明	伊拉克，公元前 1500 年以前
12. 伊朗文明 } 融合成伊 13. 阿拉伯文明 } 斯兰文明	二者附属叙利亚文明，1516 年后融合而成伊斯兰社会	安纳托利亚、伊朗、乌浒水与药杀水地区，1300 年以前 阿拉伯半岛、叙利亚、伊拉克、北非，1300 年以前
14. 远东文明—主体	附属带有一个日本分支的中国文明	中国，500 年以前
15. 远东文明—日本分支	远东文明主体的分支	日本列岛，500 年以后
16. 印度文明	牧早期完全无关系，后来明显与印度教文明有关	印度河干恒河流域，约公元前 1500 年
17. 印度教文明	附属印度文明	印度北部，800 年以后
18. 希腊文明	若即若离地附属米诺斯文明，显然与西方文明和东正教文明有关	爱琴海沿岸地区与岛屿，公元前 1100 年以后
19. 东正教文明—主体	附属带有俄罗斯分支的希腊文明	安纳托利亚，700 年以后(11 世纪最终与西方断裂)
20. 东正教文明—俄罗斯分支	东正教文明主体的分支	俄罗斯，10 世纪
21. 西方文明	附属希腊文明	西欧，700 年之前

（续表）

挑　　战	动乱时间	大一统国家
1. 自然界的挑战：干旱	约公元前 2424—前 2070／2060 年	中帝国 新帝国
2. 自然界的挑战：沿岸沙漠，几近缺乏泥土的高原上的寒冷气候	？—约 1430 年	印加帝国（之后是秘鲁的西班牙总督辖区）
3. 自然界的挑战：沼泽、洪水与温度极冷与极热	公元前 634—前 221 年	秦汉帝国
4. 自然界的挑战：海洋	？—前 1750 年	米诺斯海上霸国
5. 自然界的挑战：干旱	约公元前 2677—前 2298 年	苏美尔与阿卡德帝国
6. 自然界的挑战：茂盛的热带雨林	？—约公元 300 年	玛雅"第一帝国"
7. 8. 自然界的挑战：筑脯半岛，社会的挑战：玛雅社会解体	？—1521 年	新西班牙（当西班牙人到来时，阿兹特克人创建了一个大一统国家）新西班牙总督政权
9. 社会的挑战：米诺斯社会解体	至公元前 15 世纪在自身所处的世界具支配地位；在公元前 1352 年与埃及开战，至公元前 1278 年才现和平，约公元前 1200—1190 年遭迁徙浪潮摧存没	
10. 社会的挑战：苏美尔社会解体	约公元前 937—前 525 年	阿契美尼帝国 阿拉伯哈里发
11. 社会的挑战：苏美尔社会解体	？—前 610 年	新巴比伦帝国
12. 社会的挑战：叙利亚社会解体 13. 社会的挑战：叙利亚社会解体		
14. 社会的挑战：中国社会解体	878—1280 年	蒙古帝国 清帝国
15. 自然界的挑战：新的土地，社会的挑战：与文明主体接触	1185—1597 年	丰臣秀吉独裁与德川幕府
16. 自然界的挑战：热带森林的繁茂	？—前 332 年	孔雀帝国 笈多帝国
17. 社会的挑战：印度社会解体	约 1175—1572 年	莫卧儿土邦 不列颠土邦
18. 自然界的挑战：筑脯半岛与海洋；社会的挑战：米诺斯社会解体	公元前 431—前 31 年	罗马帝国
19. 社会的挑战：希腊社会解体	977—1372 年	奥斯曼土耳其帝国
20. 自然界的挑战：新的土地，社会的挑战：与文明主体接触	1075—1478 年	莫斯科俄国
21. 自然界的挑战：新的土地，社会的挑战：希腊社会解体		

（续表）

普遍的和平	哲　学	宗　教	宗教灵感的来源
1. 约公元前 2070/2060—前 1660 年 约公元前 1580—前 1175 年	阿吞教(流产的哲学)	奥西里斯崇拜 阿吞教	外来? —— 来自苏美尔?
2. 1430—1533 年	维拉科契神教(流产的哲学)		
3. 公元前 221—公元 172 年	墨学；道教；儒学	大乘佛教 新道教	外来(印度—希腊—叙利亚来源) 本土模仿
4. 约公元前 1750—前 1400 年	塔木兹崇拜 —— 苏美尔社会没有创造出任何可以称之为新宗教的东西		
5. 约公元前 2298—前 1905 年			
6. 约 300—600 年	玛雅社会, 赫梯社会, 巴比伦社会在全部回归到原始人的精神状态, 似乎全都回归到原始人的精神状态, 对他们宗教中被抛弃的崇拜性和他们哲学中受到震荡的禁欲主义之间的鸿沟, 明显无动于衷。由于震惊于古代社会结构的解体, 对表现出了一种对崇拜恶感的醒悟。		
7. 约 1521—1821 年			
8.			
9.			
10. 约公元前 525—前 332 年 约 640—969 年	无尽时光教(流产的哲学)	伊斯兰教	本土来源 本土来源
11. 公元前 610—前 539 年	占星术	犹太教 祆教	外来 —— 来自叙利亚 外来 —— 来自叙利亚
12.			
13.			
14. 1280—1351 年 1644—1853 年		天主教 太平教派	外来 —— 来自西方 半外来 —— 带西方色彩
15. 1597—1863 年		净土宗 净土真宗 禅宗	半外来 —— 来自主体文明 本土来源 半外来 —— 来自主体文明
16. 公元前 322—前 185 年 390—约 475 年	小乘佛教；耆那教	印度教	本土来源 本土来源
17. 约 1572—1707 年 约 1818—		迪比尔教；锡克教 梵社	半外来 —— 来自伊斯兰 半外来 —— 带西方色彩
18. 公元前 31—公元 378 年	柏拉图主义 斯多葛主义 伊壁鸠鲁哲学 庇罗怀疑主义	基督教 密特拉教 摩尼教 伊西斯崇拜 大西布莉教崇拜 新柏拉图主义	外来 —— 来自叙利亚 外来 —— 来自叙利亚 外来 —— 来自埃及 外来 —— 来自印度 外来 —— 来自叙利亚 本土来源

（续表）

普遍的和平	哲　学	宗　教	宗教灵感的来源
19. 1372—1768年		伊斯玛仪的什叶派 拜德莱丁主义*	外来——来自伊朗 外外来——伊朗色彩
20. 1478—1881年		宗派主义 复古主义的新教	本土来源 外来——来自西方
21.			

流产的文明：这些流产文明的胚胎由于不得不经历一系列过分严厉的挑战而流产。这些流产的文明有：

远西的基督教文明：在"凯尔特人边缘"，主要是在375年的爱尔兰人边缘，作为对新土地的回应。即凯尔特人使基督教诞生于查理大帝的需要。到了6世纪，爱尔兰切确成为西部基督教社会的重要。9—11世纪的北欧海盗与12世纪的罗马教会权威以及英格兰的政治势力。

远东基督教文明：出自基督教之中，约一药系中亚流域的鄂毕之中，在737—741年阿拉伯帝国并吞这一地区时灭亡，此前它在政治与文化方面已与叙利亚中的其他地区已经脱离了近9个世纪。这种天折的文明集中亚历史中9个世纪的产物。其间，几个孱弱伟大的商路贸易之后，希腊佛祖无产者活动的范围之内，名6世纪末中以前，斯堪的纳维亚人在商路大的挑战是人。

停滞的文明：包括波利西亚人、爱斯基摩人、游牧人、斯巴达人与奥斯曼土耳其人的文明。这个文明的天折是斯堪的纳维之间四的边界相近上。斯巴达人与奥斯曼土耳其人的最大挑战是人，其他人遇到的最大挑战是海冰。这个文明都生长于人从性向兽性退化的道路。应行动遂遭之间的边界相近上，迫使他们经济条件的刺激，以致遇他们消耗了如此多的能量，以致遇取其他的好处。

爱斯基摩人：有利的经济条件为代价，迫使他们全力以赴在冬季攫取海鱼期间滞留在海冰上。

奥斯曼土耳其人：他们遇到的最大挑战是地理条件的改变，从游牧生活转变到一个不同类型的环境，在那里遇到的新问题是组成的异乡社会。他们竭尽全力奥斯曼土耳其人的奴隶家族，即挑选并培训他们看门的人畜们保持秩序于九之中。他们使用散布太平洋的小强水手，用于在太平洋上航行。他们使用散布人口的技巧，进行这种驶入牧牛的异乡，互不联系对方，却应起放立行事。尽管它彼此独立行事，以及他们为了与太平洋保持平衡而付出的代价——他们为大过去的伟大过去的证明。

游牧民：大草原带来的自然挑战与引退牧业相异。驾驭草原需要游牧力而无——丝毫为其农业。牧业中一丝为奴隶为留内农业。在凯凯动物与开发经济技能方面，在"好牧民"是基督教世界的最高标志。

斯巴达人：整个希腊世界在公元前8世纪所有人口过剩的商路标。斯巴达人以巨大的努力力自使人们把所有的精力力都投入了军事训练当中——如同奥斯曼土耳其人的体制一样。完全把

弃了人性。在斯巴达人与奥斯曼土耳其人的社会相似之处，这是由于这两个不同的社会中都实现了同样的体制成，互不联系对方，却应立故。

波利西亚人：他们对来自海洋的空间水面，用于在太平洋上航行，他们使用散布人口的小强水手，在他们的空间水面对着许多更喜爱的精力力之间在任何安全故松的余地，直到最后，无法忍受世态渐变解而有所松弛。复活节岛上的后代失去了航海本领，在他们的后代失去了航海本领。

---

* 拜德莱丁主义(bedreddinism)，指叙利亚社会的神学家拜德莱丁(1359—1420年)反奥斯曼土耳其统治的主张，包括均分土地和不交赋税。——译者注

** 实际并非严厉到灭绝了人性的需要。——译者注

563

论点摘要

第一部　导论

第一章　历史研究的单位

能够认知的历史研究单位既不是国家或者民族，也不是时代，而是"社会"。 对于各个时期英国历史的考察表明，它并不能自行认识自身，只能视为一个更大整体的一部分。 这个整体包括许多部分——英格兰、法兰西、尼德兰等等，它们遇到的是相同的挑战，然而应战的方式各不相同。 这里举出了古希腊历史的例子来说明这个问题。 英国隶属的整体或社会可以确认为西方基督教世界，对于它的起源时期以及在不同时期空间上的扩张作了区分。 它的产生要比各个部分出现得稍早一点。 对于它的起源考察使我们认识到了另一个已经消亡的社会的存在，即希腊—罗马帝国或古代希腊社会，我们今天的社会就是它的子体。 同样明显的是还存在着一些仍然活着的其他社会，如东正教社会、伊斯兰社会、印度社会和远东社会，还有一些我们无法确认的社会，像犹太社会和帕西社会等的"化石"遗迹。

第二章　诸文明的比较研究

本章的目的旨在确认、定义和命名现存的具有悠久历史的社会——倒不如说是文明，因为还有原始社会或者非文明社会。 我们遵循的第一个研究思路是确认现在的文明，考察它们的起源，然后看一看现已灭绝的那些西方基督教社会的子体是否是从古希腊文明的母体中分裂出来的。 标志着它们之间关系的是：(a)统一国家(如罗马帝国)，这是动乱时代的产物；(b)间歇时期以及在间歇时期出现的；(c)教会和(d)英雄时代的民族大迁徙。 教会和民族大迁徙分别是垂死文明内部和外部无产者的产物。 顺着这条思路，我们发现：

东正教社会像我们西方社会一样，都是古希腊社会的子体；

追溯伊斯兰社会的起源，我们发现它是由两个不同的社会——伊朗社会和阿拉伯社会融合而成的，而追溯这两个社会的起源，我们又发现在"古希腊人入侵"一千年之前，还有一个灭绝的文明，即古叙利亚社会；

在印度社会背后，我们发现了一个古印度社会；

在远东社会背后，我们发现了一个古代中国社会；

那些所谓的"化石"遗迹也是一些灭绝社会的残余。

古希腊社会起源于米诺斯社会，可是古希腊社会并不像其他已经确认的子体社会一样，继承了先辈内部无产者创造的任何宗教，因此，它与母体的关系并不是很严格；

在古印度社会背后，我们发现了苏美尔社会；

除了古印度社会之外，我们发现苏美尔社会还有两个后代：赫梯社会和巴比伦社会；

古埃及社会既没有祖先也没有后继者；

在美洲新大陆，我们可以确认四个社会：安第斯社会、尤卡坦社会、墨西哥社会和玛雅社会；

这样，我们就有了 19 个"文明"样本，如果我们把东正教社会划分为拜占庭东正教社会(位于安那托里亚和巴尔干)和俄罗斯东正教社会，把远东社会分为中国社会和日本—朝鲜社会，我们就有了 21 个文明。

第三章　各个社会的可比性

第一节　诸文明与原始社会

所有文明社会至少有一个共同点——都脱胎于原始社会。后者虽然数量很多，但是规模较小。

第二节　对文明统一性的误解

我们考察并否认了只有一种文明，即我们自己的文明的错误观念，以及所有文明都起源于古埃及的"扩散理论"。(Diffusionist theory)

第三节　关于诸文明可比性的案例

相对来说，文明是人类历史晚近才出现的现象，最早的文明也只是诞生在六千年之前，因此，在哲学上可以把所有文明视为同时代的单一类型的多个成员。"历史不会重演"这个准真理对于我们的研究过程不会造成任何障碍。

第四节　历史、科学与虚构

这是三种观察和表现我们的思维对象，包括人类生活现象的不同方式。这里考察了这三种技巧的不同，同时也讨论了科学和虚构在表现历史主题方面的作用。

第二部　文明的起源

第四章　问题的提出以及为何无法解决

第一节　问题的提出

在21个文明社会中，有15个起源于从前的文明，而其他6个则是直接从原始社会中诞生出来的。今天幸存的原始社会都是静止不动的，可是最初它一定具有进步性的推动力。社会生活要比人类出现早，在昆虫界和动物界都可以发现社会生活，正是在原始社会的庇护下，低等人才进化到了高等人——这一步比任何文明社会取得的进步的意义更为重大。然而，正像我们知道的那样，原始社会是静止不动的，那么，随之而来的问题就是：这个原始的"习俗蛋饼"为什么要被打破？又是如何打破的呢？

第二节　种族

我们试图找寻的因素必定是创造文明的那些人类的某些特质，或者是当时他们所处的环境的某些独特特征，抑或是两者的相互作用。对于第一种观点，即认为世界上存在着某些本质上具有优越性的种族，如北欧种族，认为只有他们才应该负责文明的创造，我们进行了考察并予以了否定。

第三节　环境

另一种观点认为，能够提供舒适安逸生活条件的环境在文明起源的过程中起着至关重要的作用，对此我们进行了考察，最后也否认了这种观点。

第五章　挑战与迎战

第一节　神话线索

我们已经考察和否定的上述观点中的错误就在于把物质科学——生物学和地理学的研究程序运用到实际上是精神问题的研究当中。 通过对于充分表现人类智慧的许多伟大的神话作品的回顾考察，证明了人类创造文明的可能性，可是它却不是因为高级的生物禀赋或者地理环境，而应该归功于人类对于特别困难情势下的挑战而作出应战，这些困难极大地刺激了他们必须付出前所未有的努力。

第二节　相关的神话

在文明破晓之前，亚非草原(撒哈拉沙漠和阿拉伯沙漠地区)是一个草肥水美的地方，可是后来这一地区逐渐干旱变得沙漠化，牧民们遭遇到巨大挑战，迫使他们利用各种方法起而应战。 一些人留了下来，可是改变了生活习惯，于是出现了游牧生活方式。 一些人往南迁徙，在热带地区寻找草原，从而保留了他们原始的生活方式，今天他们的后裔仍然如此。 还有一些人迁徙到尼罗河三角洲的沼泽和灌木丛地区，着手建造排水工程，疏通河道，这样他们就创造了古埃及文明。

苏美尔文明诞生方式与之相同，是由于底格里斯河和幼发拉底河三角洲的同样原因。

中华文明起源于黄河流域。 挑战是如何出现的？ 是何种性质的挑战？ 目前还不是很清楚，但是可以肯定的是那里的条件也是非常险恶和困难的。

玛雅文明的起源是由于热带森林的挑战。 安第斯文明的起源是由于贫瘠寒冷的高原。

米诺斯文明的诞生是由于海洋的挑战。 它的创造者是来自干旱的非洲沿岸的逃荒者，试图在克里特岛和爱琴海一些岛屿上寻找水源，最后定居了下来，他们最初并不是来自距离最近的亚洲和欧洲大陆。

子体文明的挑战最初一定不是来自地理环境方面而是来自人为环境，也就是来自那些他们从属的社会"居于主导地位的少数人"。 准确地说，这些人都是丧失了领导能力，已经变成压迫者的统治阶层。

对于这样的挑战，这个垂死社会的内部和外部无产者被迫起而应战，逐渐与它脱离开来，这样就为一个新文明的产生奠定了基础。

第六章 抵抗逆境的美德

前面一章关于文明起源的解释基于这样一种假设：文明不是由于舒适而是恶劣的环境条件所致。为了进一步证明这一假设，我们举出了许多地方的实例，在这些地方，文明一度繁荣，后来衰落了，现在这些地方又恢复了原貌。

玛雅文明的诞生地现在又变成了热带森林。

古代印度文明的繁荣地区在锡兰岛无雨的那半部地区。现在这一地区彻底荒芜了，只有古印度灌溉系统的残骸依稀可以看到这一地区曾经的辉煌。

在今天阿拉伯沙漠的一些小绿洲上仍然可以看到皮特拉和巴尔米拉的遗址。

复活节岛是太平洋中最偏僻的一个岛屿，岛上的雕像证明这一带曾经是波利尼西亚文明的中心。

新英格兰——欧洲殖民者曾在这里扮演过北美历史上主宰性的角色——现在却成了北美大陆最为贫瘠荒凉的地区之一。

罗马平原上的诸多拉丁镇区直到最近之前还是一片疟疾横行的荒地，可是在罗马帝国的兴起中，它们起到过巨大作用。然后与卡普亚优越的环境和少得可怜得成就作了对比，同时又从希罗多德、《奥德修记》和《出埃及记》中引入了许多例证。

尼亚萨兰土著人的生活是舒适的，可是直到来自遥远寒冷地区的欧洲入侵者出现之前，他们一直过着原始的野蛮生活。

第七章 环境的挑战

第一节 艰苦地区的刺激

这里举出了一些相互毗邻的地区为例。在每一个例子中，前一个地区都是较为恶劣的，但是作为一个或者另一个文明的发祥地都有更为辉煌的纪录：黄河流域和长江流域；阿提卡和彼奥提亚；拜占庭和卡尔西敦；以色列、腓尼基和非利士；勃兰登堡和莱茵兰；苏格兰和英格兰；欧洲不同国家在北美的殖民地。

第二节　新地方的刺激

我们发现"处女地"对于挑战的应战要比拓荒过的土地更为强烈，因为原来土地的"文明人"对于挑战更容易应付。因此，假如我们任意选择一个子体文明，我们都会发现它在"母体"文明占据的地区之外取得的早期成就最为瞩目。如果这个新地区是经由海路到达的，那么它激起的应战的优势就会愈加明显。然后论证了这一事实产生的缘由，以及史诗一般在国内得到发展而戏剧大多在海外发展的原因。

第三节　打击的刺激

古希腊和西方历史的各种实例证明，突然遭受失败的打击往往易于激起失败者重整国内秩序，为争取一个胜利的应战作准备。

第四节　压力的刺激

事实证明边境地区的人们要比内地的近邻更易于不断受到攻击，可是取得的成就也更为辉煌。紧邻东罗马帝国的奥斯曼人取得的成就要比它的东面邻居卡拉曼人更大；奥地利人长期受到奥斯曼土耳其人的进攻，由此要比巴伐利亚人取得的成就更为显著。对于英国在罗马帝国衰落之后、诺曼人征服之前的状态和命运，依据这种观点进行了考察。

第五节　缺失的刺激

许多阶层和种族要长期忍受统治他们的其他阶层和种族强加的各种不同形式的惩罚。这些遭受惩罚的阶层和种族对于禁止他们享受某种特权和发展机会的挑战，总要起而应战的，而且他们往往会在其他留给他们的方面表现出旺盛的精力和独特的才能——就像盲人具有非常灵敏的听觉能力一样。变身为奴可能是最残酷的惩罚了，但是公元前最后二百年里，从意大利贩运到地中海东岸的大批奴隶中间，却出现了一个强大的"自由民"阶层。同样在这个奴隶阶层中间，也出现了许多内部无产者创立的新宗教，其中就有基督教。

依据同样的观点，我们考察了奥斯曼征服和统治下的各个基督教阶层的命运——尤其是法纳尔人的命运。这个例子和犹太人的例子都证明了所谓的种族特征并不是种族真正有什么差别，而应该归因于这些共同体的历史经历。

第八章 "中庸之道"

第一节 足够与过量

我们能够简单地说挑战越严酷，应战的质量就越高吗？ 或者说挑战过于残酷就无法刺激应战了吗？ 当然，有一些挑战虽然击败了一两个敌手，但是终究还是会刺激一个胜利的应战的。 譬如，希腊不断扩张的挑战对于凯尔特人来说是过于严重了，可是最后它的后继者条顿人的应战却取得了胜利。 希腊对于叙利亚世界的入侵断断续续地激起了叙利亚人五次应战——琐罗亚斯德教徒的应战、犹太人(马加比人)的挑战、聂斯托利教徒的应战、基督一性论教徒的应战以及伊斯兰教徒的应战，但是只有伊斯兰教徒的第五次应战取得了成功。

第二节 三方面的比较

尽管如此，过于严重的挑战还是依然存在的，即使说最大的挑战并不总是产生最优的应战。 来自挪威的北欧海盗对于冰岛的严重挑战很成功地进行了应战，可是对于格陵兰岛更为严重的挑战则是无能为力了。 对于欧洲的殖民者来说，马萨诸塞的挑战要比"迪克西"(Dixie)的挑战严重得多，可是他们仍然能够从容面对，然而拉布拉多半岛的挑战对于他们过于严重了，结果使得他们无法应付了。 其他的例子还有：如果一个打击持续的时间很长，它带来的挑战就会变得过度严酷，比如汉尼拔战争之于意大利。 中国人对于移民马来亚带来的社会挑战能够进行一定程度的应战，可是在加利福尼亚遇到白人过于严厉的挑战后却被击败了。 最后回顾了文明给予近邻蛮族人不同程度的挑战。

第三节 两种流产的文明

这一部分继续上一章的论证。 在西方基督教历史的早期阶段，其边境出现了两个蛮族军事集团，他们受到了某种挑战的刺激，创造了两个与西方基督教敌对的文明，即远西方凯尔特基督教文明(位于爱尔兰岛和爱奥尼亚)和斯堪的纳维亚北欧海盗文明，然而这两个文明都先后胎死腹中了。 本节考察了这两个文明，同时还考察了假如它们不被罗马和莱茵兰传播的基督教文明吞没和吸纳的话，会导致何种可能的后果。

第四节　伊斯兰教对基督教的影响

西方基督教受到的这种冲击的效果从整体上看是积极的，中世纪西方文化的成就大部分要归功于穆斯林伊比利亚人。但是这个冲击给予拜占庭基督教世界的冲击过于猛烈了，直接刺激了叙利亚人利奥试图重建罗马帝国，结果却没有成功。同时还讨论了被穆斯林世界紧紧包围的基督教世界的一个残余——阿比西尼亚的情况。

第三部　文明的成长

第九章　停滞的文明

第一节　波利尼西亚文明、爱斯基摩文明与游牧民族文明

有一种情况似乎是这样：一个文明诞生以后，它的成长将会是一个自然而然的过程，但事实并非如此，就像一些文明的历史证明的那样，尽管文明诞生出来了，可是它却不能再成长了。它们的命运之所以停滞是因为遇到了一种特殊的挑战，这种挑战的强度恰好位于能够刺激成功的应战与导致它失败的临界点上。有三种停滞文明遭遇的挑战来自自然环境，结果是每一种文明的应战都成为某种"绝技"，这种"绝技"式的应战几乎耗尽了他们所有的精力，使得他们失去了进一步发展的能力。

波利尼西亚人发展的"绝技"是在太平洋诸多岛屿之间大胆地穿梭航行，可是最终他们还是失败了，被迫在几个孤零零的小岛上过着与世隔绝的原始生活。

爱斯基摩人取得的伟大成就是发展了近乎完美的随气候转换而不断变化的独特生活方式，以适应北冰洋沿岸的生活。

游牧民族在半沙漠化的草原上形成了像牧人一样的随季节转换的生活方式。海洋中的岛屿与沙漠绿洲有许多共同点。此外分析了许多干旱时期游牧民族的进化情况，注意到狩猎民族在进一步进化到游牧民族之前，首先要变成农耕者。该隐和亚伯就是农耕者和游牧者的典型。一般来说，游牧民族对于农耕地区的入侵，或者是由于不断加剧的干旱

迫使他们放弃了草原，或者是一个文明的衰落造成了一个真空，吸引了游牧民族成为民族大迁徙的参与者。

第二节　奥斯曼文明

奥斯曼帝国体制要应对的挑战是从一个游牧社会成员转变成一个定居社会的统治者。他们采用的方式是把新的臣民驯化成人类畜群，让这些游牧民族的"人类牧羊犬"充当家族奴隶式的管理者和兵士。其他类似的游牧帝国制度也提及了，比如马穆鲁克，可是只有奥斯曼帝国体制更有效率，持续时间更长。尽管如此，它也像游牧民族本身一样，具有致命的僵化性。

第三节　斯巴达文明

斯巴达人对于希腊世界人口过多挑战的应战方式同样是一种"绝技"，可是它与奥斯曼人的方式在很多方面有相似点；不同之处在于斯巴达的军事阶层是斯巴达贵族自身。他们是另一种意义上的"奴隶"，被牢牢束缚在控制其他希腊人的枷锁之中。

第四节　一般特征

爱斯基摩人、游牧民族、奥斯曼人和斯巴达人有两个共同的特征：专业化分工和等级制。(在前两者中，犬、驯鹿、马和牛替代了奥斯曼人的"人类奴隶"。)在这些社会中，人类由于专业化分工，堕化到了渔夫、马夫和武夫等比完全的人低一个层次的次等人水平上，这是伯利克里《丧礼的演说辞》中表达的观点。他认为只有完全的人才有能力推动文明的成长和进步。这些停滞文明类似于蜜蜂和蚂蚁社会，自从人类有史以来，一直是停滞不前的。他们同样类似于"乌托邦"社会。接着对"乌托邦"思想进行了讨论，指出"乌托邦"一般是文明衰落的产物，作为一种实践计划，它试图中止文明衰落，可是却把社会维系在当时现有的水平上。

第十章　文明成长的本质

第一节　两条虚假的路径

对于一次特别的挑战成功应战以后，又能刺激进一步的挑战，并再次激起一次成功的应战时，文明成长就开始了。对于文明的成长如何衡量呢？是否可以通过不断增长的对于社会外部环境的控制来衡量呢？ 这种控制可以分为两种：对于人为环境的控制，它一般表现为对于周围近邻人民的征服，以及对于自然环境的控制，它一般表现为物质技术的进步。 然后举出了一些实例，证明了这两种现象——政治军事的扩张和技术的进步——都不是衡量真正的文明成长令人满意的标准。军事扩张只是军国主义的结果，本身就是文明衰落的标志之一。 农业和工业技术的改进与真正的文明成长也没有多大关系。 事实上，只有文明走向衰落的时候才会出现更大的技术进步，反之亦然。

第二节 迈向自决之路

文明的真正进步包含在我们定义为"灵化"的过程之中，这一过程克服了物质障碍，释放了社会能量，使得社会自此以后能够对于内部的而不是外部的，精神的而不是物质的挑战作出应战。 "灵化"的性质通过古希腊和近代西方的历史给予了阐释。

第十一章 成长的分析

第一节 社会与个体

关于社会与个体的关系流行着两种传统的观点：一种观点认为，社会只是"原子式"个体的集合；另外一种观点认为社会是一个有机体，个体只是它的一部分，除非把个体视为它所属的社会的一个成员或者"细胞"，否则是不能是认识和理解的。 这两种观点都不能令人满意，真理应该是：社会是个体之间的关系系统。 人类离开了彼此之间的相互关系就不成其为人了，社会是人类活动的共同行为场所。 所有文明的成长都源于创造性个体和创造性少数群体。 他们的任务是双重的：首先要完成他们自己的启示和发现，无论是何种性质；其次要让他们所属的社会完成新生活方式的转变。 从理论上讲，这种转变可以通过两种方式：或者大众获得创造性个体的经历，抑或他们从外部模仿——换句话说。 就是模拟创造性个体(mimesis)。 可是从实践上讲，除了极少数的个体之外，后者是唯一可行的途径。 模仿是一条"捷径"，但是它要求所有的阶层都要一致地服从领导者。

第二节 个体的归隐和复出

创造性个体的行为可以被描述成具有双重动机的归隐和复出：归隐是为了获得某种灵感，复出则是为了启示他的同伴。 柏拉图关于洞穴的比喻、圣·保罗关于种子的分析、《福音书》中的故事以及其他一些事例等等都说明了这一点。 此外还列举了许多伟大先驱者一生中的实践：圣·保罗、圣·本笃、圣格列高利、佛陀、穆罕默德、马基雅维里、但丁等等。

第三节　少数创造性群体的归隐和复出

归隐和复出同样是从属社会一个特征，这些从属社会严格来说构成了一个连续性的社会。 从属社会推动所属社会成长之前，显然有一个从一般的社会生活中分裂出去的时期：比如，古希腊社会成长第二个阶段的雅典，西方社会成长第二阶段的意大利以及西方社会成长第三阶段的英格兰。 此外还考察了俄罗斯在西方社会第四阶段将会扮演类似角色的可能性。

第十二章　成长过程的差异

上一章中描述的成长显然在成长社会的各个部分中间呈现出不同的特点。 有些部分将会作出独创性的成功应战；有些部分将会通过模仿，成功地追随它们的领袖们；还有一些既不会完成创造行动又丧失了模仿能力，结果就只有死亡。 在不同社会的各个历史时期同样存在越来越多的差异，导致了不同社会具有不同的主导性特征，有些艺术方面突出，有些宗教方面突出，有些在工业发明方面表现出色。 但是所有文明共同具有的一个根本目的不应该被忘记。 尽管每一粒种子都有自己的命运，但所有的种子都是同一个耕种者播撒的，都怀着同一个收获的希望。

第四部　文明的衰落

第十三章　问题的性质

在我们确认的 26 个文明中(包括停滞的文明)，已经有 16 个文明死亡了，其余 10 个文明中的 9 个——事实上除了我们自己的文明之外——也已经走向衰落了。 衰落的实质可以概括为三点：创造性个体丧失了创造能力，从此只能成为"居于主导地位"的少数人；大多数人收回了对于创造性个体的忠诚和模仿；最后是社会统一体的瓦解。 我们的下一步任务就是探究文明衰落的原因。

第十四章　决定论者的解决方案

有些思想家提出，文明衰落应该归因于非人力所能控制的外部因素：

1．在古希腊文明衰落时期，异教和基督教学者们都认为他们社会的衰落是由于"宇宙衰老"的缘故，可是近代物理学家认为宇宙衰老应该在遥不可知的未来，这意味着宇宙衰老无论过去和现在对于文明都没有什么影响。

2．斯宾格勒等人认为社会是一个有机体，像其他的生物一样，有一个从青年到壮年再到死亡的自然过程，可是社会并不是一个有机体。

3．有些学者认为文明不可避免地会造成人性的退化，因而经过一段时间的文明发展后，只有注入蛮族人的"新鲜血液"，人性才能够得以恢复。 这种观点经过分析后被我们否定了。

4．还有一种历史循环论，可以在柏拉图的《蒂迈欧篇》、维吉尔的田园诗第四章以及另外一些地方找到。 这一理论可能起源于古代迦勒底人对于我们今天称之为太阳系的重要发现，但是现代天文学广泛深入的巨大成就早就否定了他们的天文学理论基础。 对于这种理论，没有什么证据支持它，相反却有许多证据可以否定它。

第十五章　对环境控制力的丧失

本章的论证与第十章第一节的论证恰好相反，那一章证明，无论是以技术进步作为衡量标准的人类对于自然环境控制能力的不断增强，还是以地理扩张或军事征服为衡量标准的对于人为环境的控制能力的逐渐增强，都不是文明成长的衡量标准和原因。 本章则证明，技术的倒退和外部军事入侵导致的地理空间的萎缩同样不是文明衰落的衡量标准和原因。

第一节　自然环境

本节列举了许多实例证明，技术退步不是文明衰落的原因而是它的结果。 罗马官道和美索不达米亚地区灌溉系统的废弃不是修建它们的先前文明衰落的原因，而是一种结果。 据说疟疾的肆虐导致了文明的衰落，可是现在也证明了它是文明衰落所造成的结果。

第二节　人为环境

吉本把罗马帝国衰落的原因归结于"蛮族和宗教(即基督教)"，我们对此进行了研究，并否定了这一观点。古希腊社会内部和外部无产者表现出来的特征是希腊社会已经开始衰落的结果。吉本没有把他的研究往前追溯得那么远，他错误地认定安东尼时代是"黄金时代"，实际上这一时期已经是"回光返照"。此外，我们回顾了许多攻击文明社会并取得胜利的实例，指出了每一次胜利的攻击都是发生在文明衰落之后。

第三节　否定的结论

对于处于成长中社会的每一次攻击通常会刺激它作出更大的努力。即使一个社会处于衰落之中，对于它的攻击也会激励它采取行动，使得它的寿命得以进一步延续(本节末节录者对于本书中使用的技术术语——"衰落"一词的含义作了注解)。

第十六章　自决的失败

第一节　模仿的机械性

没有创造性的多数人够赶上创造性领袖的唯一途径就是模仿，这是一种特殊的训练，是一种对伟大而富有极高天赋的人物表层的机械性的仿效行为。无疑这是一条必然带来危险的进步"捷径"。领袖们也会被追随者的机械性所感染，其结果就是文明的停滞。他们也许会不耐烦地放弃吹笛手劝诱性的笛子，而代之以强制性的鞭笞。这样一来，创造性个体就变成了少数"统治者"，而那些追随者则会成为不情愿的、叛离的"无产者"，到这个时候就可以说社会走向解体了，同时丧失了自决能力。接下来的部分是考察这种现象造成的各种影响。

第二节　旧瓶装新酒

如果创造性个体释放出来的新社会力量能够产生它赖以发挥作用的新社会制度，当然是最理想不过的，然而实际的情况却是，它要经常为了其他的目的通过旧制度发挥效力。旧制度往往是不适合的，同时也是难以驾驭的，于是就导致了两种结果：一是旧制度的毁灭(即爆发革命)或者旧制度继续残留；二是新的社会力量在旧制度中被扭曲(即畸形现象）。 革命可以说是一种滞后的、激烈的模仿行为，而畸形则是模仿遇到了挫折。 如果制度加以调整能够适合新的社会力量，成长就会继续；如果爆发革命，成长就蕴涵着危险；如果结果是一种畸形状态，就可以说文明走向衰落了。 接着举出了许多新社会力量对于旧制度造成冲击的实例，首先是两种现在仍在发挥威力的新力量给予近代西方社会的冲击。

工业主义对于奴隶制度的冲击，比如美国南部诸州的种植园奴隶制；

民主和工业主义对于战争的冲击，即法国大革命以后愈演愈烈的战争；

民主和工业主义对于区域政权的冲击，比如民族主义的过度膨胀以及自由贸易运动的失败；

工业主义对于私有制的冲击，举出了资本主义和共产主义的兴起为例；

民主对于教育的冲击，举出了黄色书刊和法西斯独裁的出现为例；

意大利效能对于阿尔卑斯山以北地区政权的冲击，举出了专制政权(英国除外)的出现为例；

梭伦改革对于古希腊城邦的冲击，比如暴君、停滞现象和霸权的出现；

区域政治对于西方基督教教会的冲击，比如新教革命、"君权神授"的出现以及随着爱国主义的兴起基督教渐趋衰落等等；

统一思想对于宗教的冲击，举出了宗教的顽固性和迫害行为的出现为例；

宗教对于等级制度的冲击，举出了古印度文明中出现的现象为例；

文明对于劳动分工的冲击，比如领导者崇拜密教(成为自私之人 ίδιώτης)和追溯者的畸形发展(成为技艺者 βάναυσος)。 后者的缺陷通过被惩罚的少数人(如犹太人)的境况和现代竞技运动中的反常现象作了说明；

文明对于模仿行为的冲击，冲击的结果是模仿行为不再像原始社会里一样指向本部落长辈们的传统，而是远古的先驱们，而这些被挑选出来成为被模仿对象的先驱们往往不是具有创造能力的领袖,而是商业冒险家或者政治鼓动家。

第三节　对创造性的报复:一种短暂的自我崇拜

历史证明,对于第一次挑战成功应战的某个群体很少能够取得第二次挑战的胜利。 许多实例证明这种现象与古希腊和希伯来人思想中某种基本假设有关。 取得第一次胜利的人们在遇到再度出现的情况时,容易"靠着船桨休息"。 犹太人成功地战胜了《旧约》里那些挑战,可是当遇到《新约》里那些挑战的时候,却束手无策了。 伯里克利的雅典被缩小成了圣保罗的雅典。 在意大利复兴时代,取得文艺复兴伟大成就的中部地区这时却丧失了活力,领导者变成了皮埃蒙特人,可是皮埃蒙特人并没有分享从前意大利的荣耀。 南卡罗来纳和弗吉尼亚在 19世纪上半叶一直居于美国的领先地位,可是在内战之后再没有恢复元气,与以前毫无名气的北卡罗来纳相比要逊色多了。

第四节　对创造性的报复:对一种短命制度的崇拜

古希腊历史晚期对于城邦制度的崇拜使得希腊社会落入了一个陷阱,而罗马幸而逃脱了。 罗马帝国的幽灵导致了东正教社会的衰落。 许多例子同样证明了对于君主、议会和统治阶层——无论是官僚阶层还是神职人员的崇拜都会阻碍文明的发展。

第五节　对创造性的报复:对一种短命技术的崇拜

生物进化史表明愈加完美的"技术",对环境近乎完美的适应往往是进化的"死巷",有缺陷的专门化的、带有更多"试验"性质的有机体反而具有更顽强的生命力。 两栖动物与鱼类形成了鲜明的对照,人类像鼠类般大小的祖先与同时代庞大的爬行动物形成了鲜明的对照。在工业领域,那些在某一项新技术最初阶段——比如"明轮船"的发明——取得成功的共同体反而要落后于其他使用更高效率的螺旋桨的共同体。 从大卫与歌利亚到今天战争艺术的简要回顾证明,无论在哪个时期,某项技术的发明者和受益者都倾向于"靠着船桨休息",听任他们的敌人完成下一次革新。

第六节　军国主义的自杀

以前我们考察的三个"靠着船桨休息"的例子,是屈从于创造力报复的消极方式，现在我们继续讨论这种反常行为方式的一般模式，用希腊词汇可以概括为：放纵、骄横、毁灭(κόρος, ύβρις, άτη)。 军国主义就是一个典型例子。 亚述帝国自我毁灭的原因并不是像上一章讨论的那些胜利者一样武器生锈了。 从军事上说，它是越来越强大的，之所以毁灭除了使其近邻难以容忍以外，更重要的是它持续不断的侵略行为使得它筋疲力尽。 亚述人是边境地区转过身来入侵社会内部省份的典型实例。 此外还考察了奥斯达拉西亚法兰克人和帖木儿的类似例子，其他的例子也提及了。

第七节　对胜利的陶醉

本节从非军事领域对上一节的同一论题进行了进一步研究，举出了希尔德布兰德教皇制度为例，这种制度在把自己和基督教从默默无闻抬升到声名显赫的制高点后就失败了。 它的失败是由于陶醉在自己的成功之中，妄想利用非法的政治武器追求不切实际的目标的缘故。 对于教会授职权，我们也从这一角度予以了考察。

第五部　文明的解体

第十七章　解体的性质

第一节　概述

解体是文明衰落必然的不可更改的结果吗？ 埃及和远东的历史表明存在一个可选择性的答案，也就是说还有一种僵化现象，古希腊文明几乎出现了这种情况，我们西方文明的命运也可能如此。 文明解体的衡量标准是社会躯体分裂为三个部分：少数统治者、内部的无产者和外部无产者。 对这三个部分的要点进行了简要概述，然后说明了后面章节的安排。

第二节　分裂与轮回

卡尔·马克思的预言式哲学声称，阶级战争以后，无产阶级专政将产生一个新社会秩序。 抛开马克思的独特理论，当社会分裂为上面提及的三个部分的时候，这种情况也会出现。 每一部分都会完成一项创造性工作：少数统治者会创造一个统一国家，内部无产者会创造一个统一教会，外部无产者会创造一个蛮族军事集团。

第十八章 社会机体的分裂

第一节 少数统治者

尽管在少数统治者中，最为突出的是军国主义者和冒险家们，可是也有一些"高贵"的类型：维持国家统一的立法者和管理者，以及尝试把他们特有的哲学注入衰落社会之中的哲学研究者，比如从苏格拉底到柏拉图的一长串古希腊哲学家。同时我们也举出了其他文明的一些例子。

第二节 内部无产者

古希腊历史表明，内部无产者的来源有三个：由于政治和经济突变被剥夺继承权和破产的希腊各城邦的市民；被征服者；奴隶贸易的牺牲品。这些人都自感生活在社会之中，却又被社会排斥在外。内部无产者的第一反应是暴力，但是随后却是"温和"的反抗，直至发现一种高级宗教比如基督教，就达到了反抗的顶点。密特拉教及其他的希腊敌对宗教都起源于被希腊军队征服的"文明"社会。对于其他的文明社会也进行了考察，发现了同样的现象，比如巴比伦社会的内部无产者中间的犹太教和袄教的起源就类似于希腊社会的基督教和密特拉教的起源，但由于各种原因，它们后来的发展有所不同。原始佛教哲学转变成大乘佛教同样为古代中国的内部无产者提供了一种"高级宗教"。

第三节 西方世界的内部无产者

已经有足够的证据证明了内部无产者的存在，其中包括那些来自无产者中间的成为少数统治者代言人的"知识分子"，我们对于他们的特征进行了讨论。西方世界的内部无产者明显不具备创造一种"高级宗教"的能力，这可能是因为孕育出一个西方基督教世界的基督教会具有源源不断的生命力。

第四节 外部无产者

只要文明不停止成长，它的文化影响就会辐射并渗入到偏远的原始邻居中间，他们就会成为追随少数创造性群体领导者的"不具备创造能力的大多数人"中的一分子。一旦文明走向衰落，这种魔力就消失了，这些蛮族人就变成了敌人，有可能向前推进很远、可是现在不得不停止的一条军事界限就建立起来了。当这一阶段到来的时候，蛮族人就有充足的时间反扑了，这种情况已经由希腊历史证明了。随后考察了外部无产者的暴力反抗和温和的应战。敌对文明的压力把外部无产者丰富的原始宗教转变成了奥林匹亚"神圣军事集团"式的宗教。外部无产者的胜利独具特色的产物就是史诗。

第五节 西方世界的外部无产者

我们对于西方世界外部无产者的历史进行了回顾，同时分析了他们的暴力反抗和温和的应战。由于近代西方社会势不可挡的物质效能，历史上各个蛮族几乎销声匿迹了，两个仅存的堡垒就是阿富汗和沙特阿拉伯，可是它们也正在展开自救，正在极力仿效西方，吸纳西方文化。不幸的是，一种新的更为凶残的野蛮行为却在西方基督教世界古老的中心地带肆意猖獗。

第六节 外来的与本地的灵感

少数统治者和外部无产者如果有一种外在的灵感，他们的事业就会受到阻碍。比如，异族少数统治者建立的统一国家(如不列颠印度政权)在接受方面要比本土的统一国家(如罗马帝国)较少获得成功。如果野蛮行为带有过多的异族色彩，蛮族军事集团就会激起更为猛烈的反抗，像喜克索斯人在埃及，蒙古人在中国。然而，内部无产者创造的高级宗教往往要归因于外来的灵感对于他们有极强的吸引力，几乎所有的高级宗教都证明了这一点。

事实上，如果不把两种文明都考虑在内，任何高级宗教的历史都是无法理解的——一种是赋予它灵感的文明，一种是扎根其中的文明，这就证明了被孤立看待的文明是可以被认知的研究领域的假设——这是本书迄今为止立论的基础——至此就宣告破产了。

第十九章 灵魂的分裂

第一节 行为、情感和生活的两种选择

当一个社会趋向解体时，在成长阶段形成的具有个体特征的各种行为、情感和生活方式就会被另外一些对立的方式所替代，在每一对相互对立的方式中，前者是消极的，后者是积极的。

自暴自弃和自我克制是创造能力的两种对立的替代方式；逃避和殉道是模仿行为两种对立的替代方式。

游离感和罪恶感是推动文明成长的生命冲动力的两种对立的替代方式；混杂感和划一感是与文明成长不同的客观进程相对应的从属文明类型的两种对立的替代方式。

在生活方式方面，从宏观领域到微观领域的转变过程中，也就是我们以前定义为"灵化"的过程中，同样出现了两对相互对立的方式。第一对是复古主义和未来主义，他们不能完成这个转变，并且滋生了暴力行为。另外一对对立的方式是遁世和变容，他们能够完成这种转变，他们的特征是温和的。复古主义企图让"时光倒流"，未来主义则是企图采用一条捷径，在尘世间建立不可能实现的"千禧年王国"。遁世哲学是精神上的复古主义，试图抛弃这个尘世世界，归隐到灵魂的堡垒中；变容哲学是精神上的未来主义，是创造"高级宗教"的心灵行为。随后举出了这四种生活方式的以及与之有关的一些例子。最后说明在这些情感和生活方式中，有一些是少数统治者心灵的原始特征，有一些则是无产者心灵的原始特征。

第二节 "放任"与自制，并举例说明。

第三节 逃避与殉道，并举例说明。

第四节 流离感与负罪感

流离感根源于认为整个世界都被偶然性或者必然性所控制的一种感觉，无论被哪一种控制都没有什么分别。对于这种情感的广泛性给予了说明。许多命定论宗教，如加尔文教，都产生了巨大的能量和信心，基于此，我们首先考察了这种奇怪的事实。

如果说漂浮感在正常情况下是一副麻醉剂，那么罪恶感就应该算得上是一种刺激物。我们讨论了"业"和"原罪"(它把罪恶感和命定论结合在了一起)的教义。希伯来先知们最初就提出，负罪感是民族不幸的根源，尽管还不是很明显。这些先知们的教诲后来被基督教会吸收，并传入了希腊世界，可是希腊世界并未意识到为了接受它已经准备了好几百年。西方社会尽管继承了基督教的传统，可是似乎抛弃了本质上是传统的一部分的负罪感。

第五节　混乱感

这是文明在成长过程中表现出来的具有不同特征的风格感的消极替代品。其主要方式是：(a)习俗中的粗俗化和野蛮化。少数统治者易于"无产者化"，由于吸纳了内部无产者的粗野和外部无产者的野蛮，到文明解体的时候，其生活方式就变得与无产者没有什么两样了。(b)艺术中的粗俗化和野蛮化。这是为解体文明艺术的反常扩散经常要付出的代价。(c)语言混合。人们的相互混居导致了语言的混乱和相互竞争，其中一些扩散成"混合语言"，任何一种语言的扩散都会相应地带来质量的降低，并举例说明。(d)宗教的融合。这种融合包括三种形式的运动：独立哲学派别之间的融合；独立宗教的融合，比如犹太教由于与周围的异教结合在一起就淡化了许多，并且最终被反对它的希伯来先知们战胜了；哲学和宗教之间的融合。既然哲学是少数统治者的产物，高级宗教是内部无产者的产物，因而它们之间的相互作用就可以与(a)中提及的情况作一对比。这里与(a)中的情况一样，无产者可以通过某种途径变成少数统治者，统治者则要费好大力气才能变成无产者。例如，基督教为了理论上解释的需要借用了希腊哲学这个工具，但是比起希腊哲学完成从柏拉图时代到朱里安时代的转变来，只是一个小小的让步。(e)统治者的宗教即是被统治者的宗教(cuius region eius religio)。这是对于以前讨论过的哲学家君主朱里安身上引出的一个题外话。少数统治者对于他们所选择的宗教和哲学施以政治压力就能克服他们精神上的弱点吗？除了极少数例外，他们几乎都将失败，不幸的是，力图获得某种强制性力量支持的宗教往往会给自己带来损害。一个非常突出的例外是犹太教的扩散传播，但是经过考察以后，它并不是像表面上看起来的那样是一个例外。被统治者的宗教即是统治者的宗教(religio regionis religio regis)这个相反的公式倒是更接近于真理：一个统治者不论是出于信仰还是玩世不恭，只有信奉其臣民的宗教才能成功。

第六节　统一感

这是消极混杂感的"积极"的对立面。我们举例说明：在物质方面它试图创造一个统一国家，在精神方面它试图启示一个万能法则或者渗入并统治统一国家的全能神灵。在精神方面，追溯了耶和华这位希伯来人"妒忌的神灵"的起源,从作为西奈火山的神灵到他只是作为基督教崇拜的唯一真神纯洁高贵的历史载体的最终升华,并且解释了耶和华能够战胜对手的原因。

第七节 复古主义

这是一种试图逃避难以忍受的现在,打算在解体的社会中重温过去美好生活的幻想。 我们举出了古代和近代的复古主义的例子。 近代的例子包括哥特式的复兴,以及由于民族主义的原因,人为地复活许多近乎灭绝的语言等。 一般来说,复古主义的结局有两个:毫无任何结果或者转向自己的对立面即未来主义。

第八节 未来主义

未来主义是企图逃避现在,一步跨入不可预知的黑暗的未来。 它割断了与过去传统的关系,实际上是一种革命主义。 在艺术上的表现就是圣像破坏运动。

第九节 未来主义的升华

正如复古主义可以坠入未来主义的深渊一样,未来主义也能够升华为变容论。 换言之,未来主义可以抛弃在尘世寻找乌托邦的幻想,进而可以不受时空限制地寻找心灵的乌托邦。 在这样的背景下,我们考察了"后巴比伦之囚"时代犹太人的历史。 未来主义表现为一系列自杀性的企图,幻想在尘世缔造一个犹太王国,从所罗巴伯到巴尔·科凯巴都是如此。 同时考察了基督教形成过程中的变容现象。

第十节 遁世和变容

遁世哲学是自称代表了佛教教义的哲学最不妥协、最脱俗的表现形式。 在逻辑上,它无疑是自杀性的,因为真正的遁世只有神灵才可以做到。 另一方面,基督教宣称只有上帝自愿放弃了显然只有他才能享受到的遁世。 "上帝是如此爱这个世界……"

第十一节 新生

这里考察了四种生活方式中,只有变容是唯一可能的康庄大道,它成功地完成了从宏观领域到微观领域的转变。 事实上这同样是一种遁世,可是通常的遁世仅仅是归隐,而变容则是归隐与复出,即新生。它的意义不是旧的类型另一个例子的重复出现而是一种新社会类型的诞生。

第二十章　解体社会与个体之间的关系

第一节　作为救世主的创造性天才

在文明成长阶段，创造性个体成功地领导了对于连续挑战的应战，到了文明解体阶段他们就变成了解体社会或者来自解体社会的救世主。

第二节　持剑的救世主

他们是统一国家的缔造者和维护者，但是他们取得的所有成就都证明是昙花一现。

第三节　带有时间机器的救世主

他们指的是复古主义者和未来主义者。他们同样手持利剑，同样无法避免持剑者的命运。

第四节　戴着王者面具的哲学家

这个著名的思想是柏拉图提出来的。它的失败要归因于它无法调和哲学的遁世和政治强权者实行的强制性办法之间的矛盾。

第五节　化身人形的神灵

附带说明了许多不完美的拯救方法的失败，只有拿撒勒的耶稣战胜了死亡。

第二十一章　解体的节律

解体不是统一，而是动乱和重整。比如经过了动乱时代的溃败之后，建立的统一国家并不是重整，统一国家的解体也不是最后的动乱。通常在动乱时代经过一次动乱之后，就会出现一次重整，在统一国家时期经过一次重整以后，也会出现一次动乱。解体的正常节律似乎是动乱—重整—动乱—重整—动乱—重整—动乱，即三拍半的节拍。这种模式已经由一些灭绝社会的历史所证明，随后又把它运用到我们西方基督教世界的历史之中，目的是确认一下我们西方社会的发展达到了哪一个阶段。

第二十二章　解体的趋同

差异是成长的标志，趋同是解体的标志。本章最后部分说明了以后各章仍要研究的问题。

Arnold Joseph Toynbee

A Study of History

历史研究

【下 卷】

［英］阿诺德·汤因比 著

［英］D. C. 萨默维尔 编

王皖强 译

上海人民出版社

目录

第十三部　结论

序

我有幸第二次与萨默维尔先生合作。 他之前曾为《历史研究》第一至六卷做了节略本，现在又精心节录了第七至十卷。 这样，全书就有了一部完整的节略本以飨读者。 这个节略本的编者头脑敏锐，不仅对原著的内容了然于胸，而且理解作者的观点和宗旨。

在编纂这第二部节略本时，萨默维尔先生和我本人依然以同样的方式进行合作。 萨默维尔先生的稿本付梓前，我审阅了全书，我很少要他还原删节掉的内容。 作者本人通常并非判断自己的著作哪该删哪不该删的合适人选，而萨默维尔先生在这方面有极佳的鉴赏力，凡是将前一部节略本与原著做过比较的人都会同意我的这个看法。 像上次一样，我几乎只看他保留下来的段落，因此，这个节略本属于我们两人共同的成果。 我的工作量并不太大，因为萨默维尔先生像以前一样，不但复述了我的中心思想，而且在很大程度上保留了我的原话。 他有时加上他自己的观点和例证，我高兴地看到他添加的内容与我的原意浑然一体。

在当今这个忙碌的时代，我的这部大书能由萨默维尔先生节录成这个一流的版本，自然颇有裨益。 那些没有耐心乃至没有时间阅读原著的读者，不妨通过节略本来了解原著的内容。 在我看来，原著与节略本可以配套。 我希望第二部节略本的某些读者读过节略本后去看原著，据我所知，第一部节略本的一些读者就是这样做的，虽然不一定要阅读整部原著。 一些读过原著的勇敢的读者会发现，这个节略本可以帮他们回忆原著的一般论点和结构。 在某种程度上，我认为萨默维尔先生作品最巧妙的部分是对十卷本原著所作的摘要。

对我来说，与萨默维尔先生在两部节略本上的合作是十分愉快的。

阿诺德·汤因比
1955 年 12 月 1 日

编 者 说 明

　　本卷从第六部第二十三章开始，这表明本卷并非一部完整的著作，而是一部著作的下半部分。 如果读者对上半部的内容一无所知，在阅读本卷时会遇到很大的困难，这就如同读一部维多利亚时代的三卷本小说时从第三卷读起。 本卷末尾附有一份"论点摘要"，概括了全书的内容*。 对于读过汤因比先生《历史研究》的前一部分，不论是原著还是节略本，以及虽然读过但多少有些忘了的人，这份摘要都是有用的。

　　衷心感谢 O・P・塞尔夫女士为本书编制了索引。

D・C・萨默维尔

1955 年

---

　　* 中译本只保留了下卷的部分。 ——译者注

第六部 大一统国家

第二十三章

目的还是手段？

我们从本书一开始就着手寻找那些无需涉及外来的历史事件，仅在其自身的时空范围内就可以理解的历史研究单位。我们通过研究发现，我们称之为文明的那种社会，就属于这种独立自足的历史研究单位。到目前为止，我们的研究始终立足于这样一个假设：对我们确认的 21 个文明的起源、生长、衰落和解体进行一番比较研究，就可以理解自从原始社会孕育出最早的文明以来的整个人类历史进程。然而，不时有迹象表明，这第一把万能钥匙未必能够打开通向我们思想旅程终点的所有大门。

我们在研究的起步阶段逐一识别了已知的各种文明，发现某些文明的关系可以称之为传承关系(apparentation-affiliation)。我们还发现，这种传承关系存在的证据，乃是一些特定的社会产物：先辈社会解体过程中分裂出来的少数当权者、内部无产者和外部无产者。少数当权者炮制出不时鼓舞大一统国家的哲学，内部无产者创立了谋求建立普世教会的高级宗教，外部无产者开创了成为蛮族军事集团悲剧的英雄时代。总之，这些经历和制度显然成为联结"先辈"文明与"后继"文明的纽带。

此外，对于大一统国家、普世教会和英雄时代的比较研究表明，两种不同时代的文明在时间维度上的关系并不仅仅是不同文明之间的关系。 文明解体之后，分解出来的文明元素得以任意与源自其他同时代文明的外来元素结合，形成新的社会和文化。 有些大一统国家是外来帝国缔造者一手创建的，有些高级宗教受到外来启发而兴起，有些蛮族军事集团吸收了外来的文化元素。

这样，大一统国家、普世教会和英雄时代就把同时代文明与非同时代文明联系起来，从而引出一个问题： 我们是否有站得住脚的理由，把这些历史现象单纯看作是解体文明的副产品。 我们是不是应当尝试探究这三种制度本身的功过是非？ 若要全面考察原始社会以来的整个人类历史，我们就必须分析这三种制度本身是否构成历史研究的清晰主题。 我们还要考虑到另外一种可能性，即它们是否只是某个包含着它们乃至文明的更大整体的一部分。 因此，下一步的任务就是研究本书第五部结尾提出的课题，我们将在第六、第七、第八部中进行探讨。

先来看看大一统国家的情况。 我们从下面这个问题着手： 大一统国家究竟本身就是目的，还是达成其他目的的手段？ 要回答这个问题，最好先来回顾一下我们确定的大一统国家的突出特征。 首先，大一统国家给文明的社会载体带来政治统一，它们兴起于文明崩溃之后，而不是文明崩溃之前。 它们不是夏天，而是小阳春，掩饰了秋天，预示着寒冬。 其次，大一统国家是少数当权者的产物，也就是说，它们是出自那些一度富于创造性、但已失去创造力的少数人之手。 这种消极性质不仅表明大一统国家渊源的特征，也是它们得以建立和维系的必要条件。 不过，大一统国家的形象还不完整。 大一统国家不但是社会衰落和少数当权者的产物，还表现出第三个突出特征： 它们意味着文明在解体过程中经历了复原的过程，而且是特别显著的复原，文明的解体表现为有节奏的恶化—复原过程，之后又故态复萌。 人们一再想走出"乱世"(Time of Troubles)，却屡遭失败，局势每况愈下。 大一统国家的成功崛起最终终结了"乱世"，亲身经历了这一过程的一代人对于大一统国家自然是无比向往、感激涕零。

总之，初看起来，这些特征勾勒出来的大一统国家的形象具有双重性。 它们不仅是社会解体的征兆，本身也表明人们力图遏止和抗衡社会解体。 大一统国家一经建立，就表现出一个最显著的特征： 挣扎求生。 我们不能把这种特性误认作真正的活力，确切地说，它就像不轻言生死的老年人萦绕心头的长寿欲望。 事实上，大一统国家虽然显著表现出本身就是目的的倾向，实际不过是社会解体过程的一个阶段。如果说除此之外大一统国家还有什么重要性的话，那仅仅在于它是实现其本身之外的更高目的的手段。

第二十四章

永恒的幻想

　　只要我们不是作为局外人，而是站在大一统国家国民的角度来看待大一统国家，我们就会发现，这些国家的国民不仅希望自己的世俗国家永远存在下去，实际上还相信这种人类制度是永恒不朽的。在不同时代、不同地域的观察者看来，时局已经无可争辩地表明某个特定的大一统国家正在做最后的垂死挣扎，这个国家的国民往往依然深信自己的国家不会消亡。观察者很可能要问，大一统国家的国民为何无视显而易见的事实，总是倾向于把自己的国家看作是"乐土"和人类奋斗的目标，而不是茫茫荒野上的栖身之所呢？不过，我们必须指出，只有本土帝国缔造者创建的大一统国家的国民才会有这种情感。例如，印度人肯定不希望、也不会预言英国在印度的统治永远延续下去。

　　作为希腊文明的大一统国家，罗马帝国为我们提供了一个历史例证。我们发现，见证"奥古斯都的和平"(Pax Augusta)的一代人显然是发自内心地断言，开创这个和平时代的帝国和罗马城必定是不朽的。提布卢斯(Tibullus，约公元前54—前18年)曾歌颂"永恒之城的城垣"，维吉尔(公元前70—前19年)让笔下的朱庇特在谈到埃涅阿斯未来的罗马后裔时宣布："我给了他们一个永恒的帝国"。李维也信誓旦旦地宣称，"该城是为了永存于世而建立的"。贺拉斯身为怀疑论者，在断言自己的颂诗将赢得不朽声望的同时，把罗马城邦国家一年一度的宗教仪式作为衡量永恒不朽的具体尺度。 人们至今仍在传诵贺拉斯的颂诗，它们的"不朽声望"还能延续多久尚在未知，因为近来的教育变革使得能够引用这些颂诗的人已是寥寥无几。 不过，贺拉斯颂诗的寿命至少比罗马的异教仪式长四五倍。 在贺拉斯和维吉尔时代之后 400年，阿拉里克(Alaric)洗劫罗马城，宣告了罗马的灭亡，高卢诗人鲁提利乌斯·纳马提安努斯(Rutilius Namatianus)依然我行我素，执意维护罗马的永恒性，退隐耶路撒冷潜心治学的圣哲罗姆(Saint Jerome)，也停下手中的神学研究，用几乎与鲁提利乌斯如出一辙的言辞表达对罗马覆灭的悲痛和惊恐。 从今天的角度来看，罗马的灭亡并非一朝一夕之事。 早在数代人之前，罗马帝国实际上就已是江河日下、病入膏肓，注定了毁灭的命运，罗马的异教官员和基督教教父仍异口同声地表示感情上难以接受这个事实。

罗马公民把转瞬即逝的大一统国家误当作永恒的事物，公元 410 年罗马的陷落，自然令他们大为震惊。 1258 年，蒙古人攻占巴格达，同样使阿拉伯哈里发帝国的臣民惊愕不已。 在罗马世界，从巴勒斯坦到高卢，到处可以感受到这种心理震撼；在阿拉伯世界，这种心理冲击波从破洛那(Farghānah)一直传递到安达路西亚(Andalusia)。 巴格达陷落造成的心理冲击更甚于罗马的陷落，原因在于，在旭烈兀(Hūlāgū)给予阿拔斯哈里发帝国最后致命一击之前的三四百年间，阿拔斯哈里发帝国的统治权在其广袤领地的大部分地区就已然名存实亡了。 大一统国家虽然奄奄一息，濒临灭亡，却依然笼罩着虚幻的不朽光环，这往往使得那些谨慎从事的蛮族领袖在瓜分大一统国家的领土时假惺惺地摆出谦卑的姿态。 雅利安东哥特人的阿马林王朝(Amalung)首领和什叶派德莱木宗(Shī'ī Daylamīs)的布韦希王朝(Buwayhid)首领，为使自己的征服看起来名正言顺，分别以君士坦丁堡皇帝(Pādishāh)和巴格达哈里发的摄政的名义进行统治。 这两个蛮族军事集团即便如此老练地操纵衰败的大一统国家，依然无法改变注定毁灭的命运，因为他们笃守与众不同的异端宗教。 其他的蛮族首领倘若富有远见，同时又幸运地在宗教信仰上无懈可击，就有望凭借相同的政治伎俩建立起辉煌的功绩。 例如，法兰克人克洛维建立起最成功的罗马帝国的蛮族后继国家，他皈依了天主教，接着又从遥远的君士坦丁堡皇帝阿纳斯塔修斯(Anastasius)那里获得了总督的头衔和执政官勋章。 一个事实彰显出克洛维的成就，在克洛维征服的这个国家，日后至少有 18 位国王都叫路易，这个姓氏正是源自克洛维。

我们在本书前面部分看到，作为拜占庭文明的大一统国家，奥斯曼帝国在沦为"欧洲病夫"之际也显露出虚幻的永恒性。 那些为建立后继国家开疆拓土、野心勃勃的军事首领，埃及和叙利亚是穆罕默德·阿里(Mehmed 'Ali)，阿尔巴尼亚和希腊是雅尼纳的阿里('Ali of Yannina)，西北鲁米利亚是维丁的帕斯瓦诺格卢(Pasvānoghlu of Viddin)，无不小心翼翼地打着皇帝的旗号，为一己私利挖土耳其皇帝的墙脚。 日后，西方列强效法这些军事首领的做法，用同样的欺骗手法对付土耳其。 例如，在 1914 年对土耳其开战之前，英国始终以君士坦丁堡苏丹的名义统治塞浦路斯(1878 年)和埃及(1882 年)。

印度文明的莫卧儿大一统国家也表现出相同的特征。 奥朗则布(Awrangzīb)皇帝死于 1707 年，在此后的半个世纪里，曾经有效统治印度次大陆大部分地区的莫卧儿帝国日渐萎缩，仅剩下长 250 英里、宽 100 英里的残存领地。 又过了半个世纪之后，帝国就只剩下德里红堡(Red Fort)城墙之内的地盘了。 但是，1707 年之后的 150 年间，阿克巴和奥朗则布的后裔始终盘踞在皇帝的宝座之上，如果不是 1857 年的反叛者迫使可怜的傀儡皇帝违心地批准他们反抗外来统治，之后又经过一段政治混乱，外来统治者取代了皇帝所象征的早已名存实亡的莫卧儿帝国，阿克巴和奥朗则布的后裔说不定可以在皇帝的宝座上坐得更久。

关于大一统国家永恒性的执著信念，还有一个更有力的证据，那就是在大一统国家的覆灭已经证明其并非永恒之后，人们还在召唤它们的幽灵。 巴格达的阿拔斯哈里发帝国以开罗的阿拔斯哈里发帝国的面目复活，罗马帝国以西方的神圣罗马帝国和东正教世界的东罗马帝国的面目复活；远东文明的秦汉王朝也以隋唐帝国的面目复活。 罗马帝国缔造者的称号演变为"皇帝"(Kaiser)和"沙皇"(Czar)的头衔。 "哈里发"最初是指穆罕默德的继承人，开罗的哈里发帝国一直沿用这个称号，之后又传到伊斯坦布尔，在那里一直沿用到 20 世纪，才由西方化的革命者予以废除。

我们从大量历史例证中信手拈来的这些实例表明，在铁一般的事实已经打破了大一统国家永恒性的幻想之后，这一信念依然延续了数个世纪之久。 这种奇特现象的原因何在呢？

一个明显的原因是，大一统国家的缔造者和伟大统治者在后人心目中留下了深刻有力的印象，这种印象代代相传，不断放大变形，最终把令人难忘的事实夸大为无所不能的神话。 另一个原因是，这种制度本身就让人肃然起敬，那些伟大的统治者也展现出卓绝超群的才华。 大一统国家深入人心，因为它的崛起意味着结束了长期动荡不安的"乱世"。 正因如此，罗马帝国最终赢得了原先抱有敌意的希腊文人的赞美，这些希腊文人生活在安敦尼王朝，多年以后，吉本认为这个时期乃是人类最幸福的时代。

拯救之道并非施行没有权力辅佐的统治。接受比自己更出众的人的统治，其实是一个"次好的"选择。但是，我们目前在罗马帝国的经验业已证明"次好"就是最好的。这种愉快的经历使全世界都死心塌地地效忠罗马。世人从未想过脱离罗马的怀抱，就像船上的水手从未想过与舵手分离。你们想必看见过洞穴里的蝙蝠彼此紧紧依偎，而且紧紧地贴在岩石上，那正是全世界依附罗马的生动写照。如今，每一个人内心最大的忧虑就是害怕脱离这个群体。世人每每想到被罗马遗弃的可怕后果，也就不可能再有任何随便抛弃罗马的念头。

如今，作为过去一切战争之源的统治权和威望之争宣告结束。有些民族有如无声的流水，欢快而宁静，他们很高兴摆脱了困顿和烦恼，最终意识到过去的种种争斗毫无意义。另外一些民族甚至根本不知道或者不记得自己是否曾经登上过权力的宝座。事实上，我们正在目睹一个新的潘菲利亚神话(或许就是柏拉图本人制造的神话?)。世界各国因为自相残杀的争斗和骚乱而把自己送上了火葬堆，一旦被突然纳入(罗马的)统治，他们马上就再度恢复生机。他们说不清楚自己是如何起死回生的。他们对此一无所知,只是对眼前的幸福感到惊讶。他们就像从睡梦中醒来的人,不但恢复了本来面目,而且把片刻之前还困扰自己的梦魇全都抛诸脑后。他们不再相信世上居然会有战争这回事……整个有人居住的世界每天都如同过节……唯一错过了这种飞来好运,因而依然值得怜悯的人,乃是处于你们的帝国之外的人,如果还有这种人的话。[1]

这种认为罗马帝国之外再无值得一提之人的奇怪论调颇为典型,也是我们把这种制度称为大一统国家的原因。 大一统国家不仅拥有一统天下的版图,还形成了天下一统的意识。 例如,贺拉斯在颂诗里表示根本不担心"梯里达底的威胁"。 帕提亚王无疑确有其人,但根本无足轻重,不足挂齿。 远东大一统国家的满族皇帝在对外交往中也流露出相同的心理,他们认为包括西方世界的政府在内,所有的政府都是中国当局在过去的某个时刻敕封的。

然而,埃里乌斯·阿里斯提德斯(Aelius Aristeides)以及不同时代和地区的歌颂者看到的只是大一统国家风光无限的外表,实际情况远非如此。

希腊神话的天才创造者把埃及大一统国家努比亚边境的一个无名神祇加以理想化,使之摇身一变成为凡胎肉骨的提托诺斯(Tithonus)。 这位埃塞俄比亚国王不幸被永生的黎明女神厄俄斯(Eôs)爱上,女神恳求奥林匹斯山诸神赐予她的人类情侣永生的权利,诸神虽然不愿让人类分享神圣的特权,但经不住娇媚女神的百般纠缠,最终满足了她的意愿。 问题是,这个不情愿的礼物有一个致命的缺陷。 黎明女神急切之间忽略了一个关键问题: 奥林匹斯山诸神不但永远不死,而且永葆青春。 永生的诸神也存心刁难,故意完全听从黎明女神的请求,结果造成事与愿违的悲剧。 蜜月眨眼间过去,获得永生的提托诺斯无情地不断衰老下去,厄俄斯和提托诺斯只能永远为这种悲惨处境哀伤不已。 这种无止境的衰老实在是任何凡人都无法承受的痛苦,甚至不能借助死神的慈悲之手来了断。 挥之不去的永恒悲痛压倒了一切,除此而外再无半点挂念和情感可言。

对于人类和人类制度而言，即便机体和精神能够青春永驻，尘世的不朽也依然是一种折磨。"从这个意义上说，"哲学家皇帝马可·奥里略(161—180年在位)写道，"考虑到自然界的始终如一，一个中等智力的人活到40岁，就可算是博古通今了。"如果读者认为这过于低估了人类获取经验的能力，那就应该到马可·奥里略的时代去找原因，因为文明历程上的"小阳春"是一个令人生厌的时代。"罗马和平"是以牺牲希腊的自由为代价的，虽然这种自由大概始终是少数人的自由，少数特权者也可能变得不负责任、丧心病狂。回首过去我们就不难发现，希腊文明的"乱世"在西塞罗时期达到顶峰，而剧烈动荡的社会为罗马的演说家提供了大量令人精神振奋、热血沸腾的题材。在秩序井然的图拉真时代，那些蹩脚的模仿者通常十分抵触这些题材，认为它们与"时代精神"(nostri saeculi)背道而驰。然而，他们暗地里想必很羡慕那些先辈，因为他们徒劳无益地使尽种种牵强的手段，也无法给庸常乏味的生活带来一点刺激。

希腊社会刚刚步入衰落之际，柏拉图急于为希腊社会奠定一个坚实的基础，防止希腊社会进一步分崩离析，便把相对稳定的埃及文化加以理想化。一千年之后，希腊文明陷入最后的垂死挣扎，埃及文化却依然故我，最后的新柏拉图主义者近似疯狂地宣扬他们那位名义上的导师的观点，不加鉴别地一味赞美埃及文化。

埃及大一统国家在其社会机体被正式送上火葬堆之后，一再顽强地起死回生，埃及文明因此得以见证同时代的米诺斯文明、苏美尔文明、印度河文化一一消亡，让位给新一代的后继文明，其中一些后继文明也已相继消亡，埃及社会依然存在。研究埃及历史的学者想必已经注意到苏美尔文明的第一代后继文明叙利亚、赫梯和巴比伦的兴亡，以及米诺斯文明的后代叙利亚文明和希腊文明的兴衰。埃及社会从衰弱不堪到最终寿终正寝，经历了长得难以置信的垂死阶段，期间交替出现长期的萎靡不振阶段和狂热时期，在外来社会冲击的刺激下，这个昏昏沉沉的社会又会着魔般地焕发出活力。

在远东中华文明史的尾声，也出现了昏昏沉沉的萎靡状态与突然发作的疯狂排外循环交替的现象。带有远东基督教文化特征的蒙古人在中国强行建立起一个外来大一统国家，这种外来文化激起了反抗，蒙古人最终遭到驱逐，取而代之的是明朝本土大一统国家。 满洲蛮族利用明朝崩溃后的政治真空乘虚而入，他们虽然明显带有远东基督教文化的痕迹，却更乐于接受汉人的生活方式，即便如此，同样引发了民众的反抗。 至少在中国南部，反抗斗争转入地下，之后从未中断，1852—1864年太平天国起义时期再度爆发为公开的反抗。 16、17 世纪，现代早期西方天主教文明渗入中国，结果天主教在 18 世纪头 25 年遭到查禁。1839—1861年间，西方列强轰开中国的海洋门户，激起 1900 年反西方的"义和团"起义。 1911 年，清王朝被推翻，它有双重的罪过，它本身就是异族，又无力抵御强大得多的外来西方势力的入侵。

幸亏现实生活要比民间传说仁慈得多。 对于历史上的大一统国家而言，传说中提托诺斯遭受的永生不死的惩罚，在现实中换成有限的寿命。 马可·奥里略笔下那位 40 岁时就看破红尘的人最终难免一死，尽管在失去生活热情之后还可以活上五六十年。 大一统国家一再逃避死亡的痛苦，必将饱受时间的侵蚀，就像神话传说那样，一个活生生的妇女变成石化的盐柱。*

注 释：

[1] Aristeides, P. Aelius(A. D. 117—189), In Romam.

---

* 《圣经》记载了一个传说，耶和华要毁灭所多玛和俄摩拉两城，让天使领城中唯一的义人罗德和他家人出逃。 在城外天使嘱咐："逃命时不可回头，也不可站住，要往山上跑，以免被消灭。" 传说罗德之妻仍然眷恋所多玛的生活，没有听从神的指示，忍不住要回头看，于是变成了一根盐柱。 ——译者注

第二十五章

"为人作嫁"

"蜂采百花人食蜜。"[1]这句常用的拉丁引文用一个朴实的比喻表明了大一统国家在历史进程中的荒谬处境。 这些令人难忘的政治组织乃是少数当权者在垂死文明历经社会解体过程时的最后成果。 少数当权者主观上想保持社会日渐消退的活力，从而达到自我保护的目的，因为他们的命运与社会的命运息息相关。 长远来看，这一目标未能实现。 不过，这些社会解体的副产品参与到全新的创造活动之中。 他们未能保全自我，却帮助了他人。

如果说大一统国家的意义就在于它是服务他人的一种手段，谁又是大一统国家的受益者呢？ 受益者肯定来自这样三个可能的候选对象：垂死社会的内部无产者、外部无产者以及某种同时代的外来文明。 就服务于内部无产者而言，大一统国家被用来扶植内部无产者创立的深入人心的高级宗教。 用波舒哀的话来说，"上帝通过他的先知宣布，我们在尘世所见的所有大帝国，都以不同方式促进了宗教的美德和上帝的荣耀"。

第一节　大一统国家的传导作用

我们接下来的任务就是从经验角度分析大一统国家不自觉地提供的

服务，以及内部无产者、外部无产者和外来文明是如何利用大一统国家提供的便利条件的。 不过，我们首先必须回答一个先决问题： 一个被动、保守、复古，事实上纯属消极的体制，怎么可能为人们提供服务呢？ 借用中国人描述宇宙节律的意味深长的术语来说，前途无望的"阴"怎么可能突然激发出生机勃勃的"阳"呢？ 当然，我们不难看出，与"乱世"的狂风暴雨相比，在大一统国家的庇护下，创造力的火花一旦闪现，就有可能点燃熊熊的火焰。 大一统国家的这种颇有价值的服务是消极的。 这种新的创造力是大一统国家给予受惠者最大的好处，虽然表面上看大一统国家本身最终并不能从中受益。 那么，在大一统国家的社会状况中，究竟哪一种要素才是这种全新创造力的真正源头？ 一个可能的线索是，复古主义表现出一种自我毁灭的倾向，为了努力使问题迎刃而解，在不知不觉中从事了建设性工作。

例如，大一统国家的政治体制中纳入解体社会支离破碎的残余，既无助于恢复已经消亡的事物，也不能阻止残余物进一步瓦解。 这种巨大的社会真空还在不断扩大，由此产生的威胁迫使大一统国家的政府违心地建设权宜性的制度，以填补社会真空。 大一统国家势必越来越多地致力于弥补日益扩大的社会裂隙，罗马帝国建国后两百年的行政史就是一个典型的例子。 罗马的统治秘诀乃是间接统治原则。 罗马帝国的缔造者把这个希腊文明大一统国家看作是自治城邦的联合体，希腊文化尚未在政治上站稳脚跟的边疆地区，则有自治的公国。 这些地方当局承担起行政管理的责任。 罗马人从未刻意修订过这种政策。 然而，重新审视一下两个世纪的"罗马和平"行将结束之际的罗马帝国，我们就会发现，罗马的行政管理体制实际上已经发生变化。 附庸国转变为行省，行省本身成为直接进行集权管理的行政单位。 地方政府的行政管理人才日渐紧缺，中央政府不得不派遣帝国总督来取代附庸国诸侯，并且把城邦的行政权交给任命的"行政官"。 到最后，整个罗马帝国的行政权全部落入等级制的官僚机构手中。

地方当局不愿接受这种变革，中央政府也并非热衷于推行这种变革。 双方都是不可抗力的受害者。 不过，这种变革依然产生了革命性的后果，因为这些新制度具有高度的"传导性"。 我们已在本书上卷(第 451—496 页)指出，社会解体时期的两个主要特征是混乱感(promiscuity)和统一感。 从主观角度来看，这两种心理倾向似乎是对立的，客观上却产生了殊途同归的效果。 这种显著的时代精神使得大一统国家仓促设立的权宜性新制度具有一种"传导作用"，这种传导作用类似于大自然而非人类心理赋予海洋和大草原的传导作用。

"正如大地承载着整个人类，海洋接纳百川，罗马的怀抱容纳了大地上所有的民族。"我们在前文中引证过的埃里乌斯·阿里斯提德斯如是说。 本书作者在接触到阿里斯提德斯的著作之前，曾在一段文章里用过一个类似的比喻。

> 最好用一个比喻来说明笔者对于这个帝国的个人观感。它就像汪洋大海，沿岸环绕着星罗棋布的城邦。初看上去，地中海比不上为之输送水源的江河。江河不论清浊，都是活水。海洋却是含盐的、不新鲜的死水。但是，只要仔细观察一番，我们就会发现，海洋也有运动和活力。海洋里有无声的潮流循环涌动，海面蒸发掉的水分也并未真正消失。这些水分很久以后在遥远的地方化为滋润万物的降雨，原先的咸苦完全蒸发掉了。此外，当表层海水蒸腾化为云雾，下层海水就会不断升上来补充。海洋本身始终处于创造性的运动之中，这片巨大水体的影响波及到海岸之外很远的地方。人们发现，大海惠及遥远大陆的腹地和闻所未闻的民族，调节悬殊的气温，促进植被的生长，使动物和人类生息繁衍。[2]

事实上，借助大一统国家的载体来进行的社会运动，既有纵向的，也有横向的。 横向运动的例子有： 老普林尼(Elder Pliny)在《自然史》(Historia Naturalis)中记载的草药在罗马帝国境内的流传，纸的使用在阿拉伯哈里发帝国由东向西的传播。 公元 751 年，中国的纸传到撒马尔罕，793 年传到巴格达，900 年传到开罗，1100 年前后传到濒临大西洋的非斯(Fez)，1150 年传到伊比利亚半岛的哈蒂瓦(Jativa)。

社会的纵向运动往往难以觉察，但往往产生了更为重大的社会影响，远东日本社会的大一统国家德川幕府的历史就很能说明问题。 德川政权着手使日本与世界隔绝开来，这种政治"绝招"维持了将近两个世纪之久。 然而，德川政权根本无法阻止与世隔绝的日本帝国内部的社会变迁进程，虽然它竭力固守早先"乱世"遗留下来的封建制度，视之为一种永恒的天意。

> 货币经济渗入日本……引发了一场缓慢但不可抗拒的革命。封建政府的崩溃以及闭关锁国二百多年之后恢复对外交往，标志着这场革命达到高潮。革命的导火索并非外部的号召，而是内部因素的蓬勃发展……(新兴经济力量导致的)一个最重要的后果，就是市民财富的增长，代价是牺牲武士和农民的利益……大名及其家臣不惜花重金购买手工艺人生产、商人贩卖的奢侈品，到 1700 年前后，据说他们所有的金银几乎全都流到市民手里。于是，他们开始赊账。他们很快就负债累累，欠下商人阶层巨额债务，被迫抵押或是出售自己的俸米……这样就造成百弊丛生、祸患无穷的局面。商人纷纷充当米粮捐客，接着又从事米粮投机生意……这种状况只有利于一个阶层，而且还不是这个阶层的所有成员。这些商人，尤其是捐客和放债人，都是受人歧视的町人(chōnin)或城市居民。从理论上说，他们只要出言不逊，任何一个武士都可以杀掉他们而不受惩罚。他们的社会地位依然低下，但是，由于掌握了经济命脉，无形之中提升了他们的地位。到 1700 年，他们已经成为这个国家最强大、最有胆识的阶层，武士阶层慢慢丧失了影响力。[3]

1590 年，丰臣秀吉扑灭反对他的独裁统治的最后抵抗。 如果把这一年视为日本大一统国家的创立之年，我们就会看到，虽然丰臣秀吉的继承者试图把日本社会冻结为一个类似于柏拉图式的永恒不变的乌托邦，只过了一个世纪多一点的时间，下层海水就浮到海面，带来一场不流血的社会革命。 德川幕府大一统国家在文化上异乎寻常地高度统一，使得社会革命造成格外惊人的后果。

我们无须逐一列举我们所掌握的大量历史事实，这些事例都表明大一统国家具有"传导作用"(conductivity)。

第二节　和平心理

　　大一统国家的缔造者和臣民建立和认可大一统国家，乃是把它当作为医治百病丛生的"乱世"的万灵药。借用心理学术语来说，这种制度旨在建立并维持社会和谐，这是革除一种诊断无误的社会弊病的正确方法。这种弊病就是社会分裂，而且是双重的分裂，既有倾轧不已的社会阶层的横向分裂，也有各交战国的纵向分裂。早先地区性国家的战争落幕后，只有一个强国得以幸存，帝国缔造者的终极目标就是把这个国家扩展成大一统国家，与被征服的地区性国家的少数当权者和睦相处。然而，非暴力乃是一种心理状态和行为准则，很难局限在某一个社会生活领域。因此，少数当权者必须在内部寻求和谐，在与内部无产者和外部无产者以及濒临解体的文明所接触的任何外来文明交往时，不得不谋求建立和谐关系。

　　不同的受益者从这种普遍和谐中获取了大小不等的好处。少数当权者借此在一定程度上恢复元气，无产者从中汲取了更大的力量。少数当权者早已不复往昔的活力，借用拜伦对英王乔治三世的尸体所说的挖苦话，和谐的"香料"只不过是"延长腐烂"而已。但是，这些香料却有益于无产者。因此，在大一统国家带来的社会休战期，无产者势必日益壮大，少数当权者必将日渐衰弱。为实现消弭内部争端的消极目的，大一统国家缔造者推行宽容，内部无产者得以创立普世教会。与此同时，大一统国家臣民的尚武精神日益衰退，蛮族外部无产者或邻近的外来文明趁机闯入并夺取对内部无产者的统治权，这些内部无产者已经习惯于政治上惟命是从、宗教上积极活跃。

　　少数当权者自上而下地宣扬自身的哲学或"奇异的宗教"(fancy religion)，几乎无一例外地归于失败，这表明少数当权者难以从自身营造的环境中获益。反之，内部无产者显然往往能够极为有效地利用大一统国家的和平环境，自下而上地宣扬一种高级宗教，最终建立起普世教会。

例如，奥西里斯(Osirian)教会利用最早的埃及大一统国家，"中王国"时期的埃及帝国，来创立普世教会。犹太教及其姊妹宗教琐罗亚斯德教同样利用了巴比伦的大一统国家新巴比伦帝国及其外来后继国家阿契美尼(波斯)帝国和塞琉古王朝。一些相互竞争的无产者宗教则抓住"罗马和平"提供的机会，这些宗教包括西布莉(Cybele)崇拜、伊希斯(Isis)崇拜、密特拉教(Mithraism)和基督教。在中华世界，印度无产者的大乘佛教和中国本土的无产者宗教道教竞相利用汉代太平盛世所提供的相应机会。阿拉伯哈里发帝国、印度世界的笈多王朝也都为伊斯兰教和印度教提供了类似的机会。蒙古帝国一度把"游牧民族统治下的和平"(Pax Nomadica)实际推行到从太平洋西岸到波罗的海东岸、从西伯利亚苔原南疆到阿拉伯沙漠北疆和缅甸丛林的广大地区，由此带来的机遇让大批一争高下的宗教的传教士无限向往。考虑到这种难得的时机转瞬即逝，我们不难看出，聂斯脱利教派、西方天主教会、伊斯兰教和大乘佛教的密宗喇嘛教(Lamaist Tantric)极为成功地把握了这一机会。

高级宗教的倡导者屡屡受益于大一统国家有利的社会环境和心理氛围，他们有时候也意识到大一统国家带来的便利，并把这些便利归因于他们宣扬的"唯一真神"的赐予。在《以赛亚后书》、《以斯拉记》和《尼希米记》的作者看来，阿契美尼帝国就是耶和华选作传播犹太教的工具。教皇大利奥(Leo the Great，公元440—461年)同样认为罗马帝国推动基督教的传播乃是出自上帝的神圣旨意，他在第82篇布道词中写道："为了使这种不可言喻的恩典(即基督道成肉身)能够遍及全世界，上帝事先创造了罗马帝国。"

这种观念已经成为基督教思想的老生常谈。例如，弥尔顿的《耶稣诞生之晨颂》就表达了这种观念：

> 长矛和盾牌高挂，
> 全世界再没有战争与杀伐；
> 带钩的战车不再驰骋
> 喋血疆场；

号角不再向军队吹响；

国王一动不动，眼里充满畏惧，

仿佛他们深知最高主宰已经降临。

　　这样一种有利环境简直是天赐良机。　然而，看一看成功的传教教会与其立足的大一统国家的关系，我们不难发现，虽然宽容的氛围使得教会的传教有一个良好的开端，但这种宽容并不总是能贯彻始终，往往会走向另一个极端。　无疑，有些时候不会出现如此灾难性的结局。　奥西里斯教会从未遭受迫害，最终与埃及少数当权者的宗教合而为一。同样，在公元2世纪末中华大一统国家解体之前，中华世界的大乘佛教与道教，释、道两教与汉帝国之间始终相安无事。

　　至于犹太教和琐罗亚斯德教，我们无法断定它们与新巴比伦帝国和阿契美尼帝国最终会是一种什么样的关系，因为这两个大一统国家都在其历史阶段的早期就夭折了。　我们只知道，当阿契美尼政权突然被塞琉古王朝取代，在幼发拉底河以西地区最终被罗马人取代之后，面对先后以塞琉古王朝和罗马强权为政治工具的外来希腊文化的冲击，犹太教和琐罗亚斯德教偏离了向全人类宣扬救世福音的最初使命，转而成为叙利亚社会抵御希腊社会文化侵略的斗争武器。　我们不妨推测一下，倘若阿契美尼帝国像它在希腊文明之后的化身阿拉伯哈里发帝国一样终其天年，在宽容的阿契美尼朝廷庇护下，琐罗亚斯德教或犹太教说不定有望取得伊斯兰教那样的成就。　伊斯兰教受益于倭马亚王朝的冷漠和阿拔斯王朝始终如一地宽容非伊斯兰教徒中的"圣经民族"，逐步发展壮大，丝毫没有受到世俗权力帮倒忙的牵累。　阿拔斯王朝的崩溃更是为伊斯兰教带来压倒性的胜利，大批民众自愿皈依伊斯兰教，以求在清真寺的庭院里躲避即将来临的政治过渡期的风暴。

　　与伊斯兰教的情形相似，在重新统一原先的印度教大一统国家孔雀王朝的笈多王朝，佛陀之后的高级宗教印度教取代佛教哲学，不仅没有受到笈多王朝的压制，也未受制于任何与印度教文明的宽容和信仰调和的宗教精神背道而驰的官方迫害法令。

　　在上述事例中，高级宗教都获益于大一统国家的和平环境，自始至终受到大一统国家政府的宽容。与此相反，另外一些高级宗教的和平发展因为官方的迫害而中断，要么被消灭在萌芽状态，要么被唆使卷入政治或战争而变质。例如，在17世纪的日本和18世纪的中国，西方天主教几乎被连根铲除。在蒙古人统治时期，伊斯兰教只在中国的两个省份站稳了脚跟，而且始终只是外来的少数群体，因地位不稳而一再激起武装冲突。

基督教曾与罗马有过一场较量，这场较量只对基督教造成很小的副作用，预示着基督教最终将征服罗马帝国政府。在君士坦丁皇帝皈依基督教之前的3个世纪里，基督教会始终未能摆脱触犯罗马政策的危险。究其原因，除了怀疑帝国时代罗马国家中神出鬼没的各种秘密团体外，罗马传统中还有一种对奉行和传播外来宗教的秘密团体的更古老更深刻的敌意。罗马政府曾在两个特殊时刻放宽了这种严厉的政策，一是在汉尼拔战争的危急时刻正式承认西布莉崇拜，二是始终宽容犹太教，即使在犹太教奋锐党人招致罗马毁灭犹太国家的时候也是如此。公元前2世纪罗马对酒神崇拜的镇压，预示着基督教在公元3世纪将要遭受的命运。基督教会顶住诱惑，没有为了反抗官方的迫害而误入歧途地成为一个政治军事组织，结果，基督教会发展成一个前途远大的普世教会。

然而，基督教会并非毫发未损地挺过这次严酷的考验。它没有牢记基督教以柔克刚战胜罗马的经验，反而念念不忘使基督教的迫害者终归失败的罪孽，对这些狼狈的迫害者作出不必要的辩白和事后的精神报复。结果，基督教会自身也很快成为迫害者，长期实施迫害。

少数当权者创立和维持大一统国家的成就，在宗教领域的主要受益者是创立高级宗教的内部无产者，政治上的好处却落到别人的手中。大一统国家庇护下形成的和平心理，使统治者无法承担维护自身政治遗产的任务。这种弃甲缴械心理的受益者，既不是统治者，也不是被统治者，既不是少数当权者，也不是内部无产者。真正的受益者是那些跨越帝国边境的入侵者，要么是濒临解体社会的外部无产者，要么代表某个外来文明。

我们曾经在前文中指出，一个文明灭亡(不同于早先的衰落和解体)的标志性事件，通常总是衰亡社会的大一统国家的版图被境外蛮族军事首领，或是有着不同文化的外来社会的征服者所侵占，有时是两者联袂而至。 这些蛮族或外来入侵者为了大肆掠夺，乘机利用大一统国家的心理氛围，从中捞取了显而易见的好处。 短期来看，这些好处颇为可观。 不过，我们也早已指出，侵占土崩瓦解的大一统国家遗弃领土的蛮族侵略者属于末路穷途的英雄。 他们凭借自身的天赋，把史诗作为自己的墓志铭，使得自身的贪得无厌和胡作非为带有一种追思既往的魅力。 然而，在后人看来，他们不过是声名狼藉的冒险家。 《伊利亚特》的作者甚至可以让阿基里斯都成为英雄。 与教会的历史性成就相比，这些好战的外来文明传教士的功绩未免太虚幻、太令人失望了。

从我们掌握整个来龙去脉的两个例证可以看出，如果外来征服者过早扼杀了一个大一统国家，这个大一统国家的文明就会钻入洞穴，经过数个世纪的冬眠，最终一举驱逐入侵文明，重新延续中断的大一统国家的历史进程。 印度文明和叙利亚文明都使用过这种"绝招"，前者沉寂了将近600年，后者被希腊文明的洪流淹没了将近一千年。 这种成就的丰碑就是笈多帝国和阿拉伯哈里发帝国，它们分别恢复了原来的孔雀帝国和阿契美尼大一统国家。 巴比伦社会和埃及社会最终被叙利亚社会同化，虽然在居鲁士颠覆了尼布甲尼撒的新巴比伦帝国之后，巴比伦社会依然在600年时间里维持了自身的文化认同，埃及社会随着"中王国"的崩溃寿终正寝之后，也依然在长达两千多年的时间里维持了自身的文化认同。

历史事实表明，一个文明试图以武力吞噬和消化另一个文明，可能导致两种不同的结局。 不过，这些证据也表明，不论是哪种情况，都要经过数百乃至上千年的漫长时期才能有一个明确的结果。 鉴于现代西方文明吞噬同时代文明的过程刚刚开始不久，历史演变的轨迹尚不清晰，20世纪的历史学家不应匆忙预测现代西方文明吞噬同时代文明的最终结果。

看一看西班牙征服中美洲世界的例子。 人们多半会认为，鉴于墨西哥共和国取代了外来的新西班牙总督区，寻求并获准进入西方国家主导的国际社会，中美洲社会被西方社会同化已是不容争辩的事实。 然而，继1821年革命之后，墨西哥又爆发了1910年革命，被埋葬的冬眠社会突然苏醒，昂首冲破了卡斯蒂利亚人浇筑在它的坟墓上的文化外壳。 卡斯蒂利亚"征服者"(conquistadores)原以为已经摧毁了墨西哥本土社会，并把它埋进坟墓。 中美洲的这个预兆不禁使我们产生这样的念头，西方基督教世界对安第斯世界和其他地区的文化征服，无非是镜花水月，到头来终究是一场空。

中国、朝鲜和日本的远东文明在一百多年前就屈服于西方势力，但显然比中美洲文明强大得多。 既然墨西哥本土文化在沉寂 400 年之后依然能够重新振作，再认为远东文化注定会被西方文化或者俄国文化同化，就未免显得太过草率了。 至于印度世界，1947 年两个后继国家接替英国的统治，可以看成是以和平方式进行的 1821 年墨西哥革命。 在写下这些文字的时刻，我们不妨预言，就印度和墨西哥而言，政治解放使得这两个挣脱枷锁的国家获准进入西方国家主导的国际社会，只是表面上确认了西方化进程。 事实将会证明，这种政治解放乃是一个暂时被西方浪潮吞没的社会迈向文化解放的第一步。

此外，阿拉伯国家最近才作为主权独立国家获准进入西方主导的国际社会，这些国家之所以能够实现这种抱负，是因为它们成功挣脱了笼罩在它们头上达 400 年之久的奥斯曼帝国的政治统治和伊朗文化外壳。阿拉伯文化迟早会发挥残存的潜能，抵御更为格格不入的西方文化的影响，对此我们还有可怀疑的吗？

至此，我们分析了文化转型的最终结果，总体感觉是，我们的分析证实了这样一个结论： 内部无产者是大一统国家所提供服务的唯一真正受益者。 外部无产者获得的好处总是虚幻的，而外来文明获得的益处往往不能持久。

第三节　帝国制度的功能

我们分析了大一统国家的两个总体特征： 传导作用和和平心理，下面我们将具体考察大一统国家的特定制度为受益者提供的服务。 大一统国家煞费苦心地创立和维护这些制度，这些制度往往在无意之中承担了其创立者始料未及的历史使命。 我们所说的"制度"是一个广义的概念，包括如下各项内容： 交通系统，卫戍区和殖民地，行省制度，都城首府，官方语言和文字，法律制度，历法、度量衡与货币，常备军，文官制度，公民权。 我们将逐一分析这些制度。

交通系统

交通系统之所以名列榜首，乃是因为它们是大一统国家赖以生存的主要制度。 它们不仅是大一统国家在军事上统辖全国领土的工具，而且是帝国实施政治控制的手段。 这些人为的帝国生命线远不止是修筑道路那么简单，因为河流、海洋和草原等"天然"交通干线必须配备有效的治安，方能成为适合的交通手段。 交通工具也是必不可少的。 在多数大一统国家，交通运输系统的具体形式是帝国驿站制度。 我们用"驿丞"*这个耳熟能详的名称来指提供驿站服务的中央和地方官吏，他们往往也是警察。 早在公元前 3000 年，公共驿站服务就是苏美尔—阿卡德帝国政府机构的组成部分。 2000 年之后，在同一个地区的阿契美尼帝国，公共驿站制度组织更严密，也更有效率。 阿契美尼帝国利用帝国交通系统来维持中央政府对各省的控制，日后的罗马帝国和阿拉伯哈里发帝国也在行政管理中推行这种政策。

不难想见，世界各地的大一统国家都有类似的驿站制度。 中华大一统国家的开创者秦始皇修建了从京城辐射全国的庞大公路网，还建立了组织严密的监察制度。 印加人同样用公路网把征服领土统一成一个整体。 从库斯科(Cuzco)到基多(Quito)的直线距离有 1 000 多英里，道路距离可能要多出一半，但两地的讯息传递只需短短 10 天时间。

显然，大一统国家政府建造和维护的公路适用于各种始料未及的目的。 在罗马帝国晚期，帝国无意中为入侵的外部无产者的军事首领提供了极为畅通的交通线，他们得以迅速推进，大肆劫掠。 但是，罗马大道上还有比阿拉里克更有趣的人物。 奥古斯都把"罗马和平"推行到皮西迪亚(Pisidia)，无意中为圣保罗的第一次传教之旅铺平了道路：圣保罗在潘菲利亚(Pamphylia)登陆，平安旅行到皮西迪亚的安提阿(An‐

---

* 原文为 postmen，英文中指邮差。 ——译者注

tioch)、伊康(Iconium)、利斯特拉(Lystra)和代尔贝(Derbe)。 多亏庞培肃清了海盗,圣保罗才得以完成从巴勒斯坦的凯撒利亚(Caesarea)到意大利的普特奥利(Puteoli)的最后一次重要旅程。 除了暴风雨与船舶失事的天灾之外,圣保罗一路上无须担心人祸的危险。

"罗马和平"同样为圣保罗的后继者营造出一个有利的社会环境。罗马帝国第二个百年的后半期,里昂的圣伊里奈乌斯(Saint Irenaeus)在颂扬整个希腊世界天主教会的统一时,含蓄地称赞罗马帝国便利的交通。"在接受这种福音和这种信仰之后",他写道,"虽然教会分散在世界各地,却能够如同生活在同一个屋檐下那样,小心翼翼地保护这些珍宝。"又过了200年,愤愤不平的异教历史学家阿米亚努斯·马尔塞林努斯(Ammianus Marcellinus)抱怨说:"大批高级教士打着所谓'宗教会议'的幌子,利用公家驿马往来奔走。"

我们的论述[4]表明,在很多情况下,一些意想不到的受益者利用了大一统国家的交通系统,我们可以把这种趋势视为一种历史"规律"。在1952年,这个结论本身就引出一个重大问题,这个问题事关本书作者和同时代人所处的西方化世界的前途。

在1952年之前的450年间,西方人发挥首创精神和才能,凭借加速进步的技术,用交通网络把地球上所有适于居住和通行的地区联结在一起。 依靠风力航行的木制小帆船和大型横帆船,曾使现代西欧的航海先驱成为大洋的主人,如今已让位给机械动力的巨型钢铁船舶。 过去人们乘坐六匹马拉的马车跋涉在羊肠小道,如今人们驾驶汽车行驶在碎石和混凝土公路上。 过去是铁路与公路竞争,如今是航空运输与各种水陆交通工具竞争。 与此同时,那些不再依赖人类体力传送的沟通手段从无到有,蓬勃发展,如电报、电话以及无线传输图像和声音的无线电通讯。 人类从未在如此广泛的领域以如此畅通的方式进行交往。

这些新发展预示着孕育这些技术奇迹的社会有望最终实现政治统一。 然而,到写作本书时为止,西方世界的政治前景依然模糊不清。尽管有观察家确信迟早会出现某种形式的政治统一,实现政治统一的时间和方式依然难以预料。 在一个政治上分裂为六七十个各行其是的地区性主权国家,而原子弹已经问世的世界,显然可以通过"致命一击"

的惯用手法来强行推行政治统一。 另外一种可能是，如果像历史上反复出现过的那样，一个硕果仅存的强国以发号施令的方式强行建立和平，这种武力统一的代价，对道德、心理、社会、政治(更不用说物质)造成的破坏，将远远超过以往任何一次武力统一。 当然，这种政治统一也可以通过自愿合作的方式来实现。 不论采取何种途径解决政治统一问题，我们有把握预言： 新的全球交通网将被意想不到的受益者利用，并且通过这种常见的带有嘲讽意味的作用来实现其历史使命。

在这种情况下，谁将从中获取最大的好处？ 不大可能是蛮族外部无产者。 我们的世界体系无须担忧几乎可以忽略不计的正宗蛮族的越轨行为，尽管当代世界一度出现过，并且有可能再度出现堕落文明的叛徒，如希特勒及其党羽那样"野蛮的新阿提拉"。[5]另一方面，现存高级宗教的活动领域彼此相通，并且延伸到异教"原始人"日益缩小的地盘，早已迫不及待地利用便捷的交通设施。 圣保罗曾经在奥伦特斯河和台伯河这样的内河冒险航行，急于穿越比地中海更辽阔的海洋。 他在前往印度的第二次传教旅行时，搭乘一艘葡萄牙小帆船绕过好望角。[6]之后，他进一步远游，在前往中国的第三次传教旅行中穿过马六甲海峡。[7]这位不知疲倦的传道者又换乘一艘西班牙大帆船，从加的斯(Cadiz)横渡大西洋，抵达韦拉克鲁斯(Vera Cruz)，从阿卡普尔科(Acapulco)横渡太平洋，抵达菲律宾群岛。 除了西方基督教之外，其他现存宗教也利用西方式的交通系统。 东正教尾随配备西式武器的哥萨克先锋，从卡马河(Kama)出发，经过长途跋涉抵达鄂霍次克海。 在 19世纪的非洲，当基督教传教者、苏格兰医生传教士戴维·利文斯敦(David Livingstone)传布福音，医治病人，发现湖泊和瀑布时，伊斯兰教也在从事传教活动。 不妨想象一下，有朝一日，大乘佛教僧侣回忆起沿着首尾相接的坦荡大道从摩揭陀(Magadha)直抵洛阳的奇异之旅，借助这种愉快的回忆，他们或许会转而利用飞机和无线电之类的西方发明来从事普渡众生的功德，如同他们过去利用中国发明的印刷术来弘扬佛法。

这种世界范围的传教活动的刺激，引发了诸多新问题，这些问题并不仅仅是教会地缘政治问题。 原有的高级宗教进入新的传教领域，提出了这样一个问题：能否识别宗教的永恒本质与暂时的偶然现象。各种宗教相互碰撞，又带来一个新问题：它们最终是相互容忍、并行不悖，还是一种宗教最终取代其余的宗教。

有些大一统国家的统治者，例如亚历山大·塞维鲁(Alexander Severus)和阿克巴(Akbar)，恰巧集两种难以兼备的品性于一身，既老于世故，又天生软心肠，倾向于宗教折中主义的理想，但是他们的实验证明是徒劳无功的。方济各·沙勿略(Francis Xavier)和利玛窦等耶稣会传教士受到另外一种理想的激发，在各种宗教的传道者中，他们最早把握了现代西方技术征服海洋带来的机遇。这些无畏的宗教开拓者立志为基督教征服印度和远东，正如圣保罗及其后继者征服希腊世界。他们不仅树立了宏大的信念，还有与之相称的敏锐洞察力。他们清醒地意识到，他们事业的成败取决于能否满足某种苛刻的先决条件，但他们并未就此退缩不前。他们认识到，传教士在传播福音时必须使用能够在理智、审美和情感上吸引未来信徒的措辞。福音的本质越是具有革命性，越是要用亲和而适宜的方式来加以表现。这样做势必要求传教士为福音脱去从自身文化传统里传承下来的外衣，要求传教士自己来判定传统的宗教表达中究竟何为本质、何为偶然。

这种策略的症结在于：传教士在非基督教社会传教，在消除一个障碍的同时，也为自己的教友设置了另一重障碍。在印度和中国，现代早期耶稣会传教士就曾因此遭受灭顶之灾。传教士彼此猜忌争斗和梵蒂冈的保守成性，使这些人沦为牺牲品。然而，事实将证明这还不是最糟糕的。

如果塔尔苏斯的保罗没有娴熟地脱去基督教在巴勒斯坦诞生时的地方性褓褓，罗马地下墓穴的基督教艺术家和亚历山大神学院的基督教哲学家永远不会有机会从希腊人的视角和观念来阐明基督教的本质，进而为希腊世界皈依基督教铺平道路。同样，在 20 世纪，奥利金和奥古斯丁宣扬的基督教，倘若不能去除它在历史旅程中接连在叙利亚、希腊和西方"驿站"停留时加上的外部标志，就无法把握如今摆在每一种现存高级宗教面前的世界性机遇。一种高级宗教如果听任自己"彻头彻尾地"带有转瞬即逝的文化环境的特征，注定会成为停滞和世俗的宗教。

如果基督教最终走上另外一条道路，就可以在现代的"文明世界"重现它曾在罗马帝国完成的壮举。 罗马的交通系统促进了宗教交流，基督教得以汲取和承继接触到的其他高级宗教和哲学的精髓。 现代西方技术发明把世界从物质上统一起来，印度教和大乘佛教可以作出有益的贡献，这种贡献的意义不亚于伊希斯崇拜和新柏拉图主义对基督教的见识和习惯的贡献。 另外，在西方世界，独裁者的帝国起起落落，大大小小的帝国总是在数百年后崩溃或衰亡，一位在 1952 年展望未来的历史学家可以设想，基督教从此将继承从阿肯那顿(Ikhnaton)到黑格尔的全部哲学和所有高级宗教，这些宗教的历史可以追溯到始终潜伏着的圣母和圣子崇拜，圣母和圣子以伊什塔尔(Ishtar)和塔木兹(Tammuz)的名义，沿着"王的大道"(King's Highway)踏上他们的旅程。

卫戍区与殖民地

现役军人、民兵、退伍老兵和平民等帝国政权的忠实拥护者建立的殖民地，乃是帝国交通系统不可或缺的组成部分。 这些勇猛、警惕、无处不在的人类警犬提供了必不可少的安全保障，一旦失去这种保障，帝国当局便无法利用道路、桥梁等交通设施。 边境卫戍区也是交通系统的一部分，因为边境线历来是侧翼的横向交通干线。 大一统国家不仅为了治安或防御的目的建立卫戍区，还出于更具建设性的动机建立殖民地，即医治先前"乱世"为争权夺利而造成的严重创伤。

正是基于这样的考虑，恺撒在卡普阿(Capua)、迦太基和科林斯的废墟上建立罗马公民的自治殖民地。 在希腊世界地区性国家你死我活的争斗中，当时的罗马政府蓄意摧毁了这三座城市。 卡普阿被作为背信弃义地投靠汉尼拔的典型；迦太基差一点打败罗马，自然罪不可赦；为了对亚该亚同盟城邦起到杀一儆百的作用，科林斯也被随意挑选出来加以摧毁。 在恺撒之前的共和国时期，保守派坚决反对重建这三个著名的城邦，其动机与其说是恐惧，不如说纯粹是出于报复心理。 关于如何处置这三个城邦的争论旷日弥久，最终演变成一场更为广泛的争论。罗马统治的"存在理由"，究竟是为维护实施这种统治的一个特定国家的私利，还是为罗马已经成为其政治化身的希腊世界的公共福祉？ 恺撒战胜元老院的阻挠，意味着一种更开明、更仁慈、更具创造力的观念的胜利。

从德性上说，恺撒开创的体制与他所废弃的体制迥然不同，这种差异并非希腊历史的独有特征。在其他文明的历史上，从"乱世"到大一统国家的转型时期，人们对待行使和滥用权力的态度也有类似的转变。这条历史"规律"虽然清晰可辨，也有不少例外。一方面，我们发现，"乱世"不仅产生了被逐出家园、苦难深重的无产者，还引发了大规模的殖民运动。亚历山大大帝在远远超出阿契美尼帝国旧有疆界的地域上建立起大批希腊城邦，就是一个例证。反之，随着大一统国家的建立，少数当权者相应转变了态度，但是这种转变很少是彻底的，他们往往会故态复萌，恢复先前"乱世"的野蛮习俗。新巴比伦帝国大体上支持巴比伦世界内部反抗残暴的亚述边疆居民的道义斗争，但是，新巴比伦帝国也犯下毁灭犹大王国的暴行，与摧毁以色列王国的亚述同属一丘之貉。"巴比伦之囚"的犹太人获准活了下来，直到巴比伦帝国的后继者阿契美尼帝国放他们重返家园，而尼尼微的受害者，所谓"丢失的十个支派"(Lost Ten Tribes)，却被消灭殆尽，从此消失得无影无踪，只存在于英籍犹太人的追思之中。然而，如果据此宣称巴比伦人比尼尼微人道德高尚，那岂不成了天方夜谭。

尽管有例外，这样一种观点在很大程度上依然是站得住脚的，即大一统国家的标志之一就是推行一种更具建设性和较为仁慈的殖民政策。

我们不妨大致区分一下卫戍区和殖民地，前者以军事或治安为目的，后者是出于社会和文化的目标。从长远看，两者的区别只是出发点不同，而不是后果上的差异。帝国缔造者在大一统国家边境和内地建立的常设军事卫戍区，几乎都随即形成了平民居留地。罗马军团的士兵在服役期间禁止正式结婚，实际上可以与情妇保持持久的婚姻关系和组织家庭。他们退伍以后就可以把非法同居转为合法婚姻，子女也可以获得合法地位。阿拉伯的武装"迁士"(Muhājirah)实际上准许带妻小前往驻地。这样，罗马和阿拉伯的卫戍区就成为平民居留地的核心。不论哪朝哪代的帝国，帝国卫戍区的情形大抵都是如此。

除了军事设施带来的始料未及的副产品之外，大一统国家还建立专门的平民殖民地。例如，在阿契美尼王朝作为封地授予波斯贵族的安纳托利亚东北地区，奥斯曼土耳其人让皈依伊斯兰教的阿尔巴尼亚人建立殖民地。奥斯曼土耳其人还在帝国心脏地带的商业中心为来自西班牙和葡萄牙的塞法迪犹太难民设立居民区。罗马皇帝在帝国的落后地区也建立了许多殖民地，作为文明的中心地区(究竟是拉丁化文明还是希腊化文明则视情况而定)。这方面的事例不胜枚举，阿德里安堡(Adrianople)就是一个例子，这个地名至今使人回想起公元2世纪的一位著名皇帝，他带领野蛮的色雷斯人走出野蛮状态。西班牙的帝国缔造者在中南美洲推行同样的政策。这些西班牙殖民城邦成为入侵的外来政权行政和司法体制的基层组织，与早先的希腊殖民地一样，它们在经济上依附于宗主国。

> 在英属美洲殖民地，城镇的兴起是为了满足乡村居民的需要。在西班牙殖民地，乡村人口的增长满足了城镇的需要。英国殖民者的首要目标通常是靠土地生活，以耕种来维持生计；西班牙人的主要打算是在城镇生活，靠在种植园和矿场劳动的印第安人或黑人来维持生计……由于在田间和矿场使用土著居民劳动，所以乡村人口几乎全都是印第安人。[8]

在大一统国家历史的晚期阶段，往往出现一种颇为明显的内部殖民化，即蛮族农民迁移到人口锐减的地区。这些地区人口下降的原因要么是蛮族的大肆劫掠，要么是由于衰落的帝国与生俱来的某种社会弊病。《百官志》(Notitia Dignitatum)描绘的戴克里先之后罗马帝国的状况，就是一个典型的例子：在罗马帝国的高卢、意大利和多瑙河行省，出现了众多日耳曼人和萨尔马提亚人(Sarmatian)的共同居留地。这些蛮族殖民者被称作"laeti"，这个专门的术语源于西部日耳曼语，意思是处于半奴隶状态的外来居民。由此推断，他们是那些落败的蛮族敌人的后裔，在强制或劝诱下逐渐成为和平的耕种者，耕种他们过去以闯入者身份大肆破坏的"乐土"，以此作为对他们过去侵略行径的奖赏或惩罚。 他们被小心谨慎地安置在帝国的内地而不是边境附近地区。

我们评述了大一统国家统治者建立的卫戍区和殖民地，以及这些卫戍区和殖民地带来的人口流动。 我们的分析表明，不论在其他方面有什么功过，这些制度势必会强化种群融合(pammixia)和无产者化的过程。 我们在前文中指出，这种过程乃是"乱世"和大一统国家的共同特征。 边境地区设立的常备军事卫戍区成为少数当权者与外部无产者、内部无产者融合的"民族熔炉"。 随着时间的推移，大一统国家边境的守卫者往往与敌对的蛮族军事集团相互同化，这种同化先是在军事技术领域，之后又扩大到文化领域。 少数当权者在边境地区与外部无产者交往而野蛮化之前，早就因为与内部无产者亲近而庸俗化了。帝国缔造者很少能够维持充足的人力或足够的尚武热情，并不打算凭借一己之力维系和捍卫帝国。 他们一开始从那些尚未丧失勇气的臣属民族中招募新兵，充实帝国军队。 到后期，他们进一步着手招募境外蛮族。

谁是种群融合与无产者化过程的最大获益者呢？ 最明显的受益者当然是外部无产者，因为蛮族先是作为对手，后来又充当雇佣兵，在一个文明社会的军事前哨地区得到了训练，这种训练使他们得以在帝国崩溃之际迅即跨越业已被摧毁的屏障，创立自己的后继国家。 我们已经论述过，这些"英雄时代"的业绩犹如昙花一现，转瞬即逝。 在罗马帝国和阿拉伯帝国，基督教和伊斯兰教分别成为人口的有效再分布和融合的最终受益者。

6个世纪之内，各种潜在的宗教势力有了惊人的发展，迫使伊斯兰教作出调整，从而也改变了伊斯兰教的使命。 在这种情况下，倭马亚哈里发帝国的军营和边境要塞显然成为十分重要的伊斯兰教"据点" (points d'appui)。 公元7世纪，伊斯兰教冲出阿拉伯半岛之际还只是一个蛮族军事集团的特殊教派，罗马帝国的各个行省中有许多这样的蛮族军事集团争相创立自己的后继国家。 到13世纪，伊斯兰教已发展成一个普世教会，为迷失的信徒提供庇护，叙利亚文明的瓦解以及阿拔斯哈里发帝国的崩溃，使得这些信徒失去了熟悉的保护者。

创始人的去世，最初的阿拉伯帝国缔造者的垮台，取代阿拉伯人的伊朗人的衰落，阿拔斯哈里发帝国的覆灭，在哈里发帝国废墟上建立起来的短命的蛮族后继国家的崩溃，凡此种种，都未能阻止伊斯兰教不断发展壮大，个中奥秘何在呢？根源在于倭马亚哈里发帝国非阿拉伯臣民中伊斯兰教皈依者的宗教体验。他们起初主要是出于普遍的利己心才皈依伊斯兰教，但伊斯兰教彻底征服了他们的心灵，最终他们比阿拉伯人更为真诚地笃守伊斯兰教。这样一种凭借自身内在价值赢得忠实信徒的宗教，注定不会与那些总是试图以之服务于各种非宗教目的的政权同归于尽。宗教服务于政治目的，已经给其他高级宗教造成毁灭性影响。就伊斯兰教而言，不单是穆罕默德的继承人，就连穆罕默德本人也曾一度把伊斯兰教置于危险的境地。从麦加迁到麦地那之后，穆罕默德已不再是一个显然不成功的先知，而是一位卓有成就的杰出政治家。考虑到上述事实，伊斯兰教的胜利就越发显得难能可贵了。伊斯兰教凭借这种"绝招"，渡过了其创立者以一种历史讽刺的悲剧性方式造成的险境，证明了穆罕默德带给人类的宗教启示的崇高价值。

这样，在哈里发国家的历史上，帝国缔造者深思熟虑地推行建立卫戍区和殖民地、控制人口迁移和融合的政策，无意中造成一个始料不及的后果，即促进了高级宗教的发展。在罗马帝国的历史上，相同的原因也导致了同样的结果。

在罗马帝国的头三百年，边境地区的军事要塞显然是宗教影响最有效的传播渠道。希腊化赫梯人的多利刻"朱庇特"（Iuppiter of Dolichê）崇拜，以及希腊化叙利亚人对起初是伊朗神祇的密特拉的崇拜，成为通过这些渠道传播得最为迅速的宗教。从幼发拉底河畔到多瑙河、日耳曼边境、莱茵河和不列颠长城，在每一个罗马卫戍区，我们都可以找到这两种宗教的传播足迹。与之相映成趣的是同时代大乘佛教的传播历程，大乘佛教从印度斯坦长途跋涉，绕过西藏高原的西侧，最后沿着守卫中华大一统国家边境、抵御欧亚大草原游牧民族的一系列卫戍区，从塔里木盆地边缘一直传播到太平洋沿岸。在这之后，大乘佛教从中华世界的西北边疆渗入内地，发展成中华世界内部无产者的普世教会，最终成为现代西方化世界四大高级宗教之一。相比之下，密特拉教和"朱庇特·多利刻努斯"崇拜的命运要平凡得多。这两种军人的宗教与罗马帝国军队的命运息息相关，公元 3 世纪中叶，罗马军队一度崩溃，这两种宗教随即遭到沉重打击，从此一蹶不振。 就长远的历史意义而言，它们是基督教的先驱，用一个形象化的比喻来说，它们就像两条支流，汇入一条不断壮大的宗教传统之河，当基督教沿着另一条河道涌入罗马帝国时，这条汇集众多支流的宗教传统之河流入基督教为自己挖掘的河道。

朱庇特·多利刻努斯和密特拉以边境卫戍区为跳板，从幼发拉底河向西北方向一直推进到泰恩河。 圣保罗则利用了恺撒和奥古斯都在罗马帝国内地建立的殖民地。 第一次传教旅行时，圣保罗在皮西迪亚的安提阿和利斯特拉等罗马殖民地撒下基督教的种子。 第二次传教旅行把基督教的种子带到特洛阿斯、腓利比和科林斯的罗马殖民地。 当然，圣保罗的足迹并不仅限于这些殖民地。 例如，他曾在古希腊城市以弗所(Ephesus)居住过两年。 不过，圣保罗逗留过 18 个月的科林斯在使徒时代之后的教会生活中占有重要的地位。 我们推测，科林斯之所以成为著名的基督教社群，至少部分原因在于恺撒在那里建立了世界性的罗马公民殖民地。

然而，基督教利用罗马殖民地进行传播的最显著的例证，不是科林斯，而是里昂。 基督教在各个殖民地的传播进程并未止步于大城市，也没有因圣保罗去世而终止。 卢格敦 (Lugdunum)位于一个精心挑选的地点，即隆河与索恩河的交汇处，该城始建于公元前 43 年，是一个名副其实的罗马殖民地。 这个纯意大利血统罗马公民的居留地位于广袤的高卢领地的入口处，恺撒通过征服把这一地区并入帝国的版图，旨在使罗马文化传入长发高卢(Gallia Comata)，就像罗马文化通过早先的罗马殖民地纳博讷(Narbonne)传入长袍高卢(Gallia Togata)一样。 卢格敦是罗马本土与莱茵河之间唯一的罗马卫戍区。 此外，它不仅是三个长发高卢行省的行政中心，也是"三高卢委员会"(Council of the Three Gauls)的正式集会地，在公元前 12 年德鲁苏斯(Drusus)修建的奥古斯都祭坛周围，60 多个市镇的代表定期举行集会。 实际上，建立卢格敦的初衷正是为了适应罗马帝国的诸多目标。 然而，到公元 177 年，这个罗马殖民地形成了一个颇为活跃的基督教社群，结果招致一场屠杀。 与帝国其他地方一样，在卢格敦，殉道者的鲜血养育了基督教会的种子。 在这场屠杀之后25年，一位可能有叙利亚血统的希腊学者、卢格敦主教伊里奈乌斯构建了最早的天主教神学体系。

罗马帝国的基督教、哈里发国家的伊斯兰教和中华大一统国家的大乘佛教，都曾利用世俗帝国缔造者出于自身目的建立的卫戍区和殖民地。 不过，相比人口有序流动带来的始料未及的宗教后果，尼布甲尼撒再度采取亚述人的野蛮手段，造成更为显著的后果。 这位新巴比伦军事首领掳掠了整个犹大王国，不仅促进了现存高级宗教的发展，实际上还催生出一种全新的宗教。

行省

与大一统国家疆域内的卫戍区和殖民地一样，大一统国家缔造者把版图划分为若干行省，它们具有两个特殊功能： 一是维护大一统国家本身，二是维护大一统国家为之提供政治架构的社会。 罗马帝国和英国统治印度的历史表明，大一统国家政治体制有两项新颖职能，一是维护开疆拓土的强权的最高权威，二是填补随着大一统国家取代地区性国家而来的社会解体造成的真空。

大一统国家创立者在何种程度上倾向于用合并和直接统治的手段防止手下败将东山再起，无疑取决于业已覆灭的地区性国家能够在何种程度上继续激发起前朝君臣对于故国的忠诚和怀念。 反之，这种忠诚和怀念又取决于大一统国家征服的速度以及被征服社会先前的历史。 在一举确立起统治，并把这种统治强加于长久以来习惯于享有和滥用独立主权的众多地区性国家之后，胜利的帝国缔造者颇有理由担心自己的功绩被彻底颠覆。

例如，在中华世界，秦国开疆拓土，用了不到十年(公元前230—前221年)时间就第一次实现了有效的政治统一。 在这段短短的时期内，秦王嬴政吞并残存的六国，创立中华世界大一统国家，获得了"秦始皇"的称号。 但是，他未能以同样迅速的方式消除往昔统治阶层的政治自觉意识。 史家司马迁记载了朝廷发生的一系列辩论，有声有色地描绘了秦始皇面临的棘手问题。 不论这场争论有何进展，最后占上风的是主张推行激进政策的意见。 公元前221年，秦始皇下令把刚刚建立的大一统国家划分为 36 个军事辖区。*

秦始皇采取这项果断措施，把已通行百年的秦国军事制度而非封建制度推行到所征服的六个地区性国家。 可以想见，被征服国家不会欢迎这种体制，因为秦始皇是历史上常见的大一统国家创立者的典型，一个耀武扬威的边境人。 在被征服国家的统治阶级看来，他充其量是一个"蛮族"，这与公元 4 世纪希腊城邦公民对马其顿国王的看法如出一辙。 在中华世界的文化中心，人们自然倾向于崇拜自身倡导的文化，日后儒家学派哲学家助长了这种偏爱。 按照儒家学派创始人的诊断，中华社会的社会弊病起因于对传统礼仪和习俗的忽视，有效的补救办法在于恢复早先封建时代的社会和道德秩序。 这种把半虚构的过去加以神圣化的做法无法打动秦国的统治者和百姓，突然强制推行这个半开化边境国家的制度自然招致怨声载道，秦始皇的回答是进一步推行高压政策。

这种政策最终激起了反抗浪潮。 公元前 210 年秦始皇死后，各地随即爆发起义，最终，起义军领袖刘邦攻占秦帝国的首都。 然而，暴力推翻中华世界大一统国家缔造者的革命性成果最终并未导致旧制度的复辟。 刘邦并非出身于丧失权利的封建贵族，而是一个农民。 他建立起一种持久的体制，因为他既没有尝试恢复不合时宜的封建秩序，也未重建取代封建秩序的革命性的秦始皇体制。 刘邦奉行谨慎从事的方针，凭借奥古斯都式的妥协达成了恺撒式的目的。

公元前 207 年，秦朝覆灭，公元前 202 年，刘邦正式成为中华世界唯一的统治者，在这段短短的间隔期，另一位起义领袖项羽尝试复辟旧制度，结果证明此路不通。 项羽落败之后，刘邦自立为中华世界唯一的统治者。 他的第一项措施就是分封功臣，就连项羽政权的封臣，只要曾事先设法暗通款曲，刘邦也就一任其旧。 但是，受封将领一个接

---

　　* 《史记·秦始皇本纪》：丞相绾等言："诸侯初破，燕、齐、荆地远，不为置王，毋以填之。 请立诸子，唯上幸许。"始皇下其议于群臣，群臣皆以为便。 廷尉李斯议曰："周文武所封子弟同姓甚众，然后属疏远，相攻击如仇雠，诸侯更相诛伐，周天子弗能禁止。 今海内赖陛下神灵一统，皆为郡县，诸子功臣以公赋税重赏赐之，甚足易制。 天下无异意，则安宁之术也。 置诸侯不便。"始皇曰："天下共苦战斗不休，以有侯王。 赖宗庙，天下初定，又复立国，是树兵也，而求其宁息，岂不难哉！ 廷尉议是。"分天下以为三十六郡。 ——译者注

一个地被罢黜和处死，其他封臣也频繁调换封地，他们很容易遭到废黜，没有任何机会同暂时归属他们的臣民结成危险的密切关系。 与此同时，刘邦采取有力措施维护和巩固皇权。 最后，在秦始皇死后的一百年里，中央政府通过人为的地方当局等级体制来控制大一统国家的理想再次成为现实。 这一次的成就是确定无疑的，刘邦及其继承者具备费边式的政治才能，使帝国政府得以推行仁政，秦始皇的宏大计划之所以失败，正是由于缺乏这种仁政。

中央集权政府的运作，离不开专业化的文官制度。 刘邦创立的汉朝成功建立起有效和令人满意的文官制度：与儒家学派结盟，选拔精通儒家学说、基于文化修养的新贵族出任公职，从而切断了儒家学派哲学家与只论血统、胸襟狭窄的旧军事贵族的联系。 这一转变是逐步实现的，而且实施得十分巧妙，以致没有明显迹象表明正在发生重大的社会和政治变革，新贵族甚至依然沿用往昔旧贵族的称呼："君子"。

若是以业绩的持久性为衡量标准，汉朝创立者算得上是所有大一统国家缔造者中最伟大的政治家。 除了中国史专家之外，西方世界几乎无人知道刘邦的历史存在，西方人熟悉的是取得类似成就的罗马皇帝奥古斯都。 相形之下，奥古斯都的功绩要比刘邦稍逊一筹。 未来某个时代普世社会的历史学家，了解所有昔日文明的历史根源，大概会有更好的分寸感。

至此，我们分析了中华大一统国家行省体制的重要性，限于篇幅，就不再讨论其他例证了。 接下来，我们直接探讨这种行省体制无意中为那些始料未及的受益者提供的服务。 在这个问题上，我们同样只考察一个例证，看一看基督教会是如何利用罗马帝国行省体制的。

基督教会利用希腊社会和罗马国家基层组织的城邦来构建教会组织。 希腊文明的传统日渐消逝之际，一座城市意味着基督教主教驻在的城镇，[9]而不是拥有市民自治机构，依据特许状建立起来的罗马共和国自治市。 一些地方主教的辖区位于戴克里先划定的罗马行省的中心，他们逐渐被同一行省的其他主教公推为高一级的主教。 反之，这些都主教或大主教承认辖区位于若干行省的行政中心的主教为首席主教。 在戴克里先的行政体制中，这些行省称作"辖区"(diocese)，教会沿用了这个名词，用来指一个主教管辖的教区。 主教、都主教和首席主教都效忠于一位地区性的大主教，后者在教阶上相当于戴克里先行政体制中的"近卫军长官"(praetorian prefect)。 戴克里先的东方辖区最终划分为四个主教区： 亚历山大、耶路撒冷、安提阿和君士坦丁堡，而其他三个辖区合并成为一个幅员广大、人口稀少的罗马主教区。

这种地区性的基督教会体制并非出自哪个帝王之手。 教会在尚未得到正式承认、不时遭受迫害之际，就已经自行建立起这种制度。 教会利用行省制度服务于自身的目的，但教会最初并不依赖世俗政权，正是因为有这种独立性，教会的区域体制能够在世俗行省体制崩溃之后依然完好保全下来。 在高卢，摇摇欲坠的帝国当局为赢得地方支持，创立定期的地区贵族会议，试图在此基础上重整旗鼓。 帝国覆灭后，教会仿效这种世俗先例，召集地区主教会议。

例如，看一看中世纪法国的宗教分布图，历史学家就会发现，在犬牙交错地分布的主教区当中，长袍高卢的城邦与长发高卢的市镇之间有明显的分野。 大主教区大致包括戴克里先时代细分的四个奥古斯都行省： 那旁南锡斯(Narbonensis)、阿奎塔尼亚(Aquitania)、卢格杜南西斯(Lugdunensis)、贝尔吉卡(Belgica)。 直到本书作者写下上述文字的时刻，这五个主教区依然存在，其中四个为东正教，一个为西方天主教。公元 451 年，教会在卡尔塞顿(Calchedon)举行第四次宗教大会，从那以后的 1500 年间，这些主教区的地域范围及其教民的分布和民族都有很大变化。 但是，这些主教区也有其形成时期预料不到的新收获，足以抵消令人痛心的损失。

首都

大一统国家中央政府的所在地表现出一种明显的趋向： 首都的地点随着时代的变迁而改变。 一般说来，帝国缔造者开始通常是在方便自己的政府所在地向全国发号施令：要么是自己祖国原有的首都(如罗马)，要么是征服地区边缘，便于帝国缔造者从本国进入的新地点(如加尔各答)。 随着时间的推移，由于帝国行政经验的积累或形势的压力，最早的帝国缔造者以及那些在帝国一度陷入瘫痪之后接掌大权的继承人，往往会把首都迁到一个新地点。 这个新地点不再只是为方便早先开疆拓土的当权者，而是考虑整个帝国的便利。 当然，这种新的全局观念使得统治者根据不同的环境选择不同的地点。 如果主要考虑的是行政需要，就会选择一个交通便利的中心地点。 如果把抵御侵略作为首选因素，就会在面临威胁的边境地区选择一个便于调集兵力的地点。

我们已经指出，大一统国家缔造者总是有着不同的身份和起源。在一些情况下，他们是外来文明的代表，满足一个异己社会的政治需求。 在另一些场合，他们是蛮族，在精神上疏远吸引着他们的文明。换言之，他们是外部无产者。 他们有时、实际上往往是边疆居民，先是要求融入他们为之守卫边境、抵御外部蛮族的文明社会，然后反戈一击，侵入所属社会的腹地，进而建立起大一统国家。 最后，有一种情形比较罕见，大一统国家的缔造者既不是外国人，也不是蛮族或边疆居民，而是来自某个社会内部的"都市居民"。

在外国人、蛮族或边疆居民建立的大一统国家，首都最初往往设在边境地区，然后向内地迁移。 当然，边疆居民创立大一统国家之后，会继续保持原先的本色，首都可能仍旧设在边境地区。 在"都市居民"建立的大一统国家，首都自然先是设在中心地区。 如果来自特定地域的入侵威胁成为政府关注的焦点，首都也会迁移到边境地区。 下面我们举例说明似乎决定着定都和迁都的规则。

英国统治印度是外国人领土扩张的显著例子。 在很长一段时期里，英国人并未想过统治印度，他们从海外抵达印度，与当地居民进行贸易，在孟买、马德拉斯和加尔各答建立贸易基地。 加尔各答之所以成为英国人最早的政治中心，是由于东印度公司偶然地在加尔各答腹地的两个富饶省份建立起政治统治。 直到整整一代人之后，东印度公司才获得堪与加尔各答相媲美的其他领地。 韦尔斯利(Wellesley，1798—1805年任印度总督)提出把整个印度纳入英国统治的方案之后的一百多年，以及这项方案付诸实施的五十多年间，加尔各答始终是英属印度的首府。 由于次大陆政治统一的巨大吸引力，英属印度中央政府从加尔各答迁到德里，德里的地理位置正适合作为一个囊括印度河和恒河流域的帝国的首都。

当然，德里不仅是一个天然首都，而且是一个历史首都。 1628年以后，德里一直是莫卧儿帝国的首都。与英国人一样，莫卧儿人在印度建立起一个外来大一统国家，只不过不是经由海道，而是从西北边境进入印度的。如果莫卧儿人能够预见到英国人的做法，或许会把第一个首都建在喀布尔。只要深入研究一下莫卧儿人的历史，就不难发现他们最初没有选择喀布尔作为首都的原因。他们最初并没有定都德里，之前的首都阿格拉(Agra)同样位于一个中心地点。

看看西属美洲的情况，我们就会发现，中美洲的帝国缔造者没有选择地理位置相当于加尔各答的入境港韦拉克鲁斯，而是一劳永逸地把首都建在相当于德里的特诺奇蒂特兰(Tenochititlan，墨西哥城)。在秘鲁，他们反其道而行之，把首都建在沿海的利马，而不是印加人在内陆高原的故都库斯科，原因自然是因为秘鲁太平洋沿海地区富饶而重要，墨西哥大西洋沿海地区不具备这种优势。

奥斯曼土耳其人建立了一个外来的东正教社会大一统国家，先后在亚洲和欧洲建立起一系列临时首都，最终把首都定在地理位置绝佳的前拜占庭都城。

忽必烈征服了远东社会的整个大陆疆域，把首都从蒙古哈喇和林迁到北京 (Peking)。忽必烈虽然理智地下令迁都，情感上却难以割舍祖先的牧场。这位半中国化的蒙古政治家出于一种难以自拔的游牧情结，在上都(Chung-tu)修建行宫，上都位于蒙古高原东南边缘，是大草原上最接近新皇城的地点。北京始终是中央政府的所在地，上都只是一个休假胜地，虽然有时肯定也会在那里办公。

> 忽必烈汗建立"上都"
> 修建富丽的逍遥宫。*

我们或许可以把上都与印度的西姆拉(Simla)等量齐观，如果说忽必烈怀念故乡的草原，英国总督也肯定会怀念英国的温和气候。我们还可以把上都比作巴莫拉尔宫，维多利亚女王一心留恋苏格兰高地，正如

---

* 出自柯勒律治未完成的名诗《忽必烈汗》。——译者注

忽必烈一心留恋大草原。我们可以进一步展开想象：一位 19 世纪中国旅行家对迷人的巴莫拉尔宫热情洋溢的描述，激发起一位 25 世纪的中国诗人的灵感，用一首未完成的迷人诗歌赞颂维多利亚女王和她建造的"富丽的逍遥宫"。

常胜者塞琉古大王(Seleucus Nicator)创立了亚历山大大帝昙花一现的庞大帝国的一个后继国家，为我们提供了一个帝国缔造者建都的个案：他在都城选址问题上犹豫不决，因为他的帝国抱负始终没有形成明确的方向。起初，他渴望夺取、也确实攻占了富庶的前阿契美尼帝国省份巴比伦，在底格里斯河右岸距离幼发拉底河最近的地点建立首都塞琉西亚(Seleucia)。这是一个绝佳的选择，在之后的 500 年间，塞琉西亚始终是一个大城市和希腊文化的重要中心。然而，由于成功地排挤了帝国西部与之竞争的马其顿将领，塞琉西亚的创立者误入歧途，把注意力转向地中海世界，在叙利亚的安提阿建立首府，其地点距离奥伦特斯河河口 20 英里。[10]结果，塞琉古的继承者把精力都耗费在对埃及托勒密王朝和其他东地中海国家的战争上，他们的巴比伦疆土却落入帕提亚人(Parthians)之手。

上述例证都是外来文明代表所建帝国的首都。我们接下来看一看蛮族帝国首都的选址。

波斯蛮族征服叙利亚社会，建立起以阿契美尼帝国面貌出现的大一统国家。波斯蛮族的故乡多山、贫瘠、远离人类交往的交通干线。希罗多德在其著作的结尾部分记叙了一个故事，阿契美尼帝国创立者居鲁士大帝反对这样的建议：波斯人已经成为世界的主人，理应离开荒凉的高原故土，前往治下的一个更为宜人的地区。这是个动听的故事，我们曾在本书前面部分用它来说明艰苦环境对于人类事业的激励作用。然而，真实的历史事实是：早在居鲁士大帝推翻宗主国米底之前一百多年，阿契美尼先辈就已经把政府所在地从世世代代居住的高原迁移到他们夺取的第一个平原领地。这个地方叫安珊(Anšan)，在苏萨附近，目前仍不清楚其确切位置。阿契美尼帝国建立后，政府所在地一年四季轮流迁往若干个气候不同的都城，大体上说，帕赛波里斯(Persepolis)、埃克巴坦那(Ecbatana)乃至苏萨(即《旧约》中提及的"书珊")被当作仪式首都或庆典首都，巴比伦的地理位置便于集中处理帝国事务，成为安珊那样的平原首都。

希腊文明侵入叙利亚世界一千年之后，历史再度重演：伊朗高原的波斯帝国缔造者建立的叙利亚社会大一统国家，最终被来自阿拉伯高原边缘的汉志(Hijāzī)蛮族所重组。 一个汉志绿洲国家的寡头统治者彼此不和，便诚心诚意地邀请一位受到敌对社会麦加排斥的先知来充当他们的首领，希望这位先知能够调和他们自身无法解决的内部矛盾。 正是由于他们的这个本能举动，"希吉拉"(Hijrah)*之后不到30年时间，叶斯里卜(Yathrib)成为一个囊括罗马帝国叙利亚和埃及领地以及整个萨珊帝国版图的大帝国的首都。 叶斯里卜之所以继续作为政府所在地，是因为这个偏僻的绿洲国家是穆斯林阿拉伯世界帝国的发祥地，这个帝国有如神助，在极短的时间里发展壮大，叶斯里卜被尊称为麦地那(Madīnat-an-Nabī)，意思是"先知城"。 无论如何，麦地那一直是哈里发国家的法定首都，直到公元792年阿拔斯哈里发曼苏尔(Mansūr)定都巴格达。 不过，在定都巴格达之前一百多年，倭马亚哈里发实际上已经把首都迁到大马士革了。

我们再来看一看边疆居民创立的大一统国家的例子。 在埃及文明的悠久历史上，下尼罗河上游河段的边疆居民至少三次把政治统一带给或强加于埃及社会，每当边界地区扩展为大一统国家，随之而来的就是迁都(虽然第三次迁都在时间上稍微滞后)。 前两次迁都是从上游的底比斯(卢克索)或类似地点迁往便于多数居民出入的孟菲斯(开罗)或类似地点，第三次是迁往易遭受进攻的尼罗河三角洲东北角附近的一个边境要塞。

在希腊世界，罗马的历史命运不禁使人回想起埃及历史上底比斯的命运。 罗马人因取代伊特鲁里亚人成为希腊世界的保护者，抵御高卢人而闻名于世；底比斯也是以取代阿尔卡巴(Al-Kāb)成为尼罗河第一瀑布的保护者，抵御努比亚蛮族而闻名。 像底比斯一样，罗马随即调转

---

* 622年7月16日，穆罕默德从麦加迁往麦地那。 这件事被称为"希吉拉"（旧译"徙志"），乃是"迁徙"之意。 为纪念这个重要的日子，这一天被定为伊斯兰历纪元之始。 ——译者注

兵锋，从政治上统一了自己所处的希腊社会。 在之后的许多个世纪里，罗马始终是它所创立的帝国的首都，虽然我们不妨想象一下，倘若马克·安东尼能够随心所欲，抑或阿克兴战役的结局截然相反，那么，在罗马攫取大多数征服领土的时期，罗马大概就不得不把首都的地位拱手让给亚历山大城。 三个世纪之后，由于我们无法在此逐一阐明的种种形势的变化，迅速衰落的帝国把首都从罗马迁往君士坦丁堡。 君士坦丁堡位于博斯普鲁斯海峡西岸，地理位置远远优于罗马，在之后的漫长年代里，诸多大一统国家均定都于此。 像麦地那一样，台伯河畔的罗马最终成为一种高级宗教的圣城。

如果说君士坦丁堡是"第二罗马"，那么，在马克思主义统治俄国之前，莫斯科时常自称是"第三罗马"。 来看一看俄罗斯东正教文明大一统国家几个首都的竞争。 与罗马一样，莫斯科最初是抵御蛮族入侵的边境国家的首都。 蒙古游牧民族的威胁消除之后，莫斯科又遭受并击退了西方基督教世界近邻波兰和立陶宛人的进攻。 然而，正当莫斯科即将坐稳首府城市的交椅之际，一位野心勃勃的西方化沙皇突然改变了莫斯科的命运。 1703 年，彼得大帝在从瑞典人那里夺取的土地上建造了圣彼得堡，把政府从遥远内陆的莫斯科迁到这个新首都，在彼得看来，新首都成为面向一个技术更先进的世界打开的一扇神奇的窗口。 彼得的举动使人联想起常胜者塞琉古大王把首都从遥远的"东方"城市塞琉西亚迁到奥伦特斯河畔的安提阿。 不过，这两次迁都有许多不同，下面这一点尤其值得指出。 作为西南亚的外来帝国缔造者，塞琉古从塞琉西亚迁往安提阿，只不过是舍弃了自己建造的一座新城，他对这座城市没有强烈的民族情感，而新首都距离地中海只有短短的一天行程，离希腊世界的中心也近得多。 事实上，迁都意味着塞琉古踏上了归乡的路。 俄国的情况不同。 如果从情感上考虑，一边倒地倾向于放弃莫斯科，更何况作为面向西方的窗口，彼得大帝这个实验性新首都打通的严寒航道的作用难以与希腊世界的地中海相提并论。 圣彼得堡的首都地位延续了 200 年。 共产主义革命之后，莫斯科再度成为首都，圣彼得堡聊以自慰的只有"列宁格勒"这一新地名了。[11] 不同寻常的是，就城市的命名而言，所谓的"第四罗马"的命运正好与第一罗马相反。 罗马不再是一个大一统国家的首都，虽然其间一度有加富尔和墨索里尼政权，它逐渐变成如今的地位：一座圣彼得的城堡或是圣彼得的圣城。

以上分析了历史上一些大一统国家统治者选择首都地点的动机。下面我们来看一看统治者及其身边少数当权者之外的人不自觉地利用这些首都的情况。先来看看最野蛮的形式，即占领和掠夺。按照过去的一个传说，这就是一个军事强国的将领布吕歇尔(Blücher)元帅用来衡量伦敦城用途的标准。滑铁卢战役后，英国摄政王邀请布吕歇尔访问伦敦，据说他在途经一条繁华街道时大声道："多好的战利品！"首都遭到洗劫的事例不胜枚举，只要看一看趾高气扬的掠夺者造成的后果，我们就会发现，这些"饕餮之徒"(Gargantuan)的盛宴往往会造成消化不良。公元前4世纪的希腊社会和16世纪的西方社会，不仅因为战争传教士故态复萌的野蛮行径而蒙羞，自身也沦为这种野蛮行径的牺牲品。原始的野蛮人或许可以逃脱惩罚，社会进入货币经济阶段之后，这样的罪行就难逃惩罚了。希腊人劫掠西南亚的宝藏，西欧人掠夺美洲的宝藏，都导致大量贵金属突然涌入流通领域，引发灾难性的通货膨胀。马其顿和西班牙掠夺者在帕赛波里斯和库斯科犯下的罪孽，殃及基克拉泽斯群岛(Cyclades)的爱奥尼亚工匠和土瓦本的德意志农民。

我们还是来看一看不那么肮脏的事例。大一统国家的首都显然是文化传播的合宜地点。首都可以为高级宗教服务。在犹大王国流亡者囚禁于巴比伦时期，尼布甲尼撒的首都实际上成为培育高级宗教萌芽的温床，这种高级宗教在这里找到了灵魂，用普世观念取代地方观念。

大一统国家的政府所在地成为宗教的沃土，因为这样的城市自成一个小世界。首都不仅有多种语言的居民，也包括各个阶层和民族的代表，它的城门连接四通八达的公路。在同一天之内，一位传教士可以在贫民窟和宫廷传教布道。如果他能得到皇帝的宠信，还有望调动帝国庞大的行政机构。尼西米(Nehemiah)利用在苏萨宫廷中的地位争取阿塔薛西斯一世(Artaxerxes Ⅰ)保护耶路撒冷圣殿国家。16、17世纪，耶稣会神父千方百计在阿格拉宫廷和北京宫廷站稳脚跟，曾梦想凭借尼西米式的手腕为天主教会征服印度和中国。

实际上，首都的历史使命最终往往落实到宗教领域。直到本书作者写下这些文字的时候，中华世界的京城洛阳仍然对人类的命运有着深远的影响。 这种影响并非由于它曾是东周和汉朝的政府所在地的政治作用。 从政治上说，洛阳无非是又一个尼尼微或提尔(Tyre)。 洛阳至今仍有巨大影响，是因为它滋养了大乘佛教的种子，使大乘佛教适应了中华世界的文化环境，进而传遍整个中华世界。 哈喇和林的废墟上也依然弥漫着无形的活力，正是在这里，13世纪时，西方罗马天主教传教士与中亚聂斯脱利教派和西藏喇嘛教的代表直接接触，这也是这个短命的草原城市昙花一现的政治生涯中的一个始料未及的后果。

确切地说，以1952年的眼光来看，"永恒"罗马的创造者显然不是罗慕洛、罗穆斯或奥古斯都，而是圣彼得和圣保罗。 君士坦丁堡，即所谓的第二个基督教罗马，享有远非一个大一统国家首都可比的地位，仍继续在当今世界发挥着影响，它是一位牧首的驻跸地，包括俄国教会在内的其他东正教教会的首脑，都承认这位牧首为"同侪之首"(primus inter pares)。

官方语言和文字

通常认为，大一统国家理当提供思想交流的正式媒介，这些媒介不仅是口头交流的语言，而且包括某种直观的记录系统。 一般说来，直观记录方式是采用官方语言的书面符号。 印加人并未借助符号记录系统，而是使用非语言符号的结绳，也成功地维持了几近极权的体制，但这毕竟属于一种特殊的"绝招"。

在一些情况下，某种单一的语言和文字在大一统国家建立之前，就已经排斥了所有的潜在竞争者。 例如，埃及"中王国"时期，古埃及语和象形文字成为约定俗成的语言和文字。 在幕府时代的日本，日语成为惯用语，文字则是沿用一些专门挑选出来并赋予独特用法的汉字。在俄罗斯帝国，俄语成为惯用语，文字是源自希腊字母的斯拉夫文字的大俄罗斯变体。 不过，实际情况往往没有这么简单。 就确定官方语言和文字而言，帝国缔造者面临的问题往往不是认可一个既成事实，而是很难在若干种相互竞争的语言文字中作出选择。

在这种情况下，帝国缔造者大多把自己的母语作为官方语言，如果这种语言尚未形成文字，他们会借用或创造一种文字。 在某些大一统国家，帝国缔造者放弃自己的母语，采纳一种已经广泛流行的"通用语"(lingua franca)，甚至是一种复活的古典语言。 不过，最常见的做法是，帝国缔造者把自己的母语和文字作为正式通用的语言和文字，同时不给予它独占权。

让我们从实证角度举例说明上述观点。

在中华世界，秦始皇用一种特有的激烈方式解决了这个难题。 这位中华大一统国家的创立者把自己祖国秦国的官方汉字字体规定为唯一的通用文字，成功地遏制了"乱世"末期战国群雄发展本地文字的倾向，这些地方性文字连文人也无法全部读懂。 汉字属于表意文字而非拼音文字，秦始皇的举措使中华社会有了统一的书面语言。 即使口语分化成互相听不懂的方言，这种统一的文字依然能够成为具备读写能力的少数人的共同交流手段。 这种情况类似于阿拉伯数字在现代西方世界的通行。 各个西方民族对阿拉伯数字的口头称呼大相径庭，但它们的书面意义是相同的。 这个例证也表明中华世界有其他一些促进口语和文字统一的因素在发挥作用，否则秦始皇的"书同文"难以使中华世界摆脱语言的混乱。

在汉字标准化之前，米诺斯大一统国家不知其名的创立者大概就已经推行了文字标准化。 米诺斯世界的文字至今尚未释读出来，[12]它们的排列顺序表明书写艺术发生过彻底的变革。 在中期米诺斯Ⅱ段到Ⅲ段的过渡时期，一种全新的线形文字(线形文字 A)突然完全取代了中期米诺斯Ⅱ段初期并存的两种不同的象形文字。[13]在叙利亚社会历史上，倭马亚王朝哈里发阿卜杜勒·马利克('Abd-al-Malik，685—705 年在位)也实行过类似秦始皇的举措：阿拉伯语和文字在阿拉伯哈里发帝国前罗马省份取代希腊语，在前萨珊帝国省份取代帕拉维语(Pehlavi)，成为公共记录的官方语言。

更常见的做法是，大一统国家使用包括帝国缔造者的语言在内的数种官方语言和文字。 我们来看一看这方面的例证。

英国统治印度时期，帝国缔造者有意识地用自己的母语英语取代莫卧儿王朝遗留下来的官方语言波斯语。 例如，1829 年，英印当局把英语定为外交通信的语言，1835 年又把英语定为高等教育的语言。 1837 年，英印当局最终取消波斯语的官方语言地位，但没有规定以前使用波斯语的各种场合必须使用英语。 司法和财政事务事关印度不同民族、种姓和阶层的个人事务，当局不是用英语，而是用当地土语来取代波斯语。 梵文化的印度土语，即所谓的"印度斯坦语"(Hindustānī)，实际上是由英国新教传教士发明的，在印度北部地区，这种语言与印度穆斯林的波斯语化的印度土语"乌尔都语"同时流通。 英印帝国缔造者采取一种富有人情味的明智举措，避免滥用政治权力把自己的外来语言规定为唯一的通用语言，这或许可以部分解释这样一个不同寻常的事实： 110 年之后，英国统治者的后代把统治权移交给印度臣民的后代之际，在流行多种语言的两个后继国家，人们理所当然地认为，英语至少在短时期内仍然能够发挥它在英国统治时期发挥的作用。

奥匈帝国皇帝约瑟夫二世(1780—1790 年在位)半途而废的努力，为我们提供了一个反面例证。 作为法国大革命之前西方世界所谓的开明专制君主之一，约瑟夫二世强令多瑙河哈布斯堡王朝的非德语臣民使用德语。 这道政治命令虽然有其经济效用和文化影响，事实表明约瑟夫的语言政策彻底失败，引发了最早的民族主义运动。 一百多年后，这场民族主义运动最终导致哈布斯堡帝国土崩瓦解。

在奥斯曼帝国，土耳其统治者从来没有推行过阿拉伯哈里发帝国成功实施、多瑙河哈布斯堡王朝完全失败的那种举措。 帝国创立者的母语土耳其语被确定为帝国行政管理的官方语言，在 16、17 世纪奥斯曼帝国鼎盛时期，帝国皇帝的奴隶宫内官吏的通用语是塞尔维亚—克罗地亚语，意大利语则是奥斯曼海军的通用语。 另外，在内政方面，奥斯曼政府推行的政策与英印政府的政策如出一辙，准许臣民在大多数关乎个人的公共事务上自行选择语言。

罗马人把拉丁语确定为官方语言，在以希腊语为母语或通用语的帝国行省也表现出同样的克制态度。 他们只是用拉丁语作为罗马帝国军队小队(不论这些小队是从何处招募、驻扎在何地)唯一的军事指挥语言，在希腊或东方的拉丁裔殖民地把拉丁语作为市政管理的主要语言。除此之外，凡是已正式流通阿提卡共通语的地方，罗马人一仍其旧，还有意识地给予阿提卡共通语以正式地位，使之在罗马的中央行政管理中与拉丁语平起平坐。

罗马人容忍希腊语，不仅仅是肯定希腊语作为文化媒介比拉丁语优越，也表明政治风度显然战胜了罗马人内心的傲慢。 在罗马帝国辽阔的西方领土上，希腊语并不是拉丁语的竞争对手，拉丁语获得了惊人的胜利。 罗马人不仅没有在希腊语之外强迫帝国的臣民和同盟者使用拉丁语，而且凭借一种巧妙的手法增强拉丁语的吸引力，即把拉丁语的正式使用变成一种须提出请求方能享有的特权。 拉丁语赢得和平的胜利，也丝毫没有牺牲那些未曾发展出文字的语言。 在意大利，拉丁语必须与奥斯肯语(Oscan)和翁布利亚语(Umbrian)等意大利语方言，以及文化上同拉丁语平起平坐的梅萨比语(Messapian)、威尼斯语等伊里利亚方言一争高下。 此外，拉丁语还不得不与承载着安纳托利亚文化遗产的伊特鲁里亚语竞争。 在非洲，拉丁语必须应付古迦太基语的竞争。 在这些语言之争中，最终获胜的都是拉丁语。

苏美尔"四方王国"(Realm of Four Quarters)的创立者表现出更为显著的克制态度。 他们让突然崛起的阿卡德语与自己的母语苏美尔语一同流通。 在这个大一统国家覆灭之前，阿卡德语广泛流行，苏美尔语几乎沦为一种僵死的语言。

阿契美尼人在帝国政府和他们的祖国波斯都给母语波斯语以适当的地位。 大流士大帝把自己的功绩铭刻在帝国东北大道的贝希斯敦悬崖上。 铭文使用三种楔形文字，代表三个帝国首都的不同语言：埃兰语代表苏萨、米底—波斯语代表埃克巴塔那、阿卡德语代表巴比伦。 在这个大一统国家的语言之争中，最终获胜的并不是官方推崇的上述三种语言，而是字母便于书写的阿拉姆语(Aramaic)。 这表明在决定一种语言的命运时，商业和文化发挥了比政治更大的作用。 要知道，在阿契美尼帝国，说阿拉姆语的人在政治上无足轻重。 阿契美尼政府承认一种商业上的既成事实，给予阿拉姆语以官方语言地位。 不过，阿拉姆语最令人瞩目的成就在于：在阿契美尼帝国之后，阿拉姆语文字取代楔形文字，成为波斯语的书写媒介。

在孔雀帝国，哲学家皇帝阿育王(公元前273—前232年在位)用两种不同的文字，婆罗米文字(Brahmī)和佉卢文字(Kharoshthī)，来书写各地的土语，从而成功地兼顾了公平与实用。阿育王之所以有如此气量，乃是出于一个单纯的目的：使人民认识到他的宗教导师释迦牟尼向人类揭示的拯救之道。印加帝国的西班牙征服者出于相同的动机，允许用盖丘亚(Quichuan)通用语向美洲臣民传播天主教信仰。

如果就此确定谁是官方语言与文字的受益者，我们就会发现，这些语言曾享有官方地位的帝国的重建者、日后所有的世俗机构以及高级宗教的传播者，都曾经利用官方语言。我们关于语言和文字方面的结论是显而易见的，无需再详细说明。

我们提及的各种语言中，阿拉姆语的后期历史最为令人瞩目。与其他大多数语言相比，阿拉姆语在发展初期很少获得大一统国家统治者的庇护。阿契美尼帝国曾经在帝国西部疆域赋予阿拉姆语以官方地位，亚历山大大帝推翻阿契美尼帝国之后，阿拉姆语的地位突然被阿提卡共通语取代。虽然阿拉姆语就此丧失帝国的庇护，却完成了在官方给予庇护之前就已经开始的文化征服过程：在东方取代阿卡德语，在西方取代迦南语，成为"新月沃地"(Fertile Crescent)[14]所有闪族语居民的通行语言。举例来说，耶稣必定是用这种语言与门徒交谈。阿拉姆语字母征服了更为广大的地区。1599年，在满族征服中国前夕，阿拉姆字母被用来作为满语的拼写字母。高级宗教利用阿拉姆语为自己服务，促进了阿拉姆语的传播。它以"希伯来正方字体"(Square Hebrew)的变体，成为犹太教圣经和礼拜仪式的载体；以阿拉伯文的变体，成为伊斯兰文明的字母；以叙利亚文的变体，一视同仁地为琐罗亚斯德教和基督一性论派这两个对立的基督教异端服务；以阿维斯塔语(Avestan)改造的帕拉维文变体，书写琐罗亚斯德教的圣书；以摩尼教改造的变体，为一位遭到基督徒和琐罗亚斯德教徒一致诅咒的异教首领服务；以佉卢文的变体，为阿育王提供了在前阿契美尼帝国的旁遮普省向臣民传播佛陀教义的工具。

法律

法律的范畴涵盖整个社会行为领域，它分为行政法、刑法和民法三大部门。行政法规定了国民对政府的义务，刑法和民法涉及当事人双方的个人行为。当然，任何政府都重视行政法，一个政府的头等大事就是树立自身的权威，镇压从叛国到逃税的一切叛逆行为，因为这种行为意味着国民反抗政府的意志。 基于同样的考虑，政府也十分关注刑法，犯罪者可能并非直接或蓄意攻击政府，但在事实上妨碍了政府维护秩序的目标。 另一方面，政府对民法的重视与其说是为了政府本身的利益，不如说是为了国民的利益。 因此，我们不难想见，不同大一统国家的政府对民法领域的关注程度大相径庭。

在法律领域，大一统国家面临地区性国家不会遇到的特殊问题。 大一统国家的领土涵盖诸多被征服的地区性国家，这些地区性国家虽已灰飞烟灭，却在法律领域和其他领域留下了其摧毁者和继承者都必须加以重视的遗产。 我们至少可以举出一个事例，蒙古帝国的缔造者，其文明程度远远落后于被征服的臣民，实在无法对这些臣民施行祖先的法律。奥斯曼土耳其人牢牢控制着行政法和刑法，却谨慎地避免干涉各个非土耳其民族的民法。 在中华世界，秦始皇与众不同地一举在全国范围内推行统一的法律，下令在所征服和吞并的六国推行自己祖国秦国的现行法律。 秦始皇的这一举措至少可以在现代西方世界找到两个类似的例子。拿破仑把新创制的法国法典引入帝国统治下的意大利、佛兰德、德意志和波兰领土；英属印度政府在直接统治的印度领地上引入英国普通法，部分是直接推行英国法律，部分是在当地法律中吸收英国法律的元素。

与英国人、拿破仑或秦始皇相比，罗马人实现帝国法律统一要迟缓一些。 在罗马法之下生活乃是罗马公民公认的一项特权，帝国逐步授予臣民以公民权，公元 212 年颁布的"卡拉卡拉敕令"完成了这一过程。在哈里发国家的历史上，情况也是如此。 随着哈里发国家的非穆斯林臣民不断皈依帝国缔造者的宗教，伊斯兰法律的管辖范围逐步扩大。

在法律标准化接近法律统一的大一统国家，帝国当局往往进一步编纂统一的帝国法典。 在罗马法历史上，编纂法典的第一步是公元 131年终止以前每一任内事裁判官(Praetor Urbanus)就职后重新颁布一次的"常续告示"(Edictum Perpetuum，又译"永久告示")，最后的步骤是公元 529 年颁布《查士丁尼法典》、公元 533 年颁布《法学阶梯》和《法学总论》。 在苏美尔"四方王国"，1901 年由现代西方考古学家摩尔根(J. de Morgan)发掘的乌尔王朝诸皇帝编纂的早期法典，看来是重建帝国的亚摩利人(Amorite)、巴比伦的汉谟拉比颁布的晚期法典的基础。

　　编纂法典的高峰通常出现在社会灾难的前夕，此时法学成就的高峰早已成为过去，立法者在与难以驾驭的敌对势力的斗争中败局已定，无可挽回地节节败退。查士丁尼被命运女神逼入困境，刚刚颁布《法律大全》(Corpus Iuris)，以之作为抵御命运女神的屏障，马上又面临复仇女神的猎犬的无情追逐，不得不再度开始一场追逐游戏，被迫在败退途中抛出暴露底细的《法令新编》(Novellae)。不过，从长远来看，命运女神对于法典编撰者往往是仁慈的，他们所触怒的盛世时代的先辈肯定不愿赞扬他们，他们的后代却大肆赞美他们的幽灵。这些后代相隔过于久远，或是太过野蛮和感情用事，无法正确评价他们的成就。

　　然而，即使是对那些法典不加鉴别地一味赞美的后代也发现，只有修订那些奉若神明的法典，才能把它们付诸实施。经过我们所说的"修订"(translated)之后，法典的变化类似于莎士比亚笔下波顿的境遇：彼得·昆斯(Peter Quince)看见自己的朋友波顿被装上了驴头，惊呼道："上帝保佑你，波顿！保佑你！你变了。"＊查士丁尼统治时期结束后，伦巴第、斯拉夫和阿拉伯入侵者纷至沓来。同样，在苏美尔和阿卡德帝国的最后阶段，加喜特人(Kassite)的入侵洪流从高原倾泻而下，迅即淹没了汉谟拉比在希纳尔(Shinar)平原上艰苦构建起来的政治和社会改造工程。经过150年的间歇期之后，复兴者利奥及其后继者着手重建拜占庭帝国，发现摩西律法比查士丁尼的《法律大全》更为可取。在意大利，人们不是寄望于查士丁尼《法律大全》，而是寄望于圣本尼狄克的教规。

　　《查士丁尼法典》就这样死去并埋葬了。大约400年之后，在11世纪博洛尼亚大学的法学复兴运动中，它又恢复了生机。此后，《查士丁尼法典》的影响从博洛尼亚这个中心传播到扩张的西方世界的最远端，范围之广远远地超出查士丁尼的初衷。正是由于博洛尼亚大学在黑暗时代起到知识"冷藏库"的作用，现代荷兰、苏格兰和南非才得以

　　＊见莎士比亚：《仲夏夜之梦》，第三幕第一场。作者的意思是说，修订后的罗马法法典已经面目全非了。——译者注

"接受"罗马法的变体。 在东正教世界,《法律大全》在君士坦丁堡蛰伏了 300 年,在经历过不那么严酷的考验之后,它在公元 10 世纪再度复兴,马其顿王朝以之取代公元 8 世纪叙利亚王朝采用的摩西律法。

我们无须继续描述罗马法渗入前途渺茫的条顿蛮族国家习俗的过程。 更为重要、也更令人瞩目的是,罗马法潜移默化地渗入征服各个前罗马行省的阿拉伯人的伊斯兰教法律。 这两种法律远非水乳交融,但两者的结合不仅为蛮族国家提供了地区性法律,而且形成了一种普遍的法律,满足了复兴的叙利亚大一统国家的需要。 即使在叙利亚大一统国家的政治结构崩溃之后,这种融合性法律仍然延续下来,支配和影响着伊斯兰教社会的生活。 自哈里发国家衰落到写作本书时为止,伊斯兰教社会一直不间断地扩展,囊括了从印度尼西亚到立陶宛、从南非到中国的广大地区。

与条顿蛮族不同,原始穆斯林阿拉伯人骤然由阿拉伯半岛的沙漠和绿洲进入罗马帝国和萨珊帝国的原野和城市,在设法适应这种社会环境的突变所带来的额外冲击之前,他们古老的传统生活方式就已经摇摇欲坠了。 叙利亚文化和希腊文化长期不间断地影响阿拉伯半岛,先知穆罕默德的个人生涯显著体现出这种影响日积月累的社会效果。 穆罕默德具备强有力的人格,取得极为惊人的成就,伊斯兰教徒把《古兰经》和《圣训》记录的穆罕默德的圣言和法令奉为法律之源,这种法律不仅支配穆斯林社会自身的生活,还支配穆斯林征服者与最初在人数上远远超过他们的非穆斯林臣民的关系。 穆斯林的征服浪潮迅即席卷一切,穆斯林征服者新法律的公认原则却是无理性的,两者的结合造成一个难以克服的问题。 要从《古兰经》和《圣训》中为一个错综复杂的社会提炼出一种普遍的法律,这个任务十分荒谬,正如要在荒野中找到泉水,据说希伯来人曾向摩西提出过这样的要求。

对于寻求法律养料的法学家来说,《古兰经》实际上是一块贫瘠的土地。 《古兰经》关于穆罕默德在"希吉拉"之前从事非政治活动的麦加时期的章节,为务实的法学家提供的材料远比《新约全书》要少,这些章节几乎全都属于至关重要的宗教内容,不厌其烦地反复重申上帝的唯一性,谴责多神教和偶像崇拜。 穆罕默德到麦地那之后发表的章节，初看上去似乎有望为法学家提供更多的素材，因为"希吉拉"之后，穆罕默德在有生之年就获得了至高无上的地位，耶稣的信徒直到公元4世纪也未能获得这种地位。穆罕默德成为一个国家的首脑，他此后发表的言论大多涉及公共事务。然而，即使是麦地那诸章节，如果不是借助于外来的补充，恐怕也难以从中提炼出一种普遍的法律体系，这就像圣保罗的《使徒书》表演的同样的法学魔术。

在这种情况下，缔造阿拉伯哈里发国家的实干家抛开理论，自行寻求解决之道。他们借助于常识、模仿、共识和风俗，设法从中开辟一条途径。他们利用所有能够找到的材料，倘若虔诚的教徒想当然地以为这些材料直接源自先知，那就再好不过了。在如此掠来的材料中，罗马法占有很大的比重。在有些情况下，他们直接借鉴叙利亚省份通行的罗马法。不过，罗马法大概更多是通过犹太人的中介作用传入伊斯兰世界。

在穆罕默德的"希吉拉"之际，犹太法律已有悠久的历史。与伊斯兰教教法(Shari'ah)一样，犹太法律起源于冲出阿拉伯半岛北部大草原，闯入叙利亚原野和城市的游牧民族的惯例。为了应对同样突然而剧烈的社会环境变迁造成的燃眉之急，原始希伯来人像原始阿拉伯人一样，求助于"乐土"上的一个成熟社会的现行法律。

虽然《十诫》似乎完全是出自以色列人之手，以色列人的另一项法律，即受过教育者所知的"立约"(Covenant Code)[15]，却表现出受益于《汉谟拉比法典》的迹象。至少9个世纪之后的叙利亚社会的一个区域性社会颁布的法律如此集中吸纳苏美尔法律，表明截止到汉谟拉比时代的一千年里，苏美尔文明深深地在叙利亚土地上扎下了根。在接下来的一千年间，令人眼花缭乱的社会和文化革命此起彼伏，到汉谟拉比的叙利亚臣民或附属国的后代，《汉谟拉比法典》收录的苏美尔法律依然有效，在迦南人的希伯来蛮族征服者尚未成熟的法律上打上自己的烙印，其效力由此可见一斑。

这样，像罗马法一样，苏美尔法律之所以青史留名，乃是因为它融入了恰巧培育出一种高级宗教的蛮族的法律，而不是仅仅影响到那些往往是默默无闻地退出历史舞台的蛮族的法律。到写作本书时，苏美尔法律凭借摩西律法的翻版，依然发挥着积极的作用。 与此同时，伊斯兰教教法既不是罗马法唯一的、也不是最活跃的承载者。 在 20 世纪，罗马法的直接继承者主要是东正教会和西方天主教会的宗教法规。 这样，如同其他社会活动领域一样，在法律领域，大一统国家的主要受益者是内部无产者创立的最重要的制度： 教会。

历法、度量衡、货币

人类的社会生活一旦走出原始阶段，就离不开计量时间、距离、长度、容量、重量和价格的标准量度。 早在政府出现之前，这些标准量度就已经在社会上通行。 政府自诞生伊始就开始关注这些事务。 从积极的方面说，政府的"存在理由"(raison d'être)是为共同的社会事业提供中央政治领导，若是没有标准量度，这些事业难以为继。 从消极方面来说，政府的存在理由是至少要在国民中保障起码的社会正义，而且大多数私人事务也需要某种标准量度。 因此，形形色色的政府无不关注标准量度，大一统国家尤为关注这个问题。 究其原因，从本质上说，大一统国家面临的问题是如何整合其多样性远远超出地区性国家的国民，因而特别关注社会一致性，若能有效推行标准量度，可以促进这种社会一致性。

在各种标准度量制度中，人们最先需要的是计时制度，其中最重要的是测定四季的更替。 划分四季必须校准年、月、日三种不同的自然周期。 计时学的先驱者们很快就发现，年、月、日周期的比率不是简分数，而是不尽根数。 埃及、巴比伦和玛雅社会已经开始寻找所谓的"大年"(magnus annus)，即年、月、日这三个不同步的周期同时开始，因此最终会再度回到下一个共同起点的周期，这种探索使得天文数学有了惊人的发展。 早期天文学家一旦着手从事这种计算，势必在考虑太阳和月亮循环运行的同时，还考虑行星和恒星的循环运动。 他们的时空视野进入到难以用语言形容、乃至难以想象的广阔空间，虽然现代宇宙进化论者认为这种视野仍是近于狭窄的，在宇宙进化论者看来，我们独特的太阳系不过是银河系星团的一个微粒，而银河系本身也不过是无数星云中的一个，这些星云在燃烧中诞生，最终燃烧成灰烬。

除了探求年代学量值的最新进展之外，埃及人计算太阳视动与恒星视动周期性重合的最小公测度,得出了 1460 年为一个周期的"天狼周"
(Sothic Cycle);巴比伦人计算太阳、月亮和 5 个行星的共同周期,形成
了有 432 000 年的"大年";玛雅人的"大周期"(Grand Cycle)长达惊人
的 374 440 年,由多达 10 个不同的子周期组成。玛雅历法异常复杂,十
分准确,"老帝国"(Old Empire)时期的玛雅人把这种历法传给后继的尤
卡坦和墨西哥社会。

政府像天文学家一样关注纪年的推算和表达,因为任何一个政府最
关心的是维护自身的存在,哪怕是最天真的行政当局也很快就会发现,
政府若要持续运转,必须长久保留自身活动的记录。一种纪年方法是用
一年一任的行政长官的名字来纪年,如罗马执政官的名字。例如,贺拉
斯在一篇《颂歌》中告诉我们,他生于执政官曼利乌斯(Manlius)任内,即
曼利乌斯担任执政官的那一年,这就如同一位伦敦人为了好记,用伦敦
市长的名字来标记自己的出生年份。这种方法当然很不方便,因为没有
人能够记住所有执政官的名字,更不用说他们任职的先后顺序。[16]

唯一的好办法是以某个特殊年份作为纪元,依次纪年。典型的纪元
事件有:法西斯分子夺取罗马,法兰西第一共和国建立,先知穆罕默德
从麦加远走麦地那,印度世界建立笈多王朝,朱迪亚(Judaea)建立起塞琉
古帝国的哈斯摩尼(Hasmonaean)后继国家,塞琉古大王胜利收复巴比伦。

在另外一些情况下,无法确定纪元事件的确切日期。例如,没有
确凿的证据证明耶稣诞生于直到公元 6 世纪才成为通用纪元的基督纪年
元年。同样,没有证据证明罗马城始建于公元前 753 年,首次奥林匹
克竞赛会的举办时间是公元前 776 年。一些纪元事件的日期更加靠不
住。例如,宇宙究竟始于何时? 有人说是公元前 3761 年 10 月 7 日(犹
太人的观点),有人认为是公元前 5509 年 9 月 1 日(东正教徒的说法),还
有人认为是公元前 4004 年 10 月 23 日前一天的傍晚 6 点 [17 世纪盎格鲁
爱尔兰编年史家厄谢尔(Ussher)大主教的推算]。

上述各种纪年法中,纪元事件日期的准确程度依次降低。重新审
视一下这些长期广泛流行的纪年法,我们就会发现,它们都取得了各自
的成就,其盛衰成败则取决于是否获得某种宗教的支持。1952 年之
际,西方的基督教纪年通行全球,唯一能够与之比肩的纪年法是伊斯兰

教纪年，只有犹太人历来固执己见，依然用他们推测的"上帝创世"的日期作为正式纪元。 事实上，人类理智创造出来的时间度量法与宗教对人类心灵的控制，两者之间有着一种传统的联系。 宗教迷信在人类心灵中挥之不去，深藏于难以触及的潜意识深处，即使在已经颇为开化，公开抛弃占星术的社会也是如此；合理的历法改革最终能够取得成功的少之又少，即是一个明证。 法国大革命时期，法国的合理化法典传遍世界的每一个角落，学究式的新式度量衡(毫克、克、千克、毫米、米、千米)也获得巨大成功，法国废除被基督教会奉为神圣的异教罗马历法的尝试却彻底归于失败。 实际上，法国革命历是个引人入胜的历法体系。 一年 12 个月，按照月份名称的相同词尾分为四季，每季 3 个月，月份名称表明这些月份内实际或应当出现的天气的性质。 每个月统一定为 30 天，分为 3 旬，每旬 10 天。 12 个月再加额外的 5 天，就是一年(平年)的总天数，这余下的 5 天"不会动摇其有史以来最合理历法的地位，对于一个把第 10、11 和 12 个月份称为 October、November 和 December 的国家来说，它实在是太合理了"。[17] *

上述引文对罗马月份的误称，起因于罗马共和国的军事史。 罗马历法中，有 6 个月份原本是用数字而非神的名字来表示的，最初用数字为这些月份排序时自然并无差错。 罗马的行政年度最初是以 3 月 1 日为开端，三月(March)的名称来源于罗马战神。 只要罗马政府的作战范围不超过距首都数日行程的地区，新任地方行政官于 3 月 15 日就职后，可以在春季作战季节及时接管辖区。 然而，当罗马把兵锋指向意大利境外的国度，3 月上任的地方行政官赶赴遥远的辖区之后无法立即采取行动，从而错过作战季节。 颇为奇怪的是，汉尼拔战争之后的半个世纪里，罗马历法的这种不便实际上已无关轻重，因为历法本身破绽百出，乃至本应是春季的月份逐渐前移到上一年的秋季。 例如，公元前 190 年，罗马军队在亚洲的马格尼西亚(Magnesia)大败塞琉古军队，罗马军团在"春季"准时开抵战场，而官方日历上的 3 月 15 日实际上是上一年的 11 月 1 日。

---

* 在罗马历法中，October、November、December 本是 8 月、9 月和 10 月的名称。——译者注

又如，公元前 168 年，罗马军队在皮德纳(Pydna)同样重创马其顿军队，这一年官方日历的 3 月 15 日实际上是上一年的 12 月 31 日。

人们发现，公元前 190 到公元前 168 年间，罗马人就已经着手修正历法。不幸的是，罗马历法的天文精确度越高，就越是明显地不适合充当军事时间表。所以，公元前 153 年，一年一任的地方行政官的上任时间从 3 月 15 日提前到 1 月 1 日。这样一来，一月取代三月，成为每年的第一个月。此后，罗马历法与天文脱节的现象依然存在，直到大权独揽的儒略·恺撒力排众议，采纳天文学家的计算，颁行"儒略历"。儒略历比较精确，一直沿用了 1500 多年。恺撒用自己的名字"儒略"(Julius)来命名以数字表示的 6 个月份中的第一个月(Quinctilis)，日后演变为英语中的 July(七月)。第 2 个用数字表示的月份，被恺撒下一代的奥古斯都命名为 August(八月)。恺撒和奥古斯都毕竟被正式尊奉为神，他们的名字与供奉的神祇并列，未必有什么不妥。

儒略历的历史沿革揭示出历法与宗教的奇特关系。到 16 世纪，儒略历已经比公历晚了 10 天。有人提出，先校准 10 天的误差，然后再改变每逢百年均为闰年的惯例，就可以使儒略历的误差降低到最低限度。在 16 世纪西方基督教社会，虽然伽利略时代已经取代圣托马斯·阿奎那的时代，人们依然认为只有教皇才能发起历法改革。1582 年，以教皇格列高利十三世的名义颁行修订的历法。但是，在新教的英格兰，以往备受尊崇的教皇如今不过是可耻的罗马主教，爱德华六世的第二版公祷书祈求消除罗马主教的"深重罪孽"。伊丽莎白公祷书从连祷文中删去了这一唐突的祷词，字里行间仍然流露出对教皇的憎恶之情。在之后的 170 年，英格兰和苏格兰政府仍坚持沿用古老的历法，这样，研究这一时期的历史学家不得不面对一个小小的麻烦，必须把儒略历换算成公历。1752 年，英国最终向欧洲大陆国家看齐，推行公历。结果，在普遍认为是理性的 18 世纪，英国公众对推行新历法震惊不已，反对新历法的声浪远甚于不那么开明的 16 世纪天主教世界。这种现象的原因何在呢？这是否意味着，就颁行历法而言，打着"上帝的声音"(Vox Dei)幌子的教皇诏书的效力远远超过议会的法案？

我们从历法和纪年转到度量衡和货币，就进入到社会流通领域，这个领域不受宗教因素的左右，属于理智的天下。 法国的革命者在推行新的世俗历法方面毫无建树，他们制定的新度量衡却大获成功。

法国和苏美尔两种新度量衡的不同命运表明，法国改革者所以能够取得巨大的成功，是因为他们明智地采取了一条中庸之道。 为了把"旧制度"时期纷乱复杂的计数法简化为一种单一的计数体制，他们作出务实的正确判断，一反常理地采纳并不便于计算的十进制。 全世界普遍采用十进制，不是由于它的长处，只是因为任何一个正常人都有10个手指和10个足趾。 大自然也有无情的恶作剧，某些脊椎动物的四肢各有6个指头，这样一种绝妙的天然算盘的拥有者却不具备理性；人类有理性，造物主却吝啬地只赋予人类五指型附肢，手指和足趾相加，只能得出10和20之数。 这真是一个不幸，因为进位数10只能被2和5整除，而能够同时被2、3、4整除的最小数字是12。 不过，十进制的普及是不可避免的，因为等到各个社会的才智超群之士认识到数字12的特有长处，十进制早已在现实生活中牢牢站稳了脚跟。

法国的改革者没有自找苦吃地反对十进制，他们的苏美尔前辈就没有这么精明了。 苏美尔人天才地发现了数字12的长处，采取一个革命性的步骤，把度量衡制改为十二进制。 他们显然没有意识到，除非能够进一步引导同胞只使用十二进制度量衡，否则，两种转换起来很麻烦的进位制并存所造成的不便，足以抵消十二进制度量衡的长处。 苏美尔的十二进制传播到全世界，但最近150年来，它在与历史不长的法国十进制的竞争中败下阵来。 像牛津一样，乌尔是一个注定失败的事业的大本营。 当然，只要英国人仍以12英寸作为1英尺，12便士作为1先令，乌尔人的事业就不能算彻底的失败。[18]

一旦公平交易成为全社会关注的问题，名副其实的政府把使用非法度量衡定性为违法，货币也就应运而生了。 不过，货币的诞生必须具备相应的条件，采取一系列环环相扣的步骤。 事实上，直到公元前7世纪，货币发明的必备条件方才成熟，而那时文明社会大概已经存在了3 000年。

第一个步骤是赋予某些特殊商品以交换功能，使之除使用价值之外，还具备额外的一种效用。 倘若有多种商品、而不是只有金属被赋予交换功能，这个步骤就不会导致货币的发明。例如，在西班牙人征服之前，墨西哥和安第斯世界就有令"旧世界"大为垂涎的"贵金属"，数量之大，让西班牙征服者咋舌不已。当地土著早已掌握金属冶炼和提纯技术，却从未想过把金属作为交换媒介，只是偶尔想到用其他特殊物品作为交换媒介，如豆类、鱼干、盐和海贝壳。

在爱琴海亚洲海岸的一些希腊城邦，政府打破以金属作为其他商品等价交换物的现行惯例，可见这些城邦也是把使用非法度量衡定性为违法行为，而在彼此有商业往来的埃及、巴比伦、叙利亚和希腊世界，用便于称量的小块贵金属作为价值度量单位的做法，已经通行数百甚至上千年。这些勇于开拓的希腊城邦采取两项革命性的举措，一是政府独家发行这些金属价值单位，二是政府独家发行的通货上铸有特殊的官方图案和印记，证明硬币是出自政府造币场的真品，保证按照币面上标明的重量和纯度承兑。

就推行货币制度而言，小国寡民之邦显然是最少阻碍的，希腊城邦成为这种试验的始作俑者，也就不足为奇了。同样可以确定的是，法定货币的使用范围越大，货币的效用越高。扩大法定货币使用范围的进步是在吕底亚王国实现的。公元前6世纪初年，除了米利都之外，吕底亚王国征服了安纳托利亚西海岸的所有希腊城邦，还深入到哈利斯河(Halys)的内陆地区，吕底亚以臣服的希腊城邦福西亚(Phocaea)的货币为蓝本，发行了一种通用金属货币，在吕底亚全境流通。最著名(也是最后一位)吕底亚国王克罗伊斯(Croesus)就是通过发行货币致富的，他的名字日后成为富豪的代名词。在20世纪50年代，西方人谈及富豪时，最常用的说法是"像克罗伊斯一样富有"，而不是罗特希尔德、洛克菲勒、福特、莫里斯或任何一位现代西方的百万富翁。

庞大的阿契美尼帝国吞并吕底亚王国之后，完成了货币诞生最后的决定性步骤。从那以后，金属货币站稳了脚跟。阿契美尼的"弓箭手"金币广泛流通，促进了金属货币的发展，此后金属货币几乎是所向披靡地推广开来。随着阿契美尼帝国兼并旁遮普，金属货币开始进入印度。在更遥远的中华世界，汉刘邦谨慎地实施统治，缓和了矛盾，延续了秦始皇革命性地缔造的帝国，发行金属货币的时机成熟了。公

643

元前 119 年，中华帝国政府还凭借出色的直觉，发现了一个前人未见的事实：金属并非唯一可以用来制造货币的材料。

> 皇帝苑囿中有一只举国罕见的白鹿，皇帝在大臣的建议下，下令杀鹿取皮，制成皮币，他认为这种皮币是无法仿造的。这些白鹿皮一尺见方，饰以绣纹，规定每块鹿皮值四十万钱。王侯宗室来朝觐，必须用现金购买一块皮币，然后方能向皇帝进献贡品。然而，白鹿皮数量有限，这个方法很快就不能再为国库提供急需的现金。[19] *

中国的造纸和印刷术两大发明普及之后，纸币的发明才得到广泛的应用。 公元 807 和 809 年，唐朝政府以支票形式发行流通票据，票据面值与国库保存的存根相吻合，但没有证据表明这些支票上的字迹是印刷的。** 公元 970 年，宋朝政府发行了印刷的纸币。

货币的发明无疑有利于发行货币的政府的臣民，尽管这项发明给社会带来通货膨胀和通货紧缩的破坏性波动和高利贷的诱惑。 但是，发行货币的政府才是更大的受益者。 因为发行货币是一种"介入的行为"(acte de présence)，政府由此至少直接而持久地与少数活跃、聪明、有势力的臣民建立起联系。 货币的出现，不仅提升了政府的声望，还为政府提供了自我宣扬的绝好机会。

货币制度甚至影响了异族统治下痛恨外来政治奴役的人民的心理，《新约全书》的一个著名段落充分说明了这种影响。

> 他们打发几个法利赛人和几个希律党的人到耶稣那里，要就着他的话陷害他。他们来了，就对他说："夫子，我们知道你是诚实的，

＊ 白鹿皮币是西汉武帝元狩四年(前 119 年)发行的货币。 《史记·平准书第八》记载："是时禁苑有白鹿而少府多银锡……乃以白鹿皮方尺，缘以藻缋，为皮币，值四十万。 王侯宗室朝觐聘享，必以皮币荐璧，然后得行。"——译者注
＊＊ 《新唐书·食货四》记载："时商贾至京师，委钱诸道进奏院及诸军、诸使富家，以轻装趋四方，合券乃取之，号'飞钱'。"飞钱又称"便换"，最早出现在唐宪宗元和二年(公元 807 年)，就是用一张纸券，写明钱数，盖上图章，分为两半，双方各持一半，发往目的地之后，双方所持纸券相合，核对无误，即可拿到现钱。 ——译者注

甚么人你都不徇情面；因为你不看人的外貌，乃是诚诚实实传上帝的道。纳税给恺撒可以不可以？我们该纳不该纳？"

耶稣知道他们的假意，就对他们说："你们为什么试探我。拿一个银钱来给我看！"他们就拿了来。耶稣说："这像和这号是谁的?"他们说："是恺撒的。"耶稣说："恺撒的物当归给恺撒，上帝的物当归给上帝。"

他们当着百姓，在这话上得不着把柄，又稀奇他的应对，就闭口无言了。[20]

对于罗马帝国政府而言，即使处于极为不利的政治和宗教环境，货币发行权无意中产生的心理作用所带来的好处，远远超出经营造币场的财政收益。 硬币上的皇帝肖像使得帝国政府在犹太居民的心目中扎下根来，而这些犹太居民不仅认为罗马的统治是非法的，而且铭记耶和华授予摩西，由上帝亲自镌刻在石碑上的"十诫"中的第二诫：

不可为自己雕刻偶像，也不可做甚么形像仿佛上天、下地，和地底下、水中的百物。不可跪拜那些像，也不可事奉它，因为我耶和华——你的上帝是忌邪的上帝。[21]

公元前 167 年，塞琉古国王安条克四世(神灵显赫的)(Antiochus IV Epiphanes)在耶路撒冷耶和华神庙的至圣所放置一尊宙斯雕像，犹太人看到"那行毁坏可憎之物"[22]"站在不当站的地方"[23]，他们极其愤慨，乃至彻底推翻了塞琉古王朝的统治。 另一个事例是，公元 26 年，罗马犹太总督本丢·彼拉多乘夜把带有罗马皇帝肖像的罗马军旗偷带进耶路撒冷，犹太人怒不可遏，彼拉多不得不撤下这些冒犯性的旗帜。然而，同样是犹太人，看到罗马钱币上可憎的皇帝肖像时却变得很驯服，心平气和地持有、使用、赚取和积蓄这些钱币。

罗马政府很快就认识到通用货币作为政策工具的价值。

公元 1 世纪中叶以后，帝国政府不仅意识到货币能够反映当代生活，反映时代的政治、社会、精神和艺术渴望，而且认识到它作为一种影响深远的宣传工具前景广阔。古往今来,只有少数政府能够意识到这一点。从罗马的货币上,可以找到邮票、广播和报纸等现代新闻传播手段和现代宣传工具的影子。罗马的货币每年、每月,甚至几乎可以说每天都有新的款式和变化,记录下一系列的国家大事,反映了这个国家管理者的目标和理想。[24]

常备军

不同的大一统国家对常备军的需求大相径庭。 极少数大一统国家几乎完全不需要常备军,其他大一统国家遗憾地发现,这种开支巨大的机构,无论是作为机动部队,还是担负卫戍任务的守备部队,都是不可或缺的。 这类大一统国家的政府不得不全力以赴地解决这些历来臃肿不堪、往往还很危险的机构带来的困难,有时甚至是无法解决的难题。我们不打算对这些问题逐一讨论,只考察其中一个或许是最有趣、最重要,也是与本章的宗旨联系最紧密的问题:罗马军队对基督教会发展的影响。

当然,基督教会并非罗马军队最大最直接的受益者。 对于所有分崩离析的帝国的军队而言,最大的受益者是那些在军中服役的外国人和蛮族。 阿契美尼帝国晚期,政府招募希腊雇佣兵组成一支职业机动部队,结果导致亚历山大大帝征服阿契美尼帝国。 阿拔斯哈里发帝国组建的蛮族卫队、罗马帝国和埃及"新帝国"时代招募的蛮族常备军,也导致土耳其蛮族统治哈里发国家、条顿和萨尔马提亚蛮族征服罗马帝国的西方行省、喜克索斯蛮族统治埃及。 军队的衣钵会突然传给一个教会,本已让人觉得匪夷所思,更令人吃惊的是,接受这一衣钵的教会历来具有反战传统。

与犹太传统不同,原始基督徒从内心深处不赞成流血牺牲,反对教徒服兵役。 他们相信凯旋般的"基督再临"即将到来,要做的就是耐心等待这一刻的来临。 从公元前166年到公元135年的300年间,犹太人不断揭竿而起,先后反抗塞琉古王朝和罗马人的统治。 与之形成鲜明对比的是,在大约同样长的一段时期,从耶稣开始布道,到公元313年罗马帝国政府与基督教会缔结和约并结成同盟,基督徒从未举行过反抗罗马迫害者的武装起义。至于在罗马军队服役，基督徒视之为信仰的障碍，因为服役不仅难免死伤人命，还必然涉及其他一些问题，如宣判和执行死刑，宣誓无条件效忠皇帝，朝拜皇帝的守护神并向其献祭，以及把军旗当作偶像崇拜。事实上，奥利金(Origen)、德尔图良(Tertullian)等数位早期基督教教父禁止教徒服兵役，甚至在《君士坦丁和约》缔结后，拉克坦提乌斯(Lactantius)依然禁止教徒服役。

意味深长的是，在罗马军队依然能够通过募兵制征募新兵之际，基督教会就已经改变了对罗马军队的排斥态度，实际上，直到一百多年之后，罗马帝国政府再度把戴克里先(公元283—305年在位)提出的理论上的义务兵役制付诸实施，才注意到基督徒服役问题。公元170年前后，这个问题上引发冲突的诱因似乎已经消除。基督教徒不得参军入伍，现役异教士兵如果皈依基督教，教会则默许其继续服役，履行军人的各项义务。教会在这个问题上网开一面的正当理由大概与当初容忍其他反常事物的原因如出一辙，如教会承认奴隶制的继续存在，哪怕主人和奴隶都是基督徒；教会把《腓利门书》纳入《圣经》也并非偶然。在这个时期，基督教会预料"基督再临"指日可待，皈依基督教的士兵和奴隶可以以现役士兵和奴隶的身份等待这一时刻的到来。

公元3世纪，基督徒开始迅速跻身罗马社会政治上层，这部分是由于基督徒进入上流社会，部分是因为基督教争取到上层社会的皈依者。他们从实践上回答了罗马军队的社会重要性所提出的问题，但仍未从理论上解决这个问题，或许是想等到军队作为其中一个机构的罗马国家皈依基督教。在戴克里先时代，罗马军队里的基督徒已是人多势众，乃至公元303年的迫害首先是针对军队中的基督徒。实际上，在各西方行省，军队中基督徒的比例已经超过平民。

更为重要的是，在不得服役的禁令依然有效的时期，罗马军队对基督教会产生了重大的影响。战争激发起人们的英雄气概，这种气概类似于一种不受欢迎的宗教号召追随者展现出来的英勇，这类宗教的许多传教士都使用作战技术和军事装备的词汇，其中最突出的是圣保罗。按照犹太传统——基督教会视之为自身传统的一个备受珍视的组成部分——无论从其本意还是象征意义上说，战争都被奉为神圣。然而，犹太人尚武传统的巨大影响依然停留在文字上，罗马的军事传统则表现为令人印象深刻的活生生的现实。 在罗马共和国时代残酷的对外征服和更为残酷的内战中，罗马军队或许是带来毁灭、令人憎恶的力量。到帝国时代，罗马军队靠的是军饷而不是劫掠，驻扎在边境抵御蛮族、捍卫文明，而不是驻扎在内地侵扰和破坏希腊文明世界。 罗马臣民开始不由自主地尊敬、景仰甚至爱戴罗马军队，把罗马军队视为促进国家繁荣的一种普世制度，对罗马军队有一种发自内心的自豪感。

公元 95 年前后，克雷芒一世(Clement of Rome)在《克雷芒致哥林多教会前书》中写道："我们当思想我国，那些在将军麾下的一切士兵，都服从军令，他们的次序怎样，他们的敏捷怎样，他们的顺服怎样。全军当中，不都是统领，或千夫长、百夫长，或五十夫长等等；然而他们都能各按其职，一致地听从皇帝和将军的命令。"

克雷芒一世力图建立教会的秩序，在写给基督徒的信中把军纪作为先例。 他接着写道，顺从乃是基督徒的应有之义，信徒不仅要顺从上帝，还要顺从上级教士。 在基督教会军人形象的演变过程中，"上帝的士兵"主要是传教士。 传教士必须摆脱平民生活的羁绊，因此有权靠教众的赡养生活，正如士兵的军饷取自纳税人的捐税。

可是，不论罗马军队的影响多么显著，也比不上罗马文官制度对基督教会体制形成的影响。 罗马军队的榜样对教会的影响主要集中在思想观念上。

圣西普里安(Saint Cyprian)把基督教入教洗礼看作是罗马军队新兵入伍举行的军人宣誓(sacramentum)。 基督教斗士加入教会之后，务须"听命"投身战斗，不得开小差和"玩忽职守"，前者是罪无可赦的罪行，后者属于品行不端。 "失职的代价是死亡"，这是德尔图良取自圣保罗写给罗马人书信中的一句军事术语，依照英文钦定本《圣经》，圣保罗的原文是"罪的工价"(the wages of sin)。 德尔图良把基督教生活的仪式和道德义务比作军队中的"杂役"。 按照他的说法，斋戒相当于放哨，而"容易的轭"，用《马太福音》的话说，乃是"主的轻担”。﹡基督教斗士效忠尽责，告老还乡时即可获得“主的赏赐”。除了赏赐之外，教会的追随者只要符合要求，还有望领取给养。十字架就是教会的军旗，基督是教会的元首(Imperator)。实际上，巴林·古尔德(Baring-Gould)所作的《前进！基督的精兵》和布思将军(General Booth)创建的救世军，其言辞和行动上的源头可以追溯到早期基督教会。但是，基督教会最初比照的军队，正是罗马帝国为截然不同的目的建立和维持的异教徒军队。

文官制度

在不同的大一统国家，文官制度的发展程度差别悬殊。我们发现，奥斯曼帝国政府为适应行政管理的需要，处理人类才智所能想象、人类意志所能完成的一切事务，建立起十分完善的文官制度。奥斯曼文官制度不仅是一个职业组织，而且是一个类似于宗教团体的世俗组织，等级森严、纪律严明、控制严密，乃至把文官变成超人或非人的人种。他们有别于普通的芸芸众生，正如经过严格训练的马匹、猎犬和猎鹰有别于未经饲养者和驯兽员调教的野生动物。

大一统国家文官制度的创立者常常会碰到一个难题：如何利用多半是兴起于帝国之前“乱世”的贵族阶层。例如，彼得大帝着手推行西方化时，俄罗斯有一个懦弱无能的贵族阶层，而罗马帝国确立元首制时拥有一批极为强悍的贵族。彼得大帝和奥古斯都都把贵族阶层作为创建大一统行政机构的工具，两人的动机却不尽相同。彼得大帝竭力使旧式的贵族转变成西方式的、有效率的行政官员。奥古斯都把罗马元老院贵族变成自己的合作伙伴，与其说是需要他们的效力，不如说是想通过这种伙伴关系来避免重蹈儒略·恺撒的覆辙，恺撒就是死于一伙骤然失势的旧统治阶层怀恨分子之手。奥古斯都和彼得大帝面临的问题截然相反，但两位帝国缔造者在处置帝国之前的贵族阶层时都陷入了进退维谷的困境。如果贵族阶层力量强大，就会对效忠于皇帝感到愤愤不平，因为这对贵族来说“有失体统”(infra dignitatem)。反之，如果

﹡　《马太福音》，第 11 章，第 28—30 节“凡劳苦担重担的人，可以到我这里来，我就使你们得安息。我心里柔和谦卑，你们当负我的轭，学我的样式，这样你们心里就必得享安息，因为我的轭是容易的，我的担子是轻省的。”——译者注

贵族软弱不堪，独裁者在利用他们时就会发现，这个工具虽然无害、但也无用。

旧有的贵族并非帝国缔造者招募文官的唯一来源。创建文官制度好比组建一个团，没有他人的辅佐，贵族团长不过是光杆司令。法学家和其他专业人员组成的中产阶级相当于团里的军官，大批部属充当普通士兵的角色。在某些情况下，大一统国家缔造者幸运地能够利用一个为适应内政需要发展起来的阶层。只有把英属印度文官体制放到英国行政管理的历史背景中加以分析，方能认识这种体制的性质和成就。

> 1833年法案确立的工厂稽查制度标志着新型文官制发展到一个新阶段……这个实例表明，边沁热切倡导的用科学取代传统，以及行政管理事业需要特殊才能的观点，取得了十分圆满的成果。在他的启发下，英国培养了训练有素、独当一面的行政人员。与英国的治安法官不同，新文官有丰富的知识；他们也有别于法国的省长(Intendant)，后者不过是个傀儡。英国人懂得如何使用有教养的人士，不去伤害他们的独立性和自尊心……目前，这个有教养阶层的首要任务是探查混沌不清的新兴(工业)领域。看一看《改革法案》之后一代人的历史，所有人都会感叹律师、医生、科学家和学者在揭露弊端和制订规划上发挥的作用。[25]

从英国前往印度的，就是这批新型的中产阶级专业行政人员。我们稍后再讨论他们的成就和缺陷。

奥古斯都面对惨遭蹂躏、混乱分裂、积弱不振的国家，创立新的文官制度，其成就可与150年前中华世界的汉刘邦相媲美。当然，就汉刘邦的体制和屋大维体制的寿命而言，那位中国农民建立的行政体制要远胜于罗马城市市民屋大维的体制。奥古斯都的体制延续700年之后就彻底瓦解了，而刘邦的体制一脉相传，一直延续到1911年。

罗马帝国文官制度的缺陷在于，它反映出旧元老院贵族与新帝国独裁统治的冲突，奥古斯都的妥协只是掩盖了这种矛盾，并没有消除这种矛盾。奥古斯都时代，罗马文官体制有两种彼此完全隔绝的等级体系，两条相互排斥的升迁途径。 元老院和非元老院文官分道扬镳、各行其是。 这种分裂直到公元 3 世纪才宣告结束，所有重要的行政职位完全淘汰了元老院骑士(Senatorian Order)。 到这个时候，地方自治政府衰败不堪，大大增加了帝国政务的工作量，戴克里先在建立常设文官制度时被迫大肆扩大文官的规模。 如此一来，帝国政府不得不降低招募文官的社会标准。 比较一下罗马文官制度与汉朝文官制度的历史，可以带给我们一些启示。 从刘邦本人开始，汉帝国面向所有社会阶层开门纳贤。 公元前 196 年，即刘邦恢复秩序后的第 6 年，皇帝颁布诏书，下令各郡行政当局选拔贤士作为公职候选人，并把他们送到首都，由中央政府官员决定取舍。

汉刘邦的后继者汉武帝(公元前 140—前 87 年在位)使中国的新文官制度形成了确定的体制。 他决定，文官候选人必须擅长模仿儒家经典的文体，能对儒家哲学做出令当时儒士满意的解释。 公元前 2 世纪，儒家学派被帝国政权巧妙地变成合作伙伴，如果孔子看到这种情况，想必会大惊失色。 与戴克里先时代希腊世界单纯模仿古代文学相比，儒家学派枯燥的政治哲学能够更好地在官僚集团中激励起一种团队敬业精神。 这种政治哲学无论有多么迂腐，能够提供一种罗马帝国文官制度所缺乏的传统道德规范。

汉帝国和罗马帝国是以各自的社会文化传统创立文官制度，彼得大帝面临特殊的问题，无法像汉帝国和罗马帝国那样建立文官制度。1717—1718 年，彼得大帝创建若干所行政学院，向俄国人讲授最新的西方行政管理方法。 瑞典战俘被绑来充当教员，俄国学员则到普鲁士的哥尼斯堡接受培训。

凡是像彼得大帝的俄罗斯帝国这样，帝国文官制度是通过自觉模仿外国制度而建立的大一统国家，显然都需要专门安排人员的培训。 所有建立起文官制度的帝国都在不同程度上有这种需要。 在印加帝国、阿契美尼帝国、罗马帝国和奥斯曼帝国，皇室既是帝国政府的中枢，也是行政管理人员的培训学校。 在很多情况下，皇室组建"侍从"团，对侍从进行教育和培训。 库斯科的印加皇宫开设正规的教育课程，每一个学习阶段都要进行考试。 按照希罗多德的记述，在阿契美尼帝国，"所有 5 到 20 岁的波斯贵族子弟，必须在皇宫学会三件事情，也只学这三件事：骑马、射箭和说真话"。 在奥斯曼帝国早期，布鲁萨(Brusa)皇宫开设训练侍从的课程，苏丹穆拉德二世(Murād II，1421—1451年在位)依然沿袭前人的老办法，在当时的首都阿德里安堡为贵族开办一所学校。 他的继承人穆罕默德二世(Mehmed II，1451—1481 年在位)另辟蹊径，不再以奥斯曼土耳其穆斯林贵族子弟，而是以基督徒奴隶来充任文官，这些基督徒奴隶包括来自西方基督教世界的伊斯兰教皈依者、战俘以及从苏丹治下的东正教臣民中征集的"贡童"(tribute children)。 关于这项特殊的制度，本书前面部分已经有所论述。

奥斯曼皇帝刻意扩充他们个人的奴隶宫内官吏，使之成为迅速膨胀的帝国的统治工具，实际上把奥斯曼自由民排除在文官制度之外。 罗马皇帝同样曾迫不得已利用皇室机构，同时采取措施限制自由民在帝国行政管理中的作用。 在早期罗马帝国，自由民在帝国行政机构中的大本营是中央政府，皇室的五个侍从机构发展成五个帝国政府部门。 甚至在这些传统上由自由民把持的职位上，自由民一旦锋芒毕露，便会断送政治前程。 克劳狄和尼禄的自由民大臣肆无忌惮地行使权力，激起公愤，到弗拉维王朝及其后继者时期，这些重要职位一个接一个地落入骑士团成员(Equestrian Order)的手中。

这样，在罗马文官制度的历史上，商业骑士阶层的发展壮大是以牺牲社会下层的奴隶和元老院贵族为代价的。 骑士阶层文官在履行公务时高效廉正，证明他们压倒另外两个对手是理所当然的。 在罗马共和国的最后两百年，这个阶层凭借搜刮、包税和放高利贷等手段大发横财，权势熏天，如今在道德上脱胎换骨、焕然一新，这或许是奥古斯都帝国体制的最大成就。 英属印度文官同样是从商人阶层招募而来的。这些人原本是一家唯利是图的贸易公司的雇员，他们背井离乡到气候恶劣的地方工作，最初的动机之一是想通过兼做私人买卖发财致富。 由于一场轻而易举的重大军事胜利，东印度公司一夜之间成为土崩瓦解的莫卧儿帝国最富庶省份的实际主人。 在不长的一段时期内，公司职员挡不住诱惑，像罗马的骑士阶层在长得多的时间里所干的那样，无耻地搜刮大量不义之财。 与罗马的骑士阶层一样，东印度公司职员从掠夺成性、残忍贪婪的恶棍转变成不以个人私利为念的文官,学会以不滥用手中掌握的巨大政治权力为荣。

英属印度行政部门的这种质变,至少部分归功于东印度公司决定对职员进行培训,以适应所肩负的新的政治使命。 1806年,东印度公司在赫特福德城堡建立一所学院,培训见习期的行政人员,三年后,学院迁到黑利伯瑞(Haileybury)。 在其52年的历史上,这所学院曾经扮演过一个重要的角色。 1853年,印度政府的控制权从东印度公司转到英国王室前夕,英国议会决定今后以竞争性考试的方法选拔文官,进一步面向非官方机构招募候选人,如英国各大学以及当时两所英格兰古老大学主要生源地的"公学"。 黑利伯瑞学院于1857年关闭,在开办的52年当中,拉格比公学的阿诺德博士几起几落,他的各项主张却由志同道合的公学校长传播开来。 到19世纪下半叶,普通印度文官均已在公学和大学接受过基于西方"古典"语言和文学的严格训练,并形成了基督教世界观,这种世界观并不清晰,也不教条,但并未就此削弱其力量。 我们有理由把这种道德教育和智力训练与中国儒家经典的教育相提并论;中国的儒家教育确立于2000年前,之后始终是中国文官的必备条件。

想一想究竟谁是大一统国家为自身目的建立的帝国文官制的主要受益者,我们就会发现,最明显的受益者显然是这些帝国的后继国家,这些后继国家明智地利用了这样一份珍贵的遗产。 在这些后继国家中,我们应当排除罗马帝国在西方的后继国家。 相比之下,这些后继国家从所皈依的教会获得的教益要远甚于从它们所破坏的帝国文官制度获得的教训。 我们将会看到,教会本身也是罗马文官制度的受益者,所以,文官制度的遗产至少部分是通过教会间接传给这些后继国家。 我们无意在此一一列举所有受益的后继国家,在写作本书之际,新兴的印度联邦和巴基斯坦就受益于英属印度的文官制度。

不过,教会才是帝国文官制度的最大受益者。 我们已经指出,罗马帝国的等级体系成为基督教会教阶体制的基础。 埃及"新帝国"和萨珊帝国分别为底比斯的阿蒙-瑞神总祭司主持的泛埃及教会和琐罗亚斯德教会奠定了同样的基础。 阿蒙-瑞神总祭司是仿效底比斯法老的形象设立的;琐罗亚斯德教教主(Chief Mōbadh)近似于萨珊帝国的"汗"

(Shāhinshāh)；罗马教皇相当于戴克里先之后的罗马皇帝。 不过，与纯粹提供组织模式相比，世俗行政机关对教会有更直接的贡献。 它们还影响了教会的观点和风气；在某些情况下，这种思想和道德影响的传播不仅仅是通过示范作用，而且是通过具备这种影响力的个人从世俗领域转到教会领域。

对西方天主教会的发展起到关键作用的历史人物中，有三人来自世俗的罗马帝国文官组织。 安布罗斯(Ambrosius，约公元 340—397 年)是一个文官之子，其父曾出任高卢禁卫军长官的要职。 未来的圣安布罗斯追随父亲的足迹，担任过利古里亚(Liguria)和阿梅利亚(Aemilia)的总督。 公元 374 年，民众强行中断了他的一帆风顺的仕途，拥立他为米兰的主教。 卡西奥多鲁斯(Cassiodorus，约公元 490—585 年)漫长一生的大部分时间都为东哥特国王狄奥多里克(Theodoric)效力，管理罗马意大利。 晚年，卡西奥多鲁斯在南意大利的私人乡村地产上修建一座修道院，这所修道院的修士怀着对上帝的爱，从事艰辛的体力劳动，抄录异教古典作品和早期基督教教父的著作，从而与圣本尼狄克在蒙特卡西诺(Monte Cassino)创立的本笃会交相辉映。 本笃会修士同样出于对上帝的爱，从事艰苦的田间劳动，本笃会从一开始就与卡西奥多鲁斯修道院紧密结合，为新生的西方基督教社会作出巨大的贡献。 至于格列高利一世(Gregory the Great，约 540—604 年)，他辞去罗马行政长官(Praefectus Urbi)及所有世俗公职，追随卡西奥多鲁斯的榜样，用祖传的罗马宅邸建立一所修道院，由此出乎他本人的意料而成为罗马教皇制度的创始人之一。 这三位著名文官都把为教会效力当作真正的天职，运用行政生涯中培养出来的才能和传统为教会服务。

公民权

大一统国家的崛起，通常总是先以武力统一诸多相互争雄的地区性国家，因此，大一统国家往往自诞生伊始就形成了统治者与被统治者的巨大隔阂。 大一统国家内部形成了两大集团，一个是帝国缔造者的集团，这些少数当权者在彼此杀伐不已的地方集团统治者的长期生存斗争中脱颖而出。 另一个集团是被征服的居民。 随着时间的推移，被统治的大多数臣民相继获得公民权，大一统国家的居民中事实上被赋予公民权的人数逐渐占据多数，这已成为常见的现象。不过，在通常情况下，扩大公民范围的过程无法完全消弭最初形成的统治者与被统治者的对立。

中华世界是一个突出的例外，中华大一统国家在建立后的 25 年内实现了广泛的政治权利。公元前 230—前 221 年，秦国成功吞并六个与之争雄的地区性国家，建立中华大一统国家。公元前 207 年，汉刘邦攻占秦朝的首都咸阳，终结了秦朝的霸权。公元前 196 年，中华大一统国家全体居民开始享有政治权利。毋庸多言，这项政治成就并未一举彻底改变中华社会基本的经济和社会结构，这个社会依然是由纳税的农民大众以及他们所供养的少数特权统治阶级组成。公元前 196 年以后，进入中华大一统国家官僚世界的道路完全向所有社会等级的人才开放。[*]

当然，大一统国家颁布赋予臣民同等法律地位的法令，难以重现长期发挥作用的历史力量所产生的大一统效果。在英属印度，欧洲人、欧亚混血儿和亚洲人都是英国王室的臣民，在西印度群岛的西班牙帝国，欧洲人、克里奥尔人和印第安人都属于西班牙王室的臣民，享有相同的地位，但是，这两个国家都未能消弭统治者与被统治者的社会隔阂。历史上的罗马帝国是一个典型的例子，在罗马帝国，特权的少数统治者逐渐与从前的臣民融合，最终消弭了双方最初的隔阂。在罗马帝国，实质上的政治平等也不是通过单纯地赋予罗马公民的法律地位实现的。公元 212 年，随着"卡拉卡拉敕令"的颁布，罗马帝国全体男性自由民，除了极少数例外，都成为罗马公民。直到下一世纪的政治和社会变革之后，罗马帝国的现实生活才与法律规定趋于一致。

罗马天主教会自然是罗马帝国政治平等主义的最终受益者，这种政治平等主义起步于元首制时代[26]，在戴克里先时代达到巅峰。罗马天主教会借鉴了罗马帝国的二元公民资格的高明观念，这种观念成为一种宪法机制，它解决了一个难题，即如何既享有一个普世社会的成员资

---

[*] 公元前 196 年，汉高祖刘邦下求贤诏，征募"贤士大夫"，开汉代察举制度的先河。——译者注

格，又保持范围较为狭小的忠诚，或者说维持地方特色。在罗马天主教会体制形成的元首制时期，世界城市罗马的全体公民(除了居住在这个首都的少数人外)，同时也是帝国境内某个地方城市的居民。在罗马国家，这种地方城市属于自治的城邦，带有传统的希腊城邦自治政府的形态，传统上吸引当地人在感情上把自己的城邦视为祖国。一个蒸蒸日上的宗教社会依照这种世俗的罗马模式建立起自身的体制，形成一种既有地方性又有普世性的群体情感。基督徒效忠的教会，既是某个特定城市的地方基督教共同体，也是用统一的惯例和教义囊括所有地方教会的罗马天主教共同体。

注 释：

[1] 拉丁文原文中并没有"仅仅"字样，但多半就是这个意思。诗人想必知道，蜜蜂若是吃不到一点蜜，它们就要罢工了。(原文为 Sic vos non vobis mellificatis, apes。直译就是"蜜蜂酿蜜，并不仅仅是为自己"。——译者注)

[2] Toynbee, A. J. , in *The Legacy of Greece*(Oxford 1922, Clarendon Press), p.320.

[3] Sansom, G. B. , *Japan: A Short Cultural History* (London 1932, Cresset Press), pp.460—462.

[4] 这里只是节录，汤因比先生在原著中考察了许多大一统国家利用交通系统的情况。

[5] 在写作本书的 1954 年，肯尼亚的茅茅运动就是这些正宗蛮族孑遗的一次最引人注目的抗议行动。

[6] 我们把聂斯脱利教徒留居特拉凡哥尔视为基督教第一次尝试使印度人改变信仰，耶稣会士进入阿克巴的宫廷是第二次尝试。

[7] 公元 7 世纪，聂斯脱利教徒在西安留居，可以视之为基督教第一次尝试使中国人改变信仰，第二次尝试是 13—14 世纪西方基督教传教士经陆路到达中国，第三次尝试是 16 世纪西方基督教传教士经海路抵达中国。

[8] Haring, C. H. ,*The Spanish Empire in America* (New York 1947, Oxford University Press), pp.160 and 159.

[9] 这种惯例在英国一直延续到现代。"市"称作 cathedral city(教区总教堂所在城市)，其他城镇称作 borough(自治市)。

[10] 其他一些城市也叫塞琉西亚，其中之一就位于安提阿附近，乃是安提阿的港口。据《使徒行传》记载，圣保罗在第一次传教旅行时就是从塞琉西亚港出发前往塞浦路斯的。

[11] 关于类似的地名改变，有一件颇为可笑的事情。半个世纪前，节录本编者的一位朋友返回一个法国外省城镇，他在来信中写到："自我离开这里以后，反教权主义者掌握了市议会的多数议席，把'让-巴蒂斯特路'改为'爱弥尔·左拉路'。"

[12] 在原著第 7—10 卷的节录本出版前，A·文特里斯先生和 I·查德威克先生释读出"线形文字 B"，认为它是希腊语的文字(见 *The Journal of Hellenic Studies*, vol. lxxiii, pp. 84—103)。他们的释读几乎立即得到其他学者的一致认同。

[13] 1954 年，"线形文字 A"尚未释读成功。这种文字曾在整个克里特岛广泛使用，它所表达的语言可能是希腊语之源的米诺斯语(不论其属于何种语系)。目前已经知道，线形文字 A 之后出现的线形文字 B 是希腊语的文字，主要通行于克里特岛的克诺索斯，也扩展到大陆上的一些迈锡尼文明中心。

[14] 新月沃地是指环绕阿拉伯沙漠北部，从埃及经叙利亚、美索不达米亚、巴比伦，一直延伸到波斯湾的一条肥沃的狭长地带。

[15] Exod. , xxxiv. 17—26，更为详尽的表述，见第 xx. 23 到第 xxiii. 33。

[16] 同样，基督教会的《尼西亚信经》和《使徒信经》中所说的"在本丢·彼拉多执政时受难"，是指一个日期，而不是谴责某个人。如果两部信经的作者想争辩，他们应该把基督的受难归咎于他们依然痛恨的犹太人，而不是他们已经与之和解的罗马帝国的代表。"在本丢·彼拉多执政时受难"的要义是确认三位一体中的第二个位格是有着确定时期的历史人物，从而不同于其他宗教的神话人物，如密特拉、奥里西斯或西布莉。

[17] Thompson, J. M. , The French Revolution(Oxford 1943, Blackwell), p. ix.

[18] 一天 24 小时和每小时 60 分钟的计时制也起源于苏美尔，这种计时制有望长久沿用下去。就连法国的革命者也没有试图用十进制来计时。

[19] Fitzgerald, C. P., China: A Short Cultural History (London 1935, Cresset Press), pp. 164—165.

[20] Mark, xii. 13—17. Cp. Matt. , xxii. 15—21; Luke, xx. 20—25.

[21] Exod, xx. 4, 5.

[22] Dan, xi. 31 and xii. 11.

[23] Mark, xiii. 14.

[24] Tonynbee, J. M. C., Roman Medallions (New York 1944, The American Numismatic Society), p.15.

[25] Hammond, J.L.and Barbara, The Rise of Modern Industry (London 1925, Methuen), pp. 256—257.

[26] 即戴克里先之前的罗马帝国，由奥古斯都建立，奥古斯都使用了"元首"头衔，意即"议院(元老院)的领袖"。

第七部　普　世　教　会

第二十六章

关于普世教会与文明关系的不同观点

第一节　教会有如毒瘤

我们看到，普世教会往往诞生于一种文明崩溃之后的"乱世"，并在随后兴起的大一统国家的政治框架内发展壮大。我们对大一统国家的研究表明，普世教会是大一统国家维护的各种制度的主要受益者。因此，大一统国家日趋衰颓之际，它的拥护者不愿意看到普世教会在大一统国家的怀抱中成长，也就不足为奇了。站在帝国政府及其拥护者的立场来看，普世教会乃是导致大一统国家衰落的社会毒瘤。

在罗马帝国的衰落过程中，自公元 2 世纪末塞尔苏斯(Celsus)撰文对基督教口诛笔伐以来，西方对基督教会的抨击日益强烈，这种抨击在罗马帝国陷入垂死挣扎之际达到高潮。公元 416 年，一个"顽固的"异教高卢人、罗马帝国的忠实拥护者鲁提利乌斯·纳马提阿努斯，悲哀地看到基督教修道士在一些荒岛上聚居，或者用他的话说，这些岛屿上有大批修道士出没，不由爆发出对基督教的仇视情绪：

> 哎，当我们前行，卡普拉亚岛
> 浮现海面；一个悲惨之岛，挤满了
> 逃避光明的人；他们自命"隐士"，

一个希腊式的称呼,惟愿离群索居

躲开他人的目光。他们惧怕

命运女神的礼物,惟恐她带来不幸。

有谁宁愿过痛苦的生活来逃避痛苦?

这样病态的头脑多么愚蠢和疯狂

担心遭逢不幸,难道就拒绝所有的幸福?[1]

在航程结束之前,鲁提利乌斯又悲痛地看到一个更可悲的景象,他的一位同乡在另一个岛上流连忘返。

在比萨和库尔诺斯之间

波涛汹涌的大海上,升起一座戈耳贡妖岛。

我躲避那些峭壁,它们令人回想起

最近的灾祸;我的一个同胞

生生毁于这里的活地狱。不久前

一位出身名门的青年,

既不缺财富,也有理想的伴侣,

为疯狂所驱使,抛弃人世

沦为迷信的离乡者,一心寻求

一个粗鄙的藏身地。这个不幸的家伙

竟相信神圣的火种会在污浊中壮大,

他残暴地抽打自己的灵魂

远甚于发怒的神祇。

这个教派犹如喀耳刻的毒药,

毒药残害肉身,而今心灵遭到扭曲。[2]

这些诗篇在字里行间流露出一个依然尊奉异教的贵族阶层的态度,他们把罗马帝国的覆灭归咎于抛弃了传统的希腊神祇崇拜。

江河日下的罗马帝国与蒸蒸日上的基督教会的这场纷争带来一个问题,这个问题不但使直接参与争论的同时代人情绪激昂,也使日后漫长时期里反思这一事件的子孙后代心绪难平。吉本曾经表示："我已经描述了野蛮和宗教的胜利",这寥寥数语不仅概括了他的 71 章巨著的主旨,还表明他本人是塞尔苏斯和鲁提利乌斯的坚定支持者。在吉本看来,安东尼时代是希腊历史上的文化顶峰,经过被他视为文化低谷的 16 个世纪之后依旧巍然屹立,光彩夺目。在西方世界,吉本祖父那一代人刚刚走出低谷,开始缓慢地攀登另一座山峰,他们在山坡上回首相望,再次看到往昔希腊文明的两座雄伟壮丽的高峰。

吉本只是含蓄地提及上述观点,一位颇有声望的 20 世纪人类学家弗雷泽(J. G. Fraser)却直截了当地指出:

> 崇拜伟大母亲的宗教将野蛮粗犷和宗教向往奇特地融为一体,其实不过是异教晚期流传于罗马帝国的许许多多类似的东方信仰的一种。它使欧洲民族沉浸于外来的人生理想,从而逐渐破坏了古代文明的整个结构。
>
> 希腊和罗马社会乃是建立在个人服从集体、公民服从国家的观念之上,不论今世还是来世,全体国民的安全高于任何个人安全,并视之为行为的最高目标。公民从幼年时代起便受到这种无私理想的熏陶,毕生为公众事业服务,随时准备为共同利益献出自己的生命。如果在这种崇高的牺牲面前退缩,就是只顾个人生存不顾国家利益的卑鄙行为。东方宗教的传播改变了这一切,它们反复灌输的是心灵如何与上帝相通,把灵魂的永恒拯救视为人生的唯一目标。与这个目标相比,国家的繁荣与兴亡不足挂齿。这种自私而邪恶的教义势必使信徒越来越疏远公众事务,只追求一己的宗教情感,蔑视现实生活,仅仅把现实生活看作是美好永生的初期阶段。芸芸众生把鄙视尘世、沉迷于天国冥想的圣徒和隐士视为人类的最高理想,这种理想取代了无私忘我、为国家利益而生、为国家利益而死的爱国者和英雄的古老理想。在世人看来,尘世的城市贫乏可鄙,从而只关注九霄云外的上帝之城。
>
> 这样,人生的中心从现实转向来世。不论来世如何获益,几乎可以肯定的是,这种转变使得现世遭受重大损失。整个政治机体濒于

解体。国家与家庭之间的纽带松散了:社会结构趋于瓦解成个体,从而退回到野蛮状态。因为只有公民积极合作,自愿以私人利益服从公共利益,文明才有可能。人们不肯保卫自己的国家,甚至不愿国家继续存在。他们热衷于拯救自己和他人的灵魂,他们把自己所处的物质世界视为邪恶之源,甘愿听凭这个物质世界毁灭。这种着魔般的妄想延续了 1 000 多年。直到中世纪末期,罗马法、亚里士多德哲学以及古代文学艺术的复兴,才标志着欧洲恢复了本土的人生和行为的理想,恢复了更为健全、更为勇敢的世界观。文明进步历程中的长期停滞就此终结。东方思想的入侵浪潮终于退却,而且还在继续衰退。[3]

本书作者在 1948 年写下这些文字时,东方思想入侵的潮流依然在衰退。 本书作者倒很想知道,假如那位优雅的学者此时正在修订《金枝》的第 4 版,他是否应该谈一谈,自这段有争议的文字发表以来的 41 年间,究竟哪些方面表现出欧洲恢复了"本土的人生和行为理想"。弗雷泽以及抱有同样想法的那一代人,乃是一个最早出现于 15 世纪的意大利,主张理性和宽容的西方新异教学派的最后传人。 到 1952 年之际,他们已被来自世俗化西方社会深处的狂热冲动、不择手段的后继者逐出了相关领域。 阿尔弗雷德 · 罗森伯格(Alfred Rosenberg)* 从不同的角度重申了弗雷泽的言论。 事实上,弗雷泽和罗森伯格提出的是一个完全相同的吉本式命题。

我们曾在本书前面部分详尽地论证,早在基督教或任何一种在与基督教的竞争中落败的东方宗教入侵之前,希腊社会就已经衰落了。 我们的研究得出这样一个结论:迄今为止,高级宗教不应承担促成文明死亡的罪责,虽然这样的悲剧仍有可能发生。 为弄清事情的真相,我们必须把研究范围从宏观领域扩展到微观领域,从过去的历史事实深入到人性的恒定特征。

弗雷泽的观点是,高级宗教本质上必然是反社会的。 一旦人们首

---

* 纳粹御用哲学家,"种族优越论"的始作俑者。 ——译者注

先关注的不再是以文明为目标的理想，而是以高级宗教为目标的理想，势必会损害文明所倡导的社会价值观。这个说法是否站得住脚？宗教价值观与社会价值观是否截然对立、水火不容？如果人们把个人的灵魂拯救视为人生的最高目标，是否就会危及文明的结构？弗雷泽对这些问题的回答都是肯定的。如果弗雷泽的答案是正确的，也就意味着人生乃是一出没有精神净化作用的悲剧。本书作者认为弗雷泽的回答是错误的，因为它曲解了高级宗教和人类精神的本质。

人类既非无私的蚁群，也不是反社会的独眼巨人，而是一种"社会动物"。只有通过与他人的交往，人类才能表现和发展自身的个性。反之，社会无非是不同个体相互交往的平台。社会的存在有赖于个人的活动，个人也无法脱离社会而存在。再者，个人与同胞的关系以及人与上帝的关系，两者之间并无冲突。显然，在原始人的神灵幻想中，部落民与所崇拜的神祇之间存在一种休戚与共的关系，这种关系非但没有使部落民彼此疏远，反而成为最牢固的社会纽带。弗雷泽本人对原始人的研究表明，人对上帝的义务与对邻人的义务并无冲突。解体中的文明无不把独裁者奉若神明，以之作为新的社会纽带，足以证明这一点。是否像弗雷泽说的那样，"高级宗教"使得这种协调蜕变为冲突？不论理论上还是现实中，答案显然都是否定的。

从先验的观点(姑且以此为出发点)来看，只有作为心灵活动的载体，人的个性才是可以理解的。心灵活动唯一可以理解的范围只存在于心灵与心灵的沟通。人类追寻上帝乃是一种社会行为。如果基督救赎人类是上帝之爱在人世的体现，那么，既然上帝按照自己的形象创造了人，人类竭力亲近上帝，就必然意味着追随基督的榜样，为救赎自己的同胞而牺牲自我。因此，尽力追寻上帝以拯救自身的灵魂与对自己的邻人尽义务，两者的对立纯属子虚乌有。

> 你要尽心、尽性、尽意爱主——你的上帝。这是诫命中的第一、且是最大的，其次也相仿，就是要爱人如己。[4]

显然，与只追求世俗社会的美好社会目标、没有任何更高目标的世俗社会相比，人世间"战斗的教会"(Church Militant)能够更好地实现这些目标。 换言之，事实上，个人在现世的精神进步比任何其他方式更能促进社会进步。 在班扬(Bunyan)的寓言体小说中，朝觐者看不到通往善行生活的 "窄门"(wicket gate)，直到看见遥远地平线上的"亮光"。[5]我们关于基督教的论断也适用于所有其他高级宗教。 从本质上说，基督教与同类高级宗教并无二致，它们有如上帝之光照亮人类心灵的不同窗口，虽然从不同的角度看，这些窗口的透明程度不同，透过的光彩各异。

只要从理论转到实践，从人性转到历史记载，我们就可以很轻易地证明，宗教家实际上满足了社会的现实需要。 我们若是列举阿西西的圣方济各(Saint Francis of Asis)、圣文森特·德·保罗(Saint Vincent de Paul)、约翰·卫斯理(John Wesley)或大卫·利文斯敦等人的事迹，也许会被指为提供不证自明的例证。 因此，我们将列举被公认为异类，并且因此受到嘲笑的一类人，这类人不仅"醉心于上帝"，也是"反社会的"，他们既神圣又荒谬，被愤世嫉俗者所嘲笑。 他们就是所谓"最不像好人的好人"(a good man in the worst sense of the word)，即基督教隐士，如沙漠中的圣安东尼(Saint Antony)、柱子上的圣西门(Saint Symeon)。* 很显然，这些圣徒离群索居，反而能够与人世建立起更为广泛、更为活跃的关系，这种关系的广度和深度是他们依然做一个"尘世中人"(in the World)、毕生从事某种世俗职业所无法企及的。 他们一意静修，但对尘世的影响无远弗届，远远胜过皇宫禁苑里的帝王。 他们与上帝神交、追求神圣，这本身就是一种社会行为，这种社会行为比任何世俗政治层面的社会服务更能打动人心。

人们往往认为,东罗马人的禁欲主义理想乃是徒劳无益地从尘世隐退,施舍者约翰(John the Almsgiver)的生平表明拜占庭人为什么在困厄时刻本能地转向苦行僧寻求帮助和慰藉,以求获得同情和救

---

* 圣安东尼为公元 3—4 世纪的苦行僧，在利比亚沙漠离群索居，相传魔鬼曾多方诱惑他，均未得逞。 圣西门是公元 3—4 世纪的苦行僧，出生于北叙利亚，据传曾在柱子上生活了 30 年。 ——译者注

助……早期拜占庭禁欲主义的一个突出特征就在于积极致力于社会正义,维护穷人和被压迫者。[6]

第二节　教会有如蝶蛹

我们已经质疑这样一种观点,即教会有如不断吞噬着文明活性组织的毒瘤。 不过,我们同意前文所引弗雷泽最后一句话的观点:基督教浪潮在希腊社会的最后阶段盛极一时,自那以后一直在衰退,而且基督教之后兴起的西方社会与前基督教时期的希腊社会属于同一类型的社会。 这样一种看法使人们得出另外一种关于教会与文明关系的合理观点,一位现代西方学者表述了这种观点:

> 古代文明的命运早已注定……另一方面,在基督教正统派看来,教会乃是天堂与人间的中介,正如亚伦站在死者和生者之间。它是基督的教会(Body of Christ),因而是永恒的,值得人们为之而生、为之效力。然而,教会像帝国一样,存在于尘世。这样,教会观念成为一个宝贵的既定核心,围绕这个核心缓慢地形成一个新的文明。[7]

按照这种观点,普世教会的“存在理由”在于,它们在一种人类文明崩溃与另一种人类文明诞生之间危险的真空期保存了珍贵的文明火种,从而使文明社会的香火绵延不绝。 因此,教会是文明再造过程的组成部分,相当于蝴蝶繁衍过程中的蝶卵、幼虫和蝶蛹。 本书作者必须承认多年来一直对这种神气十足的教会历史使命观深信不疑。[8]我依然认为,与那种把教会视为毒瘤的观点不同,把普世教会视为蝶蛹的观点就其本身而言是正确的。 但是,我最终不得不相信,这种观点只道出了教会作用的一小部分真相。 然而,我们现在要探究的就是这一小部分的真相。

审视一下1952年时依然存在的文明,我们就会发现,每一个现存文明的背后都有某种普世教会,一个文明的历史可以经由普世教会上溯到先辈文明。 通过基督教会，西方基督教文明和东正教文明的起源可以上溯到希腊文明；通过大乘佛教，远东文明可以上溯到中华文明；通过印度教，印度文明可以上溯到印度河文明；通过伊斯兰教，伊朗和阿拉伯文明可以上溯到叙利亚文明。 所有这些文明都有教会作为蝶蛹，本书前面部分讨论的各个消亡文明的残存化石，也都保存在教会的外壳之下，如犹太人和帕西人聚居区。 事实上，这些化石就是未能蜕变为蝴蝶的教会蝶蛹。

我们来分析一些例证，把文明上溯到先辈文明的过程划分为三个阶段，从教会蝶蛹的角度，我们分别称之为"受孕"、"妊娠"和"分娩"。 依照先后顺序，这三个阶段大致相当于旧文明的解体、新旧文明之间的过渡期以及新文明的诞生。

文明溯源过程的"受孕"阶段始于教会着手利用世俗环境提供的机会。 世俗环境的一个特点就在于大一统国家不可避免地使诸多制度和生活方式失效，在社会的成长阶段乃至"乱世"，正是这些制度和生活方式赋予社会以活力。 大一统国家希望谋求安宁，但随之而来的挫折感很快就抵消了安逸感，因为人不可能为维持生命而停止生命的脚步。 在这种情况下，新兴教会为死气沉沉的社会提供了最急需的服务，得以迅速发展壮大。 教会为人类无处宣泄的精力找到一个出口。 在罗马帝国，

> 基督教对异教的胜利……为演说家提供了辩论的新题材，为伦理学家提供了论战的新问题。最重要的是，它引申出一项新的道德标准，社会各阶层无时无刻不感受到这项道德标准的影响。它从内心深处打动了愚笨的大众。它在一个畸形发展的帝国的冷漠民众当中激起狂暴的民主热情。对异教的恐惧做到了苦闷做不到的事情，它使得像羔羊一样习惯于对一个又一个暴君逆来顺受的人，变成忠实的党派分子和顽强的叛逆者。格列高利的讲道台上再度响起了沉寂多年的雄辩之声。亚大纳西(Athanasius)和安布罗斯(Ambrose)复兴了早已在腓利比平原上绝迹的精神。[9]

这段文字既雄辩又准确，它的主题乃是我们所说的第二个阶段，即

"妊娠"阶段。 第一个阶段，即为了赢得胜利的斗争阶段，芸芸众生有了令人热血沸腾的机会作出最后的牺牲，有如他们的先辈在罗马帝国推行大一统国家沉闷的和平，终结"乱世"之前年代的光荣与悲剧。这样，在"受孕"阶段，教会吸收了国家既不能释放、也无法利用的活力，为这些活力打通了新的宣泄口。 教会的活动空间极大拓展，这是"妊娠"阶段的特征。 教会网罗了无缘在世俗行政部门一展身手的卓越人士为自己效力。 新兴教会组织的发展势不可挡，发展速度和规模取决于解体社会的崩溃速度。 以濒临解体的中华文明为例，相比更为长久地抵御游牧民族侵扰的长江流域，大乘佛教在饱受欧亚游牧民族蹂躏的黄河流域更为繁荣。 在希腊世界，公元4世纪，基督教彻底征服拉丁化行省，与此同时，希腊世界的政治中心转移到君士坦丁堡，西方行省事实上已被放弃。 伊斯兰教在解体的叙利亚世界、印度教在解体的印度世界的扩张，也都表现出相同的特点。

我们不妨借用伊斯兰神话中一个意味深长的奇特比喻，把英雄时代的教会比作先知穆罕默德化身的公羊，正在稳步穿过一道刀锋般狭窄的桥梁，这道桥梁横亘在张着血盆大口的地狱深渊之上，乃是通向天堂的唯一途径。 无宗教信仰者冒险过桥，必定会堕入地狱的深渊。 只有那些因为美德和信仰受到赐福的人，才获准化身为灵巧的扁虱，依附在公羊的毛皮上平安过桥。 顺利过桥之后，教会传播功能的"妊娠"阶段告终，随即进入"分娩"阶段。 在这个阶段，教会和文明的角色颠倒过来。 在受孕阶段，教会的活力来自古老的文明；在妊娠阶段，教会在动荡不已的过渡时期发展壮大，开始将活力注入自身内部孕育的新文明。 我们可以看到，在宗教的主持下，这种创造性活力通过世俗的渠道源源不断地注入社会的经济、政治和文化领域。

在经济领域，现代西方世界的经济实力表明了"分娩"阶段的普世教会留给新兴文明的最重要的遗产。

到写作本书时为止，新兴的世俗社会经过长期努力，彻底挣脱西方天主教会蛹体，已有250年时间。 不过，我们显然仍可以把非凡而庞大的西方技术体系看作是西方基督教修道院制度的副产品。 庞大的西方物质大厦的心理基础在于相信体力劳动不仅是人的本分，也给人以尊严: "工作就是祈祷"(laborare est orare)。 这种信念彻底抛弃了把劳动视为平民和奴隶分内之事的希腊劳动观,这种新劳动观的树立,有赖于圣本尼狄克(Saint Benedict)把劳动奉为神圣的教规。 本笃会以这种劳动观为出发点,奠定了西方文明经济生活的农业基础。 在此基础上,西多会(Cistercian Order)通过合理安排的劳作建立起产业的上层建筑。 世俗社会贪婪地觊觎这座由修士建造的巴别塔,最终直接插手干涉。 现代西方资本主义经济起步的基础之一就是掠夺寺院。

至于政治领域,我们在本书前面部分看到,教皇制度对"基督教共同体"(Respublica Christiana)的影响,这个基督教共同体旨在使人类同时享受到地区性主权国家和大一统国家的好处,避免两者的缺陷。 教皇制度通过教会主持的加冕典礼,认可独立王国的政治地位,恢复了成长中的希腊社会丰富多彩的多元化和多样化政治生活。 教皇制度还自称掌握了与罗马帝国一脉相承的至高无上的精神权威,并凭借这种权威缓和和控制导致希腊社会毁灭的政治分裂和冲突。 世俗的地方君主应当在教会的指导下和睦共处。 经过数个世纪的不断摸索,这种政教关系实验最终归于失败。 我们已在前文中阐述过失败的原因,在此只是以之说明基督教会在"分娩"阶段的作用,并留意婆罗门教教会组织在新兴印度文明的政治表达中所起的类似作用。 婆罗门教赋予拉杰普特(Rajput)王朝以合法性,这与基督教会承认克洛维和丕平政权合法性的做法如出一辙。

接下来,让我们看一看基督教会在东正教世界以及大乘佛教在远东的政治作用,我们发现,在这两个社会中,复活的先辈文明大一统国家的幽灵划定了教会的活动范围。 隋朝和唐朝复活了汉帝国的幽灵,东罗马帝国(拜占庭帝国)在东正教世界复活了罗马帝国的幽灵。 大乘佛教在远东社会重新定位,成为竞相迎合公众精神需求的若干并存的宗教和哲学体系之一。 它继续潜移默化地渗入远东社会的生活方式,促成朝鲜文化和日本文化皈依远东生活方式。 大乘佛教的这种作用,类似于西方天主教会将匈牙利、波兰和斯堪的纳维亚纳入西方基督教世界的势力范围,以及东正教会在俄罗斯大地上植入东正教文明的一个分支。

从"分娩"的教会对新兴文明的政治贡献转到文化贡献,我们就不难发现，以大乘佛教为例，在被逐出政治领域之后，它在文化领域重新站稳脚跟。大乘佛教持久的思想力量来自于所继承的原始佛教的哲学传统。另一方面，基督教从一开始就没有自己的哲学体系，因而不得不尽力掌握一种绝招，即运用外来的希腊哲学思想来表述自身的信仰。12世纪，西方基督教世界接受亚里士多德哲学，有着希腊思想血脉的基督教会进一步得到巩固，从此在西方基督教世界确立起压倒一切的统治地位。基督教会创办和扶植大学，对西方思想的发展作出了突出贡献。不过，教会文化影响的最大贡献是在美术领域，这一点毫无异议，无需举例说明。

至此，我们通盘考察了作为蝶蛹的教会。只要放宽视野，从所有已知的历史文明的相互关系着眼，我们立刻就会发现，教会蝶蛹并非一个文明与其先辈文明密切联系的唯一渠道。我们只举一个例子：希腊社会的源头可以追溯到米诺斯社会，但没有证据表明米诺斯世界有任何教会，或是为希腊社会提供了教会蝶蛹。某些第一代文明的内部无产者逐渐发展出一些不成熟的高级宗教(其他一些社会或许也出现了高级宗教的雏形，对此现代研究者尚不能确定)，但这些雏形显然远不足以充当孕育新文明的有效蝶蛹。目前掌握的事实表明，希腊文明、叙利亚文明、印度文明等第二代文明没有一个是通过教会上溯到源头的先辈文明，所有已知的普世教会都是在第二代文明分崩离析的社会内部发展起来的。至于所有的第三代文明，其中有若干文明正在衰落和解体(或许所有的第三代文明都是如此)，也没有令人信服的证据证明它们已经孕育出第二批普世教会。

我们由此可以归纳出文明史的发展阶段：

原始社会

第一代文明

第二代文明

普世教会

第三代文明

依据上表，我们即可着手研究这样一个问题：教会是否并不仅仅是某一代文明的母体。

第三节　教会是高级社会

1. 新的分类

到目前为止，我们的研究一直是基于如下的假定：文明是历史的主角，教会属于次要角色，不论是起到阻碍作用(毒瘤)，还是促进作用(蝶蛹)。 现在，我们尝试提出这样一个观点，即教会才是历史的主角，我们或许可以从文明对宗教史的影响，而不是文明自身的命运，来观察和诠释文明的历史。 这个新颖的观点似乎有些自相矛盾，但毕竟是《圣经》作者看待历史的方法。

根据这种观点，我们必须修正先前关于文明"存在理由"的假说。我们必须认识到，第二代文明的诞生，并非是为实现自身的目的，也不是为了孕育第三代文明，而是为了给羽翼丰满的高级宗教的降生铺平道路。 这些高级宗教发轫于第二代文明的衰亡和解体，因此，我们必定认为，只有第二代文明历史的尾声阶段才是第二代文明存在的意义所在，虽然从文明自身的角度来看，这个阶段意味着文明活力的衰竭。同理，我们必定会认为最初的文明也是为相同的目的而存在的。 与后继文明不同的是，这些第一代文明未能催生出成熟的高级宗教。 它们的内部无产者孕育的高级宗教的萌芽，如塔木兹(Tammuz)和伊什塔尔(Ishtar)崇拜、奥西里斯和伊西斯崇拜，未能开花结果。 不过，这些文明间接完成了自己的使命，它们孕育出第二代文明，第二代文明最终哺育出成熟的高级宗教。 随着时间的推移，第一代文明创造出不成熟的宗教，启发了第二代文明产生的高级宗教。

我们可以按照上文的论述，把第一代文明和第二代文明的盛衰兴替看作是一种规律运动，这就如同车轮循环转动推动车辆前进。 至于为什么文明车轮的下降运动成为推动宗教战车前进的动力，答案在于这样一个事实：宗教是一种精神活动，而精神进步遵循埃斯库罗斯用两个词表明的"规律"：πάθει μάθος(智慧源于痛苦)。 用这种关于精神生活本质的直觉观点来看待人类心灵的挣扎和奋斗，最终产物就是成熟的基督教和大乘佛教、伊斯兰教、印度教等姊妹高级宗教，我们由此不难理解，塔木兹、阿提斯(Attis)、阿多尼斯(Adonis)、奥里西斯的受难，其实是"基督受难"的先兆。

基督教起源于希腊文明衰亡所产生的精神痛苦，但这只是一个漫长发展历程的最后一幕。 基督教的源头是犹太教和琐罗亚斯德教，这两个源头又发端于两个分崩离析的先辈第二代文明，巴比伦文明和叙利亚文明。 犹太教的发祥地是叙利亚世界相互杀伐的两个地区性国家以色列王国和犹大王国。 这些世俗国家的覆灭及其政治野心的彻底落空，带来了促成犹太教诞生的痛苦经历。 哀歌《受苦的仆人》(Suffering Servant)[10]最深切地表达了这种痛苦经历，它创作于公元前 6 世纪阿契美尼帝国崛起前夕，叙利亚文明做最后挣扎的"乱世"。

然而，这尚且不是基督教历史渊源的最初源头。 作为基督教源头的犹太教可以上溯到摩西律法，这种前先知阶段的以色列和犹大国家宗教又是起源于之前世俗社会的一场灾难：埃及"新帝国"的崩溃。 根据希伯来人的传说，他们被强行纳入埃及"新帝国"的内部无产者行列。 这些传说还表明，在希伯来人的历史上，埃及时期之前有一个苏美尔阶段。 在苏美尔文明分崩离析的某个时刻，亚伯拉罕得到"唯一真神"的启示，逃离注定要毁灭的帝国都城乌尔。 这样，最终发展成基督教的精神进步，最初是起始于历史学家所知的一个最早的大一统国家的覆灭。 从这个角度来说，可以把基督教看作是精神进步的顶峰，这种精神进步不仅历经世俗社会的种种灾难，而且从这些灾难中不断汲取灵感。

由此可见，文明的历史是多元的、反复的，宗教的历史似乎是单线的、渐进的。 文明与宗教历史在时间上的这种反差，也同样反映在空间维度，基督教与其他三种延续到 20 世纪的高级宗教的相似度远甚于同时代文明彼此的相似性。 基督教与大乘佛教的相似性尤为明显，二者都把上帝奉为自我牺牲的救世主。 伊斯兰教和印度教同样表现出对于上帝本质的洞察力，也都有各自的重要性和使命。 伊斯兰教重申上帝的唯一性，相比之下，基督教显然不那么坚持这一重要真理。 印度教强调祈祷的对象是人格神，而原始佛教的哲学体系显然否认人格神的存在。 这四种高级宗教其实是同一主题的四种变体。

既然如此，至少就同为犹太教渊源的基督教和伊斯兰教而言，迄今为止只有极少数人偶尔提及上帝的启示是一以贯之的，一般人的看法却截然相反，原因何在呢？ 犹太教传统的高级宗教无不认为，只有从自己的隐秘窗口发出的光才是唯一的上帝之光，其他姊妹宗教不是尚未走出黑暗，就是只有微弱的光线。 每一种宗教内部的各个教派同样抱有狭隘的门户之见，排斥姊妹教派。 各个教派拒绝承认彼此同出一源、同为一体，拒绝承认其他教派的主张，结果使不可知论者得以乘虚而入，亵渎神灵。

这种可悲的状况是否会无限地延续下去？ 我们提出这个问题时，应当想一想"无限"(indefinitely)一词究竟意味着什么。 也就是说，我们必须记住，除非人类凭借新技术灭绝这个星球上的所有生物，否则人类历史就依然处于初级阶段，还有望延续难以估量地久远的年代。 考虑到这样的前景，那种认为宗教狭隘的现状会无限期延续下去的观念是根本站不住脚的。 只有两种可能，要么各个教会、各种宗教互不相让，直至两败俱伤、同归于尽；要么是携起手来的人类皈依一种统一的宗教。 即使我们并没有多少把握，也不妨设想一下这种宗教归一的性质。

低级宗教本质上是地方性宗教，属于部落或地区性国家的宗教。大一统国家建立后，低级宗教失去了存在的理由，高级宗教或其他宗教得以在大一统国家的广阔地域内争夺信徒。 这样，宗教成为关乎个人选择的问题。 我们已在本书中反复指出，在罗马帝国，各种宗教一争高下，基督教最终脱颖而出。 形形色色的宗教重新同时在同一个地域，目前是全球范围，从事传教活动，将导致什么样的后果呢？ 阿契美尼帝国、罗马帝国、贵霜帝国、汉帝国和笈多帝国的宗教史无不表明，各种宗教的传教活动一争长短，不外乎两种结局：要么是某种宗教独占鳌头，要么像中华世界和印度世界那样，相互竞争的宗教达成妥协，并行不悖。 这两种结局的差异并不像表面看起来那样大，因为某种宗教所以能够一统天下，往往是由于吸纳了竞争对手的某些重要元素。 在基督教的万神殿中，玛利亚升华为圣母的形象浮现出西布莉和伊西斯的身影，基督的战斗姿态中也可以看出密特拉(Mithras)和太阳神(Sol Invictus)的影子。同样，在宏伟的伊斯兰教神庙里，阿里(Alī)＊被神化，意味着遭放逐的"肉身神"(God Incarnate)悄悄地卷土重来，而伊斯兰教创始人重新把麦加克尔白神庙的"黑石"(Black Stone)崇拜神圣化，意味着被禁止的偶像崇拜重新抬头。不过，两种结局的差异关系重大；20世纪西方化世界的追随者不会对自身的前途漠然处之。

究竟会出现哪一种结局呢？过去，犹太教渊源的高级宗教相互敌视，"不容异说"大行其道。倘若印度文明的特质成为主流，"待人宽，人亦待己宽"的原则便会成为金科玉律。在目前的情况下，上述问题的答案取决于高级宗教遇到的对手是谁。

基督教认可并称颂犹太人所顿悟的"神就是爱"，之后却再度接纳了"忌邪的神"(Jealous God)这一不调和的犹太观念，其原因何在呢？这种倒退乃是基督教为了赢得与恺撒崇拜你死我活的斗争所付出的代价，基督教为此遭受重大的精神损失。教会战胜恺撒崇拜、恢复和平之后，不仅没有消除，反而强化了耶和华与基督之间不协调的关系。在胜利的时刻，基督教殉道者的不妥协态度转变成基督教迫害者的偏执。对于20世界西方化世界的精神前景而言，早期基督教历史上的这一幕成为不祥的预兆。早期基督教会彻底战胜了利维坦崇拜，邪恶的极权国家的出现却意味着利维坦崇拜死灰复燃。这些极权国家招募现代西方精通组织和机械化的人才，以恶魔般的智巧奴役人类的灵魂和肉体，这种奴役远远超出有史以来最臭名昭著的暴君犯下的滔天罪行。看起来，现代西方化世界有可能重新爆发上帝与恺撒的战争。如果真的爆发这种战争，基督教将再次扮演教会斗士这一道德上光荣而精神上危险的角色。

有鉴于此，20世纪的基督教徒必须估计到这样的可能性，基督教会投身反对恺撒崇拜的第二次战争，也许会使基督教会尚未从第一次倒退到耶和华崇拜的打击中恢复过来，又要再次倒退到耶和华

＊　阿里（600—661），穆罕默德的女婿，伊斯兰教最早的信徒之一。其被刺杀后，伊斯兰教分裂为逊尼派和什叶派。——译者注

崇拜。 然而，只要他们虔诚地相信，基督受难所彰显的"神就是爱"的启示终将感化铁石心肠，就可以满怀信心地展望，在基督教启示使之摆脱耶和华崇拜和恺撒崇拜的政治统一的世界，宗教必将拥有光明的未来。

公元4世纪末叶，胜利的基督教会开始迫害拒绝入教者，异教徒西马库斯(Symmachus)提出抗议，其中有这样一句话："仅凭一条途径，永远无法开启如此神秘的心灵之窗。"这句话表明异教徒比基督教迫害者更接近基督。 博爱是顿悟之母；人类接近唯一真神的途径不可能千篇一律，因为人性本身具有有益的多样性，这种多样性正是上帝造物的显著特征。 宗教之所以存在，就是为了使神的光辉照耀人的心灵，如果宗教不能忠实反映上帝崇拜者的多样性，就无法实现这个目的。 由此可以推断，现有的每一种高级宗教规定的生活方式和上帝观都对应于某种主要的心理类型，在20世纪，人类知识新领域的开拓者正在逐步揭示这些心理类型的特征。 倘若高级宗教不能真正满足人类的普遍需求，简直难以想象它们何以在如此漫长的时期内赢得如此多信徒的忠诚。 如此看来，现存高级宗教的差异不再成其为阻碍，而是人类心理差异的必然结果。

如果这种对宗教前景的看法站得住脚，就可以从中引申出一种新的文明使命观。 如果说宗教战车始终朝着既定的方向前进，文明盛衰兴替的周期循环运动就不仅与之对立，而且是次要的。 文明的兴衰成败等于是以人世间生与死的"痛苦轮回"(sorrowful wheel)推动宗教战车向天国进发，这正是文明兴衰更替的意义所在。

有鉴于此，第一代文明和第二代文明显然有其存在的理由。 初看上去，第三代文明的理由颇值得怀疑。 第一代文明在衰亡之际孕育出高级宗教的萌芽，第二代文明创造出迄今依然生机勃勃的四种成熟高级宗教。 至于第三代文明的内部无产者创造的清晰可辨的新宗教，到写作本书时为止的表现并无足观。 虽然乔治·艾略特(George Eliot)说过，"预言是人犯下的一个最离谱的错误"，我们依然可以颇有把握地预言，这些新宗教从长远来看毫无价值。 根据我们勾勒的历史观，现代西方文明存在的一个充足理由在于，它可以在世界范围内为基督教以及其他三个现存高级宗教提供一个平台，使这些高级宗教的信徒认识到他们的终极价值观和信仰是完全一致的，促使他们共同面对来自死灰复燃的偶像崇拜的挑战，这种新的偶像崇拜体现为一种尤为堕落的形态，即人类共同的自我崇拜。

2. 教会的过去

我们在前一节表述的观点容易遭到两类人的抨击，一类人认为宗教不外是虚幻的痴心妄想；另一类人指责教会自始至终与其宣扬的信仰背道而驰。 回应前一类人的抨击不在本书的讨论范围之内；如果我们只回应后一种抨击，理当诚心诚意地承认这些批判者的指控言之有据。例如，从建立伊始直到最近，基督教会的领袖几乎是一意孤行地与教会的奠基者唱反调，他们擅自认可犹太人的滥用教职和伪善、希腊人的多神教和偶像崇拜，以及罗马人遗留下来的从法律上维护特权阶层的思想。 其他的高级宗教往往也受到类似的指责。

维多利亚时代一位机智的主教说过一句双关语，或许可以解释、当然不是原谅教会的种种失败。 当被问及为什么神职人员总是显得十分愚蠢时，这位主教回答道："你还能指望什么呢？ 我们只能从俗人当中招收教士。"教会并非由圣徒组成，而是由罪人组成的。 如同学校一样，任何时代、任何社会的教会，不可能大大超前于其生存和活动的社会。 当然，质疑者可以重提一个指责，无礼地答复这位维多利亚时代的主教：教会挑选的是俗人当中的糟粕而不是精华。 在现代西方世界，那些具有浓厚政治意识的抨击者经常提出一项指责，就是基督教会阻碍了进步车轮的前进。

鉴于基督教之后的西方文明发源于 17 世纪之后的西方基督教世界，基督教会有理由对现世主义的传播和新异教的重新抬头忧心忡忡，但错误地把宗教信仰与正在过时的社会制度等同起来。于是，基督教会无望地从思想上顽固抵制"自由主义"、"现代主义"、"科学"的谬误，鲁莽地表现出政治复古主义的姿态，广泛支持封建主义、君主政体、贵族政治、"资本主义"以及"旧制度"(ancien régime)，逐步成为政治反动派的同盟者，有时甚至沦为后者的工具，像常见的敌视

"革命"的分子一样,这些政治反动派是反基督教的。因此,现代基督教的政治记录是不光彩的。在 19 世纪,基督教会与君主主义和贵族政治结盟,公然抨击自由民主主义。到 20 世纪,它又与自由民主主义结盟,声讨极权主义。自法国大革命以后,基督教会似乎(始终)在政治上落后于时代。当然,这正是马克思主义者批判现代基督教的出发点。基督教徒对此或许会作出这样的回答:当文明陷入分崩离析的状态,有如加大拉的猪群(Gadarene swine)*飞快地冲下山崖,教会的责任就是站在猪群的后面,把尽可能多的猪群引回到山坡上。[11]

对于那些把宗教视为空想的人而言,针对教会的上述指责以及其他可能出现的种种责难,不过是强化了他们的立场。另一方面,凡是像本书作者这样相信宗教乃是人生最高追求的人,会在这种信念的引导下,以一种立足长远的观点回首过去、展望未来:"过去"倏忽即逝,消失在古代的迷雾之中,只要人类没有因为氢弹或其他西方技术的"杰作"导致的种族灭绝而消亡,"未来"必将成为一个漫长得几乎难以想象的时光传说。

3. 理智与情感的冲突

寻找上帝的人应该如何区分宗教的本质与宗教的偶有属性呢? 在业已形成的一个全球性的"文明世界",基督教徒、佛教徒、伊斯兰教徒和印度教徒该如何进一步迈向统一呢? 这些志同道合地追求精神之光的探索者势必会历经坎坷,他们的前人已经实现了 20 世纪高级宗教体现出来的宗教启蒙。与原始异教的启蒙相比,他们的启蒙显然是惊人的进步。他们再也不能故步自封于前人的成果,他们困扰于理智与情感的冲突,决意解决这种冲突,而要解决这种冲突,只有通过新的精神进步。

要解决这个冲突,必须首先弄清楚事情的来龙去脉。幸运的是,当今理智与情感的冲突的源头并不难寻。这种冲突乃是现代西方科学

---

* 《路加福音》第 8 章第 32—33 节:"那里(加大拉)有一大群猪、在山上吃食。鬼央求耶稣、准他们进入猪里去,耶稣准了他们。鬼就从那人出来、进入猪里去,于是那群猪闯下山崖、投在湖里淹死了。"——译者注

对高级宗教的冲击所致。　理智与情感的冲突笼罩着依然恪守古老传统的高级宗教，即使没有现代科学，这些古老传统无论如何也要退出历史舞台了。

当今理智与情感的冲突，并非宗教与理性主义在历史上的第一次碰撞。　之前至少还有两次有案可稽的碰撞。　我们先来看看两次碰撞中较近的一次。　我们已经指出，现有的四个高级宗教在发展初期都曾遭遇古代理性主义，在这一次碰撞中，高级宗教无一例外地向理性主义妥协。　这些高级宗教诞生之初，无力抵御、甚至无法忽视既定的世俗哲学，正是由于与世俗哲学达成和解，高级宗教的正统神学才日渐成熟，因为世俗哲学思想决定了教会所处社会中有教养的少数人的思想倾向。基督教和伊斯兰教神学用希腊哲学的术语来阐述基督教和伊斯兰教教义，印度教神学是用印度哲学术语来阐述印度教教义。　大乘佛教原本就是印度哲学的一个流派，在转变成为宗教的同时，仍旧不失为一种哲学体系。

然而，宗教与理性主义的这次碰撞并非双方的第一次遭遇，世俗哲学曾经是生机勃勃的思想运动，在新兴高级宗教不得不予以重视之前，就已经发展成严密的思想体系。　在世俗哲学堪与现代西方科学的成长时期相比的充满活力、蓬勃发展的青年时代，希腊哲学和印度哲学就已经遭遇原始人留给希腊文明和印度文明的异教。

初看起来，有这两次碰撞的先例，我们似乎可以恢复信心。　人类经受住宗教与理性主义两次碰撞的考验，难道不正预示着当前的冲突会有一个圆满的结局吗？　我们的回答是：在过去的两次碰撞中，前一次碰撞并没有遇到当今所面临的问题，在后一次碰撞中，问题确实得到有效解决，但解决方式只适用于当时的特定时代和地域，并未一劳永逸地消除理智与情感的冲突，这种冲突成为摆在 20 世纪西方化世界面前的关键问题。

萌芽时期的哲学与传统的异教并没有可能导致冲突的交汇点，双方的碰撞不会引发理智与情感的冲突。　原始宗教的要旨不在于信仰，而在于行动。　一个人是否遵奉某种原始宗教，不看他是否认同教义，而是看是否参加祭祀活动。　就原始宗教而言，祭祀活动本身就是目的，祭祀者看重的只是祭祀仪式，不会去探求这些仪式可能传达的真理。这些仪式的意义完全在于一丝不苟举行的仪式所带来的实效。哲学家脱胎于这种原始宗教的环境，从思想上为人类的社会环境标明"真伪"，哲学家只要继续履行祖先流传下来的宗教义务，就不会与宗教发生冲突。他的哲学也不会禁止其履行宗教义务，因为传统的宗教仪式不会与任何一种哲学体系发生矛盾。哲学与原始宗教的碰撞不会引发冲突的规律至少有一个明显的例外。如果我们深入分析，就会发现这个规律呈现出一种完全不同的趋向。苏格拉底并非遭受异教迫害而死的哲学殉道者。整个事件的来龙去脉清楚地表明，苏格拉底被法庭判处死刑，起因乃是伯罗奔尼撒战争战败后雅典各敌对党派残酷的政治斗争。倘若雅典"法西斯主义者"的首脑不是苏格拉底的弟子，苏格拉底大概会像异教中华世界中地位与之相仿的孔子一样得享天年。

随着高级宗教登上历史舞台，情况发生变化。这些高级宗教最初传播新的信仰时，确实采纳和鼓励社会上流行的众多传统仪式。但是，高级宗教的本质不在于作为宗教附属物的宗教仪式。高级宗教有一个区别于原始宗教的新特征，那就是信仰的基础在于忠贞不渝地恪守先知获得的个人启示。像哲学家的命题一样，先知的预言是事实的陈述，这就涉及一个"真伪"的问题。于是，真理问题成为思想领域争论不休的焦点。今后这个问题上有两个独立的权威，先知的启示和哲学家的理智，双方都宣称对整个理智活动领域拥有至高无上的权威。如此一来，"理性"与"启示"无法像过去"理性"与"仪式"和睦相处那样相互宽容。世间有两种"真理"，双方都声称是不容置疑、至高无上的，进而彼此争执不下。这种令人痛苦的新情况只能有两种结局，要么并存的两个真理化身达成妥协，要么两者一决胜负，直到一方彻底承认失败。

希腊哲学和印度哲学与基督教、伊斯兰教、佛教和印度教启示相碰撞，双方最终达成和解。哲学默认不再对宗教启示展开理性批判，作为交换，哲学得以用智者派的语言重新阐释先知的预言。我们无须怀疑双方的妥协是真心诚意的，但我们也不难看出，这种妥协并不意味着彻底解决了科学真理与先知真理的关系问题。神学这一新兴的精神学科试图调和这两种真理，这种调和充其量是字面上的。信仰表白书把教义神圣化，未能进一步明确真理的确切含义，注定难以长久流传。第二次冲突的这种似是而非的解决办法流传至今，与其说有利于当今西方化世界解决宗教与理性主义的冲突，不如说阻碍了冲突的解决。真正的解决之道在于，人们必须认识到，哲学家和科学家的"真理"与先知的"真理"不是一回事，双方所说的"真理"同音异义，实际上是用同一个词表示的两类不同知识。

这样一种妥协势必会导致宗教与理性主义迟早将再度爆发冲突。若是运用科学真理来阐述启示真理，科学家会情不自禁地批判自称具备科学真理的教义。反之，若是用理性的科学语言来阐述基督教教义，基督教会也难免要宣称有权支配本属于理性合法领地的知识领域。17世纪，当现代西方科学开始摆脱希腊哲学的束缚，开辟新的知识领域，罗马天主教会的第一反应就是颁布禁令，严禁觉醒的西方知识分子抨击教会古老的思想盟友希腊科学，仿佛天文学的地心说属于基督教教义的一部分，伽利略修正托勒密学说是犯下一个神学错误。

到1952年，科学与宗教的激烈论战已经持续了300年。教会当局举步维艰，与英国和法国政府在1939年3月希特勒吞并捷克斯洛伐克其余部分后的处境如出一辙。两百多年来，科学夺取了一个又一个原本属于教会的地盘。天文学、天体演化学、年代学、生物学、物理学、心理学等领域先后成为科学的领地，按照与既定宗教教义背道而驰的方法进行了重组。在可以预见的将来，教会"丧城失地"的趋势仍将延续。一些教会权威人士认清了形势，认为教会唯一的希望在于采取彻底的不妥协政策。

这种顽固态度集中体现在1869—1870年间罗马天主教会颁布的梵蒂冈会议教令以及1907年强烈谴责现代主义。在北美新教教会，这种态度在"圣经地带"(Bible Belt)*的原教旨主义中扎下根来。在伊斯兰教世界，这种顽固态度体现于瓦哈比派(Wahhabism)、伊德里斯派

---

* "圣经地带"是美国南部部分州的别名。这些州的民风非常保守，对宗教非常狂热，主张固守《圣经》。——译者注

(Idrisism)、赛努西派(Sanusism)、马赫迪派(Mahdism)好斗的复古运动。这些运动绝非强大的表现，而是软弱的征兆，只能表明高级宗教的负隅顽抗是在自讨苦吃。

高级宗教一旦无可挽回地失去人类的忠诚，无疑预示着灾难，因为宗教是人性的本能之一。 对宗教的极度渴望会使人们陷人几近绝望的精神困境，这种困境会激发他们从最贫瘠的宗教土壤中寻找些许的宗教慰藉。 大乘佛教就是一个典型的例子，它原本是乔答摩·悉达多的门徒试图阐释佛陀预言的令人望而生畏的客观哲学体系，最终惊人地演变成一种宗教。 就 20 世纪的西方化世界而言，在失去传统宗教滋养的俄国人心目中，马克思主义的唯物主义哲学开始了相同的蜕变过程。

佛教由哲学演变成宗教，尚可以说是一种高级宗教的理想结局。如果高级宗教被迫退出历史舞台，各种低级宗教恐怕就会冒出来填补真空。 在一些国家，法西斯主义、国家社会主义等诸如此类的新兴世俗意识形态的信徒大权在握，不仅控制了政府，还凭借残酷迫害来强制推行他们的教义和经验。 在这些国家，人类古老的自我崇拜沉渣泛起，这种自我崇拜的对象乃是大权独揽的个人。 这些恶名昭著的实例尚未反映出这股歪风的实际猖獗程度。 最严重的是，在标榜民主、言必称基督的国家，六分之五的人口信奉的宗教，实际上有五分之四当属原始异教崇拜，这种崇拜把某个社会集团奉若神明，还美其名曰爱国主义。此外，这种集团自我崇拜远非这些挥之不去的幽灵唯一的表现形式，肯定也不是最原始的一种形式。 究其原因，硕果仅存的原始社会居民，以及非西方文明社会几乎同样原始的农民阶级，其人数占到当今世界总人口的四分之三，统统被纳入到西方社会日益膨胀的内部无产者的行列之中。 从历史先例来看，这一大批恭顺的西方社会新成员仍将凭借祖先的宗教习俗来满足自身的宗教需求，这些古老的宗教习俗似乎有望打动这些无产者久经世故、心灵空虚的主人。

有鉴于此，一旦科学彻底压倒宗教，对于双方来说都将是灾难性的，因为理智与宗教都属于人性的本能。 1914 年 8 月之前的 250 年间，西方科学家始终被一种天真的信念所激励，以为只要新发明如雨后春笋般层出不穷，就能够确保人类社会日臻完善。

> 科学家发现新事物，
>
> 我们比过去更幸福。[12]

但是，科学家犯了两个根本性的错误，使得他们的希望完全落空。他们不仅错误地把 18、19 世纪西方世界的相对幸福算作自己的功劳，还错误地认为这种新近实现的幸福将一直持续下去。实际上，近在咫尺的并非"乐土"，而是"荒原"。

事实上，科学的专长是驾驭非人类的自然界，对于人类而言的重要性远远不及人与自身、人与同胞以及人与上帝的关系。正是由于人类的祖先类人猿被赋予了发展成社会动物的智能，原始人类又起而应对精神需求的挑战，培养出一种基本的社会性——对于日渐繁重、需要协同努力的劳作而言，这种社会性乃是不可或缺的智能条件——人的理智才得以使人成为"万物之灵"。人类理性和技术成就的重要意义，不在于这些成就本身，完全是在于这些成就迫使人类正视并克服人类原本会想方设法继续逃避的道德难题。现代科学提出了十分重要的道德问题，没有、也无力促成这些问题的解决。面对人类必须解答的最为重大的问题，科学完全是无能为力的。苏格拉底之所以放弃自然科学研究，以参悟弥漫和支配整个宇宙的精神力量，正是想告诉我们这样一个教训。

让我们来看一看什么才是宗教的当务之急。宗教必须准备把凡是科学能够立足的一切知识领域交给科学，包括那些传统上属于宗教的领域。宗教以往只是凭借历史机遇才得以支配各个知识领域。对于宗教而言，放弃这些领域得大于失，这些领域并非宗教的本分，而宗教的职责在于引导人类崇敬上帝、亲近上帝。宗教把天文学、生物学以及我们提及的其他早已丧失的知识领域交给科学，就肯定能够从中获益。宗教放弃心理学似乎是痛苦的，但即便是这种放弃也是得失相当，因为这样就可以除去笼罩在基督教神学之上的某些神、人同形共性论的面纱，这层面纱过去一直是横亘在人类心灵与其创造者之间最大的障碍。

只要揭去这层面纱，科学非但不会使人类失去"上帝的灵"(Soul of God)，反而将引导人类灵魂迈向漫长旅程中无限遥远的目标。

只要宗教和科学都学会在应当自信的领域保持低调，在应当谦逊的领域满怀信心，就能营造出一种有利于和解的氛围。 不过，有利的氛围并不能取代行动。 宗教和科学必须拿出实际行动，共同努力实现和解。

当基督教与希腊哲学、印度教与印度哲学发生碰撞时，双方就已经认识到上述问题。 在这两次碰撞中，人们用哲学术语对宗教仪式和神话作出神学阐释，这种和解办法防止了冲突的发生。 如我们所指出的，在这两次接触中，这种脱离正轨的调和办法错误地判断了宗教真理与理性真理的关系，错误地以为可以用理性的措辞来阐释宗教真理。在 20 世纪的西方化世界，理智与情感应当吃一堑长一智，不再重蹈覆辙地采取这种徒劳无益的做法。

即便我们可以抛弃现有四种高级宗教的古典神学，代之以用现代西方科学武装起来的摩登神学，这种"绝招"充其量是重犯以前的错误。如同用哲学阐释的神学一样，一种用科学构建起来的神学(姑且如此假定)，势必既短命又没有说服力，而哲学神学如今已成为佛教徒、印度教徒、基督教徒和伊斯兰教徒的沉重包袱。 科学神学之所以难以自圆其说，是因为理智的语言不足以传达心灵的顿悟，它之所以是短命的，因为理智的长处之一就在于能够不断改变自身的探索领域，推翻之前做出的结论。

既然理智与情感最终未能建立起一个共同的神学平台，如何才能使两者和谐一致呢？ 理智与情感能否携手迈向一个前景广阔的发展方向呢？ 就在本书作者写下这些话的时候，西方人依然陶醉于自然科学的节节胜利，他们刚刚取得分析原子结构的巨大成就。 然而，如果说人类处理人与自我、人与同胞以及人与上帝关系的能力提升一小步，其意义真的超过人类在驾驭非人类的自然界方面前进一大步，我们就可以认为，在 20 世纪西方人的所有成就当中，人们首先想到的壮举就是开辟了一个洞悉人性的新领域。 一位当代英国诗人用敏锐的笔触捕捉到一缕曙光。

载着发现新世界的消息

从天涯海角踏上归途,向着欧洲一隅开航

把世界抛在后方,

轮船刚刚进港,不再远渡重洋

······

即便如此,任凭世事变迁

总有一个世界有幻觉在徜徉,

遥远的海洋神秘莫测,海岸变幻无常,

四处幽灵出没,弥漫着恐怖的薄雾,

没有赤道、两极和纬度,

这就是隐秘混沌的心灵世界,

最近人们才去探险

不是水手,而是心理学家在扬帆远航。[13]

西方科学突然涉足心理学领域,至少部分是起因于两次世界大战,这两场战争使用的武器带来毁灭性的心理打击。这两场战争带来的史无前例的客观体验,促使西方知识分子开始考察深层的潜意识心理,由此形成崭新的心理概念,心理被看成是盘旋在从未有人涉足的心灵深处的幻影。

潜意识好比婴儿、野蛮人乃至野兽,同时又比意识更聪明、更真实、更不容易犯错误。潜意识是造物主创造出来的完美造物之一,犹如造物主的车站。反之,意识层面的人格只是无限不完美地接近一个高不可攀的存在物,正是这个存在物创造了"人类心理"(Human Psyche)的两个迥然不同却又密不可分的组成部分:意识与潜意识。如果现代西方人探索潜意识,只是为了在潜意识中寻找一个新的偶像崇拜对象,那就不仅没有抓住新机遇进一步亲近上帝,反而在自己与上帝之间竖起一道新的屏障。毫无疑问,潜意识的发现确实带来了机遇。

如果科学和宗教抓住亲近上帝的机遇,共同致力于理解上帝创造出来的变幻无常的人类心理,不仅理解深层的潜意识,而且把握表面的意识,一旦这种协同努力最终圆满实现了目标,又有望获得什么样的回报呢？ 回报非常丰厚，因为人类精神生活的源头是潜意识，而不是理智。 潜意识是诗歌、音乐和造型艺术的源泉，灵魂亲近上帝的渠道。在这种精神探险的迷人航程中，首要的目标乃是探寻情感活动的机制，因为"情感有着不为理性所知的动机"。 第二重目标是探求理性真理与直觉真理之间差异的本质，相信两者在各自的领域内都是名副其实的真理。 第三个目标是努力发掘构成了理性真理和直觉真理基础的普遍真理。 最后，通过努力发掘精神世界的内核，更全面直接地认识"内心深处的居民"：上帝。

"上帝不想让他的子民凭借雄辩术而得救"，[14]非常不幸的是，善意的神学家们忽视了这句逆耳忠言，而它正是《福音书》多次重申的主题："让小孩子到我这里来，不要禁止他们，因为在天国的，正是这样的人……你们若不回转，变成小孩子的样式，断不得进天国。"*站在理性的角度看，潜意识确实有如孩子般天真烂漫，不仅谦恭地与上帝保持一致，而且毫无规律、不合逻辑，前者是理性所望尘莫及的，后者是理性所不认可的。 反之，从潜意识的角度来看，理性有如一个不讲情面的学究，孜孜以求的是奇迹般地支配自然界，为此不惜出卖灵魂，用庸常的眼光观照上帝(vision of God)。 当然，正如潜意识领域实际上超出了自然界的范畴，理性也并非上帝的大敌。 理性和潜意识同属上帝的创造物，双方各有既定的领域和目标，只要不再涉足对方的领地，就不会产生龃龉。

4. 展望教会的未来

如果 20 世纪的一代人期盼理智与情感有朝一日能够相互协调，他们也会希望从理智与情感两方面来解释教会过去的意义，我们可以把教会的过去作为起点，进入教会与文明关系研究的最后一个阶段。 我们已经得出结论，教会并非毒瘤，只不过是偶然地成为蝶蛹，我们还探讨了教会成为一种高级社会的可能性。 若要对这个问题作出判断，就必须探询教会的过去是如何预示着其未来的。 我们首先必须记住，在悠悠历史长河中，高级宗教以及它们所孕育的教会是极其年轻的。 维多利亚时代的礼拜堂流行的一首赞美诗中有这样的歌词：

---

* 《马太福音》第 19 章 14 节、18 章第 3 节。 ——译者注

从遥远的年代走来，

她的旅程行将告终，

基督教会不断前行，

渴望回到她的家乡。

根据一位在职牧师的记述，他曾经让信徒把这首赞美诗的第二句改为"她的旅程刚刚开始"。这位牧师的举动与本书作者所认为的事实完全契合。与原始社会相比，文明不过是刚刚呱呱坠地的婴儿，而高级宗教教会的年龄尚不及最古老文明的一半。

究竟是什么样的特征使教会有别于文明和原始社会，使我们把教会确定为一种涵盖上述三种社会类型的独特的高级社会？教会的独特标志在于，它们全都把"唯一真神"作为自身的一个组成部分。人类与"唯一真神"的这种伙伴关系在原始宗教中初露端倪，在高级宗教中最终实现，这种关系赋予这些教会以原始社会和文明社会所不具备的力量。它为化解相互倾轧这一人类社会根深蒂固的罪恶提供了动力，解答了历史的意义何在的难题。

人与人之间的相互倾轧乃是人类生活的顽疾，因为人是世间万物中最危险的生物，人与人之间势必会发生对抗。与此同时，人又是社会的动物，具有自由意志。这两种因素相互作用，意味着人类社会始终存在意志的冲突。如果人类没有经历皈依宗教的奇迹，这种冲突将进一步加剧，直至人类最终自取灭亡。人若想灵魂得救，必须皈依宗教，因为永不满足的自由意志赋予人类以精神力量，使之不惜涉险疏远上帝。这种危险不会危及人类出现以前的社会动物，它们并未幸运地享有、或者说没有不幸地受困于超越潜意识心理的精神力量。潜意识心理可以轻松自如地与上帝协调一致，它的天真无邪同样使之能够轻松地与任何一种非人类生物和谐相处。这种消极的极乐状态就是"阴"(Yin-state)，一旦"阳"创造出人类的意识和人格，这种状态也就一去不返了："神看光是好的，就把明暗分开了。"＊作为上帝的选民，具备自我意识的人类能够

＊《创世记》第 1 章第 4 节。 ——译者注

实现奇迹般的精神进步。 如果他们意识到自己是按照上帝的形象被创造出来的，因此陶醉不已，把自我奉若神明，就会可悲地堕落下去。 这种灾难性的自我迷恋乃是骄傲之罪的代价，它是一种精神失常状态，人类心灵无法始终如一地保持平衡，自然容易陷入这种精神错乱，而脆弱的心理平衡正是人格的实质所在。 人类的自我意识无法通过精神上隐退到涅槃的"阴"的状态来逃避自身。 人类将在失而复得的"阴"的状态中获得拯救，这种状态不是懦弱的自我寂灭的寂静，而是紧张的协调一致的宁静。 人类心理的任务就是在"把孩子的事丢弃了"*以后重新获得孩童般的美德。 人类的自我意识必须勇敢地运用天赐的意志力，实现上帝的意志，唤起上帝的恩宠，同上帝实现真诚的和解。

如果说这就是灵魂获得拯救的方式，人类势必要经历一段坎坷的历程，因为使人类成为"理性的人"(Homo Sapiens)的伟大创造，也使得人类非常难以成为"和谐的人"(Homo Concors)。 作为一种社会动物，"使用工具的人"(Homo Faber)如果不想自我毁灭，必须与同胞携手合作。

社会性乃是人类的固有属性，因此，所有的人类社会大概都是包罗万象的。 直到 1952 年，尚没有哪一个人类社会能够把每一个社会活动领域都发展成世界性的。 世俗化的现代西方文明近来在经济、技术领域具备了一种事实上的普适性，在政治和文化领域却没有获得相应的成功。 在文明的历史上，以实施"致命一击"的方式实现大一统的现象屡见不鲜，有过两次世界大战的惨痛经历之后，人类是否还应当采取这种方式来实现全球政治统一，尚是一个未知数。 无论如何，人类不可能用如此粗暴的手段实现统一。 只有把人类统一视为遵循上帝唯一的信念行事的附带结果，并且把这个统一的世俗社会看作是"上帝之国"(God's Commonwealth)的一个省份，才有可能实现人类的统一。

"上帝之国"的开放社会与各个文明社会为代表的封闭社会之间横亘着一道巨大的鸿沟，只有实现精神上的飞跃，方能跨越这道鸿沟，一位现代西方哲学家对此作了生动的描绘：

---

* 《哥林多前书》第 13 章第 11 节。 ——译者注

　　人类生来就只适合非常小的社会。原始社会就是如此，这是普遍公认的。需要补充的一点是，原始精神延续了下来，这种原始精神为习俗所掩盖，而习俗乃是文明降生的基本条件。文明人有别于原始人的地方主要在于后天获得的丰富知识和习俗……自然人的天性受到习得特性的压制，但是依然存在，实际上没有任何改变。"如果你赶走大自然，它马上就会飞奔回来"这句话并不正确，因为你无法把大自然赶走。它每时每刻地存在着。与人们通常的想法相反，习得特性根本无法注入生物体并代代相传。原始本性虽然受到压抑，却始终潜伏在意识的深处……即使是文明程度最高的社会，这种本性依然充满活力……我们的文明社会虽然有别于我们最初建立的社会，却依然有着某种本质上的相似。两者都是封闭的社会。与我们本能地适应的小集团相比，文明社会规模庞大，两者具有一个相同的特点：党同伐异。再大的国家也无法与全人类相提并论，二者的区别是有限与无限、封闭与开放的区别。

　　封闭社会与开放社会、城市与人类的差异，不仅是量的差异，而且是质的差别。从根本上说，一个国家举国一致，是出于抵御别国侵略的需要；人们热爱自己的同胞，是出于对外国人的憎恨。这是原始的本能，即使披上文明的外衣，这种本能依然存在。我们依然会对自己的亲属和邻居产生一种发自内心的爱；反之，人类之爱是一种培养出来的情感。前者是我们先天具备的，后者是后天形成的，只有通过上帝，宗教才能引导人去爱全人类，这就如同哲学家只有通过理性，才能使我们懂得人性的尊严以及每一个人都有受到尊重的权利。无论如何，我们无法循序渐进地从家庭和民族的角度来理解全人类的概念。[15]

要实现人类和谐，必须有上帝的合作。反之，人类一旦失去天国的领路人，就不仅会堕入违背自身天赋社会性的相互倾轧，而且将困扰于社会动物固有的一个悲剧性难题：人生也有涯，个人自我实现的社会活动无涯。在没有把"唯一真神"纳入进来的社会，个人越是尽职尽责地严格遵从社会性的道德要求，这个难题就越是尖锐地凸现出来。因此，从历史参与者的个人立场看，历史"纯属无稽之谈，毫无意义可言"。 但是，当人类在历史中发现"唯一真神"的身影，这种表面上毫无意义的"喧哗与骚动"就具备了一种宗教意义。

因此，如果说文明是一个暂时可以理解的研究单位，"上帝之国"便是唯一符合道德的行为领域，高级宗教把人的心灵带入这个尘世间的"上帝之城"(Civitas Dei)。 人类在尘世间自愿充当上帝的助手，上帝统领全局，就给人类原本微不足道的努力赋予了神圣的价值和意义，从而弥补了短暂而不连贯地参与世俗历史的缺憾。 对于人类而言，这种历史的救赎极其宝贵，以至于在世俗化现代西方世界，一些自命的前基督教理性主义者私底下仍对基督教历史哲学念念不忘。

> 恰恰是由于基督教徒相信《圣经》和《福音书》，相信创世的传说，相信天国的宣告，才敢于综合整体的历史。日后的所有类似尝试，不过是以作为上帝替代物的各种内在力量取代确保了中世纪综合一致性的超验目标。从本质上说，这类尝试与中世纪综合毫无二致，正是基督教徒首先提出，对整体历史做出清晰的解释，将说明人类的起源，明确人类的目标……

> 笛卡儿的整个哲学体系乃是基于上帝万能的观念。万能的上帝在某种程度上创造了自身，更不必说包括数学真理在内的永恒真理，上帝从无到有地创造了宇宙，并且通过源源不断的创造来维系这个宇宙。倘若没有上帝持续不断的创造，世间万物将退回到上帝的意志本已使之摆脱了的虚无状态……看一看莱布尼茨的例子。如果去掉莱布尼茨哲学体系中完全属于基督教的元素，这个体系还能剩下些什么呢？这样一来，甚至连他对一个最基本的问题——万物的起源以及一个自由而完美的上帝乃是宇宙的创造者——的论述都将不复存在……一个颇为值得注意的奇特事实是，如果我们的同辈不再像莱布尼茨那样毫不犹豫地诉诸"上帝之城"和《福音书》，这绝不是因为他们已经摆脱了它们的影响。他们当中有许多人恰恰是靠他们决意遗忘的事物来谋生的。[16]

最后，只有崇拜"唯一真神"的社会，才有望避免本书作者在前面部分描述的"模仿"的危险。 正如我们指出的，从社会解剖学上说，文明的"阿基里斯之踵"在于把"仿效"作为一种使普通群众服从其首领的"社会训练"(social drill)。 原始社会的特性发生突变，文明由此诞生，"阴"转化为"阳"，在这个转变过程中，普通群众不再仿效祖先，而是仿效同时代的创造性人物。 但是，这种实现社会进步的方式有可能导致最终的毁灭，因为人的创造力总是有限的，即便能够在适度范围内发挥作用，也是不稳定的。 一旦发生可以预见的失败，随之而来的必然是幻灭。 声名扫地的领袖为维护丧失了道义力量的威信，往往不惜诉诸武力。 在"上帝之城"，人们可以通过新的仿效来消除这种危险，不再仿效世俗文明生命短暂的领导人，转而追随人类创造性的源泉：上帝。

追随上帝，永远不会令献身上帝的心灵失望。 仿效凡人，哪怕是被奉为神明的人，也往往会带来幻灭感，这种幻灭感一旦形成，桀骜不驯的无产者就会从内心疏远少数当权者。 人类心灵亲近"唯一真神"，不会蜕变为暴君对奴隶的奴役，因为每一种高级宗教都在不同程度上把上帝的形象从权力的化身升华为爱的化身。 这种"仁慈的上帝"(Loving God)被描绘为"垂死的肉身神"(Dying God Incarnate)，乃是一种神正论，表明只要"效法基督"(Imitation of Christ)，就可以避免仿效罪孽深重的世人必然带来的悲剧。

注 释:

[1] Rutilius Namatianus, C., De Reditu Suo Book I, lines 439—446 (London 1907, Bell) (罗马人把科西嘉岛称作库尔诺斯。——译者注)。

[2] 同上，第515—526行。

[3] Frazer Sir J. G., The Golden Bough：Adonis, Athis, Osiris：Studies in the History of Oriental Religion, 2nd edn. (London 1907, Macmillan), pp. 251—253. 作者在此书的一个脚注中承认，东方宗教的传播并不是古代文明衰落的唯一原因。

[4] Matt., xxii. 39—39.

[5] 毫无疑问，在《天路历程》的第一部，基督教徒和两个同伴的朝觐之旅，我们或许可以称之为"神圣的个人主义"。 但是，第二部中叙述的故事克服了上述观点的不完备之处。 我们看到朝觐者的社会不断成长，这些朝觐者不仅向着他们的宗教目标前进，而且一路上相互提供世俗的社会服务。 第一部与第二部的这种反差，引起了诺克斯阁下诙谐地表达了这样一种观点：《天路历程》的第一部是清教徒班扬的作品，第二部却是伪托班扬的作品，真实的作者是一位虔诚的英国天主教徒贵妇人。 请见 Ronald A. Knox, Essays in Satire (London 1928, Sheed and Ward), ch. vii："The identity of the Pseudo-Bunyan"。

[6] Dawes, E. and Baynes, N. H., *Three Byzantine Saints* (Oxford 1948, Blackwell), pp. 197, 198.

[7] Burkitt, F. C., *Early Eastern Christianity* (London 1904, Marray), pp. 210—211.

[8] 这种观点自然会使思想敏感的人士感到悲哀而不是安心："随着古典文明的崩溃，基督教不再是对耶稣基督的崇高信仰，它逐渐成为一种充当分崩离析的世界的社会粘合剂的宗教。就这一点而言，它有助于西欧文明在黑暗时代之后复兴。它一直是聪明而烦乱不宁的人们名义上的宗教，这些人甚至不愿在口头上承诺忠于基督教理想。至于它的未来，又有谁能够做出预测呢？"[Barnes, E. W., *The Rise of Christianity* (London 1947, Longman, Green), p. 336]

[9] Macaulay, Lord, 'History', in *Miscellaneous Writings* (London 1860, Longman, Green, 2vols), vol.1, p. 267.

[10] "第二以赛亚"(Deutero-Isaiah)各章，尤其是第 53 章。

[11] 马丁·怀特先生的评论，载 *A Study of History*, vol. vii, p. 457。

[12] H·贝洛克(H. Belloc)：《电灯》(*Electric Light*)，这是一首获得纽迪盖特奖的打油诗，《电灯》这一不大恰当的诗题大概是牛津大学校方在 19 世纪 90 年代前后选定的。

[13] Skinner, Martyn, *Letters to Malaya III and IV* (London 1943, Putnam), pp. 41 and 43.

[14] Ambrose, *De Fide*, Book I, ch. 5 § 42.

[15] Bergson, H, *Les Peux Sources de la Morale et de la Religion* (Paris 1932, Alcan), pp. 24—28, 288, 293, 297.

[16] Gilson, E., *The Spirit of Mediaeval Philosophy*, English translation (London 1936, Sheed & Ward), pp. 390—391 and 14—17.

第二十七章

文明在教会生活中的作用

第一节　文明是序曲

我们通过上述研究得出两个结论。首先，作为高级宗教的化身，尘世的教会从不同角度接近"上帝之城"。其次，与文明所代表的社会相比，以这种"上帝之国"为唯一代表的社会达到更高的精神层次。如果这两个观点完全站得住脚，我们希望进一步推进我们的研究，把原先的假定颠倒过来，不再认为文明在历史上发挥主导作用，教会的作用是次要的。我们不再从文明的角度考察教会，而是大胆地另起炉灶，从教会的角度研究文明。如果探查社会毒瘤的所在，我们就会发现，毒瘤不是取代文明的教会，而是取代教会的文明。我们以往认为教会是一种文明得以繁衍出另一种文明的蝶蛹，现在我们把先辈文明视为教会降生的序曲，后继文明意味着倒退到较低的精神层次。

为了证实上述论点，我们把基督教会的起源作为一个个案加以研究，考察一些希腊语词汇的含义和用法，看看它们是如何从世俗领域转到宗教领域的。这些细微而重要的语言学证据证实了如下观点：基督教的宗教主旋律有着一个世俗的序曲，这个世俗序曲不单纯是罗马人在希腊大一统国家实现的政治成就，而且是整个希腊文明本身，即希腊文明的所有方面。

基督教会的名称就是来自雅典城邦使用的一个术语 ecclesia，雅典人用这个词来指处理政务的公民大会。基督教会借用了这个术语，使之具有折射出罗马帝国政治秩序的双重含义。按照基督教会的用法，ecclesia 既指地方性的基督教团体，也指基督教普世教会。

基督教地方教会和普世教会逐渐形成"教士"和"俗人"两大宗教阶层，"教士"也逐步形成教阶制的"圣职"体系，相应的术语同样是教会借自希腊语和拉丁语世俗词汇。基督教会用一个古希腊语词汇 laos，来称呼教会所说的"俗人"(laity)，laos 是指那些有别于掌权者的普通人。"教士"(clergy)这个称呼来自希腊语 Klêros，这个希腊词的基本含义是"阄"(lot)，如今已经成为一个专门的法律术语，意思是不动产继承的分配份额。基督教会用这个词来表示上帝指派基督教共同体中的这一部分人充当专业的神职人员。"圣职"(orders，源自 ordines)一词是取自罗马国家政治特权阶层的头衔，如"元老院骑士团"(Sena-torial Order)。最高等级的成员称"监察官"(episcopoi)，相当于教会体系中的主教。

至于基督教会宗教经典的名称，除了 ta biblia(《圣经》)之外，还可以用一个通行已久的罗马税收术语 scriptura。两部圣约书在希腊语中叫做 diathêkai，拉丁语称作 testamenta，因为它们被视为法律文书或契约书，上帝为安排尘世的人类生活，在这两部圣约书中向人类宣示他的意志和圣约。

早期基督教会宗教精英从事的修炼称作 ascetic(修道、苦行)，它得名于 ascêsis，即奥林匹亚竞赛会和其他希腊竞赛运动员的体育锻炼。公元 4 世纪，教会无需再培养殉道者，取而代之的是对隐士(anchorite)的培养。这种新的基督教"运动员"不必再经受在刑事法庭和圆形剧场示众的考验，而是必须忍受独处荒野的孤寂。这些人被称作 ana-chorêtês，这个希腊词汇原本是指从现实社会隐遁的人，他们要么是潜心于哲学沉思，要么是以此抵制苛捐杂税。日后，anachorêtês 一词特指基督教狂热者，尤其是埃及的狂热者，这些隐士或逸士在荒野(erêmos)遁世修行，以求亲近上帝，抵制尘世的邪恶。这些隐士(mona-choi，修道士)的活动逐渐脱离其称呼的字面意义，开始形成等级森严的团体"隐修会"(monastêrion)，这个创造性的矛盾体在拉丁语中称作conventus，这个词的世俗用法有两重含义，一是指季审法院，一是指商会。

各地方教会最初在定期宗教集会上举行的非正式活动，日后逐渐发展成一成不变的宗教仪式，这种宗教"公共事业"，也就是我们如今所说的"礼拜仪式"(liturgy)，得名于 leitourgia，这个术语原是指公元前5世纪到公元前4世纪雅典共和国推行的一种税费，雅典人委婉地用这个体面的名称来掩饰这样一个事实，即这个税费名义上是自愿捐助，实际上属于一种附加税。在这些礼拜仪式中，至关重要的是圣餐礼。在这种仪式上，礼拜者通过分享圣餐面包和酒，现场交流彼此对于基督的灵性感受。基督教所说的"圣餐"(sacrament)，得名于一种罗马异教仪式 sacramentum，即罗马军队新兵入伍宣誓仪式。至于圣餐礼(Holy Communion)之名，不论是其希腊语词源 koinônia，还是希腊语词源的拉丁语译名 communio，都是表示参与社会事务，首先是指涉足政界。

词汇的词义从物质层面上升到精神层面，乃是我们在本书前面部分所说的"升华"(etherialization)*过程的实例，我们把这个过程视为文明成长的征兆。我们虽然可以轻而易举地继续考察希腊语和拉丁语词汇的"升华"过程，但目前的证据足以表明希腊文明是一种真正的"福音的准备"(praeparatio evengelii)。我们把希腊文明的"存在理由"确定为基督教诞生的序曲，至少是步入了正确的研究轨道。有鉴于此，既然文明的存在充当了现存教会诞生的序曲，先辈文明的死亡就不再意味着灾难，而是历史的应有之义。

第二节　文明是倒退

我们一直想了解，若是打破现代西方从文明史角度审视教会史的惯

＊ etherialization 概念是汤因比从赫尔德那里借鉴来的，指组织或技术不断去芜存精、提高效率的过程，尤其是宗教由低向高的发展。——译者注

例，转而采取截然相反的立场，即从教会史的角度来审视文明史，将看到一幅怎样的历史画卷。 我们从这个新视角提出，第二代文明成为现存高级宗教的序曲，我们并不因为这些文明——衰落和解体，就视之为失败者，相反，我们认为它们是成功者，因为它们促进了高级宗教的诞生。 基于这种逻辑，我们可以判定，相对于在上一代文明废墟上兴起的高级宗教，第三代文明乃是一种退化。 究其原因，如果我们判定，那些如今早已消逝的文明获致的精神成果足以抵消它们在现实世界的失败，那么，我们应当依照一个相同的标准，即文明对于精神生活的影响，来评判从宗教蝶蛹中破茧而出，开始全新世俗生活的现存文明的现实成就。 按照这种标准，第三代文明对宗教的影响显然是负面的。

我们来研究一个个案，即在中世纪西方"基督教共同体"基础上脱颖而出的现代西方世俗文明。 我们最好是沿用本章前半部分的研究思路，先从词汇含义和用法的演变中收集证据。 先来看一看 cleric 一词。 我们不仅有担任圣职的 clerk(牧师)，还有世俗社会里低声下气的 clerk(职员、店员)，后者在英国从事一些琐碎的办公室工作，在美国则站在店铺柜台后面服务。 conversion(皈依)一词原本是指心灵转向上帝的过程，如今更常用的词义是转化、转变，例如，煤转化成为电能，或是股份由 5% 转为 3%。我们很少听说"牧灵"(Cure of Souls，心灵辅导)，更多的是用药物使身体"痊愈"(cures)。 "圣日"(holy day)也已变成"假日"(holiday)。 所有这些都表明了语言的"沉沦"(dis-etherialization)，这种现象只能是意味着社会的世俗化。

腓特烈二世是教皇国奠基人、伟大的英诺森的弟子和被监护人。他是个聪明人，所以我们不必因为他的帝国观念折射出教会的影子而感到惊讶。这位天才的君主攫取了整个意大利-西西里国家，这个地区属于让历代教皇垂涎不已的"圣彼得教产"(Patrimony of Peter)，结果成为一笔"奥古斯都遗产"。他还竭力把教会推行精神统一所禁锢的世俗和思想力量释放出来，在此基础上建立起一个新帝国……让我们来看一看腓特烈建立的意大利-罗马国家的全部意义：

他拥有囊括整个意大利在内的庞大领地,在很短的时间里,这个领地就把日耳曼、罗马和东方的因素融为一体。腓特烈本人作为尘世的皇帝、"伟大的君主"(Grand Signor)和"众王之王"(Grand Tyrant),是这些君主中最后一位头戴罗马王冠的。像巴巴罗萨一样,他在位期间不仅与日耳曼王权结盟,而且与东方-西西里的专制国家结盟。了解了上述背景,我们就不难看出,从文艺复兴时期所有的专制君主,斯卡拉(Scala)、蒙泰费尔特罗(Montefeltre)、维斯孔蒂(Visconti)、博尔吉亚(Borgia)、美第奇(Medici),直至最无足轻重的人物,都是腓特烈二世的拥护者和接班人,都是这位"亚历山大第二"的继承人(diadochi)。[1]

在霍亨斯陶芬王朝,腓特烈"接班人"的名单一直可以开列到20世纪,从某个方面来看,可以说现代西方世界的世俗文明是源自腓特烈的勇气。当然,在教会与世俗君主的斗争中,妄想把责任全部归咎于某一方,那是不合情理的。我们在此关注的是,正是由于复兴了宗教从属于政治的希腊绝对主义国家(absolute state),"基督教共同体"内部才得以孕育出一种世俗文明。

是否只有借助于复兴第二代父辈文明这一不可或缺的手段,方能成功实现第三代文明脱离教会机体(body ecclesiastic)的目标? 看看印度文明的历史,我们找不到孔雀帝国或笈多帝国复活的任何迹象。 当我们把目光从印度转向中国,看一看本土远东文明的历史,我们就会发现,隋唐两代有汉帝国的复活,这与罗马帝国的复活惊人地一致。 两者不同的是,帝制在中国的复兴,远比希腊文化在"神圣罗马"帝国的复兴成功,实际上也比东正教社会拜占庭帝国的希腊文化复兴成功。 就我们目前的意图而言,意味深长的一点是,在第三代文明的历史上,既然先辈文明的复兴已经全面展开,第三代文明本应同样成功地摆脱先辈文明所孕育的教会的束缚。 如同基督教彻底征服了垂死的希腊世界一样,大乘佛教曾经有望彻底俘获垂死的中华世界,在中华世界后过渡期的最低谷,大乘佛教在远东的势力达到顶峰,之后便很快衰落下去。 这样看来,我们势必得出这样的结论:死亡文明的复兴即意味着现有高级宗教的退化，复兴的范围越广，倒退的程度越深。

注 释:

[1] Kantorowicz, E.: *Frederick the Second*, 1194—1250, English translation (London 1931, Constable), pp. 561—562, 493—494.

第二十八章

尘世纷争的挑战

我们在前一章中看到，世俗文明脱离宗教机体之后，往往能够借助于先辈文明生活方式的适宜环境逐渐发展壮大。我们接下来要看看世俗文明脱离宗教的有利环境究竟是如何形成的。显然，"万恶之源"在于教会的某种缺陷或失策，这种缺陷和失策直接导致文明突然脱离教会。

教会的"存在理由"中有一个与生俱来的棘手难题。为了在尘世建立起"上帝之城"，教会在人世间总是富于战斗性的。这就意味着教会既要处理精神事务，也要应对世俗生活，必须在人世间建立起相应的制度。于是，为了在逆境中推进上帝的事业，教会不得不为自身裸露的精神实体穿上一件粗俗的制度外衣，对于教会的精神实质来说，这件制度外衣并不合身。"诸圣相通"(Communion of Saints)的教会在世间的前哨基地总是遭遇种种灾难，也就不会令人感到奇怪了。教会在尘世推进上帝的事业，不可能不涉及只有用制度手段才能解决的世俗问题。

在教会的诸多悲剧中，最著名的当属教皇希尔德布兰德的经历。在本书的前面部分，我们评述了希尔德布兰德是如何被显然无可避免的一连串连锁效应拖到灾难的边缘。他若想充当上帝的忠实仆人，就必须与神职人员贪财好色的腐败现象作斗争；要想使教士改过自新，就必须强化教会的组织；要想强化教会的组织，首先必须划清教会与国家的权限；在封建时代，教会与国家的职能难解难分地交织在一起，若想为教会争取充分的权限，势必会侵占世俗国家的领地，从而招致世俗国家的怨恨。 这样一来，双方的冲突很快从口舌之争升级为动用"金钱和枪炮"的真刀实枪的战争。

希尔德布兰德时期的教会悲剧突出表明，教会为履行自身的职责，难免要涉足世俗事务、采取世俗的行为方式，从而导致精神堕落。 然而，另一种情况也很可能导致教会精神事务流于低俗。 教会遵从自身的准则，这一做法本身也可能招致精神堕落的危险。 世俗社会正当的社会目标部分体现出上帝的意志，那些志存高远、不以这些世俗理想本身为目的的人，能够更好地实现这些理想。 这一规律有两个典型例证，即圣本尼狄克和教皇格列高利一世。 这两位圣徒都致力于在西方倡导修道院生活方式的精神目标。 然而，这两位超凡脱俗的人在推进宗教事业的同时，顺带也掌握了世俗政治家难以企及的巨大经济实力，他们取得的经济成就得到基督教史家和马克思主义历史学家的交口称赞。 如果圣本尼狄克和格列高利一世在九泉之下能够听到这些赞赏之辞，这两位圣徒必定会满心疑惑地想起耶稣说过的话："当人人说你们好的时候，你们有祸了。"* 如果他们能重返人间，亲眼目睹他们的宗教努力最终产生的经济成果带来的终极道德影响，他们的疑惑势必会转化为深切的悲痛。

一个令人不安的事实是，"上帝之城"的精神劳作附带收获的物质成果，不仅是精神成就的证明，还是一个魔鬼般的陷阱。 这个陷阱的厉害更甚于毁灭了冲动的希尔德布兰德的政治和战争，精神竞技者一旦深陷其中便难以自拔。 从圣本尼狄克时代到大肆掠夺教会机构的所谓"宗教改革"时期，人们对这一千年的修道院历史早已是耳熟能详，我们没有必要相信新教或反基督教学者的所有论断。 下面一段引文引自一位对修道院并无偏见的现代学者的著述，我们或许还应当指出，文中

---

* 《路加福音》第 6 章第 26 节。 ——译者注

描述的修道院制度还不是通常被视为宗教改革前夕最后和最坏的时期。

> 修道院院长与修道院的隔阂,主要是财富的积累所致。随着时间的推移,修道院积聚起庞大的产业,修道院长几乎要把全部精力投入管理地产以及种种相关的职责。与此同时,修道士本身也出现了按财产和职责划分的类似过程……每一座修道院都划分成若干实际上互不相干的部门,每一个部门都有自己的收入和特定职责……正如大卫·诺尔斯(Dom David Knowles)所说:"修道院所有的人才全都专心从事这类事务,只有温彻斯特、坎特伯雷和圣阿尔班等修道院依然对知识和艺术表现出强烈的兴趣。"……对于有管理才能,却不幸没有任何财产可供施展的那些人而言,拥有庞大产业的修道院为他们提供了大展拳脚的机会。[1]

不过,修道士堕落成富有的商人,还不是最致命的精神堕落。 人们一心想成为尘世间"上帝之城"的一员,这个愿望带来的最致命的诱惑既不是投身政治,也不在于不自觉地从事买卖交易,而是盲目崇拜人世间"战斗的教会"无可奈何地建立起来的不完美的世俗制度。正如古语所说, "最美善事物之腐化,乃最丑恶者"(Corruptio optimi Pessima)。 人们把偶像化的人类蚁丘*当作"利维坦"(Leviathan)来崇拜,与之相比,被奉为神圣的教会乃是一个更邪恶的偶像。

倘若教会偏离正道,自认为不仅掌握了真理,而且完美、权威地揭示了真理,成为全部真理的唯一拥有者,就有陷入这种偶像崇拜的危险。 教会一旦遭受沉重打击,尤其当这种打击来自教会内部的时候,特别容易陷入这种偶像崇拜,走上通往"地狱之门"(Avernus)的不归路。 在非天主教徒看来,这方面的典型例子是特伦托宗教会议期间推行"反宗教改革"的罗马天主教会。 从那以后的400多年来,教会犹如一个卫兵,戒备森严,固执僵化,把教皇制度当作头盔、教阶制度当作胸铠,凭借这种严密的保护,频频用周而复始、一丝不苟的礼拜仪式向

* 世俗国家。 ——译者注

上帝敬礼。 教会之所以用厚重的制度盔甲全副武装起来,潜意识是想借此压倒人世间最强大的世俗制度。 20世纪的天主教评论家或许可以有力地证明,鉴于新教只有400年的历史,新教徒哪怕是配备特兰托宗教会议之前罗马天主教制度的轻装备,时机也尚未成熟。 不过,这种论调即使站得住脚,依然既不能证明天主教会扔掉制度盔甲、轻装上阵必定是错误的,也不能证明特兰托宗教会议增加制度盔甲强度的做法是正确的。[2]

现在我们已经触及高级宗教退化到徒劳无益地更迭不已的世俗文明的若干原因。 我们发现,在所有的例证中,灾难的源头并非一种"无情的必然"(saeva necessitas)或任何其他外因,而是世俗人性中固有的"原罪"。 如果说"原罪"是导致高级宗教退化的原因,这是否意味着我们只能得出这种倒退在所难免的结论呢? 倘若果真如此,就意味着尘世纷争的挑战严酷到无以复加的地步,最终没有一个教会能够战胜这种挑战。 反之,这样的结论又将使我们回到这样一种观点:教会的作用聊胜于无,充其量是为无谓地兴替更迭的文明充当短命的蝶蛹。 难道这就是最后的定论吗? 我们不妨再度把目光转向人类精神过去的历史,看一看高级宗教给人世间带来的一系列精神启示,然后再决定是否接受这样一种观点:上帝之光注定永远不能照亮莫测无边的黑暗。 这些过去的历史篇章预示着人类能够克服"战斗的教会"所屈服的精神堕落,实现精神复兴。

我们看到,在人类精神进步的历程中,亚伯拉罕、摩西、先知以及基督相继树立起一连串里程碑,世俗文明进程的观察者却把这些里程碑说成是道路中断和交通事故。 经验证据使我们有理由相信,人类世俗生活的"规律"之一在于人类宗教历史的高峰总是与世俗历史的低谷相重合。 如果事实确实如此,我们还可以看到,世俗历史的高峰与宗教历史的低谷重叠。 这样一来,与俗世衰亡相伴相生的宗教成就不仅意味着精神进步,而且是精神复兴。 毫无疑问,古老的传说把这些宗教成就视为精神复兴。

例如,在希伯来传说中,亚伯拉罕之所以蒙召,乃是因为自负的巴别塔建造者忤逆上帝。 摩西的使命被描绘成带领上帝的选民走出精神匮乏、物欲横流的埃及。 以色列和犹大的先知受神的感召,告诫以色列人要幡然悔悟,因为以色列人凭借耶和华赐予的"流着奶和蜜的地方"牟取物质利益,精神却堕落了。 在福音书中,"耶稣的事奉"(Ministry of Christ)——按照一位世俗历史学家的理解,基督的受难承载着希腊文明"乱世"的全部痛苦——被描绘为上帝的介入,目的在于把上帝与以色列人订立的圣约推广到全人类,而以色列人的后裔在他们的精神遗产中融入法利赛人的形式主义(Pharisaic formalism)、撒都该人的物质主义(Sadducaean materialism)、希律党人的机会主义(Herodian opportunism)以及奋锐党人的狂热主义(Zealot fanaticism)。

由此可见,这四次突如其来的精神启蒙的诱因是精神堕落,而不单纯是尘世的灾难,我们推测当时并未发生接二连三的灾祸。 我们在本书前面部分指出,严酷的自然环境往往是世俗成就的温床。 同理,严酷的精神氛围将起到激发宗教努力的效果。 在这种严酷的精神氛围中,物质上的富足抑制了心灵的渴望。 人世间纸醉金迷的不良气氛麻痹了芸芸众生,正是这种氛围激发精神敏锐、奋发向上的人战胜尘世的诱惑。

在 20 世纪的今天,重新回到宗教是精神进步的标志,还是绝望而徒劳地试图逃避我们所面对的严酷人生现实? 对于这个问题的回答,至少部分取决于我们对精神发展前景的判断。

我们曾经提及这样一种可能性:世俗现代西方文明在全球范围扩张,也许会在不久的将来建立起一个大一统国家,将自身转变成一种政治体制。 这样一种政治理想的最终实现,有赖于这个大一统国家把全球都纳入到一个消除了所有自然边境的联邦。 我们当时还展望了这样一种前景,在上述大一统国家,四个现存高级宗教的追随者逐步认识到,他们相互颉颃的信仰体系,凭借的只是对于"荣福直观"(Beatific Vision)的管窥所及,并非接近"唯一真神"的唯一途径。 我们不妨提出如下观点:历史上的各个现存教会最终会以多样性来体现这种统一,融合成一个单一的"战斗的教会"。 如果各个教会真的能够合而为一,是否就意味着人间天国成为了现实? 对于 20 世纪的西方世界而言,这是一个无可回避的问题,因为大多数世俗意识形态都把某种人间天堂作为追求的目标。 在本书作者看来，问题的答案是否定的。

答案之所以是否定的，直接原因在于社会的本质和人性。 社会无非是个人活动领域的交汇点，而人的善恶本在一念之间。 我们设想的单一的"战斗的教会"无法洗清人的"原罪"。 人世乃是天国的一个省份，它是一个悖逆的省份，而且必将永远如此。

注 释:

[1] Moorman, J. R. H.: *Church Life in England in the Thirteeth Century* (Cambridge 1945, University Press), pp. 279—280, 283, 353.

[2] 作者曾把本段文字连同《历史研究》整个这一部分的打印稿送交友人马丁·怀特先生，怀特先生对全书作了若干评论，其中有如下评语："在这一段，罗马天主教的评论家会用你时常引用的一句话来回答你，'注意结局'(Respice finem)。 本段文字所表达的完全是一种期望：它尚未实现。 事实上，20 世纪的罗马天主教会的势力和影响之大，不是远非特兰托会议以来的任何一个时期可比吗？ 1879 年，罗马教会正处于最不景气的时候，却依然挑衅地把'教皇不谬说'纳入教义。 有鉴于此，到 1950 年，它为显示自信，仍旧可以把'圣母升天说'纳入教义，进一步让世俗的西方世界感到震惊。 此时此刻，用特兰托宗教会议决议武装起来的罗马教会，不是同样有望成为足以挑战和抵御新的异教极权主义共产党国家的唯一西方组织吗？ 莫斯科对梵蒂冈异常害怕和憎恶，不正证实了这一点吗？ 如果事实果真如此，那么，较之恐龙甲壳的比喻，更适当的说法是成功经受住长期围困；回首往事，特兰托会议期间的天主教历史，类似于从法国沦陷到诺曼底登陆日的丘吉尔主政时期的英国史。 你是凭预想判断结局。'注意结局'"。

第八部　英　雄　时　代

第二十九章

悲剧的进程

第一节　社会的堤坝

　　一旦富有创造力的少数人堕落成可憎的少数当权者，导致成长中的文明步入衰退，造成的一个后果就是这个文明周边原本皈依其文化的原始社会纷纷弃之而去，在这个文明的成长阶段，这些原始社会曾在不同程度上受到其文化传播的影响。这些以往的文化皈依者对这个文明的态度从钦佩转变为敌视，前者表现为对这个文明的效仿，后者表现为突然向这个文明开战。这种战争不外乎二者必居其一的结局：倘若侵略文明借助地利推进到一条天然疆界，如广阔无垠的海洋、人迹罕至的沙漠或难以翻越的山脉，就有可能彻底制服蛮族；倘若没有这样的天然疆界，地理环境往往反过来有利于蛮族。如果节节后退的蛮族拥有无限广阔的后方，入侵者战线越拉越长，日益远离大本营，最终抵消了侵略文明的军事优势，双方的拉锯迟早会形成一条力量对比大体相当的分界线。

　　沿着这条分界线，双方由运动战转入阵地战，谁也无法从军事上彻底击败对方，只能固守现有地盘，比邻而居。与之类似，在文明的鼎盛时期，文明社会有创造力的少数人与日后的蛮族皈依者尚能相安无事，一旦文明衰亡，二者随即分道扬镳。双方从心理上相互敌视，再也无法恢复以往那种创造性的相互关系，这种文化交流得以进行的地理条件也不复存在。 成长中的文明逐渐向周围的蛮族敞开胸怀，这些旁观者一览无余地目睹了文明社会的诱人景象。 双方不再友好相处，转而敌意对峙，传导性的文化"门槛"(limen)随之成为隔离性的军事"边界"(limes)。 这种转变成为催生出英雄时代的地理条件。

事实上，边界的形成营造出一种社会心理氛围，英雄时代便由此产生。 我们眼下的任务就是追踪事态的进展。 当然，要完成这项任务，必须首先考察在各个大一统国家边界沿线对峙的蛮族军事集团。 我们在本书前面部分做过这样的考察，当时就指出这些军事集团在宗教和史诗领域的突出成就。 为了更好地说明问题，我们将直接引用之前的论述，不再复述论证的过程。

我们不妨把军事边界比作一道把河谷拦腰阻隔的险峻堤坝，人类凭借自身技能和力量挑战大自然的不朽丰碑。 不过，堤坝虽然雄伟壮观，却危机四伏，因为挑战大自然的"壮举"难免要付出代价。

> 阿拉伯穆斯林有这样一个传说，很久以前，也门有一项以马里卜(Ma'rib)堤坝闻名的巨大水利工程，它把发源于也门东部山脉的水源汇聚成一个巨大的水库，这个国家的大片土地得到灌溉，可以从事集约耕作，养活了稠密的人口。过了一些时候，大坝崩塌了，溃坝的洪流摧毁了一切，这个国家的居民陷入水深火热之中，许多部落不得不移居外国。[1]

这个传说曾被用来说明阿拉伯"民族大迁徙"(Völkerwanderung)的最初动因，这次民族大迁徙最终横扫阿拉伯半岛，进而跨越天山和比利牛斯山。 我们不妨拿这个传说作比喻，以这道堤坝来象征大一统国家的边界。 难道军事堤坝崩溃的社会灾难真是无可避免的悲剧吗？ 要回答这个问题，我们必须分析军事堤坝建造者干预文明与外部无产者自然交往所产生的社会心理影响。

显而易见，建造堤坝的直接后果是形成一个水库。 然而，哪怕是再大的水库，容量总有个限度，库区水面总归不会超出汇水盆地的大小。 堤坝内侧的蓄水区与堤坝远处未被水浸没的地区形成显著的差异。 倘若我们把堤坝换成边界，就会看到边界线内外截然不同的两种生活，边界附近的蛮族自然深受文明的影响，遥远腹地的原始居民一成不变的生活却丝毫未受打扰。 斯拉夫人在普里皮亚特沼泽(Pripet Marshes)平静地度过整整 2 000 年的原始生活，在此 2 000 年间，先是亚该亚蛮族由于接近"海上霸主米诺斯"的欧洲陆地边界而受到震撼，然后是条顿蛮族因为邻近罗马帝国的内陆边界而受到震撼。 为什么"库区"的蛮族会受到如此剧烈的影响？ 日后他们频繁冲破边界线的力量又是源自何处？ 如果我们继续以东亚地理环境作比喻，这些问题的答案也就浮现出来。

我们不妨假定，在现今中国山西、陕西两省境内长城蜿蜒而过的地区，一道象征着边界的堤坝把某条大河拦腰阻断。 大坝承受着强大水流的压力，这些滚滚而来的水流最初来自何方？ 河水显然是来自堤坝的上游，但河水最初的源头并不在上游，因为大坝距离分水岭不远，而分水岭的后面就是干旱的蒙古高原。 事实上，水的最初源头并非来自堤坝上游的蒙古高原，而是来自堤坝下游的太平洋。 太平洋的海水在日照下蒸发，东风携带丰沛的水汽，遇冷空气后凝结成雨水，降到汇水盆地。 在军事边界蛮族一侧积聚的精神力量主要来自堤坝所保护的文明宝库，只有微不足道的极小部分是来自境外蛮族自身贫乏的社会遗产。

这种精神力量源自何处？ 文化的转型就是一种文化分崩离析，然后重新组合成一种新的文化。 我们曾在本书其他部分把文化的社会传播比作自然光的辐射，在此不妨重提我们当时总结出来的"规律"。

第一条规律是，文化光束如同一束光波，在穿透障碍物时会衍射出光谱的成分。

第二条规律是，如果输出文化的社会业已衰落并趋于解体，即使没有触及任何外部社会，也同样会发生文化衍射现象。 我们可以把一个成长中的文明定义为经济、政治以及狭义的"文化"等文化要素和谐一致的文明。 同理，一个分崩离析的文明就是三个文化要素彼此冲突的文明。

第三条规律是，文化光束的速率和穿透力是其经济、政治和"文化"要素在衍射作用下分别传播的不同速率和穿透力的平均值。 与没有发生衍射的文化传播相比，经济和政治要素传播得快一些，"文化"要素传播得慢一些。

这样，当一个解体文明与分道扬镳的外部无产者沿着军事边界展开社会交往时，这个文明的衍射传播力量就会衰竭。 实际上，除了经济和政治交往之外，其他各种交往都已陷于停顿，只有贸易和战争还在延续。 在种种因素的作用下，贸易难以为继，战争日益频繁。 面对这种险恶的环境，蛮族主动开始有选择地效仿文明社会。 他们的主动性表现在，他们在效仿所接纳的文明要素时，总是掩饰效仿对象令人不快的来源。 我们在本书前面部分已经讨论过蛮族对文明要素的部分改造乃至创新。 我们在此只需提及这样一点，"库区"的蛮族效仿邻近文明的高级宗教，往往会形成一种异教(如哥特人的基督教异端教派阿里乌斯教)；效仿邻近大一统国家的君主政治，往往会形成并非依据部落法律而是凭借军事威望的不负责任的王权，蛮族的原创力则体现于英雄史诗。

第二节　压力的积聚

如同有形的堤坝一样，军事边界形成的社会堤坝同样遵循自然规律。 水坝内的蓄水不能超过一定限度，否则就会威胁水坝的安全。 工程师建造水坝时会修建可根据水位变化开启或闭合的泄洪闸，等于是为水坝安上保险阀。 我们将会看到，构筑军事边界的政治工程师为保障社会堤坝的安全，同样采取了安装泄洪闸的预防措施。 然而，社会堤坝的泄洪闸恰好加速了灾难的降临。 就社会堤坝而言，通过调节泄洪量的大小来减轻压力的做法是行不通的。 只有摧毁社会堤坝，压力才能得到释放，因为社会堤坝内的蓄水必然总是不断上涨，而不是随着气候的干湿变化有涨有落。 在攻守双方的争斗中，胜利最终将属于进攻的一方。 时间因素对蛮族有利。 不过，边界之外的蛮族要花很长一段时间才能突破边界，侵入他们垂涎不已的解体文明的领土。这个漫长的阶段正是文明边界崩溃、蛮族恣意行乐的英雄时代的序幕，在这个序幕阶段，把蛮族挡在门外的文明社会深刻地影响和改变了蛮族的精神。

边界的建立引发了各种社会力量的运动，最终必将导致边界建造者的灭亡。那种与境外蛮族断绝往来的政策根本行不通。不管帝国政府作出何种决定，境内的商人、拓荒者和冒险家之流必定会在利益的驱使下越过边境。大一统国家的边界居民表现出与境外蛮族携手合作的趋向，一个显著的例子是罗马帝国与欧亚匈奴游牧民族的关系，后者在公元4世纪晚期冲出欧亚大草原。匈奴人异常凶猛，曾经在罗马帝国的欧洲边境横行一时，但我们所见到的同时代人关于这段短暂历史的零星记录记下了双方亲善的三个事例。最不可思议的一个事例是，潘诺尼亚(Pannonian)的罗马公民奥雷斯特斯(Orestes)一度曾担任著名的匈奴军事首领阿提拉(Attila)的秘书，而他的儿子罗慕路斯·奥古斯都(Romulus Augustulus)日后成为西罗马帝国臭名昭著的末代皇帝。

跨越名存实亡的边界输出的各种物品中，最重要的当属作战武器。蛮族若没有文明社会的兵工厂制造的武器，就不可能发动强大的攻势。在英印帝国的西北边境，自1890年前后起，"来复枪和弹药大量涌入部落地区……彻底改变了边境战争的性质"。[2]虽然境外的帕坦人(Pathans)和俾路支人(Baluchis)最初是通过有步骤地夺取英印军队的武器才获得新式的西方轻武器，"原因不难理解，在布什尔和马斯喀特，大幅增长的波斯湾军火贸易起初都控制在英国商人手中"。[3]这个突出的事例表明，帝国臣民出于私人利益与境外蛮族开展贸易，妨碍了帝国政府抵御蛮族政策的公共利益。

然而，境外蛮族并不仅仅满足于运用从邻近文明学来的高超战术，还经常对这些战术加以改进。例如，在加洛林帝国和威塞克斯王国(Kingdom of Wessex)的海上边境线，斯堪的纳维亚海盗凭借十分精湛的造船和航海技术——大概是从新兴的西方基督教世界的沿海边民弗里西人(Frisian)那里学来的——统治了海洋，掌握了战争的主动权，之后继续沿着成为他们攻击对象的西方基督教国家的海岸和河流发动攻势。他们溯江而上，推进到船只航行的极限，便转而利用另一种武器，骑上偷来的马匹继续作战，因为他们不仅掌握了弗里西人的航海技术，还学会了法兰克人的骑兵战术。

在战马的悠久历史上，新大陆是一个最突出的例证，蛮族从文明社会那里学会骑马，转而用这种武器进攻文明社会。 美洲原本不出产马，哥伦布之后的西方基督教入侵者把马带到新大陆。 密西西比河大草原本可以成为一个游牧天堂，但由于没有家畜——这是旧世界游牧民族游牧生活方式的必备要素——因而始终是徒步追逐猎物的部落民的狩猎场。 在这个理想的"马的国度"，姗姗来迟的马彻底改变了移民和土著的生活，这种改变对于双方的意义是全然不同的。 马传入得克萨斯、委内瑞拉和阿根廷草原之后，农民的子孙历经 150 代人的时间转变成逐水草而居的放牧者。 与此同时，在新西班牙总督区以及最终发展成美利坚合众国的英国殖民地境外的大草原，马的传入使得印第安部落有了流动作战的骑兵部队。 这种借来的武器并未使境外蛮族赢得彻底的胜利，但延缓了最终失败的到来。

19 世纪，北美大草原上的印第安人骑上欧洲入侵者传入的马匹与欧洲人争夺草原的所有权。 早在 18 世纪，丛林印第安人就借助森林同盟者的掩护，使用欧洲人的滑膛枪展开狙击和伏击战，这表明他们能够对抗当时欧洲人的战术， 欧洲人拥有适于美洲丛林作战的滑膛枪，如果印第安人不知变通，依然采用密集编队、准确变换队形以及连续齐射的战术，势必会一败涂地。 在火器发明之前，莱茵河对岸北欧森林的蛮族居民根据森林环境相应改造了入侵文明的武器，公元 9 年，他们在条顿堡林山(Teutoburger Wald)给予罗马人以致命的重创，使得依然森林茂密的日耳曼地区免遭罗马的征服，而已部分开垦和耕种的高卢则被罗马人占领。

在随后的 4 个世纪里，罗马帝国与北欧蛮族的军事分界线一带再没有发生战事，这个事实本身就说明了问题。 自最后一次冰河期以来，这条分界线的外侧一直为森林所覆盖，而森林的屏护作用远远超出"农耕民族"(Homo Agricola)修筑的防御工事，这些工事根本无法抵挡罗马军团从地中海向莱茵河和多瑙河进军。 对于罗马帝国来说不幸的是，这条分界线恰好是横贯欧洲大陆最长的一条路线。这样一来，罗马帝国军队必须不断增兵，抵御作战能力日益增强的境外蛮族。

时至今日，西方化世界至今尚存的地区性国家的地域范围几乎仅占适于居住和可通行的地表面积的零头，在这些国家与蛮族对峙的边境地区，现代西方工业技术战胜了桀骜不驯的蛮族的两个非人类同盟者。森林早已倒在利刃之下，大草原被汽车和飞机征服。不过，蛮族的高山同盟者始终难以对付，高地蛮族在最后的绝望挣扎中展示出令人印象深刻的独创性，他们依托地形，巧妙地运用一些西方工业化社会的新式作战手段。1921年，在西属摩洛哥与法属摩洛哥之间名义上的边境的里夫(Rifi)山区，高地居民凭借这种"绝招"在安瓦尔(Anwal)重创西班牙人。这场大捷堪比公元9年切鲁西人 (Cherusci)及邻近蛮族部落在条顿堡林山全歼瓦卢斯(Varus)率领的三个罗马军团。1925年，里夫人又动摇了法属西北非政府的统治基础。1849年，英国人从锡克人手中接管了与蛮族对峙的边境地带瓦济里斯坦(Waziristan)，在之后的98年间，这一地区的马赫苏德人(Mahsūds)凭借相同的手段一再挫败英国人的征服企图。1947年，英国人终于摆脱了依然悬而未决的印度西北边境问题，把这份可怕的遗产留给巴基斯坦。

1925年，里夫人大举进攻，几乎切断了连接法属摩洛哥的有效占领地区与法属西北非主体的走廊地带。里夫人的这次攻势最后功败垂成，不然的话，地中海南岸的整个法属西北非帝国都将陷入岌岌可危的境地。1919—1920年的瓦济里斯坦战争期间，马赫苏德蛮族与英印帝国军队一决高下，英国在印度的统治利益同样面临巨大危险。像里夫战争一样，瓦济里斯坦战役中蛮族战士的优势在于善于因地制宜地使用现代西方武器和战术，在当地的地形条件下，按照西方发明者的正规方式使用这些武器和战术，只会造成事与愿违的结果。1914—1918年大战期间欧洲战场出现的复杂昂贵的装备，只适合正规军在平地作战，用来对付潜伏在群山中的部落民，效果就要大大打个折扣。[4]

强国的边境风雨飘摇，为了打退、甚至不是决定性地击溃具备1919年的马赫苏德人和1925年的里夫人那样的军事技能的境外蛮族，强国调集庞大的人力、物力和财力，远非资源贫乏、滋扰生事的蛮族对手可比，这种雷霆万钧的反击是有效应战必不可少的前提条件。 实际上，在这类战争中，格拉斯顿先生在 1881 年所称的"文明的资源"[5]起到的阻碍作用，几乎完全抵消了其积极作用。 英印军队的优势在于拥有种种精巧的装备，但正是这些小玩意儿削弱了部队的机动性。 此外，如果说英印军队是因为东西太多而迟迟不能发起重大攻势，马赫苏德人则是因为东西太少而难以发动进攻。 讨罚远征的目的在于惩罚蛮族对手，但是，应该给蛮族什么样的惩罚呢？ 让他们变得一穷二白？ 他们本来就一贫如洗，尽管他们并不满意这种生活，却把这种生活状况视为理所当然。 用霍布斯描述"自然状态"的话来说，他们的生活孤独、贫困、卑污、残忍而短命。 你几乎不可能使他们的生活变得更糟糕；即便有可能，难道你能断定他们对此很在意？ 这样，我们又回到前文提及的观点：与享有高度物质文明的社会相比，原始的社会更容易、更快地恢复元气。 它们就像低等的蠕虫，即使被切去一半，依然能够存活。 迄今为止，里夫人和马赫苏德人对文明的进攻始终未能善始善终，下面我们进一步考察已经推进到第五幕的悲剧进程。

边境战争日趋激烈，双方的军事力量对比不断变化。 频繁的战争使得文明社会的货币经济承受日益沉重的赋税负担，文明日渐衰落。另一方面，战争刺激了蛮族的好战精神。 如果境外蛮族依然保持原始人的本色，就会更多地把精力投入各项和平的技艺，一旦他们的和平劳作成果遭受惩罚性的破坏，就会相应产生更大的强制效果。 原始社会从精神上疏远相邻文明社会的悲剧在于，蛮族丢下原来的谋生技艺，转而钻研边境战争的技能，他们起初是出于自卫，日后却把战争作为更为激动人心的谋生手段，用刀剑来耕种和收获。

边境战争给交战双方带来显著不同的物质后果，双方的士气也不可同日而语，此消彼长之下，双方士气的反差越来越悬殊。 对于解体文明的后代来说，由于无休止的边境战争，财政负担日益沉重。 反之，对于蛮族来说，战争不是负担，而是机会，不是引起焦虑，反而让人热血沸腾。 在这种情况下，建立边界而又身受其害的一方不肯束手就擒，不惜孤注一掷地把蛮族敌人加以收编，也就不足为奇了。 我们在本书前面部分探讨过这种政策的后果，在此只需重提我们先前所得的结论：这种权宜之计本意是防止边界崩溃，实际上加速了灾难的降临。

来看一看罗马帝国抵御境外蛮族的历史。 罗马帝国竭力抵御境外蛮族日益强大的攻势，采取以夷制夷的策略。 如果我们认同提奥多西一世(Theodosius I)皇帝政策的一位批评者的看法，这种政策最终导致了帝国的覆灭，因为这种政策不仅使蛮族掌握了罗马的战争艺术，而且向蛮族暴露出帝国的弱点。

> 如今，罗马军队已毫无纪律可言，罗马人与蛮族的所有界限都已荡然无存。他们在军队中完全是难分彼此地混杂在一起；因为登记兵员人数的士兵花名册甚至没有记录最新的情况。(从境外蛮族军队转投罗马帝国军队的蛮族)逃兵可以来去自由，在罗马军队登记入伍之后就可以回家，让别人来顶替自己，等到形势有利的时候再回到罗马军队中服役。对于蛮族而言，罗马军队中普遍存在的这种极端混乱状况早已不是什么秘密，双方交往的门户大开，逃兵会向他们提供所有的情报。蛮族于是得出结论，罗马人的国家管理十分混乱，正可乘机发动进攻。[6]

这些雇佣兵训练有素，一旦共同反戈一击，往往能给本已摇摇欲坠的帝国以致命的打击。 我们仍需解释他们何以如此频繁地反叛他们的雇主。 难道他们的个人利益与他们的职责相冲突吗？ 相比以前偶尔劫掠的所得，现在定期领取的兵饷要丰厚和稳定得多。 那么，他们为什么要叛逆呢？ 答案在于，蛮族雇佣兵反叛他们受雇保卫的帝国，的确牺牲了自身的物质利益，这种做法本身并不难理解。 人类很少像"经济人"(homo economicus)那样一切从个人私利出发；雇佣兵之所以反叛，乃是基于一种超出任何经济考虑的本能。 一个显而易见的事实是，他们痛恨付给他们薪饷的帝国，双方的这种精神裂痕是永远无法用物质交易来弥补的。 在签订雇佣合同时，蛮族并非发自内心地希望成为这个雇用他们来保卫的文明社会的一分子，只不过是想混口饭吃而已。 他们对于这个文明的态度不再是崇敬和效仿,而在这个文明朝气勃勃的成长阶段,蛮族的先辈们对文明社会顶礼膜拜、大加仿效。 实际上,效仿的方向早已发生逆转,文明在蛮族心目中威信扫地,反而是蛮族在文明社会的代表心目中享有威望。

　　早期罗马史被描绘为平凡的人做出不平凡事业的历史。到帝国后期,一个不平凡的人只能庸庸碌碌地为日常事务奔忙。数个世纪以来,帝国一直致力于造就和训练平凡的人,帝国末年的那些不平凡的人,如斯提利科(Stilicho)、埃提乌斯(Aëtius)等人,越来越多的是来自蛮族世界。[7]

第三节　灾难及其后果

堤坝一旦溃决,库区蓄水就会汹涌而下,奔向大海。 这种蓄积已久的力量突然释放出来,将带来三重灾难。 首先,洪水冲毁堤坝下游的耕地,使人类的辛勤劳作付诸东流。 其次,滋养万物的水本可以为人类服务,现在白白地流入大海。 第三,水库的水流空后,库区两岸变得干涸,原来能在那里生长的植物注定会枯死。 总之,只要堤坝完好,水就是滋养万物的泉源。 堤坝溃决,肆虐的洪水汹涌而下,势必为害四方,一些地方因缺水而干旱,另一些地方遭受洪涝灾害。

人类遭受的天灾正好可以用来比喻军事边界崩溃后的人祸。 军事边界崩溃导致的社会巨变,对于卷入其中的所有人来说无异于一场灾难。 但是,社会灾难的破坏程度是有差异的,与人们的预料相反,主要受害者并非覆灭的大一统国家的臣民,而是表面上获得成功的蛮族自身。 他们的成功其实为日后的失败埋下了祸根。

这种自相矛盾的说法又该作何解释呢? 我们的看法是,边界不仅是文明的屏障,恰好也压制了入侵蛮族内心深处魔鬼般的自我毁灭力量。 我们看到,境外蛮族靠近边界时会产生不适的反应,文明迸发出来的精神力量有如狂风暴雨,越过边界,把境外蛮族原有的原始经济和制度打得七零八落，而边界本身阻碍了更全面和更富成效的交往，这种交往乃是成长中的文明与其开放的、诱人的文化门槛之外的原始皈依者之间关系的特征。 我们还看到，只要蛮族被挡在边界之外，他们至少能够把汹涌而至的某些外来精神力量转化为政治、艺术和宗教领域的文化产物，这些成果部分是对文明制度的改造，部分是蛮族自身的独创。事实上，只要社会堤坝完好无损，蛮族的心理失衡就控制在一定限度之内，并非必然导致纪律松弛。 这种补偿性的约束作用恰恰来自蛮族一心想摧毁的边界。 只要边界固若金汤，就能在某种程度上起到替代纪律的作用。 当原始人的纯朴风俗被打破、沦为境外蛮族，这种纪律性就不复存在了。 边界锤炼了蛮族，边界的存在总是迫使他们做出不懈的努力，为他们指明了有待完成的任务，有待实现的目标，以及有待克服的困难。

一旦边界突然崩溃，这道防护屏障荡然无存，纪律随之丧失殆尽，蛮族骤然面临许多十分艰巨的任务。 与淳朴的祖先相比，日后的境外蛮族更残忍、更老练，那些冲破边界、在衰亡帝国破败不堪的疆域内建立起后继国家的蛮族更是纪律松弛、道德败坏。 只要边界屹立不倒，蛮族的放纵、懒散以及大肆挥霍从文明社会掠来的战利品，就要付出惨重的代价，因为蛮族的袭扰势必招致文明社会的讨伐，蛮族不得不竭尽全力进行抵挡。 边界崩溃之后，蛮族可以恣意放纵、游手好闲，再无遭受惩罚之虞。 我们在本书前面部分看到， 文明地区的蛮族扮演了食腐的秃鹫或尸体上的蛆虫一类肮脏的角色。 倘若上述比喻让人实在难以接受，我们可以换一种说法。 蛮族游牧部落耀武扬威、杀气腾腾，在他们不知珍惜的文明废墟上肆虐不已，这就如同不良青少年团伙逃脱家庭和学校的管束，成为畸形发展的 20 世纪都市社会的难题。

这些(蛮族)社会表现出来的特性,不论好坏,显然都属于青春期的特性……典型的特征是……从社会、政治和宗教上摆脱了部落法律的束缚……一般而言,英雄时代的特性既不同于婴儿期,也不同于成年期……英雄时代的典型人物应该比作一个青年人……为准确起见,我们把英雄时代比作一个长大成熟、不再听从父母的想法和管束的青年,他们的父母往往不通世故,他们受到外界的影响,通过学校或是其他途径获得了使他们优于周边环境的知识。[8]

对于刚刚走出原始状态的蛮族而言,原始习俗的衰微造成了诸多后果,其中之一就是以前由血缘集团行使的权力转移到扈从队(comitatus)的手中,扈从队乃是一群立誓效忠首领的雇佣兵。 只要文明能够在大一统国家疆域内维持表面的权威,这些蛮族军事首领及其扈从队有时能够很好地起到缓冲作用。 这方面的历史例证不胜枚举,萨利克法兰克人就是一个例子,公元 4 世纪中叶到 5 世纪中叶,他们保卫了罗马帝国的莱茵河下游边境地区。 蛮族征服者在衰亡的大一统国家疆域内建立的后继国家的命运表明,蛮族幼稚的政治才能孕育出来的这些粗糙的产物远不足以承担和解决大一统强国的政治家都难以应付的重任和难题。 蛮族后继国家盲目地用破产的大一统国家的空头支票做生意,在道德考验的压力下,这些当权的乡巴佬暴露出自身内部的致命假象,加速了不可避免的灭亡命运。 如果一个政治组织完全是建立在一伙武装亡命徒对不负责任的军事首领的靠不住的效忠之上,就无法从道义上统治一个社会,即使这个社会对文明的进攻并未成功。 原始血缘集团被蛮族"扈从队"所取代,"扈从队"也随即在被统治人民面前解体。

事实上,闯入文明地区的蛮族注定要承受道德沦丧的痛苦,这是他们入侵行径的必然后果。 他们并未轻易向命运低头,而是历经种种精神抗争,从流传下来的神话、仪式和行为准则中不难发现这种精神抗争的痕迹。 几乎所有的蛮族都有自己的"夺宝传奇"(master-myth):怪物霸占某个宝藏,不让人类染指,英雄为了夺宝,与可怕的敌人搏斗,最终获得胜利。 贝奥武夫(Beowulf)大战格伦德尔(Grendel)及其母亲的故事,齐格弗里德(Siegfried)与龙搏斗的故事,珀尔修斯(Perseus)杀死戈耳贡(Gorgon),杀死海怪、救出安德洛美达(Andromeda)并赢得她的爱情的故事,都体现了这个共同的主题。 伊阿宋(Jason)智胜守护金羊毛的毒蛇以及赫拉克勒斯偷盗冥府守门狗(Cerberus)的故事，也展现出这个主题。 这种神话似乎折射出蛮族内心的挣扎，即试图使理性意志这一人类至高的精神财富挣脱心灵潜意识深处释放出来的邪恶精神力量，这种邪恶精神力量产生于从边界之外熟悉的无人区骤然进入到边界崩溃后敞开的迷人世界所带来的震撼体验。 实际上，这种神话可能就是由祛邪仪式转变而来的叙事文学，蛮族在军事上节节胜利，精神上却痛苦不堪，试图凭借这种驱邪仪式找到治疗致命的精神疾病的良药。

英雄时代形成了适用于特殊环境的特殊行为准则，我们从中可以看到，有形的边境屏障崩溃之后，蛮族试图从另外一条途径来划定道德界限，压制衰亡文明的蛮族统治者和主人内心释放出来的邪念。 这方面的突出例子是荷马史诗中亚该亚人的"羞愧"(Aidôs)和"愤慨"(Nemesis)，以及阿拉伯倭马亚王朝历史上的"宽柔"(Hilm)。

> (羞愧和愤慨)如同通常所说的荣誉，其主要特征在于，只有当人处于自由状态，即没有受到任何外部强制的时候，它们才起作用。如果你面对的是……打破一切旧有道德约束的人，并且从他们当中选出某个强悍狂暴的首领，你首先会认为这个人能够自由地去做他想做的任何事情。接下来你会发现一个现象，在无法无天的状态中，他不知何故突然间对某个举动感到心神不宁。如果他做了那件事情，他就会感到"懊悔"，为之烦恼。如果他没有做，他就会"犹豫"要不要去做。他之所以这样，并不是有谁强迫他，也不是因为日后他将为此承担什么特殊的后果，只是因为他感到"羞愧"……
>
> "羞愧"是你对自身行为的感受，"愤慨"是你对他人行为的感受。最常见的情形是，你考虑到他人对你的感受……但是，假定没有人看见你做某件事。你心里十分清楚，你做的依然是 νεμεσητόν——令人"愤慨"的事情，只是没有人为此愤慨而已。然而，如果你反感自己的所作所为，为之感到"羞愧"，你势必会感到某人或某物对你的反感和不满……大地、水里和空中有眼睛在注视着你：诸神(theoi)、魔鬼(daimones)、凯瑞斯(Kêres，希腊神话中的勾魂使者)在注视着你……他们注视着你的所作所为，对你的所作所为感到愤怒。[9]

根据荷马史诗的描述，在米诺斯文明之后的英雄时代，令人感到"羞愧"和"愤慨"的是怯懦、谎言、假誓、无礼，以及对无助者的残忍和背信弃义的行为。

　　某些阶层的人，姑且不论他们受到的种种不公正对待，比其他人更容易成为 αἰδαίοι——"羞愧"的对象。在某些人面前，人们感到羞耻、害羞、敬畏，比平时更强烈地意识到行为端方的重要性。究竟是哪种人容易唤起这种"羞愧"的感觉呢？当然是国王、长者和贤者、贵族和使节(αἰδοίοι、βασιλήες、γέροντος)。面对这些人，你会油然生出一种崇敬之情，他们的赞许或批评对于世人自有其权威。然而……你将发现，最能使人感到"羞愧"的似乎并非这些人，而是另外一些人……在他们面前，你会格外强烈地意识到自己的卑微，当最后审判日来临，他们的赞许或批评将以某种方式产生无可言喻的分量，他们是人世间的无依无靠者、受伤害者和无助者，在这些人当中，最无助的是死者。[10]

与渗入到各个社会生活领域的"羞愧"和"愤慨"相反，"宽柔"属于一种政治美德(vertu des politiques)。[11]"宽柔"比"羞愧"和"愤慨"更为深奥微妙，因此不那么有吸引力。"宽柔"并非谦卑的表现：

　　确切地说，它的目的是羞辱对手；向对手显示自己的优越，用自己的尊严和冷静来震慑对手……实质上，像阿拉伯人的大多数品质一样，"宽柔"是一种虚张声势和炫耀的品德，虚饰胜于实质……只要付出低廉的代价，摆出一副端庄的姿态或是说出铿锵有力的警句，就可以博得"宽柔"的名声……它尤其适合阿拉伯社会那样的无政府主义环境，在那里任何一桩暴行都必然招致报复……[穆阿维叶(Mu'āwiyah)的倭马亚王朝继承者]表现出来的"宽柔"促进了对阿拉伯人的政治教化。他们的"宽柔"有如蜜饯，使他们的学生不再苦于放弃沙漠中无政府状态的自由，有利于君主颇为屈尊俯就地用外柔内刚的铁腕手段统治帝国。[12]

关于"宽柔"、"羞愧"和"愤慨"的描述表明，这些行为准则很适应英雄时代的特殊环境。 正如我们所暗示的，英雄时代从本质上说是一个过渡阶段，其特定理想的形成和沉沦最为准确地揭示了这个时代的兴起和消逝。 一旦"羞愧"和"愤慨"逐渐消退，它们的绝迹激起绝望的呼声。 "人类将深陷痛苦和悲伤之中，无从抵御苦难岁月的侵蚀。"[13]赫西俄德(Hesiod)因为自己虚幻的信念而备感苦恼，在他看来，一旦维系着黑暗时代后裔的微弱光芒消失殆尽，预示着无边黑暗的降临；他全然不知夜明灯的熄灭恰恰宣告了白昼的重回。 事实上，随着新的文明悄然萌芽，"羞愧"和"愤慨"便立即重返天国。 新兴的文明丢掉多余的"羞愧"和"愤慨"，其他一些较少审美魅力，却更具社会价值的品德成为主流。 赫西俄德哀叹自己不幸生逢其时的黑铁时代，实际上正是充满生机的希腊文明在衰亡的米诺斯文明废墟上崛起的时代。 阿拔斯王朝哈里发用不着表现出被倭马亚王朝视为统治秘诀(arcanum imperii)的"宽柔"，但是，阿拔斯王朝政治家为重建叙利亚大一统国家，废除了罗马帝国的叙利亚边界，从而肯定了倭马亚王朝的这个"绝招"。

蛮族跨过沦陷的边界之后，恶魔就会占据他们的心灵。 这个恶魔挥之不去、难以驱逐，因为它把受害者借以自我保护的品德引入歧途。 人们完全可以用罗兰夫人关于自由的名言来形容"羞愧"："多少罪恶假汝之名而行！"蛮族的荣誉感"有如永不魇足、咆哮不已的野兽"。[14]不论历史上还是传说中，暴力肆虐成为英雄时代的突出特征。 在道德沦丧的蛮族社会，这些邪恶行径屡见不鲜，人们对于它们带来的恐怖无动于衷，那些歌功颂德、本意想使军事首领名垂千古的诗人为了颂扬笔下人物的英勇，不惜诋毁这些人物的人格，毫不犹豫地使那些男女英雄背负上莫须有的罪名。 更有甚者，英雄们的骇人暴行并非只针对正式的敌人。 阿特柔斯(Atreus)家族世仇的恐怖就远胜于洗劫特洛伊的恐怖。 如此自相残杀的"家族"不可能长久延续下去。

实际上，英雄时代蛮族国家的独特命运就在于，它们显赫一时的无限权力骤然间消失得无影无踪。 历史上不乏这种地位一落千丈的事例，阿提拉死后匈奴的衰落，亨塞里奥(Genseric)死后汪达尔人的没落，皆是明证。 这些例子以及其他历史例证使人不由得相信这样一个传说，在吞没特洛伊之后，亚该亚人的征服浪潮同样失去了势头并最终消退，而遭谋杀的阿伽门农乃是最后的泛亚该亚军事首领。 无论征服过多么广大的地域，这些军事首领无法建立起各种制度。 即便像查理曼这样成熟老练、较为开化的军事首领，其帝国的命运也不过是有力证明了蛮族在制度建设上的无能。

第四节　幻想与事实

如果上一章描绘的历史画卷真实可信，我们势必会对英雄时代作出严厉的裁决。 最温和的评价会视之为徒劳无益的胡作非为，严厉的审判官会斥之为可耻的暴行。 一位维多利亚时代学者亲身经历冷酷无情的新野蛮时代，用优美的诗篇宣布英雄时代乃是一个乏善可陈的时代。

> 追寻那些金发武士的足迹,魁梧的哥特人
> 率领蓝眼睛的亲族
> 离开维斯杜拉河畔的寒冷牧场,雾蒙蒙的家园
> 点缀着琥珀的波罗的海海滨,
> 凭借无瑕的男子汉魄力
> 探索传说中通向陌生福地的道路,
> 他们猛攻帝国那乱成一团的边界,
> 蹂躏它的辽阔边疆,打败它的军队,
> 杀死它的皇帝,把它的城镇付之一炬
> 洗劫雅典和罗马;最后取代罗马皇帝
> 统治罗马人曾经主宰的世界——
> 然而,历经三百年的劫掠和杀戮,
> 内心的残忍,手段的暴虐,

什么也没有留下……那些哥特人一味破坏，

他们既不著述也不干活，既不思考也不创造。

既然田野里长满茂密的稗子和生霉的麦子，

他们挥刀芟刈也赢得些微称道：

此外他们再没留下一丝痕迹。[15]

　　这种恰如其分的看法，即使能够跨越 1 500 年的时间长河，也难以说服一位希腊诗人，他痛苦地见证了"海上霸主米诺斯"的蛮族后继者带来的道德沦丧。 赫西俄德抨击当时依然困扰着新兴希腊文明的米诺斯文明之后的英雄时代，不仅指责其无所作为，而且指斥其罪孽深重。他对蛮族的看法是毫不留情的。

　　　　诸神之父宙斯还创造了第三个种族——青铜种族。他们是用灰渣造成的，可怕而强悍，一点也不像白银时代的人类。他们喜爱阿瑞斯的制造哀伤的工作和傲慢的罪过，不食五谷，心如铁石，令人望而生畏。他们力大无穷，从壮实的躯体、结实的双肩长出的双臂不可征服。他们的盔甲兵器由青铜打造，房屋是青铜的，所用工具也是青铜的。那时还没有黑铁。他们用自己的手毁灭了自己，去了冷酷的哈得斯的潮湿的王国，没有留下姓名。尽管他们强大勇猛，也逃不脱死神的魔掌，离开了太阳的光芒。[16]

　　蛮族犯下的邪恶罪行给自己带来无尽的痛苦。 赫西俄德的这段诗文本来已经可以作为对蛮族的定论，但是他继续写道：

　　　　在这个种族也被埋进泥土之后，克洛诺斯之子宙斯又在万物之母的大地上创造了第四代种族。这是一个更好更正直的种族，一个被称为半神的神圣的英雄种族，是广阔无涯的大地上我们前一代的一个种族。邪恶的战争和可怕的厮杀使他们丧生，有些人是为了俄狄浦斯的儿子战死在七座城门的底比斯城下，另一些人为了美貌的海伦渡过广阔的大海去特洛伊作战。他们在那里死去，消失在死神的怀抱里。但是,克洛诺斯之子宙斯让另一部分人活了下来,在大地之边为他们安置了远离人类的住所。他们无忧无虑地生活在涡流深急的大洋岸边的幸福岛上,富饶的土地一年三次为幸福的英雄们产出甜美的果实。[17]

这一段诗文与前一段有什么关联? 与文中提到的种族谱系又有什么关系? 这段诗文在两个方面打乱了种族谱系的序列。 首先,此处描述的种族不同于之前的黄金种族、白银种族、青铜种族,也与后面的黑铁种族不同,并不对应任何一种金属。 其次,其他四个种族是按照贵贱程度从高到低排列。 而且,前三个种族死后的命运与他们在人世间的生活经历相吻合。 黄金种族"按照伟大的宙斯的意愿变成善良的神灵:大地上的神灵,凡人的守护者和财富的赐予者"。 次一等的白银种族依然"被人类称作地下的快乐神灵。 尽管他们品位低一级,仍得到人类的崇敬"。 当我们数到青铜种族时,发现作者只字未提他们死后的命运。 按照这种排列模式,我们本该看到第四个种族死后被打入地狱,灵魂承受煎熬。 正相反,我们发现至少有挑选出来的少数人死后进入极乐世界(Elysium),在大地上过着黄金种族生前的生活。

显然,英雄种族是后来才插入青铜种族与黑铁种族之间的,因而破坏了全诗的顺序、对称和意义。 究竟是什么使诗人插入如此不协调的一段描述呢? 原因必定在于,这段诗文描绘的英雄种族的形象深深铭刻在诗人和同时代公众的心里,因此必须为这个种族安排一个位置。实际上,英雄种族就是青铜种族的翻版,只不过并非借助赫西俄德式的阴郁真实,而是借助荷马式的迷人想象。

从社会角度来看,英雄时代愚不可及、罪孽深重。 从情感角度来说,它意味着一种不同寻常、惊心动魄的体验,蛮族入侵者冲破曾在数代人时间里阻滞他们祖先的边界,突然进入到一个空间无限的广阔天地。 但是,所有前景全都化为泡影,只有一个显赫的例外:蛮族在社会政治领域的惊人失败,有悖常理地促进了诗人的创作成就,毕竟艺术取材于失败远胜取材于成功,"成功者的故事"永远无法达到悲剧的境界。 民族大迁徙带来的精神振奋,陶醉不已的蛮族日趋道德沦丧,激发蛮族诗人用不朽的颂歌掩饰他们笔下英雄的邪恶和愚蠢。 在史诗描绘的迷人世界里，蛮族"征服者"感同身受地赢得了现实生活中不可企及的显赫声名。 "死的"历史演变成不朽的传奇。 英雄史诗迷惑了景仰不已的后人，他们把这个实际上是一个文明死亡与后继文明诞生之间悲惨的过渡阶段想象成我们在本书中语带讽刺地称呼的"英雄时代"："英雄"辈出的时代。

我们看到，这种错觉最早的受害者是"英雄时代"之后的"黑暗时代"的诗人。 追溯既往我们不难发现，"黑暗时代"无需以"黑暗"为耻，这种"黑暗"意味着蛮族纵火者最终死于自己点燃的篝火，虽然烧焦的地表覆盖着厚厚的灰烬，黑暗时代证明是富于创造力的，英雄时代毫无创造可言。 一旦时机成熟，新的生命勃然而生，满是灰烬的田野绽发出嫩绿的新蕾。 与荷马史诗相比，赫西俄德的诗歌显得平淡无奇，但它有如报春的花蕾，宣告了新时代的来临。 不过，这位描绘黎明前黑暗的忠实可信的编年史家，依然沉醉于夜间纵火的蛮族所激发的诗歌，信以为真地把对英雄种族的荷马式虚构描绘当作真实的历史。

赫西俄德的错觉是一种很奇特的错觉，他对青铜种族的描绘不仅重现了荷马式的幻境，也无情地揭示出蛮族的真实状况。 其实，即使没有赫西俄德提供的线索，我们仅凭内在证据就足以打破英雄神话。 只要去掉所有矫揉造作的虚饰，以本来面目来看待被诗意地理想化的激烈战斗和放纵享乐，我们就会发现，英雄们过的原本是声名狼藉的生活，像青铜种族一样死于非命，北欧神话描绘的英烈祠(Valhalla)同样不过是一个贫民窟。 那些跻身英烈祠的勇士实际上与他们英勇与之搏斗的恶魔并无二致。 他们互相残杀，最终同归于尽，他们给世界带来的乌烟瘴气终于消散，除他们自己之外，每一个人都乐于看到这种结局。

赫西俄德大概是第一个被辉煌的蛮族史诗误导的人，但绝不会是最后一个。 我们发现，在公认以开明著称的 19 世纪，一个哲学家江湖骗子四处散布一个神话，北欧人种 (Nordic Race)蛮族有如灵丹妙药，一旦注入到"衰败的社会"之中，就能够起到振衰起弊的作用。 恶魔般的日耳曼新野蛮主义的先知们把法国贵族生动的政治妙语提升到种族神话的高度，更是令我们伤心不已。 只要我们理清中世纪北欧传说的作者与第三帝国创立者的承继关系，就能更好地理解为什么柏拉图坚持要把诗人逐出"理想国"。

然而，蛮族闯入者有时候毕竟也能为后代作出些微的贡献。在第一代文明与第二代文明之间的过渡期，入侵的蛮族在某些情况下将死亡文明与新生的后继文明联系起来，起到类似于教会蝶蛹在随后第二代文明到第三代文明的过渡期起到的纽带作用。例如，正是经由米诺斯社会的外部无产者，叙利亚文明和希腊文明与先辈文明米诺斯文明联系起来，赫梯文明与先辈文明苏美尔文明、印度文明与先辈文明印度河文化的关系也是如此(如果最后一种文明事实上独立于苏美尔文明而存在的话)。由此可见，蛮族闯入者的作用赶不上教会蝶蛹的作用。与孕育出军事集团的外部无产者一样，建立教会的内部无产者乃是一个分崩离析的文明的后代，内部无产者从内心背弃这个文明，却显然从"过去"继承了极为丰富的遗产，然后把这份遗产传递给下一代。只要我们做一个比较，看一看究竟是西方基督教文明从希腊文明受益大，还是希腊文明从米诺斯文明获取的益处多，这一点就变得一目了然了。基督教会是希腊化达到饱和点之后的结晶；荷马时代的诗人几乎对米诺斯文明一无所知：他们完全是凭想象来描述英雄时代，只是偶尔提及文明的庞大尸骸，吟游诗人笔下兀鹫般的英雄，或者如他们引以为荣地自命的"城市劫掠者"，正是在文明的遗骸上享用腐肉的飨宴。

总而言之，亚该亚人以及当时同样起到传递作用的其他蛮族的贡献微乎其微，几乎可以忽略不计。那么，这些蛮族究竟作出了什么样的贡献呢？只要比较一下通过蛮族的脆弱纽带同先辈文明相联系的第二代文明与其他第二代文明的不同命运，我们就能看清蛮族的实际贡献。我们看到，但凡不是通过先辈文明的外部无产者与先辈文明建立起联系的第二代文明，必定是通过先辈文明的少数当权者与先辈文明发生联系。二者必居其一，因为先辈文明内部无产者的不成熟的高级宗教无法孕育出教会蝶蛹。

这样，我们就有两种类型的第二代文明，第一类是通过外部无产者与先辈文明相联系，另一类是通过先辈文明的少数当权者与先辈文明发生联系，这两类第二代文明在其他方面也都截然相反。前一类文明与先辈文明有着显著的差异，二者的从属关系模糊不清。 后一类文明与先辈文明联系密切，乃至是否能够作为独立存在的文明尚有争议。 后一类文明有三个典型例子，即巴比伦文明、尤卡坦文明和墨西哥文明。巴比伦文明既可以视为一个独立的文明，也可以看作是苏美尔文明的延续，尤卡坦文明和墨西哥文明都与玛雅文明有亲缘关系。 在梳理出这两种类型的第二代文明之后，我们还可以看到各个第二代文明的另一个区别。 与先辈文明联系过于密切的第二代文明(或者说直接建立在原有文明废墟上的第二代文明)全都失败了，另一类第二代文明却成功了，如希腊文明、叙利亚文明和印度文明；凡是与先辈文明联系过于紧密的文明，都无法在寿终正寝之前孕育出普世教会。

　　我们之前曾得出结论，依时间先后排列的文明序列也是文明的价值逐级升高的序列，高级宗教是迄今为止所能达到的最高点。 由此我们不难发现，第二代文明的蛮族蝶蛹(并非第三代文明的蛮族蝶蛹)有幸参与到高级宗教的演进之中。 下表清楚表述了这种观点：

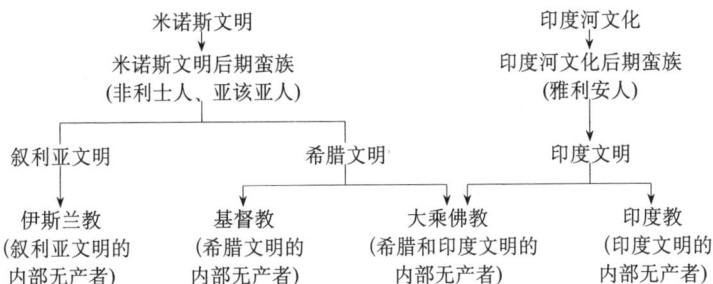

米诺斯文明			印度河文化
米诺斯文明后期蛮族 (非利士人、亚该亚人)			印度河文化后期蛮族 (雅利安人)
叙利亚文明	希腊文明		印度文明
伊斯兰教 (叙利亚文明的 内部无产者)	基督教 (希腊文明的 内部无产者)	大乘佛教 (希腊和印度文明的 内部无产者)	印度教 (印度文明的 内部无产者)

注：“妖邪的女人统治”*

　　“英雄时代”被视为一个属于出类拔萃的男性的时代。 不是有证据表明这是一个暴力横行的时代吗？ 在充斥着暴力的时代，面对体力占优势的异性，难道女性还能够维护自身的地位吗？ 这种先验的逻辑

---

　　* 语出苏格兰宗教改革家约翰·诺克斯 1558 年发表的抨击玛丽女王的著名小册子《第一次吹响号角反对妖邪的女人统治》。 ——译者注

不仅被英雄史诗的理想化描绘所驳倒，也被历史事实证明是站不住脚的。

英雄时代的大灾难往往系女人所为，虽然表面上看女人所扮演的是被动的角色。如果说阿尔博因(Alboin)未能得到罗莎蒙德(Rosamund)导致了格庇德人(Gepidae)的灭亡，那么，帕里斯得到海伦招致了特洛伊的劫掠。更常见的情形是，女人公然搬弄是非，蓄意驱使英雄们互相残杀。在传说中，布伦希尔德(Brunhild)与克里姆希尔德(Kriemhild)的争斗最终以埃策尔(Etzel)的多瑙河宅邸的屠杀告终，这与历史上布伦希尔德与她的仇人弗蕾德贡德(Fredegund)争斗的真实事件完全吻合，这个事件使罗马帝国的墨洛温王朝后继国家打了 40 年的内战。

当然，在英雄时代，女人对于男子的影响并不仅限于恶毒地唆使男人进行兄弟阋墙的争斗。说到影响历史的女人，最突出的莫过于亚历山大的母亲奥林匹亚斯(Olympias)和穆阿维叶的母亲欣德(Hind)，两人都因为从精神上降服了她们令人敬畏的儿子而名垂千古。我们还可以列举出一长串取材于正史记载的文学人物形象，如贡纳莉、里根和麦克白夫人等。*我们或许可以从社会学和心理学两个方面来诠释这种现象。

社会学的解释基于这样一个事实：英雄时代是一个社会过渡时期，原有的传统生活习惯已经打破，新兴文明或新兴高级宗教尚未形成新的"习惯势力"。在这个转瞬即逝的阶段，一种绝对个人主义压倒了两性的本质差异，填补了社会真空。值得指出的是，这种肆无忌惮的个人主义的成果，与空谈理论的女权运动的成果密不可分，这种女权运动完全超出这一时期妇女和男子的情感和理智水准。从心理学角度看，蛮族自相残杀的生存斗争中，决定胜负的关键并不在于强力，而是在于坚忍不拔、睚眦必报、冷酷无情、阴险狡诈和背信弃义，这些都是罪孽深重的人类本性所特有的品性，男女两性概莫能外。

倘若我们自问，在地狱般的英雄时代，这些实施"妖邪统治"的妇女究竟是女英雄、女恶棍，还是受害者？我们无法明确给出这个问题

---

* 这三个人物都是莎士比亚戏剧中著名的女性反派人物，里根、贡纳莉是李尔王的大女儿和二女儿，出自名剧《李尔王》，麦克白夫人出自《麦克白》。——译者注

的答案。 有一点很清楚,她们悲剧性的矛盾心理足以使之成为诗歌的理想题材。 毫不奇怪,米诺斯文明之后英雄时代流传下来的史诗中,"名媛录"(Catalogue of Women)成为最受欢迎的体裁之一。 这种体裁的作品由一个泼妇的愚蠢行径和苦难的故事引申出另一个泼妇的传说,由此环环相扣,用诗歌形式连环追述往事。 倘若这些青史留名的女人——这些诗篇再现了她们的可怕历险——能够预知,日后有一位维多利亚时代的诗人凭借对追述的追述,构想了一出《窈窕淑女之梦》,多半会面露苦笑。 想必只有《麦克白》第一幕第三场的气氛才会让她们感到如鱼得水。

注　释:

[1] Caetani, L., *Studi di Storia Orientale*, vol.i (Milan 1911, Hoepli), p.266.

[2] Davies, C. C., *The Problem of the North-West Frontier*, 1890—1908 (Cambridge 1932, University Press), p.176.

[3] 前引书,第 177 页。

[4] 类似事例是,1814 年,安德鲁·约克逊运用"边疆居民"的作战技巧在新奥尔良轻而易举地击溃了 1808—1814 年半岛战争的老兵,而后者的战术曾多次击败拿破仑军队。

[5] 格拉斯顿先生曾在下院表示,"文明拥有永不枯竭的资源",按照他的意思,英国的管治最终将压倒爱尔兰的民族主义骚动和非法活动。 格拉斯顿先生错了。 40 年后,"文明"承认已经精疲力竭,签订了建立爱尔兰自由邦的条约。

[6] Zosimus, Historiae, Book IV, chap.xxxi, §§ 1—3.

[7] Collingwood, R. G., in Collingwood, R. G. and Myres, J. N. L., *Roman Britain and English Settlements*, 2nd edn. (Oxford 1937, Clarendon Press), p.307.

[8] Chadwick, H. M., *The Heroic Age* (Cambridge 1912, University Press), pp.442—444.

[9] Murray, Gilbert, *The Rise of the Greek Epic*, 3rd edn. (Oxford 1924, Clarendon Press), pp.83—84.

[10] 同上书,第 87—88 页。

[11] Lammens, S. J., Père H., *Études sur la Règre du Calife Onaiyade Mo'awia Ier* (Bayut 1908, Imprimerie Catholique; Paris 1908, Geuthner), p.81, n-2. 从本书摘引的引文征得出版者同意。

[12] 同上书,第 81、87、103 页。

[13] Hesiod, Works and Days, lines 197—200.

[14] Glönbech, V., *The Culture of-eh Teutons* (London 1931, Milford, 3vols. in 2), vols. ii—iii, p. 305.

[15] Bridges, Robert, *The Testament of Beauty*(Oxford 1929, Clarendon Press), Book I, lines 535—555.

[16] Hesiod, Works and Days, lines 143—155.

[17] 同上书,第 156—173 行。

第九部　文明在空间上的接触

第三十章

研究领域的拓展

这部《历史研究》最初的假设是：历史文明是可以理解的研究单位；如果事实证明这个假设适用于文明的各个历史阶段，我们的考察任务就算大功告成了。然而，实际上我们发现，我们考察的各种文明的起源、生长和衰落阶段均足以构成一个可以理解的研究单位，文明的解体阶段却并非如此。我们要理解文明的最后解体阶段，就必须超越正在解体的文明本身，将外部力量的冲击也纳入我们的视线。举一个显而易见的例子：罗马帝国为源于叙利亚文化的基督教提供了希腊文化的摇篮。

不同文明相互碰撞，对于高级宗教的诞生发挥了重要作用，这一点已经成为历史地理学的常识。只要看一眼高级宗教诞生地的分布图，我们就会发现，它们集中分布在旧世界大陆的两个相对狭小的地域：一是乌浒河—药杀水流域，二是叙利亚(广义上说，叙利亚包括北阿拉伯草原、地中海、安纳托利亚和亚美尼亚高原的南坡)。乌浒河—药杀水流域孕育出在远东世界广为流传的大乘佛教，在此之前，琐罗亚斯德教多半也诞生在这一地区。在叙利亚，基督教最初是作为犹太教法利赛派的一个变种在加利利出现的，之后在安提阿获得了一种新宗教的形式，从此传遍整个希腊世界。犹太教以及与之同源的撒马利亚人的宗教都兴起于叙利亚南部。 基督一性论派和崇拜哈基姆(Hākim)的德鲁兹(Druses)什叶派则发源于叙利亚中部。 若我们拓展眼界,把上述两个核心区的邻近地区纳入视线,高级宗教发源地在地理上的集中趋向就更加突出。 在叙利亚,向南延伸到红海沿岸高原的汉志地区孕育出一种基督教异端教派,这种异教逐渐演变成新的穆斯林宗教。 同样,如果我们放宽视野,把目光投向乌浒河—药杀水流域的周边地区,就不难看出,印度河流域孕育出最早的大乘佛教,恒河中游孕育出原始佛教以及佛陀之后的印度教。

这种现象应当作何解释呢? 看一看乌浒河—药杀水流域和叙利亚的特性,再把两者做一番比较,我们就可以看出,大自然赋予的得天独厚的自然条件使这两个地区成为"交通环岛区":四通八达的交通线汇聚于此,本地区的任何一个地方都可通向四面八方。 叙利亚环岛区汇聚了来自尼罗河流域、地中海、安纳托利亚及其东南欧腹地、底格里斯河—幼发拉底河流域以及阿拉伯草原的交通线。 同样,中亚环岛区汇聚了途经伊朗高原的底格里斯河—幼发拉底河流域交通线、穿越兴都库什山山口的印度交通线、穿越塔里木盆地的远东交通线以及邻近的欧亚草原交通线,其中,欧亚草原交通线取代现已干涸的"第二地中海",继续发挥着后者的交通功能。 里海、咸海和巴尔喀什湖地区残存下来的遗迹,证明过去确实有过"第二地中海"。

实际上,自文明最初萌芽以来的五六千年间,这两个大有可为的交通枢纽一再履行大自然所赋予的功能。 在从未间断的长时期里,叙利亚一直是苏美尔文明与埃及文明,埃及文明、赫梯文明与米诺斯文明,叙利亚文明、巴比伦文明、埃及文明与希腊文明,叙利亚文明、东正教文明与西方基督教文明相互碰撞的舞台。 阿拉伯文明、伊朗文明和西方文明的碰撞,成为这一地区文明接触的最后一幕。 同样,乌浒河—药杀水流域长久以来始终是叙利亚文明与印度文明,叙利亚文明、印度文明、希腊文明与中华文明,叙利亚文明与远东文明相互碰撞的舞台。不同文明相互碰撞,使得这两个独特的"宗教摇篮"(numeniferous)曾被并入许多不同文明的大一统国家,而这两个地区格外频繁的文明碰撞,解释了何以其境内有如此众多的高级宗教发祥地。

　　鉴于这些证据，我们可以大胆地提出一条"规律"，大意是：我们研究高级宗教，可以理解的最小研究单位必须大于单一文明的范畴，必须包含两个或更多文明的相互碰撞。下面，我们将举证一些历史实例，从更广泛的角度来分析促进高级宗教诞生的文明碰撞。

　　我们所说的文明碰撞，乃是指各种文明在空间上的横向接触，我们假定这些文明属于同时代的文明。在讨论文明的碰撞(即本书这一部分的主题)之前，我们应该注意，不同文明在时间上也有接触，这种接触又可分为两种类型，一类是相继文明的传承关系，这是本书贯穿始终的另一个主题；另一类是一个成熟文明与消亡已久的祖先的"幽灵"相接触。借用一位19世纪法国学者为描述这种历史现象的一个特例(绝非独一无二的例子)而发明的术语，我们可以把后一种类型的接触称为"复兴"。我们将在下一个部分讨论文明在时间上的接触。

第三十一章

同时代文明的碰撞

第一节　研究计划

　　同时代文明的相互碰撞，无异于一个极为错综复杂的历史迷宫，要进入历史的丛林探险，明智之举是寻找一个适宜的入口。 我们最初在文化地图上标出了 21 个文明，如果考古发现有新进展，使我们有充分的理由把印度河文化视为有别于苏美尔文明的社会，把商代文化视为中华文明的先辈文明，那么我们要考察的文明就达到 23 个。 然而，同时代文明碰撞的次数显然会远远超过、事实上也确实大大超过文明本身的数目，即使我们承认这样一个事实，即不同时代的两个文明之间不可能有我们在这里所说的那种接触。 我们已多次提到，文明相继有过三个世代。 假如第一代文明全部同时死亡，第二代文明亦是如此，那么文明在空间中的碰撞关系就很简单了。 比方说，我们只须考虑第一代文明 A、B、C、D、E 彼此的相互碰撞，不必考虑第一代文明接触第二代文明 F、G、H、I、J 的可能性。 当然，实际情况并非如此。 苏美尔文明被体面地埋葬，不可能与充满活力的第二代文明有任何接触，埃及文明与第一代提托诺斯文明的情形就截然不同。

　　在"现代"之前，幸好有一个因素限制了同时代文明实际碰撞的次数，使之不至于达到天文数字。 各个文明之间远隔千山万水，阻碍了彼此间的相互碰撞。 例如，在西方基督教文明尚未掌握远洋航海技术的"现代"阶段(约 1475—1875 年)之前，"旧世界"文明从未与"新世界"文明有过任何接触。 远洋航海的成功具有划时代的历史意义，也为我们提供了一条线索，由此可以找到我们着手探察的历史迷宫的入口。

15 世纪，西欧航海家掌握了远洋航海技术，他们凭借这种物质手段可以到达地球上任何有人烟和适于居住的陆地。 对于所有非西方社会而言，西方的冲击逐渐成为最主要的社会压力。 随着西方压力的增强，非西方社会的生存状态变得混乱不堪。 西方给非西方世界带来的浩劫一开始似乎并未影响到西方社会自身的生存状态。 但是，在本书作者生活的时代，由于西方与同时代文明的一次碰撞，西方社会自身的前景也变得模糊起来。

西方与一个外部社会的冲突竟然主导了西方事务，这是现代西方历史的一个新特点。 1683 年，土耳其人第二次进攻维也纳失败，从那时起到德国在 1939—1945 年的大战中战败，总的说来，西方在力量对比上以绝对优势压倒了非西方世界，西方列强实际上根本用不着对付来自它们内部之外的任何势力。 1945 年后，西方的霸权已告终结，非西方强国自 1683 年以来第一次重新成为强权政治舞台上的重要角色。

诚然，苏联及其共产主义意识形态与西方文明的关系并不是一清二楚的。 苏联在政治上继承了彼得大帝的俄罗斯帝国，这个帝国在 17、18 世纪之交自愿皈依西方生活方式，默认皈依者必须遵守的公认的西方游戏规则，进而加入到西方的游戏之中。 追根溯源，共产主义是现代西方兴起的一种旨在替代基督教的世俗意识形态，从这个意义上说，共产主义依然与自由主义和法西斯主义如出一辙。 因此，从某个角度来说，苏联与美国争夺世界霸权，共产主义与自由主义争夺人类心灵，依然属于西方社会的内部争执。 不过，换一个角度看，苏联是一个始终披着西方外衣的俄罗斯东正教大一统国家，就像它的祖先彼得大帝的帝国一样，它这么做是为了方便和伪装。 同样，我们可以把共产主义看作是东正教的意识形态替代物，之所以把共产主义而非自由主义作为东正教的替代物，是因为自由主义是一种西方正统学说，而共产主义虽然源于西方，却被西方人视为异端。

无论如何，毋庸置疑的一点是，1917 年俄国共产主义革命再度大大强化了俄国人情感和思想中的反西方倾向。同时，苏联一跃成为仅存的两个世界强国之一，从而把文化冲突重新引入政治舞台，在这个政治舞台上，有着相同文化取向的列强在过去大约 250 年间始终争斗不休。人们还注意到，俄国显然早已绝望地向西方认输，之后又重新发动反西方的斗争，从而开创了一个先例。31 年之后，中国起而仿效俄国的榜样，日本、印度和穆斯林，乃至深受西方影响、业已成为东南欧东正教文明主体的社会，以及新大陆三个陷入困境的前哥伦布时代文明，说不定迟早也会起而效法俄国的榜样。

如此看来，合适的研究起点应该是现代西方与其他现存文明的碰撞。因此，我们必须研究西方基督教世界在早期，也就是所谓的中世纪时期，与邻近文明的碰撞。我们不打算逐一考察巨细靡遗地梳理历史所能确定的每一次文明碰撞，而是从现已灭绝的文明当中挑选出那些曾经对周边社会造成冲击的文明，而且这种冲击必须与西方文明对同时代文明的冲击不相上下。

不过，着手实施这项研究计划之前，我们首先必须确定西方“现代”史的开端。

非西方的观察家会把第一批西方船只在本国海岸登陆的时刻确定为现代史的开端，因为在非西方人看来，“西方人”(Homo Occidentalis)，如同某种科学假说里的“生物”，乃是一种海洋生物。例如，明代远东的学者第一次看到西方人的时候，根据这些新来者登陆的方位和表面的文化水准，称之为“南海蛮夷”。自双方的这次接触之后，西方海员的形象在受害者困惑不已的心目中挥之不去，而且接连发生数次变化。他们初次抵达海岸时，看起来像是一种从前不为人所知的温和的海洋微生物，不久之后就变得像凶猛的海怪，最后证明原来是食肉的两栖动物，在陆地和在水里一样行动自如。

从现代西方的角度来看，西方的现代性始于西方人蜕变成熟，出于自身的意志而非上帝的旨意，摒弃了“中世纪”基督教教规。这种令人鼓舞的发现最早出现在意大利，非常巧合的是，在同一代人的时间里，外阿尔卑斯的大多数西方民族出现了意大利化，而大西洋沿岸的西方民族征服了海洋。 以这两个划时代的历史事件为标志，我们可以有把握地把 15 世纪最后 25 年确定为西方现代史的开端。

　　然而，在评判现代西方与非西方世界碰撞的后果时，我们会看到，自双方第一次碰撞以来，迄今只有四个半世纪，这段时间太过短促，很难据此全面估量碰撞的结果。 我们涉及的是一段尚未结束的历史，只要对早先的文明碰撞的历史作一番回顾，这一点马上就变得一清二楚了。 我们不妨选取两段历史来进行年代学比较，一个是截止到 1952 年的现代西方冲击同时代文明的历史，另外一个是希腊文明冲击赫梯、叙利亚、埃及、巴比伦、印度及中国社会的历史。 为便于比较，我们把两段历史的起点分别确定为公元前 334 年亚历山大渡过达达尼尔海峡和 1492 年哥伦布横渡大西洋。 依照现代西方的历史记载，1492 到 1952 年有 460 年时间，若是套用 460 年的时间跨度，希腊文明冲击同时代文明的历史就只能从公元前 334 年延续到公元 126 年。 就在公元 126 年前不久，图拉真皇帝还与总督普林尼书信往来，讨论如何处置比希尼亚(Bithynia)和本都(Pontus)行省中默默无闻的基督教徒。 当时又有谁能想得到基督教日后的胜利呢？ 这一历史比较表明，在分析西方对非西方世界的冲击时，以 1952 年为时间下限，就全然抹杀了未来的历史发展。

　　到 20 世纪，希腊文明与同时代文明的碰撞早已尘埃落定，历史学家可以完整地了解这段历史的来龙去脉。 那么，如何确定这段历史的下限呢？ 研究者只须从自己的时代上溯到公元 12 世纪，便可确定这段历史的时间下限。 在 12 世纪，远东世界和叙利亚世界都气势夺人地抵御希腊文明的冲击。 在远东世界，视觉艺术仍然受到希腊文化的影响，在叙利亚世界，东方思想家借助于阿拉伯语译本继续汲取亚里士多德哲学和科学的灵感。

　　其他方面的例证不胜枚举，这些例证进一步阐明和强化了上述观点。 我们不禁想起一句格言：不可能写出真正的当代史。 不过，同样不可能的是，历史学家真的不会去尝试撰写当代史。 因此，我们提醒读者，我们涉足特殊的当代史领域，承担这项"不可能的"任务，乃是明知不可为而为之。

第二节　研究计划的展开

1. 与现代西方文明的碰撞

(1) 现代西方与俄国

15 世纪 80 年代，诺夫哥德罗封建共和国与莫斯科公国合并，标志着俄罗斯东正教大一统国家的建立，这与西方进入"现代"几乎完全同步。 不过，俄国人对"西方问题"并不陌生。 14、15 世纪，波兰人和立陶宛人的统治就深入到最早的俄罗斯东正教国家世袭领地。 16、17 和 18 世纪，俄罗斯东正教社会的一部分与罗马天主教会实现教会统一，从而强化了西方文明对 1569 年合并的波兰和立陶宛王国的俄罗斯居民的影响。 土地贵族大多已在耶稣会传教士的教化下皈依了天主教，农民大多加入大致维持了传统仪式和教规的东仪天主教会。 当时，白俄罗斯人和乌克兰人与俄罗斯东正教同胞分道扬镳，沦为俄国与西方竞相争夺的对象，俄国与西方的这种"不可避免的冲突"一直延续到 1939—1945 年大战结束，最后幸存下来的白俄罗斯人和乌克兰人无可奈何地再一次落入俄国的怀抱。

不过，这个最初通行俄罗斯文化、日后半西方化的边境地区并不是俄国与现代西方发生碰撞的主战场，因为波兰与现代西方文化的关系极为模糊，难以给俄国人留下深刻的印象。 在俄国与现代西方的关键性碰撞中，西方的主角是从意大利人手中夺过西方世界领导权的大西洋沿岸海洋民族，这个强势集团还包括波罗的海东岸的俄国邻邦。 波罗的海地区的德意志贵族和中产阶级对俄罗斯生活方式产生了与其人数不相称的重要影响，但是，透过俄罗斯帝国政府专门为接纳西方文化而开放的港口，大西洋民族发挥了更大的影响。

俄国与现代西方交往的基本发展线索始终是由两种因素的较量决定的，一方面是西方强大的技术实力，另一方面是俄国人决意维护自身的精神独立。 俄国人坚信自己的国家有着独一无二的命运，俄国接过了所谓的"第二罗马"(君士坦丁堡)的衣钵。 俄国人认定莫斯科乃是正统基督教硕果仅存的宝库和大本营。 1589 年，俄国建立独立的莫斯科牧首区，标志着俄国人的自负达到顶点。 与此同时，俄国本已由于中世纪西方的不断蚕食而大为缩水的领地，开始面临初战告捷的现代西方技术的威胁。

面对西方的挑战，俄国有三种不同的回应方式。 第一种是极权主义的奋锐党人式的回应，典型代表是狂热的旧礼仪派(Old Believers)。 第二种回应方式是"希律主义"(Herodianism)，这种政策的天才代表是彼得大帝。 彼得的政策是使俄罗斯帝国从一个东正教大一统国家转变为现代西方世界的地区性国家。 俄国人终究默认了彼得的政策，从而接受了与其他民族平起平坐的地位，暗中否定了莫斯科自命为基督教正统大本营的独特命运。 旧礼仪派断言，俄国社会孕育着人类未来的希望。 在 200 多年间，彼得的政策表面上取得了成功，但从未得到俄国人民全心全意的拥护。 1914—1918 年大战期间俄国屈辱的军事失败成为一个触目惊心的证据，表明彼得的西方化政策在推行 200 多年之后，不但是非俄国化的，而且是不成功的，西方化"有负众望"。 在这种情况下，共产主义革命等于是重申了一种长期受到压制的信念：俄国肩负着独特的使命。

俄国共产主义者试图调和两种相互抵触的因素，一方面情不自禁地抱有一种俄国使命观，同时必须抗衡现代西方的技术威力。 共产主义者用一种现代西方的意识形态，尽管是一种与流行的西方自由主义针锋相对的意识形态，来反对现代西方，重申俄国继承了独一无二的遗产，从而陷入了自相矛盾的尴尬境地。 列宁及其继承者意识到，如果纯粹把斗争武器理解为物质手段，那么运用西方手段来与西方作斗争的政策不可能获得成功。 现代西方能够取得惊人的成就，诀窍在于宗教手段和世俗手段双管齐下。 现代西方技术的浪潮势不可挡，为现代西方自由主义精神的发展打开了突破口。 俄国若想成功回应西方，就必须掌握一种足以抗衡自由主义的信念。 俄国必须用这种信念武装起来，与西方展开争夺，从精神上控制本土文化传统既非西方、也非俄国的现存社会。 不仅如此，俄国不能就此止步，要勇于发起反攻，到西方本土宣扬俄罗斯信念。 我们将在本书下一个部分专门探讨这个问题。

(2) 现代西方与东正教世界主体

东正教世界主体与俄国同时接纳了现代西方文化。不论是东正教世界主体还是俄国，西方化运动都始于 17 世纪末，这场运动标志着对西方文化的长期敌视戛然而止。东正教徒态度转变的原因与西方人的一次心理转变的动因如出一辙：西方所谓的宗教战争使得西方人彻底觉醒，由不宽容的宗教狂热转变为漠视宗教的宽容。不过，从政治上说，东正教世界主体和俄国按照不同的方针推行不同的东正教西方化运动。

在我们涉及的这个时期，东正教世界主体和俄罗斯东正教会都受到大一统国家的钳制，只不过后者面对的是本土的大一统国家，前者受制于外来的奥斯曼土耳其人强行建立的大一统国家。因此，俄国的西方化运动是由一位锐意改革的天才沙皇自上而下地发动，旨在巩固现行的帝国政府。奥斯曼帝国的西方化运动发端于立志推翻奥斯曼政权、重获政治独立的塞尔维亚人、希腊人和其他臣属的东正教民族，这场运动并非君主颁布国家法令加以推动，而是平民自下而上地发动的。

塞尔维亚人、希腊人与俄国人一直在不同程度上敌视西方，相比之下，17 世纪塞尔维亚和希腊东正教徒对待西方态度的根本转变远比俄国东正教徒彻底。13 世纪，希腊人奋起反抗第四次十字军时期"法兰克人"凭借武力建立起来、统治他们达半个世纪之久的所谓"拉丁帝国"。15 世纪，希腊人拒绝承认 1439 年佛罗伦萨会议达成的东正教会与天主教会合并的协议，尽管教会合并似乎为他们提供了一个绝好的机会来争取西方支持，抵御入侵的土耳其人。他们宁愿要"皇帝"(Pādishāh)，也不要教皇。直到晚近的 1798 年，耶路撒冷牧首仍在君士坦丁堡的希腊报纸上发表声明：

> 当君士坦丁堡的最后几位皇帝开始使东方教会屈从于教皇的奴役，蒙上天的特殊眷顾，奥斯曼帝国挺身而出，保护希腊人远离异教，成为抵御西方国家政治强权的屏障，东正教会的捍卫者。[1]

　　然而，耶路撒冷牧首阐发的这种传统的奋锐党人观点，不过是在一场文化之争行将落败之际的气话，早在一百多年前，这场文化之争的胜负就已经见分晓了。服装样式的变化是一项重要的社会心理指标，这一点已在文化领域得到证实。这种服饰上的证据充分揭示出东正教徒究竟从何时开始在文化上改换门庭，从服膺于土耳其主人的文化转而服膺于西方文化。17世纪70年代，非穆斯林臣民依然把土耳其化作为孜孜以求的社交目标，正如英国驻君士坦丁堡大使馆机敏的秘书保罗·里考特(Paul Rycaut)爵士指出：

　　　　明智之士当会注意到，希腊人和亚美尼亚基督教徒十分乐于模仿土耳其人的服饰，他们尽可能穿得像个土耳其人。若是有权在某些特殊场合露面时不穿带有基督教徒特征的服饰，会令他们倍感自豪。[2]

　　在当时绘制的一幅肖像画中，1710年被土耳其宫廷册封为摩尔多瓦公爵，并于次年逃往俄国的罗马尼亚东正教大公德米特里·康捷米尔(Demtrius Cantemir)，头戴丝囊假发，身着大衣和马甲，腰佩长剑。显而易见，这种服饰上的改变对应着内在心理的变化。例如，康捷米尔能用拉丁语、意大利语和法语阅读和写作。18世纪，土耳其政府发现必须雇用老谋深算的外交家，以对付再也无力直接在战场上打败的西方列强。因此，为土耳其人效力的东正教法纳尔(Phanariot)希腊人凭借对西方生活方式的了解，获得土耳其雇主的青睐。

　　18世纪，土耳其政府统治下东正教臣民的苦难，大多起因于伴随着帝国日渐解体而来的政治腐败。与之形成鲜明对比的是，在西方基督教世界，宗教怀疑主义波澜初兴，显露出高效行政管理和政治开明的曙光。天主教哈布斯堡王朝不再迫害非天主教臣民，哈布斯堡王朝统治下的塞尔维亚东正教臣民成为心理沟通的桥梁，这些奥斯曼帝国的难民在匈牙利哈布斯堡王朝征服的前土耳其领地上安顿下来，通过他们的传播，现代西方文化打动了整个塞尔维亚民族。威尼斯是西方文化扩大影响的另一条渠道，在1669年之前的四个半世纪里，威尼斯一直占据着信奉希腊东正教的克里特岛，并且在若干不长的时期里统治过希腊的部分欧洲大陆领地。 此外，驻君士坦丁堡的西方外交官也是一股西方化势力，他们利用一项传统的土耳其原则，即奥斯曼帝国境内全体居民享有的"无疆域自治"(non-territorial autonomy)，建立起许多"国中之国"(imperia in imperia)，他们在这些"国中之国"的管辖权不仅针对居留在奥斯曼帝国的本国公民，还包括成为他们正式被保护人的土耳其臣民。 希腊商业侨民也开辟了一条西方文化渗入的通道，他们的足迹遍布西方世界，远至伦敦、利物浦和纽约。

这样，现代西方文化通过这些陆路和海上渠道传播到东正教世界主体，影响了一个外来大一统国家的社会。 因此，现代西方生活方式先是在教育领域得到认可，然后再扩展到政治领域。 侨居巴黎的阿德曼迪斯·科拉伊斯(Adhamádios Korais)和侨居维也纳的福克·卡拉季奇(Vuk Kardžic)的学术著述，先于卡拉·伊日(Qāra George)和米洛什·奥布廉诺维奇(Miloš Obrenovic)的起义。

19世纪初，世人有把握地预测奥斯曼帝国的欧洲领地将推行西方化变革，不过当时并不清楚这种变革将采取何种形式。 在1821年之前的一个世纪里，普世牧首*的法纳尔希腊人侍从抛弃期盼东罗马帝国起死回生的旧梦，转而幻想从政治上解决"西方问题"，通过效法彼得大帝对俄罗斯帝国改造，将奥斯曼帝国改造成同时代多瑙河哈布斯堡王朝那样的西方多民族"开明君主国家"的翻版。 法纳尔希腊人这种眼光远大的想法乃是立足于一系列令人鼓舞的政治进步。

苏丹把约束基督教民族的政治权力赋予普世牧首，这位君士坦丁堡牧首正式成为扩大的奥斯曼帝国全体非穆斯林东正教臣民的首脑。 自公元7世纪阿拉伯人征服叙利亚和埃及以来，这些基督教民族从未接受过任何一位君士坦丁堡皇帝的统治。 17、18世纪，独立的穆斯林同胞的行动进一步扩大了法纳尔人的政治权力。 1566年苏里曼大帝(Suleymān the Magnificent)死后的一百年间，独立的穆斯林民族迫使奥斯

---

* 东正教在历史上将君士坦丁堡牧首称为"普世牧首"，但是只享有名义上的首席地位。 ——译者注

曼苏丹的奴隶宫内官吏准许他们进入奥斯曼帝国政府，之后又与希腊非穆斯林臣民建立联合阵线，进一步巩固了他们的政治胜利。为利用奥斯曼希腊人的技能为帝国服务，土耳其宫廷和舰队设立了台尔果曼(Dragoman)的职位，随后又推行各种有利于希腊人的举措，牺牲希腊东正教徒之外的非穆斯林臣民的利益。

1821年之前的半个世纪里，法纳尔希腊人大概认为已经尽己所能地掌握了奥斯曼帝国的支配权，这种支配权足以与同时代约瑟夫二世皇帝为多瑙河哈布斯堡王朝的日耳曼人赢得的权力相提并论。然而，到1821年，西方发生的大变革削弱了法纳尔人的权势。在西方，民族主义一举取代开明君主制，成为西方的主导政治思想。在奥斯曼帝国，希腊东正教徒之外的非穆斯林臣民预见到，以法纳尔希腊人的统治取代土耳其穆斯林的统治无法满足他们日渐觉醒的民族主义志向，多瑙河公国的罗马尼亚人就是如此。他们被当地的法纳尔希腊人统治了110年，1821年，希腊人希普斯兰迪(Hypsilandi)呼吁同为东正教信徒的罗马尼亚人团结起来，在法纳尔希腊人的领导下拿起武器推翻土耳其人的统治。罗马尼亚人对他的号召置若罔闻，导致希普斯兰迪的突袭行动遭到惨败。*

法纳尔人的"伟大理想"落空，表明奥斯曼帝国境内决意接受西方生活方式的多民族东正教居民必须解决彼此之间的问题，按照法国、西班牙、葡萄牙以及荷兰的模式，松散地组成一个包括希腊、罗马尼亚、塞尔维亚、保加利亚、阿尔巴尼亚和格鲁吉亚等地区性国家在内的联合体。在这个松散的联合体中，特定的语言，而不是特定的宗教，将成为团结"同胞"、区分"异族"的"示播列"(shibboleth)。不过，19世纪初之际，这种外来的现代西方模式前景尚不明朗。在奥斯曼帝国，当时只有少数几个地区的居民使用近似于同文同种的语言，具备国家雏形的地区更是屈指可数。依照现代西方的革命性方案彻底重组政治版图，给数以百万计的人带来痛苦，一旦这种削足适履的做法相继贯彻到越来越不愿意依据民族主义原则从政治上组织起来的地区和居民，苦难

---

* 1821年，希腊公爵希普斯兰迪越过普鲁特河，进攻奥斯曼帝国。——译者注

就变得越来越普遍，越来越深重。令人毛骨悚然的事件不断发生，1821 年，希腊民族主义者杀光了摩里亚半岛的土耳其穆斯林少数民族。1922 年，希腊东正教少数民族大规模逃离西安纳托利亚。

东正教民族国家脱胎于这种险恶的环境，且都属蕞尔小国，自然无法奢望像西方化的俄罗斯帝国那样与现代西方平起平坐，扮演与中世纪西方基督教世界平分秋色的东罗马帝国的角色。这些国家竭尽绵薄之力，为巴掌大的地盘争斗不休，彼此怀有不共戴天的仇恨。在与外部世界交往时，这些国家发现自己的处境与它们的先辈在"奥斯曼的和平"建立之前几个世纪里的处境颇为类似。奥斯曼帝国崛起之前，希腊人、塞尔维亚人、保加利亚人和罗马尼亚人面临一个抉择，究竟是接受中世纪西方基督教同道的统治，还是奥斯曼土耳其人的统治。奥斯曼帝国衰落之后，他们同样面临一个抉择，要么并入世俗的现代西方社会，要么先是屈从于彼得大帝的俄国，之后受制于共产主义的俄国。

到 1952 年，这些非俄罗斯东正教民族大多处于俄国的军事和政治控制之下。只有希腊和南斯拉夫这两个国家例外：在希腊，俄国人在苏、美之间一场不宣而战的战后之战中遭到失败，这场战争的交战双方均为境外交战国的希腊代理人。南斯拉夫挣脱战后俄国霸权的控制，接受美国的援助。不过，在俄国控制的那些国家，有一个一目了然的事实：俄国哪怕只是间接地行使权力，也会招致所有人的憎恶，当然，以苏联政府代理人的身份统治这些国家的极少数共产党人除外。

远在俄国爆发共产主义革命之前，非俄罗斯东正教民族就长期致力于反抗俄国的统治，只要看一看 19 世纪俄国与罗马尼亚、保加利亚、塞尔维亚的关系史，就足以说明问题。例如，1877—1878 年的俄土战争刚一结束，俄国就对塞尔维亚、罗马尼亚和保加利亚摆出一副惟我独尊的架势。在俄国人看来，正是由于俄国出兵援救，塞尔维亚才免遭被土耳其军队击败的下场；俄国刚刚把多布罗加(Dobruja)赠予罗马尼亚；保加利亚更是俄国凭借一己之力从无到有地建立起来的。结果不出所料，正如事实反复证明的，国际政治是没有感恩戴德一说的。

乍看起来，非俄罗斯东正教国家的反俄情绪有些不可思议，当时东正教仍是俄国国教，"古斯拉夫语"方言也依然是俄国、罗马尼亚、保加利亚和塞尔维亚东正教会共同的祈祷语言。俄国曾经为这些民族挣脱奥斯曼帝国桎梏的斗争提供了大力帮助，但泛斯拉夫主义和泛东正教运动几乎丝毫无助于俄国与这些民族的交往，个中原因何在呢？

原因在于，奥斯曼帝国的东正教徒难以自拔地迷恋西方文化，就算俄国有吸引力，也并非是由于俄国人同属斯拉夫人，同样信奉东正教，而是因为俄国人是奥斯曼帝国东正教徒决意追求的西方化的先驱者。况且，这些非俄罗斯西方化民族对俄国的了解越深，就越深切地意识到彼得大帝的俄国推行的西方化不过是肤浅的表面文章。正如谚语所云："文明不能改变本性"，抓破一个俄国人的脸，你就会发现一个鞑靼人。大量文献证据表明，叶卡捷琳娜大帝(1762—1796 年在位)的时代，俄罗斯文化在奥斯曼帝国基督教徒心目中的声望达到顶峰。之后，俄国加大干涉奥斯曼帝国事务的力度，"被压迫的基督教民族"——俄国自命为他们的捍卫者——逐渐熟悉俄罗斯文化的特征，俄罗斯文化的声望开始下降。

(3) 现代西方与印度世界

从某种程度上说，印度世界与现代西方的碰撞类似于东正教世界主体与现代西方的碰撞。这两个文明都已进入大一统国家的阶段，而且大一统国家体制都是由源于伊朗穆斯林文明的异族帝国缔造者强行建立的。不论是莫卧儿王朝的印度，还是土耳其东正教社会，在现代西方进入视野之前，穆斯林统治者的臣民无不受到统治者文化的吸引。当西方势力显著增强，伊斯兰教社会日渐衰退之际，他们也都转而仿效后起之秀的西方文化。不过，两者的相似反而凸显出彼此之间颇为明显的差异。

举例来说，土耳其东正教徒若要转而仿效西方文化，必须消除一种由来已久的抵触情绪，这种抵触情绪源自中世纪时期与西方文明发生碰撞的不幸经历。反之，印度人若要实现相应的文化转型，就没有类似的不愉快记忆需要刻意加以消除。1489 年，达·伽马到达卡利卡特(Calicut)，印度世界开始接触西方，实际上这是两个社会有史以来的第一次接触。

此外，这两个文明与现代西方的碰撞有着不同的前因后果，相形之下，后果上的差异更为显著，也更为重要。看一看东正教社会的历史，异族建立的大一统国家在步入解体阶段之前，始终掌握在穆斯林创立者的手中。帖木儿帝国莫卧儿军事首领软弱无能的接班人未能继续维护帝国的统一，英国商人顶替了阿克巴的位置，重建了帝国。英国人逐步意识到，如果不先发制人，恢复西方人经商所必需的法律和秩序，就会让竞争对手法国人抢得先机。这样，印度世界是在印度已经沦为西方统治的情况下，才启动至关重要的西方化进程。因此，印度像俄国一样自上而下地接纳现代西方文化，土耳其东正教社会却是自下而上的。

这样，印度社会的婆罗门种姓与巴涅(Banya)种姓合作，在印度历史上成功扮演了法纳尔希腊人未能在非俄罗斯东正教社会扮演的重要角色。无论哪朝哪代，婆罗门始终把持着管理国家的权力，先后在印度世界和后继的印度社会扮演国家管理者的角色。莫卧儿王朝的穆斯林先驱者和莫卧儿人都发现，最好是效法他们取而代之的印度邦国的榜样。若不是有婆罗门出身的大臣和低级官吏为穆斯林统治者效力，印度人势必更加憎恶穆斯林的异族统治。英国人统治印度后，继续仿效莫卧儿王朝的先例，英国人的经济事业则为巴涅种姓提供了相应的机会。

英国掌握印度政权带来一个后果，英语取代波斯语成为帝国政府的官方语言，西方文献取代波斯语和梵语文献成为高等教育的媒介。这种政策对印度文化史产生了深远的影响，正如彼得大帝的西方化政策深刻影响了俄罗斯文化史。不论是英属印度还是俄国，西方生活方式都是以大一统专制政府颁布法令的方式普及开来的。高级种姓的印度人接受西式教育，因为政府规定接受西式教育乃是进入英属印度行政部门的必由之路。随着商业和政府的西方化，印度形成了两种西方式的自由职业：大学教师和律师。西方化的印度商界以私人企业为基础，最有利可图的空缺不再是欧裔英国人的专利。

不难想见，印度社会的新兴社会成分势必抱有与土耳其东正教社会的法纳尔希腊人如出一辙的志向：从异族帝国缔造者手里接管他们生于斯长于斯的大一统帝国，然后按照当时流行的宪政模式加以改造，使之成为西方化世界的一个地区性国家。 18、19 世纪之交，法纳尔人曾经幻想将奥斯曼帝国改造成一个 18 世纪的开明君主国家。 19、20 世纪之交，印度世界的西方化政治领袖顺应西方政治理想的变迁，提出了一个艰巨得多的任务：把英印帝国改造成一个民主的西方式民族国家。1947 年 8 月 15 日，英国人把印度政权正式移交给印度人，从那时起到现在还不到 5 年时间，我们尚无法预测这项艰巨任务的成败。 不过，我们可以断定，印度人的政治才华要超出外国同情者最初的预料，他们千方百计地维护印度次大陆的政治统一，这种政治统一或许是英国人带来的最珍贵的礼物。 不少英国时事观察家曾经预言，一旦英国在印度的统治宣告终结，随之而来的将是整个次大陆的"巴尔干化"。 事实证明这个预言是错误的，虽然站在印度教教徒的立场来看，巴基斯坦的脱离破坏了次大陆的统一。

印度穆斯林之所以执意要建立巴基斯坦，乃是出于一种发自内心的忧虑，这种忧虑源于对自身弱点的认识。 他们不会忘记，18 世纪的莫卧儿统治者未能用武力来维护完全是凭借武力攫取的领地。 基于同样的判断，他们意识到，莫卧儿王朝的前领地大多将成为马拉塔人 (Marāthā) 和锡克人的印度教后继国家的战利品，除非英国进行军事干涉，完全扭转印度政局的历史进程。 他们还认识到，在英国统治时期穆斯林与印度教教徒的长期冲突中，印度教教徒占了上风，而英国仲裁者宣告，双方必须铸剑为犁，通过和平手段展开竞争。

正是出于这样的考虑，印度穆斯林在 1947 年执意创立自己的后继国家，随之而来的印巴分治预示着上一个世纪奥斯曼帝国分裂所导致的悲剧结局。 从行政和经济角度来看，交错聚居的社群被强行划归领土分立的独立民族国家，由此而来的边界划定将造成极其严重的后果。这种边界划定甚至要付出这样的代价：大批少数民族被硬性划定归属。上百万难民抛弃家园和产业，惊慌失措地踏上迁徙的旅程，他们历经极其艰难的长途跋涉，途中不断遭到怨恨不已的对手的骚扰，最终一贫如洗地抵达一个陌生的国度，不得不两手空空地重新开始生活。 更糟糕的是，为争夺克什米尔边境地区的控制权，印度与巴基斯坦随即爆发了一场不宣而战的战争。 不过，到 1952 年，德里和卡拉奇的政治家作出富有成效的努力，印度得以避免重蹈奥斯曼帝国的可怕覆辙。 因此，到写作本书时为止，从短期政治角度来看，印度的前景大体上是令人鼓舞的。 如果说现代西方的冲击依然带来威胁印度社会的重大危机，这些危机与其说存在于表面的政治层面，不如说潜伏在底层的经济层面以及最深的精神层面，而且很可能要过一段时间才会达到白热化的程度。

印度世界必须认清西方化的两个显而易见的危险。 首先，印度文明与西方文明的文化背景几乎毫无共通之处；其次，只有极少数上层印度人掌握了外来的现代西方文化知识，广大下层农民依然愚昧无知、一贫如洗。 我们没有理由认为西方文化的渗透会就此终止，不再自上而下地渗透。 相反，我们有充分的根据预言，西方文化一旦开始影响广大下层农民，将带来前所未有的颠覆性后果。

印度社会与现代西方的文化隔阂不仅仅是文化差异，而是全然的文化对立。 现代西方创造出剔除宗教因素的世俗文化遗产，而印度社会自始至终是一个彻头彻尾的宗教社会，乃至我们实际上可以斥之为"宗教狂"(religiosity)，如这个贬义词所指，仿佛世间真的有人极度热衷于宗教这一最重要的人类诉求。 激昂的宗教人生观与审慎的世俗人生观相互对立，这种对立的尖锐程度远甚于两种宗教的差异。 同样，印度文化、伊斯兰文化与中世纪西方基督教文化之间的契合程度，远胜于它们与现代西方世俗文化的一致之处。 凭借这种共同的宗教虔诚，印度人在皈依伊斯兰教和罗马天主教时不至于陷入难以忍受的精神焦虑。东孟加拉的伊斯兰教徒和果阿(Goa)的罗马天主教徒的例子足以说明问题。

事实表明，印度人能够藉由宗教途径接受外来文化，这种本领意义重大。 如果说印度文明最主要的区别性标志是宗教狂热，它的第二个最显著的特征就是冷漠。 毫无疑问，有些印度人用理性克服了自身精神生活的冷漠，这些人接受过现代西方世俗教育，亲身参与了按照现代西方原则重组印度的政治和经济生活。 这些新兴的知识分子并不幸福，他们为社会作出有益的贡献，却付出自身人格分裂的代价。 印度知识分子阶层形成于英国统治时期，他们感情上始终与西方生活方式保持着距离，理智上却亲近西方方式。这种矛盾心理造成了一种根深蒂固的精神抑郁，即使是按照西方模式构建独立的印度民族国家这一剂政治万灵药，也无法医治这种精神抑郁。

与受过西式教育的印度人无动于衷的冷漠相对应，英国统治时期印度知识分子不得不仰其鼻息的西方统治者也表现出明显的精神冷漠。1786年，康沃利斯(Cornwllis)出任印度总督，受命改组印度政府，1858年，东印度公司把印度的政治主权移交给英国王室，在这段不到一百年的时间里，欧裔英国统治阶级对待印裔臣民的态度发生彻底改观，而且这种改变大体上造成了事与愿违的结果。

18世纪，在印度的英国人遵从这个国家的习俗——包括滥用权力的习俗，与他们欺骗和压迫的印度人过从甚密。19世纪，英国人完成道德重整。孟加拉的第一代英国统治者曾经因为骤然间大权在握而冲昏头脑，结果使自己蒙羞。如今，追求道德高尚的新理想克服了以往的那种得意忘形，这种新理想要求英印文官把手中的权力视为公众赋予的职责而非个人的机会。然而，伴随着英印当局的道德救赎，英国人与印度人的私人交往日渐稀疏，直到有一天，糟糕的旧时代那些过分印度化的英国"纳波布"(nabob)摇身一变，成为工作无可挑剔、为人矜持冷漠的英国文官。这些文官毕生在印度工作，却从未把印度当作自己的家园，直到1947年永远告别印度。

英国人与印度人曾经有过无拘无束的私人交往，为什么偏巧在最需要这种交往发挥有益影响的时候日渐消失了呢？英国人对印度人态度的转变自然有许多原因。首先，现代印度行政部门的英国官员找到了一个光明正大的借口，即他们的冷漠正是无可挑剔地履行职责的必然代价。一个人若不在社会交往中保持一种庄严的超然态度，又怎能期望他铁面无私地执行公务呢？这种变化的第二个、也是不那么值得称道的原因在于英国人由征服而来的趾高气扬。到1849年，实际上早在1803年，英国在印度的军事和政治实力就远远超过了18世纪。一位20世纪研究英印文化关系史的英国学者精辟地分析了这两个因素的影响。

18世纪步入尾声之际,社会氛围逐渐发生变化。"礼尚往来"……日渐减少,也不再与印度人结成亲密无间的朋友关系……英国人把持了政府的高级职位,政府的架构更加接近宗主国,更加傲慢和冷漠。穆斯林纳瓦布和英国"鉴赏家"(bons viveurs)、老练的梵学家和英国学者一度消除的隔阂,又开始不祥地加深……(英国人)形成一种"优越感",认为印度不仅是一个制度失效、人心涣散的国家,而且本质上永远不可能有所改善……

颇具讽刺意味的是,在印度的印裔—欧裔关系中,行政部门的整肃与种族隔阂的加深完全同步……恰恰是在东印度公司职员贪污腐败、大发横财、压榨佃农、广置姬妾和非法性关系盛行的时期,英国人对印度文化产生兴趣,用波斯语写诗,与梵学家、大毛拉和纳瓦布平等社交、结成私人友谊。康沃利斯的悲剧在于……他在铲除公认的腐败邪恶的同时,打破了使相互理解成为可能的社会均衡……康沃利斯……把印度人排除在政府高级职位之外,造就出一个新的统治阶级。腐败的根除付出了牺牲平等和合作的代价。他的看法与普遍公认的观点如出一辙:二者之间有一种必然的联系。"我确信",他曾说过,"每一个土生土长的印度人都是堕落的"……他认为用合理的薪水就可以解决英国人的腐败问题,却没有静下来想一想,至少应该尝试利用印度人的善意来清除印度人的腐败。他从未考虑按照阿克巴的曼萨卜达尔(mansabdars)体制来构建印度帝国的官僚机构,通过专门的训练,辅以适当的薪水以及平等待遇、升迁和荣誉的奖励,这些人就会像莫卧儿官吏服膺于皇帝那样听命于东印度公司。[3]

造成隔阂的第三个原因是,印度与英国之间的交通越来越便捷,英国人可以频繁地往返于印度和英国,从而缓解异乡感和漂泊感。 不过,第四个原因才是最重要的,而且在印英国人成为这个因素的受害者而非始作俑者。 对英国侨民的冷漠感到愤怒的印度人只要回想一下下面的事实,或许会比较宽容地对待这些闯入者:英国人来到印度之前,这个次大陆已被种姓制度拖累了3 000年,印度社会进一步加深了先辈印度文明留传下来的邪恶;英国人离开之后,正如他们到来之前那样,印度人民依然饱受他们自己一手造成的社会邪恶的折磨。从印度历史的长远角度来看，可以把英国人在 150 年统治期间形成的冷漠态度视为对印度特有弊端的适度冲击。

英国统治的终结避免了晚近英国人的冷漠造成变本加厉的后果。不过，英国人留下来一笔遗产，那就是英国当局改善了印度农民的状况和前景。事实将表明，这笔遗产势必使英国文官的印度继承者背上沉重的负担。

在"不列颠和平"(Pax Britannica)时代，英国人以各种方式弥补印度次大陆自然资源的不足：修筑铁路、兴修水利，最重要的是高效而尽责的行政管理。英国统治者离去之际，印度农民大概刚刚充分意识到现代西方技术的物质成就，注意到以基督教观念为核心的现代西方民主的政治理想，他们开始质疑世世代代的贫困是否与正义背道而驰、是否真的无可改变。与此同时，开始向往这些理想的印度农民却使出最狠毒的手段来阻碍这些理想的实现，他们不停地生儿育女，直到突破生存极限。结果，英国人用心经营增加的粮食供应，不但没有用来提高农民的个人所得，反而增加了农民的人数。印巴分治之前，印度人口从1872 年的约 206 000 000 人，增加到 1931 年的 338 119 154 人，1941 年达到 388 997 955 人，之后继续快速增长。印度人继承的政治遗产使得他们接手管理政府时不能有任何闪失，那么，他们该如何处理英国人留下来的政治遗产呢？

消除人口过剩的传统方法是听任饥荒、瘟疫、内乱和战争导致人口不断下降，直到幸存者再度能够以传统的生活方式来维持通常是低水平的生存。穆罕默德·甘地全身心地寻求印度的独立，为印度确定了与马尔萨斯人口论完全相同的目标，同时又不愿借助必不可少的野蛮手段。他预言，如果印度不能挣脱西方化世界的经济罗网，单纯的政治独立不过是虚幻的解放。他发起抵制机制棉纺织品的运动，正确地把矛头对准经济菩提树的技术之根。这场运动最终彻底失败，表明印度当时已身不由己地卷入西方化世界的经济生活之中。

一旦印度的人口问题到了连政治家也无法忽视的危急时刻，执掌政权的印度政治家们就会发现自己面临一种西方化世界的道德氛围，不得不努力寻求一种更为仁慈、而非甘地—马尔萨斯式的解决途径。 如果这些亲西方的印度政治家推行的政策归于失败，那么基本上可以肯定，对立的俄国式解决方案就会伺机进入印度的国家议事日程。 像西方化的印度一样，共产主义俄国继承了过去的文化遗留下来的农民贫困问题，与印度不同的是，俄国以自己的方式回应了这一挑战。 印度农民和知识分子都会认为这种共产主义的方法过于残忍，大概不会有任何兴趣加以仿效。 不过，也不排除有这样的可能：在一个不幸的时刻，为避免更加可怕的人口灭绝的命运，印度政府把共产主义的方案列入到议事日程上来。

(4) 现代西方与伊斯兰世界

在西方现代史的开端，两个姊妹伊斯兰社会先后阻断了西方社会和俄国社会通向"旧世界"其他地区的陆路交通线。 15 世纪末，阿拉伯穆斯林文明依然控制着从直布罗陀海峡到塞内加尔的非洲大西洋海岸。西方基督教世界与热带非洲的陆路交通被切断，阿拉伯人的浪潮汹涌而至，席卷黑暗大陆，势头不仅波及撒哈拉沙漠之外的苏丹北部边界，还延伸到黑暗大陆的东海岸，即濒临印度洋的"斯瓦希里"(Sawāhil)。 印度洋实际上成为阿拉伯人的内海，埃及经纪人的威尼斯贸易伙伴不能出入其间，而阿拉伯人的船舶不仅定期往返于从苏伊士到索法拉(Sofala)的非洲海岸，还横跨印度洋到达印度尼西亚，把这个群岛从印度教的地盘夺过来，纳入伊斯兰教的势力范围，之后继续东进，使菲律宾南部的马来异教徒皈依伊斯兰教，从而在西太平洋地区建立起一个前哨基地。

与此同时，伊朗穆斯林文明占据更为重要的战略位置。 奥斯曼帝国的缔造者占据着君士坦丁堡、摩里亚半岛(Morea)、卡拉曼(Qāramān)和特拉比松(Trebizond)，又攫取了热那亚人在克里木半岛的殖民地，从而把黑海变成土耳其人的内海。 其他土耳其语穆斯林民族把伊斯兰教的势力范围从黑海扩展到伏尔加河中游，在这条西部前线的东面，伊朗社会的影响向东南方向扩散，延伸到中国的西北省份甘肃和山西，并跨过伊朗和印度斯坦抵达孟加拉和德干高原。

对于受阻的基督教文明而言，这两个伊斯兰文明无疑构成了巨大的障碍，两个基督教文明的先驱者以各自的方式有力地回应这一挑战。

在西方基督教世界，大西洋沿岸民族在 15 世纪发明新型远洋帆船，这是一种三桅横帆装帆船，船首装有三角帆，后桅是纵帆，能够连续在海上航行数月无需进港。 1420 年前后，葡萄牙航海家驾驶这种帆船发现马德拉斯群岛，1432 年又发现亚速尔群岛，完成这种船舶的远洋试航之后，他们成功地迂回绕过阿拉伯人控制的大西洋海岸：1445 年绕过佛得角，1471 年到达赤道，1487—1488 年绕过好望角，1498 年登陆印度西海岸的卡利卡特，1511 年控制马六甲海峡，并向西太平洋推进，分别于 1516、1542—1543 年抵达广州和日本。 这样，葡萄牙人在极短的时间里就从阿拉伯人手中夺取了印度洋的"制海权"。

西方世界发动了一次突如其来的海外扩张，东进的葡萄牙先驱者迂回南下，绕过阿拉伯穆斯林世界。 与此同时，东进的哥萨克内河水手迂回北上，绕过伊朗穆斯林世界，同样突如其来、势如破竹地拓展了俄罗斯世界的版图。 1552 年，莫斯科公国沙皇伊凡四世征服喀山，为哥萨克水手的北上铺平了道路。 喀山一直是伊朗穆斯林世界东北边境的堡垒，喀山陷落之后，除了游牧好战的哥萨克人的亲密伙伴森林和霜冻，再没有什么能够阻止俄罗斯东正教社会的这些开路先锋翻越乌拉尔山脉，他们沿着西伯利亚的航道一路东进，直到 1638 年抵达太平洋海岸、1652 年 3 月 24 日抵达满洲帝国的东北边境，才停止前进。 俄罗斯世界扩展到这些新的边疆，不仅绕过了伊朗世界，也绕过了整个欧亚大草原。

这样，在一个世纪多一点的时间里，伊朗社会和阿拉伯社会组成的伊斯兰世界不仅腹背受敌，而且完全被包围。 16、17 世纪之交，绞索套上了受害者的脖子。 伊斯兰世界被突如其来地套上看不见的绞索，更为惊人的是，不论是穆斯林的对手还是穆斯林自身，都在极短的时间里完全认清了形势，并迅即采取行动：西方和俄国猛扑过去，攫住显然是孤弱无援的猎物，穆斯林世界则力图跳出几近绝望的困境。 到 1952 年，"伊斯兰教地区"(Dār-al-Islām)基本完整无损，只丢失了极少数边远地区。 埃及到阿富汗以及土耳其到也门的核心地区没有遭受外来的政治统治乃至控制。 1882 年以及 1914—1918 年大战期间，英、法帝国主义狂潮相继席卷埃及、约旦、黎巴嫩、叙利亚和伊拉克。到1952年，这些国家纷纷挣脱英、法帝国主义的桎梏。依然威胁阿拉伯世界心脏地带的已不是西方列强，而是犹太复国主义者。

有三条线索可以帮助我们了解穆斯林民族解决"西方问题"的途径。在现代西方文化的冲击成为必须面对的首要问题之际，穆斯林民族在政治上依然是独立的，这一点与面临相同历史危机的俄国人一样，不同于奥斯曼帝国东正教徒。穆斯林民族还继承了一种伟大的军事传统，这种传统表明伊斯兰文明在后裔心目中的价值。战争的失利出人意料却又无可辩驳地表明了现代穆斯林民族的军事衰落，他们为此感到不可思议、十分屈辱。

穆斯林素以历史先辈的非凡军事才能而沾沾自喜，这种自鸣得意之情是如此根深蒂固，乃至他们对形势的变化浑然不觉：1683年穆斯林进攻维也纳失利之后，军事形势就已经发生逆转，直到将近一百年之后，这种形势逆转的教训即将变得一目了然之际，他们依旧没有任何清醒的认识。1768年，奥斯曼帝国与俄国爆发战争，土耳其人得知俄国人打算调动波罗的海舰队投入作战，却冥顽不化地认为波罗的海到地中海没有直达航线，结果俄国波罗的海舰队真的开到战场。与此相似，30年之后，一位威尼斯商人警告马穆鲁克首领穆拉德总督(Murād Bey)：拿破仑夺取马耳他之后，下一步的行动很可能是突袭埃及，穆拉德却大肆嘲笑这个想法的荒谬。

18、19世纪之交，在被现代西方的战争机器打败之后，奥斯曼世界以改组军队为起点，掀起一场自上而下的西方化运动，这种情形与上一个世纪的俄国社会如出一辙。但是，至少在一个至关重要的关键环节上，奥斯曼帝国的政策与彼得大帝的政策分道扬镳。彼得大帝以天才的洞察力预见到西方化政策必须遵循"一揽子原则"，要么维持原样，要么全盘西化。彼得预见到，这种政策要想获得成功，就不仅要在军事领域推行西化，还要把西化推广到所有社会领域。正如我们看到的，彼得的俄国西方化体制仅仅停留在城市上层建筑的层面，未能进一步影响农村大众，从而把地盘拱手让给共产主义，最终遭到报应。不过，彼得的文化攻势之所以最终受阻停顿，未能完全实现预定的目标，与其说是他本人缺乏远见所致，不如说是由于俄国行政机器缺乏足够的动力。再来看看土耳其的情况。从 1768 年的俄土战争爆发到 1918 年第一次世界大战结束的一个半世纪里，那些勉强推行奥斯曼军队西方化政策的人，尽管他们自身的谬误一再暴露无遗，依然死抱着这样一种错觉不放：在借鉴外来文化之前，最好还是做一番细致的选择。土耳其人在这个时期愁眉苦脸地接连服下西方化的苦药，人们对此有极为负面的评论："每一次都太少又太迟了"。直到 1919 年，穆斯塔法·凯末尔及其伙伴才毫无保留地按照彼得大帝的方式推行全盘西化政策。

到写作本书时为止，穆斯塔法·凯末尔缔造的西方化土耳其民族国家似乎取得了圆满的成功。不过，伊斯兰世界的其他地区并未取得类似的成就。19 世纪第二个 25 年，阿尔巴尼亚冒险家穆罕默德·阿里(Mehmed Ali)在埃及推行西方化，这场运动的彻底性远胜于同一个世纪土耳其苏丹推行或实现的政策和成果，阿里的继承人却步入歧途，最终使埃及成为西方文明与伊斯兰文明的混血儿，暴露出原有的伊斯兰文明和效法的西方文明最糟糕的特征。阿富汗的阿曼诺拉(Amānullah)试图在一个更难以驾驭的半开化王国仿效穆斯塔法·凯末尔，不同的立场导致不同的结论，这次革新尝试既被看作是灾难性事件，也被视为喜剧性事件，但不论是哪一种情况，最终都难逃失败的命运。

当今世界已步入 20 世纪中叶，阿曼诺拉之类地方性实验的成败不会影响伊斯兰世界的前途。无论如何，在可以预见的将来，伊斯兰世界的前景取决于伊斯兰世界周边的西方世界与俄罗斯世界力量对比的变化。对于冲突中的西方世界与俄罗斯世界而言，自内燃机发明以后，不论是作为重要商品的产地，还是关键的交通枢纽地区，伊斯兰世界都享有与过去不可同日而语的重要地位。

"旧世界"的四个原始文明中，有三个文明发祥于伊斯兰世界。在下尼罗河、底格里斯河—幼发拉底河以及印度河河谷，那些现已灭绝的社会难以驾驭自然环境，农业财富的创造历尽艰辛。如今，通过运用现代西方的治水技术，埃及和旁遮普的农业已是今非昔比，伊拉克的农业也在一定程度上恢复了生机。然而，伊斯兰世界经济资源的增长主要是由于发现和利用了那些没有任何农业开发价值的地区蕴藏的地下石油资源。 伊斯兰文明兴起之前，琐罗亚斯德教徒用宗教来解释天然的"自喷井"现象，他们燃起长年不灭的火焰，以示对纯洁"圣火"的崇敬。 1723 年，彼得大帝以探矿者的眼光注意到这些自喷井，认为它们是潜在的经济资源。 虽然过了将近 150 年之后，彼得的天才直觉才由巴库油田投入商业开发而得到证实，之后接二连三的新发现表明，巴库还仅仅是一条巨大石油带上的一个点，这条蕴藏丰富的石油带向东南延伸，穿过伊拉克库尔德斯坦(Kirdistan)和波斯巴克特里亚斯坦(Bakhti-yaristan)，进入阿拉伯半岛一度被认为是毫无价值的地区。 俄国在高加索的油田与西方列强在波斯和阿拉伯国家的油田相距咫尺之遥，随之而来的对石油资源的争夺造成了紧张的政治局势。

伊斯兰世界恢复了全球交通中心的重要地位，使得政治紧张局势进一步加剧。 一方是俄国和环大西洋西方世界，另一方是印度、东南亚、中国和日本，双方之间距离最近的交通线势必从陆路、水路或空中横穿伊斯兰世界的领地。 看一看世界交通图和石油分布图，不难看出有一个危机重重的共同点：苏联与西方近在咫尺。

(5) 现代西方与犹太人

不论人类最终将如何给现代西方文明盖棺定论，可以肯定的是，现代西方人犯下的两桩臭名昭著的罪恶行径将使他们蒙受永远洗不掉的耻辱。 一桩罪行是装运非洲黑人奴隶到新大陆的种植园充当劳力；另一桩罪行是把流散犹太人逐出欧洲家园。 西方世界与犹太民族相碰撞的悲剧性结局乃是"原罪"与一种特定社会环境相互作用的结果。 我们的目的是阐明特定社会环境的作用。

犹太人聚居区是犹太民族与西方基督教世界发生冲突时的一种体制，它属于一种特殊的社会现象，也是无法以任何其他形式存在的僵化文明的遗迹。 犹太人聚居区脱胎于作为叙利亚地区性国家的犹大王国，这个地区性国家本是希伯来人、腓尼基人、阿拉米人(Aramaeam)、非利士人等诸多社群中的一个，由于叙利亚社会与相邻的巴比伦和希腊社会不断发生冲突，遭到致命的打击，犹大王国的姊妹社群接连丧失了社会认同和国家形态。 然而，面对同样的挑战，犹太人创造出一种全新的共同生活方式，在异族统治的国度，作为少数民族的犹太人致力于维护自身作为流散犹太人的认同，在国破家亡之后依然能够生存下来。不过，并非只有犹太人特别成功地回应了挑战。 从历史上看，印度的流散帕西人的经历与伊斯兰世界和基督教世界的流散犹太人相仿，帕西人聚居区同样是叙利亚社会一个僵化文明的遗迹。

　　帕西人(Parsees)的祖先是伊朗人，他们皈依叙利亚文明，为叙利亚社会带来以阿契美尼帝国形式出现的大一统国家。 像犹太人一样，帕西人社群也是经受住国家灭亡、国土沦丧的胜利意志的典范。 叙利亚世界与邻近社会冲突不断，帕西人同样遭受国破家亡的痛苦。 帕西人的波斯琐罗亚斯德教祖先不惜牺牲自己以抵御入侵的希腊文明，犹太人在公元135年之前的三个世纪里也有类似的经历。 两者未成功的努力都招致惩罚，最早的穆斯林阿拉伯人侵者在公元7世纪对伊朗琐罗亚斯德教徒的惩罚，也与罗马帝国对犹太人的惩罚如出一辙。 面对相同的历史危机，犹太人和帕西人创造出新的制度，潜心开辟新的领域，从而维护了自身的认同。 他们苦心钻研各自的宗教律法，从中找到新的社会黏合剂。 这些故土沦丧、背井离乡的流浪者无法再从事农业耕作，便逐步练就商业和其他城市行业的特殊技能，从而克服了被逐出祖祖辈辈居住的土地的灾难性经济后果。

　　犹太人和帕西人的聚居区还不是叙利亚社会灭绝后遗留下来的唯一化石。 从基督教诞生到伊斯兰教创立的这段时期，抵制希腊文化的基督教异端就产生过聂斯脱利派和基督一性论派这样的"化石"。 叙利亚社会内部的社群丧失国家形态，被赶出故土，却通过笃守教规和经营商业双管齐下，成功地生存下来。 不过，这种情形并非叙利亚社会所独有。 外来的奥斯曼政权建立之后，被征服的希腊东正教社会的一部分人被逐出家园，为应对这种挑战，他们变革社会组织和经济活动，使得他们的生存状态接近于我们在前文中提及的流散聚居。

　　实际上，奥斯曼帝国的米勒特(millet)制度不过是一种有组织的社区制度。 在亚述穷兵黩武的进攻下，叙利亚国家体系被彻底摧毁，叙利亚各民族难分彼此地交错杂居，叙利亚世界内部自然而然地孕育出这种社区制度。 随后，叙利亚社会重新整合成交错杂居的社群体系，取代地理上分立的地区性国家的松散集合体。 叙利亚社会的伊朗和阿拉伯穆斯林继承者沿袭了这种体制，奥斯曼帝国的伊朗穆斯林缔造者随即把这种体制推行到被征服的东正教社会。

从我们描绘的历史画卷可以看得很清楚，与西方基督教世界发生碰撞的犹太人聚居区远非一种独一无二的社会现象。 相反，它是一种典型的社群模式，在遍布犹太人聚居区的伊斯兰世界和西方基督教世界，这种社群模式乃是一种普遍的模式。 我们不禁要问，犹太民族与基督教世界悲剧性碰撞的特定社会背景，起因于西方独特性的成分是否不少于起因于犹太民族独特性的成分呢？ 若要解答我们提出的这个问题，应当关注西方历史进程中与犹太—西方关系史密切相关的三个特殊因素。 首先，西方社会本身构成了一个疆域分立的地区性国家的松散联合体。 其次，西方社会从以农民和地主为主的纯农业社会逐步转化为以工匠和中产阶级为主的高度城市化社会。 第三，具有民族主义精神和中产阶级倾向的现代西方社会脱胎于黑暗的中世纪西方社会，并且迅即使一切非西方社会相形见绌。

伊比利亚半岛犹太人聚居区的历史表明，反犹主义与西方基督教建立涵盖特定地域内全体居民的同种社会的理想之间有着一种内在的关系。

公元587年，阿里乌斯教派的西哥特人皈依天主教，弥合了罗马社会与西哥特社会的隔阂。 之后不久，在西哥特人国家中，统一的基督教社会与由此更显奇特的犹太米勒特的关系开始变得紧张。 西哥特人颁布了一系列反犹太法令，反映出这种紧张关系的升级。 与此同时，西哥特人保护奴隶免遭主人侵害的立法越来越人道，两者形成令人痛心的反差。 这两类法令虽然有道德高下之分，都表明了教会对国家的影响。在这种情况下，犹太人最终与北非教友共同寻求阿拉伯穆斯林的介入。毫无疑问，即使没有这种邀请，阿拉伯人也是要来的。 不管怎样，阿拉伯人最终还是来了。 随后，穆斯林统治伊比利亚半岛长达500年时间(711—1212年)，自治的犹太人聚居区不复为一个"特殊民族"。

阿拉伯人征服伊比利亚半岛造成了一个社会后果，即犹太人社群重新把伊比利亚半岛作为自己的家园，恢复了征服者从叙利亚世界带来的横向社会结构。伴随着穆斯林强权的崩溃，伊比利亚半岛犹太人聚居区的安宁一去不返。征服安达卢西亚倭马亚哈里发帝国的中世纪天主教蛮族，致力于建立一个同种的基督教共同体的理想。因此，1391 到 1497 年间，犹太人被迫要么背井离乡，要么正式皈依基督教。

西方基督教世界异常不友善地对待境内的犹太人，背后的政治动机在于建立同种社会的理想，随着时间的推移，经济和社会的发展进一步强化了这种理想。

西方社会的故乡位于希腊文明的城市文化未能扎下根来的希腊世界边远地区。罗马帝国西部行省的城市生活上层建筑是建立在原始的农业基础之上，不仅不能起到促进作用，反而成为沉重的负担。因此，罗马人构建的这种外来上层建筑在自身的重压下崩溃之后，西方的经济逐渐衰落，降到希腊文明的影响越过亚平宁山脉或第勒尼安海之前的水平。这种特殊的经济停滞有两个后果。在第一个阶段，流散犹太人涌入西方基督教世界，在西方找到一条不错的谋生之道，为乡村社会提供最低限度的商业经验和组织。哪怕是虚构的"浪漫国"(Ruritania)，也须依靠这些经验和组织来维持生活，而且"浪漫国"无法自行提供这种经验和组织。在第二个阶段，非犹太的西方基督教徒立志要学会犹太人的生财之道，自己来做经济领域的"犹太人"。

随着时代的发展，西方基督教徒越来越全神贯注于犹太人的经济目标，这种着魔般的努力获得了惊人的回报。到 20 世纪，就连落在西方人向经济目标进军队伍后面的东部地区也经历过一次蜕变。早在一千年前，北意大利和弗兰德的先驱者就完成了这种蜕变，他们掀起了一场同样可以正确地称之为"现代化"或"犹太化"运动。在西方历史上，这种社会现代性的形成标志乃是出现一个能够承担"夏洛克"的全部工作，因此急于赶走"夏洛克"的"安东尼奥"阶层。

犹太人与西方基督教徒的经济之争经历过三个阶段。在第一个阶段，犹太人既不受欢迎，又不可或缺，他们遭受的虐待尚未失控，因为那些非犹太迫害者离开他们就无法在经济上自立。一旦新兴的非犹太中产阶级积累起足够的经验、技能和资本，自认能够取代当地犹太人的地位，西方国家就相继进入第二个阶段：英国在 13 世纪、西班牙是在

15 世纪、波兰和匈牙利则是在 20 世纪。 在这个阶段，非犹太中产阶级运用新近获得的权力驱逐犹太对手。 到第三个阶段，非犹太中产阶级完全站稳了脚跟，成为精通犹太人经营之道的行家里手。 他们不再像以往那样害怕被犹太人的竞争压倒，开始重新利用犹太人的才能为国民经济服务，不必像以往那样被迫放弃由此带来的经济利益。 正是本着这种态度，从 1593 年开始，托斯卡纳政府允许逃离西班牙和葡萄牙的犹太难民在里沃纳(Leghorn)定居；1579 年起，荷兰向犹太人敞开大门；1290 年，英国人自认为强大得足以驱逐犹太人，到 1655 年，他们认为自己已经强大到足以让犹太人回来。

在西方现代史上，犹太人继获得经济解放之后，很快又获得了社会和政治解放，这种社会和政治解放乃是同时代西方基督教世界宗教和意识形态大变革的产物。 "新教改革运动"打破了统一的天主教会对犹太人的敌意态度，在 17 世纪的英国和荷兰，犹太难民受到欢迎，这些新教国家把他们视为罗马天主教敌人的受害者。 随后，不论在天主教国家还是新教国家，犹太人通常都享受到日渐成熟的宽容带来的益处。到 1914 年，除了俄罗斯帝国吞并的前波兰—立陶宛联合王国之外，在现代西方世界的其余地区，犹太人在所有的人类活动领域都得到正式解放，早已成为一个既成事实。 在这个阶段，人们认为，解决犹太人问题的途径在于以双方的自愿结合为基础，实现犹太社群与基督教社会的融合。 这种希望落空了。 犹太人与西方非犹太人的关系经过三个阶段之后，似乎将有一个幸福的结局，结果却很快进入到比之前任何一个阶段都更令人震惊的第四阶段。 问题的症结何在呢？

一个症结在于，西方非犹太人和犹太人虽然正式铲除了法律上的藩篱，却未能彻底消除彼此心理上的隔阂。 西方非犹太人心目中依然有一个无形的犹太人聚居区，依然认为应该把犹太人限制在犹太人聚居区，犹太人也继续与西方非犹太人保持距离。 在一个法律上统一的社会，犹太人从种种细微之处看出自己仍然受到排挤，非犹太人也依然认为犹太人彼此之间有一种同病相怜的默契，犹太人非但不愿付出，还急于索取本应公平地归一个和谐社会全体成员共享的利益。 双方依旧用双重标准来评判对方，用低标准来对待那些无形中与自身同属一个社群的成员，按高标准来要求那些被表面上消失的社会藩篱隔开的名义上的同胞。这种做法无异于用伪善的新外衣来掩盖不公正的老罪孽，双方都越发认为对方可鄙和不足惧，彼此的处境也就越发显得令人恼怒、越发无须负责任。

这两个社群的关系并不稳定，不论何时何地，只要当地犹太人口的增长速度稍快于非犹太人，反犹主义就会再度沉渣泛起。这种趋势在1914年的伦敦和纽约表现得十分明显，自1881年以后，随着俄国的迫害不断加深，俄罗斯帝国的前波兰—立陶宛领地的犹太人纷纷移居英国和美国。第一次世界大战期间，加利西亚、波兰会议王国以及"栅栏区"(Pale)＊东部的犹太移民大量涌入，直接导致1918年后奥地利和德意志帝国对犹太人充满敌意。德国的反犹主义成为促成德国民族社会主义者上台的举足轻重的势力。我们在此无须详述德国民族社会主义者日后对犹太人的"大屠杀"。臭名昭著、骇人听闻的大屠杀暴露出整个民族的邪恶，这种全民族的邪恶在整个现代历史上恐怕都是绝无仅有的。

现代西方民族主义采取双管齐下的手法攻击西方世界的流散犹太人。西方民族主义一方面以自身的魅力引导西方犹太人，同时又对犹太人施加压力，迫使犹太人发明一种属于他们自己的民族主义，这种犹太民族主义可以看作是一种集体西方化，从而有别于19世纪自由主义时期犹太人的个人西方化。犹太人的西方化理想经历过一个转变过程，先是希望个人成为信奉犹太宗教的西方中产阶级，之后又期盼流散犹太人整体或部分聚合成一个排外的、同种的犹太人地区性民族国家。这两种理想都表明西方犹太民族获得了名副其实的解放，并且受到现代西方观念的影响。与此同时，按照倡导者狄奥多尔·赫茨尔(Theodor Herzl)的说法，犹太复国主义还表明了一种忧虑，惟恐西方非犹太人紧随自由主义之后兴起的民族主义，再度关上犹太人个人同化的大门。犹太复国主义和沉渣泛起的德国反犹主义相继兴起于同一个地区，即

＊　1791年12月31日，叶卡捷琳娜二世以不让犹太人"败坏"俄国社会为名，将瓜分波兰时犹太人的定居区划为所谓的"栅栏区"(Pale of Settlement)。当局规定：犹太人只能在这些区域内居住和活动，不能移居到这些区域之外。——译者注

1918 年前奥地利帝国的德语地区，也许并非事出偶然。

在所有让人苦涩不堪的历史讽刺中，最能反映人性邪恶的莫过于这样一个事实：新的犹太民族主义者在本民族遭受过有史以来最骇人听闻的迫害之后，竟然立即牺牲巴勒斯坦阿拉伯人的利益。阿拉伯人唯一冒犯犹太人的地方，不过是巴勒斯坦乃是他们祖祖辈辈居住的家园。看来，犹太复国主义者从纳粹党人给犹太人带来的痛苦中学到的教训，不是避免犯下他们曾经深受其害的罪行，而是轮到他们来迫害更弱小的民族。以色列犹太人倒不至于像纳粹党人那样用集中营或煤气室消灭巴勒斯坦的阿拉伯人。但是，以色列人确实把大批阿拉伯人，超过 50 万人，赶出他们祖祖辈辈拥有和耕种的土地，霸占阿拉伯人逃亡时无法随身携带的财产，使这些阿拉伯人沦落为一贫如洗的"难民"。

犹太复国主义的实践证明了我们在前文中提及的一个要点，即西方非犹太人长期加在犹太人身上的"犹太"特征，并非任何特殊的、代代相传的民族禀赋，而是源于流散犹太人在西方世界的特殊环境。犹太复国主义的悖论在于，它狂热地谋求建立一个纯粹的犹太人社群，不仅有力地促使个体犹太人决意成为"信奉犹太宗教"乃至不可知论的西方中产阶级，而且同样有力地推动了犹太人聚居区同化于非犹太西方世界。犹太民族在历史上一直处于流散状态，犹太人独特的民族精神和制度、恪守摩西律法以及精湛的商业和金融技巧成为流散犹太人在漫长时代里发掘出来的社会法宝，正是凭借这种法宝，这个离散各地的社群才具备不可思议的生存能力。不论身为自由主义者还是犹太复国主义者，现代的西方化犹太人都与过去的历史宣告决裂，犹太复国主义者的态度更是远比自由主义者决绝。为依照现代西方基督教新教先驱者创立美国、南非联邦、澳大利亚联邦的模式建立一个拥有自身疆域的新国家，犹太复国主义者共同放弃犹太人的流散状态，同化于非犹太的社会环境。至于《圣经》给予他们的启示，既不是来自摩西律法，也不是《先知书》，而是《出埃及记》和《约书亚记》。

正是基于这种态度，他们开始大胆而热切地充当体力劳动者而非脑力劳动者、乡下人而非城里人、生产者而非经纪人、农场经营者而非金融家、战士而非店主、恐怖主义者而非受难者。他们扮演这些新角色时一如既往地表现出惊人的坚韧和灵活。 如今自称为以色列人的巴勒斯坦犹太人将来何去何从，也许只有将来才能知道。 以色列周边的阿拉伯民族似乎决意要赶走这个闯入者，"新月沃地"的阿拉伯民族人数远远超过以色列人。 不过，至少就目前而言，人数上的优势远不足以抵消阿拉伯人能力和效率上的劣势。

此外，在当今世界，所有的问题都会成为世界性问题。 苏联和美国在中东的最终利益何在？ 苏联将如何回答这个问题，我们很难做出预测。 就美国而言，美国迄今为止对巴勒斯坦的政策有一个决定性因素，即美国的犹太裔和阿拉伯裔人口在数量、财富和影响力方面差距悬殊。 与美籍犹太人相比，哪怕算上那些原籍黎巴嫩的阿拉伯基督教徒，美籍阿拉伯人的数量也少得几乎可以忽略不计。 美籍犹太人掌握着与其人数不相称的政治力量，他们多集中在纽约，在美国国内政治的选举竞争中，纽约是一个关键州的关键城市。 在第二次世界大战刚刚结束的危机年代，美国政府给予以色列广泛的支持，一些愤世嫉俗的观察家认为这完全是出于愤世嫉俗的美国非犹太政治家的政治算计，事实并非如此。 这项政策不仅是出于对美国国内政治的冷静考虑，还反映出一种无私的、理想主义的公众情绪，尽管美国公众并不了解事情的原委。 美国人在日常生活中熟悉犹太人的形象，能够感同身受地理解落入纳粹党之手的欧洲犹太人所蒙受的痛苦。 对于美国人来说，身边并没有熟悉的阿拉伯人使他们意识到巴勒斯坦阿拉伯人的苦难，正如谚语所云："不在场的人没有分辩的权利"。

(6) 现代西方与远东文明和美洲土著文明

到目前为止，我们考察的与现代西方文明发生碰撞的现存文明在开始面临现代西方的冲击之前，就有过与西方社会接触的经历。 即便是印度社会也是如此，虽然印度与西方只有不多的接触。 相比之下，当现代西方的航海先驱抵达美洲、中国和日本的海岸之际，美洲人对西方一无所知，中国人和日本人几乎不知道西方的存在。 因此，西方的使者最初受到坦诚的款待，他们带来的东西也自有奇巧迷人之处。 然而，两段历史到头来有迥然不同的两种结局：远东文明成功摆脱困境，美洲文明却失败了。

中美洲和安第斯世界的西班牙征服者用武力迅速制服当地装备低劣、毫无戒备的受害者。 实际上，他们彻底消灭了那些有着渊博本土文化知识的当地人，一跃成为一小撮异族统治者。 他们使农村居民成为西方基督教社会的内部无产者，西班牙的经济—宗教"企业家"(entreprenuer)获准自由支配农村劳动力，只要这些殖民者兼传教士把劝说为他们当牛作马的本地人皈依罗马天主教作为自己的一项职责。 即便如此，到写作本书之际，我们并不能确定当地的本土文化最终不会以某种方式复兴，就像叙利亚社会在一千年的希腊统治之后复兴和复原。

另一方面，中国和日本渡过了起初由于无知而遭遇的致命危险。这两个远东社会仔细估量西方文明，发现它不够分量，便决意把它驱逐出去，全力以赴地推行一种深思熟虑的隔离政策。 然而，实际情况远没有这么简单。 中国人和日本人虽然与初次接触到的西方断绝往来，并未一劳永逸地解决"西方问题"。 吃了闭门羹的西方经过自身的变革，再度回到东亚的舞台上。 这一回西方带来的大礼已不再是宗教，而是技术，远东社会因而面临一个抉择：要么掌握这种陌生的西方技术，要么向它屈服。

在远东文明与西方文明碰撞的历史戏剧中，中国和日本的反应既有相似，也有不同。 一个显著的共同点是，在这出历史戏剧的第二幕，中国和日本对世俗化的现代西方文化的接纳都是自下而上的。 中国的清帝国和日本德川幕府都未能发挥带头作用，这与沙皇彼得在俄国西方化进程中的作用形成鲜明的对照。 不过，在这一幕的下一场，日本走上彼得式的道路，从而与中国的西方化运动分道扬镳。 另一方面，在第一幕，也就是16世纪的那次碰撞中，这两个远东社会从一开始就走上了不同的路线。 它们先是勉强接纳，继而拒斥尚处于宗教阶段的16、17世纪现代西方文化，中国始终是自上而下的，日本始终是自下而上的。

若是用曲线图来显示这两个远东社会在过去400年间回应现代西方的历程，我们就会发现，日本的曲线起伏较大，中国的曲线较为平稳。日本曾两度向西方文化屈服，其间还穿插着排斥西方文化的仇外阶段，中国从来没有像日本那样走极端。

16、17 世纪之交，政治统一尚未彻底完成的日本面临危急关头，有可能被无情的外国征服者强加某种政治统一。 1565—1571 年，西班牙征服菲律宾，1624 年，荷兰征服台湾，预示着日本可能遭遇的命运。相反，幅员广大的中国大陆并不畏惧当时的西方海盗。 这些尚未机械化的海上入侵者只会带来麻烦，不可能成为征服者。 中华帝国政府当时真正担心的危险是来自欧亚草原的陆路入侵。 17 世纪，强悍的半野蛮的满族人取代明朝的统治，此后的 200 年间中国再没有面临来自陆路的危险。

不同的地缘和政治形势足以说明中国和日本政策上的差异。 中国迟至 17 世纪末才压制罗马天主教，其动因不是出于政治恐惧，而是神学争论。 相反，日本很快就无情地镇压罗马天主教，断绝了与西方世界的所有联系，只留下荷兰人作为唯一的对外联系渠道。 新的日本中央政府相继推行闭关政策，1587 年，丰臣秀吉颁布驱逐西方基督教传教士的法令，1636、1639 年颁布禁止日本臣民出境和葡萄牙人居留日本的法令标志着闭关政策达到顶峰。

像中国一样，日本放弃闭关锁国政策也是通过自下而上的方式，而且是起因于渴望吸取现代西方科学知识的成果。 1840—1850 年锁国时期，即 1853 年"日本开国"前不久，许多西方化运动的先驱还因为他们对技术的信念而罹难。 日本的西方化运动完全是世俗化的。 另一方面，19 世纪中国的西方化运动与基督教新教传教士的活动联系在一起；正如罗马天主教传教士与到日本进行商业活动的葡萄牙先驱者结伴而行，新教传教士跟随英美商人前往中国，而且新教传教士在中国的影响还将延续下去。 国民党创始人孙中山就出身于一个基督教新教家庭，另一个基督教新教中国家庭的成员，孙中山夫人、她的妹妹蒋介石夫人以及她们的兄弟宋子文，对国民党后来的历史起到无比重要的作用。

日本和中国的西方化运动都面临推翻和取代根深蒂固的全国性本土政权的艰巨任务，不过，相对于中国的西化派，日本的西化派更警惕、更机敏，也更有效率。 1853 年，美国海军准将佩里(Perry)的舰队首次出现在日本水域，之后仅过了 15 年时间，日本的西化派不仅推翻了不能应付危急局面的德川政府，还完成了一个更为艰巨的任务，建立起一个能够自上而下地推行全面西方化运动的新政权。 中国用了118年时间才完成这项任务的一小半。 1793年，马戛尔尼勋爵率领使团抵达北京，这个事件表明西方势力业已增强，与60年后佩里准将率舰队抵达江户湾一样发人深省。 中国直到1911年才推翻旧政权，旧政权倾覆之后，中国并未建立起一种有效的西方化新秩序，而是在长达25的时间里陷入政治混乱状态(1923—1948年)，主导着未遂的自由主义西方化运动的国民党对此束手无策。

1894—1895年中日战争[4]之后的50年间，日本一直保持着对中国的军事优势，中日两国的军事差距折射出两国西方化运动的差异。 在这半个世纪里，中国在军事上无力与日本抗衡。 中日之间最近的一次战争表明日本没有能力真正征服整个中国，同样明显的是，如果不是美国摧毁了日本的战争机器，中国不可能仅凭一己之力从日本侵略者手中夺回对于中国的西方化而言至关重要的港口、工业区和铁路。

然而，到20世纪下半叶之初，中国与日本如同龟兔赛跑中的双方，跑得快的日本和落后的中国几乎同时到达一个不幸的终点。 日本唯命是从地屈服于最强大的西方强权国家的军事占领，中国爆发革命，摆脱政治混乱，转而受到共产党政权的严密控制。 不论我们把中国的共产主义视为西方的还是反西方的意识形态(我们已在前文中讨论过这一点)，站在远东文化的角度来看，它都属于一种外来的意识形态。

在与现代西方第二次碰撞的第一阶段，这两个远东社会同样面对不幸的结局，个中缘由何在呢？ 不论中国还是日本，灾难都起因于亚洲和东欧普遍存在的一个悬而未决的问题，我们在分析西方对印度世界的冲击时已经注意到这个问题。 淳朴的农民世世代代习惯于维持最低限度的温饱，如今被灌输了一种前所未有的不满，他们尚未意识到这样一个事实：只有完成经济、社会，尤其是心灵的彻底变革，才有可能实现经济改善。 对于这样的农村人口而言，西方文明的冲击将带来怎样的后果？ 为了求得"丰饶的羊角"(Analthea's horn)的恩赐，这些营养不良的农民必须彻底变革传统的耕作方法和土地所有制，还必须节制生育。

德川幕府时期，日本维持了政治和经济生活的稳定，当时具备实现这种稳定的条件，因为这种稳定的基础是人口的稳定。借助堕胎和杀婴在内的各种手段，日本人口稳定在 3 000 万左右。德川政府崩溃后，不自然地冻僵的日本社会开始复苏，人口也开始增长。与政治和经济的变迁不同，日本的人口繁衍之所以再度开始失去控制，并非是由于西方的影响，完全是由于农民社会恢复了传统的繁衍习性，在德川时代的严酷氛围中，一种心理上的"绝招"抑制了这种习性。不过，同时代推行的西方化降低了死亡率，实际上加剧了故态复萌的旧习性对人口增长的刺激作用。

在这种情况下，日本必然不是扩张就是崩溃，而仅有的切实可行的扩张形式要么是说服世界其他地区与之进行贸易，要么征服额外的领土、资源和市场，武力掠夺那些军事上孱弱不堪、无法抵御已建立西方军事体制的日本侵略者的国家。从 1868 到 1931 年的日本外交政策史，我们不难看出，日本当局始终在这两个选择之间摇摆不定。全球范围内经济民族主义高涨，逐渐使得日本人转而走上军国主义的道路。1929 年秋降临华尔街、随即席卷全球的可怕经济风暴进一步刺激了日本加快对外侵略扩张的步伐。差不多刚好两年之后，1931 年 9 月 18 日夜—19 日，日本进攻奉天(今沈阳)，1945 年的"对日战争胜利纪念日"宣告了日本孤注一掷的野蛮侵略的终结。

中国人并非生活在空间狭小的一簇小岛，而是散布在一个幅员广阔的次大陆，因此，中国从来没有日本那样紧迫的人口问题，也从未采取过日本人那样的残忍手段来处理人口问题。从长远来看，中国依然面临同样严重的人口问题，解决人口问题的责任如今落到中国共产党人的肩上。共产主义意识形态征服中国，乃是俄国对远东社会主体的最新一次攻击。这种攻击持续了 300 年左右的时间，我们在此不去评述其早期阶段。19 世纪，在日本尚未被视为一个真正的竞争对手之前，俄国与西方列强竞相入侵中国，蚕食奄奄一息的中华帝国。这个阶段的问题似乎在于香港和上海是否会成为英帝国主义在华拓展的据点，就像孟买和加尔各答是英帝国主义在印度的据点。同时，俄国在 1860 年攫取了海参崴的主权，1897 年又租借更为重要、更靠近中国心脏地带的旅顺口。1904—1905 年日俄战争具有划时代意义，日本从一开始就使俄国的企图落空。 第一次世界大战结束后，俄国显然陷入政治混乱状态，而作为获胜的西方联盟多少是名义上的伙伴，日本捞到太多的好处。 不过，在俄国沙皇失败的地方，俄国共产主义取得了成功，至于个中的原因，我们在前文中已多次提及，可以归结为"笔锋利于剑"这类箴言告诉我们的老生常谈的悖论。 马克思的共产主义世俗信仰给俄国带来赤裸裸的沙皇制度所无法带来的精神感召力。 这样，苏联能够在中国和任何其他地方指挥一支令人生畏的"第五纵队"。 共产主义俄国只要提供相应的手段，哪怕是部分的手段，就可以依靠中国的追随者来替自己完成任务。

(7) 现代西方与同时代文明碰撞的特征

比较一下我们描述的不同文明间的碰撞，当可以得出一个最重要的结论：只要把"现代西方文明"中的"现代"解释为"中产阶级"，"现代"一词的含义就会变得更清晰、更具体。 西方社会一旦孕育出能够成长为社会主导力量的"中产阶级"(bourgeoisie)，也就步入了"现代"。 我们把 15 世纪末作为西方历史新篇章的开端，是因为中产阶级在这一时期开始主导那些较为先进的西方社会。 这样，在西方"现代"史的进程中，其他民族是否能够西方化，取决于是否能够分享西方的中产阶级生活方式。 看一看我们提及的自下而上西方化的例证就可以发现，希腊东正教徒、中国人和日本人原先的社会结构本身就蕴含中产阶级因素，西方化正是通过这种中产阶级因素才得以发挥潜移默化的影响。 相反，在那些自上而下地推行西方化的国家，专制君主着手颁布法令使属下的臣民西方化，他们等不及名副其实的本土中产阶级代理人自然演化而来，不得不人为培育一个知识分子阶层取代土生土长的中产阶级。

在俄国、伊斯兰世界和印度世界，这样培育出来的知识分子阶层自然已由其创造者注入了名副其实的西方中产阶级品质。 不过，俄国的情况表明，知识分子不会长久地保持这种中产阶级特质。 俄国知识分子阶层最初是由沙皇彼得大帝一手培育的，目的是为了把俄国带入中产阶级西方国家之林。 然而，远在 1917 年革命爆发之前，他们就发自内心地既反对沙皇制度，也反对西方中产阶级观念。 其他国家的知识分子阶层同样会出现俄国那样的情形。

考虑到俄国知识分子发生了反中产阶级的转变，我们或许应该先来分析一下非西方知识分子与其受命在一个非西方环境中扮演的西方中产阶级的异同。

非西方知识分子与西方中产阶级的历史有一个共同点，即都是来自他们已站稳脚跟的那个社会之外。我们看到，西方社会刚刚摆脱黑暗时代之际完全是一个农业社会，城市职业几乎都是外来的，一些城市职业最初都是由外来的流散犹太人从事，直到非犹太人渴望自己来充当犹太人的角色，最终形成非犹太中产阶级。

现代西方中产阶级与同时代非西方知识分子还有另一个共同经历，两者都是通过反叛原先的雇主才最终赢得统治地位。在英国、荷兰、法国和其他西方国家，中产阶级取代君主政体而掌权，君主政体的庇护无意中提升了中产阶级的地位。[5]同样，在现代晚期的非西方国家，知识分子阶层也是成功反叛那些有意培育出这个阶层的西方化专制君主，然后上台执政的。综观彼得大帝时期的俄国、晚近的奥斯曼帝国以及英国统治下的印度的历史，我们可以看到相同的一幕。这三个国家不仅都出现了知识分子的反叛，而且知识分子反叛运动达到白热化程度的时间也几乎相等。在俄国，1689 年，彼得掌握实权，136 年之后的 1825 年，俄国知识分子向彼得制度宣战，发动了夭折的十二月党人革命。在印度，政治"动荡"出现于 19 世纪行将结束之际，离英国在孟加拉建立统治不到 140 年。在奥斯曼帝国，1768—1774 年俄土战争失败后，土耳其宫廷大受震动，被迫开始以现代西方的战争艺术来训练一批为数可观的穆斯林臣民，134 年之后，"统一与进步"委员会于 1908 年废黜了苏丹阿卜杜勒·哈密德二世（'Abd-al-Hamid II）。

不管怎样，现代西方中产阶级与同时代非西方知识分子有着一个显著的不同，这个差异抵消了两者的相似之处。现代西方中产阶级是其最终统治的那个社会的固有组成部分。从心理上说，他们有一种"在家"的感觉。反之，非西方知识分子面临双重障碍，他们既是"新人"（novi homines），又是外人。他们并非自然而然地形成，而是他们所属的社会与外来的现代西方发生冲突所导致的社会崩溃的产物和表现。他们并不是强大的象征，而是意味着软弱。 非西方知识分子敏感地意识到这种招致不满的差异。 他们被创造出来从事社会服务，这种社会服务恰恰使得他们与他们为之服务的社会格格不入。 他们直觉地意识到自身担负的是费力不讨好的任务，与生俱来的仄狭的社会境遇使得他们有一种难以消除的精神紧张。 他们内心暗暗憎恨西方中产阶级，对于他们来说，西方中产阶级既是先行者和引路人，又是毁灭者和烦恼的根源。 西方中产阶级犹如一颗海盗星，非西方知识分子犹如被这个恒星所俘获的行星。 卡图卢斯(Catullus)的挽歌体对句生动地传达了他们对西方中产阶级的一种极端矛盾的态度：

我对你爱恨交织，也许你要问为什么。
我也不知道，但这就是我的感受，我由此备受折磨。

在现代非西方社会，外来知识分子阶层越是憎恨西方中产阶级，越是表明他们无力与现代西方中产阶级一争高下。 这种令人痛苦的征兆屡屡应验，最近的一个典型例子是俄国知识分子的遭遇。 1917 年两次俄国革命中的第一次革命之后，俄国知识分子幻想把千疮百孔的彼得式独裁国家改造成 19 世纪西方议会制立宪国家，最终招致灾难性的失败。 克伦斯基政府承担了一项注定劳而无功的使命，试图在缺乏强大、能干、富裕、老练的中产阶级的情况下在俄国建立议会政府，结果以彻底失败而告终。 相反，列宁之所以获得成功，原因就在于顺应了当时的俄国形势。 实际上，列宁创立的俄国共产党并非毫无历史渊源可循。 伊朗穆斯林历史上奥斯曼皇帝的奴隶宫内官吏、萨非王朝(Safawīs)追随者的克孜巴什(Qyzylbash)兄弟会以及锡克人决意拿起武器抵抗莫卧儿统治而组织的卡尔沙教团(Khālsā)，都属于类似的组织。 这些伊斯兰教和印度教团体清楚表现出俄国共产党的精神特质。 列宁的独到之处在于彻底改造了这种强大的政治工具，率先运用这种工具来实现一个特定目的，那就是，一个非西方社会通过掌握最新的西方技术手段，同时回避流行的西方正统意识形态，达到捍卫自身地位、抵御现代西方的目的。

列宁的一党专政获得成功，催生出众多的仿效者。除了那些自命为共产主义者的仿效者之外，我们在此只需提及穆斯塔法·凯末尔·阿塔图尔克(Mustafā Kemāl Atatürk)为复兴土耳其建立的政权，墨索里尼在意大利建立的法西斯政权，以及希特勒在德国建立的纳粹政权。在这三个非共产党专政的一党政制中，土耳其的新秩序是唯一没有付出灾难性代价，而是按照西方自由主义方式和平转型为西方式自由主义两党制。

2. 与中世纪西方基督教世界的碰撞

(1) 十字军的盛衰

"十字军远征"通常是指西方在教皇的煽动和支持下发动的数次军事远征，其目的起初是在耶路撒冷建立一个基督教王国，之后是支援或重建基督教王国。我们在此是广义地使用这个术语，以之涵盖中世纪时期西方基督教世界边境所发生的历次战争：在西班牙和叙利亚对伊斯兰教国家的战争、对东罗马帝国基督教世界的战争，以及在东北边境与异教蛮族的战争。我们有充分的理由把这些战争统称为"十字军战争"(Crusading)，因为投身这些战争的战士自觉地、不无虔诚地认为自己正在拓展或保卫基督教世界的疆界。乔叟大概会认可从广义上使用这个术语。《坎特伯雷故事集》"总引"所描绘的人物群像中，第一个出场的骑士，"一个真正完善温良的骑士"，很可能是年轻时曾参加克雷西(Crécy)和普瓦第埃(Poitiers)战役＊的老兵，但作者从未想过把笔下的这个人物与地区性西方国家的内讧联系起来。相反，这位骑士曾转战西方基督教世界边境各地，"格尔那德"(格拉纳达)、"卢斯"(俄国)、"普卢斯"(普鲁士)和"立陶"(立陶宛)。乔叟实际上并未把这个骑士称作"十字军战士"，不过，乔叟显然是把这个人物视为投身一场特殊的基督教战争的战士。我们先来看一看中世纪扩张战争的大致进程，然后再分析咄咄逼人的西方基督教世界对其他文明的冲击。

西方社会于 11 世纪突如其来地进入中世纪，之后又于 15、16 世纪

＊英法百年战争期间，英军在著名的克雷西战役(1346 年 8 月 26 日)和普瓦第埃战役(9 月 19 日)两次以少胜多，击败欧洲最负盛名的法国骑士。——译者注

之交突然步入现代。 中世纪西方起初很快站稳了脚跟，最终的崩溃同样迅速。 我们不妨假定，在 13 世纪中叶，有一位来自"旧世界"另一端——比如说中国——的睿智的观察家，想必不会预测西方入侵者将被赶出伊斯兰教地区和罗马尼亚(东罗马帝国的东正教地区)。 相反，假如他早 300 年来到这一地区，这位来自"文明世界"的有教养的来访者会作出如下预测，这两个世界即将遭到当时显然是落后和粗野的"文明世界"西部边陲土著的进攻和蹂躏。 倘若他懂得区分这两个希腊基督教社会，并把它们与正在逐步皈依几乎是基督教异端的伊斯兰教的叙利亚社会区别开来，他大概会得出这样的结论：这三个竞相称霸地中海盆地和腹地的文明中，东正教世界最有希望拔得头筹，西方基督教世界的胜算最小。

只要衡量一下这三个文明的财富、教育、行政效率以及战争的成败，我们假想的这位 10 世纪中叶的观察家肯定会把东正教世界排在首位，西方基督教世界居于末位。 当时的西方基督教世界是农业社会，城市生活远未普及，货币很少是铸币，同时代东正教世界却有以繁荣的工商业为基础的货币经济。 西方基督教世界只有神职人员才识字，东正教世界则拥有受过良好教育的世俗统治阶级。 查理曼的新罗马帝国夭折之后，西方基督教世界再次陷入无政府状态，利奥一世于公元 8 世纪在东正教世界建立的新罗马帝国依然繁荣昌盛，并且开始收复公元 7 世纪被原始穆斯林阿拉伯征服者占领的罗马帝国领土。

穆斯林的征服浪潮从陆地上退去之后，在海上又继续推进了一段时期。 公元 9 世纪，马格里布(Maghribī)[6]穆斯林海盗曾在东西方基督教世界肆虐不已。 然而，东正教世界回应穆斯林海盗的挑战，从他们手中夺回了克里特岛，而西方基督教世界并未作出类似的应战，穆斯林侵入者仍从里维埃拉(Riviera)向内陆推进，袭扰阿尔卑斯山隘口。

倘若我们假想的中国观察家具备更为敏锐的洞察力，无疑可以洞悉一些深层次的真相。 他会看出隐藏在东正教世界辉煌外表下的致命弱点。 他还会注意到，西方基督教世界虽然在地中海地区表现拙劣，在其他地方却英勇抵御了斯堪的纳维亚和马扎尔蛮族入侵者。 在伊比利亚半岛，西方基督教世界抵御穆斯林入侵者的战线也早已开始缓慢地向前推进。 与两个竞争对手不同，10 世纪的西方基督教世界是一个成长中的文明。 它的精神堡垒是修道院制度，10 世纪的克吕尼改革运动复兴了本笃会修道院生活方式，成为日后西方社会所有宗教和世俗改革的原型。

不过，10 世纪西方基督教世界展现出来的活力，似乎还不足以说明 11 世纪时西方迸发出来的惊人能量。 在这次突然的崛起中，西方社会对于相邻两个社会的入侵还只是不那么值得钦佩和较少创造性的插曲。西方基督教徒先是使诺曼底和丹麦区(Danelaw)*的斯堪的纳维亚殖民者，之后又使斯堪的纳维亚本土的军事集团以及匈牙利、波兰蛮族皈依基督教。 克吕尼修道院改革修道院生活，推动希尔德布兰德改革教皇为首的整个教会体制。 西方社会在伊比利亚半岛加速挺进，征服了东罗马帝国在南意大利的领土以及穆斯林统治的西西里，还扬言要渡过亚得里亚海，直捣东罗马帝国的心脏，虽然这次行动最终失败了。 第一次十字军东征(1095—1099 年)标志着西方势力达到顶峰，这次东征矛头直指伊斯兰世界，在叙利亚境内建立起众多西方基督教公国，从安提阿和幼发拉底河以东的伊德沙(Edessa)，直到耶路撒冷和通往红海的亚喀巴湾顶端的阿兹拉(Azla)。

如果我们的那位远东观察家在第一次十字军东征之后 150 年再来看一看地中海地区的局势，依然会震惊于中世纪西方基督教世界在地中海盆地霸权的最终崩溃。 到这个时候，西方侵略者实际上已经丧失了在叙利亚的所有孤军深入的前哨。 另一方面，在伊比利亚半岛，穆斯林的领地缩减到以格拉纳达为中心的一块飞地，西方人为弥补在叙利亚的损失，袭击并征服了东罗马帝国的欧洲领土。 一位法兰克君主在君士坦丁堡盗用了罗马皇帝的名分。 在遥远的东方，庞大的蒙古帝国已经崛起，西方基督教空想家幻想让这个新兴世界强国的统治者皈依西方的基督教，以便从后方包抄伊斯兰世界。 教皇的传教士长途跋涉前往哈喇和林(Qārāqorum)。 马可·波罗不久也将启程前往忽必烈汗的宫廷。

---

* 即施行丹麦法的英格兰北、中、东部地区。 ——译者注

不过，一切努力全都无济于事。 我们假想的中国观察家前来地中海地区的 13 世纪中叶之后不久，君士坦丁堡摇摇欲坠的"拉丁帝国"土崩瓦解(1261 年)。 希腊东正教帝国恢复了元气，虽然这个地区将来并不属于希腊人，而是属于奥斯曼土耳其人。 西方基督教世界转而把进攻矛头指向东北边境。 条顿骑士撤出叙利亚之后，转而到维斯瓦河寻求财富，袭击异教徒普鲁士人、列特人(Letts)和伊斯特人(Ests)。 只有在伊比利亚半岛、南意大利和西西里，西方基督教世界在中世纪初期取得的进展有所推进，并且一直维持到中世纪结束。 中世纪西方基督教世界试图向东方和南方扩展，囊括一度属于其希腊祖先的所有地区，这一尝试未能成功。 考虑到中世纪西方基督教世界拥有的财富、人口、知识等现实资源状况，这也是唯一可能的结局。

(2) 中世纪西方与叙利亚世界

11 世纪，中世纪西方基督教徒向叙利亚世界发起进攻之际，叙利亚世界的居民分别信奉伊斯兰教以及各种基督教异端教派，如基督一性论派、聂斯脱利派及其他教派，这表明从前信奉伊斯兰教的叙利亚人试图使基督教非希腊化。 阿拉伯人征服叙利亚之初，伊斯兰教是这些胜利的蛮族所特有的宗教信仰，正如罗马帝国各行省的条顿征服者大多信奉阿里乌斯教。 在诸多因素的作用下，从公元 8 世纪穆斯林征服到 11 世纪末第一次十字军东征，这些臣属民族始终表现出皈依伊斯兰教的趋势，到这一时期结束时，叙利亚人皈依伊斯兰教的趋势仍未终结。 十字军东征的结果，使得这种趋势转变成伊斯兰教的彻底胜利。 新生的阿拉伯和伊朗伊斯兰教社会在僵死的叙利亚世界的废墟上建立起来。

考虑到穆斯林和基督教徒彼此把对方正式列为"异教徒"，而且这两种狂热地唯我独尊的犹太教传统宗教的卫道士长期争斗不已，不免让我们感到惊讶的是，这两种宗教的卫道士相互尊重，中世纪西方基督教世界得以通过叙利亚文化的渠道汲取文化养分。 正是通过这一渠道，普罗旺斯吟游诗人用罗曼语把阿拉伯诗歌的精神和技巧、穆斯林学者用阿拉伯语把希腊哲学思想传入中世纪西方基督教世界。

在战场上，这两个敌对阵营的战士发觉相互之间有一种意想不到的共鸣，彼此惺惺相惜。 在安达卢西亚(Andalusia)战场，安达卢西亚穆斯林与境外伊比利亚基督教蛮族有时感到，双方的亲密程度超过了伊比利亚基督教徒与比利牛斯山以北教友，以及伊比利亚穆斯林与其北非教友的关系。 在叙利亚战场，土耳其蛮族在侵占哈里发国家领土后皈依伊斯兰教，他们并非同时代基督教骑士的死敌，这些基督教骑士的文明程度未必高过打垮罗马帝国后皈依基督教的蛮族祖先。 法兰克人进攻浪潮的先头部队是诺曼人，像塞尔柱人一样，他们实际上刚刚摆脱野蛮状态。

在文化领域，十字军数次短暂地征服叙利亚，尤其是侵入伊斯兰教地区，长期占领西西里和安达卢西亚，等于是开辟出众多传播渠道，垂死的叙利亚世界的精神财富得以通过这些渠道传播给中世纪西方基督教世界。 早期伊斯兰教自有一种宗教宽容和求知欲的良好氛围，这种氛围与西方的宗教狂热高下立判，因而在一段时间内打动了巴勒莫和托莱多(Toledo)的西方基督教征服者。 在之后的两个世纪里，西方人在这种有利环境下从穆斯林和犹太人那里吸收的文化财富既来源于叙利亚，也来源于希腊。 叙利亚社会并不是亚里士多德著作(不论真伪)的创造者，而仅仅是传播者，这些著作于 12 世纪从阿拉伯语转译成拉丁文，西方学者才得以接触到它们。

在数学、天文学和医学领域，希腊人的学生、讲叙利亚语的聂斯脱利教徒以及聂斯脱利教徒的学生、讲阿拉伯语的穆斯林，不仅保存和掌握了希腊先辈的文化成果，而且接受了印度文化的熏陶，进而创造出自身的崭新成果。 在这些领域，中世纪西方基督教世界从同时代穆斯林科学家那里借鉴了穆斯林的研究成果以及穆斯林从印度学得的所谓“阿拉伯”计数法。 只要我们把目光从知识领域转到诗歌领域就不难发现，安达卢西亚穆斯林文化作为垂死的叙利亚文化的代表，所传承下来的文化财富属于本土的阿拉伯文化成就，从这时开始直到现代西方文明晚期，阿拉伯文化成为所有西方诗歌流派的灵感源泉，倘若作为西方诗歌流派的先驱，普罗旺斯吟游诗人的观念、理想以及诗体和用韵等方面确实都可以上溯到安达卢西亚穆斯林文化源头。

现代西方在科学领域的成就远远超越了所接收的穆斯林文化遗产。

在建筑领域，叙利亚文明对于中世纪西方基督教世界尚未定型的想象力的影响直观体现在"哥特式"建筑上。 这些建筑物的外观清楚地表明，它们的原型可以追溯到至今尚存的亚美尼亚教堂和塞尔柱客店遗迹的建筑模式，从而反证出 18 世纪文物工作者给这些建筑物所起的"哥特式"别名有多么荒谬可笑。 直到 20 世纪，西欧城市里依然可见高耸的"哥特式"教堂，在叙利亚世界建筑风格的影响下，中世纪西方发生了一场建筑风格的大变革，"哥特式"风格取代了以往的罗马式建筑风格。

(3) 中世纪西方与希腊东正教世界

这两个基督教世界很难相互理解，双方的关系甚至还不如它们与相邻的穆斯林社会的关系。 双方的不和起因于这样一个历史事实，这两个姊妹社会都是脱胎于希腊文明。 早在公元 7 世纪末，这两个基督教世界诞生后不久，双方就因为气质上的差异和利益上的冲突而疏远。大约 500 年之后，在悲剧性的 1182—1204 年间，[7]双方最终彻底决裂。双方为争夺东南欧和南意大利的控制权大打出手，彼此间的利益冲突达到白热化。 雪上加霜的是，它们都自命为基督教普世教会、罗马帝国以及希腊文明的唯一合法继承人。

宗教争端往往掩盖了政治冲突的实质。 例如，公元 8 世纪，东正教世界围绕偶像崇拜的兴废争执不下，罗马教廷反对东罗马帝国政府的破坏偶像政策，便以仍留在中意大利的东罗马帝国臣民的名义作出一个政治决定，向阿尔卑斯山以北地区求援。 罗马教廷先后向查理曼的祖父和父亲寻求军事援助，进攻罗马教廷未能从君士坦丁堡获得的伦巴第。 11 世纪中叶，罗马和君士坦丁堡因为各自发动的统一礼拜仪式运动发生冲突，这场宗教冲突不仅导致 1054 年基督教会一分为二，同时也是一场政治斗争，目标是争夺南意大利，这一地区的居民在政治上属于东罗马帝国臣民，宗教上属于罗马教皇治下的教民。 不过，在上述两次事件中，两个基督教社会并未彻底决裂。

第一次十字军东征时期，即上述两次宗教和政治冲突中的后一次冲突之后 40 年，十字军借道东罗马帝国，让东罗马帝国皇帝阿历克塞一世康尼努斯(Alexius I Comnenus)坐卧不宁，对此举的政治后果忧心忡忡。　拜占庭撰史人安娜·康内娜(Anna Comnena)称道她的父亲阿历克塞一世不肯让麾下军队杀戮同为基督教徒的十字军。　按照安娜的记述，阿历克塞一世为防止十字军被土耳其人击溃，派遣东罗马军队护送十字军穿越安纳托利亚。　阿历克塞一世(1081—1118 年在位)不得已对十字军采取克制态度，他的孙子曼努埃尔一世(Manuel I，1145—1180 年在位)的态度已有很大的转变，开始热衷于法兰克人的友谊和习俗。　双方的一些高级教士以及东罗马帝国的一些世俗政治家力图避免两个基督教世界分裂。

　　即便如此，这两个基督教社会最终在 1182—1204 年间决裂，从那以后双方的裂痕日渐加深。　到 15 世纪，东正教徒宁可在政治上屈从于土耳其人，也不愿承认西方基督教教皇的最高宗教权力，个中缘由何在呢？　罗马当时提出的条件无疑是苛刻的，但是，灾难的根本原因恐怕在于双方两种文化的分歧日益加深，这种文化分歧早在 700 乃至 1 000 年前就初现端倪。　更加雪上加霜的是，11 世纪，这两个基督教社会的相对实力和发展空间突然出现意想不到的惊人逆转。　我们在本章前一节已经提请大家注意双方力量对比的这种惊人逆转。

　　这种政治经济命运逆转的一个后果在于，双方从此相互敌视，把对方视为眼中钉。　在东正教徒看来，法兰克人犹如一个暴发户，只知道玩世不恭地利用莫名其妙的好运赋予他们的蛮力。　在法兰克人看来，拜占庭人傲慢自负，摆出一副达官贵人的做派，却没有美德做支撑，也没有实力做后盾。　希腊人认为拉丁人是野蛮人，拉丁人认为希腊人正在变成"黎凡特人"(Levantines)。

　　大量希腊语和拉丁语文献表明，法兰克人与拜占庭人相互憎恶。要说明这一点，我们只需从双方各取一位代表性人物，引证他们的少许言论。　关于法兰克人歧视拜占庭人的证据，我们可以引证伦巴第主教、克雷莫纳的利乌特普兰德(Liutprand of Cremona)的一份报告，这份报告记录了他于公元 968—969 年代表西罗马帝国皇帝奥托二世出使东罗马帝国宫廷的经过。　关于拜占庭人对法兰克人的偏见，我们可以引证希腊公主、撰史人安娜·康内娜的著作，她十分熟悉第一次十字军东征前后的法兰克人，对他们充满厌恶。

利乌特普兰德主教肩负艰巨的外交使命，本来就倍感焦虑，东正教社会日常生活的种种琐碎小事又总是让他反感不已，更加剧了他的烦恼。他住的宅邸不是太热就是太冷，警卫戒备森严，他和随从只好待在令人生厌的房间里。当地商人蒙骗他。酒和食物难以下咽。穷困潦倒的希腊主教个个冷若冰霜。床硬得像石头，既没有床垫也没有枕头。他离开时像一个学童那样进行报复，在宅邸的墙壁和桌子上乱写乱画，用拉丁六音步诗行肆意辱骂他的主人，还记下自己的喜悦，因为他就要离开"这个昔日富饶繁华、如今饥荒肆虐，充斥着发假誓、谎言、欺骗、贪婪、猜忌、吝啬、愚笨的城市"。

利乌特普兰德与尼斯福鲁斯(Nikiphóros)皇帝及其大臣会谈时，双方用俏皮话相互责骂，使整个谈话平添几分生动。利乌特普兰德有一句掷地有声、一针见血的论断："希腊人滋生异端邪说，西方人则消灭它们。"毫无疑问，他说的是实情。希腊人是知识分子，数百年来一直为细枝末节的神学问题绞尽脑汁，从而带来严重的后果；拉丁人重视法律，不能容忍无稽之谈。在公元 968 年 6 月 7 日的一次国宴上，"罗马人"——东西两个帝国都自命为"罗马人"——这个刺激性的称呼点燃了两个基督教社会代表人物长久以来积郁的不满情绪。

> 尼斯福鲁斯不等我反唇相讥，就傲慢无礼地说道："你们不是罗马人，你们是伦巴第人！"他还想继续说下去，示意我不要插嘴，我勃然大怒，站起来反驳他。我说："有一个众所周知的历史事实，罗马人的始祖罗慕洛杀害自己的兄弟，而且是娼妓所生——我意思是说他是个私生子，他为欠债者、逃亡奴隶、杀人犯以及其他犯死罪的歹徒建造了一个避难所。他窝藏这些罪犯，网罗一大批罪犯，称他们为罗马人。这就是你们的皇帝或你们所称的'世界之主'(κοσμοκάτορες)所传承的纯粹的贵族血统。但是，我们——我说的'我们'是指伦巴第人、撒克逊人、法兰克人、洛林人、巴伐利亚人、士瓦本人、勃艮第人——极其鄙视罗马人。若是敌人激怒我们，我们不屑多言，直接斥之为'罗马人'，按照我们的话说，这个蔑称囊括了自私、怯懦、贪婪、堕落、虚伪以及其他种种恶习。"[8]

为激怒利乌特普兰德，尼斯福鲁斯有意刺激他的拉丁客人，表示自己和讲日耳曼语的西方同胞一样反感"罗马人"。双方后来的一次谈话气氛比较友好，这位皇帝把拉丁人和日耳曼人都算作"法兰克人"，利乌特普兰德的大发脾气表明这种说法是很有道理的。虽然从思想文化角度来看，利乌特普兰德精通拉丁文本的希腊古典文献，属于典型的拉丁人，然而，共同的希腊文化背景并没有使他发自内心地对继承同一种文化的当代希腊人产生亲近感。这位 10 世纪的意大利人与 10 世纪的希腊人之间有很深的隔阂，利乌特普兰德与其撒克逊雇主之间却没有这种隔阂。

无可否认，我们的上述引证不仅表明了利乌特普兰德的性格，还反映出一些更重要的东西。很能说明问题的是，他还粗俗不堪地对皇帝的外貌极尽挖苦之能事，在此就没有必要引述了。这位伦巴第主教为人粗鲁，对拜占庭文化不屑一顾，这个事实本身就表明利乌特普兰德根本不了解拜占庭文化的价值。只要比较一下利乌特普兰德的《出使记》与安娜·康内娜对一位诺曼底冒险家博希蒙德(Bohemund)的客观敏锐的描述，足以说明拜占庭社会要远远胜过同时代的法兰克人。在安娜·康内娜的笔下，博希蒙德是一个白肤金发碧眼的恶棍，好勇斗狠、背信弃义、野心勃勃，给她的父亲增添了无穷无尽的烦恼。相比之下，尼斯福鲁斯皇帝很少给利乌特普兰德及其撒克逊君主惹麻烦。安娜细致地描绘了这位典型的日耳曼人的魁伟体格："他的体形再现了波利克里托斯(Polycleitus)＊作品的完美比例"。她先是把博希蒙德大大地称赞了一番：

> 罗马人当中再也找不到一个像他那样的人。没有哪个野蛮人或希腊人比得上他。他是一个传奇人物，亲眼见到他的人固然啧啧称奇，单单是关于他的传闻就足以让人咋舌不已。

这番滔滔雄辩的讽刺意味到后面才显现出来。

＊ 古希腊雕塑家和建筑师，以其创作的青铜和大理石的运动员雕塑而闻名。——译者注

造物主赋予他一对巨大的鼻孔,为他内心焕发出来的强大活力找到了宣泄口。此人的容貌应当说还是有点魅力的,但整个五官搭配给人一种咄咄逼人的印象,打消了这种魅力。整个人明显像猛兽般残酷无情……这一点可以从他的外貌上看出来……他的笑声也带有这个特点,他笑起来就像狮子咆哮,旁人听起来十分刺耳。他有着这样的性情和体格,自然总是沉湎于野蛮和肉欲,而这两个嗜好总是通过战争来发泄的。

在安娜的生花妙笔下,一位法兰克人首领的形象跃然纸上。 她还描述了第一次十字军突然造访东正教世界的情形,几乎同样栩栩如生地描绘了一幅法兰克王国的全景图。

阿历克塞皇帝获悉不计其数的法兰克军队正在前来,这个消息让他忧心忡忡。他熟知西方蛮族(凯尔特人)独特的秉性、乖戾暴躁、出尔反尔、轻信人言,以及其他各式各样根深蒂固的秉性。他也深知这些蛮族贪得无厌、永不知足,不惜用轻率的借口背弃约定,沦为笑柄。法兰克人就是如此声名狼藉,他们的所作所为完全证实了这一点……事态比预料的更可怕、更严重。真实的情况是,整个西方,从亚得里亚海西岸到直布罗陀海峡之间的所有蛮族部落,开始大规模的迁徙,他们带着所有的家当穿越欧洲,向亚洲进发。

第一次十字军过境给阿历克塞皇帝带来诸多烦恼,最难以忍受的折磨莫过于那些没完没了的拜会,这些来访者不受欢迎,又不知体谅他人,白白耗费这位勤勉操劳的皇帝的宝贵时间。

黎明时分,至少是从拂晓开始,阿历克塞总是照例端坐在皇帝御座上。他还昭告天下,凡是渴望拜谒皇帝的西方蛮族,随时可以自由地前来谒见。他之所以这样做,直接原因是让他们有机会提出请求,私下里是想在与他们交谈时见机施加影响,让他们跟着他的指挥棒转。这些西方蛮族贵族全都带有一种粗野的民族秉性,轻率、鲁莽、贪婪,毫无节制、耽于肉欲,最后、但并非最不重要的一点是,他们无比絮聒饶舌。他们的这些特征可谓举世无双。他们没有一点教养,辜负了和蔼可亲的皇帝。

在拜谒皇帝时,每一个贵族想带多少侍从就带多少侍从,他们一个接一个地觐见,等候的队伍排成长龙。更糟糕的是,他们个个喋喋不休,令人厌烦,话匣子一打开就不知道适可而止,像雅典演说家那样限定一个时间。每个人想与皇帝交谈多久就谈多久。他们本性如此,放肆地喋喋不休,对皇帝缺乏起码的尊敬,没有时间观念,根本没有意识到皇帝身边侍从的愤怒情绪。没有谁想到要给后面的人留一点时间,他们滔滔不绝地说个不停,没完没了地提出种种要求。

当然,所有研究民族特性的学者都很清楚,这些西方蛮族唯利是图,说起话来口若悬河,翻来覆去无非是些陈词滥调。对于那些不幸在场的人来说,亲身的经历使他们更加认清了西方蛮族的品性。黄昏来临之际,不幸的皇帝离座起身,走向寝宫,他忙碌了一整天,连早饭也没顾上吃。但是,就连这样明显的暗示,也未能使他摆脱这些蛮族的纠缠。他们依然为先后次序你争我夺,玩这种把戏的不只是那些仍然排队等候的人,那些白天拜见过皇帝的人也会去而复返,想找借口再与皇帝攀谈。这位谦卑的人只得停住脚步,一大群蛮族一拥而上,团团围住他,七嘴八舌地说东道西。这位自我牺牲的人和蔼地应付一大群人,那场景真让人看不下去,而那些人不合时宜的喋喋不休没完没了。皇帝的内侍每每想让这些蛮族闭嘴,却总是被皇帝制止。皇帝知道这些法兰克人的火爆脾气,担心他们因为一些小事暴跳如雷,给罗马帝国惹来大祸。

双方的反感如此强烈,似乎必将导致双方不可能有任何文化交流。但是,十字军东征使得法兰克人与拜占庭人、法兰克人与穆斯林的文化交流结出果实。

中世纪西方基督教徒先是从穆斯林那里获得阿拉伯文本的希腊哲学和科学文献,之后又获得了所有保存下来的希腊文"古典著作",这样慢慢配齐了他们的希腊文献收藏。东方在文化上从西方获得的益处更是出人意料。13世纪，法兰克人征服君士坦丁堡和摩里亚半岛，无意之中有力地促进了希腊被征服者的文学，这种贡献与同时代中国的蒙古征服者无意中为中国文学所作的贡献如出一辙。在中国，儒家文人暂时遭到罢黜，从而为充满生机的白话(vernacular language)大众文学提供了迟来的发展机会，长期湮没无闻的白话文学得以公开进入中国的社会生活。儒家传统的文官不可救药地痴迷于中国古典文学，推行文化压制政策，根本不允许大众文学展现旺盛的生命力。在蛮族横行的东正教世界，同样的原因在较小的范围内导致了相同的结果，民间抒情诗和史诗得以繁荣。摩里亚法兰克人完全摆脱古典文学的束缚，《摩里亚编年史》用本土希腊语的重读韵诗体(accentual verse)写成，成为19世纪初希腊诗歌的源头。

中世纪西方基督教世界与同时代东正教世界的文化交流中，最重要的礼物当属东罗马帝国的绝对主义国家的政治制度。这种政治制度传入西方后，11世纪诺曼人用武力在原东罗马帝国领地阿普利亚(Apulia)和西西里建立西方后继国家，效法这种制度。当霍亨施陶芬王朝的腓特烈二世推行这种制度，使之成为所有西方人关注的焦点，赞同者有之，反对者亦有之。这位才智过人、被称为"凡间的奇迹"(Stupor Mundi)的国王，不仅从诺曼人母亲那里继承了西西里王国，而且还是西罗马帝国皇帝。到20世纪，这种绝对主义的利维坦发展为"极权主义"国家，其命运我们已在本书前面部分探讨过。

3. 最初两代文明的碰撞

(1) 与亚历山大之后希腊文明的碰撞

用亚历山大之后的希腊观念来看希腊历史，亚历山大这一代人清晰地标志着与过去的决裂和新时代的开始，正如以现代西方观念来看现代西方历史，15、16世纪之交各种引人注目的新气象标志着从"中世纪"向"现代"的转变。在这两个崭新的历史时代，人们之所以厚今薄古，最根本的原因在于人们意识到自身力量的迅速增长，不论是通过军事征服支配他人的权力，还是通过地理探险和科学发现驾驭自然界的能力。马其顿人推翻阿契美尼王朝的壮举，与西班牙人征服印加帝国的功绩一样令人振奋。这还不是事情的全部。如果让公元前3世纪的希腊人或公元16世纪的西方人描述一下对新时代的感受，他们很可能不太看重社会物质力量的增长，而是更强调对于社会精神视野扩大的感受。为寻找传说中的印度，马其顿人深入到一个大陆，葡萄牙人则征服了海洋。这两次都引起轰动，新发现的光怪陆离的陌生世界让人惊叹不已，改变和增进了人们对自身力量的认识。亚里士多德及其后继者的科学发现在希腊世界引起轰动，希腊文化的"复兴"在西方世界引起轰动。但是，人类面对未知领域的无助感削弱了新知识带来的力量感，人类对宇宙的认识每前进一步，往往都会产生这种无助感。

　　这两个时代还有其他许多共同点。我们都知道现代西方的冲击波及全球，大概会不假思索地认为，在这一点上，亚历山大之后的希腊文明要大为逊色。事实并非如此。亚历山大之后的希腊文明最终与叙利亚、赫梯、埃及、巴比伦、印度和中国社会有过碰撞，事实上，它与旧世界每一个同时代文明社会都发生过碰撞。

　　不过，我们必须注意一个重要的差异。在分析现代西方对同时代文明的冲击时，我们顺便把现代西方文明划分为现代早期和现代晚期，现代早期西方传播的是包含宗教在内的整体文化，现代晚期西方传播的是剔除宗教成分的世俗文化。亚历山大之后的希腊文明传播史上没有类似的阶段性划分。与西方文明相比，希腊文明在知性方面是早熟的。希腊文明的宗教天赋从一开始就很贫乏，在亚历山大时代之前整整一个世纪，希腊文明已经从宗教蝶蛹中破茧而出。

　　在这个精神解放的关键时刻，希腊人拒斥野蛮轻浮、伤风败俗的奥林匹斯山众神，反感采用血和污物的"冥府"崇拜的精神上更为神秘、也更为阴郁的宗教生活。然而，对精神食粮的渴望很快就压倒了这种拒斥和反感。伴随着军事征服和知识开拓的节节胜利，亚历山大之后的希腊人接触到充满生机的非希腊宗教，这种经历使得希腊人发自内心地羡慕这些宗教信徒拥有精神上的无价之宝，而不是鄙夷地把他们视为僧侣欺骗伎俩所愚弄的盲从者。希腊世界惶恐不安地认识到一个事实：自己的宗教信仰尚属空白。亚历山大之后的希腊征服者在知识和军事上征服了一些社会，却接纳了这些社会的宗教，这种接纳态度在一定程度上导致咄咄逼人的希腊文明对其他六个社会的冲击产生重大的宗教后果。 我们应当把这种宗教后果放到大的历史背景中加以分析，看一看亚历山大之后希腊文明的兴衰。

马其顿和罗马军事侵略者的首要目标是从经济上盘剥战败者。 不过，他们的实际行动表明，他们宣称的传播希腊文化的高尚目的也并非毫无诚意。 希腊征服者履行诺言传播希腊文化精神财富的主要手段是在希腊境外建立城邦，以希腊城邦殖民者为核心传播希腊文明之光。最早开始大规模推行这种政策的是亚历山大，在之后的 450 年里，马其顿以及直到哈德良皇帝为止的罗马后继者都萧规曹随遵循这种政策。

希腊征服者传播希腊文化多少是善意的，成效却远远不如非希腊人对于希腊文化的自发模仿，正是由于这种自发的模仿，亚历山大之后的希腊文化不仅和平地征服了希腊军队未曾占领过的地方，而且再度征服了希腊人曾一度占领，在亚历山大征服浪潮因亚历山大之死戛然而止之后又很快放弃的地方。 公元前 1 世纪到公元 1 世纪，跨越兴都库什山脉的希腊化巴克特里亚帝国的贵霜后继国家栽下希腊艺术的种子，希腊化塞琉古帝国的萨珊和阿拔斯后继国家培育了希腊科学和哲学的种子，直到希腊军事征服终结之后，这些希腊文化的种子才开花结果。 叙利亚世界同样是在摆脱希腊统治之后才对希腊科学和哲学产生自发的兴趣，他们把聂斯脱利教和基督一性论教派等异教当作自己的基督教，把叙利亚语当作自己的语言媒介。

希腊文化和平地渗透到希腊征服者从未涉足的地区，在希腊军事统治衰落之后，希腊文明仍然在艺术和知识领域节节胜利，这两个事实给我们一个相同的启示。 对于宏观研究同时代文明的碰撞而言，希腊文明的启示颇具启发意义。 在本书作者这一代历史学家看来，这一启示的意义是显而易见的，他们了解希腊文明与其他文明相互碰撞的整个来龙去脉，这与他们对当前现代西方与其他文明碰撞的了解程度形成了对照。 现代西方与其他文明的碰撞至今仍在延续，有关资料虽然异常丰富翔实，远非流传至今的屈指可数的希腊文明史料可比，但由于人类对未来的无知所形成的无形屏障，这些资料的时间下限必定中途戛然而止，无法涵盖文明碰撞的全过程。

正如亚历山大之后的希腊历史揭示的那样，现代西方的历史是否有朝一日将证明武力无助于同时代文明的文化交流，这个问题在1952年时尚无法回答。这个未解之谜提醒研究者注意这样一个事实：对于研究人类事务的整体进程和特征而言，那些距离最近、史料最丰富、最为熟悉的历史事件恰恰是最不能说明问题的。其他文明与希腊社会碰撞的历史已是久远的过去，史料也不尽充分，但肯定更有助于我们了解人类事务的整体进程和特征，尤其是不同文明碰撞所产生的宗教后果。

20世纪的西方历史学家站在所处的时代可以看得很清楚，中华世界于15世纪自发接受希腊艺术、叙利亚世界于公元9世纪自发接受希腊科学和哲学的历程堪与马其顿和罗马军队的军功相提并论。在20世纪，亚历山大之后的希腊文明与同时代文明在艺术、知识、军事和政治上的交往当然早已尘埃落定。然而，这些碰撞的后果至今仍在影响着20世纪的人类生活，这表现在当今世上绝大多数人信奉的宗教不外乎基督教、伊斯兰教、大乘佛教和印度教，这些宗教的历史源头可以一直追溯到如今业已消亡的希腊文明与业已消亡的东方文明的碰撞。如果人类未来的发展进程能够证明这样一个直觉，与文明相比，高级宗教的普世教会更适合承载人类踏上朝圣之旅，朝着人类的奋斗目标前进，那么结论必然是，亚历山大之后的希腊文明与其他文明的碰撞彰显出现代西方与其他文明的碰撞所无法揭示的宏观历史研究的主题。

(2) 与亚历山大之前希腊文明的碰撞

地中海是亚历山大之前的希腊社会主演的历史戏剧的舞台，大约1800年之后，中世纪西方基督教世界又在同一个舞台上扮演主角。这两出历史戏剧都有三个角色登场。亚历山大之前的希腊文明有两个对手，分别是同源的叙利亚社会和夭亡的赫梯社会的僵化残余，后者依托托罗斯山脉(Taurus)的要塞苟延残喘。这三个社会竞相争夺地中海盆地的控制权，腓尼基人是叙利亚社会的代表，赫梯社会的代表是一些在海外建立起据点的航海者，日后被希腊社会的对手称为伊特鲁里亚人(希腊语 Tyrrhenian，拉丁语 Etruscan)。

公元前8世纪，这场三方角逐拉开帷幕，目标是攫取三个战利品。首先是西地中海地区，这一地区的土著民族文化落后，无力抵御这三个入侵社会；其次是黑海沿岸地区，它通往欧亚草原的大西海湾，经由大西海湾可以进入大草原西北边界的黑土地带；最后是埃及，埃及精耕细作的农业已有悠久的历史，但文明已步入衰落阶段，只有争取相邻外来文明的援助，才有可能抵御另一个外来文明的入侵。

与其他两个对手相比，希腊人在争夺这些战利品的角逐中拥有一些优势。

希腊人最显著的优势在于所处的地理位置。 较之伊特鲁里亚人和腓尼基人在地中海东端的基地，希腊人在爱琴海的活动基地靠近西地中海，离黑海更近。 希腊人的另一个优势在于人口。 在希腊文明的前一个历史阶段，低地地区战胜高地地区，导致希腊人口增长。 人口增长造成的生活资料压力成为希腊人爆炸性扩张的动力，刺激希腊人先是在海外建立通商口岸，之后进一步迅速大规模安置希腊农业殖民者，使这个新世界变成一个大希腊(Magna Graecia)。 现有的少量证据给我们这样一种印象，在这个时期，无论是伊特鲁里亚人还是腓尼基人都无法在人力资源上与希腊人相抗衡。 至少有一点是肯定的，伊特鲁里亚人和腓尼基人实际上无法像希腊人那样通过海外拓殖建立一个属于自己的新世界。

像第一个优势一样，希腊人的第三项优势也是来自所处的地理位置。 这三个对手在地中海一争高下之际，正值穷兵黩武的亚述人开始发动最后、也是最猛烈的一波攻势，亚洲大陆上的腓尼基人和伊特鲁里亚人首当其冲，希腊人因为远居西方，幸运地逃过一劫。[9]

考虑到面临的种种不利因素，腓尼基人和伊特鲁里亚人制定的目标和取得的成效都显得非同凡响。 不出所料，他们在黑海控制权之争中彻底失败。 黑海成为希腊的内海。 辛梅里安(Cimmerian)和西徐亚(Scythian)游牧民族突然崛起之后，欧亚草原经历了一段平静时期，黑海的主人希腊人与欧亚草原大西海湾的主人西徐亚人成为互利的商业伙伴，黑土地带的西徐亚臣民收获的谷物输出海外，提供给爱琴海盆地的希腊城市居民，换回旨在满足西徐亚王室嗜好的希腊奢侈品。

在西地中海地区，这场三方角逐持续了更长的时间，各方力量此消彼长，互有胜负，最终还是以希腊的胜利而告终。

围绕埃及的争夺为时较短，希腊人在这方面并没有地理位置上的优势，但仍然于公元前7世纪抢得了这个战利品。希腊人向法老萨姆提克一世(解放者)(Psammetichus I, Liberator)的埃及政府提供了爱奥尼亚人和卡里亚人(Carian)等"从海上来的青铜人"＊，萨姆提克一世招募这些人是为了在公元前658—前651年间把亚述驻军逐出尼罗河下游河谷。

公元前6世纪中叶前后，希腊人似乎不仅在地中海盆地的海上争霸中拔得头筹，而且有望继承亚述人在西南亚建立的大陆帝国。早在萨姆提克一世的希腊雇佣兵把亚述人逐出埃及之前的将近半个世纪，这些"从海上来的青铜人"就闯入亚述国王辛那赫里布(Sennacherib)治下的西里西亚海岸，举行一场勇敢的起义，大大激怒了这位国王。如果我们能够确定，除了莱斯博斯岛(Lesbian)的安提美尼达(Antimenidas)——他的名字和事迹之所以流传至今，完全是因为他是诗人阿尔凯奥斯(Alcaeus)的兄弟——还有其他希腊冒险家也在尼布甲尼撒的卫队服役，那么亚述帝国的新巴比伦后继国家似乎也仿效埃及政府的做法，招募希腊雇佣兵。在亚历山大的征服以前，阿契美尼王朝已经大量招募希腊雇佣兵，这也成为阿契美尼帝国覆灭的前兆。当时的局势给人一种印象，似乎某位"亚历山大"有望提前两个世纪登上历史舞台。事实上，舞台确实搭好了，但上场的主角是居鲁士，而不是我们假想的那位提前登场的"亚历山大"。

公元前547年前后，居鲁士吞并吕底亚帝国，公元前525年前后，他的继承人冈比西斯征服埃及，在这段20年左右的时间里，公元前6世纪的希腊人丧失了在埃及和西南亚进一步拓展的机会。在这两次征服中，居鲁士的征服更为迅猛和惊人，结果使得安纳托利亚西海岸希腊城邦的宗主权从过去的吕底亚人手中转到外来的波斯人手中。冈比西斯征服埃及对希腊人造成双重打击，一是打击了希腊"青铜人"的军事威望，二是波斯人从此控制了希腊人在埃及的商业利益。不仅如此，

＊ 见希罗多德：《历史》，第二卷。卡里亚人和爱奥尼亚人穿戴着当时埃及人从未见过的青铜头盔和铠甲。——译者注

波斯帝国缔造者意外地给予叙利亚的腓尼基人颇为可观的好处，加剧了希腊人的逆境。

阿契美尼帝国允许"巴比伦之囚"的犹太人返回家园，以他们祖先的城市耶路撒冷为中心，建立起一个政治上无足轻重的神权国家。 这种政策也使得地中海沿岸的叙利亚腓尼基城市不仅拥有自治权，而且得以在阿契美尼宗主权之下统治其他的叙利亚社会，从而至少能够与希腊世界最强大的城邦分庭抗礼。 他们在经济上更是获得惊人的好处。 他们成为一个幅员辽阔的国家的成员，这个国家的版图从地中海叙利亚海岸向内陆延伸，直到"农耕民族"在遥不可及的欧亚大草原上干旱的粟特(Sogdian)地区的东北前哨。

与此同时，一个腓尼基殖民地在地中海西部崛起，在财富和实力上超过它的源头叙利亚城市，正如现代西方在大西洋彼岸的一个最重要的"殖民地"在 20 世纪超越了向它输送移民的那些欧洲国家。 迦太基带头掀起腓尼基人的反攻浪潮，站在希腊人的角度来看，如果不是很久之后一场长期战争已经被冠以"第一次布匿战争"之名，倒是可以把腓尼基人的这次反攻称为"第一次布匿战争"。 这次反攻并未取得决定性的战果，到公元前 6 世纪末，面临希腊扩张威胁的各个敌对社会联手，使希腊世界的扩张全线受阻。 我们有理由相信，阿契美尼帝国和迦太基帝国缔造者划定的分界线使得希腊世界与叙利亚世界之间变动频繁的东西边境稳定下来。

然而，刚刚步入公元前 5 世纪，这种平衡态势就被打破，随即爆发了历史上最著名的一场战争。 历史学家该如何解释这种极为不幸的结局呢？ 古代希腊学者将把这场灾难归咎于一些因素的共同作用，例如，埋下失败隐患的傲慢，诸神让他们想毁灭的人变得疯狂等等。 现代西方学者不会去质疑这种超自然的解释，而是探询人为的因素。

战火重燃的人为因素在于阿契美尼帝国政治家犯了一个错误，他们错误地判断了形势，那些以迅雷不及掩耳之势征服广袤土地和众多人口的帝国缔造者往往容易陷入这种判断错误。 事实上，他们之所以能够势如破竹地攻城掠地，只是因为那些地方的居民已经被此前的痛苦经历折磨得心灰意冷，放弃了抵抗。 在这种情况下，帝国缔造者往往认为自己是凭借文韬武略建立起不世功名，不承认自己受益于先前的统治者，这些先前的统治者用无情的犁耙开垦土地，成果却被帝国缔造者轻而易举地收获。 他们认为自己是战无不胜的，这种错误的信念滋生出一种过分的自信，驱使他们鲁莽地进攻那些尚未被征服的民族，从而招致灾难，这些民族的精神和抵御能力大大出乎他们的预料。 正是由于这个原因，1838 到 1842 年间，征服了衰败不堪、四分五裂的印度莫卧儿帝国的英国征服者在阿富汗遭受灭顶之灾，他们轻率地认为东伊朗高地人会像饱经磨难的印度次大陆居民一样逆来顺受。 东伊朗高地人此前从未受过伤害，而印度次大陆居民先是经历了让人意志消沉的 500 年外来统治，之后又饱尝长达一个世纪的政治动荡的痛苦。

居鲁士很可能认为，一旦征服了亚洲的那些原先承认吕底亚宗主权的希腊社会，完成对吕底亚的征服，就可以为自己的继承人留下一条确定的西北边界。 阿波罗曾经警告吕底亚国王克罗伊斯不要渡过哈利斯河(Halys River)，否则将招致一个大国的毁灭。 当克罗伊斯的征服者居鲁士在同一条河流的对岸驻足，本应当牢记阿波罗的警告，从长远来看，这个警告同样清楚地预见到阿契美尼帝国的未来。 居鲁士征服吕底亚帝国，无意之间使他的继承人陷入希腊世界的泥淖之中，最终导致阿契美尼帝国覆灭。

居鲁士为摆脱与吕底亚隔河(哈利斯河)为界的状况，便将所统治的吕底亚占领区拓展到安纳托利亚海岸。 大流士认为，只要把希腊全境置于自己的统治之下，就可以摆脱与独立的希腊残余部分隔海为界的状况。 公元前 493 年，大流士扑灭亚洲希腊人最后的反抗，随即出师远征欧洲希腊本土。 结果，波斯人在马拉松、萨拉米、普拉提亚(Plataea)和米卡雷(Mycale)迭遭惨败。 直到 20 世纪，希腊文明的西方继承人仍把这些战役视为历史性的胜利。

为报复亚洲希腊臣民的反叛，大流士决意征服希腊人的欧洲同族和同谋，结果使得一场为时 7 年的暴动(公元前 499—前 493 年)转变为一场长达 51 年的战争(公元前 499—前 449 年)。 到战争结束之时，阿契美尼王朝被迫放弃安纳托利亚西部沿海地区。 同一时期，迦太基人在进攻西西里的希腊人时也铩羽而归，遭受更为惨重的失败。 希腊人在西方打赢这场陆地战争之后，又赢得了一场海上战役的胜利。在意大利西海岸那不勒斯以西不远处的库迈(Cumae)，希腊人打败了进攻希腊世界坎帕尼亚(Campanian)前哨的伊特鲁里亚人。

公元前431年，形势出现重大转折，希腊人内部爆发了一场自相残杀的雅典—伯罗奔尼撒战争。希腊社会内部战火蔓延，整个社会日渐衰落。除开几次短暂的休战，这场战争一直打到公元前338年才由马其顿国王腓力强行终止。希腊人陷入自取灭亡的狂热难以自拔，显然为迦太基人和阿契美尼王朝提供了千载难逢的机会，他们乘希腊内战之机趁火打劫。迦太基人斩获不大，波斯人的收获却颇为可观。但是，波斯人并未从这次的成功中长久获益，因为自相残杀的内战使希腊人成为能征善战的老手。一旦马其顿和罗马的军事首领掉转矛头，用希腊新式武器来讨伐希腊世界的宿敌，旋即摧毁了阿契美尼帝国和迦太基帝国。

如此一来，希腊社会对邻近文明的军事和政治攻势进入到一个更高的阶段，对此我们在上一章已有评述。在亚历山大大帝时代之前和以后，希腊文明一直从文化上和平地征服一个又一个的地区。

西西里土著一方面全力以赴地武装抵抗希腊的征服，同时又自愿接受希腊入侵者的语言、宗教和艺术。即使在用"木幕"(wooden curtain)划出的禁止希腊商人进入的迦太基"禁区"，迦太基人也输入比本土产品更受欢迎的希腊商品，这种情形与拿破仑时代法国政府的做法如出一辙。拿破仑政府颁布《柏林敕令》，公开抵制英国商品，私下里却秘密进口英国皮靴和大衣供应军队。

早在阿契美尼帝国崛起之前，帝国西部省份诸民族就开始了希腊化过程，希腊文化以亚洲希腊城邦为中心，通过吕底亚王国传播开来。希罗多德笔下的克罗伊斯就是一位热心的希腊化倡导者。不过，亚历山大之前的希腊文明最有效的文化征服乃是征服了伊特鲁里亚人和意大利西海岸的其他非希腊民族。伊特鲁里亚人在被罗马帝国缔造者统治之前就已经被接纳为希腊人，罗马帝国缔造者所掌握的希腊文化大多是从伊特鲁里亚邻居那里间接获得的。

罗马的希腊化无疑是希腊人有史以来最重要的文化征服。不论罗马人有什么样的背景，他们承担的使命是意大利西海岸北部的伊特鲁里亚人、南部的希腊人以及隆河(Rhone)三角洲附近希腊文明的先驱马塞利亚人(Massilian)无力承担的。 当蛮族展开反攻，意大利的希腊人屈服于奥斯坎人(Oscan)、伊特鲁里亚人屈服于凯尔特人之后，罗马人使拉丁化的希腊文明跨越亚平宁山、波河和阿尔卑斯山，传入地中海以北的欧洲大陆腹地，从多瑙河三角洲传到莱茵河河口，并且渡过多佛海峡传入不列颠。

(3) 稗子与麦子

至此，我们考察了同时代文明的相互碰撞，[10] 我们认识到，惟有那些和平的成果才是这些碰撞的有益成果。 我们也十分悲哀地意识到，两个或更多不同文化的冲突往往会引发愚不可及、损失惨重的战争，相比之下，创造性的和平交流实在是如凤毛麟角一般少之又少。

再次回顾不同文明的碰撞，我们就会看到，印度文明与中华文明的交往就属于和平交流，这种交往不仅结出累累硕果，而且初看上去没有受到暴力的摧残。 大乘佛教从印度传入中华世界，这两个社会并未因此爆发战争。 这种历史成就有赖于和平交往，双方的宗教交流就是这种和平交往的一个突出证明。 公元 4 到 7 世纪，佛教僧侣从印度前往中国弘扬佛法，中国佛教徒前往印度取经朝圣，双方的海路交通都是经由马六甲海峡，陆路交通经由塔里木盆地。 只要看一看两条路线中更为繁忙的陆路，我们就会发现，这条路线并非是由印度人或中国人和平地开通的，而是由闯入的希腊社会的先驱巴克特里亚希腊人及其后继者贵霜蛮族打通的，这些尚武民族开辟这条通道是为了发动军事侵略，希腊人想进攻印度孔雀帝国，贵霜人想进攻中华世界的汉帝国。

如果要从同时代文明的碰撞中找出既结出精神果实，又避免了军事冲突的例子，我们应该进一步追溯到第二代文明之前的时代，即埃及文明在喜克索斯人大举入侵的刺激下反常地延长了本已终结的文明历程之前的时代。 在这个时代，即公元前 22、前 21 世纪之交到公元前 18、前 17 世纪之交，埃及文明的大一统国家"中王国"与苏美尔文明的大一统国家苏美尔和阿卡德帝国同时并存，轮流控制双方之间的叙利亚大陆桥。 就我们目前所知，双方从未发生过战争。 双方的交往虽然是和平的，显然没有结出果实，我们必须继续上溯到更早的时代，才能找到同时代文明和平交往的例证。

现代西方考古学关于早期文明史的知识尚不完备，20世纪的历史学家在研究这一阶段的文明史时只能在历史的迷雾中摸索前行。 我们意识到这种局限，便可以回到我们作出的一个试探性的结论：在埃及社会精神生活中发挥重要作用的伊希斯崇拜和奥西里斯崇拜乃是源自土崩瓦解的苏美尔世界，而在苏美尔世界，令人心碎又给人慰藉的"哀妻"、"哀母"与"难夫"或"难子"最初是以伊什塔尔和塔木兹的面貌出现的。 倘若一种作为所有其他高级宗教先驱的崇拜，真的能够避免日后同时代文明的碰撞反复引发的流血冲突，从发源的社会流传到一个同时代文明的后继社会，我们就从笼罩在文明相互接触历史上的茫茫黑暗中看到了光明的前景。

注　释：

[1] Finlay, G., *A History of Greece B.C. 146 to A.D. 1864*(Oxford 1877, Clarendon Press, 7 vols), Vol. v, pp.284—285.

[2] Rycaut, Sir P., *The Present State of the Ottoman Empire*(London 1668, Starkey &Brome), p.82.

[3] Spear, T.G.P., *The Nabobs*：a Study of the Social Life of the English in Eighteenth-Century India(London 1932, Milford), pp.136, 137, 145.

[4] 《笨拙》杂志刊登了关于这场战争的一幅漫画，题为《巨人杀手日本》，这表明了当时英国公众的轻浮态度。

[5] 例如，英国史上众所周知的是，都铎王朝赋予下院的权力被他们用来反对斯图亚特王朝。

[6] 在阿拉伯语中，Maghribi 的意思是"西方"，伊斯兰教徒以此称呼非洲西北角，范围包括日后的突尼斯、阿尔及利亚和摩洛哥。 这个所谓的"小非洲"实际上是一个安全岛，地中海把它与欧洲隔绝开来，撒哈拉沙漠更彻底地把它与热带非洲(严格意义上的非洲)隔绝开来。

[7] 三次暴行使得双方无可挽回地决裂了：1182 年，东罗马帝国境内的法兰克居民遭屠杀；1185 年，复仇的诺曼底远征军洗劫萨洛尼卡；1204 年，法兰克—威尼斯远征军洗劫君士坦丁堡(第四次十字军)。

[8] Liutprand, *Relatio de Legatione Constantiuopolitana*，ch.12.

[9] 与之类似，17 世纪，身处岛国的英国人比欧洲大陆上的荷兰竞争者在远洋贸易上有优势，因为荷兰人面临哈布斯堡王朝和波旁王朝等大陆帝国缔造者的军事进攻，英国人则没有这种危险。

[10] 节录本删除了与叙利亚社会和古王国时期埃及社会接触的章节。

第三十二章

同时代文明碰撞的戏剧性

第一节　连环的碰撞

公元前5世纪的希罗多德发现，同时代社会的碰撞并非个别现象，而是一种连环现象。当时，希罗多德正着手记述不久前爆发的阿契美尼帝国与欧洲大陆希腊境内的独立希腊城邦的战争。他直觉地意识到，历史叙述要想清晰明了，就必须把种种事件放到历史背景之中。他从这一角度来观察历史，发现希腊与波斯的这场战争只是双方最近的一次冲突，此前双方早已卷入一系列互为因果的冲突。被侵略者并不满足于抵御侵略，一旦防御成功，旋即转入反攻。毫无疑问，对于久经世故的现代读者而言，希罗多德笔下历史大戏的前几幕与其说富有启迪，不如说饶有趣味，因为这几幕的情节是当事各方相互诱拐对方的美人。腓尼基人诱拐希腊的爱莪(Io)，从而埋下仇恨的种子(这自然是希腊人的说法)。于是，希腊人进行报复，诱拐腓尼基的欧罗巴，接着又诱拐了科尔喀斯的美狄亚(Colchian Medea)。特洛伊人诱拐希腊的海伦，希腊人为报仇就围攻特洛伊城。这些情节看起来十分荒谬，"因为很显然，倘若不是这些女人心底里愿意，她们是不会被诱拐的"，如果海伦并非心甘情愿，帕里斯无论如何也不可能把他的情妇带回家乡。同样，特洛伊人显然应该交出海伦，而不是承受十年围城之苦，只是当时的情势逼得他们不能这么做。 无论如何，希罗多德就是这样用冷冰冰的理性主义来讲述传奇故事，这也是希罗多德诸多备受喜爱的特色之一。 总之，希腊人发动特洛伊战争之际，阿瑞斯已经取代阿芙洛狄忒成为主宰人类活动的主神。不论怎样怀疑这一连串诱拐行为的真实性，我们都必须承认，希罗多德展示出深刻的洞察力，把希腊文明与腓尼基文明的碰撞看作是包括希波战争在内的一连串文明碰撞中的一次早期事件。

我们在此无需复述对于希波战争前特定的连锁事件的看法，而是直接着手考察希罗多德之后时代的一连串进攻和反击，看看我们能够从中得出什么样的结论。[1]

波斯入侵希腊所遭受的惨败，还只是侵略者吞下的第一个苦果。最终的惩罚是马其顿国王腓力决意扭转攻守态势，着手征服阿契美尼帝国。 亚历山大大帝极为成功地执行了父亲腓力的政治遗嘱，而薛西斯在履行父亲大流士的政治遗命时遭到彻底失败，从而拉开了新的历史戏剧的大幕。 公元前 4 世纪，亚历山大摧毁阿契美尼帝国，公元前 3 世纪，罗马吞并迦太基帝国，希腊社会由此确立起对邻近文明的统治，疆域范围远远超出公元 6 世纪*希腊冒险家最野心勃勃的想象，这批人从海上前往塔特苏斯(Tartessus)经商，或是在埃及和巴比伦充当雇佣兵。亚历山大之后的希腊社会的进攻狂潮很快激起东方被侵略者的反击。这种反击最终取得成功，缓慢地恢复了长期失衡的均势。 在亚历山大渡过达达尼尔海峡一千年之后，原始穆斯林阿拉伯人把他的赫赫功绩一扫而光。 原始阿拉伯人发动一连串闪电般的攻势，解放了从叙利亚直到西班牙，在公元 7 世纪初仍处于罗马帝国或其西哥特后继国家统治之下的所有原叙利亚领土。

阿拉伯哈里发帝国重建了囊括阿契美尼帝国和迦太基帝国版图的叙利亚大一统国家，原本可以使不同文明间的连环碰撞告一段落。 不幸的是，阿拉伯人为遭到希腊入侵的叙利亚社会复仇之后，并不满足于仅仅把侵略者从被占领土上赶出去。 他们重蹈大流士的覆辙，很快由防御转为反攻，他们这么做并没有什么正当理由，比如现有边境线难于防

---

    * 原文如此，根据上下文，应为公元前 6 世纪。 ——译者注

守，不进则退等等。公元 673—677 年和公元 717 年，阿拉伯人两度翻越托罗斯山脉的天然边界，围攻君士坦丁堡。公元 732 年，他们又越过比利牛斯山脉的天然边界，侵入法兰克。到下一个世纪，他们跨越海洋的天然边界，征服克里特岛、西西里以及阿普利亚，在从隆河到加里格利亚诺河(Garigliano)的西方基督教世界地中海沿岸地区建立起桥头堡。这些蛮横的侵略终将招致惩罚。

公元 8、9 世纪穆斯林世界的进攻，激发起中世纪西方基督教世界的潜能，中世纪西方基督教世界迅即作出回应，发动数次十字军远征。不难想见，十字军远征又招致被侵略者的回击。萨拉丁(Saladin)之前及以后的伊斯兰世界捍卫者前赴后继，把法兰克十字军逐出叙利亚，奥斯曼土耳其人完成了希腊东正教徒的未竟事业，把十字军赶出“罗马尼亚”。奥斯曼帝国皇帝、“征服者”穆罕默德二世(Mehmed Ⅱ the Conqueror，1451—1481 年在位)穷毕生之力，在土崩瓦解的希腊东正教世界建立起伊斯兰教大一统国家。这样，双方的力量旗鼓相当，出现了结束冲突的有利环境，但这个良机再度错失。正如公元 8、9 世纪阿拉伯穆斯林毫无理由地入侵法兰克、意大利和西方基督教世界的其他地区，中世纪西方世界发动十字军远征，对阿拉伯穆斯林的攻势进行有力然而最终归于失败的反击，16、17 世纪的土耳其穆斯林也毫无必要地沿多瑙河而上，直捣西方世界的发祥地。这一次，西方作出更具创造性、也更为奇特的回应。

奥斯曼新月地带的两个尖端靠得很近，对西方基督教世界形成合围。这种三面受敌之势使得西方人决意打破地中海地区的僵局，重新集聚力量，着手征服最终使之成为世界主宰的海洋。在 20 世纪中叶的观察家看来，西方的应战取得了惊人的成就，它似乎发展成一个、或许是数个相反的应战。我们从爱我和欧罗巴被诱拐的故事开始，已经追溯了漫长的历史进程，但仍未走到尽头。

第二节　不同的回应

我们对文明碰撞的考察，更确切地说，对我们以之作为文明连环碰撞的例证的考察，表明文明的碰撞往往表现为一方攻击另一方。 不过，一方进攻、一方受害的说法带有道德判断的意味，最好还是使用一对道德中立的术语：主动者和被动者。 我们也可以用本书前面部分常用的术语：挑战者与应战者。 我们现在就来考察面临挑战的社会所作出的回应或应战，并对这些回应和应战加以归纳。

不难想象，最早的主动者发动极为凌厉的攻势，被攻击的一方未能进行任何有效的抵抗就被征服乃至消灭。 许多不幸与文明社会发生碰撞的原始社会无疑会落得这么个结局。 这些原始社会业已消亡，如同现代西方人的到来使得毛里求斯的渡渡鸟灭绝一样。 其他一些原始社会多少比渡渡鸟幸运一些，得以在"人类动物园"或保留地苟延残喘，只有人类学家才会对之感兴趣。 我们关注的对象是文明，我们有理由怀疑是否真有哪个文明曾经遭受过这种命运，即使是脆弱的、显然无可挽回地衰亡的中美洲和安第斯文明。 它们有可能在长期的沉寂之后再度崛起，例如，叙利亚社会在希腊社会的重压下沉沦了一千年，之后再度复苏，重新开始其生命历程。

为了考察被攻击文明的不同回应方式，我们先来看一看针对攻击行为的以牙还牙的反击，最直接的反击方式是用武力回敬武力。 例如，印度教徒和东正教徒遭到穷兵黩武的伊朗穆斯林的大举入侵，回应方式就是自己也变成尚武之人。 锡克人和马拉塔人、希腊和塞尔维亚民族主义者也都是用这种方式回应莫卧儿人和奥斯曼土耳其人。 军事落后的一方一旦掌握了进攻者的军事技术，便会以牙还牙地报复进攻者，历史上这样的例证比比皆是。 据说，当俄军在纳瓦(Narva)屈辱地败于瑞典国王查理十二世之手，俄国沙皇彼得大帝表示："此人将教会我们怎样击败他。"彼得是否真的说过这样一句话并不重要，因为事实胜于雄辩，而事实是查理教训了彼得，彼得汲取了教训，随后打败了查理。

继承了彼得体制的共产主义者比彼得更进一步。 俄国共产主义者不仅乐于掌握先后在第二次世界大战和战后成为俄国的西方敌人的德国和美国的工业技术和军事技术，还发明了一种特殊的新型战争，把"意识形态"宣传作为最重要的武器，用精神战取代使用物质武器的老式战争。 共产主义者在世俗强权政治舞台上作为新式武器的宣传工具，并不是其新近的使用者发明的。 最早运用这一手段的是高级宗教的传教士，之后，现代西方社会的零售商又用这种方式来推销商品。

共产主义宣传像当代西方的商业广告一样，开支巨大，为所谓的"市场调查"煞费苦心。 但是，两者的目标和成效截然不同，共产主义宣传的目标和成效远比商业广告重要。 共产主义宣传表明能够再度唤醒精神空虚的西方人长期埋在心底的热情，这些西方人渴望获得人类生活所不可或缺的精神食粮，不假思索地接受了共产主义宣传告诉他们的言语，没有想一想这些言语究竟是来自上帝还是伪基督。 共产主义号召基督之后的人类消除对于"理当"摒弃的彼世乌托邦的"幼稚的"怀旧心理，不再效忠一个"子虚乌有"的上帝，而是为现世的"全人类"奉献出全部力量，以期建立一个"人间天堂"。 实际上，"冷战"正是从宣传层面回应有形军事力量的挑战，这也并非旧式军事挑战第一次激发起非军事层面的回应。

倘若西方人提醒自己，如果需要提醒的话，这种意识形态宣传仅仅是一个用物质武器武装到牙齿的帝国主义强权国家的一项辅助武器，共产主义俄国在"精神"上的回应就不那么能够打动西方人了。 接下来，我们看一看其他的回应方式，也就是完全用武力之外的方式回应武力的挑战，我们同样不应错误地将这种回应方式归之于某种道德优势。在这种情况下，被攻击的一方通常不是缺乏足够的武力，就是虽然尝试使用武力，却遭到失败。

阿契美尼王朝时期，业已成为一个大一统国家统治者的伊朗蛮族经历了一次文化皈依，结果巴比伦世界反而被叙利亚社会孤立，这为我们提供了以和平方式应对军事挑战的突出例证。 叙利亚文化传播者征服了伊朗人的心灵，从而挫败了巴比伦征服者，他们既非军事冒险家，也非商业投机者，而是遭到亚述和巴比伦军事首领驱逐的"流亡者"(displaced person)。 征服者企图以此让他们永远无法恢复他们挚爱的以色列、犹大的政治军事势力。 事实表明，征服者的考虑本身是正确的。但是，叙利亚社会对于巴比伦军事家的回应却是征服者始料不及的：被征服者最终从压迫者手中夺回了主动权。 巴比伦压迫者完全没有意识到被征服者从文化上发动反击的可能性，以致亲手将被征服者安置在一片文化沃土上，倘若不是受到强行驱逐，这些流亡者永远不可能来到这个地方。

叙利亚犹太移民社群在散居海外时，不仅尽力对周围的非犹太人施加文化影响，同时十分关注维护自身的社会认同。 在犹太人和其他"背井离乡"(déracinés)民族的历史上，同样是对维护自身认同的关注，往往表现为截然相反的自我隔离政策。 这种以自我隔离来应对外界骚扰的方式属于另一种回应方式，这种回应从不同的领域应对挑战。 倘若推行这种"孤立主义"政策的是一个栖息于某个天然要塞的社会，它就表现为最纯粹的"孤立主义"。 与世隔绝的日本社会初次遭遇前工业化时期的西方文明，就是以这种方式应对葡萄牙入侵者。 大约在同一时期，山地要塞里的阿比西尼亚人(Abyssinians)也以这种方式成功地回应同一个入侵者。 西藏高原同样有如一道外人难以逾越的屏障，庇护了业已灭绝的印度社会残余下来的大乘佛教密宗。 但是，地理环境的天然屏障的历史重要性，无法与移民社群为回应生存威胁而形成的心理隔阂相比。 究其原因，生存受到威胁的移民社群所处的地理环境，非但不能助其一臂之力，反而会使之受制于周边社会。

这样一种孤立主义无疑是极端消极的做法，即使取得有限的成功，也往往是因为同时采取了其他较为积极的举措。 在日常生活中，移民社群倘若不具备特殊的经济才能，不能敏锐地捕捉摆在他们面前的各种经济机会，就无法实现有效的心理隔离。 移民社群主要用两个手段来代替他们所缺乏的固若金汤的疆界和强大军事实力，首先是具备几乎是不可思议的经济才能，其次是一丝不苟地恪守传统的律法。

一些社会在外来强权的冲击下遭受严重打击，但尚未沦落为穷途末路的移民社群，也曾以文化领域的反击来回应武力。 奥斯曼土耳其人统治下的东正教非穆斯林臣民(ra'iyah)以及莫卧儿人统治下的印度教非穆斯林臣民，都成功地转败为胜，用笔杆子还击那些舞刀弄剑的民族。 印度和东正教世界的穆斯林征服者陶醉于显赫军事胜利的幻影，未能看清未来历史的走向：他们的王国将四分五裂，落入法兰克人之手。 非穆斯林臣民预见到西方未来的胜利，而且适应了新的秩序。

　　上述对武力挑战的非暴力回应，自然远远不及一种最为平和、最为积极的回应：创立一种高级宗教。作为对希腊社会冲击的和平回应，同时代的东方文明孕育出西布莉崇拜、伊西斯崇拜、太阳神教、基督教和大乘佛教。作为对叙利亚社会军事冲击的和平回应，巴比伦社会孕育出犹太教和琐罗亚斯德教。不过，这种宗教上的回应超出了我们目前的研究范围：一个文明对另一个文明的挑战所作出的不同回应。因为，一旦两个文明的碰撞催生出一种高级宗教，这个新角色的登场就意味着有着不同角色和情节的新戏开场了。

注　释：

[1]　关于希罗多德的观点，请参阅本部末尾的"注"。

第三十三章

同时代文明碰撞的后果

第一节　进攻失败的后果

同时代文明的碰撞往往给双方都带来了混乱，即使是在最有利的情况下，例如一个成长中的文明成功地抵御了外来攻击，也是如此。希腊社会击退阿契美尼帝国的进攻所导致的后果，就是这方面的一个典型例子。

这次军事胜利造成了显著的社会后果，首先是促进了希腊文明的发展，希腊文明突然间全面进入鼎盛时期。然而，短短50年之内，这次碰撞的政治后果发展成一场灾难。希腊人始则未能防患于未然，继而未能补救灾难造成的损失。雅典的骤然勃兴，不仅是萨拉米战役之后希腊文化辉煌成就的源头，而且埋下了萨拉米战役之后希腊政治灾难的祸根。

我们曾在前文中指出，在希波大战之前的年代，希腊完成了一次经济革命，专业分工、相互依存的新经济体制取代了以往各自为政、自给自足的希腊城邦经济体制，无需再扩张领土即可满足不断增长的人口之需。在这场经济革命中，雅典发挥了决定性作用。然而，这种新兴的经济体制若要长久维持下去，就必须纳入到相应的新政治体制的框架之中。这样，到公元前6世纪末，政治统一成为希腊世界最紧迫的社会需要。　在当时看来，能够实现这种政治统一的，似乎并非雅典的梭伦和庇西特拉图(Peisistratus)，而是斯巴达的开伦(Chilon)和克利奥密尼斯(Cleomenes)。

　　不幸的是，当大流士犯下致命的错误，决意把欧洲和亚洲的希腊城邦统统并入阿契美尼帝国的版图，希腊处于危急存亡之际，斯巴达人却袖手旁观，让雅典人独自应对危局。　这样一来，本来只有实现政治统一方能抵御外侮的希腊，苦于同时出现了两个旗鼓相当、相互敌视的救星，最终导致雅典—伯罗奔尼撒战争以及随之而来的所有灾难。

　　作为希腊世界的继承者，东正教世界自诞生之时就取得了更为惊人的胜利，一举击败了重建叙利亚社会的阿拉伯哈里发帝国。　然而，东正教世界的命运与希腊世界如出一辙，同样陷入政治上两极分化的困境。　公元673—677年阿拉伯人企图攻占君士坦丁堡之后不久，东正教世界濒临内战的边缘，为争夺霸权，安纳托利亚军队与亚美尼亚军队险些自相残杀。　只是由于先后两位皇帝利奥三世(Leo Ⅲ)和他的儿子君士坦丁五世(Constantine Ⅴ)天才的努力，局势才转危为安。　他们说服内讧双方消除宿怨，共同并入一个统一的东罗马帝国，东罗马帝国意味着罗马帝国起死回生，使得双方军队都死心塌地地为之效忠。　然而，这种借尸还魂的做法绝非毫无后患之忧。　利奥三世把绝对主义国家的噩梦带给新兴的东正教世界，这个社会的政治发展从此走上一条不幸的、长期而言是毁灭性的道路。

　　上述例证表明了失败的进攻给成功的应战者带来的后果。　倘若看一看历史上失败的进攻给进攻受挫的一方造成的后果，我们就会发现，失败的进攻者将面临更为严峻的挑战。

　　例如，公元前14—前13世纪，赫梯人企图征服埃及的亚洲领土，这次未成功的努力耗尽了赫梯人的活力，使之衰弱不堪，最终被米诺斯文明之后的民族大迁徙浪潮吞噬，沦为一些僵化的社会群落，在托罗斯山脉两侧苟延残喘。　西西里岛的希腊移民(Siceliot)侵略腓尼基和伊特鲁里亚对手失败后，也陷入较为轻微的政治瘫痪，只是尚未严重波及艺术和思想活动。

第二节　进攻得手的后果

1. 对社会的影响

我们曾在本书前面部分提出，同时代文明发生碰撞时，一旦进攻者凭借文化传播成功渗入被侵略的社会，通常表明碰撞的双方都已步入解体阶段。 我们还注意到，文明解体的一个标志就是社会分裂为少数当权者和无产者，前者失去创造力，完全上升为统治者，后者与过去的领导者、如今的"主人"离心离德。 这种社会分裂很可能在一个社会通过文化传播成功渗入邻近社会之前就已经出现了。 这样的文化传播总是既艰难又不受欢迎，它最重大的后果表现为一种社会症状：内部无产者离心离德，由此带来日益尖锐的社会问题。

无产者从本质上说属于社会的危险分子，即使无产者完全是来自社会的内部。 如果外来人口的流入导致无产者人数增加、文化形态多样化，他们的危险性就会显著提高。 不少历史事例突出表明，一些帝国为避免额外的难题，不愿增加外来无产者的数量。 罗马皇帝奥古斯都审慎地不让罗马军队把帝国疆界扩展到幼发拉底河之外。 奥地利哈布斯堡帝国，不论是在 18 世纪，还是德国占上风的第一次世界大战前半段，同样不愿拓展东南疆界，以免在本已极为复杂的人口构成中再加上斯拉夫人的成分。 第一次世界大战结束后，美国用截然不同的方法达到了相同的目的。 通过 1921 和 1924 年的两项法案，美国大幅削减海外移民获准进入美国领土的人数。 19 世纪，美国政府奉行一项乐观主义的原则，按照犹太小说家伊斯雷尔·赞格威尔(Israel Zangwill)的说法，即"民族熔炉"政策。 这项原则认为，所有移民，至少是欧洲移民，很快就会"彻头彻尾"地转变成忠诚的美国人，加之美国疆域广袤，工业基础薄弱，人口稀少，共和国秉持"多多益善"的原则，欢迎所有的海外移民。 第一次世界大战之后，一种悲观看法占了上风。 人们认为这座"熔炉"有超载的危险。 至于把外来无产者挡在国门之外，是否能够完全排斥外来无产者的思想观念，即日本人所谓的"危险思想"，自然另当别论，事实表明答案是否定的。

　　一个成功入侵的文明必须付出的社会代价在于，被侵略者的异族文化渗入到入侵社会自身内部无产者的生活之中，相应扩大了离心离德的无产者与自以为大权在握的少数人之间本已存在的精神隔阂。　早在公元 2 世纪初，罗马讽刺作家尤维纳利斯(Juvenal)就注意到，叙利亚奥伦特斯河流域的文化影响波及台伯河流域。　对于势力遍及全球的现代西方社会而言，不要说小小的奥伦特斯河，就连恒河和长江等大江大河的文化也影响到泰晤士河和哈得逊河流域。　多瑙河文化掉头上溯，在早已饱和的民族熔炉维也纳留下了罗马尼亚人、塞尔维亚人、保加利亚人和希腊人文化转型的文化冲积层。

　　成功的进攻对于被侵略的社会同样带来毁灭性的冲击，这种冲击造成更为复杂的后果。　一方面，我们将发现，一种在本土社会无害乃至有益的文化因素一旦侵入一个异族社会，往往会造成异常的破坏性后果。　这条规律可以用一句谚语来概括："一个人的佳肴常为另一人的毒药。"另一方面，我们将发现，一个单一的文化因素若是有效地融入被侵略社会的生活，往往会引入其他同源的文化因素。

　　我们注意到某种文化因素侵入异己的社会环境造成的破坏。　例如，我们已经论及西方世界特殊政治制度的冲击给各个非西方社会带来的悲剧。　西方政治意识形态的基本特征在于坚持把地理接壤这一偶然的自然现象作为政治联合的原则。　我们看到，西方基督教社会诞生之初，这一观念已经出现在西哥特王国，致使当地的流散犹太人生活在水深火热之中。　现代西方文化的浪潮把这种特殊的西方政治意识形态带到世界的各个角落，西方基督教世界之外的各个地区也开始经历西哥特王国曾经遭受的浩劫。　随着新的民主精神兴起，旧有的主权独立地区性国家体制受到冲击，这种西方政治意识形态达到一个新的高度。

　　我们看到，在 1918 年之前的一个世纪里，"语言民族主义"(Linguistic Nationalism)如何导致多瑙河哈布斯堡王朝陷入分裂。　政治版图的这种翻天覆地的变动，使得 18 世纪末被哈布斯堡、霍亨索伦和罗曼诺夫等三个帝国瓜分的前波兰—立陶宛联合王国的被压迫民族获得了祸福未卜的短暂政治解放。　1918 年，三个瓜分波兰的帝国崩溃，波兰人妄自尊大地企图恢复 1772 年的边界，以此划定波兰民族特有的"生存空间"(Lebensraum)，激起立陶宛人和乌克兰人的强烈反对。在 1569 年组成超民族的联邦之际，立陶宛人和乌克兰人并非波兰人的臣民，而是波兰人的伙伴。从那以后，在灾难性的语言民族主义精神的刺激下，这三个民族陷入长期的殊死争斗之中，为日后的不幸埋下了祸根，先是 1939 年被苏德两国重新瓜分，经历令人震惊的痛苦挣扎之后，又在 1945 年建立起苏式共产主义政权。

在西方世界的东欧边陲，把传统西方制度改造成现代西方制度造成了巨大破坏，但这种破坏尚不及民族主义毒素给奥斯曼国家带来的悲剧性后果。究其原因，不论是 18 世纪波兰—立陶宛的不切实际的无政府主义，还是奥地利哈布斯堡王朝时断时续的开明君主专制，作为一种切实可行的政治体制，解决杂居的社群——与领土分立的西欧民族相比，它们所从事的贸易和职业更为接近——组成的联邦所面临的共同问题，都不及奥斯曼帝国的米勒特制度。那种扭曲和窜改奥斯曼的米勒特制度，使之成为外来的主权独立的民族国家的做法，无异于削足适履，我们已在前文中论及这种做法，在此不再赘述。我们只需指出，英印帝国分裂为两个彼此敌对的国家印度和巴基斯坦，以及英国的委任统治地巴勒斯坦分裂为相互敌对的以色列和约旦，无不伴随着骇人听闻的暴行，这些例证表明，彼此混居的社群原先能够在米勒特制度下共同生活，一旦西方民族主义意识形态传入其社会环境，随即引发了致命的后果。

文化因素一旦脱离固有的框架，引入到异己的社会环境，往往会产生潜在的破坏性作用，经济领域的例证证明了这一点。例如，在东南亚地区，西方"工业制度"的输入带来尤为显著的伤风败俗效应。在东南亚，迫不及待的西方经济企业加速了外来的工业革命，为了给西方经济熔炉提供人力资源，毫无社会历练的各个社群相互混居。

> 在现代世界的任何一个地方，经济力量业已使资本与劳动、工业与农业、城市与农村的关系变得紧张。在现代东方，这种紧张关系尤为突出，因为那里还有相应的种族对立……异族的东方人不仅是欧

洲人与土著居民之间的缓冲者,也阻碍了土著居民与现代世界的交往。效率崇拜在东方的土地上建起高耸的西方摩天大厦,土著居民被压在最底层。虽然同处一个国家,摩天大厦属于另一个世界,一个土著居民无法企及的"现代世界"。这种多元经济体中的竞争比西方世界更为激烈。"这里的物质主义、理性主义、个人主义以及对经济目标的孜孜以求,远比社会同质的西方国家彻底和绝对。整个社会全身心地投入交易和市场,成为以商业事务为中心的资本主义世界,比人们想象的所谓资本主义国家还要资本主义,后者的资本主义毕竟是从过去缓慢发展而来,与过去有着千丝万缕的联系"[1]……因此,这些附属国虽然表面上按照西方方式进行了改造,实际上是改造成一种经济体制,这种改造的目的是为了生产,而不是为了社会生活。这些停留在中世纪的国家就这样几乎在一夜之间转变为现代工厂。[2]

我们可以提出关于文化传播和文化接受的第二条"规律":一种在向外传播文化的社会中站稳脚跟的文化形态往往会重新整合和统一文化传播过程中离散的各种文化因素,进而在接纳这种文化的社会中重新确立自身的地位。这种趋势必须克服一种对立的趋向,即被侵略社会的抵制。这种抵制通常只能延缓这一进程,但无法阻止它。我们看到,这种艰难的渗透取得进展,走向悲惨的结局,把围攻以色列人的米甸(Midian)军队引向被困的以色列人营地。*这一奇迹的惊人之处,用"骆驼穿针眼"的谚语来解释,当然不在于针眼难以穿入,而在于骆驼的锲而不舍。入侵的文化因素并非通常想象的那样容易离散,而是"因果相陈,环环相扣"。

实际上,被侵略社会不会总是看不清允许外来文化因素进入所可能带来的后果,即使是那些显然最微不足道和无害的文化因素。我们曾经提及一些历史上不同文明碰撞的实例,被侵略社会成功击退入侵者,入侵者甚至没有机会获取临时的立足地。这些罕见的胜利来自一种毫

＊ 事见《士师记》第7章。——译者注

不妥协的自我封闭政策，其他一些地方也试图推行这种政策，但都归于失败。我们把这种政策称作"奋锐主义"，这一称呼源于犹太教派"奋锐党"，他们力图抵制希腊文化，致力于把希腊文化彻底逐出"圣地"。奋锐党人独有的精神特质是情绪化和凭借本能行事，当然，这项政策的推行也可能是出于冷静的理性思考。日本与西方世界断绝关系就是一个典型的例子。在 1638 年之前的 51 年间，丰臣秀吉及其德川家族继承人经过深思熟虑之后，逐步推行闭关锁国政策。更为令人吃惊的是，一个偏僻落后的阿拉伯国家的旧式统治者，同样意识到入侵的外来文化形态的各种成分内在地相互依存，并且通过同样的推断得出了相同的结论。

20 世纪 20 年代，栽德派伊玛目、萨那的叶海亚(Yahyā of Sanā)与英国公使的一席谈话，生动表明了理性的奋锐党人的心态。这位英国公使奉命劝说叶海亚和平地归还他在 1914—1918 年世界大战期间占领的英国保护国亚丁的部分领土。双方最后一次会晤时，英国公使显然已无法完成预定的使命，他想转移一下话题，便恭维叶海亚的新式军队军容整齐。公使看到自己的恭维令叶海亚颇有得色，便继续说道：

> "我想,您也会推行其他的西方制度吧!"
>
> "我不会。"叶海亚微笑着说。
>
> "真的? 我倒很想知道个中究竟。能冒昧地请问您为什么吗?"
>
> "唔,我想我不会喜欢其他的西方制度。"叶海亚说。
>
> "是吗? 比如说哪种制度呢?"
>
> "比如说议会,"叶海亚说道,"我喜欢自己就是政府。我觉得议会令人生厌。"
>
> "是吗,说到议会,"英国人表示,"我可以向您保证,代议制的责任政府并非我们西方文明必不可少的机构。意大利就是如此。它取消了这种制度,依然是西方列强的一员。"
>
> "还有酒精,"叶海亚说道,"我可不想看到这玩意引入我的国家。幸亏眼下我们这里几乎还不知道什么是酒精。"
>
> "理当如此,"英国人说道,"不过,既然您这么说,我也可以向您

保证,酒精也不是西方文明必不可少的东西。看看美国就知道。它在国内戒酒了,也照样是西方列强之一。"

"无论如何,"叶海亚带着暗示谈话结束的微笑说道,"我不喜欢议会、酒精,以及诸如此类的东西。"

这个故事的寓意在于,叶海亚虽然表现出敏锐的洞察力,也在无意中暴露出自身意图的弱点。 叶海亚的军队初步采用西方技术,揭开了一个重大进程的序幕。 他启动了一场文化革命,这场革命最终将使也门人别无选择,只能用全套现成的西方服装来遮蔽他们赤裸的身体。

倘若叶海亚能够见到同时代的圣雄甘地,那位印度圣徒政治家想必会如此提醒他。 甘地号召印度同胞恢复手工纺织,实际上是指明了一条挣脱有形的西方经济罗网的途径。 问题是,甘地的政策是基于两个假定,只有这两个假定最终得到证实,这种政策才有望获得成功。 第一个假定是:印度人准备为这一政策作出经济牺牲。 他们当然不愿意。 不过,即使甘地对同胞看淡经济利益的期望没有落空,第二个绝对假定的错误也会使他的政策一无所获。 甘地误解了入侵文化的精神实质,把晚近的现代西方文明仅仅看成是技术取代了宗教的世俗社会结构。 他显然没有想到,正如他所抨击的棉纺厂一样,他熟练运用的政治组织、公开活动、宣传等现代手段也是来自于"西方"。 我们甚至可以进一步指出,甘地本人就是西方文化传播的产物。 在甘地的灵魂深处,印度教精神与公谊会(Society of Friends)生活体现出来的基督教福音精神融为一体,这一心灵历程解放了甘地的"心灵力量"。 在这一点上,圣雄甘地与勇武的叶海亚可谓是殊途同归。

一般说来,在不同文明的碰撞中,一旦被侵略的一方未能抵御入侵文化的传播,哪怕是让入侵文化的某个文化先锋站稳了脚跟,它唯一的生存机会就在于能否进行一场心理革命。 它依然有望拯救自己,但必须放弃奋锐党人的态度,转而采取全然不同的希律党人的策略,学会用敌人的武器来打击敌人。 奥斯曼土耳其人与现代晚期西方的碰撞就是一个例子。 苏丹阿卜杜勒·哈米德二世(Abd-al-Hamīd Ⅱ)勉强的最低限度西化政策归于失败,穆斯塔法·凯末尔·阿塔图尔克真心奉行的全盘西化却成为一条切实可行的拯救之道。 那种认为某个社会能够单纯实现军队的西化，在其他方面维持原状的想法纯属自欺欺人。 彼得大帝的俄国、19 世纪的土耳其和穆罕默德·阿里的埃及都证实了这一点。建立一支西方化的军队，不仅必须具备西方化的科学、工业、教育和医药，就连军官本身也会接触到与其职业技能完全无关的西方观念，尤其是他们被派往国外学习军事的时候。 上述三个国家的历史都有一个自相矛盾的独特现象："自由主义"革命是由一批军官领导的。 俄国有 1825 年"十二月党人"革命，埃及有阿拉比巴夏(Arābī Pasha)领导的 1881 年革命，土耳其是 1908 年"统一与进步委员会"领导的革命。 前两次革命都未能成功，后一次革命虽然没有夭折，但十年之内就堕入灾难的深渊。

2. 心灵的回应

(1) 泯灭人性

我们接下来从同时代文明碰撞的社会后果转到心理后果，为方便起见，我们仍将分别讨论这种碰撞给对立双方，主动者和被动者、进攻者和被攻击者，带来的不同影响。 鉴于主动者是文明碰撞的发起者，我们最好先来分析文明碰撞对主动者产生的影响。

一个进攻的文明成功渗入异族社会之后，其代表往往会沉迷于法利赛人的狂妄自大：感谢上帝使他们与众不同，鹤立鸡群。 少数当权者往往蔑视新近加入内部无产者行列的被征服的异族，视之为低于人类的"失败者"。 这种特殊的狂妄自大心态招致颇具讽刺意味的惩罚。"胜利者"把暂时落入自己掌心的人类同胞视为"失败者"，无意之中重申了他们原本想否定的真理：所有的人在造物主面前都是平等的，任何人想要否认他人的人性，唯一的后果是泯灭了自己的人性。 不过，泯灭人性的种种表现，其罪恶程度是有差异的。

一个成功的侵略文明，倘若宗教是其文化形态中的主导因素，那么在通常情况下，这种文明的代表表现出最轻微的非人性举止。 在这样一种社会里，对"失败者"人性的否定往往是从宗教上否定后者(religious nullity)。 基督教世界的统治者视之为未受洗礼的异教徒，伊斯兰教的统治者视之为未受割礼的异教徒。 与此同时，"胜利者"又认为可以通过宗教皈依来救治"失败者"的卑劣。 在许多情况下，"胜利者"努力实施这种救治，甚至不惜牺牲自身的利益。

在中世纪基督教世界的视觉艺术中，习惯上把朝觐初生基督的东方三博士之一画成黑人的形象，这象征着基督教会潜在的普世性。 早期现代西方基督教世界在征服海洋之后，闯入其他现存人类社会，同样用实际行动证明了教会的普世性。 西班牙和葡萄牙"征服者"十分乐于抛开"肤色"的差异，与皈依特伦托罗马天主教的当地居民实行全方位的社会交往，包括与之通婚。 秘鲁和菲律宾的西班牙征服者急于传播他们的宗教而不是他们的语言，因而用被征服民族的本地语言来传播天主教仪式和典籍，以之作为抵制卡斯蒂利亚语(Castilian)的手段。

早在西班牙和葡萄牙帝国缔造者之前，穆斯林就表现出宗教信仰上的诚意。 穆斯林从一开始就不分种族地与皈依者通婚。 穆斯林在宗教信仰上的进展还不止于此。 伊斯兰社会从《古兰经》的经文中继承了一项戒律，即承认伊斯兰教之外的一些宗教虽然各有缺陷，却部分真实地揭示了神圣真理。 这种承认先是给予犹太人和基督教徒，日后又扩大到琐罗亚斯德教徒和印度教徒。 然而，面对自身内部逊尼派和什叶派的教派分歧，穆斯林显然未能达到这种较为开明的境界。 他们的表现与基督教徒，不论是"早期教会"，还是"宗教改革时期"，在类似情况下的表现一样恶劣。

"胜利者"否定"失败者"的更为有害的形式是，在一个挣脱了传统的宗教蝶蛹、价值观世俗化的社会里抹杀"失败者"的文化。 在第二代文明的文化侵略历史上，希腊人划清与"野蛮人"的界线，用意就在于此。 在现代晚期西方世界，法国人是这种人类文化二分法的倡导者，他们在18世纪与北美印第安人，19世纪与马格里布人和越南人，以及20世纪与撒哈拉沙漠以南非洲黑人的关系，都表明了这一点。 荷兰人在处理与印度尼西亚马来民族的关系时，也表现出相同的态度。塞西尔·罗兹(Cecil Rhodes)试图在说英语和荷兰语的南非人心中树立同样的文化理想，喊出了"赞比西河以南的每一个文明人都享有平等权利"的口号。

1910 年南非联邦成立后，狭隘、极端的荷兰裔南非白人民族主义甚嚣尘上，扑灭了这种理想主义的火花。荷兰裔南非白人决意重申对南非的班图人、印度尼西亚人和印度人的支配地位，他们申明自身优越性的借口既不是基于文化，也不是基于宗教，而是基于种族。另一方面，法国人从政治上落实自身的文化信念，取得了重大进展。例如，自 1865 年起，阿尔及利亚的伊斯兰教徒可以享有充分的法国公民权，只要他们默认法国民法的司法权，包括身份法这一民法的核心部分，即充分的法国公民权自动赋予的法律地位。

法国人希望向成功掌握法国版的现代晚期西方文化的所有人开放政治和社会的大门，一个事件表明了他们实现这一理想的诚意。这次事件维护了法国的荣誉，对于第二次世界大战的结果也产生了显著的影响。1940 年 6 月法国沦陷后，究竟是维希政府还是"自由法国运动"能够重整法兰西帝国的非洲领土，成为一个关系重大的问题。在这个关键时刻，法属赤道非洲乍得省总督是一位非洲黑人法国公民，这位黑种法国人本着所受的法国文化熏陶，适时地行使了自己的职权，决定支持自由法国运动，从而使这个之前完全以伦敦为基地的抵抗运动第一次在法兰西帝国的领土上获得一个立足点。

如同宗教标准一样，划定"胜利者"与"失败者"界线的文化标准，不论可能招致多大的反对，并没有在所割裂的人类大家庭的两方之间造成无法逾越的鸿沟。"异教徒"可以通过改变信仰跨过这条界线，"野蛮人"通过某种考核之后也可以越过这条界线。当"胜利者"不是把"失败者"称作"异教徒"或"野蛮人"，而是称作"土著"，就意味着"胜利者"在堕落的道路上迈出决定性的一步。"胜利者"把异族社会的成员蔑称为"土著"，等于是断定他们在政治和经济上一无是处，从而否定他们的人性。"胜利者"把他们称为"土著"，无形之中是把他们划归等待人类去发现和占有的"新世界"处女地上的动植物。在这些前提之下，这些动植物可能被视为害虫野草被赶尽杀绝，也可能被当作自然资源而得到保护和利用。

我们曾在前文中提及，这种丑恶哲学付诸实践的典型，就是那些偶然统治被征服的定居民族的欧亚游牧民族。奥斯曼帝国缔造者像对待猎物和牲畜那样对待自己的同胞，其无情和极端与法兰西帝国缔造者把臣民视为"野蛮人"的逻辑毫无二致。与奥斯曼帝国的非伊斯兰教臣民相比，未获解放的法国臣民的境遇确实要好得多。同样，较之成为法国官员或学者的"文明的"(évolué)非洲人，奥斯曼牧人训练的"人形家畜"在变成人类牧羊犬之后，有更好的机会施展才干。

进入现代晚期之后，作为西方社会海外扩张的先驱者，讲英语的西欧新教徒最恶劣地重蹈了游牧帝国缔造者的覆辙，把人类贬低为"土著"。这种累犯有一个最为灾难性的特征，即往往在堕落的道路上越走越远，甚至跨过了奥斯曼土耳其人都未曾逾越的界线，污蔑"土著"是"劣等种族"的后裔，进一步从政治经济上全盘否定"土著"。

"胜利者"污蔑"失败者"的四种污名中，最恶毒的是"劣等种族"的污名。这有三个原因。首先，它无条件地否定"失败者"作为人的地位，而"异教徒"、"野蛮人"、"土著"等称呼虽然也是污蔑性的，毕竟只否定了某种特定的人类特征，进而相应否定特定的人权。其次，与宗教、文化和政治—经济划分不同，这种种族划分形成了一道无法逾越的鸿沟。最后，种族标志不同于宗教和文化标志(虽然它在这一点上与政治—经济标志相同)，它依据的标准是人类本性中最表面、最微不足道、最无关紧要的方面——皮肤的颜色和鼻子的形状。

(2) 奋锐主义与希律主义

接下来看一看被侵略一方的回应，我们发现，他们似乎有两种全然相反的反应方式。我们曾多次提及这两种行为方式，而且用取自《新约圣经》故事的名称来命名。

当时，犹太民族在各个社会活动领域都受到希腊文明的打压。不论身处何处，犹太人都无法回避乃至无视这样一个问题：是否要做一个希腊人。奋锐党人力图抵御侵略者，退守犹太人传统的精神堡垒。他们有一种信念支撑：只要一丝不苟地遵循祖先的传统，小心翼翼地维护自身的精神生活宝藏，就能够从中获得抵御侵略者的神圣力量。另一方面，希律党人是由一位机会主义政治家的拥护者组成。这位政治家来自新近并入马加比王国(Maccabean)的非犹太教省份，他有以土买(Idumaean)血统，再加上个人的天赋，使得他对上述问题的看法较少偏见。 希律大帝(Herod the Great)的政策是，为达到明智和现实的目的，犹太人应当借鉴希腊文明的一切有益成果来武装自己，保存实力，从而在一个希腊化势不可挡的社会环境中过上一种多少算是舒适的生活。

早在希律王时代之前，犹太人当中就有奉行希律主义的。 亚历山大城的犹太移民社群主动开始的自我希腊化过程，可以一直追溯到这个大熔炉城市在亚历山大死后不久兴起之初。 甚至在山地国家犹太，希律党政治家的原型、大祭司约书亚·耶孙(Joshua Jason)早在公元前 160 年就忙于推行(在奋锐党人看来属于)邪恶的事业。 他说服年轻的同胞在希腊竞技场上有伤风化地赤身露体，或是戴上粗俗不堪的希腊宽边帽。 这种挑衅行为激起了奋锐党人的抗议，两卷《马加比传》记载了当时的情形。 公元 70 年，罗马人洗劫耶路撒冷，犹太奋锐主义并未因这场浩劫而销声匿迹。 公元 135 年，耶路撒冷再度被劫掠一空，犹太奋锐主义仍然得以延续。 拉比约翰兰·本·撒该(Johanan ben Zakkai)回应这一挑战，为犹太人制定了一种"以不变应万变"的体制，使之养成消极抵抗的心理习性，即便身处政治上毫无作为的流散状态，犹太人仍能维持与众不同的公共生活。

不过，面对希腊文明的挑战，叙利亚社会并非唯一分化为希律党和奋锐党两个阵营的东方文明，犹太民族也并非叙利亚社会中唯一形成这种分野的民族。 公元前 2 世纪，西西里的叙利亚种植园奴隶举行奋锐党人起义。 与之对应，在随后的帝国时代，大批皈依希腊文明的希律党叙利亚自由民涌入罗马。 反之，除犹太教之外，其他叙利亚高级宗教共同投身与宗教无关乃至亵渎神圣的奋锐党人的艰巨事业，充当一场世俗文化斗争的工具，从而抵消了叙利亚社会中较为富裕和世故的阶层(希腊的少数当权者准备把他们当作自己的社会伙伴)的希律主义。 琐罗亚斯德教、聂斯脱利派、基督一性论派和伊斯兰教全都追随犹太教的榜样，偏离宗教正道，走上灾难性的歧途。 不过，后三种误入歧途的宗教运动最终以希律主义弥补脱离正道的奋锐主义，在各自的礼拜语言中引入希腊哲学和科学典籍。

现在让我们来看一看那些与中世纪西方基督教世界发生碰撞的社会的心理反应。 我们发现，历史上推行希律主义最坚决的当属斯堪的纳维亚异教蛮族侵略者，他们演变成倡导和宣传西方基督教生活方式的诺曼人，这可谓是西方文化最早和最重大的一场胜利。　这些诺曼人在加洛林帝国的心脏地带高卢建立起后继国家，不仅接纳当地罗曼语居民的宗教，也接受了他们的语言和诗歌。　有着法语姓氏的诺曼吟游诗人塔耶费(Taillefer)，不是用斯堪的纳维亚语吟诵《沃尔松格传奇》(Völsungasaga)，而是用法语吟诵《罗兰之歌》，来激励开往黑斯廷斯战场﹡的骑士同胞。　早在"征服者威廉"用高压手段在武力夺取的偏远落后的英格兰推行新兴的西方基督教文明之前，其他诺曼冒险家就着手向另一个方向拓展西方基督教世界的疆域，从东正教和伊斯兰教世界夺取了阿普利亚、卡拉布里亚(Calabria)和西西里。　更加值得注意的是，仍留在故乡的斯堪的纳维亚人也以希律党人的态度接受了西方基督教文化。

古代斯堪的纳维亚人对外来文化的这种接纳，并不仅限于西方基督教文化。　我们还发现，西西里的诺曼人受到拜占庭和伊斯兰的艺术和制度的影响，爱尔兰的"东部人"(Ostmen)和苏格兰西部群岛(Western Isle)的斯堪的纳维亚移民带有远西凯尔特基督教文化的特征，征服第聂伯河和涅瓦河流域斯拉夫蛮族的俄罗斯—斯堪的纳维亚人则接纳了东正教文化。

在其他与中世纪西方基督教世界碰撞的社会，希律主义和奋锐主义的冲动更多是相互抵消了。　例如，皈依西方基督教生活方式的西西里亚美尼亚基督一性论教徒表现出诺曼人那样的希律主义，在某种程度上抵消了伊斯兰教世界对于十字军的奋锐党式的反应。

看一看东正教世界和印度教世界分别与入侵的伊朗穆斯林文明碰撞的历史，我们也不难看出这两种截然不同的心理反应。　在奥斯曼帝国统治下的东正教世界主体，大多数人恪守祖先的宗教，不惜屈从于异族的政治统治也要维护自身教会的独立。　然而，即使在宗教上，少数人出于社会和政治野心，皈依伊斯兰教，抵制奋锐主义。　更多的人在一些虽然微不足道、但意义重大的问题上接受希律主义，如学习统治者的

﹡ 1066 年 10 月 14 日，法兰西诺曼底公爵威廉率部取得黑斯廷斯之战的胜利，从而征服了英格兰。——译者注

语言，模仿他们的服饰。 印度教徒对于莫卧儿人统治的反应也大致相同，只是在印度，皈依统治者宗教的情形要普遍得多，尤其是东孟加拉的那些饱受社会压迫、新近皈依印度教的异教徒。 到 20 世纪，这些人的后裔在印度东部分离地区组建了巴基斯坦。

我们在前一章概述了现代西方文明与同时代文明的碰撞。 倘若从目前的心理角度重新审视这些碰撞，我们就会发现，在所有这些碰撞中，奋锐主义与希律主义这两种截然不同的冲动交替出现，乃至彼此冲突。 远东的日本社会就是一个尤为典型的例子。 经过早期的希律主义尝试之后，德川幕府断绝与西方的关系，进入到雷厉风行地推行奋锐主义政策的时期。 然而，很少一部分希律党人依然坚守信念，在长达 200多年的时间里，那些秘密的基督教徒一直暗中忠于被禁止的外来信仰，直到 1868 年明治维新之后才最终得以重见天日。 然而，就在明治维新前夕，这些希律党人得到另外一场希律主义运动的支持，这些新的秘密研究者通过荷兰语文献的中介，钻研现代晚期世俗化西方文明的新科学。 明治维新之后，这种现代的希律主义主导了日本的政策，孕育出举世瞩目的成果。

这是整个希律主义时期的最后阶段吗？ 我们在此遇到一个问题，我们用来加以对照的两个术语中至少有一个含义模棱两可，或许两个术语都有模糊性。 奋锐主义的目标是明确的，即抵制"希腊人别有用心的可怕礼物"。 抵制的手段多种多样，既可能是马加比人公开发动战争的积极方式，也可能是自我孤立的消极手段，要么像日本那样，由政府采取关闭边界的手段，要么像流散犹太人那样，通过个人奋斗来维护一个特殊民族的特性。 另一方面，希律主义的手段是显而易见的，即热切地接受"希腊人的礼物"，不管这礼物是宗教还是发电机。 这么做的目的何在呢？ 那些彻头彻尾的希律党人，例如斯堪的纳维亚人、北欧人或诺曼人，是要完全融入所接触到的文明，他们或许是不自觉地追求这个目标，但毕竟有效地达成了目的。 诺曼人以惊人的速度经历改宗、领导和消失等阶段，这在中世纪西方历史上是司空见惯的情形。 我们曾在前文中引述当时的一位观察家、阿普利亚的威廉的诗句：

他们改变自己的习俗和语言，

迎合那些提出标准的人，结果却是种族的融合。

这是否是希律党人始终不渝的目标呢？ 倘若我们对希律大帝政策的诠释符合事实，那么，如同我们在分析其他事例时指出的，这位杰出人物——希律主义即得自他的名字——认为保全犹太民族的最佳途径在于顺应时势、接受希腊文明的信念就是错误的。 毫无疑问，现代日本的希律主义更接近我们指出的希律王的政策，而不是诺曼人的做法。现代日本政治家抱有这样一种观念：只有推行技术革命，使日本转变成一个西方式的强国，才能维护日本社会独特的认同。 这等于是用希律党人的手段来实现奋锐党人的目标。 1882 年的法令证实了我们的上述判断。 正是凭借这道法令，技术上西方化的日本政府建立起国家神道的正式组织，复活了佛教传入以前的异教信仰，以此来神话当下的日本民族、社会和国家，具体做法是再度复活古老的象征性的皇朝崇拜，把皇朝视为太阳女神的神圣后裔。 这种崇拜把一个世袭的共同神明树为崇拜的对象，在位的天皇永远是神的化身。

我们使用这两个非此即彼的术语，初看起来似乎是简单的二分法，实际运用时也总是凸显出内在的矛盾。 举例来说，我们应当把犹太复国主义运动划入奋锐主义还是希律主义的范畴？ 奋锐党人在宗教上极端刻板，力主恪守传统的宗教仪式，自然不赞成这场运动。 他们认为犹太复国主义者犯下不敬神的罪孽，胆敢自作主张强行重返"应许之地"，这本应由上帝做主，在上帝决定的时刻才能实现的。 另一方面，希律党人主张社会同化，同样明确地反对这场运动，他们斥责把犹太人说成是"上帝的选民"(peculiar people)乃是一种无理性的信念，并在不同程度上接受了现代晚期西方自由主义的观点。 如同其他信仰一样，犹太教信仰犹如蝶蛹，服务于自身的目的。

20 世纪两位最伟大的人物，列宁与甘地，对于我们来说同属令人困惑的难解之谜。 他们二人有如罗马的两面神(Janus)，同时面向两个方向。 他们的著作中充斥着对西方文明及其所有成就的单调、冗长的抨击，他们的学说却包含了西方传统的元素。 列宁的学说沿袭了源自马克思的唯物主义传统，甘地的学说沿袭了乔治·福克斯(George Fox)的信徒宣扬的基督教传统。 甘地对印度种姓制度的抨击，其实是在一个并不乐于接受新思想的印度传教区传播西方的福音。

奋锐主义和希律主义，作为被侵略社会的国家可以采取的两种非此即彼的政策，除我们讨论过的少数简单——或许是过于简单——的例证之外，似乎陷入自相矛盾的迷雾之中。 我们必须记住，我们不是把它们作为社会政治政策来加以讨论，而是视为个人心灵的一种反应。 就这一点而论，我们可以把它们看成是二者必居其一的两种反应的典型，我们分别称之为复古主义(Archaism)和未来主义(Futurism)。 本书前面部分在论述衰落和走向解体的文明表现出来的"人类灵魂的分裂"时，已经分析过复古主义和未来主义。 我们当时把复古主义定义为企图回到昔日的美好时代。 遭逢"乱世"，往日的幸福愈是遥不可及，就愈是让人苦苦思念，要么毫无历史根据地加以理想化。 如此界定复古主义，显然涵盖了奋锐主义。 同时我们还描绘了复古主义的特性：

> 我们考察的复古主义的所有例子中，实际上都包含着一种失败的气息，即使不是毋庸置疑的失败，那也是徒劳之举。 个中原因并不难发现。 复古主义者由于其事业的性质，常常被斥责为企图调和过去和现在的关系……一方面，倘若他丝毫不顾现实而试图复兴过去，一往无前的生命冲动就会把他的脆弱建筑打成碎片。 另一方面，如果他听任复古的热情屈从于改造现实的任务，那么复古主义将被证明是一场骗局。[3]

我们把"未来主义"界定为企图通过跃入未知而且不可知的"未来"，逃避可恶的"现在"。 这种策略同样会引发灾难。 至于希律主义，它是间接模仿另一个社会的制度和民族精神。 这种模仿往好里说不过是拙劣地模仿一个可能并不值得赞叹的原型，往坏里说就是生拉硬拽地把各种不调和的因素拼凑到一起。

(3) 福音主义

历史最终昭示的文明碰撞的精神后果，难道就是奋锐主义和希律主义都将面对事与愿违的结局吗？ 如果这一点已成定论，人类的前景不免岌岌可危，我们由此不得不面对一个结论：我们当前的文明事业乃是在不自量力地攀登一座高不可攀的山峰。

我们不妨回想一下，文明的伟大事业始于一个新的起点，即人类与生俱来的想象力、坚韧不拔和多才多艺被证明足以克服阻碍人类在重大历史关头实现重新定位的重重困难。 原始人的模仿是埃庇米修斯式的(Epimethean)，模仿的对象是抱残守缺的长辈和祖先，因而长期停滞不前。 之后，他们重新焕发出普罗米修斯式(Promethean)*的锐气，改变模仿这一必不可少的社会性机能的方向，转而模仿那些开拓进取的创造性人物。 现代研究者想必会问，这次全新的转型究竟能够推动这些原始文化英雄的后裔前进多远？ 这一次转型的势头衰竭之后，他们是否能够再度展开创造行动，激发出潜藏的精神力量呢？ 如果对后一个问题的回答是否定的，那么，对于文明进程中尚不成熟的人类而言，前途一片渺茫。

奋锐党人是向后看的，希律党人自以为是朝前看，其实是朝两边看，竭力仿效邻人。 难道这就是故事的结局吗？

真正的答案或许在于，倘若整个故事局限于文明史的范畴，结局多半就是如此。 倘若人类建立文明的努力仅仅是人与上帝永恒遭遇的一个部分，结局就完全不同了。 《创世记》描绘的大洪水神话中，震怒的造物主几乎彻底灭绝了亚当的后裔。 然而，大洪水过后，上帝向诺亚和获救的生物允诺："凡有血肉的不再被洪水灭绝。"实际上，当我们宣告复古主义和未来主义的失败时，就已经找到了第三条道路。

当个人或社会的生命面临内部某种新动力或创造活动的挑战，个人或社会未必注定要在下述两条绝路上作出徒劳无益的抉择：要么由于延续了我们在前文中所说的暴行而毁灭，要么因为引爆革命而崩溃。 另外还有一条获得拯救的中间道路，即旧秩序与新变化相互协调，在更高的层次上达致和谐。 实际上，这个过程就是我们在讨论文明成长的部

---

* 在希腊神话中，埃庇米修斯是后觉之神，他的兄长是先觉之神普罗米修斯。 ——译者注

分所分析的过程。

同理，面对衰落的既成事实向生命提出的挑战，个人或社会力争从命运手中夺回为生命而战的主动权，也未必注定会同样徒劳无益地要么完全脱离"现在"、沉溺于"过去"之中，要么完全投入无法企及的"未来"。 这里也有一条中间道路，即先通过"遁世"(Detachment)的方式退隐，然后再有如"耶稣变容"(Transfiguration)般回归现实*。 要使上述抽象名词具备实质性内涵，我们或许应该再度回到公元1世纪罗马帝国的偏僻角落，奋锐党人和希律党人(我们冒险扩大了这两个派别名称的含义)正在摸索前行，试图走出各自的死胡同。 我们在此不考虑这两个派别，而是把注意力集中在另一位同时代人身上。

使徒保罗在非犹太教的塔尔苏斯(Tarsus)长大，成为一名法利赛人和文化上的孤立主义者，同时，他在家乡接受希腊教育，意识到自己是一个罗马公民。 这样，摆在他面前的有奋锐主义和希律主义两条道路，年轻的保罗选择了奋锐主义。 他在前往大马士革的路上见到耶稣显圣，抛弃了最初选择的奋锐党人的错误路线，但并未就此成为一个希律党人。 他获得启示，找到了超越上述两条道路的创造性途径。他遍游罗马帝国，既不宣扬犹太教对抗希腊文明，也没有宣扬希腊文明对抗犹太教，而是传播一种新的生活方式，这种新生活方式对这两种对立文化的精神财富保持一种不带偏见、兼收并蓄的态度。 这条福音主义的道路是任何文化疆界都无法阻隔的，因为基督教会并非与我们考察过其碰撞的文明同属一个类型的新社会，而是一种不同类型的社会。

注："亚洲"与"欧洲"：事实与幻想

希罗多德在《历史》一书的前言中表示自己转述的是波斯人关于阿契美尼王朝进攻希腊人的原因的说法。 按照他的记述，波斯人认为希

---

* 参见《马太福音》第17章。 ——译者注

腊人欠下一笔血债，因此有义务向希腊人复仇，一雪特洛伊战争之耻。
所以，特洛伊战争和波斯战争这两次大战体现出"欧洲"与"亚洲"的
历史世仇。 不用说，从历史上看，波斯人根本没有意识到自己肩负着
这样的复仇使命。 他们并非荷马的弟子，自然对特洛伊战争一无所
知，即使历史上真的发生过这场战争。 同样，希罗多德认为特洛伊人
与波斯人同为"亚洲人"，彼此抱有一种休戚与共之情，这种生动描写
纯属历史的幻想。 为了证明这种说法的荒谬，我们不妨提出一个极为
类似的假设：欧洲与美洲结下历史宿怨，鉴于科尔特斯(Cortés)曾经侵略
墨西哥，华盛顿觉得必须向欧洲复仇，正如大流士必定会报阿伽门农攻
打特洛伊的一箭之仇。

不过，希罗多德的神话依然有其重要性和价值，它传播了这样一种
观念，即"欧洲"与"亚洲"乃是两个彼此对立的实体。 这种分野至今
仍反映在我们的地图上，绵延的乌拉尔山脉未必有多么重要，却成为划
分两大洲的界线。 这种观念并非希罗多德的发明，早在公元前472
年，在埃斯库罗斯的《波斯人》一剧中，"亚洲"就成为波斯帝国的代
名词。 "欧亚世仇"是希罗多德著作一贯的突出主题，公元前5世纪
希腊人的这种幻想日后广泛流行，很大程度上正是由于希罗多德这部技
艺精湛的著作。

这种幻想之所以产生，乃是由于某些想象力丰富的希腊人彻底改变
了"欧洲"和"亚洲"这两个传统希腊地理名词的含义，使之脱离航海
家的海图，进入到政论家的政治地图以及社会学家的文化发祥地分布
图。 这一想象力的成就其实并不令人满意。 海员们出于实际需要，很
自然地把地中海到黑海的诸多航道的两岸加以区分。 但是，自人类历
史之初到写作本书时为止，除了公元前547—前513年和公元前386—前
334年的两个短暂时期之外，这些航道从未成为政治边界。 至于把航海
家所说的"大陆"等同于文化区域，历史学家无法证实，几乎首尾相
接、宽度尚不及哈得逊河，远比不上亚马逊河的博斯普鲁斯海峡和赫勒
斯滂海峡两岸的"欧洲"和"亚洲"居民，在任何一个历史时期有过任
何显著的文化差异。

希腊航海家所说的"亚洲"，指的是划定他们在爱琴海海域自由活

动空间东部界限的大陆，这个名称大概是得自卡斯特河(Cayster)流域某处沼泽之名。 近来的考古发现表明，赫梯人的政府档案中曾提及有一个 13 世纪的西安纳托利亚公国也以此为名。

"亚洲"一词大概还不是希腊语吸收的唯一一个赫梯名词。 有人推测，希腊语的"国王"(basileus)一词显然不是希腊词汇，而是来自一位赫梯国王比亚西利斯(Biyassilis)。 公元前 14 世纪，亚该亚海盗首次抵达潘菲里亚海岸前后，比亚西利斯统治着幼发拉底河流域的卡尔基米什(Carchemish)。 如果这个说法站得住脚，"basileus"就相当于数种斯拉夫语中的"kral"(国王)，后者已知是源自查理大帝(Karolus Magnus)。"欧洲"一词的出处较难确定。 它也许是模仿腓尼基语的"ereb"(相当于阿拉伯语的 gharb)，意思是落日时分西方的黑暗地带。 要不然它并非借自腓尼基航海家的专业术语，而是地道的希腊词汇，或许是指与岛屿迥然有别的"宽广"陆地(terra firma)。 它也许是一位"宽脸庞"(broad faced)女神的名字，因为她是牛族的神祇。

不论这两个名词源自何处，它们是航海家们区分大陆与岛屿的名词。 这些航海家向北沿着亚洲或欧洲大陆海岸摸索前行，相继穿越达达尼尔海峡、博斯普鲁斯海峡和刻赤海峡。 当他们穿越最后一个海峡，渡过亚速海，沿顿河上溯到源头，就抵达了两个对峙的大陆各自特性不复存在的地点。 对于黑海以北的陆地居民而言，不论是欧亚大草原的游牧民族，还是从喀尔巴阡山东麓到阿尔泰山西麓的黑土地带的欧亚农民，亚洲与欧洲的分野毫无意义可言。

欧洲与亚洲之分乃是现代西方得自希腊世界的最不实用的遗产之一。 学校课堂上把俄国划分为"俄国的欧洲部分"和"俄国的亚洲部分"，虽然毫无意义，也没有什么害处。 若是对土耳其也如法炮制，划分为"欧洲的土耳其"和"亚洲的土耳其"，就会造成很大的混乱。这种古老传说与各个文明发祥地的真正界线毫不相干。 我们所说的"欧亚大陆"(Eurasia)无疑是一个可见的地理现象。 欧亚大陆幅员辽阔，形状极不规则，为方便起见，我们把它划分成若干个次大陆。 在这些次大陆中，由于有喜马拉雅山的陆地分界线，印度次大陆的界限是最明确的。 欧洲自然是另一个次大陆。 与印度次大陆不同，欧洲的陆地分界线与其说是一条"边界"，不如说是一道"门槛"，其位置肯定在乌拉尔山脉以西很远的地方。

注　释:

[1] Boeke, Dr J. H, "De Economische Theorie der Dualistische Samenleving" in De Economist, 1935, p.78.

[2] Furnivall, J. S., Progress and Welfare in Souteast Asia(New York 1941, Secretariat, Institute of Pacific Relations), pp. 42—44.该书第 61—63 页补充说明了本段引文大致描绘的状况。

[3] 见本书上卷第 505 页。

第十部　文明在时间上的接触

.

第三十四章

复兴的概况

第一节　导论："文艺复兴"

　　法国学者德莱克吕泽(E.J. Délécluze，1781—1863年)大概最早使用"文艺复兴"[1]一词来说明逝去的希腊文明在一个特定时期的特定地域——中世纪晚期的意大利中北部——对西方基督教世界的影响。 从历史上看，逝去的文明对现存文明的这种特殊影响，远非只有希腊文明与西方基督教社会这一个孤证。 我们把这类现象统称为"复兴"，并着手分析这些现象。 我们务必谨慎从事，以免超出我们最初的设想。至于意大利通过拜占庭学者接触到希腊文学和艺术("文艺复兴"传统上特指这两个领域)，自然不属于与一个逝去文明在时间上的接触，而是与一个现存文明在空间上的碰撞，因而属于本书前一个部分探讨的问题。 此外，"希腊文化的影响越过阿尔卑斯山"、意大利文艺复兴对法国和其他阿尔卑斯山以北西方国家艺术和文学的影响，其源头乃是同时代的意大利，而不是直接传承自"古代"希腊，严格说来也不属于"复兴"的范畴，而是一个社会的先驱者把自身的所得传播到整个社会，所以是属于本书第三部探讨的文明"成长"的范畴。 不过，这些内在的差异颇为微妙，我们实际上很难、或许也无须区分"复兴"究竟是与一个消亡社会直接接触产生的"纯粹的"复兴，还是上述任何一种

"混合的"复兴。

在深入分析复兴现象之前，我们还必须注意把复兴与古今文明接触的其他两种形态区分开来。 一是垂死或死亡文明与尚处于胚胎或者婴儿时期的继承文明的传承关系。 我们详细讨论过这个问题，可以视之为一种正常而必然的现象，正是基于这种考虑，我们才将这种关系比作人类的亲子关系。 反之，复兴乃是一个成熟文明与久已逝去的先辈文明的"幽灵"发生接触。 这种现象颇为常见，却被视为反常，只要仔细分析，就可以看出它们往往是不健康的。 还有一种不同于复兴的古今文明接触方式，我们称之为"复古主义"，这个词表示复古主义者企图开历史的倒车，使社会回到过去的状态。

古今文明接触的三种方式之间还有另一个不同。 两个有传承关系的社会显然分别处于不同乃至相反的发展阶段，先辈文明是衰老的、解体的社会，后代文明却犹如咿呀学语的新生儿。 此外，复古者显然偏爱一种与现状截然不同的社会状态，否则又何谈复古呢？ 一个经历复兴的社会往往召唤与后代文明处于相同发展阶段的先辈文明的幽灵。 用一个形象的比喻来说，哈姆莱特可以决定父亲的幽灵以何种面目出现在城垛上：是有着"深灰色"胡须的父亲，还是与自己年龄相仿的父亲。

第二节　政治思想和制度的复兴

希腊文明在中世纪晚期意大利的复兴，较之对文学艺术领域的影响，对西方政治生活产生的影响更为深远。 此外，意大利文艺复兴的政治表现不仅先于艺术表现，而且比艺术表现更持久。 希腊政治制度的复兴开始于伦巴第地区的城市摆脱当地主教的控制，建立起对市民负责的行政官委员会管理的城邦政府。 希腊城邦制度在 11 世纪意大利的复兴，随着意大利文化传播到西方基督教世界的其他地区，对阿尔卑斯山以北地区的西方封建君主制国家也造成了同样的冲击。 不论在初期狭小的领域，还是后期更广泛的范围，希腊"幽灵"都带来深远的影响。 这种影响的后果从表面上看是传播了对立宪政府的崇拜，这种崇拜最终被冠以一个希腊语的名称

"民主"。 随着立宪制度陷入困境和失败,为同样源于希腊的"暴君"铺平了道路。 暴君先是出现在意大利城邦,之后不幸地蔓延开来。

中世纪还出现了另外一个希腊幽灵:公元800年圣诞节,查理曼在圣彼得大教堂由教皇利奥三世加冕为罗马人的皇帝。 教皇加冕制度也有悠久的历史。 这些早已化为一抔黄土的帝王当中,最为热切而迂腐地效法希腊的人物首推萨克森的奥托三世(983—1002年在位)。 奥托三世把政府迁到东正教世界与西方基督教世界势力范围交汇的罗马。 他在这座昔日的罗马帝国皇城加冕,无非是想借助拜占庭帝国之势,巩固虚弱的伪罗马皇权,蒙骗西方基督教世界。 我们曾在前文中提及,早夭的奥托三世死后,这一实验随之宣告失败。 两个多世纪之后,一位天才人物、霍亨斯陶芬王朝的腓特烈二世重复了奥托三世的试验,当时的环境要有利得多,结果却更令人担忧。

许多个世纪之后,卢梭使得普鲁塔克的希腊文明观流行开来。 法国的革命者对于梭伦、来库古的典故如数家珍,贵妇人和执政官都穿上所谓的"古希腊"服饰。 不难想见,当拿破仑一世想把自己抬高到"执政"的地位,便自命为"皇帝",把自己的儿子和继承人封为"罗马之王"。 西方中世纪时期,在罗马由教皇加冕为皇帝(他们当中有许多人最终未能得到教会的授职)之前,"神圣罗马帝国皇帝"的候选者都拥有"罗马之王"的头衔。 至于拿破仑二世(自称拿破仑三世),他竟然撰写过,或者说以他的名义发表了儒略·恺撒的传记。 最后,希特勒为向一个幽灵的幽灵表示敬意,不仅收下从哈布斯堡皇家博物馆偷来的查理曼的御宝,还特意把贝希特斯加登的乡间别墅建筑在峭壁之上,从那里可以俯瞰埋葬着神圣罗马帝国皇帝巴巴罗萨的充满魔力的洞穴。

西方基督教君主政体还面对一个萦绕不去的仁慈的幽灵。 公元800年圣诞节,一位法兰克国王由教皇加冕为罗马皇帝,意味着从宗教上承认罗马帝国在西方的正式复活。 这在希腊历史上没有先例。 不过,圣诞节那一天罗马举行的仪式,源头可以追溯到公元751年在苏瓦松举行的仪式。 当时,教皇扎加利(Zacharius)的代表圣卜尼法斯(Saint Boniface)为奥斯特拉西亚宫相丕平加冕为法兰克国王,并举行涂油礼。 这种教会授职的西方仪式在西班牙的西哥特人国家早已成为惯例,其实是复活了《撒母耳记》和《列王记》记载的犹太制度。 先知撒母耳为大卫王授职，大祭司撒督和先知拿单为所罗门王授职，开创了西方基督教世界君主和王后加冕礼的先例。

第三节　法律制度的复兴

我们看到，为满足罗马人民乃至整个希腊社会的需要，罗马法经历了 10 个世纪缓慢而精心的修订，最后由查士丁尼汇编成法典。 随着罗马法涵盖的生活方式一去不返，罗马法也很快落伍，不仅希腊世界的西部如此，东部也是如此。 此后，法律领域也像政治领域一样，种种衰亡症状之后出现了新生的迹象。 要求为现有社会提供行之有效的法律的冲动，并没有首先推动罗马法的复活。 公元 8 世纪，罗马法在世人心目中依然享有崇高的地位，如同诺亚方舟高居于早已消亡的希腊文化的巨大陵墓之上。 新兴的东、西方两个基督教社会都表现出对基督教教规的真诚信仰，努力为所谓的基督教民众制定基督教法律。 不过，在这两个基督教世界，继创立基督教法律的全新尝试之后，都出现了复兴运动。 这场运动先后复兴了摩西律法和罗马法，前者源于基督教世界从犹太民族那里继承的《圣经》，后者来自《查士丁尼法典》。

在东正教世界，东罗马帝国的两个叙利亚缔造者利奥三世和他的儿子君士坦丁五世共同执政时期，宣告了制定基督教法律的新方向。 公元 740 年，他们颁布"一部基督教徒法律大全"，"自觉地尝试用基督教原则来改造帝国的法律体系"。[2] 不过，新的基督教法律诞生后，迟早会出现犹太法律的复兴。 基督教会若是执意把犹太法律纳入自己的圣经正典，恐怕既不明智，也不十分恰当。 叙利亚皇帝创立的法律体系，不论是摩西律法还是基督教法律，越来越难以适应拜占庭社会日趋复杂的社会形势。 公元 870 年之后，马其顿王朝创始人巴西尔一世 (Basil I) 及其继承人宣布，"彻底废止伊索里亚人(前朝叙利亚皇帝)颁布的愚蠢法律"。 马其顿皇帝十分轻视前朝的法律，勇气百倍地着手校补《查士丁尼法典》。 他们在复兴罗马法的时候觉得自己成了真正的罗马人，这就如同 19 世纪哥特式建筑的复兴者把自己想象成地道的哥特人。 问题在于，复活也好，复兴也罢，其成果并不是、也不可能是"原型"，两者之间的关系如同杜莎夫人蜡像馆里的蜡像与进入蜡像馆的活生生的参观者那样有着天壤之别。

在东正教世界的法律领域，继创立基督教法律的新政策之后，摩西和查士丁尼的幽灵接踵而至。 这一幕同样出现在西方的舞台上，只不过查理曼扮演了"叙利亚人利奥"(Leo Syrus)＊曾经扮演过的角色。

> 加洛林王朝的立法……标志着西方基督教世界形成了新的社会意识。在此之前，西方王国的立法从本质上说是从基督教方面对蛮族部落法典的补充。如今基督教世界第一次完全与过去决裂，自行制定法律，这些法律涵盖了教会与国家的各个社会活动领域，而且把基督教精神作为衡量一切事物的唯一标准。这一成果既不是源自日耳曼先例，也不是源自罗马先例。[3]

不过，与东正教世界一样，在西方基督教世界，紧随使徒和《福音书》作者之后的是摩西的幽灵。

> 加洛林王朝的皇帝们以《旧约》记载的列王和士师的精神，向全体基督教人民发布法令，将上帝的律法晓谕上帝的子民。查理即位之初，卡瑟尔夫(Cathualf)曾在信函中谈及国王是上帝在尘世的代理人，劝告查理把《律法书》(Book of Divine Law)作为治国的指南，因为根据《申命记》第 17 章第 18—20 节的箴规，国王应该将祭司面前的律法书抄录一本，存在他那里，要平生诵读，好学习敬畏上帝，谨守遵行他的律法，免得他向弟兄心高气傲，偏左或偏右，离了这诫命。[4]

东、西方基督教世界还有另一个共同点，那就是复活的查士丁尼都

＊ 即东罗马帝国皇帝利奥三世，他原是有着叙利亚血统的军人，家乡为马拉什。 ——译者注

压倒了复活的摩西。

11世纪，在东正教世界，官方于1045年在君士坦丁堡创办帝国法律学校。在西方基督教世界，博洛尼亚自发出现了专门研究查士丁尼《民法大全》的自治大学。在西方基督教世界，复活的罗马法虽然最终未能巩固复活的罗马帝国，却极大地促进了另一个目标：在西方复活早先的希腊政治制度——主权独立的地区性国家。博洛尼亚大学及其派生出来的大学培养的民法学家，没有成为夭折的西方"神圣罗马帝国"的行政官员，而是成为西方地区性主权国家的行政官员。地区性主权国家制度能够战胜西方基督教世界原有社会结构蕴含的其他各种政治组织形式，原因之一正在于有这样一批人高效、专业的服务。

博洛尼亚的罗马法专家为意大利中北部城市输送了管理者，他们运用自己的专长帮助这些自治城市推翻贵族和主教的统治，开创市民自治的事业。教会法学家出版了百科全书式的格拉提安(Gratian)《教令集》(1140—1150年)，为博洛尼亚大学的罗马法学科增添了一个姊妹学科：教会法。教会法学家也对世俗地区性国家的发展作出贡献，虽然这与他们的本意背道而驰。甚至可以说，他们的现实成就成为一个莫大的历史讽刺。

有人认为，为了与教皇制度的世俗对手神圣罗马帝国进行论战，罗马教廷利用了教会法学家。其实更准确的说法是，梵蒂冈是由教会法学家掌控的。所有那些著名的教皇，反对腓特烈一世、坚决捍卫教会地位的亚历山大三世(1159—1181年在位)，向世界展示了教皇绝对主义政治含义的英诺森三世(1198—1216年在位)，抗衡几乎同他本人一样固执狂妄的"凡间的奇迹"(Stupor Mundi)*的英诺森四世(1243—1254年在位)，倒霉地与法国和英国这两个强大的君主国家发生冲突的卜尼法斯八世(1294—1303年在位)，以及他们之间的大多数次要的教皇，都不是神学家(上帝的研究者)，而是教会法学家(法律学者)。罗马教廷与神圣罗马帝国的冲突带来两个后果。第一个后果是帝国的衰亡。第二个后

---

* 霍亨斯陶芬王朝的德意志国王、神圣罗马帝国皇帝腓特烈二世(1194—1250年)天分极高，知识渊博、爱好广泛，因而赢得了一个绰号"凡间的奇迹"。——译者注

果是教皇制度的没落，教皇制度从此始终无法摆脱遵奉摩西律法带来的道德和宗教耻辱，直到新教脱离罗马天主教会的灾难发生之后(而非之前)，教皇制度才焕发出新的活力。 帝国和教皇制度的衰落，为西方地区性国家铺平了前进的道路。

第四节　哲学的复兴

在哲学领域，欧亚大陆的两端几乎同时出现了复兴。 中华世界的儒家哲学在东亚文明的后裔远东社会复兴，希腊世界的亚里士多德哲学在西方基督教世界复兴。

前一个例证大概无须多加考虑，儒家哲学事实上并没有与孕育它的社会同归于尽，只不过是经历了一段蛰伏时期，并未死去的事物自然不可能成为"幽灵"。 我们不得不承认这是一种颇具说服力的观点，但这种异议不受重视也是理所当然。 公元 622 年，唐太宗恢复了以儒家经典为内容的科举制度，为帝国文官体制选拔人才。 这种做法具备了复兴的本质特征，同时也表明了这样一个事实：道家和佛家不再有可能从政治上取代儒家学者。 在前后两个中华大一统帝国衰落和兴起之间的真空期，与儒家学者休戚相关的大一统国家土崩瓦解，损害了儒家学者的声望，道家和佛家似乎一度有望取而代之。

大乘佛教在政治上无所作为，基督教会却抓住机遇在政治上大展宏图，两者的反差表明了一个事实：与基督教相比，大乘佛教是一个政治上无所作为的宗教。 大一统的晋帝国覆灭之后的将近 3 个世纪里，大乘佛教受到北朝地区性国家君主的庇护，这种庇护以及早先贵霜帝国迦腻色迦王系(Kanishka)对大乘佛教的大力推崇，并未给大乘佛教带来多大的助益。 然而，当大乘佛教与儒家学说在远东的碰撞从政治领域延伸到精神领域，双方在几乎不流血的斗争中的命运发生了逆转。 在这个问题上，一位现代的中国权威人士断定："新儒家比道家、佛家更为一贯地坚持道家、佛家的基本观念。"[5]

从远东中华世界儒家哲学的复兴转到西方基督教世界希腊亚里斯多

德哲学的复兴，我们就会看到完全不同的情况。新儒学在精神上屈服于大乘佛教，新亚里士多德学说却凌驾于基督教会的神学之上，按照基督教会的官方观点，亚里士多德充其量是个异教徒而已。不论中华世界还是西方基督教世界，当权的一方都被除自身的内在价值之外别无所长的对手击败。在远东，贤明的文官阶层服膺于一种外来宗教的精神，在西方，官方教会成为一种外来哲学精神的俘虏。

在西方基督教世界，与远东世界生气勃勃的大乘佛教一样，亚里士多德的幽灵焕发出同样惊人的思想力量。

(西)欧并不是从(罗马的传统)中得到使西方文明成为希腊人的后裔和继承者的批判理性和不懈追求的科学探索精神。人们通常把这种新因素出现的时间确定为 15 世纪(意大利)文艺复兴和古希腊研究的复兴。但是，真正的转折点在 3 个世纪之前……早在阿伯拉尔(Abelard, 1079—1142 年)和索尔兹伯里的约翰(John of Salisbury, 约 1115—1180 年)的时代，对辩证思维和哲学思辨精神的爱好，已经在巴黎开始改变(西方)基督教世界的思想氛围。从那时起，高深的研究就受讲求逻辑的辩论术的指导，提问辩难(quaestio)和公开辩论在很大程度上决定了中世纪(西方)哲学的形式，甚至最伟大的代表人物也是如此。罗贝尔·德·索邦(Robert of Sorbonne)曾说："如果未经辩论的牙齿咀嚼，任何事情都不能完全为人所知"，因而把从最浅显到最深奥的每一个问题都纳入这一咀嚼的过程，不仅提高了才智的敏捷和思想的准确，尤其发展了西方文化和现代科学从中得益甚多的批判精神和方法论的怀疑。[6]

亚里士多德的幽灵为西方思想的精神和形式打上永久的烙印，还影响了西方思想的实质，这种影响虽然为时短暂，但相当深刻，需要经过长期和艰苦的思想斗争才能最终消除。

(中世纪西方的)整个宇宙观当中，来自亚里士多德的成分超过来自基督教的成分。就连在我们看来这种学说带有某种宗教意味的部分,诸如天体的体系、旋转的天体、推动行星的天使、元素按贵贱排序,以及天体由不易腐蚀的第五元素组成的观点,也都应归因于权威的亚里士多德及其继承者。我们甚至可以说,16 世纪应该推翻的是亚里士多德而不是托勒密的学说,亚里士多德才是哥白尼学说的最大障碍。[7]

到 17 世纪,西方本土的思想天才按照"培根哲学"的方法重申自己的主张,着手探索自然界,此时教会神学与亚里士多德学说已经密不可分地交织在一起,乔尔丹诺·布鲁诺牺牲了生命,伽利略遭到教会的公开谴责,都是因为研究与《新约》表述的基督教信仰无关的离经叛道的科学学说。

17 世纪之前,阿尔卑斯山以北地区的西方科学家和哲学家抨击经院哲学家追随被培根称作"他们(经院哲学家)的独裁者"的亚里士多德,而 15 世纪意大利人文主义者抨击经院哲学家,只是因为他们拙劣的拉丁文水准。 但是,亚里士多德式的神学足以抵御古典文学权威的嘲讽。 这些批评家确实从著名的亚里士多德学派学者邓斯·司各特(Duns Scotus)的名字引申出一个贬义词"低能儿"(dunce),这个词的意思不是指愚昧无知,而是指热衷于一种陈腐过时的学问。 到写作本书的时候,"低能儿"的头衔该轮到人文主义者了。 在自然科学和技术大获全胜的 20 世纪,所谓的"低能儿"大概就是那些曾经盛极一时、如今日渐式微的"古典派"的孑遗。

第五节　语言文学的复兴

一种活的语言首先是一种口头表达的方式。 "语言"一词源自拉丁语的"舌"字,这个事实本身就足以说明问题。 至于文学,可以说是语言的副产品。 当一种语言和文学的幽灵从僵死状态被召唤出来,两者的关系就发生了逆转。 人们完全是为了阅读文学作品才不辞辛苦地学习语言。 我们学习"vocative, mensa"(哦,桌子),并不是要记住一个新词，使我们在黑暗中不慎踢到桌子腿时能够表达自己的感觉，而是向一个长远目标迈出了一小步，即阅读维吉尔、贺拉斯及其他拉丁经典作品。 我们并不想说这种语言，我们学着书写这种文字也只是为了更好地欣赏"古代"大师的作品。

若要收复久已遗弃的文学王国，首先要调动一个现有政治帝国的资源。 文学复兴第一阶段的典型成就，是一位君主邀请的一批学者集体编纂的某种选集、汇编、全集、字典或百科全书。 资助这种学术合作项目的君主往往是复兴的大一统国家的统治者，而这个大一统国家本身就是政治复兴的产物。 历史上有五位这方面的杰出代表：亚述巴尼拔（Asshurbanipal）、君士坦丁七世（波菲罗格尼图斯）（Constantine Porphyrogenitus）、永乐皇帝、康熙皇帝和乾隆皇帝，其中后四位都是如此。 中华大一统国家复兴时期的皇帝极其热衷于收集、编辑、注释和出版保存下来的昔日典籍，在世界上无能出其右者。

亚述巴尼拔拥有两座收藏苏美尔和阿卡德古典文献的泥版图书馆，现代考古学家实际上并不清楚这些藏品的具体数量，他们在发掘尼尼微遗址时发现一些陶碑，了解到这两大亚述藏品的收集和流散情况。 这位学者型帝王死后大概不到 16 年，公元前 612 年，其他民族痛恨不已的尼尼微遭到攻击，被洗劫一空，亚述巴尼拔的两座图书馆的藏品从此流散四方。 亚述巴尼拔的藏品在数量上或许要超过中国的儒家典籍，因为儒家典籍不是保存在容易刻写的柔软泥版上，而是在公元 836—841 年间在唐朝首都西安费力地镂刻在坚硬的石头上，一个世纪之后才汇编成加了注解的 130 卷典籍。 我们可以颇有把握地推断，亚述巴尼拔藏品中楔形文字的字数远远不及明朝第二个皇帝永乐在 1403—1407 年间收集的中国典籍的字数。 除目录之外，这部皇皇巨制有 22 877 卷，装订成 11 095 册。 与这些浩大的工程相比，东罗马帝国皇帝君士坦丁七世（公元 912—959 年在位）的成就显得微不足道，虽然他的希腊文献藏品数量之巨已经令西方人士大为惊叹。

除这些预备性的工作之外，学者们还别出心裁地模仿他们为之倾注了心血的古典文献。 远东世界和西方世界在这方面孰优孰劣，恐怕只有统计学家才能判定：从公元 622 年重新恢复以科举考试选拔帝国文官，到 1905 年废除这种制度，中国历代考生在 1283 年间写下了浩如烟海的古文文章。 另一方面，从 15 世纪末到写作本书时为止，西方学者和学生用拉丁文和希腊文写出了同样不可胜数的诗文习作。 但是，说到真正出于著述的目的运用复兴的古典语言，那么不论西方还是远东，都比不上拜占庭的历史学家，其中包括 10 世纪的利奥·蒂阿科努斯(Leo Diaconus)和 12 世纪的安娜·康内娜(Anna Comnena)这样的艺术大师。阿提卡古希腊共通语的复兴，使这些拜占庭历史学家有了书面表达工具。

读者大概已经发现，到目前为止，我们探讨的文学复兴似乎惟独不适用于一般人首先想到的文学复兴——实际上是“文艺复兴”。 实际上，希腊文献在中世纪晚期意大利的复兴基本上是一场各自为政的学者们的自发运动，虽然赞助人中不乏洛伦佐·德·美第奇这样的达官显贵。 文艺复兴大概就是一场自发的运动，虽然我们不能低估 15 世纪诸位罗马教皇，尤其是教皇尼古拉五世(1447—1455 年在位)的襄助之功。尼古拉五世雇用了数百位古典学者和古代手稿抄写员，还曾出价一万荷兰盾征求荷马史诗的拉丁文译本，他一共收集了 9 000 册藏书。 不过，我们不妨展开想象，回到西方历史的早期阶段。 从“文艺复兴”时代上溯几个世纪，我们就会发现某些人物的所作所为与我们考察过的例证颇为类似。 例如，再造了一个僵死文明的大一统国家的查理曼，勉强可以跻身于亚述巴尼拔、永乐皇帝和君士坦丁七世之列。

西方基督教世界的第一次半途而废的希腊文化复兴，与西方基督教文明的诞生发生在同一时期。 公元 7 世纪末英吉利教会的体制应归功于逃离穆斯林征服的东正教地区的希腊人、大主教塔尔苏斯的西奥多尔(Theodore of Tarsus)，而西方的希腊文化复兴运动的先知是诺森伯里亚人圣比德(Venerable Bede，公元 673—735 年)。 另一位诺森伯里亚人、约克的阿尔昆(Alcuin of York，公元 735—804 年)把复兴的种子带到查理曼的宫廷。 在这场运动被斯堪的纳维亚蛮族过早地摧毁之前，这些倡导者不仅开始复兴披着拉丁外衣的希腊文化，甚至开始带有少许希腊的色彩。 阿尔昆曾经梦想，只要得到查理曼的支持，就可以在法兰克的土地上唤来雅典的幽灵。 这种幻想很快就破灭了。 当西方基督教世界开始走出所谓的"黑暗的 9 世纪",随之而来的不是希腊古典文学的幽灵,而是"亚里士多德及其哲学"[8]的幽灵。 还要经历数个世纪的经院哲学时期,阿尔昆的梦想才能成为现实。

只要静下来想一想,阿尔昆及其支持者的愿望为何要到数个世纪之后方能实现,我们就会发现,本书前一个部分探讨的文明在空间上的碰撞,与我们现在考察的文明在时间上的接触,有一个不同点。 文明在空间上的碰撞乃是不同文明的冲突,而冲突通常总是出于偶然。 非凡的军事才能、新的航海技术或是大草原日渐萎缩,诸如此类与文化无关的原因都会刺激一个社会进攻另一个社会,进而带来我们描述的那种文化后果。 另一方面,文明在时间上的接触(复兴)乃是一种招魂活动,即召唤先辈文明的幽灵;巫师若不掌握这个行当的技巧,是无法唤来幽灵的。 换言之,西方基督教世界必须适合接待来访者,才谈得上款待希腊文化的幽灵或者说客人。 作为有形的书籍,希腊文化的藏书始终不会消失得无影无踪,但西方人必须能够读懂它们的内容,才谈得上有效地加以利用。

例如,即便是西方最黑暗的时代,西方基督教社会也从来没有说找不到维吉尔的著作,或是缺乏足够的拉丁文知识来解读他的文句。 然而,从公元 7 世纪直到 14 世纪终了,至少有 800 年的时间,即使是最有天赋的西方基督教学者也不理解维吉尔的诗。 我们所说的"理解",是指能够领会维吉尔想表达的意义,也就是与维吉尔志同道合的同时代人以及直到圣奥古斯丁这一代后裔都能正确理解的意义。 就连映射出希腊文化在意大利复兴的第一道曙光的但丁,也未能看清维吉尔的本来面目,他眼中的维吉尔是俄耳甫斯那样威严的神话人物。

同样,西方社会从来不曾缺少晚期希腊学者波伊提乌(Boëthius,公元 480—524 年)准确翻译成拉丁文的亚里士多德哲学著作。 然而,波伊提乌死后的 6 个世纪里,即使是最敏锐的西方基督教思想家也看不懂他的译文。 当西方基督教徒最终准备接纳亚里士多德的哲学,却不得不兜一个大圈子,通过阿拉伯语译本来理解亚里士多德学说。 打一个比方来说,波伊提乌为公元 6 世纪的西方基督教世界奉献出亚里士多德著作的拉丁文译本,就好像一个慈爱而欠考虑的叔父把一本 T · S · 艾略特先生的诗集作为侄儿 13 岁生日的礼物。侄儿把诗集大致翻了翻，便随手扔到自己小图书室最深的角落里，之后显然完全忘了自己有这么一本书。6 年——若是把个人从青春期到成年的时间跨度放大，6 年相当于文明史上的 6 个世纪——之后，已是牛津大学学生的侄儿再次接触到这些诗，迷上了它们，就到布莱克维尔书店买了一本。等他假期回到家中，异常吃惊地发现自己的书架上早就有了这本书。

维吉尔和亚里士多德著作的命运如此，拜占庭图书馆所藏希腊文学名著的命运也是如此，这些杰作将成为意大利希腊文化复兴的精神食粮。至迟从 11 世纪开始，西方基督教世界就与拜占庭世界有密切的接触。13 世纪上半叶，法兰克征服者实际上占领了君士坦丁堡和希腊。这种征服并未在文化领域激起任何涟漪，因为"古典文学"在西方尚属阳春白雪，难觅知音。有人或许会解释说，西方与拜占庭的接触充满敌意，西方人很难对拜占庭收藏的希腊文献产生好感。我们理当驳斥这种说法。在 15 世纪"文艺复兴"的鼎盛时期，双方政治和宗教的接触依然是敌对性的。西方与拜占庭的两次接触之所以导致了截然不同的文化后果，原因很简单：只有后继社会的文化水准提高到前辈社会创造出日后成为复兴目标的成就时所达到的水准，才谈得上复兴昔日的文化。

看一看西方基督教世界和中国文学复兴运动的结局，我们发现，它们畅通无阻地稳步推进，直到被现代西方文明以专横的外来入侵者的姿态终结，现代西方文明在 17 世纪俘获了西方基督教世界，在 19、20 世纪之交征服中国。西方社会曾在没有外来干涉的情况下独力抵御希腊的幽灵。17、18 世纪之交，西方的一场小册子论战，也就是斯威夫特所说的"书的战争"，指明了未来的发展方向。在这场论战中，双方围绕"古人"与"今人"孰优孰劣展开争论。争论的焦点在于，西方文化究竟是故步自封，只知一味沉湎于过去，仰慕和效法"古人"，还是超越"今人"，继续向前探索未知的领域。以这样的方式来提出问题，必然使得这个问题只可能有一个合理的答案。但是，这个问题本身回避了一个先决问题，即仰慕和效法"古人"，我们不妨称之为最广义的"现代西方古典教育"，是否真的阻碍了"现代"的发展。

这个问题的答案显然偏向"古人"。意味深长的是，研究希腊文

化的先驱者，如彼得拉克和薄伽丘，同时也是弘扬意大利俗语文学的最
重要的权威。 希腊文学研究的复兴不仅没有妨碍俗语文学的进步，反
而直接推动了俗语文学的发展。 伊拉斯谟精通西塞罗风格的拉丁语，
并没有使他的西方同道不再培育自己祖国语言的文学。 我们很难对两
种文化现象的因果关系下定论。 例如，16 世纪英国的希腊文化研究与
16 世纪末突然出现的英语诗歌的空前繁荣之间并不存在确定无疑的因
果关系。 莎士比亚"不大懂拉丁文，更不通希腊文"，能否说这有助
于他的戏剧创作？ 谁又能说得清楚呢？ 有人认为弥尔顿用了太多的拉
丁文和希腊文，但是，如果他不用拉丁文和希腊文，我们就肯定不会有
《失乐园》和《力士参孙》。

第六节　视觉艺术的复兴

一个僵死文明的视觉艺术在后继文明的历史上复兴，乃是一种常见
现象。 我们可以举出许多例证：公元前 7—前 6 世纪的赛斯王朝时期，
沉寂 2000 年之久的"古王国"雕刻和绘画风格在埃及世界复兴；公元前
9—前 7 世纪，苏美尔浅浮雕风格在巴比伦世界复兴；公元 10—12 世
纪，拜占庭双联象牙作品以一种缩微的形式复兴了公元前 5—前 4 世纪
的雅典杰作所代表的希腊浅浮雕风格。 但是，不论是涉及的范围，还
是取代以前的艺术风格的彻底性，这三次视觉艺术复兴都远远不及西方
基督教世界的那次希腊视觉艺术复兴。 这次希腊视觉艺术的复兴首先
出现于中世纪晚期的意大利，然后传播到西方世界的其他地区。 希腊
视觉艺术的幽灵出现在建筑、雕刻和绘画三个领域，这种希腊风格的
"幽灵"席卷一切，以至于当它的势头衰竭之后出现了艺术真空，西方
艺术家不知道该如何表现自己长期受到埋没的天赋。

西方视觉艺术的三个领域都出现了奇特的一幕：重返人间的幽灵彻
底清扫并装饰了主人的房子。 最突出的是希腊"幽灵"在雕塑领域完
全压倒了西方本土的天才。 在这个领域，13 世纪法国北部西方独特风
格的代表人物曾经创作出足以与希腊、埃及和大乘佛教的艺术流派巅峰

时期作品相媲美的杰作。相形之下，在绘画领域，西方艺术家从未摆脱东正教姊妹社会早熟艺术的束缚。在建筑领域，入侵的"哥特式"风格早已取代"罗马式"风格，顾名思义，可知后者是希腊文明最后阶段的一种建筑风格的变种。我们提到过，哥特式建筑源于叙利亚世界的阿拔斯和安达卢西亚哈里发帝国。

在20世纪的伦敦人看来，英王亨利七世主持建造的威斯敏斯特大教堂附属礼拜堂的石制建筑和雕刻，表明了两度落败的西方视觉艺术与入侵的叙利亚和希腊艺术的殊死较量。礼拜堂的拱顶象征着日薄西山的哥特式风格的最后胜利。最高处的石像俯瞰着下方坟墓兼具意大利和希腊风格的三个一组的青铜卧像，这些石像冰冷的嘴唇仿佛无声地哼出阿尔卑斯山以北地区西方基督教雕刻的绝唱。布道坛中央是托里贾尼(Torrigiani，1472—1522年)的希腊风格的杰作，这位远离故土的佛罗伦萨大师傲慢地无视不优雅的背景，降尊纡贵地创作出完美无瑕的作品，得意地环顾四周，自信这些作品将赢得阿尔卑斯山以北地区参观者的赞美。我们从本韦努托·切利尼(Benvenuto Cellini)的自传中得知，托里贾尼"眼高于顶，自高自大"，喜欢夸耀自己"在举止粗鲁的英国人那里展现的绝技"。[9]

直到16世纪前25年，"哥特式"建筑风格在伦敦依然势头强劲，在牛津更是一直延续到17世纪上半叶。在意大利中北部，这种风格早已风光不再，从未像欧洲阿尔卑斯山以北地区那样彻底取代罗马式建筑风格。

希腊文化在建筑领域的复兴压制了西方人的才华，这一点突出表现在西方未能从新兴的工业革命中收获应有的成果。希腊风格的建筑传统日薄西山之际，突飞猛进的工业技术为西方建筑师提供了一种前所未有的钢铁建筑材料。西方建筑师拥有铁匠提供的钢铁构件和上帝赋予的清白历史，本应填补千载难逢的建筑风格空白期。他们却了无创意，只是在希腊风格复兴之外加上一场"哥特式"复兴。

最早直接在建筑上应用钢铁构件，不再遮遮掩掩地用"哥特式"风格来掩饰其粗俗的西方人，并非专业的建筑师，而是一位想象力丰富的业余建筑师。赛勒斯·哈姆林(Cyrus Hamlin)是位美国公民，却在博斯普鲁斯海岸而非哈得逊河岸建造起历史性的建筑。 1869—1871 年，他建造了罗伯特学院的核心建筑哈姆林大厦，从这座大厦可以俯视征服者穆罕默德的欧洲城堡。 不过，要到下一个世纪，哈姆林播下的种子才在北美和西欧开花结果。

在绘画和雕刻领域，西方艺术家的才华也明显受到压制。 自但丁的同时代人乔托(死于 1337 年)之后的 500 多年，现代西方绘画无条件地接受希腊后期视觉艺术的自然主义观念，接连不断地推出各种不同的表现光影视觉效果的手法，通过巧妙的艺术技巧营造出照相效果，直到这种不懈的努力因摄影术的发明而突然失去价值。 西方现代科学的巨斧砍掉画家的立足点之后，一些画家开创"拉斐尔前派运动"，效法他们曾长期拒斥的拜占庭大师。 科学使得自然形态不再属于画家的领域，而是成为摄影师的地盘。 西方画家考虑征服科学打开的崭新心理世界。 这样，西方兴起强调内心启示的绘画流派，他们大胆用颜料来表达精神体验而不是视觉印象，进入到一个崭新的境界。 西方雕刻领域也同样出现了令人鼓舞的探索。

第七节　宗教理想和制度的复兴

基督教与犹太教的关系，在犹太人心目中是再清楚不过了，对于基督教徒的良心来说则具有难堪的暧昧性。 在犹太人看来，基督教会是一个数典忘祖的犹太教派别，它擅自为圣经正典增加附录，违背了那位不幸误入歧途的加利利法利赛人的教义，而这些法利赛主义的叛徒还厚颜无耻地妄称他的名字。 犹太人认为，基督教奇迹般地征服希腊社会，绝非"上帝所为"。 一位犹太拉比被门徒按照基督教徒的方式尊崇为人类母亲所生的神的儿子，他死后的胜利被异教徒利用，就像利用早先传奇式"半神半人"狄奥尼索斯和赫拉克勒斯的胜利。 犹太教自以为有望抢得基督教的战利品，只是不肯降尊纡贵地像基督教那样去征服。 基督教从未否认过犹太圣经的权威，实际上，基督教把犹太圣经和自己的圣经装订成一册。 在犹太人看来，基督教轻而易举的征服靠的是背叛犹太教的两项最重要的原则，一神论和反对偶像崇拜，即十诫的第一条和第二条。所以，面对基督教外衣之下明显是依然不知悔改的希腊异教，犹太人的口号就是锲而不舍地见证上帝的永恒福音。

如果基督教没有真诚地从理论上坚守犹太教一神论和反对偶像崇拜的遗产，同时又如犹太批评者指责的那样，在实践中向希腊皈依者的多神论和偶像崇拜让步，那么，无动于衷、毫不动摇的犹太民族对基督教的辉煌成功继续抱有一种"处之泰然的极端蔑视"(patient deep disdain)，也就不会让基督教徒那么难堪了。基督教会把犹太教圣经尊崇为基督教信仰的《旧约》，等于是自曝其短，使得犹太人可以把抨击的矛头直指基督教的要害。《旧约》是基督教大厦的一块基石。但是，三位一体教义、圣徒崇拜、圣徒视觉形象、三位一体的三个形象以及平面艺术作品也都是基督教的基石。当犹太人奚落基督教会的希腊式习俗与信奉的犹太教理论不可调和，基督教卫道士又如何自圆其说呢？要使基督教徒相信犹太人的观点站不住脚，就必须作出回应，因为这些观点的效力在于它们在基督教徒的心里唤起负罪感。

公元4世纪，非犹太希腊世界在名义上皈依基督教之后，教会的内证往往盖过基督教徒与犹太人之争。公元6到7世纪，犹太人与基督教徒的神学论战烽烟再起。这场论战的起因是公元5世纪末犹太人在巴勒斯坦犹太人社群展开严厉的清洗运动，犹太人内部围绕犹太会堂的装饰壁画问题，推行反对基督教式放纵行径的运动，从而影响到犹太人与基督教的论争。看一下基督教内部赞成偶像崇拜者与反对偶像崇拜者的类似争论，我们就会惊讶地发现，这种争论是持久而普遍的。我们发现，基督纪元以来的几乎每一个世纪，基督教世界的几乎每一个地区都会爆发这种"不可避免的冲突"。自埃尔维拉会议(约公元300—311年)通过禁止在教堂内展示图像的第36条教规以来，这类冲突频频发生，我们在此无需赘述。

公元7世纪，一个新角色轰轰烈烈地登上历史舞台，犹太人与基督教的论战从此增添了一个新的因素。像基督教一样，伊斯兰教也是源自犹太人，只不过伊斯兰教自降生伊始就已经羽翼丰满。如犹太人希望的那样，伊斯兰教狂热地坚持一神论、反对偶像崇拜，加之伊斯兰教信徒先后在军事领域和传教上获得惊人的成功，基督教世界必须考虑如何应对新的形势。 原始穆斯林阿拉伯征服者的胜利，无疑对长期酝酿积累的基督教"偶像崇拜"之争起到推波助澜的作用。 与之类似，共产主义信徒在军事和宣传上的成功促使现代西方人反省，重新评估西方传统的社会和经济安排。

公元 726 年，著名的东罗马帝国皇帝、"叙利亚人利奥"颁布反偶像崇拜法令，从而把长久以来挥之不去的犹太教反偶像崇拜的幽灵带入舞台的中央。 事实表明，用政治权力在宗教领域强行实施复兴的尝试是失败的。 罗马教廷热切地认同大众的反偶像崇拜情绪，在摆脱拜占庭权势的束缚方面迈出了一大步。 随后，查理曼半心半意地在西方采取类似于"叙利亚人利奥"政策的举措，遭到教皇哈德良一世的严厉斥责。 要等到将近 8 个世纪之后，西方才迎来犹太教的复兴，而且它是一场自下而上的运动，马丁·路德在其中扮演了"叙利亚人利奥"曾经扮演过的角色。

在西方基督教世界的"新教改革运动"时期，反偶像崇拜并不是唯一卷土重来的犹太教幽灵。 严守安息日的犹太教习惯也受到脱离罗马天主教会的新教教派的推崇。 这个犹太教戒律的复兴不太好解释，流散各地的犹太人严格遵守安息日习惯是一个特殊民族对一种特殊挑战的回应，也是流散犹太人维护共同生活方式的一种手段。 新教徒自称的目标是回归原始教会的质朴习俗；在此我们发现，新教徒抹杀了原始教会坚持的原始基督教与犹太教的区别。 难道这些"圣经基督教徒"(Bible Christians)不知道《福音书》多次提及耶稣公开反对安息日的禁忌吗？ 他们难道没有注意到他们推崇的使徒保罗以全面否定摩西律法而著称？ 这些问题的答案是，德意志、英格兰、苏格兰、新英格兰以及其他地方的宗教狂热者卷入到一场最强有力的复兴浪潮之中，他们一门心思想模仿犹太人，就像狂热的意大利艺术家和学者一心一意模仿雅典人。 他们在给子女洗礼起名时总是从《旧约》里找一些最不合日耳曼语发音的名字，表明他们狂热地试图复活逝去的世界。

我们含蓄地点出了西方新教的犹太教复兴的第三个因素：《圣经》崇拜，以《圣经》的偶像化来替代圣像的偶像化。 毫无疑问，《圣经》

被译成各国文字，成为一代又一代极少阅读其他书籍的无知民众的日常读物，不仅给虔诚的新教徒和清教徒带来巨大的文化益处，也使西方人的心灵普遍受益匪浅。《圣经》的广泛传播，极大地丰富了各国的文学创作，促进了大众教育的发展。除宗教价值之外，"圣经故事"已经成为一种民间传说，西方人对它们的兴趣远远超过本土资源所能提供的一切。一些精益求精的少数人批判性地研究《圣经》文本，为日后能够恰当地应用于所有学术领域的高层次批判做好了准备。同时，《圣经》文本神圣化招致了道德和思想惩罚，新教徒受到《圣经》文本的束缚，依然受教士支配的特伦托会议核准的天主教教义没有这种束缚。事实越来越清楚地表明，《旧约》无非汇集乃至融合了宗教上和现实中的人类美德，决意把《旧约》当作一贯正确的上帝的福音，无疑助长了一种冥顽不化的宗教。马修·阿诺德(Mathew Arnold)为此抨击维多利亚时代善良的中产阶级乃是生活在"希伯来化的逆流"之中。

注释：

[1] 据《牛津英语词典》，英语中首次使用这个术语是在1845年。马修·阿诺德把法文 la renaissance 译成英文，写作 renascence。

[2] Bury, J. B., 在他校注的 Edward Gibbon, *The History of the Decline and Fall of the Roman Empire*, vol.v(London 1901, Methuen), Appendix Ⅱ, p.526。

[3] Dawson, Christopher, *Religion and the Rise of Western Culture* (London 1950, Sheed & Ward). p.90.

[4] 同上书，第90—91页。

[5] 冯友兰：《中国哲学简史》(New York 1948, Macmillan), p.318。

[6] Dawson,前引书，第229—230页。

[7] Butterfield, H., *The Origins of Modern Science, 1300—1800*(London 1949, Bell), pp.21—22.

[8] 这就是乔叟在《坎特伯雷故事集》"总引"里所说的"牛津的学者"摆在、或是想要摆在"他的床头"的书籍。

[9] Benvenuto Cellini, *Autobiography*, translation by J. A. Symonds (London 1949, Phaidon Press), Book Ⅰ, ch xii, p.18.

第十一部　历史规律与自由

第三十五章

问题

第一节　"规律"的含义

1914 年之前的一百年里，西方人很少因为我们如今面临的问题而烦恼，因为当时的任何一条解决之道都能给出圆满的答案。如果说有一种超自然的规律支配着人类的命运，那必定是无可挑剔的"进步规律"(Law of Progress)。另一方面，即使并不存在这样的规律，人们也可以有把握地认为，自由而聪明的人类同样能够凭借自身努力不断进步。到 20 世纪中叶，情况显然大为不同了。过去的许多文明已经土崩瓦解，如今，现代西方人建造的盛气凌人的摩天大厦又出现了不祥的裂隙。1919 年，斯宾格勒出版自命不凡的《西方的没落》，提出西方文明将要步其前辈文明的后尘，这是否将成为一种规律？我们是否有弥补我们的过失、改变我们的命运的自由？

要弄清楚上述问题，首先必须明确"规律"一词在本章语境中的含义。"规律"显然不是指人类制定的法律，借助于一个我们耳熟能详、以至于几乎完全被忽视的比喻，这个术语不再意指人类制定的法律，而是具有我们在本章赋予它的含义。我们此刻讨论的"规律"，就其作为支配人类事务的法则而言，类似于法律这一常见的人为制度。两者也有区别，"规律"不是人类制定的，人类也无法加以变更。我们在本书前面部分曾经提及，规律概念在应用于超自然层面时容易分化为两个明显截然对立的概念。一些人认为，人类立法者凌驾于他们所实施的法律之上，从而把支配宇宙的超自然"规律"看作是万能的上帝的"律法"。另一些人士认为，立法者或统治者实施的法律高于立法者或统治者本身，从而把支配宇宙的超自然"规律"视为始终如一、残酷无情的自然界的客观法则。

这两种观念都具有既给人慰藉，又让人恐惧的特征。"自然规律"的残酷无情令人畏惧，但是这个特征也有补偿效应。正因为这些规律是无可更改的，人们可以凭借智慧探知这些规律。人类运用聪明才智掌握自然界的知识，这种知识即意味着力量。人类能够掌握自然界的规律，利用自然界的规律为人类服务。人类在这方面取得了惊人的成就。人已经能够使原子发生分裂，然而结果又如何呢？

倘若一个人被判明有罪，而且相信除非得到上帝的慈悲救助，否则自身无从改良向善，他就会像大卫一样，落入上帝的手中。"自然规律"的最后审判就是铁面无私地惩罚和揭露人类的罪恶，只有服膺于"上帝的律法"(Law of God)，才能抵御自然规律的严苛无情。如此转变心灵忠诚的对象，须付出丧失严密而确定的理性知识的代价，对于那些为征服自然不惜沦为自然界的奴隶的人而言，理性知识既是物质上的奖励，也是精神上的负担。"落在永生上帝的手里，真是可怕的"。*
因为倘若上帝是神灵，上帝与人类心灵的交往就是不可预知、高深莫测的。一旦诉诸上帝的律法，人就必须放弃确定性，承受希望和恐惧。这是因为一种规律乃是意志的表达，其活力的源头是精神自由，而精神自由完全与大自然的一致性背道而驰；爱和恨都会引发出专横的法则。只有委身于上帝的律法，人才有可能认清上帝的律法所带来的一切。因此，上帝在人类心目中的形象，凭借人类想象力无法超越的神、人同形共性论，上帝既被想象成圣父，也被想象为暴君，这两种形

---

* 《希伯来书》第 10 章第 31 节。前文提及大卫事，见《撒母耳记下》第 24 章第 14 节。——译者注

象都与作为人的上帝形象相吻合。

第二节　现代西方历史学家的反律法主义

所谓"上帝的律法"，乃是出自以色列、伊朗先知之手，他们为应对巴比伦和叙利亚历史的挑战，殚精竭虑构想出这一概念。关于"自然规律"概念的经典阐释则是出自评述印度和希腊世界解体过程的哲学家。这两个思想流派未必相互抵触、难以调和。不难想见，"上帝的律法"和"自然规律"理应并行不悖地发挥作用。"上帝的律法"揭示了人的才智和意志全心全意、持之以恒地追求的目标。"自然规律"展现出周期运动的规律性，一如车轮始终围绕轴心旋转。我们不妨设想一下，假如没有轮匠的创造活动，轮子也会产生，然后无目的地不停转动，那么轮子周而复始的转动势必毫无意义可言。印度和希腊哲学家得出的悲观结论正在于此，他们想象"悲苦的生命之轮"在虚空中永恒转动。在现实生活中，没有轮匠自然不可能有车轮，轮匠也离不开驾车者，驾车者委托轮匠制造车轮，再把车轮装在车上，车轮循环转动，驾车者驾车驶向预定的目的地。只要把"自然规律"想象成上帝战车上的车轮，这个概念就可谓持之有故，言之成理。

宇宙众生无不听命于"上帝的律法"，这个信念是基督教和穆斯林社会从犹太教那里共同继承下来的遗产。两部惊人相似、又彼此毫无关联的天才之作，圣奥古斯丁的《上帝之城》和伊本·赫勒敦(Ibn Khaldūn)的《柏柏尔人史·绪论》，表达了上述信念。在一千多年的时间里，奥古斯丁的犹太教历史观始终得到西方的基督教思想家的认可，波舒哀在1681年发表的《世界史教程》中对这种历史观做了新的权威表述。

现代晚期西方摈弃这种以上帝为中心的历史哲学的原因既不难解释，也很好理解：人们经过分析发现，波舒哀描述的历史观既不符合基督教教义，也有悖于常识。20世纪著名的历史学家、哲学家柯林伍德(R.G. Collingwood)一针见血地揭示了这种历史观的缺陷。

　　任何依照基督教原则撰写的历史,必然是普遍的、神意的、天启的和划分时代的……如果中世纪的历史学家面对质疑,要他解释何以知道历史中竟然有客观的计划,他就会回答说,他是由启示而知道的;这是基督向人类揭示的有关上帝的事情的一部分。这种启示不仅解答了上帝在过去所做的事,也向我们指明了上帝将来要做的事。这样,基督教的启示使我们得以认识世界历史的全貌,这种全貌如同在上帝永恒不朽的视野里看到的,从世界在过去的创造一直延续到它在未来的终结。因此,中世纪的历史学家期待着历史的终结,作为上帝所预定、并通过启示而为人类所预知的某种事情,因而中世纪历史编纂学本身就包含一种末世论。

　　在中世纪的思想中,上帝的客观目的与人类的主观目标全然对立,上帝的目的乃是把某种客观计划强加于历史,完全无视人类的主观目标。这种全盘对立不可避免地引申出一种观念,即人类的目标根本无法左右历史的进程,神性乃是决定历史进程的唯一力量。[1]

带有中世纪气质的现代早期西方历史学家如此曲解基督教的启示,不仅受到现代晚期科学教条主义者的抨击,也受到现代晚期秉持不可知论的怀疑主义者的攻击。 这些历史学家(再次用柯林伍德的话说)"误以为能够预测未来", "他们渴望洞察历史的全盘计划,相信这种计划是出自上帝而非人类之手,倾向于到历史之外去寻求历史的本质,为了洞悉上帝的计划而置人类活动于不顾"。

　　于是,人类活动的具体细节对于他们就变得不那么重要了,于是他们忽视了历史学家的首要责任,即心甘情愿地承受千辛万苦去查明实际发生过的事情。这就是中世纪的历史编纂学极其欠缺批判方法的原因所在。这个缺陷并非偶然。它并非起因于学者们所能运用的原始资料和素材的限制。它并非起因于他们所能够做的事情的限制,而是他们想要做的事情的限制。他们不想对历史的具体事实进行精确的和科学的研究;他们想要做的事是对神性进行精确的和科学的研究,它是一种神学……它使他们能够先验地确定历史进程中已经必然发生的事情和将要必然发生的事情。

结果便是，从一个纯学究式的历史学家——这类历史学家除了事实的准确之外，再不关注任何其他事情——的观点来看，中世纪的历史编纂学非但不能令人满意，而且是有意地、令人反感地执迷不悟。19世纪的(西方)历史学家大体上确实是以一种纯学究式的观点来看待历史的本质，因而对中世纪历史编纂学鲜有赞同之处。[2]

并非只有19世纪的历史学家才敌视这种中世纪历史观，他们自鸣得意的不可知论反映出他们的生活舒适而宁静。他们的前辈和后人更强烈地敌视中世纪历史观。先来看看后者的情况。20世纪的一代人，切身体验到被执意强迫人民执行五年计划的人间独裁者呼来喝去的不快经历，势将深恶痛绝地反对一个独断专行的神祇把一项六千年计划强加于他们头上。至于18世纪的西方人，他们的上一代人忠于中世纪的观念，结果承受了宗教战争的巨大痛苦，很难把波舒哀的观点斥为荒谬过时的迷信。在他们看来，波舒哀的观点是"大敌"，而"踩死败类"(Écrasez l'Infâme)正是伏尔泰时代的口号。自然神论者与无神论者在这一点上并无本质的不同：如果神祇像英国汉诺威王室的君主那样君临而不治，自然神论者是准备承认神祇的存在的，而无神论者否认上帝的存在，等于是宣布自然界从上帝的支配下获得解放的"独立宣言"的开端。自然规律从此摆脱一切束缚，成为绝对不可动摇的法则，并因此逐步变得完全可以理解。18世纪是牛顿提出宇宙自行调节学说的时代，佩利提出"钟表匠上帝"的观念，上帝唯一的职责就是上好自然界钟表的发条。

于是，人们认为，"上帝的律法"无非是现代晚期西方人业已摆脱的愚昧无知的痴心妄想。科学家着手接管已将上帝驱逐出去的这份遗产时，发现有一个领域是他们奉为金科玉律的"自然规律"无法解释的。科学能够解释人类之外的自然现象，甚至能够分析恰好与其他哺乳动物十分相似的人体机能。但是，科学对人类行为问题束手无策，只要我们不是把人作为动物，而是作为文明进程中的人类。人类行为领域是科学规律无法解释的混沌世界；一位20世纪英国小说家兼桂冠诗人把一连串毫无意义的事情称作 Odtaa，这个词是"糟糕的事情一件接着一件"(one damned thing after another)的首字母缩写。 科学无法弄清它的含义，所以交由不那么矜骄的历史学家来处理。

18 世纪形而上学家描绘的宇宙图景中，宇宙划分成两个部分。 分界线的一边是人类事务之外的领域，他们认为这个领域秩序井然，遵循"自然规律"，人类可以凭借持之以恒的理性探索，越来越深入地加以认识。 分界线的另一边是混乱不堪的人类历史领域，在他们看来，除了有趣的轶事之外，人类历史中再也提炼不出什么东西，这些轶事的记录会越来越准确，但并不能"证明"什么。 有人(据说是美国汽车制造商亨利·福特)说历史尽是"空话"，指的就是这个意思。 自 18 世纪到写作本书时为止的阶段有一个最主要的特征，即科学开始侵占原本属于历史学家的那些领域，如人类学、经济学、社会学、心理学，而且在不同程度上获得成功。 科学日新月异，历史学家的地盘日渐缩小，但历史学家依旧泰然自若地在仅存的领地里"发掘真相"。

然而，西方人的基本信仰始终是相信宇宙有规律可循而非混乱无序的，现代晚期自然神论者和无神论者对于这个信仰的看法在于认为宇宙规律就是系统的"自然规律"。 实际上，自然规律的范围一直在不断扩大。 科学史上的巨人无不能够透过事物表面的混乱无序，发现潜藏的"规律"。 例如，牛顿、达尔文、爱因斯坦的研究名满天下，正是由于他们能够透过现象看本质。 又有谁会想当然地划定一条界线，禁止这些睿智的"征服者"越过雷池半步呢？ 假如有某个未知的最高权威宣布，宇宙的某个地方，文明进程中的人类居住的大都市必须保留混乱无序的状态，这或许会使反律法主义的历史学家感到满意，但所有公正的科学信徒都将视之为一种亵渎。

实际上，正如 20 世纪中叶的一位杰出历史学家所承认的，现代西方历史学家的反律法主义倾向远没有他们想的那样强烈。

特定的一代人，通常并未意识到自己是用一种假想的体制去构建当代历史，他们把各种事件划分为若干类型，或是把这些事件塑造成若干模式，这些模式有时几乎像是白日梦。他们大概全然没有意识到,他们对历史一成不变的阐释束缚了自己的心智。只有随着世态变迁,新的一代人不再自降生伊始就受到既定体制的禁锢,所有人才能认清那种体制的狭隘……倘若历史学家和其他育人者认为,如果不是身为基督徒,他们就可以避免作茧自缚,可以无须依从任何教义来做研究,不带任何预设地讨论历史,这是一种错误的看法。历史领域如同其他领域一样,只有最盲目的历史学家才会不去审视自身的预设,从而轻率地认为自己没有任何预设。[3]

这是对自身桎梏浑然不觉者的生动写照,我们还想再次引用一段文辞典雅的文字,它出自一部杰作的序言,如今业已成为无信仰的反律法主义的著名宣言。

我从未体验到……思想的骚动。比我更睿智、更博学的人洞悉了历史的结构、进程和预定的模式。我看不到这种历史的协调。我看到的只是突发事件一件接一件,如同浪涛后浪推前浪;只是某个重大的事实由于是独一无二的,因而无法作出归纳;只是历史学家的可靠法则:他必须承认偶然和意外事件对于人类命运演变的作用。[4]

然而,这位把自己的著作命名为《欧洲史》的历史学家一方面公开宣称坚信历史无非是"糟糕的事情一件接着一件",同时又死死抱住一种预定模式不放,把一个并不显山露水的"大陆"的历史等同于全人类的历史;他不自觉地认可通行的西方"宗教史"(religio historici)论文,从而沿袭了现代晚期西方的历史学传统。 这位历史学家为佐证"欧洲"的特殊存在,心照不宣地至少引证了39篇这类文章,真可谓煞费苦心。

注　释:

[1] Collingwood, R. G., *The Idea of History*(Oxford 1946, Clarendon Press), pp.49, 54, 55.
[2] 前引书, 第55、56页。
[3] Butterfield, Herbert, *Christianity and History*(London 1949, Bell), pp.140 and 146.
[4] Fisher, H. A. L., *A History of Europe*(London 1935, Eyre & Spottiswoode), vol. i, p. vii.

第三十六章

人类事务服从"自然规律"

第一节　例证

1. 个人事务

为便于开展研究，我们不妨先假定，"自然规律"在人类文明史进程中的地位尚无定论。我们将从各个不同的层面来考察人类事务，通过进一步的推敲，看看"自然规律"的地位是否如我们眼下设想的那样悬而未决。普通民众的日常生活是现代历史学家从社会史的角度进行研究并取得丰硕成果的一个领域，我们把民众的日常事务作为研究的起点，当可收到事半功倍的效果。在这个领域，我们显然可以摆脱我们在探寻支配文明史进程的规律时面临的难题。有史可稽的文明不到 24 个，文明数量如此之少，当然不利于我们进行归纳，况且我们对其中一些文明缺乏完整的了解。与之相反，民众的人数何止成千上万，何况在现代西方的条件下，个人行为已是详尽的统计分析的对象，实干家拿着名声乃至金钱为赌注，依据这些统计分析作出种种预测。工商界巨头们深信市场可以消化任何一种商品。他们不时判断错误，但总能猜个八九不离十，不然的话他们就得关门大吉了。

保险业再清楚不过地表明了平均律在个人事务上的适用性。当然，我们必须十分小心，不能为了证明"自然规律"——在此我们是从另一层意义上使用这个术语——适用于人类事务的观点，过于草率地罗列各个险种。 人寿保险涉及投保人未来的健康状况，而生理学显然属于科学的范畴。 同时，我们也无法否认，对于人的预期寿命而言，精神状况成为一个举足轻重的因素，人的生命既可能由于小心谨慎而延长，也可能由于从英雄行为到荒唐行径乃至兽行的各种轻率行为而缩短。 同样，船舶和货物的海上保险涉及气象学研究，气象学也属于一门科学，虽然目前它还有点难以驾驭。 若是我们针对盗窃或火灾投保，保险公司就要拿人类特有的犯罪活动和轻率行为的平均律来碰运气了。

2. 现代西方社会的经济事务

众所周知，供需双方供求波动的统计模式表现为一连串的"繁荣"和"衰退"；到写作本书时为止，商业周期的统计模式仍然不够精确，难以打消保险公司开辟新业务的顾虑，为商业周期蕴涵的巨大风险开出保单。 不过，科学工作者已经掌握了丰富的相关知识。

在西方工业社会的思想史上，人们凭借对社会的直观经验观察，在商业周期尚未得到统计学证实之前就已经发现了这一现象。 1837 年，英国观察家劳埃德(S.J. Loyd)率先描述了商业周期，奥夫斯东勋爵(Lord Overstone)随后也注意到这个现象。 1927 年，美国学者米切尔(W.C. Mitchell)在一部关于商业周期的著作中宣布，"可以预期，随着经济组织的发展，商业周期的特征也会相应变化"。 美国学者索普(W.L. Thorp)根据另一位美国学者米尔斯(F.C. Mills)的非统计证据编纂了《商业年鉴》，并以此为基础计算出"短期"商业周期的平均波长，工业化初期是 5.86 年，在随后的迅速转型期和相对稳定期分别为 4.09 年和 6.39 年。

其他经济学家提出新的经济周期理论，其中一些周期的波长更长。还有一些经济学家认为这些"波动"有逐步衰减至均衡状态的趋势。经济学家们在经济周期问题上并未达成广泛的共识，相关研究实际上仍处于起步阶段，我们无须一一详尽论述。 我们所关注的要点在于，在英国工业革命启动后的 200 年间，西方经济学的创立者始终致力于梳理大量的经济史材料，从中摸索出一系列支配人类经济活动的规律，正是在经济活动中，人类的独特本性暴露无遗。

3. 地区性国家的对峙:势力均衡

我们看到经济学家运用相关的研究成果来分析适用于经济史的各种规律,接下来我们很自然地转到政治活动领域,看看政治领域是否同样存在行之有效的规律。 我们将选取政治领域中的军事行动,来看看现代西方世界地区性国家的对抗和战争。 西方的现代史开始于 15 世纪末外阿尔卑斯欧洲国家体制的意大利化,这样,我们就掌握了 4 个多世纪的历史来佐证我们当前的研究。

按照麦考莱(Macaulay)的乐观估计, "每一个学童都知道", 英国(或者说英格兰)人民倚仗相对安全的岛屿要塞,在前后恰好相隔一百年的四个关键时刻,分别击退或协助打败了一个欧洲大陆强国,这个强国企图或是扬言要建立一个西方基督教世界的大一统国家,用传统的术语来说,至少是要 "打破势力均衡"。 第一个重大关头,进犯者是西班牙:1588 年西班牙无敌舰队覆灭;第二次是路易十四的法国:1704 年布伦海姆之战;第三次是大革命和拿破仑时代的法国:1815 年滑铁卢之战;第四次是威廉二世的德国:1918 年停战纪念日,之后在希特勒的统治下再度发动大战:1944 年诺曼底登陆。 这四场 "大战"确定无疑地构成一个循环模式,站在一个超然的角度来看,它们表现出不同寻常的间隔规律,战争强度一次比一次强,交战区域一次比一次大。 第一场战争的交战方均为大西洋国家:西班牙、法国、荷兰、英国。 第二场战争有中欧国家参战,如果把俄国—瑞典战争视为 "西班牙王位继承战争"的一部分,那么就连俄国也卷入战争。 第三场战争(拿破仑战争),俄国成为一个主要的交战国,如果把 "1812 年战争"视为拿破仑战争的一部分,那么美国也卷入战争。 在第四场战争中,美国作为一个主要交战国参战,这样一个事实表明了这场战争的总体特征,它的两个回合分别被称作第一次世界大战和第二次世界大战。

这四场战争的目的是为了阻止建立现代西方大一统国家,相邻两场战争之间有大约一百年的间歇期。 进一步考察两场战争之间的三个百年间歇期,我们发现,每一个间歇期都爆发一场到数场战争,我们可以称之为中间期战争或局部战争,每一个间歇期内争夺的霸权并非整个西欧的霸权,而是西欧的中枢地带德意志的霸权。 这些战争的主战场在中欧,英国并没有难以自拔地深陷其中,有几次战争英国完全没有介入,因此未必"每一个学童(当然是英国学童)都知道"这些战争。 第一次中间期战争是三十年战争(1618—1648 年),第二次中间期战争包括普鲁士腓特烈大帝所发动的大部分战争(1740—1763 年),第三次中间期战争主要是俾斯麦的战争,虽然也包括其他多场战争,起止时间应该是 1848—1871 年。

最后,我们可以断言,这出战争的四幕剧有一个序曲,其开端不是西班牙腓力二世的战争,而是两代之前哈布斯堡王室与瓦卢瓦王室的"意大利战争"。 法国国王查理八世徒劳、不祥地入侵意大利,引发意大利战争,教育当局往往把战争爆发的 1494 年作为一条泾渭分明的界线,以此划区中世纪晚期与现代早期。 就在两年之前,基督徒征服了穆斯林在西班牙的最后一块残余领地,哥伦布首次在西印度群岛登陆。

我们可以把上述历史编制成一份表格。 看一看亚历山大之后的希腊史以及孔子之后的中国史[1],分析各自战争与和平的周期,我们得出的历史"模式"与我们在这里所描述的西方现代史进程的模式在结构和时间间隔上异常相似。

现当代西方战争与和平的周期

阶 段	序 曲 1494—1568 年	第一规则周期 1568—1672 年	第二规则周期 1672—1792 年	第三规则周期 1792—1914 年	第四规则周期 1914—
1. 预兆性战争(序幕)	—	—	1667—1668①	—	1911—1912②
2. 大战	1494—1525③	1568—1609④	1672—1713⑤	1792—1815⑥	1914—1945⑩
3. 间歇期	1525—1536	1609—1618	1713—1733	1815—1848	—
4. 局部战争(尾声)	1536—1559⑦	1618—1648	1733—1763⑧	1848—1871⑨	—
5. 全面和平	1559—1568	1648—1672	1763—1792	1871—1914	

① 路易十四进攻西属荷兰。

② 1911—1912 年土意战争,1912—1913 年土耳其—巴尔干战争。

③ 1494—1503 年,1510—1516 年及 1521—1525 年。

④ 1568—1609 年在西班牙哈布斯堡王朝领地,1562—1598 年在法国。

⑤ 1672—1678 年,1688—1697 年及 1702—1713 年。

⑥ 1792—1802 年,1803—1814 年及 1815 年。

⑦ 1536—1538 年,1542—1544 年(1544—1546 年及 1549—1550 年英法战争)(1546—1552 年神圣罗马帝国新教王公的施马加登同盟(Schmalkald)与查理五世的战争),1552—1559 年。

⑧ 1733—1735 年,1740—1748 年及 1756—1763 年。

⑨ 1848—1849 年,1853—1856 年,1859 年(1861—1865 年美国南北战争,1862—1867 年法国占领墨西哥),1864 年,1866 年及 1870—1871 年。

⑩ 1939—1945 年重新爆发的大战,其先兆乃是一连串的预兆性战争:1931 年日本进攻中国满洲,1935—1936 年意大利—阿比西尼亚战争,1936—1939 年西班牙战争,1936 年 3 月 7 日德国不祥地出兵莱茵区,这次不流血的行动日后付出了 1939—1945 年浩劫的惨痛代价。

4. 文明的解体

只要回顾一下现代西方社会的战争周期模式，我们就会强烈意识到这样一个事实，即这种周期模式完全不同于轮子在真空中周而复始的旋转。战争周期并非像真空中旋转的轮子那样每转动一周都回到原点，而是沿着一条路线通往一个明显凶多吉少的方向。一方面，我们目前掌握了四个实例，若干国家联合抗击一个异常强大、专横跋扈的邻国，最终使之认识到自身的傲慢招致了毁灭。另一方面，战争周期模式无法揭示，但凭借最起码的历史知识就不难发现的一点是，在这四场大战中，每一场战争都比前一场战争的范围更广，进程更暴虐，造成的物质和道义损害更大。在希腊和中国等其他文明的历史上，这样的战争最终的结局总是棋局中相互厮杀的棋子相继覆灭，只留下硕果仅存的一个幸存者，随即建立起一个大一统国家。

这种周期性的自我清理(self-amortization)正是地区性国家生存竞争的主导趋势，我们在研究文明的解体时就注意到这一点。两个明显密切相关的规律进程存在这种相似性，并不出人意料。通过研究导致文明解体的衰落现象，我们发现，导致文明衰落的常见事件、征兆乃至原因多半是构成文明社会的地区性国家之间爆发异常惨烈的战争。一个大一统帝国取代群雄争霸的各国，接踵而至的往往不是一劳永逸地终止暴力，而是内战、社会骚乱等新形式的暴力。这样，文明解体的势头只是暂时得到延缓，解体进程仍在延续。

我们还注意到，如同地区性国家的战争一样，文明解体的进程表现为一系列有节奏的波动。通过分析大量的例证，我们可以断定，解体的主导趋势与抗拒解体的趋向长期对峙，表现出一种周期性的混乱—复原规律(Rout-and-Rally)。在一个文明从衰落到最后消亡的历史进程中，混乱—复原规律往往呈现出一连串三拍半的节奏，动乱—复原—恶化—复原—恶化—复原—恶化。在最初的动乱的打击下，衰弱不堪的社会陷入"乱世"，之后出现第一次复原，情势有所缓和，马上又是第二次更为猛烈的急剧恶化，形势急转直下。之后是持续时间比较长的第二次复原，标志是大一统国家的建立。接下来，文明又相继经历一次恶化和一次康复，而最后一次康复就成为文明彻底灭亡之前的回光返照。

我们将会看到，从直到最近的实际情况来看，社会解体的过程要比势力均衡更清晰、更规律，只要研究一下我们编制的大一统国家一览表就可以看出，倘若时局的发展进程没有因为外来社会的冲击而中断，那么文明从最初的衰落到大一统国家的建立，动乱、复原、恶化直到更为有力的复原，这种周期性变化往往持续400年左右的时间。之后从大一统国家建立到最终灭亡的阶段，再度恶化、最后的复原、最后的恶化的周期性变化，同样持续400年左右的时间。大一统国家有如百足之虫，死而不僵。以罗马帝国为例，公元378年阿德里安堡惨败(恰逢奥古斯都建立罗马帝国400周年)之后，落后的西部行省随即土崩瓦解，但直到公元565年查士丁尼去世之后，中部和东部行省并没有步西部行省的后尘。同样，汉帝国在公元184年遭受第二次打击，随即分裂为三国，但在最后灭亡之前尚能在统一的晋帝国(公元280—317年)体制中暂时复原。

5. 文明的成长

接下来，我们把目光从文明社会的解体转向文明社会的成长，我们曾在本书前面部分提出这样一个观点：如同文明的解体一样，文明的成长呈现出一种规律的周期性趋势。文明成长的动力来源于挑战激起成功的应战，应战又反过来引发新的挑战。我们尚未发现有什么内在原因能够阻止这种挑战—应战过程无限延续下去，即使历史事实表明，自文明诞生到写作本书时为止，大多数文明之所以未能持续成长，是因为这些文明在许多重大关头未能连续应战，这种应战不仅要有效回应所应对的挑战，还要能够激发出大量需要做出不同应对的新挑战。

来看一看希腊文明史的例子，我们发现，无政府野蛮状态带来的第一次挑战激发起有效的应战，希腊建立了一种新的政治制度：城邦。我们还注意到，这次成功的应战引发了第二次挑战，这次新挑战来自经济领域，即日益增强的人口压力。第二次挑战激起一系列不同的应战，不同的应战方式所取得的成效也不尽相同。斯巴达采取一种灾难性的应战方式，武力吞并希腊邻邦的粮食产地。科林斯和哈尔基斯(Chalcis)的应战方式是建立海外殖民地，夺取地中海盆地西部落后民族的土地，为希腊人开辟新的可耕地，这种方式的成效只能维持一段时间。 只有雅典做出了持续有效的应战，在遇到竞争对手腓尼基人和伊特鲁里亚人的抵抗，停止领土扩张的步伐之后，雅典通过经济变革，以经济作物种植和工业生产来取代粮食种植，以出口产品来换取粮食和原料，从而提高了扩大的希腊世界的总生产力水平。

正如我们所看到的，希腊文明对经济挑战的成功应战进一步引发了新的政治挑战，经济上相互依存的希腊世界需要建立一种普遍保障法律和秩序的政治制度。 地方性的城邦体制有助于希腊人在彼此孤立的小块平原上发展自给自足的农业经济，在希腊社会的经济结构业已融为一个整体之际，城邦体制的政治结构就无法适应希腊社会的需要了。 希腊文明未能及时应对第三次挑战，最终一个偶然事件提前终止了希腊文明的成长。

从西方文明的成长历程中，我们也能够看到连续不断的一系列挑战激起成功的应战，而且西方文明的挑战与应战超越了希腊文明，西方文明不仅成功地应对了第一次和第二次挑战，还成功地战胜了第三次挑战。

像希腊文明一样，西方文明面对的第一次挑战同样是来自过渡时期的无政府野蛮状态，但西方文明采取不同应战方式，建立起希尔德布兰德教皇体制的普世教会制度。 这次应战引起第二次挑战，成长中的西方基督教世界实现了教会统一，觉得有必要建立具备高效政治经济体制的地区性国家。 西方文明对于这一挑战的应战便是希腊城邦制度在意大利和佛兰德的复兴。 不过，这种解决办法固然完全适用于某些地区，却不适合幅员广大的封建君主国家。 意大利和佛兰德通过复兴城邦制度，创立了有效的地区性政治经济组织，这种解决办法能否推广到全国性范围，从而适用于意大利和佛兰德之外的西方世界呢？

我们知道，英国解决了上述问题，先是在政治上提高外阿尔卑斯中世纪议会制度的效率，随后在经济领域进行工业革命。 不过，西方工业革命造成了与希腊历史上雅典经济变革类似的后果，相互依存的世界经济取代了自给自足的区域经济。 这样，西方文明成功应对第三次挑战之后面临的新挑战，与希腊文明成功应对第二次挑战之后的新挑战如出一辙。 在写作本书的 20 世纪中叶，西方人尚未成功应对新的政治挑战，但是已经敏锐地意识到这个挑战的威胁。

我们对希腊文明和西方文明成长的浮光掠影的考察足以表明，就社会成长赖以启动的一连串环环相扣的挑战—应战环节的数量而言，西方文明史与希腊文明史并不一致，前者比后者经历过更多的挑战与应战。只要我们研究一下其他史料完备的文明的历史，就不难证实这个结论。因此，我们似乎可以得出目前的研究结论：就文明成长的历史而言，"自然规律"的作用并不明显，而在文明解体的历史中，自然规律起到显著的作用。我们将在下一章中证明，自然规律的这种不同作用绝非偶然，而是文明成长过程和解体过程的本质区别的必然结果。

6. "天命难违" *

我们在研究"自然规律"在文明史上的作用时发现，这些规律表现出来的循环节律往往是强度不等的两股趋势相互制衡的结果。最后总是占优势的趋势压倒不屈不挠的对立趋势为自我维护而采取的多次抵制行动。斗争决定模式。较弱的一方执意不肯承认失败，两股对立的趋势在一系列连续周期中反复发生冲突；强势的一方迟早会终止这一连串的周期，确立自身的支配地位。

有鉴于此，我们可以看到，地区性国家的生存斗争最终总是以打破平衡而告终，期间经历三到四个战争周期，交战双方要么致力于打破、要么竭力维持势力均衡。我们还可以看到，衰弱的社会走向解体的趋势与竭力恢复元气的相反趋势相抗争，最终总是以社会的崩溃而告终。我们在探讨"自然规律"对西方工业社会经济事务的作用时看到，研究商业周期的专家们推测，这些反复性的趋势如同水面上泛起的涟漪波纹，水流不停向前流动，最终将消除涟漪的规律性波动。在相同的背景下，我们不妨回想一下我们的研究结论：正在解体的文明与境外桀骜不驯的蛮族集团的战争一旦从运动战转变为大一统国家边境线上的相持战，那么双方在边境线上僵持的时间越长，就越不利于防守者，越有利于蛮族进攻者，直到最后一刻，堤坝突然溃决，蛮族的洪流席卷一切，原有社会结构随即土崩瓦解。

---

* 这一标题出自英国诗人、戏剧家詹姆斯·雪利的诗《埃阿斯与奥德赛》：我们的血统与权位的光辉，都是幻影，不实在之物/天命难违，死神无情并不放过君王/王杖与皇冠，难免落地/与卑微的农家镰斧一样/不分贵贱，同归尘土。——译者注

这些例证证实了一个更笼统的结论，即人类历史的周期趋势类似于车轮的自然旋转，车轮周而复始的循环转动总是会发展成一种新的周期更长的运动。 对比之下，我们可以看出这种新的运动乃是不断地朝着某个方向前进，车子最终抵达目的地，车轮的连续循环运动也随之终止。 不过，我们不能毫无根据地把一种趋势压倒另一种趋势说成是"自然规律"的必然结果。 我们凭借经验观察看到的事实未必是残酷无情的命运使然。 斯宾格勒秉持武断的、缺乏史实根据的宿命论，完全没有意识到举证的责任应该由宿命论者而非不可知论者来承担。

然而，为不偏不倚地审视依然悬而未决的历史规律与自由问题，我们在进一步展开论证之前，最好先来看看其他的一些事例，在这些事例中，一种趋势彻底压制对立趋势接二连三的反扑。 在斯宾格勒看来，一种趋势扑灭敌对势力的反扑是出于"命运"之手的操纵，姑且不论这种老一套的教条是否正确，斯宾格勒从来不去证明自己的见解。 我们先来看一看希腊凭借强大的军事实力统治西南亚地区所形成的格局。

长久以来，希腊一直拥有西南亚的统治权，直到公元 7 世纪才被阿拉伯穆斯林军事集团颠覆，到那时为止，希腊在这一地区的统治维持了将近一千年。 在托罗斯山脉以南，希腊文明始终是一种外来的异域文化，希腊文明的影响从屈指可数的希腊或希腊化前哨城市潜移默化地传播到本土文化根深蒂固的叙利亚和埃及农村。 醉心于希腊化的塞琉古国王安条克四世(神灵显赫的)(Antiochus Epiphanes，公元前 175—前 163 年在位)着手将耶路撒冷改造成安提阿那样的希腊化城市，这就考验希腊文明是否具备赢得大批皈依者的能力。 希腊文明在这次文化之争中彻底失败，预示着作为一种外来文化的希腊文明在这一地区的最终消亡。 只是由于罗马人从日趋衰弱的塞琉古王朝和托勒密王朝手中夺取了对这一地区的控制权，希腊文明才得以在这一地区继续苟延残喘了数个世纪。

希腊始终用武力强制推行和维持对叙利亚和埃及社会的统治，被征服的叙利亚和埃及社会屡屡以武力反抗希腊的统治，却屡屡失败。 在接下来的一个历史时期，东方行省的居民于公元 3 世纪时纷纷皈依基督教，恰好为希腊文明做了安条克四世想做而没有做到的事情，因为天主教会不仅吸引了这些行省中土生土长的农民，还征服了城市里的希腊文化"霸权"。　基督教打着希腊文化的幌子成功地征服一个又一个地区，似乎造成这样一个结果：东方民族在接受基督教的同时，也在无意中接纳了一种之前以纯粹的本来面目出现、遭到他们异常强烈的抵制的文化。　当然，我们的这个判断未见得百分之百正确。　东方民族一旦接受希腊化的基督教，就开始着手消除这种宗教中的希腊因素，相继接受各种异教，聂斯脱利教成为他们最先认可的一种异教。　于是，东方民族以神学论战这样一种军事之外的方式重新开始抵制希腊文明的运动，东方民族偶然找到一种文化竞争的新方法，最终赢得了这场斗争的胜利。

　　这场针对希腊文明的文化攻势持续了数个世纪，表现出我们所熟悉的周期循环模式。　聂斯脱利派的浪潮波澜起伏，之后是基督一性论派的浪潮，最后是所向披靡的穆斯林浪潮。　可以说，穆斯林之所以大获全胜，根本原因在于重新采取赤裸裸的军事征服手段。　毫无疑问，没有人会把穆斯林阿拉伯军事集团视为托尔斯泰和甘地的非暴力不抵抗主义的先驱。　公元 637 到 640 年间，穆斯林阿拉伯军事集团"征服"叙利亚、巴勒斯坦和埃及，这种征服与 1860 年加里波第的征服如出一辙，当时，加里波第率领 1 000 名红衫志愿者带着两门没有弹药、纯属虚张声势的小炮"征服"西西里和那不勒斯。　两西西里王国之所以被这位"意大利"(Italia Una)的军事传教士所征服，乃是因为它希望如此。　罗马帝国东方行省的居民对于阿拉伯军事集团的看法，与西西里人对于加里波第的看法并非毫无相似之处。

　　我们从上述事例不难发现，异教持续不断地抵制不受欢迎的宗教归一，其中第三次抵制取得了成功。　看看 12 世纪以来的法国史，我们可以看到不同背景下呈现出来的相同模式。　自 12 世纪以来，法国的罗马天主教会始终孜孜以求地致力于法国的教会统一，使法国成为一个对抗宗教分离倾向的天主教国家。　天主教会的努力只取得暂时的成功，每次宗教分离运动遭到镇压之后，都会改头换面以新的形式再度兴起。12 世纪，法国南部兴起纯洁派运动(Catharism)，反天主教运动初现端倪，13 世纪，纯洁派遭到就地镇压，16 世纪，反天主教运动又在同一个地区以加尔文宗的形式重新出现。　加尔文宗被禁之后，冉森派(Jansenism)随即起而代之。　冉森派再度被禁，自然神论、唯理论、不可知论和无神论又继之而起。

我们曾经在前文中指出，一神论的犹太教注定会陷入不断复兴的多神教的重重围剿。我们还注意到，犹太教关于超凡的"唯一真神"观念同样注定会一再遭到"上帝道成肉身"观念的围攻。一神教压制巴尔(Baal)崇拜和阿什脱雷思(Ashtoreth)崇拜，只不过造成了这样一个结局：忌邪的耶和华所禁止的各种敌对神祇，纷纷装扮成上帝的"圣书"、"圣经"和"福音"的化身，偷偷摸摸地混入犹太教正统教会，随后又在基督教正统的三位一体教义和圣体圣血崇拜、圣母崇拜、圣徒崇拜中扎下根来。面对多神教的步步进逼，伊斯兰教倾注全力重新确立起一神论，新教也在很大程度上再度确认了一神论。人类情不自禁地渴望信奉众多的神祇，这种渴望折射出对于宇宙自然力量多元性的认识，也限制了伊斯兰教和新教这两个纯洁教会运动所能取得的进展。

第二节　对于历史上流行的"自然规律"的合理解释

随着研究的不断深入，我们发现人类历史呈现出重复性和一致性规律，如果我们的这一发现属实，似乎有两种可能的解释。这种重复与一致要么是人类所处的自然环境的规律从外部影响人类历史进程所致，要么是人性本身的心理结构和运作机制的固有规律使然。我们先来看看前一种情况。

举例来说，昼夜的循环显然影响着普通人的日常生活，对此我们无须多费笔墨。人类的文明程度越高，就越是能够随心所欲地"颠倒昼夜"。人类还曾经受制于另一种天文周期，即一年一度的四季更替。封斋期是基督徒禁食的一段时期，姑且不论这种禁食的习俗是否有助于促进人们内心向善，其现实的源头乃是，在基督教诞生之前的漫长时代，人类在冬末春初总是面临食物短缺。但是，西方和西方化社会再一次摆脱了自然规律的束缚。在技术规格统一的当今世界，可以借助冷藏技术和快速运输打破季节的限制，随时向世界各地供应新鲜的肉类、蔬菜、水果和鲜花。

人们熟悉的四季循环大概还不是唯一影响地球植物生长的天文周期，只要人类还依赖农业为生，就会间接受到这一周期的束缚。现代气象学家发现了气候长期演变的周期性。通过考察游牧民族从"沙漠"地区侵入"耕作"地区，我们找到间接的证据证明气候演变的周期为600年，每个周期又分为若干交替出现的干旱期和湿润期。到目前为止，这种气候演变周期假说似乎不像其他同类型的周期假说那样证据充分，其他一些周期假说似乎影响了以现代方式进行人工耕作的农作物的产量波动，其周期波长只有两位数乃至一位数的年份。有人认为，气候—收成的农业周期与某些经济学家构想的产业经济周期有着某种对应关系。但是，近来主流的专家意见持相反的观点。在这个研究领域，人们早已不再赞同一位维多利亚时代先驱斯坦利·杰文斯(Stanley Jevons)提出的一种出色的假说，即贸易周期可能受到太阳黑子活动引起的太阳辐射变化的影响。杰文斯晚年认为："就其本质而言，[贸易]周期性衰退实际上属于心理范畴，取决于失望、希望、兴奋、沮丧和恐慌等心理变量。"[2]

1929年，剑桥经济学家庇古(A.C. Pigou)提出，与50或100年前相比，农业收成的丰歉作为影响工业领域波动的一个因素，其重要性已大大下降。庇古之后12年，哈伯勒(G. Haberler)表达了相同的观点。我们不妨引述几段，以期反映当今正统经济学家的看法。

> 繁荣的盛衰……绝非外在的"干扰因素"(disturbing causes)所致，而是由于工商界自身的规律过程。

> (繁荣波动)的奥妙之处，就在于无法用种种"外在"因素来解释，如气候条件导致的歉收、疾病、总罢工、雇主停工、地震、国际贸易渠道的突然阻塞以及诸如此类的因素。农作物歉收、战争、地震以及生产过程所受的类似外界干扰，使产量、实际收入或就业水平大幅下降，但很少会影响到整个经济组织，肯定不会造成商业周期理论意义上的萧条。所谓理论意义上的萧条，我们指的是产量、实际收入和就业水平长期和显著的下降，这种情况只能用源自经济体系自身的各

种因素的作用来解释,首先只能用货币需求不足以及成本与售价的盈余不足等因素来解释。

鉴于种种原因,在解释商业周期时应当尽可能缩小外在干扰因素的影响……就商业周期而言,商业体制的反应明显比外在的冲击更为重要。其次,历史经验似乎表明,即使在没有显著的外来影响可能导致商业周期的地方,经济仍表现出明显的周期趋势。这表明我们的经济体制具有一种内在的不稳定性,表现出这种或那种趋势。[3]

我们不应忽视另外一种全然不同的自然周期,即人类出生、成长、生育、衰老和死亡的世代循环。本书作者于1932年在纽约州特罗伊城午餐会上的一次谈话生动说明了这种世代循环周期在特定历史领域的重要性。当时,本书作者询问身边的当地公共教育部门负责人对诸多公务中的哪项工作最感兴趣。那位负责人马上回答说:"为祖父母们办英语学习班。"英国客人不假思索地问道:"在一个英语国家,怎么会有人做了祖父母还不会英语呢?"负责人回答说:"要知道,特罗伊城是美国亚麻衣领制造业的主要中心,在1921和1924年的移民限制法实施之前,当地劳动力大多是外来移民及其家属。移民来自各个主要移民输出国,他们习惯于尽可能延续过去的生活,只想生活在自己的同胞中间。同一民族的移民往往在同一家工厂做工,住在同一个街区,成为门挨门的近邻。这样,他们退休后,大多数人的英语水平不比刚刚踏上美国海岸时高多少。他们在美国生活期间无需会多少英语,因为随时可以使用家中培养的译员。他们到美国时,子女都很小,可以进公立学校上学,然后再进厂工作。这些接受美国教育的孩子是在外国,比方说意大利,度过童年的,这样一来,他们掌握了两种语言。他们在工厂、街道和商店里说英语,在父母家里说意大利语,非常自如地轮流使用两种语言。他们能够熟稔地说两种语言,大大方便了年迈的双亲。实际上,这反而使得他们的父母在退休后甚至连从前在工厂做工时偶然学会的一点点英语都忘掉了。不过,事情还没有就此结束。随着时间的推移,退休移民的子女结婚生子,对于第三代移民来说,英语既是学校的语言,又是家庭的语言。这些孩子的父母是在美国接受的教育，父母双方往往有一方不是意大利人，英语成为父母亲交流的共同语言。 这样，懂两种语言的父母在美国生育的子女不会说祖父母的母语意大利语，不仅如此，他们根本用不着说意大利语。 他们一心想摆脱和忘记自己的非美国血统，又怎么会不辞辛苦地去学习一种表明他们非美国血统的外语呢？ 所以，祖父母发现无法用自己唯一熟稔的语言来同孙儿交谈，晚年的他们突然面对无法与自己的后代交流的可怕情况。 对于家族意识浓厚的意大利人以及其他非英语国家的欧洲大陆移民来说，这种状况实在难以忍受。 他们有生以来第一次有动力去学习他们入籍的这个国家的语言，之前他们对这种语言一直毫无兴趣。 去年他们想到向我求助。 我当然乐于专门为他们办英语班。 众所周知，年龄越大，学外语越难，但是我可以向你保证，这些为祖父母开办的英语班肯定会成为我们这个部门的各项工作中最成功和最有益的。"

这个特罗伊城的故事表明，祖孙三代经过接连两次停顿，分阶段完成了无法在一代人实现的社会转型。 我们无法从一代人的角度来分析和描述一个意大利家庭转型为美国家庭的过程。 为完成这个转型过程，祖孙三代势必相互作用。 当我们从国籍变更转到宗教和阶级转型，我们同样会发现，可以理解的社会单位是家庭而不是个人。

现代英国阶级意识浓厚，本书作者在 1952 年看来，这个特征正在迅速消失，工人阶级或下层中产阶级家庭通常要经历三代人才有望跻身"名门世家"。 在宗教领域也要经过同样长的时间才能完成转变。 在罗马世界消灭异教的历史上，由异教皈依基督教的罗马皇帝君士坦丁一世(Constantine I)之后隔了一代人的时间，才是不容异说、虔诚的基督教皇帝狄奥多西一世(Theodosius I)。 在 17 世纪法国镇压新教的历史上，不容异说、虔诚的天主教裔国王路易十四与他的祖父、前加尔文宗教徒亨利四世之间也隔了一代人。 在 19、20 世纪之交的法国，正式抛弃宗教的中产阶级不可知论者或无神论者又重新皈依天主教，因为此时天主教会具有一种新的价值，作为一种传统的制度，它可以抵御社会主义以及其他扬言要消除资产阶级与工人阶级经济不平等的新兴意识形态。 要经过同样长的时间，这些人的孙辈后代中才能培养出真正虔诚的天主教徒。在倭马亚哈里发统治下的叙利亚世界，基督教或琐罗亚斯德教教徒适应原始穆斯林阿拉伯统治阶级、皈依伊斯兰教，同样要经过三代人的时间，他们的孙辈后代中才能培养出真正虔诚的穆斯林。代表征服者权势的倭马亚政权也经历三代人时间才告衰微，最初的伊斯兰教皈依者的孙辈穆斯林后代登上历史舞台。愤世嫉俗的皈依者的真正虔敬的穆斯林孙辈后代打着伊斯兰教宗教真谛的旗号，与冷淡的穆斯林阿拉伯征服者的冷淡的穆斯林孙辈后代一决高下，结果，主张穆斯林人人平等的阿拔斯王朝推翻了代表阿拉伯人权势的倭马亚王朝。

如果连续三代人的世代绵延是宗教、阶级和国籍三个领域社会转型的固定心理转型周期，那么连续四个世代在国际政治领域中起到相同的作用，也就不足为奇了。我们看到，在不同文明碰撞的领域，知识分子阶层从形成到起而反抗自己的创造者，从三四个实例来看，期间的时间间隔大约平均是 137 年。如果我们假定，就战争对人类心灵的冲击而言，全面战争带来的痛苦远远超出比较温和的局部战争，我们就很容易理解，连续四代的世代绵延同样限定了战争与和平周期的波长。然而，倘若我们用这种观点来审视现代西欧的战争与和平周期，就会碰到一个障碍，我们发现，有一场"局部"战争，即"三十年战争"，虽然其交战地域主要在中欧，但是与前后数次"大战"相比，这场战争在较小的地域范围内造成了更大的破坏。

我们应当解释那些虽不精确，但显然属于真正的规律性和重复性的现象，战争与和平的周期循环既不是最新出现的、也不是最长的周期。这些历时百年左右的周期不过是一连串循环周期中的一个环节，这一连串循环周期构成了文明衰落之后出现的所谓"乱世"。看一看希腊史和中国史，我们就可以知道，"乱世"的延续将导致大一统国家的形成，其过程也表现出我们所指出的节律。大体上说，整个过程从开始到结束大约有 800 到 1 000 年。在这个问题上，之前能够很好地说明人类事务规律性的心理学诠释是否依然适用呢？倘若我们认为表面的理性和意志就是人类心灵的全部，势必会做出否定的回答。

在本书作者这一代人的西方世界，西方心理学尚处于初级阶段。

然而，这门科学的先驱者进行了深入的探索，C·G·荣格提出，个体人格有意识的理性和意志其实是深层无意识的表面，无意识领域并非混沌不清，而是有着各种层次分明的精神活动。最接近意识表层的是个体无意识，即个人生活中形成的个体经验。心理学家探索的最深层无意识是并非任何个人所独有、而是所有人共有的种群无意识(Racial Subconscious)。种群无意识中隐藏着反映出人类共同经验的"原型"(Primordial Images)，这些共同经验即使不是来自人类始祖完全进化成人之前的阶段，也是来自人类的幼年时代。按照这种学说，我们或许可以不无道理地推测，西方科学家成功辨识的无意识的上下两层之间可能还有一个中间层，它既不是种群经验、也不是个人经验，而是个人与种群经验之间的集体经验。无意识可能还包括一个家族、一个共同体或一个社会共有的经验层面。如果在全人类共有的"原型"之上确实有着反映某个特定社会独特民族精神的社会形象，这些社会形象在人类心灵上留下的痕迹或许可以解释某些社会进程需要多长时间方能发挥效应。

举例来说，地区性主权国家的偶像就是这样一种社会形象，它往往会对一个成长中文明的后裔的无意识精神生活产生显著的影响。不难想象，当地区性主权国家开始冷酷地强迫信徒献身，正如迦太基人为巴尔哈蒙(Baal Hammon)或孟加拉人为讫里什那神(Juggernaut)献身，召唤恶魔者沦为恶魔的牺牲品，要使他们有足够惨痛的教训，消除并抛弃这种害人不浅的偶像崇拜，很可能不是需要一代人或连续三代人的时间，而是至少需要400年的时间。我们不妨设想，他们与"乱世"已表明其衰落和解体的整个文明决裂，衷心接纳高级宗教代表的其他同类或异类社会，大概不止需要400年，而是要800到1 000年时间。究其原因，对于无意识心灵而言，文明的形象可能比任何地区性国家更具魅力，而文明在最终成为大一统国家组成部分之前，往往在政治上表现为地区性国家。从同样的心理观察角度出发，我们也不难发现，大一统国家一经确立，即便日后像它取而代之的地区性国家一样丧失了功能和力量，几乎成为沉重不堪的负担，往往仍然能够在数代人乃至数个世纪的时间里继续控制原有臣民乃至现实破坏者的心理。

典型的成年人感受到外在的、直接由社会地位决定的焦虑,他们的未成年后代感受到内在的、自发的焦虑,二者的联系无疑是一种更具普遍意义的重要现象。只有比今天更好地用世代绵延的长远眼光观察和思考历史,我们才能比现在更好地理解绵延不绝的世代更迭对于个人心理发展和历史变迁进程的影响。[4]

如果说文明史上常见的社会规律确实反映出支配着个人经验之下的某种无意识心灵层面的心理规律,就说明了这些社会规律何以如我们指出的那样,在一个衰落文明的解体阶段比之前的成长阶段表现得更加突出、更加明确。

文明的成长阶段和解体阶段都可以分解成一连串的挑战与应战,然而我们发现,无论是计算相继出现的挑战之间的间歇期,还是计算连续的有效应战之间的间歇期,都无法判定引发社会成长的连续挑战与应战所共有的标准波长。我们发现,在文明的成长阶段,会相继出现各式各样不同的挑战和应战。反之,我们还可以看到,贯穿文明解体阶段始终的一个特征是同样的挑战反复出现,原因当是解体中的社会始终未能成功地应战。我们还看到,我们收集的所有实例中,社会解体总是以相同的次序走过相同的阶段,每一个阶段经历大致相等的时间。因此,从总体上看,每一个文明的解体阶段都呈现出相同的进程和持续时间。实际上,文明社会一旦步入衰落,一致性趋势就会日益凸显,取代成长阶段特有的多样化和分化趋势,迟早将压倒内部的抗拒和外部的干涉。

例如,我们已经指出,由于希腊文明的闯入,叙利亚和印度大一统国家先后过早地夭折。但是,虽然受到外来社会的侵扰,这些遭到重创、陷入困境的社会在按部就班地走完一个衰落社会的阶段性解体过程,即重新开始中断的阶段,维持一个重新统一的大一统国家直至寿终正寝之前,是不会、也不可能消亡的。

社会解体的规律性和一致性与社会成长的不规则性和多样性形成十分鲜明的对照,我们在本书中常常把两种现象的反差视为客观的历史事实,至今没有作出解释。本章主题涉及人类事务的规律与自由的关系,因此我们必须尽力解决这个问题。要解决这个问题,关键在于人类心灵的意识层面与这一表层之下精神生活的无意识层面具有不同的性质。

意识的独特力量在于选择的自由。考虑到相对自由乃是文明成长阶段的特征之一，我们只能认为，只要人类在这样的环境下自由决定自身的未来，就会抗拒"自然规律"的控制，从这个意义上说，人类的发展方向不论是看起来还是实际上都是无法预测的。然而，倘若自由即意味着对抗"自然规律"，那么自由的主宰地位危在旦夕，因为它必须满足两个苛刻的前提条件。首先，有意识的人必须用意志和理性控制无意识的心灵世界。其次，有意识的人还必须设法与其他有意识的人"和睦同居"(dwell together in unity)，*在"理性的人"(Homo Sapiens)的人类生活中必须与其他有意识的人格友好相处，而"理性的人"首先是社会动物，然后才是人，首先是有性生物，然后才是社会动物。实际上，自由的这两个必要条件缺一不可；如果说"盗贼一内讧，好人就自在"的谚语反映了实情，那么同样可以肯定的是，人与人一旦发生争执，无意识心灵就失控。

意识的使命本来是使人类精神摆脱支配心灵深处无意识领域的"自然规律"，而意识往往会滥用作为其存在理由的自由，把自由当作人与人之间自相残杀的手段，从而造成自身的毁灭。这种悲剧性畸变的根源在于人类心灵的结构和活动，而不是波舒哀提出的一种亵渎神灵的假说，即万能而忌邪的上帝进行特殊的干预，使得人类的意志相互排斥、相互制衡，最终变得软弱不堪。

第三节　历史上的自然规律是不可动摇的还是可以驾驭的？

如果上述考察使我们认识到，自然规律支配人类事务，而且支配人类事务的自然规律至少在某种程度上是可以解释的，我们就可以继续探讨人类历史上的自然规律究竟是不可动摇的，还是可以驾驭的。我们

---

　　*　语出《旧约·诗篇》第133篇《大卫上行之诗》。——译者注

依然采取以前的步骤，在审视人性规律之前先对非人类的自然规律加以分析，我们发现，就非人类的自然规律而言，我们实际上已经在前一章解答了这个问题。

简而言之，人类虽然无力变更任何非人类的自然规律，也不可能延缓自然规律的作用，却能够顺应自然规律，利用能够满足人类需要的自然规律，从而改变自然规律的影响。 这正是前文中引用过的那位诗人的下述诗句的含义。

> 科学家发现新事物，
> 我们比过去更幸福。

保险费率的降低表明西方人成功改变了非人类的自然规律对于人类事务的影响。 海图日益精确，加上船舶配置了无线电和雷达，船舶失事的风险大大降低；南加利福尼亚的烟熏罐和康涅狄格河谷的丝网缓解了霜冻对农作物的危害；嫁接、喷药以及用杀虫剂浸泡等方法减少了农作物、树木和牲畜的病虫害。 人类也是如此，通过种种手段，疾病对人的影响减小，人的平均寿命延长。

若是转入人性规律领域，我们可以看到同样的报道，只是叙述的口吻变得更为委婉含蓄。 随着教育和修养的提升，发生意外的风险降低。 人们发现，盗窃的发案率与窃贼所处的社会环境成反比，通过社会改良措施可以降低犯罪率。

考察西方经济活动的盛衰交替，即所谓的商业周期，我们发现，专业研究者区分了可控因素和不可控因素，有一派学者甚至认为商业周期是银行家蓄意操纵所致。 不过，大多数人认为，银行家的理性行为根本敌不过心灵无意识深处不受控制的幻想和情绪。 这个领域的某些最高权威心里想的似乎不是"追逐银行"(Cherchez la banque)，而是他们更为精通的"追逐女人"(Cherchez la femme)。

> 与赚钱相比，花钱是一种落后的艺术，原因之一就在于家庭始终
> 是花钱的主要社会组织单位，而从赚钱的角度来看，家庭基本上被组

织更为严密的单位取代。家庭主妇承担了世上大部分购物活动，她们并不是因为效率高才被挑选出来当家的，也不会因为效率低而被辞退，即便她们很能干，也不大可能对其他家庭产生影响……不难理解，世人若是掌握了什么消费艺术，那与其说是出于消费者的主动，不如说是出于急欲为自己的产品打开市场的生产者的主动。[5]

上述观点表明，只要消费依然以家庭为单位，生产依然是以自由竞争的个人、公司或国家为单位，它们相互冲突的意志使无意识精神力量得以在经济领域发挥作用，商业活动的波动就依然是无法控制的。同时，在当今的西方化世界，全球范围的经济合作日益密切，似乎没有理由不在世界各地仿效传说中希伯来族长约瑟未雨绸缪的办法。在埃及世界的喜克索斯王朝末年，约瑟被任命为宰相，负责管理经济，他在丰年时把富余的粮食贮藏起来以备荒年。我们也没有任何理由认为，美国或俄国历史上的某个约瑟式的人物不会在有朝一日把整个人类的经济生活置于中央控制之下，姑且不论这种中央控制是好是坏，其实际效力势必超出摩西或马克思的追随者最大胆的想象。

从历时数年的商业周期转入波长约为 25 到 30 年的世代周期，我们就不难发现，印刷、影印和其他技术的发明以及教育的普及，从物质上和精神上减少了文化遗产的流失。

到目前为止，我们的分析似乎得出了鼓舞人心的结论。一旦我们继续分析波长更长的社会进程，如延续 8 到 10 个世纪的文明从衰落到解体的"悲苦轮回"，就会面临一个问题，在第二次世界大战后的一代人时间里，这个问题在西方世界引起越来越广泛的关注。这个问题就是：文明一旦衰落，是否注定会步入歧途直至最终灭亡呢？难道说真的没有退路了吗？本书作者同时代的西方人之所以对人类文明史的宏观研究感兴趣，大概是出于一个最强烈的现实动机，他们认为自己的文明正处一个历史转折点，渴望认清自身的历史地位。在这个关键时刻，西方人，尤其是美国人，意识到自身肩负的责任。他们期望以过去的经验作为指导，只能求助于人类曾经自由运用的智慧。要做到以史为鉴，他们必然首先面对一个先决问题：以史为鉴就肯定能具备真正的自由选择能力吗？ 归根结底，历史的教训并非证明一种选择胜过另一种选择，而是表明自由选择的观念乃是一种错觉。 即使以往曾经有过可以有效行使选择权的时代，如今这种时代也一去不返了。 他们这代人走出了费希尔(H.A.L. Fisher)所说的一连串事情接踵而至的阶段，进入欧玛尔·海亚姆(Omar Khayyám)描述的阶段。

> 字成指动，指成字动；
> 任你如何至诚，如何机智，
> 难叫它收回成命消去半行；
> 任你眼泪流完，也难洗掉一字。

若要运用迄今为止的文明史证据来回答这个问题，我们就不得不指出，从 14 个文明衰落的显著例证来看，要消除自相残杀的战争这一弊端，只能是以一个国家消灭其他所有交战国的激烈手段，除此之外别无他法。 接受这个可怕的结论，并不意味着我们有理由丧失信心。 众所周知，归纳推理方法在证明否定命题时是有缺陷的，可归纳的例证越少，结论的可靠程度越低。 14 个文明在短短 6 000 年间的经验并不足以得出确凿的结论，进而否认存在这样一种可能性：作为一种比较新的社会形态，文明社会的其他代表有朝一日能够回应这些先驱文明未能成功回应的战争挑战，以某种方式消除人类自相残杀的社会弊端，而不是采取代价高昂的强行建立大一统国家的办法来消除战争，从而通过一条崭新的途径实现前所未有的精神进步。

如果我们带着上述可能性再次回首那些走完从衰落到最终毁灭的"苦痛之途"(via dolorosa)的文明的历史，我们就会发现，至少有一些文明曾经找到消除战争的新途径，虽然它们全都未能如愿以偿。

例如，在希腊世界，面对始于公元前 431—前 404 年间雅典—伯罗奔尼撒战争的"乱世"的精神压力，一些杰出的希腊人无疑领悟到一种和谐观(Homonoia)，即和谐能为武力所不能为。 在当代西方世界，1914—1918 年大战后的国际联盟以及 1939—1945 年大战后的联合国也体现出相同的理想。 在中华世界，在中国社会衰落后的第一次复原期，孔子热忱致力于复兴传统的礼乐制度，老子信奉清静无为，主张为无意识力量的自发作用留下自由的空间，两人都渴望触及人的内心深处，认为发自内心的精神和谐可以迸发出救世的力量，而且人们不断试图通过各种切实可行的制度实现他们的理想。

人类的政治目标就是要在势不两立的两个极端之间找到一条中间道路，既摒弃地区性国家之间可悲的杀伐争斗，也不要通过致命一击所强加的可悲和平。传说中的阿尔戈英雄经受重重考验，成功穿越曾经碾碎所有试图穿越船只的撞岩(Symplegades)，进入到人类从未涉足的广阔海洋。但是，单靠一部联邦宪法的蓝图作为护身符，显然并不能保证取得这种成功。即便是最为老练地操纵社会政治结构，也无法替代人的精神救赎，因为国家间的战争以及阶级冲突无非是精神弊病的直接征兆。长久以来的大量经验表明，即使建立起各种制度，那些刚愎执拗的人仍然会让自己和别人吃苦头。人类的文明进程犹如艰难地攀登陡峭的悬崖，向着人迹未至、云雾缭绕的顶峰进发，人类的前途显然取决于恢复已经丧失的攀登能力。同样，人类是否能够恢复这种能力，显然取决于是否能够处理好各种人类关系，不仅是人与人、人与自我的关系，更重要的是人与救世主上帝的关系。

注 释：

[1] 有关论述请读者参阅《历史研究》原著第九卷。

[2] Jevons, W. Stanley, *Investigations in Currency and Finance*, 2nd ed. (London 1909, Macmillan), p.184.

[3] Haberler, G., *Prosperity and Depression*(Geneva 1941, League of Nations), p.10.

[4] Elias, N., *Uben Prozess de Zivilisation*, vol. ii: Wandlungen der Gesellschaft: Entwarf zu einer Theorie der Zivilisation(Basel 1939, Haus Zum Falken), p.451.

[5] Mitchell, W. C., *Business Cycles: the Problem and its Setting*(New York 1927, National Bureau of Economic Research, Inc.), pp.165—166.

第三十七章

人性对于自然规律的抗拒

我们收集的这些证据表明，人类有能力支配自身事务，不论是规避自然规律，还是利用自然规律。 这就提出了一个问题：在某些情况下，人类事务是否有可能完全违背自然规律？ 我们从社会变迁的速度着手探讨这种可能性。 如果社会的发展速度起伏不定，那就表明人类事务至少在时间维度上抗拒自然规律。

如果确实能够证明历史的脉动在任何情况下都恒定不变，也就是说每一个十年或百年都发生了确定和同等的心理和社会变迁，我们必定会得出这样的结论：只要掌握了心理—社会的量值或是时间间隔的长短，我们就能够计算出其他领域相应未知量的量值。 一位杰出的埃及史学者至少就提出过这种假说。 他拒绝使用天文学确定的年代编年，因为在他看来，接受这种年代编年无异于承认一个无法接受的命题，即埃及世界的社会变迁在某个 200 年间必定比之前的 200 年快得多。 不过，大量常见的例证表明，这位卓越的埃及学家嘲笑的命题实际上属于起码的历史常识。

举例来说，我们知道雅典的帕特农神庙建于公元前 5 世纪，哈德良的奥林匹亚门(Olympieum)建于公元 2 世纪，君士坦丁堡的圣索菲亚大教堂建于公元 6 世纪。 若是按照这位埃及学家的原则，前两座风格大体一致的建筑的时间间隔应该比风格迥然不同的后两座建筑的时间间隔短得多。 这些建筑物无可置疑的建造年代表明，两座风格迥异的建筑的时间间隔更短一些。

如果我们依据同一个先验原则来推测西罗马帝国末期罗马士兵、神圣罗马帝国皇帝奥托一世的撒克逊士兵以及贝叶挂毯中描绘的诺曼骑士的装备之间的时间间隔，同样会误入歧途。 奥托的士兵配备圆盾和角斗士式的羽毛饰方框头盔，它们只是晚期罗马皇帝马约里安(Majorian，公元 457—461 年在位)时代士兵装备的变体，"征服者威廉"的士兵配备萨尔马提亚人的圆锥形头盔、带有鳞状甲片的铠甲和鸢形盾。 我们若是依据变革速度恒定的假说来推测奥托一世(公元 936—973 年在位)与征服者威廉(1035—1087 年统治诺曼底)之间的时间间隔，必定会认为它比马约里安与奥托之间的时间间隔长得多，从而再次与事实背道而驰。

此外，只要大致比较一下 1700 年和 1950 年西方男子的标准常服，任何人都能看出，1950 年的上衣、马甲、裤子和雨伞只不过是 1700 年的上衣、马甲、马裤和佩刀的变体，但两者与 1600 年的紧身衣和大脚短裤截然不同。 与前两个例子相反，在这个例子中，较早、较短的一个时期的变化远远超出较晚、较长的一个时期。 这些例证提醒我们注意以变化速度恒定不变的假说来判定时间间隔的危险，按照这种假说，倘若某处人类活动遗址缺乏文字记载的编年史料，只能依靠考古学家发掘出来的有形证物才能重现遗址的历史，就必定会把层层相叠的遗址地层的时间间隔等同于人类活动的时间间隔。

我们初步批评了那种认为文化匀速变化的假说，接下来不妨再举几个例子，首先是激变的例子，然后是迟滞的例子，最后是变化时快时慢的例子。

革命是一种常见的激变形式。 我们在本书前面部分看到，革命是两个共同体彼此碰撞导致的社会运动，一方恰好在某个人类活动领域超过另一方。 例如，1789 年法国革命的初始阶段乃是想要赶超邻邦英国在之前两个世纪缓慢实现的宪政进步的狂热运动。 实际上，某些欧洲大陆历史学家把 19 世纪的西方"自由主义"称为崇英狂热，这种思潮在欧洲大陆不断引发革命，其中大多数失败了。

还有一种十分常见的激变现象，即一个文明社会边界的边疆居民或文明社会边界线外的蛮族突然奋起追赶先进的邻居。本书作者清楚地记得 1910 年访问斯德哥尔摩的北欧民俗博物馆(Nordiska Museet)的印象。本书作者相继参观了斯堪的纳维亚旧石器、新石器、铜器以及基督之前的铁器时代文物，之后吃惊地发现一间展室陈列着意大利文艺复兴风格的斯堪的纳维亚工艺品。他奇怪怎么没有看到中世纪时期的文物，便顺着原路返回寻找，果然找到一间中世纪展室，里面的展品寥寥无几。他这才开始意识到，斯堪的纳维亚迅即走出铁器时代晚期，开始创造自己的独特文明，从而进入到现代早期阶段，融入已经定型的意大利化的西方基督教文化。本书作者在斯堪的纳维亚博物馆见证的文化贫乏至少部分反映了这种激变所付出的代价。

与 15 世纪的斯堪的纳维亚如出一辙，在本书作者所处的时代，正在迅速西方化的整个非西方世界也经历了激变的过程。非洲的情形已是众所周知，非洲各民族试图用一两代人的时间，实现他们既仿效又抵制的西欧民族花一千多年时间才实现的政治、社会和文化进步。非洲究竟在多大程度上实现了名副其实的激变，对此非洲各民族往往估计过高，而西方旁观者往往估计过低。

如果说革命是激变的生动表现，迟滞则表明落伍者拒绝与社会主体步调一致。这方面的一个例子是，英帝国治下的西印度群岛废除奴隶制整整一代人之后，美国南方各州依然顽固地坚持奴隶制。殖民者为我们提供了其他的例证，他们移居新的国家，依然保持着离开时故国通行的各种规范，而留在故国的亲戚早已向前发展，抛弃了这些规范。这是个耳熟能详的例子，只要比较一下 20 世纪的魁北克、阿巴拉契亚高地、德兰士瓦与同时代的法国、阿尔斯特、荷兰，就足以说明问题。读者诸君应当还记得，我们已在前文中列举了许多激变和迟滞的实例。例如，我们所说的希律主义显然近似于激变，奋锐主义近似于迟滞。同样，变化有好有坏，激变未必就是好事，迟滞也未必就是坏事。

从现代西方造船和航海技术的发展史，我们可以看到时快时慢的持续变革过程，这种持续变革不止两个阶段，而是至少包含三个阶段，甚至持续四个阶段。造船和航海技术的持续变革始于一次突如其来的激变，这次激变在1440到1490年的50年间彻底革新了造船和航海技术。这次技术上的突飞猛进之后，整个16、17和18世纪是一个发展迟滞阶段。经过长期的止步不前之后，1840—1890年的50年间，造船和航海技术又经历了一次激变。在1952年，下一阶段的走向尚在未知，因为造船和航海技术的变革至今仍在继续。从一个外行的角度来看，进行中的变革虽然将取得显著的技术进步，恐怕难以取得维多利亚时代半个世纪里取得的革命性成就。

> 15世纪……造船工艺发生迅速而巨大的变革……在50年的时间里，远洋帆船从单桅帆船发展为有五六张帆的三桅帆船。[1]

这场技术革命的创造者从此不仅能够抵达地球的每一个角落，而且压倒了他们所遇到的任何非西方海员。新式帆船具有一个特殊的优点，它能够长时间航行而不需进港，在这一点上不仅胜过之前的各种船舶，也大大优于之后出现的各类船舶。在其鼎盛时期，三桅船被誉为出类拔萃的船舶，它巧妙地融合了不同的造船和帆装传统，每一种传统各有独到的长处，也因此各有缺陷。1440—1490年间西方人发明的三桅船不仅吸收了古老的地中海大型划船(又名"长船")的优点，还兼具至少三种截然不同的帆船的长处，即同时代的地中海宽身横帆帆船(又名"圆船")、公元前56年恺撒占领日后被称为布列塔尼的半岛时注意到的大型大西洋帆船，以及印度洋三角帆"轻快帆船"，根据流传下来的图像资料，这种帆船的前身是埃及女王哈特谢普苏特(Hatshepsut，公元前1486—前1468年在位)统治时期远征东非蓬特(Punt)地区＊的埃及海上远征队乘坐的船只。15世纪末，就已经出现兼具这四种船舶长处的新设计，当时最好的船舶与纳尔逊时代的船舶相差无几。

此后，经过三个半世纪的迟滞，西方造船技术面临另一次突如其来的激变。这一次，飞速涌现的创新沿着两条平行的路线发展。一方面是蒸汽机取代船帆，与此同时，经过长期沉寂之后，帆船制造技术取得

＊ 即现代的厄立特里亚、索马里和也门红海两岸地区。——译者注

长足的进步，老式帆船不断改良，发展成从前无法想象的完美新式帆船，在创造力迸发的 1840 到 1890 年间，帆船在与汽船的竞争中仍然能够在某些用途上立于不败之地。

我们原本以为完全服从自然规律的社会应当体现为一种匀速运动，而这些激变和迟滞现象显然是与之背道而驰的。本书前面部分详尽分析和阐明的"挑战与应战"公式就是我们对这些激变和迟滞现象的解释。我们来看看上述最后一个例子，即西方造船航海史上的两次重大激变以及其间的长期迟滞。

1440 到 1490 年的半个世纪里激发现代西方建造新型船舶的挑战是一个政治挑战。中世纪末期，西方基督教世界意识到，不但向东南突入伊斯兰教地区的尝试(即"十字军远征")归于失败，而且还面临土耳其人沿多瑙河和地中海沿岸反攻的严重威胁。西方基督教社会恰巧居于欧亚大陆一个半岛的尖端，这个事实加剧了西方的险恶处境。这个风雨飘摇的社会要想避免灾难，就必须冲破重围进入更广阔的空间，否则迟早会被旧世界心脏地带更为强大的力量挤到海里去。不然的话，伊斯兰世界将使西方世界遭受许多世纪之前西方带给夭折的"凯尔特边陲"(Celtic Fringe)远西基督教世界的命运。十字军远征期间，拉丁基督教徒怀着夺回基督教信仰发源地的渴望，从地中海踏上征途，凭借传统的地中海船只横渡地中海。他们最终功败垂成。随后伊斯兰世界步步紧逼，落败的西方世界陷入进退两难的境地。西方选择挺进海洋，发明新型船舶，其结果超出葡萄牙王子、航海家亨利最乐观的追随者最大胆的梦想。

15 世纪西方造船者回应伊斯兰世界的挑战取得了辉煌成就，导致日后西方造船业长期停滞不前。这个领域的第二次激变是出于一个迥然有别的原因，即 18 世纪末开始波及西欧部分地区的新经济革命。这场革命有两个显著的特点，一是人口骤然加速增长，二是商业和制造业开始取代农业的优势地位。我们在此无需讨论复杂而熟悉的 19 世纪西方工业扩张以及人口的同步增长，这种扩张和增长不仅使西方"旧世界"西欧各国人口有不同程度的增长，而且开始迅速充实西方海外开拓者获得的广袤的新土地。显然，倘若造船者没有像 400 年前那样热忱有效地回应挑战，远洋运输肯定会成为阻碍扩张的瓶颈。

我们的例证属于人类生活的物质领域，一个特定的行业从技术上相继回应两次挑战，第一次是政治军事挑战，第二次是社会经济挑战。挑战与应战原理是放之四海而皆准的，不论这种挑战是饿肚子的人渴望面包，还是灵魂饥渴的人渴求上帝。无论什么样的挑战，都意味着上帝为人类提供了选择自由。

注 释：

[1] Bassett-Lowke, J.W. and Holland, G., *Ships and Men*(London 1946， Harrap), p.46.

第三十八章

上帝的律法

本书这一部旨在深入探讨历史规律与自由的关系。 如果现在重新回过头去看看我们提出的问题，就会发现我们已经有了答案。 自由与规律是一种什么样的关系？ 我们的例证表明，人类并非只受制于一种规律，而是受两种规律的制约，其中之一就是"上帝的律法"(Law of God)，即有着更富启发性的名称的"自由"本身。

圣雅各(Saint James)在福音书中把上帝的律法称为"完备的自由之律法"*，它也是爱的律法，因为人类的自由只能是来自上帝的赐予。 人类若要用这份神赐来自由选择生与善、摒弃死和恶，就必须向上帝献出虔诚之爱，在这种爱的感召下委身于上帝，把上帝的意志当作自己的意志。

> 我们有自己的意志,却不知究竟;
> 我们有自己的意志,让它也成为你们的意志。[1]

"就其本质而言，历史就是自由人聆听和响应的一种召唤、一种使命、一种天意，简言之，就是上帝与人的交融。"[2] 人的自由就是作为

---

* 《雅各书》第 1 章第 25 节。 ——译者注

884

爱之化身的上帝的律法，从这个意义上说，历史规律即意味着自由。这个结论并未彻底解决我们的问题，因为我们解答了原先的问题，又面对一个新的问题。 我们发现自由与两种规律中的一种完全一致，这样就提出了两种规律的相互关系问题。 初步的答案似乎是，爱的律法与人性的潜意识规律显然都支配着人类事务，二者不仅有差异，而且相互抵触乃至无法共存。 原因在于，上帝召唤人类自由地追随他，人类却受到心灵潜意识规律的支配。 我们越是深入地比较这两种"规律"，两者的精神鸿沟似乎就越大。 倘若我们用爱的律法来评判自然规律，用爱的眼光来审视造物主创造的一切，那是十分错误的。

> 唉，看哪，天地万物纷扰不已：
> 这里有种种让人心碎的念头，可一切都是徒劳。[3]

人们目睹宇宙中的种种道德邪恶，不免会得出一个结论，这个恐怖蔓延的宇宙不可能是出自上帝之手。 伊壁鸠鲁学派认为，宇宙不过是不灭的原子偶然聚合带来的偶然结果。 另一方面，基督教徒意识到自己不得不面对另外一个让人极度惶恐不安的抉择：要么承认作为爱的化身的上帝确实创造了一个明显景况不佳的宇宙，否则宇宙必定是出自另一个上帝之手，而这个上帝绝非爱的化身。

公元 2 世纪初的异教徒马西昂(Marcion)和 19 世纪初的诗人布莱克都选择了后一种观点。 他们认为创造天地的是一个既不仁慈也不可爱的主宰，从而解开了这个道德之谜。 "救世主"(Saviour God)用爱来征服人心，"造物主"(Creator God)却只是颁行一套律法，无情地惩处触犯律法的行为。 这个阴郁的监工般的主宰——马西昂视之为摩西律法中的耶和华，布莱克则称之为"尤利壬"(Urizen)，又名"Nobodaddy"*——倘若在有限的范围内称职地履行职责，就已经够糟糕的了。 众所周知，

---

*　"尤利壬"是布莱克在长诗《四天神》独创的神话体系的一员。 布莱克把尤利壬想象为创世者，但他对世界抱有悲观的态度，把人世看得很坏，因此也就把这个邪恶世界的创造者当成恶魔。 Nobodaddy 是布莱克自创的一个词，与 Allfather(上帝)相对。 ——译者注

要么是因为无能，要么是出于恶毒，他竟然未能做到这一点。 显然，世间的罪孽与世间的苦难之间并不存在清晰的关系。

马西昂以有力的理由断定"创世"必定带来邪恶，却没有充分的根据否认善和爱亦与"创世"相关。 实际上，上帝的爱乃是人类自由的源泉，自由使得"创世"成为可能，从而为罪恶提供了可乘之机。 任何一个挑战，既可以视为上帝的召唤，也可以看作是魔鬼的诱惑。 马西昂不惜以否定上帝的唯一性来证明上帝的爱，这比伊里奈乌斯(Irenaeus)的做法更为离谱，后者为证明造物主就是救世主，不惜把人类精神无法调和的这两种上帝显圣方式视为一体。 此外，现代西方科学有力地证明了基督教经验宣示的一种逻辑和道德悖论的真实性。 圣徒和学者们竭力调和两种不可调和的上帝显圣方式，当今至少有一个西方心理学派宣称，在这些圣徒和学者的人生早期，这种痛苦就以心理挣扎的方式困扰着他们的潜意识心理。 正是通过这种心理挣扎，他们在早期婴儿阶段开始形成道德人格；在这个阶段，婴儿的母亲占据日后上帝在灵魂世界的地位。

> 早在出生后的第二年，婴儿开始分清自我与外部实体，母亲便成为外部世界的代表，把外部世界的冲击传达给孩子。在婴儿不断成熟的意识中，母亲有两个截然相反的形象。她是孩子爱的首要对象，也是满足、安全和安宁的源头。她又是"权威"的化身和权力的主要来源，这种权力神奇地左右着婴儿，专横地阻止这个新生命借以探索外部世界的某些本能。婴儿的本能一旦受挫，便会对从中作梗的权威产生愤怒、憎恨乃至破坏的欲望，即心理学家通常所称的"攻击性"。这个可憎的权威同时又是心爱的母亲。这样一来，婴儿就面对一种根本的冲突。两种不可调和的本能指向同一个对象，这个对象位于孩子的小天地的中心。[4]

因此，某种心理学理论认为，婴儿在早期阶段的潜意识中就已经有了成人意识中的道德冲突。 像成人一样，婴儿精神斗争的胜利必须付出精神上的代价。 "原始的爱使原始的恨背负上原始内疚的重担，从而战胜了原始的恨。"[5]这样一来，心理学认可了伊里奈乌斯针对马西昂提出的基督教观点："创世"的链条把爱与恨、正义与罪恶永恒地连接在一起。

若是没有母亲，强烈的爱就无法集中于一个人格对象。没有这样的爱，彼此不可调和的支配力就不会发生冲突，也就不会有内疚。没有这样的内疚，就不会产生现实的道德感。[6]

注　释：

[1]　Tennyon, *In Memoriam*, in the Invocation.

[2]　Lanepert, E., *The Apocalypse of History*(London 1948, Faber), p.45.

[3]　Housman, A. E., *A Shropshire Lad*, xlviii.

[4]　Huxley, J., *Evolutionary Ethics*, the Romanes Lecture, 1943, reprinted in Huxley, T. H. and J., *Evolution and Ethics*, 1893—1943(London 1947, Pilot Press), p. 107.

[5]　同上，第110页。

[6]　同前注。

第十二部　西方文明的前景

第三十九章

这种探究的必要性

　　本书作者在撰写当前这一部分时，颇有点厌烦目前的任务，这种感觉并不单纯是自然而然地想回避推测性课题的风险。很显然，1950 年作出的预测，可能早在手稿付梓出版之前就已经被事实推翻。不过，倘若本书作者首先想的是如何避免成为他人的笑柄，也就根本不会动笔了。本书作者已将本书 11 个部分交由命运发落，在着手撰写第十二部时，又因为这样一种看法而振作起来：目前来看，西方文明的前景至少要好于本书作者初次为这一部做笔记的 1929 年头几个月。当时，即将来袭的大萧条及其包括第二次世界大战在内的种种后果，早在 1950 年之前就把 1929 年流行的幻觉一扫而空，这种幻觉认为当时的形势大体上与 1914 年之前相差无几。

　　如果说本书作者不喜欢当前的课题完全是因为不愿冒险作出预测，那么，1929 年之后颇具启发性的 20 年历史足以在相当程度上打消他的这种念头。然而，他不愿预测西方文明的前途，基本上不是因为这项任务十分棘手，而是不愿抛弃本书的一项基本指导原则。他担心作出这种预测就意味着不再坚持一种非西方立场，在他看来，只有从这种立场出发才能真正看清 "文明社会" 的历史全貌，而西方文明只不过是这类社会的一个代表。他认为这种非西方立场是正确的，照他的判断，他在过去 20 年间尝试从非西方视角审视历史画卷的结果证实了这种观点的正确性。

本书作者从事这项研究，一个动因就在于反感现代晚期西方把西方社会的历史等同于整个人类历史的流俗。在他看来，这种流俗源于一种歪曲事实和自我中心的错觉，这种错觉不仅蒙蔽了西方文明的后代，也蒙蔽了其他所有已知文明和原始社会的后代。[1]要摆脱这种自我中心的假说，最好首先接受一个相反的假说，即任何一种社会类型的所有代表在哲学上是等价的。本书作者就秉持这样一种观点，而本书前六部似乎证明这种信念是完全有理有据的。在第七部中，本书作者以文明的衰落和解体在宗教史上的作用为尺度，证明不同文明的价值有高下之分。考察的结果并未重新提升西方文明的地位。相反，他的结论是：若把历史的主线看成是不断为尘世的人类灵魂开辟更多的精神出路，那么，从这种观察角度来看，叙利亚文明、印度文明、希腊文明和中华文明等第二代文明才是影响最为深远和重要的文明。

本书作者秉持上述立场，进一步坚定了自己原先的想法，不愿把西方文明单列出来专门论述。然而，本书作者在 1950 年依然采用最初于 1927—1929 年草拟的大纲，乃是承认当时的三个事实至今仍有说服力。

第一个事实是，在 20 世纪第二个 25 年，西方文明是现存文明社会中唯一没有明确显露出解体征兆的。其他 7 种文明中，有 5 种文明已经度过大一统国家阶段，即东正教世界主体及其俄罗斯分支，远东文明主体及其朝鲜和日本分支，印度文明。伊朗和阿拉伯穆斯林文明历史上，也能找到有力证据证明这两个社会业已土崩瓦解。只有西方社会可能依然处于成长阶段。

第二个事实是，西方社会的扩张和西方文化的传播，已经把所有其他现存文明和原始社会卷入到波及全球的西方化浪潮之中。

第三个事实凸显出这种探究的必要性，这个惊人的事实是，人类历史上第一次出现这样的情形：人类的生死存亡系于一线。

> 山海阻隔，人类疯狂不致蔓延，
> 这样的时代一去不返：

尼禄百无聊赖地抚琴，

智慧却依然平静地统治着北京；

加尔文在日内瓦颂扬神的慈悲，

上帝愉悦的笑容却展露在佛陀的脸上。

我们彼此相连的世界如今变得很小，

一个希特勒足令所有人陷入疯狂。

无边的忧虑传遍整个世界，

怡保害怕的战争，也是伊普斯顿*害怕的战争。[2]

　　一旦爆发使用核武器和细菌武器的第三次世界大战，死神恐怕不会放过任何一个有人烟的偏僻角落。 直到不久以前，这些偏僻的角落还是山高路险，鲜有人迹，或是两者兼而有之，使得那些贫穷、孱弱和落后的居民有可能幸运地逃过"文明的"军国主义者的觊觎。 就在美国出台支持希腊和土耳其抵御俄国压力的杜鲁门主义(1947 年 3 月 12 日)之前三个星期，本书作者曾在普林斯顿的一次演讲中提出这样的设想：如果西方化世界听任第三次世界大战爆发，就将在现实生活中再现柏拉图的一个神话。 这位雅典哲学家设想，山地牧人每隔一段时间就会离开山寨，在毁于最近一次周期性灾难的旧文明遗址上建立新的文明。 在集体无意识心理的想象中，牧人象征着原始人尚未耗尽和变质的创造潜力。 上帝仍然保留着这些创造潜力，而大多数久经世故的人沉迷于诱惑之中不能自拔，这种诱惑曾经导致农夫该隐、他的儿子建城者以诺，以及他们的后代、铁匠土巴该隐(Tubal-Cain)堕落。 每当文明进程中的人类在尝试最新的、或许是最危险的事业时遭遇挫折，总是指望发掘仍处于原始状态的同胞保留下来的潜力，将他们逐出地球上的富饶地区，任由他们"披着绵羊山羊的皮各处奔跑，在旷野山岭漂流无定"。** 在过去，亚伯的这些相对清白的子孙对该隐的后代以德报怨，在该隐派罪恶被揭发出来之际，营救了这些凶手。 一位来自赫利孔山(Helicon)山麓

---

* 怡保(Ipoh)是马来西亚西部城市，伊普斯顿(Ipsden)是英国牛津郡城市。 ——译者注
** 《希伯来书》第 11 章第 37—38 节。 ——译者注

阿斯克拉(Ascra)的牧人，揭开了希腊历史悲剧的序幕，而来自阿拉伯沙漠边缘的内盖夫(Negeb)的牧人，守护着基督教的发源地伯利恒。 1947年，本书作者曾用柏拉图式的诙谐语言谈到，如果西方文明给"文明世界"带来重大灾难，那么，至今安然处于高原保护之下的西藏人，或者是至今舒适地安居在酷寒而无害的冰盖——那里的环境远没有"人对人是狼"(Homo homini lupus)的人类环境险恶——的爱斯基摩人，就会着手重建过去五六千年的文化事业。 此时离那次演讲已有三年半时间，本书作者正在同一个大学城的和平环境中写作，历史事件的进程使得这些尝试性的设想未能成为现实。 本书作者在 1950 年 12 月写下这些文字之际，有报道说……从前幸运地除大自然之外既无敌人、也无朋友的爱斯基摩人，意识到自己不仅处于伏尔加河盆地和密西西比河盆地之间跨越北极的轰炸航线上，还处在从俄国亚洲部分的东北角穿越白令海峡大浮冰入侵阿拉斯加的侵略路线上，前者一度是原始居民偏僻的栖息地，后者只是被一个类似于波兰走廊的加拿大与美国本土隔开。

这样，如今已无远弗届的西方社会掌握着全人类的命运，西方自身的命运又系于两个人的指尖，一个在莫斯科，一个在华盛顿，他们只要按一下电钮，就可以发射原子弹。

正是基于这些事实，本书作者在 1950 年仍不得不勉强认可 1929 年时不情愿地得出的结论：展望西方文明的前景乃是 20 世纪历史研究不可或缺的一部分。

注 释：

　[1] 1935 年，节录本编者在乞力马扎罗山下小住期间，曾听乞力马扎罗山南麓的查加人(Chagga)讲述他们所理解的第一次世界大战的起因。 1889 年，德国人汉斯·迈耶博士成为第一个登上乞力马扎罗山的人。 当他登上顶峰时，遇到了山神。 这种前所未有的殷勤使得山神十分高兴，便把整个查加族的土地交给这位可敬的登山家及其同胞。 但是，山神定下一个条件，即登山者的同胞必须每年(或是每隔 5 年)登山朝觐山神。 开头一切都很顺利。 德国人占领了德属东非。 勤勉的德国登山队每隔一定时间便登山一次。 1914年，德国人极为不幸地未能前去朝觐。 山神极为愤怒，便收回了他的礼物，转交给德国人的敌人，后者对德国人宣战，并把他们赶出了这一地区。 像其他战争一样，世界的东非心脏地带发生的这场英德战争，在相对次要的偏远地区带来了某些次要的战事。
　查加人关于第一次世界大战的解释，与其他多种解释一样令人耳目一新，实际上它比某些解释更为合理，因为它认识到宗教在历史上的重要作用。
　[2] Skinner, Martyn：Letters to Malaya，Ⅰ and Ⅱ (London 1941, Putnam)，pp. 34—35.

第四十章

先验的答案难以服人

在 1955 年来看，西方文明还能延续多久呢？ 考虑到"大自然的慷慨"（prodigality of Nature），历史学家的第一个念头多半是不大看好西方文明的前景。 说到底，西方文明不过是 21 个同类文明中的一个。 倘若我们期望这第 21 个文明不再重蹈其他各个衰败文明的覆辙，是不是有点不够理智呢？ 在地球生命的进化史上，每一次来之不易的成功背后都经历过一连串的失败。 有鉴于此，文明仍处于早期历史阶段，第三代文明的任何一个代表未必能够开辟一条崭新的生存和成长之路，也不大可能发生突变，孕育出一种新型的社会。

然而，上述推论并非基于人类的经验，而是来自人类诞生之前的"生物"经验。 当大自然界启动低等生物的进化时，可能会制造出数以百万计的物种，以期能够侥幸培育出新颖出众的品种。 对于慷慨的大自然来说，花鸟虫鱼等生物的进化不可能以少得可怜的 20 个物种为基础。 然而，若是以为一个与动植物全然不同的"物种"，文明进程中的人类社会，也必定遵循动植物进化的必然法则，那就大错特错了。事实上，所谓"大自然的慷慨"在此根本不成其为理由。 我们之所以提及这个论点，只是为了加以驳斥。

在进一步分析文明本身的证据之前，我们应当先来看一看对于西方文明前途问题的另外两个感情用事的先验答案。这两种情绪化的回答截然对立,而生于 1889 年的本书作者亲身经历了西方开始从一种情绪转到另一种情绪。

对 19 世纪末英国中产阶级流行观点的最佳表述,莫过于两位教员的一部戏作《1066 年以及其他》中的一句话,他们套用一个学生在试卷上表达的历史观:

> 如今历史已经终结;因此这是最后一部历史。

这种"世纪末"的英国中产阶级观点,在现代西方最近一次战争交战方德国人和美国人的后代当中也很流行。与当时的英国人一样,从 1792—1815 年大战中获益的人,并未想到西方现代史的终结不过是意味着现代晚期诸多灾难的开端。他们认为,在突如其来地开始的永恒"现在",明智、安全、满意的现代生活方式奇迹般地扎下根来。例如,历时 60 年的维多利亚时代弥漫着一种永恒感,但是,只要稍加留意纪念维多利亚女王登基 60 周年的影片《女王御宇 60 年》,我们就能发现,从技术到服饰,社会生活的每一个层面都发生了巨大的变迁。

在那时,英国中产阶级保守党人认为盛世已经来临,英国中产阶级自由党人认为盛世即将到来。他们当然清楚,英国工人阶级从中产阶级的繁荣中获得的好处少得可怜,绝大多数英国殖民地和属地的英国臣民连自治权也没有,这种权利是英国本土和极少数英王领地臣民的特权。这些不平等现象被漠视,自由党人认为它们是可以克服的,保守党人认为它们是在所难免的。在同一时期,美国北方的公民也很清楚,南方的公民并未分享北方的经济繁荣。同样,德意志帝国的臣民深知,他们从法国攫取的"帝国领土"(Reichsland)的居民事实上仍是法国人,法兰西民族必定不甘心领土被侵占。法国人始终念念不忘"复仇",像石勒苏益格、波兰、马其顿和爱尔兰的被征服人民一样,阿尔萨斯—洛林的被征服人民渴望获得最终的彻底解放。这些民族不会赞同"历史终结"的信念。他们坚信滚滚向前的时代潮流迟早会摧毁他们不堪忍受的种种既定体制,然而,当时蒸蒸日上的列强的代表头脑迟钝，对此没有清醒的认识。我们可以有把握地说，在 1897 年，即便是最乐观的民族主义或社会主义革命的预言家也想象不到，短短 25 年之内，民族自决的浪潮就加速了哈布斯堡王朝、霍亨索伦王朝、罗曼诺夫王朝以及大不列颠与爱尔兰联合王国的崩溃，社会民主的浪潮从西方世界少数几个先进工业化地区的城市工人阶级传播到墨西哥和中国的农民。甘地(生于 1869 年)和列宁(生于 1870 年)当时还籍籍无名。"共产主义"只不过意味着可怕、短暂而且显然落后于时代的插曲，被看成是"历史"死火山的最后一次喷发。1871 年巴黎下层社会爆发出来的野性并未被当作一个预兆，而是被视为一场惊人军事惨败带来的滞后反应，没有人担忧 25 年前被中产阶级第三共和国扑灭的大火有死灰复燃的可能。

这种自鸣得意的中产阶级乐观主义，在维多利亚女王登基 50 周年大庆时就已经不是什么新事物。早在一百年以前，吉本所说的美好时代和 1750 年杜尔哥(Turgot)在索邦发表的第二篇演说《基督教为人类带来的福祉》，就反映出这种乐观情绪。再上溯一百年，佩皮斯(Pepys)不经意间的评论依然流露出这种乐观论调。这位敏锐的日记作者注意到政治经济晴雨表的温度在上升：假如有人撰写一部"1649 年以及其他"，那么其中提及的圣巴托罗缪大屠杀和西班牙宗教裁判所都已成为过去。实际上，佩皮斯的时代恰好是我们划定的现代晚期(1675—1875 年)的开端，这个时代正是一个伟大的"信仰时代"，信仰进步，相信人类能够不断臻于完善。从佩皮斯上溯两代，我们可以看到这种信仰的更铿锵有力的预言者弗兰西斯·培根。

一种延续 300 年的信仰不会在一夜之间消失得无影无踪，1914 年显然给这种信仰以致命的打击，10 年之后，一位杰出的前辈历史学家和政府官员詹姆斯·黑德勒姆-莫利爵士(James Headlam-Morley，1863—1929 年)在一次演说中再次表达了这种信念：

> 我们在分析这种[西方]文化时，首先注意到一个重大事实，虽然整个西欧无疑有着共同的历史和文明，人民却没有任何正式的政治联合，国家也从未接受过一个共同政府的管辖。查理曼似乎一度有

望对整个地区行使权威。正如我们所知,这种希望破灭了。他创立一个新帝国的企图归于失败,日后的所有类似企图也全都落空了。日后的帝国,西班牙和法国的统治者,不断试图把整个西欧统一成一个大国或帝国。我们总是看到同样的一幕:人们在本土爱国主义和个人自由的感召下奋起抵抗,使所有征服者的努力付诸东流。因此,欧洲始终有着一个不变的特征,评论家称之为无政府状态。缺乏共同的统治即意味着竞争、斗争和战争,意味着[彼此针锋相对]争夺领土和霸权的各个敌对政府陷入长期的混乱。

许多人对这种状况极为反感。它无疑意味着消耗大量的精力,毁灭大量的财富,往往还造成大量的人员伤亡。因此,许多人乐于看到逐步建立起某种共同的政府,他们把欧洲历史与罗马帝国或当今美国的历史加以对比,看到了欧洲的缺陷。自但丁时代以来,许多人渴望建立作为"神的旨意"的真实反映和工具的有序政府。我们常常可以听到这样的说法:既然英国人、意大利人、波兰人、鲁塞尼亚人、德国人和斯堪的纳维亚人能够在美洲的土地上和平共处,为什么不能在自己的故乡也如此呢?

我今天不打算讨论未来的理想。我们关注的是过去,我们所要做的只是关注这样一个事实:这种无政府状态、这种冲突、这种对抗恰恰出现于欧洲大陆活力最为旺盛的时期。我们还应看到,地中海世界的活力,生命力、艺术精神、天才思想,逐渐地、稳步地走向衰退,而且一个共同政府建立之日,就是这种衰退开始之时。是否可以这么说:倾轧和混乱不仅消耗活力,实际上也是活力之源呢?[1]

在回响着可怕的末日号角声的英国,依然能够听到这种让人安心的吉本式论调,不禁让人有些奇怪。 然而,到 1924 年,一种全然相反的情绪在受伤的西方世界成为主流,这种情绪的表现是从不同角度诠释希腊文明衰亡的意义。

在詹姆斯·黑德勒姆-莫利发表上述演说之前 5 年,保尔·瓦莱里(Paul Valéry)就语调激昂地宣称,所有文明终将死亡。 斯宾格勒在同一时期也表述过相同的观点。 我们如今知道,"进步学说"乃是基于许多错误的前提。 承认这一点，难道就意味着我们必须接受一种"末日学说"吗？ 这样的推断未免过于简单化。 人们还会争辩说，不切实际的人一旦陷入绝境，就再无可能逃出生天。 瓦莱里的悲观主义和吉本的乐观主义其实都是把自己在有生之年碰巧能够肤浅地印证的情绪加以合理化。

注　释：

[1]　J.W. Headlam-Morley, "The Cultural Unity of West Europe", in *The New Past and Other Essays on the Development of Civilization*, edited by E. H. Carter (Oxford 1925, Blackwell), pp.88—89.

第四十一章

文明史的证据

第一节　有非西方先例的西方经验

我们在本书前面几个部分分析了相关历史事实，希望借此认识文明衰落的原因和文明解体的过程。我们在研究时发现，每一个文明的衰落都起因于自身的失败。一个衰落的社会被自身制造的偶像所禁锢，丧失了宝贵的选择自由。20世纪中叶，西方社会显然沉湎于诸多偶像崇拜之中，其中最显著的是对地区性国家的崇拜。当代西方生活的这一特征成为一个可怕的预兆，这有两方面的原因。首先，虽然并未公开承认，这种盲目崇拜实际上是西方化世界绝大多数人的真正宗教。其次，这种伪宗教曾经导致有史可稽的21个文明中的至少14个、甚至16个文明灭亡。

在所有的三代文明中，日益升级的自相残杀的战争成为导致文明灭亡的最根本原因。在第一代文明中，它肯定造成了苏美尔文明和安第斯文明的覆灭，米诺斯文明大概也是毁于战火。在第二代文明中，它毁灭了巴比伦文明、印度河文明、叙利亚文明、希腊文明、中华文明、墨西哥文明和尤卡坦文明。在第三代文明中，它摧毁了东正教世界主体及其俄罗斯分支的东正教文明、远东文明的日本分支、印度文明和伊朗文明。除了西方文明外，在其余5个文明中，我们怀疑赫梯文明同

900

样是毁于自相残杀的内战，之后又全速撞上僵化的埃及世界，最终在蛮族大迁徙的浪潮中彻底覆灭。 至于玛雅文明，迄今尚没有证据表明也发生过自相残杀的战争。 埃及文明和远东的中华文明似乎是毁于一种不同的偶像，即大一统政权以及日益臃肿的寄生官僚制度。 最后一个是阿拉伯社会，这个社会即便没有成为所有文明中唯一被异族入侵者毁灭的，那也是毁于非游牧世界的一种寄生性游牧制度——埃及马穆鲁克的支配地位。

此外，在当代西方历史上，一股恶势力进一步放大了地区性主权国家偶像化的破坏效应。 普世教会已不再有约束力。 以民族主义姿态出现的民主主义带来巨大的冲击，在很多情况下还伴随着某种新奇的意识形态，使战争变得更为残酷，而工业制度和技术的发展为交战双方提供了越来越具毁灭性的武器。

我们显然可以把 18 世纪开始影响西方世界的工业革命，与公元前 6 世纪希腊世界的经济革命相提并论。 通过这两场革命，原本依靠自给农业为生、多多少少彼此隔绝的社会，开始进行经济合作，意识到可以通过生产和交换专门产品来增加产量和收入。 这样，他们摆脱了自给自足的状态，即便他们想继续维持自给自足状态，也无法再走回头路了。 这两场革命都使社会形成了与原有政治体制格格不入的新兴经济体系。 我们曾多次提及希腊社会的这种政治体制与经济体系“脱节”的致命后果。

现代西方历史上出现过一个令人沮丧的征兆：曾给其他文明造成毁灭性影响的军国主义死灰复燃，先是在普鲁士，之后蔓延到整个德国。这种军国主义萌芽于普鲁士国王腓特烈·威廉一世和腓特烈大帝(1713—1786 年)统治时期，相对于整个西方现代史而言，这个时期的战争是最正规、破坏性最小的。 到西方现代史的最后阶段，纳粹德国掀起军国主义的浪潮，疯狂程度堪比提革拉-帕拉萨三世(Tiglath-Pileser Ⅲ，公元前 746—前 727 年)掀起的亚述狂潮。 纳粹战争机器造成的空前惨烈的破坏是否根除了整个西方化世界的军国主义意志，目前尚很难下结论。

除了这些不祥之兆外，也有一些有利的征兆。 西方文明废除了一种其邪恶不亚于战争的古代制度。 基督教理想的这一空前胜利肯定会鼓舞成功铲除奴隶制的社会致力于消灭同样古老的战争制度。 自有文明社会以来，战争和奴隶制就是文明的一对毒瘤。 消灭其中的一个，预示着有望战胜另一个。

此外，其他精神战场上的胜利，也激励了目前仍然饱受战争创伤的西方社会。 工业制度对私有财产制度带来冲击，西方社会回应这一挑战，许多国家在毫无节制的经济个人主义与国家对经济活动的集权控制之间开辟出一条道路。 西方社会还在应对民主主义给教育带来的冲击方面取得一定的成功。 自文明诞生以来，知识的宝库始终被极少数人把持和利用，现代西方使之向所有人敞开大门，现代西方民主精神给人类带来新的希望，同时也带来新的危险。 危险在于，随着初等教育的普及，广告商、通讯社、压力集团、政党和极权政府老练而肆无忌惮地抓住这一机会展开宣传活动。 希望在于，这些剥削者不大可能完全"操纵"受过一些教育的大众，这些受害者将继续接受教育，直到不再被人利用。

但是，决定性的精神战役不会发生在军事领域，也不是社会经济领域或者思想领域，因为西方人在 1955 年面临的重大问题全都属于宗教问题。

犹太渊源的各种盲目自信的宗教有着不容异说的不光彩记录，这种不容异说暴露出其信仰的虚伪性，它们是否因此名声扫地了？ 17 世纪末，觉醒的西方世界缓慢地接受了宗教宽容，这种宽容有价值吗？ 西方人还能容忍多久没有宗教的生活呢？ 既然他们曾经因为精神空虚的苦恼而向民族主义、法西斯主义和共产主义的恶魔敞开大门，晚近形成的宽容信念又能经受住多久的考验呢？ 在一个冷漠的时代做到宽容并不难，因为各个西方基督教教派丧失了对西方人心灵和思想的控制，失落的西方人尚未找到其他虔诚信奉的对象。 既然他们追随其他的神祇，18 世纪的宽容还能够抵御 20 世纪的狂热吗？

西方人偏离祖先的唯一真神、在精神荒野中迷失了方向，他们凭借过去的经验醒悟过来，意识到地区性国家与囿于门户之见的教会毫无二致，把地区性国家作为偶像来崇拜不可能缔造和平，只会带来战争。

于是，他们可能倾向于把"共同人性"(Collective Humanity)作为替代性的偶像崇拜对象。 孔德实证主义的僵化模式未能如预期的那样广泛普及，一旦马克思为这种宗教披上共产主义的外衣，整个世界为之沸腾。早期基督教为拯救人类灵魂，与罗马女神(Dea Roma)崇拜和神权恺撒(Divus Caesar)崇拜所体现的希腊共同人性崇拜进行了殊死斗争并赢得胜利。 2000 年之后，面对以现代方式出现的利维坦崇拜，是否仍需再开展一场生死攸关的斗争呢？ 希腊的先例提出了问题，却没有给出答案。

从西方世界衰落的征兆转到解体的征兆，不妨回顾一下我们对"社会分裂"所作的分析，我们有确凿的证据表明现代西方世界明显分化成三个阶层：少数当权者、内部无产者和外部无产者。

我们无须过多讨论西方世界的外部无产者，因为蛮族一直在减少，他们倒不是被消灭，而是被纳入到占当今人口绝大部分的西方内部无产者行列之中。 实际上，这些被强行驯化的蛮族是 20 世纪西方社会庞大的内部无产者行列中最小的一个分支。 内部无产者中人数更多的是身陷全球性西方文明罗网的非西方文明的后代。 第三个部分是最为不幸、因而也是最为活跃的异议分子，他们是西方和非西方社会不同民族的背井离乡者，在不同程度上受到压迫。 他们当中有被强行运到大西洋彼岸的非洲黑奴的后裔，也有像非洲奴隶一样往往并非自愿移居海外的印度和中国契约劳工的后裔，其他一些人虽然没有移居海外，却已无家可归。 无产者化最显著的例子是美国"旧南方"居民和南非联邦的"穷白人"，他们的社会地位一落千丈，与那些成功的殖民者输入或土生土长的非洲奴隶相差无几。 除这些特别不幸的群体之外，不论乡村还是城市，只要哪里有大批民众意识到西方社会制度没有给他们带来他们本应享有的权利，哪里就会形成内部无产者。 我们在本书中始终是从心理层面来界定"无产者"，我们一直用它来指那些自认不再在精神上"属于"所处社会的人们。

从中世纪的农民战争到法国革命中的雅各宾主义，不论哪个时代和哪个地方，无产者都用暴力反抗少数当权者。 在 20 世纪中叶，这种反抗比以往任何时候都更为有力，其表现方式有两种。 若无产者的苦难主要是经济上的，反抗途径就是共产主义，若无产者的苦难是政治或种族上的，反抗方式就是以民族主义对抗殖民主义。

在 1955 年，俄国—中国共产党集团显然对西方文明构成了直接的威胁。与此同时，我们也应看到许多有利的因素，这些因素不那么引人注目，但未必不重要。

面临威胁的西方文明的第一个有利因素是，普世性共产主义用一种使徒保罗般的热诚宣称超越了让人反感的犹太人与希腊人之分，*本身却掺杂了俄国民族主义的成分。这种伪善成为共产主义道德铠甲的一个漏洞。当西方的利益在东亚陷入严重的困境之际，倘若西方通灵术者能够洞悉沉默的克里姆林宫政治家的内心，大概会看到他们正以一种复杂的心态注视着他们的中国盟友取得的惊人成就。对于中国和俄国来说，中国东北、蒙古和中国新疆的前途毕竟要比印度支那、中国香港和台湾的前途重要得多。不难想象，马林科夫或他的继任者赫鲁晓夫乃至目前尚不明了的赫鲁晓夫的继任者，有可能会成为又一个铁托。此外，在德国和日本被西方重新武装，苏联把中国重新武装之后，惊恐不已的西方或许会把惊恐不已的俄国视为"白人的希望"。早已声名狼藉的德皇威廉二世曾提醒世人提防"黄祸"，结果被认为是杞人忧天。有论者依然坚持认为威廉二世的看法不仅是善意的，而且是十分明智的。颇具深意的是，就连希特勒也赞同这位皇帝在这个问题上的见解。

这一预言初看起来难以令人信服，却有着坚实的基础，即两个不可否认的事实。首先，俄国是白人世袭领地中唯一在 20 世纪依然保持 19 世纪西欧和北美的人口增长率的主要地区；其次，俄国也是白人世袭领地中唯一与中国和印度接壤的。中国和印度两个次大陆分别安置了全球将近四分之一的人口，如果它们中的一个乃至全都成功推行了技术和制度的西方化，中国或印度单凭丰富的人力资源就足以在世界军事和政治格局中享有相应的地位，我们可以预料，这样充满活力的"力士参

---

　　* 保罗在《加拉太书》第 3 章宣扬，凡信仰基督教者，无分犹太人与希腊人。——译者注

孙"势必会坚决要求彻底改变此前极为不公的领土和自然资源分配格局。 在这种情况下，俄国为极力维持自身的生存，会在无意间保护西方世界的安全，无条件地扮演缓冲国的角色，这就如同东正教世界主体一度为同一个西方世界充当缓冲带，只是当时的热点地区不是印度或中国，而是强有力的原始阿拉伯穆斯林主宰下的西南亚。

上述关于目前尚不明朗的未来的见解在很大程度上是推测性的。不过，下面这个事实或许为我们的预测提供了较为坚实的基础：西方国家轻率地在朝鲜与中国发生冲突，难以自拔地深陷印度支那的泥淖之后，已经与刚刚挣脱日本统治的印度尼西亚人达成妥协，并且自愿放弃对菲律宾人、锡兰人、缅甸人、印度人和巴基斯坦人的主权。 在现代晚期西方帝国主义的历史戏剧中，之前臣服于英国统治的各个社群所代表的亚洲与英国所代表的西方社会达成和解，从而展现出一种前景：在世界范围内的西方内部无产者行列中，正在摆脱西方少数当权者统治的庞大的亚洲无产者队伍中至少有一部分可能将改变方针，努力实现与过去的西方主人建立平等合作关系的目标。

伊斯兰世界的亚洲和北非地区，以及撒哈拉沙漠以南的非洲大部分地区，也有望出现类似的情形。 那些气候宜人的地区要面对更为棘手的问题，因为西欧人不仅在那里建立起统治，而且想使之成为自己的栖息地。

那些输入非白人人口来承担白人不愿做的各种低贱杂务的地区也面临同样的问题，只是没有那么危险。 从白人的角度来看，危险程度的高低取决于当地人口的种族构成。 凡是非白种人口是土生土长的地方，如南非，他们的人数往往远远超过白人统治者。 凡是非白人人口属于强行输入的地方，如美国，人数比例正好相反。

本书写作之际，美国国内对有色人种的歧视有进一步强化成印度种姓差异的趋势，这遭到基督教精神的抵制。 目前尚无法断定基督教的反击究竟是希望渺茫，还是代表着"未来的浪潮"，但毕竟是一个好兆头，表明美国与印度一样，少数当权者和无产者双方都在展开精神救赎。 过去，占统治地位的白人凭借内心的基督教良知坚决要求废除黑人奴隶制度，如今他们逐步认识到仅仅从法律上解放黑奴还不够。 另一方面，有迹象表明少数有色人种无产者也以相同的态度做出回应。

我们在本书前面部分看到，内部无产者的离心离德乃是文明解体最显著的征兆。我们不妨以此为标准，看看是否有证据表明20世纪中叶的西方社会出现了内部无产者与少数当权者离心离德或者和解的迹象。到目前为止，我们考察的无产者本身并非西方人，而是被西方的全球扩张纳入到西方社会之中的。不用说，尚有一部分内部无产者与少数当权者属于同一个种族。这部分无产者就是人数众多的普通西方民众，19世纪西方少数享有特权的"大人物"以各式各样的方式来称呼这些无产者，诸如"工人阶级"、"下层社会"、"下层民众"、"群众"，甚至是(以轻蔑的嘲讽口吻称之为)"群氓"(great unwashed)。这个问题涉及面太广，足以令人裹足不前。我们在此只需指出一点：实际上，过去的半个世纪里，在所有的西方国家，尤其是工业化和现代化程度最高的西方国家，社会生活的各个领域都在实现社会正义方面取得了长足的进步。印度摆脱英国统治的政治革命并不见得比英国的社会革命更为引人注目。正是通过这场社会革命，一个西方国家——人们依然记忆犹新的是，这个国家的一小撮可耻地过分享有特权的少数人始终牢牢地把持着权力、财富和机会——在没有引起社会普遍反感的情况下发生脱胎换骨的转变，以牺牲极少的个人自由为代价，在很大程度上实现了社会正义。

至此，我们从正反两个方面分析了内部无产者的分裂导致西方文明走向末路的可能性，我们可以得到两个暂时性的结论。首先，西方文明的和解力量似乎超过相应历史阶段的希腊社会。其次，这种有利于西方世界的差异似乎主要起因于基督教精神的持久作用，基督教并未丧失对西方人心灵的控制，即便西方人在思想上拒绝用转瞬即逝的异教希腊哲学来表达基督教永恒真理的信条。

高级宗教具备这种持久的活力，为西方社会提供了宗教蝶蛹，这正是希腊社会明显缺乏的一个因素。我们不妨推测，这种显然是无敌的基督教精神实质，与目前在西方化世界随处可见的一批新宗教的贫乏和幼稚之间有着某种联系。

至此，我们可以下结论：非西方的先例并未提供关于西方文明前途的确凿证据。

第二节　史无前例的西方经验

到目前为止，我们分析了当代西方境遇中类似于其他文明历史的因素，但是，西方文明也有一些其他文明历史上所不具备的因素。首先映入我们脑海的是西方文明的两个独一无二的特征。一是西方人广泛征服了自然界，二是这种征服带来的不断加速的社会变革。

当人类实现从旧石器时代早期到旧石器时代晚期的技术进步，人就成为地球上的"万物之灵"，也就是说，从那时起，不论是无生命的自然界，还是人类之外的任何生物，都不可能导致人类的灭绝，甚至无法阻挠人类的进步。从那以后，除一个例外，地球上再没有什么东西能够阻碍人类的发展或是毁灭人类。但是，那个例外却是一个可怕的例外，即人类自身。正如我们看到的，在14到15个文明中，人类因为自身的胡作非为而大吃苦头。最终，1945年原子弹的爆炸表明，人类对自然界的控制达到这样一种程度，以至于人类再也无从回避两种罪恶带来的挑战，这两种罪恶伴随着文明进程中的人类建立新型社会的努力。这一对孪生的罪恶是战争这一罪恶的两种不同表现形式，为区别起见，我们分别冠以不同的名称，即一般意义上的战争与阶级间的冲突，换言之，前者是横向的战争，后者是纵向的战争。

人类对于这样一种处境严重准备不足。我们展望人类前景时，不妨简化一下我们的任务，从"技术、战争与政府"、"技术、阶级斗争与就业"的角度分别加以分析。

第四十二章

技术、战争与政府

第一节　第三次世界大战爆发的可能性

两次世界大战的一个后果就是，跻身列强的国家由数目不定的若干个——其中一些国家，如意大利，只是按惯例享有这种头衔而已，实际上人人都知道它们并不具备相应的实力——减少到两个：美国和苏联。苏联控制了东德以及哈布斯堡和奥斯曼帝国的大部分后继国家，这些国家在第二次世界大战期间备遭短命的纳粹"第三帝国"的蹂躏。 1956 年之际，西德以及两次大战之间的奥地利共和国没有重蹈邻国的覆辙，堕入俄国的无底深渊，这完全是因为得到美国及其西欧盟国的保护。时至今日，事态越来越明显，以美国的保护取代靠不住的独立乃是防止俄国(或中国)宣称的最终主宰全世界所有国家的唯一保证。

这是美国第一次在"旧世界"担负这种任务，她在"新大陆"早已起到过这种作用。 从"神圣同盟"时代直到"第三帝国"时期，门罗主义保护西班牙帝国和葡萄牙帝国在美洲的后继国家，使之免遭某些欧洲强国的控制，代价是美国的霸权取代西班牙或葡萄牙的殖民统治。 保护人通常总是不受欢迎的，除非完全是出于无私的动机，否则也根本不配得到人们的爱戴。 举例来说，1945 年后法国人对美国的感情，与巴西人在过去一百年间对美国的感情没有多大的差别。

无论如何，1956 年之际，苏联和美国彼此对峙，成为这个星球上仅有的两大强国。无论何种国际力量对比格局，即使在最好的情况下，两强格局必定是危如累卵的。诚然，与 20 年前的德国和日本不同，苏美两强都属于经济"自足"的国家，可以在未来很长时期内通过开发本国资源来保障全国劳动力的就业。但是，过去的历史告诉我们，像经济匮乏一样，彼此间的恐惧也是引发军事侵略的重要原因。俄国人和美国人并没有做好相互理解的准备。俄国人的性情通常是逆来顺受的，美国人则任性急躁，这种性情上的差异反映在双方对待专制政府的不同态度上。俄国人服从专制统治，视之为不可避免之事，美国人从自身的历史出发，视之为人民有权予以推翻的一种邪恶制度。美国人把个人自由视为"至善"(summum bonum)，颇为奇特地把这种自由与平等混同起来。俄国共产党少数当权者却把理论上的平等视为"至善"，更为奇特地认为这种平等即意味着自由。

由于这种性情和信念上的差异，两国人民难以相互了解、相互信任，这种相互猜忌滋生恐惧。原因在于，技术进步空前迅速，极大地拉近了空间的距离，彻底改变了双方争斗的竞技场，场上的对手彼此触手可及。

在一个技术标准统一的世界，苏美两国世界霸权之争的成败似乎终将取决于人类四分之三的人口的意向，自从文明诞生以来的五六千年间，这些人在物质生活上始终处于新石器时代的水准，但已经开始意识到追求更高的生活水准。如今，这个至今贫困不堪的大多数有机会选择美国和俄国的两种生活方式，这个觉醒的大多数会选择他们认为更能满足自身全新渴望的生活方式。然而，虽然至今生活在水深火热之中的大多数非西方人掌握了最终的决定权，在短期内看，苏美力量对比天平上的决定性砝码并不是世界四分之三的人口，而是仅占世界人口四分之一、拥有战争潜力的西欧工业化人口。从全球角度来说，当今世界只有一个大陆，"欧亚非大陆"(Eurafrasia)，周边是两个巨大的近海岛屿：北美和南美。以这样的全球视野来看，俄国当属大陆强国，美国是岛屿强国，这就如同西方现代史时期"欧洲"地区性国家的战争中，英国属于岛屿强国，欧洲大陆上的西班牙、法国和德国相继成为英国的敌人。 在当代全球竞技场上，西欧仍然具有举足轻重的地位，它是岛屿强国在大陆上的桥头堡。 过去，弗兰德是西欧的"斗兽场"，成为积重难返的地区性国家相互杀伐的战场。 如今，新的世界大战一旦爆发，整个西欧注定会成为西方化世界的"斗兽场"。 战略版图的这种改变或许体现出"诗意的公正"。 对于 1946 年后生活在"欧洲斗兽场"的西欧人来说，这种"诗意的公正"并不能使他们摆脱与 15 世纪末以后的佛兰德人如出一辙的可悲境遇。

技术进步无法消除人类情感对人类事务的影响。 所谓尚武精神，乃是一种战斗的意志，与技术无关，而是属于心理范畴。 战争总是令人热血沸腾，只要它是发生在别的国家和别的民族。 战争结束之际大概是最令人兴奋的；文明社会的历史学家一贯把战争作为最有趣的历史研究题材。 过去的军队大多规模较小，主要是由宁愿打仗也不愿从事其他职业的人组成。 但是，自 1792 年法国革命时期的"全民皆兵"(levée en masse)之后，现代西方的战争已成为十分危险的事情，未来的战争将更加危险。 如今的战争有助于消除亲历战争者的尚武精神，而民众的意志具有强大的力量，即使是独裁政府最终也不得不向这种力量低头。 在第一次世界大战中损失最大的那些国家中，法国实际上不愿再打第二次世界大战。 希特勒成功地煽动德国人再度掀起军国主义的狂潮，但是，在 1956 年，恐怕不会有另一个希特勒式的人物能够再次完成同样的"壮举"，即使真有类似人物崛起的话。 意味深长的是，"爱好和平"成为共产党独裁者经常挂在嘴边的一个口号。 拿破仑在圣赫勒拿岛上仍然把战争说成是一种"高尚的职业"(belle occupation)，倘若他能亲身经历核战争时代的来临，他是否会把核战争也说成是高尚的职业，是值得怀疑的。

上述看法主要适用于亲身经历过 20 世纪战争的先进文明的民族。另一方面，自久远年代以来，亚洲各族人民传统的恭顺在政治上表现为对专制政府的逆来顺受。 除了掌握西方军事技术的初步成就之外，亚洲的西方化文化进程尚有很长一段路程要走，那些农民出身的士兵才会开始质疑乃至拒绝服从要求自己献身的战争命令——即便是对个人毫无意义的侵略战争。 20 世纪中叶的亚洲各国政府会在何种程度上利用人民根深蒂固的恭顺来服务于军事目的呢？ 在西方人看来，中国和俄国的农民士兵似乎把自己的生命交由政府随意支配。 然而，历史表明，如果超过某一限度，不论中国政府还是俄国政府都必将受到惩罚。 中国历朝历代，从秦朝到国民党政权，哪怕是轻率地多拧一下政治螺丝帽，无不因为这一轻微的越轨行为付出改朝换代的代价。 俄国历史上也有类似的情形。

沙皇王朝明智地勉强认可了19世纪60年代的改革，使俄国人民容易忍受克里木战争带来的痛苦。 它却执意不肯继续防患于未然，日后接连遭遇军事失败之际，没有在国内作出相应的让步，结果最终被推翻。 俄国先后在1904—1905年的对日战争和第一次世界大战期间吃了败仗，前者激起夭折的1905年革命，后者引发了1917年的两场革命。如此看来，俄国或任何一个小农国家的"民心"是有一个临界点的，一旦突破这个界限，必将招致民怨沸腾。 不过，苏联政府似乎宁愿涉险与美国交战，也不愿对美国作出任何政治让步，因为这在俄国人看来无异于向美国的霸权低头。

如果说苏联在某些情况下能够、也愿意与一个旗鼓相当的强国交战，那么美国是否也是如此呢？ 在1956年的今天，答案似乎是肯定的。 自从最初建立13个殖民地以来，美国人民一直是西方世界中最不像军人，同时又是最具尚武精神的民族之一。 之所以说他们不像军人，是因为他们不喜欢受军纪的约束，也没有法国人那种希望看到自己国家赢得军事荣耀的雄心。 之所以说他们好勇尚武，是因为直到1890年前后美国边境线最终确立以前，他们当中始终有一部分边疆居民不仅习惯携带武器，而且总是为个人原因自行决定是否使用武器，这在当时西欧的大部分地区早已成为过去。 美国边疆居民的尚武精神历经十代人而不坠，见证者不仅有自从第一批白人从不列颠群岛登上美洲海岸以来的历代北美印第安人，也有18世纪英国殖民者的法国竞争对手，以及19世纪成为美国边疆居民牺牲品的墨西哥人。 英裔美国边疆居民与竞争者为争夺北美控制权的冲突足以表明，不仅边疆居民，全体美国人都准备在特殊情况下暂时服从军事纪律，否则光凭边疆居民的个人气概和勇敢，不可能战胜与自己文化水准相当的敌人。

1917—1918 和 1941—1945 年的两次德、美战争，美国人向德国人展示了美利坚民族潜在的军人品质。但是，最能集中体现美国人的勇敢、纪律、韧性和军事韬略的，莫过于一场美国人对美国人的战争。1861—1865 年北部联邦政府与南部邦联的战争当属西方世界自拿破仑战败到第一次世界大战爆发期间最漫长、最顽强、伤亡最惨重、技术革新最多的一场战争。此外，正如美国内战给美国南方带来巨大痛苦，人们至今记忆犹新的两次世界大战使德国以及受到德国侵略的俄国和西欧国家饱受蹂躏。问题是，在这两场大战中美国可说是毫发未损。一生之中遭遇两次世界大战，无疑给西欧人的信心造成重大的心理冲击，而大西洋彼岸的美国人几乎丝毫没有感觉到这种冲击。因此，在 1956 年之际，美国人无疑准备承受向苏联开战的危险，不愿向苏联作出任何让步，在美国人看来，对苏联让步即意味着屈从于俄国的霸权。

上述历史事实表明俄、美两国人民在某些情况下可能不惜一战，我们也应当考虑到新出现的核战争以及核战争带来的心理影响，在 20 世纪中叶的环境下，这种心理影响不会太过滞后于核战争技术的发展。如果人们确信国家与爱国者、理想与献身者将在一场毁灭一切的灾难中同归于尽，为国家和理想献身也就成为无缘无故、毫无意义的英雄主义行为。

第二节　走向未来的世界秩序

到 1955 年，消弭战争实际上已经成为一个刻不容缓的问题。关键在于，除非某个单一的政治权威能够集中控制原子能，否则不可能彻底消除战争。由于独家掌握了当代关键武器的控制权，这个权威能够、事实上也必须扮演"世界政府"的角色。从 1955 年的情形来看，这个政府的所在地势必不是华盛顿就是莫斯科。问题是，美国和苏联都不打算听任对方摆布。

面对这种棘手的困境，心理阻力最小的传统方法无疑是诉诸战争这一过时的权宜之计。正如我们看到的，实施"致命一击"正是衰落文明相继走出"乱世"，进入大一统国家阶段的野蛮手段。若是在当今时代实施致命一击，打倒的可能不仅是对手，还包括胜利者、裁判、拳击台和所有观众。

在这种情况下，人类前途的最大希望在于美、苏两国的政府和人民能够坚持推行所谓的"和平共处"政策。对于人类的幸福乃至继续生存威胁最大的并非核武器的发明，而是当今人类出现了一种类似于现代早期西方世界形成于 1560 年前后的西方宗教战争，之后又盛行了一个世纪左右的趋向。20 世纪下半叶之初，资本主义者和共产主义者，如同从前的天主教徒和新教徒一样，都认为无限期地默许社会成员分别忠于(他们自己的)真正信仰和(对手的)可憎的异端邪说既行不通也无法容忍。西方宗教战争的历史表明武力无法解决心灵问题。核武器的诞生更是向人类敲响了警钟，资本主义者和共产主义者不再有机会像前人那样，通过长期的摸索才认识到宗教战争的徒劳无益，这种经验方法只适用于以往时代的天主教徒和新教徒，因为当时最厉害的武器不过是刀枪剑戟或者前膛炮而已。

面对如此危机四伏、晦暗不明的形势，固执己见的乐观主义和悲观主义都是不可取的。当今的一代人别无选择，必须尽力达致一种认识，要认识到他们面临的问题事关自身的生死存亡，而且无法预知究竟会有何种结局。1955 年之际，诺亚方舟上永恒的流浪者面临的形势，类似于 1947 年 8 月 7 日早晨托尔·海尔达尔(Thor Heyerdahl)和五位斯堪的纳维亚同伴在木筏"康-提基"号上的处境。* 在那个决定命运的早晨，海尔达尔等人发觉西向洋流正把他们带向拉罗亚礁(Raroia Reef)，在此之前，"康-提基"号靠着洋流的推送，已经在太平洋上航行 4300 海里。这些离拉罗亚礁越来越近的航海家远远望去，拍岸的浪花在礁石下形成一条白线，更远处可以看到棕榈树顶端的羽毛状叶子。他们很清楚，这些棕榈树生长在风平浪静的环礁湖中田园诗般的小岛上。在他们与这个避难所之间横亘着"一眼望不到边"的礁滩，海浪激起无数泡沫，发出雷鸣般的轰响，[1] 洋流和风向又使这些航海者无法避开礁

---

　　* 海尔达尔是最负盛名的挪威探险家。1947 年,他仿制了一艘原始的木筏"康-提基"号,航行 101 天,航程 4 300 海里,从秘鲁的卡亚俄直达波利尼西亚群岛的拉罗亚,证明早期印第安人有可能用同样方法横渡太平洋。——译者注

913

石。 他们身不由己地面临一场无可逃避的严酷考验，他们很清楚这种危险境地的可能后果，却无法得知这次传奇般的航程最终将以何种方式结束。

一旦木筏撞上礁石散架，船员们要么很快被淹死，要么更为痛苦地被刀锋般锐利的珊瑚礁撕成碎片。 只要木筏不散，船员们死死抓住木筏不放，海浪就会把木筏冲到礁石的高处，遇难船员也许可以游过平静的环礁湖，登上某个棕榈树小岛幸存下来。 如果木筏到达礁石的那一刻正好赶上涨潮，露出水面的礁石被迅速涨高的潮水淹没，"康-提基"号就得以最终跨过死亡线，安然无恙地越过礁石，驶入平静的水面。 结果，"康-提基"被海浪冲上一个光秃秃的珊瑚堆，数天之后的一次涨潮托起破烂的木筏，冲入环礁湖。 但是，在 1947 年 8 月 7 日的早晨，"康-提基"号上没有人能够预知上述可能性中的哪一种将成为自己的命运。

这六位年轻的斯堪的纳维亚航海家在 8 月 7 日那天的经历，象征着 20 世纪下半叶之初人类所面临的严峻考验。 文明的方舟已经在历史的海洋上航行了大约五六千年的旅程，如今正在接近一座无法绕过的礁石。 前方无从回避的危险是一个过渡时期的危险，即人类社会由美国和俄国两大阵营的对峙过渡到建立一个单一的政治权威，在核武器时代，这个单一的政治权威必定迟早以某种方式取代目前分立的政权。这种过渡是和平实现还是引发灾难？ 如果真的导致了灾难，那么这场灾难是全面的、无法挽回的，还是局部的、留下一线生机，有望最终缓慢而痛苦地复原呢？ 此时此刻，没有人能够预知明显日益迫近的严酷考验将给人类社会带来什么样的结局。

不过，一位观察家无需充当事后诸葛亮，也可对未来作出有益的推测，只是在思考未来的世界秩序时应当集中考虑一种全球体制与分别以美国和苏联为核心的全球两大阵营的共同点。

既然现有技术条件能够、也确实提供了便捷的交通运输，建立世界政府业已成为一项切实可行的事业。 然而，只要从技术层面上升或者下降到人性层面，我们就会发现，"使用工具的人"(Homo Faber)凭借聪明才智巧妙地建立的人间天堂，已经由于"政治人"(Homo Politicus)的堕落而蜕变为一个愚人的乐园。 丁尼生倡导的"人类议会"(Parliament of Man)几乎与飞机的发明同步，如今已经成为现实，只不过是冠以"联合国"这样平淡无奇的名称。 况且，事实证明联合国并不像批评者不时断言的那样低效。 另一方面，联合国显然不可能成为一个世界政府的雏形。 拙劣的宪章不切实际地规定了"一国一票"原则，没有反映权力分布的现实。 如此一来，除非五个大国放弃那些名义上与之平等的国家所不具备的否决权，否则无法消除徒有其名的国与国平等原则与无情的现实之间的冲突。 目前看来，联合国的前景充其量不过是由一个论坛发展成国家间的联盟。 从独立国家的联盟到各民族的联盟，建立每一个公民个人直接效忠的中央政府，尚有很长的一段路要走。 众所周知，从政治制度史上的例子来看，要想消除二者之间的巨大差距，无不是通过革命性的骤变过程。

由此可见，联合国组织不大可能成为一个制度核心，进而最终孕育出必不可少的世界政府。 世界政府的形成可能不是经由联合国组织的发展，而是来自美国政府和苏联政府这两个政治上更为成熟和强大的"赢利企业"中的一个。

如果当今人类可以自由选择这两个国家中的一个，任何一位西方观察家都不会怀疑，绝大多数能够对这个问题作出独立判断的人都会选择成为美国公民而不是苏联公民。 在共产主义俄国的衬托下，越发显得美国具有无与伦比的突出长处。

不论当前还是今后，在美国人自己看来，美国最大的长处在于它显然十分真诚地根本不愿扮演上述角色。 当今美国人中有相当一部分人，像所有美国人的移民先辈一样，渴望彻底摆脱他们愤然离开的那个大陆的事务，他们彻底脱离"旧世界"，在"新大陆"开始新的生活。 他们希望退出"旧世界"事务的乐观情绪，与当今美国人迫不得已重新卷入时的满心懊悔不相上下。 我们看到，这种迫不得已源于"距离感消失"(annihilation of distance)，"旧世界"与"新大陆"正在变成一个不可分割的整体。 但是，人们越来越清楚地意识到这种无奈，并未消除面对这种局面时的不情愿。

美国人的第二个突出优点是慷慨。 美国和苏联都是"自足"的大国，但只有从一个宽泛的意义上说，两国的社会经济状况才具有可比性，即两国都拥有大量未开发的资源。 与美国迥然有别的是，俄国刚刚开始发掘自身的潜力，况且俄国在 1941 年德国入侵前 12 年间费尽千辛万苦取得的成就大多在战争期间毁于一旦。 此后，俄国人不正当地利用战胜国的优势地位来弥补遭到德国人破坏的工业，不仅从罪有应得的德国，还从俄国人宣称从纳粹手中解放的东欧和中欧各国，以及从日本人手中解放的中国东北省份查封和拆迁工厂设备。 这与美国的战后重建政策形成鲜明的对比，美国实施马歇尔计划和其他措施，在美国国会批准的经济援助的扶持下，许多因战争陷入困顿的国家重新恢复了元气；这也是出于美国纳税人的善意，这些钱全都是他们掏的腰包。 过去，胜利的列强总是只知索取不知付出，苏联的政策依然没有摆脱这种窠臼。 马歇尔计划树立起一个史无前例的榜样。 有人也许会说，这种高瞻远瞩的慷慨政策符合美国自身的利益。 但是，明智的善举依然不失为善举。

然而，西欧国家的国民如今时常有这样的担忧，美国冲动地回击俄国的挑衅，结果，美国作出某项西欧无权过问的决定，意外导致俄国的原子弹落到西欧人的头上。 虽然在大多数情况下，美国的卫星国享有苏联的卫星国根本不具备的令人羡慕的行动自由，在这些生死攸关的问题上，依然像后者一样处于身不由己的窘境。

1895 年，在英美两国围绕英属圭亚那与委内瑞拉边界勘定的争端中，美国国务卿理查德·奥尔尼(Richard Olney)发表了一份掷地有声、载入史册的文件：

> 如今，美国实际拥有这个大陆的最高权力，凡是在它管辖范围内的人民都应当把它的命令当作法律。为什么呢？这并非因为人们感受到它的纯洁友谊或善意。这也不仅仅是因为它作为一个文明国度所具备的高尚品质，或者美国的对外交往特有的明智、公正和平等。这是因为，除了所有其他理由之外，美国的无限资源以及隔绝的地理位置，使之能够掌握局势，实际上不会遭受其他列强个别或集体的侵害。

这一声明即便扩大到拉丁美洲之外的霸权,也依然是有说服力的。虽然其他国家大概只得承认美国人的鞭子毕竟比俄国人的高压手段可取,但是,用吉本的话说,"哲人"不妨"放宽眼界",看到这样一个事实,一个超级强国事实上独自决定和实施那些与卫星国人民生命财产攸关的政策,这本身就蕴含着一个体制上的难题,这个难题只有通过某种联邦体制才能得到解决。 解决一种超国家秩序带来的体制问题绝非易事,不可能一蹴而就。 不过,美国的历史表明它赞成联邦制原则,这至少是一个好兆头。

注 释:

[1] Heyerdahl, Thor, *Kon-Tiki*(Chicago 1950, Rand McNally), p.242.

第四十三章

技术、阶级斗争与就业

第一节　问题的实质

如果我们把"就业"一词的涵义加以引申，使之不仅指工作和闲暇的总量和分配，而且涵盖工作的实质和闲暇的功能，我们就有理由认为，对于一个仍在形成生活水准悬殊的不同阶级的全球性西方化社会而言，在空前强大的西方技术的冲击下，西方文明的继承者势必会面临就业问题，这个问题的重要性不亚于我们上一章中讨论的政府问题。

如同政府问题一样，就业问题本身并非新事物。如果说其他文明衰落和解体的首要原因是未能及时主动地把政府的范围从地区性扩大为大一统，从而未能消除战争，那么次要原因就是未能及时主动地调整工作的压力和产物以及闲暇的乐趣和功用，从而未能消弭阶级冲突。在这个问题上，如同政府问题一样，现代西方人与前人在控制非人类自然界方面的差异不仅是量的差别，而是质的不同。现代技术空前有力地推动经济生产，人们习以为常的社会不公看起来是可以补救的，因而越发显得难以容忍。当机械化工业这一新奇的"丰饶之角"为那些播下工业革命的种子并且收获颇丰的西方企业家创造出巨额财富，为什么少数特权阶层依然独占财富和闲暇？为什么新创造的财富不应由西方资本家与西方产业工人分享，西方产业工人与被悉数纳入西方社会内部无产者行列的亚洲、非洲和美洲印第安农民分享呢？

这种全人类分享财富的新梦想驱使人们空前迫切而焦急地要求获得"免于匮乏的自由"。这种普遍的要求引发了这样一个问题：机械化工业的丰饶角是否真的如人们想象的那样取之不竭、用之不尽。这个问题只能从综合的角度加以解答，其中至少有三个未知数。

第一个未知数是，技术潜力究竟能在何种程度上满足人口不断增长、开始要求享受闲暇的全人类日益增长的需求。地球上的矿产资源等不可再生资源的储量有多少，水力、农作物、牲畜、人力和人类技能等可再生资源的储量又有多少？迄今已开发的资源能够在多大程度上增加产量，发掘至今尚未开发的资源又能够在多大程度弥补人类每日消耗掉的资源？

当前，西方科学的发现似乎表明，技术能够发挥出极为惊人的力量。与此同时，人性的种种反应则表明，从理论上的技术潜力来说，生产力几乎可以无限提高，但从人的角度看，生产力的发展实际上是有限度的。一种产品即使技术上可行，也必须由人来使之成为现实。为了大幅提升驾驭自然界的能力，势必要相应强化对工人的严密管制。工人必然抵制对自身个人自由的侵犯，进而阻碍技术上可行的生产。

为了把人人都要求获得更大份额的蛋糕做大，工人准备在多大程度上牺牲个人自由呢？城市产业工人在多大程度上甘愿接受"科学管理"呢？占人类大多数的原始农民又会在多大程度上采纳西方科学耕作方法，节制神圣不可侵犯的传统生育权利和义务呢？目前看来，我们最多只能说，技术的增产潜力是在与产业工人和农民的执拗天性赛跑。全世界的农民使世界人口数量与生活资料同步增长，看来有可能抵消技术进步带来的益处。与此同时，产业工人也有可能抵消技术进步的好处，生产潜力每提高一步，工会随即便会推出限制生产的措施。

第二节　机械化与自由企业

机械化工业的严密管制与人类不愿服从兵营式管制的顽固天性之间

此消彼长的关系乃是社会经济领域的一个显著特征。 问题的关键在于一个不幸的事实，机械化与管制密不可分。 观察者站在不同的角度，自然会得出绝然不同的论断。 从技术人员的角度看，产业工人桀骜不驯的姿态显得幼稚而荒唐。 难道工人们真的不知道天下没有免费的午餐吗？ 难道他们以为不接受满足他们的需求所必备的前提条件，也能获得"免于匮乏的自由"吗？ 历史学家从不同的角度来看待这个问题。 他会追溯到工业革命的源头，在 18 世纪的英国，只有少数人享有不受管制的宝贵自由，机械化生产制度正是由这少数人创立的。 这种前工业化时期的企业自由是工业制度的先驱者从先前的社会体制继承而来，也成为他们主动建立的新兴体制的灵感和活力源泉。

此外，工业企业家的前工业化时代的自由精神不仅是工业革命的主要推动力，继而成为下一个历史阶段的动力。 工商业巨头虽然暂时躲过了被自己释放出来的势不可挡的无情力量压垮的命运，这种结局却是新兴城市产业工人阶级与生俱来的宿命，他们从一开始就感受到驾驭自然界的技术成就对人类生活的决定性影响。 我们在前文中看到，技术使人类超越不以人的意志为转移的昼夜交替和四季循环。 然而，人类在挣脱这些古老的奴役同时，又陷入新的困境。

工会组织不仅是新兴的产业工人阶级对新社会结构的一个独特贡献，其实也是孕育出工商业巨头的前工业化时代自由企业经济乐园留传下来的遗产。 考虑到工人把工会组织作为一种与雇主斗争的手段，事实上工会与资本家同属于一种社会体制的产物。 下面这个事实证明工会与资本家有着共同的特质：共产主义俄国消灭了私人雇主，随之而来的是工会的严密管制，纳粹德国取缔工会，取而代之的是私人雇主的严密管制。 另一方面，在英国，自 1945 年大选以后，工党政府的政策是在不干涉个人自由的情况下把工业企业从私有转为国营，然而，国有化企业的工人从未想过解散工会，依然采取过去用来对付现已被剥夺所有权的私人"奸商"的种种手段来增进自身作为工会会员的权益。 宣布这种做法于理不合，并不能解决问题，因为工会存在的目的就是为了抵制严格的管制，不论实施管制的是私人资本家还是政府部门。

不幸的是，工人抵制雇主的严密管制，到头来却陷入自我管制之中。　他们反抗沦为工厂机器的命运，到头来作茧自缚，沦为工会的机器，而且他们似乎注定难逃这种命运。　他们从前的老对手私人企业家如今也受到严密管制，变得机械呆板，这个事实无法给他们带来任何慰藉。　工人的对手不再是一个他们可以指着鼻子咒骂或砸破窗户来发泄愤怒的人类暴君。　工人的最大对手不再是任何一个可恶的、因而也是实实在在的人，而是一种更强大、更难以捉摸的不具人格的共同权力。

如果说产业工人的这种强制性的自我管制预示着悲观的前景，那么，眼见西方中产阶级开始步西方产业工人阶级之后尘，同样令人不寒而栗。　1914 年之前的一个世纪是西方中产阶级的黄金时代。　进入新世纪之后，中产阶级也陷入工业革命给产业工人带来的困境。　苏维埃俄国彻底铲除了中产阶级，无疑是一个骇人听闻的预兆。　不过，英国和其他未曾发生政治革命的英语国家的当代社会史更准确地反映出未来的方向。

从工业革命到第一次世界大战爆发的这段时期，西方中产阶级有别于其他阶层的特有心理在于对工作的热衷，这种态度与蓝领和白领"工人"阶级形成鲜明的对比。　这种心态上的差异可以用号称资本主义大本营的纽约曼哈顿在 1949 年时的一个微不足道但意义重大的事例来说明。　当时，华尔街的金融机构开出特别优厚的加班费，想诱使速记员重新考虑周六上午不上班的集体决议，结果没有成功。　雇主们不愿因为缩短工作时间而减少利润，热切希望周六上午也上班，没有速记员从旁协助，他们无法开展工作，但他们无法劝说这些不可或缺的合作者相信值得周六加班工作。　速记员认为额外的一天乃至半天闲暇比任何金钱的诱惑更有价值。　如果为多赚一些钱而放弃额外的闲暇，又没有时间去花钱，多赚的这些钱毫无意义。　他们宁愿不要额外的钱，在金钱与生活之中选择了生活，雇主也未能劝说他们回心转意。　到 1956 年，非但速记员没有因为金钱的诱惑接受华尔街金融家的观点，这些金融家本身也最终因为经济不景气，转而接受了速记员的看法。　因为这个时候，使一度自信的英国金融界瑟瑟发抖的寒风吹到了华尔街。

20 世纪，西方中产阶级相继在各个西方资本主义活动中心逐渐丧失了从事有利可图的实业的机会。　这种经济上的逆境抑制了中产阶级的习性。 自由企业的活动空间日益缩小，逐渐抑制了中产阶级传统的工作热情。 通货膨胀和高额税收使得这个阶层拼命挣钱、勤俭节约的传统美德变得毫无意义。 由于生活费用上涨，生活水准提高，中产阶级家庭的规模日渐缩小。 对于中产阶级来说，失去个人家政服务意味着工作效率降低；不再有闲暇就会损害他们的文化。 此外，中产阶级妇女受到的冲击更甚于中产阶级男子，正如许多传记表明的，她们是维系中产阶级高标准的主要支柱。

中产阶级不断退出自由企业经济，进入公共事业部门或是从心理上说属于同一性质的大型国有企业，对于西方社会来说可谓得失参半。最大的好处是，自我中心的谋利动机服从于公共事业部门的利他主义动机。 看一看其他文明历史上相应转变带来的影响，当可看出这一转变的社会价值。 举例来说，在希腊、中国和印度文明历史上，以大一统国家建立而开始的社会复原过程在很大程度上表现为以往掠夺成性的阶级转而把才干投入到公共事业上。 奥古斯都及其后继者把贪婪成性的罗马商人改造成优秀的文官，汉刘邦及其后继者把巧取豪夺的封建贵族改造成优秀的文官，康沃里斯及其后继者也把大肆搜刮的英国东印度公司商业代理人改造成优秀的文官。 然而，在上述事例中，结局虽然各不相同，都暴露出文官制度特殊的缺陷，官僚制精神的两面性解释了它们为什么会最终归于失败：缺乏热情、不思进取、不愿承担风险等陋习抵消了"廉正"的最高美德。 如今，20 世纪西方中产阶级公职人员普遍表现出这些特征，对于他们未来能否成功完成他们迟早要承担的组织和维持一个世界政府的艰巨任务而言，这种情形并不是什么好兆头。

来看一看这种官僚制精神形成的原因，我们发现，这种精神是对机器带来的挑战的回应，虽然人类心灵并非由金属物质构成，机器却同样对人类心灵造成压力。 如同操作工厂企业有着科学规程的机器一样，管理一个组织严密的国家和照料千百万人民的任务也是消磨意志的。文牍主义其实比钢铁更具伸缩性。 文牍主义已深入文职人员的心中，在负荷过重的民选立法机构，纪律日趋严格的政党制度正在取代负担过重的文职部门的种种正式手续和例行公事。

我们不难看出这些趋势对于现行"资本主义"制度前景的意义。

西方中产阶级蕴藏的前工业化时代的精神能量成为资本主义发展的动力。一旦这种能量逐渐衰竭，而且从自由企业转到公共事业部门，这个过程就意味着资本主义的末日。

> 资本主义本质上是一种经济变革过程……没有创新，就没有企业家；没有企业家的成就，就没有资本主义的收益和资本主义的推动力。工业革命的氛围，即"进步"的氛围，乃是资本主义得以延续的唯一氛围……"稳定的资本主义"无疑是一个矛盾命题。[1]

工业技术带来严密管制，似乎将扼杀前工业化时代的自由企业精神。这种前景提出了一个新的问题。在自由企业的社会制度消亡之后，机械化工业的技术体制还能继续延续下去吗？如果答案是不能，那么，由于人口在"机器时代"已增长到远非任何非工业经济能够负担的程度，本身仰仗于机械化工业的西方文明还能在机械化工业消亡之后继续延续下去吗？

无可置疑，只有在创造性精神能量的推动下，工业体制才能发挥作用，而中产阶级至今仍是这种推动力的源头。因此，首要问题在于，如果中产阶级的精神能量日渐衰竭或是转向，西方化世界是否能够从其他活力源泉汲取力量来追求相同的经济目标。倘若能够找到其他的活力源泉，人类社会不妨平静地坐视资本主义制度的消亡。倘若没有退路，人类的前景就颇为堪忧了。如果说机械化意味着严密管制，而且这种严密管制已相继扼杀了产业工人阶级和中产阶级的精神能量，人类还有可能泰然地操纵万能的机器吗？

第三节　实现社会和谐的不同途径

不同的国家从不同的途径寻求解决人类面临的社会问题。北美采取一种途径，苏联是另一种，西欧则是第三种。

北美的途径起因于在"新大陆"创造一个人间天堂的理想，这个人间天堂将是建立在自由企业制度之上的。 北美人(包括说英语的加拿大人以及美国人)认为,不论这种自由企业制度在其他地方的命运如何,只要把工薪阶级的社会经济状况提升到中产阶级的水准,从而消除我们在前一节描述的工业机械化带来的自然心理影响,就能够使自由企业制度持续健康地运行。 这种信念令人鼓舞,但未免失之简单,而且是建立在一些错觉之上,这些错觉最终都可以归结到"孤立主义"这一根本性的错觉。 "新大陆"并没有赞美者想象的那样"新"。 人类本性,包含"原罪"在内,已随着最早的移民及其后继者越过大西洋而来。早在 19 世纪,孤立主义似乎在政治上行得通的时候,这个人间天堂就已经出现许多罪恶之蛇。 进入 20 世纪之后,世界局势日趋晦暗,新旧大陆的二分法显然越来越脱离现实。 当今人类可谓是"风雨同舟",任何一种人生哲学如果不适用于全人类,最终也不会适用于某一部分人。

像美国一样,俄国解决阶级冲突的途径也是源于建立人间天堂的理想,而且同样是以消除阶级分化的政策来消弭阶级冲突。 双方的类似仅止于此。 美国人正试图使产业工人阶级同化于中产阶级,而俄国人消灭了中产阶级,完全取缔了自由企业经济的自由,不仅资本家丧失了自由,工会也再无任何自由可言。

苏联的西方对手不能低估共产主义俄国的政策的若干长处。 首先、也是最重大的优点在于共产主义精神本身。 从长远看,这种意识形态不足以取代宗教,但在短时期内,它能够充分满足所有心灵空虚的人最强烈的宗教需求,为他们提供一种超越渺小个人目标的远大理想。在全世界实现共产主义的使命,要比为争取权益或罢工权利而维护世界安全的使命更能鼓舞人。 "神圣的俄国"的口号比"快乐的美国"的口号更能激励人。

俄国途径还有另外一个长处,由于俄国所处的地理位置,俄国人不会抱有孤立主义的幻想。 俄国没有任何"天然疆界"。 此外,克里姆林宫宣扬的马克思主义对于从中国到秘鲁、从墨西哥到热带非洲的全世界农民阶级具有强大的号召力。 与美国相比,俄国的社会经济状况更接近这两个大国竞相争取的占人类四分之三的被压迫人民。 俄国可以用一种徒有其表的诚实态度宣称努力实现了自救，而且将以自身为榜样来拯救全世界无产阶级。这些无产阶级当中有一部分居住在美国，一些反共的美国人流露出对于马克思主义号召力的忧虑，在某些情况下甚至表现为明显的歇斯底里。

与美国和俄国方式不同，西欧消弭阶级冲突的途径比较务实，典型代表就是英国和斯堪的纳维亚国家。这些国家在权势和财富上正日益让位于西方世界边缘新崛起的大国，而本国的产业工人则要求推行"新政"。西欧中产阶级显然不可能追随北美中产阶级的榜样，把中产阶级的生活水准和实现个人抱负的充分机遇这两个好处双手奉送给工人阶级。当然，要西欧工人阶级接受极权统治的紧身衣更是绝无可能。因此，当今英国和斯堪的纳维亚国家尝试走一条中间道路，将自由企业与政府管制结合起来，以实现社会正义。这种政策通常被视为"社会主义"，英国的赞美者和美国的批评者对这个名词褒贬不一。至于英国的"福利国家"制度，则是由各个政党以立法方式渐进、务实地建立起来的。

第四节　社会正义的潜在代价

没有一定程度的个人自由和社会正义，人类的社会生活就无从谈起。个人自由是任何人类成就——姑且不论这种成就是善是恶——的必备条件，社会正义则是人类交往的最高准则。放纵个人自由势必将导致弱肉强食，若要最大限度地实现社会正义，就必须限制作为人性创造力源泉的自由。所有已知的社会体制都是以调和这两个极端为根基的。例如，苏联和美国的现行宪法在不同程度上将个人自由与社会正义结合起来。在20世纪中叶的西方化世界，不论这种个人自由以何种方式与社会正义结合，总是被冠以"民主"之名，从希腊政治词汇中发掘出来的这个名词在古代常常带有贬义，如今成为自尊的政治炼金术士的口头禅。

于是，"民主"完全成为一个障眼法，掩盖了自由与平等这两种理想之间的真正冲突。 惟有借助居间的"博爱"理想，方能真正调和这两种相互冲突的理想。 如果人类的社会救赎取决于能否把更高的"博爱"理想变成现实，人们就会发现，足智多谋的政治家无法带领他们前进多远，倘若人类除自身力量之外再不相信任何东西，就不可能达致"博爱"的境界。 先有"上帝如慈父"，才会有"人人如手足"。

个人自由和社会正义的天平起伏不定，技术的砝码却放在自由意志论的对立面。 若想说明并支持我们的这一结论，不妨看一看虽然尚有一段距离、但已进入我们视线的未来社会进程。 为便于论证，我们姑且假定万能的技术已经完成了下一个阶段的重大任务。 人类既然已经掌握了原子弹，势必不得不致力于废止战争。 与此同时，不分阶级和种族，人人得以公平地分享预防医学的好处，人类的死亡率下降到前所未有的程度。 我们再假定文化的变革跟不上物质生活条件改善的巨大步伐，实际上有可能确实如此。 上述假定使我们注意到，占人类四分之三的农民并未改变多生多育的习惯。 这个新假定又使我们不得不认为，建立一种"世界秩序"带来的和平、治安、卫生以及用科学方法生产粮食等诸般好处给农民带来的增量生活资料，依然会被他们悉数用来增加人口的数量。

这些预言并非危言耸听，完全是根据长期存在的趋势对未来的预测。 来看看中国的例子。 不断增长的人口吞噬了 16 世纪从美洲引入的新粮食作物，以及 17 世纪清朝盛世增加的生活资料。 1550 年前后，中国移植了玉米，1590 年前后移植了甘薯，数年后又移植了花生，而中国的户籍人口从 1578 年的 63 599 541 人，增加到 1661 年的 108 300 000 人左右。 之后，中国人口持续增长，1741 年增至 143 411 559 人，19 世纪中叶达到 3 亿人，20 世纪中叶更增至 6 亿人。 这些数字表明，中国人口不仅持续增长，更是以几何级数加速增长，尽管有周期性的瘟疫、流行病、饥荒、战争、谋杀和猝死。 同时代的印度、印度尼西亚和其他地区也呈现出相同的人口发展趋势。

往事已不可追，未来又将如何呢？ 虽然科学的"丰饶之角"带来富足，足以证明马尔萨斯的悲观论调是错误的，地球表面土地面积有限，人类粮食供应的增长势必有一个无法逾越的上限。 在农民尚未改变生育观念之前，粮食供应很有可能就已经达到上限。

如此预测马尔萨斯的观点将成为现实，我们也必须预见到，一旦发生"大饥荒"，某个世界性权威会担负起满足全球人口基本物质需求的责任。 在这种情况下，生育不再是夫妻间的私事，而是成为一个普遍、客观、有约束力的权力当局的公共事务。 迄今为止，政府干预这种隐秘的私人生活最直接的措施是对人口众多的大家庭施行奖惩，如果当局急需增加"劳动力"或"炮灰"的话。 但是，各国政府并未梦想过强迫国民多生育，也没有想过不许他们节制生育。 实际上，直到1941年，生育权仍被视为一种理所当然的自由权利，罗斯福总统并未想到把不言自明的人类自由从4种增加到5种，在《大西洋宪章》中明确载入父母拥有决定是否生育的神圣权利。 现在看来，未来将会证明罗斯福在这个问题上朴实地保持沉默，无意之中蕴含一个正确的推论：到迫不得已之际，人类必须抛弃习已为常的"生育自由"，不然的话，新的"免于匮乏的自由"就无从谈起。 在这个问题上何去何从，又引发了一些非常棘手的问题。

倘若有朝一日生儿育女真的受到一个外在权威的控制，面对这种个人自由的削减，占人类大多数的农民将作何反应，那些借助工业技术移风易俗，摆脱了农民阶级的束缚的少数人又将作何反应？ 这两部分人可能会发生激烈的争执，因为他们彼此怀恨在心。 产业工人每每想到自己负有道义责任为无限增长的农业人口提供生计，不免心生怨恨。 另一方面，农民阶级也因为有可能丧失传宗接代的传统自由而心怀不满，他们作出这种牺牲，只不过是因为不如此便会挨饿，他们过着一贫如洗的生活，与西方或西方化国家产业工人的巨大差距扩大到前所未有的程度。

如果我们的预测是正确的，那么生活水准上的巨大差距必然还会进一步扩大。 当全球粮食生产行将达到最高限度时，农民阶级不断增长的人口仍会消耗掉额外增加的大部分产品，而产业工人大多用来提高自己的生活水准。 在这种情况下，农民阶级很难理解，为什么号召他们放弃最神圣的人权，而不是号召富裕的少数人放弃大部分奢侈品。 这种呼声被世故的西方精英阶层斥之为荒谬无理。 西方或西方化精英阶层用智慧和见识争得幸福，凭什么要他们为农民阶级的目光短浅和不知节制付出代价呢？牺牲西方的生活水准并不能彻底驱除世界性饥荒的幽灵，充其量只能在一个很短的时期内阻止饥荒的蔓延，代价是最先进的民族沦落到落伍者的水平，如此看来，农民阶级的这种呼声就越发显得不切实际。

如此激烈的反应无助于问题的解决。事实上，我们可以预言，一旦我们预测的粮食危机成为现实，西方主流社会不会如此冷酷无情。开明的利己主义，冷静的深思熟虑，扶危济困的恻隐之心，以及责无旁贷的道义观念——这是基督教被武断地抛弃之后幸存下来的精神遗产，这些动机促使国际社会多次努力提升亚非国家的生活水平，还将促使西方人宁愿扮演善良的撒马利亚人，而不是祭司或利未人的角色。

这种争执一旦真的爆发，很可能会从经济和政治领域转入到宗教领域。这有几层原因。首先，农民阶级执意在粮食供应的极限内多生多育，乃是宗教因素导致的社会后果，要改变这种执迷不悟的生育观，就必须改变农民阶级的宗教态度和观念。这种宗教观使农民不合情理地一味坚持多生多育的习惯，究其起源却有合理性，因为它是社会的原始状态残存下来的观念，当时，家庭是农业生产最适宜的社会和经济单位。如今，在机械化技术大行其道的社会经济环境下，家庭生殖崇拜已经丧失了经济和社会意义。这种已经没有任何意义的崇拜依然顽固地挥之不去，原因在于潜意识心理发展较慢，跟不上理智和意志的脚步。

不难想象，要解决人类社会的人口问题，农民阶级必须经历一场心灵的宗教革命。人类如果想安然度过迫在眉睫的灾难，需要改变信仰的并非只有农民阶级。"人不是仅仅靠面包生活"，* 富足而自鸣得意的西方少数人不妨从不谙世故的农民阶级习性中学一些东西。

西方人专注于增进物质福利，也确实取得了惊人的成就，却面临丧失灵魂的危险。他们若要获得拯救，唯一的途径在于让物质上不丰裕的大多数人分享自己的物质成就。实行节育、信奉不可知论的工程师与不知节制、满脑子迷信的农民彼此可以从对方身上学到很多东西。

---

  * 《申命记》第8章第3节。——译者注

人类社会历史上的高级宗教将如何启迪这两类人，使之相互理解，这个问题至今尚无答案。

第五节　从此永远过上幸福的生活？

如果我们能够构想一个"全球社会"(World Society)，人类首先消弭了战争和阶级冲突，进而解决人口问题，我们预计人类将面临这样一个问题：在一个机械化社会，闲暇将在社会生活中扮演何种角色。

在历史上，闲暇早已发挥至关重要的作用。如果说需要是文明之母，闲暇就是文明的养育者。文明的一个突出特征在于这种新的生活方式发掘自身潜力的速度，这种动力的源头乃是少数人中的少数人，即有权享受闲暇的特权阶层中有抱负的少数人。人类一切伟大的艺术和科学成就都是这些富于创造力的少数人善于利用闲暇的成果。但是，工业革命以各种不同的方式颠覆了闲暇与生活的关系。

在这些变化中，最重要的是心理上的转变。机械化使得产业工人感受到工作与闲暇的冲突，在前工业化时代，不论是多数的农民阶级还是少数特权阶层都不曾有过这种感受。在农业社会，农夫根据时令变化安排农事，少数有闲阶级也根据季节更迭来安排入宫朝觐、外出作战或是参加议会、狩猎钓鱼的时间。农民阶级和统治者都把工作与闲暇的交替视为理所当然，如同昼夜和四季的周而复始、阴阳交替。工作与闲暇一张一弛，相辅相成。当劳动的性质转变成照看整日整年运转的机器，就打破了前工业化时代工作与闲暇的相互依存和平衡。为了不被机器和雇主榨干，工人被迫进行长期的劳资斗争，这种斗争使工人发自内心地抵触他们的农民祖先视为理所当然的辛劳生活。这种新的工作观孕育出新的闲暇观，倘若工作从本质上说是一种不幸，闲暇就具有了绝对的价值。

到20世纪中叶，人们内心深处对工厂和办公室的日常工作产生极大的抵触情绪，宁愿摆脱过分的工作压力，也不愿全力以赴地工作换取报酬。与此同时，势如破竹的技术进步给人类带来讽刺性的恶作剧，要么是过度工作的威胁，要么就是"失业"的威胁。因此，工会的种种限制性举措原本是为了以一种有组织的低效率来抵制令人精疲力竭的机器，进而勉强维持显然正在被机器夺去的残余就业机会。[2]我们有理由期待一个失而复得的人间天堂，一种"充分就业"体制分配的工作量仅占用很小一部分个人时间，个人的闲暇甚至几乎与遭到先辈谴责、早已消亡的"有闲阶级"(idle rich)特权阶层的闲暇一样多。在这种情况下，如何利用闲暇显然比以往任何时候都更为重要。

人类将如何利用未来的普遍闲暇呢？1932年8月31日，阿尔弗雷德·尤因(Alfred Ewing)爵士在英国科学促进会(British Association)的就职演说中提出了这个令人困惑的问题。

> 某些人也许构想了一个遥远的乌托邦，在这个乌托邦，劳动和劳动成果得到完美的调节，就业、工资以及机器生产的产品也都得到合理安排。即便如此，问题依然存在。在所有的负担几乎全都交给不知疲倦的机器仆人之后，人类又将如何利用由此而来的闲暇呢？他们会希望提升自身的精神境界，以便妥善利用闲暇吗？但愿他们能够为之努力，实现目标。只有追求，才有希望。我认为，只要发挥归根结底属于上帝赋予的天赋——工程师的创造才能，人类就注定不会退化和灭亡。

"罗马和平"给人类生活带来的闲适远远比不上我们现在展望的未来，即便如此，作于罗马帝国的鼎盛时期、具体年代不详的《风格的崇高美》一文的作者认为，伴随着希腊大一统国家的建立，人们的压力得到缓解，从而导致人类品质的堕落。

> 当前这一代人精神生活的一个毒瘤是，除我们当中的少数卓越人士之外，每一个人都没有多少精神压力。不论工作还是娱乐，我们唯一的目标是名望和享受。我们根本不关心如何获得真正的精神财富，只有全身心投入本职工作，赢得真正值得拥有的褒奖，才能获得这种精神财富。

这位希腊批评家的观点得到西方现代史初期一位现代科学精神先驱的赞同。 下面的这段话出自 1605 年弗兰西斯·培根出版的《学术的进步》。

> 众所周知，在美德成长的时代，艺术是尚武的；美德昌盛的时代，艺术是开明的；美德衰落的时代，艺术是骄奢淫逸的。所以，我怀疑当今的世界有点走下坡路了。我把嬉戏逗趣的活动与骄奢淫逸的艺术相提并论，因为蒙蔽感官正是我们感官的乐趣之一。

在无线电和电视时代，人们的闲暇大多花在"嬉戏逗趣的活动"上。 工人阶级的物质生活提高到中产阶级的水准，显然伴随着大多数中产阶级的精神生活出现无产阶级化。

喀耳刻宴会上的客人很快就发现自己被关进女巫的猪圈；问题是他们是否将永远待在那里？ 难道人类甘愿接受这种命运吗？ 在一个"美丽新世界"，唯一的变化是千篇一律、单调乏味的闲暇转变为一成不变、呆板机械的工作，人类真的甘愿"从此永远过上幸福的生活"？ 当然，这种预测没有把富于创造性的少数人考虑在内，这些人在任何一个历史时代都是中坚力量。 《风格的崇高美》的作者在希腊文明晚期得出悲观的结论，忽略了那个时代一个非常重要的因素：基督教殉道者。

从展望技术进步造成的失业到期待另一次圣灵降临节，似乎有点风马牛不相及，事实也确实如此。 读者或许倾向于提出一个怀疑论者的问题："未来事态将如何发展呢？"在 20 世纪中叶的今天，我们尚无法断定未来的走向。 不过，已有一些迹象表明这样一种期望并非仅仅是"痴心妄想"。

生物体有一个保持活力的"绝招"，那就是取长补短，损有余补不足。 我们可以预期，在经济和政治领域缺乏自由、管制过多的社会环境里，这种自然规律将在宗教领域促进自由，放松专横的管制。 罗马帝国时代事态的发展进程无可辩驳地证明了这一点。

这段希腊文明插曲给我们一个教训，生物体蕴藏着最低限度的精神能量，这种能量势必将通过这种或那种途径释放出来。 同样，生物体所能支配的精神能量有一个上限。 倘若某项机能需要消耗更大的能量，所需的额外能量只能是来自于其他机能节约下来的能量。 生物体节约能量的方法是机械化。 例如，心脏和肺自行跳动和呼吸，解放了人类的思维和意志，使之无需一刻不停地维持肉体生命。 如果每一次呼吸和心跳都必须用有意识的思维和意志活动来启动，人类就只能维持生命，根本不会有富余的理智和意志力来从事其他的事情，更确切地说，任何类人生物永远不会进化成人。 与人类生命机体节约能量的情形相似，在人类的社会生活中，一旦经济(工业革命以来的西方)和政治(复兴一个被奉若神明的希腊国家以来的西方)抢先占据人类的思维和意志，宗教就有匮乏之虞。 反之，西方社会在经济和政治生活上受到管制，也许可以解放西方人的心灵，重新崇拜上帝、愉悦上帝，进而实现人类真正的目标。

无论如何，这种比较乐观的精神前景是可能的，这给沮丧的西方人带来一丝令人怦然心动的温暖光芒。

***

注　释：

　　[1]　Schumpeter, J. A., *Business Cycles* (New York 1939, McGraw-Hill, 2vols.), vol. ii,　p.1033.
　　[2]　塞缪尔·巴特勒在 1870 年出版的《乌有乡》阐释了一种观点，有朝一日机器会"长大成熟"，不再需要人类的协助。

第十三部 结　　论

第四十四章

本书是如何写成的

　　为什么要研究历史？ 本书作者的回答是：像任何有幸树立起人生目标的人一样，历史学家的天职在于响应上帝的召唤，"寻求神，找到神"＊。历史学家的视角只是无数人类视角中的一种。 历史学家的视角有一个独特的贡献，为我们揭示了上帝在人类体验到的六维结构中的创造活动。 这种历史视角告诉我们：物质世界在四维时空结构中进行离心运动；地球生命在五维的生命时空结构中进化；作为上帝的赐予，人类的灵魂成为第六个维度，注定要行使精神自由，接近或者疏远造物主。

　　倘若我们真的能够从历史中看到上帝源源不断的创造，我们就会顺理成章地发现：一般而言，人的心灵对于历史印象的内在感受能力总归是大同小异的，感受者身处不同的历史环境，决定了历史印象的实际强度相应有所不同。 要想成为历史学家，仅仅具备感受能力还不够，还必须有好奇心的辅佐。 只有强烈鲜明的社会变迁进程才能激发出好奇心。 原始农民永远不会有历史感，他们的社会环境只涉及大自然，与历史毫不沾边。 他们不会把 7 月 4 日、烟火节或停战日＊＊当作节日，

　　＊《使徒行传》第 17 章第 27 节："要叫他们寻求神，或者可以揣摩而得，其实他离我们各人不远。"——译者注
　　＊＊7 月 4 日是美国独立纪念日。 1605 年，Guy Fawkes 等人为反抗英国政府对天主教徒的不利政策，计划在 11 月 5 日以火药炸毁国会大厦并炸死当时的国王詹姆斯一世。 事未济而泄，Guy Fawkes 被处死。 每年此夜，英国人都会生篝火、放烟花来纪念此事，11 月 5 日这一天成了 Guy Fawkes' Day。 第一次世界大战停战纪念日为 11 月 11 日。 ——译者注

只是年复一年地过着毫无纪念意义的农历吉日和忌日。

不过，即便有少数人身处历史性的社会环境，这样的历史性社会环境本身仍不足以孕育出历史学家。倘若不具备好奇心激发出来的想象力，即便是无声地诉说着昔日辉煌的最耳熟能详、最令人难忘的历史遗迹也不会激起任何回应，因为观众缺乏相应的鉴赏力，对这些历史遗迹视而不见、无动于衷。1783—1785 年，现代西方哲学家兼旅行家沃尔尼(Volney)漫游伊斯兰教世界时就发现了一个真理：没有回应，就不会擦出创造力的火花，也不会产生新的挑战。沃尔尼的祖国直到汉尼拔战争时期才开始自身的文明历史，而他造访的地区成为历史舞台的时间要比高卢早三四千年，历史遗迹随处可见。然而，在 18 世纪最后 25 年，中东人守着令人惊叹不已的逝去文明的遗迹，从来没有想去探究这些遗迹的来龙去脉，而同样的问题却吸引沃尔尼从法国前往埃及。15 年之后，一大批法国学者利用拿破仑的远征军为他们提供的机会，沿着沃尔尼的足迹前往埃及考察。在发动决定性的因巴巴战役(Imbābah)之前，拿破仑提醒他的部下说，4 000 年的历史正从金字塔上俯视着他们。他很清楚，即使是那些没受过教育的普通士兵也会对这番话留下深刻的印象。我们可以断定，拿破仑的对手、马穆鲁克指挥官穆拉德总督不会想到浪费口舌，用类似的话来激励他的那些漫不经心的战友。

跟随拿破仑大军造访埃及的法国学者之所以享誉天下，是因为他们为现代西方社会永不满足的好奇心找到一个可供征服的崭新历史领域。从那以后，至少有不下 11 种被遗忘的失落文明再度重见天日："旧世界"的埃及文明、巴比伦文明、苏美尔文明、米诺斯文明、赫梯文明，印度河文化和商代文化，"新大陆"的玛雅文明、尤卡坦文明、墨西哥文明和安第斯文明。

没有好奇心的激励，没有人能成为历史学家；但光有好奇心还不够，好奇心如果没有得到引导，不过是漫无目标地追求全知全能。所有伟大的历史学家总是把好奇心引向解答自身时代的某个具有现实意义的问题。概括说来，这种问题就是"甲事物是如何从乙事物演变而来的？"回顾一番伟大历史学家的心路历程，我们就会发现，在大多数情况下，一些重大的、通常是骇人听闻的公众事件的挑战，激起历史学家的应战，对这些事件作出深刻的历史分析。 这种事件要么是他们亲身经历、甚至曾在其中发挥过积极的作用，如修昔底德与雅典—伯罗奔尼撒战争、克拉兰敦与大叛乱；要么久已尘埃落定，其影响绵延不绝，能够激发敏锐的历史头脑作出回应，例如，吉本在罗马的残垣断壁沉思冥想之际，数百年前罗马帝国的衰亡往事在他的思想和情感上成为一种挑战。 那些能够带来精神满足的重大事件也会激发历史学家的创造力，如波斯战争对希罗多德构成的精神挑战。 在大多数情况下，最能激发历史学家作出完美回应的莫过于历史上发生的重大灾难，因为这些大灾难挑战了人类天生的乐观主义。

像本书作者这样生于 1889 年，1955 年时仍健在的历史学家，在"甲事物是如何从乙事物演变而来的？"这个历史学家的基本问题上已经听到太多形形色色的论调。 首先，也是最重要的一点，他亲眼目睹了上一辈人显然是合情合理的种种期望全然落空，这究竟是为什么呢？在西方民主国家，1860 年前后降生的这一代开明的中产阶级认为，到 19世纪末，凯歌行进的西方文明显然已经推动人类取得了长足的进步，人间天堂似乎已是触手可及。 这一代人何以如此大失所望呢？ 问题究竟出在哪里呢？ 新世纪此起彼伏的战争与邪恶，何以使政治版图变得如此面目全非，并称于世的八大列强减少到两强，而且两强都属于西欧之外的国家呢？

这类问题不胜枚举，都成为历史研究的主题。 从事业上说，本书作者幸而生逢"乱世"，而"乱世"恰恰是历史学家的乐园；事实上，时局风云变幻，迫使本书作者关注扑面而来的每一个历史之谜。 他在事业上得到的良助还不止于此。 他生逢其时，依然能够接受现代早期西方复兴的地道的希腊文化教育。 到 1911 年夏，他已经学了 15 年拉丁文、12 年希腊文，这种传统教育颇为有益，接受过这种教育的人不会有文化沙文主义的弊病。 一个受过希腊文化熏陶的西方人容易避免把西方基督教世界视为尽善尽美的错误，他在分析当代西方社会背景提出的历史问题时会求助于作为他的精神家园的希腊圣贤。

例如，只有联想到伯里克利时代雅典民主政治给柏拉图带来的幻灭感，他才能更好地理解开明的上一辈人期望落空之后的失落感。 他亲身经历 1914 年爆发的大战，更加深切地认识到公元前 431 年爆发的大战给修昔底德带来的类似体验。 他凭借亲身的体验第一次了解到修昔底德字里行间流露出来的深意，这种深意是他以前很少乃至完全不能理解的。 他认识到，一部成书于 2300 多年前另一个世界的著作封存了种种体验，对于后世的读者而言，自己这一代人才刚刚开始这些体验。 公元 1914 年与公元前 431 年在哲学意义上是同时代的。

在本书作者的社会背景中，有两个非个人的因素决定性地影响了他的历史研究方法。 一是西方世界的当代历史，二是他所受的希腊文化教育。 这两个因素始终相互作用，本书作者形成了一种二元历史观。当本书作者面对当代灾难性事件提出的历史学家的基本问题："甲事物是如何从乙事物演变而来的？"他往往会在心目中转换成这样一个问题："在西方和希腊历史上，甲事物是如何从乙事物演变而来的？"换言之，他总是从两条线索来对历史进行比较研究。

这种二元历史观大概会得到同时代远东人士的理解和赞同，在他们延续至今的传统教育中，先辈文明的古典语言和文学依然发挥了突出的作用。 像本书作者一样，儒家文人学士在分析任何正在发生的事件时必定会由此联想到古典时代发生过的类似事件，在他们看来，较之让他们反复研习耳熟能详的中国古代学问的当代事件，往昔的类似事件更有价值，甚至可能更为真实。 晚清儒家学者与同时代维多利亚晚期受过希腊文化熏陶的英国学者在思想观念上的主要区别在于：在研究人类事务时，中国学者仍然只满足于从两条线索来进行历史比较，而维多利亚晚期英国学者一旦开始以二元史观来思考历史，就会锲而不舍地继续钻研，把文化视野扩展到更大的范围。

对于受过传统古典教育的 19 世纪末中国学者而言，在中华文明及其远东后继文明之外还有其他文明同样值得严肃对待，无疑是个新颖的观念。 同时代的西方人不会如此心胸狭隘。

西方人之所以不会有这种陋见，是因为在过去 400 年间，西方社会至少接触过新旧两个世界的 8 个同类社会。 尤其是最近一个世纪以来，继哥伦布和达·伽马征服过去无人涉足的海洋之后，这些永不止步地探索的西方人又发掘出先前失落的历史，这样，西方人更加不能无视西方文明和希腊文明之外的其他文明，更加不能否认其他文明的重要性。 在业已形成这种开阔的历史视野的时代，一个受过希腊文化教育、秉持二元历史观的西方历史学家在从事比较研究时势必要收集尽可能多的社会标本，希腊文明和西方文明不过是同类社会的两个代表而已。

当本书作者成功地把比较的对象扩大到十倍以上，便再也不能无视原先从两条线索进行比较时便感到呼之欲出的一个终极问题。 希腊文明历史上最具预示性的一个事实是，公元前431年爆发的雅典—伯罗奔尼撒战争预示着希腊文明的衰落，最终导致这个社会的解体。 如果说本书作者把希腊历史和西方历史进行比较的方法尚有可取之处的话，我们似乎可以断定西方社会至少也有可能遭到同样的命运。 通过深入的研究，本书作者发现所考察的文明大多已经死亡，因而不得不作出这样的推断：实际上每一个文明都有可能死亡，包括本书作者所属的文明。

许多曾经辉煌灿烂的文明消失在这道"死亡之门"的背后，这道"死亡之门"究竟为何物呢？ 这个问题引导本书作者研究文明的衰落和解体，进而又指引他进一步研究文明的起源和成长。 这部《历史研究》就是这样写成的。

论点摘要

第六部　大一统国家

第二十三章　目的还是手段？

概述本书到目前为止的内容，说明为什么要在之后几个部分进一步研究大一统国家、普世教会和蛮族军事集团。大一统国家仅仅是文明的最后阶段，还是进一步发展的序曲？

第二十四章　永恒的幻想

在大多数情况下，大一统国家的国民不仅欢迎大一统国家的建立，还相信大一统国家是不朽的。这种信念不仅在大一统国家显然已经濒临解体的边缘，甚至当它彻底覆灭之后，也依然挥之不去。这样，大一统国家制度以"幽灵"的方式借尸还魂，例如，希腊罗马世界的罗马帝国在西方基督教世界借尸还魂为神圣罗马帝国。实际上，大一统国家乃是"乱世"之后的一次复原过程。

第二十五章　"为人作嫁"

大一统国家最终未能维持自身的生存，但是促进了其他各种制度的发展，尤其是内部无产者的高级宗教。

第一节　大一统国家的传导作用

大一统国家推行秩序和统一，不仅为地域隔绝的地区性国家，而且为社会分立的社会阶层提供了具有很强传导作用的沟通手段。

第二节　和平心理

大一统国家的统治者为维持自身的统治，必须推行宽容政策，这种政策有利于高级宗教的传播。举例来说，弥尔顿在《耶稣诞生之晨颂》中表达了一种众所周知的观点，即上天注定罗马帝国的存在乃是为了促进基督教的传播。不过，这种宽容既非普遍的，也不是绝对的。

同时，这种宽容体现为反对战争，无疑将有利于外部侵略者——蛮族或邻近文明。

第三节　帝国制度的功能

交通系统

道路及海上交通的有序运转，不仅对政府有利，也为其他人提供了便利，圣保罗就利用了罗马大道。　当今的高级宗教是否也将利用现代技术提供的全球交通系统呢？　如果是这样，它们将面临早期基督教徒在非基督教世界传教时遇到的问题。

卫戍区与殖民地

它们不仅有助于文明和政府的目标，还促进了社会解体过程特有的种群融合和无产者化。　最明显的获益者是蛮族军事集团，高级宗教也获益匪浅。　伊斯兰教的发展就很能说明问题。　太阳神教和基督教沿着罗马帝国边境传播，太阳神教在各个卫戍区之间传播，基督教在各个殖民地之间传播。　例如，在基督教早期历史上十分重要的科林斯和里昂，都是罗马政府建立的殖民地。

行省

以中华大一统国家的历史为例，对比不同的政策；以基督教会的发展为例，说明高级宗教是如何利用行省体制的。

首都

影响首都选址的因素多种多样。　建立大一统国家的征服者最初的首都不可能始终符合需要。　探讨了多个首都的选址和迁移情况。　有些首都在丧失政治上的重要性之后，依然是重要的宗教首府。

官方语言和文字

大一统国家的统治者如何选择官方语言的问题，以及各自不同的解决途径。　有些语言，如阿拉姆语和拉丁语，不论在时间还是空间上，其通行范围都远远超出它们原先流行的帝国。

法律

大一统国家的统治者推行自身法律制度的范围相差悬殊。　一些社会群体出人意料地利用大一统国家的法律制度，如伊斯兰教徒和基督教会借鉴罗马法，摩西律法借鉴《汉谟拉比法典》。

历法、度量衡、货币

制定历法的问题以及历法与宗教的密切关系。 我们今天的历法部分来源于罗马，部分来源于苏美尔，法国大革命彻底改革历法的尝试失败了。 度量衡：十进位制与十二进位制之争。 货币：货币的重要性，货币起源于希腊城邦，随着这些城邦被并入吕底亚帝国和阿契美尼帝国，货币传播开来。 中华世界的纸币。

常备军

罗马军队是基督教会的一个灵感源泉。

文官制度

比较奥古斯都、彼得大帝和英属印度的不同政策，说明行政部门的问题。 中国和英属印度行政部门的官僚制精神。 罗马行政部门培育了西方基督教世界三位伟大的奠基者。

公民权

扩大公民权乃是大一统国家统治者赐予的特权，这有助于营造一种人人平等的环境，促进了高级宗教的繁荣。

第七部　普世教会

第二十六章　关于普世教会与文明关系的不同观点

第一节　教会有如毒瘤

教会成长于大一统国家日渐衰亡的社会体，因此，教会当时的敌人以及一些现代历史学家都把教会视为毒瘤。 据理说明这种观点错在何处。 宗教往往会强化、而不是削弱信徒的社会责任感。

第二节　教会有如蝶蛹

每一个现存的第三代文明都有教会的背景，它们是通过教会传承第二代文明。 现代西方文明获益于基督教会。 反之，第二代文明是通过其他途径传承先辈文明，这个事实表明我们应当修正关于历史发展进程的公认观点。

第三节　教会是高级社会

1. 新的分类

文明的兴衰可以比作车轮的循环运动,其目标是推动宗教战车前进。 亚伯拉罕、摩西、希伯来先知和基督等人代表的宗教进步,可以分别视为苏美尔、埃及、巴比伦和希腊社会解体的产物。 即将到来的全球统一是否有望实现新的进步呢? 如果是这样,现存高级宗教还有很多东西要学。

2. 教会的过去

教会迄今为止的记录似乎表明它们无力承担目前赋予它们的任务。

3. 理智与情感的冲突

现代科学对宗教的冲击并不是同类冲突的第一次。 早期基督教会与希腊哲学的冲突以双方的妥协而告终,哲学家承认基督教启示的"真理",前提是宗教启示要使用哲学家的语言。 长久以来,这些破旧不堪的希腊文化外衣让基督教会颇为尴尬,使基督教会接连卷入与基督教毫无关系、注定会遭致失败的非宗教事务。 凡是科学能够立足的知识领域,宗教都必须让位于科学。 宗教和科学涉及不同类型的真理,发现潜意识心理的现代心理学深刻说明了这种差异的本质。

4. 展望教会的未来

教会有一个与众不同的标志,即它们都把"唯一真神"纳入进来。这一点使它们有别于其他各种社会形态,阐明了这种区别的后果。

第二十七章　文明在教会生活中的作用

第一节　文明是序曲

基督教会借用了希腊文明的术语,并赋予新的含义。 这是"升华"的一个实例,表明希腊文明成为基督教的序曲。

第二节　文明是倒退

这些术语被西方社会赋予世俗含义,即意味着退化,而西方社会本身也是脱胎于基督教会。

第二十八章　尘世纷争的挑战

后继文明脱离教会起因于教会举措失当,为"尘世纷争"把宗教精神具体化为教会制度,必然会导致这种结果。 教会有三类错误举措:

(1)政治上的帝国主义使教会有理由抨击世俗当局，认为世俗当局干涉教会正当履行自身的职责；(2)教会为了"全身心地侍奉上帝"而履行经济职责，不可避免地会取得经济成就；(3)教会将自身体制偶像化。

难道宗教并不预示着未来会有一个"黄金时代"？ 来世也许会有，今世断无指望。 "原罪"成为一道不可逾越的障碍。 人世乃是天国的一个省份，它是一个悖逆的省份，而且必将永远如此。

第八部　英雄时代

第二十九章　悲剧的进程

第一节　社会的堤坝

英雄时代产生于解体文明的大一统国家与境外蛮族之间形成一道边界或军事边境之后的社会心理氛围。 不妨把边界比作一道堤坝，水坝把河谷拦腰截断，形成一个水库。 这一节及本章其他各节详尽阐述这个比喻的含义。

第二节　压力的积聚

当境外蛮族越来越多地掌握所面对的文明的军事技术，这条边界或堤坝就要承受越来越大的压力。 文明的捍卫者发现自己沦落到不得不招募蛮族的地步，这些蛮族雇佣兵转而反叛他们的雇主，直捣帝国的心脏。

第三节　灾难及其后果

胜利的蛮族根本不能应对自身一手造成的危机，他们的胜利将不可避免地造成他们的毁灭。 不过，他们的垂死挣扎却孕育出英雄传奇以及荷马史诗中的"羞耻"、"愤慨"以及倭马亚王朝的"宽柔"等行为理想。 混乱的英雄时代骤然终结，随之而来的是"黑暗时代"，法律与秩序逐步确立起来。 "过渡时期"告终，一个新文明降生。

第四节　幻想与事实

赫西俄德别出新裁地把"时代"划分为黄金时代、白银时代、青铜时代和黑铁时代，在青铜时代与黑铁时代之间插入一个"英雄时代"。

实际上，"英雄时代"是青铜时代的翻版，只不过描述的是荷马式的幻想而非历史事实。 胜利的蛮族创作的迷人史诗蒙蔽了"黑暗时代"的诗人赫西俄德。 蛮族史诗还蒙蔽了大肆赞美"白肤金发碧眼"的日耳曼蛮族的第三帝国的先驱者。 然而，这些蛮族却起到纽带作用，将孕育出高级宗教的第二代文明与第一代文明连结起来。

[注]："妖邪的女人统治"

蛇蝎女子何以会在英雄时代的悲剧中扮演如此重要的角色，这不仅反映在传说中，在现实中也是如此。

第九部　文明在空间上的接触

第三十章　研究领域的拓展

文明的起源、成长和衰落阶段都足以构成独立研究的单位，最后的解体阶段却不是可以理解的研究单位。 必须考察解体阶段的文明彼此之间的接触。 某些地区，如叙利亚和乌浒河—药杀水流域，在历史上成为文明接触的舞台，高级宗教发源于这些地区及周边地带，也就事出有因了。

第三十一章　同时代文明的碰撞

第一节　研究计划

我们打算先来考察现代西方文明与所有其他同时代文明的碰撞。 西方社会的现代史始于两个事件，这两个事件分别发生在 15 世纪刚刚结束以及 16 世纪刚刚开始之际。 第一个事件是西方掌握远洋航海技术，第二个事件是教皇建立和维系的"中世纪"西方基督教共同体的分裂。 当然，"宗教改革运动"只是长期演变过程的一个阶段，这个过程始于 13 世纪，到 17 世纪时尚未完全结束。 但是，见证哥伦布和达·伽马航海的那一代人正赶上"宗教改革运动"。 我们将继续回溯，先看一看西方文明在"中世纪"时期与两个敌对社会的碰撞，然后再考察希腊社会与其他文明的接触，最后粗略地看一下其他早期同时代文明的接触。

在考察现代西方社会与其他文明的接触时，我们发现，虽然我们颇为熟悉现代历史，这些历史篇章大多、乃至全都尚未结束，因而我们的研究最终要画上一个问号而不是句号。

第二节 研究计划的展开

1. 与现代西方文明的碰撞

(1) 现代西方与俄国

14世纪开始,俄罗斯东正教世界最初的遗产遭受波兰、立陶宛等西方地区性国家的侵略和征服,其损失直到1945年以后才完全得到弥补。彼得大帝以希律党人的方式欢迎西方文化的传播,但是,经过两个世纪得到西方认可的西方化之后,彼得体制受到第一次世界大战的考验,结果令人大失所望,随即被共产主义这一异端的西方化体制取代。

(2) 现代西方与东正教世界主体

这个社会在政治上受到一个外来大一统国家奥斯曼帝国的统治。17世纪之后,现代西方文化的渗透,不是像俄国那样自上而下的,而是自下而上的。现代西方文化的渗透本来可以借助法纳尔希腊人的影响,促成奥斯曼帝国走向西方化。不幸的是,民族主义运动蓬勃兴起,这个帝国分裂成许多地区性国家。无论打着泛东正教还是泛斯拉夫主义的旗号,俄国均未能取得这些民族的领导权,虽然当今俄国把一个泛共产主义政权强加给其中的一些民族。

(3) 现代西方与印度世界

在印度世界,西方以一个外来大一统国家的面貌出现,取代衰落的另一个外来大一统国家:穆斯林莫卧儿王朝。英印当局起用印度的精英阶层,这与奥斯曼帝国的皇帝雇用东正教精英如出一辙。除了分治的巴基斯坦外,印度精英阶层维持了英国统治体制完好无损,最终成功地使英国统治印度化(法纳尔人却未能使奥斯曼的统治本地化)。探讨印度文官制度的长处和弱点,指出人口问题成为印度地平线上的乌云。

(4) 现代西方与伊斯兰世界

在西方步入现代之初,阿拉伯与伊朗这两个姊妹伊斯兰社会封锁了从西方和俄罗斯社会前往世界其他地区的所有陆路通道。但是,伊斯兰世界的命运随即发生惊人的逆转。伴随着力量对比的转变,许多伊斯兰教国家的统治者推行彼得式的"希律主义"政策，并在不同程度上取得成功。 伊斯兰世界拥有"旧世界"四大古老文明中三个文明的发源地，如今这些地区除了原始的农业财富之外，又发现了丰富的石油蕴藏。 结果，这些地区成为20世纪西方与俄国的必争之地。

(5) 现代西方与犹太人

流散犹太人并未融入西方同种区域国家体制。 我们对流散犹太人的历史考察的起点并不是西方现代史的开端，而是西方基督教社会的开端，犹太人在西方的历史可以划分为三个阶段。 在第一个阶段(即西哥特历史阶段)，犹太人虽然不受欢迎、备受虐待，却被认为是可资利用之人，因为在这个阶段，西方基督教徒(如牛津大学教师塞西尔·罗兹所说)"不善理财"。 到下一个阶段，西方基督教徒学会"自己做经济上的犹太人"，犹太人遭到驱逐(例如，1291年，英格兰驱逐犹太人)。在第三个阶段，西方社会已经具备足够的经济实力，便允许犹太人再度返回(例如，1655年，英格兰准许犹太人回来)并衷心认可犹太人独特的商业技能。 随后的自由主义时期并不幸福，也不意味着故事的结局。最后考察了排犹主义和犹太复国主义。

(6) 现代西方与远东文明和美洲土著文明

远东文明和美洲土著文明接触到的是进入现代阶段的西方文明。从表面看来(虽然这容易造成误解)，美洲文明已经彻底灭绝。 西方文明对中国和日本的冲击过程如出一辙。 这两个国家先是接受现代早期宗教形态的西方文化，之后又加以拒斥，晚近又面临现代晚期西方技术的冲击。 这两段历史的差异主要在于，中国是一个幅员辽阔的帝国，日本是一个组织严密的岛屿社会。 两国也都像印度一样面临人口问题。

(7) 现代西方与同时代文明碰撞的特征

"现代西方"文明是一个"中产阶级"文明。 那些形成中产阶级的非西方社会，都欢迎现代西方的精神。 非西方文明的统治者，倘若没有掌握希望推行"西方化"的本土中产阶级，就不得不为了自身的目的，人为培育一个以知识分子阶层面貌出现的中产阶级。 这些知识分子最终将起而反抗他们的主人。

2. 与中世纪西方基督教世界的碰撞

(1) 十字军的盛衰

11 世纪，中世纪西方基督教社会进入扩张时期，两个世纪之后即在一些边缘地带溃败和后撤。 分析这次扩张以及随后撤退的原因。

(2) 中世纪西方与叙利亚世界

十字军战士与他们的穆斯林对手有许多共同之处。 法兰克诺曼人和塞尔柱突厥人原本都是蛮族，不久前刚刚皈依他们闯入并在许多方面支配的那个社会的高级宗教。 叙利亚文明的文化传播到比较落后的西方基督教社会，影响了西方的诗歌、建筑、哲学和科学。

(3) 中世纪西方与希腊东正教世界

这两个基督教社会彼此憎恶的程度远甚于它们与邻近穆斯林社会间的反感。 用两方面的史料来说明双方的这种相互憎恶，一是伦巴第主教利乌特普兰德出使君士坦丁堡的记述，一是安娜·康内娜在《历史》中对十字军的描述。

3. 最初两代文明的碰撞

(1) 与亚历山大之后希腊文明的碰撞

这个时期的希腊文明与"旧世界"的每一个同时代文明都发生过碰撞，直到希腊社会本身消亡数个世纪之后，希腊文化传播的过程才宣告结束并结出硕果。 希腊文化的传播范围远远超出希腊军队征服的领地，例如，希腊文化曾传播到中华世界。

亚历山大的功业标志着希腊历史上的扩张时期，这次扩张堪与西方基督教历史上的征服海洋相媲美。 但是，现代阶段的西方文明正在努力挣脱基督教的宗教蝶蛹，希腊文明没有这样的宗教蝶蛹，宗教渴望日益强烈。

(2) 与亚历山大之前希腊文明的碰撞

三方为角逐地中海盆地的霸权而发生冲突，亚历山大之前的希腊社会的对手是叙利亚社会以及赫梯社会的僵化残余伊特鲁里亚社会。 叙利亚社会的代表是掌握海上霸权的腓尼基以及后期崛起的阿契美尼帝国。 罗马的希腊化乃是这一时期希腊人最重大的文化征服，罗马的希腊化是通过伊特鲁里亚人的希腊化而间接实现的。

(3) 稗子与麦子

惟有那些和平的成果才是文明碰撞带来的有益成果。 概述第一代文明的接触，印度与中国，埃及与苏美尔。

第三十二章 同时代文明碰撞的戏剧性

第一节 连环的碰撞

从军事角度来看，一方的挑战引发另一方的挑战，力量对比重新调整之后，又激起新的反击和相应的报复。 追溯"东方"与"西方"的一连串碰撞，从阿契美尼帝国进攻希腊开始，直到 20 世纪非西方民族反抗西方帝国主义。

第二节 不同的回应

武力回应并不是唯一的回应方式。 共产主义俄国不仅具备常规军事力量，还开展意识形态战争。 凡是无法从军事上作出回应，或是虽然尝试使用武力却遭到失败的地方，一些被征服人民着意培育自身的宗教，以此来维持社会认同。 流散犹太人的所作所为就是这种回应方式的典型。 最高的回应方式乃是创立一种高级宗教，这种宗教不久就将俘获征服者。

第三十三章 同时代文明碰撞的后果

第一节 进攻失败的后果

一个文明成功抵御外来的进攻，会导致胜利者的军事化，最终酿成灾难。 在战胜阿契美尼入侵者后的 50 年之内，希腊文明自身也开始衰落。

第二节 进攻得手的后果

1. 对社会的影响

一个成功入侵的文明必须付出的社会代价，乃是被侵略者的异族文化渗入到入侵社会自身内部无产者的生活之中。 成功的进攻对于被侵略的社会同样造成毁灭性的冲击，带来更为复杂的后果。 将西方理想和制度引入非西方社会，往往会造成令人不安的后果，因为"一个人的佳肴常为另一人的毒药"。 只引入一种异族文化的某一个元素、拒斥其他元素的企图是注定要失败的。

2. 心灵的回应

(1) 泯灭人性

胜利的进攻者陷入狂妄自大之中难以自拔，把被征服者视为"失败者"。 这样就否定了人类的手足情谊。 倘若"失败者"被视为"异教徒",他们还可以通过宗教皈依而恢复做人的资格;倘若被视为"蛮族",他们还可以通过某种考验而恢复做人的资格;但是,倘若被视为"土著",他们就没有任何希望了,除非推翻他们的主人或是使他们的主人改变信仰。

(2) 奋锐主义与希律主义

这两个术语清晰区分了对征服者民族精神的拒斥和接受,进一步的考察表明,两者的差异并不像初看起来那样明确。 对现代日本以及甘地、列宁生平的考察都说明了这一点。

(3) 福音主义

最初的奋锐党人和希律党人均弄巧成拙,与圣保罗的成就形成鲜明的对比。

[注]:"亚洲"与"欧洲":事实与幻想

"亚洲"和"欧洲"最初是从爱琴海航行到黑海的希腊水手对两岸大陆的称呼。 赋予这两个名词政治和文化含义只会引起混乱。 "欧洲"乃是"欧亚"大陆的一个轮廓不清的次大陆。

第十部 文明在时间上的接触

第三十四章 复兴的概况
第一节 导论:"文艺复兴"

"文艺复兴"一词的渊源,本书赋予这个名词的含义。

第二节 政治思想和制度的复兴

中世纪晚期的意大利文艺复兴开始得更早,较之文学艺术领域的影响,对西方政治生活的影响更为持久。 城邦;世俗君主国家;神圣罗马帝国。 教会加冕典礼复活了《旧约》时代的仪式。

第三节 法律制度的复兴

罗马法在东正教世界和西方基督教世界复兴,及其对教会和国家的影响。

第四节　哲学的复兴

中国儒家哲学在远东社会复兴，希腊亚里士多德哲学在中世纪西方基督教世界复兴，二者颇多相同之处。前者一直延续到 20 世纪初，才被入侵的现代西方思潮压倒。后者在 15 世纪因为希腊文学的复兴而动摇，最终于 17 世纪被"培根哲学"的科学潮流压倒。

第五节　语言文学的复兴

王朝统治者在推动语言文学的复兴上发挥了显著的作用，例如，一些中国皇帝编纂了卷帙浩繁的丛书。希腊语言和文学在意大利复兴，之前还出现过半途而废的"加洛林王朝复兴"，后者又起源于诺森伯里亚的复兴。复兴若要成功，召唤一个逝去文明"幽灵"的社会本身必须达到能够实施招魂术的适当发展阶段。

第六节　视觉艺术的复兴

除了众所周知的西方"文艺复兴"之外，还考察了其他一些例证。回溯文艺复兴时代的建筑、雕刻和绘画。这三个领域的复兴最终都扼杀了创造力。

第七节　宗教理想和制度的复兴

探讨犹太教对卓有成就的基督教的蔑视态度，以及基督教会对于犹太教一神论和反偶像崇拜观念的尴尬和含糊态度。16 世纪以后，新教改革运动坚持严守安息日和圣经崇拜，成为西方基督教世界内部有力、普遍的犹太教复兴的明显例证。

第十一部　历史规律与自由

第三十五章　问题

第一节　"规律"的含义

"自然规律"与"上帝的律法"的区别。

第二节　现代西方历史学家的反律法主义

历史彰显天意的观念一直持续到波舒哀的时代，从那以后就备受怀疑了。在大部分研究领域，科学家用自然规律取代上帝的律法，但是，他们不得不听任历史处于一种毫无规律的状态，在这种状态中，正如费希尔所说，各种事物接踵而至，毫无规律可循。

第三十六章　人类事务服从"自然规律"

第一节　例证

1. 个人事务

保险公司依赖人类事务具有可以预测的规律性。

2. 现代西方社会的经济事务

经济学家认为能够计算出商业周期的波长。

3. 地区性国家的对峙：势力均衡

一些文明的历史上反复出现规则的战争与和平周期。

4. 文明的解体

混乱与复原交替出现的规律性，可能的解释。

5. 文明的成长

文明的成长阶段没有衰落和解体阶段的那种规律性现象。

6. "天命难违"

进一步举例说明，一种趋势若是足够持久，即使一再受挫，有时也会赢得最后的胜利。

第二节　对于历史上流行的"自然规律"的合理解释

我们看到的一致性可能是非人类环境的规律所致，也可能是人类自身心理结构的内在规律使然。考察了这两种可能性，结果发现，随着人类的技术进步，人类对于非人类的自然界规律的依赖日益降低。人类的世代更替具有极为重大的意义，一些心理习性的改变一般需要三代人的时间。考察将影响历史发展进程的潜意识心理规律，在写作本书之际，心理学家刚刚开始探索这种规律。

第三节　历史上的自然规律是无可动摇的还是可以驾驭的？

人类无法改变非人类的自然界规律，但能使它们为人类的目的服务。至于支配人性的规律，似乎应更为慎重地对待。其结果要视人类的各种关系而定，不仅是人与同胞、人与自我的关系，最重要的是人与救世主上帝的关系。

第三十七章　人性对于自然规律的抗拒

用一系列"挑战与应战"的例子来说明人性对于自然规律的抗拒。面对挑战，人类可以在一定限度内自由改变变革的步伐。

第三十八章　上帝的律法

人类并不仅仅受到自然规律的支配，也受制于上帝的律法，这种律法就是完备的自由。考察关于上帝及其律法本质的不同观点。

第十二部　西方文明的前景

第三十九章　这种探究的必要性

下面的探讨偏离了本书一贯秉持的立场，即一视同仁地考察历史上所有的已知文明。这种偏离乃是基于如下的事实：西方社会是唯一尚未明显流露出解体迹象的现存文明，西方文明在许多方面发展成全球性的，事实上，西方文明的前景就是"西方化世界"的前景。

第四十章　先验的答案难以服人

没有理由凭借伪科学的根据认为，鉴于所有其他文明都已经消亡或正在消亡，西方文明也一定会步其后尘。各种感情用事的反应，不论是"维多利亚时代的"乐观主义，还是"斯宾格勒式的"悲观主义，都缺乏令人信服的证据。

第四十一章　文明史的证据

第一节　有非西方先例的西方经验

我们之前对文明衰落和解体的研究对于目前的问题有何启示？我们已经指出，战争和军国主义乃是导致社会衰落的最根本的原因。迄今为止，西方社会尚未彻底战胜这种弊病。另一方面，西方在其他方面取得了空前的成就，如废除奴隶制，民主和教育的发展。同时，西方社会不祥地分裂为少数当权者、内部无产者和外部无产者。此外，在应对西方化世界内部无产者带来的诸多问题上，西方已经取得颇为显著的成就。

第二节　史无前例的西方经验

西方文明驾驭非人类自然界的能力以及不断加速的社会变革，都是早先文明历史所无可比拟的。 提出以下几章的计划。

第四十二章　技术、战争与政府

第一节　第三次世界大战爆发的可能性

美国的特性，苏联的特性，其他民族对它们的态度。

第二节　走向未来的世界秩序

人类的前景类似于正漂向珊瑚礁的海尔达尔的"康-提基"号木筏。 未来的世界秩序肯定与现在的联合国组织大相径庭。 探讨美利坚民族成为世界领袖的条件。

第四十三章　技术、阶级斗争与就业

第一节　问题的实质

随着现代技术的迅猛发展，要求获得"免于匮乏的自由"的呼声空前高涨。 但是，人类是否准备为满足这种需求而付出代价？

第二节　机械化与自由企业

现代技术伴随着机械化和严密管制，这种机械化和严密管制不仅针对体力劳动者，而且针对雇主(国有化等等)、行政部门("繁文缛节")和政治家(党派纪律)。 工人阶级的抵抗组织(工会)要求进一步的管制。 另一方面，工业革命的创造者却是来自一个缺乏严格管制的社会。

第三节　实现社会和谐的不同途径

分析和比较美国、俄国、西欧的途径，尤其是英国的途径。

第四节　社会正义的潜在代价

没有一定程度的个人自由和社会正义，人类的社会生活就无从谈起。 技术的发展有助于促进社会正义。 在一个预防医学显著降低死亡率的时代，毫无控制的繁衍"自由"将造成什么样的后果？ 探讨发生大饥荒的可能性，以及由此而来的冲突。

第五节　从此永远过上幸福的生活？

即使一个"全球社会"能够顺利解决所有这些问题，人类就能够"从此永远过上幸福的生活？"回答是否定的，因为随着每一个婴儿的降生，"原罪"接踵而至。

第十三部　结论

第四十四章　本书是如何写成的

本书作者生于弥漫着乐观主义情绪的维多利亚时代晚期，弱冠之年又亲历第一次世界大战。 他吃惊地看到，自己所属社会的经历与他所受教育的源头的希腊社会有着许多相似之处。 这就在他的心目中引发了这样的问题：文明为什么会死亡？ 希腊文明的命运是否就是现代西方文明的命运？ 为进一步解答这些问题，他随即把研究的范围扩大到所有已知文明的衰落和解体。 最后，他进而研究文明的起源和成长，于是写成了这部《历史研究》。

译者分工说明

　　本书上卷由郭小凌、杜庭广、吕厚量、梁洁翻译；下卷由王皖强翻译。

图书在版编目(CIP)数据

历史研究/(英)阿诺德·汤因比
(Arnold J.Toynbee)著;郭小凌等译.—上海:上海
人民出版社,2016
(汤因比著作集)
书名原文:A Study of History
ISBN 978-7-208-13887-2

Ⅰ.①历… Ⅱ.①阿…②郭… Ⅲ.①历史哲学
Ⅳ.①K01

中国版本图书馆 CIP 数据核字(2016)第 138504 号

策　　划	孙　瑜
责任编辑	吴书勇
装帧设计	范昊如

历史研究

[英]阿诺德·汤因比　著

郭小凌等　译

出　　版	上海人 **民** 出 **版** 社
	(201101　上海市闵行区号景路159弄C座)
发　　行	上海人民出版社发行中心
印　　刷	上海中华印刷有限公司
开　　本	635×965　1/16
印　　张	62
插　　页	10
字　　数	905,000
版　　次	2016年8月第1版
印　　次	2023年9月第8次印刷
	ISBN 978-7-208-13887-2/K·2522
定　　价	168.00元(全二册)